下校する[家に帰る]	I go home.
塾(じゅく)に行く	I go to a juku [cram school].
帰宅する	I get home.
宿題をする	I do my homework.
音楽を聞く	I listen to music.
漫画(まんが)を読む	I read manga [comic books].
テレビを見る	I watch TV.
テレビゲームをする	I play video games.
友達と電話で話す	I talk with a friend on the phone.
メールでメッセージを送る	I send a message by email.
犬を散歩させる	I walk the dog.
猫(ねこ)にえさをやる	I feed the cat.
夕食を食べる	I eat [have] dinner.
食器を洗う	I do the dishes.
服を脱(ぬ)ぐ	I get undressed.
シャワーを浴びる	I take a shower.
ふろに入る	I take a bath.
髪を乾(かわ)かす	I dry my hair.
寝(ね)る[布団(ふとん)に入る]	I go to bed.
眠(ねむ)りにつく	I go to sleep.

I go to sleep.

I listen to music.

I walk the dog.

I eat [have] dinner.

JUNIOR PROGRESSIVE JAPANESE-ENGLISH DICTIONARY
SECOND EDITION

プログレッシブ
中学和英辞典
第2版

編集主幹
吉田研作

SHOGAKUKAN

プログレッシブ中学和英辞典 第2版
JUNIOR PROGRESSIVE JAPANESE-ENGLISH DICTIONARY SECOND EDITION

First Edition 2014
Second Edition 2024
©Shogakukan 2014, 2024

編集主幹	吉田研作
編集委員	荒井貴和　柳田恵美子
英文校閲	Aleda Krause
編集協力	齋藤絵里子　廣瀬恵理奈（株式会社 kotoba）　星野守
校正	小森里美　迫上真夕子
項目・用例資料提供	田中牧郎（国立国語研究所）　青柳有季
デザイン	阿部美樹子
装画	きゅう
イラスト	青柳ちか　かりた　てづかあけみ　fancomi　福々ちえ　光安知子
写真	iStock　Getty Images　Shutterstock.com　PIXTA　ユニフォトプレス
写真協力・提供	葵祭行列保存会　出雲大社　熊本城総合事務所 首里城公園（守礼門）　竹浪比呂央ねぶた研究所　彦根市
制作	木戸礼　斉藤陽子
販売	福島真実
宣伝	一坪泰博
編集	有光沙織

プログレッシブ中学和英辞典　First Edition 2014

編集主幹	吉田研作
編集委員	荒井貴和　柳田恵美子
本文執筆	奥田朋世　高橋良子　藤井里美
英文校閲	Kenneth G. Okimoto　Lisa Fairbrother　Benjamin Boas

ジュニアプログレッシブ和英辞典　First Edition 1999
　　　　　　　　　　　　　　　Second Edition 2003

編集主幹	吉田研作
編集委員	荒井貴和　伊藤典子　狩野晶子　霜崎實　出世直衛　東海林宏司　神保尚武　多田洋子 鳥飼玖美子　浜野実　松本茂　柳浦恭　柳田恵美子　柳瀬和明　吉冨朝子 Richard L. Curé　Kenneth G. Okimoto

日本を英語で紹介しよう

みんなは日本のことをどれだけ知っているかな？
さまざまな文化をもつ世界の人々と
交流するには，まず，自分たちの文化や
生活習慣を知ることが大事だ．
日本のことを世界の人々に紹介(しょうかい)しよう．

日本の地理を簡単に説明してみよう！

日本はアジアの東部にある島国で，5つの主な島
（北海道，本州，四国，九州，沖縄）と多くの島がある．
Japan is an island country in the east of Asia.
It has five main islands — Hokkaido, Honshu,
Shikoku, Kyushu, and Okinawa— and many
other minor islands.

日本は国土の70%
近くが山岳(さんがく)地
帯なんだよ．

5つの主な島以外
に，約6,800も
の離島(りとう)がある
んだ！

日本の年中行事

四季折々に行われる年中行事は，日本人の生活に密接に結びついた，日本ならではの文化だよ．

January 1月

元日 New Year's Day　1月1日★

正月は日本人にとって一年で最も重要な行事で，特別な料理（おせち料理）と飾りつけで新年を祝う．また，社寺へ初もうでに行き，新年の健康と幸福を祈る．
Shogatsu is the biggest event of the year for the Japanese. People celebrate the New Year with special dishes (*osechi*) and decorations. They also go to a shrine or a temple, and pray for their health and happiness in the new year.

成人の日 Coming-of-Age Day　第2月曜日★

February 2月

節分 "Setsubun"　2月3日ごろ

立春の前日の夜，家の内側と外側にいった豆をまき，福を呼びこんで，悪霊を追い払う．
On the Eve of the first day of spring, people scatter roasted soybeans inside and outside their homes to bring in good fortune and drive out evil spirits.

建国記念の日 National Foundation Day　2月11日★

バレンタインデー Valentine's Day　2月14日

日本では好きな人や友達にチョコレートやお菓子を贈る日．
In Japan, Valentine's Day is a day when you give chocolate or candy to someone you love or your friends.

天皇誕生日 The Emperor's Birthday　2月23日★

March 3月

ひな祭り Doll(s') Festival　3月3日

桃の節句またはひな祭りと呼ばれる女の子のための祭り．ひな人形をかざり，お菓子や白酒をささげる．
This is a festival for girls and is also called *momo-no-sekku*. People display *hina* dolls and offer them candy and *shirozake*.

春分の日 Vernal [Spring] Equinox Day
3月20日または21日★

卒業式 Graduation Ceremony
春休み Spring Vacation

★＝国民の祝日

April 4月

花見
Cherry Blossom Viewing

公園などへピクニックに出かけ、家族や友達と桜の花を見て楽しむ。
People go on a picnic in some places such as parks to enjoy viewing the cherry blossoms with family or friends.

入学式
Entrance Ceremony

May 5月

ゴールデンウィーク
"Golden Week" Holidays

4月29日、5月3日、4日、5日を含む大型連休のこと（「ゴールデンウィーク」は和製英語）。
This is a long holiday season which includes April 29 as well as May 3, 4 and 5.

母の日
Mother's Day 第2日曜日

昭和の日
"Showa" Day
4月29日★

憲法記念日
Constitution (Memorial) Day
5月3日★

みどりの日
Greenery Day
5月4日★

こどもの日
Children's Day
5月5日★

子どもの健康と幸福を願う日。
This is a day when people wish for the health and happiness of children.

June 6月

梅雨 "Tsuyu"

初夏の雨の多い季節のこと。とても蒸し暑くなる。
Tsuyu is the rainy season which begins in early summer. It becomes very humid.

衣替え "Koromogae"

生徒たちは夏用の制服に替える。
Students change their school uniforms for the summer season.

父の日
Father's Day 第3日曜日

July 7月

七夕 Star Festival　7月7日

人々は短冊(たんざく)に願い事を書いて，ささの枝につるす．
During the Star Festival, people write their wishes on *tanzaku*, narrow strips of paper, and hang them on bamboo branches.

海の日 Marine Day　第3月曜日★

夏休み Summer Vacation

学校の夏休みは7月下旬に始まり8月下旬に終わるのが一般的．ふつうこの期間には宿題がたくさん出される．
Summer vacation at schools generally starts in late July and ends in late August. Students usually have a lot of homework during this period.

山の日 Mountain Day　8月11日★

August 8月

盆踊り "Bon" Festival Dance

お盆には先祖の霊(れい)が家に戻(もど)ってくると信じられており，霊を迎(むか)え入れてもてなし，盆踊りを楽しむ．
During *Bon*, it is believed that the souls of ancestors come back home. People welcome and entertain them, and enjoy *Bon* festival dancing.

September 9月

月見 Full Moon Viewing

旧暦(きゅうれき)の8月15日の月は「中秋の名月」と呼ばれ，人々は月をながめて楽しむ．月見団子やすすきを月に供える．
The moon on August 15 in the old calendar is called "Harvest Moon." Japanese people enjoy viewing the moon. They offer *tsukimi-dango* (rice dumplings) and *susuki* (Japanese pampas grass) to the moon.

敬老の日 Respect-for-the-Aged Day, Senior Citizens Day　第3月曜日★

秋分の日 Autumnal [Fall] Equinox Day
9月23日ごろ★

★ = 国民の祝日

October 10月

スポーツの日
Health-Sports Day　第2月曜日★

1964年の東京オリンピックを記念する日．スポーツイベントが各地で開催(かいさい)される．
This is a day which commemorates the 1964 Tokyo Olympics. Sports events are held in various regions.

秋祭り Fall Festival

秋には一年の収穫(しゅうかく)を感謝する祭りが多く行われる．
Many festivals take place in the fall as a show of thanks for the year's harvest.

November 11月

文化の日 Culture Day　11月3日★

七五三 "Shichi-go-san"　11月15日

3歳の男の子と女の子，5歳の男の子，7歳の女の子のための，すこやかな成長を祝うお祭り．
Shichi-go-san is a festival for 3-year-old boys and girls, 5-year-old boys, and 7-year-old girls to celebrate children's healthy growth.

勤労感謝の日
Labor Thanksgiving Day　11月23日★

紅葉狩り(もみじがり) Fall Leaf Viewing

秋になると広葉樹の葉が赤や黄色に紅葉する．この秋の色を見て楽しむ．
In fall, the leaves of broad-leaved trees turn red and yellow. People have fun looking at the fall colors.

December 12月

クリスマス
Christmas Day　12月25日

日本では，ふつう友達や恋人，家族とクリスマスイブにパーティーをする．パーティーではクリスマスケーキなどを食べる．
In Japan, people usually have a party on Christmas Eve with their friends, boyfriend or girlfriend, or family. They eat things like Christmas cakes at the party.

冬休み Winter Vacation

大みそか New Year's Eve　12月31日

一年の最後の日，人々は家族と共に過ごし，夜には年越しそばを食べる．深夜0時前後，多くの寺院では108回鐘(かね)をつく．
On the last day of the year, people spend time at home with family. At night, they eat noodles called *toshi-koshi soba*. Around midnight, many Japanese temples ring their bells 108 times.

日本の観光地

みんなは外国の人に日本の何を見てもらいたい？ 伝統的なお祭り？ それとも古い神社やお寺かな？ ほかにも美しい自然やハイテクの建物などいろいろあるね．

Kanagawa

横浜中華街（ちゅうか）
Yokohama Chinatown

日本最大級の中国人街．何百もの中華料理店があり，たくさんの中国人が暮らしている．
This is the largest Chinatown in Japan. It has hundreds of Chinese restaurants and a lot of Chinese people live there.

> 米国や英国などにも大きな中国人街があるんだって．

Shizuoka/Yamanashi

富士山 Mt. Fuji

高さは3,776mで，日本で最も高い山．日本の象徴（しょうちょう）として世界中に知られている．
This is 3,776 meters high and the highest mountain in Japan. It is known to the world as a symbol of Japan.

> 2013年に世界文化遺産に登録されたよ．

スキー Skiing

日本は南北に長いので，気候が大きく異なる．北海道ではスキーが，沖縄ではマリンスポーツが楽しめる．
Because Japan is long from north to south, it has widely different climates. Japanese people enjoy skiing in Hokkaido and marine sports in Okinawa.

Hokkaido

> 北海道にスキーをしにくる外国人観光客も多いんだ．

Aomori

ねぶた制作：竹浪比呂夫

ねぶた祭り
"Nebuta" Festival

ねぶたと呼ばれる灯籠(とうろう)の大きな山車(だし)と，ハネトと呼ばれる踊(おど)り手が元気よく音楽に合わせて踊る様子が見られる．
During the *Nebuta* Festival, you can see big lantern floats called *nebuta*, and dancers called *haneto* dancing cheerfully to music.

> What a tall tower!

Tokyo

東京スカイツリー
Tokyo Skytree

日本で最も高いタワーで，高さは634m．展望台から東京の街並みを一望できる．
This is the tallest tower in Japan and is 634 meters tall. The observation decks offer a special view of Tokyo.

Shimane

出雲大社
Izumo Oyashiro / Izumo Taisha

旧暦の10月には全国の神々がこの神社に集まるとされている．また，縁結びのご利益があると言われている．
In October of the old calendar, gods from all over Japan are said to gather at this shrine. It is also said to bring good luck in love and relationships.

Kumamoto

熊本城
Kumamoto Castle

日本で最も有名な城の1つ．加藤清正によって17世紀に建てられた．
This is one of the most famous castles in Japan. It was built by Kato Kiyomasa in the 17th century.

Okinawa

首里城 Shuri Castle

15世紀から19世紀まで沖縄地方を統治していた琉球(りゅうきゅう)王国の城．
This is a castle from the former Kingdom of Ryukyu. This Kingdom governed the Okinawan area from the 15th century to the 19th century.

※首里城正殿は2019年の火災により消失．2026年ごろ復元予定．

伏見稲荷大社
Fushimiinari Taisha

京都の中で，外国人観光客に最も人気のある観光名所の１つ．鳥居がたくさんある．
This is one of the most popular sightseeing spots among foreign tourists in Kyoto. There are many *torii*-gates there.

Hiroshima

Kyoto

原爆ドーム
The Atomic Bomb Dome

最も有名な被爆建造物．世界平和の象徴として，原爆の恐ろしさを世界に伝えている．
This is the most famous atomic-bombed building in the world. As a symbol of world peace, it conveys the horror of atomic bombs to the world.

多くの寺院・神社が古都京都の文化財として世界文化遺産に登録されているよ．５月に行われる葵祭りは1200年以上の歴史があるんだ．

Ehime

日本には宿泊施設のある温泉地が数千か所もあるんだって！

道後温泉
Dogo "Onsen" Hot Springs

日本で最も古い温泉の１つで，夏目漱石の小説『坊っちゃん』に描かれている．
This is one of the oldest hot springs in Japan and is depicted in the novel *Botchan* by Natsume Soseki.

日本の食生活

季節の野菜や魚介(ぎょかい)類を使った伝統料理から、日本で独自に進化した外国料理まで、日本の食文化はとても豊かでバラエティーに富んでいるよ。

和食 Japanese Cuisine

伝統的な日本の料理である「和食」の基本はご飯とみそ汁(しる)。これに、魚や野菜、豆類を使ったおかずがつく。
The basis of traditional Japanese cuisine, *washoku*, is cooked rice and miso soup. Dishes using fish, vegetables and beans are served with them.

「和食」は2013年にユネスコの無形文化遺産に指定されたよ。

すき焼き Sukiyaki

すき焼きは牛肉を野菜や豆腐(とうふ)といっしょに鉄鍋(なべ)に入れて、食卓(しょくたく)で調理する料理。
Sukiyaki is beef cooked with vegetables and tofu in an iron pot at the table.

すし Sushi

すしはふつう酢飯(すめし)の上に生の魚の切り身やほかの魚介類を載(の)せたもの。
Sushi is vinegared rice usually topped with a slice of raw fish or other seafood.

てんぷら Tempura

てんぷらは魚や野菜をたっぷりの油で揚(あ)げたもので、専用のつゆにつけて食べる。
Tempura refers to deep-fried fish and vegetables. They are dipped in a special broth and then eaten.

うどん, そば　Udon, Soba

うどんとそばはめん類．うどんはこねた小麦粉で，そばはそば粉で作られる．

Udon and soba are noodles. Udon is made of kneaded flour, and soba is made of buckwheat flour.

おにぎり　"Onigiri"

おにぎりはご飯を三角形や丸形に握（にぎ）ったもの．ふつう中に具を入れ，外にのりを巻く．

Onigiri are rice balls made into triangular or round shapes by hand. They usually have fillings in the middle, wrapped with dried seaweed on the outside.

They look yummy!

日本で人気の料理
Popular Dishes in Japan

日本ではさまざまな外国料理が食べられている．その中には日本で独自に発展して国民食になったものもある．

In Japan, people enjoy various foods which are from foreign countries. Some of them have developed into some of Japan's most popular unique dishes.

ラーメン
Ramen

ラーメンは中国にルーツを持つ．日本には無数のラーメン店があり，インスタントラーメンの種類も豊富にある．

Ramen has its roots in China. In Japan, there are countless ramen shops and many different varieties of instant ramen noodles.

カレーライス
Curry and Rice

家庭では市販（しはん）のカレールーを使うことが多い．さまざまな種類のルーが日本の至る所で売られている．

Most people who cook at home use store-bought curry. A wide variety of curries are sold everywhere in Japan.

日本の衣生活

はなやかで美しい和服は外国の人にとても人気があるよ。日本の夏を楽しむのにぴったりの浴衣(ゆかた)や学校の制服についても,英語で説明してみよう.

和服, 着物
Japanese Clothes, Kimono

着物は伝統的な日本の衣服.現代では,成人式や結婚(けっこん)式などに着ることが多いが,休日に普段(ふだん)着の着物を楽しむ人も増えている.

A kimono is a traditional Japanese clothing. Nowadays most people wear it during events such as coming-of-age ceremonies and weddings, but more and more people enjoy wearing casual kimonos on holidays as well.

ぞうり *zori*
Japanese sandals

米国では,制服も体操服もないところがほとんどらしいよ.

浴衣 "Yukata"

浴衣は薄(うす)い木綿(もめん)の着物で,湯上がりや暑いときに着られる.夏の花火大会や盆踊(ぼんおど)りに行くときによく着る.

A *yukata* is a thin cotton kimono. It is worn after a bath or in hot weather. People often wear it when they go to summer fireworks displays or take part in the dancing at *Bon* festivals.

うちわ *uchiwa*
a Japanese round fan

帯 *obi*
a belt for a kimono

げた *geta*
wooden clogs

制服
School Uniform

学校生活では,生徒はふつう制服を着て登校する.体育の授業用の体操服もある.

Most students go to school in their school uniforms. There is also a uniform for gym class.

最近の日本の家は洋風化されているけれど、和室のある家は多いよね。おふろも外国のものと形はあまり変わらないけど、使い方は少し違うよ。

日本の 住生活

床の間 tokonoma
a small alcove

障子 shoji
a sliding paper screen

ふすま fusuma
a sliding paper door

畳 tatami
a straw mat

座敷 "Zashiki"

座敷は畳を敷いた日本式の部屋。たいてい家の中でいちばん眺めがよく、客間としてよく使われる。

A *zashiki* is a Japanese-style room with tatami mats. It usually has the best view in the house and is often used as a guest room.

欧米では浴そうの中で体を洗うんだよ。

ふろ Bath

浴そうの湯を家族全員で使えるように、浴そうに入る前に体を洗う。浴そうから出たら、湯が冷めないようにふたをする。

Before getting into the tub, people wash themselves so that the whole family can use the same bathwater. After getting out of the tub, they put the cover on it so the water won't get cold.

布団をしまうことで、部屋を広く使うことができるんだね。

布団 Japanese Futon

布団は寝るときに用いるもので、掛け布団と敷き布団がある。夜は畳の上に広げて、朝になると畳んで押し入れにしまう。

Japanese futon is a set of a mattress and a comforter for sleeping. People spread it out on the tatami mats at night and fold it up and store it in the closet in the morning.

日本の 習慣・マナー

日本人が何気なくしている習慣も，外国の人から見れば興味深いものがたくさんあるんだ．

あぐらはくつろいだ座り方．「あぐらをかく」は sit cross-legged と言うよ．

欧米（おうべい）ではおじぎをする習慣はあまりなくて，握手（あくしゅ）をしたり，抱（だ）き合ったり，キスをしたりするよ．

正座 "Seiza"

正式な場での伝統的な座り方．ひざから足の甲（こう）までを床につけて，尻（しり）をかかとの上にのせて座る．
The traditional way to sit on formal occasions, with knees and insteps on the floor and buttocks resting on the heels.

お辞儀 Bow

あいさつや感謝，敬意，謝罪を表すためにお辞儀をする．
People bow to say hello or goodbye, and also to express their appreciation, respect or apologies.

欧米ではクリスマスカードに新年のあいさつを書くことがよくあるんだって．

年賀状 New Year's Card

新年のあいさつとして送られるはがき，友達や親戚（しんせき）などに元日に届くように送る．最近では，多くの人がオンラインで年賀状を送る．
This is a card sent as a New Year's greeting. People send it to people such as their friends and relatives so that it arrives on New Year's Day. Today, many people send New Year's cards online.

印鑑（いんかん） Seal

欧米では正式な書類にサインをするのが一般的だが，日本ではサインの代わりに印鑑を使うことが多い．
In Western countries, people usually sign a formal document but in Japan, most people use a stamped seal in place of a signature.

玄関で靴を脱ぐ

家に入るときは，玄関で靴を脱ぐ．靴を脱いだらそろえるのがマナー．
When people enter a house, they take off their shoes at the entrance. It is good manners to put the shoes neatly together after taking them off.

包装紙を丁寧に開ける

日本では包装をとても大切にしている．だれかから贈(おく)り物をもらったら，その包み紙を丁寧に開ける．
Wrapping is very important in Japan. When people receive a gift from someone, they unwrap it carefully.

茶わんやおわんを持って食べる

食事をするときは，茶わんやおわんを手に持つのがマナー．
When you eat in Japan, it is good manners to hold your bowl in your hand.

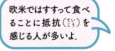

めん類はすすって食べてもOK

うどんやそば，ラーメンなどのめん類を食べるときは，音を立てても無作法ではない．
It is not impolite to slurp when eating noodles such as udon, soba or ramen.

日本の ここがすごい

日本が世界に発信するポップカルチャーや，日本人にとっては当たり前でも外国の人が驚(おどろ)くことなど，日本のすごいところを聞いてみたよ．

アニメ，漫画 — Anime, Manga

日本ではアニメや漫画はすべての人のためのもの．年齢(ねんれい)を問わず多くの人に楽しまれている．日本のアニメと漫画は世界でとても人気があり，多くの国の大衆文化に大きな影響(えいきょう)を与(あた)えている．
In Japan, anime and manga are for everyone. They are enjoyed by people of all ages and genders. Japanese anime and manga are very popular all over the world and they have a big influence on pop culture in many countries.

カワイイ文化 — "Kawaii" Culture

日本語の「カワイイ」は英語で"cute"の意味．日本人は年齢(ねんれい)性別を問わずかわいいものが大好きで，自社を象徴(しょうちょう)するかわいいマスコットを持つ企業もある．さらに日本の都道府県や市などにもマスコットがいる．
The Japanese word *kawaii* means cute in English. People of all ages and genders love *kawaii* things and some companies have *kawaii* mascots which represent them. There are even mascots for prefectures and cities!

彦根市キャラクター 「ひこにゃん」

コンビニ — "Konbini" (convenience store)

おそらく日本のコンビニが世界で最も便利．食べ物や飲み物に加えて，24時間営業でほとんど何でも売っている．ペン，シャツや下着，さらにはコンサートのチケットも！
The Japanese *konbini* are probably the most convenient in the world! In addition to food and drinks, they sell practically anything 24 hours a day. This includes pens, shirts and underwear, and even concert tickets!

時間に正確な電車 *Trains on Time*

日本の電車は時間どおりに走る！ 運行スケジュールをきちんと守っている．もし電車が遅(おく)れたら鉄道会社は事情を説明し，仕事や学校に遅れる人々に遅延(えん)証明書を配る．すごくていねいだ．
Japanese trains run exactly on time! They are very serious about scheduling. If the train is late, the railway company will announce the reason for the delay and hand out certificates for people who are late to work or school. They are very courteous!

治安のよさ *Public Safety*

非常に治安がよいので，とても幼い頃(ころ)から子どもは自分たちだけで歩いて学校に行く．また，東京などの大都市でも小学生が1人で公共交通機関に乗っているのを見かけることがある．
It is so safe that children often walk to school on their own from a very young age. You can also often see elementary school students riding public transportation by themselves in major cities like Tokyo.

清潔さ *Cleanliness*

日本人は清潔にすることをとても大切にしている．通りや公園，電車など，公共の場でのごみのポイ捨てはほとんど見られない．一般に公衆トイレもとても清潔に保たれている．
Japanese people care deeply about cleanliness. Littering is seldom seen in public places such as streets, parks or trains. Public restrooms are also generally kept very clean.

自動販売機 *Vending Machine*

日本の自動販売機がおそらく世界でいちばん進んでいる．街中や寺院の中，さらには富士山の頂上にさえ置かれている．それらの多くは冷たい飲み物だけでなく，冬には温かい飲み物も販売する．
The vending machines in Japan are probably the most advanced in the world! They are on city streets, in the middle of Buddhist temples, and even on top of Mt. Fuji! Many of them dispense not only cool drinks but hot drinks in winter.

日本の 学校生活

みんなが通っている日本の学校について英語でどのくらい話せるかな？
外国の友達に説明できるようになろう．

義務教育 Compulsory Education

日本では小学校6年間，中学校3年間，高校3年間の6-3-3制の学校教育が全国共通で行われている．この期間のうち最初の9年間が義務教育．
Education for children in Japan is provided nationwide on the 6-3-3 system: six years of elementary school, three years of junior high school, and three years of high school. The first nine years of the education are compulsory.

> 米国では，高校が4年間のところが多くて，州や市によって小学校や中学校の学年制度が違(ちが)うよ．

教室 Classroom

各クラスは決まった教室をもち，そこで生徒は大半の授業を受ける．ほとんどの公立の中学校では給食があり，各自の席で昼食をとる．
Each class of students has its own fixed classroom and most students have their classes there. Most public junior high schools have a lunch program. Students have lunch at their desk.

学年暦 School Year

日本の多くの学校は3学期制で，4月に1学期，9月に2学期，1月に3学期が始まる．1か月の夏休みと2週間の冬休みがある．
Most schools in Japan have a three-term system, with the first term beginning in April, the second term in September, and the third term in January. The summer vacation lasts one month and the winter vacation lasts two weeks.

定期テスト
Regular Examinations

学期半ばと学期末にテストがあることが多い．
In most cases, examinations are given two times a term: one in the middle and the other at the end.

文化祭 School Festival

クラスやクラブなどが，それぞれの活動を学校内外の人に発表する．合唱や演劇，制作物の展示などを行う．
Classes and clubs present their activities to people inside and outside the school. The event will include a chorus, a drama, and an exhibition of art products by students.

体育祭 Sports Festival

競技で競ったり，マスゲームを発表したりする．特に，クラス対抗のリレーや応援合戦が盛り上がる．
Students compete in games and present mass games. The inter-class relays and the cheering contests are especially exciting.

部活動 Club Activities

放課後，多くの生徒は部活動に参加している．生徒は好きな部に入って，年間を通して同じ部で活動する．
After school, many students participate in club activities. Students join a club they like and are active in that club for the whole year.

米国には日本のような"部活"はなくて，いくつかの学校のスポーツチームがあり，シーズンごとに違うチームに入る生徒もいるよ．

修学旅行 School Trip

中学3年生になると，学年全体で旅行に行く．旅先の地理や歴史を学びながら，友人との思い出を作る．
In the third year of junior high school, the students go on a trip all together. Students learn about the geography and history of the destination while making memories with their friends.

英語で話そう

いろいろな場面で実際に使える表現を集めてみたよ．

あいさつ Greeting

朝，教室で友だちに会いました．

ケイト Good morning, Jim.
I like your shirt.
おはよう，ジム．君のシャツ，素敵だね．

ジム Thanks. This is my favorite.
ありがとう．これ，お気に入りなんだ．

メッセージアプリで
友だちに話しかけます．

しばらく会っていない
友だちに会いました．

ユミ Oh, wow. It's Ian!
まあ，イアン！

イアン Hi, Yumi.
Long time no see!
やあ，ユミ．久しぶりだね！

Hey, what's up?
やあ，何か変わったことある？

Hiroshi
ヒロシ

Nothing special.
What about you?
特にないよ．君は？

自己紹介
Self-introduction

> クラスで転校生が紹介されます．

先生 This is our new student, Tomoya.
こちらは新しい生徒のトモヤです．

Could you introduce yourself to everyone?
みんなに自己紹介してくれるかな．

トモヤ Hello, everyone. I'm very happy to meet you.
みなさん，こんにちは．みなさんに会えてとてもうれしいです．

My name is Kato Tomoya. Please call me Tomo.
ぼくの名前は加藤トモヤです．トモと呼んでください．

I'm from Tokyo, Japan.
日本の東京から来ました．

> 転校生がクラスメートからの質問に答えます．

先生 Any questions?
何か質問はある？

生徒A What do you do in your free time?
ひまな時は何をしますか．

生徒B What subject do you like best?
何の教科がいちばん好きですか．

トモヤ I often go mountain climbing.
I love Mt. Fuji.
よく山登りに行きます．富士山が大好きです．

My favorite subject is math.
I can do quick mental calculations.
いちばん好きな教科は数学です．
すばやく暗算することができます．

電話
Telephone

ミアとヒロシが駅で待ち合わせをしています．
先に駅に着いたミアにヒロシから
電話がかかってきました．

ミア　Hello?
　　　もしもし？

ヒロシ　Hi, Mia. This is Hiroshi.
　　　やあ，ミア．ヒロシだよ．

ミア　What's up? I'm already at the station.
　　　どうしたの？　私はもう駅にいるよ．

ヒロシ　I'm sorry but I'll be about 30 minutes late.
　　　The train was delayed.
　　　ごめん，30分遅(おく)れそうなんだ．電車が遅れてて．

ミア　It's OK. I'll wait for you in the café near the station.
　　　OK．駅の近くのカフェで待っているから．

ヒロシ　Thanks. I'll meet you there.
　　　ありがとう．そこに行くね．

[その他の表現]

どちら様ですか．
Who's calling, please?
ケイトさんをお願いします．
May I speak to Kate?
彼女は今留守にしていますが．
She's out at the moment.
伝言はありますか．
Can I take a message?
ちょっと聞き取りづらいのですが．
Sorry, but I can't hear you very well.
電話，ありがとう．じゃあね．
Thanks for calling. Bye.

買い物
Shopping

ケンがみやげ物屋さんで
買い物をしています．

店員 **May I help you?**
いらっしゃいませ．

ケン **I'm looking for something good for a souvenir.**
おみやげにいいものを探しているんですが．

店員 **How about this?**
こちらはいかがでしょうか．

ケン **How much is it?**
それ，いくらですか．

店員 **It's eleven dollars.**
11ドルです．

ケン **OK. I'll take it.**
それをください．

[その他の表現]

見ているだけです．
I'm just looking, thank you.

シールは置いていますか．
Do you have stickers?

（指さしたり，品物を持って）これをください．
This one, please.

それ（と同じもの）を4つください．
I'll take four of these [them].

ユミが衣料品店で
試着しています．

ユミ **Can I try it on?**
試着してもいいですか．

店員 **Certainly.**
もちろんです．

店員 **How is it?**
いかがですか．

ユミ **It's a little big for me. Do you have a smaller size?**
私にはちょっと大きいですね．
もっと小さいサイズはありますか．

[その他の表現]

あれを見てもいいですか．
May I see that one?

ほかの色を見せてもらえますか．
Can you show me another color?

（サイズが）ぴったりです．
It's just right. / This is just my size.

これはセール品ですか．
Is this on sale?

（商品を買わずに）ちょっと考えます．
I'll [Let me] think about it.

食事
Meals

レストランで食事をします．

店員 Good evening.
How many in your party?
いらっしゃいませ．何名様ですか．

客 There are four of us.
4人です．

店員 Are you ready to order?
ご注文はお決まりでしょうか．

客 I'll have the roast chicken and a vegetable salad.
ローストチキンと野菜サラダをお願いします．

店員 Anything else?
ほかにご注文はございますか．

客 No, that's all.
いいえ，以上です．

[その他の表現]

3人ですが，席はありますか．
Do you have a table for three?

メニューを見せてもらえますか．
May I see the menu?

いい［おいしそうな］においですね．
That smells good [delicious].

（きょうの）おすすめは何ですか．
What do you recommend (today)?

これは私の大好物です．
This is my favorite food.

すみません，チーズは苦手なんです．
I'm sorry, I don't like cheese very much.

道案内
Guide

> 駅で案内をします.

A Which platform is for Minami Park?
  南公園行きの電車は何番ホームですか.

B Go to platform 4.
  4番線のホームに行ってください.

> 街で道を聞かれました.

A Excuse me. Could you tell me the way to the post office?
  すみません. 郵便局に行く道を教えてもらえませんか.

B Sure. First, turn left at that convenience store.
  ええ. まず, あのコンビニを左に曲がってください.

  And then go straight for about a hundred meters. You will see it on your right.
  それから100メートルほどまっすぐ行くと, 右手に見えます.

[その他の表現]

あそこです.
It's over there.

もうちょっと先です.
It's a little farther.

ここから歩いて2〜3分です.
It's a few minutes' walk from here.

すぐにわかりますよ.
You can't miss it.

この電車は新宿に止まりますか.
Does this train stop at Shinjuku?

5つ目の駅[停留所]で降りてください.
Get off at the fifth station [stop].

旅行
Travel

> 飛行機の中でアナウンスがあります．

機内アナウンス Attention, all passengers. We will be taking off shortly, so please fasten your seatbelts at this time.
みなさま，当機は間もなく離陸(りりく)いたしますので，シートベルトをお締(し)めください．

> 飛行機の中で機内食のサービスが始まります．

客室乗務員 Which would you like to have, fish or chicken?
魚とチキン，どちらになさいますか．

乗客 Chicken, please.
チキンをお願いします．

[その他の表現]

毛布をいただけますか．
May I have a blanket, please?
お茶をいただけますか．
Can I have some tea, please?

> 空港で入国審査(しんさ)をします．

係官 Passport, please.
パスポートをお願いします．

旅行客 Here you are.
はい，どうぞ．

係官 What's the purpose of your visit?
訪問の目的は何ですか．

旅行客 Sightseeing. / Study.
観光です．／留学です．

教室で使う英語
Classroom English

これから授業が始まります．

先生　Hello, everyone.
　　　みなさん，こんにちは．

生徒　Hello, Mr. Smith.
　　　スミス先生，こんにちは．

先生　Let's start today's lesson.
　　　今日の授業を始めましょう．

プリントを使った授業中です．

先生　I'm passing out the handouts.
　　　Take one and pass the rest back.
　　　プリントを配ります．1枚取って後ろに回して．

先生　Raise your hand
　　　if you have any questions.
　　　質問がある人は手を挙げて．

生徒　I have a question.
　　　1つ質問があります．

[その他の表現]

先生が使う表現

教科書の10ページを開けてください．
Open your book to page ten.

教科書を閉じてください．
Close your book.

先生の後について言ってください．
Repeat after me.

音声を聞いてください．
Listen to the recording.

生徒が使う表現

この文はどういう意味ですか．
What does this sentence mean?

もう一度言ってください．
Could you say that again?

辞書を使ってもいいですか．
May I use a dictionary?

わかりません．
I have no idea.

発表
Speech and Presentation

好きなアーティストについて
スピーチをします．

Hello, I'm Kumi.
こんにちは．クミです．

Today, I'll introduce my favorite singer to you.
きょうは，私の好きな歌手をみなさんに紹介します．

I'm a big fan of Tiffany.
私はティファニーの大ファンです．

She is a very talented singer,
and her voice always cheers me up.
彼女は才能のある歌手で，私は彼女の歌声にいつも勇気づけられています．

Last week she released a new song.
先週は，新曲が発売されました．

It was awesome!
とてもすばらしかったです．

I can't wait for her concert this weekend.
今週末のコンサートが待ちきれません．

Thank you for your listening.
以上です，ありがとうございました．

[その他の表現]

導入の表現

今日は我が家の猫(ねこ)について話します．
Today, I'll talk about my pet cat.

私の趣味を紹介します．
Let me introduce my hobby.

体験を話す

友達とティファニーのライブに行きました．
I went to a Tiffany concert with my friend.

最近，ゲームの実況(じっきょう)動画を公開しました．
I recently posted a "Let's Play" video.
⇨ Let's Play とはビデオゲームのプレーの様子を見せる，動画のジャンルの1つです．

希望を話す

将来，ゲームクリエイターとして働きたいです．
I want to work as a game creator in the future.

次のイベントを楽しみにしています．
I'm looking forward to the next event.

感想を言う

コンサートはすばらしかったです．
The concert was amazing!

私はその曲を聞いてハッピーになりました．
The song made me happy.

(スポーツで) そのプレーはすごかったです．
The play was awesome!

聞き手に問いかける

このゲームをどう思いますか．
What do you think about this game?

(私のスピーチについて) 質問はありますか．
Do you have any questions (about my speech)?

発表の最後に

ありがとうございました．
Thank you.

聞いてくださり，ありがとうございました．
Thank you for your attention.

英語で書こう

手紙やメールを英語で書いて，世界中に友達を作ろう．

手紙 Letter

① Yamada Ichiro
② 2-3-1 Hitotsubashi
Chiyoda-ku, Tokyo
101-8001, JAPAN

切手

③ Mr. Michael Brown
④ 1234 Avenue of the Americas
New York, New York 10020
U.S.A.

⑤ AIR MAIL

---

⑥ December 10, 2015

⑦ Dear Mr. Brown,

⑧ This is Yamada Ichiro.

I hope you remember me!

It has been nine months since you left Japan.

I hope you are enjoying life in New York.

I hear it is very cold there, so please take good care of yourself.

We all miss you, so please come back soon!

⑨ Sincerely,

⑩ Yamada Ichiro

---

①差出人の名前
②差出人の住所
　地番→町名→区（市・町・村）
　→都道府県→郵便番号→国
　名（大文字）の順で書く．
③受取人の名前
　目上の人には敬称をつける
　（男性＝ Mr.　女性＝ Ms.
　夫妻＝ Mr. and Mrs.），友達
　には不要．
④受取人の住所
⑤航空便の指示
⑥日付
　日付は右上に書く．
⑦呼びかけの句
　友達の場合は名前だけ
　を，目上の人の場合は Mr.
　Brown のように「敬称＋姓」
　を Dear の後に書く．最後に
　コンマ（,）を入れる．
⑧本文
⑨結びの句
　友達や親しい人には Yours,
　や Love, などを，目上の人に
　は Sincerely yours, や Best
　wishes, などを使う．最後に
　コンマ（,）を入れる．
⑩サイン
　友達の場合はふつう名前だ
　けを，目上の人の場合は姓
　名をサインする．パソコンな
　どで手紙を書く場合でも，サ
　インは手書きにする．

【ALTの
プラウン先生への手紙】
山田イチローです．覚えてい
ますか．先生が日本を離れて
9か月がたちました．ニュー
ヨークの生活は楽しいですか．
そちらはとても寒いと聞きまし
た．お体に気をつけてくださ
い．みんな先生がいなくて寂
（さび）しがっています．早く戻
（もど）ってきてください．

グリーティングカード
Greeting Cards

クリスマスカード
Christmas card

ボブへ
すてきな年末年始を！
楽しいクリスマスとよい新年をむかえてね．
ユキコより

Dear Bob,
Happy Holidays!
I wish you a Merry Christmas and a Happy New Year!
Love, Yukiko

Happy 14th Birthday!
Wishing you a wonderful birthday.

バースデーカード
Birthday card

14歳(さい)の誕生日おめでとう！
すてきな誕生日になりますように．

バレンタインカード
Valentine's card

ハッピーバレンタイン！
ずっといっしょだよ！
ナオより

Happy Valentine's Day!
I hope we stay together forever!
from Nao

Get well soon!
If there is anything I can do for you, please let me know.

お見舞いのカード
Get well card

早くよくなってね！
何かできることがあったら
言ってね．

Dear Ellie,
We are having a party at my home and we would love it if you could come.
Love, Kaoru

招待状
Invitation

エリーへ
私の家でパーティーをするので，
来てくれるととてもうれしいです．
カオルより

メール
Email

宛先	sally123@email.com
cc	
bcc	
件名	From your new pen pal

Dear Sally, —［呼びかけの句］

Hello! —［あいさつ］

［本題］
My name is Yamamoto Tomomi. I'm a 13-year-old girl from Japan, and in my second year of junior high school in Hiroshima.

I like English the best of all my subjects, but I can't write and speak it very well.
I'm interested in American culture because I want to go to America to study in the near future.

I'd like to learn English and American culture by corresponding with you by email.

I hope to hear from you soon. —［終わりのあいさつ］

Your new friend, —［結びの句］
Tomomi —［自分の名前］

あなたの新しいペンフレンドより

サリーさんへ

こんにちは！

私の名前は山本トモミです。13歳(さい)の日本の女の子で、広島の中学2年生です。

私は全教科の中で英語がいちばん好きですが、あまり上手に書いたり話したりできません。私は近い将来、アメリカに留学したいと思っているので、アメリカの文化に興味があります。

あなたとのメール交換(こうかん)を通して、英語とアメリカの文化を学びたいです。

お返事待っています。

あなたの新しい友達
トモミ

メールでよく使う略語 abbreviation

ASAP できるだけ早く as soon as possible	**BC** なぜなら because	**IDK** わからない。 I don't know.	**TY** ありがとう。 Thank you.	
PLS どうぞ please	**B4** …の前に before	**TTYL** またね。 Talk to you later.	**FYI** 参考までに for your information	**BTW** ところで by the way
CU またね。 See you.	**AFAIK** 私の知る限りでは as far as I know	**J / K** 冗談(じょうだん)だよ。 Just kidding.	**LOL** 大笑い laughing out loud	

メールでよく使う顔文字 emoticon

:-) 笑顔　　:-D 大笑い　　;-) ウインク　　:-O 驚(おど)き

:-(不機嫌(ふきげん)　　:'-(泣き顔　　>:-(怒(おこ)り　　:-* キス　　:-P あっかんべー

顔が横向きになっているよ。

はじめに

『ジュニアプログレッシブ和英辞典』を前身とし，その内容を全面的に見直して作られた『プログレッシブ中学和英辞典』も第2版となりました．外国の文化や生活を知りたい，日本のことを外国の人に伝えたい，という思いはあるけれど，どうやって英語で表現すればよいかわからない──そんな中学生のために編まれたのがこの和英辞典です．中学生のみなさんの気持ちに寄り添い，本当に言いたいことを英語で表現できるように工夫しました．その特徴は以下のとおりです．

● 中学生に身近な言葉を数多く採用
メールやインターネット，ファッションに環境関連まで，現代の中学生に身近な言葉を見出し語などに多数採用しました．20,400項目と15,200用例が収録され，自分の言いたいことを表現するのに十分な情報量となっています．

● 探している表現にすぐにたどり着ける
中学生がよく使う見出し語は赤字で大きく表示し，見つけやすくしました．また，意味の多い見出し語では，言いたい・書きたい表現をすぐに探し出せる一覧方式を採用しました．求めている表現をまず日本語で確認し，その後，的確な英語を確実に探せるようになっています．

● 中学生が本当に言いたい例文がいっぱい
授業や課題で中学生が「言いたかったけれど言えなかった表現」を集め，そのデータを分析して用例に採用しました．作文にも会話にも確実に使える，いきいきとした用例でいっぱいです．用例は極力フルセンテンス（文）にし，できるだけ具体的な使い方がわかるようにしました．

● 楽しく発信できる付録と口絵
囲み「ミニ絵辞典」や口語表現がたっぷりの口絵など，見ているだけでも楽しく，「話す」ときにも「書く」ときにも活用できる，楽しいページを設けました．英語で発信するときにぜひ活用してください．

● オールカラー！　豊富な写真とイラストでビジュアルから理解できる
全てのページをカラー化し，合わせて約950点の写真やイラストを入れました．日本文化の写真や絵辞典要素のあるイラストにより，「これは英語で何て言うの？」がビジュアルからわかります．本辞典のキャラクターであるペンギンのイラストも各所に置かれています．

　英語で話したり書いたりするには，英単語を知識として覚えるのではなく，それを英語らしい言い方で，相手に伝わるように使うことが必要です．新しい『プログレッシブ中学和英辞典 第2版』には，そのためのさまざまな情報がつまっています．それらを活用し，グローバルの時代に生きるみなさんが外国の人たちとたくさん交流できるよう，心から願っています．

2024年10月

編集主幹　吉田研作

この辞書の構成と使い方

❶見出し語
◆見出し語は以下の2種類です.
・赤色の大きな見出し：重要語
・紺色の小さな見出し：一般語
◆見出し語はあいうえお順に並べました．長くのばす音は，その直前の母音をくり返した形で探してください．（例：「ケーキ」は「ケエキ」で探す）．
「会う，遭う」と「合う」のように，かなで書くと同じ「あう」になるような語は肩付（かた）きの数字で区別してあります.
❶a

訳語の見方について

> **❷語義一覧**
> 見出し語の語義が多い場合は，見出しの下に一覧で表示しています．❶❷❸…で大きく区分し，それぞれの意味の違（ちが）いを日本語で示しています.
>
> **❸訳語**
> よく使われる順に並べてあります．「；」「，」の順で区分をして，（ ）で意味の違いを示しています.
>
> **❹発音**
> 訳語の後ろの［ ］内に，発音の手がかりとしてカナ文字の発音を示しました．強く発音する部分は太字で表しています.
>
> **❺名詞の複数形**
> 名詞の複数形を必要に応じて示しています.
>
> **❻数えられる名詞・数えられない名詞**
> a, an がついている名詞は数えられる名詞，ついていない名詞は数えられない名詞です．the がついている名詞はふつう the をつけて使う名詞です.

❼文型（文の構造）
訳語を使って文をつくるとき知っておきたい文型がある場合に示しています.
❽用例
そのまま使える用例を挙げています．訳語にあたる語をイタリック体で示しています.
❾「/」で並べた用例
複数の言い方がある場合，「/」で区切って並べています.
❿参照送り
参照してほしい見出し語や囲み記事，イラストなどを → の後ろに示しています.

---

❶a

あう¹【会う，遭う】

❶人に	meet, see
❷事故などに	have, meet with ...

❶❶[人に]**meet**[ミート]，**see**[スィー]
・私は来週の水曜日にユミと会う予定だ.
I will *meet* Yumi next Wednesday.
❷[事故などに]**have**[ハヴ]，meet with ...
・ケンがきのう交通事故にあった.
Ken *had* a traffic accident yesterday.

❶a

あう²【合う】

❷
❶服などが（寸法が）**fit**;（色・形が）**suit**;（調和する）**match, go with** ...
❷折り合う（意見が合う）**agree（with ...）**;（仲よくやっていく）**get［go］along（with ...）**

❸❶[服などが]（寸法が）**fit**[フィット]；（色・形が）**suit**[スート]；（調和する）**match**[マッチ]，**go with** ...[ゴウ ウィズ]
・そのTシャツは彼には合わない．大きすぎるよ.
That T-shirt doesn't *fit* him. It's too big.
❷[折り合う]（意見が合う）**agree（with ...）**[アグリー]；（仲よくやっていく）**get［go］along（with ...）** **❹**[ゲット［ゴゥ］アローング]
・その計画について彼女と意見が合った.
I *agreed with* her about the plan.

あし【足，脚】
❺（足首からつま先まで）**a foot**[フット]（**複 feet**[フィート]）；（足首から太ももの付け根まで）**a leg**[レッグ]；（動物の）**a paw**[ポー]；（机・いすなどの）**a**
❻leg;（いか・たこの）**an arm**[アーム]
あたえる【与える】give[ギヴ]；（えさなどを）**feed**[フィード]；（損害などを）**cause**[コーズ]→あげる¹
❸，くれる¹

❼
〈人など〉に〈物〉を与える
give ＋〈人など〉＋〈物〉／
give ＋〈物〉＋to ＋〈人など〉

❽・父は私にチャンスを与えてくれた. **❾**
My father *gave* me a chance.／My father
gave a chance *to* me.
アドバイス advice[アドゥヴァイス]→ちゅうこく **❿**
⓫━アドバイスする **advise**[アドゥヴァイズ]（★名詞とのつづり・発音の違（ちが）いに注意），**give ...（a piece of）**
⓬advice[（ピース）]（▶give ... an advice は×）

fifteen
㉑

いっけん

あみ【網】a net[ネット]
- 私たちは網で魚を捕(と)った.
 We caught some fish with *a net*.
 網棚(だな) a baggage [luggage] rack
 網戸（窓の)a window screen; （ドアなどの)a screen door

あらう【洗う】
wash[ワッシュ]
- ミキは毎日髪(かみ)を洗う. Miki *washes* [*shampoos*] her hair every day.
- このセーターは家で洗えますか.
 Is this sweater *wash*able (at home)?

あわせる【合わせる】
❶いっしょにする　put together;（協力する)work together
❷一致(いっち)させる　set;（照合する)check

work together　　set

いかが how[ハウ]（▶具合・様子・印象などをたずねる)

話してみよう！

☺ごきげんいかがですか.
 How are you?
☺おかげさまで元気です.
 (I'm) fine, thank you.

いし¹【石】
(a) stone[ストウン], 米 a rock[ラック];（小石)a pebble[ペブル]

ここがポイント！　stoneとa stoneの使い分け
「物質としての石」を意味する場合にはaをつけたり複数形にしたりせずstoneの形で使いますが, 「石1個」の意味で使う場合にはa stoneとaをつけます.

いっけん【一見して】at a glance[グランス]

慣用表現

百聞は一見にしかず. Seeing is believing.（← 見ることは信じることだ)

⓫準見出し
見出し語から派生する語についての情報を示しています.

⓬注・解説
（▶ ）で使い方のポイントや百科情報を解説しています.

⓭柱
左ページの柱はそのページの最初の語を, 右ページの柱はそのページの最後の語を示しています.

⓮あいうえお見出し
左ページの左端にはそのページの最初の語の五十音, 右ページの右端にはそのページの最後の語の五十音が表示されています.

⓯複合語
見出し語が他の語と結びついた合成語です.

⓰言いかえ・省略
直前の語と言いかえが可能な語(句)は[　]で示しました. 省略可能な語(句)は(　)で示しています.

⓱イラスト・写真
理解を助けるためのイラストや写真を入れています. イラスト内の丸数字は, 語義についている番号と一致(いっち)しています.

⓲いろいろな囲み記事
見出し語について, より深く理解するために欠かせないポイントや表現を囲み記事にしました.「ここがポイント！」「くらべてみよう！」「これ, 知ってる？」「表現メモ」「話してみよう！」「ミニ絵辞典」があります（p.4参照）.

⓳慣用表現
慣用表現やことわざを示し, 必要に応じて用例を出しています.

⓴用例の直訳
日本語と英語の違(ちが)いが大きい場合は,「←」の後に, 英語に近い形に言い換(か)えた日本語を示しています.

㉑ページ表示
数字と英語でページを示しています.

囲み記事について

この辞書では，英語表現，および日本と英語圏の文化の違いについて理解を深めるための囲み記事を掲載しています．p.6～p.8のさくいんも参照してください．

ここがポイント！
英語で表現するときに特に知っておきたいポイントを示しています．

これ、知ってる？
日本と英語圏では文化背景や習慣が異なるものを紹介しています．

話してみよう！
見出し語を使った，覚えておくと便利な会話表現を紹介しています．

くらべてみよう！
同じような意味を持つ語の使い分けを比較説明しています．

表現メモ
見出し語と同じ分野の語や表現を紹介しています．

ミニ絵辞典
場面ごとによく使う語や表現を絵とともに紹介しています．

和英辞典を使いこなそう！

- 言いたい・書きたい日本語を引いたとき，訳語がいくつもある場合があります．そのときは訳語の注や用例での使い方を見て，言いたいことに近いものを探してください．
- この辞書では，そのまま使える身近な用例を，できるだけ文で示すようにしています．また，より自然な英文になるように，訳語以外の語を使った用例も示していますので，言いたいことに近い用例を参考にしましょう．
- 言いたいことに近い用例が見つからない場合は，付録の「英文のつくり方」を参考にして，訳語を使って文を組み立ててみてください．難しく考えずに，まずは日本語を簡単な文にしてから英語で表現するようにしてみましょう．

記号・略語一覧

複　複数形

⊛ アメリカ用法（アメリカ用法とイギリス用法でつづりが一部異なるだけの場合は，アメリカ用法の⊛を省略してあります）
⊛ イギリス用法
《話》口語

━ 準見出し
→ 参照送り
← 用例の直訳
⇔ 反意語
★ 発音注記など
▶ 注・解説
〚　〛百科表示
日≠英　日本語と英語の表現に大きなずれがあるもの
（　）　省略可能，または補足説明
［　］　言いかえ
〔　〕　大きな意味分類

…
〜　任意の語句（特に対比を示したいときにはA, Bも使っています）
━

one's　主語と同じ人称の所有格を表す
...'s　主語と異なる人称の所有格を表す
*one*self　再帰代名詞（myself, yourselfなど）を表す

図 イラスト
ポイント!　「ここがポイント！」の囲み記事
くらべて!　「くらべてみよう！」の囲み記事
知ってる?　「これ、知ってる？」の囲み記事

表現メモ　見出し語と同じ分野の語のリスト
話してみよう!　会話表現
ミニ絵辞典　「ミニ絵辞典」の囲み記事
慣用表現　慣用表現，ことわざ

この辞書の英語の音声について

この辞書に掲載している「話してみよう！」の
会話表現と，口絵の一部の音声は
こちらにアクセスして聞くことができます。

https://kotobanomado.jp/JPJE2

five　　　　　　　　　　5

囲み記事・主なイラストなど　さくいん

囲み記事

●ここがポイント！

あ	日本語では「青」でも英語では…	15
	「店が開く」と「店が開いている」	17
	morning と前置詞の関係	19
	head の範囲	23
	you（あなた）の変化形	28
	兄と brother の使い方の違い	28
	that +〈名詞の単数形〉と	
	those +〈名詞の複数形〉	29
	not がなくても「あまり…ない」	31
	「雨が降った」と言うとき	32
	「どうもありがとう」のいろいろな言い方	34
	there is [are] … と … is [are] 〜	35
い	「はい」「いいえ」と yes, no	40
	under twenty と「20 歳以下」は違う	43
	「…以下」の言い方（数が大きいとき）	43
	「イギリス」「イギリス人」の言い方	45
	stone と a stone の使い分け	48
	「…以上」の言い方（数が大きいとき）	49
	「…月」と前置詞の関係	54
え	「鉄道の駅」と言うとき	84
お	「お母さん」「お父さん」	94
	「遅い」の late と「遅く」の late	99
	「…でないと思う」と言うとき	108
か	「階」の数え方	116
	「家具」の数え方	127
	学年の表し方・日米の違い	129
	candy と「キャンディー」	132
	wonder の後の語順	134
	「家族」は単数？ 複数？	135
	かっこのいろいろ（複数形）	139
	お金の表し方	144
	she（彼女）の変化形	145
	「紙」の数え方	147
	he（彼）の変化形	152
	they（彼ら）の変化形	153
き	B.C. と A.D. の読み方	168
	last は「いちばん最後の」	187
く	fruit に a をつける？	197
	「車に乗る」と「車から降りる」	206
け	「髪の毛」の数え方	209
	「ケーキ」の数え方	212
	「この前の月曜日に」と「この次の月曜日に」	217
こ	「…個」と英語で言うとき	223

	black tea とも	230
	日本語の「腰」は範囲が広い	239
さ	「砂糖」の数え方	268
	「さようなら」の言い方	270
	Mr., Ms., Miss, Mrs. の使い方	272
し	o'clock の使い方	275
	過去形の作り方	286
	oneself（自分自身）の変化形	294
	下着の「シャツ」は shirt でない	299
	「ジャンパー」は jumper でない	300
	食事の言い方	321
	I don't know. の使い方	327
す	last Wednesday とはいつの水曜日？	336
	「…する」のいろいろな言い方	352
せ	「…先生」と呼びかける場合	370
そ	it（それ）の変化形	385
た	過去形の作り方	389
	only の位置	402
	who（だれ）の変化形	415
て	be の現在形	454
と	「どういたしまして」のいろいろな言い方	465
な	no +〈数えられる名詞〉	490
	名前のたずね方	499
	名前の順序	499
	「…しなければならない」の	
	過去・未来を表す表現	501
	「…してはならない」の言い方	501
に	「肉」の言い方	508
ね	付加疑問文	519
の	代名詞の所有格	524
	〈名詞〉+ 's と of +〈名詞〉	524
は	日本語の「…は」が目的語を表す場合	530
	「はい」と no	532
ひ	「1 つ」の言い方	568
ふ	分数の読み方	599
も	所有代名詞	666
ら	next は「来週の」にも「今週の」にも	697
り	加熱しない料理に cook は×	705
わ	I（私）の変化形	722
	I はオールラウンドプレーヤー	722
	I の位置	722
を	「…を〜する」を表す他動詞と自動詞	725
	代名詞の目的格	725

●くらべてみよう！

あ	during と while と for	13
	meet と see	14
	play と game	22
	gather と collect	26
	some と certain	35
い	say, speak, talk, tell	42
	go と come	46

	some と any	47
	before と ago と once	50
う	receive と accept	70
	strike, hit, beat, slap	74
	beautiful, pretty, lovely,	
	good-looking	75
え	picture, drawing,	
	painting, illustration	82

	well と Let me see. と	
	Let's see.	84
お	big と large と great	91
か	wise, clever, smart,	
	bright, intelligent	133
	be patient, put up	
	with …, stand, bear	146
	from と since	149

	borrow と use と owe	152		believe と believe in	330		wide, broad, big, large 575
	rent と lease	152	す	a few, few, a little, little, some	341	ま	「マンション」と「アパート」 638
	cute と pretty	154		every と all	347	み	see と look と watch 647
	complete と perfect	160	た	want と would like と hope	390	む	insect と bug と worm 651
き	hear と listen	167		high と tall	399	も	story と tale 666
	strict と severe	175		many, much, a lot of ..., lots of ..., plenty of	401		wood と forest 668
	vacation と holiday	180	つ	arrive at と arrive in	439	や	cheap と inexpensive と low 674
	put on と wear と have ... on	189	て	can と be able to	452		stop, give up, quit, cancel 678
こ	I'm sorry. と Excuse me. と Pardon me.	249	な	among と of と in	493	り	charge, rate, fare, toll, fee 705
さ	cry と shout と scream	264		must と have to	501		trip, travel, tour, journey, voyage 707
し	game と match	275	に	時を表す at と on と in	506	わ	laugh と smile 723
	die と be killed と pass away	293		場所を表す at と in と on	506		sick と ill 724
	juice と drink と beverages	303		to と for と toward	506		
	repair と mend と fix	305	ひ	low と short	562		
	occupation, job, profession, trade	320		very と (very) much と so	564		

● これ、知ってる?

あ	相づち yes に注意	13		とき	106		とき 234
い	「いただきます」と英語で言いたかったら	51		温度目盛りの「セ氏」と「カ氏」	113		「ごちそうさま」と英語で言いたかったら 241
	「行ってきます」と「行ってらっしゃい」	57	か	英語で遊ぶ「かくれんぼう」	130	し	日本と意味が異なるジェスチャー 277
う	「うそ!」と英語で言うとき	72		「頑張れ」と英語で言うとき	162		じゃんけんの代わりに… 300
え	エープリルフール	84	く	くしゃみをした人にかける言葉	195		英語でもしりとり 326
お	英語に「お疲れ様」はない!?	101		親しい人には名前だけで呼びかける	208	は	バレンタインデー 554
	Congratulations! と言う		こ	「ゴールイン」と英語で言う			ハロウィーン 554
						や	米国の薬局 676

● 表現メモ

あ	相づちのいろいろ	13		化粧品のいろいろ	214		自然現象 459
	味のいろいろ	20	こ	いろいろな高校	227		電話のいろいろ 462
い	委員会のいろいろ	41		コンピュータに関することば	255	な	動物の鳴き声のいろいろ 495
	医者のいろいろ	49	さ	いろいろなサイズ表示	258		動物によって異なる「…が鳴く」の言い方 495
	インターネットのいろいろ	66	し	試験のいろいろ	281	は	バスのいろいろ 541
う	牛のいろいろ	71		いろいろな写真	298		いろいろな発電 545
お	汚染のいろいろ	99		日本の祝日	306		いろいろな花 547
	物音の表現いろいろ	102		日本の省の言い方	313		パンのいろいろ 555
	おもちゃのいろいろ	109	す	スポーツのいろいろ(「スポーツをする」と言うとき)	348	ふ	いろいろな服 581
か	家族・親せきの呼び方	135		スマホ関連のことば	349	へ	いろいろなヘアグッズ (hair accessories) 601
	楽器のいろいろ	139	せ	星座名	356	ほ	本のいろいろ 622
	学校のいろいろ	140	そ	臓器のいろいろ	375	み	店のいろいろ 642
	髪型のいろいろ	147		SNS関連のことば	378	や	いろいろな野菜 674
き	いろいろな教科	183	た	卵料理のいろいろ	411	よ	曜日の言い方 689
く	薬のいろいろ	196		ダンスのいろいろ	417	り	旅行のいろいろ 707
	果物のいろいろ	197	つ	月の言い方	438	れ	列車のいろいろ 712
	ケーキのいろいろ	212	て	いろいろなテレビ番組	458	わ	惑星のいろいろ 720
	ゲームのいろいろ	213		天気のいろいろ	459		

seven   7

● 話してみよう！

あ	あう¹	14
	あく²	17
い	いいえ	40
	いつ	55
	いつから	56
	いっぱい	58
	いる¹	63
	いろ	65
う	うまれる	77
え	えき	84
お	おせじ	99
	おはよう	105
	おめでとう	106
	おもう	108
	おもしろい	108
	おやすみなさい	109
	おりる	110
	おんど	113
か	かえる	122
	かかる¹	124
	かす	134
	がっこう	140
	かまう	146
	かわいそう	154
き	きょう¹	182
	きょうだい	184

く	クリスマス	204
け	けっこう¹	216
こ	ここ	237
	こちら	242
	…ことがある	244
	こんにちは	253
さ	さあ	256
	…さい	256
	さようなら	270
	さんせい¹	273
し	…じ	275
	しつれい	290
	しまる¹	296
	じゅぎょう	306
	しゅみ	310
	しょくぎょう	320
	じんこう¹	329
	しんこく²	329
す	すごい	341
	ステーキ	344
	すばらしい	346
	すみません	350
	すむ¹	350
	する¹	352
せ	せ	354
	せいせき	357
そ	そう¹	374

た	だいがく	391
	だいじょうぶ	393
	たまご	411
	だれ	415
	たんじょうび	417
て	…です	454
	でんわ	462
と	どういたしまして	465
	どうぞ	468
	とし¹	477
な	なぜ	497
	なまえ	499
	…なる	502
	なん…	503
	なんさい	504
	なんじ	504
	なんねん	505
ね	ねん¹	523
の	のみもの	528
は	はじめまして	540
ふ	ぶかつ	580
	プレゼント	596
	ふん¹	597
ま	…ましょう	629
も	もちかえる	663
	もちろん	664
よ	ようび	689

● ミニ絵辞典

い	家 House	42
	位置（上下左右）Position	53
か	学校行事 School Events	141
	体 Body	150
き	季節と月 Seasons and Months	170
	教室 Classroom	185
こ	コンビニ Convenience Store	254
さ	サッカー Soccer	267
し	趣味 Hobbies	311
	職業 Occupation	322, 323
た	台所 Kitchen	396
に	…日（曜日 Day 日付 Date）	509
	日記 Diary	511
	英語になった日本語 Japanese Words Adopted into English	513
ひ	病気 Illness	573
ふ	部活動 Club Activities	582, 583
	文房具 Stationery	600
へ	私の部屋 My Room	606
や	野球 Baseball	671
り	料理法 How to Cook	706
れ	冷蔵庫 Refrigerator	710

●慣用表現

- **あ** あか「赤の他人」 15
  - あし「足を引っ張る」 20
  - あした「あしたはあしたの風が吹く．」 21
  - あしもと「足もとにも及ばない」 21
  - あたま「頭が痛い」「頭がいっぱい」「頭が固い」「頭にくる」「頭を冷やす」 23
  - あと¹「後には引けない．」「後の祭り」 27
  - あな「穴があったら入りたい．」 28
  - あらし「嵐の前の静けさ」 33
- **い** いそぐ「急がば回れ．」 51
  - いたい「痛い目にあう」「痛くもかゆくもない」 51
  - いっけん「百聞は一見にしかず．」 56
- **う** うで「腕に覚えがある」「腕によりをかける」「腕の見せ所」 76
  - うり¹「うりふたつ」 79
- **お** おわり「終わりよければすべてよし．」 112
- **か** かお「顔が売れる」「顔が広い」「顔を合わせる」「顔を出す」「顔をつぶす」 123
  - がくもん「学問に王道なし．」 129
  - かた¹「肩を持つ」「肩の力を抜く」 136
  - かち²「早い者勝ち．」 138
- **き** きそく「例外のない規則はない．」 171
  - きる¹「切っても切れない」 189
- **く** くち「口は災いの元．」「良薬は口に苦し．」 198
  - くび「首を長くする」 200
- **け** けいさん「計算に入れる」 210
- けち「けちをつける」 215
- **こ** こうかい¹「後悔先に立たず．」 225
  - こうげき「攻撃は最大の防御である．」 227
  - ごま「ごまをする」 247
- **さ** さる²「猿も木から落ちる．」 271
- **し** しっぱい「失敗は成功のもと．」 290
  - しっぽ「しっぽを出す」 290
  - しょうじき「三度目の正直．」 315
  - しる¹「知らぬが仏．」 327
- **せ** ぜん¹「善は急げ．」 367
- **た** たぬき「たぬき寝入りする」 409
  - たのみ「頼みの綱」 410
- **ち** ちり²「ちりも積もれば山となる．」 433
- **て** て「手に入れる」「手につかない」「手も足も出ない」 447
- **と** とき¹「時は金なり．」 472
- **な** ならう「習うより慣れろ．」 501
- **に** に²「荷が重い」 506
  - にど「二度あることは三度ある．」 512
- **ふ** ぶたい「清水の舞台から飛び下りる」 587
- **ほ** ほね「骨折り損のくたびれもうけ」 620
- **ま** まつり「後の祭り」 633
- **み** みみ「耳を傾ける」 646
  - みる¹「見て見ぬふりをする」 648
- **め** め¹「見る目がある」「目がない」「目を合わせる」「目を引く」「目を丸くする」 654
- **ろ** ローマ「ローマは一日にして成らず．」 715

主なイラスト

あ	足, 脚	20	**こ**	コンピュータ	255	**て** 手	447
い	いす	50	**さ**	魚	261	**と** 時計	475
う	腕	76	**し**	自転車	291	**ふ** 風呂	596
か	顔	122		十二（十二支）	304	**ほ** 方角	610
	鍵	125		白身	327	帽子	611
	かばん	145	**す**	水道	335	**め** 目	654
き	木	163		スキー	338	**も** 模様	668
く	口	198	**せ**	線	367	**や** 焼く	672
	靴	199	**ち**	地球	422	**ゆ** 遊園地	680
	車	206	**つ**	月	437	指	685
				釣り	446		

nine 9

発音記号表

母音

発音記号・カナ	例
[i: イー]	sheep[ʃí:p シープ]
[i イ]	ill[íl イル]
[e エ]	bed[béd ベッド]
[æ ア]	bad[bǽd バッド]
[ɑ: アー]	calm[kɑ́:m カーム]
[ɑ ア]	pot[⊛pɑ́t パット]
[ɔ オ]	pot[⊛pɔ́t ポット]
[ɔ: オー]	caught[kɔ́:t コート]
[u ウ]	put[pút プット]
[u: ウー]	boot[bú:t ブート]
[ʌ ア]	cut[kʌ́t カット]
[ə: アー]	bird[bə́:rd バード]
[ə ア]	about[əbáut アバウト]
[ei エイ]	make[méik メイク]
[ai アイ]	bite[báit バイト]
[au アウ]	shout[ʃáut シャウト]
[ɔi オイ]	voice[vɔ́is ヴォイス]
[ou オウ]	note[nóut ノウト]
[iə イア]	ear[íər イア]
[eə エア]	there[ðéər ゼア]
[uə ウア]	usual[jú:ʒuəl ユージュアル]
[eiə エイア]	player[pléiər プレイア]
[ouə オウア]	lower[lóuər ロウア]
[aiə アイア]	tire[táiər タイア]
[auə アウア]	tower[táuər タウア]
[ɔiə オイア]	lawyer[lɔ́iər ロイア]

子音

発音記号・カナ	例
[p パ, ピ, プ, ペ, ポ]	pen[pén ペン]
[b バ, ビ, ブ, ベ, ボ]	back[bǽk バック]
[t タ, ティ, トゥ, テ, ト]	tea[tí: ティー]
[d ダ, ディ, ドゥ, デ, ド]	date[déit デイト]
[k カ, キ, ク, ケ, コ]	key[kí: キー]
[g ガ, ギ, グ, ゲ, ゴ]	get[gét ゲット]
[f ファ, フィ, フ, フェ, フォ]	face[féis フェイス]
[v ヴァ, ヴィ, ヴ, ヴェ, ヴォ]	voice[vɔ́is ヴォイス]
[θ サ, スィ, ス, セ, ソ]	thick[θík スィック]
[ð ザ, ズィ, ズ, ゼ, ゾ]	then[ðén ゼン]
[s サ, スィ, ス, セ, ソ]	soon[sú:n スーン]
[z ザ, ズィ, ズ, ゼ, ゾ]	zoo[zú: ズー]
[ʃ シャ, シ, シュ, シェ, ショ]	fish[fíʃ フィッシュ]
[ʒ ジャ, ジ, ジュ, ジェ, ジョ]	Asia[éiʒə エイジャ]
[tʃ チャ, チ, チュ, チェ, チョ]	cheek[tʃí:k チーク]
[dʒ ヂャ, ヂ, ヂュ, ヂェ, ヂョ]	jump[dʒʌ́mp チャンプ]
[ts ツ]	pants[pǽnts パンツ]
[dz ヅ]	beds[bédz ベッヅ]
[h ハ, ヒ, フ, ヘ, ホ]	hit[hít ヒット]
[m マ, ミ, ム, メ, モ/ン]	sum[sʌ́m サム] / camp[kǽmp キャンプ]
[n ナ, ニ, ヌ, ネ, ノ/ン]	neck[nék ネック] / sun[sʌ́n サン]
[ŋ ング/ン]	sing[síŋ スィング] / finger[fíŋgər フィンガァ]
[l ラ, リ, ル, レ, ロ]	lead[lí:d リード]
[r ラ, リ, ル, レ, ロ]	tree[trí: トゥリー]
[j ヤ, イ, ユ, イェ, ヨ]	yet[jét イェット]
[w ワ, ウィ, ウ, ウェ, ウォ]	wet[wét ウェット]

※カナ表記はおよその目安としてください.
※[ə], [t], [d], [h], [r]などイタリックになっているものは, 省略されることがある音です.
※[t], [d]が語尾にあるときは「ト」「ド」, 語中にあるときは「トゥ」「ドゥ」と表しました.
※発音については, p.2「この辞書の構成と使い方」の「❹発音」も参考にしてください.

10　　　ten

あ ア

ああ
❶ 感動・驚(ホヒ)きなど　　　　**Oh, Ah**
❷ 返事　　　　　　　　　　　**yes**

❶ [感動・驚きなど] **Oh**[オゥ], **Ah**[アー]
- ああ, それはいいね.
  Oh, that's nice.
- ああ, 驚いた.
  Oh, what a surprise!

❷ [返事] **yes**[イェス]→ **はい**❶

ああいう such[サッチ], like that[ライク]→ **あんな**
アーケード an arcade[アーケイド]
アース〖電気〗(アース線)⊛ a ground (wire)[グラウンド(ワイア)], ⊛ an earth (wire)[アース]
アーチ an arch[アーチ]
アーチェリー archery[アーチャリィ]

アーティスティックスイミング artistic swimming[アーティスティック スウィミング]
アーティスト an artist[アーティスト]
アート(an) art[アート]→ **びじゅつ, げいじゅつ**
アームチェア an armchair[アームチェア]
アーモンド an almond[アーマンド]
あい【愛】(a) love[ラヴ]→ **あいする**
- 彼の動物への愛
  his *love for* [*toward*] animals
- ケンはルリに愛を告白した.
  Ken told Ruri (that) he *loved* her.

あいかぎ【合いかぎ】(予備の) a spare key[スペアキー]; (複製の) a duplicate key[デュープリカット]
あいかわらず【相変わらず】(以前と変わらず…)
as ... as before[ビフォア], as ... as ever[エヴァ];
(いつものとおりに) as usual[ユージュアル]; (いまだに) still[スティル]
- 君の犬は相変わらず元気だね.
  Your dog is *as* active *as ever*.
- 父は相変わらず忙(ムs)しい.

  My father is busy *as usual*.
- 彼は相変わらずサッカーに夢中だ.
  He is *still* crazy about soccer.

あいきどう【合気道】*aikido*
あいきょう【愛きょうのある】(魅力(ﾘょく)的な) charming[チャーミング]; (こっけいでユーモアがある) humorous[ヒューマラス]
- マリは愛きょうがある.
  Mari is *charming*.

あいけん【愛犬】one's pet dog[ペット ドーグ]
- 私の愛犬はチワワです.
  My pet dog is a Chihuahua.

▍愛犬家 a dog lover, a lover of dogs

あいこ【あいこの】even[イーヴン]
あいこくしん【愛国心】patriotism[ペイトゥリアティズム], love for [of] one's country[ラヴ][カントゥリィ]
- 彼は愛国心が強い.
  He has a great *love for his country*.

あいことば【合い言葉】(味方同士の) a password[パスワード]; (スローガン) a slogan[スロウガン]
アイコン an icon[アイカン]
- アイコンをダブルクリックした.
  I double-clicked the *icon*.

アイコンタクト eye contact[アイ カンタクト]

あいさつ

a greeting[グリーティング]
- 私たちは互(ﾀが)いにあいさつをした.
  We exchanged *greetings*.

━ あいさつ(を)する say hello[セィ ハロゥ], greet[グリート]
- 私はミキにあいさつした.
  I *said hello* to Miki.

▍あいさつ状 a greeting card

アイシーカード【ICカード】an IC card[アイスィーカード], a prepaid transportation card[プリペイ

アイシーティー

ドトゥランスポーテイション カード]
アイシーティー【ICT】**ICT**[アイスィーティー]
(▶Information and Communication Technologyの略)
アイシャドー **eye shadow**[アイ シャドウ]
あいしょう[1]【…と相性がいい】**get**[**go**] **along well**（**with ...**）
- 私はケンと相性が悪い.
  I don't *get along well with* Ken.
あいしょう[2]【愛称】**a nickname**[ニックネイム]
- 私の愛称はハルです.
  My *nickname* is Haru.
あいじょう【愛情】(**a**)**love**[ラヴ], (**an**)**affection**(**for ...**)[アフェクション]➡あい
- 愛情のこもった言葉
  warm-*hearted*[*affectionate*] words
アイス（氷）**ice**[アイス]（▶「氷」の意味のほか, 米「氷菓子(*)」, 英「シャーベット」の意味がある）
あいず【合図】（身ぶり）**a sign**[サイン]；（警告, 指示）**a signal**[スィグナル]；（きっかけ）**a cue**[キュー]
- ケンは開始の合図を出した.
  Ken gave the *signal*[*cue*] to start.
━合図(を)する **make a sign**（**to**+〈動詞の原形〉）, **give ... a sign**
- 彼女は静かにするよう彼らに合図をした.
  She *made a sign* for them *to* be quiet.
アイスキャンディー 米【商標】**a Popsicle**[パプスィクル], 英 **an ice lolly**[アイス ラリィ]

アイスクリーム（**an**）**ice cream**[アイス クリーム]；（コーンに入った）**an ice cream cone**[コウン]
- バナナ味のアイスクリーム
  banana-flavored *ice cream*
アイスコーヒー **ice**(**d**) **coffee**[アイス(ト) コーフィ]
アイススケート **ice skating**[アイス スケイティング]
（▶ice skateは「アイススケート靴(*)」の意）
━アイススケートをする **ice-skate**
アイスダンス **ice dancing**[アイス ダンスィング]
アイスティー **ice**(**d**) **tea**[アイス(ト) ティー]
アイスボックス **a cooler**[クーラァ]
（▶**an icebox**[アイスバックス]は古い言い方）
アイスホッケー **ice hockey**[アイス ハッキィ], 米 **hockey**

━アイスホッケーをする **play**（**ice**）**hockey**
アイスランド **Iceland**[アイスランド]
▮アイスランド人 **an Icelandic**, **an Icelander**
あいする【愛する】**love**[ラヴ]（⇔憎(*)む **hate**）
- 私はペットの犬を愛している.
  I *love* my pet dog.（▶I am loving ... は×）
- 2人は互(*)いに愛し合っていた.
  The two *loved* each other.
- その赤ちゃんはみんなから愛されている.
  The baby is *loved* by everybody.
- 私の愛する家族
  my *dear* family
あいそ【愛想】
━愛想がいい **friendly**[フレンドゥリィ], **nice**（**to ...**）
- バスの運転手は私たちに愛想がよかった.
  The bus driver was *nice to* us.
━愛想が悪い **unfriendly**

あいだ【間】

| ❶関係, 位置 | （2つのものの）**between**（**... and ～**）; （3つ以上の）**among ...** |
| ❷期間 | **during ...**, **while ...**, **for ...** |

❶[関係, 位置]（2つのものの）**between**（**... and ～**）[ビトゥウィーン]；（3つ以上の）**among ...**[アマング]
- 2時から3時の間
  between two *and* three o'clock
- 私はユミとエリの間に座(*)った.
  I sat *between* Yumi *and* Eri.
- ページの間にしおりをはさんだ.
  I put a bookmark *between* the pages.
- これはあなたと私の間だけの話よ.
  This is *between* you *and* me.
- 私たちは木々の間を歩いた.
  We walked *among* the trees.
❷[期間]**during ...**[ドゥ(ア)リング], **while ...**[(ホ)ワイル], **for ...**[フォア]
- 夏の間ケンと私は毎日泳ぎに行った.
  Ken and I went swimming every day *during* the summer.
- 食事をしている間にマリが私を訪ねてきた.
  Mari visited me *while* I was having a meal.
- 3年の間彼は海外で暮らした.
  He lived abroad *for* three years.

アイロン

くらべてみよう！ during と while と for

during: 前置詞．特定の期間を表す名詞とともに，during＋〈名詞〉の形で使います．
- 春休みの間
 during (the) spring vacation

while: 接続詞．while＋〈主語〉＋〈動詞〉などの形で使います．
- 彼女が寝(ね)ている間
 while she is asleep

for: 具体的な時間を示す前置詞．「動作などがその間ずっと続いていること」を表します．
- 5か月の間 *for* five months

あいつ ⊛《話》**that guy**[ガイ](▶単に男性はhe，女性はsheとすることが多い)

あいついで[相次いで]**one after another**[アナザァ]→つぎつぎ

あいづち[相づちを打つ]**nod yes**[ナッド イェス]，《話》**chime in**[チャイム]

これ，知ってる？ 相づち yes に注意

英語圏(けん)では，uh-huh[アハ]，yesなどで相づちを打ちますが，yesは日本語の「はい」に比べて「相手に同意した」と受け取られやすいので気をつけましょう．

―― 表現メモ ――

相づちのいろいろ
なるほど．I see. / 本当？ Really?
よかったね．，すごい．That's great.
残念だね．That's too bad.
信じられない．I can't believe it.
えっ，何？ What?

あいて【相手】

(物事をいっしょに行う人)**a partner**[パートゥナァ]；(試合などの)**an opponent**[オポウネント]；(ライバル)**a rival**[ライヴァル]
- 班活動の相手
 my *partner*(s) during group work
- (子どもの)遊び相手 a playmate
- 相談相手 an adviser
- チャットの相手はだれ？
 Who are you chatting with online?
- 彼女が次の試合の相手だ．
 She is my *opponent* in the next match.
- あのチームなら相手にとって不足はない．
 That team is a good *match* for us.

アイディア an idea[アイディァ]→かんがえ❶
- それはすばらしいアイディアだ．

That's a great *idea*.
- いいアイディアが浮(う)かんだ．
 I hit upon a good *idea*.
- いいアイディアが浮かばなかった．
 I couldn't come up with a good *idea*.

アイティー【ＩＴ】IT[アイティー](▶information technology(情報技術)の略)

アイディーカード【ＩＤカード】an ID card[アイディー カード](▶IDはidentificationの略)

あいている¹[開いている]→あく¹
あいている²[空いている]→あく²

アイテム an item[アイテム]

あいどく【愛読】
| 愛読者 a devoted reader
| 愛読書 one's favorite book

アイドル an idol[アイドル]
| アイドル歌手 a pop idol
| アイドルグループ an idol group

あいにく unfortunately[アンフォーチャナットゥリィ]
- あいにく図書館は閉まっていた．
 Unfortunately, the library was closed.
- あいにくですが，いっしょに行けません．
 I'm sorry [afraid] I can't go with you.

アイヌ (人)**an Ainu**[アイヌー]
―アイヌ(人)の **Ainu**
| アイヌ語 **Ainu**

アイバンク an eye bank[バンク]
アイボリー ivory[アイヴ(ァ)リィ]

あいま【合間】**an interval**[インタァヴァル]
- あなたの勉強の合間に on your study break / between your studies

あいまい[あいまいな]**vague**[ヴェイグ]，**not clear**[クリア]
- あいまいな返事 a *vague* answer
- 彼の説明はあいまいだ．
 His explanation isn't *clear*.

アイマスク an eye patch[パッチ]
アイメイト (盲導(もうどう)犬)**a guide dog**[ガイド ドーグ]，**a seeing eye dog**[スィーイング アイ]

あいよう【愛用の】**favorite**[フェイヴ(ァ)リット]
- 私の愛用のバッグ my *favorite* bag

アイライン an eyeliner[アイライナァ]

あいらしい【愛らしい】**lovely**[ラヴリィ]，**pretty**[プリティ]，**charming**[チャーミング]
- 愛らしい子猫(こねこ) a *lovely* kitten

アイルランド Ireland[アイァランド]
―アイルランド(語，人)の **Irish**[アイリッシュ]
| アイルランド語 **Irish**
| アイルランド人 (男性)**an Irishman**, (女性)**an Irishwoman**, (全体)**the Irish**

アイロン an iron[アイアン](★発音注意)
―アイロンをかける **iron**

あう¹

- 彼はシャツにアイロンをかけた. He *ironed* his shirt.
- アイロン台 **an ironing board**

あう¹【会う, 遭う】

❶ 人に	meet, see
❷ 事故などに	have, meet with ...

❶〔人に〕**meet**[ミート], **see**[スィー]
- 私は来週の水曜日にユミと会う予定だ. I will *meet* Yumi next Wednesday.
- 「ミキにはよく会うの？」「いや, 長い間会っていない」"Do you *see* Miki often?" "No. I haven't *seen* her for a long time."
- あした会いましょう. *See* you tomorrow.

話してみよう！

▶初対面のとき
☺ お会いできてうれしいです. Nice to *meet* you.
☻ こちらこそ, お会いできてうれしいです. Nice to *meet* you, too.
▶初対面の人と話をした後に別れるとき
☺ お会いできてうれしかったです. Nice *meeting* you.
☻ こちらこそ, お会いできてうれしかったです. Nice *meeting* you, too.
▶再会したとき
☺ また会えてうれしいです. Nice to *see* you again.
☻ 私もです. Nice to *see* you again, too.

くらべてみよう！ meetとsee

meet: 初めて人に会うとき, または約束して会うときに使います.
see: 人を直接訪ねて行って話をするときや, 久しぶりに会うときに使います.

❷〔事故などに〕**have**[ハヴ], **meet with** ...
- ケンがきのう交通事故にあった. Ken *had* a traffic accident yesterday.
- ひどい目にあった. I *was in* big trouble.

あう²【合う】

❶ 服などが (寸法が) **fit**; (色・形が) **suit**; (調和する) **match, go with** ...
❷ 折り合う (意見が合う) **agree** (**with** ...); (仲よくやっていく) **get** [**go**] **along** (**with** ...)
❸ 正確である **be right, be correct**

❶〔服などが〕(寸法が) **fit**[フィット]; (色・形が) **suit**[スート]; (調和する) **match**[マッチ], **go with** ...[ゴゥ ウィズ]
- そのTシャツは彼には合わない. 大きすぎるよ. That T-shirt doesn't *fit* him. It's too big.
- 赤は彼女によく合う. Red *suits* her well.
- このシャツはあなたのジャケットと合う. This shirt *matches* [*goes with*] your jacket.

not fit　　fit　　suit

❷〔折り合う〕(意見が合う) **agree**(**with** ...)[アグリー]; (仲よくやっていく) **get** [**go**] **along** (**with** ...)[ゲット [ゴゥ] アローング]
- その計画について彼女と意見が合った. I *agreed with* her about the plan.
- 私たちはとても気が合う. We *get along* very well (*with* each other).

❸〔正確である〕**be right**[ライト], **be correct**[カレクト]
- その答えは合っているよ. The answer *is correct*.
- 君の時計は合っていますか. *Is* your watch *right* [*correct*]?

アウト【アウトの】**out**[アウト](⇔セーフの **safe**)
- バッターはアウトだ. The batter is *out*.

アウトコース〖野球〗**the outside**[アウトサイド], 〖陸上〗**the outside track**[トゥラック]

アウトドア【アウトドアの】**outdoor**[アウトドァ]
- アウトドアスポーツ *outdoor* sports
- アウトドアライフ *outdoor* life

アウトプット〖コンピュータ〗**output**[アウトプット](⇔インプット **input**)
　ーアウトプットする output

アウトレット an outlet[アウトレット]

あえて【あえて...する】**dare** (**to**) +〈動詞の原形〉[デァ]
- 私たちはあえて彼女に本当のことを話さなかった. We didn't *dare* (*to*) tell her the truth.

あお【青】

❶ 色	blue
❷ 信号・葉・果実などの色	green
❸ 顔色	(下記❸参照)

❶〔色〕**blue**[ブルー]

あかり

- 濃い[薄い]青 dark [light] blue
- **━青い blue**
- 青い空 the *blue* sky
- ❷〔信号・葉・果実などの色〕**green**[グリーン]

> **ここが ポイント!** 日本語では「青」でも英語では…
>
> 日本語では緑色のものを「青」と言う場合がありますが,英語では**green**で表します.
> - 青信号 a *green* light
> - 青葉 *green* leaves
> - 青りんご a *green* apple

- 信号が青になるまで待ちなさい.
  Wait for the *green* light.
- **━青い green**
- ❸〔顔色〕
- **━青い（青白い） pale**[ペイル]
- だいじょうぶかい? 顔が青いよ.
  Are you all right? You look *pale*.
- ▎青っぽい bluish

あおぐ【うちわなどで】**fan**[ファン]
- 彼は扇子で顔をあおいだ.
  He *fanned* his face with a folding fan.

あおざめる【青ざめる】**turn pale**[ターン ペイル]
- 母は(そのニュースを聞いて)青ざめた.
  My mother *turned pale* (when she heard the news).

あおじろい【青白い】(顔色が)**pale**[ペイル]→あお❸

あおむけ【仰向けに】**on** *one*'s **back**[バック]
- 私は仰向けに倒れた. I fell *on my back*.

あか¹【赤】

red[レッド]
- 濃い[薄い]赤 dark [light] red
- 赤鉛筆[信号] a *red* pencil [light]
- **━赤い red**
- 赤い車 a *red* car
- **━赤くなる turn red**[ターン レッド], (恥ずかしくて) **blush**[ブラッシュ]
- 彼女は恥ずかしさで顔が赤くなった.
  She *blushed*［*turned red*］with embarrassment.
- ▎赤っぽい reddish

―――――――慣・用・表・現―――――――

赤の他人 a complete stranger

あか² **dirt**[ダート]
- 体のあかを落とした.
  I washed the *dirt* off my body.
- **━あかだらけの dirty**[ダーティ]

アカウント【コンピュータ】**an account**[アカウント]
- メールアカウント an email *account*
- アカウントにログインする
  log into an *account*
- アカウントを削除する
  delete an *account*
- アカウントを作る
  set up an *account*
- 私のアカウントが乗っ取られている.
  My *account* has been hacked.

あかぎれ chapped skin[チャップト スキン]
- あかぎれの手 *chapped* hands

あかじ【赤字】**the red**[レッド](⇔黒字 the black), **a loss**[ロース]
- 赤字になる go into *the red*
- その店は今月も赤字だ.
  The shop is in *the red* this month, too.

あかしお【赤潮】**a red tide**[レッド タイド]

あかす【明かす】

> ❶打ち明ける （秘密を)**tell**, (話)**let out**; (本心などを)**reveal**
> ❷夜を過ごす **spend, pass**

❶〔打ち明ける〕(秘密を)**tell**[テル], (話)**let out**[レット アウト]; (本心などを)**reveal**[リヴィール]
- タクは秘密を私に明かしてくれた.
  Taku *told* his secret to me.
- 彼女はついに本心を明かした.
  She finally *revealed* her true feelings.

❷〔夜を過ごす〕**spend**[スペンド], **pass**[パス]
- 私たちはテストの準備で夜を明かした. We *spent* the night preparing for the test.

あかちゃん【赤ちゃん】**a baby**[ベイビィ]
- 男[女]の赤ちゃん a *baby* boy [girl]
- 赤ちゃんはおばあさんにだっこされていた.
  The *baby* was held in his [her, its] grandmother's arms.(▶itsは赤ん坊の性別がわからない場合に用いる)

アカデミーしょう【アカデミー賞】**an Academy Award**[アカダミィ アウォード]

あかぬけた sophisticated[サフィスティケイティド]
- この服はあかぬけて見える.
  This dress looks *sophisticated*.

あかり【明かり】**a light**[ライト]
- 明かりをつけなさい[消しなさい].
  Turn on [off] the *light*.
- 明かりがついている[消えている].
  The *lights* are on [out / off].

fifteen 15

あがる

あがる【上がる】

❶上昇(じょうしょう)する	go up, rise
❷能力・程度などが	improve
❸人前で	get nervous
❹水から出る	get out of ...
❺雨などが	→やむ

❶〔上昇する〕**go up**[ゴゥ](⇔下りる go down)，**rise**[ライズ]（⇔下がる go down, fall）

• 階段を上がった．
 I *went up* the steps [stairs]．

• きょうの午後は気温が35度まで上がった．
 The temperature *went up* to 35 degrees（centigrade）this afternoon.

• 水面が上昇している．
 The water surface is *rising*.

❷〔能力・程度などが〕**improve**[インプルーヴ]

• 彼女のテニスの腕(うで)はすごく上がった．
 Her tennis skills have greatly *improved*.

❸〔人前で〕**get nervous**[ナーヴァス]

• 人前で話すときいつも上がってしまう．
 I always *get nervous* when I talk in front of others.

❹〔水から出る〕**get out of ...**[アウト]

• ケンはちょうどおふろ[プール]から上がったところだ．
 Ken has just *got out of* the bath [pool]．

❺〔雨などが〕→やむ

あかるい【明るい】

❶光・色が	light, bright
❷性格が	cheerful

❶〔光・色が〕**light**[ライト]（⇔暗い dark），**bright**[ブライト]

• 明るい日光 *bright* sunlight

• 明るい色のドレス
 a *light*-colored [*bright*-colored] dress

━明るくする[なる] **light**（**up**），**brighten**（**up**）[ブライトゥン]

• 明るくなってきた．It's *getting light*.

━明るく **brightly**

❷〔性格が〕**cheerful**[チアフル]

• アイはいつも明るい．Ai is always *cheerful*.

━明るく **cheerfully**

あかんぼう【赤ん坊】→あかちゃん

あき¹【秋】

⊛（a）**fall**[フォール]，（an）**autumn**[オータム]（★このnは発音しない）→はる¹

• 秋に in（the）*fall* [*autumn*]

• 去年の秋に last *fall* [*autumn*]

• 2022年の秋に
 in the *fall* [*autumn*] of 2022

• 私の家族は毎年秋に京都を訪(おとず)れる．My family visit Kyoto every *fall* [*autumn*]．

| 秋風 an autumn breeze
| 秋晴れ：秋晴れの日 a *fine autumn* day

あき²【空き】（空間）**space**[スペイス]；（余地）**room**（for ...）[ルーム]

• 後ろの座席にあと2人分の空きがある．
 There's *room for* two more people in the back seat.

| 空き缶(かん) an empty can
| 空き時間 free [spare] time
| 空き巣（人）a sneak thief；（行為）a burglary
| 空き地 a vacant lot
| 空きびん an empty bottle
| 空き家 an empty house, a vacant house

あきたけん【秋田犬】an Akita

あきらか【明らか】（はっきりした）**clear**[クリア]；（見てわかる）**obvious**[アブヴィアス]；（わかりやすい）**plain**[プレイン]

• 明らかな証拠(しょうこ) *clear* evidence

• 明らかな間違(まちが)い an *obvious* mistake

• 明らかな事実 a *plain* fact

━明らかに **clearly**；**obviously**

• 彼は明らかにうそをついている．
 Clearly, he is lying. / It is *clear* that he is lying.

あきらめる give up[ギヴ アップ]

• あきらめるな．
 Don't *give up*.

• 私は海に行く計画をあきらめた．
 I *gave up* my plan to go to the sea.

あきる【飽きる】get tired（of ...），**be tired**（of ...）[タイアド]，**be sick**（of ...）[スィック]；（うんざりする）《話》**be fed up**（with ...）[フェッド]

• 単語を覚えるのに飽きてしまった．I *got* [*was*] *tired of* learning words by heart.

• このゲームに飽きちゃった．
 I'm *sick of* this game.

• 彼はユリを待つのに飽きてしまった．
 He *got fed up with* waiting for Yuri.

• 彼は飽きっぽい．
 He *gets bored* easily.

アキレスけん an Achilles tendon[アキリーズ テンダン]

• 私はアキレスけんを切った．
 I tore my *Achilles tendon*.

あきれる（驚(おどろ)く）**be amazed**（at ...，by ...）[アメイズド]，**be surprised**（at ...）[サプライズド]；（嫌気(いやけ)がさす）**be disgusted**（at ...，by ...）

あくにん

[ディスガスティド]
- 私たちは彼女の行動にあきれた.
  We *were amazed by* her behavior.
- 私は彼らの言葉づかいにあきれた.
  I *was disgusted by* their language.

あく¹【開く】

open[オウプン]
- その店は午前10時に開く.
  That store *opens* at ten in the morning.
- この店は24時間開いている.
  This store *is open* 24 hours (a day). (▶このopenは形容詞)

> **ここがポイント!**「店が開く」と「店が開いている」
> 「開店する」の意味の「開く」は動作を表す動詞openを使いますが,「開いている」状態を表す場合は「be動詞＋形容詞のopen」を使います.

開く open ／ 開いている be動詞＋open

あく²【空く】

❶ 場所が	be empty, be vacant
❷ 時間が	be free

❶ [場所が] **be empty**[エンプティ], **be vacant**[ヴェイカント]
- 席はずいぶん空いていた.
  Many seats *were empty*.
- あの教室は空いている. (← 使われていない)
  That classroom *isn't in use*. /
  That classroom *is vacant*.
- この席, 空いていますか.
  Is this seat taken?(←ふさがっていますか)

❷ [時間が] **be free**[フリー]

> 話してみよう!
> 😊 ケン, きょうの午後空いている?
> *Are* you *free* this afternoon, Ken?
> 😊 いや, すごく忙しいよ.
> No. I'm very busy.

あく³【悪】(an) **evil**[イーヴァル](⇔善 good)
- 小さな子どもは善悪の区別をつけられない.
  Small children can't tell good from *evil*.

悪影響 a bad influence
悪天候 bad weather

あくい【悪意】**malice**[マリス], **ill will**[イル ウィル]
- 彼に悪意はなかった.
  He meant no *harm*.
  ━悪意のある **malicious**[マリシャス]
  ━悪意のない **innocent**[イノセント]

あくしゅ【握手】**a handshake**[ハンドシェイク]
━握手(を)する **shake hands**(with ...)[シェイク](▶この場合handは常に複数形)
- 彼はケンとかたい握手をした.
  He *shook hands* firmly *with* Ken.

あくしゅう【悪臭】**a (bad) smell**[(バッド)スメル]
- その肉は悪臭を放った.
  The meat gave out a (*bad*) *smell*.

アクション **an action**[アクション]
アクション映画 an action movie
アクションスター an action star

アクセサリー **accessories**[アクセサリズ]
(▶accessoriesは帽子, 靴, かばんなども含む), **jewelry**[ヂューアルリィ]

アクセス〖コンピュータ〗**access**[アクセス]
- アクセス数 the number of *accesses*
  ━アクセスする **access**, **visit**[ヴィズィット], **go**[ゴウ]
- 彼女のウェブサイトにアクセスした.
  I *went to* her website.

アクセル **an accelerator**[アクセラレイタァ], ⓔ**the gas pedal**[ギャス ペドゥル](▶「アクセル」は和製英語)
- アクセルを踏む
  step on the *accelerator*

アクセント **an accent**[アクセント], **a stress**[ストゥレス](▶accentには「(言葉の)なまり」の意もある.「強く発音する部分」の意味ではstressを使うことが多い)

アクティビティ **activities**[アクティヴィティーズ]
(▶ふつう複数形で用いる)
- いろいろなスポーツアクティビティ
  various athletic *activities*

あくにん【悪人】**a bad [wicked] person**[バッド[ウィキッド] パースン](⇔善人 a good person)

あくび

あくび a yawn[ヨーン]
- 私はあくびをかみ殺した.
  I stopped [suppressed] a yawn.
- ➡あくびをする yawn, give a yawn

あくま【悪魔】a devil[デヴァル], a demon[ディーマン]

あくむ【悪夢】a bad dream[バッド ドリーム],a nightmare[ナイトメア]
- 彼はときどき悪夢を見る.
  He sometimes has nightmares.

あくめい【悪名】
- ➡悪名高い notorious（for …）[ノウトーリアス]

あくやく【悪役】a bad guy[バッド ガイ], a criminal[クリマヌル]

あくゆう【悪友】a bad friend[バッド フレンド], bad company[カンパニィ]（► 1人でも複数でも company）

あくよう【悪用する】use for a bad purpose[ユーズ][バッド パーパス]

あぐら【あぐらをかく】sit cross-legged[クロースレギッド]

あくりょく【握力】a grip[グリップ]
‖握力計 a hand dynamometer

アクロバット acrobatics[アクラバティックス]；（曲芸師）an acrobat[アクラバット]

あけがた【明け方】→ よあけ

あげもの【揚げ物】fried food[フライド フード]

あける¹【開ける】

open[オウプン]
- 目を開けなさい.
  Open your eyes.
- クッキーの箱を開けてもいい？
  May I open the box of cookies?
- 彼女はドアを開けておいた.
  She kept [left] the door open.（►この openは形容詞）

あける²【空ける】

❶場所などを	make room for …; （道を）make way for …
❷暇(ひま)を作る	spare
❸空にする	empty; （部屋などを）clear

❶［場所などを］make room for …[ルーム]；（道を）make way for …[ウェイ]
- 友達が場所を空けておいてくれた.
  My friends made room for me.
- 車が救急車に道を空けた.
  The cars made way for the ambulance.
- 1行ずつ空けて書いた.

I wrote on every other line.

❷［暇を作る］spare[スペア]
- 火曜日の午後を空けておいてくれる？
  Can you spare（some time on）Tuesday afternoon?

❸［空にする］empty[エンプティ]；（部屋などを）clear[クリァ]
- びんの水を空けた.
  I emptied the water out of the bottle.
- この部屋を空けなくてはいけない.
  We have to clear this room.

あける³【明ける】（夜が）break[ブレイク], dawn[ドーン]；（年が）begin[ビギン]
- 夜が明けてきた.
  The day is breaking [dawning].（► The night is …は×）
- 年が明けた.
  The new year has begun.
- 梅雨(つゆ)が明けた.
  The rainy season is over.
- 明けましておめでとうございます.
  （A）Happy New Year!

あげる¹【上げる，挙げる】

❶上へ動かす	raise, put up, lift
❷増やす	（程度・量・金額を） increase, raise; （音・温度などを）turn up
❸与(あた)える	give
❹向上させる	improve
❺声を出す	raise, scream, yell, cry
❻示す	（例を）give
❼執(と)り行う	hold, have

❶［上へ動かす］raise[レイズ], put up[プット], lift[リフト]（⇔下げる lower）
- 質問があるときは手を上げなさい.
  Raise your hand when you have a question.
- その箱を棚(たな)に上げなさい.
  Put the box up on the shelf.
- 頭を上げた. I lifted my head.

❷［増やす］（程度・量・金額を）increase[インクリース], raise；（音・温度などを）turn up[ターン]
- ランナーたちは速度を上げた.
  The runners increased their speed.
- 母はぼくのお小遣(こづか)いを上げてくれた.
  My mother raised my allowance.
- 部屋の温度を上げてくださいますか.
  Would you turn up the heat, please?

❸［与える］give[ギヴ]
- ぼくは母に誕生日のプレゼントをあげた.

18 eighteen

あさめしまえ

I *gave* my mother a birthday present. /
I *gave* a birthday present *to* my mother.
❹〔向上させる〕**improve**[インプルーヴ]
- 私は数学の成績を上げたかった.
 I wanted to *improve* my grade in math.
❺〔声を出す〕**raise**, **scream**[スクリーム], **yell**[イェル], **cry**[クライ]
- 反対の声を上げるべきだ.
 We should *raise* our voices in protest.
- だれかが叫び声を上げた.
 Someone *screamed*.
❻〔示す〕(例を)**give**
- いくつか例を挙げましょう.
 I'll *give* you some examples.
❼〔執り行う〕**hold**[ホウルド], **have**[ハヴ]
- 姉はハワイで結婚式を挙げた.
 My sister *held* her wedding in Hawaii.

あげる[2]〔揚げる〕**fry**[フライ]; (多量の油で)**deep-fry**[ディープフライ]
- じゃがいもを揚げる
 fry some potatoes

…あげる〔…(して)あげる〕(▶英語には「…あげる」にあたる表現はない.「動詞＋for［to］＋〈人〉」「動詞＋〈人〉」などで表す)
- 彼は妹にノートを買ってあげた.
 He bought a notebook *for* his sister.
- ミキはケンの宿題を手伝ってあげた.
 Miki *helped* Ken do his homework.

あご(先端) **a chin**[チン]; (全体) **a jaw**[チョー]
- 上[下]あご the upper [lower] *jaw*
▮ あごひげ **a beard** → ひげ 図

アコースティックギター an acoustic guitar[アクースティック ギター]

アコーディオン〔音楽〕**an accordion**[アコーディアン]

あこがれる admire[アドゥマイア]; (夢見る)**dream of …**[ドゥリーム]; (切望する)**long (for …)**[ローング]
- 彼女はあの歌手にあこがれている.
 She *admires* that singer.
- メジャーリーガーになることにあこがれている.
 I *dream of* becoming a major leaguer.

あさ[1]〔朝〕

morning[モーニング](⇔晩(an) evening, (a) night)
- 日曜日の朝に on Sunday *morning*
- 私は朝7時に起きる.
 I get up at seven in the *morning*.
- 私の父は毎朝ジョギングする.
 My father jogs every *morning*.

ここが ポイント! morningと前置詞の関係
(1) 単に「朝に」という場合は，前置詞はふつう **in** を使います.
- 朝に *in* the morning
(2) 曜日や日付とともに使うとき，また特定の日の朝を言うときには **on** を使います.
- 2月2日の朝に
 on the morning of February 2
- クリスマスの朝に
 on Christmas morning
(3) this, yesterday, every, one, all などがあるときは前置詞を使いません.
- あしたの朝 *tomorrow* morning
- 朝のうちずっと *all* morning

あさ[2]〔麻〕〔植物〕**hemp**[ヘンプ]; (麻製品)**linen**[リニン]
- 麻のジャケット a *linen* jacket

あざ(打ち身の) **a bruise**[ブルーズ]; (生まれつきの) **a birthmark**[バースマーク]
- ひざにあざができた.
 I've got a *bruise* on my knee.

あさい【浅い】

❶深さが　　　　**shallow**
❷眠り・傷が　　(眠りが)**light**;
　　　　　　　　(傷が)**slight**

❶〔深さが〕**shallow**[シャロウ](⇔深い **deep**)
- この池は浅い. This pond is *shallow*.
❷〔眠り・傷が〕(眠りが)**light**[ライト]; (傷が) **slight**[スライト]
- ケンは眠りが浅い. Ken is a *light* sleeper.
- さいわい，私の傷は浅かった.
 Fortunately, I was only *slightly* injured.
ー浅く **lightly**; **slightly**

あさがお〔朝顔〕〔植物〕**morning glory**[モーニング グローリィ]

あさごはん【朝ご飯】**(a) breakfast**[ブレックファスト]→ちょうしょく

あさって the day after tomorrow[トゥマーロウ]
- あさってから試験が始まる. The exams will begin (on) *the day after tomorrow*.

あざとい clever[クレヴァ], **sly**[スライ]

あさねぼう【朝寝坊する】**get up late in the morning**[レイト][モーニング]
- 彼は朝寝坊だ.
 He always *gets up late in the morning*.

あさひ〔朝日〕**the morning sun**[モーニング サン]; (昇りかけている)**the rising sun**[ライジング]

あさめしまえ〔朝飯前〕(容易なこと)**an easy**

nineteen　　19

あざやか

task [job][イーズィ タスク [チョブ]], (話)**a piece of cake**[ピース][ケイク]
- そんなこと朝飯前だ. It's an *easy task*.

あざやか【鮮やかな】(色などが)**bright**[ブライト]; (はっきりした)**vivid**[ヴィヴィッド]; (すばらしい)**brilliant**[ブリリャント]
- 鮮やかな赤 *bright* red
- 彼の演技は鮮やかだった.
  His performance was *brilliant*.

あざらし【動物】**a seal**[スィール]

あさり【貝】**a (short-necked) clam**[(ショートネックト) クラム]

あされん【朝練】**morning practice [training]** [モーニング プラクティス [トゥレイニング]]
- 今日は朝練がなかった.
  We didn't have *morning practice* today.

あざわらう【あざ笑う】**sneer (at ...)**[スニア]
- 彼の行為(こう)をあざ笑ってはいけない.
  Don't *sneer at* his behavior.

あし【足,脚】

(足首からつま先まで)**a foot**[フット](複 feet[フィート]); (足首から太ももの付け根まで)**a leg**[レッグ]; (動物の)**a paw**[ポー]; (机・いすなどの)**a leg**; (いか・たこの)**an arm**[アーム]

足の指 toe / 脚 leg / 足 foot
①足の裏 sole
②くるぶし ankle
③すね shin
④ひざ knee
⑤もも thigh
⑥かかと heel
⑦ふくらはぎ calf

脚 leg / 足 paw / 脚 leg / 足 arm

- 小さい足 small *feet*
- 長い[短い]足 long [short] *legs*
- 彼は太い[細い]足をしている.
  He has fat [slim] *legs*.
- 私はくぎを踏(ふ)んで足をけがした.
  I stepped on a nail and injured my *foot*.
- 足がしびれていた.
  My *feet* were asleep. (▶しびれているのが足首より上ならlegsを使う)
- 彼女はベッドの上で足を伸(の)ばした.
  She stretched out her *legs* on the bed.
- 彼女は足を組んだ. She crossed her *legs*.
- 足が棒のようだ. My *legs* got really tired.
- マリは足が速い. Mari *runs fast*. (◀速く走る)

- 4本足の動物 a four-*legged* animal
- テーブルの脚 the *legs* of a table

(慣用表現)

足を引っ張る **hold back**:
彼はいつもチームの足を引っ張ってしまう.
He always *holds back* the team.

あじ¹【味】

(a) **taste**[テイスト]; (風味)(a) **flavor**[フレイヴァ]
- 私はこのポテトチップの味が好きだ.
  I like the *taste* of these chips.
- ミント味のアイスクリーム
  mint(-*flavored*) ice cream

━味がよい **tasty, delicious**[ディリシャス]
- 「味はどう?」「とっても味がいいね」
  "How do you like it?" "It's *tasty* [*delicious*]. / It *tastes* very *good*."

━味がする **taste**
- この飲み物は甘(あま)い[苦い]味がする.
  This drink *tastes* sweet [bitter].

━味をみる **taste**; (試食する)**try**[トゥライ]
- 味見させて.
  Let me *taste* [*try*] it!

(表現メモ)

味のいろいろ
甘い sweet / 辛(から)い hot
激辛 extremely hot / すっぱい sour
苦い bitter / しょっぱい salty
甘じょっぱい sweet and salty

あじ²【魚】**(a) horse mackerel**[ホース マッカラル]

アジア Asia[エイジャ]
- 日本はアジアの東部にある.
  Japan is in the eastern part of *Asia*.
- 東南アジア Southeast *Asia*

━アジア(人)の **Asian**[エイジャン]
アジア人 an *Asian*
アジア大陸 the *Asian* Continent

あしあと【足跡】**a footprint**[フットプリント]

あしおと【足音】**a footstep**[フットステップ]
- 私は足音を聞いた.
  I heard *footsteps*.

あしか【動物】**a sea lion**[スィー ライアン], **a seal**[スィール]

あしくび【足首】**an ankle**[アンクル]

あじさい【植物】**a hydrangea**[ハイドゥレインヂャ]

アシスタント an assistant[アスィスタント]

アシスト【スポーツ】**an assist**[アスィスト](▶他の選手の得点を助けるプレー)
- 山田は今日の試合で2アシストした. Yamada made two *assists* in today's game.

あした【明日】

tomorrow[トゥマーロゥ]
- あしたは私の誕生日だ.
  Tomorrow is my birthday.
- あしたのこの時間に会おう.
  I'll see you at this time *tomorrow*.
- 私はあしたの朝大阪へ行く.
  I'm going to Osaka *tomorrow* morning.
- またあしたね.
  See you *tomorrow*.

─〈慣用表現〉─
あしたはあしたの風が吹(ふ)く.
Tomorrow will take care of itself. /
Tomorrow is another day.
─────

あじつけ【味つけする】**season**[スィーズン]
- 彼は肉を塩とこしょうで味つけした. He *seasoned* the meat with salt and pepper.

あしなみ【足並み】**step**[ステップ]
- 足並みをそろえて行進した.
  We marched in *step*.

あしもと【足もと】*one's* **step**[ステップ], *one's* **feet**[フィート]
- 足もとに気をつけなさい. Watch *your step*.
- 彼女の足もとで猫(ねこ)が眠(ねむ)っている.
  A cat is sleeping at *her feet*.

─〈慣用表現〉─
足もとにも及(およ)ばない **be no match**(**for ...**):
ぼくは数学ではエリの足もとにも及ばない.
I *am no match for* Eri in math.
─────

あじわう【味わう】**taste**[テイスト];（楽しむ）**enjoy**[インヂョイ];（経験する）**experience**[イクスピ(ア)リアンス]
- この手作りピザを味わってみてください.
  Taste this homemade pizza.

あす【明日】**tomorrow**[トゥマーロゥ]→あした

あずかる【預かる】（保管する）**keep**[キープ];（世話をする）**take care of ...**[ケア]
- 私が戻(もど)ってくるまでこのかばんを預かってもらえますか.
  Would you *keep* this bag for me until I come back?
- いとこの犬を預かった.
  I *took care of* my cousin's dog.

あずき【小豆】【植物】**an adzuki**（**bean**）[アズーキ(ビーン)]

あずける【預ける】**leave**[リーヴ];（荷物を一時的に）**check**[チェック];（預金する）**deposit**[ディパズィット], **put**[プット]
- 彼にその本を預けた.
  I *left* the book *with* him.
- 荷物を手荷物一時預かり所に預けた. I *checked* my baggage in the baggage room.
- 彼は銀行にお金を預けた.
  He *deposited*［*put*］money in a bank.

アスパラガス【植物】**asparagus**[アスパラガス]

アスファルト **asphalt**[アスフォールト]
- アスファルトの道路 an *asphalt* road

アスベスト **asbestos**[アスベスタス]

アスリート **an athlete**[アスリート]

あせ【汗】

sweat[スウェット]
- 彼は顔の汗をタオルでふいた.
  He wiped the *sweat* off his face with a towel.
- このジャージは汗くさい.
  This sweatshirt smells of *sweat*. / This sweatshirt is *sweaty*.
- 彼女は汗びっしょりだ.
  She is all *sweaty*.
━汗をかく **sweat, get sweaty**
- 父はよく[たくさん]汗をかく.
  My father *sweats* easily［*heavily*］.

あせる¹【焦る】
（急ぐ）**hurry**[ハーリィ], **be in a hurry**;（うろたえる）**get nervous**[ナーヴァス]→あわてる
- 焦らないで. ゆっくりやりなさい.
  Don't *hurry*. Take your time.
- 焦って昼ごはんを食べた.
  I ate lunch *in a hurry*.
- 授業中に突然さされて焦った.
  I *got nervous* when I was called on in class suddenly.

あせる²【色や記憶(きおく)が】**fade**（**away**）[フェイド(アウェイ)]
- 写真の色があせてしまった.
  The picture has *faded*.

あそこ（**over**）**there**[ゼァ]→あちら❶
- あそこにファミレスがあるよ.
  There is a family restaurant *over there*.

あそび【遊び】

play[プレィ]; **a game**[ゲイム]
- 鬼(おに)ごっこはケンのいちばん好きな遊びだ.
  Tag is Ken's favorite *game*.
- 遊びに行こう.
  Let's go out and *play*.
- 今度の日曜日ぼくのうちへ遊びにおいで.
  Come over to my house（to *play*）next Sunday.

あそぶ

くらべてみよう! play と game

play: ぶらんこや砂遊びのように「特にルールや勝敗がない遊び」.

game: テレビゲームやかくれんぼうのように「ルールや勝敗がある遊び」.

遊び時間 playtime
遊び道具 a toy, a plaything
遊び仲間 a friend, a playmate, a friend to play with
遊び場 a playground

あそぶ【遊ぶ】

❶好きなことをする	play;(楽しむ)enjoy oneself
❷ぶらぶらする	be idle, idle away

❶〔好きなことをする〕**play**[プレィ];(楽しむ)**enjoy** *one*self[インチョイ]
• トランプをして遊ぼう. Let's *play* cards.
• ケンはときどきジュンと遊ぶ.
  Ken sometimes *plays* with Jun.
• 私たちはディズニーランドで遊んだ.
  We *enjoyed ourselves* at Disneyland.
• いっしょに遊ぼうよ. Let's *have* some *fun* together. / Let's *have a good time* together.(←楽しく過ごそう)
• 先週末は友達と遊びに行った. I went out with my friends last weekend.(←出かけた)
❷〔ぶらぶらする〕**be idle**[アィドゥル], **idle away**

あたい【値する】**be worth**(+〈-ing形〉)[ワース]→かち¹

• その映画は一見に値する.
  The movie *is worth* see*ing*.

あたえる【与える】**give**[ギヴ];(えさなどを)**feed**[フィード];(損害などを)**cause**[コーズ]→あげる¹❸,くれる¹

〈人など〉に〈物〉を与える
give +〈人など〉+〈物〉/
give +〈物〉+ to +〈人など〉

• 父は私にチャンスを与えてくれた.
  My father *gave* me a chance. / My father *gave* a chance *to* me.
• マザー・テレサはノーベル平和賞を与えられた.
  Mother Teresa was *given*［*awarded*］the Nobel Peace Prize.
• うさぎにえさを与えないでください.
  Don't *feed* the rabbits.
• 台風はその地域に大きな被害(ひ)を与えた.
  The typhoon *caused* serious［*severe*］damage *to* the area.

あたたかい【暖かい, 温かい】

❶温度が高い	warm, hot
❷心・態度が	warm, kind

❶〔温度が高い〕**warm**[ウォーム](⇔涼(ず)しい cool), **hot**[ハット](⇔冷たい cold)
• 暖かい気候 *warm* weather
• この部屋は暖かい. It is *warm* in this room. / This room is *warm*.
• カップ1杯(ぱい)の温かい牛乳 a cup of *hot* milk(►飲食物には hot を使うことが多い)
• 何か温かい飲み物をくださいますか.
  Would you give me something *hot* to drink, please.(►something +〈形容詞〉の語順に注意)
—**あたたかく warmly**
• 暖かくして出かけた.
  I dressed *warmly* and left.
❷〔心・態度が〕**warm, kind**[カインド](⇔冷たい cold)
• ホワイト一家から温かい歓迎(げい)を受けた.
  I received a *warm* welcome from the Whites.
—**あたたかく warmly, kindly**

あたたまる【暖まる, 温まる】**warm**(**up**)[ウォーム];(体が)**warm** *one*self(**up**)
• 部屋はすぐに暖まるでしょう.
  The room will soon *warm up*.
• 私はファンヒーターの前で暖まった.
  I *warmed myself up* in front of the fan heater.
• 熱い紅茶で体が暖まった. The hot tea

22 twenty-two

あたりまえ

warmed me.(←熱い紅茶が私を暖めた)
- 心温まる話 a heart*warming* story

あたためる【暖める、温める】**warm（up）**[ウォーム]（⇔冷やす cool）;（熱を加えて）**heat（up）**[ヒート]
- ストーブで手を暖めた. I *warmed* my hands by [in front of] the heater.
- 彼女は電子レンジでスープを温めた. She *heated* some soup in the microwave.

アタック（an）**attack**[アタック]→こうげき
━アタックを打つ attack

あだな【あだ名】**a nickname**[ニックネイム]
━あだ名をつける nickname, give ... a nickname
- 私たちは彼に「ハカセ」というあだ名をつけた. We *nicknamed* him "Hakase." / We *gave* him the *nickname* "Hakase."

アダプター〖電気〗**an adapter, an adaptor**[アダプタァ]

あたま【頭】

❶頭部	a head
❷頭髪(とうはつ)	hair
❸頭脳	brains, a head, mind

❶〖頭部〗**a head**[ヘッド]
- はげ頭 a bald *head*
- 試合で頭にけがをした. I injured my *head* in the game.
- 頭からつま先まで from *head* to toe
- 彼は「こんにちは」と言って頭を下げた. He *bowed* and said hello.

ここがポイント！ head の範囲(はんい)
英語の **head** は「顔も含(ふく)めて首から上全体」をさします. したがって、日本語で「顔」や「首」と言う場合でも、英語では head を使うことがあります. →p.150 ミニ絵辞典

頭髪 hair
顔 face
頭部 head
首 neck

❷〖頭髪〗**hair**[ヘァ]
- シャンプーで頭を洗った. I *shampooed* my *hair*.
- 彼は頭を丸刈(まるが)りにしている. He has close-cropped *hair*.

- 父は頭がはげてきた. My father started losing his *hair*.

❸〖頭脳〗**brains**[ブレインズ]**, a head, mind**[マインド]
- 頭を使いなさい. Use your *brains* [*head*].
- 彼は頭がさえている. He has a sharp *mind*.
- ユミは頭がいい. Yumi is *smart* [*bright*].

━━━━━ 慣用表現 ━━━━━
頭が痛い ❶（体調が悪くて）きょうは頭が痛い. I *have a headache* today. ❷《悩(なや)みの種だ》あしたの試験のことを考えると頭が痛い. I *am worried about* tomorrow's examination.
頭がいっぱい *one's head is full of* ...:
ぼくはいつもばかげた考えで頭がいっぱいだ. *My head is* always *full of* crazy ideas.
頭が固い be stubborn
頭にくる be [get] mad (at ..., about ...):
彼女には本当に頭にきている.
I'm really *mad at* her.
頭を冷やす calm [cool] down

あたらしい【新しい】

new[ヌー]（⇔古い old）;（新鮮(しんせん)な）**fresh**[フレッシュ]
- 新しいコート a *new* coat
- このシャツは新しい. This shirt is *new*.
- あの店の魚は新しい. The fish sold at that shop are *fresh*.
- 新しい制度 a *modern* [*new*] system
- 最も新しいニュース the *latest* news
━新しく **newly; freshly**
- 新しく買ったタブレット a *newly* bought tablet

あたり¹【辺り】**around** ...[アラウンド]**, about** ...[アバウト]**, near** ...[ニァ]→ちかく
- この辺りで財布(さいふ)をなくした. I lost my wallet somewhere *around* here.
- 彼女は机の辺りを注意深く見た. She looked carefully *around* the desk.
- 7月辺り遊びに行ってもいいかな. May I come and see you *around* July?
- 駅の辺りに *near* the station

あたり²【当たり】**a hit**[ヒット]**;**（成功）**a success**[サクセス]**;**（命中、図星）**bull's-eye**[ブルズアィ]
- その番組は大当たりだった. The program was a big *hit* [*success*].
‖当たりくじ a winning ticket

…あたり【当たり】**per** ...[パー]**, a**→…つき²

あたりまえ【当たり前の】**natural**[ナチャラル]→とうぜん
- 彼女が成功したのも当たり前だ.

It is *natural* that she succeeded.

あたる【当たる】

❶ぶつかる	hit, strike
❷的中する	（予想が）be right, turn out（to be）right, come true
❸指名される	be called on
❹成功する	make a hit, succeed（in …）, 《話》make it
❺当選する	win
❻さらされる	（太陽に）get some sunshine; （火に）warm *oneself*（up）
❼相当する	be, correspond（to …）; （日付が）fall（on …）
❽中毒する	get food poisoning（from …）; get sick
❾接する	（人に）be hard（on …）

❶[ぶつかる]hit[ヒット], strike[ストゥライク]
- 石が猫に当たった。A stone *hit* the cat.

〈人〉の〈体の部分〉に当たる
hit＋〈人〉＋on［in］＋〈体の部分〉
- ボールは彼の頭に当たった。
  The ball *hit* him *on* the head.
- ボールは私の顔に当たった。
  The ball *hit* me *in* the face.

❷[的中する]（予想が）be right[ライト], turn out（to be）right[ターン アウト], come true[トゥルー]
- 彼の予想は当たった。His guess *was right*.
- 天気予報は当たらなかった。The weather forecast didn't *turn out right*.
- きょうの星占いは当たった。
  Today's horoscope *came true*.

❸[指名される]be called on[コールド]
- マミは理科の時間によく当たる。
  Mami *is* often *called on* in science class.

❹[成功する]make a hit[ヒット], succeed（in …）[サクスィード], 《話》make it
- その歌手はアメリカで当たった。The singer *succeeded*［*made it*］in the U.S.

❺[当選する]win[ウィン]
- くじでパソコンが当たった。
  I *won* a PC in a raffle.

❻[さらされる]（太陽に）get some sunshine[サンシャイン]; （火に）warm *oneself*[ウォーム]
- 外に出て日に当たろう。Let's go outdoors and *get some sunshine*.
- ストーブに当たった。
  I *warmed myself* with the heater.
- 私の部屋はあまり日が当たらない。
  My room doesn't *get* much *sun*.

❼[相当する]be, correspond（to …）[コーラスパンド]; （日付が）fall（on …）[フォール]
- 「かわいい」に当たる英語は何ですか。
  What *is* the English for "kawaii"?
- 私の今年の誕生日は日曜日に当たる。My birthday *falls on*（a）Sunday this year.

❽[中毒する]get food poisoning（from …）[フード ポイズニング]; get sick[スィック]
- 多くの人がその昼食にあたった。Many people *got sick* from eating the lunch.

❾[接する]（人に）be hard（on …）[ハード]
- 彼はいつも私につらく当たる。
  He *is* always *hard on* me.

あちこち here and there[ヒア][ゼア], from place to place[プレイス]; （行ったり来たり）up and down[アップ][ダウン]; （動詞につけて）around[アラウンド], about[アバウト]
- あちこちに高い建物が見える。We can see tall buildings *here and there*.
- 庭をあちこち歩き回った。
  I walked *around*［*about*］in the garden.

あちら

❶場所	there, over there
❷人,物	that

❶[場所]there[ゼア], over there（⇔こちら here）
- 何時にあちらに着く予定ですか。
  What time will you get *there*?

❷[人,物]that[ザット]（⇔こちら this）
- あちらは吉井さんです。*That* is Ms. Yoshii.
—あちらの that
- こちらの人形よりあちらの人形のほうが好きだ。I like *that* doll better than this one.

あっ Oh![オッ], （失敗して）Oops[ウプス]
- あっ，そうか。*Oh*（, that's right）!
- あっ，あれを見て。*Oh*, look at that.
- あっ，忘れ物をした。
  Oops! I forgot something!

あつい¹【熱い】

hot[ハット]（⇔冷たい cold）
- 熱いおふろに入った。
  I took a *hot* bath.
- このなべは熱すぎて持てない。
  This pot is too *hot* to hold.

- 2人は熱い仲だ．
  The two *are* deeply *in love*.
- ➡熱くなる（興奮して）**get excited**［イクサイティド］
- 彼のラフプレーで選手たちは熱くなった．The players *got excited* by his rough play.

あつい² 【暑い】

hot［ハット］（⇔寒い **cold**）
- きょうはとても暑い．It is very *hot* today.
- 夏の京都はかなり暑い．
  Kyoto in summer is pretty *hot*.
- ➡暑くなる **get hot**
- だんだん暑くなってきている．
  It's *getting hotter and hotter*.

あつい³ 【厚い】

❶厚さがある	thick
❷心のこもった	warm, kind

thick

warm

❶［厚さがある］**thick**［スィック］（⇔薄(ｳｽ)い **thin**）
- 厚いステーキ a *thick* steak
- この辞書は厚い．
  This dictionary is *thick*.
- ➡厚く **thickly**
- トーストにバターを厚く塗(ﾇ)ってちょうだい．
  Please spread the butter *thickly* on the toast.

❷［心のこもった］**warm**［ウォーム］, **kind**［カインド］
- 私たちは厚い友情で結ばれている．
  Warm friendship binds us together.

あつかう 【扱う】

❶操作する	handle, operate
❷相手にする	treat, deal（with ...）

❶［操作する］**handle**［ハンドゥル］, **operate**［アパレイト］
- その箱はていねいに扱ってください．
  Please *handle* the box carefully.
- このコンピュータを扱う方法
  how to *operate* this computer

❷［相手にする］**treat**［トゥリート］, **deal**（with ...）［ディール］
- 彼はチーム全員を公平に扱う．He *treats* all the members of the team fairly.
- この本は社会問題を扱っている．
  This book *deals with* social problems.

あつかましい［厚かましい］**impudent**［インピュダント］,《話》**pushy**［プシィ］➡ずうずうしい
- その店員はとても厚かましかった．
  The salesclerk was very *pushy*.

あつぎ［厚着する］**wear a lot of clothes**［ウエア］［ラット］［クロウズ］, **wear a lot of layers**［レイアズ］
- 外は寒いから，厚着をして出かけたほうがいい．
  It is cold outside so you should *wear a lot of layers*.

あつくるしい［暑苦しい］**sultry**［サルトゥリィ］
- 暑苦しい夜 a *sultry* night

あっけない（時間が短すぎて）**too soon**［スーン］, **too short**［ショート］;（簡単すぎて）**too easy**［イーズィ］
- その試合はあっけなく終わった．
  The game ended *too soon*.

あつさ¹［暑さ］**heat**［ヒート］➡あつい²
- 夏の暑さ the *heat* of summer

あつさ²［厚さ］(a) **thickness**［スィックニス］
- この壁(ｶﾍﾞ)の厚さは10センチだ．
  This wall is 10 centimeters *thick*. / The *thickness* of this wall is 10 centimeters.

あっさり 【あっさりした】

（簡単な）**simple**［スィンプル］, **easy**［イーズィ］;（簡潔な）**brief**［ブリーフ］;（味が）**plain**［プレイン］, **light**［ライト］
- あっさりした説明 a *simple* explanation
- あっさりした食事 a *plain*［*light*］meal
- ➡あっさりと **simply, easily; plainly**
- 私たちはその問題をあっさりと解決した．
  We solved the problem *easily*.

あっしゅく［圧縮する］〖コンピュータ〗**compress**［カンプレス］
- 圧縮されたファイル a *compressed* file

あつぞこぐつ［厚底靴］**platform shoes**［プラットフォーム シューズ］➡くつ図

あっち there[ゼァ], over there; (あっちの)that[ザット]→あちら
- あっちで待ちなさい. Wait (*over*) *there*.
- あっちへ行け. Go *away*.

あっというま【あっと言う間に】**in an instant**[インスタント], **quickly**[クウィックリィ]

あっとう【圧倒する】**overwhelm**[オウヴァ(ホ)ウェルム]
- わがチームは相手チームを圧倒した. Our team *overwhelmed* the opposing team.
— 圧倒的な **overwhelming**
- 圧倒的勝利 an *overwhelming* victory

アップ
- アップの写真 a *close-up* photo
- 彼女は髪をアップにしている. She is wearing her hair *up*.
— アップする (上がる)**go up**[ゴゥ], **rise**[ライズ]; (上げる)**raise**[レイズ]
- 英語の成績がアップした. My English grades *rose* [*improved*].

アップグレード【アップグレードする】〖コンピュータ〗**upgrade**[アップグレイド]

アップデート【アップデートする】〖コンピュータ〗**update**[アップデイト]

アップリケ an **appliqué**[アプリケイ] (★発音注意) (►フランス語から)

アップルパイ (an) **apple pie**[アプル パイ]

アップロード【アップロードする】〖コンピュータ〗**upload**[アップロウド] (⇔ダウンロード download)
- 写真をウェブにアップロードした. I *uploaded* [*posted*] the photos on the website.

あつまり【集まり】(会合)**a meeting**[ミーティング]

あつまる【集まる】

| ❶人・動物が | gather, get together; (会合する)meet |
| ❷関心・注意が | be focused (on ...) |

❶【人・動物が】**gather**[ギャザァ], **get together**[タゲザァ]; (会合する)**meet**[ミート]
- 先生の周りに生徒が集まった. The students *gathered* around their teacher.
- たくさんの友達が私の誕生会に集まってくれた. Many friends of mine *got together* at my birthday party.
- 私たちのクラブは毎週火曜日に集まる. Our club *meets* every Tuesday.

❷【関心・注意が】**be focused** (**on** ...)[フォウカスト]
- けがした子どもにみんなの注目が集まった. Everyone's attention *was focused on* the injured child.

あつめる【集める】

gather[ギャザァ], **gather** [**bring**] **together**[[ブリング] タゲザァ]; (目的をもって)**collect**[カレクト]; (お金を)**raise**[レイズ], **collect**
- 情報を集める
 gather [*collect*] information
- 私たちは落ち葉を集めた. We *gathered* the fallen leaves *together*.
- 切手[寄付]を集める
 collect stamps [donations]

> **くらべてみよう！** **gather と collect**
> **gather**: 人や物を1か所に集める.
> **collect**: 目的をもって収集する.

gather

collect

あつりょく【圧力】**pressure**[プレッシァ]
‖ 圧力なべ **a pressure cooker**

あて【当て】(目的)**an aim**[エイム], **a purpose**[パーパス]; (期待)(an) **expectation**[エクスペクテイション]
- 当てもなく without any *purpose*
- 当てが外れた. My *guess* was wrong.
— 当てにする(信頼する)**rely** (**on** ...)[リライ], **depend** (**on** ...)[ディペンド]; (期待する)**expect**[イクスペクト], 《話》**count on** ...[カウント]
- 彼は当てにならない. I can't *rely* [*count*] *on* him. (←当てにすることができない)

…あて for ...[フォア]
- あなたあてのカード a card *for* you

あてずっぽう【当てずっぽう】**a guess**[ゲス], **a shot**[シャット]
- 私は当てずっぽうに答えた.
 I made a *shot* at the answer.

あてな【あて名】...'**s name and address**[ネイム] [アドゥレス]
- 封筒にマリのあて名を書いた.
 I wrote *Mari's name and address* on the envelope.
- それはあて名が違っている.
 It has the wrong *name and address*.

あてはまる【当てはまる】**apply** (**to** ...) [アプライ], **fit into** ...[フィット], **be true** (**of** ...) [トゥルー]

あとまわし

・この規則はすべての場合に当てはまる. This rule *applies to* all cases.
あてはめる【当てはめる】**apply**[アプラィ]

あてる【当てる】

❶ぶつける	hit, strike
❷推測する	guess
❸つける	(…を～に)put ... to ～
❹指名する	call on ...
❺賞を得る	win
❻さらす	expose

❶〔ぶつける〕**hit**[ヒット], **strike**[ストゥラィク]
・彼女はテニスボールを壁(災)に当てた. She *hit* a tennis ball against the wall.
❷〔推測する〕**guess**[ゲス]
・マキは私の年齢(恐)を当てた. Maki *guessed* my age correctly.
・これが何だか当ててごらん. *Guess* what this is.
❸〔つける〕(…を～に)**put ... to ～**[プット]
・彼はドアに耳を当てた. He *put* his ear *to* the door.
❹〔指名する〕**call on ...**[コール]
・ブラウン先生は授業中よくタクを当てる. Mr. Brown often *calls on* Taku in class.
❺〔賞を得る〕**win**[ウィン]
・宝くじで1等を当てた. I *won* (the) first prize in a lottery.
❻〔さらす〕**expose**[イクスポウズ]
・肌(疑)を日光にあまり当てないで. Don't *expose* your skin *to* the sun too much.

あと¹【後】

❶後方に	back, behind
❷以後	after ...; (のちに)later
❸残り	the rest
❹残りの時間	(これから)in ..., away; (さらに)more

❶〔後方に〕**back**[バック], **behind**[ビハインド]
・彼女は何度か後をふり返った. She looked *back* a few times.
・エミは彼を後に残した. Emi left him *behind*.
・だれかが私の後をつけている. Somebody is *following* me.
❷〔以後〕**after ...**[アフタァ]; (のちに)**later**[レイタァ]
・昼食の後で *after* lunch
・後でメールするね. I'll email you *later*.

・また後でね. See you *later*.
❸〔残り〕**the rest**[レスト]
・あとのクッキーはあしたまでとっておこう. I'll keep *the rest* of the cookies till tomorrow.
・あとは君が話してよ. You tell *the rest*.
❹〔残りの時間〕(これから)**in ...**[イン], **away**[アウェィ]; (さらに)**more**[モァ]
・あと1週間で学校が終わる. School will be over *in* a week.
・私の誕生日まであと3日だ. My birthday is three days *away*.
・あと5分待って. Please wait five *more* minutes.

⟨ 慣・用・表・現 ⟩
後には引けない. It's too late to turn back. (←引き返すには遅すぎる)
後の祭り: 今になって文句を言っても後の祭りだ. (←遅すぎる) It's too late to complain about it now.

あと²【跡】**a mark**[マーク]; (通った跡)**a track**[トゥラック]; (遺跡)**remains**[リメインズ]
・道にタイヤの跡がある. There are tire *marks* [*tracks*] on the road.
・城の跡 the *remains* of a castle
あとあじ【後味】**an aftertaste**[アフタァテイスト]
・そのスープはいいにおいだったが, 妙(梦)にすっぱい後味がした. The soup smelled good, but it had a strangely sour *aftertaste*.
あとかたづけ【後かたづけをする】**put ... in order**[オーダァ], **clean up**[クリーン]; (食事の)**clear the table**[クリア][テイブル]
・私たちは部屋の後かたづけをした. We *put* the room *in order*.
・だれが食事の後かたづけをするの? Who will *clear the table*?
アドバイス advice[アドゥヴァイス]→ちゅうこく
・先生のアドバイスに従った. I followed my teacher's *advice*.
━アドバイスする advise[アドゥヴァイズ](★名詞とのつづり・発音の違(勢)いに注意), **give ...**(**a piece of**)**advice**[(ピース)](▶ give ... an advice は×)
・コーチは彼にもっと練習をするようにアドバイスした. The coach *advised* him *to* practice more.
アドバンテージ(テニスなどで)**advantage**[アドゥヴァンティッヂ]
アトピー atopy[アタピィ]
▶アトピー性皮膚炎(妙) **atopic dermatitis**
あとまわし【後回しにする】**put off**[プット], **do**(**...**)**later**[レイタァ]

アトラクション

- 彼は医者に行くのを後回しにしている. He keeps *putting off* a visit to the doctor.

アトラクション an attraction[アトゥラクション]

アトリエ an atelier[アタリエイ]（★発音・アクセント位置に注意）（▶フランス語から），a studio[ストゥーディオゥ]

アドリブ an ad lib[アドリブ]
➡ アドリブでやる ad-lib[アドゥリブ]

アドレス an address[アドゥレス]➡ じゅうしょ；
『コンピュータ』an（email）address[（イーメイル）]➡ メール

あな【穴】a hole[ホウル]
- 穴をふさぐ close［fill］a *hole*
- 彼は庭に穴を掘(ﾎ)った.
  He dug a *hole* in the garden.
- 靴下(ﾂ)に穴が開いている.
  There is a *hole* in my sock.

――――――慣用表現
穴があったら入りたい. I'm so ashamed that I want to hide myself away.

あなうめ【穴埋めする】（補う）make up（for ...）[メイク]➡ うめあわせる
- 穴埋め問題 a *fill-in-the-blank(s)* question

アナウンサー an announcer[アナウンサァ]，
a reporter[リポータァ]

アナウンス（an）announcement[アナウンスマント]
- アナウンスがあった.
  I heard an *announcement*.
  ➡ アナウンスする announce[アナウンス]

あなご『魚』a conger eel[カンガァ イール]

あなた

| ❶相手 | **you** |
| ❷夫婦(ﾌｳﾌ)間の呼びかけ | **dear, darling** |

❶[相手]**you**[ユー]（複 you）（▶単複同形）
- あなたはとても頭がいいね.
  You are very smart.
- 「あなたはテニスが好きですか」「はい, 好きです」"Do *you* like tennis?" "Yes, I do."
- あなたと私は親友だ.
  You and I are good friends.（▶ふつうI and youとはしない）
- あの男の人はあなたのお父さんですか.
  Is that man *your* father?
- あなたにこのセーターをあげましょう.
  I'll give *you* this sweater.
- 「この本はあなたのものですか」「はい, 私のです」"Is this book *yours*?" "Yes, it's mine."
- あなた自身で考えなさい.
  Think for *yourself*.

ここがポイント! you（あなた）の変化形
「…自身」以外, 単数と複数が同じ形です.

単数	複数
あなたは[が] you	あなたたちは[が] you
あなたの your	あなたたちの your
あなたを[に] you	あなたたちを[に] you
あなたのもの yours	あなたたちのもの yours
あなた自身 yourself	あなたたち自身 yourselves

❷[夫婦間の呼びかけ]dear[ディア]，darling[ダーリング]

あなどる【侮る】（軽く見る）make light of ...[ライト]；（見下す）look down on ...[ルック]
- あのチームを侮ってはいけない.
  Don't *make light of* that team.

アナログ【アナログの】analog, ⊛analogue[アナローグ]

あに【兄】

a brother[ブラザァ]；（弟と区別して）an older brother[オウルダァ]，a big brother[ビッグ]，an elder brother[エルダァ]（⇔ 弟 a younger [little] brother）➡ きょうだい
- 私のいちばん上の兄
  my *oldest*［*eldest*］*brother*
- 私には兄が2人います. 上の兄は教師で下の兄は大学生です. I have two *older brothers*. The older is a teacher and the younger is a college student.

ここがポイント! 兄とbrotherの使い方の違(ﾁｶﾞ)い
英語では兄も弟も**brother**で表します. 姉も妹の場合もともに**sister**で表します. 特に弟（妹）と区別するときはolderやbig, elderをつけます. また, 「brother（お兄さん）」とは呼ばずに, Tomのように名前（first name）で呼びます.

アニメ（ーション）an animation[アニメイション]，（日本の）an anime[アーニメィ]➡ここがすごい【口絵】
- アニメのキャラクター an *animated* [*anime*] character [*figure*] / a cartoon character

アニメ（ーション）映画 an animated film, an anime movie

アニメ（ーション）監督(ﾄｸ) an animation [anime] director

アニメーター an animator

あぶない

パソコンで画像を制作するアニメーター

あね【姉】

a sister[スィスタァ]; (妹と区別して)an older sister[オウルダァ], a big sister[ビッグ], an elder sister[エ ル ダ ァ](⇔ 妹 a younger［little］sister)→あに ポイント!

- 私のいちばん上の姉
 my *oldest*［*eldest*］*sister*
- 私の姉は大学生だ.
 My *sister* is a college student.
- こちらは私の姉のアヤです.
 This is my *older*［*elder*］*sister*, Aya.

あの

that[ザット](複 those[ゾウズ])(⇔この this)→その

- あのパソコン *that* PC
- 私のあのかばん
 that bag of mine(▶ that my bagは×)
- あの手袋(ﾌﾞｸﾛ) *those* gloves
- あの人たちはだれですか.
 Who are *those* people? / Who are they?
- あのころ in *those* days
- あの時から since *then*

> ここが ポイント! that ＋〈名詞の単数形〉と those ＋〈名詞の複数形〉
>
> - あの生徒(生徒が１人)
>   ○*that* student
>   ×*those* student
> - あの生徒たち(生徒が２人以上)
>   ○*those* students
>   ×*that* students

あの(う) Excuse me, ...[イクスキューズ ミー], Hello ...[ハロゥ, ヘロゥ]; (ためらって)uh[ア]

- あの(う), トイレを貸してもらえませんか.
 Excuse me, can I use the bathroom?

あのね You know what?[ユー ノゥ (ホ) ワット], well[ウェル], You see[スィー]

あのような such[サッチ]→あんな

あのように like that[ライク], (in) that way[ウェイ]

アパート (建物全体)㋐an apartment building[アパートゥマント ビルディング], ㋑flats[フラッツ]; (１世帯分)㋐an apartment, ㋑a flat[フラット]→マンション くらべて!

㋐apartment building　　㋐apartment
㋑flats　　　　　　　　　㋑flat

- アパートの2階 the second floor of the *apartment building*
- 私はアパートに住んでいる.
 I live in an *apartment*.

あばれる【暴れる】act violently[アクト ヴァイアラントゥリィ]; (走り回る)run wild[ラン ワイルド]

- 男の子たちが庭で暴れている.
 The boys are *running wild* in the yard.

アピール【アピールする】appeal[アピール]

- この映画は多くの人にアピールした.
 This film *appealed to* many people.

あびせる【浴びせる】(水・光などを)pour[ポァ]; (質問などを)fire[ファイァ]

- インタビュアーは彼に質問を浴びせた.
 The interviewers *fired* questions *at* him.

あひる〖鳥〗a duck[ダック]

- あひるの子 a *duck*ling

あびる【浴びる】(シャワーを)take a shower[シャゥァ]; (日光などを)bask[バスク]

- 私は朝, シャワーを浴びる.
 I *take a shower* in the morning.
- 日光を浴びる *bask in* the sunshine

あぶく a bubble[バブル]→あわ

アフターケア aftercare[アフタァケア]

アフターサービス after-sales service[アフタァ セイルズ サーヴィス](▶「アフターサービス」は和製英語)

あぶない【危ない】

dangerous[デインヂャラス]; (冒険的な)risky[リスキィ]; (危険にさらされている)be in danger[デインヂャァ]→きけん[1]

- その赤ちゃんの命が危ない.
 The life of the baby *is in danger*.

…するのは危ない
It is dangerous to ＋〈動詞の原形〉

- 赤信号のときに道路を横断するのは危ない.
 It is dangerous to cross the street when

あぶら

the light is red.
- 危ない！
 Watch [Look] out!
→危なく(もう少しで) nearly[ニアリィ], almost[オールモウスト]
- 危なくバスに乗りそこねるところだった．
 I nearly [almost] missed the bus.

あぶら【油,脂】(液体)(an) oil[オイル]; (固形, 脂肪(ﾎﾞｳ))(a) fat[ファット]; (豚(ﾌﾞﾀ)の) lard[ラード]
→あぶらっこい greasy[グリースィ], oily; fatty
| 油揚(ｱｹﾞ)げ deep-fried bean curd, fried tofu
| 油絵 an oil painting
| あぶらとり紙 facial paper

あぶらむし【油虫】〖虫〗an aphid[アフィッド], a plant louse[プラント ラウス] (▶複数形はlice)

アフリカ Africa[アフリカ]
→アフリカ(人)の African
| アフリカ人 an African
| アフリカ大陸 the African Continent

アプリ(ケーション)〖コンピュータ〗an application[アプリケイション], an app[アップ]
- このアプリをダウンロードした．
 I downloaded this application.
| アプリケーション・ソフト(ウエア) application software

あぶる broil[ブロイル], grill[グリル], roast ... (over fire)[ロウスト][(ファイア)] →やく²❶

あふれる(こぼれる) overflow[オウヴァフロウ], run over[ラン]; (いっぱいになる) fill with ...[フィル], be full of ...[フル]
- 川の水があふれた．
 The river overflowed.
- 彼の目には涙(ﾅﾐﾀﾞ)があふれていた．
 His eyes were filled with tears.
- 自然界は驚(ｵﾄﾞﾛ)きにあふれている．
 Nature is full of surprises.

アプローチ an approach[アプロウチ]
→アプローチする approach

あべこべ【あべこべに】(上下が) upside down[アップサイド]; (裏表が) inside out[インサイド アウト] →ぎゃく
- 長靴(ﾅｶﾞｸﾞﾂ)をあべこべにはいてるよ．
 You're wearing the boots on the wrong feet.

アボカド〖植物〗an avocado[アヴァカードウ]

アポストロフィ an apostrophe[アパストゥラフィ] (★発音注意)(▶記号は'. I amをI'mと短縮するときなどに用いる)

あま【尼】a nun[ナン]

あまい【甘い】

❶味・香(ｶｵ)りなどが	sweet
❷きびしくない	easy, soft; (採点が) lenient
❸楽観的な	optimistic

❶〔味・香りなどが〕 sweet[スウィート] (⇔苦い bitter)
- このアイスクリームは甘い．
 This ice cream tastes sweet.

- 私は甘いものに目がない．
 I like sweet things very much. / I like sweets very much.
→甘く sweetly
→甘くする sweeten, make ... sweet
- 砂糖でコーヒーを甘くした．
 I sweetened my coffee with sugar.

❷〔きびしくない〕 easy[イーズィ], soft[ソフト]; (採点が) lenient[リーニアント]
- 彼は子どもにいつも甘い．
 He is always soft [easy] on his child.

❸〔楽観的な〕 optimistic[アプティミスティック]
- 君は考えが甘い． You're too optimistic.

あまえる【甘える】(赤ん坊(ﾎﾞｳ)のようにふるまう) act like a baby[アクト ライク][ベイビィ]; (頼(ﾀﾖ)りすぎる) depend too much on ...[ディペンド]
- 弟はいつも母親に甘えている．
 My little brother always acts like a baby in front of our mother.
- 彼に甘えてはいけない．
 Don't depend too much on him.

あまぐ【雨具】rain gear[レイン ギア]

あまぐつ【雨靴】rain shoes [boots][レイン シューズ [ブーツ]]

あまざけ【甘酒】a sweet drink made from fermented rice[スウィート ドゥリンク][ファーメンティド ライス]

あまだれ【雨垂れ】a raindrop[レインドゥラップ]

アマチュア an amateur[アマチュア](★つづり注意) (⇔プロ a professional)
→アマチュアの amateur

あまったるい【甘ったるい】too sweet[スウィート], sugary[シュガリィ]

30 thirty

あみもの

あまど【雨戸】(sliding) shutters[(スライディング) シャッタァズ], ⊛ storm windows[ストーム ウィンドウズ]
- 彼は雨戸を開けた[閉めた]. He opened [closed] the *shutters*.

あまのがわ【天の川】〖天文〗the Milky Way[ミルキィ ウェィ]

あまみず【雨水】rainwater[レインウォータァ]

あまもり【雨漏り】a leak (in the roof)[リーク] [(ルーフ)]
- 屋根から雨漏りがしている. There is a *leak in the roof*.
- ━雨漏りする leak

あまやかす【甘やかす】spoil[スポイル]
- あの子たちは甘やかされている. Those children are *spoiled*.

あまやどり【雨宿りする】
- 店の中で雨宿りした. I *took shelter from the rain* in the shop.

あまり¹【あまり…ない】

(程度が) not ... very [so] ~[ヴェリィ], not ... much[マッチ]; (数が) few[フュー]; (量が) little[リトゥル]

- あまりにんじんが好きではない. I don't like carrots *very much*.
- この写真はあまりよく撮(と)れていない. This picture does *not* look *very* good.
- 今年はあまり雨が降らない. It hasn't rained too *much* this year.
- ぼくはあまり本をもっていない. I have *few* books. / I don't have *many* books.
- あまり時間がなかった. We had *little* time. / We didn't have *much* time.

> **ここがポイント!** notがなくても「あまり…ない」
> 「few+数えられる名詞」「little+数えられない名詞」は「あまり…ない」という意味になります. この場合, fewにもlittleにもaはつけないことに注意しましょう.
>
> few books　　 little milk

あまり²【余り】

❶ 残り　　the rest
❷ …以上　　over ..., more than ...

❶【残り】the rest[レスト]
- ケーキの余りはとっておこう. I'll save *the rest* of the cake for later.

❷【…以上】over ...[オウヴァ], more than ...[モァ]
- 私たちは1時間余り待っていた. We waited for *over* [*more than*] an hour.

あまりに

too[トゥー]
- このTシャツは私にはあまりに大きすぎる. This T-shirt is *too* big for me.

あまりに…なので~
so ... that ~(▶that以下は肯定の文)
- あまりに寒かったのでダウンを着ていた. It was *so* cold *that* I wore my down jacket.

あまりに…なので~ない
so ... that ~(▶that以下は否定の文) / too ... to +〈動詞の原形〉
- あまりに疲(つか)れていたので私は勉強できなかった. I was *so* tired *that* I couldn't study. / I was *too* tired *to* study.

あまる【余る】be left[レフト](▶leftはleaveの過去分詞)
- お金はどのくらい余っていますか. How much money *is left*?

あみ【網】a net[ネット]
- 私たちは網で魚を捕(と)った. We caught some fish with a *net*.

- 捕虫(ほちゅう)網 an insect *net*

網棚(だな) a baggage [luggage] rack
網戸 (窓の) a window screen; (ドアなどの) a screen door

あみばり【編み針】a knitting needle[ニッティング ニードル], (かぎ編み針) a crochet hook[クロウシェイ フック], a knitting stick[ニッティング スティック]

あみぼう【編み棒】a knitting needle[ニッティング ニードゥル]

あみもの【編み物】knitting[ニッティング]
━編み物をする knit →あむ

あむ

あむ【編む】(毛糸・縄などを)**knit**[ニット]; (髪を)㊧**braid**[ブレイド]
- 母がこのセーターを編んでくれた. My mother *knitted* this sweater *for* me.

あめ¹【雨】

(a) **rain**[レイン]
- 大[小]雨 a heavy [light] *rain*
- どしゃ降りの雨 a pouring *rain*
- しとしと降る雨 a drizzling *rain*
- 雨がやんだ. It has stopped *raining*. / The *rain* has stopped.
- 6月は雨が多い. It *rains* a lot in June. / We have a lot of *rain* in June.
- 学校からの帰り道雨にあった. I was caught in the *rain* on my way home from school.
▶雨が降る **rain**(▶itを主語とする)
- すごく雨が降っているよ. It's *raining* hard.
- 雨が降りそうだ. It looks like *rain*.
- あしたは雨が降るだろう. It will *rain* [*be rainy*] tomorrow.
- 雨が降り出した. It began [started] to *rain*. / It started *raining*.
▶雨の, 雨の多い **rainy**
- 雨の日には on *rainy* days

> ここが ポイント! 「雨が降った」と言うとき
> ○ It *rained*.
> ○ It was *rainy*.
> ○ We had *rain*.
> × It was rain.

あめ² ㊧(a) **candy**[キャンディ], ㊨**sweets**[スウィーツ]; (棒付きの)**a lollipop**[ラリィパップ]
- あめ1個 a (piece of) *candy*
- その子どもはあめをなめていた. That child was sucking on a *candy*.

アメーバ【生物】**an amoeba**[アミーバ]

アメリカ America[アメリカ], (アメリカ合衆国)**the United States**(**of America**)[ユーナイティドステイツ], **the U.S.**[ユーエス]
- 北[南]アメリカ North [South] *America*
- 中央[ラテン]アメリカ Central [Latin] *America*
▶アメリカ(人)の **American**
アメリカ人(1人)**an American**, (全体)**the Americans**: 彼女はアメリカ人だ. She is *American*. (▶国籍を言うときはふつう形容詞を用いる)
アメリカ先住民 a native American

アメリカンフットボール American football[アメリカン フットボール], ㊧**football**

あやうく【危うく】**nearly**[ニアリィ], **almost**[オールモウスト]
- 彼は危うく学校に遅れるところだった. He was *nearly* [*almost*] late for school.

あやしい【怪しい】

(変な)**strange**[ストゥレインヂ]; (疑わしい)**doubtful**[ダウトフル]; (不審な)**suspicious**[サスピシャス]; (当てにならない)**not sure**[シュア]
- 怪しい物音 a *strange* noise
- 彼が勝つかどうか怪しいものだ. It's *doubtful* that he will win.
- 昨夜怪しい人物を見た. I saw a *suspicious* character last night.

あやしむ【怪しむ】**doubt**[ダウト]→ うたがう

あやつりにんぎょう【操り人形】**a puppet**[パピット], **a marionette**[マリアネット]

あやとり【あや取り】**cat's cradle**[クレイドゥル]
- あや取りをする play *cat's cradle*

あやまち【過ち】**a mistake**[ミステイク], **an error**[エラァ]; (落ち度)**a fault**[フォールト]→ まちがい
- 彼はまた大変な過ちを犯した. He made a big *mistake* again.

あやまり【誤り】**a mistake**[ミステイク], **an error**[エラァ]→ まちがい
- つづりの誤り a spelling *error*

あやまる¹【謝る】**apologize** (**to** …)[アパラヂャイズ], **ask** [**beg**] …**'s pardon**[ベッグ][パードゥン]
- 彼は遅れてきたことを私に謝った. He *apologized to* me for being late.

あやまる²【誤る】**make a mistake**[ミステイク]→ まちがえる
▶誤った **wrong**[ローング]
- 誤った答え a *wrong* answer
▶誤って (取り違えて)**by mistake**; (うっかりして)**by accident**[アクスィダント]
- 誤って窓ガラスを割ってしまった. I broke the window *by accident*.

あら Oh![オゥ], **Why!**[(ホ)ワイ]
- あら, まあ. *Oh*, my!

アラーム an alarm[アラーム]

あらあらしい【荒々しい】**violent**[ヴァイアラント]

あらわす¹

rough[ラフ]
- 荒々しい海 *rough* sea
- **━荒々しく violently**
- 彼は荒々しくドアを閉めた．
He shut the door *violently*.

あらい¹【荒い】(乱暴な)**rough**[ラフ], **wild**[ワイルド]; (金づかいが)**wasteful**[ウェイストゥフル]
- マリは言葉づかいが荒い．
Mari uses *rough* language.
- 彼は金づかいが荒い． He *wastes* his money.
- **━荒く roughly; wastefully**

あらい²【粗い】**coarse**[コース]; (手触りが)**rough**[ラフ]

あらう【洗う】

wash[ワッシュ]
- 石けんで手を洗った．
I *washed* my hands with soap.
- ミキは毎日髪を洗う． Miki *washes* [*shampoos*] her hair every day.
- 朝食の後, 兄が皿を洗った． My brother did [*washed*] the dishes after breakfast.
- このセーターは家で洗えますか．
Is this sweater *wash*able (at home)?

あらかじめ in advance[アドゥヴァンス]
- あらかじめ部屋を掃除しておこう．
Let's clean the room *in advance*.

アラカルト【料理】**à la carte**[アラカート](▶フランス語から)

あらさがし【あら探しをする】**find fault** (**with** ...)[ファインド フォールト]
- 人のあら探しをしてはいけない．
Don't *find fault with* others.

あらし【嵐】**a storm**[ストーム]
- 嵐になりそうだ． It looks like a *storm*.
- **━嵐の stormy**
- 嵐の夜 a *stormy* night

――――――慣用表現――――――
嵐の前の静けさ the calm before the storm

あらす【荒らす】**damage**[ダミッヂ], **ruin**[ルーイン]; (盗みに入る)**break into** ...[ブレイク]
- くまが畑を荒らした．
A bear *damaged* the fields.
- 空き巣が留守中家を荒らした． A thief *broke into* our house while we were out.

あらすじ【粗筋】**an outline**[アウトゥライン], **a plot**[プラット]
- その本の粗筋 the *outline* of the book

あらそい【争い】(なぐり合い)**a fight**[ファイト]; (口論)**an argument**[アーギュメント], 《主に英》**a quarrel**[クウォーラル]; (競争)**a competition**[カンパティション]
- 優勝争い
a *competition* for the championship

あらそう【争う】**fight** (**with** ...)[ファイト]; (口げんかをする)**argue** [《主に英》**quarrel**] (**with** ...)[アーギュー[クウォーラル]]; (競争する)**compete**[カンピート]
- マリと学園祭のことで争った． I *argued with* Mari about the school festival.
- 私たちはそのテニストーナメントで争った． We *competed* in the tennis tournament.

あらたまる【改まる】(格式ばる)**be formal** [**serious**][フォーマル [スィ(ア)リアス]]
- そんなに改まらないで． Don't be so *formal*.
- **━改まった formal**
- 彼は先生に改まった言葉づかいをする．
He uses *formal* language to his teacher.

あらためて【改めて】**again**[アゲン]; (後で)**later**[レイタァ]; (別の機会に)**some other** [**another**] **time**[タイム]
- 改めて先生に宿題を提出した． I gave the homework to my teacher *again*.
- また改めてお電話します． I'll call you *later*.

あらためる【改める】(変える)**change**[チェインヂ]; (訂正する)**correct**[カレクト]
- 災害について考え方を改めた． They *changed* their way of thinking about disasters.

アラビア Arabia[アレイビア](★発音注意)
- **━アラビア語[文字]の Arabic**[アラビック]
- **━アラビア(人)の Arabian**
| アラビア語 Arabic
| アラビア人 an Arab
| アラビア数字 Arabic numerals

アラブ(アラブ人)**an Arab**[アラブ]; (アラブ諸国)**Arab countries**[カントゥリィズ]➡アラビア

アラブしゅちょうこくれんぽう【アラブ首長国連邦】**United Arab Emirates**[ユーナイティド アラブ エマラッツ]

あらゆる all[オール], **every**[エヴリィ]➡すべて
- あらゆる種類の動物 *all* kinds of animals
- 新しい学校はあらゆる面でおもしろい． My new school is interesting in *every* way.

あられ(空から降る)**hail**[ヘイル]
- **━あられが降る hail**(▶it を主語とする)
- きのう, あられが降った． It *hailed* yesterday.

あらわす¹【表す】

❶表現する	express
❷示す	show
❸意味する	stand for ...

❶[表現する]**express**[イクスプレス]

あらわす²

- 私がどんなにうれしいか言葉では表せない. I can't *express* in words how happy I am.
- ❷ [示す] **show** [ショウ]
- このグラフは何を表していますか. What does this graph *show*?
- ❸ [意味する] **stand for ...** [スタンド]
- ＶＩＰは「非常に重要な人物」を表す. VIP *stands for* "very important person".

あらわす² [現す] **appear** [アピア]
- 彼は突然(紹)姿を現した. He *appeared* suddenly.

あらわれる [現れる] **appear** [アピア] (⇔消える disappear), **come out** [アウト], 《話》**show up** [ショウ]
- 月が雲の間から現れた. The moon *appeared* through the clouds.
- 切り株の下からたくさんのありが現れた. Many ants *came out* from under the stump.

あり《虫》**an ant** [アント]

ありうる [あり得る] **possible** [パスィブル]
- それは十分にあり得る話だ. That's quite *possible*.

ありえない [あり得ない] **impossible** [インパスィブル]
- そんなことはあり得ない. It's *impossible*.

ありがたい **grateful** [グレイトゥフル], **thankful** [サンクフル]; (歓迎(紹)すべき) **welcome** [ウェルカム]
- 君の忠告はありがたい. I'm *grateful* [*thankful*] for your advice. / *Thank* you *for* your advice.
- ➡ありがたいことに **fortunately** [フォーチャナットゥリィ], **luckily** [ラッキィリィ]
- ありがたいことに私にはよい仲間がいた. *Fortunately* I had good friends.

ありがためいわく [ありがた迷惑] **an unwelcome favor** [アンウェルカム フェイヴァ]

ありがとう

Thank you. [サンキュー], 《話》**Thanks.** [サンクス]
- 「どうもありがとう」「どういたしまして」
  "*Thank you* very much."
  "You are welcome."

> **ここが ポイント!** 「どうもありがとう」のいろいろな言い方
>
> - *Thank you* very [so] much. (▶ていねいな言い方)
> - *Thanks* a lot.
> - *Thanks* a million.
> - Many *thanks*.
> (▶後者3つはくだけた言い方)

…をありがとう
Thank you for ... / Thanks for ...
- 手伝ってくれてありがとう. *Thank you for* your help. / *Thanks for* your help.

…してくれてありがとう
Thank you for +⟨-ing形⟩
- 会いに来てくれてありがとう. *Thank you for coming* to see me.

ありさま [有様] **a state** [ステイト] → ようす❶

ありそうな **likely** [ライクリィ]
- それはありそうな話だ. It's a *likely* story.
- そんなこと、ありそうもない. It is not *likely* to happen.

ありのまま [ありのままの]
- ありのままの君が好きだ. I like you *as you are*.
- ➡ありのままに **frankly** [フランクリィ]
- 君の考えをありのままに話しなさい. Tell me *frankly* what you think. (← 率直(紹)に)

アリバイ **an alibi** [アリバイ]

ありふれた **common** [カマン], **ordinary** [オーダネリィ]
- ありふれた名前 a *common* name

…ありませんか [… (では) ありませんか]
Isn't ...?, Aren't ...?
- 彼は原さんではありませんか. *Isn't* he Mr. Hara?
- 疲(紹)れたのではありませんか. *Aren't* you tired?

ある [有る・在る]

❶ 存在する	there is [are] ...; ... is [are] 〜; (ここに) here is [are] ...
❷ 所有する	have
❸ 起こる	happen, take place
❹ 行われる	be held
❺ 数量が	(距離(紹)が) be; (重さが) weigh; (長さ [高さ] が) be long [tall]
❻ 経験が	have +⟨過去分詞⟩

❶ [存在する] **there is [are] ... ; ... is [are] 〜; (ここに) here is [are] ...**
- 私たちの学校の近くに公園がある. *There is* a park near our school.
- 東京ディズニーランドは千葉県にある. Tokyo Disneyland *is* in Chiba prefecture.
- ここに彼のスマホがある.

アルバイト

Here is his smartphone.
- 右に曲がると郵便局がありますよ。Turn right, and *you will find* the post office.

ここがポイント！ there is [are] ... と ... is [are] ～

(1) the, this, my などがついていないものについて「ある」というとき，単数ならば **there is** ...，複数ならば **there are** ... を使います。
- 机の上に本がある。
  There is a book on the desk.
  There are books on the desk.

(2) the, this, my などがついているものについて「ある」というときは，単数ならば ... **is** ～，複数ならば ... **are** ～ を使います。
- 私の本は机の上にある。
  My book *is* on the desk.
  My books *are* on the desk.

❷〔所有する〕**have**[ハヴ]
- 私にいい考えがある。
  I *have* a good idea.
- この部屋には窓が４つある。
  This room *has* four windows.

❸〔起こる〕**happen**[ハプン], **take place**[プレイス]
- 「何があったの」「車の衝突（とう）事故だよ」
  "What *happened*?" "A car crash."

❹〔行われる〕**be held**[ヘルド]
- 体育館でロックコンサートがあった。
  A rock concert *was held* in the gym.

❺〔数量が〕（距離が）**be**;（重さが）**weigh**[ウェイ]；（長さ［高さ］が）**be long**［**tall**］[ローング][トール]
- 青森から東京まではどのくらいありますか。
  How far *is* it from Aomori to Tokyo?
- 「体重はどのくらいあるの」「ちょうど40キロです」"How much do you *weigh*?" "I *weigh* just 40 kilograms."

❻〔経験が〕**have**＋〈過去分詞〉（▶現在完了形）→ …ことがある❶
- 私は３回ロンドンへ行ったことがある。
  I *have* been to London three times.

ある…

a, an（▶anは母音（ぼいん）で始まる語の前につく）, one[ワン], some[サム], certain[サートゥン]
- ある日 *one* day
- ある人 *someone* / *a certain* person
- ある程度 to *some* extent
- ある意味であなたは正しい。
  In *a* sense, you are right.
- 彼はある理由で出かけられなかった。
  He couldn't go out for *some* reason.

くらべてみよう！ some と certain

some：「はっきりとわからないもの」に対して使います。
certain：「自分ではわかっているが，はっきりと言わない場合」に使います。

あるいは

❶ または　　　or
❷ おそらく　　perhaps, maybe

❶〔または〕**or**[オァ]
- そこへは車あるいはバスで行けます。
  You can go there by car or by bus.
❷〔おそらく〕**perhaps**[パァハプス], **maybe**[メイビィ]
- あるいは本当かもしれない。
  Maybe [*Perhaps*] it is true.

アルカリ〘化学〙**alkali**[アルカライ]（★発音注意）
　→アルカリ性の **alkaline**[アルカライン]
| アルカリ性反応 an alkaline reaction
| アルカリ電池 an alkaline battery

あるく〘歩く〙

walk[ウォーク]；（歩いて行く）**go on foot**[フット]
- イズミは歩くのが速い［遅（おそ）い］。
  Izumi *walks* fast [slowly].
- 私は歩いて学校へ行く。I *walk* to school. / I go to school *on foot*.
- 歩いて家に帰ろう。I'll *walk* home.（▶この home は「家へ」という副詞なので，walk to home は×。walk to my house とは言える）
- 駅までは歩いて15分だ。
  It's a fifteen-minute *walk* to the station.
- 歩き回る *walk* around［about］

アルコール alcohol[アルカホール]；（酒）**liquor**[リカァ]（★ともに発音注意）
| アルコール飲料 alcoholic drinks
| アルコールランプ a spirit lamp

アルゼンチン Argentina[アーヂャンティーナ]
| アルゼンチン人 an Argentine

アルツハイマーびょう〘アルツハイマー病〙
Alzheimer's disease[アーツハイマァズ ディズィーズ]

アルト〘音楽〙（音域）**alto**[アルトゥ]；（歌手）**an alto**
（▶イタリア語から）

アルバイト

a part-time job[パートタイム ヂャブ]；
（人）**a part-time worker**[ワーカァ]（▶「アルバイト」はドイツ語から）→バイト¹
　→アルバイトをする **work part-time**[ワーク パートタイム]

アルバム

アルバム an album[アルバム]
- 卒業アルバム a school yearbook

アルファベット the alphabet[アルファベット]
- **―アルファベットの** alphabetical[アルファベティカル]
- これらの語をアルファベット順に並べなさい.
  Put these words in *alphabetical* order.

アルプス the Alps[アルプス]
- 日本アルプス the Japan *Alps*

アルミ(ニウム)〖化学〗aluminum[アルーミナム]
- アルミ缶(炊) an aluminum can
- アルミサッシ an aluminum (window) sash
- アルミホイル aluminum foil

あれ¹

that[ザット](複 those[ゾウズ])(⇔これ this)

あれは…だ
(…が単数のとき)That is ... /
(…が複数のとき)Those are ...
- あれは私の本だ.
  That is my book. / *Those are* my books.
- あれはどういう種類の鳥なの?
  What kind of bird is *that*?

あれ² Oh[オゥ](▶軽い驚(穀)きを表す)
- あれ, みんな(どこかへ)行っちゃった.
  Oh, everybody's gone.

あれから after that[アフタァ];(あれ以来)since then[スィンス](▶after thatは過去形と, since thenは現在完了形とともに使う)
- あれからあなたはどこへ行ったの?
  Where did you go *after that*?
- あれから彼に会っていない.
  I haven't seen him *since then*.

あれこれ this and that[ズィス][ザット](▶語順に注意)
- あれこれ考えてみた.
  I thought about *this and that*.

あれら those[ゾウズ](▶thatの複数形)→あれ¹

あれる〖荒れる〗be [get] rough[ラフ];(天候が)be stormy[ストーミィ]
- 庭仕事をしたため彼の手は荒れた.
  His hands *got rough* from gardening.
- 台風のため今夜は荒れるでしょう. It will *be stormy* tonight because of the typhoon.

アレルギー an allergy[アラァヂィ](★発音注意)
- 彼は卵アレルギーだ. He is *allergic to* eggs. / He has an *allergy to* eggs.
- **―アレルギーの** allergic (to ...)[アラーヂック]
- アレルギー体質 an allergic constitution
- アレルギー反応 an allergic reaction

アレンジ (an) arrangement[アレンヂメント]
- **―アレンジする** arrange

アロエ〖植物〗aloe[アロゥ]

あわ〖泡〗a bubble[バブル];(泡のかたまり)foam[フォウム](▶複数形では用いない)

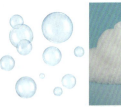 

bubbles   foam

- 石けんの泡 soap *bubbles*
- **―泡立つ** bubble; foam, lather[ラザァ]
- **―泡立てる** beat[ビート], whip[(ホ)ウィップ]
- 卵を3つ泡立てた. I *beat* three eggs.

あわい〖淡い〗(色が)light[ライト], pale[ペイル]
- 淡いピンク *pale* pink

あわせる【合わせる】

❶いっしょにする　put together;(協力する)work together
❷一致(½)させる　set;(照合する)check

❶ ❷ 7時

work together   set

❶[いっしょにする]put together[タゲザァ];(協力する)work together[ワーク]
- 神社で手を合わせて祈(½)った.
  I *put* my hands *together* and prayed at the shrine.
- 私たちはその大会で優勝するために力を合わせた.
  We *worked together* to win the tournament.
- **―合わせて** altogether[オールタゲザァ], in all
- 合わせていくらですか.
  How much is it *altogether* [*in all*]?

❷[一致させる]set[セット];(照合する)check[チェック]
- 私は目覚まし時計を7時に合わせた.
  I *set* the alarm clock for seven.
- 私たちは答えを合わせた.
  We *checked* our answers.
- 私たちは音楽に合わせて歌った.
  We sang *along with* the music.

あわただしい〖慌ただしい〗busy[ビズィ], hasty

あんぜん 🐧

［ヘイスティ］➡いそがしい
・あわただしい朝 a *busy* morning
➡あわただしく in a hurry［ハーリィ］
・カヨはあわただしく部屋を出て行った.
Kayo went out of the room *in a hurry*.
あわだてき【泡立て器】a whisk［(ホ)ウィスク］

あわてる【慌てる】
hurry［ハーリィ］, panic［パニック］; be in a panic
・私はあわてた. I *was in a panic*.
・あわてるな. *Take it easy.*（◀のんびりやれ）
➡あわてて in a hurry
・彼はあわてて病院へ行った.
He went to the hospital *in a hurry*.
あわび〖貝〗an abalone［アバロウニ］
あわれ【哀れな】poor［プァ］, pitiful［ピティフル］
・哀れな馬はけがをしていた.
The *poor* horse was hurt.
・私は彼を哀れに思った.
I felt *sorry* for him.
あん[1]【案】an idea［アイディーァ］(★アクセント位置に注意); 【計画】a plan［プラン］
・いい案を思いついた.
I came up with a good *idea*.
あん[2]（あんこ）sweet bean jam［paste］［スウィート ビーンヂャム［ペイスト］］
あんい【安易な】easy［イーズィ］
・安易な方法を選んだ. I chose the *easy* way.
➡安易に easily
アンカー（リレーの）an anchor［アンカァ］
あんがい【案外】unexpectedly［アニクスペクティドゥリィ］
・試験の点数は案外よかった.
My exam score was *unexpectedly* good.

あんき【暗記する】
memorize［メマライズ］, learn ... by heart［ラーン］［ハート］
・詩を暗記する *memorize* a poem
・私は金曜日までに40個の英単語を暗記しなければならない. I have to *learn* forty English words *by heart* by Friday.
▌暗記力 a memory: 彼は暗記力がある［ない］.
He has a good［bad］*memory*.
アングル（角度）an angle［アングル］

アンケート
a questionnaire［クウェスチャネァ］(▶「アンケート」はフランス語から)
・アンケートに答える［用紙に記入する］
answer［fill out］a *questionnaire*
・アンケート調査 a survey by *questionnaire*

・将来の職業についてのアンケートを発送した.
We sent out *questionnaires* about future jobs.
あんごう【暗号】a code［コウド］, a cipher［サイファ］
・暗号を解読する decode［decipher］a *code*
▌暗号文 a message in code
アンコール an encore［アンコァ］
➡アンコールする encore, call for an encore
あんさつ【暗殺】(an) assassination［アササネイション］
➡暗殺する assassinate［アササネイト］
あんざん【暗算】mental arithmetic［メントゥル アリスマティック］, mental calculation［キャルキュレイション］
➡暗算する do mental arithmetic
あんじ【暗示】(a) suggestion［サグヂェスチョン］, a hint［ヒント］
・私は彼の暗示にかかった.
I was influenced by his *suggestion*.
・自己暗示 auto*suggestion*
➡暗示する suggest, give a hint
あんしょう【暗唱】(a) recitation［レスィテイション］
➡暗唱する（詩などを）recite［リサイト］;（暗記して言う）repeat ... from memory
あんしょうばんごう【暗証番号】a personal identification number［パーサヌル アイデンティフィケイション ナンバァ］(▶PIN（number）と略す), an ID number［アイディー］

あんしん【安心】
(a) relief［リリーフ］
・ああ安心だ! What a *relief*!
➡安心する be［feel］relieved［リリーヴド］
・母の顔を見て安心した.
I was［felt］*relieved* to see my mother.
・安心してください. *Don't worry.*
・安心して眠(ねむ)った. I slept *in peace*.
あんず〖植物〗an apricot［アプリカット］
あんせい【安静】(a) rest［レスト］
➡安静にする rest
・私は数日間安静にしていなければならない.
I have to *rest* for several days.

あんぜん【安全】
safety［セイフティ］(⇔危険 danger), security［スィキュ(ァ)リティ］
・安全のためシートベルトを着用してください.
Wear your seat belt for your *safety*.
➡安全な safe(⇔危険な dangerous), secure
・ここにいれば安全です. You are *safe* here. / You are *out of danger* here.

あ
か
さ
た
な
は
ま
や
ら
わ

あんだ

→安全に safely, in safety
| 安全運転 ((掲示))DRIVE SAFELY
| 安全装置 a safety device
| 安全第一 ((掲示))SAFETY FIRST
| 安全地帯 a safety zone, a safety island
| 安全ピン a safety pin
| 安全ベルト a safety belt, a seat belt

あんだ【安打】〘野球〙a hit[ヒット]
- その選手は安打を3本打った．
  The player made three *hits*.
- きょうタカは4打数3安打だった．Today Taka had three *hits* in four times at bat.

アンダーシャツ ⊕an undershirt[アンダァシャート]，⊕a vest[ヴェスト]

アンダースロー〘野球〙an underhand throw[アンダァハンド スロウ], underhand pitching[ピッチング]

アンダーライン an underline[アンダァライン]
→アンダーラインを引く underline[アンダァライン]（★名詞とのアクセント位置の違いに注意）
- 私はその文にアンダーラインを引いた．
  I *underlined* the sentence.

あんてい【安定した】stable[ステイブル]
- 安定した生活［職業］a *stable* life [job]
- このはしごは安定していない．
  This ladder is not *stable*.

アンティーク an antique[アンティーク]

アンテナ ⊕an antenna[アンテナ], ⊕an aerial[エアリアル]
‖アンテナショップ an antenna shop

あんな

such[サッチ], like that[ライク ザット], so[ソゥ], that → そんな
- だれがあんなことをしたのか．
  Who did *such* a thing?（▶*such* a (+〈形容詞〉)+〈名詞〉の語順に注意）
- あんな犬を飼いたい．
  I want to have a dog *like that*.
→あんなに so
- 彼女があんなに優(やさ)しいなんて思わなかった．
  I didn't think that she was *so* kind.

あんない【案内する】

show[ショウ]；(観光客に)guide[ガイド]
- 私が郵便局まで案内します．I'll *show* you (the way) to the post office.
- 私たちは香港(ホンコン)を案内してもらった．
  We were *guided* through Hong Kong.
  案内係 (受付)a receptionist; (劇場内などの)an usher
  案内書 a guide(book), a handbook
  案内所 an information desk [booth], ((掲示))INFORMATION
  案内状 (招待状)an invitation (card); (通知状)a notice
  案内図 a guide map
  案内人 (登山・観光の)a guide

駅の案内所の看板(英国)

アンパイア an umpire[アンパイア]（★アクセント位置に注意)
- 野球の試合でアンパイアを務める
  act as (an) *umpire* in a baseball game

あんパン a bean-jam bun[ビーンヂャム バン]

アンプ〘電気〙an amplifier[アンプリファイア], (話)an amp[アンプ]

あんぷ【暗譜する】memorize a piece of music[メモライズ] [ピース] [ミューズィック]

アンペア〘電気〙an ampere[アンピア]

あんまり
- 私の点数はあんまりだ．
  My grades are *awful*.（←ひどく悪い）
- 言ってくれないなんてあんまりだ．
  It's *unfair* that you didn't tell me.（←不公平だ）

アンモニア〘化学〙ammonia[アモウニア]

あんらくし【安楽死】mercy killing[マースィ キリング]；〘医学〙euthanasia[ユーサネイジャ]

いいあらそう

い イ

い〖胃〗**a stomach**［スタマック］（★発音注意）
- 彼は胃が丈夫（じょう）だ［弱い］.
  He has a strong [weak] *stomach*.
- 胃が痛い. I have (a) *stomach*ache.

…い〖…位〗**a place**［プレイス］
- ユミは100メートル走で1位になった. Yumi won first *place* in the 100-meter dash.

いあわせる〖居合わせる〗**be present**［プレズント］
- 彼は事故の現場に居合わせた.
  He happened to *be present* at the scene of the accident.

いい → よい¹

❶良好な, 優（すぐ）れている	good, nice, fine; （すばらしい）wonderful
❷正しい, 適切な	right, correct, good
❸ためになる	good (for ...)
❹善良な, りっぱな	good
❺十分な	enough
❻問題ない	all right, OK; （質問に対して）yes, sure

❶〖良好な, 優れている〗**good**［グッド］（⇔悪い **bad**）, **nice**［ナイス］, **fine**［ファイン］; （すばらしい）**wonderful**［ワンダァフル］
- それはいい考えだ. That's a *good* idea.
- いい天気ですね. *Nice* [*Fine*] day, isn't it?
- その歌手はいい声をしている.
  The singer has a *wonderful* voice.
- きょうはきのうより体調がいい.
  I feel *better* than yesterday.
- いちばんいい服を着て出かけた.
  I went out in my *best* dress.

…することは〈〈人〉〉にとっていいことだ
It is good (for+〈人〉+) to+〈動詞の原形〉
- 外で遊ぶのは子どもにとっていいことだ.
  It is good for children *to* play outdoors.

❷〖正しい, 適切な〗**right**［ライト］, **correct**［カレクト］（⇔間違（まちが）った **wrong**）, **good**
- 彼の答えでいい.
  His answer is *right* [*correct*].
- 東京駅へ行くにはこのバスでいいですか.
  Is this the *right* bus to Tokyo Station?
- それでいい. That's *good*.

❸〖ためになる〗**good** (for ...)
- 牛乳は健康にいい.
  Milk is *good for* your health.

❹〖善良な, りっぱな〗**good**
- ボランティアをするのはいいことだ.
  It's *good* to be a volunteer.

❺〖十分な〗**enough**［イナフ］
- ケーキは6切れあればいいだろう.
  Six pieces of cake will be *enough*.
- 「もう少しクッキーをどう？」「もういいです」
  "Would you like some more cookies?"
  "*No*, thank you."

❻〖問題ない〗**all right**［ライト］, **OK**［オウケィ］; （質問に対して）**yes**［イエス］, **sure**［シュア］
- これでいいかい？
  Is this *all right*? / Is this *OK*?
- 「消しゴム借りていい？」「いいよ」
  "Can I borrow your eraser?" "*Sure.* / *Why not?*"

…いい

❶…するほうがいい	should+〈動詞の原形〉
❷…してもいい	may+〈動詞の原形〉, can+〈動詞の原形〉
❸…しなくてもいい	do not have to+〈動詞の原形〉, need not+〈動詞の原形〉

❶〖…するほうがいい〗**should**+〈動詞の原形〉［シュッド］→…ほうがいい［よい］
- すぐに電話したほうがいい.
  You *should* call soon.

❷〖…してもいい〗**may**+〈動詞の原形〉［メィ］, **can**+〈動詞の原形〉［キャン］
- もう帰ってもいい. You *may* go home now.
- 「入ってもいいですか」「ええ, どうぞ」
  "*May* I come in?" "Yes, please. / Sure."
- 「この本を借りてもいいですか」「すみません, 駄目（だめ）なんです」"*May* I borrow this book?" "No, I'm sorry."
- ケーキ, もっと食べてもいい？
  Can I have some more cake?

❸〖…しなくてもいい〗**do not have to**+〈動詞の原形〉［ハフタ］, **need not**+〈動詞の原形〉［ニード］
- 急がなくてもいいですよ. You *don't have to* hurry. / You *need not* hurry.

いいあてる〖言い当てる〗**guess**［ゲス］→あてる❷
いいあらそう〖言い争う〗（口論する）**argue** [（主に英）**quarrel**]（with+〈人〉, about+〈事〉）［アーギュー［クウォーラル］］
- ケンジは母親とささいなことでよく言い争う.
  Kenji often *argues with* his mother

thirty-nine 39

いいあらわす

about trivial matters.
- 私は将来のことで父と言い争った. I *argued with* my father *about* my future.

いいあらわす【言い表す】**express**[イクスプレス]
- あの時のうれしさは言い表すことができない.
I can't *express* how happy I was then.

いいえ

no[ノゥ]（⇔はい yes）
- 「あなたは高校生ですか」「いいえ, 違(ちが)います」
"Are you a high school student?" "*No*, I'm not."

話してみよう！
😊 サラダのお代わりをいかがですか.
Would you like some more salad?
😋 いいえ, もうけっこうです.
No, thank you.

ここがポイント!「はい」「いいえ」と yes, no
英語では質問の形に関係なく, 答えの内容が肯定(こうてい)なら yes, 否定なら no で答えます.
A：あなたはそこへ行きましたか.
Did you go there?
B：はい, 行きました. /いいえ, 行きませんでした. Yes, I did. / No, I didn't.
否定の疑問文に対しては「はい」が no で, 「いいえ」が yes となります.
A：あなたはそこへ行かなかったのですか.
Didn't you go there?
B：はい, 行きませんでした. /いいえ, 行きました. No, I didn't. / Yes, I did.

いいかえす【言い返す】**talk back**（**to** ...）[トークバック], **answer back**（**to** ...）[アンサァ]（►前者は口語的な言い方）
- 私は父に言い返すのをやめた.
I stopped *talking back* to my father.

いいかえる【言いかえる】**say**（...）**in other words**[セィ][アザァ ワーツ], **say**（...）**in another way**[アナザァ ウェィ]
- この単語を言いかえてください.

Say this word *in another way*.
➖言いかえると **in other words, that is**（**to say**）→つまり

いいかげん【いい加減な】(無責任な) **irresponsible**[イリスパンサブル]; (ずさんな) **sloppy**[スラッピィ]
- 彼女の態度はいい加減だった.
Her attitude was *irresponsible*.
- 彼は仕事がいい加減だ.
He does a *sloppy* job.

いいかた【言い方】**a way of speaking**[ウェィ][スピーキング]
- 彼の言い方が悪かった.
His *way of speaking* was not good.

いいき【いい気になる】**be**［**get**］**conceited**[カンスィーティド]
- 彼はいい気になっている. He *is conceited*.

いいきかせる【言い聞かせる】(説得する) **persuade**[パァスウェイド]
- 彼は私に意見を聞くように言い聞かせた.
He *persuaded* me to listen to his idea.

いいすぎる【言いすぎる】(多くを) **say too much**[セィ][マッチ]
- きのうは言いすぎてしまった.
I *said too much* yesterday.

イースター(復活祭) **Easter**[イースタァ]
| イースターエッグ **an Easter egg**（►復活祭で贈(おく)り物や飾(かざ)りにする卵）

イースポーツ【e スポーツ】**e-sports**[イースポーツ]（►**electronic sports** の略）
| e スポーツ選手 **an e-sports player**

e スポーツの大会で競技する選手たち（米国）

いいだす【言い出す】(最初に) **say**（...）**first**[セィ][ファースト]; (提案する) **suggest**[サグチェスト]
- 言い出したのは君のほうだ.
You *said* that *first*.
- 父はいっしょに映画に行こうと言い出した.
My father *suggested* that we go to the movie together.

いいつけ【言いつけ】(命令) **an order**[オーダァ]
- 私たちはリーダーの言いつけに従った.
We obeyed our leader's *order*.

いう

いいつける【言いつける】(命令する)**order**[オーダァ], **tell**[テル]; (告げ口する)**tell**(〜)**on** ...
- 外出しないよう言いつけられた.
  I was *told* not to go out.
- もしそれをしたらあなたのことを言いつけるよ. If you do that, I'll *tell on* you.

いいつたえ【言い伝え】**a tradition**[トゥラディション], **a legend**[レヂェンド]

イートイン【イートインの】**eat-in**[イートイン], **dine-in**[ダイニン]
- イートインですか, テイクアウトですか.
  For here or to go?
- イートインコーナー(スペース) *eat-in* area

いいなり【言いなりになる】**be under** ...'s **thumb**[アンダァ][サム]
- 彼はいつも兄[弟]の言いなりだ. He *is* always *under his brother's thumb*.

いいね(SNSなどで)**like**[ライク], **great**[グレイト]
- 「いいね」ボタンを押(ぉ)す
  press the *like* button
- 「いいね」ボタンを取り消す
  cancel the *like* button
- 「いいね」の数 the number of *likes*
- 「いいね」が増えている. This post is getting more and more *likes*.

いいはる【言い張る】**insist**(**on** ...)[インスィスト]
- レンはすぐ出発しようと言い張った.
  Ren *insisted on* starting at once.
- ユカリは自分は正しいと言い張った.
  Yukari *insisted that* she was right.

いいぶん【言い分】**one's say**[セィ]
- 私の言い分を聞いて.
  Let me have *my say*.(←私にも言わせて)

イーメール【Eメール】(**an**) **email**, (**an**) **e-mail**[イーメィル] → メール

イーユー【欧州(ぉぅしゅぅ)連合】**the EU**[イーユー](►the European Unionの略)

いいわけ【言い訳】(**an**) **excuse**[イクスキュース]
━ 言い訳をする **make an excuse**
- 私は遅刻(ちこく)の言い訳をした.
  I *made an excuse* for being late.

いいん¹【委員】
a member of a committee[メンバァ][カミッティ]
- 保健委員 a health *officer*
- 委員長: ハルは学級委員長に選ばれた. Haru was elected (to be) class *president*. / 副委員長 a class *vice-president*

いいん²【医院】**a doctor's office**[ダクタァズ オーフィス], **a clinic**[クリニック]

いいんかい【委員会】**a committee**[カミッティ]; (会議)**a committee meeting**

表現メモ

委員会のいろいろ
美化委員会 the cleaning committee
文化委員会 the cultural committee
体育委員会 the athletic committee
保健委員会 the health committee
広報委員会 the public relations committee
放送委員会 the broadcasting committee

いう【言う】

❶ 話す	**say, speak, talk, tell**
❷ 名づける, 呼ぶ	**call**
❸ うわさする	**It is said that ..., They [People] say that ...**

❶〔話す〕**say**[セィ], **speak**[スピーク], **talk**[トーク], **tell**[テル]
- そんなことを言わないで.
  Don't *say* such a thing.
- もっとゆっくり言ってください.
  Please *speak* more slowly.
- 君に言いたいことがあります.
  I have something to *talk* to you about.

…だと言う
say, "..." / say that ...
- ジュンは「おなかがすいている」と言った.
  Jun *said*, "I'm hungry." / Jun *said that* he was hungry.(►"..."内の動詞が現在形であっても said that ...の後では過去形になる)

〈人〉に…と言う
say to +〈人〉, "..." / say +〈人〉+ (that)...
- 彼は私に「リツはとても親切だ」と言った.
  He *said to* me, "Ritsu is very kind." / He told me (that) Ritsu was very kind.

〈人〉に〈事〉を言う
tell +〈人〉+〈事〉 / tell +〈事〉+ to +〈人〉
- ケンは彼女に本当のことを言った.
  Ken *told* her the truth. / Ken *told* the truth *to* her.

〈人〉に…だと言う
tell +〈人〉+ (that)...
- マリは私にきょうは部活が中止になったと言った. Mari *told* me *that* club activities were canceled today.

〈人〉に…するように言う
tell +〈人〉+ to +〈動詞の原形〉
- タクはミカに手伝うように言った.
  Taku *told* Mika *to* help him.

〈人〉に…しないように言う
tell +〈人〉+ not to +〈動詞の原形〉
- 先生は私たちにショッピングモールに行かない

41

いうまでもなく

ように言った. Our teacher *told* us *not to* go to the shopping mall.

> **くらべてみよう!** say, speak, talk, tell
> **say**:「ある言葉や事柄(ことがら)を実際に口に出して言う」場合に使います.
> **speak**:「電話での応答や演説など広い範囲(はんい)で言葉を発する」ときなどに使います.
> **talk**:「打ち解けて話す」ときに使います.
> **tell**:「事柄を告げたり内容を伝える」場合に使います.

❷〔名づける, 呼ぶ〕**call**[コール]
〈人・物〉を…と言う
call +〈人・物〉+〈形容詞・名詞〉

- 「この花は英語では何と言いますか」「sunflower(ひまわり)と言います」
 "What do you *call* this flower in English?" "We *call* it a sunflower."
- あの塔(とう)は「東京スカイツリー」と言います.
 That tower is *called* "Tokyo Skytree."

❸〔うわさする〕**It is said that ...** .[セッド], **They[People] say that ...** .[ピープル]→…いわれている

- 彼はインドに帰ったと言われている.
 They say that he has returned to India.

いうまでもなく【言うまでもなく】**needless to say**[ニードゥリス][セィ]; (…だけでなく)**to say nothing of ...**[ナッスィング], **not to mention ...**[メンション]

- 言うまでもなくチャンピオンが楽々とタイトルを防衛した. *Needless to say*, the champion easily defended his title.
- その歌は日本国内は言うまでもなく, アジアじゅうで人気がある. The song is popular throughout Asia, *not to mention* Japan.

いえ【家】

(建物) **a house**[ハウス] (複 houses[ハウズィズ]); (家庭, 住まい)(a) **home**[ホウム]→p.42

ミニ絵辞典

- 大きな[小さな]家 a large [small] *house*
- 私たちは先生の家に行った.
 We visited our teacher's *house*.

━家へ[に] **home**

- 今すぐ家に帰りなさい. Go *home* right now.
 (►このhomeは副詞. go to homeは×)
- アキはその日ずっと家にいた.
 Aki stayed *home* all day.
- 家に帰る途中(とちゅう)でユミに会った.
 I met Yumi on my way *home*.

いえいえ→いいえ

いえで【家出する】**run away from home**[ランアウェイ][ホウム]

ミニ絵辞典　家 House

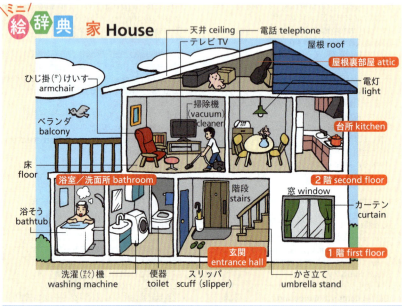

42

家出人 a runaway
イエローカード a yellow card
いおう【硫黄】sulfur［サルファ］

いか¹【以下】

❶ …から下　（数量）... or less ［fewer］,
... (and) under ［below］;
（程度）below ...
❷ 次に続くもの the following

❶［…から下］(数量) ... or less ［fewer］［レス［フューァ］］(⇔ 以上 ... and over ［above］)、(and) under ［below］［アンダァ［ビロゥ］］(⇔以上 ... and over ［above］)；(程度) below ...
- 彼は50メートルを8秒以下で走る. He runs 50 meters in eight seconds *or less*.
- 8歳以下の子どもたち children eight *and under*（▶ children under eightは「8歳未満の子どもたち」）
- 彼女の英語の成績は平均以下だった. Her grade in English was *below* the average.

ここがポイント! under twentyと「20歳以下」は違う

日本語の「20歳以下」には、「20歳」が含まれますが、英語でunder twentyというと「20歳よりも下」の意味となり、20歳は含まれません.「19歳以下」を表すことになります.

日本語の「20歳以下」

英語のunder twenty

「…以下」の言い方（数が大きいとき）

「3人以下」はthree people or lessのように表しますが、たとえば「300人以下」のように数が大きくなると、less than three hundred peopleのように表すのがふつうです. less than ... は「…より少ない」の意味で「…は含みませんが、厳密に表す必要がない場合に用いられます.

❷［次に続くもの］the following［ファロウイング］
━以下の following
- 以下の質問に答えなさい.
Answer the *following* questions.

いか²（甲）いか）a cuttlefish［カトゥルフィッシュ］（複 cuttlefish）;（やりいか）a squid［スクウィッド］(複 squid, squids)
いがい【意外な】unexpected［アニクスペクティド］
- 意外な知らせ *unexpected* news
- ユリが遅れるなんて意外だ. It is quite a *surprise* that Yuri is late.（←驚きだ）
- 彼は意外に元気だった. He was better than I expected.（←予想していた以上に）
━意外に(も) unexpectedly

…いがい【…以外】(…を除いて) except ...［イクセプト］;（…のほかに）besides ...［ビサイツ］
- 金曜日以外は暇です.
I'm free *except*（for）Friday.
- にんじん以外の野菜はどれも好きだ.
I like any vegetables *except* carrots.
- 父は英語以外にスペイン語を話す. My father speaks Spanish *besides* English.

いかが how［ハゥ］(▶具合・様子・印象などをたずねる)

話してみよう!
☺ ごきげんいかがですか.
How are you?
☺ おかげさまで元気です.
（I'm）fine, thank you.

- 「スペイン旅行はいかがでしたか」「すばらしかったです」"*How* was your trip to Spain?" "It was great."

…してはいかがですか
How［What］about+〈名詞または-ing形〉? / Why don't you +〈動詞の原形〉?
- 歌舞伎を見に行ってみたらいかがですか.
How about going to see Kabuki?
- ご自分でそれをやってみたらいかがですか.
Why don't you do it yourself?

〈飲食物〉はいかがですか
Would you like +〈飲食物〉? / How about +〈飲食物〉?

話してみよう!
☺ トーストをもう1枚いかがですか.
Would you like another slice of toast?
☺ ええ、いただきます. / いいえ、けっこうです. Sure, why not? / No, thank you.

いがく【医学】medicine［メディスン］, medical science［メディカル サイアンス］
━医学(部)の medical
- 医学部の学生 a *medical* student
医学部 the medical department, a medical school

いかす【生かす】(…を活用する)make (good) use of ...[メイク][ユース]
- このチャンスを生かしたい。
I want to *make use of* this chance.

いかだ a raft[ラフト]
━いかだで行く raft
- いかだで川を下って行った。
I *rafted* down the river.

いかに(どれほど, どのように)how[ハウ]
- それがいかに難しいかすぐにわかるよ。
You will soon know *how* difficult it is.

いかり¹【怒り】anger[アンガァ]
- 彼は怒りを抑えられなかった。
He couldn't control his *anger*.

いかり²(船の)an anchor[アンカァ]

いかる【怒る】get angry[アングリィ]→おこる¹ ❶

いき¹【息】
(a) breath[ブレス]
- みんな息を切らしていた。
Everyone was out of *breath*.
- 深く息を吸った。I took a deep *breath*.
- 彼らは息を止めて待った。
They held their *breath* and waited.
- 息をはいた。I *breathed* out.
- 息がつまりそう。I'm choking.
━息をする breathe[ブリーズ]

いき²【行き】
- 行きは電車だったが, 帰りはバスに乗った。
I *went* by train but came back by bus.

いき³【生きのよい】fresh[フレッシュ]

いき⁴【粋な】stylish[スタイリッシュ]; (特に服装が)chic[シーク]

…いき【…行き】
(方面)for ...[フォァ], bound for ...[バウンド]
- 東京発名古屋行きの列車
a train from Tokyo (*bound*) *for* Nagoya
- このバスはどこ行きですか。
Where does this bus *go*?

いぎ¹【異議】an objection[アブヂェクション]
━異議を唱える object, make an objection

いぎ²【意義】(a) significance[スィグニフィカンス](▶やや形式ばった語), (a) meaning[ミーニング]
━意義のある significant, meaningful

いきいき【生き生きした】(元気な)lively[ライヴリィ](★発音注意); (新鮮な)fresh[フレッシュ]; (鮮やかな)vivid[ヴィヴィッド]
- ユウコはいつも生き生きしている。
Yuko always looks *lively*.
- 生き生きとした花 *fresh* flowers
━生き生きと lively; freshly; vividly
- この作文は学校生活を生き生きと描いている。This essay *vividly* describes school life.

いきうめ【生き埋めになる】be buried alive[ベリィド アライヴ]
- 2人が生き埋めになった。
Two people *were buried alive*.

いきおい【勢い】force[フォース], power[パウア]
- 風の勢い the *force* of the wind
- このチームには勢いがある。
This team is *in top form*.

いきがい【生きがい】the purpose of one's life[パーパス][ライフ]
- あなたの生きがいは何ですか。
What is the *purpose of your life*?

いきかえる【生き返る】revive[リヴァイヴ], be revived, come to life[カム][ライフ]
- 水をやったらバラが生き返った。
The roses *revived* when I watered them.
- シャワーを浴びて生き返った。
I *was refreshed* after taking a shower.

いきかた¹【生き方】one's way of life [living][ウェイ][ライフ][リヴィング]; a [one's] lifestyle[ライフスタイル]
- 彼の生き方はかっこいいと思った。
I thought *his lifestyle* was cool.
- 彼女の生き方は若者に大きな影響を与えた。
Her way of life had a great influence on young people.

いきかた²【行き方】the way to ...[ウェイ], how to get [go] to ...[ゲット][ゴウ]
- バス停への行き方を教えてください。
Please tell me *the way to* the bus stop.

いきごみ【意気込み】(熱意)enthusiasm[インスーズィアズム]
- 勝利への意気込み the *will* to win

いきさき【行き先】(目的地)one's destination[デスタネイション]
- バスは1時間遅れで行き先に着いた。The bus reached *its* destination an hour late.

いきちがい【行き違いになる】
- 私は母と行き違いになってしまった。

I *couldn't meet* my mother. / I *missed* my mother.

いきづまり【行き詰まり】**a standstill**[スタンドゥスティル], (**a**) **deadlock**[デッドゥラック]

いきづまる【息詰まる】(息をのむような) **breathtaking**[ブレステイキング]
- 息詰まる試合になった．
  The game was *breathtaking*.

いきどまり【行き止まり】**a dead end**[デッド エンド]
- この道は行き止まりになっている．
  This road comes to a *dead end*.

「行き止まり」の標識（米国）

いきなり suddenly[サドゥンリィ]→ **とつぜん**

いきぬき【息抜き】(休憩(きゅうけい)) **a rest**[レスト]
- **息抜きをする take a rest [break]**[ブレイク], **relax**[リラックス]
- 息抜きをしたい．
  I want to *take a break*.

いきのこる【生き残る】**survive**[サァヴァイヴ]
- その事故では3人が生き残った．
  The three *survived* the accident.

いきもの【生き物】**a living thing**[リヴィング スィング], **a creature**[クリーチァア]

イギリス Britain[ブリトゥン], **Great Britain**[グレイト], **England**[イングランド], **the United Kingdom**[ユーナイティド キングダム], **the U.K.**[ユーケィ]
- **イギリス(人)の British**[ブリティッシュ], **English**
- 彼女はイギリス人だ．She is *British*. (▶国籍(こくせき)はふつう形容詞で表す)

 「イギリス」「イギリス人」の言い方

Englandは「イギリス」の意味で用いられることもありますが，厳密にはイギリスの一地方をさす語なので，国全体を言うときは（Great）Britain, the United Kingdom (the U.K.)などを使うほうがよいでしょう．また人についても同様で，Englishman, Englishwomanは厳密には「イングランド人」をさします．

イギリス英語 British English
イギリス人 (男性)**a Britishman**, (女性)**a Britishwoman**, (全体)**the British**→ ポイント!

いきる【生きる】
live[リヴ](⇔死ぬ die)
- うちの猫(ねこ)は10歳(さい)まで生きた．
  Our pet cat *lived* to be ten years old.
- **生きている，生きた live**[ライヴ] (★動詞との発音の違(ちが)いに注意), **alive**[アライヴ], **living**[リヴィング]
- 生きている動物 a *live* animal
- このかには生きているのですか．
  Is this crab *alive*? (▶aliveは名詞の前では用いない)

いきわたる【行き渡る】**go around**

いく【行く】

| ❶出かける | go; come |
| ❷物事がうまく行く | go well |

❶[出かける]**go**[ゴゥ](⇔来る come)；**come**[カム]
- 私たちはバスで学校に行く．
  We *go* to school by bus. (▶busにaやtheはつかない)
- この電車は新宿へ行きますか．
  Does this train *go* to Shinjuku?
- 公園に散歩に行こう．
  Let's *go* for a walk in the park. (▶公園の中を歩くのでto the parkは×)
- きのうピクニック[ハイキング]に行った．
  We *went* on a picnic [hike] yesterday.

…(し)に行く
go +〈-ing形〉
- ぼくたちは渋谷(しぶや)へ買い物に行った．
  We *went* shop*ping* in Shibuya. (▶toShibuyaは×)

〈場所〉に行ったことがある
have been to +〈場所〉
- その店には何度か行ったことがある．
  I *have been to* that shop a few times.
- ロンドンに行ったことがありますか．
  Have you ever *been to* London?

…へ行ってしまった
have gone to +〈場所〉
- 姉[妹]はカナダへ行ってしまった．
  My sister *has gone to* Canada.

いく…

くらべてみよう！ go と come

go:「話しているほうが自分を中心に考えて,ある場所からどこかへ移動する」場合に使います.
come:「相手のいる所,あるいは相手が話題にしている所へ移動する」場合に使います.

☺どこへ行くの？
　Where are you *going*?
☻映画を見に行くんだ.
　I'm *going* to a movie.

☺ご飯よ.
　Dinner is ready.
☻今行きます.
　I'm *coming*.（►この現在進行形（am coming）は近い未来を表す）

❷[物事がうまく行く]**go well**[ウェル]
・すべてうまく行っている.
　Everything is *going well*.
・彼はだれとでもうまく行く.
　He can *get along with* anybody.

いく…【幾…】(2, 3の)**a few**[フュー]; **some**[サム], **several**[セヴ(ァ)ラル];（どのくらい）**how**[ハウ]（►疑問文で用いる）
・いく日かの間 for *some* [*several*] days

いくじ[1]【育児】**childcare**, **child care**[チャイルド ケア]
・育児に興味を持つようになった.
　I'm getting interested in *child care*.
┃育児休暇（ポッッ）**childcare leave**

いくじ[2]【意気地がない】**coward**[カウァド], **timid**[ティミッド], 《話》**chicken**[チキン]
┃意気地なし **a coward**, 《話》**a chicken**

いくつ【幾つ】

| ❶数が | how many |
| ❷年齢(セミ)が | how old |

❶[数が]**how many**[ハウ メニィ]
・間違(セミが)いはいくつありますか.
　How many mistakes are there?（►How manyの後の名詞は複数形）
━いくつもの **many**, **a lot of** ...
・いくつもの星が見える.
　Many [*A lot of*] stars can be seen.
━いくつでも **as many** ... **as** *one* **like** [**want**]
・りんごをいくつでも取ってよい. You can take *as many* apples *as you like*.
❷[年齢が]**how old**[オウルド]
・先生はいくつだろう.
　I wonder *how old* our teacher is.

話してみよう！
☺あなたのおじいさんはおいくつですか.
　How old is your grandfather?
☻68歳(ポ)です.
　He is sixty-eight (years old).

いくつか【幾つか】(2, 3の)**a few**[フュー]; **some**[サム], **several**[セヴ(ァ)ラル]
・きょうはやらなければならないことがいくつかある.
　I have *several* things to do today.

いくら[1]【幾ら】

| ❶金額が | how much |
| ❷どんなに…しても | however ..., no matter how ... |

❶[金額が]**how much**[ハウ マッチ]
━…はいくらですか
　How much is ...? /
　How much does ... cost?
・その新しいラケットはいくらでしたか.
　How much was the new racket? /
　How much did the new racket *cost*?
・それいくらするの？
　How much is that? / What's the price of that?
❷[どんなに…しても]**however** ...[ハウエヴァ], **no matter how** ...[ノウ マタァ]
・いくら頑張(ポ)っても今夜中に終えられない.
　However [*No matter how*] hard I work, I can't finish it tonight.
━いくらでも **as much** (...) **as**
・この水はいくらでも飲んでいい.
　You can drink *as much* water *as you like*.

いくら[2]【魚】**salmon roe**[サマン ロウ]

いくらか【幾らか】

❶数量　　　some, any
❷程度　　　a little

❶〔数量〕some[サム], any[エニィ]

話してみよう!
☺100円玉をいくらか持っている？
Do you have *any* 100 yen coins?
☻少し持っているよ./全然ないよ.
Yes, I have *some*. / No, I don't have *any*.

くらべてみよう!　some と any
someは肯定(ﾃｲ)文で，anyは疑問文や否定文，またはifを用いた文で使います．
- ジャムはいくらか残っていますか．
  Is there *any* jam left?
- もし助けが必要なら言ってください．
  If you need *any* help, just tell me.

ただし，疑問文でも「…しませんか」と相手に勧(ｽｽ)める場合やあらかじめyesという返事を期待できる場合にはsomeを使います．
- アイスクリームをいくらかいかがですか．
  Would you like *some* ice cream?

❷〔程度〕**a little**[リトゥル]
- ケンはいくらかスキーがうまくなった．
  Ken improved his skiing *a little*.

いけ【池】**a pond**[パンド]；（小池）**a pool**[プール]
- 池でボートをこいで楽しんだ．I enjoyed rowing on the *pond*.（▶ボートをこぐのは池の水面上なのでin the pondは×）

いけがき【生け垣】**a hedge**[ヘッヂ]

いけない

（悪い）**bad**[バッド]；（間違(ﾁｶﾞ)った）**wrong**[ローング]→**わるい**❶❷

…するのはいけない
It is bad to＋〈動詞の原形〉
うそをつくのはいけない．
It is bad to tell lies.

- 「少し熱があります」「それはいけないですね」
  "I feel slightly feverish."
  "That's too *bad*."
- 彼女に何かいけないこと言ったかな？
  Have I said something *wrong* to her?

…するといけないから
in case ...
- 教科書をなくすといけないので名前を書いた．
  I wrote my name on my textbook *in case* I lose it.

…いけない

❶必要　　must＋〈動詞の原形〉,
　　　　　have to＋〈動詞の原形〉
❷禁止　　must not＋〈動詞の原形〉,
　　　　　may not＋〈動詞の原形〉,
　　　　　should not＋〈動詞の原形〉,
　　　　　Don't＋〈動詞の原形〉

❶〔必要〕**must**＋〈動詞の原形〉, **have to**＋〈動詞の原形〉[ハフタ]→…**ならない**❶
- 朝6時に起きなければいけない．
  I *must* [*have to*] get up at six in the morning.

❷〔禁止〕**must not**＋〈動詞の原形〉, **may not**＋〈動詞の原形〉, **should not**＋〈動詞の原形〉[シュッド], **Don't**＋〈動詞の原形〉→…**ならない**❷
- 約束を破ってはいけない．
  You *must not* break a promise.
- チャンスを逃(ﾆｶﾞ)がしてはいけない．
  You *shouldn't* miss the chance. / *Don't* miss the chance.

いけばな【生け花】**ikebana; flower arrangement**[フラウァ アレインヂマント]
- マコトは生け花を習っている．
  Makoto takes lessons in *flower arrangement*.

■生け花部 **a flower arrangement club**

いける【生ける】（花などを）**arrange**[アレインヂ]
- 赤いばらを数本花瓶(ﾋﾞﾝ)に生けた．
  I *arranged* several red roses in a vase.

いけん【意見】

（考え）**an opinion**[アピニャン]；（忠告）**advice**[アドゥヴァイス]（▶数えるときはa piece of *advice*と言う）
- 私はその点について意見を述べた．
  I gave my *opinion* about that.
- 私の意見では，それは間違(ﾁｶﾞ)っている．
  In my *opinion*, it's wrong.
- 先生の意見に従おう．
  Let's follow our teacher's *advice*.
- あなたとは意見が合う［合わない］．
  I agree [disagree] with you.
- 意見がまとまった．We reached an agreement.（←合意に達した）

いげん【威厳のある】**dignified**[ディグナファイド]
- 彼女は威厳のあるリーダーになると思う．I think she will become a *dignified* leader.

いご¹【以後】

いご²

❶ある時から後	after ...;
	(…以来) since ...;
	(それ以来ずっと)
	since, ever since
❷今後	from now on

❶[ある時から後] **after** ...[アフタァ]; (…以来) **since** ...[スィンス]; (それ以来ずっと) **since, ever since**[エヴァ]
- 12時以後なら出かけられます．
  I can go out *after* twelve.
- それ以後彼女から連絡(なく)がない．
  I haven't heard from her *since*.

❷[今後] **from now on**[ナゥ アン]
- 以後注意します．
  I'll be careful *from now on*.

いご²【囲碁】*igo*, (**the game of**) **go** → ご³
∥囲碁部 an *igo* club

いこう【以降】**after** ...[アフタァ] → いご¹ ❶

イコール(…に等しい) **equal**[イークワル] (★アクセント位置に注意)(▶記号は=)
- 2プラス3イコール5.
  Two plus three *equals* [*makes*, *is*] five.
  (▶ 2＋3＝5と表す)

いごこち【居心地がよい】**comfortable**[カムフ(ァ)タブル], **cozy**[コウズィ]
- 居心地のよい部屋
  a *comfortable* room

いさぎよい【潔い】**brave**[ブレイヴ]; (率直な) **frank**[フランク]
- 彼女は潔い性格だ．
  She is *frank*.
ー潔く bravely; frankly

いざこざ (a) **trouble**[トゥラブル] → トラブル

いさましい【勇ましい】**brave**[ブレイヴ]
ー勇ましく bravely

いさん【遺産】**an inheritance**[インヘリタンス]; (代々の文化的な) (a) **heritage**[ヘリティッヂ]
- 彼はばく大な遺産を相続した．
  He came into an enormous *inheritance*.
- この城は世界遺産になっている．
  This castle is registered as a World *Heritage* Site.

いし¹【石】

(a) **stone**[ストウン], ⓂⒶ **a rock**[ラック]; (小石) a **pebble**[ペブル]
- エリは池に石を投げた．
  Eri threw a *stone* into the pond.
- あの彫刻(ちょう)は石でできている．
  That sculpture is made of *stone*.
ー石の, 石の多い stony

ここがポイント! stoneとa stoneの使い分け
「物質としての石」を意味する場合にはaをつけたり複数形にしたりせずstoneの形で使いますが、「石1個」の意味で使う場合にはa stoneとaをつけます．

∥石垣(がき) a stone wall
∥石段 stone steps
∥石橋 a stone bridge

いし²【意志】(a) **will**[ウィル]

- 私は意志に反してあきらめた．
  I gave up against my *will*.
- 兄[弟]は意志が強い[弱い]．My brother is strong-*willed* [weak-*willed*].
- 彼女は意志を曲げない．
  She never changes her *mind*.

いし³【意思】(an) **intention**[インテンション]
- 彼の意思を理解した．
  I understood his *intentions*.

いし⁴【医師】**a doctor**[ダクタァ] → いしゃ

いじ¹【意地】(誇(ほこ)り) **pride**[プライド]; (根性) **guts**[ガッツ]

ー意地の悪い ill-natured[イルネイチァド], **nasty**[ナスティ], **mean**[ミーン] → いじわる

ー意地っ張りな stubborn[スタバン], **obstinate**[アブスタナット]
- そう意地を張るなよ．
  Don't be so *stubborn* [*obstinate*].

いじ²【維持】**maintenance**[メインタナンス]
ー維持する maintain[メインテイン]; (保つ) **keep**
- ミキは体調を維持するためにジョギングをしている．
  Miki jogs in order to *keep* in shape.

いしき【意識】**consciousness**[カンシャスニス]; (a) **sense**[センス]
- 罪の意識 *sense* of guilt
- その子は意識を失った．
  The child *fainted*.

ー意識がある, 意識している be conscious (**of** ...)
- 君は他人の意見を意識しすぎだ．You *are* too *conscious* of others' opinions.

ー意識的に, 意識して on purpose[パーパス], **consciously, intentionally**
∥意識不明: 彼女は意識不明だった．She was *unconscious*.

いしけり【石けり】**hopscotch**[ハップスカッチ]

いしつぶつ【遺失物】**a lost article**[ロースト アーティクル], **lost property**[プラパァティ]
∥遺失物取扱(とりあつかい)所 **the lost and found** (**office**)

いじわる

遺失物取扱所の表示

いじめ bullying[ブリイイング]
いじめっ子 a bully
いじめられっ子 a bullied child

いじめる bully[ブリィ], pick on ...[ピック]
- 彼は学校でいじめられているらしい．
  He seems to be *bullied* at school.
- 彼女にいじめられた．
  She *picked on* me.（←彼女が私をいじめた）

いしゃ【医者】

a doctor[ダクタァ]
- 医者を呼んでください．
  Please call [get] a *doctor*.
- かかりつけの医者に行った．
  I went to my family *doctor*.

---表現メモ---

医者のいろいろ
内科医 a physician ／ 外科医 a surgeon
小児科医 a pediatrician, a children's doctor
歯科医 a dentist
皮膚科医 a dermatologist
精神科医 a psychiatrist
獣医 a veterinarian, a vet, an animal doctor
眼科医 an eye doctor
かかりつけの医者 a family doctor

いじゅう【移住する】settle[セトゥル]；（外国へ）emigrate[エミグレイト]；（外国から）immigrate[イミグレイト]

いしょ【遺書】（遺言）a will[ウィル]

いしょう【衣装】clothes[クロウズ]；（芝居・舞台の）costume[カストゥーム]
- 民族衣装 ethnic [native] *costume*
- 花嫁衣装 a wedding [bridal] *dress*

いじょう¹【以上】

❶ …から上　　（数量）... or more,
　　　　　　　　... and above [over],
　　　　　　　（程度）above ...
❷ これまで述べたこと　the above
❸ …するからには　　once, since

❶[…から上]（数量）... or more[モァ]（⇔ 以下 ... or less），... and over [above][オウヴァ [アバ

ヴ]]（⇔ 以下 ...（and）under [below]）；（程度）above ...
- 5人以上がやってきた．
  Five *or more* people came.
- 10番以上の番号 number ten *and over* [*above*]
- 数学の成績は平均点以上だった．My grade in math was *above* the average.
- そのホールには300人以上が入れる．
  The hall can hold *more than* three hundred people.
- これ以上待てない．I can't wait *any longer*.

> **ここがポイント！**「…以上」の言い方
> （数が大きいとき）
>
> 「5以上」を5を含めて表すにはfive and moreのようにしますが，大きな数になるとその数を含めるかどうか厳密に区別されなくなる傾向があります．例えば「500人以上の乗客」はmore than 500 passengersのように表すのがふつうです．→いか¹ ポイント！

❷[これまで述べたこと]the above
- 以上の理由で彼の意見を支持します．
  I back him up for the reasons *above*.（► この aboveは副詞）
- 以上です．*That's all*.

❸[…するからには]once[ワンス], since[スィンス]
- いったん約束した以上守らなければならない．
  Once you make a promise, you must keep it.

いじょう²【異常な】（正常でない）abnormal[アブノーマル]；（ふつうでない）unusual[アニュージュアル]
- 1月にしては異常な暖かさだ．This warm weather is *unusual* for January.
- 異常気象 unusual [abnormal] weather

いじょう³【異状】trouble[トゥラブル], something wrong[サムスィング ローング]
- エンジンの異状 engine *trouble*
- このパソコンには異状がある．
  There is *something wrong* with this PC.

いしょく【移植】(a) transplant[トゥランスプラント]
- 臓器移植 an organ *transplant*

いしょくじゅう【衣食住】food, clothing and shelter[フード][クロウズィング][シェルタァ]（►英語では「食衣住」の順になる）

いじる（手で）touch[タッチ]；（指で）finger[フィンガァ]；（もてあそぶ）play with ...[プレィ]
- 彼女は髪をいじる癖がある．
  She has a habit of *playing with* her hair.

いじわる【意地悪な】

mean[ミーン], **nasty**[ナスティ], **ill-natured**[イルネイチャァド]; (不親切な)**unkind**[アンカインド]
- 意地悪な人
  a *nasty* person / an *ill-natured* person
- 彼女に意地悪するな.
  Don't be *mean* to her.

いす【椅子】
a chair[チェア]
- そのお年寄りはいすに座(ダ)っていた. That old man [woman] was sitting on [in] a *chair*. (▶ sit in a chairは深く腰掛(ダ)ける場合に用いる)
- 彼女はいすから立ち上がった.
  She got up from the *chair*.

いすのいろいろ
ソファー sofa, couch
デッキチェア deck chair
折りたたみいす folding chair
ひじ掛(ダ)けいす armchair
ベンチ bench
スツール stool
揺(ダ)りいす rocking chair

いずみ【泉】**a spring**[スプリング], **a fountain**[ファウンティン]
イスラエル Israel[イズリアル]
━**イスラエル(人)の Israeli**[イズレイリ]
▎イスラエル人 an Israeli
イスラムきょう【イスラム教】**Islam**[イスラーム]
━**イスラム教(徒)の Muslim**[ムスリム], **Islamic**[イズラミック]
▎イスラム教徒 a Muslim
いずれ(まもなく)**before long**[ビフォァ ローング]; (いつか)**some day**[サムデイ]
いずれにしても(どのみち)**anyway**[エニウェイ]
いせい¹【勢いのいい】**energetic**[エナァチェティック], **in high spirits**[スピリッツ], **lively**[ライヴリィ]
- 威勢のいい祭り a *lively* festival
いせい²【異性】**the opposite sex**[アパズィット セックス]
- ケンは異性(女性)の友達が多い.
  Ken has many *female friends*.
いせき¹【移籍する】**move**[ムーヴ]; (スポーツ選手などが)**transfer**[トゥランスファー]; **be traded**[トゥレイディド]
- 彼は大リーグのチームへ移籍した.
  He *was traded* to a Major League team.
▎移籍料 a transfer fee
いせき²【遺跡】**remains**[リメインズ], **ruins**[ルーインズ], **a site**[サイト]
- 古代エジプトの遺跡
  the *remains* [*ruins*] of ancient Egypt

いぜん¹【以前】
before (...)[ビフォァ]; **ago**[アゴゥ]; (かつて)**once**[ワンス] → **まえ❷**
- 以前そこへ行ったことがある.
  I have been there *before*.
- その写真はずっと以前に撮(ダ)られたものだ.
  The photo was taken a long time *ago*.
- 私は以前犬を飼っていた.
  I *once* had a dog.

以前は…だった
used to +〈動詞の原形〉
- 田中氏は以前サッカー選手だった.
  Mr. Tanaka *used to* be a soccer player.

> **くらべてみよう！** before と ago と once
> **before**: 漠然(ダ)と「以前に」を表し, 過去形・完了形の文で用います.
> **ago**: longやa weekなどの時間を表す語句といっしょに過去形の文で用います.
> **once**: 「むかし」という意味で過去形の文で用います.

いぜん²【依然として】(今もなお)**still**[スティル] → **まだ❶**
- 依然としてどしゃ降りだ.
  It is *still* raining heavily.

いそがしい【忙しい】
busy[ビズィ](⇔暇(ダ)な free)
- ぼくは今忙しい. I am *busy* right now.

…するのに忙しい
be busy +〈-ing形〉
- ユキは試験の準備をするのに忙しい.
  Yuki *is busy* prepar*ing* for the exam.

…で忙しい
be busy with ...
- きょうは宿題で忙しかった.
  I *was busy with* my homework today.
▎忙しく busily
いそぎ【急ぎの】(緊急(ダ)の)**urgent**[アーヂャント]; **quick**[クウィック], **hasty**[ヘイスティ]
- 急ぎの電話 an *urgent* phone call

いそぐ【急ぐ】

hurry (up)[ハーリィ], hasten[ヘイスン]
- 帰宅を急いだ. I *hurried* home.
- 急いで, 学校に遅刻するわよ.
  Hurry up, or you'll be late for school.
- 私は電車に間に合うよう急いだ.
  I *hurried* to catch the train.

━急いで in a hurry, in haste, quickly
- 私は急いで昼食を済ませた.
  I ate lunch *in a hurry*.

―慣用表現―
急がば回れ. Haste makes waste.(←急ぐと無駄(むだ)が生じる)

いぞん【依存する】depend [rely] (on ...)[ディペンド [リライ]], be addicted to ...[アディクティド]
| ゲーム依存症 game addiction
| スマホ依存症 smartphone addiction
| ネット依存症 Internet addiction

いた【板】a board[ボード]; (金属・ガラスの板)a plate[プレイト]
- (1枚の)板チョコ a *bar* of chocolate

…いた【…(して)いた】(►be 動詞の過去形, 過去完了形や過去進行形で表す)
- その時ぼくは動画を見ていた.
  I *was* watch*ing* a video at that time.

いたい【痛い】

painful[ペインフル]; (炎症(えんしょう)・筋肉痛などで)sore[ソァ]→いたむ¹, いたみ
- 注射はとても痛かった.
  The shot was very *painful*.
- のどがひりひり痛い. I have a *sore* throat.
- 痛い! *Ouch*!
- 頭が痛い. I have a head*ache*. /
  My head *aches*.
- 歯がひどく[少し]痛い.
  I have a bad [slight] tooth*ache*.
- どこが痛いの. Where does it *hurt*?

―慣用表現―
痛い目にあう have a terrible experience
痛くもかゆくもない: 私にはそんなことは痛くもかゆくもない. I *couldn't care less* about it.

いだい【偉大な】great[グレイト]
- 偉大な科学者 a *great* scientist

いだく【抱く】(心に)have[ハヴ], feel[フィール], cherish[チェリッシュ]→もつ❸
- 私は宇宙飛行士になりたいという望みを抱いている. I *have* a desire [wish] to become an astronaut.

いたずら

(悪意のない)mischief[ミスチフ]; (悪ふざけ)a trick[トゥリック]

━いたずら(を)する do mischief, be up to mischief, play a trick on
- 弟はよく私にいたずらをする. My little brother often *plays a trick on* me.

━いたずらな mischievous[ミスチヴァス], naughty[ノーティ]
| いたずら書き: ノートにいたずら書きをした. I *scribbled* in my notebook.
| いたずらっ子 a naughty boy [girl]
| いたずら電話 a prank call

いただき【頂】(山頂)the top[タップ], the summit[サミット]; (峰(みね), 頂点)a peak[ピーク]

いただきます 日≠英

これ、知ってる? 「いただきます」と英語で言いたかったら

英語には食事の前の「いただきます」に当たる表現はありません. 食べ始める前にShall we eat?(いただきましょうか), Let's eat.(いただきましょう), It looks delicious.(おいしそう)などさまざまな表現が使われます. また, キリスト教を信仰(しんこう)する家庭では一般的に食前の祈(いの)りをしてから食べ始めます.

食前の祈りをする家族

いただく

❶もらう	have, get; (受け取る)receive; (取る)take
❷飲食する	have; (食べる)eat; (飲む)drink
❸…してもらう	(下記❸参照)

❶ [もらう] have[ハヴ], get[ゲット]; (受け取る)receive[リスィーヴ]; (取る)take[テイク]
- 同じものをいただけますか.
  May I *have* the same thing, please?
- プレゼントをいただきました.

いたち

I *received* a present.

❷〖飲食する〗**have**; （食べる）**eat**[イート]; （飲む）
drink[ドゥリンク]
• お茶をもう一杯（監）いただけますか.
Could I *have* another cup of tea?

❸〖…してもらう〗
| …していただけますか
| Would you ＋〈動詞の原形〉? /
| Would you mind ＋〈-ing形〉?
• もう一度言っていただけますか.
Would you say that again? / *Would you mind* saying that again?

| 〈人〉に…していただきたい
| I'd like ＋〈人〉＋to ＋〈動詞の原形〉
| （►I'dはI wouldの短縮形）
• あなたにメンバーになっていただきたいのですが. *I'd like* you *to* join our team.

いたち〖動物〗**a weasel**[ウィーザル]

いたばさみ【板ばさみ】**a dilemma**[ディレマ]
• 私は板ばさみになった. I was in a *dilemma*.

いたまえ【板前】**a chef of Japanese cuisine**[シェフ][ヂャパニーズ クウィズィーン]

いたましい【痛ましい】**pitiful**[ピティフル]; （つらい）**painful**[ペインフル], **heartbreaking**[ハートブレイキング]

いたみ【痛み】**(a) pain**[ペイン], **(an) ache**[エイク]
• 激しい[軽い, 鈍（当）い]痛み
a severe [light, dull] *pain*
• 左目に刺（ξ）すような痛みがあります.
I have [feel] a sharp *pain* in my left eye.
• 痛みが治まった[ひどくなった].
The *pain* stopped [got worse].
┃痛み止め a painkiller

いたむ¹【痛む】**hurt**[ハート], **ache**[エイク] → いたみ, いたい
• 足はまだ痛む？
Does your leg still *hurt*?
• お別れの時を思うと胸が痛む.
When I think about saying goodbye, my heart *aches*.

いたむ²【傷む】（破損する）**be damaged**[ダミッヂド]; （腐（く）る）**go bad**[バッド]
• あなたの髪（盆）はひどく傷んでいる.
Your hair *is* badly *damaged*.
• 卵は傷みやすいから冷蔵庫に入れておきなさい. Eggs *go bad* easily, so keep them in the refrigerator.

いためる¹【痛める】**hurt**[ハート]; （特に身体的に）**injure**[インヂァ]
• 私はテニスをしていてひざを痛めた. I *hurt* [*injured*] my knee while playing tennis.
• 彼は父親の病気に心を痛めている.

He *is worried about* his father's illness.

いためる²【炒める】（油で）**fry**[フライ]
┃炒め物 fried food

イタリア Italy[イタリィ]
—**イタリア（語, 人）の Italian**[イタリャン]
┃イタリア語 Italian
┃イタリア人 an Italian

いたるところ【至る所】**everywhere**[エヴリィ（ホ）ウェア], **all over**[オール オウヴァ]
• 世界の至る所に *everywhere* in the world / *all over* the world

いたわる（親切にする）**be kind**（**to** ...）[カインド]; （大事にする）**take**（**good**）**care**（**of** ...）[テイク][ケァ]
• お年寄りをいたわりましょう.
Please *be kind to* the elderly.
• お体をいたわってください.
Take good care of yourself.

いち¹〖一（の）〗

one[ワン]
• 1から5まで数える count from *one* to five
• 1時間で in *an* hour
• ケンはクラス一背が高い.
Ken is *the tallest* in the class.（►tallestは tallの最上級. the ＋〈形容詞の最上級〉で「いちばん…」の意）
—**第一（の）the first**[ファースト]（► 1stと略す）→ いちばん❶
• 第一の理由 *the first* reason
• チャールズ1世 Charles *the First*（►ふつう Charles Iと書く）
—**第一に firstly, first of all**
• 第一にリストを作らないと. *Firstly* [*First of all*], we have to make a list.

いち²〖位置〗

a position[パズィション], **a place**[プレイス], **a location**[ロウケイション]→p.53 ミニ絵辞典
• 部屋の机の位置を変えた. I changed the *position* of the desk in my room.
• いすを元の位置に戻（ξ）しなさい.
Put the chair back in its original *place*.
• 私はその建物がどこに位置しているか知らない. I don't know where the building is.
• 位置に着いて, よーい, どん！ On your *mark*(s), （get）set, go! / Ready, set, go!

いち³〖市〗（市場）**a market**[マーキット]; （見本市）**a fair**[フェア]
• 朝市 a morning *market*
• 骨（š）とう市 an antique *fair*

いちい〖1位〗**first place** [**prize**][ファースト プレイ

いちがつ

ス[プライズ]→**いちばん**❶
・1位になりたい.
I want to be [come] *first*.
いちいち(ことごとく)**every**[エヴリィ]
・いちいち文句を言うな.
Don't complain about *everything*.
いちいん[一員]**a member**[メンバァ]
いちおう[一応](念のため)**just in case**[ヂャスト][ケイス];(さしあたり)**for the present**[プレズント], **for the time being**[タイム ビーイング]
・一応母に聞いてみます.

I'll ask my mother *just in case*.
・私たちは一応仲直りした.
We made up *for the time being*.
いちおし[一押し]
・これは私の一押しの動画だ. I highly *recommend* this video *as the best one*.

いちがつ【一月】

January[ヂャヌエリィ](▶常に大文字で始め, Jan. と略す)
・1月上旬(じょうじゅん)[下旬]に

 位置（上下左右） **Position**

左端(じ)　　　真ん中　　　右端
far left　　　middle　　　far right

いちばん上の段
the top row

真ん中の段
the middle row

いちばん下の段
the bottom row

右から２つ目のバッグを見せてください.
Could you show me the second bag from the right?

 赤いバッグの**左**にあるバッグ
the bag <u>on the left of</u> the red bag
⇔…の右に　on the right of …

 赤いバッグの**真下**にある靴(くつ)
the shoes <u>under</u> the red bag
⇔…の真上に　over …

 赤いバッグの**右上**にある帽子(ぼうし)
the hat <u>on the upper right of</u> the red bag
⇔…の左下に
on the lower left of …

 <u>左上の角</u>にある帽子
the hat <u>at the top left corner</u>
⇔右下の角に
at the bottom right corner

fifty-three　　　53

いちがん

in early [late] *January*
- 1月に大雪が降った.
  We had heavy snow in *January*.
- 2015年の1月6日に生まれた. I was born on *January* 6, 2015.(▶6は(the) sixthと読む)

> **ここがポイント！** 「…月」と前置詞の関係
>
> 単に「…月に」と言う場合には**in**を, 「…月～日に」と特定の日を言う場合には**on**を使います.
> - 1月に *in* January
> - 1月6日に *on* January 6
> また, this, last, next, everyなどとともに用いる場合には前置詞を使いません.
> - この1月に *this* January

いちがん【一丸となる】**unite**[ユーナイト], **be united**[ユーナイティド]
- 私たちは一丸となった. We *were united*.

いちぐん【一軍】**the first team**[ファースト ティーム]

いちご〖植物〗**a strawberry**[ストゥローベリィ]
- イチゴジャム *strawberry* jam
- ぼくたちはいちご狩(が)りに行った.
  We went *strawberry* picking.

いちじ¹【一時】

❶ 時刻	one o'clock
❷ しばらく	for a time, for a while; (仮の)temporary
❸ かつて	once, at one time

❶ [時刻]**one o'clock**[ワン アクラック]
- 1時に at *one o'clock*
- 今1時半です. It is half after *one* now.

❷ [しばらく]**for a time**[タイム], **for a while**[(ホ)ワイル]; (仮の)**temporary**[テンパレリィ]
- 台風のため電車が一時ストップした.
  Train services were suspended *for a while* because of the typhoon.
  ━**一時的な temporary**
  ━**一時的に temporarily**[テンパレラリィ]

❸ [かつて]**once**[ワンス], **at one time**
- サキは一時ロンドンに住んでいた.
  Saki *once* lived in London.

いちじ²【一次】(1回目の)**first**[ファースト]
- 第一次世界大戦 the *First* World War(▶World War Iとも書き, その場合の読み方はWorld War Oneとなる)
- 一次試験 the *first* examination / a *preliminary* examination

いちじく〖植物〗**a fig**[フィッグ]

いちじるしい【著しい】**remarkable**[リマーカブル]

- 医学は著しい進歩を遂(と)げた. Medical science has made *remarkable* progress.
  ━**著しく remarkably**

いちど【一度】

once[ワンス]
- 私たちは週に一度クラブ活動がある.
  We have club activities *once* a week.
- もう一度試してもいいですか.
  Can I try *again* [*one more time*]?
  一度…したことがある
  have +〈過去分詞〉+ once
- 一度北海道に行ったことがある.
  I *have* been to Hokkaido *once*.
  一度も…したことがない
  have never +〈過去分詞〉
- マキは一度も飛行機に乗ったことがない.
  Maki *has never* been on an airplane.
  ━**一度に at once, at a time**
- 一度に宿題を全部やろうなんて無理だよ. You can't finish all your homework *at once*.

いちにち【一日】

a day[デイ], **one day**[ワン](▶one dayは強調した言い方)
- 1日か2日でそこに着くだろう.
  We will arrive there in *a day* or two.
- エリから1日に1回はメールが来る.
  Eri emails me at least once *a day*.
- あしたは一日中出かけています.
  I will be out all *day* tomorrow.
- ケンは1日おきにジョギングをしている.
  Ken jogs every other *day*.
- 彼は日一日と元気になりつつある.
  He is getting better *day* by *day*.
  ┃一日乗車券 a one-day pass

いちにんまえ【一人前】(食べ物などの)**a portion**[ポーション], **a serving**[サーヴィング]
- サラダ一人前 *one* salad
  ━**一人前になる**(ある分野で)**become full-fledged**[フルフレッヂド]
- 彼はついに柔道(じゅう)部のメンバーとして一人前になった. He has finally *become* a *full-fledged* member of the judo team.

いちねん【一年】

a year[イア], **one year**[ワン]
- 1年前 *a year* ago
- 彼が来日して1年になる. It has been *a year* since he came to Japan.
- この祭りは1年に1度開催(さい)される.
  This festival is held once *a year*.

いつ

- 一年じゅう all (the) year round
- 1年おきに
 every other year / every two years

いちねんせい【1年生】(小学校の) a first-year student[ファーストイァ ストゥードゥント], ⑱ a first grader[グレイダア]; (中学校の) a first-year student, ⑱ (ふつう) a sixth grader[スィックスス]; (3年制高校の) a first-year student, ⑱ a tenth grader[テンス], (4年制高校・大学の) ⑱ a freshman[フレッシュマン](複 freshmen[-マン])(▶女性にも使う) → がくねん ポイント!
- 私は中学1年生です. I'm in the first year of junior high school.

いちば【市場】a market[マーキット]

いちばん【一番】

❶最初 (順番が) (the) first (place), the top; (番号が) number one, No.1
❷最も (下記❷参照)

❶[最初] (順番が) (the) first (place)[ファースト(プレイス)], the top[タップ]; (番号が) number one[ナンバァ ワン], No.1(▶No.はnumberの略)
- 1番窓口
 the number one window
- ユカリは数学の成績がクラスで1番だ.
 Yukari has the highest grades in her math class. / Yukari is the best student in her math class.
- ミキは100メートル競走で1番だった. Miki got first place in the 100-meter dash.
―番の first; (最もよい) the best
―番に first (of all)

❷[最も]the+〈形容詞の最上級〉または(the)+〈副詞の最上級〉で表す → もっとも¹
- これは東京でいちばん高い建物だ. This is the tallest building in Tokyo.(▶the+〈形容詞の最上級〉+〈名詞〉で「いちばん…な~」の意)
- 彼は沖縄(綱)へ行った時がいちばん楽しかった. He had the best time when he went to Okinawa.(▶the bestはgoodの最上級で「最もよい…」の意)
- あなたは何色がいちばん好きですか.
 What color do you like best? (▶bestはwellの最上級で「最もよく」の意)

いちぶ【一部】(一部分) (a) part[パート], some[サム]; (本などの一冊) a copy[カピィ]
- 歌の一部 a part of a song
- 一部の生徒は来られなかった.
 Some of the students couldn't come.
- この本を1部買った.

 I bought a copy of the book.
一部始終 the whole story

いちまい【一枚の】

a [an], one[ワン]; (紙・板などの) a sheet [piece] (of …)[シート[ピース]]; (パン・肉などの) a slice (of …)[スライス]
- タオル1枚 a [one] towel
- 画用紙1枚 a sheet of drawing paper
- パン1枚 a slice of bread

いちめん【一面に】all over[オール オウヴァ], all around[アラウンド]
- 床(綱)一面に牛乳をこぼした.
 I spilled milk all over the floor.

いちもくさん【一目散に】at full speed[スピード]
いちやく【一躍】(突然(続)) suddenly[サドゥンリィ], overnight[オウヴァナイト]
- マリはきのうの一勝で一躍スターになった.
 Mari suddenly became a star because of her win yesterday.

いちやづけ【一夜漬けで…する】(勉強で) cram[クラム]
- タエは試験のために一夜漬けで勉強した.
 Tae crammed all night for the exam.

いちょう【植物】a ginkgo[ギンコゥ](★発音注意)
- いちょう並木 an avenue of ginkgo trees
いちらんひょう【一覧表】a list[リスト]
いちりゅう【一流の】first-class[ファーストクラス], first-rate[-レイト]
- 一流のホテル a first-class hotel
- 一流のテニス選手 a top tennis player
いちりんしゃ【一輪車】a unicycle[ユーニサイクル]
いちるい【一塁】【野球】first base[ファースト ベイス]
- 一塁を守る play first base
一塁手 a first baseman

いつ

when[(ホ)ウェン]; (何時に) what time[(ホ)ワット タイム]

話してみよう!
☺誕生日はいつですか.
 When is your birthday?
☻8月4日です.
 It's August (the) fourth.

- 彼がいつ学校から戻(※)ってくるのか知らない.
 I don't know when he will come back from school.
- いつごろ出かけましょうか.
 About what time shall we start?
- 彼女はいつ見ても笑っている.
 She is smiling every time I see her.

いつう【胃痛】(a) stomachache[スタマックエイク]

いつか[1] (未来の)someday[サムデイ], sometime[サムタイム]; (過去の)before[ビフォァ], once[ワンス]
- いつかいっしょにスキーに行こう.
  Let's go skiing together *someday*.
- いつか近いうちそこを訪ねてみるよ.
  I will visit the place *sometime* soon.
- この話はいつか君にしたよね？
  Didn't I tell you this story *before*?

いつか[2]【五日】(the) fifth[フィフス]
- 5日目 the *fifth* day
- 5日間 for *five* days

いっか[一家]one's family[ファマリィ]
- 一家そろって花見に出かけた. All *my family* went out to see the cherry blossoms.
- 橋本さん一家 the Hashimotos

いっかい[1][一回]once[ワンス]➡いちど

いっかい[2][一階]⊛the first floor[ファースト フロァ], ⊛the ground floor[グラウンド]➡…かい[2]

ポイント!

いつから

how long[ハウ ローング], since when[スィンス (ホ)ウェン]

話してみよう!

☺いつからバイオリンを習っているの.
How long have you been taking violin lessons?
❷5歳(さい)の時から. / 6年前から.
Since I was five. / For six years.

- 新学期はいつからですか.
  When will the new term begin?
- いつからいつまで東京にいるの. From *when* to *when* are you staying in Tokyo?

いっき[一気に](座(ざ)って中断せずに)in one sitting[スィッティング]; (ひと飲みに)in one gulp[ガルプ]; (すばやく)at a dash[ダッシュ]
- その本を一気に読んだ.
  I read the (whole) book *in one sitting*.
- 彼は牛乳を一気に飲み干した.
  He drank his milk *in one gulp*.
- 一気に階段をかけ上がった.
  I *dashed* up the stairs.

いっけん[一見して]at a glance[グランス]
- 一見して, テストは難しそうだった.
  At a glance, the test looked difficult.

慣用表現

百聞は一見にしかず. Seeing is believing. (⇐見ることは信じることだ)

いっこ[一個]one[ワン]➡ひとつ❶
- 卵1個 an egg
- 石けん1個 a piece [bar] of soap
- このレモンは1個60円だ.
  These lemons are sixty yen *each*.

いっこう[1][一行]a party[パーティ], a group[グループ]
- 観光客の一行 a *party* of tourists

いっこう[2][一向に]at all[オール]
- 一向に返事が来ない.
  I haven't gotten an answer *at all*.

いっさんかたんそ[一酸化炭素]carbon monoxide[カーバン マナクサイド]

いっしき[一式]a set[セット]; (道具などの)a kit[キット], gear[ギァ]

いっしゅ[一種の]a kind (of ...)[カインド] (▶ofの後にくる名詞にはふつうa [an]やtheはつけない)
- くじらはほ乳類の一種だ.
  A whale is a *kind of* mammal.

いっしゅう[一周](走路などの)a lap[ラップ]; (…の周囲を)around ...[アラウンド]
- トラックをあと1周しよう.
  Let's run one more *lap*.
- 両親はヨーロッパ一周旅行をした.
  My parents made a trip *around* Europe.
- **―一周する go around**
- 池を一周するのに10分かかった. It took me ten minutes to *go around* the pond.

いっしゅうかん [一週間]

a week[ウィーク]
- 1週間に1回ミーティングがある.
  We have a meeting once a *week*.
- その展覧会は1週間開催(かいさい)される.
  The exhibition will be held for a *week*.

いっしゅん[一瞬]a moment[モウマント], a minute[ミニット], an instant[インスタント]
- 一瞬のうちにそのチケットは売り切れた.
  The tickets were sold out *in a moment*.
- 彼は一瞬気を失った.
  He fainted *for a moment*.

いっしょ [一緒に]

❶共に	together; (いっせいに)all together; (…といっしょに)with ...
❷同じ	the same; (おそろいの)matching
❸同時に	at the same time

❶[共に]together[タゲザァ]; (いっせいに)all together; (…といっしょに)with ...[ウィズ]

56 fifty-six

いってきます

- みんなでいっしょに富士山に登った．
 We climbed Mt. Fuji *together*.
- ぼくといっしょに行かないか．
 Won't you come *with* me?
- いっしょにやらない？
 Why don't you *join* us?

❷ [同じ] **the same**[セイム]; (おそろいの) **matching**[マッチング]
- ケンとはクラブがいっしょでした．
 I was in *the same* club as Ken.

❸ [同時に] **at the same time** → いっせい

いっしょう【一生】(a) **life**[ライフ], **a lifetime**[ライフタイム]; (一生ずっと) **all** *one*'s **life**
- 祖母は幸せな一生を送った．
 My grandma lived a happy *life*.
- 夢を実現するには一生かかるだろう．It will take a *lifetime* to realize my dream.
- 彼は一生幸せだった．
 He was happy *all his life*.
- 君のことは一生忘れません．
 I will never forget you *as long as* I *live*. (←生きている限り)
- 一生に一度のチャンス
 a once-in-a-*lifetime* chance

いっしょうけんめい【一生懸命】**hard**[ハード], **as hard as possible**[パスィブル]
- 一生懸命勉強した．I studied *hard*.
- 一生懸命頑張(がんば)ります．I'll *do* my *best*.
- そのチームを一生懸命応援(おうえん)した．I cheered for the team with *all my heart*.

いっせい【いっせいに】(同時に) **at the same time**[セイム タイム]; (声をそろえて) **in unison**[ユーニスン]
- 全走者はいっせいにスタートを切った．All the runners started *at the same time*.
- 彼らはいっせいに「すごい」と言った．
 They said "Amazing!" *in unison*.

いっせきにちょう【一石二鳥】**killing two birds with one stone**[キリング][バーヅ][ストウン]

いっそう(もっと) **more**[モァ] (▶形容詞や副詞の比較(ひかく)級を用いて表す); (ますます) **even more**[イーヴン], **all the more**
- ビーズをつけたらいっそうかわいくなるよ．
 If you add beads to it, it will look *even prettier*.
- 満塁(まんるい)になって観客はいっそう興奮した．
 With the bases loaded, the spectators became *all the more* excited.

いっそく【一足】**a pair**[ペア]
- 靴下(くつした)1足 *a pair* of socks

いったい **on earth**[アース], **in the world**[ワールド] (▶疑問文で用いる)

- 彼はいったいどこ行っちゃったの．
 Where *on earth* has he been?

いったん **once**[ワンス]
- いったん何かをすると決めたら最後までやりなさい．*Once* you've decided to do something, you should follow through.

いっち【一致する】**agree**(**with** ...)[アグリー]
- 私は彼女と意見が一致している．
 I *agree with* her.
- 私たちは趣味(しゅみ)が一致している．
 We have *the same* taste.

いっちょういったん【一長一短】**merits and demerits**[メリッツ][ディーメリッツ]
- どの案にも一長一短がある．Every plan has both its *merits and demerits*.

いっちょくせん【一直線】**a straight line**[ストゥレイト ライン]
- ゴールに向かって一直線に走った．
 I ran *straight* to the goal.

いつつ【五つ(の)】**five**[ファイヴ] → ご¹
いっつい【一対】**a pair**[ペア] → つい²
いってい【一定の】(定まった)**fixed**[フィクスト]; (規則的な)**regular**[レギュラァ]; (変わらない)**constant**[カンスタント], **steady**[ステディ]
- 一定額のお金 a *fixed* amount of money
- 一定の温度 a *constant* temperature
- 一定のリズム a *steady* rhythm

いってき【一滴】**a drop**[ドゥラップ]
いってきます【行ってきます】日≠英

> **これ、知ってる？** 「行ってきます」と「行ってらっしゃい」
>
> 英語には「行ってきます」「行ってらっしゃい」に当たる言い方はなく，出かけるほうは
> - Bye. (じゃあね)
> - See you (later). (また後で)
>
> などと言います．送り出すほうも同様の言い方のほかに，
> - Take care. / Be safe. (気をつけて)
> - Have fun. (楽しんでおいで)
> - Have a nice day. (よい一日を)
>
> 旅立つ人には
> - Have a nice trip. (すてきな旅を)
>
> などと言います．

いつでも

いつでも (at) any time[エニィ タイム]; (常に) always[オールウェイズ]
- いつでも歓迎(炊)しますよ.
  You are welcome any time.
- 彼はいつでもビデオゲームをしている.
  He is always playing video games.

いってらっしゃい【行ってらっしゃい】日≠英→いってきます

いっとう【一等】(賞の)first prize [place][ファースト プライズ[プレイス]]; (乗り物などの)first class[クラス]
- われわれのチームが1等になった.
  Our team won (the) first prize.

いつのまにか【いつの間にか】
- いつの間にか雨がやんでいた.
  It stopped raining before I knew it.

いっぱい

❶容器に入る分量	a cup (of ...), a glass (of ...)
❷満ちている	be full (of ...), be filled (with ...)
❸全部	all

❶[容器に入る分量] a cup (of ...)[カップ], a glass (of ...)[グラス]
- コーヒー1杯(ﾊﾟｲ) a cup of coffee(▶コーヒー2杯は two cups of coffee)
- 水を1杯ください.
  May I have a glass of water?

❷[満ちている] be full (of ...)[フル], be filled (with ...)[フィルド]
- その通りは人でいっぱいだった. The street was full of people. / The street was crowded with people.

> 話してみよう!
> ☺パンをもう少しいかがですか.
> Would you like some more bread?
> ☺いいえ、けっこうです. おなかがいっぱいです.
> No, thank you. I'm full.

- セイコは喜びで胸がいっぱいだった.
  Seiko's heart was filled with joy.

━いっぱいにする fill
- バケツを水でいっぱいにして. Fill the bucket (to the brim) with water.

❸[全部] all[オール]
- 今月いっぱい体育の授業を休みます.
  I'll skip my P.E. classes all this month.

いっぱん【一般の】general[ヂェネラル], common[カモン], ordinary[オーダネリィ], public[パブリック]

- まず一般の人の意見を聞いてみよう. Why don't we listen to public opinion first?
- その庭園は一般に公開されている.
  The garden is open to the public. (▶the +〈形容詞〉で「…の人々」の意)

━一般(的)に in general, generally
- 一般に子どもはアイスクリームが大好きだ.
  In general, kids love ice cream.

━一般的に言えば generally speaking

一般人 the public, ordinary people

いっぺん once[ワンス]→いちど

いっぽ【一歩】a step[ステップ]→…ほ
- 勝利への第一歩
  the first step toward victory
- 私たちは一歩前進[後退]した.
  We took a step forward [backward].
- 一歩一歩(地道に) step by step

いっぽう【一方】

| ❶片方 | (2つのうちの)one, (2つのうちのもう一方)the other |
| ❷他方では | (…するかたわら)while ...; (対照的に)on the other hand |

❶[片方] (2つのうちの)one[ワン], (2つのうちのもう一方)the other[アザァ]
- ボートは一方に傾(恋)いた.
  The boat leaned to one side.
- 靴下(:?)の一方はあるがもう一方がない.
  I have one sock but cannot find the other.

━一方的な one-sided
- 一方的な意見 a one-sided opinion

❷[他方では] (…するかたわら)while ...[(ホ)ワイル]; (対照的に)on the other hand[ハンド]
- 彼は高校に通う一方、プロのピアニストでもある.
  While he is only a high school student, he is also a professional pianist.

一方通行(掲示)**ONE WAY**: この通りは一方通行だ. This street is one way. / This is a one-way street.

「一方通行」の標識(米国)

いっぽん【一本の】a [an], one(▶oneは「1本」を強調する場合に使う); (飲みものなどの)a bottle

…いない

いつまで【期間】**how long**[ハゥ ローング]；（期限）**by when**[(ホ)ウェン]**, until when**
- 日本にはいつまで滞在するのですか. *How long* are you going to stay in Japan?
- いつまでに返事をすればいいですか. *By when* should I reply?

いつまでも（永遠に）**forever**[フォヴァ]；（生きている限り）**as long as** *one* **lives**[ローング][リヴズ]；（長い間）**for a long time**[タイム]
- 君のことはいつまでも忘れない. I'll remember you *forever*. / I will never forget you *as long as I live*.

いつも
（常に）**always**[オールウェイズ], **all the time**[タイム]；（ふつう）**usually**[ユージュアリィ]（▶alwaysとusuallyはふつうbe動詞・助動詞の後, 一般動詞の前に置く）
- 彼女はいつもだれに対しても優しい. She is *always* kind to everyone.
- ケンはいつも朝6時に起きる. Ken *usually* gets up at six.
- 彼はいつも宿題を忘れなかった. He *never* forgot his homework.

━**いつも …とは限らない not always …→**…かぎらない
- いつもうまくいくとは限らない. You can*not always* succeed.

━**いつもの usual, ordinary**
- 彼はいつもの席に座った. He sat in his *usual* seat.

━**いつものように as usual**
- いつものように練習後にミーティングをした. *As usual*, we had a meeting after training.

━**いつもより than usual**
- きょうはいつもより早く学校へ行った. I went to school earlier *than usual*.

いつわり【偽り】**a lie**[ライ]→うそ
━**偽りの false**[フォールス]
━**偽りのない frank**[フランク]
━**偽る**（うそを言う）**lie, tell a lie**
- 彼は年齢を偽った. He *lied* about his age.

イディオム an idiom[イディアム]

いてざ【射手座】**Sagittarius**[サヂテァ(ア)リアス]；（人）**a Sagittarius**
- 私は射手座です. I am a *Sagittarius*.

いでん【遺伝】**heredity**[ハレディティ]
━**遺伝の hereditary**
━**遺伝する inherit**[インヘリット]
遺伝子 **a gene**
遺伝子組みかえ食品 **genetically modified food(s)**

いと[1]【糸】（縫い糸）**(a) thread**[スレッド]；（やや太い）**(a) string**[ストゥリング]；（つり糸）**a line**[ライン]
- 糸くず pieces of *thread*
- 穴をもめん糸でかがった. I sewed up the hole with cotton *thread*.
- 彼女は針に糸を通した. She *threaded* a needle.（▶このthreadは動詞）
∥糸ようじ **a dental floss pick**

いと[2]【意図】**(an) intention**[インテンション]
━**意図的に intentionally**

いど[1]【井戸】**a well**[ウェル]
- 井戸水 *well* water

いど[2]【緯度】**latitude**[ラティトゥード]（▶lat.と略す）（⇔経度 longitude）→ほくい, なんい, ちきゅう図

いどう【移動する】**move**[ムーヴ]; **migrate**[マイグレイト]；（旅行する）**travel**[トゥラヴァル]
- 隣の教室へ移動しなさい. *Move* to the next classroom.
∥移動教室 **a school camp**

いとこ a cousin[カズン]（▶男女いずれもさす）
- アキラは私のいとこだ. Akira is my *cousin*.
- またいとこ **a second cousin**

いどころ【居所】**where** *one* **is**[(ホ)ウェァ]；（住所）*one***'s address**[アドゥレス]
- ぼくは彼女の居所を知っている. I know *where she is*.

いない

（存在しない）**be not**；（所有していない）**do not have any→**ない
- ユキはここにいないよ. Yuki *is not* here.
- 父はきょうは一日家にいない. My father *isn't* at home today.
- だれもそこにいなかった. *No* one *was* there.
- 私には兄弟姉妹がいない. I *have neither* a brother *nor* a sister.
- いないいないばあ！Peekaboo!

…いない[…以内]**within …**[ウィズイン]
- 2時間以内に戻ります. I'll be back *within* two hours.
- 3位以内に入りたい. I want to reach the top three.

いなか

いなか【田舎】
(都会に対して)**the country**[カントゥリィ];(田園地方)**the countryside**[カントゥリィサイド];(ふるさと)(*one's*) **hometown**[ホウムタウン],(*one's*) **home**[ホウム]
- 田舎に住みたい.
  I want to live in *the country*.
- 父の田舎に行った.
  I went to my father's *hometown*.
- ━田舎(風)の **rural**[ル(ァ)ラル], **country**
  ‖田舎生活 country life
  ‖田舎道 a country road

いなご〘虫〙**a grasshopper**[グラスホッパァ], **a locust**[ロウカスト]

いなずま【稲妻】**lightning**[ライトゥニング]
- 突然(ぜん)稲妻が走った.
  The *lightning* flashed suddenly.

いなびかり【稲光】→いなずま

イニシャル an initial[イニシャル](▶ふつう複数形で用いる)→かしらもじ

イニング〘野球〙**an inning**[イニング]→…かい¹ ❷

いぬ【犬】**a dog**[ドーグ];(子犬)**a puppy**[パピィ]
- 彼は犬を2匹(ひき)飼っている.
  He has two *dogs*.
- この犬はだれにでもほえる.
  This *dog* barks at everyone.
- ぼくは毎日犬を散歩させる.
  I walk my *dog* every day.
- 犬にえさをあげるのを忘れていた.
  I forgot to feed the *dog*.
  ‖犬かき (the) dog paddle
  ‖犬小屋 a doghouse, a kennel
  ‖犬ぞり a dog sled

イヌイット Inuit[イヌーイット](複 Inuit, Inuits)

いね【稲】〘植物〙**rice**[ライス]
- 祖父は稲を栽培(ばい)している.
  My grandfather grows *rice*.
- 秋には稲を刈(か)る.
  We harvest *rice* in the fall.
  ‖稲刈り rice harvesting

いねむり【居眠り(を)する】(眠りこむ)**fall asleep**[フォール アスリープ];(こっくりする)**nod**[ナッド]

- 授業中に居眠りしてしまった.
  I *fell asleep* during class.

いのこり【居残りする】
- 居残りして勉強しなければいけなかった.
  I had to *stay after* school to study.

いのしし〘動物〙**a wild boar**[ワイルド ボア]

いのち【命】(a) **life**[ライフ](複 lives[ライヴズ])
- あなたは私たちの命の恩人だ.
  You saved our *lives*.
- その事故で彼は命を失った.
  He lost his *life* in the accident. / He was killed in the accident.
- 彼女は命がけでエベレストに登った.
  She climbed Mt. Everest at the risk of her *life*.
- 彼はがんの研究に命をかけた. He devoted his *life* to the study of cancer.

いのり【祈り】(a) **prayer**[プ レ ァ](★「祈 る 人」prayer[プレイア]との発音の違(ちが)いに注意);(食前・食後の感謝の) **grace**[グレイス]
- 祈りをささげる
  offer a *prayer*

いのる【祈る】**pray**[プレィ];(願う)**wish**[ウィッシュ]
- 試験に受かるよう神様に祈った.
  I *prayed* (to God) that I would pass the examination.
- 早く回復するよう祈っています.
  I'll *pray* for your quick recovery.
- あなたの成功を祈ります.
  I *wish* you success. / Good luck.

いばる be proud(**of** ...)[プラウド], **act big**[アクト ビッグ]
- そんなにいばらないで.
  Don't *be* so *proud*.

いはん【違反】(a) **violation**[ヴァイアレイション]
- 交通違反 a traffic *violation*
- ━違反する **violate**[ヴァイアレイト], **break**[ブレイク]
- 交通規則に違反する
  violate (the) traffic laws [regulations]
- 彼女は校則に違反した.
  She *broke* the school rules.

いびき a snore[スノァ]
- ━いびきをかく **snore**
- 母が私がゆうべいびきをかいていたと言った.
  My mother told me I was *snoring* last night.

イブ(祝祭日の前日・前夜)**eve**[イーヴ](▶ふつう大文字で始める)
- クリスマスイブに on Christmas *Eve*

いふく【衣服】**clothes**[クロウズ](★発音注意)→ふく¹

イベント an event[イヴェント]
- イベントに行ってきた.
  I attended the *event*.

いままで

いま¹【今】

❶現在	now, at present, at the moment; (現代)today
❷たった今	just, just now
❸すぐに	at once, in a moment, right away

❶[現在]now[ナゥ], at present[プレズント], at the moment[モウマント]; (現代)today[トゥデイ]
- 今, 勉強中. I'm studying *now*.
- ロングヘアが今流行している.
  Long hair is *now* in fashion.
- 父は今出かけています.
  My father is out *at present*.
- 母は今家にいません.
  My mother isn't home *at the moment*.
—今の present, today, current[カーラント]
- 今の担任の先生
  (our) *current* homeroom teacher
- 今の世の中で大切なことは何ですか？
  What is important in *today's* world?

❷[たった今]just[ヂャスト], just now[ナゥ]
- アキは今出て行ったところだ. Aki has *just* gone out. / Aki went out *just now*.(▶現在完了形の文ではjust, 過去形の文ではjust nowを用いる)

❸[すぐに]at once[ワンス], in a moment, right away[ライト アウェィ]
- 今すぐ来てください. Please come *at once*.
- 今行きます. I'll be there *in a moment*. / I'll come *right away*.

いま²【居間】**a living room**[リヴィング ルーム]

いまいち
- いまいちその話がわからない.
  I don't *quite* understand the story.
- このTシャツ, いまいちだね.
  This T-shirt is *not great*, is it?

いまから【今から】(これから)**from now (on)**[ナゥ]; (さかのぼって)**ago**[アゴゥ]
- 今から10年後に
  ten years *from now* / *in* ten years
- 今から3年前に three years *ago*
- 今からでも遅(荟)くない.
  It's still not too late.

いまごろ【今ごろ】**about this time**[アバウト][タイム]; (今時分には)**by now**[ナゥ]
- あしたの今ごろは
  about this time tomorrow
- 今ごろユミは寝(丸)ているに違(荟)いない.
  Yumi must be asleep *by now*.

- 妹は今ごろどうしているかしら. I wonder what my sister is doing *right now*.
- 今ごろ準備しているの？
  Haven't you finished preparing yet?(◀まだ準備が終わっていないの？)

いまさら【今さら】**now**[ナゥ]
- 今さら言ってもしかたないよ. It is no use saying it *now*. / It is too late to say it *now*.

いまだに【いまだに…ない】**not … yet**[イェット]→まだ❷
- いまだに彼から電話がない.
  He has *not* called me *yet*.
- いまだに真相はわからない.
  The truth is *not* clear *yet*.

いまでも【今でも】**still**[スティル]
- 今でもその歌を覚えている.
  I *still* remember the song.

いまに【今に】(まもなく)**soon**[スーン], **before long**[ローング]; (いつか)**someday**[サムデイ]
- 今に彼は現れるだろう.
  He will be here *soon*.
- 今に幸せだと思える時が必ず来るよ.
  You will find yourself happy *someday*.
- 今に見ていろ. Just wait and see!

いまにも【今にも】**at any moment**[モウマント]
- 今にも雪が降り出しそうだ.
  It may snow *at any moment*.

いまのところ【今のところ】(当分は)**for now**[ナゥ]; (今までのところは)**so far**[ソゥ ファー]
- 今のところ, うちのチームが優勢だ.
  Our team is in the lead *for now*.
- 今のところ私たちはだいじょうぶだ.
  We're okay *so far*.

いままで【今まで】

until now[アンティル ナゥ], **till now**; (かつて)**ever**[エヴァ]; (この間じゅう)**all this time**[タイム]
- 今までどこにいたの？
  Where have you been *until now*?
- 今まで何も食べていない.
  I haven't eaten anything yet.

今までに…したことがある
have ＋〈過去分詞〉
- 今までに海外に行ったことがありますか.
  Have you *ever* been abroad?
- 今までに一度だけパンダを見たことがある.
  I *have* seen a panda only once.

今までに一度も…したことがない
have never ＋〈過去分詞〉
- 今までに一度もアメリカに行ったことがない.
  I *have never* been to America.

sixty-one

いみ

いみ【意味】
(a) meaning[ミーニング], (a) sense[センス]
- "take"という語にはたくさんの意味がある.
 The word "take" has a lot of *meanings*.
- この単語はどういう意味ですか.
 What's the *meaning* of this word? /
 What does this word *mean*?
- ある意味ではそれは正しい.
 In a *sense*, it is right.
- それはどういう意味だい？
 What do you *mean*（by that）？

―**意味する** mean; (表す) stand for ...
- ＮＺはニュージーランドを意味する.
 NZ *stands for* New Zealand.

―**意味のある** meaningful
- 彼の言葉は私にとって意味のあるものだった.
 His words were *meaningful* to me.

―**意味のない** meaningless
- こんなことをしても意味ないんじゃない？
 Isn't there any *point* in doing this?

いみん【移民】(外国への移住者)an emigrant[エミグラント]; (外国からの移住者)an immigrant[イミグラント]

イメージ an image[イミッヂ]（★発音注意）
- イメージチェンジしてみたんだ.
 I tried changing my *image*.
- イメージアップしたい.
 I want to improve my *image*.
- うそをついて彼はイメージダウンした.
 The lie harmed his *image*.

いも【芋】〖植物〗(じゃがいも)a potato[パテイトウ]; (さつまいも)a sweet potato[スウィート]
- 焼きいも a baked *sweet potato*

いもうと

【妹】a sister[スィスタァ]; (姉と区別して)a little [younger] sister[リトゥル][ヤンガァ]（⇔姉 a big [an older, an elder] sister）→あに ポイント!
- 妹はぼくより５つ年下だ. My *sister* is five years younger than I [me].
- 私のいちばん下の妹 my *youngest sister*

いもむし【芋虫】a caterpillar[キャタァピラァ]

いや¹【嫌な】

nasty[ナスティ], bad[バッド]; (不愉快な) unpleasant[アンプレズント], disagreeable[ディサグリーアブル]; (むかつくような)disgusting[ディスガスティング]
- いやな天気 *bad* [*unpleasant*] weather
- 彼はいやなやつだ.
 He is an *unpleasant* guy.

―**…はいやだ** do not like[ライク], dislike[ディスライク], hate[ヘイト]
- 日曜日に勉強するのはいやだ.
 I *don't like* studying on Sundays.
- このにおいはいやだ. I *hate* this smell.

―**いやになる** get [be] sick [tired] of ...
- 彼はサッカーの練習がいやになった.
 He *got sick of* practicing soccer.

いや²(返事)no[ノウ]→いいえ

いやいや unwillingly[アンウィリングリィ]
- 私はいやいや塾に行った.
 I went to a cram school *unwillingly*.

いやがらせ【嫌がらせ】harassment[ハラスマント]

いやがる【嫌がる】(…はいやだ)do not like[ライク], dislike[ディスライク], hate[ヘイト]→いや¹
- 彼は学校へ行くのを嫌がる.
 He *doesn't like* going to school.

いやす heal[ヒール], relieve[リリーヴ]
- ストレスをいやすもの
 things to *relieve* stress

イヤホン an earphone[イァフォウン]; (右と左で１組の)(a pair of) earphones
- イヤホンをする wear [use] *earphones*
- イヤホンで音楽を聞いた.
 I used *earphones* to listen to the music.

いやみ【いやみな】sarcastic[サーキャスティック]
- 友達にいやみを言われた.
 My friend was *sarcastic*（to me）.

いやらしい dirty[ダーティ]
- いやらしい言葉 *dirty* language

イヤリング an earring[イアリング]（▶ふつう複数形で用いる）
- イヤリング１組 a pair of *earrings*（▶２組のイヤリングは two pairs of *earrings*）
- 彼女は真珠のイヤリングをつけている.
 She is wearing pearl *earrings*.

いよいよ

(ついに)at last[ラスト]; (ますます)more and more[モァ]（▶ほかに〈比較級〉+and+〈比較級〉でも表す）
- いよいよ冬がやってきた.

Winter has come *at last*.
- 試合はいよいよおもしろくなってきた.
The game is getting *more and more*
exciting. (▶ excitedにはしない)
- 雪はいよいよ激しくなってきた.
It snowed *harder and harder*.

いよく【意欲】(a) **will**[ウィル], **motivation**[モウタヴィション]
- 数学を勉強する意欲がわいた.
I got *motivated* to study math.
- **━意欲的な ambitious**[アンビシャス]

いらい【依頼】a **request**[リクウェスト]
- **━依頼する request, ask（for ...）→**たのむ❶
- 私たちは彼に援助(♿)を依頼した.
We *asked for* his help.

…いらい【…以来】**since** ...[スィンス]
- 彼とはそれ以来ずっと会っていない.
I haven't seen him *since* then.
- この学校に入学して以来, ぼくたちは友達です.
We have been friends *since* we entered this school.

いらいら【いらいらする】
be irritated[イリテイティド]
- どうしてそんなにいらいらしているの？
Why *are* you so *irritated*?

イラク Iraq[イラーク]
- **┃イラク人 an Iraqi**[イラーキ]

イラスト an illustration[イラストゥレイション]
- 彼女はイラストを描(ホ)くのが好きだ.
She likes to draw *illustrations*.

イラストレーター an illustrator[イラストゥレイタァ]（★アクセント位置に注意）

いらっしゃい
- ようこそいらっしゃい. *Hello*. / *Welcome*.
- こちらへいらっしゃい. *Come* here.
- （店員が客に）いらっしゃいませ. *May I help you*? / *What can I do for you*?

いらっしゃる come[カム], **go**[ゴゥ]（▶ 英語には「いらっしゃる」に当たる敬語はない）**→**いく, くる
- お客様はいついらっしゃるの？
When are the guests *coming*?
- いらっしゃる前にお電話をください.
Please call me before you *come*.

…いられない（…してはいられない）**cannot+**
〈**動詞の原形**〉;（…しないではいられない）**cannot**
help +〈-ing形〉[ヘルプ]**→**…せずにいられない
- こうしてはいられない.
I *can't* wait.
- 時間をこのようにむだにしてはいられない.
I *cannot* be wast*ing* time like this.

いる¹

イラン Iran[イラーン]
- **┃イラン人 an Iranian**[イレイニアン]

いりぐち【入り口】an **entrance**[エントゥランス]（⇔出口 an exit）
- 入り口で待っていて.
Wait at the *entrance*.

いりょう【医療】**medical care**[メディカル ケア]
- **┃医療費 medical expenses**

いりょうひん【衣料品】**→**いるい

いりょく【威力】**power**[パウァ]
- **━威力のある powerful**

いる¹

❶存在する	be; there is［are］
❷とどまる	stay
❸所有する	have

❶[存在する]**be; there is［are］→**ある **ポイント!**
- あしたはずっと図書館にいると思う.
I'll *be* at the library all day tomorrow.
- 2年生は体育館にいる.
The second-year students *are* in the gym.
- 今までずっとどこにいたの？
Where have you *been* all this time?
- だれかいませんか？
Is anybody there?

…に〜がいる
There is［are］+〈人・物〉+〈場所〉
（〈人・物〉が単数形ならis, 複数形ならare）
- 入り口に大きな犬がいる.
There is a big dog at the entrance. / A big dog *is* at the entrance.
- そのレストランには大ぜいの人がいた. *There were* many people in the restaurant.
- この学校には生徒が500人いる.
There are five hundred students in this school. / This school *has* five hundred students.
- あそこに何かいる.
There is something over there.

❷[とどまる]**stay**[ステイ]
- 彼は家にいるのが好きだ.
He likes to *stay* home.
- ちょっとここにいて.
Please *stay* here.

❸[所有する]**have**[ハヴ]

話してみよう!
☺ きょうだいはいるの？
Do you *have* any brothers or sisters?
😀 はい, 兄が1人います.
Yes, I *have* one older brother.

sixty-three   63

いる²

いる² 【要る】
need[ニード], **be necessary**[ネサセリィ], **take**[テイク]

- 旅行には何がいるの？
  What do I *need* for the trip?
- 助けがいるならいつでもメールしてくれ.
  If you *need* some help, text me anytime.
- 医師になるには免許がいる.
  You *need* a license to be a doctor.
- 燃焼には酸素がいる.
  Oxygen *is necessary* for things to burn.
- 先生に逆らうには勇気がいる.
  It *takes* courage to disobey the teacher.
- ナオのことなら心配いらないよ.
  You *don't have to* worry about Nao.
- おつりはいりませんよ.
  Please keep the change.

いる³ 【射る】 **shoot**[シュート]
- 矢を射る *shoot* an arrow

いる⁴ 【煎る】 **roast**[ロウスト]
- 煎った豆 *roasted* beans

…いる 【…(して)いる】

❶ 動作の進行・継続　be+⟨-ing形⟩,
　　　　　　　　　　have been+⟨-ing形⟩,
　　　　　　　　　　have+⟨過去分詞⟩
❷ 状態　　動詞の現在形; be+⟨形容詞⟩;
　　　　　keep+⟨形容詞または-ing形⟩

❶ [動作の進行・継続] **be+⟨-ing形⟩**(▶進行形), **have been +⟨-ing形⟩**(▶現在完了進行形), **have+⟨過去分詞⟩**(▶現在完了形(継続))

- リサは音楽を聞いている.
  Risa *is* listen*ing* to music.
- 今何をしているの？
  What *are* you do*ing* now?
- マキは3歳の時からずっとバイオリンを習っている.
  Maki *has been* tak*ing* violin lessons since she was three years old.
- 彼は3年間英語を勉強している.
  He *has* studied English for three years.
- 眠っている赤ん坊　a sleep*ing* baby
- ベッドで眠っている赤ん坊　a baby sleep*ing* in its bed (▶「…している」の部分が2語以上の場合は名詞のうしろに置く)

❷ [状態] 動詞の現在形(▶know(知っている)など, それ自体で状態を示す動詞は進行形にしない); (…の状態である)**be+⟨形容詞⟩**; (…のままでいる)**keep+⟨形容詞または-ing形⟩**[キープ]

- その話は知っているよ. I *know* the story.
- きょうは店が開いている.
  The shop *is* open today.
- 彼女は父をずっと待っていた.
  She *kept* wait*ing* for her father.

いるい 【衣類】 **clothes**[クロウズ]; (全体) **clothing**[クロウズィング] (▶帽子や靴など身につけるものすべて)

いるか 【動物】 **a dolphin**[ダルフィン]

イルミネーション **illuminations**[イルーマネイションズ], **the lights**[ライツ]

いれかえる 【入れ替える】 **replace**[リプレイス]
- 彼はDVDを別のと入れ替えた.
  He *replaced* the DVD with another one.

いれば 【入れ歯】 **a false tooth**[フォールス トゥース] (複 **false teeth**[ティース])

イレブン 〖スポーツ〗 **(an) eleven**[イレヴン] (▶サッカー, アメリカンフットボールなど11人からなるチーム)

いれもの 【入れ物】 (箱・ケースなど) **a box**[バックス], **a case**[ケイス]; (容器) **a container**[カンテイナァ]

いれる 【入れる】

❶ 物を　　　　　　(…を〜に) **put ... in [into] 〜**; (注ぐ) **pour**
❷ 人などを中へ　　**let in**; (…を〜に) **let ... into 〜**; (会などに) **admit**; (学校・病院へ) **send**
❸ 数・計算に　　　**include**
❹ お茶などを　　　**make**
❺ スイッチなどを　**turn on, switch on**

put ... in

pour

let in

turn [switch] on

❶ [物を] (…を〜に) **put ... in [into] 〜**[プット]; (注ぐ) **pour**[ポァ]

- 新しいノートをかばんに入れた.
  I *put* a new notebook *in* my bag.
- レンジに入れて3分です. *Put* it *in* the microwave for three minutes.
- コップに水を入れてください.

いんけん

Please *pour* some water *into* the glass.
❷〔人などを中へ〕**let in**[レット]; (…を〜に)**let ... into 〜**; (会などに)**admit**[アドゥミット]; (学校・病院へ)**send**[センド]
・窓を開けて新鮮(<ruby>鮮<rt>せん</rt></ruby>)な空気を入れた.
　I opened the window and *let in* some fresh air.
・仲間に入れて. May［Can］I *join* you?
❸〔数・計算に〕**include**[インクルード]
・私を入れて5人がピクニックに行った.
　Five people, *including* myself, went on a picnic.
❹〔お茶などを〕**make**[メイク]
・母がお茶を入れてくれた.
　My mother *made* tea for me.
❺〔スイッチなどを〕**turn on**[ターン], **switch on**[スウィッチ](⇔切る turn off, switch off)
・エアコンを入れてくれない? Will you *turn*［*switch*］*on* the air conditioner?

いろ【色】

a color, ⊛**a colour**[カラァ]
・明るい[暗い]色 bright［dark］*colors*
・薄(<ruby>薄<rt>うす</rt></ruby>)い[濃(<ruby>濃<rt>こ</rt></ruby>)い]色 light［deep］*colors*
・この色のセーターがほしい.
　I want a sweater in this *color*.
・ちょっと色が違(<ruby>違<rt>ちが</rt></ruby>)う.
　This *color* looks wrong.
・これの色違いがほしい.
　I want this in another *color*.

> 話してみよう!
> ☺どんな色が好き?
> What *color* do you like?
> ❤明るい[鮮(<ruby>鮮<rt>あざ</rt></ruby>)やかな]色が好きです.
> I like bright［vivid］*colors*.

➡色を塗(<ruby>塗<rt>ぬ</rt></ruby>)る **color**, ⊛**colour**; (ペンキなどで)**paint**[ペイント]
・エリはばらを赤い色で塗った.
　Eri *painted* roses red.
| 色鉛筆(<ruby>筆<rt>ぴつ</rt></ruby>) a colored pencil
| 色紙(<ruby>紙<rt>がみ</rt></ruby>) colored paper

いろいろ【いろいろな】

(種々の)**various**[ヴェ(ァ)リアス], **many kinds of ...**[カインヅ], **different**[ディファラント]; (たくさんの)**many, a lot of ...**(▶いずれも名詞の複数形が後に来る)
・いろいろな問題 *various* problems
・いろいろな(種類の)犬 *many kinds of* dogs
・いろいろお話ししたいことがあるんです.
　I have *many*［*a lot of*］things to tell you.

・いろいろありがとうございました.
　Thank you for *everything*.
いろは the Japanese alphabet[ヂャパニーズ アルファベット]; (初歩)the ABCs; (基礎(<ruby>礎<rt>そ</rt></ruby>))the basics[ベイスィックス]
いろん【異論】a different opinion[ディファラント アピニャン]; (反対)an objection[アブヂェクション]
・それについて異論はありません.
　I have no *objection* to it.
いろんな →いろいろ
いわ【岩】(a) rock[ラック]
➡岩の, 岩の多い rocky
いわい【祝い】(a) celebration[セラブレイション]; (祝いの言葉)congratulations[カングラチュレイションズ]
・お誕生日のお祝いを申し上げます.
　Congratulations on your birthday.
いわう【祝う】(事柄(<ruby>柄<rt>がら</rt></ruby>)を)celebrate[セラブレイト]; (人を)congratulate[カングラチュレイト]
・新年を祝う *celebrate* the New Year
・私たちはケンの合格を祝った.
　We *congratulated* Ken *on* his success in the exam.
・彼らは兄が大学を卒業した時盛大(<ruby>大<rt>だい</rt></ruby>)に祝ってくれた. They *held* a big *celebration*［*party*］for my brother when he graduated from college.
いわし【魚】a sardine[サーディーン]
いわば so to speak[スピーク]
・佐藤先生はいわば学校でのお母さんだ.
　At school Ms. Sato is our mother, *so to speak*.
いわゆる what we［you, they］call[(ホ)ワット][コール], what is called, so-called[ソウコールド]
・彼はいわゆる天才だ.
　He is *what you call* a genius.
…いわれている【…と言われている】(…と考えられている)They［People］say that ...[ピープル][セィ], It is said that ...[セッド]; (…と呼ばれている)be called ...[コールド] →いう❸
・彼女は大会で優勝すると言われている. *They say that* she will win the tournament.
・この番組はとてもよいと言われている.
　It is said that this program is very good.
いんかん【印鑑】a seal[スィール] →習慣・マナー【口絵】
いんき【陰気な】gloomy[グルーミィ]
・陰気な顔 a *gloomy* face
インク ink[インク]
イングランド England[イングランド] →イギリス
ポイント!
いんけん【陰険な】sly[スライ], cunning[カニング]

sixty-five

いんこ

いんこ 〖鳥〗a parakeet[パラキート]

インコース 〖野球〗the inside[インサイド]; 〖陸上〗the inside track[トゥラック]

いんさつ 〖印刷〗printing[プリンティング]
- カラー印刷 colored *printing*
- ▶印刷する print
- チラシを印刷してもらおう．
  Let's have the flyers *printed*.（▶have＋〈人・物〉＋〈過去分詞〉で「〈人・物〉を…してもらう」の意）

‖印刷機 a printing press［machine］;（プリンター）a printer
‖印刷物 printed matter

いんしょう 〖印象〗

(an) impression[インプレッション]
- 奈良(なら)の印象はどうだった．
  What were your *impressions* of Nara?
- ▶印象を与(あた)える impress, make an impression（on …）
- ミキはみんなによい印象を与えた．Miki *made a good impression on* everyone.
- ▶印象的な impressive
- 彼女の笑顔がとても印象的だった．
  Her smile was very *impressive*.

いんしょうは 〖印象派〗impressionist art[インプレッショニスト アート]

いんしょく 〖飲食〗eating and drinking[イーティング アン ドゥリンキング]（▶日本語と逆の語順に注意）

いんしょくてん 〖飲食店〗a restaurant[レストラント]

いんすうぶんかい 〖因数分解〗〖数学〗factorization[ファクタリゼイション]

インスタ（グラム） 〖商標〗Instagram[インスタグラム]
- インスタに投稿(とうこう)する
  post on *Instagram*

インスタント 〖インスタントの〗instant[インスタント]

‖インスタントコーヒー instant coffee
‖インスタント食品 instant food
‖インスタントラーメン instant ramen（noodles）

インストール 〖インストールする〗〖コンピュータ〗install[インストール]
- ソフトをパソコンにインストールした．
  I *installed* the software on my PC.

インストラクター an instructor[インストゥラクタア]

インスピレーション (an) inspiration[インスピレイション]
- ふとインスピレーションがわいた．
  I had a sudden *inspiration*.

いんせい 〖陰性の〗negative[ネガティヴ]
- ウイルス検査では陰性だった．
  I tested *negative* for the virus.

いんせき 〖隕石〗a meteorite[ミーティアライト]

いんそつ 〖引率する〗take[テイク], lead[リード]
‖引率者 a leader

インターセプト 〖インターセプトする〗〖球技〗intercept[インタァセプト]

インターチェンジ an interchange[インタァチェインヂ]

インターネット 〖コンピュータ〗the Internet[インタァネット], 《話》the Net[ネット]→ネット², コンピュータ
- 私はその情報をインターネットで入手した．I got that information from *the Internet*.
- 彼はその動物についてインターネットで検索した．He did an *Internet* search for the animal.
- 留学のことをインターネットで調べた．
  I searched the *Internet* about studying abroad.
- この部屋はインターネットができる．
  This room has *Internet* access.

‖インターネットカフェ an Internet café

表現メモ
インターネットのいろいろ
コピーする copy ／ペーストする paste
コピペする copy and paste
保存する save ／ダウンロードする download
アップロードする upload

インターハイ an inter-high-school athletic meet[インタァハイスクール アスレティック ミート]

インターバル (間隔(かんかく))an interval[インタァヴァル]（★アクセント位置に注意）

インターホン an intercom[インタァカム]
- インターホンで話す
  talk on［over］the *intercom*

いんたい 〖引退する〗(定年で)retire（from …）［リタイア］;（仕事・活動などを）《話》quit[クウィット]
- もう部活は引退した．
  I have already *quit* my club activities.

インタビュアー an interviewer[インタァヴューァ]（★アクセント位置に注意）
インタビュー an interview[インタァヴュー]
　━**インタビュー(を)する** interview, have an interview (with ...)

インチ an inch[インチ]（▶長さの単位. in. と略す. 約2.54センチメートル）
いんちき cheating[チーティング]
・いんちきをするな.
　Don't *cheat*.
インテリア interior decoration [design][インティ(ァ)リァ デカレイション [ディザイン]]
　┃**インテリアデザイナー** an interior designer
　┃**インテリアデザイン** interior design
インド India[インディア]
　━**インド(人)の** Indian
　┃**インド人** an Indian
　┃**インド洋** the Indian Ocean
インドア【インドアの】indoor[インドァ]
イントネーション(an) intonation[インタネイション]
・ＡＬＴにイントネーションを直してもらった.
　The ALT corrected my *intonation*.
インドネシア Indonesia[インダニージャ]
　┃**インドネシア人** an Indonesian
イントロ an intro[イントゥロウ]
・イントロ当てクイズ an *intro* quiz（▶アメリカには"Name that Tune"(あのメロディーを当てろ)というイントロ当てクイズの人気番組があった(1950年代〜80年代に放映)）
インナー(上着のすぐ下に着る衣服・下着) underclothes[アンダァクロウズ]; underwear[アンダァウェア]; undershirt[アンダァシャート]
インフォメーション(情報) information[インファメイション]; (案内所, 受付) an information desk[デスク]
インプット input[インプット]（⇔アウトプット output）➡にゅうりょく
　━**インプットする** input
インフルエンザ influenza[インフルエンザ], 《話》(the) flu[フルー]
・家族全員がインフルエンザにかかった.

　The whole family caught *the flu*.
・インフルエンザがはやっている.
　Influenza [*The flu*] is going around.
インフルエンサー an influencer[インフルエンサァ]
インフレ(ーション) inflation[インフレイション]（⇔デフレ(ーション) deflation）
いんよう【引用する】quote[クウォウト]
・本から一節を引用する
　quote a passage from a book
　┃**引用符**(ふ) quotation marks（▶記号は ' ' または " "）
　┃**引用文** a quotation
インラインスケート in-line skating[インラインスケイティング]

いんりょう【飲料】(a) drink[ドゥリンク], a beverage[ベヴァリッヂ]
・清涼(せいりょう)飲料 a soft *drink*
　┃**飲料水** drinking water
いんりょく【引力】gravitation[グラヴィテイション], gravity[グラヴィティ]

いんりょく

い か さ た な は ま や ら わ

67

sixty-seven

う ウ

ウィークエンド a weekend[ウィーケンド]→しゅうまつ
ウィークデー a weekday[ウィークデイ]→へいじつ
ウイークポイント a weak point[ウィーク ポイント], a weakness[ウィークニス]
ウイスキー whiskey, whisky[(ホ)ウィスキィ]
ウイニングショット a winning shot[ウィニング シャット]
ウイニングボール a winning ball[ウィニング ボール]
ウイニングラン a victory lap[ヴィクトリィ ラップ]
ウイルス (生物の)(a) virus[ヴァイ(ァ)ラス];(コンピュータの)a (computer) virus[(コンピュータァ)]
ウインク a wink[ウィンク]
　━**ウインクする** wink (at ...)
　・その歌手は私にウインクしてくれた.
　　The singer *winked at* me.

ウインタースポーツ winter sports[ウィンタァ スポーツ]
ウインドー a window[ウィンドウ]
ウインドーショッピング
　window(-)shopping[ウィンドウシャッピング]
　・ウインドーショッピングをする
　　do some *window(-)shopping*
　・ウインドーショッピングをしに行く
　　go *window(-)shopping*
ウインドサーフィン windsurfing[ウィンドサーフィング]
　━**ウインドサーフィンをする** windsurf
ウインドブレーカー ⓐa windbreaker[ウィンドブレイカァ]
ウインナソーセージ (a) Vienna sausage[ヴィエナ ソーセッヂ]
ウール wool[ウール]
　━**ウールの** woolen
　・ウールのジャケット a *woolen* jacket

ウーロンちゃ[ウーロン茶]oolong tea[ウーロング ティー]
ううん no[ノゥ]→いいえ
うーん mmm[ンー][▶考えこんだり満足したときなどに発する声]

うえ¹【上(に)】

❶位置	(表面に接して上に)on ...;(表面から離(はな)れて上に)above ...;(覆(おお)って)over ...;(低い位置から上へ)up
❷上部, 頂上	the top
❸能力, 地位	(上位の)higher, upper;(より優(すぐ)れた)better
❹年齢(ねんれい)	older, elder

❶[位置](表面に接して上に)on ...[アン];(表面から離れて上に)above ...[アバヴ](⇔下(に)below (...));(覆って)over ...[オウヴァ](⇔下(に)under ...);(低い位置から上へ)up[アップ](⇔下(に)down)
・机の上に本がある.
　There is a book *on* the desk.
・鳥がビルの上を飛んでいる.
　A bird is flying *above* the buildings.
・私は敷(し)き布団(ぶとん)の上にシーツを広げた.
　I spread a sheet *over* the mattress.(▶このspreadは過去形)
・エレベーターはたった今上に上がっていった.
　The elevator just went *up*.
❷[上部, 頂上]the top[タップ](⇔下 the bottom)
・山の上
　the top of a mountain
・上から下まで
　from *top* to bottom
・その単語は上から3行目にある. The word is in the third line from *the top*.
・私の部屋は上(の階)にある.
　My room is *upstairs*.
❸[能力, 地位](上位の)higher[ハイァ], upper[アッパァ](⇔下 lower);(より優れた)better[ベタァ]
・さらに上の地位
　a *higher* position
・料理の腕前(うでまえ)はタクのほうが私より上だ.
　Taku can cook *better* than I [me].
❹[年齢]older[オウルダァ], elder[エルダァ](⇔younger)
・彼は私より5歳(さい)上だ.
　He is five years *older* than I [me].
うえ²[飢えに]hunger[ハンガァ]
・動物たちは飢えで死んだ.

The animals died of *hunger*.
- 飢える get hungry, starve[スターヴ]

ウエーター a waiter[ウェイタァ] (▶現在では男女の区別を避けてserverも用いられる)

ウエート(重さ・体重)weight[ウェイト]
| ウエートトレーニング weight training
| ウエートリフティング weight lifting

ウエートレス a waitress[ウェイトゥリス] → ウエーター

ウエーブ(髪の)a wave[ウェイヴ]；(応援の)a wave
- 私たちは観客席でウエーブをした．
  We did the *wave* in the stands.
- ウエーブの wavy
- 私の髪はウエーブがかかっている．
  My hair is *wavy*. / I have *wavy* hair.

ウェールズ Wales[ウェイルズ]

うえき〖植木〗(庭木)a garden tree[ガードゥン トゥリー]；(鉢植え)a potted plant[パッティド プラント]
| 植木鉢 a flowerpot
| 植木職人 a gardener

ウエスト a waist[ウェイスト]
- 彼女はウエストが細い［太い］．
  She has a small [large] *waist*.
- 父のウエストは90センチだ．
  My father's *waist* measures ninety centimeters.
| ウエストポーチ ⊛a belt bag, ⊛a fanny pack, ⊛a bumbag

ウェットスーツ a wet suit[ウェット スート]

ウエディング a wedding[ウェディング]
| ウエディングケーキ a wedding cake
| ウエディングドレス a wedding dress
| ウエディングプランナー a wedding planner

ウェブ〖コンピュータ〗the Web[ウェッブ]
| ウェブサイト a website: そのウェブサイトを見てみた．I went to the *website*.
| ウェブデザイナー a Web designer

うえる〖植える〗plant[プラント]
- 私たちは公園に桜の木を植えた．
  We *planted* cherry trees in the park.

うお〖魚〗a fish[フィッシュ](複 fish, fishes) → さかな
| 魚市場 a fish market

ウォーキング a walking[ウォーキング]

ウォークラリー a walk rally[ウォーク ラリィ]

ウォータースライダー a water slide[ウォータァ スライド]

ウォーミングアップ a warm-up[ウォームアップ]
- ウォーミングアップする warm up

うおざ〖魚座〗Pisces[パイスィーズ]；(人)a Pisces

- 私は魚座です．
  I am a *Pisces*.

ウォシュレット〖商標〗(温水洗浄便座)an automated toilet with water spray for washing[オータメイティド トイリット][ウォータァ スプレィ][ワッシング]

うがい〖うがいをする〗gargle[ガーグル]
- 家に帰ったらうがいをしなさい．
  Gargle when you get home.
| うがい薬 (a) gargle

うかがう〖伺う〗

❶質問する	ask
❷訪問する	visit；(人を) call on ...
❸聞く	hear

❶[質問する]ask[アスク]
- ちょっと伺いますが，駅へはどう行けばいいですか．
  Excuse me, but may I *ask* you the way to the station?

❷[訪問する]visit[ヴィズィット]；(人を)call on ...[コール]
- 今度の日曜日に伺います．
  I'll *visit* [*call on*] you next Sunday.

❸[聞く]hear[ヒァ]
- お母様がご病気だと伺いました．
  I *heard* that your mother was ill.

うかつ〖うかつな〗careless[ケアリス] → ふちゅうい
- 私もうかつだった．It was *careless* of me.

うかぶ〖浮かぶ〗

| ❶水面・空中に | float |
| ❷考えなどが | come to ...'s mind, occur (to ...) |

❶[水面・空中に]float[フロウト](⇔沈む sink)
- 雲が空に浮かんでいた．
  Clouds were *floating* in the sky.

❷[考えなどが]come to ...'s mind[マインド], occur (to ...)[アカー]
- よい考えが浮かんだ．
  A good idea *came to my mind*. / A good idea *occurred to* me. / I *came up with* a good idea.

うかべる〖浮かべる〗float[フロウト]
- ケンはおもちゃのボートを川に浮かべた．
  Ken *floated* a toy boat on the river.
- ユキは目に涙を浮かべた．
  Yuki had tears in her eyes.

うかる〖受かる〗(合格する)pass[パス]
- ぼくは入学試験に受かった．

I *passed* the entrance examination.
うき¹【雨季】**the wet [rainy] season**[ウェット[レイニィ]スィーズン]→つゆ²
うき²【浮き】**a float**[フロウト]→つり¹図
うきうき【うきうきした】（陽気な）**cheerful**[チアフル]；（幸福な）**happy**[ハピィ]
・あしたは遠足なので，生徒たちはうきうきしている．
Tomorrow is the school trip, so the students are in a *cheerful* mood.
→うきうきして **cheerfully**
うきわ【浮き輪】（水泳用の）**a swim ring**[スウィムリング]
うく【浮く】**float**[フロウト]→うかぶ❶
うぐいす〖鳥〗**a bush warbler**[ブッシュ ウォーブラァ]
ウクライナ Ukraine[ユークレイン]
→ウクライナ(人)の **Ukrainian**
‖ウクライナ人 **a Ukrainian**
うけ【受けがいい】**be popular (among ...)**[パピュラァ(アマング)]→うける❹
うけいれる【受け入れる】（受容する）**receive**[リスィーヴ]；（聞き入れる）**accept**[アクセプト]
・私の意見は受け入れられなかった．
My opinion was not *accepted*.
うけつぐ【受け継ぐ】（性質・財産などを）**inherit**[インヘリット]；（仕事などを）**take over**[テイク]
・彼は母親の音楽の才能を受け継いでいる．
He *inherited* his mother's talent for music.
うけつけ【受付】（ホテルなどの）**a reception desk**[リセプション デスク]；（受付係）**a receptionist**[リセプショニスト]

ホテルの受付

うけつける【受け付ける】**accept**[アクセプト]
・申しこみは来週まで受け付けている．
Applications are *accepted* until next week.
うけとめる【受け止める】**take**[テイク]
・ケンは彼女の言葉を深刻に受け止めた．
Ken *took* her words seriously.

うけとる【受け取る】

receive[リスィーヴ], **get**[ゲット], **take**[テイク]；（喜んで）**accept**[アクセプト]
・きのう彼からのメールを受け取った．
I *received [got]* his text yesterday.
・ミキは彼のプレゼントを受け取った．
Miki *accepted* his present.

> **くらべてみよう！** receive と accept
> **receive**: 受け手の意志に関係なく，来たものを受ける
> **accept**: 積極的に受け入れる

うけみ【受け身】〖文法〗（受動態）**the passive (voice)**[パッスィヴ(ヴォイス)]（⇔能動態 the active (voice)）
→受け身の **passive**
うけもち【受け持ち】**charge**[チャーヂ]→たんとう¹，たんにん
うけもつ【受け持つ】**be in charge (of ...)**[チャーヂ]
・森先生は私たちのクラスを受け持っている．
Mr. Mori *is in charge of* our class.
・三木先生は数学を受け持っている．
Ms. Miki *teaches* math.（←教えている）

うける【受ける】

❶試験・手術などを	**have, take**
❷教育・歓迎(然)などを	**get, receive**
❸損害などを	**suffer**
❹人気がある	**be popular**

❶〔試験・手術などを〕**have**[ハヴ], **take**[テイク]
・英語の試験を受けた．
I *had [took]* an English exam.
・週4回数学の授業を受けています．
We *have* four math classes a week.
・彼は盲腸(ちょう)の手術を受けた．
He *had* an operation for appendicitis.
❷〔教育・歓迎などを〕**get**[ゲット], **receive**[リスィーヴ]
・いい教育を受けるのは大事だ．
It's important to *get* a good education.
・私たちは温かい歓迎を受けた．
We *received* a warm welcome.
❸〔損害などを〕**suffer**[サファ]
・その国は洪水(ずい)で大きな被害(がい)を受けた．
The country *suffered* great damage from the flood.
❹〔人気がある〕**be popular**[パピュラァ]
〈人〉に受ける
be popular among [with]+〈人〉
・そのダンス動画は若者に受けている．

The dance video *is popular among* young people.
- ぼくのジョークはすごく受けた．
My joke *went over* very well.

うごかす【動かす】

❶場所・位置などを	move
❷機械などを	work, run
❸人の気持ちなどを	move

❶〔場所・位置などを〕**move**[ムーヴ]
- テーブルの上の物を動かさないで．
Don't *move* the things on the table.

❷〔機械などを〕**work**[ワーク], **run**[ラン]
- この機械の動かし方を知っていますか．
Do you know how to *run* this machine?

❸〔人の気持ちなどを〕**move**
- 彼女の温かい言葉が彼の心を動かした．
Her kind words *moved* him.

うごき【動き】(a) **movement**[ムーヴマント], (a) **motion**[モウション]
- 彼は動きが速い［遅い］．
He is quick [slow] in his *movements*.

うごく【動く】

❶位置が	move
❷機械が	run, work

❶〔位置が〕**move**[ムーヴ]
- とても疲れた．もう少しも動けない．
I'm so tired. I can't *move* anymore.

❷〔機械が〕**run**[ラン], **work**[ワーク]
- このロボットはわずかな電気で動く．
This robot *works* on a little electricity.
- 目覚まし時計が動いていなかった．
The alarm clock wasn't *working*.

うさぎ(飼いうさぎ)**a rabbit**[ラビット]；(野うさぎ)**a hare**[ヘァ]

うし【牛】**a cow**[カウ]（▶牛の鳴き声はmoo[ムー]）
- 彼らは牛を飼っている．
They raise *cows*.
- 毎日牛の乳を搾る．
I milk *cows* every day.

――― 表現メモ ―――

牛のいろいろ
雄牛 a bull
去勢した雄牛 an ox
雌牛 a cow
子牛 a calf
家畜の牛全体 cattle
一般に「牛」をさす場合には雄と雌の区別をせずにcowを使います．

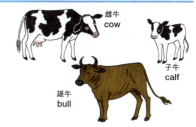

雌牛 cow
子牛 calf
雄牛 bull

うしなう【失う】**lose**[ルーズ]；(機会などを)**miss**[ミス]
- 希望を失わないで．Don't *lose* hope.
- 先生に話しかける機会を失った．I *missed* the opportunity to talk to my teacher.

うしろ【後ろ】

the back[バック]（⇔前 the front）→あと¹❶
―**後ろの back, rear**[リァ]
- 車の後ろの席
the *back* seat of a car / the *rear* seat
―**後ろへ back, backward**
- アイは後ろを振り返り，さよならと手を振った．Ai looked *back* and waved goodbye.
- 3歩後ろへ下がりなさい．
Take three steps *backward*.
―**…の後ろに behind ...**[ビハインド], **at the back of ...**, ⊛(話)**in back of ...**；(後部に)**in the back of ...**
- その犬は大きな木の後ろに隠れた．
The dog hid *behind* the big tree.
- おじは家の後ろに車を止めた．My uncle parked his car *at the back of* the house.
┃**後ろ前に backward(s), back to front**

うしろあし【後ろ足】**a hind leg**[ハインド レッグ], **a back leg**[バック レッグ]

うず【渦】**a whirlpool**[(ホ)ワールプール]

うすあかり【薄明かり】(日没後・日の出前の)**twilight**[トゥワイライト]

うすい【薄い】

❶厚さが	thin
❷濃度・密度が	weak, thin
❸色が	light, pale

❶〔厚さが〕**thin**[スィン]（⇔厚い thick）
- 薄い本 a *thin* book
- きゅうりを薄く切った．
I sliced the cucumber into pieces.

❷〔濃度・密度が〕**weak**[ウィーク]（⇔濃い strong）, **thin**[スィン]（⇔濃い thick）

うずうず

- 薄いコーヒー *weak* coffee
- 父の髪(ﾟ)は薄くなってきた.
  My father's hair has gotten *thin*.
- 氷が解けてアイスティーが薄くなった. After the ice melted, the tea became *weak*.
- ❸[色が]**light**[ライト], **pale**[ペイル](⇔濃い dark)
- 薄い青 *light* [*pale*] blue

うずうず【うずうずする】(…したくて)**itch**(to+〈動詞の原形〉)[イッチ]
- ユイは外で遊びたくてうずうずしていた.
  Yui was *itching to* play outdoors.

うすぎ【薄着する】**dress lightly**[ドゥレス ライトゥリィ]
- 薄着をしすぎて風邪(ﾟ)を引いてしまった.
  I *dressed* too *lightly* and caught a cold.

うずくまる crouch[クラウチ], **squat**[スクワット]

うすぐらい【薄暗い】(場所が)**dark**[ダーク]; (光が)**dim**[ディム]
- 薄暗い部屋 a *dark* room

うずまき【渦巻き】→うず

うすめる【薄める】**thin**[スィン]
- スープを牛乳で薄めた.
  I *thinned* the soup with milk.

うすらぐ【薄らぐ】(痛み・不安が)**ease**[イーズ]→やわらぐ; (色・光が)**fade**(away)[フェイド]
- 悲しみが薄らいだ. My sorrow *eased*.

うそ

a lie[ライ](⇔真実 the truth)
- 罪のないうそ a white *lie*
- **うそをつく tell a lie**, **lie**
- 彼は時々私にうそをつく. He sometimes *tells* me *lies*. / He sometimes *lies* to me.
- **うその untrue**[アントゥルー], **false**[フォールス]
- うその話 an *untrue* story

> **これ、知ってる?** 「うそ!」と英語で言うとき
>
> lieは日本語の「うそをつく」に比べ, 相手の人格までも否定してしまうほどの強い意味を持っています. ですから, 軽い気持ちで「うそでしょう」と言うときに "You're lying." とすると相手を強く非難することになってしまうので, "You're kidding!" や "No kidding!", "I can't believe it." などを使いましょう.
> - 「英語で満点取っちゃった」「うっそー!」
>   "I got full marks in English." "*You're kidding! / No kidding!*"

うそつき a liar
うそ発見器 a lie detector

うた【歌】**a song**[ソーング]
- 彼らの歌が好きです.
  I love their *songs*.

- 私の弟は歌がうまい[へただ]. My brother is a good [poor, bad] *singer*.
歌番組 a music show

うたう【歌う】

sing[スィング]
- 彼らはきょう校歌を歌った.
  They *sang* the school song today.
- 私たちはピアノに合わせて歌った.
  We *sang* with [to] the piano.
- 大きな声で歌いなさい.
  Sing in a loud voice.

うたがい【疑い】(疑問)(a)**doubt**[ダウト]; (犯罪・不正の)(a)**suspicion**[サスピション]→うたがう
- その男は盗(ﾟ)みの疑いをかけられた. The man was under *suspicion* of stealing.

うたがう【疑う】

doubt[ダウト]; (犯罪・不正を)**suspect**[サスペクト]
(►どちらも進行形にしない)
- 自分の目を疑った.
  I *doubted* my own eyes.
- 私を疑っているの?
  Do you *suspect* me?
- **…だということを疑う**
  | doubt that …
- 私たちは彼が無実であることを疑わなかった.
  We never *doubted that* he was innocent.(►ふつう否定文・疑問文で用いる)
- **…でないのではと疑う**
  | doubt whether [if] …
- 私たちは彼が無実でないのではと疑っている.
  We *doubt whether* [*if*] he is innocent.(►ふつう肯定文で用いる)
- **…ではないかと疑う**
  | suspect that …
- 彼女はその男を泥棒(ﾟ)ではないかと疑った.
  She *suspected that* the man was a thief.

うたがわしい【疑わしい】(不確かな)**doubtful**[ダウトフル]; (怪(ﾟ)しい)**suspicious**[サスピシャス]
- 彼が勝てるかどうか疑わしい.
  It is *doubtful* whether [if] he can win.

うち¹

(建物)**one's house**[ハウス]; (家庭)**one's home**[ホウム]; (家族)**one's family**[ファマリィ]→いえ, かぞく
- うちには部屋が4つある.
  My house has four rooms.
- 自分のうちに勝(ﾟ)る所はない.
  There is no place like *home*.
- うちの家族はみんな背が高い. *My family* are

うちゅう

all tall.(►familyは、「家族全体」としてまとめて考える場合は単数扱いだが、このように1人1人を表す場合には複数扱い)

➡**うちへ[に] home**
• もううちへ帰らなくっちゃ. I must go *home* now.(►go to homeは×)
• 今度の日曜日はうちにいますか.
Will you be *home* next Sunday?
• 今度うちへ遊びに来て.
Come over *to my house* and play sometime.

➡**うちの** (私の)**my**; (私たちの)**our**
• うちの母 *my*［*our*］mother
• うちのクラスは男子より女子のほうが多い.
There are more girls than boys in *our* class.

うち² 【内】

❶内側に	(内部)the inside; (屋内に)indoors, inside
❷時間内に	in ..., within ...; (…の間に)while ..., during ...; (…する前に)before ...
❸範囲(はんい)内で	(…のうちで)of ..., in ..., out of ...

❶ [内側に] (内部)**the inside**[インサイド]（⇔外(the) outside)➡**なか**❶; (屋内に)**indoors**[インドァズ], **inside**
• うちの中は涼(すず)しい.
It is cool *indoors*.

❷ [時間内に] **in ...**[イン], **within ...**[ウィズイン]; (…の間に)**while ...**[(ホ)ワイル], **during ...**[ドゥ(ァ)リング]; (…する前に)**before ...**[ビフォァ]
• 2, 3日のうちに電話します.
I will call you *in*［*within*］a few days.
• 昼間のうちはとても暑かった.
It was very hot *during* the day.
• 雨が降らないうちに買い物に行こう.
Let's go shopping *before* it rains.

❸ [範囲内で] (…のうちで)**of ...**[アヴ], **in ...**, **out of ...**[アウト]
• 3人のうちマリがいちばん若い.
Mari is the youngest *of* the three.
• 家族のうち母がいちばん背が低い.
My mother is the shortest *in* my family.
（►family, classなどまとまった単位を表す語の前ではinを用いる）
• 3人の生徒のうち2人は試験に合格するだろう.
Two *out of* three students will pass the examination.

うちあげ 【打ち上げ】(ロケットの)**launch**[ローン

チ]; (作業後の)**a**（**closing**）**party**[(クロウズィング) パーティ]

うちあける 【打ち明ける】(告げる)**tell**[テル]; (秘密・悩(なや)みを)**reveal**[リヴィール]
• 私は彼に秘密を打ち明けた.
I *revealed* my secret to him.

うちあげる 【打ち上げる】(ロケットなどを)**launch**[ローンチ], **send up**[センド]; (花火などを)**set off**[セット]
• ロケットを打ち上げる *launch* a rocket

うちあわせ 【打ち合わせ】(会合)**a meeting**[ミーティング]; **arrangements**[アレインヂマンツ]
➡**打ち合わせをする arrange, make arrangements**
• 私たちはその音楽会のことで先生と打ち合わせをした.
We *made arrangements* with the teacher about the concert.

うちかえす 【打ち返す】(ボールを)**return**[リターン]; (なぐり返す)**hit back**[バック]

うちかつ 【打ち勝つ】**get over ...**[ゲット], **overcome**[オウヴァカム]
• 彼は多くの困難に打ち勝った.
He *got over* many difficulties.

うちがわ 【内側】**the inside**[インサイド]（⇔外側 the outside)
• 箱の内側 the *inside* of a box
➡**内側の**[に] **inside**（⇔外側の[に] outside）

うちき 【内気な】**shy**[シャイ]
• 彼女はとても内気だ.
She is very *shy*.

うちけす 【打ち消す】(否定する)**deny**[ディナイ]
• 彼はうわさを打ち消した.
He *denied* the rumor.

うちこむ 【打ち込む】(熱中する)**devote** *oneself*（**to ...**)[ディヴォウト], **be absorbed**（**in ...**）[アブソーブド]; (入力する)**input**[インプット]
• 兄は中学時代, サッカーに打ちこんだ.
My brother *devoted himself to* soccer during junior high school.
• データをパソコンに打ちこんだ.
I *input* data into a PC.

うちとける 【打ち解ける】(親しくなる)**get**［**become**］**friendly**[フレンドゥリィ]; **open up**（**to ...**）
• その子は私たちに打ち解けた.
The child *became friendly* with us.
• 彼はすぐに新しい先生に打ち解けた.
He soon *opened up to* his new teacher.

うちみ 【打ち身】**a bruise**[ブルーズ]

うちゅう 【宇宙】

seventy-three

うちょうてん

the universe[ユーニヴァース]; (大気圏外(がい))
space[スペイス]
- 私の夢は宇宙へ行くことだ.
  My dream is to travel to *space*.

宇宙科学 space science
宇宙科学者 a space scientist
宇宙ごみ space debris
宇宙時代 the space age
宇宙食 space food
宇宙人 an alien
宇宙ステーション a space station
宇宙船 a spaceship, a spacecraft
宇宙戦争 a space war
宇宙飛行 a space flight
宇宙飛行士 an astronaut
宇宙服 a spacesuit
宇宙旅行 space travel, a space trip

うちょうてん【有頂天になる】**be overjoyed**[オウヴァジョイド], **go into ecstasy**[エクスタスィ]
- 試合に勝って有頂天になった.
  I *was overjoyed* to win the game.

うちわ[1] **a (round) paper fan**[(ラウンド) ペイパァ ファン]
- うちわであおいだ.
  I *fanned* myself.

うちわ[2]【内輪】(家族だけの)**family**[ファミリィ]; (個人的な)**private**[プライヴィット]
- 内輪の式 a *family* [*private*] ceremony
- 内輪もめはやめよう.
  Let's stop arguing *among ourselves*.

うつ[1]【打つ】

| ❶たたく | strike, hit, beat, slap |
| ❷感動させる | move |

❶[たたく]**strike**[ストゥライク],**hit**[ヒット],**beat**[ビート],**slap**[スラップ]
- 時計が5時を打った.
  The clock *struck* five.
- 彼はラケットでボールを打っていた.
  He was *hitting* the ball with his racket.
- 彼は倒(たお)れて壁(かべ)で頭を打った.

He fell and *hit* his head *against* the wall.
- 子どもが太鼓(たいこ)を打っていた.
  The child was *beating* a drum.
- ミキは彼の背中を打った.
  Miki *slapped* him on the back.

くらべてみよう！ strike, hit, beat, slap

strike:「打つ」という意味で最も一般的に用いる語です.
hit:「ねらいを定めてから一撃(いちげき)を加える」という意味です.
beat:「続けざまに打つ」という意味です.
slap:「平手でピシャリと打つ」という意味です.

strike   hit

beat   slap

---

❷[感動させる]**move**[ムーヴ]
- 彼女の歌は私たちの心を打った.
  Her song *moved* us.

うつ[2]【撃つ】**shoot**[シュート], **fire**[ファイア]
- ゲームに勝つためにはゾンビを撃たなくてはいけない.
  We have to *shoot* the zombies to win the game.

うっかり(不注意で)**carelessly**[ケアリスリィ]; (誤って)**by mistake**[ミステイク]
- うっかりしてドアにかぎを掛(か)けるのを忘れた.
  I *carelessly* forgot to lock the door.
- うっかりして違(ちが)うバスに乗ってしまった.
  I got on the wrong bus *by mistake*.

うつくしい【美しい】

beautiful[ビューティフル](⇔醜(みにく)い ugly),
lovely[ラヴリィ], **good-looking**[グッドルッキング];
(声などが)**sweet**[スウィート]
- この花は美しい.
  This flower is *beautiful*.

うつる¹

くらべて みよう! beautiful, pretty, lovely, good-looking

beautiful:「美しい」という意味の最も一般的な語で、外見だけでなく内面的なものも含(ふく)めて「完全な美しさ」を表します。
pretty:「美しい」というよりも、「かわいらしさ」に重点を置いて、小さいものなどに対して使います。
lovely:「愛らしい美しさ」を言います。
good-looking: 外見がよいことをさし、男性にも女性にも使います。

うつくしさ【美しさ】**beauty**［ビューティ］
うつし【写し】**a copy**［カピィ］→ コピー

うつす¹【写す,映画】

❶文書などを	copy
❷写真などを	take
❸鏡などに	reflect;（スライド・映画などを）project

copy　　　take　　　reflect

❶〔文書などを〕**copy**［カピィ］
・問題をノートに写しなさい.
 Copy the questions into your notebook.
❷〔写真などを〕**take**［テイク］
・私は友達の写真を写した.
 I *took* a picture of my friends.
・私たちは写真を写してもらった. We had our photograph *taken*.（▶have＋〈人・物〉＋〈過去分詞〉で「〈人・物〉を…してもらう」の意）
❸〔鏡などに〕**reflect**［リフレクト］；（スライド・映画などを）**project**［プラチェクト］
・湖は満月を映していた.
 The lake *reflected* the full moon.
・彼は映画をスクリーンに映した.
 He *projected* a movie on the screen.

うつす²【移す】

❶位置・場所を	move
❷病気を	give

❶〔位置・場所を〕**move**［ムーヴ］
・いすをステージの近くまで移した.
 I *moved* the chair nearer to the stage.

❷〔病気を〕**give**［ギヴ］
・マユミに風邪(かぜ)をうつされてしまった.
 Mayumi *gave* me her cold. / I *got* a cold *from* Mayumi.

うつすら【うっすら（と）】（わずかに）**slightly**［スライトゥリィ］；（ぼんやりと）**vaguely**［ヴェイグリィ］
・地面はうっすらと雪に覆(おお)われていた. The ground was *slightly* covered with snow.
・その光景をうっすらと覚えている.
 I *vaguely* remember the scene.

うったえる【訴える】

❶告発する	accuse
❷気持ちに	appeal (to ...)
❸苦痛・苦情を	complain (of ..., about ...)

❶〔告発する〕**accuse**［アキューズ］
・彼女はその男を車を盗(ぬす)んだ罪で訴えた.
 She *accused* the man *of* stealing the car.
❷〔気持ちに〕**appeal (to ...)**［アピール］
・彼のスピーチには聞き手の心に訴えるものがなかった. His speech didn't *appeal to* the audience.
❸〔苦痛・苦情を〕**complain (of ..., about ...)**［カンプレイン］
・彼は歯痛を訴えた.
 He *complained of* a toothache.

うっとうしい（ゆううつな）**gloomy**［グルーミィ］；（どんよりした）**dull**［ダル］
うっとり【うっとりする】**be fascinated**［ファサネイティド］
・私はその音楽にうっとりした.
 I *was fascinated with* the music.
うつぶせ【うつ伏せに】**on** *one*'**s stomach**［スタマック］（⇔仰向(あおむ)けに on *one*'s back）
・うつぶせになった. I lay *on my stomach*.
・私はたいていうつぶせで寝(ね)る.
 I usually sleep *with my face down*.
うつむく **look down**［ルック］, **hang** *one*'**s head**［ハング］［ヘッド］
・少年はがっかりしてうつむいた.
 The boy *looked down* disappointedly.
・彼は恥(は)ずかしくてうつむいた.
 He *hung his head* in shame.
うつりかわり【移り変わり】**a change**［チェインヂ］
・季節の移り変わり the *change* of seasons

うつる¹【写る,映る】

❶写真などに	come out
❷姿や形が	（鏡などに）be reflected;（テレビに）be on TV

うつる²

❶[写真などに]**come out**[アウト]
- その写真はよく写っている.
The picture has *come out* well.
- この写真に写っているのはだれ？
Who *is* the person *in* this picture?

❷[姿や形が]（鏡などに）**be reflected**[リフレクティド]；（テレビに）**be on TV**[ティーヴィー]
- 雲が池に映っていた.
The clouds *were reflected* in the pond.
- パパがテレビに映っているよ. Dad *is on TV*.

うつる² 【移る】

❶移動する	move
❷病気などが	catch
❸話題・関心などが	change

❶[移動する]**move**[ムーヴ]
- 彼の家族は田舎(いなか)へ移った.
His family *moved* to the country.

❷[病気などが]**catch**[キャッチ]
- 友達の風邪(かぜ)がうつった.
I *caught* a cold from my friend.

❸[話題・関心などが]**change**[チェインヂ]
- 彼らの話題は学校のことからスポーツに移った. Their conversation *changed from* school *to* sports.

うで【腕】

❶体の一部	an arm
❷能力	ability；（技術）skill

❶[体の一部]**an arm**[アーム]（▶肩(かた)から手首までを言う）

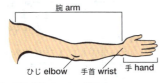

ひじ elbow　　手首 wrist　　手 hand

- 細い［太い］腕 slender［big］*arms*
- タクヤは両腕に大きな箱を抱(かか)えている.
Takuya is holding a big box in his *arms*.
- 腕(の骨)を折った. I broke my *arm*.
- だれかが私の腕をつかんだ.
Somebody took me by the *arm*.
- 2人は腕を組んで歩いて行った.
The two walked *arm in arm*.

❷[能力]**ability**[アビリティ]；（技術）**skill**[スキル]
- 料理の腕が上がったね.
Your *skill* in cooking has improved.
━腕のいい skilled, skillful
- とても腕のいい医者 a very *skillful* doctor

●慣用表現

腕に覚えがある have confidence in one's **ability**: 柔道(じゅうどう)なら腕に覚えがある. I *have confidence in my ability* in judo.
腕によりをかける: 腕によりをかけてごちそうを作るわ. I'll cook *to the best of* my *ability*.
腕の見せ所: ここが腕の見せ所だ. Now is *the time to show* your *stuff*.

腕組み: 腕組みをした. I crossed my arms.
腕相撲(ずもう) **arm wrestling**

うでたてふせ【腕立て伏せ】**a push-up**[プッシュアップ]
- 腕立て伏せを50回した. I did fifty *push-ups*.

うでどけい[腕時計]**a watch**[ワッチ]，
a wristwatch[リストゥワッチ] → とけい 図
- 彼女は腕時計をしている.
She is wearing a *watch*.

うてん【雨天】**rainy weather**[レイニィ ウェザァ]
- 雨天の場合，運動会は次の日曜日に延期される.
In case of *rain*, the field day will be put off until next Sunday.

うとうと【うとうとする】**doze**[ドウズ]；（こっくりする）**nod**[ナッド]
- 彼は電車の座席に座(すわ)ってうとうとしていた.
He was *dozing* in his seat on the train.

うどん udon（**noodles**）[（ヌードゥルズ）]
- 焼きうどん fried *udon*（*noodles*）
- うどんは小麦粉で作られた（太い）めん類です.
Udon are（thick）noodles made from wheat flour.

うながす【促す】**urge**[アーヂ]
うなぎ[魚]**an eel**[イール]
- うなぎのかば焼き broiled *eels*

うなじ the nape[ネイプ]

うなずく nod[ナッド]
- 彼はにっこり笑ってうなずいた.
He *nodded* with a smile.

うなる（苦痛で）**groan**（**with** ...）[グロウン]；（犬が）**growl**（**at** ...）[グラウル]（★発音注意）
- 私は痛くてうなった. I *groaned with* pain.

うに[動物]**a sea urchin**[スィー アーチン]

うみ¹

うぬぼれ conceit[カンスィート]
- **━うぬぼれる** be conceited, flatter *oneself*
- うぬぼれるなよ！ Don't *be* so *conceited*! / Don't *flatter yourself*!

うねる（道などが）**wind**[ワインド]

うのみ【うのみにする】**swallow**[スワロゥ]

うばう【奪う】

❶金(紮)・物を		**rob, take**
❷心・注意を		**fascinate**

❶〔金・物を〕**rob**[ラッブ], **take**[テイク]➡ぬすむ
〈人〉から〈金・物〉を奪う
rob＋〈人〉＋of＋〈金・物〉
- 彼らは彼から金を奪った. They *robbed* him *of* his money.（▶robbed his moneyは×）
- 彼女はハンドバッグを奪われた. She was *robbed of* her handbag.（▶受け身の形）
- その戦争は多くの人命を奪った.
The war *took* the lives of many people.
❷〔心・注意を〕**fascinate**[ファサネイト]（▶しばしば受け身で用いる）
- 私はその美しい音楽に心を奪われた.
I was *fascinated* by the beautiful music.

うばぐるま【乳母車】**a baby carriage**[ベイビィ キャリッヂ]（▶「ベビーカー」は和製英語）, **a buggy**[バギィ]；（折りたたみ式）**a stroller**[ストゥロウラァ]

うま【馬】**a horse**[ホース]
- その女性は馬の（背）に乗った［から降りた］.
The lady got on［off］the *horse*.
- 馬に乗ったことはありますか.
Have you ever ridden a *horse*?
‖馬小屋 **a stable**

うまい

❶じょうずな		**good**
❷味がよい		**good, delicious**

❶〔じょうずな〕**good**[グッド]
…がうまい
be good at＋〈-ing形または名詞〉
- サユリはスキーがうまい.
Sayuri *is good at* ski*ing*.
- ケンは歌がうまい.
Ken is a *good* singer.
- うまい！ すごいサーブだ.
Great! A terrific serve!
❷〔味がよい〕**good, delicious**[ディリシャス]➡おいしい
- この肉はうまい. This meat tastes *good*.

うまく well[ウェル]
- うまくできたらいいと思う.

- I hope I can do it *well*.
- タカはうまくピアノを弾(ʰ)いた.
Taka played the piano *well*.
- **━うまくなる** improve, become good at ...
- ユミは英語がとてもうまくなった.
Yumi's English has *improved* greatly.
- **━うまくいく**（物事が）**go well**；（人と）**get along**（**well**）**with** ...
- すべてうまくいった. Everything *went well*.
- 彼とはうまくいっていますか.
How are you *getting along with* him?

うまとび【馬跳び】**leapfrog**[リープフラッグ]
- 馬跳びをする *leapfrog* / play *leapfrog*

うまる【埋まる】**be buried**[ベリィド]；（いっぱいになる）**be full**（**of** ...）[フル]
- 雪で車が埋まった.
The car *was buried* under the snow.
- ホールは人で埋まっていた.
The hall was *full of* people.

うまれ【生まれ】**birth**[バース]➡うまれる
- 私は3月生まれだ. I was *born* in March.
- チエは生まれも育ちも北海道だ. Chie was *born* and brought up in Hokkaido.
- **━生まれながらの** born, natural
- 生まれながらの詩人 a *born* poet

うまれつき【生まれつき】**by nature**[ネイチァァ]
- ミカは生まれつき体が丈夫(ヒょう)だ.
Mika is healthy *by nature*.

うまれる【生まれる】

be born[ボーン]（▶bornはbearの過去分詞の1つ）

話してみよう！

☺あなたはいつ生まれましたか.
When *were* you *born*?
😊2013年の6月5日です.
I *was born* on June 5, 2013（▶June 5, 2013はJune（the）fifth, two thousand thirteenと読む）.

☺あなたはどこで生まれましたか.
Where *were* you *born*?
😊広島で生まれました.
I *was born* in Hiroshima.

- 彼女に赤ちゃんが生まれた. She *had* a baby.
- 生まれて初めてアメリカに行った. I went to the U.S. for the first time in my life.

うみ¹【海】

the sea[スィー]（⇔陸 land）；（大洋）**the ocean**[オウシャン]（▶ふつうseaよりも大きな海をさす

seventy-seven 77

うみ²

が，⑩ではseaの代わりにも使われる）
- 静かな[荒(ぁ)れた]海
a calm [rough, stormy] sea (▶seaはふつうtheをつけて用いるが，calmなどの形容詞がつくとtheの代わりにa [an]が用いられる)
- 今度の日曜日に海へ行こう．
Let's go to *the sea* next Sunday.
- 私たちはきのう海に泳ぎに行った．We went swimming in *the ocean* yesterday. (▶to the oceanは×)

— 海の marine
- 海の日 *Marine* Day
- 海の家 a *seaside* cottage

うみ² (傷口などの) pus [パス]

うみべ【海辺】the seaside [スィーサィド], the beach [ビーチ]
- 私たちは海辺で遊んだ．
We played on the *beach*.

うむ¹【生む】

❶ 出産する　　（人が）have a baby,
　　　　　　　give birth to ...; (卵を) lay
❷ 産出する　　produce

❶[出産する] (人が) **have a baby** [ベィビィ], **give birth to ...** [バース]; (卵を) **lay** [レィ]
- 彼女は男の子を生んだ．
She *had a baby* boy. / She *gave birth to* a boy.
- つばめが巣に卵を生んだ．
A swallow *laid* eggs in the nest.

❷[産出する] **produce** [プラドゥース]
- 彼は日本が生んだ最も偉大(ぃだぃ)なサッカー選手の1人だ．
He is one of the greatest soccer players that Japan has ever *produced*.

うむ² (膿む) (傷などが) **fester** [フェスタァ]; (にきびなどが) **come to a head** [ヘッド]

うめ【梅】(実) a plum [プラム], a Japanese apricot [チャパニーズ アプリカット]; (木) a plum tree [トゥリー]; (花) plum blossoms [ブラッサムズ]
▌梅干し a pickled plum

うめあわせる【埋め合わせる】**make up for ...**
- 必ずこの埋め合わせはするから．
I'll *make up for* this.

うめく groan (with ...) [グロウン] ➡ うなる

うめたてる【埋め立てる】**reclaim** [リクレィム]
▌埋め立て処分場 reclaimed land; (ごみで埋めた) a landfill

うめる¹【埋める】**bury** [ベリィ]; (空所を) **fill in** [フィル]
- うちの犬はいつも骨を地面に埋めてしまう．
Our dog always *buries* his bones in the ground.
- 次の空欄(ヶ)を埋めなさい．
Fill in the following blanks.

うめる² (ぬるくする) **add cold water** (in ...) [アッド コウルド ウォータァ]
- 熱いおふろを水でうめた．I *added cold water* to cool down the bath.

うやまう【敬う】**respect** [リスペクト], **look up to ...** [ルック]

うやむや【うやむやにする】**leave ... unsettled** [**unsolved**] [リーヴァ] [アンセトゥルド] [アンサルヴド]
- その問題はうやむやのままだ．
The problem is *unsolved*.

うら【裏】

❶ 裏面(ゥん)　　　　　 the back,
　　　　　　　　　　 the reverse (side)
❷ 建物などの後ろ　 the back, the rear
❸ 野球で　　　　　　 the bottom (half)

❶[裏面] **the back** [バック] (⇔表 the front), **the reverse** (**side**) [リヴァース (サィド)]
- コインの裏 the *reverse* (*side*) of a coin
- 足の裏が痛い．The *sole* of my foot hurts.
- コートの裏 the *lining* of a coat
- (表示で) 裏をごらんください．⑩ *Over*. / Please turn *over*. (▶P.T.O. と略す)

— …の裏に **on the back of ...**
- カードの裏に on the *back* of a card
- チラシの裏に絵を描(ゕ)いた．I draw a picture *on the back of* the leaflet.

❷[建物などの後ろ]**the back, the rear**[リア]
― …の裏の[に] **at the back of** ..., ⊛《話》**(in) back of** ..., **behind** ...
・家の裏に車が止めてある. A car is parked *at the back of* my house.
❸[野球で]**the bottom**(**half**)[バタム(ハーフ)](⇔表 **the top**(**half**))
・6回の裏に
in *the bottom* of the sixth inning
| 裏表（両面）**both sides**
| 裏口 **the back door**
| 裏通り **a back street, an alley**
| 裏庭 **the backyard**
| 裏番組 **a program on a different channel**
| 裏門 **a back gate**
| 裏技 **a trick**（**of the trade**）
うらがえし【裏返しに】(中を表に)**inside out**[インサイド アウト]; (表を下に)**face down**[フェイス ダウン]
・ケンはトレーナーを裏返しに着ている.
Ken wears his sweatshirt *inside out*.
・答案用紙は裏返しに置きなさい.
Put your answer sheet *face down*.
うらがえす【裏返す】**turn ... inside out**[ターン インサイド アウト], **turn over**
・彼はポケットを裏返してお金を探した.
He *turned* his pocket *inside out* to look for the money.
・手品師はトランプを裏返した.
The magician *turned over* the card.
うらぎり【裏切り】(**a**)**betrayal**[ビトゥレイアル]
| 裏切り者 **a betrayer, a traitor**
うらぎる【裏切る】**betray**[ビトゥレイ]
・友達の信頼は裏切れない.
I won't *betray* my friend's trust.
うらない【占い】**fortune-telling**[フォーチュンテリング]
・星占い a horoscope → ほし(星占い)
| 占い師 **a fortune teller, a fortune-teller**
うらなう【占う】**tell ...'s fortune**[フォーチュン]
・アイは私の運勢をタロットカードで占った.
Ai *told* me *my fortune* with tarot cards.
うらみ【恨み】**a grudge**[グラッヂ]
・これで恨みっこなしだよ.
Now we are even. / No *hard feelings*.
うらむ【恨む】**bear**[**have**] **a grudge**（**against** ...）[ベア][グラッヂ], **blame**[ブレイム]
・親を恨むんじゃない.
Don't *blame* your parents.

うらやましい

envious（**of** ...）[エンヴィアス]
・彼の新しい靴がうらやましかった.

I was *envious of* his new shoes.
・彼女はうらやましそうな顔つきをしていた.
She had an *envious* look on her face.
・君がうらやましいよ. I *envy* you.
うららか【うららかな】**beautiful**[ビューティフル], **clear and mild**[クリア][マイルド]
・うららかな春の日 a *beautiful* spring day
ウラン《化学》**uranium**[ユレイニアム]
うり¹ a melon[メラン](▶ウリ科植物の総称)

━━━ 慣 用 表 現 ━━━
うりふたつ **like two peas in a pod**: カズはお兄さんとうりふたつだ. Kazu and his brother are *like two peas in a pod*.

うり²【売り】**a sale**[セイル]; (セールスポイント)**a selling point**[セリング ポイント]
・父は車を売りに出した. My father put his car up for *sale*. (▶ for a sale は×)
うりきれ【売り切れ】《話》**a sellout**[セルアウト], 《掲示》**SOLD**（**OUT**）[ソウルド(アウト)]

「本公演は売り切れです」の掲示(米国)

うりきれる【売り切れる】**be sold out**[ソウルド]
・チケットはすべて売り切れた.
All the tickets *are sold out*.
うりだし【売り出し】**a sale**[セイル]
・本日大売り出し
《掲示》SPECIAL *SALE* TODAY
・売り出し中の新人歌手 a *rising* new singer
うりだす【売り出す】**put ... on sale**[セイル]
・新型のパソコンが売り出された.
A new-model PC was *put on sale*.
うりば【売り場】(店の)**a counter**[カウンタ]; (デパートの)**a department**[ディパートゥメント]
・食品売り場 the food *department*
うりもの【売り物】**goods for**[**on**] **sale**[グッヅ][セイル], 《掲示》**FOR SALE**

うる【売る】

sell[セル](⇔買う **buy**)
・あの店では花を売っている.
That shop *sells* flowers. / They *sell*

うるうどし

flowers at that shop.（▶「売っている」を is ［are］selling とするのは×）
- 飲み物はどこで売っていますか． Where can I buy drinks?（◀どこで買えますか）

〈物〉を〈人〉に売る
sell ＋〈人〉＋〈物〉／ sell ＋〈物〉＋ to ＋〈人〉
- 私は彼に本を売った． I *sold* him a book. / I *sold* a book *to* him.

〈物〉を〈値段〉で売る
sell ＋〈物〉＋ for ［at］＋〈値段〉
- 彼は腕(?)時計を3000円で売った． He *sold* his watch *for* three thousand yen.

うるうどし【うるう年】**a leap year**［リープ イァ］
うるおい【潤い】**moisture**［モイスチァ］
➡潤す **moisten**［モイスン］（★このtは発音しない）

うるさい

❶ 騒々(?)しい	noisy, loud
❷ しつこい	annoying
❸ 気むずかしい	（好みが）particular; （口やかましい）nagging

❶[騒々しい]**noisy**［ノイズィ］, **loud**［ラウド］➡やかましい❶
- 彼らはうるさかった． They were *noisy*.
- うるさい！ Be quiet!（◀静かにしろ）
❷[しつこい]**annoying**［アノイイング］
- うるさい蚊(?) an *annoying* mosquito
❸[気むずかしい]（好みが）**particular**［パァティキュラァ］;（口やかましい）**nagging**［ナギング］➡やかましい❷
- ミキは着るものにうるさい．
  Miki is *particular about* her clothes.
うるし【漆】（Japanese）**lacquer**［ラッカァ］

うれしい

glad［グラッド］, **happy**［ハッピィ］, **pleased**［プリーズド］（⇔悲しい sad, unhappy）
- うれしい出来事 a *happy* event
- チームの勝利がうれしかった．
  I was *happy* about our team's victory.
- 彼はうれしそうだった． He looked *happy*.
…してうれしい
be glad ［happy］ to ＋〈動詞の原形〉
- お目にかかれてうれしいです．
  I'm *glad to* meet you.
- ユキはその知らせを聞いてうれしかった． Yuki *was glad* ［*happy*］ *to* hear the news.
…であることがうれしい
be glad ［happy］ that ...
- 優勝してうれしい． I *am happy that* I won the championship.

➡うれしいことに to *one's* delight
- うれしいことに，試験に合格した．
  To my delight, I passed the exam.
➡うれしそうに **happily**
うれる【売れる】**sell**［セル］, **be sold**［ソウルド］;（名前が）**be popular**［パピュラァ］
- 夏はアイスクリームがよく売れる．
  Ice cream *sells* well in the summer.
- その本は200円で売れた．
  The book（*was*）*sold* for 200 yen.
うろうろ【うろうろする】➡うろつく
うろこ（魚などの）**a scale**［スケイル］
うろたえる be upset［アプセット］
- 彼女は彼の事故を知ってうろたえた． She *was upset* to learn about his accident.
うろつく hang around（...）［ハング アラウンド］, **wander**（around ...）［ワンダァ］
- 犬が近所をうろついていた．
  A dog was *wandering around* in this neighborhood.
うわー wow［ワゥ］
うわがき【上書きする】〖コンピュータ〗**overwrite**［オウヴァライト］
うわぎ【上着】**a coat**［コウト］, **a jacket**［チャキット］

うわさ

a rumor［ルーマァ］;（悪口，陰口(?)）**a gossip**［ガスィップ］
- 先生が学校を辞(?)めるといううわさだ．
  There is a *rumor* that our teacher is leaving school.
➡うわさする **talk about ..., gossip**
- ちょうど君のうわさをしていたんだ．
  We were just *talking about* you.
うわばき【上履き】**slippers**［スリッパァズ］, **indoor shoes**［インドァ シューズ］
- 上履き1足 a pair of *slippers*（▶上履き2足は two pairs of *slippers*）
うわべ【上辺】**an appearance**［アピ(ァ)ランス］, **the surface**［サーフィス］

うん¹【運】

luck［ラック］, **fortune**［フォーチュン］
- 運を試してみよう． I'll try my *luck*.
➡運の［が］よい **lucky, fortunate**［フォーチャナット］
- 君は運がいい． You're *lucky*.
➡運の悪い **unlucky, unfortunate**
➡運よく **luckily, fortunately**
➡運悪く **unluckily, unfortunately**
- 運悪くアミは家にいなかった．
  Unfortunately Ami was not at home.
うん² yes［イェス］, **all right**［ライト］, **OK**［オウケイ］

80　eighty

sure[シュア], 《話》**yeah**[イェア] → はい¹ ❶
うんが【運河】**a canal**[カナル]
- スエズ運河 the Suez *Canal*

うんきゅう【運休】
- その列車はきょう運休だった.
  The train *was not running* today.

うんこ《話》**poo**[プー], **poop**[プープ] → だいべん

うんざり【うんざりする】**be sick (of ...)**[スィック], **be disgusted (with ...)**[ディスガスティド]
- 彼の冗談にはうんざりしている. I *am sick of* his jokes. / His jokes *disgust* me.

うんせい【運勢】**fortune**[フォーチュン]

うんそう【運送】**transportation**[トゥランスパテイション], **transport**[トゥランスポート] → ゆそう
| 運送業者 a transportation company, a carrier; (引っ越しの) a mover

うんちん【運賃】**a fare**[フェア]
- バスの運賃 a bus *fare*

うんてん【運転】
(車の) **driving**[ドゥライヴィング]
- 安全運転 safety *driving*
- 母は車の運転がじょうずだ.
  My mother is a good *driver*.
—運転する **drive**
- あなたのお兄さんは車を運転しますか.
  Does your brother *drive* a car?
| 運転手 a driver
| 運転席 a driver's seat
| 運転免許証 a driver's license

うんと a lot[ラット] → たくさん ❶❷

うんどう【運動】
❶体を動かすこと	(an) exercise; (スポーツ) (a) sport
❷社会的・政治的活動	a movement, a campaign
❸物体の動き	(a) movement, (a) motion

❶ [体を動かすこと] **(an) exercise**[エクササイズ]; (スポーツ) **(a) sport**[スポート]
- 歩くのはいい運動だ.
  Walking is good *exercise*.
- 近ごろ運動不足だ.
  Recently I don't get enough *exercise*.
- ミキは運動なら何でも得意だ.
  Miki is good at all kinds of *sports*.
—運動する **exercise**, **take [get] exercise**
- 毎日運動したほうがいいですよ.
  You should *exercise* every day.

❷ [社会的・政治的活動] **a movement**[ムーヴマント], **a campaign**[キャンペイン]
- 政治運動 a political *movement*
- 募金運動 a fund-raising *campaign*

❸ [物体の動き] **(a) movement**[ムーヴマント], **(a) motion**[モウション]
| 運動靴 (スポーツ用) sports shoes; (スニーカー) sneakers
| 運動神経 reflexes: 彼女は運動神経がいい[鈍い]. She has quick [slow] *reflexes*.
| 運動選手 an athlete
| 運動部 a sports team
| 運動用具 sporting goods

うんどうかい【運動会】(学校の) **a field day**[フィールド デイ], **a sports festival**[スポーツ フェスタヴァル], 《米》**a sports day**

うんどうじょう【運動場】**a playground**[プレイグラウンド], **a field**[フィールド]

うんめい【運命】**fate**[フェイト], **(a) destiny**[デスティニィ]

え エ

え¹【絵】
a picture[ピクチャァ], a drawing[ドゥローイング], painting[ペインティング], an illustration[イラストゥレイション]

> **くらべてみよう!** picture, drawing, painting, illustration
>
> **picture**:「絵」という意味で最も一般的に用いる語．
> **drawing**: クレヨン・鉛筆(えんぴつ)・ペンなどを使って線で描(か)いた絵．
> **painting**: 絵の具などを使って描いた水彩(すいさい)画や油絵など．
> **illustration**: 本, 雑誌などの挿絵(さしえ)．

- モネの絵 a *picture* [*painting*] by Monet
- ジュンは絵を描くのが好きだ．
  Jun likes to draw [paint] *pictures*.
- 彼女は絵がうまい．
  She is good at *drawing* [*painting*].

‖絵日記 **an illustrated diary**
‖絵筆 **a paintbrush**

え²【柄】**a handle**[ハンドゥル]
- ナイフの柄 the *handle* of a knife

エアコン(装置)**an air conditioner**[エァ カンディショナァ]

エアロビクス aerobics[エ(ァ)ロウビクス](▶単数扱い)

えいえん【永遠の】**eternal**[イターヌル]
- 永遠の愛 *eternal* love
— 永遠に **forever**[ファレヴァ]

えいが【映画】
《主に米》**a movie**[ムーヴィ],《主に英》**a film**[フィルム], (総称(そうしょう))**the movies**
- 映画を見に行った．I went to *the movies*. / I went to (see) a *movie*.(▶go to see the movies は×)
- その映画はもう見ました．

I have already seen *the movie*.
- そのホラー映画は今上映中だ．
  That horror *movie* is on now.
— 映画化する **make ... into a movie**

映画音楽 **movie music**
映画館 **a movie theater**,《主に英》**a cinema**
映画監督(かんとく) **a movie [film] director**
映画祭 **a film festival**
映画スター **a movie star**
映画俳優 **a movie [film] actor**
映画評論家 **a movie [film] critic**
映画部 **a film club**
映画ファン **a movie fan**

えいかいわ【英会話】**English conversation**[イングリッシュ カンヴァセイション]
- アユミは英会話を習っている．
  Ayumi is learning *English conversation*.
‖英会話学校 **an English conversation school**

えいきゅう【永久】→ えいえん
‖永久歯 **a permanent tooth**

えいきょう【影響】
(**an**) **influence** (**on** ...) [インフルアンス]
- その小説は若者に大きな影響を与(あた)えた．
  The novel had a great *influence on* young people.
- 台風の影響で電車が止まった．
  Because of the typhoon, the train service stopped.
— 影響する **influence** (**on** ...), **have an effect** (**on** ...)
— 影響を受ける **be influenced** (**by** ...)
- 私はその選手に大きな影響を受けた．
  I *was* greatly *influenced by* the player.

えいぎょう【営業】**business**[ビズネス]
- 営業中(掲示(けいじ)) OPEN

「営業中です，お入りください」の表示(英国)

— 営業する (開店している)**be open**
- あの店は9時から6時まで営業している．
  That store *is open* from nine to six.
‖営業時間 **business hours**

えいけん【英検】【商標】**the EIKEN Test**[エイケン テ

エース

スト]
• 英検3級を受けた.
　I took the *EIKEN* Grade 3 *test*.

えいご【英語】

English[イングリッシュ]**, the English language**
[ラングウィッヂ]
• アメリカ英語 American *English*
• イギリス英語 British *English*
• ケンは英語をじょうずに話す.
　Ken speaks *English* well.
•「定規」は英語で何と言いますか.
　What's the *English* for "*jogi*"?
• 次の文を英語にしなさい.
　Put the following sentence into *English*.
━英語の English
• 英語の先生 an *E*nglish teacher(►*E*nglishを
　強く発音する. teacherを強く発音すると「英国
　人の先生」の意味になる)
━英語で in English
• いつか英語でメールしたい. I want to be
　able to email *in English* someday.
▌英語部 an English club

えいこう【栄光】**glory**[グローリィ]
えいこく【英国】**(Great) Britain**[(グレイト) ブリトゥン]**→イギリス**
えいさくぶん【英作文】**(an) English composition**[イングリッシュ カンパズィション]
• きょうは英作文の宿題をしなくちゃ.
　I have to do my *English composition*
　homework today.
えいじしんぶん【英字新聞】**an English newspaper**[イングリッシュ ヌーズペイパァ]
えいしゃ【映写する】**project**[プラヂェクト]
えいじゅう【永住する】**settle down in ...**[セトゥル]**, reside**[リザイド]
エイズ AIDS[エ　イ　ズ](►Acquired Immune Deficiency Syndrome(後天性免疫(めんえき)不全症候(しょう)群)の略)
えいせい¹【衛星】**a satellite**[サタライト]
• 気象衛星を打ち上げる
　launch a weather *satellite*
• 人工衛星が画像を送ってきた.
　The artificial *satellite* sent image data.
• 月は地球のただ1つの衛星だ. The moon is
　the only *satellite* of the earth.
▌衛星中継(ちゅうけい) satellite (relay): そのテニス
の試合は衛星中継された. The tennis match
was *broadcast*(*ed*) *via satellite*.
▌衛星都市 a satellite city
▌衛星放送 satellite TV [television], satellite broadcasting: 衛星放送でサッカー中継をやっ

ているよ. They're showing soccer live on
satellite TV.
えいせい²【衛生】(保健衛生)**health**[ヘルス]
• 公衆[精神]衛生 public [mental] *health*
━衛生的な sanitary[サナテリィ]**, hygienic**[ハイヂェニック]; (清潔な)**clean**[クリーン]
• この台所は衛生的だ.
　This kitchen is very *clean*.
えいぞう【映像】**a picture**[ピクチァ]
えいぶん【英文】**an English sentence**[イングリッシュ センタンス]
• 英文の手紙を書きたい.
　I want to write a letter in *English*.
えいべい【英米】**Britain and the United States**
[ブリトゥン][ユーナイティド ステイツ]**, Britain and America**[アメリカ]
━英米の British and American
▌英米人 the British and the Americans
えいやく【英訳】**English translation**[イングリッシュ トゥランスレイション]
━英訳する translate [put] ... into English
• この文章を英訳しなさい. *Translate* [*Put*]
　this sentence *into English*.
えいゆう【英雄】**a hero**[ヒーロウ]; (女性の)**a heroine**[ヘロウイン]
• 国民的英雄 a national *hero*
━英雄的な heroic[ヒロウィック]
えいよう【栄養】(栄養分)**nutrient**[ヌートゥリアント]; (栄養のある物)**nourishment**[ナーリッシュマント]
• 君はもっと栄養をとらなきゃ.
　You need more *nourishment*.
━栄養の[が]ある nutritious[ヌートゥリシャス]**, nourishing**[ナーリッシング]
• 牛乳は栄養がある. Milk is *nourishing*.
▌栄養士 a dietician
えいわじてん【英和辞典】**an English-Japanese dictionary**[イングリッシュチャパニーズ ディクショネリィ]
ええ er[アー]**, um**[アム]**, yes**[イェス]**→はい¹**
エーアイ【ＡＩ】**AI**[エィアィ](►artificial intelligenceの略)**→じんこう²**(人工知能)
• ＡＩを使って結果を予測してみる.
　I will use *AI* to predict the results.
エーエム【ＡＭ】**AM**[エイエム]
▌AM放送 AM broadcasting, AM radio
エーエルティー【ＡＬＴ】**an ALT**[エイエルティー]
(►Assistant Language Teacher(外国語指導助手)の略)
エース(トランプなどの)**an ace**[エイス]; 〖テニス〗
(サービスエース)**an ace, a service ace**[サーヴィス]; 〖野球〗**a pitching ace**[ピッチング]

えεと

- スペードのエース the *ace* of spades

ええと well[ウェル]; Let me see.[レット ミー スィー]; Let's see.
- 「何時？」「ええと，3時20分」"What time is it?" "*Let me see*. It's three twenty."

くらべてみよう！ well と Let me see. と Let's see.

well はためらい・思案などを表すときに，Let me see. やLet's see. は会話の途中(ちゅう)などで何かを考えたりして言葉がすぐに出てこないようなときに使います．

エープリルフール April Fools'[Fool's] Day [エイプラル フールズ デイ], All Fools' Day

これ，知ってる？ エープリルフール

エープリルフールは，4月1日には軽い冗談(じょう)やうそで人をかついでも許されるという西洋起源の習わしです．4月1日のことを日本語では「エープリルフール」と言いますが，英語でApril Foolと言うと「4月1日にかつがれた人」の意味です．

えがお【笑顔】a smile[スマイル]
- 笑顔で with a *smile*
- みんなが笑顔だった．
  Everyone was *smiling*.

えがく【描く】(鉛筆(えん)・ペンで)draw[ドゥロー]; (絵筆で)paint[ペイント]→かく¹❷; (言葉で)describe[ディスクライブ]
- 彼は山の風景を描いた．
  He *drew* a mountain landscape.

えき【駅】

a station[ステイション]; (停車駅)a stop[スタップ]
- 京都駅 Kyoto *Station*(▶駅名はふつう大文字で始め，a [an]やtheをつけない)
- 彼女はケンを迎(むか)えに駅へ行った．
  She went to the *station* to meet Ken.
- 次の駅で降ります．
  I get off at the next *station* [*stop*].

話してみよう！
😊 横浜はここからいくつ目の駅ですか．
How many *stops* are there between here and Yokohama?
😃 2つ目です
There is one (*stop*). (◀(間に)ひと駅あります)/ It's the second *stop* from here.

- 次の停車駅はどこですか．
  What is the next *stop*?

ここがポイント！「鉄道の駅」と言うとき

stationは鉄道の駅だけでなく，バスの発着所などもさすので，はっきりさせるときには，railroad [railway] stationとします．

多くの人でにぎわう米国・ニューヨークのグランドセントラル駅

駅員 a station employee; (駅全体の)station staff
駅長 a stationmaster
駅ビル a station building
駅弁 a box lunch sold at a station

エキサイト【エキサイトする】become excited [イクサイティド]
- 私は話しているうちにだんだんエキサイトしてきた．I *became* increasingly *excited* as I talked.

エキジビジョン(公開演技)an exhibition[エクスィビション](★発音注意)

えきしょう【液晶】liquid crystal[リクウィッド クリストゥル]

液晶ディスプレイ an LCD (▶a liquid crystal displayの略)
液晶テレビ an LCD TV

エキストラ an extra[エクストゥラ]
エキスパート an expert[エクスパート]
えきたい【液体】liquid[リクウィッド]
- 液体燃料 *liquid* fuel

えきでん【駅伝(競走)】an ekiden
- 駅伝は長距離(きょり)のリレー競走です．
  An *ekiden* is a long-distance relay race.

えきまえ【駅前】in front of a station[フラント][ステイション]
- 駅前交番
  a police box *in front of a station*
- 駅前広場 a *station* plaza [square]
- 駅前通り a *station* street

えぐい terrible[テラブル], tough[タフ], nasty[ナスティ], (すごい)incredible[インクレダブル]→やばい
- このトレーニングはえぐい．

えっ

This training is *tough*.
・えぐい一日だった.
Today was a *terrible* day.

エクササイズ exercise[エクササイズ]
・30分の軽いエクササイズをした.
I did thirty minutes of gentle *exercise*.

えくぼ a dimple[ディンプル]
・エリは笑うとえくぼができる.
Eri has *dimples* when she smiles.

エクレア an éclair[エイクレア](▶フランス語から)

エコ
(環境に優しい)eco-friendly[エコゥフレンドゥリィ], environment-friendly[インヴァイ(ア)ランマントフレンドゥリィ]
┃エコカー an eco-friendly car
┃エコバッグ an eco-friendly bag

エゴイスト a selfish person[セルフィッシュ パースン], an egoist[イーゴゥイスト]

エコノミークラス an economy class[イカナミィ クラス]

えこひいき【えこひいきする】be partial (to ...)[パーシャル]
・加藤先生はだれに対してもえこひいきしない.
Mr. Kato *isn't partial to* anyone.

エコロジー(生態学)ecology[イカラディ]

えさ
(動物の)food[フード]; (釣り用の)bait[ベイト]→つり¹図
━えさをやる feed
・猫にえさをやったかい?
Did you *feed* our cat?

えじき(a) prey[プレィ]
・シマウマはライオンのえじきになった.
The zebra fell *prey* to the lion.

エジプト Egypt[イーヂプト]
━エジプト(語, 人)の Egyptian[イヂプシャン]
┃エジプト人 an Egyptian

えしゃく【会釈】(うなずき)a nod[ナッド]; (お辞儀)a bow[バゥ](★発音注意)
━会釈する nod (to ...); bow (to ...)
・彼女は私に会釈をした.
She *nodded* [*bowed*] *to* me.

エスエヌエス【SNS】『コンピュータ』(an) SNS[エスエヌエス](▶social networking serviceの略. 英語ではsocial mediaという言い方がふつう)→ソーシャルネットワーキングサービス

エスエフ【SF】sci-fi[サイファイ], science fiction[サイアンス フィクション]
┃SF映画 a sci-fi movie [(主に英)film]
┃SF小説 a sci-fi novel

エスエフエックス【SFX】SFX[エスエフエックス]
(▶special effects(特殊効果)の略)

エスオーエス【SOS】an SOS[エスオゥエス]
・SOSを発信する send out an *SOS*

エスカレーター an escalator[エスカレイタァ](★アクセント位置に注意)
・上りのエスカレーターに乗った.
I got on an up *escalator*.
・下りのエスカレーターに乗った.
I got on a down *escalator*.

エスカレート【エスカレートする】escalate[エスカレイト]

エスキモー an Inuit[イヌーイット], an Eskimo[エスキモゥ](▶現在では, ふつうInuitという言い方が好まれる)→イヌイット

エスケープキー『コンピュータ』the Escape key[イスケイプ キー]

エスサイズ【Sサイズ】a small size[スモール サイズ]

エステ beauty treatments[ビューティ トリートマンツ]
・エステサロン
a *beauty treatment* salon

エスディージーズ【SDGs】SDGs[エスディーヂーズ](▶Sustainable Development Goals(持続可能な開発目標)の略)
・この会社はSDGsにどう取り組んでいるのだろう.
I wonder what this company is doing for *SDGs*.

エスニック ethnic[エスニック]
┃エスニック料理 ethnic food

エスプレッソ(コーヒー)espresso[エスプレッソゥ](▶イタリア語から)

えだ【枝】a branch[ブランチ]; (小枝)a twig[トゥウィッグ]→き¹図
・木の枝にすずめが止まっている.
A sparrow is sitting on the *branch*.

えたい【得体】
・得体の知れない敵が現れた.
A *mysterious* enemy turned up.

えだまめ【枝豆】*edamame*(▶複数形では用いない); a green soybean[グリーン ソイビーン]
・祖母は枝豆をゆでた.
My grandmother boiled *edamame*.

エチオピア Ethiopia[イースィオゥピア]
┃エチオピア人 an Ethiopian

エチケット etiquette[エティキット]
・君の行為はエチケットに反する.
Your behavior goes against *etiquette*.

えっ(驚いて)Oh![オゥ], What![(ホ) ワット]; (聞き返して)Pardon?[パードゥン]

eighty-five
85

- えっ, マミはきょう休みなの？
What! Is Mami absent today?

エックスせん【エックス線】**an X-ray**[エックスレイ]
→レントゲン
- エックス線写真
an *X-ray*（photograph）

エッセー an essay[エセイ]
┃エッセ（ー）イスト **an essayist**

エッチ【エッチな】(嫌らしい)**dirty**[ダーティ]
- エッチな目つき a *dirty* look

えつらん【閲覧する】(読む)**read**[リード]
┃閲覧室 **a reading room**

えと【干支】*eto*
- 干支は占星術で東洋の十二宮のことです. *Eto* are the signs of the Oriental zodiac in astrology.

エヌジー【NG】**N.G.**[エンヂー]（▶no goodの略）

エヌジーオー【NGO】**an NGO**[エンヂーオゥ]（▶non-govermental organization（非政府組織）の略）

エヌピーオー【NPO】**an NPO**[エンピーオゥ]（▶nonprofit organization（非営利組織）の略）

エネルギー energy[エナァヂィ]
- 太陽エネルギー solar *energy*
- 再生可能エネルギー renewable *energy*
- エネルギー危機 an *energy* crisis
- エネルギー問題 an *energy* problem

エネルギッシュ【エネルギッシュな】**energetic**[エナァチェティック]（▶「エネルギッシュ」はドイツ語から）
- アキはエネルギッシュな女の子だ.
Aki is an *energetic* girl.

えのぐ【絵の具】**paints**[ペインツ], **colors**[カラァズ]
- 水彩絵の具 water*colors*
- 油絵の具で絵を描いた.
I painted a picture in oil *colors*.
┃絵の具箱 **a paint box**

えはがき【絵はがき】**a（picture）postcard**[（ピクチャア）ポウストゥカード]

えび（小えび）**a shrimp**[シュリンプ]; （車えび）《主に米》**a prawn**[プローン]; （大きなえび）**a lobster**[ラブスタア]
┃えびフライ **a deep-fried prawn**

エピソード an episode[エピソゥド]

エフエーキュー【FAQ】**FAQ**[エフエイキュー]（▶frequently asked question（s）（よくある質問）の略）

エフエム【FM】**FM**[エフエム]
┃FM放送 **FM broadcasting, FM radio**

エプロン an apron[エイプラン]（★発音注意）

エフワン【F1】**Formula One**[フォーミュラ ワン]
┃F1グランプリ **Formula One Grand Prix**

┃F1ドライバー **a Formula One driver**

エベレスト Mt. Everest[マウント エヴ(ァ)リスト]

えほん【絵本】**a picture book**[ピクチャア ブック]

えま【絵馬】**a votive picture tablet**[ヴォゥティヴ ピクチャア タブリット]（▶votiveは「神に願いをかける」の意）

エムサイズ【Mサイズ】**a medium size**[ミーディアム サイズ]

エメラルド an emerald[エマラルド]
- エメラルドグリーン *emerald* green

えもじ【絵文字】**an emoji**[イモゥヂ]

えもの【獲物】**game**[ゲイム]

えら（魚の）**gills**[ギルズ]

エラー an error[エラァ]
━エラーをする **make an error**

えらい【偉い】

(偉大な)**great**[グレイト]; (重要な)**important**[インポータント]
- 彼のおじいさんは偉いお医者さんだった.
His grandfather was a *great* doctor.
- 偉い！ *Well done!*（◀よくやった）

えらぶ【選ぶ】

(選択する)**choose**[チューズ]; (慎重に選抜する)**select**[スィレクト], **pick**[ピック]; (投票で)**elect**[イレクト]
- ユミへのプレゼントを選ぼう.
Let's *choose* a present for Yumi.
- 彼女は棚から白い帽子を選んだ.
She *chose* a white hat from the shelf.
- 弟はいちばん大きいケーキを選んだ.
My brother *selected* [*picked*] the biggest piece of cake.

〈人〉を〈役職など〉に選ぶ
choose＋〈人〉＋（as [to be]＋）〈役職など〉/ elect＋〈人〉＋（as [to be]＋）〈役職など〉
- 私たちはマリをチームのキャプテンに選んだ.
We *chose* Mari *as* our team captain.
- 彼は再び大統領に選ばれた.
He was *elected* President again.（▶1名しかいない役職にはa [an]やtheをつけない）

えり【襟】**a collar**[カラァ]（★color（色）と混同しないこと）
- ブラウスの襟 the *collar* of a blouse

エリート the elite[イリート]

えりごのみ【えり好みする】**be particular（about）**[パァティキュラァ], **be picky（about）**[ピッキィ]
- えり好みしていないで早く選んで！
Don't *be particular*. Choose one quickly.

えりまき【襟巻き】→スカーフ, マフラー

えんしゅつ

える【得る】get[ゲット]；（勝ち取る）gain[ゲイン]，win[ウィン]
- その曲は音楽祭で賞を得た. That song *got* [*won*] a prize at the music festival.
- 私は彼の信頼(%)を得た. I *gained* [*won*] his trust.
- この経験から多くのことを得た. I *learned* a lot from this experience.

エルエルきょうしつ【LL教室】a language laboratory[ラングウィッヂ ラバラトゥリィ]

エルサイズ【Lサイズ】a large size[ラーヂ サイズ]

エルジービーティー（キュー）【LGBT(Q)】LGBT(Q)[エルヂービーティー，エルヂービーティーキュー]（▶lesbian（レズビアン），gay（ゲイ），bisexual（バイセクシャル），transgender（トランスジェンダー）の略（queer（クイア）やquestioning（性的指向や性自認が未確定の人）を加えることもある）．性的マイノリティの人々の総称(%))

エレガント【エレガントな】elegant[エリガント]

エレキギター an electric guitar[イレクトゥリック ギター]

エレクトーン an electronic organ[イレクトゥラニック オーガン]

エレクトロニクス electronics[イレクトゥラニクス]（★アクセント位置に注意）

エレベーター ⊛an elevator[エリヴェイタァ]，⊛a lift[リフト]
- 私はエレベーターで5階まで行った. I took the *elevator* to the 5th floor.
- エレベーターで上がろう[降りよう]. Let's go up [down] in an *elevator*.

えん¹【円】

| ❶丸い形 | a circle |
| ❷日本の貨幣(%)単位 | yen |

❶[丸い形]a circle[サークル]
- コンパスで円を描(か)いた. I drew a *circle* with a compass.
- 私たちは円になって座(%)った. We sat in a *circle*.
- 半円 a semi*circle*

❷[日本の貨幣単位]yen[イェン]（複 yen）
- 100円 one hundred *yen*
║ 円グラフ a circle [pie] graph [chart]
║ 円周 circumference
║ 円周率 pi（▶記号 π）
║ 円高 a strong yen
║ 円安 a weak yen

えん²【縁】（親せき関係）relation[リレイション]；（機会）a chance[チャンス]；（結びつき）connections [カネクションズ]

えんかい【宴会】（公式の）a banquet[バンクウィット]；（晩さん会）a dinner（party）[ディナァ (パーティ)]

えんがわ【縁側】an *engawa*；（ベランダ）a veranda(h)[ヴァランダ]
- 縁側は和風家屋のへりに沿ってある木製の廊下(%)です. An *engawa* is a wooden corridor along the outside edge of a Japanese-style house.

えんがん【沿岸】coast[コウスト]
- 太平洋沿岸 the Pacific *coast* / the *coast* of the Pacific Ocean
║ 沿岸漁業 coastal [inshore] fishery

えんき【延期する】postpone[ポウストゥポウン]，put off[プット]
- コンサートは今度の日曜日まで延期になった. The concert was *postponed* [*put off*] until next Sunday.

えんぎ¹【演技】performance[パァフォーマンス]，acting[アクティング]
━演技する perform
- 彼は見事に演技した. He *performed* excellently.
║ 演技者 a performer

えんぎ²【縁起】(an) omen[オウマン]
- 縁起がいいね[悪いね]. It's *lucky* [*unlucky*].
- 祖母はすぐに縁起をかつぐ. My grandmother is apt to be *superstitious*.（←迷信深い）

えんきょり【遠距離】a long distance[ローング ディスタンス]
- 遠距離通学は大変だ. Commuting *a long distance* is tiring.（▶「遠距離通勤」の場合も同じ言い方）

えんげい¹【園芸】gardening[ガードゥニング]
║ 園芸高校 a gardening high school
║ 園芸部 a gardening club

えんげい²【演芸】an entertainment[エンタァテインマント]；（演芸会）a variety show[ヴァライアティ ショウ]

エンゲージリング an engagement ring[インゲイヂマント リング]（▶「エンゲージリング」は和製英語）

えんげき【演劇】drama[ドゥラーマ]；（個々の劇）a play[プレイ]，a drama
║ 演劇部 a drama club

えんじ【色】dark red[ダーク レッド]

エンジニア an engineer[エンヂニァ]（★アクセント位置に注意）

えんしゅつ【演出】direction[ディレクション]
━演出する direct
- この劇はだれが演出したのですか. Who *directed* this drama?

え
か
さ
た
な
は
ま
や
ら
わ

eighty-seven 87

えんじょ

演出家 a director

えんじょ【援助】**help**[ヘルプ]; (社会的・財政的な) **assistance**[アスィスタンス], **aid**[エイド]; (後援) **support**[サポート]
- 日本はアフリカの国々にもっと援助するだろう．Japan will give more *aid* to African countries.
→援助する **help**, **assist**

えんじる【演じる】**play**[プレイ], **perform**[パフォーム], **act**[アクト]
- 彼女はその芝居でジュリエットを演じた．She *played* Juliet in the play.

エンジン an engine[エンヂン]
- 父はエンジンをかけた[止めた]．My father started [stopped] the *engine*.

えんすい【円すい】a cone[コウン]

えんせい【遠征】an expedition[エクスピディション]
→遠征する make an expedition
- その野球チームは来月，九州に遠征する．The baseball team will travel to Kyushu for a game next month.

遠征試合 an away game [match]
遠征隊 an expedition
遠征チーム a visiting team

えんぜつ【演説】a speech[スピーチ]
→演説する make [give] a speech, speak
- 私は多くの生徒の前で演説した．I made a *speech* in front of many students.

えんせん【沿線に】along [on] the railroad line[レイルロウド ライン]
- 私は東海道線沿線に住んでいる．I live *near the* Tokaido *line*.

えんそう【演奏】

a (musical) performance[(ミューズィカル) パフォーマンス]
→演奏する **play**, **perform**
- マリはコンサートでギターを演奏した．Mari *played the* guitar at the concert. (▶「…を演奏する」と言うとき楽器名にはふつうtheをつける)

演奏会 a concert; (個人の) a recital
演奏者 a player, a performer

えんそく【遠足】a school trip[スクール トゥリップ], an excursion[イクスカージョン], an outing[アウティング], (校外学習や社会科見学)a field trip[フィールド]
- 今度の水曜日は遠足だ．We will go on a *school trip* next Wednesday.

エンターキー〖コンピュータ〗the enter key[エンタァ キー]

エンターテイナー an entertainer[エンタァテイナァ]

えんだん【演壇】a speaker's platform[スピーカァズ プラットゥフォーム]

えんちゅう【円柱】a pillar[ピラァ], a column[カラム]; (図形)a cylinder[スィリンダァ]

えんちょう¹【園長】the director[ディレクタァ], the head[ヘッド]

えんちょう²【延長する】extend[イクステンド]
- 試合は延長された．The game time was *extended*. / The game went into *extra time*.

延長戦 〖野球〗extra innings; 〖サッカー〗overtime, ⑧extra time: 試合は延長戦に入った．The game went into *extra innings*. / The game went into *overtime*.

えんどう【植物】a pea[ピー]
えんとつ【煙突】a chimney[チムニィ]
えんにち【縁日】a fair[フェア]
えんばん【円盤】a disk[ディスク]; (円盤投げの)a discus[ディスカス]
- 空飛ぶ円盤
  a flying *saucer* → ユーフォー

円盤投げ〖スポーツ〗the discus (throw)

えんぴつ【鉛筆】

a pencil[ペンスル]
- 赤鉛筆 a red *pencil*
- 色鉛筆 a colored *pencil*
- 鉛筆を削る sharpen a *pencil*
- 鉛筆の芯 the lead of a *pencil* (▶leadは[レッド]と発音する)
- 私はレポートを鉛筆で書いた．I wrote a paper in [with a] *pencil*.

鉛筆削り a pencil sharpener
鉛筆立て a pencil stand

えんぶん【塩分】salt[ソールト]
えんまん【円満な】(幸せな)happy[ハピィ]; (平和な)peaceful[ピースフル]
- 円満な家庭
  a *happy* [*peaceful*] family

えんりょ【遠慮する】(ためらう)hesitate[ヘズィテイト]; (控える)refrain (from ...)[リフレイン]
- 何でも遠慮しないで質問してください．Don't *hesitate* to ask me any questions.
- 遠慮なくいつでも電話してください．Feel free to call me anytime.
- 遠慮なくケーキを召し上がってください．Please help yourself to the cake. (▶help *oneself* to +〈料理など〉で「〈料理など〉を自分で取って食べる」の意)
→遠慮深い, 遠慮がちな **reserved**[リザーヴド]
- 遠慮がちな青年 a *reserved* young man

お オ

お【尾】a tail[テイル]→しっぽ
オアシス an oasis[オウエイスィス]（複 oases[オウエイスィーズ]）
おあずけ【お預け】
- 楽しいことは来週までお預けだ．
 I have to *wait until* next week to have fun.
- （犬に）お預け．
 Wait. / *Stay*. / *Beg*.
おい[1] a nephew[ネフュー]（⇔めい a niece）
おい[2]（呼びかけ）**Hello**[ヘロゥ], **Hi**[ハィ], **Hey**[ヘィ]
おいかける【追いかける】→おう[1] ❶
おいこす【追い越す】**pass**[パス]
- 私はマリを全速力で追い越した．
 I *passed* Mari at full speed.

おいしい

delicious[ディリシャス], **good**[グッド]
- おいしい食事 a *delicious* meal
- おいしそうだ．
 It looks *delicious*.
- このシチューはとてもおいしい．
 This stew tastes *delicious*［*very good*］.
- おいしかった．That was *good*.

おいだす【追い出す】（…を～から）**drive ... out of ~**[ドゥライヴ][アウト]
- 彼はカラスを畑から追い出した．
 He *drove* crows *out of* the field.
おいたち【生い立ち】**one's personal history**[パーサヌル ヒスタリィ], **one's background**[バックグラゥンド]
- ミキは自分の生い立ちを話した．
 Miki talked about *her personal history*.
おいつく【追いつく】**catch up（with ...）**[キャッチ]
- 交差点で彼女に追いついた．
 I *caught up with* her at the crossing.
おいで come[カム]
- ナナ，こっちへおいで．*Come here*, Nana.（►日本人の「おいで」のしぐさは英語圏の人には「あっちへ行け」に勘違いされやすいので注意）→ジェスチャー 知ってる?
- 今度の日曜日においでください．
 Please *come* next Sunday.
おいはらう【追い払う】**drive away**[ドゥライヴ アウェィ]→おいだす
オイル oil[オイル]

おう[1]【追う】

❶ 追いかける　run after ..., chase; （追い求める）follow
❷ 追われる　（…に）be busy（with ...）

❶[追いかける]**run after ...**[ラン], **chase**[チェィス]; （追い求める）**follow**[ファロゥ]
- その猫はボールを追った．
 The cat *ran after* the ball.
- 彼女は流行を追っている．
 She *follows* fashion.
❷[追われる]（…に）**be busy（with ...）**[ビズィ]
- 父はいつも仕事に追われている．
 My father *is* always *busy with* his work.

おう[2]【負う】

❶ 責任などを　take;（恩恵を）owe
❷ 傷などを　be injured, be wounded

❶[責任などを]**take**;（恩恵を）**owe**[オゥ]
- 自分の行動に対して責任を負わなくてはいけない．
 You must *take* responsibility for your actions.
❷[傷などを]**be injured**[インヂァァド], **be wounded**[ウーンディド]
- 彼女は交通事故で重傷を負った．
 She *was* seriously *injured* in a traffic accident.

おう[3]【王】**a king**[キング]
- リア王 *King* Lear（►特定の王をさすときは大文字で始める）

おうえん【応援】

（声援）**cheering**[チアリング]
━応援する **cheer**, **support**[サポート];（助ける）**help**
- 家族全員で走っている弟を応援した．
 The whole family *cheered* for my brother as he ran.
- 彼らは地元チームを応援した．
 They *supported* the home team.

おうかん

|応援合戦 cheerleading battle
|応援団 cheerleaders
|応援団長 the head cheerleader
|応援練習 cheerleading practice

おうかん【王冠】a crown[クラウン]

おうぎ【扇】a (folding) fan[(フォウルディング) ファン]

おうきゅう【応急の】first-aid[ファーストエイド]
|応急手当て first-aid treatment

おうこく【王国】a kingdom[キングダム]

おうごん【黄金】gold[ゴウルド]
ー黄金の golden[ゴウルドゥン]
|黄金時代 the golden age

おうし【雄牛】a bull[ブル], (去勢した) an ox[アックス](複 oxen[アクスン])(⇔雌牛(ぢ゛し) a cow)→うし

おうじ【王子】a prince[プリンス]
・ジョージ王子 Prince George(▶特定の王子をさすときには大文字で始める)

おうしざ【お牛座】Taurus[トーラス]; (人) a Taurus
・私はお牛座です.
I am a Taurus.

おうじょ【王女】a princess[プリンスィス]
・シャーロット王女 Princess Charlotte(▶特定の王女をさすときには大文字で始める)

おうじる【応じる】(答える) answer[アンサァ], respond[リスパンド]; (受け入れる) accept[アクセプト]
・先生はいつでも私たちの質問に応じてくれる.
The teacher answers our questions any time we want.
・私たちは野球の試合の申しこみに応じた.
We accepted the challenge to a baseball game.
ー…に応じて according to …[アコーディング]
・人数に応じて仕事を分担した.
We divided the task according to the number of people.

おうしん【往診】a doctor's visit[ダクタァズ ヴィズィット]
ー往診する go and see a patient[ペイシャント]
・彼らは患者(ぢ゛ゃ)を往診してもらった. They had a doctor come and see the patient.(▶have＋〈人・物〉＋〈過去分詞〉で「〈人・物〉を…してもらう」の意)

おうせつま【応接間】(大邸宅(ぢ゛ゃ)の) a drawing room[ドローイング ルーム]; (居間兼用の) a living room[リヴィング]

おうだん【横断する】cross[クロース], go across …[アクロース]
・道路を横断する cross a road
|横断歩道 a crosswalk

おうて【王手をかける】(将棋(ぢ゛ょう)で) check[チェック]

おうひ【王妃】a queen[クウィーン]

おうふく【往復する】go and return [back][リターン][バック]
・駅までは往復20分かかる. It takes twenty minutes to go to the station and back.
・このバスは東京と新潟(ぢ゛ゃ)の間を往復している. This bus runs between Tokyo and Niigata.
|往復切符(ぢ゛ゃ) 《主に米》a round-trip ticket, 《主に英》a return ticket
|往復はがき a prepaid return postcard

おうへい【横柄な】arrogant[アラガント]

おうべい【欧米】Europe and America[ユアラップ][アメリカ], the West[ウェスト]
ー欧米の Western[ウェスタァン]
|欧米諸国 Western countries
|欧米人 Europeans and Americans

おうぼ【応募】(an) application[アプリケイション]
ー応募する apply (for …)[アプライ], enter[エンタァ]
・エッセイコンクールに応募した.
I entered an essay contest.
|応募者 an applicant [entrant]
|応募用紙 an application [entrance] form

おうむ【鳥】a parrot[パラット]

おうよう【応用】application[アプリケイション]
ー応用する apply[アプライ]
・公式をその問題に応用した.
I applied the formula to the question.
|応用問題 an advanced question

オウンゴール〖サッカー〗an own goal[オウン ゴウル]

おえる【終える】finish[フィニッシュ], end[エンド]; (完成させる) complete[カンプリート]
・夕飯の前に宿題を終えた.
I finished my homework before dinner.
・私たちはその課程を終えた.
We completed the course.

…おえる【…(し)終える】finish＋〈-ing形〉[フィニッシュ]

おおきい

- SNSに写真を全部投稿(とう)し終えた．
I *finished* post*ing* all the photos on social media. (▶ finish to +〈動詞の原形〉とするのは×)

おお Oh! [オゥ]
- ああ，驚(おどろ)いた．*Oh*, what a surprise!

おおあめ【大雨】**a heavy rain**[ヘヴィ レイン]→あめ¹

おおい¹【多い】

| ❶数・量が | （数が）**many**；（量が）**much**；（数・量ともに）**a lot of ...**, **lots of ...** |
| ❷回数が | **frequent**；（しばしば）**often** |

❶〔数・量が〕（数が）**many**[メニィ]（⇔少ない few）；（量が）**much**[マッチ]（⇔少ない little）；（数・量ともに）**a lot of ...**[ラット]**, lots of ...**
- マキは友達が多い．
Maki has *many* [*a lot of*] friends.
- この地方は雨が多いですか．
Do you have *much* rain in this area?
- 多ければ多いほどいい．
The *more*, the better.
- 私たちの町は人口が多い．
Our town has a *large* population.

❷〔回数が〕**frequent**[フリークワント]；（しばしば）**often**[オーフン]
- 日本は地震(じしん)が多い．
Earthquakes are *frequent* in Japan.
- 妹は寝坊(ねぼう)することが多い．
My sister *often* oversleeps.

おおい²【覆い】**a cover**[カヴァ]
おおい³ **Hey!**[ヘイ]**, Hello!**[ヘロゥ]
- おおい，聞こえるかい？
Hello, can you hear me?

おおいそぎ【大急ぎで】**in a great hurry**[グレイト ハーリィ]

おおいに【大いに】**very**[ヴェリィ]**, much**[マッチ]**, very much, a great deal**[グレイト ディール]
- 私たちはコンサートを大いに楽しんだ．
We enjoyed the concert *very much*.

おおう【覆う】

cover[カヴァ]
〈物・人〉を〈物〉で覆う
cover +〈物・人〉+ with +〈物〉
- アイは両手で口を覆った．
Ai *covered* her mouth *with* her hands.
- 歩道は落ち葉で覆われている．The sidewalk is *covered with* fallen leaves.

オーエル【OL】**an office worker**[オーフィス ワーカァ]（▶ 英語では男女の区別をしない．「オーエル」，「オフィスレディ」は和製英語）

おおかじ【大火事】**a big fire**[ビッグ ファイア]→かじ

おおがた【大型の，大形の】**large**[ラーヂ]**, big**[ビッグ]**, large-sized**[-サイズド]；（大規模の）**large-scale**[-スケイル]
- 大型の冷蔵庫 a *large-sized* refrigerator
┃大型連休 a long holiday

オーガニック **organic**[オーガニック]
- オーガニック野菜 *organic* vegetables

おおかみ【動物】**a wolf**[ウルフ]（複 wolves[ウルヴズ]）

おおかれすくなかれ【多かれ少なかれ】**more or less**[モァ][レス]
- 私にも多かれ少なかれ責任がある．
I am also to blame, *more or less*.

おおきい【大きい】

❶形・程度・規模が	**big**; **large**; **great**
❷高さが	**tall**
❸幅(はば)が	**wide**
❹音量が	**loud**
❺年長の	**old, big**

❶〔形・程度・規模が〕**big**[ビッグ]（⇔小さい little, small）；**large**[ラーヂ]（⇔小さい small）；**great**[グレイト]
- 彼は手が大きい．He has *big* hands.
- ぼくのかばんはタカオのより大きい．
My bag is *bigger* than Takao's.
- このスカートは私にはちょっと大きすぎる．
This skirt is a little too *big* for me.
- 世界でいちばん大きい湖
the *largest* lake in the world
- 大きな成功 a *great* success

> くらべて みよう！ **big と large と great**
> **big** と **large** はほぼ同じように使われますが，**big** は重さに重点があり，**large** は広さに重点があります．一方，**great** は形が大きいことよりも，程度や質の面で「大きい」「偉大(いだい)である」ということに重点があります．

❷〔高さが〕**tall**[トール]（⇔小さい short）
- 大きな木 a *tall* tree
- タクはクラスでいちばん大きい．
Taku is the *tallest* in our class.

❸〔幅が〕**wide**[ワイド]
- 大きな川 a *wide* river
- この先に大きな道路がある．
There is a *wide* street ahead.

ninety-one

❹[音量が]**loud**[ラウド]
- 大きい声 a *loud* voice
- もっと大きい声で話してください.
Speak *louder*, please.

❺[年長の]**old**[オウルド], **big** → としうえ

おおきく【大きく】

(形が)**big**[ビッグ], **large**[ラーヂ]; (広さが)**wide**[ワイド]
- 男の子は目を大きく見開いた.
The boy opened his eyes *wide*.
- 大きく息を吸った.
I took a *deep* breath.

━大きくする **enlarge**[インラーヂ], **make ... bigger**[**larger**]
- ペットの犬の写真を大きくした.
I *enlarged* the photo of my pet dog.

━大きくなる **grow**[グロウ]; (大人になる)**grow up**[アップ], **become bigger**[ビカム]
- 大きくなったら何になりたいの.
What do you want to be when you *grow up*?

おおきさ【大きさ】**a size**[サイズ]→サイズ
- あなたのシャツの大きさはどのくらいですか.
What's your shirt *size*?

おおきな【大きな】→おおきい

おおく【多く(の)】

❶数・量が (数が)**many**; (量が)**much**; (数・量ともに)**a lot (of ...), lots (of ...)**
❷大部分の **most**

❶[数・量が] (数が)**many**[メニィ]; (量が)**much**[マッチ]; (数・量ともに)**a lot (of ...)**[ラット], **lots (of ...)** →たくさん❶❷
- 多くの人がパーティーに招かれた.
Many [*A lot of*] people were invited to the party.
- 鎌倉(蕊)には多くのお寺がある.
There are *many* temples in Kamakura.

❷[大部分の]**most**[モウスト]
- 多くの生徒が欠席した.
Most students were absent.

おおぐい【大食い】**a big eater**[ビッグ イータァ]
オークション an auction[オークション]
オーケー OK, O.K., Okay[オウケィ], **all right**[オール ライト]
- すべてオーケーだ.
Everything is *OK* [*all right*].
- 「手伝ってくれない？」「オーケー」
"Will you help me?" "*OK*."

おおげさ【大げさな】**exaggerated**[イグザチャレイティド]
━大げさに言う **exaggerate**
- 彼はいつも話を大げさに言う.
He always *exaggerates*.

オーケストラ an orchestra[オーカストラ]
おおごえ【大声】**a loud voice**[ラウド ヴォイス]
- 大声で話さないで.
Don't talk in a *loud voice*.
━大声を出す **shout**[シャウト]

おおさじ【大さじ】**a tablespoon**[テイブルスプーン]→さじ

おおざっぱ【大ざっぱな】**rough**[ラフ]; (むとんちゃくな)**careless**[ケアリス]
- 大ざっぱな計画 a *rough* plan
- 彼女はお金に対して大ざっぱだ.
She is *careless* with her money.
━大ざっぱに **roughly**
- 大ざっぱに言えば *roughly* speaking

おおさわぎ【大騒ぎ】**a big fuss**[ビッグ ファス]
- 昨晩若者たちが大騒ぎしていた. The young people *made a lot of noise* last night.

オーストラリア Australia[オーストゥレイリア]
━オーストラリア(人)の **Australian**
オーストラリア人(1人)**an Australian**, (全体) **the Australians**

オーストリア Austria[オーストゥリア]
━オーストリア(人)の **Austrian**
オーストリア人 **an Austrian**

おおぜい【大ぜいの】**many**[メニィ], **a lot of ...**[ラット], **lots of ..., a great** [**large**] **number of ...**[グレイト][ラーヂ] ナンバァ]→おおく❶
- 東京駅は大ぜいの人で混雑していた.
Tokyo Station was crowded with *a great number of* people.

おおそうじ【大掃除】(年末の)**end-of-the-year home cleaning**[エンドアブザィア ホウム クリーニング] (▶欧米(蕊)では春に大掃除をする習慣があり, spring-cleaningと呼ばれている)→そうじ¹
- 日本では毎年年末に大掃除をします. In Japan, we *clean the whole house* at the end of every year.(◀家じゅうを掃除する)

オーロラ

オーソドックス【オーソドックスな】orthodox[オーサダックス]

オーダー(注文)an order[オーダァ]; (順序)order
- サラダを１つオーダーした．
 I placed *an order* for a salad.
- 監督はバッティングオーダーを変えた．
 The manager changed the batting *order*.

オーダーメイド【オーダーメイドの】made-to-order[メイドトゥオーダァ], tailored[テイラァド], custom-made[カスタムメイド]

オーディオ(装置)audio equipment[オーディオゥイクウィップマント]

オーディション an audition[オーディション]
- (～の)オーディションを受ける audition(for ...)
- アミはミュージカルのオーディションを受けた．Ami *auditioned for* a musical.

おおどおり【大通り】a main street[メイン ストゥリート]

オートバイ a motorcycle[モウタァサイクル] (▶「オートバイ」は和製英語)
- 早くオートバイに乗りたい．
 I want to ride a *motorcycle* soon.

オードブル an hors d'oeuvre[オァ ダーヴ] (▶フランス語から)

オートマチック【オートマチックの】automatic[オータマティック]

オートミール oatmeal[オウトゥミール]

オートメーション automation[オータメイション]

オートロック【オートロックの】self-locking[セルフラッキング]

オーナー an owner[オウナァ]

オーバー¹(衣服の)a coat[コウト], an overcoat[オウヴァコウト]

オーバー²【オーバーな】→ おおげさ

オーバー³【オーバーする】go over ...[ゴゥ オウヴァ]
- 予算をオーバーした．
 We *went over* budget.
- その車はスピードをオーバーした．
 The car *went over* the speed limit.

オーバーオール overalls[オウヴァオールズ]

オーバースロー〖野球〗an overhand throw[オウヴァハンド スロゥ]

オーバーワーク overwork[オウヴァワーク]

オービー【ＯＢ】(卒業生)a graduate[グラヂュエイト]; (クラブなどの)a former member[フォーマァ メンバァ]
- ＯＢ戦 a game against the *graduates*

オーブン an oven[アヴン]
オーブントースター a toaster oven (▶「オーブントースター」は和製英語)
オーブンレンジ an electric and microwave oven (▶「オーブンレンジ」は和製英語)

オープン【オープンする】open[オゥプン]
オープンカー an open car
オープン戦〖野球〗an exhibition game

オーボエ〖音楽〗an oboe[オウボゥ]

おおみそか【大みそか】the last day of the year[ラスト デイ][イァ]; (大みそかの晩)New Year's Eve[ヌー][イーヴ]→ 年中行事[口絵]
- 日本では一年の最後の日を「大みそか」と言います．In Japan *the last day of the year* is known as "*Omisoka*."

おおむぎ【大麦】barley[バーリィ]

おおめ【大目に見る】overlook[オウヴァルック]
- 先生はぼくの不注意を大目に見てくれた．The teacher *overlooked* my carelessness.

おおもじ【大文字】a capital letter[キャパトゥル レタァ](⇔小文字 a small letter)

おおもの【大物】an important figure[インポータント フィギャァ], a VIP[ヴィーアイピー] (▶very important person(重要人物)の略)

おおもり【大盛り】a large helping[ラーヂ ヘルピング], a large serving[サーヴィング], a large portion[ポーション]
- 大盛りのご飯 a *large helping* of rice

おおや【大家】a landlord[ランドゥロード]; (女性)a landlady[ランドゥレイディ]

おおやけ【公の】(公共の)public[パブリック](⇔個人の private); (公式の)official[アフィシャル]
- 公に in public; officially

おおゆき【大雪】a heavy snow[ヘヴィ スノゥ], a heavy snowfall[スノウフォール]→ ゆき

おおらか【おおらかな】broad-minded[ブロードマインディド]; (寛大な)generous[ヂェナラス]

オール¹(全部の)all[オール]
- ケンはオール5をとった．Ken got top marks.

オール²(ボートの)an oar[オァ]

オールスター【オールスターの】all-star[オールスタァ]
オールスターゲーム an all-star game

オールナイト【オールナイトの】all-night[オールナイト]

オーロラ an aurora[アローラ]

ninety-three　93

おか

おか【丘】a hill[ヒル]
・あの丘に上ろう. Let's go up that *hill*.

おかあさん【お母さん】

a mother[マ ザァ](⇔ お 父 さ ん a father);
Mother, 《話》Mom[マム], 《話》Mommy[マ ミィ]
(►子どもが用いる)
・お母さんは時々ぼくをしかる.
My *mother* sometimes scolds me.
・お母さん, 私のハンカチはどこにあるの?
Mom, where is my handkerchief?

ここがポイント！「お母さん」「お父さん」
家族の間では"Mother [Father]"と固有名詞のように使うのがふつうです. また, 「お母さん[お父さん]」と呼びかけるときはふつう, "Mom"(「お父さん」は"Dad")を使います.

おかえし【お返し】a return[リターン]
・プレゼントのお返しに彼女にクッキーをあげた. I gave her some cookies as a thank you for the present.
おかえりなさい【お帰りなさい】日≠英 →ただいま ❶
・「お母さん, ただいま」「お帰りなさい, サラ」
"Hi, Mom. I'm home." "*Hello*, Sara."
おかげ(…のおかげで)thanks to ...[サンクス]
・彼女が助けてくれたおかげで病気が治った.
Thanks to her help, I have recovered from my illness.

おかしい

❶こっけいな	funny, comical
❷変な	strange;
	(ふつうでない)unusual;
	(故障した)wrong
❸公正でない	unfair

❶[こっけいな]funny[ファニィ], comical[カミカル]
・おかしな格好
a *funny* [*comical*] appearance
・何がそんなにおかしいの. What's so *funny*?
❷[変な]strange[ストゥレインヂ]; (ふつうでない)
unusual[アニュージュアル]; (故障した)wrong[ローング]
・ケンはきょう休みなの? それはおかしいな.
Is Ken absent today? That's *strange*.
・ミカがケーキを食べないなんておかしいよ.
It is *unusual* that Mika won't eat cake.
・テレビの調子がおかしい.
Something is *wrong with* the TV.

❸[公正でない]unfair[アンフェア]
・その失敗をぼくのせいにするのはおかしいよ.
It's *unfair* to blame me for the failure.
おかす¹【犯す】(罪を)commit[カミット]; (法律などを)break[ブレイク]
・罪を犯す *commit* a crime
おかす²【冒す】(危 険 を)risk[リスク]; (病 気 が)
affect[アフェクト], attack[アタック]
・彼は命の危険を冒して子どもを救った.
He saved the child at the *risk* of his own life.(►at the risk of ...は「…の危険を冒して」の意)
おかす³【侵す】(国・プライバシーを)invade[インヴェイド]; (法などを)violate[ヴァイアレイト]
・彼のプライバシーを侵すのはよそう.
Let's not *invade* his privacy.
おかず 日≠英 a dish[ディッシュ](►英語には「主食」に対する「おかず」という考え方はない)
・今晩のおかずは何?
What's for *dinner* tonight?
おがむ【拝む】worship[ワーシップ]; (祈(いの)る)pray[プレイ]
・私たちは東大寺で仏様を拝んだ.
We *worshiped* the Buddha at the Todaiji Temple.
おかゆ(米の)rice porridge[ライス ポーリッヂ]
オカリナ《楽器》an ocarina[アカリーナ]
オカルト the occult[アカルト]
▌オカルト映画 an occult movie [《主に米》film]
おがわ【小川】a stream[ストゥリーム]

おかわり【お代わり】

a second helping[セカンド ヘルピング], seconds,
another helping[アナザァ]; (飲み物)a refill[リフィル]
・お代わりをください.
Can I have *seconds*? / Please give me *another helping*.
・(飲み物の)お代わり自由 《掲示》Free *Refills*
おき【沖の[に]】offshore[オーフショア]
・3キロ沖に three kilometers *offshore*
…おき【…おきに】every[エヴリィ]
・1日おきに *every* other [second] day
・3日おきに *every* fourth days(►「3日おき」とは「4日に1度」ということなのでevery three daysは×)
・6時間おきにこの薬を飲んでください.
Take this medicine *every* six hours.(►「6時間に1度」の意)
おきあがる【起き上がる】get up[ゲット アップ]; (上半身だけ)sit up[スィット アップ]
おきて【掟】a rule[ルール], a law[ロー]

94　ninety-four

おくる¹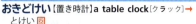

おきどけい【置き時計】a table clock[クラック]→とけい 図
おぎなう【補う】(不足分などを)make up (for ...)[メイク アップ]; (供給する)supply[サプライ]
- 睡眠(まん)不足を補いたい.
  I want to *make up for* lost sleep.
おきにいり【お気に入り】a favorite[フェイヴァリット]; (インターネットの)favorites
  ━お気に入りの favorite
- お気に入りのバッグ my *favorite* bag
おきもの【置き物】an ornament[オーナメント]

おきる【起きる】

❶ 起床(しょう)する　get up;
　　　　　　　　　　(目を覚ます)wake up
❷ 事件などが　　　　happen

❶[起床する]get up[ゲット アップ](⇔寝(ね)る go to bed); (目を覚ます)wake up[ウェイク]

get up　　　　　　wake up

- 私は毎朝6時に起きる.
  I *get up* at six o'clock every morning.
- 今すぐ起きなさい. *Get up* now.
- 今起きたばかりだ. I just *woke up*.
❷[事件などが]happen[ハパン]→おこる²
おきわすれる【置き忘れる】leave[リーヴ]
- テーブルの上に眼鏡を置き忘れた.
  I *left* my glasses on the table.

おく¹【置く】

❶ 載(の)せる　　　put, set, place
❷ 置いていく　　　leave

❶[載せる]put[プット], set[セット], place[プレイス]
- 本をソファーの上に置いた.
  I *put* a book on the sofa.
❷[置いていく]leave[リーヴ]
- かぎを部屋に置いてきちゃった.
  I *left* my keys in the room.
おく²【奥】the back[バック]
- 引き出しの奥に in *the back* of a drawer
- 森の奥に *deep* in the forest
おく³【億】a hundred million[ハンドゥリッド ミリャン]
- 人口約1億2千万人
  a population of about a *hundred* and twenty *million*
- 10億 a billion
…おく【…(して)おく】leave[リーヴ], keep[キープ](▶keepは「意図的に…して［させて］おく」という意味合いが強い)
- 明かりをつけたままにしておいてはいけない.
  Don't *leave* the light on.
- 部屋をきれいにしておきなさい.
  Keep your room clean.
おくがい【屋外の】outdoor[アウトドア](⇔屋内の indoor)
  ━屋外で[へ] outdoors[アウトドアズ]
- 屋外で運動しよう. Let's exercise *outdoors*.
  ∥屋外スポーツ outdoor sports
おくさん【奥さん】one's wife[ワイフ](複 wives[ワイヴズ])
- 彼の奥さんは優(やさ)しい. His *wife* is kind.
- 富田さんの奥さん Mrs. Tomita
おくじょう【屋上】a roof[ルーフ]
オクターブ an octave[アクティヴ]
おくない【屋内の】indoor[インドア](⇔屋外の, 野外の outdoor)
  ━屋内で[へ] indoors[インドアズ]
  ∥屋内競技 indoor games
  ∥屋内スポーツ indoor sports
  ∥屋内プール an indoor swimming pool
おくば【奥歯】a back tooth[バック トゥース]
おくびょう【おく病な】timid[ティミッド], cowardly[カウアドリィ]
- 彼はおく病だ. He is *timid* [*cowardly*].
  ∥おく病者 a coward, (話)a chicken
おくやみ【お悔やみ】(a) condolence[カンドウランス]
- 心からお悔やみを申し上げます.
  Please accept my deepest *condolences*.
おくらせる【遅らせる】delay[ディレイ]
- 試合開始を30分遅らせた. We *delayed* the match by thirty minutes.
おくりむかえ【送り迎え】
- 母は弟を学校へ送り迎えしている.
  My mother *takes* my brother *to and from* school.
おくりもの【贈り物】→プレゼント

おくる¹【送る】

❶ 物を　　　　　　send; (順々に)pass
❷ 人を　　　　　　see ... off; (車で)drive
❸ 時を過ごす　　　spend, live, lead

❶[物を]send[センド]; (順々に)pass[パス]
〈人〉に〈物〉を送る
send＋〈人〉＋〈物〉/ send＋〈物〉＋to＋〈人〉

ninety-five　95

おくる²

• 私はタカにチケットを送った.
I *sent* Taka a ticket. / I *sent* a ticket *to* Taka.

➡送り返す **send back**

❷〔人を〕**see ... off**[スィー][オーフ]; (車で)**drive**[ドゥライヴ]

• マリを送るために空港へ行った.
I went to the airport to *see* Mari *off*.

• 母が駅まで送ってくれた.
My mother *drove* me to the station.

❸〔時を過ごす〕**spend**[スペンド], **live**[リヴ], **lead**[リード]

• 彼女は幸せな人生を送った. She *lived* [*led*] a happy life. / She *lived* happily.

▌送る会 a farewell party

おくる²〔贈る〕**give**[ギヴ]; (改まって)**present**[プリゼント]

• 私は彼女にチョコレートを贈った.
I *gave* her some chocolates. / I *gave* some chocolates *to* her.

おくれる【遅れる, 後れる】

❶予定に	be late
❷進歩・世の中などに	be behind
❸時計が	lose;
	(遅れている)be slow

❶〔予定に〕**be late**[レイト]

• 遅れてすみません.
I'm sorry I'*m* [to *be*] *late*.

• バスは15分遅れた.
The bus *was* fifteen minutes *late*. / The bus *was delayed* fifteen minutes.

• 私たちは予定より40分遅れている.
We *are* forty minutes *behind* schedule.

❷〔進歩・世の中などに〕**be behind**[ビハインド]

• うちの家族はいまだに固定電話を使っているんだ. 後れてるよ. My family still uses a landline. They *are behind* the times.

❸〔時計が〕**lose**[ルーズ](⇔進む gain); (遅れている)**be slow**[スロウ]

• この時計はひと月に3分遅れる.
This clock *loses* three minutes a month.

• ぼくの腕(ぅ)時計は1分遅れている.
My watch *is* a [one] minute *slow*.

おけ a tub[タブ]; (手おけ)**a pail**[ペイル]

おこす¹【起こす】

❶目を覚まさせる	wake（up）
❷立たせる	raise
❸生じさせる	cause

❶〔目を覚まさせる〕**wake（up）**[ウェイク]

• あしたの朝7時に起こして. *Wake* me（*up*）at seven o'clock tomorrow morning.

❷〔立たせる〕**raise**[レイズ]

• 彼は転んだ子どもを起こしてやった.
He *raised* a fallen child to his feet.

❸〔生じさせる〕**cause**[コーズ]

• 彼は学校で問題を起こしたことがない. He has never *caused* problems at school.

おこす²(火を)**make a fire**[メイク ア ファイア]

• ライターを使わずに火をおこした.
I *made a fire* without a lighter.

おこたる【怠る】neglect[ニグレクト]

• 彼らは義務を怠った.
They *neglected* their duties.

おこない【行い】behavior[ビヘイヴィァ], **an action**[アクション], **an act**[アクト]

• 日ごろの行いが大事だ.
Your everyday *behavior* is important.

おこなう【行う】

❶する	do, give
❷式典などを	have, hold

❶〔する〕**do, give**[ギヴ]

• 来週英語のテストを行います.
I'll *give* a quiz in English next week.

❷〔式典などを〕**have**[ハヴ], **hold**[ホウルド]

• 朝礼は毎週月曜日に行われる. We *have* a morning assembly every Monday.

おこのみやき〔お好み焼き〕 *okonomiyaki*; a **Japanese-style pancake**[チャパニーズスタイル パンケイク]

おこり【起こり】(起源)**the origin**[オーリヂン]; (原因)**the cause**[コーズ]; (始まり)**the beginning**[ビギニング]

• 事の起こりはたいしたことじゃなかった.
The beginning was not a big problem.

おごり a treat[トゥリート]

• これはぼくのおごりだ.
This is my *treat*. / This is *on* me.

おこりっぽい【怒りっぽい】➡たんき

おこる¹【怒る】

❶腹を立てる	get［become］angry,
	《主に⊛》(話)get mad;
	(腹を立てている)be angry
❷しかる	scold

❶〔腹を立てる〕**get**［**become**］**angry**[アングリィ], 《主に⊛》(話)**get mad**[マッド]; (腹を立てている)**be angry**

• 彼はめったに怒らない.

おしえ

He rarely *gets angry*.

〈人〉に(対して)怒る
get angry with [at]+〈人〉
・彼は友達に(対して)怒った.
He *got angry with* [*at*] his friend.

〈事〉で怒る
get angry about [at, over]+〈事〉
・彼女はそのうわさに怒った.
She *got angry about* [*at*] the rumor.

・サトルは君のことを怒っているようだよ.
Satoru seems to *be angry with* [*at*] you.

━怒って **angrily, in anger**[アンガァ]
・父は怒ってどなった.
My father shouted *in anger*.

❷〔しかる〕**scold**[スコウゥド]
・彼をそんなに怒らないで.
Don't *scold* him so much.
・両親に怒られた. My parents *scolded* me.

おこる² 【起こる】

(偶然(鷲)に)**happen**[ハパン], **occur**[アカァ](▶後者のほうが形式ばった語);(計画的に)**take place**[テイク プレイス];(急に)**break out**[ブレイク アウト]

・その事故はきのう起こった.
The accident *happened* yesterday.
・彼女に何が起こったのですか.
What *happened* to her?
・山火事が起こった. A forest fire *broke out*.

おごる(ごちそうする)**treat**[トゥリート]
・兄がハンバーガーをおごってくれた.
My brother *treated* me to a hamburger.

おさえる【押さえる, 抑える】**hold**[ホウゥド], **control**[カントロウゥ]
・ドアを押さえて開き, 客を通した. I *held* the door open when the guests entered.
・彼は怒りを抑えることができなかった.
He couldn't *control* his anger.

おさがり【お下がり】(衣服などの)⊛《話》**hand-me-downs**[ハンドミーダウンズ]

おさげ【お下げ】(三つ編み)⊛**a braid**[ブレイド](▶しばしば複数形で用いる)
・その女の子は髪(鷲)をお下げにしている.
The girl is wearing her hair in *braids*.

おさない【幼い】(幼少の)**very young**[ヤング];(幼稚(鷲ぅ)な)**childish**[チャイゥディッシュ]
・幼いころアキラはいたずらっ子だった.
Akira was a mischievous boy when he was *very young*.

おさななじみ【幼なじみ】**a childhood friend**[チャイゥドフッド フレンド]

おさまる【収まる, 治まる】(静まる)**calm**(**down**)

[カーム];(終わる)**be over**[オウヴァ], **stop**[スタッブ];(解決される)**be settled**[セトゥゥド]
・風が収まった. The wind *calmed down*.
・女の子たちのくすくす笑いもやっと収まった.
The girls' giggling has finally *stopped*.
・彼らの言い争いも治まったようだ.
Their argument seems to *be settled*.
・せきが治まった. My cough *went away*.

おさめる¹【治める】**rule**[ルーゥ], **govern**[ガヴァン]
・彼は長い間その村を治めた. He *ruled*(*over*) the village for a long time.

おさめる²【納める】(金を)**pay**[ペイ]
・両親が授業料を納めてくれた.
My parents *paid* my tuition.

おし【推し】**a favorite**[フェイヴ(ァ)リット]
・そのグループであなたの推しはだれ?
Who is your *favorite* in the group?

おじ【伯父, 叔父】**an uncle**[アンクゥ](⇔おば an aunt)→おじさん
・おじは京都に住んでいる.
My *uncle* lives in Kyoto.

おしあう【押し合う】**push one another**[ブッシュ] [アナザァ]
・人々はステージに近づこうと押し合った.
People *pushed one another* to get closer to the stage.

おしい 【惜しい】

(もったいない)**too precious**[トゥー プレシャス];(残念な)**too bad**[バッド], **sorry**[サリィ]
・このブレスレットを彼女にあげるのは惜しい.
This bracelet is *too precious* to give her.
・惜しいことに彼女はレースで2着だった.
It is *too bad* that she finished second in the race.
・惜しいなあ! What a *pity* [*shame*]!

おじいさん

(祖父)**a grandfather**[グラン(ドゥ)ファーザァ](⇔おばあさん a grandmother),《話》**a grandpa**[グランパー](▶呼びかけるときはGrandfatherまたはGrandpaを用いる);(年を取った男性)**an old** [**elderly**] **man** [オウゥド[エゥダァリィ] マン]
・マミのおじいさん Mami's *grandfather*
・昔々, おじいさんとおばあさんが住んでいました.
Once upon a time, there lived an *old man* and an old woman.

おしいれ【押し入れ】**a closet**[クラズィット]

おしえ【教え】**teachings**[ティーチングズ];(教育)**instruction**[インストゥラクション]
・キリストの教え Christ's *teachings*

おしえる

教え子 one's (former) student: 彼の教え子が学校に来た. *His former student* came to school.

おしえる【教える】

① 勉強・技術などを **teach**
② 道・方法などを （口頭で）**tell**;
（行動や地図で）**show**

teach　　　　tell　　　　show

① [勉強・技術などを] **teach**[ティーチ]
- 彼は中学で英語を教えている. He *teaches* English at junior high school.

〈人〉に〈学科など〉を教える
teach＋〈人〉＋〈学科など〉/
teach＋〈学科など〉＋to＋〈人〉
- 彼は私たちに音楽を教えています.
He *teaches* us music. / He *teaches* music *to* us.

〈人・物〉に…のしかたを教える
teach＋〈人・物〉＋how to＋〈動詞の原形〉
- 姉は私に泳ぎ方を教えてくれた.
My sister *taught* me *how to* swim.

② [道・方法などを] （口頭で）**tell**[テル]; （行動や地図で）**show**[ショウ]

〈人〉に〈事〉を教える
tell［show］＋〈人〉＋〈事〉
- 駅までの道を教えてくれる？ Can you *tell* [*show*] me the way to the station?（►この場合Can you teach me ...は×）
- 君の電話番号を教えてくれないか.
Can you *give* me your phone number?

〈人〉に…のしかたを教える
tell［show］＋〈人〉＋how to＋〈動詞の原形〉
- このゲームの遊び方を教えてよ.
Show me *how to* play this game.

おじぎ【お辞儀】**a bow**[バウ]; （軽い）**a nod**[ナッド]
→習慣・マナー【口絵】
━おじぎをする **bow**（to ...）, **make a bow**（to ...）; **nod**（to ...）
- 彼は私にお辞儀をした. He *bowed to* me.

おしこむ【押し込む】（…を～に）**stuff ... into ~**[スタッフ]
- かばんに洋服を押しこんだ. I *stuffed* [*crammed*] my clothes *into* my bag.

おじさん【伯父さん, 叔父さん】（親せきの）**an uncle**[アンクル]（►呼びかけるときはUncleを用いる）（⇔おばさん **an aunt**）;（年配の男性）**a gentleman**[ヂェントゥルマン];（呼びかけ）**Sir**[サァ]（►ていねいな呼びかけ）, 米《話》**Mister**[ミスタァ]
- ダイスケおじさん *Uncle* Daisuke
- この腕(2)時計はおじさんにもらった. This watch was given to me by my *uncle*.

おしたおす【押し倒す】**push down**[プッシュ ダウン]
おしだす【押し出す】（…を～から）**push ... out of ~**[プッシュ]
- ケンは彼を土俵(きょう)の外に押し出した.
Ken *pushed* him *out of* the ring.

おしつける【押しつける】**push**[プッシュ], **press**[プレス];（強制する）**force**[フォース]
- 彼女はドアに体を押しつけた.
She *pushed* herself *against* the door.
- 父はいつも自分の意見をぼくに押しつけようとする. My father always tries to *force* his opinions on me.

おしっこ《話》（a）**pee**[ピー]
━おしっこをする《話》**pee**, **take a pee**

おしつぶす【押しつぶす】**crush**（down）[クラッシュ]
- 少年は缶(次)を押しつぶした.
The boy *crushed* the can.

おしのける【押しのける】**push ... away**［**aside**］[プッシュ][アウェイ][アサイド]
- 彼女は私を押しのけた.
She *pushed* me *away* [*aside*].

おしまい → おわり

おしむ【惜しむ】（惜しんで使わない）**spare**[スペア]（►ふつう否定文で用いる）;（残念に思う）**regret**[リグレット], **be sorry for ...**[サリィ]
- 彼女は努力を惜しまなかった.
She *spared* no effort.
- 私たちはみな試合に負けたことを惜しんだ.
We all *regretted* losing the game.

おじや rice porridge[ライス ポーリッヂ]

おしゃべり a chat[チャット];（やかましい）**chatter**[チャタァ];（人）**a talkative person**[トーカティヴ パースン]
━おしゃべりな **talkative**
- 母はおしゃべりだ. My mother is *talkative*.
━おしゃべりする **chat**; **chatter**
- ぼくは放課後タカオとおしゃべりした.
I *chatted* with Takao after school.

おじゃまします【お邪魔します】日≠英 → じゃま

おしゃれ【おしゃれな】

fashionable[ファッショナブル], **smart**[スマート];（洗練された）**chic**[シーク]
- ユミはおしゃれだ. Yumi is *fashionable*.

おそう

→おしゃれ(を)する be [get] dressed up
- 彼はきょうはおしゃれしている．
  He *is* all *dressed up* today.

おしょう【和尚】**a Buddhist priest**[ブーディストプリースト],（住職）**the chief priest**[チーフ]

おじょうさん【お嬢さん】（人の娘(むすめ)）**a daughter**[ドータァ];（若い女性）**a young lady**[ヤングレイディ];（呼びかけ）**miss**[ミス], **young lady**
- お嬢さんはお元気ですか．
  How is your *daughter*?

おしるこ →しるこ
おしろい(face) **powder**[(フェイス)パウダァ]
おしんこ →つけもの

おす¹【押す】

push[プッシュ](⇔引く pull), **press**[プレス]
- 押さないでください．
  Don't *push* me, please.
- このボタンを押すとコピーがとれます．
  You can make a copy by *pushing* [*pressing*] this button.
- エレベーターのボタンを押した．
  I *pressed* a button on the elevator.

おす²【推す】（応援(おうえん)する）**support**[サポート], **cheer for**[チア]
- 私はこのアイドルを推しています．
  I *support* this pop idol.

おす³【雄】**a male**[メイル], **a he**[ヒー](⇔雌(めす) a female, a she)
- 君の犬は雄,それとも雌? Is your dog (a) *male* or (a) female? / Is your dog a *he* or a she? (►a he, a sheは子どもがよく使う言い方)
  →雄の male, he-
- 雄猫(おすねこ) a *male* cat / a *he*-cat

おすすめ【お勧め】→すすめ
- おすすめの本 a *recommended* book
- 食事をするのにおすすめの場所はどこですか．
  Can you *recommend* a good place to eat?

おせじ【お世辞】**flattery**[フラッタリィ];（ほめ言葉）**a compliment**[カンプラマント]
  →お世辞を言う flatter; compliment

話してみよう!
😊 その帽子(ぼうし), とても似合うね．
  The hat suits you well.
😊 お世辞ばっかり．
  You're just *flattering* me.

おせちりょうり【おせち料理】***osechi-ryori*; a traditional New Year's dish in Japan**[トゥラディショヌル ヌー イアズ ディッシュ][ヂャパン]

おせっかい(人)**a busybody**[ビズィバディ]
  →おせっかいな nosy, nosey[ノウズィ]
  →おせっかいを焼く meddle[メドゥル]
- よけいなおせっかいを焼かないでよ．Don't *meddle* in my affairs. /（That's）none of your business. / Mind your own business.
  (►後の2つの文は「君の知ったことか」の意)

オセロ an Othello board game[オウセロゥ ボードゲイム]

おせん【汚染】**pollution**[パルーション], **contamination**[カンタメネイション]
  →汚染する pollute, contaminate[カンタメネイト]
- その海は油で汚染された．
  The sea is *polluted* with oil.

表現メモ

汚染のいろいろ
環境(かんきょう)汚染 environmental pollution
水質汚染 water pollution
大気汚染 air [atmospheric] pollution
放射能汚染 radioactive contamination

▎汚染物質 a pollutant

おそい【遅い】→おそく

❶時間が	late
❷速度が	slow

❶[時間が]**late**[レイト](⇔早い early)
- マキは遅い夕食を取った．
  Maki had a *late* supper.
- 今となってはもう遅い．It is too *late* now.
- ケン,もう遅いから寝(ね)なさい．
  Go to bed, Ken. It's already *late*.
- 帰るのが遅くなった．I came home *late*.

ここがポイント!「遅い」のlateと「遅く」のlate
lateは形容詞「遅い」と副詞「遅く」が同じ形です．**lately**とすると「最近」という意味になるので注意しましょう．
- 遅いじゃない．You're *late*.（►形容詞）
- ゆうべは遅くまで勉強した．I studied (until) *late* last night.（►副詞）

❷[速度が]**slow**[スロゥ](⇔速い fast, quick, rapid, speedy)
- 彼女は着替(きが)えるのが遅い．She is *slow* in [at] changing her clothes.
- 彼は読むのが遅い．He is a *slow* reader.

おそう【襲う】**attack**[アタック];（災害・病気などが）**strike**[ストゥライク], **hit**[ヒット]
- 彼らは敵を襲った．

ninety-nine

おそかれはやかれ

They *attacked* their enemy.
- 台風は伊豆(ザ)を襲った.
The typhoon *hit* Izu.

おそかれはやかれ【遅かれ早かれ】**sooner or later**[スーナァ][レイタァ]
- 遅かれ早かれ彼らはその秘密を知るだろう.
They will know the secret *sooner or later*.

おそく【遅く】→おそい

❶時間が	**late**
❷速度が	**slowly, slow**

❶[時間が]**late**[レイト](⇔早く **early**)
- 寝(ね)る時間が遅くなった. I went to bed *late*.
- 私はゆうべ遅くまでテレビを見ていた.
I watched TV till *late* last night.
- 遅くとも10時までには戻(も)って来なさい.
Come back by 10 o'clock *at the latest*.

❷[速度が]**slowly**[スロウリィ], **slow**[スロウ](⇔速く **fast, quickly**)
- 彼はわざと遅く走った.
He ran *slowly* [*slow*] on purpose.

おそなえ【お供え】**an offering**[オーファリング]

おそめ【遅めの[に]】**late**[レイト]; **later**
- 遅めの昼食を食べた. I had a *late* lunch.
- 集まりはいつもより少し遅めに始まった. The meeting started a little *later* than usual.

おそらく →たぶん

おそるおそる **fearfully**[フィアフリィ], **timidly**[ティミッドゥリィ]

おそれ【恐れ】**fear**[フィァ]; (危険性)**danger**[デインヂャァ]
- 今夜は嵐(あらし)になるおそれはない.
There is no *fear* of a storm tonight.

おそれいりますが【恐れ入りますが】**Excuse me, but ...**[イクスキューズ ミー], **I'm sorry to trouble you, but ...**[サリィ][トゥラブル]
- 恐れ入りますが, トイレをお借りできますか.
Excuse me, but can I use the bathroom?

おそれる【恐れる】

be afraid[アフレイド], **fear**[フィァ](▶fearのほうが堅(かた)い言い方で, ふつう進行形にできない)→こわがる

〈人・物・事〉を恐れる
be afraid of+〈人・物・事〉
- その子は雷(かみなり)を恐れている.
The child *is afraid of* thunder.

…ではないかと恐れる
be afraid of+〈-ing形〉
- マコトは母親に怒(おこ)られるのではないかと恐れて

いた. Makoto *was afraid of* being scolded by his mother.

…するのではないかと恐れる
be afraid that ...
- ユリは試験に落ちるのではないかと恐れている. Yuri *is afraid that* she will fail (in) the exam.

おそろい **matching**[マッチング]→そろい
- 私たちはおそろいのキーホルダーを買った.
We bought *matching* key chains.

おそろしい【恐ろしい】

terrible[テラブル]; (ぞっとする)**horrible**[ホーラブル]; (ぎょっとする)**shocking**[シャッキング]; (危険な)**dangerous**[デインヂャラス]
- きのう恐ろしい事故を見た.
I saw a *terrible* accident yesterday.
- そのゾンビ映画は恐ろしかった.
The zombie movie was *horrible*.

➡恐ろしく **terribly; horribly**
- 外は恐ろしく暑い. It's *terribly* hot outside.

おそわる【教わる】**learn**[ラーン], **be taught**[トート]→ならう
- 私はよく兄から英語を教わる.
I often *learn* English from my brother.

オゾン〘化学〙**ozone**[オウゾウン]
オゾン層 **the ozone shield, the ozone layer**: オゾン層破壊(はかい) **the ozone layer depletion** [**destruction**]
オゾンホール **an ozone hole**

おたがい【お互い】→たがい

おたく【お宅】(人の家)**...'s house**[ハウス]; (あなた)**you**[ユー]
- 鈴木さんのお宅 Mr. Suzuki's *house*
- お宅はどちらですか. Where do *you* live?
(◀どこに住んでいますか)

➡お宅の **your**[ユァ]
- 「お宅の家族は何人ですか」「4人です」
"How many people are there in *your* family?" "There are four."

オタク **otaku**[アウターク], **a nerd**[ナード], **a geek**[ギーク]
- アニメオタク an anime *geek*
- 秋葉原は「オタクの街」と呼ばれている.
Akihabara is called a "*Geek* Town."

➡オタクっぽい **nerdy, geeky**

おだてる **flatter**[フラッタァ]
- おだてるなよ. Don't *flatter* me.

おたまじゃくし〘動物〙**a tadpole**[タッドゥボウル]

おだやか【穏やかな】

(天候・海などが)**calm**[カーム], **quiet**[クワイアット]

100 one hundred

おてんば

（気候が）**mild**[マイルド]；（風・声・人などが）**gentle**[ヂェントゥル]
- 穏やかな海 a **calm** sea
- この地方の気候は穏やかだ.
  The climate of this district is *mild*.
- 彼女は穏やかな人だ.
  She is a *gentle* person.
- ━穏やかに **calmly**, **quietly**；**gently**
- 先生はいつも穏やかに話す.
  Our teacher always speaks *quietly*.

おち【落ち】（話・ジョークなどの）**a punch line**[パンチ ライン]

おちこぼれ【落ちこぼれ】**a dropout**[ドゥロップアウト]
- 落ちこぼれたくない. I don't want to *be left behind*. （←置いてきぼりにされたくない）

おちこむ【落ち込む】（気が滅入（め）る）**feel depressed**[フィール ディプレスト], **feel blue**[ブルー]
- 彼女は試合に負けて落ちこんでいる. She *feels depressed* about losing the game.

おちつき【落ち着き】**calmness**[カームニス]
- ━落ち着きの[が]ない **restless**[レストリス]
- 彼は授業中いつも落ち着きがない.
  He is always *restless* in class.

おちつく【落ち着く】**calm down**[カーム ダウン]
- 落ち着きなさい.
  Calm down. / *Calm yourself.*
- ━落ち着いた **calm**
- ━落ち着いて **calmly**
- ケンは落ち着いて話した. Ken spoke *calmly*.

おちば【落ち葉】**a fallen leaf**[フォーラン リーフ]

おちゃめ【お茶目な】**playful**[プレイフル]

おちる【落ちる】

❶落下する	**fall**；（急に）**drop**
❷試験などに	**fail**（**in ...**）；(成績が)**go down**
❸染（そ）み・色などが	**come out**；(洗って)**wash out**

❶[落下する]**fall**[フォール]；（急に）**drop**[ドゥロップ]
- 男の子が池に落ちた.
  A boy *fell* into the pond.
- 鉛筆（えんぴつ）が机から落ちた.
  A pencil *fell* [*dropped*] off the desk.
- 飛行機が墜落（ついらく）した.
  The plane *crashed* [*fell* to the ground].

❷[試験などに]**fail**（**in ...**）[フェイル]（►inを省くのがふつう）（⇔合格する **pass**, **succeed**（**in ...**））；（成績が）**go down**[ゴゥ ダウン]
- 彼女は試験に落ちた.
  She *failed*（*in*）the examination.

- 成績が落ちた. My grades *went down*.

❸[染み・色などが]**come out**[カム アウト]；（洗って）**wash out**[ワッシュ]
- この染みは落ちないだろう.
  This stain will not *come out*.

おつかい【お使い】➡ つかい

おっかけ【追っかけ】（歌手などの）**a groupie**[グルーピィ]

おつかれさま【お疲れ様】[日≠英]

> **これ、知ってる?** 英語に「お疲れ様」はない!?
> 英語には「お疲れ様」に当たる表現はありません. 仕事の終わりには Thank you for the good job. （よくやったね.）, 1日の終わりには Take care. See you（tomorrow）. （気をつけて. また（明日）ね.）などと言います.

おっくう【おっくうな】**troublesome**[トゥラブルサム]➡ めんどう

おっしゃる say[セィ]（►英語には「おっしゃる」に当たる敬語はない）➡ いう❶
- お名前は何とおっしゃいますか.
  May I have your name?
- おっしゃることがよくわかりません. I don't understand you [what you're *saying*].

おっちょこちょい（注意散漫（さんまん）な人）**a scatterbrain**[スキャッタァブレイン]

おっと¹【夫】**a husband**[ハズバンド]（⇔妻 a wife）

おっと²（話）**oops**[ウップス]（►ちょっとしたまごつき・驚（おどろ）きなどを表す）
- おっと, しまった！ *Oops!*

おっとせい【動物】**a fur seal**[ファー スィール]

おっとり【おっとりした】（寛大（かんだい）な）**gentle**[ヂェントゥル], **easy**[イーズィ]；（のんびりした）**easygoing**[イーズィゴゥイング]
- 彼女はおっとりしている. She is *easygoing*.

おっぱい（乳）**milk**[ミルク]；（乳房（ちぶさ））**a breast**[ブレスト]
- 彼女は赤ん坊（ぼう）におっぱいをあげている.
  She is *breast-feeding* her baby.
  （►breast-feed は「（赤ん坊）に母乳を飲ませる」の意）

おつり【お釣り】➡ つり²

おてあらい【お手洗い】➡ トイレ（ット）

おでき a boil[ボイル]

おでこ a forehead[フォーヘッド]

おてだま【お手玉】**a beanbag**[ビーンバッグ]

おてつだいさん【お手伝いさん】**a housekeeper**[ハウスキーパァ]

おでん oden

おてんば a tomboy[タムボーイ]
- ━おてんばな **tomboyish**

one hundred and one
101

- ミキはとてもおてんばだ．
　Miki is very *tomboyish*.

おと【音】

（a）**sound**[サウンド]；（騒音，雑音）**a noise**[ノイズ]；（音楽的な）**a tone**[トウン]

sound　noise　tone

- 鐘の音 the *sound* of a bell
- 変な音がした．I heard a strange *sound*.
- 音を立てるな．Don't make any *noise*.
- 高い[低い]音 a high [low] *tone*
- マキはラジオの音を大きく[小さく]した．
　Maki turned up [down] the radio.(▶ turned up [down] the sound of the radioは×)

表現メモ

物音の表現いろいろ

thud　crash
ドシン　ガチャン

bang
バタン

おとうさん【お父さん】

a father[ファーザァ]（⇔お母さん a mother）；**Father**, 《話》**Dad**[ダッド], 《話》**Daddy**[ダディ]（▶ 子どもが用いる）→ **おかあさん** ポイント!

- この前の日曜日にお父さんと遊んだ．
　I played with my *father* last Sunday.
- お父さん，キャッチボールしようよ．
　Let's play catch, *Dad*!

おとうと【弟】

a brother[ブラザァ]；（兄と区別して）**a little brother**[リトゥル], **a younger brother**[ヤンガァ]（⇔兄 an older [a big, an elder] brother）
→ **あに** ポイント!

- 私には弟が2人いる．
　I have two *younger brothers*.
- ナオキはぼくのいちばん下の弟だ．
　Naoki is my *youngest brother*.

おどおど【おどおどした】**timid**[ティミッド]；（びくびくした）**nervous**[ナーヴァス]

- その少年はいつもおどおどしている．
　The boy always looks *timid*.

おどかす【脅かす】**scare**[スケァ]

- 脅かさないでよ．Don't *scare* me. /（脅かされた後に）You *scared* me.

おとぎばなし【おとぎ話】**a fairy tale**[フェアリィテイル], **a nursery tale**[ナーサリィ]

おとこ【男】

a man[マン]（複 **men**[メン]）（⇔女 a woman）；（男性）**a male**[メイル]（⇔女 a female）

- あの男の人はだれ．
　Who is that *man*?
- 男の赤ん坊 a baby *boy*
- **男の male**（⇔女の female）
- **男らしい manly**
- 男友達 a（**male**）**friend**（▶ a boyfriendは「恋人」の意味なので注意）
- 男の子 **a boy**

おとしあな【落とし穴】**a pit**[ピット]；（上を覆い隠した）**a pitfall**[ピットフォール]

おとしだま【お年玉】**New Year's gift**[ヌー イアズ ギフト]

- お年玉は日本で正月に親や親せきから子どもたちへ与えられる小遣いのことです．
　Otoshidama is money given to children by parents and relatives during New Year's season in Japan.
- おばは私にお年玉を1万円くれた．
　My aunt gave me ten thousand yen as a *New Year's gift*.
- お年玉付き年賀はがき a **New Year's lottery postcard**

おとしもの【落とし物】**a lost article**[ロースト アーティクル]

- 駅で落とし物をした．
　I *lost something* at the station.
- 落とし物取扱所 **a lost and found office**

おとしより【お年寄り】→ **としより**

おどろく

おとす【落とす】
drop[ドゥラップ]；(失う)lose[ルーズ]
- コップを床(ゆか)に落としてしまった．
 I *dropped* a glass on the floor.
- 気を落とさないで．Don't *lose* heart.
- どこかにコンタクトレンズを落としちゃった．
 I *lost* my contact lens somewhere．(▶落としたその場ではdropを用いる)
- 彼は交通事故で命を落とした．
 He *lost* his life in a traffic accident.
- スピード落とせ《掲示》SLOW DOWN

「スピード落とせ／子どもが遊んでいます」の標識(米国)

おどす【脅す】threaten[スレットゥン]
おとずれる【訪れる】visit[ヴィズィット]；(来る)come[カム]→ほうもん
- 京都にはたくさんの観光客が訪れる．
 Many tourists *visit* Kyoto.
- やっと春が訪れた．
 Spring has *come* at last.

おととい the day before yesterday[イェスタァデイ]
- おととい英語のテストがあった．We had an English test *the day before yesterday*.
- おとといの朝[晩]
 the morning [evening] *before last*

おととし the year before last[イァ][ラスト]
- この家はおととし建てられた．This house was built *the year before last*.
- おととしの冬 the winter *before last*

おとな【大人】

an adult[アダルト]，《話》a grown-up[グロウナップ]
- (映画館や遊園地などで)大人1枚，子ども2枚．
 One *adult* and two children, please.
- 大人もこの映画を楽しめる．Even *grown-ups* can enjoy this movie.

━大人の adult, grown-up[グロウナップ] (★名詞のgrown-upとのアクセントの違(ちが)いに注意)
━大人になる grow up[グロウアップ]
- 大人になったらサッカー選手になりたい．
 I want to become a soccer player when I *grow up*.

┃大人料金 adult rate

おとなしい(もの静かな)quiet[クワイアット]；(穏(おだ)やかな)gentle[ヂェントゥル]
- エリはとてもおとなしいね．Eri is very *quiet*.
- おとなしい犬 a *tame* dog
━おとなしく quietly
- ここでおとなしく待っていてね．
 Wait here *quietly*.

おとなっぽい【大人っぽい】
- エミは年の割に大人っぽく見える．
 Emi looks *like a grown-up* for her age.

おとめ【乙女】a girl[ガール]
━乙女チックな girlish

おとめざ【乙女座】Virgo[ヴァーゴゥ]；(人)a Virgo
- 私は乙女座です．I am a *Virgo*.

おどり【踊り】a dance[ダンス]；(踊ること)dancing[ダンスィング]
- 踊りの先生 a *dancing* instructor
- 私は踊りが苦手だ．
 I'm not good at *dancing*.

おとる【劣る】be inferior (to ...)[インフィ(ァ)リア], be worse (than ...)[ワース]
- あのパソコンはこれよりも質が劣る．That PC *is inferior* in quality *to* this one.

おどる【踊る】dance[ダンス]
- 踊りましょうか．Shall we *dance*?
- 私たちはフォークダンスを踊った．
 We *danced* a folk dance.

おとろえる【衰える】become weak[ウィーク], decline[ディクライン], fail[フェイル]
- 彼はだんだん体力が衰え始めた．
 He is *becoming weak*.
- 視力が衰えてきた．My eyesight is *failing*.

おどろかす【驚かす】surprise[サァプライズ]
- そのニュースは私たちを驚かせた．
 The news *surprised* us.

おどろき【驚き】surprise[サァプライズ]；(驚くべき事[物])a surprise
- 彼がコンテストで優勝したとは驚きだった．
 It was *a surprise* that he won the contest.

おどろく【驚く】

❶びっくりする　be surprised
❷驚嘆(きょうたん)する　wonder

❶[びっくりする]be surprised[サァプライズド]
- ああ，驚いた．Oh, I'm *surprised*.

…に驚く
be surprised at [by]+〈名詞〉
- 私たちはそのニュースに驚いた．
 We *were surprised at* [*by*] the news.

103
one hundred and three

おないどし

…して驚く
be surprised to ＋〈動詞の原形〉
- 彼のメールを受け取って驚いた.
 I *was surprised to* receive his mail.

…したことに驚く
be surprised that ...
- 彼は彼女が怒(ぎ)り出したことに驚いた.
 He *was surprised that* she got angry.
- 驚いたことにケンはその試合に負けてしまった. *To my surprise*, Ken lost the game.
- 彼女は驚いて駆(ゕ)け出した.
 She started running *in surprise*.

━**驚くべき surprising**

━**驚くほど(に) surprisingly**
- タクは驚くほど短時間で宿題を終わらせた.
 Taku finished his homework in a *surprisingly* short time.

❷〔驚嘆する〕**wonder**[ワンダァ]
- 自然の美しさにはいつも驚く. I always *wonder* at the beauty of nature.

おないどし【同い年】
- ユミとマリは同い年だ. Yumi is *the same age* as Mari. / Yumi is *as old as* Mari.

おなか a stomach[スタマック]
- 彼はおなかをこわしている.
 He has some *stomach* trouble.
- おなかが痛い. I have a *stomach*ache.
- おなかがいっぱいだ. I'm full.
- おなかがすいた. I'm hungry.

おなじ【同じ】

the same[セイム](▶同一, あるいは種類や量・見かけが同じ別々のものを言う)(⇔異なった different)
- 私たちは同じ種類のスマホを持っている.
 We have the *same* kind of smartphones.
- ユキとエリは同じ中学に通っている. Yuki and Eri go to *the same* junior high school.
- 彼はコーラを注文し, 私も同じものにした.
 He ordered cola, and I had *the same*.

…と同じ＋〈名詞〉
the same ＋〈名詞〉＋ as ［that］...
- ぼくはナオと同じかばんを持っている.
 I have *the same* bag *as* Nao.
- 彼女はきのうと同じセーターを着ている.
 She is wearing *the same* sweater *that* she wore yesterday.

〈人・物・事など〉と同じくらい…
as ＋〈形容詞・副詞の原級〉＋ as ＋〈人・物・事など〉
- 私は母と同じくらいの背の高さだ.
 I am *as* tall *as* my mother.

━**同じに alike**[アライク]
- 彼はどの子どもも同じに扱(き)う.
 He treats all his children *alike*.

おなら gas[ギャス], **wind**[ウィンド]
━**おならをする pass gas, break wind**

おに【鬼】(悪魔(き))**a devil**[デヴァル], **a demon**[ディーマン]; (童話などに出てくる)**an ogre**[オウガァ]; (鬼ごっこの)**it**
- おじは仕事の鬼だ.
 My uncle works like the *devil*.
- 鬼のお面をかぶった. I wore a *devil's* mask.
- ▼マヤ, 今度は君が鬼だよ. You're *it*, Maya!
鬼ごっこ tag: 鬼ごっこをしよう. Let's play *tag*.

おにいさん【お兄さん】→あに
おにぎり【お握り】*onigiri*; **a rice ball**[ライス ボール]→食生活【口絵】
- おにぎりを作った. I made a *rice ball*.
おねえさん【お姉さん】→あね

おねがい【お願い】

a wish[ウィッシュ], **a favor**[フェイヴァ]→ねがい
- お願いがあるのですが.
 Would you do me a *favor*? / May I ask a *favor* of you? / May I ask you (for) a *favor*?
- 「コーヒーをもう一杯(ぽ)いかがですか」「はい, お願いします」
 "Would you like another cup of coffee?" "Yes, *please*."
- (注文で)チーズバーガーを1つお願いします.
 A cheeseburger, *please*.
- お母さん, お願い！ Mom, *please* help me!
- (電話で)ミカさんをお願いします.
 May I speak to Mika, *please*?

おねしょ bedwetting[ベッドウェッティング]
━**おねしょをする wet the bed**

おの an ax[アックス]; (手おの)**a hatchet**[ハチット]
おのおの →それぞれ
おば(伯母, 叔母)**an aunt**[アント](⇔おじ an uncle)→おばさん
- おばは北海道に住んでいる.
 My *aunt* lives in Hokkaido.

おばあさん

(祖母)**a grandmother**[グラン(ドゥ)マザァ](⇔おじいさん a grandfather), 《話》**a grandma**[グランマー](▶呼びかけるときはGrandmotherまたはGrandmaを用いる); (年を取った女性)**an old woman**[オウルド ウマン], **an elderly lady**[エルダァリィ レイディ]
- 君のおばあさんは何歳(き)ですか.

104　one hundred and four

おぼれる

How old is your *grandmother*?
* そのおばあさんは編み物をしていた.
The *old woman* was knitting.

おはぎ *ohagi*; a rice cake covered with bean jam[ライス ケイク カヴァド][ビーン ヂャム]

おばけ【お化け】(幽霊(ホェェ))a ghost[ゴウスト]; (怪物(ホェェ))a monster[マンスタァ]
▮お化け屋敷(ホェェ) a haunted house

おばさん【伯母さん, 叔母さん】(親せきの)an aunt[アント](▶呼びかけるときはAuntを用いる)(⇔おじさん an uncle); (年配の女性)a lady[レイディ]; (呼びかけで)madam[マダム](▶ていねいな呼びかけ), ⊛ma'am[マム]
* スミコおばさん *Aunt* Sumiko
* あのおばさんが優(ホ)しくしてくれた.
That *lady* was kind to me.

おはよう【お早う】Good morning.[グッド モーニング], 《話》Morning.

> 話してみよう!
> ☺おはようございます, ブラウン先生.
> *Good morning*, Mr. Brown.
> ☻おはよう, ユキ.
> *Good morning*, Yuki.

おび【帯】(和服の)an obi, a sash[サッシュ]; (ベルト)a belt[ベルト]
* 帯は着物用のベルトのことです.
An *obi* is a *sash* for a kimono.

おびえる be frightened (by ..., at ...)[フライトゥンド]
* 私たちは激しい嵐(ホェェ)におびえた. We *were frightened by* the violent storm.

おひつじざ【お羊座】Aries[エ(ァ)リーズ]; (人)an Aries
* 私はお羊座です. I am an *Aries*.

おひとよし【お人よし】(気立てのよい人)a good-natured person[グッドネイチャァド パースン]

おひなさま【おひな様】(お内裏(ダ゚)様に対して)an Empress doll[エンプリス]→ひなにんぎょう, ひなまつり

おひる【お昼】(正午)noon[ヌーン]; (午後)afternoon[アフタァヌーン]; (昼食)lunch[ランチ]

オフィス(事務所, 会社)an office[オーフィス]
▮オフィスビル an office building

オフェンス offense[アフェンス](⇔ディフェンス defense)

おふくろ【お袋】《主に⊛》《話》one's mom[マム]
→おかあさん

オフサイド《スポーツ》offside[オーフサイド]
▮オフサイドトラップ an offside trap
▮オフサイドライン an offside line

おふだ【お札】a talisman[タラスマン]

オフライン【オフラインの[で]】《コンピュータ》offline[オーフライン](⇔オンラインの[で] online)

おべっか flattery[フラッタリィ]
━おべっかを使う flatter

オペラ(an) opera[アパラ]
▮オペラ歌手 an opera singer
▮オペラグラス (a pair of) opera glasses
▮オペラ劇場 an opera house

オペレーター an operator[アパレイタァ]

おぼうさん【お坊さん】→そうりょ

おぼえ【覚え】memory[メマリィ], learning[ラーニング]
* 彼女は覚えが早い[遅(ホォ)い].
She is a fast [slow] *learner*.
* その話は以前聞いた覚えがある.
I *remember* having heard the story.

おぼえている【覚えている】

remember[リメンバァ](⇔忘れる forget)
* 私は彼女の名前を覚えている.
I *remember* her name.(▶I am rememberingとするのは×)
…したことを覚えている
remember +〈-ing形〉
* 彼女にその本を貸したことを覚えていますか.
Do you *remember* lend*ing* the book to her?
(これから)…することを覚えている
remember to +〈動詞の原形〉
* 私は手紙を出すことを覚えていた.
I *remembered to* send the letter.
…ということを覚えている
remember that ...
* 彼はメグミとそこでデートしたことを覚えている. He *remembers that* he went on a date with Megumi there.

おぼえる【覚える】

(習う)learn[ラーン]; (暗記する)learn ... by heart[ハート], memorize[メマライズ]
* どこでスペイン語を覚えたの.
Where did you *learn* Spanish?
* プログラミングの仕方を覚えた.
I *learned* how to program.
* スピーチを覚えなければならない.
I must *learn* the speech *by heart*.
* 私たちはたくさんの英単語を覚えた.
We *memorized* a lot of English words.

おぼれる(水に)be drowned[ドゥラウンド], drown[ドゥラウン](★発音注意)(▶いずれも「おぼれて死ぬ」の意)

おぼん

- 川でおぼれて死にそうになったんだ．
  I nearly *drowned* in the river.

おぼん【お盆】→ぼん❷

おまいり【お参りする】**visit**[ヴィズィット]
- 神社にお参りした．I *visited* the shrine.

おまえ you[ユー]→**あなた❶, きみ**[1]
- おまえ，そこで何やってんだ．
  What are *you* doing there?

おまけ

(値引き)(**a**) **discount**[ディスカウント]；(景品)**a premium**[プリーミアム], **a free gift**[フリー ギフト]
- あの店でおまけしてもらった．
  They gave me a *discount* at that store.
- おまけでシールをもらった．
  I got a sticker as a *free gift*.

おまけに(さらに悪いことに)**to make matters worse**[マタァズ ワース], (**and**) **what is worse**[(ホ)ワット]→**そのうえ**
- おまけに雨が降ってきた．
  What is worse, it began to rain.

おまじない a charm[チャーム]

おまちどおさま【お待ちどおさま】
- お待ちどおさまでした．
  I'm sorry to have kept you waiting.(←お待たせしてすみません)/ *Thank you for waiting.*(←待っていてくれてありがとう)

おまもり【お守り】**a** (**lucky**) **charm**[(ラッキィ) チャーム]

おまわりさん【お巡りさん】**a police officer**[パリース オーフィサァ]；(呼びかけ)**officer**→**けいかん**

おみくじ a fortune (**slip**)[フォーチャン (スリップ)]
- 神社でおみくじを引いた．
  I drew a *fortune* at a shrine.
- おみくじは吉だった．
  The *fortune* said I would be lucky.

日本の神社で売られていたおみくじ

おみこし→**みこし**
おむすび→**おにぎり**
おむつ ⓈⓈ**a diaper**[ダイパァ]
- 彼女は赤ん坊(ぼう)のおむつを換(か)えた．
  She changed her baby's *diaper*.

オムライス an omelet filled with fried rice[アマリット][フィルド][フライド ライス]

オムレツ an omelet[アマリット]

おめでとう

Congratulations![カングラチュレイションズ]
- 卒業おめでとう！
  Congratulations on your graduation!
- (試験に受かって)高校入学おめでとう．
  Congratulations on getting into high school.

〔話してみよう！〕

☺ 優勝おめでとう！
  Congratulations on winning!
😊 ありがとう．
  Thank you.

☺ 新年おめでとう！
  Happy New Year!
😊 おめでとう．
  (The) Same to you. / Thank you. You, too.

- お誕生日おめでとう！
  Happy birthday (to you)!

〔これ，知ってる？〕 **Congratulations! と言うとき**
Congratulations! は努力して成功した人に対して使う言葉なので，新年やクリスマスのあいさつには使いません．また，結婚(けっこん)式では，I wish you great happiness. やBest wishes! と言うのがふつうです．

おめにかかる【お目にかかる】**meet**[ミート], **see**[スィー]→**あう**[1]
- お目にかかれてうれしいです．
  I'm glad to *meet* you. / I'm glad to *see* you. (▶meetは初対面のときに用いる)
- お目にかかれてよかったです．Nice *meeting* [*seeing*] you. / I enjoyed *meeting* you. (▶別れるときのあいさつ．meetは初対面のときに用いる)

おもい[1]【重い】

❶ 重さが	**heavy**
❷ 病気などが	**serious**;
(気分などが)	**depressed**
❸ 画像ファイルなどが	**large**

❶[重さが]**heavy**[ヘヴィ] (⇔軽い **light**)
- 重い石 a *heavy* stone
- 彼女は以前より体重が重くなっている．

おもう

She is *heavier* than before.
　━**重く heavily**
❷〔病気などが〕**serious**[スィ(ァ)リアス]; (気分など)**depressed**[ディプレスト]
・重い病気
　a *serious* illness
・リョウは宿題のことで気が重かった. Ryo felt *depressed* about his homework.
❸〔画像ファイルなどが〕**large**[ラーヂ]
・その画像ファイルはとても重かった.
　The image file was very *large*.

おもい²【思い】(考え)(a)**thought**[ソート]; (感じ方)**a feeling**[フィーリング]; (願い)**a wish**[ウィッシュ]; (愛情)**love**[ラヴ]
・あなたの思いがかないますように.
　May your *wish* come true!
・ユミはいつも思いのままに行動する.
　Yumi always does as she *likes*.

おもいうかべる【思い浮かべる】→ そうぞう¹

おもいがけない【思いがけない】**unexpected**[アニクスペクティド]
・思いがけない光景
　an *unexpected* sight
　━**思いがけなく unexpectedly**
・思いがけなく彼女から返信が来た.
　Her response came *unexpectedly*.

おもいきって【思い切って…する】
・思い切ってコンテストに応募(☆⁵)した.
　I *went ahead and* entered the contest.

おもいきり【思い切り】(できるだけ…)**as ... as one can**
・彼はドアを思い切りたたいた.
　He knocked on the door *as hard as he could*.

おもいすごし【思い過ごし】**imagination**[イマヂネイション]
・それは君の思い過ごしだ.
　That's just your *imagination*.

おもいだす【思い出す】**remember**[リメンバァ]; (…に〜を思い出させる)**remind（... of 〜）**[リマインド]
・小学校のころを思い出した.
　I *remembered* my elementary school days.
・君を見ていると君のお兄さんを思い出すよ.
　You *remind* me *of* your brother.

おもいちがい【思い違い】(a)**misunderstanding**[ミスアンダスタンディング]

おもいつき【思いつき】**an idea**[アイディア]
・ユリはいつも思いつきだけでものを言う.
　Yuri always says whatever *comes to mind*.

━**思いつく come up with ...**[カム アップ], **think of ...**[スィンク], **occur to ...**[アカァ](► occur to ...は思いついたものが主語)
・いいことを思いついた.
　I *came up with* a good idea. / A good idea *occurred to* me. / A good idea *came to* my *mind*.

おもいで【思い出】

a memory[メマリィ]
・私のいちばんの思い出
　my best *memory*
・中学時代の楽しい思い出がたくさんある.
　I have many good *memories* of my junior high school days.
・私たちは卒業の思い出にアルバムを作った.
　We made photo albums as a *memento* of our graduation.(► mementoは「記念の品」の意)

おもいどおり【思い通り】
・すべて思い通りの結果になった.
　Everything went *as I wanted*.

おもいやり【思いやり】**consideration（for ...）**[カンスィダレイション], **kindness**[カインドゥニス]
　━**思いやりの〔が〕ある kind, thoughtful**[ソートフル]
・彼はお年寄りに対して思いやりがある.
　He is *kind to* senior citizens.
　━**思いやりのない unkind, thoughtless**

おもう【思う】

❶考える	think; (見なす)consider, regard
❷確信する	believe, be sure
❸望む	want, hope
❹推測する	suppose, ®(話)guess; (予期する)expect
❺心配する	be afraid
❻意図する	be going to＋〈動詞の原形〉
❼…かと思う	wonder

❶〔考える〕**think**[スィンク]; (見なす)**consider**[カンスィダァ], **regard**[リガード]
　…だと思う
　think（that）...
・ケイは親切だと思う.
　I *think*（*that*）Kei is kind.
・彼の答えはまちがっていると思った.
　I *thought that* his answer was wrong.（►thinkが過去形thoughtになると, その後の「主語＋動詞」の動詞も過去形になる）

おもさ

> 話してみよう!
> 😊 ケンは試合に勝つと思いますか.
> Do you *think* (*that*) Ken will win the game?
> 😊 はい, そう思います. / いいえ, そうは思いません.
> Yes, I *think* so. / No, I don't *think* so.

ここがポイント! 「…でないと思う」と言うとき
思う内容が否定の場合は, that以下を否定文にするのではなくthinkを否定して「…と思わない」とするのがふつうです.
- この本はおもしろくないと思う.
  I *don't think* that this book is interesting. (▶ I think this book is not interesting. とはあまり言わない)

- 彼らについてどう思いますか.
  What do you *think* of them?
- 人々は彼を偉大なアーティストだと思っている. People *consider* him (to be) a great artist.
- 彼は正直だと思う. I *regard* him as honest.

❷ [確信する] **believe**[ビリーヴ], **be sure**[シュア]
- 私たちは火星に生物がいると思っている.
  We *believe* that there is life on Mars.
- 彼女はきっとプロの歌手になると思う. I'*m sure* she will become a professional singer.

❸ [望む] **want**[ウォント], **hope**[ホウプ]

…したいと思う
want [hope] to +〈動詞の原形〉
- 私は彼らといっしょに行きたいと思う.
  I *want to* go with them.

…だといいなと思う
I hope (that) …
- あしたが晴れだといいなと思う. I *hope* (*that*) tomorrow will be a sunny day.

❹ [推測する] **suppose**[サポウズ], ⑧〈話〉**guess**[ゲス];（予期する）**expect**[イクスペクト]
- 彼女は来ると思う.
  I *suppose* (that) she will come.
- きょう学校でユカに会えると思う.
  I *expect* to see Yuka at school today.

❺ [心配する] **be afraid**[アフレイド]（▶望ましくないことを予想する表現）

…ではないかと思う
be afraid (that) …
- ヒロは怒るんじゃないかと思う.
  I'*m afraid that* Hiro will get angry.

❻ [意図する] **be going to** +〈動詞の原形〉
- 私は新しいかばんを買おうと思っている.

I'*m going to* buy a new bag.
- もっと勉強をがんばろうと思っている.
  I *am going to* study harder.

❼ […かと思う] **wonder**[ワンダァ]
- 彼は何歳なのかとミキは思った.
  Miki *wondered* how old he was.
- 何があったのかと思った.
  I *wondered* what happened.

おもさ 【重さ】**weight**[ウェイト]
- このラケットの重さはどのくらいですか.
  What is the *weight* of this racket?
━重さがある, 重さを計る **weigh**[ウェイ]
- この小包の重さを計ってくれますか.
  Can you *weigh* this package, please?

おもしろい

（興味深い）**interesting**[インタレスティング];（笑わせるような）**funny**[ファニィ];（ゆかいな）**amusing**[アミューズィング];（興奮させる）**exciting**[イクサイティング]

interesting　　funny　　amusing

- おもしろい本 an *interesting* book
- 釣りはおもしろい.
  Fishing is *interesting*.

> 話してみよう!
> 😊 トランプをするのはどう？
> How about playing cards?
> 😊 おもしろそうだね.
> (That) Sounds *interesting*.

〈人〉にとって〈物・事など〉がおもしろい
〈人〉+ be interested in +〈物・事など〉
- （私にとって）スキーはおもしろい.
  I'*m interested in* skiing.
- 子どもたちにとって英語はおもしろい.
  Children *are interested in* English. / English *is interesting* to children.
- 彼女はおもしろい顔をしてみせた.
  She made a *funny* face.
- 友達は私のことをおもしろいと言う.
  My friends say I'm *funny*.
- おもしろいパフォーマンスを見た.
  I saw an *amusing* performance.

おもしろがる be amused[アミューズド]
- 彼らはユカリの話を聞いておもしろがった.
  They *were amused* at Yukari's story.

おもちゃ a toy[トィ]
- おもちゃの扇風機 a toy fan
- 子どもたちはおもちゃで遊んでいる．
  The children are playing with their toys.

  おもちゃ箱 a toy box
  おもちゃ店 a toy shop, a toy store

おもちゃのいろいろ
ぬいぐるみ a stuffed toy
おもちゃの車 a toy car
ブロック blocks
トレーディングカード a trading card
着せ替え人形 a dress-up doll

おもて【表】

❶表面	the front, the face
❷戸外, 屋外	the outdoors;(外側)the outside
❸野球で	the top（half）

❶[表面]**the front**[フラント]（⇔裏 the back），**the face**[フェイス]
- コインの表 heads / the head side of a coin
- …の表に **on the front of** ...
- ケンは小包の表に友達のあて名を書いた．
  Ken wrote his friend's address on the front of the package.

❷[戸外, 屋外]**the outdoors**[アウトドァズ]（▶単数扱い）；(外側)**the outside**[アウトサイド]
- 表でキャッチボールをしよう．
  Let's play catch outdoors [outside]. (▶このoutdoorsとoutsideは副詞)

❸[野球で]**the top**（**half**）[タップ（ハーフ）]（⇔裏 the bottom（half））
- 6回の表に in the top of the sixth inning

表通り a main street

おもな【主な】**main**[メイン], **chief**[チーフ]
- この地方の主な産物は何ですか．What are the main products of this region?
- オーストラリアの主な都市
  the chief cities of Australia

おもに¹【重荷】(重い荷物)**a heavy load**[ヘヴィ ロウド]；(重い負担)**a burden**[バードゥン]

おもに²【主に】**mainly**[メインリィ], **chiefly**[チーフリィ]；(大部分は)**mostly**[モウストゥリィ]
- 主にユキが小鳥の世話をする．
  Yuki mainly takes care of our birds.
- その合唱団のメンバーは主に少女だった．
  The members of the chorus were mostly girls.

おもみ【重み】**weight**[ウェイト]➡おもさ

おもり¹【重り】(釣り糸の)**a sinker**[スィンカァ] ➡つり¹図；(おもし)**a weight**[ウェイト]

おもり²【お守り】➡こもり

おもわず【思わず】**in spite of** oneself[スパイト]
- 私たちは思わず笑ってしまった．
  We laughed in spite of ourselves.

おもわれる【思われる】➡…らしい❶

おもんじる【重んじる】**value**[ヴァリュー]
- 兄は仕事よりもプライベートを重んじる．
  My brother values his private life above his business.

おや¹【親】

one's **parent**[ペァラント]（▶「両親」を表すときはparentsと複数形にする）
- 彼は親に従った．He obeyed his parents.

親孝行：親孝行しなさい．Be good to your parents.
親知らず **a wisdom tooth**
親不孝：親不孝をしてしまった．I haven't been a good son [daughter]. （⇐いい息子[娘]ではなかった）

おや² Oh![オゥ], Oh dear![ディァ], Why![（ホ）ワィ], Well![ウェル]
- おやまあ！ Oh (dear)!

おやこ【親子】**parent and child**[ペァラント][チャイルド]; **family**[ファミリィ]
- 象の親子 an elephant and its baby
- 彼女たちは親子だ．
  They are mother and daughter(s).

親子げんか a family argument
親子丼 a bowl of rice with chicken and egg

おやじ one's **dad**[ダッド], (話)one's **old man**[オゥルド マン]➡おとうさん

おやすみなさい【お休みなさい】**Good night.**[グッド ナイト]

話してみよう！
😊おやすみなさい，お母さん．
Good night, Mom.
😊ゆっくりおやすみ．
Good night. Sleep well.

- おばあちゃんに「おやすみなさい」を言ったの？
  Did you say good night to Grandma?

おやつ a snack[スナック], **refreshments**[リフレッシュマンツ]
- おやつをちょうだい．Give me a snack.

おやゆび【親指】(手の)**a thumb**[サム]；(足の)**a big toe**[ビッグ トウ]➡て図, ゆび図

およぎ【泳ぎ】**swimming**[スウィミング]
- きのう川へ泳ぎに行った．
  I went swimming in the river yesterday.

およぐ

(▶to the riverは×)
- エミは泳ぎがうまい．
Emi is good at *swimming*.
- ひと泳ぎしよう．Let's go for a *swim*!(▶このswimは「泳ぐこと」の意味の名詞)

およぐ【泳ぐ】**swim**[スウィム]
- 私は泳げない．I can't *swim*.
- 「何メートル泳げますか」「200メートルくらいです」"How many meters can you *swim*?" "I can *swim* about 200 meters."
- きょうプールで泳いだ．
I *swam* in the pool today.
- クロールで泳いだ．
I *swam* the crawl.

およそ(だいたい)**about**[アバウト]
- その部屋にはおよそ15人がいた．There were *about* fifteen persons in the room.

およぶ【及ぶ】(時間などが)**last**[ラスト];(匹敵する)**match**[マッチ]
- そのコンサートは3時間に及んだ．
The concert *lasted* three hours.
- 数学でアキラに及ぶ者はいない．
No one can *match* Akira in math.
- ご心配には及びません．
There's no *need* to worry.(←心配する必要はありません)

オランウータン〖動物〗**an orangutan**[オーラングアタン]

オランダ the Netherlands[ネザァランツ], **Holland**[ハランド]

―**オランダ(語，人)の Dutch**[ダッチ]
オランダ語 Dutch
オランダ人 a Dutch person

おり(動物の)**a cage**[ケイヂ]

オリーブ〖植物〗**an olive**[アリヴ]
オリーブ油 olive oil

オリエンテーション(an) **orientation**[オーリアンテイション]
- 新入生のためのオリエンテーションは毎年行われる．A freshman *orientation* is held every year.

オリエンテーリング orienteering[オーリエンティ(ァ)リング]

おりかえし【折り返し】(マラソンなどの)**a turn**[ターン];(すぐに)**soon**[スーン]
- 折り返し電話します．
I'll call you *back soon*.

おりがみ【折り紙】**origami**[オリガーミ]; **paper folding**[ペイパァ フォウルディング]
- 折り紙は紙を折って形を作り上げる芸術です．
Origami is the art of folding paper into figures.

オリジナル an original[アリヂャヌル]
―**オリジナルの original**

おりたたむ【折り畳む】**fold**(**up**)[フォウルド]
―**折りたたみの folding**
折りたたみがさ a folding umbrella
折りたたみ自転車 a folding bicycle

おりまげる【折り曲げる】**bend**[ベンド]

おりる【下りる，降りる】

❶高い所から	come down, go down, get down
❷乗り物から	(列車・バスなど)get off; (車など)get out of ...
❸地位・役目から	give up, 《話》quit

❶[高い所から]**come down**[カム ダウン], **go down**[ゴウ], **get down**[ゲット](⇔上がる go up)
- 彼は階段を降りた．
He came *down* the stairs.
- その少年は木から降りてきた．
That boy *got down* from the tree.
- 子どもたちが2階から降りてきた．
The children came *downstairs*.

❷[乗り物から](列車・バスなど)**get off**[オーフ](⇔乗る get on);(車など)**get out of ...**[アウト](⇔乗る get in (...), get into ...)
- いつも中野駅で電車を降りる．I always *get off* the train at Nakano Station.
- マナはすばやく自転車から降りた．
Mana *got off* her bicycle quickly.

> 話してみよう!
> ☺あなたはどこで降りるのですか．
> Where are you *getting off*?(▶この場合現在進行形は近い未来を表す)
> ☻新宿です．
> I'm *getting off* at Shinjuku.

- 私たちはタクシーから降りた．
We *got out of* the taxi.

❸[地位・役目から]**give up**[ギヴ アップ],《話》**quit**[クウィット]

おわり

- 彼らはゲームをおりた.
  They *quit* playing the game.

オリンピック the Olympic Games[オリンピック ゲイムズ], the Olympics
- 冬季オリンピック
  the Winter *Olympic* Games
- オリンピックで金メダルをとりたい.
  I hope to win a gold medal at *the Olympics*.
∥オリンピック競技場 the Olympic stadium
∥オリンピック記録 an Olympic record
∥オリンピック選手 an Olympic athlete
∥オリンピック村 the Olympic village

おる¹【折る】
(骨・木などを)**break**[ブレイク]; (紙・毛布などを)**fold (up)**[フォウルド]
- 木の枝を折ってはいけない.
  Don't *break* the branches of the tree.
- 彼は転んで右足の骨を折った.
  He fell and *broke* his right leg.
- 彼女はその紙を半分に折った.
  She *folded* the paper in half.

おる²【織る】**weave**[ウィーヴ]

オルガン〖楽器〗(パイプオルガン)**an organ**[オーガン], **a pipe organ**[パイプ]; (リードオルガン)**a reed organ**[リード]
- オルガンを弾いた. I played the *organ*.
- 電子オルガン an electronic *organ*
∥オルガン奏者 an organist

オルゴール ⓇA music box[ミューズィック バックス]
(▶「オルゴール」はオランダ語から)

おれ I[アイ]→わたし ポイント!

おれい【お礼】**thanks**[サンクス]→れい²❶
∥お礼状 a thank-you letter

おれる【折れる】**break**[ブレイク]; (ポキンと)**snap**[スナップ]→おる¹; (降参する)**give in**[ギヴ イン]
- 足の骨が折れた. I *broke* my leg.
- シャープペンシルの芯が折れた.
  The mechanical pencil's lead *broke*.
- 大雪で木々の枝がたくさん折れた.
  Many branches of the trees *snapped* under (the) heavy snow.
- ついに父が折れた.
  At last my father *gave in*.

オレンジ〖植物〗**an orange**[オーリンヂ]; (色)**orange**
∥オレンジジュース orange juice

おろおろ【おろおろする】**be upset**[アップセット]
- 彼は事故のことを聞いておろおろした. He *was upset* to hear about the accident.

おろか【愚かな】**foolish**[フーリッシュ], **stupid**[ストゥーピッド]→ばか
- そんなことをするなんて彼女は愚かだ.
  She is *foolish* enough to do something like that.
∥愚か者 a fool

おろし【卸】**wholesale**[ホウルセイル]
∥卸売り業者 a wholesaler

おろす【下ろす, 降ろす】

❶下のほうへ	take down, get ... down; (幕などを)pull down
❷乗り物から	let off, 《話》drop off
❸預金などを	withdraw

❶〔下のほうへ〕**take down**[テイク ダウン], **get ... down**[ゲット]; (幕などを)**pull down**[プル]
- 彼女は棚から箱を下ろした.
  She *took down* a box from the shelf. / She *got* a box *down* from the shelf.
- ブラインドを下ろしてくれますか.
  Would you *pull down* the window shades?

take down / get ... down　　pull down

- ジーンズのファスナーを下ろした.
  I *unzipped* my jeans.

❷〔乗り物から〕**let off**[レット オーフ], 《話》**drop off**[ドゥラップ]
- 彼はミキを彼女の家の前で降ろした.
  He *let* Miki *off* in front of her house.
- 駅で降ろしてください.
  Please *drop* me *off* at the station.

❸〔預金などを〕**withdraw**[ウィズドゥロー]
- 預金から1万円下ろさなければならない.
  I must *withdraw* ten thousand yen from my account.

おわかれかい【お別れ会】**a farewell party**[フェアウェル パーティ]

おわらい【お笑い】→わらい
∥お笑い芸人 a comedian
∥お笑い番組 a comedy show

おわり【終わり】
an end[エンド]
- 3月の終わりに at the *end* of March
- 授業の終わりのチャイム

おわる

the bell for the *end* of the lesson
- 初めから終わりまで
from beginning to *end*
- 秋は終わりに近づいている.
Autumn is coming to an *end*.
- 休み時間は終わりだ. The break *is over*.
- きょうはこれで終わりです.
That's all for today. / So much for today.
—**終わりの last**[ラスト], **final**[ファイヌル]

━━━━━ 慣用表現 ━━━━━

終わりよければすべてよし.
All's well that ends well.

おわる【終わる】

❶おしまいになる	end; (終わっている)
	be over
❷仕上がる	finish

❶[おしまいになる]**end**[エンド]; (終わっている)**be over**[オウヴァ]
- 3時に授業が終わった.
The class *ended* at three o'clock.
- 春休みが終わった. Spring vacation *is over*.
(►この場合は「終わっている」という意味なのでwas overは×)
- 私は昼食が終わってからいつも歯をみがく.
I always brush my teeth *after* lunch.
❷[仕上がる]**finish**[フィニッシュ]
- 宿題が全部終わった.
I *finished* all my homework.
- 彼はその本を読み終わった.
He *finished* the book.
- まだレポートが終わっていない.
I haven't *finished* my report yet.
…おわる【…(し)終わる】**finish**+〈-ing形〉[フィニッシュ]
- ちょうど練習が終わったところだ.
I *finished* practicing. (►finished to practiceは×)
おわれる【追われる】→ **おう**¹❷
おん【恩】**kindness**[カインドゥニス]; (好意)**favor**, ⚆**favour**[フェイヴァ]
- ご恩は決して忘れません.
I'll never forget your *kindness*.
- 恩に着るよ. I *owe* you one.
—**恩返しをする return the favor**[リターン]

おんがく【音楽】

music[ミューズィック]
- 音楽の授業[先生] a *music* class [teacher]
- 私たちはクラシック音楽を演奏した.

We played [performed] classical *music*.
- 私はよく音楽を聞く. I often listen to *music*.
- どんな音楽が好きですか？
What kind of *music* do you like?
- 私たちは音楽に合わせて踊った[歌った].
We danced [sang] to the *music*.
—**音楽の musical**
| **音楽家 a musician**
| **音楽会 a concert, a recital**
| **音楽学校 a music school [academy]**
| **音楽祭 a music festival**
| **音楽室 a music room**
| **音楽部 a music club**
おんし【恩師】*one*'s (**former**) **teacher**[(フォーマァ) ティーチャア]
- 恩師に会った.
I met *my former teacher*.
おんしつ【温室】**a greenhouse**[グリーンハウス]; (大型の)**a hothouse**[ハットハウス]
| **温室効果 the greenhouse effect**
| **温室効果ガス a greenhouse gas**
おんじん【恩人】(後援(ネん)者)**a benefactor**[ベニファクタァ]
- あなたは私の命の恩人だ.
I *owe* my *life* to you. / You *saved* my *life*.
(◄私の命を救った)
おんすい【温水】**warm water**[ウォーム ウォータァ]
| **温水プール a heated pool**
おんせつ【音節】**a syllable**[スィラブル]
おんせん【温泉】**a hot spring**[ハット スプリング] (►しばしば複数形で用いる); (温泉の出る場所)**a spa**[スパー]
- 温泉に入った. I bathed in a *hot spring*.
- 先週箱根温泉に行った. I went to Hakone *Spa* [*Hot Springs*] last week.
おんたい【温帯】**the Temperate Zone**[テンパラット ゾウン]
—**温帯の temperate**
おんだん【温暖な】**warm**[ウォーム], **mild**[マイルド]
- 地球温暖化 global *warming*
- この地方は気候が温暖だ.
This region has a *mild* climate.
| **温暖前線 【気象】a warm front**
おんち【音痴の】**tone-deaf**[トウンデフ]; (音楽以外で)**be bad at ...**[バッド]
- 父は音痴だ. My father is *tone-deaf*. / My father has *no ear* for music.
- 私は方向音痴だ. I'*m bad at* directions. / I have *no sense* of direction.
おんてい【音程】(**music**) **interval**[(ミューズィック) インタァヴァル], **tune**[トューン]
- 音程を外しちゃうんだ. I can't stay on *key*.

112 one hundred and twelve

オンデマンド【オンデマンドの[で]】〖コンピュータ〗**on demand**[ディマンド]
- 私たちはオンデマンドで映画を見た. We saw a movie *on demand*.

おんど【温度】

temperature[テンパラチァァ]

話してみよう!
😊 この部屋の温度は何度ですか. What's the *temperature* of this room?
😀 セ氏20度です. It is 20℃. (▶20℃はtwenty degrees centigrade[センティグレイド]またはCelsius[セルスィアス]と読む)

これ、知ってる? 温度目盛りの「セ氏」と「カ氏」

「セ氏」(centigrade [Celsius])は氷点0度, 沸点(ふってん)100度, 記号℃で表され, 日本ではこれが使われます.
「カ氏」(Fahrenheit)は氷点32度, 沸点212度, 記号℉で表され, 米国などで使われています.

セ氏(C)とカ氏(F)を併記した温度計

- 温度が急に下がった[上がった]. The *temperature* fell [rose] suddenly.
- 温度が高い[低い]. The *temperature* is high [low].
- 水の温度を計った. I took the *temperature* of the water.

| 温度計 a thermometer

おんどく【音読する】**read**(...)**aloud**[リード][アラウド](⇔黙読(もくどく)する read(...) silently)

おんどり(鶏(にわとり)の)**a cock**[コック], ㊍**a rooster**[ルースタァ](⇔めんどり a hen)➡にわとり

おんな【女】

a woman[ウマン](複 women[ウィミン])(⇔男 a man); (女性)**a female**[フィーメイル](⇔男 a male)
- あの女の人は彼女のおばだ. That *woman* [*lady*] is her aunt.
- 女の赤ん坊(ぼう) a baby *girl*
━女の **female**(⇔男の male)

- 女の生徒 a *female* [*girl*] student
- 女の医者 a *woman* doctor
━女らしい **feminine**[フェマニン]
| 女友達 a *female* friend (▶a girlfriendは「恋人(こいびと)」の意なので注意)
| 女の子 a *girl*

おんぶ【おんぶする】**carry**[**have**]... **on** *one*'**s back**[キャリィ][バック]
- 母親は赤ん坊(ぼう)をおんぶした. The mother *carried* her baby *on her back*.

おんぷ【音符】**a**(**musical**)**note**[(ミューズィカル)ノウト]

オンライン【オンラインの[で]】〖コンピュータ〗**online**[アンライン](⇔オフラインの[で] offline)
- オンラインでチケットを買った. I bought a ticket *online*.
- 私たちはオンラインゲームで遊んだ. We played an *online* game.
- そのコンサートはオンライン配信された. The concert was broadcast *online*.
| オンラインショッピング online shopping, Internet shopping
| オンライン会議 online meeting
| オンライン授業, オンラインレッスン an online lesson, an online class
| オンライン申請(しんせい) online application
| オンライン診療(しんりょう) online medical care
| オンライン登録 online registration

オンライン授業を受けている女の子

おんわ【温和な】**gentle**[ヂェントゥル], **mild**[マイルド]
- 私の祖父は温和な人だ. My grandfather is a *gentle* person.
- 温和な気候 a *mild* climate

か カ

か¹【科】(大学・病院の)a **department**[ディパートゥマント]; (高校の)a **course**[コース]; (動植物の)a **family**[ファミリィ]
- 英文科
  the *department* of English literature
- 内科
  the *department* of internal medicine
- 普通(ふつう)科
  the general education *course*
- 商業科
  the business [commercial] *course*
- バラ科の植物 plants of the rose *family*

か²【課】(教科書などの)a **lesson**[レッスン]; (役所・会社などの)a **department**[ディパートゥマント], a **section**[セクション]
- 第3課を勉強した.
  I studied *Lesson* Three.
- 販売(はんばい)課
  the sales *department* [*section*]

か³〖蚊〗〖虫〗a **mosquito**[マスキートゥ]
- 蚊に刺(さ)された.
  I was bitten by a *mosquito*.
- ▌蚊取り線香(せんこう) a mosquito coil

…か

❶ 疑問 (下記❶参照)
❷ 誘(さそ)い，申し出
> Let's …, How [What] about …?,
> Will you …?, Shall I …?
❸ 選択(せんたく) (…か〜か)(either) … or 〜

❶〔疑問〕
…か(▶be動詞を含(ふく)む文)
be動詞+〈主語〉+ …?
- あなたはこの学校の生徒ですか.
  Are you a student of this school?
- 近くにコンビニはありますか. *Is there a* convenience store around here?

…か(▶一般動詞を含む文)
Do [Does, Did]+〈主語〉+〈動詞の原形〉+ …?
- あなたはヒロを知っていますか.
  Do you know Hiro?
- 遠足は楽しかったですか.
  Did you enjoy the school trip?

…か(▶can, may, willなどの助動詞を含む文)
助動詞+〈主語〉+〈動詞の原形〉+ …?
- あなたはピアノを弾(ひ)けますか.

Can you play the piano?
- 鉛筆(えんぴつ)を借りていいですか.
  May I borrow your pencil?

…か(▶What, Whenなどの疑問詞を含む文)
疑問詞+ ┌ be動詞+〈主語〉+ …?
　　　 │ do [does, did]+〈主語〉+〈動詞の原形〉+ …?
　　　 │ 助動詞+〈主語〉+〈動詞の原形〉+ …?
　　　 │ 一般動詞[be動詞, 助動詞]+ …?(▶主語がWho [What]のとき)

- あなたの誕生日はいつですか.
  When is your birthday?
- だれがこのケーキを焼いたのですか.
  Who baked this cake?

❷〔誘い，申し出〕**Let's** …[レッツ], **How** [**What**] **about** …?, **Will you** …?, **Shall I** …? →…ませんか
- ゲームをしませんか.
  Let's play a video game. / *Shall we* play a video game?
- 映画でも見に行かないか.
  How about going to a movie?
- 4時ごろはどうですか.
  How about around four o'clock?
- ピザを食べない？
  Will you eat pizza?(▶Would you like (to eat) pizza? は，ていねいな言い方)
- 宿題を手伝いましょうか.
  Shall I help you with your homework?

❸〔選択〕(…か〜か)(**either**) … **or** 〜[(イーザァ)]
→どちらか
- あなたか私のどちらかが正しいはずだ.
  Either you *or* I must be right.
- 行きたいのか行きたくないのか彼に聞いて.
  Ask him *whether* he wants to go *or* not.

が〖虫〗a **moth**[モース]

…が

❶主語を表して	(下記❶参照)
❷目的語を表して	(下記❷参照)
❸しかし	**but**
❹そして	**and**

❶〔主語を表して〕
- 空が青い. *The sky* is blue.
- だれが窓ガラスを割ったの？
  Who broke the window?

114 one hundred and fourteen

かい³

❷〔目的語を表して〕
- タカは英語が大好きだ.
  Taka likes *English* very much.
- 答えがわかる? Do you know *the answer*?
- あの木のそばに彼が見えますか.
  Can you see *him* by that tree?
- 彼女が好きなのね. You like *her*, don't you?

❸〔しかし〕**but**[バット]
- サユリを招待したが,彼女は来なかった.
  I invited Sayuri, *but* she didn't come.

❹〔そして〕**and**[アンド]
- 兄が2人いるが,2人とも医者だ. I have two
  brothers, *and* both of them are doctors.

カー a car[カー]

| カーステレオ a car stereo
| カーナビ a car navigation system
| カーラジオ a car radio

があがあ【があがあ鳴く】(あひるが)**quack**[クワック]

カーキいろ【カーキ色(の)】**khaki**[キャキ]

かあさん→おかあさん

ガーゼ gauze[ゴーズ](★発音注意)

カーソル〖コンピュータ〗a cursor[カーサァ]
- カーソルを上[下]に動かしてください.
  Move the *cursor* up [down].
- 単語と単語の間にカーソルを置いた.
  I put the *cursor* between the words.

カーディガン a cardigan[カーディガン]

ガーデニング gardening[ガードゥニング]

カーテン a curtain[カートゥン]
- カーテンを開ける[閉める] open [close] the
  curtain(s)(►両開きの場合は複数形にする)
- カーテンを引いた. I drew the *curtain*(s). (►
  開ける場合にも閉める場合にも用いる)
| カーテンレール a curtain rail

カード a card[カード]
- クリスマスカード a Christmas *card*
- バースデーカード a birthday *card*
- ポイントカード a point *card*
- キャッシュカード a cash [bank] *card*
- クレジットカード a credit *card*

ガード¹(陸橋)⊛an overpass[オウヴァパス]

ガード²(護衛すること)**guard**[ガード];(球技選手)
a defensive player[ディフェンスィヴ プレイア], a
defender[ディフェンダァ]
| ガードマン(警備員)a(security) guard(►
| 「ガードマン」は和製英語)

カートリッジ a cartridge[カートゥリッヂ]

ガードレール a guardrail[ガードゥレイル]

ガーナ Ghana[ガーナ]
| ガーナ人 a Ghanaian

カーニバル a carnival[カーニヴァル]

カーネーション〖植物〗a carnation[カーネイション]

ガーネット(石)a garnet[ガーニット]

カーブ(道路などの)a curve[カーヴ];〖野球〗a curve
(ball)〖(ボール)〗
- その車はカーブを高速で曲がった.
  The car took the *curve* at a high speed.
- カーブを投げられる?
  Can you throw a *curve*(*ball*)?
━**カーブする** curve, bend
- この道路はこの先で緩(ゆる)く[急に]カーブする.
  This road *curves* gently [sharply] ahead.

カーペット a carpet[カーピット]

カーボンニュートラル carbon neutral[カーボ
ン ヌートゥラル]

カーラー(髪(かみ)の)a hair curler[ヘァ カーラァ]

ガーリック〖植物〗garlic[ガーリック]

カーリング〖スポーツ〗curling[カーリング]

カール a curl[カール]
━**カールする** curl
- レイは髪(かみ)をカールした.
  Rei *curled* her hair.
━**カールした** curly
- カールした髪 *curly* hair

ガールスカウト(団体)**the Girl Scouts**[ガールス
カウツ];(団員)a girl scout

ガールフレンド a girlfriend[ガールフレンド](►
(親密な)女友達,恋人(こいびと)を指す. 単なる女友達は
a(female) friend)(⇔ボーイフレンド a
boyfriend)

かい¹【会】

❶会合,集まり	a meeting;
	(パーティー)a party
❷団体	an association,
	a society, a club

❶〔会合,集まり〕a meeting[ミーティング];(パー
ティー)a party[パーティ]
- その会に出席しましたか.
  Did you attend the *meeting*?
- 歓迎(かんげい)会 a welcome *party*
❷〔団体〕an association[アソウスィエイション], a
society[ササイアティ], a club[クラブ]
- 保護者会 a parents' *association*
- 生徒会 a student *council*
| 朝の会 morning assembly
| 帰りの会 day-end assembly

かい²【貝】(a) shellfish[シェルフィッシュ](複
shellfish);(貝がら)a shell[シェル]
- 貝を拾った. I gathered *shells*.

かい³(オール)an oar[オァ];(カヌーなどの)a

かい⁴

paddle[パドゥル]
- かいでこいでいる.
  I'm using an *oar*.
- カヌーをかいでこいだ.
  I *paddled* a canoe.

かい⁴〖かいがある〗(報われる)**be rewarded**[リウォーディド]
- 努力のかいがあった.
  My efforts *were rewarded*.
- 徹夜(ぐゃ)したかいもなく，テストは駄目(が)だった.
  My test results were awful even though I stayed up all night.

…かい¹ 〖…回〗

❶回数，順序	**a time**
❷試合の	**an inning; a round**

❶〖回数, 順序〗**a time**[タイム]➡ なんかい
- 1回 once
- 2回 twice / two *times*
- 3回 three *times*
- 2, 3回 a couple of *times*(►「2回」の意味でも用いる)
- 数回 several *times* / a few *times*
- もう一回
  once more / one more *time* / again
- 週に2回 twice a week
- 2回目 the second *time*
- 3回目でやっと成功した.
  I finally made it on the third try.

❷〖試合の〗〖野球〗**an inning**[イニング]; 〖テニス・ボクシング〗**a round**[ラウンド]
- 9回の表[裏]
  the top [bottom] of the ninth *inning*
- 2回戦 a second *round*

…かい²

〖…階〗**a floor**[フロァ]; (…階建て)**a story**[ストーリィ]
- 音楽室は2階にある.
  The music room is on the second [⊛first] *floor*.
- 3階建ての家
  a three-*story* [three-*storied*] house
- あのマンションは10階建てだ. That apartment building has ten *stories*.(►日本語の「マンション」と英語のmansionは違うことに注意➡マンション くらべて!)
- 私の寝室(ら)は2階にある. My bedroom is *upstairs*.(►2階建ての家で「上の階」の意)
- 下の階に *downstairs*

ここがポイント! 「階」の数え方

「階」の数え方は米国と英国で違います.

米国		英国
3階 the third floor		3階 the second floor
2階 the second floor		2階 the first floor
1階 the first floor		1階 the ground floor
地階 the basement		地階 the basement

がい〖害〗**harm**[ハーム], **damage**[ダミッヂ]
- ━害のある **harmful**
- ━害のない **harmless**
- ━害を与える，害する **do harm** (**to** …), **damage**, **hurt**[ハート], **injure**[インヂァ]
- 台風は多くの農作物に害を与えた.
  The typhoon *damaged* [*did harm to*] a lot of crops.
- あなたの気分を害したのなら謝(緤)ります.
  I'm sorry if I (have) *hurt* your feelings.

かいいぬ〖飼い犬〗**a house dog**[ハウス ドーグ]

かいいん〖会員〗**a member**[メンバァ]
- 私はジャイアンツのファンクラブの会員だ.
  I'm a *member* of the Giants Fan Club.
- ━会員になる **become a member**
  会員証 a membership card
  会員割引 a membership [members] discount

かいえん〖開演する〗**open**[オウプン], **begin**[ビギン]
- ショーは何時に開演しますか.
  What time does the show *begin*?
- 開演は午後6時です.
  The curtain rises at 6 p.m.(◄幕が上がる)

かいおうせい〖海王星〗〖天文〗**Neptune**[ネプトゥーン]

かいが〖絵画〗**a picture**[ピクチァ]; (油絵，水彩(穩)画)**a painting**[ペインティング]
- 絵画部 an art club

かいかい〖開会〗**the opening of a meeting**[オウプニング][ミーティング]
- ケンが開会の辞を述べた.
  Ken gave the *opening* address [speech].
- ━開会する **open**(⇔閉会する close), **start**
- オリンピックが開会した.
  The Olympic Games have *started*.
- 開会式 an opening ceremony

かいがい〖海外の〗

116　one hundred and sixteen

がいこう

overseas[オウヴァスィーズ]；(外国の)foreign[フォーリン]→がいこく
- 海外のニュース foreign news
- **海外へ[に, で]** abroad[アブロード], overseas
- 海外に行きたい. I want to go abroad.(▶go to abroadは×)

海外旅行 overseas travel, a trip abroad：海外旅行をした. I traveled abroad.

かいかく【改革】(a) reform[リフォーム]
- 政治改革 (a) political reform
- **改革する** reform

かいかつ【快活な】cheerful[チアフル], lively[ライヴリィ]

かいかん【会館】a hall[ホール]

かいがん【海岸】

the shore[ショア], the seashore[スィーショア], the seaside[スィーサイド]；(浜辺(琴), 海水浴場)the beach[ビーチ]；(沿岸)the coast[コウスト]
- 西海岸 (米国の)the West Coast
- 私は毎朝海岸をジョギングしている.
  I jog along the shore every morning.
- 彼らは海岸で日光浴をしていた.
  They were sunbathing at the beach.

海岸線 a coastline

がいかん【外観】(an) appearance[アピ(ァ)ランス]

かいぎ【会議】a meeting[ミーティング]；(専門的な問題を扱う)a conference[カンフ(ァ)ランス]
- 職員会議 (学校の)a teachers' meeting
- 国際会議 an international conference
- 会議に出席するつもりだ. I'm going to attend the meeting.
- 彼は今会議中だ. He is in a meeting now.
- 今度の金曜に会議がある. We'll have [hold] a meeting next Friday.

会議室 a conference [meeting] room

かいきゅう【階級】a class[クラス]
- 上流[中流, 下層]階級
  the upper [middle, lower] class

かいきょう【海峡】a strait[ストゥレイト]；(広い)a channel[チャネル]
- 関門海峡 the Kanmon Straits
- イギリス[英仏]海峡 the (English) Channel

かいぎょう【改行する】begin a new line [paragraph][ビギン][ヌー ライン][パラグラーフ]

かいきん【皆勤】perfect attendance[パーフィクト アテンダンス]
- ケンは6年間皆勤だった. Ken had a perfect attendance record for six years.

皆勤賞 an award for perfect attendance / a prize for perfect attendance

かいぐい【買い食いする】

- 学校帰りに買い食いをしてはいけない.
  We are not allowed to buy and eat snacks on our way home.

かいぐん【海軍】the navy[ネイヴィ]
- **海軍の** naval[ネイヴァル]

かいけい【会計】accounting[アカウンティング]；(勘定(災))⊛a check[チェック], ⊛a bill[ビル]
- (飲食店で) 会計をお願いします. Check, please. / Can I have the check please?

会計係 an accountant；(レジ係)a cashier；(クラブ・生徒会などの)a treasurer
会計士 an accountant

かいけつ【解決】(問題の)solution[サルーション]；(争いの)(a) settlement[セトゥルマント]
- **解決する** solve[サルヴ], settle
- 彼らは見事に事件[問題]を解決した. They solved the case [problem] perfectly.

解決策 a solution

かいけん【会見】an interview[インタヴュー]
- 記者会見 a press conference
- **会見する** have an interview (with ...)

がいけん【外見】(an) appearance[アピ(ァ)ランス]
- 人を外見で判断してはいけない. Don't judge people by their appearance.

かいこ¹【解雇】discharge[ディスチャーヂ], (a) dismissal[ディスミサル]；(一時的な)a lay-off[レイオーフ]→くび❷
- **解雇する** dismiss, ⦅主に⊛⦆⦅話⦆fire[ファイア]

かいこ²【蚕】⦅虫⦆a silkworm[スィルクワーム]

かいご【介護】care[ケア], nursing[ナースィング]
- 祖母は介護サービスが必要です.
  My grandmother needs nursing care.
- **介護する** care for ..., nurse, take care of ...
- 両親は祖父の介護をしている.
  My parents are caring for my grandfather.

介護施設(ホょっ) a nursing home
介護者 a care giver
介護福祉(ホミ)士 a care worker

かいこう【開校する】found a school[ファウンド][スクール]
- 私たちの学校は1960年に開校した. Our school was founded [opened] in 1960.

開校記念日 the anniversary of the founding of a school, the Foundation Day

かいごう【会合】→かい❶

がいこう【外交】diplomacy[ディプロウマスィ]
- **外交の** diplomatic[ディプラマティック]
- その事件は外交問題になった.
  The incident became a diplomatic issue.

外交員 (保険などの)a salesperson
外交官 a diplomat

がいこく

外交政策 a foreign policy
外交問題 a diplomatic problem

がいこく【外国】

a foreign country[フォーリン カントゥリィ]
• 外国からの留学生 a *foreign* student
━**外国の** foreign
━**外国へ**[に, で, を] abroad[アブロード],
overseas[オウヴァスィーズ]
• 私は外国へ行ったことがない. I've never been *abroad* [to *foreign* countries].
• レンは外国を旅行した. Ren traveled *abroad* [*overseas*].
• いつか外国に行って友達を作りたい. I want to go *abroad* and make friends there.
外国語 a foreign language
外国人 a foreigner, a person from another [a different]country(►a foreignerには「よそ者」という感じがあるので, American(アメリカ人)のように国を具体的に言うほうがよい)

がいこつ【がい骨】a skeleton[スケラトゥン]
かいさい【開催する】hold[ホウルド]
• 2020年のオリンピックは2021年に東京で開催された. The 2020 Olympic Games were *held* in Tokyo in 2021.
開催国 a host country

かいさつぐち【改札口】a ticket gate[ティキット ゲイト]
• 自動改札口 an automated *ticket gate*

かいさん【解散する】(人・組織などが)break up[ブレイク]; (議会などが)dissolve[ディザルヴ]
• その人気グループは去年解散した. That popular group *broke up* last year.
• 衆議院が解散した. The House of Representatives was *dissolved*.

かいさんぶつ【海産物】marine products[マリーン プラダクツ]; (食品)seafood[スィーフード]

かいし【開始】a start[スタート], a beginning[ビギニング]
━**開始する** start, begin→はじめる
• その試合が開始する時刻はいつですか. What time does the game *start*?

かいしめる【買い占める】buy up[バィ]

かいしゃ【会社】

a company[カンパニィ](►Co., co. と略す); (職場)an office[オーフィス]
• 父は自動車会社に勤めている. My father works for an automobile *company*.
• 株式会社
a corporation / a (limited) *company*
• 兄は電車で会社に行く. My brother goes to

work [the *office*] by train.
会社員 an office worker

がいしゃ【外車】a foreign(-made) car[フォーリン (メイド) カー], an imported car[インポーティド]

かいしゃく【解釈】(an) interpretation[インタープラテイション]
━**解釈する** interpret[インタープリット]

かいしゅう【回収】(a) collection[カレクション]
• 廃品(はいひん)回収 *collection* of waste articles
━**回収する** collect
• ペットボトルは週に1度回収される. Used plastic bottles are *collected* once a week.
回収日 (ごみの)garbage collection day

かいじゅう【怪獣】a monster[マンスタァ]

がいしゅつ【外出する】go out[アウト]; (外出している)be out
• 今外出するところだ.
I'm *going out* now.
• エミはきょう外出している.
Emi *is out* today.

かいじょ【介助する】assist[アスィスト]
介助犬 a service dog

かいじょう¹【会場】the meeting place[ミーティング プレイス]; (ホール)a hall[ホール]; (場所)a site[サイト]
• コンサート会場 a concert *hall*

かいじょう²【開場する】open[オウプン]
• 開場は6時半だ. *The doors open* at 6:30.

かいじょう³【海上の】marine[マリーン]
━**海上に**[で] at sea, on the sea
海上保安官 a Japan Coast Guard official
海上保安庁 the Japan Coast Guard

がいしょく【外食する】eat out[イート アウト]
• きょうはレストランで外食した.
We *ate out* at a restaurant today.

かいすい【海水】seawater[スィーウォータァ], salt water[ソールト ウォータァ]
海水パンツ swimming trunks

かいすいよく【海水浴】swimming in the sea [ocean][スウィミング][スィー[オウシャン]]
• 私たちは海水浴に行った.
We went *swimming in the sea*.
海水浴場 a beach (resort)

かいすう【回数】a time[タイム], the number of times[ナンバァ]→…かい❶
回数券 a coupon (ticket), a book of tickets

かいせい¹【改正】(a) revision[リヴィジョン]; (法律などの)(an) amendment[アメンドゥマント]
• 憲法改正
an *amendment* to the constitution
━**改正する** revise[リヴァイズ]; amend

かいせい²【快晴】fine weather[ファイン ウェザァ]

かいてん¹

fair weather[フェア]
- きょうは快晴だ. It's *clear* today. / It's *good weather* today.
→**快晴の clear**[クリア], **fine**, **fair**

かいせつ【解説】(説明)(an) **explanation**[エクスプラネイション]; (論評)(a) **commentary**[カマンテリィ]
- ニュース解説 news *commentary*
- その写真について解説してもらった.
We listened to the *explanation* about the photos.
→**解説する explain**[イクスプレイン]; **comment (on ...)**[カメント]
┃解説者 a **commentator**: サッカー解説者 a soccer *commentator*
┃解説書 a **manual**, a (**practical**) **guide**

かいせん【回線】(電話の)a **line**[ライン]; (電気の)a **circuit**[サーキット]
- 高速インターネット回線
a high-speed Internet *connection*

かいぜん【改善】(an) **improvement**[インプルーヴマント]
→**改善する improve**
- 自分の食生活を改善しようと思う.
I want to *improve* my eating habits.

かいそう¹【海藻】**seaweed**[スィーウィード]

かいそう²【回想】(a) **recollection**[レカレクション]
→**回想する recollect**
┃回想シーン a (**a**) **flashback**

かいぞう【改造】**remodeling**[リマドゥリング]
→**改造する remodel**, **convert**[カンヴァート]
- 風呂(ふ)場を改造した.
The bathroom was *remodeled*.

かいぞうど【解像度】**resolution**[レザリューション]

かいそく【快速】(a) **high speed**[ハイ スピード]
→**快速の high-speed**, **rapid**, **fast**
┃快速列車 a **rapid**(**-service**) **train**

かいぞく【海賊】a **pirate**[パイ(ア)ラット]
┃海賊船 a **pirate ship**
┃海賊版: 海賊版のＤＶＤ a *pirated* DVD

かいたく【開拓する】**develop**[ディヴェラップ]
- 彼らは医学の新しい分野を開拓した. They *developed* a new field of medicine.
┃開拓者 a **pioneer**; (移住者)a **settler**

かいだん¹【階段】

(屋内の)**stairs**[ステァズ]; (屋外の)**steps**[ステップス]; (手すりも含(ふく)めた一続きの)a **staircase**[ステァケイス]; (1段)a **stair**, a **step**
- 非常階段 emergency *stairs*
- 彼は階段を上った[下りた].
He went up [down] the *stairs*.
- 男の子が階段から落ちた.

A boy fell down the *stairs*.
- 私たちは階段をあわててかけ上った.
We ran up the *stairs* in a hurry.
- 一段一段気をつけながら階段を下りた.
I went down each *step* carefully.

かいだん²【会談】a **talk**[トーク](▶ふつう複数形で用いる)
- 首脳会談 summit *talks*
→**会談する have talks**(**with ...**)

かいだん³【怪談】a **ghost story**[ゴウスト ストーリィ]

ガイダンス(指導)**guidance**[ガイダンス]

かいちく【改築】**reconstruction**[リカンストゥラクション]
→**改築する rebuild**, **reconstruct**
- 私たちの校舎は今改築中です. Our school building is being *rebuilt* now.

がいちゅう【害虫】a **harmful insect**[ハームフル インセクト]

かいちゅうでんとう【懐中電灯】⊛a **flashlight**[フラッシュライト], ⊛a **torch**[トーチ]

かいちょう【会長】(会の代表)a **president**[プレザダント]; (会社の)a **chairperson**[チェァパースン]
- 生徒会の会長
the student council *president*

かいつう【開通する】**open**[オウプン], **be opened**
- その橋は来年の春に開通する予定だ.
That bridge will *be opened* next spring.

かいてい¹【海底】**the bottom of the sea**[バタム][スィー]
- 海底までくっきり見えた. I could see clearly (to) *the bottom of the sea*.
→**海底の submarine**[サブマリーン], **undersea**[アンダァスィー]
┃海底火山 an **underwater volcano**
┃海底ケーブル **submarine cables**
┃海底トンネル an **undersea tunnel**

かいてい²【改訂する】**revise**[リヴァイズ]
┃改訂版 a **revised edition**

かいてき【快適な】**comfortable**[カンフ(ァ)タブル], **pleasant**[プレザント]
- 快適な温度 a *comfortable* temperature

かいてん¹【回転】a **turn**[ターン], a **spin**[スピン]
- そのスケーターは3回転半ジャンプを成功させた. The skater successfully landed a triple axel.
→**回転する**[させる] **turn**, **spin**→**まわる**, **まわす**
┃回転競技〖スキー〗**the slalom**
┃回転ずし店 a **conveyor-belt sushi restaurant**, **a sushi-go-round**, **a sushi train**
┃回転ドア a **revolving door**
┃回転木馬→メリーゴーラウンド

かいてん²【開店する】open[オウプン]（⇔閉店する close）
- そのパン店は午前8時に開店する.
  The bakery *opens* at 8 a.m.
| 開店時間（開店時刻）(an) opening time; （営業時間）opening hours

ガイド【案内人】a guide[ガイド]
- 音声ガイド an audio *guide*
| ガイドブック a guidebook, a guide

かいとう¹【解答】
an answer[アンサァ], a solution[サルーション]
- 正しい解答 a correct [right] *answer*
- 間違った解答 a wrong *answer*
- 試験問題の解答
  answers to the examination questions
➡ 解答する answer; （解く）solve → とく¹
| 解答者（クイズ番組などの）a panelist
| 解答用紙 an answer sheet
| 解答欄 an answer column

かいとう²【回答】an answer[アンサァ], a reply[リプライ]→へんじ
➡ 回答する answer, reply
- アンケートに回答した.
  I *answered* a questionnaire.

かいとう³【解凍する】defrost[ディフロースト]；『コンピュータ』decompress[ディカンプレス]

がいとう【街灯】a streetlight[ストゥリートライト], a streetlamp[ストゥリートランプ]

かいどく【買い得】a bargain[バーガン], a good buy[グッドバイ]
- これはお買い得! This is a real *bargain*!

かいぬし【飼い主】the owner[オウナァ], the keeper[キーパァ], the master[マスタァ]
- 犬が飼い主を待っている.
  The dog is waiting for its *owner*.

がいはく【外泊する】sleep over[スリープ オウヴァ], stay out[ステイ アウト]
- 兄はゆうべ友達の家に外泊した.
  My brother *stayed overnight* at his friend's house last night.

かいはつ【開発】development[ディヴェラップマント]
- 宇宙開発 space *development*
➡ 開発する develop
- 新しい技術を開発したい.
  I want to *develop* (a) new technology.
| 開発途上国 a developing country（⇔先進国 a developed country）

かいばつ【海抜】above sea level[アバヴ スィー レヴァル]
- 富士山は海抜3776メートルだ.
  Mt. Fuji is 3,776 meters *above sea level*.

かいひ【会費】a (membership) fee[(メンバシップ) フィー]
- 1年に1回会費を集める[払う].
  I collect [pay] the *fee* once a year.

がいぶ【外部】(the) outside[アウトサイド]（⇔内部 (the) inside）
➡ 外部の[で] outside（⇔内部の[で] inside）

かいふく【回復】recovery[リカヴァリィ]
➡ 回復する recover, get better; （元気になる）get well; （天気などが）improve[インプルーヴ]
- 彼は風邪から回復した.
  He *recovered from* his cold.
- 天気はまもなく回復するだろう. The weather will *improve* [*get better*] soon.

かいぶつ【怪物】a monster[マンスタァ]

かいほう¹【解放する】set ... free[フリー], release[リリース]
- 犯人は人質を解放した.
  The criminal *set* the hostages *free*.

かいほう²【開放する】open[オウプン]
- その庭園は一般に開放されている.
  The garden is *open* to the public.（▶この openは形容詞）
- 開放厳禁《掲示》KEEP THE DOOR CLOSED

「ドアを開放しないでください」の表示（英国）

かいほう³【介抱する】（看護する）nurse[ナース]

かいぼう【解剖】dissection[ディセクション]
➡ 解剖する dissect

かいまく【開幕する】start[スタート], begin[ビギン]
- Jリーグが開幕した.
  The J League *has begun*.

かいめん【海面】the surface of the sea[サーフィス][スィー]

かいもの【買い物】
shopping[シャッピング]
➡ 買い物をする shop, buy → かう¹
➡ 買い物に行く go shopping
- テストが終わったら買い物に行きたい.
  I want to *go shopping* after the test.
- きのう新宿へ買い物に行った.
  I *went shopping* in Shinjuku yesterday.
| 買い物かご a shopping basket

かえり

‖買い物客 a shopper

がいや〖外野〗〘野球〙the outfield[アウトフィールド]
（⇔内野 the infield）
- ケイは外野を守っている. Kei plays *outfield*.
外野手 an outfielder
外野スタンド the（outfield）stands
[bleachers]
外野席 outfield bleachers

がいらいご〖外来語〗a loan word[ロウン ワード],
a borrowed word[バロウド]

がいりゃく〖概略〗an outline[アウトライン]

かいりゅう〖海流〗an ocean current[オウシャン カ
ーラント], a current
- 日本海流 the Japan *Current*［*Stream*］

かいりょう〖改良〗（an）improvement[インプル
ーヴマント]
━改良する improve
- 機械を改良した. I *improved* the machine.

かいろ〖懐炉〗a body warmer[バディ ウォーマァ]
（▶はるタイプはa heat patch[ヒート パッチ]と言う）
- 使い捨てかいろ a disposable *body warmer*

がいろじゅ〖街路樹〗a tree on［by］the
roadside[トゥリー][ロウドゥサイド]

かいわ〖会話〗
（a）conversation[カンヴァセイション]
- 英会話を習い始めた.
I began to learn English *conversation*.
━会話（を）する talk（with ...）, have a
conversation（with ...）
- 米国人の旅行者と英語で会話した. I *talked*
with an American tourist in English.

かう¹〖買う〗
buy[バィ]（⇔売る sell）,《話》get[ゲット]
- その店でノートを買った.
I *bought*［*got*］a notebook at the store.
- 彼女は新しいかばんを安く買った.
She *bought* a new bag cheap.
〈人〉に〈物〉を買う
buy＋〈人〉＋〈物〉/ buy＋〈物〉＋for＋〈人〉
- おばあちゃんは私に自転車を買ってくれた.
Grandma *bought* me a bicycle. /
Grandma *bought* a bicycle *for* me.
〈物〉を〈金額〉で買う
buy［get］＋〈物〉＋for＋〈金額〉
- 兄は腕（ã）時計を1万円で買った. My brother
bought［*got*］a watch *for* 10,000 yen.
- （店で）これを買います. I'll take［get］this.
かう²〖飼う〗have[ハヴ], keep[キープ];（家畜（ã）を）
raise[レイズ]
- 「君のうちでは何かペットを飼ってる？」「うん,

猫（ã）を飼ってるんだ」"Do you *have* any
pets at home?" "Yes, we *have* a cat."
- 彼らは羊を飼っている. They *raise* sheep.

カウボーイ a cowboy[カウボーイ]
ガウン a gown[ガウン]
カウンセラー a counselor[カウンサラァ]
カウンセリング counseling[カウンサリング]
- カウンセリングを受けたほうがいいよ.
You should get［receive］*counseling*.
カウンター a counter[カウンタァ]
カウント〘野球〙a count[カウント]
- カウントはスリーツーだ. The *count* is three
（balls）and two（strikes）.
━カウントする count
カウントダウン a countdown[カウントダウン]
- 新年のカウントダウンが始まった. The New
Year's（Eve）*countdown* has started.
━カウントダウンする count down
- 私たちは学園祭までカウントダウンしている.
We are *counting down* the days to the
school festival.

かえす〖返す〗
return[リターン];（人に）give back[バック];（場所
に）put back[プット];（借金を）pay back[ペイ]
- きのうその本を図書館に返した. I *returned*
the book to the library yesterday.
- それ, 終わったら返してよ. *Give* it *back* to
me when you are done with it.
- いすは元の場所に返すこと.
Put the chair *back* in its place.
- 「お金はいつ返してくれるの」「あした返すよ」
"When will you *give* me the money
back?" "I'll *pay* you *back* tomorrow."
かえって（なおさら）（all）the more[モァ];（反対
に）on the contrary[カントゥレリィ]
- そのニュースを聞いてかえって心配になった.
That news made me worry *all the more*.
- 彼女のせいでかえって事態は悪化した. *On the*
contrary, she made things much worse.
かえで〖植物〗a maple（tree）[メイプル（トゥリー）]

かえり〖帰り〗
（a）return[リターン]
- 彼女は父親の帰りを待っている.
She is waiting for her father's *return*.
- 行きは母が車で送ってくれて, 帰りはバスを使っ
た. My mother drove me there, and I
returned［*came back*］by bus.
- 兄はいつも帰りが遅（ã）い.
My brother always *comes home* late.
━帰りに on one's **way home［back］**

one hundred and twenty-one

121

- 学校からの帰りにケンに会った. I met Ken *on my way home* from school.

かえる[1] 【変える, 換える, 替える】

❶ 前と違ったもの・状態にする　change, turn
❷ 交換する　change, exchange

❶ [前と違ったもの・状態にする] **change**[チェインヂ], **turn**[ターン]
- 髪型を変えた. I *changed* my hairstyle.
- 気が変わった. I *changed* my mind.

⟨A(人・物・事)⟩をB(人・物・事)⟩に変える
change [turn]+⟨A(人・物・事)⟩+into+⟨B(人・物・事)⟩

- 君は自分の弱点を強さに変えられるよ. You can *turn* your weakness *into* a strength.

❷ [交換する] **change, exchange**[イクスチェインヂ] → とりかえる
- 私と席を替わってくれませんか. Would you *change* seats with me?

⟨A(物)⟩を⟨B(物)⟩と換える [替える]
change [exchange] + ⟨A(物)⟩ + for + ⟨B(物)⟩

- このお札を小銭に替えてもらえますか. Can you *change* [*exchange*] this bill *for* coins?
- このスニーカーをもうひとまわり大きいものと取り替えたい.
I want to *change* [*exchange*] these sneakers *for* the next size up.

かえる[2] 【帰る】

return[リターン], 《話》**get back**[バック]; (帰って行く)**go back**[ゴゥ]; (帰って来る)**come back**[カム]; (家へ)**go home**[ホウム], **come home**

- タカシはきのう北海道から帰った.
Takashi *returned* [*got back*] from Hokkaido yesterday.
- 3時までには帰って来ます.
I'll *come back* by three o'clock.
- レストランが閉まったので, 帰らなくてはいけなかった. The restaurant was closed, so we had to *go back*.
- 彼らは家に帰った. They *went home*.

話してみよう!
☺ お母さんはいつ帰って来るの.
When will Mom *come home*?
☺ もうすぐだよ.
She'll *be back* soon.

- 私たちは歩いて帰った.
We *walked home*.
- 帰る途中, 牛乳を買ってきてちょうだい.
Can you buy some milk on your way *home*?
- さて, もう帰らなければいけません.
Well, I must *go* [*leave*] now.

かえる[3] 【返る】**be returned**[リターンド]
- なくした財布が返ってきた.
My lost wallet *was returned* to me.
- 単語テストはあした返ってくるらしい.
I hear the vocabulary test will *be returned* tomorrow.

かえる[4] 【卵・ひなが】**hatch**[ハッチ], **be hatched**
- 7羽のひながかえった.
Seven chicks *hatched*.

かえる[5] 【動物】**a frog**[フラッグ]
- かえるが鳴いている. *Frogs* are croaking.

かお 【顔】

❶ 顔面　a face; (顔も含めた頭部) a head
❷ 表情　a look

❶ [顔面] **a face**[フェイス]; (顔も含めた頭部) **a head**[ヘッド] → あたま ポイント!

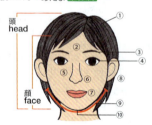

①髪 hair　　　　⑥鼻 nose　⑦口 mouth
②ひたい forehead　⑧耳 ear
③まゆ eyebrow　　⑨あご(全体) jaw
④目 eye ⑤ほお cheek　⑩あごの先端 chin

- 顔を洗いなさい. Wash your *face*.
- マリは丸い [長い, 四角い, 卵形の] 顔をしている. Mari has a round [a long, a square, an oval] *face*.
- 窓から顔を出してはいけません.
Don't put your *head* out of the window.
(▶ face ではないことに注意)
- 姉と私は顔を見合わせた.
My sister and I looked at each other.

❷ [表情] **a look**[ルック]
- 母は怒った顔をしていた. My mother had an angry *look* on her face.

かがみもち

- エリはうれしそうな顔をしていた。
Eri *looked* happy.(←うれしそうに見えた)
- この写真,みんないい顔をしてるね。
Everyone *looks* great in this photo.
- 彼は痛くて顔をしかめた。
He *grimaced* in pain.
- カイは恥(は)ずかしくて顔を赤らめた。
Kai *blushed* [*turned red*] with embarrassment.

―――慣用表現―――
顔が売れる: 彼女はこの辺りでは顔が売れている。She *is famous* around here.
顔が広い: 父は顔が広い。
My father *knows a lot of people*.
顔を合わせる: きょうは先生と顔を合わせたくない。I don't want to *see* the teacher today.
顔を出す: ボブはその集まりに顔を出した。
Bob *showed up* at the meeting.
顔をつぶす: 彼は父親の顔をつぶした。
He made his father *lose face*.

かおいろ【顔色】
- ケンは彼女の言葉に顔色を変えた。When she said that, Ken's *expression* changed.(←表情を変えた)
- きょうは顔色が悪い[いい]ですね。
You *look* pale [well] today.
- 私は父の顔色をうかがった。
I tried to read my father's *face*.

かおなじみ【顔なじみ】
- 彼とは顔なじみです。
I *know* him pretty *well*.

かおまけ【顔負け】
- 彼女はプロ顔負けの演奏をする。She can play *as well as* a professional musician.

かおみしり【顔見知り】
- マリのお母さんとは顔見知りです。
I *know* Mari's mother *by sight*.

かおもじ【顔文字】〖コンピュータ〗**a face mark**[フェイス マーク], **an emoticon**[イモウティカン]

かおり【香り】(a) **fragrance**[フレイグランス], **scent**[セント], **a sweet** [**nice**] **smell**[スウィート [ナイス] スメル](►修飾(しゅうしょく)語のない単なる(a) smellは「悪臭(あくしゅう)」の意)→におい
- 新鮮(しんせん)ないちごの香り
the fresh *smell* [*scent*] of strawberries
→香りがする **smell**
- ばらはいい香りがする。
Roses *smell* wonderful.

がか【画家】**a painter**[ペインタァ], **an artist**[アーティスト]

かがい【課外の】**extracurricular**[エクストゥラカリキュラァ]

課外活動 **extracurricular activities**
課外授業 **an extracurricular class**

かかえる【抱える】**hold ... in** one's **arm(s)**[ホウルド][アーム(ズ)]
- その女の子はぬいぐるみの犬を抱えていた。
The girl *held* a stuffed dog *in her arms*.
- 彼はわきに本を抱えて歩いていた。He was walking *with* a book *under his arm*.

カカオ【植物】(a) **cacao**[カカウ]

かかく【価格】**a price**[プライス]→ねだん
- 割引価格 a reduced [discounted] *price*

かがく[1]【科学】**science**[サイアンス]
- 自然[社会]科学 natural [social] *science*
→科学的な,科学の **scientific**[サイアンティフィック]
→科学的に **scientifically**
科学技術 **technology**
科学者 **a scientist**
科学博物館 **a science museum**
科学部 **a science club**

かがく[2]【化学】**chemistry**[ケマストゥリィ]
→化学の,化学的な **chemical**[ケミカル]
→化学的に **chemically**
化学記号 **a chemical symbol**
化学式 **a chemical formula**
化学者 **a chemist**
化学反応 **chemical reaction**
化学物質 **chemical substance**
化学変化 **a chemical change**
化学薬品 **chemicals**

かかげる【掲げる】**put up**[プット], **raise**[レイズ]; (旗を)**fly**[フライ]
- 私は祝日のたびに国旗を掲げる。I *fly* the national flag every holiday.

かかし a scarecrow[スケアクロウ]

かかす【欠かす】(逃(のが)す)**miss**[ミス]
- 私はその番組を欠かさず見ている。
I never *miss* that show.
- 深い睡眠(すいみん)は健康に欠かせない。
Deep sleep is necessary for good health.

かかと(足・靴(くつ)・靴下などの)**a heel**[ヒール]→あし図
- かかとの高い靴 high-*heeled* shoes / heels
- かかとの低い靴 low-*heeled* shoes

かがみ【鏡】**a mirror**[ミラァ]
- 手鏡 a hand *mirror*
- 彼は鏡で髪型(かみがた)をチェックした。
He checked his hair in the *mirror*.
- 鏡で自分の姿を見てごらん。
Look at yourself in the *mirror*.

かがみもち【鏡もち】**New Year's rice cake offering**[ヌー イアズ ライス ケイク オファリング]

one hundred and twenty-three   123

かがむ

かがむ bend down[ベンド], stoop[ストゥープ]
- 私たちはかがんでくりを拾った。We *bent down* and picked up some chestnuts.

かがやかしい【輝かしい】bright[ブライト], brilliant[ブリリャント]
- 輝かしい未来 a *bright* future
- 輝かしい成功 a *brilliant* success

かがやく【輝く】

shine[シャイン]; (星などが)twinkle[トゥウィンクル]; (宝石などが)glitter[グリタァ]; (表情などが)brighten[ブライトゥン]
- 太陽が輝いている。The sun is *shining*.
- 空には星が輝いていた。The stars were *twinkling* [*shining*] in the sky.
- 彼女のルビーの指輪が輝いていた。Her ruby ring was *glittering*.
- その知らせに彼の顔はぱっと輝いた。His face *brightened* at the news.
- ユキのひとみは輝いていた。Yuki's eyes were *sparkling*.

かかり【係】a person in charge[パースン][チャージ]
- きょうは私がうさぎにえさをやる係だ。I'm *in charge* of feeding the rabbits today.

かかる¹【掛かる】

❶垂れ下がる	hang; (かぶさる)be covered (with ...)
❷費用が	cost
❸時間が	take
❹電話が	have a (phone) call
❺機能する	(かぎが)be locked; (エンジンなどが)start
❻…次第である	depend on ...
❼医者に	see a doctor
❽獲物などが	be caught

❶ hang　　❷ cost　　❸ take

❶[垂れ下がる]hang[ハング]; (かぶさる)be covered (with ...)[カヴァド]
- 壁に絵がかかっている。A picture is *hanging* on the wall. / There is a picture on the wall.
- ホットケーキにシロップがたっぷりかかっている。The pancake *is covered with* syrup.

❷[費用が]cost[コースト]
- 送料が720円かかった。The shipping *cost* 720 yen. (▶このcostは過去形)
- 費用はどのくらいかかりますか。How much will it *cost*?

《(人)が》…するのに〈金額・費用〉がかかる
It costs(+〈人〉)+〈金額・費用〉+to+〈動詞の原形〉
- 自転車を2時間借りるのに800円かかった。*It cost* (me) 800 yen *to* rent a bicycle for two hours. (▶このcostは過去形)

❸[時間が]take[テイク]
- 完全な回復には1か月かかるだろう。Complete recovery will *take* a month.

《(人)が》…するのに〈時間〉がかかる
It takes(+〈人〉)+〈時間〉+to+〈動詞の原形〉
- 宿題を済ませるのに4時間かかった。*It took* me four hours *to* finish my homework.

> 話してみよう！
> ☺ 駅までどのくらいかかりますか。
> How long does it *take* to (get to) the station?
> ☺ 10分くらいです。
> About ten minutes.

❹[電話が]have a (phone) call[(フォウン) コール]
- さっき電話がかかってきたよ。You *had a call* a little while ago.

❺[機能する](かぎが)be locked[ラックト]; (エンジンなどが)start[スタート]
- ドアにはかぎがかかっていた。The door *was locked*.
- エンジンがどうしてもかからない。The engine won't *start*.

❻[…次第である]depend on ...[ディペンド]
- 私たちの勝利は彼にかかっている。Our victory *depends on* him.

❼[医者に]see a doctor[ダクタァ]
- 山田先生に月に1度かかっている。I *see Dr*. Yamada once a month.

❽[獲物などが]be caught[コート]
- くまがわなにかかった。The bear *was caught* in a trap.

かかる²(病気に)have[ハヴ], get[ゲット], suffer (from ...)[サファ]
- 子どもは病気にかかりやすい。Children *get* sick easily.
- 妹ははしかにかかっている。My sister *has* the measles.
- インフルエンザにかかってしまった。I *caught* the flu.

…かかる【…(し)かかる】be about to+〈動詞の原形〉→かける
- 電車に乗りかかったときにケンに会った．
  When I *was about to* get on the train, I met Ken.

…かかわらず【…(にも)かかわらず】in spite of …[スパイト], though …[ゾウ]
- 雨にもかかわらず試合は行われた．
  The game was played *in spite of* the rain. / The game was played *though* it was raining.

かかわる【関わる】have ... to do with ～, concern[カンサーン], be involved with ...[インヴァルヴド]
- 私はその件に何も関わってない．
  I *have* nothing *to do with* that.
- 私は生徒会に関わっている．
  I'm *involved with* the student council.
- 昭和の歴史に関わる本を探している．
  I'm looking for books *on Showa* history.
- 彼とは関わらないほうがいいよ．
  You should *keep away* from him.

かき¹【夏期, 夏季】summer[サマァ], summertime[サマァタイム]
┃夏期休暇→なつやすみ
┃夏期講習 a summer school

かき²【下記の】the following[ファローウイング]
- 下記の物を持って来てください．
  Please bring *the following* items.
- 詳細は下記のとおりです．
  The details are *as follows*.

かき³【柿】〖植物〗a *kaki*; a (Japanese) persimmon[(ヂャパニーズ) パァスィマン]
- 干し柿 a dried *persimmon*

かき⁴【貝】an oyster[オイスタァ]
- かきフライ a fried *oyster*
- 生がき a raw *oyster*

かぎ【鍵】
a key[キー]; (錠) a lock[ラック](▶日本語の「かぎ」は, かぎと錠の両方をさすが, 英語では別々の語を用いる)

lock

key

- 合いかぎ a spare *key*
- 自転車のかぎ a bicycle *key*
- 金庫のかぎ a *key to* [*for*] the safe (▶ a key of the safeは×) / a safe *key*
- かぎをなくしてしまった．I've lost my *keys*.
- これが問題を解くかぎだ．
  This is the *key to* solve the problem.

➡かぎを掛ける[閉める] lock
- 玄関には必ずかぎを掛けなさい．
  Be sure to *lock* the front door.
- ドアにはかぎが掛かっていた．
  The door was *locked*.

➡かぎを開ける unlock
- かぎでドアを開けた．I *unlocked* [*opened*] the door with the key.

┃かぎ穴 a keyhole

かきあつめる【かき集める】gather[ギャザァ]; (くまでで) rake up[レイク]

かきいれる【書き入れる】fill in[フィル], 《主に米》fill out
- この用紙に必要事項を書き入れてください．Please *fill in* [*out*] this form.

かきかえる【書き換える】(書き直す) rewrite[リーライト]
- ケイは作文を何度も書き換えた．Kei *rewrote* his composition many times.

かきかた【書き方】how to write[ライト]
- これが英語の手紙の書き方です．
  This is *how to write* a letter in English.

かきごおり【かき氷】shaved ice[シェイヴド アイス]

かきこみ【書き込み】a note[ノウト]
➡書きこむ write (in ...)[ライト]
- ネット掲示板にコメントを書きこんだ．
  I *wrote* a comment on the Internet message board.

かきぞめ【書き初め】New Year's calligraphy[ヌーイアズ カリグラフィ]
- 書き初めをした．
  I practiced *New Year's calligraphy*. / I wrote *the first calligraphy of the year*.

かきとめ【書留】(郵便の)《主に米》registered mail[レヂスタァド メイル], 《主に英》registered post[ポウスト]
- この手紙を書留でお願いします．I'd like to send this letter by *registered mail*.

かきとめる

書留料金 the registered mail fee

かきとめる【書き留める】**write**［**take**］**down**[ライト]
- 私はその単語をノートに書き留めた．I *wrote down* the word in my notebook.

かきとり【書き取り】(a) **dictation**[ディクテイション]
- 書き取りのテスト a *dictation* test
- 漢字の書き取りを練習をしよう．Let's practice *writing* kanji［Chinese characters］.

かきなおす【書き直す】→ かきかえる

かきね【垣根】a **fence**[フェンス]；(生け垣) a **hedge**[ヘッヂ]

fence　　　　　　　hedge

かきまぜる【かき混ぜる】(液体を) **stir**[スター]；(卵などを) **beat**[ビート]；(泡立(あわだ)つように) **whip**[(ホ)ウィップ]
- 私はカップの中のめんをはしでかき混ぜた．
  I *stirred* the noodles in the cup with chopsticks.

かきまわす【かき回す】**stir**[スター]
- 彼はコーヒーに砂糖を入れてスプーンでかき回した．
  He put some sugar in his coffee and *stirred* it with a spoon.

かきゅう【下級の】(階級・身分が) **lower**[ロウァ]；(地位・質が) **inferior**[インフィ(ァ)リァ]；(年齢(ねんれい)・役職が) **junior**[チューニァ]（⇔上級の **senior**）

下級生 a younger student（▶英米では「上級生，下級生」という考え方をあまりしない）→ こうはい

…かぎらない【…とは限らない】

(いつも…とは) **not always**[オールウェイズ]；(すべて…とは) **not all**［**every**］[オール]；(必ずしも…とは) **not necessarily**[ネサセラリィ]（▶いずれも部分否定）
- ミキがいつも遅(おく)れるとは限らない．
  Miki is *not always* late.
- だれもが英語を話せるとは限らない．
  Not everyone can speak English.
- 新しいものが必ずしもいいとは限らない．
  New things are *not necessarily* good.

かぎり【限り】

❶限界	a limit
❷範囲(はんい)	as … as
❸…しない限り	unless
❹…だけ	only, just

❶〔限界〕**a limit**[リミット]
- 人間の欲望には限りがない．
  There is no *limit* to human desire.
― **限りなく endlessly**

❷〔範囲〕**as … as**[アズ]

できる限り…
as … as possible / as … as one can
- できる限りお手伝いします．I will help you *as much as possible*［*I can*］.

…する限り
as long as …（▶期間を表す）/
as far as …（▶程度を表す）
- 生きている限りこの日のことは忘れない．I will never forget this day *as long as* I live.
- 私の知る限りヒロは決してうそをつかない．
  As far as I know, Hiro never lies.

❸〔…しない限り〕**unless**[アンレス]
- 雨が降らない限り遠足に行く．
  We'll go on a school trip *unless* it rains.

❹〔…だけ〕**only**[オウンリィ]，**just**[チャスト]
- 今回に限り許そう．I will forgive you *only* this one time. / I will forgive you *just* this time.
- これらの電子書籍(しょせき)は今回に限り半額で買える．
  You can buy these e-books at half price this time *only*.

かぎる【限る】**limit**[リミット]
- 時間は限られている．Time is *limited*. / There is a time *limit*.（▶このlimitは名詞）
- 図書館の利用はこの学校の生徒に限られる．
  The use of the library is *limited to* the students of this school.

かく¹【書く，描く】

| ❶文字・文章などを | write |
| ❷絵・図などを | (鉛筆(えんぴつ)などで) draw；(絵の具で) paint |

write　　　draw　　　paint

かくげん

❶〔文字・文章などを〕**write**［ライト］
- 作文を書いた. I *wrote* a composition.
- ここに名前を書いてください.
  Please *write* your name here.
- 答えは鉛筆で書きなさい.
  Write your answers with a pencil.
- この本は英語で書かれている.
  This book is *written* in English.
- お知らせには何て書いてあるの？
  What does the notice *say*?

〈人〉に〈手紙など〉を書く
write ＋〈手紙など〉＋ to ＋〈人〉／
write ＋〈人〉＋〈手紙など〉
- 私はマキにメールを書いた. I *wrote* an email
  to Maki. / I *wrote* Maki an email.

〈人〉に手紙を書く
write（to）＋〈人〉（▶⊛ではしばしばtoを省く）
- たまには私たちに手紙を書いてね.
  Write（*to*）us once in a while.

❷〔絵・図などを〕（鉛筆などで）**draw**［ドゥロー］;
（絵の具で）**paint**［ペイント］
- その子どもは犬の絵を描いた.
  The child *drew* a（picture of）dog.
- 私の趣味(:)は油絵を描くことだ.
  My hobby is oil *painting*.
- 学校までの地図を描いてもらえますか. Would
  you *draw* me a map to the school?

かく²（ひっかく）**scratch**［スクラッチ］
- 彼は頭をかいた. He *scratched* his head.

かく³【欠く】**lack**［ラック］→ **かける**³
- スマホは現代の私たちに欠かせないものだ.
  Nowadays everyone needs a
  smartphone.

かく⁴【核】**a nucleus**［ヌークリアス］
━核の **nuclear**［ヌークリァ］

核エネルギー	nuclear energy
核家族	a nuclear family
核実験	a nuclear test
核戦争	a nuclear war
核燃料	nuclear fuel
核の傘(㲇)	（the）nuclear umbrella
核廃棄(㲀)物	nuclear waste
核爆弾(㲅)	a nuclear bomb
核爆発	a nuclear explosion
核兵器	a nuclear weapon
核兵器削減(㲌)	nuclear disarmament

かく⁵【角】**an angle**［アングル］
- 直角 a right *angle*
- 鋭(㲷)角 an acute *angle*
- 鈍(㲹)角 an obtuse *angle*

かく…¹【各…】**each**［イーチ］, **every**［エヴリィ］→ そ

れぞれ
- 各部屋に in *each*［*every*］room
- 弁当は各自持参のこと.
  You should *each* bring your own lunch.

かく…²【隔…】**every other** …［アザァ］
- その雑誌は隔週発売される. That magazine is
  published *every other* week.

かぐ¹ **smell**［スメル］;（くんくんと）**sniff**（**at** …）［スニッフ］
- マナはばらのにおいをかいだ.
  Mana *smelled* the roses.

かぐ²【家具】
furniture［ファーニチァ］
- その部屋には家具がほとんどなかった［たくさんあった］.
  There was little［a lot of］*furniture* in
  that room.
- アメリカには家具付きの貸家が多い.
  There are many *furnished* houses for
  rent in America.

> **ここがポイント！「家具」の数え方**
>
> furnitureはいろいろな家具をまとめてさす語で, 数えられない名詞です. 家具を「1点」「2点」と数えるときには a piece of furniture, two pieces of furnitureと言います.
> - この家具 *this piece of* furniture

家具店 ⊛ **a furniture store**, ⊛ **a furniture shop**

がく【額】（金額）**a sum**［サム］;（額縁(㲀)）**a（picture）frame**［(ピクチャァ) フレイム］
- 多額［少額］の金
  a large［small］*sum* of money
- 額に入った写真 a photo in a *frame*

かくう【架空の】**imaginary**［イマヂネリィ］, **fictitious**［フィクティシャス］
- 架空の動物 an *imaginary* animal

かくえきていしゃ【各駅停車】（列車）**a local train**［ロウカル トゥレイン］
- この列車は各駅停車だ.
  This train stops at *every station*.

がくえん【学園】**a school**［スクール］
家学園祭 **a school festival**

がくがく【がくがくする】**shake**［シェイク］
- 緊張(㲽)で私のひざはがくがくしていた. My
  knees were *shaking* from nervousness.

がくげいいん【学芸員】**a curator**［キュレイタァ］

がくげいかい【学芸会】**a school（arts）festival**［スクール (アーツ) フェスタヴァル］

かくげん【格言】（ことわざ）**a saying**［セイイング］,

one hundred and twenty-seven　127

あ
か
さ
た
な
は
ま
や
ら
わ

かくご

a proverb[プラヴァーブ]

かくご【覚悟する】**prepare**[プリペァ], **be**［**get**］
ready（**for ...**）[レディ]
• 最悪の事態を覚悟しておいたほうがいい.
You should *prepare* for the worst.

かくさしゃかい【格差社会】**a stratified society**
[ストゥラタファイド ササイアティ]

かくざとう【角砂糖】**a cube**［**lump**］**of sugar**
[キューブ［ランプ］][シュガァ]
• 角砂糖2個 two *cubes of sugar*

かくさん【拡散する】**spread**[スプレッド], **be shared**
[シェァド]
• この投稿(とうこう)動画は100万回以上拡散(再生)された. This video（post）*was shared* more
than one million times.

かくしあじ【隠し味】**a secret ingredient**[スィークリット イングリーディアント]

かくしつ【角質】**keratin**[ケラティン]；（古くなった
角質）**dead skin cells**[デッド スキン セルズ]

かくじつ【確実な】**sure**[シュァ], **certain**[サートゥン]
• 確実な方法 a *sure* way
• 彼が勝つのは確実だ.
I'm *sure*［*certain*］（that）he will
succeed. / He will *certainly* succeed.
➡**確実に surely, certainly**

がくしゃ【学者】**a scholar**[スカラァ]

がくしゅう【学習】**learning**[ラーニング], **study**[スタディ]
• この番組は英語の学習に役立つ. This program
is useful for *learning* English.
➡**学習する learn, study** ➡**ならう, まなぶ**
学習参考書 a study aid［**guide**］
学習塾(じゅく) **a cram school** ➡**じゅく**
学習障害 a learning disability（**L D**）

かくしん【確信】**a strong belief**[ストゥローング ビリーフ]
➡**確信する be sure**［**certain**］（**of ...**）
• 私は彼の成功を確信している. I'*m sure of* his
success. / I'*m sure that* he will succeed.
• それについて確信はありますか.
Are you *sure*［*certain*］about that?

かくす【隠す】

hide[ハイド]
• テツは手紙を引き出しの中に隠した.
Tetsu *hid* the letter in the drawer.
• 彼女は手で顔を隠そうとした. She tried to
hide［*cover*］her face with her hands.
• 私たちのデートのことは友達には隠しておこ
う. Let's *keep* our date a *secret*（*from*
our friends）.
➡**隠された hidden**[ヒドゥン]

がくせい【学生】

a student[ストゥードゥント]
• 彼女は京都大学の学生だ.
She is a *student* at Kyoto University.
学生時代 *one's school days*: 兄は学生時代に
たくさんの友達をつくった. My brother
made a lot of friends in *his school days*.
学生証 a student identification［**ID**］**card**
学生生活 student life
学生服 a school uniform
学生割引 a student discount

かくだい【拡大する】（大きくする）**make bigger**
[メイク ビッガァ], **enlarge**[インラーヂ]；（大きく見せ
る）**magnify**[マグナファイ]
• マミは写真をクリックして拡大した.
Mami clicked the photo and *enlarged* it.
• この双眼鏡(そうがんきょう)は物を8倍に拡大することが
できる.
These binoculars can *magnify* things
eight times.
❙**拡大鏡 a magnifying glass**

がくだん【楽団】（オーケストラ）**an orchestra**[オーカストゥラ]；（吹奏(すいそう)楽などの）**a band**[バンド]

かくちょう【拡張する】**expand**[イクスパンド],
widen[ワイドゥン]
• 学校の前の道が拡張された. The road in
front of our school was *expanded*.

がくちょう【学長】**the president**[プレザダント]

かくてい【各停】➡**かくえきていしゃ**

かくど【角度】**an angle**[アングル]
• 角度を測る measure the *angle*
• この建物を違(ちが)う角度から見てみよう.
Let's look at the building from a
different *angle*.

かくとう【格闘】**a fight**[ファイト]
➡**格闘する fight, struggle**（**with ...**）[ストゥラグル]
❙**格闘家 a professional fighter**
❙**格闘技 a combat sport**
❙**格闘ゲーム a fighting game**

がくどうほいく【学童保育】**after-school**
childcare[アフタァスクール チャイルドケァ]

かくとく【獲得する】**get**[ゲット]；（勝ち取る）**win**
[ウィン]
• 私たちはコンテストで1等賞を獲得した.
We *won*（the）first prize in the contest.

かくにん【確認する】

check[チェック]；（予約などを）**confirm**[カンファーム]；（事実を）**make sure**（**of ...**）[シュァ]
• 答えを確認しましょう.
Let's *check* the answers.

128   one hundred and twenty-eight

かくれんぼ(う)

- 予約の確認をしたいのですが．
  I'd like to *confirm* my reservation.

がくねん【学年】

(…学年) **a year**[イァ], ⊛**a grade**[グレイド]; (学年度) **a (school) year**[スクール]

- 中学の第1[2]学年 the first [second] *year* of junior high school (►the first [second] gradeは小学1[2]年の意)
- 兄は私より2学年上だ．
  My brother is two *years* ahead of me.
- 君とアキラは同じ学年ですか．
  Are you and Akira in the same *grade*?
- アメリカでは新学年は何月に始まりますか．
  In which month does the new *school year* begin in America?

学年末試験 a year-end examination, a final exam

ここがポイント! 学年の表し方・日米の違い

米国では小学校1年生から高校3年生に当たる12学年を通して数えます．「…年生」は数字の後にgraderをつけて，a seventh grader, an eighth grader, a ninth graderのようにします．
なお米国の学校制度は地域によって異なり，小学校（5年または4年），ミドルスクール（3年または4年，日本の中学校にあたる），高校（4年）という12年間の学年構成が主流です．

日本の学年		米国の学年	学年の言い方	
小学校	1	1	the first	
	2	2	the second	
	3	3	the third	
	4	4	the fourth	
	5	5	the fifth	
	6	6	the sixth	grade [year]
中学校	1	7	the seventh	
	2	8	the eighth	
	3	9	the ninth	
高校	1	10	the tenth	
	2	11	the eleventh	
	3	12	the twelfth	

がくひ【学費】school expenses[スクール イクスペンスィズ]

がくふ【楽譜】(sheet) music[(シート) ミューズィック]; (総譜) a score[スコァ]

- 私は楽譜が読めない．I can't read *music*.
- 彼は楽譜なしでギターを弾(ひ)いた．He played the guitar by ear. / He played the guitar from memory.

楽譜集 a collection of sheet music

がくぶ【学部】a department[ディパートゥメント], a faculty[ファカルティ]; (専門学部) a school[スクール]

がくめい【革命】a revolution[レヴァルーション]

- フランス革命 the French *Revolution*
- 産業革命 the Industrial *Revolution*

━革命の，革命的な revolutionary

がくもん【学問】learning[ラーニング]; (研究) study[スタディ]

- 学問のある人 a *learned* person / a person of *learning* (►このlearnedは[ラーニド]と発音する)

学問に王道なし．
There is no royal road to learning.

がくようひん【学用品】school things [supplies] [スクール スィングズ [サプライズ]]; (文房具(ぶんぼうぐ)) stationery[ステイショネリィ]

かくり【隔離】isolation[アイサレイション], (病気による) quarantine[クオランティーン]

- 彼女は今，隔離中です．She is under *quarantine* now.

━隔離する isolate, quarantine

かくりつ【確率】probability[プラバビラティ]; (可能性) (a) possibility[パスィビラティ]

がくりょく【学力】(academic) ability[(アカデミック) アビラティ], achievement[アチーヴマント]

- 生徒たちの学力が上がった．
  Students' *achievement* [*academic abilities*] improved.
- トモは学力がある[ない]．
  Tomo is a good [poor] student.

学力テスト an achievement test

がくれき【学歴】one's educational [academic] background[エデュケイショヌル [アカデミック] バックグラウンド], one's school career[スクール カリア]

- 日本は学歴社会だ．
  A person's educational background is very important in Japan.
- 彼は高学歴だ．He is highly *educated*.

かくれる【隠れる】

hide (oneself)[ハイド]

- アヤはテーブルの下に隠れた．
  Aya *hid* (*herself*) under the table.
- 親に隠れて映画に行った．I went to the movies *without* my parents' *permission*.

━隠れた hidden[ヒドゥン]

- 隠れた才能 a *hidden* talent

かくれんぼ(う)【隠れん坊】hide-and-seek

がくわり

[ハイダンスィーク]
- かくれんぼうをしよう．
  Let's play *hide-and-seek*.

> **これ，知ってる？** 英語で遊ぶ「かくれんぼう」
>
> 英語では「もういいかい」は "Ready or not, here I come." と言いますが，「まーだだよ」「もういいよ」に当たる返事はしません．
> また，かくれんぼうや鬼(おに)ごっこの「鬼」は it と言います．

がくわり【学割】a student discount [ストゥードゥント ディスカウント]

かけ【賭け】a bet [ベット]；(かけ事) gambling [ギャンブリング]
- かけに勝った[負けた]．I won [lost] a *bet*.
- かけをしよう．Let's make a *bet*. / Let's *bet*.

かげ【陰, 影】

❶ 日陰　　　　　　(the) shade
❷ 人・物などの　　a shadow; (シルエット) a silhouette
❸ …の後ろで[に]　behind …

❶[日陰](the) shade [シェイド]
- あの木陰に座(すわ)りましょう．
  Let's sit in the *shade* of that tree.

shade　　　　shadow

❷[人・物などの] a shadow [シャドゥ]；(シルエット) a silhouette [スィルエット] (▶ フランス語から)
- 男の子は自分の影を踏(ふ)んでいた．
  The boy stepped on his own *shadow*.

❸[…の後ろで[に]] behind … [ビハインド]
- 本棚(だな)の陰に *behind* the bookshelf
- 陰で人の悪口を言うな．Don't speak ill [badly] of others *behind* their backs.

がけ【崖】a cliff [クリフ]

がけ崩(くず)れ a landslide

かけあし【駆け足】a run [ラン]
- 駆け足で行こう．Let's *run*.

かけい【家計】a family budget [ファミリィ バジェット]

家計簿(ぼ) household accounts book [file]

かげえ【影絵】a shadow picture [シャドゥ ピクチャア]

かげき¹【過激な】radical [ラディカル]
- 過激な意見 a *radical* opinion

かげき²【歌劇】(an) opera [アパラ] → オペラ

かげぐち【陰口をきく】→ かげ❸

かけごえ【掛け声】a shout [シャウト]；(呼び声) a call [コール]
- かけ声をかけてグラウンドを走った．
  We gave a *rallying cry* and ran around the field.

かけざん【掛け算】multiplication [マルタプリケイション] (⇔割り算 division)
→掛け算をする multiply [マルタプライ], do multiplication → かける¹ ❻

かけじく【掛け軸】a hanging scroll [ハンギング スクロウル]

かけつ【可決する】pass [パス], carry [キャリィ]

かけっこ【駆けっこ】a race [レイス]
→駆けっこをする have [run] a race

…かけて【…にかけて】
- 今月10日から15日にかけて
  from the 10th *to* the 15th of this month
- 週末にかけて *over* the weekend
- 私たちは奈良(ら)から京都にかけて旅行した．
  We traveled *through* Nara *and* Kyoto.

かけぶとん【掛け布団】⊛ a comforter [カンファタア], a quilt [クウィルト] (▶羽毛(うもう)や羊毛などを詰(つ)めてキルティングした掛け布団)

かけら a (broken) piece [(ブロウカン) ピース]
- ガラスのかけら a *broken piece* of glass

かける¹【掛ける】

❶ つるす	hang
❷ 振(ふ)り掛ける	put; (注ぐ) pour
❸ かぶせる	put … on, cover
❹ 音楽などを	play, put … on
❺ 時間・費用を	spend
❻ 掛け算をする	multiply
❼ 腰(こし)掛ける	sit
❽ 電話を	call
❾ 言葉を	speak to …
❿ 眼鏡を	put on, wear
⓫ 留める	(かぎを) lock; (ボタンを) button
⓬ 迷惑(めいわく)を	trouble

かこ

❶ hang

❷ pour

❸ put ... on [cover]

❹ play [put ... on]

❶ [つるす] **hang**[ハング]
- 壁にかかった絵
  a picture *hung* on the wall
- コートを洋服掛けにかけた.
  I *hung* my coat on the hook.
- 私はバッグを肩(かた)にかけた.
  I *put* the bag *on* my shoulder.

❷ [振り掛ける] **put**[プット]; (注ぐ) **pour**[ポァ]
- リョウはコーンフレークに砂糖をたっぷりかける. Ryo *puts* a lot of sugar on his cornflakes.
- ラーメンにお湯をかけてください. *Pour* hot water into the ramen [Chinese noodles].

❸ [かぶせる] **put ... on**, **cover**[カヴァ]
- やかんを火にかけた.
  I *put* the kettle *on* the fire.
- 彼は赤ちゃんに毛布をかけた.
  He *put* a blanket *on* the baby.

❹ [音楽などを] **play**[プレイ], **put ... on**
- この新しい曲をかけてあげる.
  I will *play* this new song [music] for you.
- 何か音楽かけて. *Put* some music *on*.
- ラジオをかけようよ.
  Let's *turn* [*switch*] *on* the radio.

❺ [時間・費用を] **spend**[スペンド]
- アオイは靴(くつ)にお金をかける.
  Aoi *spends* a lot of money on shoes.
- 2時間かけて宿題をした. I *spent* two hours doing my homework.

❻ [掛け算をする] **multiply**[マルタプライ]
- 5かける7は35.
  Five *times* seven is thirty-five. / Five *multiplied* by seven is thirty-five.

❼ [腰掛ける] **sit**[スィット]
- どうぞおかけください.
  Please *have* a *seat*.

❽ [電話を] **call**[コール]
- 10時にケイが電話をかけてきた.
  Kei *called* me at ten o'clock.

❾ [言葉を] **speak to ...**[スピーク]
- トモは迷子の女の子に声をかけた.
  Tomo *spoke to* the lost girl.

❿ [眼鏡を] **put on** (▶身に「つける」動作); **wear**[ウェア] (▶「つけている」状態)
- ケンはサングラスをかけた. Ken *put on* his sunglasses. / Ken *put* his sunglasses *on*.
- あなたのお父さんは眼鏡をかけていますか.
  Does your father *wear* glasses?

⓫ [留める] (かぎを) **lock**[ラック]; (ボタンを) **button**[バトゥン]
- 玄関にかぎをかけましたか. Did you *lock* the front door?
- コートのボタンをかけなさい.
  Button (up) your coat.

⓬ [迷惑を] **trouble**[トゥラブル], **bother**[バザァ]
- ご迷惑をおかけしてすみません.
  I'm sorry to *trouble* [*bother*] you.
- 母に迷惑をかけた. I *made* (a lot of) *trouble* for my mother.

かける² [駆ける] **run**[ラン] → はしる
- リサは階段を駆け上がった[下りた].
  Risa *ran* up [down] the stairs.

かける³ [欠ける] (一部が) **chip**[チップ], **be chipped**; (不足している) **lack**[ラック], **be lacking**
- 欠けているカップ a *chipped* cup
- 彼は忍耐(にんたい)力に欠ける.
  He *lacks* [*is lacking in*] patience.

かける⁴ [賭ける] (金などを) **bet**[ベット]

…かける [… (し) かける] (… し始める) **begin to** +〈動詞の原形〉[ビギン]; (…しようとしている) **be about to** +〈動詞の原形〉[アバウト]; (あやうく) **almost**[オールモウスト] → …かかる
- その少女はおぼれかけた.
  The girl *almost* drowned.
- 寝(ね)かけたところに電話が鳴った.
  Just as I fell asleep, the phone rang.
- 食べかけのパン half-eaten bread

かげん [加減]
- 「お加減はいかがですか」「あまりよくありません」"How are you *feeling*?" "I don't feel very well."

かこ [過去]

the past[パスト]
- 過去と現在 *the past* and the present
- 過去の出来事 events in *the past*
- **―過去の past**
- 過去2年間 for the *past* two years
- **過去形** 〖文法〗**the past tense**
- **過去進行形** 〖文法〗**the past progressive form**
- **過去分詞** 〖文法〗**the past participle**
- **過去問(題) old examinations** [**exams**],

かご

questions from past exams

かご a basket [バスケット]; (鳥かご) a cage [ケイヂ]
- かごはオレンジでいっぱいだった。
The *basket* was full of oranges.

かこい【囲い】(さく) a fence [フェンス]

かこう¹【加工する】process [プラセス]
- このうなぎは日本で加工されている。
This eel was *processed* in Japan.

∥加工食品 *processed* food

かこう²【下降する】go down [ゴゥ ダウン]
- 飛行機が下降した。The plane *went down*.

かこう³【火口】a crater [クレイタァ]

かこう⁴【河口】the mouth of a river [リヴァ]

かごう【化合する】combine [カンバイン]

∥化合物 a (chemical) compound

かこむ【囲む】surround [サラゥンド]; (丸で) circle [サークル]
- 日本は周りを海に囲まれている。Japan is *surrounded* by the sea [ocean].
- 正しい答えを丸で囲みなさい。*Circle* the correct answer.
- 私たちはキャンプファイヤーを囲んで座った。We *sat around* the campfire.

かさ【傘】(雨傘) an umbrella [アンブレラ]; (日傘) a parasol [パラソール]
- 折り畳みの傘 a folding *umbrella*
- ワンタッチの傘 a push-button *umbrella*
- ビニール傘 a plastic *umbrella*
- 晴雨兼用傘 a UV protection *umbrella*
- 傘を畳む close an *umbrella*
- 傘を差す open an *umbrella*
- エリの傘に入れてもらった。
Eri shared her *umbrella* with me.

∥傘立て an umbrella stand

かさい【火災】a fire [ファイア] → かじ¹

∥火災報知器 a fire alarm
∥火災保険 fire insurance

かさかさ(乾燥した) dry [ドゥライ]
- 私の肌は冬はかさかさになる。
My skin gets very *dry* in (the) winter.

がさがさ【がさがさした】(ざらざらした) rough [ラフ]; (きめの粗い) coarse [コース]

かざぐるま【風車】a pinwheel [ピン(ホ)ウィール], ⓑ a windmill [ウィンドゥミル]

かさなる【重なる】(積み重なる) be piled (up) [パイルド]; (日付が) fall on ... [フォーロン]
- ノートが机の上に重なって置いてあった。
Notebooks *were piled* on the desk.
- 来年はクリスマスイブと日曜が重なる。
Christmas Eve *falls on* Sunday next year.

かさねぎ【重ね着】layers (of clothing) [レイァズ] [(クロウズィング)], layering
- 重ね着ファッション the *layered* look
- 彼はTシャツにベストを重ね着していた。
He *wore* a vest *over* his T-shirt.

かさねる【重ねる】layer [レイァ]; (積み重ねる) pile (up) [パイル]
- パンの上にチーズとハムを重ねた。I *layered* the cheese and the ham on the bread.

かさばる be bulky [バルキィ]
- このダウンジャケットはかさばるけれど軽い。
This down jacket *is bulky* but light.

かざむき【風向き】the direction of the wind [ディレクション] [ウィンド]

かざり【飾り】a decoration [デカレイション], an ornament [オーナメント]
- クリスマスツリーの飾り
Christmas tree *ornaments*
- この帽子にはもう少し飾りがほしい。I want some more *decorations* on this cap.

かざる【飾る】decorate [デカレイト]; (展示する) display [ディスプレイ]
- 彼女はバッジをラインストーンで飾った。She *decorated* the badge with rhinestones.
- ショーウインドーにかっこいい帽子が飾ってある。A cool hat *is displayed* in the store window.

かざん【火山】a volcano [ヴァルケイノゥ]
- 火山が突然噴火した。
The *volcano* erupted suddenly.
- 活火山 an active *volcano*

∥火山帯 a volcanic zone
∥火山灰 volcanic ash

かし¹【菓子】

(甘い物全体)《主に米》(a) candy [キャンディ], 英 sweets [スウィーツ]; (ケーキ類) (a) cake [ケイク]; (クッキー) 米 a cookie, a cooky [クッキィ], 英 a biscuit [ビスキット]

> **ここがポイント！** candy と「キャンディー」
>
> 日本語の「キャンディー」はふつうあめをさしますが，米のcandyはもっと意味が広く，チョコレート菓子やナッツ菓子なども含みます．ただし，英では日本語の「キャンディー」はsweets，「チョコレート」はchocolateで表します．

かじょうがき

菓子パン a sweet roll, pastry
菓子店 a confectionery, a candy store, 圏 a sweet(s) shop
菓子職人 a confectioner

かし²〖貸し〗
- 私はあなたに1000円貸しがある.
You *owe* me 1,000 yen.(← あなたは私に1000円借りている)

貸し自転車 a rental bicycle［bike］
貸しボート a rental boat

かし³〖歌詞〗**the words（of a song）**［ワーヅ］［（ソーング）］, **lyrics**［リリックス］

かし⁴〖植物〗**an oak**［オウク］

カし〖カ氏(の)〗**Fahrenheit**［ファランハイト］（►F, F. と略す）→ おんど 知ってる？
- 水はカ氏32度で凍(こお)る. Water freezes at 32*°F*.（►32°Fは thirty-two degrees Fahrenheit と読む）

かじ¹〖火事〗**a fire**［ファイア］
- 山火事 a forest *fire*
- 火事だ！ *Fire*!
- ゆうべ近所で火事があった. There was a *fire* near my house last night.
- 火事はまもなく消し止められた.
The *fire* was soon put out.
- 隣(となり)の家が火事だ.
My neighbor's house is on *fire*.

かじ²〖家事〗**housework**［ハウスワーク］, **housekeeping**［ハウスキーピング］
- 私はよく家事を手伝う. I often help with the *housework*.

━家事をする do（the）housework, keep house

かじ³〖船の〗**a rudder**［ラダア］
━かじを取る **steer**［スティア］

がし〖餓死する〗**starve to death**［スターヴ］［デス］

かじかんだ numb（with cold）［ナム］［（コウルド）］（★ numb の b は発音しない）
- 寒さで指がかじかんでいる.
My fingers are *numb with cold*.

かしきり〖貸し切りの〗〖乗り物が〗**chartered**［チャータド］; 〖店などが〗**reserved**［リザーヴド］
- 貸し切りのバス a *chartered* bus
- レストランはパーティーで貸し切りだった.
The restaurant was *reserved* for a party.

かしこい 〖賢い〗

wise［ワイズ］, **clever**［クレヴァ］, **smart**［スマート］, **bright**［ブライト］, **intelligent**［インテリヂャント］
- その学者はとても賢かった.
The scholar was very *wise*.
- それはあまり賢い考えじゃない.

That's not a *clever* idea.
- 彼は賢い答えをした.
He gave a *smart* answer.
- ミキはとても賢い. Miki is very *bright*.
- いるかは賢い動物だ.
Dolphins are *intelligent* animals.

 くらべてみよう！ wise, clever, smart, bright, intelligent

wise: 知識や経験が豊富で正しい判断力を持っている
clever: 頭の回転が速く機転がきく, ずる賢くて抜(ぬ)け目ない
smart: 抜け目なくて賢い
bright: 頭がよい. 学校の成績がよい
intelligent: 知能が高い

かしこまりました Certainly.［サートゥンリィ］
- 「そのかばんを見せてもらえますか」「かしこまりました」
"Can I see the bag?" "*Certainly*."

カシス〖植物〗**blackcurrant**［ブラックカーラント］, **cassis**［カスィース］

かしだし〖貸し出しする〗**lend out**［レンド アウト］
- その本は貸し出し中です.
The book has been *lent out*.

かしつ〖過失〗**a mistake**［ミステイク］

かじつ〖果実〗(a) **fruit**［フルート］→ くだもの

カジノ a casino［カスィーノゥ］

カシミア cashmere［キャジミア］（★発音注意）

かしや〖貸し家〗**a house for rent**［ハウス］［レント］

かしゃ〖貨車〗**a freight car**［フレイト カー］

かしゅ〖歌手〗**a singer**［スィンガァ］
- Jポップの歌手になれたらいいな.
I'd love to be a J-pop *singer*.

かじゅ〖果樹〗**a fruit tree**［フルート トゥリー］

カジュアル〖カジュアルな〗**casual**［キャジュアル］
カジュアルウェア casual wear［clothes］

かしゅう〖歌集〗**a songbook**［ソーングブック］

かじゅう〖果汁〗**fruit juice**［フルート ヂュース］→ ジュース¹ くらべて！

かじゅえん〖果樹園〗**an orchard**［オーチャド］

かしょ〖箇所〗**a place**［プレイス］, **a spot**［スパット］
- 道路は数か所で通行止めになっていた.
The road was closed in several *places*.
- 数学のテストで5か所間違(まちが)えた.
I made five mistakes in the math exam.（►「…か所」という場合, one ..., two ... のように単に数字で表すことが多い）

かじょうがき〖箇条書きにする〗**list**［リスト］
- 要点を箇条書きにした.
I *listed* the key points.

…かしら

…かしら

（疑い・疑問）**I wonder …**[ワンダァ]（►ふつう後ろにifやwho, when, whyなどの疑問詞が続く）；（依頼）**Will you …?**, 《話》**Can you …?**

- 寒くなるかしら. *I wonder if* it will be cold.
- 彼らは今どこにいるのかしら.
  I wonder where they are now.
- 手伝ってもらえないかしら.
  Can you give me a hand?

> **ここがポイント！** **wonder の後の語順**
>
> **wonder**の後にifやwhere, whoなどの疑問詞が続く文ではふつうの疑問文とは違って，
> **wonder**＋〈疑問詞〉[if]＋〈主語〉＋〈動詞〉
> の語順になります.

かしらもじ【頭字字】(姓名(ぶみ)の)**an initial**[イニシャル]（►ふつう複数形で用いる）

- 私の名前の頭文字はM.T.だ.
  My *initials* are M.T.
- Tはだれの頭文字？ Whose *initial* is "T"?（►頭文字が1つの場合は単数形）

かじる bite[バイト]；（ねずみなどが）**gnaw**[ノー]（★このgは発音しない）

- りんごをかじった.
  I *bit*（into）an apple.

かす【貸す】

| ❶金・物などを | **lend** |
| ❷有料で | **rent**（out） |

❶〔金・物などを〕**lend**[レンド]（⇔借りる borrow）〈人〉に〈物〉を貸す

lend＋〈人〉＋〈物〉/ lend＋〈物〉＋to＋〈人〉
- ミキは私に辞書を貸してくれた.
  Miki *lent* me her dictionary. / Miki *lent* her dictionary *to* me.
- ちょっと手を貸してください.
  Please *lend* me a hand.

> **話してみよう！**
> ☺1000円貸してくれるかなあ？
> Will you *lend* me 1,000 yen?
> ☻うん，いいよ.
> Sure.

- トイレを貸してもらえますか.
  May I use your bathroom?

❷〔有料で〕**rent**（out）[レント（アウト）]
- おばは学生に部屋を貸している.
  My aunt *rents*（out）rooms to students.

かず【数】

a number[ナンバァ]；（数字）**a figure**[フィギャァ]

- 先生は欠席者の数を数えた.
  The teacher counted the *number* of absent people.
- ━数多くの **many, a lot of**➡たくさん❶

ガス gas[ギャス]

- ガスをつけた. I turned on the *gas*.
- ガスを消した. I turned off the *gas*.
- 排気(はいき)ガス exhaust
- **ガスストーブ a gas heater**
- **ガス中毒 gas poisoning**
- **ガス爆発(ばくはつ) a gas explosion**
- **ガス湯わかし器 a gas water heater**
- **ガス料金 the gas bill, gas charges**➡りょうきん **くらべて！**
- **ガスレンジ a gas stove**

かすか【かすかな】**faint**[フェイント]；（ぼんやりした）**dim**[ディム]

- かすかな音 a *faint* sound
- かすかな光 a *dim* light
- ━かすかに **faintly; dimly**
- その少年のことをかすかに覚えている.
  I *faintly* remember the boy.

カスタード custard[カスタァド]

- **カスタードクリーム custard cream**
- **カスタードプリン（a）custard pudding**

カスタネット《楽器》**castanets**[キャスタネッツ]

カステラ（a）sponge cake[スパンヂ ケイク]（►「カステラ」はポルトガル語から）

かすみ《気象》**（a）haze**[ヘイズ], **（a）mist**[ミスト]

かすむ be hazy[ヘイズィ], **be misty**[ミスティ]；（目が）**be blurred**[ブラード]

- 景色がかすんでいた. We had a *hazy* view of the landscape.
- 彼女の目は涙(なみだ)でかすんでいた.
  Her eyes *were blurred* with tears.

かすりきず【かすり傷】**a scratch**[スクラッチ]

- かすり傷を負った. I got a *scratch*.

かすれる（声が）**get hoarse**[**husky**][ホース [ハスキィ]；（字が）**become blurred**[ブラード]

- きょうは声がかすれていてよくしゃべれない.
  I can't speak well as my voice is *hoarse* today.

かぜ¹【風】

the wind[ウィンド]

- 南風 a south *wind*（►形容詞がつくときはふつうaをつける）
- 冷たい[強い]風 a cold [strong] *wind*
- 風がやんだ. *The wind* died away.

- 風通しのいい部屋 an airy room
- ━風の強い[ある] windy
- ━風が吹(ふ)く blow
- 風が強く吹いている.
  The wind is blowing hard.

かぜ² 【風邪】

(a) cold[コウルド]; (インフルエンザ) influenza[インフエンザ], (話)the flu[フルー]

- ケンは風邪を引いた. Ken caught (a) cold.
- チエは風邪気味だ. Chie has a slight cold.
- 彼はひどい風邪で寝(ね)ている.
  He is in bed with a bad cold.
- リョウの風邪がうつってしまった.
  I caught [got] a cold from Ryo.
- 風邪はもう治りましたか.
  Did you recover from your cold?
- 風邪じゃなくて,インフルエンザでした.
  I had the flu, not a cold.
- 鼻風邪 a head cold
▎風邪薬 cold medicine

かせい【火星】【天文】Mars[マーズ]
▎火星人 a Martian
かせいふ【家政婦】a housekeeper[ハウスキーパァ]
かせき【化石】a fossil[ファサル]
▎化石燃料 fossil fuels
かせぐ【稼ぐ】(金を)earn[アーン], make[メイク], (時間を)gain[ゲイン], (点数を)score[スコァ]
- アキラがひとりでゴールを稼いだ.
  Akira scored all the goals by himself.
かせつ【仮設の】temporary[テンパレリィ], makeshift[メイクシフト]
▎仮設住宅 temporary housing, a makeshift house
カセット a cassette[カセット]
▎カセットコンロ a portable stove, a camp stove
かせん【下線】underline[アンダァライン]
━下線を引く underline
- 重要な語に下線を引いた.
  I underlined an important word.
- 重要な文に下線を引いた.
  I underlined an important sentence.
かそ【過疎の】(村などが)underpopulated[アンダァパピュレイティド]
- 過疎の村 an underpopulated village
▎過疎化 depopulation
▎過疎地 a sparsely populated area
がそ【画素】〖コンピュータ〗a pixel[ピクサル]
かそう【仮装する】dress up as ...[ドゥレス]
- 私は魔女(まじょ)の仮装をした.
  I dressed up as a witch.

▎仮装行列 a costume parade
がぞう【画像】a picture[ピクチァ], video[ヴィディオゥ], an image[イミッヂ]
▎画像処理 image processing
かそうげんじつ【仮想現実】virtual reality[ヴァーチュアル リアラティ], VR[ヴィーアー]
かそうば【火葬場】a crematory[クリーマトーリィ]
かぞえる【数える】count[カウント]
- 本の数を数えた. I counted the books.
- 1から20まで数えよう.
  Let's count from one to twenty.
━数えきれない countless
- 数えきれないほどの星 countless stars

かぞく 【家族】

a family[ファマリィ]

- うちは5人家族だ. There are five people in my family. / We are a family of five.
- 君の家は何人家族ですか. How large [big] is your family? / How many people are there in your family?

> **ここがポイント!** 「家族」は単数？複数？
>
> 家族を1つのまとまりとして考える場合は単数扱い,家族の1人1人を考える場合は複数扱いです.ただし,⊛ではどちらの場合も単数扱いすることがあります.
> - 彼の家族は京都に住んでいる.
>   His family lives in Kyoto.

- ユミのうちは大家族だ[家族が少ない]. Yumi has a large [small] family.(▶家族の多い少ないを言う場合, many, few は使わない)
- 「ご家族のみなさんはお元気ですか」「おかげさまでみんな元気です」"How is your family?" "They are all fine, thank you."
- 3階には8家族が住んでいる.
  Eight families live on the third floor.
- 家族旅行に行った.
  I took a family trip [travel].

家族・親せきの呼び方
兄・弟 a brother / 姉・妹 a sister
いとこ a cousin
おい a nephew / めい a niece
おじ an uncle / おば an aunt
親 a parent / 祖父,祖母 a grandparent
祖父 a grandfather / 祖母 a grandmother
夫 a husband / 父 a father
妻 a wife / 母 a mother
息子(むすこ) a son / 娘(むすめ) a daughter

ガソリン

ガソリン gasoline[ギャサリーン], ⊛《話》gas[ギャス], ⊛petrol[ペトゥラル]

∥ガソリンスタンド ⊛a gas [filling, service] station, ⊛a petrol station (▶「ガソリンスタンド」は和製英語)

かた¹【肩】

a shoulder[ショウルダァ]

- 彼は肩をすくめた. He shrugged his *shoulders*. (▶戸惑(ﾏと)いやあきらめの気持ちを表す動作. shouldersと複数形になることに注意)
- 肩が凝(ﾆ)っている. I have stiff *shoulders*.
- ケンが私の肩をポンとたたいた. Ken tapped me on the *shoulder*.
- 私は母の肩をもんであげた. I massaged my mother's *shoulders* for her.

―――――慣 用 表 現―――――

肩を持つ: 彼女はいつもユリの肩を持つ. She always *takes* Yuri's *side*.
肩の力を抜(ﾇ)く(リラックスする)relax

∥肩幅(ﾊﾊﾞ): 彼は肩幅が広い. He has *broad shoulders*.

かた²【型, 形】

a type[タイプ], (a) style[スタイル]; (車などの)a model[マドゥル]; (形)a form[フォーム]; (大きさ)size[サイズ]

- 最新型のパソコン a PC of the latest *model*
- 小型カメラ a small-*sized* camera

…かた【…方】

(…気付)c/o[スィーオゥ, ケアラヴ] (▶(in) care ofの略. 手紙のあて名で用いる)

- サム・リード様方三木アユミ様
  Ms. Miki Ayumi *c/o* Mr. Sam Reed

かたい【堅い, 固い, 硬い】

❶物が	hard; (肉などが)tough
❷意志・約束などが	firm, strong
❸まじめな	serious
❹表情が	stern

hard

strong

❶[物が]hard[ハード](⇔やわらかい soft); (肉などが)tough[タフ](⇔やわらかい tender)→かたく❶

- このいすは堅い. This chair is *hard*.
- この肉は少し固い. This meat is a little *tough*.

❷[意志・約束などが]firm[ファーム], strong[ストゥローング]→かたく❷

- 堅い約束 a *firm* promise
- 堅い友情 a *strong* friendship
- 彼の意志は堅い. He has a *strong* will.

❸[まじめな]serious[スィ(ア)リアス]

- 堅い話 a *serious* talk

❹[表情が]stern[スターン]

- 先生の表情は固くなった.
  The teacher looked *stern*.

かだい【課題】(宿題)homework[ホウムワーク], (主に⊛)an assignment[アサインメント]; (解決すべき問題)a problem[プラブラム]

- この夏休みは課題が多い. I have a lot of *homework* this summer vacation.

∥課題曲 a set piece, an assigned song

かたおもい【片思い】one-sided [one-way] love[ワンサイディド [ワンウェイ] ラヴ]; a (secret) crush[(スィークリット) クラッシュ]

- 私のケイへの恋(ｺｲ)は片思いだった.
  My love for Kei was *one-sided* [*one-way*].
- レイに片思いをしている.
  I have a (secret) *crush* on Rei.

かたがき【肩書き】a title[タイトゥル]

がたがた(音を立てる)rattle[ラトゥル]; (寒さ・恐怖(ｷｮｳ)などで震(ﾌﾙ)える)tremble[トゥレンブル], shiver[シヴァ]

- バスが道をがたがた走っていった.
  The bus *rattled* along the road.
- 彼女は恐怖でがたがた震えていた.
  She was *trembling* with fear.
- 彼は寒さで震えていた.
  He was *shivering* from the cold.

かたかな【片仮名】*katakana*; a *katakana* letter[レタァ]

かたく【堅く, 硬く, 固く】

| ❶固まって | hard; (きつく)tightly |
| ❷強く | firmly, strongly |

❶[固まって]hard[ハード]; (きつく)tightly[タイトゥリィ]→かたい❶

- ロープを固く結んだ. I tied the rope *tightly*.
  →かたくなる become hard; (緊張(ｷﾝﾁｮｳ)する)get nervous [tense][ナーヴァス]
- そんなに硬くならないで.
  Don't be so *nervous* [*tense*].
- 私は硬くなってしまった.
  I felt *nervous* [*tense*].

❷[強く]firmly[ファームリィ], strongly[ストゥローングリィ]→かたい❷

かち² 🎵

- 私は試験に合格できると堅く信じている.
  I *firmly* believe that I can pass the exam.

かたくるしい〖堅苦しい〗**formal**[フォーマル]
- 先生の話は堅苦しかった.
  The teacher's talk was *formal*.

かたぐるま〖肩車〗**a shoulder ride**[ショウルダァ ライド]
➡肩車する **carry … on** one's **shoulders**
- ナオは弟を肩車していた.
  Nao was *carrying* his little brother *on his shoulders*.

かたち〖形〗

a shape[シェイプ], **a form**[フォーム]
- 四角い形 a square *shape*
- ハートの形のケーキ a heart-*shaped* cake
- あの雲は象の形をしている.
  That cloud *looks like* an elephant.

かたづける〖片付ける〗

❶整とんする	**put away, clean up**
❷処理する	（終える）**finish**

❶〖整とんする〗**put away**[アウェイ], **clean up**[クリーン]
- 本を片付けて. *Put* your books *away*.
- 私は机の上を片付けた.
  I *put away* the things on the desk.
- 母に部屋を片付けるように言われた. I was told by my mother to *clean up* my room.
- 食卓(しょく)を片付けた. I *cleared* the table.

❷〖処理する〗（終える）**finish**[フィニッシュ]
- きょうじゅうにこの宿題を片付けてしまおう.
  Let's *finish* this homework today.

かたつむり〖動物〗**a snail**[スネイル]
かたな〖刀〗**a sword**[ソード]（★発音注意）
かたほう〖片方〗（2つのうちの一方）**one**（**of the pair**）[ワン][（ペァ）],（もう一方）**the other**[アザァ]
➡いっぽう❶
- 靴下(くつ)の片方をなくした.
  I lost *one* of my socks.

かたまり〖固まり〗**a lump**[ランプ];（大きな）**a mass**[マス]
- 粘土(ねん)の固まり
  a *lump* of clay

かたまる〖固まる〗**become hard**[ハード];（ゼリーなどが）**set**[セット]
- 粘土(ねん)が乾(かわ)いて固まった.
  The clay has dried and *become hard*.
- ゼラチンが固まった. The gelatin has *set*.
- 固まって座(すわ)らないで.
  Don't sit *huddled together*.

かたみ〖形見〗**a keepsake**[キープセイク]
かたみち〖片道〗**one way**[ワン ウェイ]
｜片道切符(きっぷ) 🇺🇸**a one-way ticket**, 🇬🇧**a single**（**ticket**）

かたむく〖傾く〗**lean**[リーン];（日が）**set**[セット]
- この棚(たな)は少し傾いている.
  This shelf is *leaning* slightly to one side.
- 日が傾いてきた. The sun is *setting*.

かたむける〖傾ける〗**lean**[リーン]
- 少年は風に向かって体を前に傾けた.
  The boy *leaned* into the wind.
- 彼は私の話に耳を傾けた.
  He *listened* to my story.（⬅話を聞いた）
- ユキはこの作品に全力を傾けている.
  Yuki is *focusing* on this work.

かためる〖固める〗**harden**[ハードゥン];（守りを）**strengthen**[ストゥレンクスン]
- 全日本チームは守りを固めた. The All-Japan team *strengthened* its defense.

かたよる〖偏る〗（偏見(へん)を持っている）**be biased**[バイアスト]
- 彼の意見は少し偏っている.
  His opinion *is* a little *biased*.
➡偏った **biased**;（バランスの取れていない）**unbalanced**[アンバランスト]
- 偏った食事 an *unbalanced* diet

かたる〖語る〗**talk**[トーク], **tell**→はなす¹❷❸
- 私たちは3時間も語り合った.
  We *talked* together for three hours.
- 君は真実を語るべきだ.
  You should *tell* the truth.
｜語り手 a narrator

カタログ **a catalog**[カタローグ]
かだん〖花壇〗**a flowerbed**[フラウァベッド]

かち¹〖価値〗

（相対的な）**value**[ヴァリュー];（本質的な）**worth**[ワース]
- この研究にはどのくらい価値がありますか.
  What is the *value* of this research?

｜…の価値がある
｜be worth＋〈名詞〉
- やってみる価値はあるよ. It's *worth* a try.
- この切手は5万円の価値がある.
  This stamp *is worth* 50,000 yen.

｜…する価値がある
｜be worth＋〈-ing形〉
- この本は読む価値がある.
  This book *is worth* read*ing*.
➡価値のある **valuable**; **worthy**[ワーズィ]
- 価値のある絵 a *valuable* painting

かち²〖勝ち〗（a）**victory**[ヴィクタリィ]（⇔負け（a）

…がち

defeat)
- 彼らの勝ちは決まっているようなものだ．
Their *victory* seems certain.
- 君の勝ちだ．You *win*.

慣用表現

早い者勝ち．First come, first served.

…がち【…(し)がちだ】**tend to**+〈動詞の原形〉[テンド]，**be apt to**+〈動詞の原形〉[アプト]
- ケンは最近遅刻しがちだ．
Ken *tends to* be late for class these days.

かちあう【かち合う】(日付が)**fall on** ...[フォール]
- こどもの日と日曜日がかち合った．
Children's Day *fell on* a Sunday.

かちかち(音を立てる)**tick**[ティック]；(かちっととめる)**snap**[スナップ]；(かちっという音)**a click**[クリック]；(固い)**hard**[ハード]
- 時計のカチカチという音が聞こえる．
I can hear the clock *ticking*.
- このアイスクリームはかちかちに凍っている．This ice cream is frozen *hard*.

がちがち(歯が鳴る)**chatter**[チャタァ]；(緊張して)**freeze**[フリーズ]
- 寒くて歯がガチガチ鳴った．
My teeth were *chattering* with cold.
- 緊張してがちがちになった．
I was so nervous that I *froze*.

かちき【勝ち気】**strong-minded**[ストゥローングマインディド]
- 勝ち気な人 a *strong-minded* person

かちく【家畜】**a domestic animal**[ダメスティック アナマル]

カチャカチャ【カチャカチャ鳴らす[鳴る]】**rattle**[ラトゥル]
- 彼女のかぎがカチャカチャ鳴っている．
Her keys are *rattling*.

ガチャ(ガチャ)『商標』**a capsule toy machine**[キャプサル トイ マシーン]（▶カプセルトイの販売機）
- ガチャガチャを回した．
I turned the handle of a *capsule toy machine*.

あめやおもちゃの入ったガチャガチャ(米国)

ガチャン(ガチャンという音)**a crash**[クラッシュ]
- 表でガチャンという音がした．
I heard a *crash* outside.

かちょう【課長】**the section chief**[セクション チーフ]

がちょう『鳥』**a goose**[グース](複 geese[ギース])

かつ【勝つ】
(試合などに)**win**[ウィン](⇔負ける lose)；(相手に)**beat**[ビート]
- 私たちは(3対2で)その試合に勝った．
We *won* the game (3 to 2).
- 次は絶対勝とうね．
Let's *win* next time for sure.
- 100メートル走でカズに勝った．
I *beat* Kazu in the 100-meter dash.

カツ(カツレツ)**a cutlet**[カットゥリット]
- 豚[チキン]カツ pork [chicken] *cutlet*
カツ丼 a bowl of rice topped with a pork cutlet covered in eggs

かつお『魚』**a bonito**[バニートウ](複 bonito, bonitos)
かつお節 a dried bonito；(けずり節) bonito flakes

がっか【学科】**a subject**[サブヂクト]；(大学の)**a department**[ディパートゥマント]

がつがつ【がつがつ(と)】**greedily**[グリーディリィ]
- そんなにがつがつ食べないで．
Don't eat so *greedily*.

がっかつ【学活】**homeroom activities**[ホウムルーム アクティヴィティズ]

がっかり【がっかりする】

be disappointed(with ..., in ..., at ...,)[ディサポインティド]，**be discouraged**[ディスカーリッヂド]
- マキは負けてがっかりしていた．
Maki *was disappointed* to have lost.
- ケイにはがっかりした．
I *was disappointed in* Kei.
- あの映画にはがっかりだよ．
I *was disappointed with* the movie. / The movie was *disappointing*.（▶物を主語にするときは〈-ing形〉）
- がっかりしないで．Don't *be discouraged*.

かっき【活気のある】**lively**[ライヴリィ]（★発音注意）
- 活気のある授業 a *lively* class

がっき¹【学期】
(3学期制の)**a term**[ターム]；(2学期制の)**a semester**[スィメスタァ]
- 1[2, 3]学期 the first [second, third] *term*
- 来週新学期が始まる．

The new *term* begins next week.
┃ 学期末試験 a term［final］examination

がっき² 【楽器】

a musical instrument［ミューズィカル インストゥラ
マント］
• 「何か楽器を演奏しますか」「はい、ピアノを弾
(ひ)きます」Do you play a *musical
instrument*? "Yes, I play the piano."

― 表現メモ ―

楽器のいろいろ

管楽器 wind instruments
オーボエ an oboe / クラリネット a clarinet
サックス a saxophone / チューバ a tuba
リコーダー a recorder / トランペット a trumpet
トロンボーン a trombone / フルート a flute
ホルン a horn / ユーフォニアム a euphonium
弦(げん)楽器 stringed instruments
ギター a guitar / コントラバス a contrabass
チェロ a cello / バイオリン a violin
ビオラ a viola / マンドリン a mandolin
けん盤(ばん)楽器 keyboard instruments
エレクトーン an electronic organ
オルガン an organ / ピアノ a piano
打楽器 percussion instruments
タンバリン a tambourine
ティンパニ a timpani / ドラム a drum
ベース a bass / 木琴(もっきん) a xylophone

かっきてき 【画期的な】epoch-making［エパックメ
イキング］, landmark［ランドゥマーク］
• それは歴史上画期的な出来事だった.
That was a *landmark* event in history.

がっきゅう 【学級】a class［クラス］➡ クラス

┃ 学級委員 a class officer
┃ 学級会 a homeroom meeting
┃ 学級活動 homeroom activities
┃ 学級通信 a class newsletter
┃ 学級日誌 a class journal
┃ 学級閉鎖 a temporary suspension of
classes: 私たちのクラスはインフルエンザで先
週学級閉鎖だった. Our class was told to
stay at home due to the flu last week.

かつぐ 【担ぐ】

❶肩(かた)に carry ... on one's
            shoulder(s)［back］
❷だます fool, play a trick（on ...）

❶［肩に］carry ... on one's shoulder(s)［back］
［キャリィ］［ショウルダァ(ズ)］［バック］
• 彼は大きなリュックサックを担いでいた. He was

carrying a big backpack *on his back*.
❷［だます］fool［フール］, play a trick（on ...）［プ
レイ］［トゥリック］
• 私をかついでいるんでしょ？
You are trying to *fool* me, aren't you?

がっくり 【がっくりする】be disappointed［ディサ
ポインティド］➡ がっかり
• 彼はがっくり肩(かた)を落として座(すわ)った.
He sat with *drooping* shoulders.

かっこ a parenthesis［パレンスィス］; a bracket
［ブラキット］; a brace［ブレイス］; a Japanese
quotation mark［ヂャパニーズ クウォウテイション マ
ーク］（►2つで1組なのでふつう複数形で用いる）
• (丸)かっこの中を計算しなさい. Calculate the
figures in the *parentheses*.

ここが
ポイント! かっこのいろいろ（複数形）

		複数形	複数形の読みかた
( )		parentheses	パレンサスィーズ
[ ]		brackets	ブラキッツ
{ }		braces	ブレイスィズ
「 」		Japanese quotation marks	ヂャパニーズ クウォウ テイション マークス

かっこいい cool［クール］; (外見が) good-looking
［グッド ルッキング］, nice-looking［ナイス ルッキング］
• ケンってかっこいいね.
Ken is *cool*, isn't he?
• ユリはかっこいいTシャツを着ていた.
Yuri wore a *cool* T-shirt.

かっこう¹ 【格好】(an) appearance［アピ(ア)ランス］
• 彼は格好を気にしない.
He doesn't care about his *appearance*.

かっこう² 【鳥】a cuckoo［クークー］（★発音注意）

がっこう 【学校】

(a) school［スクール］（►「授業」の意味で用いる場
合はaやtheをつけない）➡ p.141 ミニ絵辞典
• 学校で at *school*
• 学校が終わってから after *school*
• 私は学校へ行った. I went to *school*.
• エミは学校から帰った.
Emi came（back）home from *school*.
• 学校の帰りにミキに会った.
I met Miki on my way back from *school*.
• 学校を休んだ. I was absent from *school*.
• 学校を早退した. I left *school* early.
• その生徒は学校をサボった.
That student cut［skipped］*school*.
• 妹は学校に入学した.
My sister entered［started］*school*.
• 君はいつ学校を卒業したの？
When did you graduate from *school*?

がっこう

あ
か
さ
た
な
は
ま
や
ら
わ

かっこわるい

- リョウは学校をやめた. Ryo quit *school*.
- あしたは学校が休みだ.
  We have no *school* tomorrow.
- 週5日学校がある.
  We have *school* five days a week.
- 学校は8時半に始まる.
  School begins at 8:30.
- 学校は3時半に終わる.
  School is over at 3:30.

> 話してみよう!
> ☺君はどこの学校に通っているの.
> What *school* do you go to?
> 😊朝日中学です.
> I go to Asahi Junior High *School*.

表現メモ

学校のいろいろ

小学校 an elementary *school*
中学校 a junior high *school*
高等学校 a (senior) high *school*
高等専門学校 a technical college
国立学校 a national *school*
公立学校 a public *school*(►㊇では「パブリックスクール(私立の全寮)制中高一貫校)」をさす)
私立学校 a private *school*

学校行事 school events
学校祭 a school festival
学校生活 school life, life at school→学校生活【口絵】
学校説明会 a school exhibition
学校友達 a schoolmate; a classmate

かっこわるい【かっこ悪い】**awful**[オーフル];(ばつの悪い)**embarrassing**[インバラスィング]
- この帽子(ぼう)はかっこ悪い.
  This hat looks *awful*.
- かっこ悪い思いをした.
  I experienced an *embarrassing* moment.

かっさい【喝采】(歓声(かん))**cheers**[チァズ];(拍手(はく))**applause**[アプローズ]
- 私たちは喝さいした.
  We *cheered*.(►このcheeredは動詞)

がっしゅく【合宿】**a training camp**[トゥレイニングキャンプ]
- あしたから伊豆(い)で合宿だ. We will go on a *training camp* in Izu from tomorrow.

がっしょう【合唱】**a chorus**[コーラス]
- 女声[男声, 混声]合唱
  a female [male, mixed] *chorus*
- 二部合唱 a two-part *chorus*
- **合唱する sing ... in chorus**
- 私たちは『さくら』を合唱した.

We *sang* "*Sakura*" in *chorus*.
合唱コンクール a chorus contest
合唱祭 a choral festival
合唱団[部] a chorus: 私は合唱部だった.
I was a member of the *chorus*.

かっしょく【褐色(の)】**brown**[ブラウン]

がっそう【合奏】**an ensemble**[アーンサーンブル](►フランス語から)
- 私たちは『星に願いを』を合奏した.
  We played "When You Wish Upon a Star" at the concert.

かっそうろ【滑走路】**a runway**[ランウェイ]

カッター a cutter[カッタァ]

かったるい→めんどう, だるい
- 雨の日に出かけるのはかったるい.
  It's a *pain* to go out on a rainy day.

がっちり【がっちりした】(体格が)**strong**[ストゥロング], **solid**[サリッド];(節約する)**stingy**[スティンディ]
- ヒロはがっちりした体格だ.
  Hiro has a *strong* build.
- **がっちりと solidly**: (しっかりと)**firmly**
- 私たちはがっちりと握手(あく)をした.
  We shook hands *firmly*.

ガッツ(根性(こんじょう))《話》**guts**[ガッツ]
- 彼女はすごくガッツがある.
  She has a lot of *guts*.
ガッツポーズ a fist pump: 彼はガッツポーズをした. He *raised* his *fist*(*s*) *over* his *head* in victory.(◄勝ち誇(ほこ)って(両)こぶしを頭上に上げた)(►「ガッツポーズ」は和製英語)

かつて once[ワンス], **before**[ビフォァ];(疑問文・最上級の後で)**ever**[エヴァ];(いまだかつて…ない)**never ... before**[ネヴァ]
- 彼はかつて歌手だった. He was *once* a singer.(►onceは過去形の文で用いる)
- 私がかつて神戸に住んでいた.
  I have lived in Kobe *before*.(►現在完了形の文ではbeforeを用いる)
- かつてない大事故だった. It was the biggest accident that had *ever* occurred.
- ジュンはいまだかつて七面鳥を食べたことがない.
  Jun has *never* eaten turkey *before*.
- **かつての former**
- かつての先生に会いに行った.
  I went to see my *former* teacher.

かって【勝手な】**selfish**[セルフィッシュ]
- 君ってほんとに勝手だね. You are so *selfish*.
- **勝手に**(許可なしに)**without permission**;(好きなように)**as one likes [pleases]**
- 勝手に私の部屋に入らないで.

140 one hundred and forty

ミニ絵辞典 学校行事 School Events

健康診断(しんだん)
physical checkup

中間試験
midterm examination [exam]

修学旅行[遠足]
school trip

修学旅行で広島に行きます.
We are going to Hiroshima for our school trip.

文化祭の準備で忙しいの.
We are busy preparing for the school festival.

文化祭
school festival

球技大会
ball game tournament

合唱コンクール
chorus contest

マラソン大会
marathon

卒業式
graduation (ceremony)

スキー教室
skiing class

スキー教室に初めて参加します.
This is my first time in the skiing class.

始業式	opening ceremony	冬休み	winter vacation
入学式	entrance ceremony	春休み	spring vacation
終業式	closing ceremony	校外学習, 社会科見学	field trip
1学期 [新学期]	first [new] school term	運動会 [体育祭]	field day / sports festival
2学期	second term	水泳大会	swim meet
3学期	third term	音楽祭	music festival
期末試験	term examination [exam]	スピーチコンテスト	speech contest
学年末試験	final examination [exam]	授業参観	school visit / parents' day
夏休み	summer vacation	創立記念日	school foundation day

one hundred and forty-one

かっと

Don't enter my room *without permission*.
- もう，勝手にしてよ！ Do *as you like*!

かっと【かっとなる】**lose** one's **temper**[ルーズ][テンパァ]；(ひどく怒って)**get very angry**[アングリィ]
- 父はすぐかっとなる．
My father easily *loses his temper*.

カット¹(切ること)**a cut**[カット]
- ナオは髪(%)のカットに行った．
Nao got a hair*cut*.
━カットする cut→きる¹❶
| カットモデル **a haircut model**

カット²(挿絵(%))**an illustration**[イラストゥレイション]

ガット(ラケットの)(**racket**)**string**(**s**)[(ラキット)ストゥリング(ズ)]
- ガットが切れた．
I broke the *strings* on my racket.
- テニスラケットにガットを張ってもらった．
I had my tennis racket *strung*.(▶strungは動詞 stringの過去分詞)

かつどう【活動】(**an**) **activity**[アクティヴィティ](▶しばしば複数形で用いる)
- クラブ[野外]活動
club [outdoor] *activities*
- 火山が活動を始めた．
The volcano became *active*.
━活動的な active[アクティヴ]**→かっぱつ**

かっぱつ【活発な】**active**[アクティヴ], **lively**[ライヴリィ], **animated**[アニメイティド]
- 活発な子 an *active* child
- 活発な議論 a *lively* discussion

カップ(茶わん)**a cup**[カップ]；(優勝杯(%))**a cup**(▶しばしばthe Cupの形で用いる)
- コーヒーカップ a coffee *cup*
- カップ1杯の紅茶 a *cup* of tea
- ワールドカップ the World *Cup*
| カップケーキ **a cupcake**
| カップめん **cup noodles, pot noodles, instant noodles in a cup**

カップル a couple[カップル]
- 似合いのカップル
a well-matched [good] *couple*

がっぺい【合併する】(町村などが)**merge**[マ〜ヂ]

かつやく【活躍する】**be active**[アクティヴ], **play an active role** [**part**][プレイ][ロウル [パート]]
- ミュは演劇部で活躍している．
Miyu *is active* in the drama club.
- きょうの試合ではケンが大活躍だった．Ken *played an active role* in today's game.

かつよう【活用する】**use**[ユーズ], **make use of** ...[ユース]

- 学校の図書館をもっと活用しよう．
Let's *use* our school library more.

かつら a wig[ウィッグ]；(部分的な)**a hair-piece**[ヘアピース]
- 彼女はかつらを着けている．
She is wearing a *wig*.

かつりょく【活力】**vitality**[ヴァイタラティ], **energy**[エナァヂィ]
- 彼は活力に満ちた人だ．He is *energetic*.

かてい¹【家庭】

(**a**) **home**[ホウム]；(家族)**a family**[ファマリィ]
- 彼女はしつけの厳しい家庭に育った．
She grew up in a strict *home*.
- 幸せな家庭 a happy *home*
- 裕福(%)な家庭 a rich *family*
━家庭の，家庭的な family, domestic
- 家庭の事情で
for *family* reasons
- 父は家庭的な人(家庭を大事にする人)です．
My father is a *family* man.
- ジュンは家庭的な人(家事の好きな人)です．
Jun likes housekeeping.
- 家庭的な雰囲気(%)
a *family-like* atmosphere
| 家庭科 **home economics, homemaking**
| 家庭科室 **a home economics room**
| 家庭科部 **a home economics club**
| 家庭教師 **a tutor, a private teacher**
| 家庭ごみ **domestic garbage**
| 家庭生活 **family [home] life**
| 家庭内暴力 **domestic violence**
| 家庭訪問 **a teacher's home visit**
| 家庭用品 **household articles**
| 家庭料理 **home cooking**

かてい²【仮定する】**suppose**[サポウズ]
- このコップが空だと仮定しよう．
Suppose that this glass is empty.

かてい³【過程】**a process**[プラセス]

かでん【家電】**home electronics**[ホウム イレクトゥラニックス], **home**(**electric**)**appliance**[ホウム (イレクトゥラニック) アプライアンス]
| 家電量販店 **an electronics store**

かど【角】**a corner**[コーナァ]
- 棚(%)の角 the *corner* of a shelf
- 彼はその角を曲がった．
He turned the *corner*.
- 2番目の角を右に曲がりなさい．
Turn right at the second *corner*.
- 角を曲がった所に around the *corner*
- 角の交番 the *koban* on the *corner*

かとう【下等な】**low**[ロウ]

かならず

- 下等生物 a *lower* form of life

かどう【華道】**(the Japanese art of) flower arrangement**[(ヂァパニーズ アート)][フラウァ アレインヂマント]

┃華道部 a flower arrangement club

…かどうか → …どうか

かどまつ【門松】**pine branch decorations（for the New Year）**[パイン ブランチ デカレイションズ][(ヌー イァ)]

カトリック Catholicism[キャサラスィズム]

━カトリックの **Catholic**[キャサリック]

┃カトリック教会 a Catholic church
┃カトリック教徒（信者）a Catholic

かな【仮名】**kana**[カナ]（▶1文字を指すときは kana character[カナ キャリクタァ]と言う）

┃かな漢字変換（ﾍﾝ）**kana-kanji conversion**
┃かな入力 **kana character input**

…かな → …かしら

かなあみ【金網】**wire netting**[ワイァ ネッティング]

かなう

❶願い・望みが	come true
❷匹敵（ﾋｷ）する	match, equal

❶[願い・望みが]**come true**[トゥルー]

- ついに夢がかなった.
  My dream *came true* at last.
- 願い事がかないますように.
  I hope my wish *comes true*!

❷[匹敵する]**match**[マッチ], **equal**[イークワル] →
かなわない

- 背泳ぎではだれもユキにかなわない.
  In the backstroke, no one can *compete* with Yuki. / In the backstroke, no one *compares* to Yuki.

かなえる realize[リーアライズ]

- 彼は夢をかなえた.
  He *realized* his dream.

かなしい【悲しい】

sad[サッド], **unhappy**[アンハッピィ]（⇔うれしい glad, happy, pleased）

- 悲しい話[出来事] a *sad* story [event]
- 彼女は悲しそうだった. She looked *sad*.

┃…して悲しい
be sad to ＋〈動詞の原形〉/ be sad that ...

- 事故のことを聞いてとても悲しい.
  I'm very *sad to* hear of the accident.
- 親友が大阪に引っ越（ﾞ）して悲しい. I'm *sad that* my best friend moved to Osaka.

━悲しさ **sadness**
━悲しそうに, 悲しいことに **sadly, unhappily**

かなしばり【金縛り】

- 寝（ﾈ）ている間に金縛りにあった.
  While sleeping, I *suddenly found myself unable to move.*

かなしみ【悲しみ】**sadness**[サッドゥニス], **sorrow**[サロゥ];（深い）**grief**[グリーフ]

- 私の心は悲しみでいっぱいだ.
  My heart is filled with *sadness.*
- 悲しみが和らいだ.
  My *sorrow* was eased.
- マナは深い悲しみに沈（ｼ）んでいた.
  Mana was overcome with *grief.*

かなしむ【悲しむ】**be sad**[サッド], **feel sad**[フィール]

- そんなに悲しまないで.
  Don't *be* so *sad.*
- 彼らは愛犬の死を悲しんだ. They *felt sad* about the death of their pet dog.

カナダ Canada[キャナダ]

━カナダ（人）の **Canadian**[カネイディアン]

┃カナダ人（1人）a Canadian,（全体）the Canadians

かなたの faraway[ファーラウェイ]

- はるかかなたの宇宙 *deep* space

━かなたに **beyond**[ビヤンド], **far away**

- 地平線のかなたに *beyond* the horizon
- はるかかなたに湖が見えた.
  I saw a lake *far away.*

かなづち【金づち】**a hammer**[ハマァ]

- 金づちでくぎを打った.
  I hit a nail with a *hammer.*
- 私は金づちだ.
  I *can't swim at all.*（◀まったく泳げない）

かなもの【金物】**hardware**[ハードウェァ]

┃金物店 a hardware store

かならず【必ず】

❶きっと	certainly
❷いつも	always

❶[きっと]**certainly**[サートゥンリィ]

- その映画は必ず見に行きます.
  I will *certainly* [*definitely*] go to the movie.
- この方法なら必ずうまくいく.
  This method will *certainly* work.

┃必ず…する
be sure to ＋〈動詞の原形〉

- 必ずプレゼントを持ってきてね.
  Be sure to bring a present.

❷[いつも]**always**[オールウェイズ]

- お正月には必ず初もうでに行きます.

one hundred and forty-three　143

かならずしも…でない

I *always* visit a shrine during the New Year holidays.

かならずしも…でない【必ずしも…でない】→ …かぎらない

かなり

((話))**pretty**[プリティ], **rather**[ラザァ], **fairly**[フェアリィ]（▶ratherは悪い意味で, fairlyはよい意味で用いることが多い）, **quite**[クワイト]

- きのうはかなり暑かったね.
  It was *pretty* hot yesterday, wasn't it?
- ビルは日本語を話すのがかなりうまい.
  Bill can speak Japanese *pretty*［*fairly*］well.
- かなり遅い朝食を食べた.
  I had a *fairly* late breakfast.
- この問題はかなり難しい.
  This question is *rather*［*quite*］difficult.
- かなりの人数 *quite* a few people

カナリア〖鳥〗**a canary**[カネ(ァ)リィ]（★発音・アクセント位置に注意）

かなわない be no match for …[マッチ]→かなう❷
- テニスではとてもクミにかなわない.
  I'*m no match for* Kumi in tennis.

かに〖動物〗**a crab**[クラブ]
- 私たちは旅行先でかに料理を食べました.
  We ate *crab* during the trip.

かにざ【かに座】**Cancer**[キャンサァ],（人）**a Cancer**
- 私はかに座です.
  I am a *Cancer*.

かにゅう【加入する】**join**[チョイン], **become a member**（**of …**）[メンバァ]

カヌー a canoe[カヌー]

かね¹【金】

money[マニィ]
- 私はお金をためている.
  I'm saving *money*.
- お金をたくさんもうけたい.
  I want to make a lot of *money*.
- ヒナは新しい服にお金を使った.
  Hina spent *money* on a new dress.
- 少しお金を貸してくれないか.
  Would you lend me some *money*?
- お金の持ち合わせがない.
  I have no *money* with me.
- お金はあした返します.
  I'll *pay* you *back* tomorrow.
- 「お金をいくら持ってる？」「2000円くらい」
  "*How much*（*money*）do you have?"
  "About two thousand yen."

ここがポイント！ お金の表し方

moneyは数えられない名詞なので, aをつけたり複数形にしたりせず, a lot of money（たくさんのお金）, a little money（少しのお金）のようにします. 一方, coin（硬貨(こうか)）やbill（紙幣(しへい)）は, aをつけたり複数形にしたりします.

かね²【鐘】**a bell**[ベル]
- 鐘が鳴った. The *bell* has rung［gone off］.
- どこかでお寺の鐘が鳴っている.
  I hear a temple *bell* ringing somewhere.

かねつ¹【加熱する】**heat**[ヒート]
- 肉は加熱してください.
  Heat the meat up. / *Warm* the meat.

かねつ²【過熱する】**overheat**[オウヴァヒート]
- トースターが過熱して火事になった. The toaster *overheated* and caused a fire.
- その歌手の人気は過熱している. The popularity of the singer is *overwhelming*.

かねもち【金持ちの】**rich**[リッチ]（⇔貧乏(びんぼう)な poor）
- ケンは金持ちになった. Ken became *rich*.
- この辺りには金持ちが住んでいる.
  Rich people live around here.

かねる【兼ねる】
- この部屋は食堂を兼ねている.
  This room *also serves as* a dining room.

かねんごみ【可燃ごみ】**burnable trash**[バーナブル トゥラッシュ], **burnable garbage**[バーナブル ガービッヂ]

かねんぶつ【可燃物】**combustibles**[カンバスタブルズ]

かのう¹【可能な】**possible**[パスィブル]（⇔不可能な impossible）→できる❶
- 可能な限り頑張(がんば)ります. I'll do as much as *possible*. / I'll do the best *that I can*.
  可能性 possibility, a chance;（可能性のある）**promising**: まだ勝つ可能性はある. There is still a *chance* that we can win.
  アミには可能性がある. Ami is *promising*.

かのう[2]【化のうする】**get**[**become**] **infected**[ゲット[ビカム]インフェクティド]
- ひざの傷が化のうした.
The wound on my knee *got infected*.

かのじょ【彼女】

❶ 女性をさす代名詞　**she**
❷ 恋人(こいびと)　**a girlfriend**

❶[女性をさす代名詞]**she**[シー](複 **they**[ゼィ])
- 彼女は西小学校出身です.
She finished Nishi Elementary School.
- 彼女のお母さんは歯科医師です.
Her mother is a dentist.
- 私は彼女たちを浅草に連れて行った.
I took *them* to Asakusa.
- 私は彼女をじっと見つめた. I gazed at *her*.
- これらの写真は彼女のものだ.
These photos are *hers*.
- 彼女自身がそう言った.
She *herself* said so.

ここがポイント! she(彼女)の変化形

単数	複数
彼女は[が] she	彼女たちは[が] they
彼女の her	彼女たちの their
彼女を[に] her	彼女たちを[に] them
彼女のもの hers	彼女たちのもの theirs
彼女自身 herself	彼女たち自身 themselves

❷[恋人]**a girlfriend**[ガールフレンド]
- 私の彼女がこのプレゼントをくれた. My *girlfriend* gave me this present.

かば【動物】**a hippopotamus**[ヒパパタマス],《話》**a hippo**[ヒッポ]

カバー **a cover**[カヴァ];(本の)**a jacket**[ヂャキット];(ベッドの)**a bedspread**[ベッドスプレッド]
　ーカバーする(埋(う)め合わせる)**make up for ...**[メイク];(曲を)**cover**

かばう(弁護する)**speak up (for ...)**[スピーク];(守る)**protect**[プラテクト]
- 姉は私をかばってくれた.
My sister *spoke up for* me.
- 母親は犬から子どもをかばった.
The mother *protected* her child from the dog.

かばん

a bag[バッグ]

- 彼はかばんからノートを取り出した.
He took a notebook out of his *bag*.

学生かばん
school bag

ショルダーバッグ
shoulder bag
書類かばん
brief case

手提(さ)げかばん
tote bag

スポーツバッグ
gym bag

かはんしん【下半身】**the lower part of the body**[ロウァ パート][バディ]

かはんすう【過半数】**a[the] majority**[マヂョーラティ]
- 過半数が賛成した. The *majority* agreed.

かび **mold**[モウルド]
　ーかびが生える get moldy
- パンにかびが生えた. The bread *got moldy*.

がびょう【画びょう】⊛**a thumbtack**[サムタック],⊛**a drawing pin**[ドゥローイング ピン]
　ー画びょうで留める tack[タック]
- 壁(かべ)にポスターを画びょうで留めた. I *tacked*[*pinned up*] a poster on the wall.

かびん【花瓶】**a vase**[ヴェイス]

かぶ[1]【植物】**a turnip**[ターニップ]

かぶ[2]【株】(木の切り株)**a stump**[スタンプ];(キャベツなどの)**a head**[ヘッド];(株式)**(a) stock**[スタック]
　| 株式投資 stock investment
　| 株主 a stockholder

カフェ(店)**a café**[キャフェィ]
- おしゃれなカフェ
a fancy [fashionable] *café*
　| カフェテラス a sidewalk café

カフェオレ **café au lait**[キャフェイ オゥ レイ]

カフェテリア **a cafeteria**[キャフェティ(ァ)リア]

がぶがぶ【がぶがぶ飲む】**guzzle**[ガズル],**gulp (down)**[ガルプ]

かぶき【歌舞伎】**kabuki, Kabuki**[カーブーキ];(個々の)**a kabuki drama [play]**[ドゥラーマ[プレィ]]
- 歌舞伎は男性の役者だけで演じられる伝統的な日本の演劇です.
Kabuki is a traditional Japanese drama played only by male actors.

カフス **a cuff**[カフ]
　| カフスボタン a cuff link(▶ふつう複数形で用いる.「カフスボタン」は和製英語)

かぶせる(上に載(の)せる)**put ... on**[プット];(覆(お)う)**cover**[カヴァ]
- アキはテディーベアに帽子(ぼう)をかぶせた.

カプセル

Aki *put* a hat *on* the teddy bear.
- 食べ物にラップをかぶせた.
I *covered* the food with plastic wrap.

カプセル a capsule [キャプスル] → くすり
カプチーノ cappuccino [カプチーノゥ]
かぶと a helmet [ヘルミット]
かぶとむし【かぶと虫】〖虫〗a beetle [ビートゥル] (▶くわがた虫, てんとう虫なども含(ふく)む)

かぶる

❶ 帽子(ぼうし)などを　put on, wear
❷ 覆(おお)われている　be covered with ...

❶〔帽子などを〕**put on** [プット] (⇔脱(ぬ)ぐ take off), **wear** [ウェア] (▶wearは「かぶっている」という状態を表す)
- 帽子をかぶったほうがいいよ.
You should *put on* your hat.
- レイは白い帽子をかぶっている.
Rei is *wearing* a white hat.
- 彼は頭から布団(ふとん)をかぶって眠(ねむ)っていた.
He was sleeping *with* the quilt *over* his head. (▶このwithは「…をした状態で」の意)

❷〔覆われている〕**be covered with ...** [カヴァド]
- 山頂は雪をかぶっていた. The mountain top *was covered with* snow.

かぶれる(発しんができる) **get a rash** [ラッシュ]
かふん【花粉】**pollen** [パラン]
花粉症(しょう) hay fever: 私は花粉症だ. I am *allergic to pollen*.

かべ【壁】a wall [ウォール]; (障害)a barrier [バリァ]
- 壁にたくさんの絵が掛(か)けてあった.
There were many pictures on the *wall*.
- 私たちは言葉の壁を乗り越(こ)えた.
We got over the language *barrier*.
壁打ち: 壁打ちをした. I hit a ball against the wall.
壁紙 wallpaper
壁新聞 a wall newspaper

かへい【貨幣】money [マニィ]; (硬貨(こうか))a coin [コイン]
かぼちゃ〖植物〗a pumpkin [パンプキン]
かま¹(料理器具)an iron pot [アイアン パット]
かま²(農具)a sickle [スィクル]

かまう【構う】

(気にかける)**mind** [マインド], **care** [ケア] (▶しばしば疑問文・否定文で用いる)
- 人が何と言おうと構わない.
I don't *care* what other people say.
- だれが構うものか. Who *cares*? (▶「だれも構わない, 気にしない」(Nobody cares.)の意)
- 私に構わないで.
Leave me *alone*. (◀私を独りにしておいて)

…しても構いませんか
Would [Do] you mind if ...?
- いっしょに行っても構いませんか.
Would [*Do*] *you mind if* I go with you?

話してみよう!

☺ 窓を開けても構いませんか.
Would [*Do*] *you mind* my opening the window?
😀 ええ, 構いませんよ.
No, I don't. / No, not at all. / Of course not. (▶「私が窓を開けることをあなたは気にしますか」の意味なので,「ええ, 気にしません」の意味で答えるときはNoやnotを用いる)

- 入っても構いませんか. *May* I come in?

かまきり〖虫〗a (praying) mantis [(プレイイング) マンティス]
がまぐち【がま口】a framed coin purse [フレイムド コイン パース]
かまぼこ boiled fish paste [ボイルド フィッシュ ペイスト]

がまん【我慢する】

be patient (with ...) [ペイシャント]; 《話》put up with ... [プット]; stand [スタンド]; bear [ベア]
- 我慢しなさい. *Be patient*.
- 彼のわがままには我慢できない.
I can't *put up with* his selfishness.
- 痛くてもう我慢できない.
I can't *stand* the pain any more.

くらべてみよう! be patient, put up with ..., stand, bear

be patient:「我慢する」という最も一般的な言い方
put up with ...:「怒(いか)りや不愉快(ふゆかい)なことをしかたがないと大目に見る」の意
stand, bear:「苦痛や不愉快なことに耐(た)える」の意
standは会話などで多く使い, **stand**と**bear**はふつうcanとともに疑問文や否定文で使う.

— 我慢強い patient
- とても我慢強い人 a very *patient* person
— 我慢強く patiently

かみ¹【紙】

paper [ペイパァ]

146　one hundred and forty-six

かみなり

- 紙切れ1枚 a piece of *paper* / a sheet of *paper*(▶紙切れ2枚はtwo pieces of *paper* / two sheets of *paper*)
- 厚い[薄い]紙 thick [thin] *paper*
- 本を紙で包んだ．I wrapped a book in *paper*.
- その子は紙を2つに折った．The child folded the sheet of *paper* in two.
- ボール紙 cardboard

ここがポイント！ 「紙」の数え方

paperは「紙」の意味では数えられない名詞なので，aをつけたり複数形にしたりしません．枚数を数えるときはa piece of paper（1枚の紙），two pieces of paper（2枚の紙）のように言います．

紙くず wastepaper
紙コップ a paper cup
紙芝居 a story told with picture cards
紙テープ a (paper) streamer, paper tape
紙ナプキン a paper napkin
紙パック（牛乳の容器など）a carton
紙飛行機 a paper plane
紙袋 a paper bag
紙吹雪 confetti
紙やすり sandpaper

かみ²【髪】

hair[ヘァ]；(1本の髪の毛)a hair→け，ヘア
- 黒い髪 dark [black] *hair*
- アヤの髪は長くてさらさらしている．
  Aya has long, smooth *hair*.
- タクは髪を洗った．
  Taku washed [shampooed] his *hair*.
- ミウは髪をくしで[ブラシで]とかしている．
  Miu is combing [brushing] her *hair*.
- シンは髪を茶色に染めた．
  Shin dyed his *hair* brown.
- アキはいつも髪を短くして[編んで]いる．Aki always wears her *hair* short [in braids].
- ユウジは髪を乾かした．
  Yuji dried his wet *hair*.
- 私は髪を切ってもらった．I had my *hair* cut. (▶このcutは過去分詞．have＋〈人・物〉＋〈過去分詞〉は「〈人・物〉を…してもらう」の意)
- 母は髪が白くなってきた．
  My mother's *hair* is turning gray.
- 父は髪が薄くならないか心配している．
  My father is worried that his *hair* might be thinning.
- 前髪 bangs
- 髪型 a hairstyle；(特に女性の)a hairdo：私は

朝に髪型を整える．I fix my *hair* in the morning.

表現メモ 髪型のいろいろ

ショートヘア
short hair

ボブ
bob

二つ結び
pigtails

マッシュルームカット
bowl cut

三つ編み
braids

ポニーテール
ponytail

セミロング
shoulder length hair

ロングヘア
long hair

パーマヘア perm
おだんご a bun / 丸刈り a buzz cut
角刈り a crew cut

かみ³【神】(キリスト教の)God(▶大文字で始め，aやtheをつけない)；(一般的に)a god[ガッド]；(女神)a goddess[ガッディス]
- 人々は神に祈っていた．
  People were praying to *God*.
- 彼らは神を信じている．
  They believe in *God*.

がみがみ【がみがみ言う】nag (at ...)[ナッグ]
- がみがみ言うのはやめてよ．
  Will you stop *nagging* (at) me?

かみそり a razor[レイザァ]
- 安全かみそり a safety *razor*
- 電気かみそり an electric *razor*
- かみそりの刃 a *razor* blade

かみつ【過密な】(場所・都市などが)overcrowded [オウヴァクラウディド]
- その都市は人口過密だ．
  The city is *overcrowded*.
- 過密スケジュール a tight schedule

かみなり【雷】(雷鳴)thunder[サンダァ]；(稲妻)lightning[ライトゥニング]
- その少年は雷を怖がった．
  The boy was frightened by the *thunder*.
- 妹は雷が怖い．
  My sister is afraid of *thunder*.
- その木に雷が落ちた．
  Lightning struck [hit] the tree.
- 雷が鳴っている．It's *thundering*.(▶この

かみわざ

thunderは「雷が鳴る」の意味の動詞）
かみわざ【神業】**the work of God**[ワーク][ガッド]；(奇跡(きせき))**a miracle**[ミラクル]
かむ¹ **bite**[バイト]；(食べ物を)**chew**[チュー]
- 私は唇(くちびる)をかんだ．I *bit* my lip.
- その犬に手をかまれた．
 The dog *bit* me on the hand.
- よくかんで食べなさい．
 Chew your food well.
かむ² (鼻を)**blow** one's **nose**[ブロゥ][ノゥズ]
- 鼻をかみなさい．*Blow* your *nose*.
ガム (**chewing**) **gum**[(チューイング) ガム]
- 風船ガム bubble *gum*
- 彼はいつもガムをかんでいる．
 He is always chewing *gum*.
ガムテープ **duct tape**[ダクト テイプ], **packing tape**[パッキング]
カムバック a **comeback**[カムバック]
 ➡カムバックする **make a comeback**
かめ¹【動物】(陸がめ)**a tortoise**[トータス]；(海がめ)**a turtle**[タートゥル]

tortoise

turtle

かめ²(容器)**a jar**[チャー]
かめい【加盟する】**join**[ヂョイン]
がめつい (強欲(ごうよく)な)**greedy**[グリーディ]；(けちな)《話》**stingy**[スティンヂィ]
カメラ a **camera**[キャメラ]
- オートフォーカスカメラ
 an automatic *camera*
- デジタルカメラ a digital *camera*
- ビデオカメラ a video *camera*
- スマホのカメラ a smartphone *camera*
- 一眼レフのカメラ

a single-lens reflex *camera*
カメラマン（写真家）a **photographer**
カメラ店 a **camera shop**［**store**］
カメレオン【動物】**a chameleon**[カミーリアン]
かめん【仮面】**a mask**[マスク]
- その子は仮面をつけた．
 The child put on a *mask*.
- その子は仮面をとった．
 The child took off the *mask*.
がめん【画面】**a screen**[スクリーン]；(映像)**a picture**[ピクチャァ]
- パソコンの画面 a PC（display）*screen*
- ワイド画面のテレビ
 a television with a wide *screen*
かも【鳥】**a**（**wild**）**duck**[(ワイルド) ダック]

かもく【科目】

a **subject**[サブヂクト]
- 試験科目 an examination *subject*
- 好きな科目は何ですか．
 What is your favorite *subject*?
- 私の得意な［不得意な］科目は数学だ．
 My strong［weak］*subject* is math.
かもしか【動物】**an antelope**[アンテロウプ]（複 antelope, antelopes）；(日本かもしか)**a Japanese serow**[ヂァパニーズ セロゥ]

…かもしれない

may＋〈動詞の原形〉[メィ]；(たぶん)《話》**maybe**[メイビィ], **perhaps**[パァハップス]
- 今夜は雪が降るかもしれない．It *may* snow tonight. / *Maybe* it'll snow tonight.
- 友達は来られないかもしれない．
 My friend *may* not be able to come.
- 私が間違(まちが)っているのかもしれない．
 I *might* be wrong.（▶might（mayの過去形）を使うとさらに確信度が低くなる）
- ケンは道を間違えたかもしれない．
 Perhaps Ken took the wrong road.
かもつ【貨物】**freight**[フレイト]；(船・飛行機の)(**a**) **cargo**[カーゴゥ]
 貨物船 a **cargo boat**, a **freighter**
 貨物列車 a **freight train**
カモミール **c(h)amomile**[キャマミール]
かもめ【鳥】**a sea gull**[スィー ガル]
がやがや【がやがやした】**noisy**[ノイズィ]
- がやがやしたレストラン a *noisy* restaurant
 ➡がやがやと **noisily**
- 生徒たちはがやがやと部屋から出ていった．
 The students left the room *noisily*.
かやく【火薬】**gunpowder**[ガンパウダァ]
カヤック a **kayak**[カイアック]

かゆい itchy[イッチィ]
- 背中がかゆい.
  My back is *itchy*. / My back *itches*.

かよう【通う】
(行く)**go** (**to** ...)[ゴゥ]; (学校・教会などに)
attend[アテンド]
- 私は自転車[バス]で学校に通っている.
  I *go to* school by bicycle [bus].
- マキは塾(じゅく)に通っています.
  Maki *goes to* a *juku* [cram school].
- 彼は歩いて学校に通う. He *walks to* school.
- 姉は車で仕事に通っている.
  My sister *drives to* work.

かようきょく【歌謡曲】a popular song[パピュラァ ソーング]

がようし【画用紙】drawing paper[ドゥローイング ペイパァ]

かようび【火曜日】Tuesday[トゥーズデイ] (►常に大文字で始め, Tu., Tue., Tues. と略す)→ **げつようび** ポイント!, **すいようび** ポイント!
- 火曜日は塾(じゅく)に行っている. I go to a *juku* [cram school] on *Tuesdays*.

から¹【空の】empty[エンプティ]
- 空の箱 an *empty* box
- ➡空にする empty
- くずかごを空にした. I *emptied* the wastebasket.

から²【殻】(貝・卵・くるみなどの)a shell[シェル]→ しろみ図; (穀物の)a husk[ハスク]
- 卵の殻 an egg*shell*

…から

❶場所	from ...; (…から外へ)out of ...; (…から離(はな)れて)off ...
❷時間	from ...; (…以来)since ...; (…してから)after ...
❸原因, 理由	because ..., as..., since ...; (動機)out of ...
❹原材料	from ..., of ..., out of ...
❺出所	from ...

❶[場所]**from** ...[フラム]; (…から外へ)**out of** ...[アウタヴ]; (…から離れて)**off** ...[オーフ]
- マークはカナダからやって来た.
  Mark is [comes] *from* Canada.
- ここから君の学校までどのくらいありますか.
  How far is it *from* here to your school?
- 窓から顔を出してはいけません. Don't put your head *out of* the window.
- 私たちは電車から降りた.

We got *off* the train. (►乗車などから降りる場合は get out of を用いる)
- 太陽は東から昇(のぼ)る.
  The sun rises *in* the east.
- 5ページから始めましょう.
  Let's begin *on* page 5.

❷[時間]**from** ...; (…以来)**since** ...[スィンス]; (…してから)**after** ...[アフタァ]
- 5月3日から5日まで
  from the third to the fifth of May
- 先週からずっとマイに会っていない.
  I haven't seen Mai *since* last week.
- 夕食が済んでから宿題をした.
  I did my homework *after* dinner.
- 私は5年前から彼を知っている.
  I have known him *for* five years.
- 3月21日から春休みが始まる.
  Spring vacation begins *on* March 21.

> **くらべて みよう!** from と since
> **from**: ある期間が始まったのがいつからかを表す.
> **since**:「過去のある時から現在までずっと続いて」の意味で, ふつう現在完了形(have＋過去分詞)とともに使う.

❸[原因, 理由]**because** ...[ビコーズ], **as** ...[アズ], **since** ...→…ので; (動機)**out of** ...
- 「なぜ遅(おく)れたの」「寝坊(ねぼう)したから」 "Why were you late?" "*Because* I overslept."
- このペン, かわいいからいつも使っています. I always use this pen *because* it is cute.
- ケンは親切心から彼を助けた.
  Ken helped him *out of* kindness.

❹[原材料]**from** ..., **of** ..., **out of** ... (►from は原材料の性質が変化するものに, of や out of は変化しないものに用いる)
- 豆腐(とうふ)は大豆(だいず)から作られる.
  Tofu is made *from* soybeans.
- そのいすはかしの木からできている.
  The chair is made *of* oak.
- 彼は粘土(ねんど)からいろいろな物を作る.
  He makes various things *out of* clay.

❺[出所]**from** ...
- インドの友達からメールをもらった.
  I got an email *from* my friend in India.

がら【柄】a pattern[パタァン], a design[ディザイン]
- 花柄が流行している.
  Floral *patterns* are in fashion.

カラー¹(色彩(しきさい))a color[カラァ]
| カラーコピー a color copy
| カラー写真 a color photo [picture]

カラー[2] (襟) **a collar** [カラァ]
からあげ【から揚げ】**deep-fried food** [ディープフライド フード]
- とりのから揚げ *deep-fried* chicken

からい【辛い】(ぴりっと)**hot** [ハット]；(塩辛い)**salty** [ソールティ]；(香辛料の効いた)**spicy** [スパイスィ]
- このカレーはかなり辛い. This curry is pretty *hot*.

カラオケ karaoke [カーラオウキィ]
- 私たちはよくカラオケに行く. We often go to *karaoke*.

からかう(笑い者にする)**make fun of ...** [ファン]；(冷やかす)**tease** [ティーズ]；(冗談を言う)**kid** [キッド]
- からかわないでよ. Don't *make fun of* me.

からから(のどが)**thirsty** [サースティ]；(天気が)**dry** [ドゥライ]
- のどがからからだ. I am [feel] *thirsty*.

がらがら(人のいない)**empty** [エンプティ]；(声)**harsh** [ハーシュ]
- 電車はがらがらだった. The train was almost *empty*.
- がらがら声 a *husky* voice

からし mustard [マスタァド]

からす〚鳥〛**a crow** [クロウ]
- からすが鳴いている. A *crow* is cawing.
- からすがごみ袋をつついている. *Crows* are picking at the garbage bags.

ガラス
glass [グラス]；(窓ガラス)**a windowpane** [ウィンドウペイン]
- ガラス1枚 a sheet of *glass* / a pane of *glass* (▶ガラス2枚は two sheets of *glass* / two panes of *glass*)
- ガラスの花瓶 a *glass* vase

| ガラス細工 glasswork
| ガラス製品 glassware

からだ【体】

❶人・動物などの	a body; (体格) (a) build
❷健康状態	health

❶〔人・動物などの〕**a body** [バディ]；(体格)(a) **build** [ビルド]→p.150 ミニ絵辞典
- 健康な体 a healthy *body*
- けがをしないように体をきたえている.

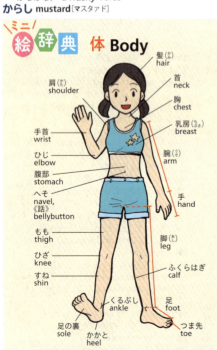

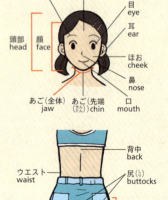

かりる

I am building up my *body* so I won't get injured.
- マナはがっしりした体をしている.
  Mana has a strong *build*.

❷〖健康状態〗**health**[ヘルス]
- 適度に運動するのは体によい. It's good for your *health* to do moderate exercise.
- 最近体の調子がいい.
  I have been in good *shape* recently.
- 私の先生は体を壊(ﾟ)した. My teacher has become *ill*.(←病気になる)
- マイは体が丈夫(ﾟ)だ. Mai is really *healthy*.
- 彼女は体が弱い. She is rather *weak*.
- 体がだるい.
  I'm *feeling weak*.(←体の調子がよくない)
- 体の調子はどう? *How* are you *feeling*?
- 体を大切に. *Take* good *care of* yourself.

からて〖空手〗**karate**[カラーティ]
- 空手チョップ a *karate* chop
- 私は空手をする. I do *karate*.
- ユリは空手の黒帯だ.
  Yuri is〔has〕a black belt in *karate*.
┃空手部 a karate team

カラフル〖カラフルな〗**colorful**[カラァフル]
からまる〖絡まる〗**get entangled**[インタングルド]
- 糸が絡まった. The threads *got entangled*.

かり¹〖仮の〗(一時的な)**temporary**[テンパレリィ]
- 仮の校舎 a *temporary* school building
  ━仮に **temporarily**[テンパレラリィ]; (…としたら)**if** …[イフ], **suppose** …[サポウズ]
- 仮に宝くじで100万円当たったとしたらどうしますか. If〔*Suppose*〕you won a million yen in a lottery, what would you do?(► 仮定を表す文なので, winではなくwonを, willではなくwouldを用いる)
┃仮免許(ﾟ)(自動車の)a temporary driver's license〔permit〕

かり²〖借りがある〗**owe**[オゥ]
- 君に500円借りがある.
  I *owe* you five hundred yen.
- カズにはずいぶん借りがある.
  I *owe* Kazu a lot.

かり³〖狩り〗**hunting**[ハンティング], **a hunt**[ハント]
- 彼は狩りに行った.
  He went *hunting*.
- いちご狩り strawberry *picking*
- きのこ狩り mushroom *gathering*
  ━狩りをする hunt

かり⁴〖雁〗〖鳥〗**a wild goose**[ワイルド グース]
かりいれ〖刈り入れ〗**a harvest**[ハーヴィスト]
- 稲(ﾟ)の刈り入れ時だ. It is time to *harvest* the rice.(►このharvestは「刈り入れる」の意

味の動詞)

かりかり〖かりかりした〗(食べ物が)**crisp**[クリスプ], **crispy**[クリスピィ]; (いらいらした)**irritated**[イリテイティド], **irritable**[イリタブル]
- かりかりのベーコン *crispy* bacon
- そんなにかりかりしないで.
  Don't be so *irritable*.

がりがり〖がりがりの〗(話)**skinny**[スキニィ]
- その犬はがりがりにやせていた.
  The dog was terribly *skinny*.

カリキュラム a curriculum[カリキュラム]
カリスマ charisma[カリズマ](★発音注意)
カリフラワー〖植物〗(a)**cauliflower**[コーラフラウァ](★発音注意)
がりべん〖がり勉〗⊛(話)**a grind**[グラインド]
  ━がり勉する **grind away**(at *one's* studies)
- 試験前はいつもがり勉する.
  I always *grind away at my studies* before the exams.

かりゅう¹〖下流に〗**down the river**[リヴァ], **downstream**[ダウンストゥリーム](⇔上流に[へ]up the river, upstream); (…の下流に)**below** …[ビロゥ]
- 約2キロ下流に橋がある.
  There is a bridge about two kilometers *down the river*.
- その町は下流にある.
  The town is located *downstream*.

かりゅう²〖顆粒〗**granules**[グラニュールズ]
- 顆粒のスープ soup *granules*

かりょく〖火力の〗**thermal**[サーマル]
┃火力発電 thermal power generation
┃火力発電所 a thermal power plant

かりる〖借りる〗

| ❶金・物・考えなどを | borrow, use, owe |
| ❷有料で | rent, lease |

❶〔金・物・考えなどを〕**borrow**[バロゥ](⇔貸すlend), **use**[ユーズ], **owe**[オゥ]
- 君の自転車, 借りてもいい?
  May I *borrow* your bicycle?
〈人〉から〈物〉を借りる
borrow＋〈物〉＋from＋〈人〉
- 私はケイから辞書を借りた.
  I *borrowed* a dictionary *from* Kei.
- パソコンをお借りしてもいいですか.
  May I *use* your PC?
- トイレを借してください.
  Can I *use* the bathroom?(► toiletは×)
- 君にいくら借りてたっけ?
  How much do I *owe* you?

151 / one hundred and fifty-one

かる

くらべてみよう！ borrow と use と owe

borrow: 移動して使うことを前提として「借りる」
use: その場で使うことを前提として「借りる」
owe: お金を「借りている」

borrow

use

owe

❷[有料で]**rent**[レント], **lease**[リース]
- 自転車を借りようか．
  Shall we *rent* a bicycle?

くらべてみよう！ rent と lease

rentは一般に「（家・土地などを）料金を払って一定期間借りる」という意味ですが，特に米では「（車・道具などを）短期間借りる」意味でも用います．
leaseは「料金を払って長期間借りる」という意味です．

かる【刈る】（芝などを）**mow**[モゥ]；（髪などを）**cut**[カット]；（穀物を）**reap**[リープ]
- 芝生を刈った．I *mowed* the lawn.
- 髪を刈ってもらった．
  I had my hair *cut*.（►このcutは過去分詞．have＋〈人・物〉＋〈過去分詞〉は「〈人・物〉を…してもらう」の意）
- 稲を刈る *harvest* rice

かるい【軽い】

❶重さが	light
❷程度が	light；（病気など）slight
❸簡単な	easy

❶[重さが]**light**[ライト]（⇔重い heavy）
- 軽い包み a *light* package
- きょうはかばんが軽い．
  My bag is *light* today.

❷[程度が]**light**；（病気など）**slight**[スライト]
- 軽い昼食をとった．I had a *light* lunch.
- 軽い頭痛がする．I have a *slight* headache.
━軽く **lightly**; **slightly**
- その問題を軽く受け止めてはいけない．
  You shouldn't take the matter *lightly*.

❸[簡単な]**easy**[イーズィ]（⇔難しい difficult）
- きょうは軽い練習だった．
  Our training was *easy* today.
- 軽い質問に答えた．
  I answered an *easy* question.
━軽く，軽々と **easily**, **without difficulty**
- 彼は試験に軽く合格するだろう．
  He will pass the exam *easily*.

カルシウム【化学】**calcium**[キャルスィアム]

カルタ *karuta*; **Japanese (playing) cards**[ヂャパニーズ（プレイイング）カーヅ]（►「カルタ」はポルトガル語から）
- 私たちはカルタをした．We played *Japanese cards*.

カルチャー culture[カルチャァ]
┃カルチャーショック **(a) culture shock**

カルテ a medical record[メディカル レカァド], **a medical chart**[チャート]（►「カルテ」はドイツ語から）

カルト a cult[カルト]

かるはずみ【軽はずみな】**careless**[ケアリス], **rash**[ラッシュ], **thoughtless**[ソートゥリス]

かれ【彼】

❶男性をさす代名詞	he
❷恋人	a boyfriend

❶[男性をさす代名詞]**he**[ヒー]（複 **they**[ゼィ]）

ここがポイント！ he(彼)の変化形

単数	複数
彼は[が] he	彼らは[が] they
彼の his	彼らの their
彼を[に] him	彼らを[に] them
彼のもの his	彼らのもの theirs
彼自身 himself	彼ら自身 themselves

- 私はレイを知っている．彼はサッカーがうまい．
  I know Rei. *He* plays soccer well.
- 彼のお父さんは野球のコーチだ．
  His father is a baseball coach.
- 私たちは彼を応援する．
  We will support *him*.
- 私は彼とテニスをした．
  I played tennis with *him*.
- これらのトロフィーは彼のものだ．
  These trophies are *his*.
- 彼自身がそう言った．He said so *himself*.

❷[恋人]**a boyfriend**[ボーイフレンド]
- 私の彼がこの指輪をくれた．

がわ

My *boyfriend* gave me this ring.

かれい〖魚〗**a flatfish**[フラットゥフィッシュ]（複 flatfish, flatfishes）, **a plaice**[プレイス]

カレー（a）**curry**[カーリィ]
| カレー味 curry flavor
| カレー粉 curry powder
| カレーライス curry with ［and］ rice（▶「カレーライス」は和製英語）→ 食生活【口絵】

ガレージ a garage[ガラーヂ]

かれら【彼ら】

they[ゼィ]→ かれ, かのじょ

ここがポイント! they(彼ら)の変化形

彼らは［が］	they
彼らの	their
彼らを［に］	them
彼らのもの	theirs
彼ら自身	themselves

「彼女たち」や「それら」も they で表します.

- ヒロとケンは友達だ. 彼らはいつもいっしょにいる. Hiro and Ken are friends. *They* always spend time together.
- 彼らの趣味（^{しゅ}）は釣（^つ）りだ.
  Their hobby is fishing.
- 私はよく川の近くで彼らを見かける.
  I often see *them* by the river.
- 彼らに話しかけてみたい.
  I want to talk to *them*.
- これらのかばんは彼らのものだ.
  These bags are *theirs*.
- 彼ら自身で決めたことだ.
  They decided it *themselves*.

かれる¹【枯れる】**die**[ダィ];（しおれる）**wither**[ウィザァ]

- 花は全部枯れてしまった.
  The flowers all *died*.
- **―枯れた dead**[デッド]
- 枯れ木 a *dead* tree
- 枯れ葉 *dead* leaves

かれる²（声が）**go ［get］ hoarse**[ホース]

- 風邪（^{かぜ}）で声がかれた.
  I *got hoarse* from my cold.

カレンダー a calendar[キャレンダァ]

かろう【過労】**overwork**[オゥヴァワーク]

- 彼は過労から病気になった.
  He got sick from *overwork*.
- 過労死: 彼女は過労死した. She *died from overwork*.

がろう【画廊】**an art gallery**[アート ギャラリィ]

かろうじて barely[ベアリィ], **narrowly**[ナロウリィ]

- ハルはかろうじてバスに間に合った.
  Haru was *barely* in time for the bus.

カロリー a calorie[キャラリィ]（▶ cal. と略す）

- ハンバーガーはカロリーが高い.
  Hamburgers are high in *calories*.
- 高［低］カロリー食 high-[low-]*calorie* food
| カロリー計算 calorie counting
| カロリー制限 calorie control

かわ¹【川】

a river[リヴァ];（流れ）**a stream**[ストゥリーム]

- 吉野川 the Yoshino (*River*)（▶川の名前には the をつける）
- 彼らはボートで川を渡（^{わた}）る. They cross the *river* by boat.
- 川に沿って歩いた. I walked along the *river*.
- カヌーで川を下った［上った］.
  We went down [up] the *river* by canoe.
- 川の向こう岸に家がある.
  There is a house across the *river*.
- 川に魚釣（^づ）りに行こう.
  Let's go fishing in the *river*.
| 川岸 a riverside, a riverbank

かわ²【皮, 革】

| ❶生皮 | （皮膚（^{ひふ}））(a) **skin**; （果物などの）(a) **skin**; （特にむいた後の）**peel** |
| ❷なめし革 | (a) **leather** |

❶[生皮]（皮膚）(a) **skin**[スキン];（果物などの）(a) **skin**;（特にむいた後の）**peel**[ピール]

- 桃（^{もも}）の皮 the *skin* of a peach
- バナナの皮で滑（^{すべ}）った. I slipped on a banana *peel*.
- **―皮をむく**（主に手で）**peel**;（刃物（^{はもの}）で）**pare**[ペア]→ むく²
- 彼はりんごの皮を器用にむいた.
  He *pared* the apple skillfully.
- 皮むき器 a peeler / a parer

❷[なめし革] (a) **leather**[レザァ]

- このコートは革でできている.
  This coat is made of *leather*.
| 革靴（^{ぐつ}）leather shoes
| 革ジャン a leather jacket
| 革製品 leather goods

がわ【側】**a side**[サィド]

- 右［左］側 the right [left] *side*
- 道の両［片］側に
  on both *sides* [one *side*] of the street
- 公園は川のこちら［向こう］側にある. The park

one hundred and fifty-three

かわいい

is on this [the other] *side* of the river.
- 彼は私たちの側についた. He took our *side*.

かわいい
cute[キュート], pretty[プリティ], sweet[スウィート], *kawaii*→ここがすごい【口絵】; (美しい) lovely[ラヴリィ]
- この犬ほんとにかわいいね.
  This dog is really *cute*, isn't it?
- このシール, かわいい！
  These stickers are *so cute*!
- かわいいワンピースがほしい.
  I want a *pretty* dress.
- 日本発のカワイイファッション
  Japanese *kawaii* fashion

くらべてみよう！ cute と pretty
cute: 人, 特に子どもや赤ちゃん, 動物, 小物などの見た目や雰囲気に対して用いる.
pretty: 見た目がきれいなことに対して用いる.

かわいがる love[ラヴ]
- 彼は妹をかわいがっている.
  He *loves* his sister.

かわいそう【かわいそうな】
poor[プァ]
- かわいそうな動物 a *poor* animal
- そのかわいそうな子猫は凍えていた.
  The *poor* little cat was freezing.
- **かわいそうに思う** feel sorry [pity] (for ...)
- 彼女がかわいそうに思えた.
  I *felt sorry for* her.

😊 病気でコンサートに行けなかったんだ.
I was sick and had to miss the concert.
☹️ まあ, かわいそう！
What a *pity*!

かわいらしい cute[キュート]→かわいい
かわかす【乾かす】dry[ドゥライ]→ほす
- 髪をドライヤーで乾かした.
  I *dried* my hair with a hairdryer.
かわく¹【乾く】dry[ドゥライ], get dry
- 洗濯物はすぐに乾くだろう.
  The laundry will *get dry* soon.
- **乾いた** dry
- 乾いた布 a *dry* cloth
かわく²【渇く】be thirsty[サースティ]
- のどが渇いちゃった. I'm *thirsty*.

かわせ【為替】exchange[イクスチェインヂ]
(外国)為替市場 (foreign) exchange market
為替レート exchange rate

かわった【変わった】(珍しい)unusual[アニュージュアル]; (奇妙な)strange[ストゥレインヂ], odd[アッド]; (違った)different[ディファラント]
- 変わった植物 an *unusual* plant
- 彼って変わっているわよね.
  He is an *odd* person, isn't he?
- 何か変わったことはない？ What's *new*?

かわら¹【河原, 川原】a riverbank[リヴァバンク]
かわら² a tile[タイル]
- かわらぶきの屋根
  a *tiled* roof (►このtiledは形容詞)

かわり¹【代わり】
(代わりの人[物]) a substitute[サブスタトゥート]
- 代わりの先生 a *substitute* teacher
- 私があなたの代わりをしましょう.
  I'll *take your place*.
- **代わりに** instead of ...[インステッド], in place of ..., in ...'s place, for ...; (お返しに)in return (for ...)
- スプーンの代わりにフォークを使う.
  I use a fork *instead of* a spoon.
- 母の代わりに会合に出席するつもりだ.
  In place of my mother, I will attend the meeting.
- バターの代わりにオリーブオイルを使った.
  Instead of butter, we used olive oil.
- 代わりにやってあげよう. I'll do it *for* you.
- 手伝ってくれた代わりに彼女に本をあげた.
  I gave her a book *in return for* her help.

かわり²【変わり】(変化)(a) change[チェインヂ]; (違い)difference[ディファランス]
- どっちも変わりないよ.
  It makes no *difference* anyway.

かわる¹【変わる】
change[チェインヂ], turn[ターン]
- 風向きが北に変わった. The wind has *changed* to a northerly wind.
- 彼女はすぐ気が変わる.
  She often *changes* her mind.
- アヤのメールアドレスが変わっている.
  Aya's email address has *changed*.
- **…に変わる**
  change [turn] to ... / change [turn] into ... / turn +形容詞
- 社名がＡＢＣに変わった. The company name has *changed to* ABC.

かんがえなおす

- その毛虫はちょうに変わった. The caterpillar *changed* [*turned*] *into* a butterfly.
- 木々の葉が黄色に変わった.
  The leaves of the trees *turned* yellow.

〈A〉から〈B〉に変わる
change from＋〈名詞A〉＋to＋〈名詞B〉
- 信号が赤から青に変わった. The traffic signal *changed from* red *to* green.
━ 変わりやすい **fickle**[フィックル]
- リオは気が変わりやすい. Rio is *fickle*.

かわる² 【代わる, 替わる】
(…の代わりをする)**take the place of** …[プレイス], **take …'s place**; (席などを)**change**[チェインヂ]➡ かわり¹
- すみませんが, 席を替わっていただけませんか.
  Excuse me, but would you mind *changing* seats with me?
- 私と代わってくれませんか.
  Would you please *switch* with me?
- カナと代わります. I'll *put* Kana *on the phone* [*line*]. (▶電話での会話)

かわるがわる **by turns**[ターンズ], **in turn(s)**; (かわるがわる…する)**take turns＋〈-ing形〉**
- 私たちはかわるがわるゲームをした.
  We *took turns* play*ing* the video game.

かん¹ 【缶】**a can**[キャン], ⊛**a tin**[ティン]➡ かんづめ
- オレンジジュース1缶 a *can* of orange juice
- 空き缶 an empty *can*
- アルミ缶 an aluminum *can*
- スチール缶 a steel *can*
  缶切り a *can* opener
  缶ジュース canned juice

かん² 【勘】**intuition**[イントゥイション], 《話》**a hunch**[ハンチ]
- 彼女は勘がいい[悪い].
  She has good [bad] *intuition*.
- 私の勘が当たった[外れた].
  My *hunch* was right [wrong].

かん³ 【管】**a pipe**[パイプ], **a tube**[トゥーブ]
- 水道[ガス]管 a water [gas] *pipe*

…かん¹ 【…間】(時間)**for** …[フォァ], **in** …[イン]; (場所)**between** (… **and ～**)[ビトゥウィーン], **among** …[アマング]
- 彼は3日間病気で寝(ね)ている.
  He has been sick in bed *for* three days.
- 1時間で戻(もど)ってきます.
  I'll come back *in* an hour.
- ランナーは箱根・東京間を走る. The runners run *between* Hakone *and* Tokyo.

…かん² 【…巻】**a volume**[ヴァリューム] (▶vol. と略す)
- 全3巻の小説 a novel in 3 *volumes*
- もうすぐこの漫画(まんが)の5巻が出る. The fifth *volume* of this manga will be out soon.

…かん³ 【感】(感情)**a feeling of** …[フィーリング]; (感覚)**a sense of** …[センス]
- 幸福感 a *feeling* of happiness
- 責任感 a *sense* of responsibility

がん¹ (病気の)(**a**) **cancer**[キャンサァ]
- 彼女はがんにかかっている. She has *cancer*.
- 祖父は肺がんで死んだ.
  My grandfather died of lung *cancer*.

がん² 【雁】[鳥]**a wild goose**[ワイルド グース]

かんいっぱつ 【間一髪】
- 間一髪で事故をまぬがれた.
  I *narrowly* escaped from the accident.

かんおけ 【棺おけ】➡ ひつぎ

かんか 【感化する】**influence**[インフルアンス]
- 彼女は友達に感化されやすい.
  She *is* easily *influenced by* her friends.

がんか 【眼科】**an eye clinic**[アイ クリニック]

がんかい 【眼科医】**an eye doctor**[アイ ダクタァ]

かんがえ 【考え】

❶思いついたこと	an idea, (a) thought; (思考)thought	
❷意見	an opinion, thoughts	
❸意図, 意志	an intention	

❶〔思いついたこと〕**an idea**[アイディア], (**a**) **thought**[ソート]; (思考)**thought**
- 甘(あま)い[ばかげた]考え a naive [silly] *idea*
- それはいい考えだ.
  That's a good *idea*.
- 彼は考えにふけっている.
  He is deep [lost] in *thought*.

❷〔意見〕**an opinion**[アピニァン], **thoughts**
- 私の考えでは in my *opinion*
- マイは自分の考えを述べた.
  Mai said [expressed] her *opinion*.
- 考えが変わった.
  I changed my *mind*.

❸〔意図, 意志〕**an intention**[インテンション]
- 外国で勉強する考えはありますか.
  Do you have any *intention* of studying abroad?
  考え方 one's way of thinking: 君の考え方はいいね. I like *your way of thinking*.

かんがえなおす 【考え直す】**think … over**[スィンク]
- 計画を考え直したら？
  Why don't you *think* your plan *over*?

あ
か
さ
た
な
は
ま
や
ら
わ

one hundred and fifty-five
155

かんがえる【考える】

❶ 思考する　think;（よく考える）think over, consider
❷ 意図する　think of [about]..., intend
❸ 想像する　imagine;（予期する）expect
❹ 見なす　regard ... as ～

❶[思考する]think[スィンク];（よく考える）think over, consider[カンスィダァ]
- 何を考えているの？
  What are you *thinking*?
- 行動する前によく考えなさい．
  Think before you act.
- 私はそう考えます．I *think* so.
- 私はそうは考えません．I don't *think* so.

…について考える
think of [about]＋〈名詞〉
- 私は将来について考えています．
  I'm *thinking of* [*about*] my future.
- その問題についてどう考えますか．
  What do you *think about* the problem?

…だと考える
think (that) ...
- それは私たちみんなの責任だと考えます．
  I *think* it's everyone's responsibility.

❷[意図する]think of [about]..., intend[インテンド]

…しようと考えている
be thinking about ＋〈-ing形〉/ intend to ＋〈動詞の原形〉
- あした続きをやろうと考えている．I'm *thinking about* do*ing* the rest tomorrow.

❸[想像する]imagine[イマヂン];（予期する）expect[イクスペクト]
- その時の彼の気持ちを考えてみて．
  Just *imagine* how he felt then.
- だれも彼女が優勝するとは考えなかった．
  Nobody *expected* her to win the title.

❹[見なす]regard ... as ～[リガード]
- 数学は難しい科目だと考えられている．
  Math is *regarded as* a difficult subject.

かんかく¹【間隔】（時間・空間の）an interval[インタァヴァル];（空間の）(a) space[スペイス]

intervals

space

- 彼らは木を一定の間隔で植えた．
  They planted trees at regular *intervals*.
- 電車は5分間隔で来る．
  Trains come at five-minute *intervals*. / Trains come *every* five minutes.
- 壁(かべ)と机の間に少し間隔を空けなさい．
  Leave some *space* between the wall and the desk.

かんかく²【感覚】(a) sense[センス], feeling[フィーリング]
- 方向感覚 a *sense* of direction
- 寒さで指の感覚がない．
  My fingers are numb from the cold.
　━感覚の鋭(するど)い sensitive[センスィティヴ]

かんがっき【管楽器】a wind instrument[ウィンドインストゥラマント]

カンガルー【動物】a kangaroo[キャンガルー]

かんかん【かんかんに】
- シンはかんかんに怒っていた．
  Shin got *really* mad. / Shin got *all upset*.
- かんかん照りの暑い日 a *blazing* hot day

がんがん
- がんがん音楽をかけた．I played music *loudly*.
- 頭ががんがんする．
  I have a *splitting* headache.

かんき【換気】ventilation[ヴェンタレイション]
　━換気する ventilate[ヴェンティレイト], air[エア], let air in
- この部屋はよく換気されている．
  This room is well *ventilated*.
- 少し部屋の換気をしよう．
  I'll *air* this room for a while.
　∥換気扇(せん) a ventilator

かんきゃく【観客】（劇・コンサートなどの）an audience[オーディアンス]（▶ふつう単数扱い）;（スポーツなどの）a spectator[スペクテイタァ]
- 大ぜいの[少ない]観客
  a large [small] *audience*
　∥観客席 a seat;（スタンド）the stands

かんきょう【環境】

(an) environment[インヴァイ(ア)ランマント], surroundings[サラウンディングズ]
- 自然環境 natural *environment*
- 生活環境 living *environment*
- 環境を保護しよう．
  Let's protect the *environment*.
- ジュンはよい家庭環境で育った．
  Jun was brought up in a good home *environment*.
- 環境に優(やさ)しい車 an *eco*-friendly car
　∥環境汚染(おせん) environmental pollution

環境破壊(は) environmental disruption
環境被害(は) environmental damage
環境負荷 environmental load
環境保護 environmental protection
環境ホルモン environmental hormones
環境問題 environmental problems

かんけい【関係】
(a) relation[リレイション], (a) relationship[リレイションシップ]
• 国際関係 international *relations*
• 日本と中国との関係
the *relations* between Japan and China
• 「モモとはどういう関係なの？」「いとこだよ」
"What's your *relationship* to Momo?"
"She's my cousin."

…と〜の関係がある
have 〜 to do with ...(▶〜にはsomething, much, littleなど，関係の度合いを表す語が来る)
• 彼はその事件と何らかの関係がある.
He *has* something *to do with* the case.
• 私はこの問題とは何の関係もない.
I *have* nothing *to do with* this problem.
• 君には関係ないよ.
It's none of your business.
—関係している **be related**（**to** ...）
• その２つの国は互(たが)いに密接に関係している.
Those two nations *are* closely *related to* each other.
• 音楽関係の仕事 a job *related* to music
関係者 the person concerned
関係代名詞〚文法〛a relative pronoun

かんげい【歓迎】a welcome[ウェルカム]
• 私は新しいクラスメートたちから温かい歓迎を受けた. I received a warm *welcome* from my new classmates. / My new classmates gave me a warm *welcome*.
—歓迎する **welcome**
• 初心者でも歓迎します.
We *welcome* beginners, too.
歓迎会 a welcome party

かんげき【感激する】be moved[ムーヴド],
be touched[タッチト]→かんどう
• その映画に大感激した.
I *was* greatly *moved* by the movie.

かんけつ¹【簡潔な】brief[ブリーフ], concise[カンサイス]
• 彼の言葉は簡潔で的を射ていた.
His words were *brief* and to the point.
—簡潔に **briefly, concisely**

かんけつ²【完結する】conclude[カンクルード]

• 一話完結型のドラマ a one-episode drama

かんげんがく【管弦楽】orchestral music[オーケストゥラル ミューズィック]
管弦楽団 an orchestra

かんご【看護】nursing[ナースィング]
—看護する **nurse**；（世話をする）**take care of ..., care for ...**
看護学校 a nursing school
看護大学 a nursing college

がんこ【頑固な】stubborn[スタバァン], obstinate[アブスタナット]
• レイはとても頑固だ. Rei is quite *stubborn*.
—頑固に **stubbornly, obstinately**

かんこう【観光】sightseeing[サイトスィーイング]；（産業としての）tourism[トゥ(ア)リズム]
• 私たちは長野に観光に行った.
We went *sightseeing* in Nagano.
• 「滞在(ざい)の目的は何ですか」「観光です」
"What's the purpose of your stay?"
"*Sightseeing*."
観光案内所 a tourist information center
観光ガイド a tour guide
観光客 a tourist
観光シーズン tourist season
観光地 a sightseeing area
観光バス a sightseeing［tourist］bus
観光名所，観光スポット a sightseeing spot
観光旅行 a sightseeing tour

かんこく【韓国】South Korea[サウス カリーア]
—韓国(人)の **South Korean**
• 韓国ツアー a *Korean* tour
• 韓国ドラマ a *Korean* TV drama
韓国語 Korean
韓国人 a South Korean

かんごし【看護師】a nurse[ナース]
• 私は将来看護師になりたい.
I want to be a *nurse* in the future.

かんさい【関西(地方)】Kansai, the Kansai area［district］[エ(ア)リア［ディストゥリクト］]

かんさつ【観察】(an) observation[アブザァヴェイション], watching[ワッチング]
• 野鳥の観察 bird *watching*
• ありの観察をした.
I carried out an *observation* of ants.
• 観察２日目に変化が見られた.
I found a difference on the second day of *observation*.
—観察する **observe**[アブザーヴ], **watch**

かんさん【換算する】convert[カンヴァート]
• ドルを円に換算してもらえますか.
Could you *convert* dollars into yen?

かんし¹【冠詞】〚文法〛an article[アーティクル]→て

かんし²

いかんし, ふていかんし

かんし²【監視する】**watch**[ワッチ], **keep watch on**［**over**］...[キープ], **keep an eye on** ...[アイ]

かんじ¹【感じ】

❶印象	**an impression**;
	（気持ち）**a feeling**
❷感覚	**feeling**;
	（感触（かんしょく)）**a touch, a feel**

❶〔印象〕**an impression**[インプレッション]；（気持ち）**a feeling**[フィーリング]
• 彼が何か隠（かく)しているような感じがした.
  I got the *impression* that he was hiding something. / I had a *feeling* that he was hiding something.
• 「彼女はどんな感じだったの」「優（やさ)しい感じの人だったよ」"What was she *like*?" "She *seemed to be* a kind person."
━感じのいい **pleasant**[プレザント]
• 感じのいい人 a *pleasant* person
━感じの悪い **unpleasant**
❷〔感覚〕**feeling**；（感触）**a touch**[タッチ], **a feel**（►ともに複数形では用いない）
• 絹は触（さわ)るとすべすべした感じがする.
  Silk is smooth to the *touch*.
• 綿のシャツはさらっとした感じがする.
  Cotton shirts *feel* smooth [*light*].

かんじ²【漢字】**kanji; a Chinese character**[チャイニーズ キャリクタァ]
┃漢字検定 the Japan Kanji Aptitude Tests
┃漢字検定部 a kanji club
┃漢字テスト a kanji quiz

がんじつ【元日】**New Year's Day**[ヌー イァズ デイ]➡年中行事[口絵]

...かんして【…に関して】**about** ...[アバウト], **of** ...[アヴ], **on** ...[アン]➡…について❶

かんしゃ【感謝】

thanks[サンクス]
• 私たちは先生方に感謝の言葉を述べた. We expressed our *thanks to* the teachers.
• 感謝の言葉もありません.
  I don't know how to *thank* you.
━感謝する（人に）**thank**；（物事に）**be thankful**［**grateful**］（**for** ...）[グレイトゥフル]
• 母のアドバイスに感謝している. I am *thankful* [*grateful*] to my mother *for* her advice.
〈人〉に…を感謝する
  thank＋〈人〉＋for ...
• 手伝っていただいて本当に感謝しています.
  Thank you very much *for* your help.

┃感謝状 a letter of thanks

かんじゃ【患者】**a patient**[ペイシャント]

かんしゃく a temper[テンパァ]
━かんしゃくを起こす **lose** *one*'s **temper**
• 弟はすぐかんしゃくを起こす.
  My brother *loses his temper* easily.

かんしゅう¹【観衆】➡かんきゃく

かんしゅう²【慣習】（a）**custom**[カスタム]➡しゅうかん¹

かんじゅせい【感受性】**sensibility**[センスィビラティ]；（敏感（びんかん)さ）**sensitivity**[センスィティヴァティ]
━感受性の強い **sensitive**[センスィティヴ]
• 感受性の強いミュージシャン
  a *sensitive* musician

がんしょ【願書】**an application**（**form**）[アプリケイション（フォーム)]
• 高校の入学願書 an *application* for admission to high school
• あしたまでに願書を送らなきゃ. I have to send in the *application* by tomorrow.

かんしょう¹【干渉する】**interfere**（**in** ...）[インタァフィア]
• 私のことに干渉しないで.
  Don't *interfere in* my affairs.

かんしょう²【鑑賞】**appreciation**[アプリーシエイション]
• 音楽鑑賞
  listening *to* music / music *appreciation*
━鑑賞する **appreciate**[アプリーシエイト]；（楽しむ）**enjoy**
• 芸術を鑑賞する. I *appreciate* art.
• 映画を鑑賞する.
  I *enjoy* seeing [*watching*] movies.

かんしょう³【感傷的な】**sentimental**[センティメントゥル]

かんじょう¹【感情】**feelings**[フィーリングズ]；（強い）（an）**emotion**[イモウション]
• 彼はめったに感情を表に出さない.
  He rarely shows his *feelings*.
• 私は友達の感情を傷つけてしまったようだ.
  I'm afraid I have hurt my friend's *feelings*.
• アオイは感情の激しい人だ.
  Aoi is a person of strong *emotions*.
━感情的な **emotional**
• ユイはすぐ感情的になる.
  Yui gets *emotional* easily.

かんじょう²【勘定】（勘定書き）**a check**[チェック], **a bill**[ビル]
• お勘定をお願いします. May I have the *check*, please? / *Check*, please.
• 勘定は私が払（はら)うよ. I'll pay. / This is on me.（►on ...は「…のおごりで」の意）

158　one hundred and fifty-eight

かんぜん

━…を勘定に入れる **take ... into account**
がんじょう【頑丈な】**solid**[サ リ ッド]; (強 い)
strong[ストゥローング], **tough**[タフ]
• 頑丈な机 a *solid* desk
かんしょく【間食】**a snack**[スナック]
━間食する **eat between meals**

かんじる【感じる】

feel[フィール]
• 彼は目に鋭（ぬる）い痛みを感じた.
 He *felt* a sharp pain in his eye.
 …と感じる
 feel＋〈形容詞または過去分詞〉
• 私はおなかがへったと感じた.
 I *felt* hungry.
 〈人・物〉が…するのを感じる
 feel＋〈人・物〉＋〈動詞の原形〉
• 家が揺（ゆ）れるのを感じた.
 I *felt* the house shake.
 〈人・物〉が…しているのを感じる
 feel＋〈人・物〉＋〈-ing形〉
• だれかが私を見ているのを感じた.
 I *felt* somebody watch*ing* me.
 …だと感じる
 feel（that）...
• 冬が近づいていると感じる.
 I *feel*（*that*）winter is coming.
かんしん¹【関心】**(an) interest**[インタラスト],
concern[カンサーン]
• タクは外国の文化に大いに関心を示した.
 Taku showed a great *interest* in foreign
 cultures.
━関心がある **be interested**（**in ...**）, **be
concerned**（**with ...**）
• 私はボランティア活動に関心がある.
 I'*m interested in* volunteer activities.
━関心を持つ **take interest**（**in ...**）, **become
interested**（**in ...**）
• 彼は留学に関心を持ち始めた. He *became
interested in* studying abroad.
かんしん²【感心する】**admire**[アドゥマイア], **be
impressed**[インプレスト]
• あなたの勇気に感心します.
 I *admire* your courage.
• 私たちは彼のみごとな作品に感心した. We
were impressed by his excellent work.
━感心な **admirable**[アドゥマラブル]
かんじん【肝心な】**→** じゅうよう
かんすう【関数】**a function**[ファンクション]
• 1次関数 a linear *function*
…かんする【…に関する】**about** ...[アバウト], **on**
...[アン]**→**…について❶

• 環境（かんきょう）保護に関する講演 a lecture *on* the
 environmental protection

かんせい¹【完成】

completion[カンプリーション]
• その家は完成間近だ.
 The house is near *completion*.
━完成する **be completed**, **be finished**（**►** be
completedのほうが形式ばった語）
• 新しい体育館はまだ完成していない.
 The new gym *is* not *completed* yet.
━完成させる **complete**, **finish**
• 月曜までに作品を完成させなければならない.
 I have to *finish* the work by Monday.
かんせい²【歓声】**a cheer**[チ ア], **a shout of joy**
[シャウト][チョイ], **cheering**[チアリング]
• サポーターたちは歓声を上げた.
 The supporters gave a *cheer*.
かんせい³【管制】**control**[カントゥロウル]
• 航空管制官 an air（traffic）controller
  管制塔（とう） **a control tower**
かんぜい【関税】**customs**[カスタムズ], **duties**[ドゥ
ーティズ], **a tariff**[タリフ]
かんせつ¹【関節】**a joint**[チョイント]
• 肩（かた）の関節が外れた. My shoulder was
 dislocated. / My shoulder went out of
 joint.
• ひざの関節に痛みがある.
 I have a pain in my knee.
かんせつ²【間接の】**indirect**[インディレクト]（⇔直
接の direct）
━間接的に **indirectly**
• そのことは間接的に聞いた.
 I heard about it *indirectly*.
  間接目的語 『文法』**an indirect object**
  間接話法 『文法』**indirect speech**［**narration**］
かんせん¹【感染する】**be infected**（**with ...**）[イ
ンフェクティド], **catch**[キャッチ]
• ウイルスに感染したらしい.
 I think I *am infected with* the virus.
  感染症 **an infectious disease**
かんせん²【観戦する】**watch the game**[ワッチ][ゲ
イム]
• テレビでワールドカップを観戦した.
 I *watched* the World Cup on TV.

かんぜん【完全な】

complete[カンプリート]（⇔不完全な
incomplete）, **perfect**[パーフィクト]（⇔不完全な
imperfect）
• 完全な成功 *complete*［*perfect*］success
• 世の中に完全な人間などいない.

one hundred and fifty-nine

Nobody is *perfect*.

> **くらべてみよう！** complete と perfect
>
> **complete**: 必要なものが欠けずに備わっていること
>
> **perfect**: 必要なものがすべて備わっているだけでなく、質においても申し分のないこと

━完全に completely, perfectly
• 私は完全に彼を誤解していた。
  I *completely* misunderstood him.
  | 完全試合 a perfect game
  | 完全犯罪 a perfect crime

かんそ【簡素な】**simple**[スィンプル], **plain**[プレイン]

かんそう¹【感想】

(印象)**an impression**[インプレッション]；(意見)**an opinion**[アピニャン]；(論評)**a comment**[カメント]
• マサは小説についての感想を述べた。
  Masa gave his *impression*(s) of the novel.
• その映画についての感想は？ What are your *impressions* of the movie?
• このエッセーについて感想を書いた。
  I wrote my *impressions* of this essay.
• 読書感想文 a book *report*

かんそう²【乾燥した】

dry[ドゥライ], **dried**[ドゥライド]（▶dryの過去分詞）
• きょうは空気が乾燥している。
  The air is *dry* today.

━乾燥する dry（up）, become［get］dry
• 冬になると私の肌(⑱)はとても乾燥する。
  My skin *gets* very *dry* in winter.
  | 乾燥機 a drier, a dryer
  | 乾燥剤(⑤) a desiccant, a drying agent

かんぞう【肝臓】**a liver**[リヴァ]
• 肝臓がん *liver* cancer

かんそく【観測】(**an**) **observation**[アブザァヴェイション]
• 気象観測
  weather *observation*
• 天体観測
  astronomical *observation*

━観測する observe[アブザーヴ]
• 毎晩星を観測する。
  I *observe* the stars every night.
  | 観測所 an observatory

かんたい【寒帯】**the polar regions**[ポウラァ リーヂョンズ], **the frigid zones**[フリヂッド ゾウンズ]

かんだい【寛大な】**generous**[ヂェナラス], **tolerant**[タララント]

• チカは友人に寛大だ。
  Chika is *generous to* her friends.

かんだかい【甲高い】**high-pitched**[ハイピッチト], **shrill**[シュリル]
• 甲高い声で叫(⑤)んだ。I cried out in a *high-pitched* voice.

かんたく【干拓する】**reclaim**[リクレイム]
  | 干拓工事 reclamation works
  | 干拓地 reclaimed land

かんたん¹【簡単な】

easy[イーズィ]（⇔難しい difficult, hard）；(単純な)**simple**[スィンプル]（⇔複雑な complicated）；(手短な)**brief**[ブリーフ]；(手軽な)**light**[ライト]
• 簡単な宿題 *easy* homework
• 私にとって数学は英語より簡単だ。
  Math is *easier* than English for me.
• 彼に簡単なメモを残した。
  I left a *brief* note for him.
• 簡単な食事を取った。I had a *light* meal.

…するのは〈人〉にとって簡単だ
  It is easy（for＋〈人〉＋）to＋〈動詞の原形〉
• 彼の家を見つけるのは簡単だった。
  It was easy（*for* me）*to* find his house. / His house was *easy* to find.

━簡単に easily; simply; briefly
• サチはその問題を簡単に解いた。
  Sachi solved the problem *easily*.

かんたん²【感嘆する】admire[アドゥマイア]
  | 感嘆符(⑤)〖文法〗 an exclamation point［mark］（▶記号は"！"）
  | 感嘆文〖文法〗 an exclamatory sentence

がんたん【元旦】(**the morning of**) **New Year's Day**[(モーニング)][ヌー イァズ デイ]

かんだんけい【寒暖計】**a thermometer**[サーモミタァ]

かんちがい【勘違い】**a mistake**[ミステイク], (**a**) **misunderstanding**[ミスアンダスタンディング]
• 私の勘違いでした。It was my *mistake*.

━勘違いする mistake
• ケンは私と友達を勘違いした。
  Ken *mistook* me for my friend.

かんちょう【干潮】(**a**) **low tide**[ロゥ タイド]（⇔満潮（a）high tide）

かんづめ【缶詰】(缶詰食品)⑱**canned food**[キャンド フード], ⑱**tinned food**[ティンド]；(個々の)⑱**a can**[キャン], ⑱**a tin**[ティン]
• 桃(⑤)の缶詰 a *can* of peaches

━缶詰の ⑱**canned**, ⑱**tinned**
• 缶詰のトマト *canned* tomatoes

かんてん¹【観点】**a point of view**[ポイント][ヴューー], **a viewpoint**[ヴューポイント]

・別の観点 a different *point of view*
かんてん[2]【寒天】(食べ物)agar[アーガー]
かんでん【感電する】get an electric shock[イレクトゥリック シャック]
かんでんち【乾電池】a (dry) battery[(ドゥライ)バタリィ]
かんとう【関東(地方)】Kanto, the Kanto area [district][エ(ァ)リア[ディストゥリクト]]

かんどう【感動】

(an) impression[インプレッション], (an) inspiration[インスピレイション]
・その歌は人々に大きな感動を与(あた)えた.
The song had a strong *impression* on many people. / The song gave *feelings of happiness* to many people.
―感動的な moving, touching；(心に残る)impressive
・感動的な映画 a *touching* movie
―感動する be moved, be touched；(心に残る)be impressed
・その話に深く感動した.
I *was* deeply *moved* by the story. / The story moved me deeply.
・ミクは感動して涙(なみだ)を流した.
Miku *was moved* to tears.
・初めて富士山に登って感動した. I climbed Mt. Fuji for the first time and *was moved*.
かんとうし【間投詞】〖文法〗an interjection[インタァチェクション]
かんとく【監督】(スポーツなどの)a coach[コウチ], a manager[マニヂャァ]；(映画などの)a director[ディレクタァ]；(仕事などの)a supervisor[スーパァヴァイザァ]
・私たちのチームの監督は厳しい.
The *coach* of our team is strict.
・宮崎駿(しゅん)監督の映画
a Hayao Miyazaki movie / a movie *directed* by Hayao Miyazaki
―監督する direct; supervise
カントリーミュージック country music[カントゥリィ ミューズィック]

かんな a plane[プレイン]
カンニング cheating[チーティング] (▶cunning は「ずるい」の意味で「試験での不正」の意味はない)
―カンニングをする cheat
・彼女は数学の試験でカンニングをした.
She *cheated* on the math exam.
・彼はカンニングをして見つかった.
He was caught *cheating*.
▮カンニングペーパー a cheat sheet
かんねん【観念】(感覚)a sense[センス]；(考え)an idea[アイディア]
・時間の観念
a *sense* of time
かんぱ【寒波】〖気象〗a cold wave [snap][コウルド ウェイヴ [スナップ]]
カンパ(寄付したお金)a contribution[カントゥラビューション](▶「カンパ」はロシア語から)
―カンパする contribute[カントゥリビュート], chip in[チップ]
かんぱい[1]【乾杯】a toast[トウスト]
・乾杯しましょう.
Let's make a *toast*.
・乾杯！
Cheers! / Here's to you!
―乾杯する drink (to ...)
・勝利を祝して乾杯しよう！
Let's *drink*（a toast）*to* our victory!
かんぱい[2]【完敗】a complete defeat[カンプリート ディフィート]
―完敗する be defeated completely
カンバス (a) canvas[キャンヴァス]
かんばつ【干ばつ】a drought[ドゥラウト]

がんばる【頑張る】

(努力する)work hard[ワーク ハード], try hard[トゥライ]；(最善を尽(つ)くす)do one's best[ベスト]；(持ちこたえる)hold out[ホウルド アウト]
・英語を頑張ろう.
I will *work hard* on English.
・アキは試合に勝つために頑張った.
Aki *tried hard* to win the game.
・一生懸命(けんめい)頑張ります.
I'll *do my best*.
・最後まで頑張って！
Hold out to the end! /
Keep going!
・よく頑張ったね.
Well done! /
Good job! /
Good for you!

one hundred and sixty-one 161

かんばん

これ、知ってる？ 「頑張れ」と英語で言うとき

日本語の「頑張れ」はさまざまな場面で使われますが，英語にはこのような万能(ばんのう)の言葉はありません．特に，難しいことに立ち向かおうとしている人には，リラックスさせるような言い方をするのがふつうで，状況(じょう)によって次のような言葉を使い分けます．

▶スポーツなどの応援(えん)で
- Come on!（しっかり，どうしたんだ！）
- Hang in there!（粘(ねば)れ！）
- Go! Go!（攻(せ)めろ！）
- Don't quit now!（あきらめるな！）
- You can do it!（君ならできる！）

▶試験などを受ける人に
- Take it easy!（気楽にやれ！）
- Good luck!（幸運を祈(いの)る！）
- Do your best!（ベストを尽くせ！）

かんばん【看板】a signboard[サインボード], a sign
かんぱん【甲板】a deck[デック]
かんびょう【看病する】nurse[ナース]；（世話をする）look after ...[ルック], care for ...[ケア]
- 病気の父の看病をしなければならない．
  I have to *look after* my sick father.

かんぶ【幹部】(部活の) a leader[リーダァ]；（会社などの）an executive[イグゼキュティヴ]
かんぶん【漢文】(文学) Chinese classics[チャイニーズ クラスィックス]；（中国文）old Chinese writing[オールド チャイニーズ ライティング]
かんぺき【完ぺきな】perfect[パーフィクト] → かんぜん
- ユカは完ぺきな成績を収めた．
  Yuka got *perfect* grades.
- ダイキはいつも完ぺき！
  Daiki is always *perfect*!

かんべん【勘弁する】forgive[ファギヴ] → ゆるす❷
かんぽうやく【漢方薬】Chinese medicine[チャイニーズ メダスィン]
カンボジア Cambodia[キャンボウディア]
   カンボジア人 a Cambodian
カンマ → コンマ
かんまつ【巻末】the end [back] of a book[エンド[バック] アヴァ ブック]
かんむり【冠】a crown[クラウン]
かんゆう【勧誘】(an) invitation[インヴィテイション]
　―勧誘する invite[インヴァイト], recruit[リクルート]
- テニス部に勧誘された．
  I was *invited* to join the tennis team.
- 新入生の勧誘をしよう．
  Let's *recruit* some new students.

かんらんしゃ【観覧車】a Ferris wheel[フェリス(ホ)ウィール]
- 友達と横浜の大観覧車に乗りました．
  I rode the giant *Ferris wheel* in Yokohama with my friends.

かんり【管理する】manage[マニッヂ]
   管理人（アパートなどの）a superintendent, a custodian；（管理責任者）a manager
かんりゅう【寒流】a cold current[コウルド カーラント]（⇔暖流 a warm current）
かんりょう【完了する】(物事を) complete[カンプリート], finish[フィニッシュ]；(物事が) be completed, be finished
- ダウンロード完了．Download *completed*.
- 準備完了．Everything is ready [set].

かんれん【関連】→ かんけい
かんろく【貫ろく】(存在感) presence[プレズンス]；（威厳(げん)）dignity[ディグニティ]
- 彼のお父さんは貫ろくがある．
  His father has an *air of importance*. / His father looks *dignified*.

かんわ【緩和する】relieve[リリーヴ], ease[イーズ], moderate[マダリット]

きいろ

き¹ 【木】
① 樹木　　a tree
② 木材　　wood; (材木) 米 lumber, 英 timber

① [樹木] **a tree** [トゥリー]
- 高い[低い]木 a tall [short] *tree*
- 桜[松]の木 a cherry [pine] *tree*
- 私はよく木に登る. I often climb *trees*.
- 木を植えよう. Let's plant a *tree*.
- 彼は木を切り倒した. He cut down a *tree*.
- ふくろうが木に止まっている. An owl is sitting on the *tree*.

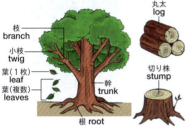

枝 branch
小枝 twig
葉(1枚) leaf
葉(複数) leaves
丸太 log
切り株 stump
幹 trunk
根 root

② [木材] **wood** [ウッド]; (材木) 米 **lumber** [ランバァ], 英 **timber** [ティンバァ]
- このいすは木でできている. This chair is made of *wood*.
→ 木の **wooden** [ウドゥン]
- 木の橋 a *wooden* bridge
‖ 木登り tree climbing

き² 【気】
① 気持ち, 気分　a heart, (a) mind, (an) intention
② 気質, 性質　　a temper, (a) nature
③ 意識　　　　　consciousness, mind

→ きがあう, きがきく, きがする, きがつく, きにいる, きにする, きになる, きをつける

① [気持ち, 気分] **a heart** [ハート], (a) **mind** [マインド], (an) **intention** [インテンション]
- 彼は気が優しい. He has a warm *heart*.
- 私は気が変わった. I've changed my *mind*.
- そのパーティーに行く気はない. I've no *intention* of going to the party.
- アキはヒロに気があるらしい. Aki seems to be interested in Hiro.
- 気がめいった. I felt depressed.
- 試験が終わって気が抜けた. I felt exhausted after the exam.
- 気が向いたら行くよ. I'll go when I feel like it.
- いろいろ気をつかってくれてありがとう. Thanks for worrying about me.
- 先生の言葉に彼は気を悪くした. He was offended by his teacher's words.

② [気質, 性質] **a temper** [テンパァ], (a) **nature** [ネイチャァ]
- 彼は気が短いが彼の弟は気が長い. He has a short *temper*, but his brother is patient.
- サキは気がいい. Saki is good-*natured*.
— 気の小さい **timid** [ティミッド]
— 気の強い **bold** [ボウルド]

③ [意識] **consciousness** [カンシャスニス], **mind**
- 彼は気を失った. He lost *consciousness*.
- 君の気のせいだよ. It's just your *imagination*.

ギア (a) **gear** [ギア]
きあい 【気合い】 **spirit** [スピリット], **heart** [ハート]
- 気合いを入れて練習しよう. Let's put some *heart* into our practice.
きあつ 【気圧】 **atmospheric pressure** [アトゥマスフェリック プレッシァ]
- 高[低]気圧 high [low] *atmospheric pressure*
‖ 気圧計 a barometer

キー a key [キー] (▶かぎ, パソコンなどのキー, ピアノのけん盤など)
‖ キーポイント (手がかり) a key (point); (要点) the point
‖ キーボード a keyboard → コンピュータ図
‖ キーホルダー (リング状の) a key ring; (ケース状の) a key case; (くさり状の) a key chain (▶「キーホルダー」は和製英語)
‖ キーワード a key word

キーパー (サッカーなどの) a **goalkeeper** [ゴウルキーパァ], 《話》 a **goalie** [ゴウリィ]

きいろ 【黄色(の)】 **yellow** [イエロゥ]
- 黄色の上着 a *yellow* jacket
- 信号は黄色だ. The light is *yellow*.
- 木々の葉が黄色に変わった. The leaves have turned *yellow*.
‖ 黄色っぽい yellowish

one hundred and sixty-three

ぎいん【議員】

❶日本の
(国会の) a member of the Diet, a Diet member

❷米国の
(下院議員) a Representative;
(上院議員) a Senator

❸英国の
(下院議員) a member of Parliament;
(上院議員) a member of the House of Lords

❶[日本の](国会の) a member of the Diet[メンバァ][ダイアット], a Diet member
- 衆議院[参議院]議員
a member of the House of Representatives [Councilors]
- 県[市, 区, 町, 村]議会議員
a member of a prefectural [city, ward, town, village] assembly

❷[米国の](下院議員) a Representative[レプリゼンタティヴ]; (上院議員) a Senator[セナタァ]

❸[英国の](下院議員) a member of Parliament[メンバァ][パーラマント] (▶MP, M.P.と略す); (上院議員) a member of the House of Lords[ハウス][ローヅ]

キウイ [鳥] a kiwi[キーウィ]; 〖植物〗a kiwi (fruit) [(フルート)]

きえる【消える】

❶火・明かりなどが
(火が) go out; (消火される) be put out; (明かりが) go out, go off

❷あったものが
disappear, go away;
(音などがしだいに) fade away

❶[火・明かりなどが](火が) go out[ゴウ アウト]; (消火される) be put out[プット]; (明かりが) go out, go off[オーフ]
- 明かりが急に消えた.
The light went out suddenly.
- 火事はじきに消えるだろう.
The fire will be soon put out.

❷[あったものが] disappear[ディサピァ](⇔現れる appear), go away[アウェィ]; (音などがしだいに) fade away[フェイド]
- その少年は人ごみに消えた.
The boy disappeared in the crowd.
- その音はしだいに消えていった.
The sound faded away.

きおく【記憶】

(a) memory[メマリィ]
- 記憶を失った. I lost my memory.
-記憶している remember[リメンバァ]
- 彼の名前をはっきりと記憶していた.
I remembered his name clearly.

…した記憶がある
remember +⟨-ing形⟩
- 以前彼女に会った記憶がある.
I remember seeing her before.
-記憶する (暗記する) memorize
- 英語の新出単語を記憶した.
I memorized new English words.

記憶喪失(そうしつ) memory loss; 〖医学〗amnesia
記憶力 a memory: 彼は記憶力がいい[悪い].
He has a good [bad] memory.

キオスク a kiosk[キーアスク]

地下鉄駅ホームのキオスク(米国)

きおん【気温】temperature[テンパラチャァ]→おんど

きか¹【帰化する】become a citizen (of …)[スィティズン], be naturalized[ナチャラライズド]
- 彼は日本に帰化した.
He became a citizen of Japan.

きか²【幾何】(学) geometry[ヂアマトゥリィ]
幾何学模様 a geometrical pattern

きが【飢餓】famine[ファミン]

きがあう【気が合う】get along (well)[ゲット アローング (ウェル)]
- 私たちはとても気が合った.
We got along really well.
- マキとは気が合う.
I get along (well) with Maki.

きかい¹【機械】

(個々の) a machine[マシーン], (まとめて) machinery[マシーナリィ]
- この機械はどうやって使うのですか. How do you use [operate] this machine?
- この工場には多くの機械がある.
There is much machinery in this factory.

き き

━機械の，機械的な **mechanical**[ミカニカル]
━機械的に **mechanically**
┃機械科 (学校の)**a mechanics course**
┃機械工学 **mechanical engineering**

きかい² 【機会】

(偶然の)**a chance**[チャンス], **an opportunity**
[アパチューニティ], **an** [**the**] **occasion**[アケイジョン]
• 彼女と話す機会を得た．
　I got a *chance* to talk to her.
• 彼女と話す機会を逃した．
　I lost the *chance* to talk to her.
• トシはニューヨークを訪れる機会があった．
　Toshi had a *chance* to visit New York.
• 私はフランス語を使う機会がほとんどない．
　I have few *opportunities* to use French.

きがい 【危害】**harm**[ハーム]➡がい

ぎかい 【議会】**an assembly**[アセンブリィ]；(日本の
国会)**the Diet**[ダイアット]；(米国の)**Congress**[カ
ングリス]；(英国の)**Parliament**[パーラマント]
• 県[市，区，町，村]議会 a prefectural [city,
ward, town, village] *assembly*

きかいたいそう 【器械体操】**apparatus**
gymnastics[アパラタス ヂムナスティックス]

きがえ 【着替え】

a change (**of clothes**) [チェインヂ] [(クロウズ)]
• 私は着替えを2枚持ってきた．
　I brought two *changes of clothes*.
━着替える **change** (**one's clothes**)
• 彼は体操服に着替えた．
　He *changed* into *his* gym *clothes*.

きがかり 【気がかり】➡しんぱい

きがきく 【気が利く】(気配りをする)**considerate**
[カンスィダラット], **thoughtful**[ソートフル]
• 彼女は気がきく． She is *considerate*.

きかく 【企画】**a plan**[プラン]；(大規模な)**a project**
[プラヂェクト]；(企画すること)**planning**[プラニン
グ]➡けいかく

きかざる 【着飾る】**dress up**[ドゥレス アップ]
• アユはパーティーのために着飾った．
　Ayu *dressed up* for the party.

きがする 【気がする】**feel**[フィール]；(…と直感す
る)**have a feeling** …[フィーリング]；(…したい感
じだ)**feel like**+〈-ing形〉[ライク]
• 彼は来るような気がする．
　I *have a feeling* (that) he will come.
• 泣きたいような気がする．
　I *feel like crying*.

きかせる 【聞かせる】(話して)**tell**[テル]；(…を…
に読んで)**read** … **to** ～[リード]；(…を～に歌っ

て)**sing** … **for** ～[スィング]
• ハワイ旅行の話を聞かせて．
　Tell me about your trip to Hawaii.

きがつく 【気がつく】

(気づく)**be** [**become**] **aware** (**of** …)[アウェ
ア], **notice**[ノウティス], **find**[ファインド], **realize**[リ
ーアライズ]；(意識を取り戻す)**come to**
oneself [**one's senses**][センスィズ]
• 彼は自分の弱さに気がついていた．
　He *was aware* of his weakness.
• 友達が私の新しい髪型に気がついてくれ
た． My friend *noticed* my new haircut.
• 彼女は部屋を間違えたことに気がついた．
　She *found* herself in the wrong room.
• ユウトはかぎをしめ忘れたことに気がついた．
　Yuto *realized* (that) he forgot to lock
the door.
• 妹はやっと気がついた(＝意識を取り戻した)．
　My sister finally *came to* her senses.

きがる 【気軽に】(進んで)**readily**[レディリィ]；(遠慮
なく)**freely**[フリーリィ]；(喜んで)**willingly**
[ウィリングリィ], **without hesitation**[ウィザウト ヘ
ズィテイション]
• 彼は気軽にみんなを手伝ってくれる．
　He *willingly* helps others.
• どうぞ気軽に質問してください．
　Please don't *hesitate* to ask me any
questions.

きかん¹ 【期間】**a period**[ピ(ァ)リアッド]
• 彼女は短期間私たちの家に滞在した．
　She stayed with us for a short *period*.
• テスト期間中は動画を見るのを我慢した．
　I refrained from watching videos
during the exams.

きかん² 【機関】(エンジン)**an engine**[エンヂン]；
(手段)**a means**[ミーンズ]（▶単数・複数扱い）, **a**
medium[ミーディアム]（複 **media**[ミーディア]）；(組
織)**an organization**[オーガニゼイション]
• 蒸気機関 a steam *engine*
• 交通機関 (a) *means* of transportation
• 報道機関 news *media*
• 国際機関 an international *organization*
┃機関士 **an engineer**
┃機関車 **an engine**, **a locomotive**
┃機関銃 **a machine gun**

きかん³ 【器官】**an organ**[オーガン]
• 消化器官 digestive *organs*

きかんし 【気管支】**a bronchial tube**[ブラーンキア
ル トゥーブ]
┃気管支炎 **bronchitis**

きき 【危機】**a crisis**[クライスィス]（複 **crises**[クライス

one hundred and sixty-five

165

あ
き
さ
た
な
は
ま
や
ら
わ

ききいれる

ィーズ])
- エネルギー危機 an energy *crisis*
- 私たちは危機に直面している.
  We are facing a *crisis*.
- 彼らは危機を乗り切った.
  They overcame the *crisis*.
- —危機の, 危機的な **critical**
- 危機的な状況だ.
  It's a *critical* situation.

▐ 危機一髪(ぱつ)(で) **by a hair's breadth**:
  危機一髪のところで死を免(まぬが)れた. I escaped
  death *by a hair's breadth*.
▐ 危機感 **a sense of danger**
▐ 危機管理 **crisis management**

ききいれる【聞き入れる】→ きく¹❸
ききかえす【聞き返す】**listen to ... again**[リスン]
- 私はその録音を何度も聞き返した.
  I listened to the recording many times.
ききて【聞き手】(聞く人)**a listener**[リスナァ]; (聴
  衆(しゅう))**an audience**[オーディアンス]; (質問者)
  an interviewer[インタヴューア]
ききとり【聞き取り】**listening**[リスニング]
- 英語の聞き取りは得意です.
  I am good at *listening* in English.

▐ 聞き取りテスト **a listening (comprehension)
  test**(▶ a hearing testは「聴力(ちょうりょく)検査」)
ききとる【聞き取る】(聞こえる)**hear**[ヒァ]; (人の
  言うことを理解する)**follow**[ファロウ], **catch**[キャ
  ッチ]
- 私の言うこと[声]を聞き取れますか.
  Can you *hear* me?
- 彼が言ったことを聞き取れましたか.
  Could you *follow* [*catch*] what he said?
ききのがす【聞き逃す】**fail to hear**[フェイル][ヒ
  ァ], **miss**[ミス]
- ポイントを聞き逃した.
  I *missed* the point.
ききめ【効き目】(an) **effect**[イフェクト]
- 私のアドバイスは彼にまったく効き目がなかっ
  た.
  My advice had no *effect* on him.
- —効き目のある **effective**
- この薬は頭痛に効き目がある.
  This medicine is *effective* for a
  headache. / This medicine *works well*
  for a headache.
ききゅう【気球】(a) **balloon**[バルーン]
- 熱気球に乗りたい.
  I want to ride in a hot-air *balloon*.
きぎょう¹【企業】**an enterprise**[エンタプライズ],
  a company[カンパニィ]
- 大企業 a large *enterprise* [*company*]

- 中小企業 (全体)small and medium-sized
  enterprises [*companies*]
- 民間企業 a private *enterprise*
- 外資系企業 a foreign *firm*
きぎょう²【起業する】**start a business**[スタート]
  [ビズニス]
- 将来, 起業したい.
  I want to *start a business* in the future.

▐ 起業家 **an entrepreneur**
ぎきょく【戯曲】**a drama**[ドゥラーマ]
ききん¹【飢きん】(a) **famine**[ファミン]
ききん²【基金】**a fund**[ファンド]
- 国際通貨基金 the International Monetary
  Fund(▶ IMFと略す)
ききんぞく【貴金属】**a precious metal**[プレシャス
  メトゥル]

きく¹【聞く】

❶耳で	(聞こえる)**hear**;
	(注意して)**listen (to ...)**
❷尋(たず)ねる	**ask**
❸聞き入れる	(命令を)**obey**;
	(忠告を)**follow, take**

❶[耳 で](聞 こ え る)**hear**[ヒ ァ]; (注 意 し て)
listen (to ...)[リスン]
- サイレンの音が聞こえる.
  I can *hear* the siren.
- 君のことはミカからいろいろ聞いているよ.
  I have *heard* a lot about you from Mika.
- 聞いてくれてありがとう.
  Thanks for *listening*.
- 彼女は音楽を聞いている.
  She is *listening* to music.
- お母さんの言うことをよく聞きなさい.
  Listen carefully *to* your mother.

▐ …だと(うわさに)聞いている
  I hear (that) ...
- 君はサッカーがうまいと聞いているよ. I *hear
  that* you are a good soccer player.

▐ 〈人・物〉が…するのを聞く
  hear [listen to]＋〈人・物〉＋〈動詞の原形〉
- ドアが閉まる音を聞いた.
  I *heard* the door close.

▐ 〈人・物〉が…しているのを聞く
  hear [listen to]＋〈人・物〉＋〈-ing形〉
- 父がいびきをかいているのを聞いた.
  I *heard* my father snor*ing*.
- 私たちはメグミが合唱団で歌っているのを聞い
  た.
  We *listened to* Megumi sing*ing* in the
  choir.

きげん¹

くらべて みよう！ hearとlisten

hearは「(意思に関係なく)聞こえる」ことを、listenは「聞こうとして耳を傾(かたむ)ける」ことを意味します。また、listenは進行形にできますがhearはふつう進行形にできません。

hear　　　　　listen

❷ [尋ねる] **ask** [アスク]
- 彼にメールで聞いた。I *asked* him by email.

〈人〉に…を聞く
ask＋〈人〉＋…
- 彼は店員に靴(くつ)の値段を聞いた。He *asked* a [the] salesclerk the price of the shoes.

〈人〉に…について聞く
ask＋〈人〉＋about …
- 彼女は私に家族について聞いた。She *asked* me *about* my family.
- 先生に試験結果について聞いた。I *asked* my teacher *about* my exam results.

〈人〉に…かと聞く
ask＋〈人〉, "…?" /
ask＋〈人〉＋if [whether] …
- トオルは私に「その事件を知っている？」と聞いた。Toru *asked* me, "Do you know about the event?" / Toru *asked* me *if* [*whether*] I knew about the event.

〈人〉にいつ[だれが、どこで、など]…かと聞く
ask＋〈人〉, "When [Who, Where, etc.] …?" /
ask＋〈人〉＋when [who, where, etc.] …
- 私はユカに「いつハワイに行くの？」と聞いた。I *asked* Yuka, "*When* will you go to Hawaii?" / I *asked* Yuka *when* she would go to Hawaii.

❸ [聞き入れる] (命令を) **obey** [オウベィ]; (忠告を) **follow** [ファロウ], **take** [テイク]
- 彼は先生の助言を聞いた。He *followed* [*took*] his teacher's advice.

きく²【効く、利く】

(効果がある) **be good** (**for** …)[グッド], **be effective** (**against** …)[イフェクティヴ]; (機能・作用する) **work** [ワーク]
- この薬は頭痛に効きます。This medicine *is good* [*effective*] *for* headaches.
- 自転車のブレーキがよく利かなかった。The brakes on my bicycle didn't *work* well.

きく³【菊】【植物】**a chrysanthemum** [クリサンサマム](★つづり・発音注意), **a mum** [マム] (▶略して言う)

きぐ【器具】(測定用などの) **an instrument** [インストゥラマント]; (調理などの) **a utensil** [ユテンサル]; (電気・ガスなどの) **an appliance** [アプライアンス]

きくばり【気配り】care [ケア], **consideration** [カンスィダレイション]
━気配りする **be considerate of** …[カンスィダラット]
- ミナはいつも人に気配りしている。Mina *is* always *considerate of* others.

ぎくり【ぎくりとする】be startled (**by** …)[スタートゥルド]

きぐるみ【着ぐるみ】a (mascot) costume [(マスカット)カストゥーム]
- うさぎの着ぐるみ a rabbit *costume*

きげき【喜劇】(a) comedy [カマディ](⇔悲劇(a) tragedy)
━喜劇の, 喜劇的な **comic, comical**
│喜劇俳優 a comedian

きけん¹【危険】

(a) **danger** [デインヂァァ](⇔安全 safety); (自ら冒(おか)す危険性) (a) **risk** [リスク]
- 危険！近寄るな！
《掲示》*DANGER! KEEP OUT!*
- 彼は生命の危険にさらされている。His life is in *danger*.
- 患者(かんじゃ)は危険な状態を脱(だっ)した。The patient is out of *danger*.
- そんな危険を冒すほど愚(おろ)かじゃないよ。I'm not foolish enough to take such a *risk*.
━危険な **dangerous** [デインヂァラス](⇔安全な safe); **risky**
- 危険な場所 a *dangerous* place

(〈人〉が)…するのは危険だ
It is dangerous (for＋〈人〉) to＋〈動詞の原形〉
- あの山に登るのは危険だ。
It is dangerous to climb that mountain.
│危険信号 a danger signal, a red light
│危険人物 a dangerous person

きけん²【棄権する】(試合などを) **withdraw** (**from** …)[ウィズドゥロー]; (途中(とちゅう)で) **drop out** (**of** …)[ドゥラップ]; (投票を) **abstain from voting** [アブステイン / ヴォウティング]
- マラソンを途中で棄権した。I *dropped out of* the marathon.

きげん¹【期限】a time limit [タイム リミット], a

きげん²

deadline[デッドゥライン]
- 課題は期限内に提出してください. Turn in your assignment before the *deadline*.
- 期限に遅(ｵｸ)れた. I missed the *deadline*.
- 期限に間に合った. I met the *deadline*.

きげん²【機嫌】(気分)a **mood**[ムード], **humor**[ヒューマァ] ➡ ごきげん
- 母はきょう機嫌がいい[悪い]. My mother is in a good [bad] *mood* today.
- ➡機嫌よく **cheerfully**[チアフリィ]
- ➡機嫌をとる **flatter**[フラッタァ], **humor**

きげん³【紀元】➡ せいれき
- 紀元前50年に in 50 *B.C.*
- キリスト紀元[西暦(ﾚｷ)]5世紀に in the fifth century *A.D.*

ここがポイント！ B.C. と A.D. の読み方

「紀元前」を意味する**B.C.**はBefore Christの略で[ビースィー]と発音します. また, 「紀元」を意味する**A.D.**はラテン語Anno Domini(=in the year of our Lord)の略で[エイディー]と発音します. B.C.もA.D.もふつう年号の後に置きます.
また最近ではA.D.の代わりにCE(=the Common Era 西暦紀元)が, B.C.の代わりにBCE(=Before the Common Era 西暦紀元前)がよく使われます. それぞれ, [スィーイー][ビースィーイー]と発音します.

きげん⁴【起源】(an) **origin**[オーリヂン], **beginning(s)**[ビギニング(ズ)]
- 生命の起源 the *origin* of life

きこう【気候】(a) **climate**[クライミット](★発音注意)
- 静岡の気候は温暖だ. The *climate* of Shizuoka is mild.
- ここの気候は彼には合わない. The *climate* here doesn't agree with him.
- ➡気候変動 **climate change**

きごう【記号】a **sign**[サイン], a **symbol**[スィンバル]; (印)a **mark**[マーク] ➡ しるし
- 発音記号 a phonetic *sign* [*symbol*]
- 化学記号 a chemical *symbol*
- ト音記号 a G *clef* / a treble *clef*

きこえる【聞こえる】

| ❶耳に入る | **hear** |
| ❷ある感じに響(ﾋﾋ)く | **sound** |

❶[耳に入る]**hear**[ヒァ]
- 声[音]が聞こえた. I *heard* a voice [sound].
- 「(電話で)もしもし, 聞こえますか」「いいえ, よく聞こえません」

"Hello. Can you *hear* me?"
"No, I can't *hear* you very well."

〈人・物〉が…するのが聞こえる
hear＋〈人・物〉＋〈動詞の原形〉
- だれかが叫(ｻｹ)ぶのが聞こえた. I *heard* someone shout.

〈人・物〉が…しているのが聞こえる
hear＋〈人・物〉＋〈-ing形〉
- 電話が鳴っているのが聞こえた. I *heard* the phone ring*ing*.

❷[ある感じに響く]**sound**[サウンド]
- 彼女は電話ではだいじょうぶそうに聞こえた. She *sounded* OK on the phone.

きこく【帰国する】(帰って来る) **return from abroad**[リターン][アブロード], **come back**[カム バック]; (帰って行く)**go back**[ゴゥ]
- 父は先週アフリカから帰国した. My father *came back* from Africa last week.
- 帰国子女[生徒] a **returnee**, a **student who has recently returned (to Japan) from overseas**

ぎこちない awkward[オークワァド], **clumsy**[クラムズィ]

きこなす【着こなす】**wear ... perfectly** [**stylishly**][ウェア][パーフィクトゥリィ [スタイリッシュリィ]
- ナオミは着物をうまく着こなしている. Naomi *wears* her kimono *perfectly*.

きざ【きざな】(気取った)**affected**[アフェクティド]; (はでな)**showy**[ショウィ]
- きざな話し方 an *affected* way of talking

ぎざぎざ【ぎざぎざした】**jagged**[ジャギッド]

きさく【気さくな】**friendly**[フレンドゥリィ], **open-hearted**[オウプンハーティド], **frank**[フランク]

きざし【兆し】a **sign**[サイン]
- 春の兆し *signs* of spring

きざむ【刻む】(細かく)**cut**[カット], **chop (up)**[チャップ (アップ)]; (彫(ﾎ)る)**carve**[カーヴ]; (心に)**engrave**[イングレイヴ]
- 玉ねぎを細かく刻んでください. *Chop* the onions into small pieces.
- ユミは先生の言葉を胸に刻みこんだ. Yumi *engraved* her teacher's words in her heart [memory].

きし¹【岸】(川の)a **bank**[バンク]; (海・湖・大河の)a **shore**[ショァ]; (海岸)a **coast**[コウスト]
- その小屋は川の岸にある. The cottage is on the *bank* of the river.

きし²【騎士】a **knight**[ナイト](★このkは発音しない)

きじ¹【記事】

ぎせい

(新聞・雑誌の)an article[アーティクル］；（ニュース）news[ヌーズ]（★発音注意), a story[ストーリィ]
- 新聞の記事 a newspaper *article*
- ネットの記事 an *article* on the Net

きじ[2]【生地】(布地)(a) cloth[クロース], (a) fabric[ファブリック]；（布地の質）(a) material[マティ(ア)リアル], (a) texture[テクスチャァ]；（パンなどの）dough[ドウ]

きじ[3]【鳥】a pheasant[フェザント]

ぎし【技師】an engineer[エンヂニァ]（★アクセント位置に注意), a technician[テクニシャン]
- 土木技師 a civil *engineer*
- レントゲン技師 an X-ray *technician*

ぎしき【儀式】(式典)a ceremony[セレモウニィ]；（宗教上の）a service[サーヴィス]

きしつ【気質】(a) disposition[ディスポズィション], (a) temperament[テンパラマント]

きじつ【期日】(定められた)a (fixed) date[(フィックスト)デイト]；（しめ切り）a time limit[タイム リミット], a deadline[デッドゥライン]→きげん[1]

ぎじどう【議事堂】an assembly hall[アセンブリィ ホール]
- 国会議事堂（日本の）the Diet Building；（米国の）the Capitol；（英国の）the Houses of Parliament

きしゃ[1]【汽車】a train[トゥレイン]→れっしゃ

きしゃ[2]【記者】a reporter[リポータァ]；（報道関係者）a journalist[チャーナリスト]
- 新聞記者 a newspaper *reporter* [*journalist*]
- 記者会見 a press [news] conference

きしゅ[1]【機種】a model[マドゥル]
- スマホの機種変更をした．I got a new smartphone *model*.

きしゅ[2]【騎手】a jockey[チャッキィ]

きしゅくしゃ【寄宿舎】a dormitory[ドーミトーリィ], 《話》a dorm[ドーム]

きじゅつ【奇術】magic[マヂック]→てじな

ぎじゅつ【技術】a technique[テクニーク]；（技能）a skill[スキル]；（科学技術）technology[テクナラヂィ]
- 技術を上達させた．I improved my *skills*.
- 先端技術 high tech(*nology*)
—技術の、技術的な technical[テクニカル]
—技術的に technically
技術家庭科 technology and home economics
技術者（技師）an engineer；（専門家）a technician

きじゅん【基準】(標準)a standard[スタンダァド]
- その試合に出るために一定の基準を満たす必要がある．You must meet a certain *standard* to qualify for the race.

きしょう[1]【起床する】get up[ゲット アップ]→おきる[1]
- 起床時刻 wake-up time

きしょう[2]【気象】weather (conditions)[ウェザァ (カンディションズ)]
—気象の meteorological[ミーティアララヂカル]
気象衛星 a weather satellite
気象観測 weather observation(s)
気象台 a meteorological observatory
気象庁 the Japan Meteorological Agency
気象予報士 a weather forecaster

きしょう[3]【気性】(a) temper[テンパァ]
- あの選手は気性が激しい．That player has a violent *temper*.

キス a kiss[キス]
—キスをする kiss
- 彼女は赤ちゃんのほおにキスをした．She *kissed* her baby on the cheek.

きず【傷】

（刃物・銃などによる）a wound[ウーンド]；（事故などによる）an injury[インヂャリィ]；（切り傷）a cut[カット]；（かき傷）a scratch[スクラッチ]
→けが
- 軽い傷 a slight *wound* [*injury*]
- 彼らは試合で傷だらけになった．They were covered in *scratches* after the game.
傷跡 a scar

きすう【奇数】an odd number[アッド ナンバァ]（⇔偶数 an even number）

きずく【築く】build[ビルド]
- 彼らはダムを築いた．They *built* a dam.

きずつく【傷つく】(体を)be [get] wounded[ウーンディド]；（体・気持ちが）be [get] injured[インヂャァド], be [get] hurt[ハート]
- 彼はそのうわさにひどく傷ついた．He *was* deeply *hurt* by the gossip.

きずつける【傷つける】(体を)wound[ウーンド], (体・気持ちを)injure[インヂャァ], hurt[ハート]
- 彼女は私の気持ちを傷つけた．She *hurt* my feelings.（▶このhurtは過去形）

きずな a bond[バンド]

きせい[1]【帰省】homecoming[ホウムカミング]
—帰省する go [return, come] home
- 兄が帰省した．My brother *came home*.
帰省ラッシュ the homecoming rush (during the holiday season)

きせい[2]【既製の】ready-made[レディメイド]

ぎせい【犠牲】(a) sacrifice[サクリファイス]；（代償）(a) cost[コースト]；（犠牲者）a victim[ヴィクティム]

きせかえにんぎょう

- 多くの人々が交通事故の犠牲になった.
  A lot of people were *victims* of the traffic accident.
- ➡犠牲にする **sacrifice**
- 部活のしすぎで勉強を犠牲にするな. Don't *sacrifice* your studies by spending too much time on club activities.

┃犠牲バント〖野球〗**a sacrifice bunt**
┃犠牲フライ〖野球〗**a sacrifice fly**

きせかえにんぎょう〖着せ替え人形〗**a dress-up doll**[ドゥレスアップ ダール]

きせき〖奇跡〗**a miracle**[ミラクル]

- 奇跡が起きた.
  A *miracle* happened.
- ➡奇跡的な **miraculous**[ミラキュラス]
- ➡奇跡的に **by a miracle**, **miraculously**

きせつ〖季節〗

a season[スィーズン]➡p.170 ミニ絵辞典

- 桜の季節 the cherry blossom *season*
- 私は季節の中で秋がいちばん好きだ.
  I like fall best of all the *seasons*.

┃季節風 **a seasonal wind**

きぜつ〖気絶する〗**faint**[フェイント]

- リョウは驚(おど)きのあまり気絶しそうになっ

た.
Ryo almost *fainted* with surprise.

きせる〖着せる〗**dress up**[ドゥレス]

- 子どもたちが人形に服を着せている.
  The children are *dressing up* the doll.
- おばあちゃんが私に着物を着せてくれた.
  Grandma *helped* me *put on* a kimono.

きせん〖汽船〗**a steamship**[スティームシップ]

ぎぜん〖偽善〗**hypocrisy**[ヒパクリスィ], **two-faced**[トゥーフェイスト]

┃偽善者 **a hypocrite**, **pretender**

きそ〖基礎〗

(基本の考え方)(the)**basics**[ベイスィックス]; (より所)**a basis**[ベイスィス](複 **bases**[ベイスィーズ])➡きほん; (建物などの土台)**a foundation**[ファウンデイション], **a base**[ベイス]

- 建物の基礎
  the *foundations* [*base*] of a building
- 英語を基礎から勉強し直そう. I will study English again from *the beginning*.
- ➡基礎の, 基礎的な **fundamental**[ファンダメントゥル]; **basic**

┃基礎知識 **a basic knowledge**

きそう〖競う〗**compete**[コンピート]➡きょうそう¹

ミニ絵辞典 季節と月 Seasons and Months

11月 November
12月 December
1月 January
2月 February
3月 March
4月 April
5月 May
6月 June
7月 July
8月 August
9月 September
10月 October

秋 fall
冬 winter
夏 summer
春 spring

きそく【規則】

a rule[ルール]; (法的な)a regulation[レギュレイション]
- サッカーの規則 the *rules* of soccer
- 規則を破るな. Don't break the *rules*.
- 規則を守ろう. Let's follow the *rules*.
- それは交通規則違反(はん)です.
That's against (the) traffic *regulations*.

━規則的な,規則正しい regular[レギュラァ](⇔不規則な irregular)
- 規則正しい生活を送りたい.
I want to keep *regular* hours.

━規則的に regularly

＝＝＝＝＝＝＝＝＝ 慣用表現 ＝＝＝＝＝＝＝＝＝

例外のない規則はない.(←すべての規則に例外がある)
There is no rule without an exception. / Every rule has an exception.

∥規則動詞〖文法〗a regular verb

きぞく【貴族】an aristocrat[アリストクラット]

きた【北】

(**the**) **north**[ノース](⇔南 (the) south)(▶Nまたは N. と略す)
- 北はどっちの方角ですか.
Which direction is *north*?
- 埼玉(さいたま)は東京の北にある.
Saitama is to *the north* of Tokyo.(▶ to the north of ... は「…の北方に」の意)
- 札幌は日本の北にある. Sapporo is in *the north* [*northern* part] of Japan.(▶ in the north of ... は「…の中の北部に」の意)
- 私の家はその駅の2キロ北にある. My house is two kilometers *north* of the station.

━北の north, northern[ノーザン](⇔南 south, southern)
- 北の空 the *northern* sky

━北へ[に] to the north, northward
- 台風は北に向かっている. The typhoon is moving *to the north*.

北アメリカ North America
北アルプス the Northern Alps
北風 a north wind
北口 the north exit
北国（北部地域）a northern district
北半球 the Northern Hemisphere →ちきゅう 図

ギター a guitar[ギター](★アクセント位置に注意)
- エレキギター an electric *guitar*
- 私はギターを弾(ひ)きます.

I play the *guitar*.

きたい¹【期待】

(**an**) **expectation**[エクスペクテイション]
- 両親の期待に応えるよう努力する.
I try to meet my parents' *expectations*.
- 私たちの期待に反してチームは試合に負けてしまった. The team lost the match contrary to our *expectations*.

━期待する expect[イクスペクト]

⟨人⟩に[から]⟨事⟩を期待する
expect+⟨事⟩+of[from]+⟨人⟩
- 私にあまり期待しすぎないでほしい.
Don't *expect* too much *of* me.
- 友達の助けを期待した.
I *expected* help *from* my friend.

⟨人⟩が…することを期待する
expect+⟨人⟩+to+⟨動詞の原形⟩
- 私たちは彼らが優勝することを期待した.
We *expected* them *to* win the championship.
- 私たちはリンが俳優として成功することを期待している. We *expect* that Rin will succeed as an actor.

きたい²【気体】(a) gas[ギャス]

ぎだい【議題】a subject [topic] for discussion[サブヂェクト][タピック][ディスカッション]

きたえる【鍛える】(訓練する)train[トゥレイン]; (体・筋肉などを)strengthen[ストゥレンクスン]
- コーチは選手たちを試合に備えて鍛えた. The coach *trained* the players for the game.

きたく【帰宅する】(家に着く)get home[ゲット ホウム], return home[リターン]; (帰って来る)come home[カム]; (帰って行く)go home[ゴウ]
- 姉はたいてい9時ごろ帰宅する. My sister usually *gets* [*comes*] *home* about nine.
- もう帰宅時間だ. It's time to *go home*.
- 帰宅の途中(とちゅう)でミキに会った.
I met Miki on my way home.

きたちょうせん【北朝鮮】North Korea[ノース コリーア]

━北朝鮮(人)の North Korean

きだて【気立て】
- クミはとても気立てがいい.
Kumi is very good-*natured*.

きたない【汚い】

❶不潔な	dirty, unclean
❷散らかった	messy
❸卑怯(ひきょう)な	《話》dirty, mean
❹欲が深い	stingy

one hundred and seventy-one

ギタリスト

❶〔不潔な〕**dirty**[ダーティ], **unclean**[アンクリーン]（⇔きれいな clean）
- 汚い手で食べないで.
  Don't eat when your hands are *dirty*.

❷〔散らかった〕**messy**[メスィ]
- 汚い部屋をかたづけなくてはいけない.
  I have to clean my *messy* room.

❸〔卑怯な〕《話》**dirty**, **mean**[ミーン]
- 彼は私に汚い手を使った.
  He played a *mean* trick on me.

❹〔欲が深い〕**stingy**[スティンヂィ]
- 彼女は金に汚い. She is *stingy* with money.

ギタリスト a **guitarist**[ギターリスト]

きたる【来る】**next**[ネクスト], **coming**[カミング]
- 歓迎(然)会は来る日曜日に催(铅)される.
  The welcome party will be held *next* Sunday. / The welcome party will be held this *coming* Sunday.

きち¹【基地】a **base**[ベイス]
- 空軍基地 an air *base*
- 海軍基地 a naval *base*

きち²【機知】**wit**[ウィット]
━機知に富んだ **witty**
- 機知に富んだ言葉 a *witty* remark

きち³【吉】(占いで) **good luck**[グッド ラック], **good fortune**[フォーチュン]
- おみくじで吉を引いた.
  I drew an *omikuji* that said *good luck*.
- 大吉 excellent *luck*

きちょう【貴重な】**precious**[プレシャス]; (金銭的な価値のある) **valuable**[ヴァリュ(ァ)ブル]
- 貴重な時間 a *precious* time
- 貴重な経験 a *valuable* experience
∥貴重品 **valuables**

ぎちょう【議長】a **chairperson**[チェアパースン], **the chair**
- 議長に選ばれた.
  I was elected *chair* [*chairperson*]. (▶1人しかいない役職には a [an]やthe をつけない)

きちょうめん【きちょうめんな】(きちんとした) **methodical**[メサディカル]; (時間に) **punctual**[パンクチュアル]; (正確な) **precise**[プリサイス]
- きちょうめんな人 a *methodical* person

きちんと

❶整って　　**neatly**;
　　　　　　 (整とんされた) **neat, tidy**
❷規則的に　**properly**;
　　　　　　 (時間どおりに) **punctually**

❶〔整って〕**neatly**[ニートゥリィ]; (整とんされた) **neat**[ニート], **tidy**[タイディ]

- 彼はいつもきちんとした格好をしている.
  He is always dressed *neatly*.
- 彼女の部屋はきちんと片付いていた.
  Her room was *neat and tidy*.

❷〔規則的に〕**properly**[プロパァリィ]; (時間どおりに) **punctually**[パンクチュアリィ]
- その時計はきちんと動いている.
  The clock works *properly*.
- 時間をきちんと守って来てね.
  Come *punctually* [on time], please.

きつい

❶厳しい　　**hard**; (性格などが) **harsh**;
　　　　　　 (言葉が) **sharp**
❷窮屈(鸧)な **tight**

hard　　　　　　　tight

❶〔厳しい〕**hard**[ハード]; (性格などが) **harsh**[ハーシュ]; (言葉が) **sharp**[シャープ]
- 私たちのサッカーの練習はきつい.
  Our soccer practices are *hard*.
- 彼女はみんなにきつい態度をとる.
  She is *harsh* to everyone. / She is *strict with* everyone.
- きつい言葉 *harsh* [*sharp*] words

❷〔窮屈な〕**tight**[タイト] (⇔緩(鸽)い loose)
- この靴(ふ)は私にはきつすぎる.
  These shoes are too *tight* for me.

きつえん【喫煙】**smoking**[スモウキング]
━喫煙する **smoke**
∥喫煙室[席] a **smoking room** [**section**]

きづかう【気遣う】**be worried** (**about** ...)[ワーリィド (アバウト)], **be concerned** (**about** ...)[カンサーンド]
- 彼の両親は彼の安否をとても気遣っている.
  His parents *are* very *worried* [*anxious*] *about* his safety.

きっかけ (機会) a **chance**[チャンス]; (手がかり) a **clue**[クルー]
- 彼に話しかけるきっかけがつかめない.
  I can't get a *chance* to talk to him.

きっかり **exactly**[イグザクトゥリィ], **sharp**[シャープ], **just**[ヂャスト]
- 11時きっかりに *exactly* at eleven o'clock / eleven o'clock *sharp*
- バスは時間きっかりに来た.

きどう¹

The bus came *just* on time.

きつく **tightly**[タイトゥリィ]；(厳しく)**strictly**[ストゥリクトゥリィ]

－きつくする[なる] **tighten**
- ねじをきつく締めた．
  I *tightened* the screw.

キック a **kick**[キック]
- コーナーキック『サッカー』a corner (*kick*)

－キックする **kick**

キックオフ 『サッカー・フットボール・ラグビー』**the kickoff**

キックボード a **scooter**

キックボクシング **kickboxing**

きづく[気づく]**become** [**be**] **aware** (**of** ...)[アウェア]；(目に留まる)**notice**[ノウティス] → きがつく

－気づかれずに **secretly**[スィークリットゥリィ]

きっさてん[喫茶店]a **tearroom**[ティールーム]，⊕a **coffee shop**[コーフィ シャップ]

ぎっしり **tightly**[タイトゥリィ]
- そのかばんには本がぎっしり詰まっていた．
  The bag was *tightly* packed with books.
- スケジュールがぎっしり詰まっている．
  I have a *tight* schedule. (▶このtightは「ぎっしり詰まった」の意味の形容詞)

きっすい[生粋の]**native**[ネイティヴ]
- 生粋のニューヨークっ子
  a *native* New Yorker

きっちり(透き間などがなく)**tightly**[タイトゥリィ]；(時刻・数量などが)**exactly**[イグザクトゥリィ]；(適切に)**properly**[プラパァリィ]
- びんにきっちりふたをして．
  Cap the bottle *tightly*.

キッチン a **kitchen**[キッチン]
- ダイニングキッチン a *kitchen* with a dining area / a *kitchen*-dining room (▶「ダイニングキッチン」は和製英語)

きつつき[鳥]a **woodpecker**[ウッドペッカァ]

きって[切手]a (**postage**) **stamp**[(ポウスティッヂ) スタンプ]
- 記念切手 a commemorative *stamp*
- はがきに切手をはった．
  I put a *stamp* on the postcard.
- 10円切手を10枚いただきたいんですが．I'd like to have ten 10-yen *stamps*, please.

切手収集 stamp collecting：私の趣味は切手収集だ．My hobby is *stamp collecting*. (＝My hobby is *collecting stamps*.)

きっと

surely[シュアリィ]，**certainly**[サートゥンリィ]
- ケンはきっと試験に受かるだろう．

Ken will *surely* pass the examination.

きっと…する
be sure [certain] to＋〈動詞の原形〉
- 彼女はきっと元気になるよ．
  She *is sure to* recover.
- きっとメールして．
  Be sure to text me.

きっと…である
be sure [certain] (that)...
- うちのチームはきっと勝つ．
  I *am sure that* our team will win.

きつね[動物]a **fox**[ファックス]

きつね色 light brown

きっぱり(はっきりと)**flatly**[フラットゥリィ]，**clearly**[クリアリィ]；(完全に)**completely**[カンプリートゥリィ]
- きっぱり断った．I refused *flatly*.
- 父はきっぱりとたばこをやめた．
  My father stopped smoking *completely*.

きっぷ[切符]

a **ticket**[ティキット]
- 列車[バス]の切符 a train [bus] *ticket*
- コンサートの切符 a *ticket* for a concert
- 片道切符
  ⊕a one-way *ticket* / ⊕a single *ticket*
- 往復切符
  ⊕a round-trip *ticket* / ⊕a return *ticket*
- 大阪までの切符を2枚ください．
  Two *tickets* to Osaka, please.

切符売り場 (駅の)a ticket office；(カウンター)a ticket counter；(劇場の)a box office

切符(自動)販売機 a ticket machine

駅の切符自動販売機(英国)

きてき[汽笛]a **whistle**[(ホ)ウィッスル]
- 汽笛が鳴った．The *whistle* blew.

きてん[機転]**wit**[ウィット]
- レンは機転が利く．
  Ren is quick-*witted* [*sharp*].

きどう¹[軌道](天体・人工衛星などの)(**an**) **orbit**[オービット]
- 人工衛星は軌道に乗った．

The satellite went into *orbit*.

きどう²【起動させる】〚コンピュータ〛**boot up**[ブ
ートアップ], **start up**[スタート]
- コンピュータを起動させた.
I *booted up* my computer.

きとく【危篤の】**critical**[クリティカル], **dangerous**
[デインヂャラス]
- 彼は危篤だ. He is in a *critical* [*dangerous*]
condition.

きどく【既読】(**already**) **read**[(オールレディ) レッ
ド](▶read(読む)の過去分詞)
━**既読がつく be marked as read**[マークト アズ レ
ッド]
- そのメッセージには既読がついている.
The message *is marked as* (already)
read.
━**既読スルーをする leave someone on read**
[リーヴ サムワン アン レッド]

きどる【気取る】**put on airs**[エアズ]
- ケイはいつも気取っている.
Kei always *puts on airs*.
━**気取った affected**[アフェクティド]
- 気取った歩き方
an *affected* way of walking
━**気取って affectedly, in an affected manner**

きない【機内】
- このバッグを機内に持ちこめますか.
Can I take this bag *on the plane*?
┃機内サービス **in-flight service**
┃機内食 **an in-flight meal**
┃機内持ちこみ手荷物 **carry-on baggage**

きなこ【黄な粉】**soybean flour**[ソイビーン フラウァ]

きにいる【気に入る】

like[ライク], **be pleased** (**with ...**) [プリーズド]
- 「新しい自転車はどうですか」「とても気に入っ
ています」
"How do you like your new bicycle?" "I
like it very much."
- 私はクリスマスプレゼントが気に入った.
I *was pleased with* my Christmas
present(s).
━**気に入った favorite**[フェイヴァリット]➡**おきに
いり**

きにする【気にする】**worry** (**about ..., over ...**)
[ワーリィ], **care**[ケア], **mind**[マインド]
- カホはいつもテストの点数を気にしている.
Kaho always *worries about* her test
scores.
- 私は彼らが言うことなんか気にしない.
I don't *care* what they say.
- 気にするな.

Never *mind*. (▶mindはふつう否定文・疑問文
で用いる)

きになる【気になる】(不安で)**be anxious about
...**[アンクシャス アバウト]; (…したい気がする)**feel
like＋〈-ing形〉**[フィール ライク]➡**きぶん**
- エミは自分の将来が気になっている.
Emi *is anxious about* her future.
- 雨の日は出かける気になれない.
I don't *feel like* going out on rainy days.
- ジュンのことが気になる?
Are you *interested in* Jun?

きにゅう【記入する】(空欄(﹅)などに)**fill in**[フィル
イン], (書類・用紙などに)**fill out**[アウト]
- この用紙に記入してください.
Fill out this form, please.

きぬ【絹】**silk**[スィルク]
━**絹の silk**
- 絹のスカーフ a *silk* scarf
━**絹のような silky**
┃絹糸 **silk thread**

**ギネスブック the Guinness Book of World
Records**[ギニス ブック][ワールド レカァズ]

きねん【記念】

commemoration[カメマレイション]; (思い出)**a
memory**[メモリィ]
- 私たちは卒業記念に校庭に桜の木を植えた.
We planted cherry trees in the
school-yard in *memory* of our
graduation.
━**記念する commemorate**[カメマレイト]
━**記念の memorial**[マモーリアル]
┃記念館 **a memorial hall**
┃記念切手 **a commemorative stamp**
┃記念写真 **a souvenir photograph**
┃記念樹 **a tree planted in commemoration
of an event**
┃記念碑(²) **a monument**
┃記念日 **an anniversary**; (追悼(﹅)の)**a
memorial day**
┃記念品 **a souvenir**

きのう¹【昨日】

yesterday[イェスタァデイ]
- きのうの朝[午後, 夕方]
yesterday morning [afternoon, evening]
- きのうの夜
last night
- きのうの今ごろ
at this time *yesterday*
- きのう父と釣(²)りに行った.
I went fishing with my father *yesterday*.

きぶん

- きのうは水曜日だった．
  Yesterday was Wednesday.
- きのうの気温は何度だったかな．
  What was *yesterday*'s temperature?

きのう²【機能】**a function**[ファンクション]
- 脳の機能 the *function*(s) of the brain
- **機能的な** functional

きのこ a mushroom[マッシュルーム]
- 毒きのこ a poison *mushroom*
┃きのこ雲 a mushroom cloud

きのどく【気の毒な】**pitiful**[ピティフル], **sorry**[サリィ]
- **気の毒に思う** be［feel］sorry
- 私はその難民たちを気の毒に思う．
  I *feel sorry for* the refugees. (▶ sorry for +〈人〉)
- 「私はひどい風邪を引いています」「それはお気の毒です」
  "I have a bad cold." "I'm *sorry* to hear that."

きば（象やいのししなどの）**a tusk**[タスク]；（おおかみや毒蛇などの）**a fang**[ファング]

きばせん【騎馬戦をする】**play cavalry battles**[プレィ][キャヴァルリィ バトゥルズ]

きばつ【奇抜な】（珍しい）**unusual**[アニュージュアル]；（風変わりな）**eccentric**[イクセントゥリック]

きばらし【気晴らし】（気分転換）**a change**[チェインヂ]；（娯楽）**a pastime**[パスタイム]
- 気晴らしに音楽を聞こう．
  Let's listen to music for *a change*.

きびきび【きびきびと】**quickly**[クウィックリィ], **snappy**[スナッピィ]
- 母はいつもきびきびと働いている．
  My mother is a *fast* worker.

きびしい【厳しい】

（厳格な）**strict**[ストゥリクト]；（手加減しない）**severe**[スィヴィア]；（きつい）**hard**[ハード]
- 厳しい規則
  a *strict* rule
- 厳しい罰
  a *severe* punishment
- 厳しい訓練
  severe［hard］ training
- 彼女は子どもに厳しい．
  She is *strict* with her child.
- この地方は冬の寒さが厳しい．
  The winter in this area is *severe*.
- **厳しく** strictly; severely
- 私はコーチに厳しくしかられた．
  I was *severely* scolded by my coach.

くらべてみよう！ strict と severe

strict: 規則を守るべきときやしつけなどの厳しさ
severe: いい加減にしたり妥協したりすることを許さない厳しさ，また天候の厳しさ

strict   severe［hard］

きひん【気品のある】**graceful**[グレイスフル], **elegant**[エリガント]

きびん【機敏な】**quick**[クウィック]
- ケンは動作が機敏だ．
  Ken moves *quickly*.
- **機敏に** quickly

きふ【寄付】(a) **donation**[ドウネイション], **contribution**[カントゥリビューション]
- **寄付する** donate[ドウネイト], contribute[カントゥリビュート]
- 私はその災害の被災者にお金をいくらか寄付した．
  I *donated* some money to the disaster victims.
┃寄付金 a donation, a contribution

ぎふ【義父】（夫または妻の父）**a father-in-law**[ファーザァインロー]（複 fathers-in-law）；（まま父）**a stepfather**[ステップファーザァ]

ギブアップ【ギブアップする】**give up**[ギヴ アップ]

ギプス a（**plaster**）**cast**[(プラスタァ) キャスト]（▶「ギプス」はドイツ語から）
- 彼女は腕にギプスをしていた．
  Her arm was in a *cast*.

ギフト a gift[ギフト]
┃ギフト券 a gift certificate
┃ギフトショップ a gift shop

きぶん【気分】

（一時的な）**a mood**[ムード]；（感情）(a) **feeling**[フィーリング]
- 楽しい気分で in a pleasant *mood*
- 私はまじめな話をする気分ではなかった．
  I was not in the *mood* for a serious talk.
- 彼女が私の気分を害した．
  She hurt my *feelings*.
- 気分がいい．
  （気持ちが）I *feel* good. /（体調が）I *feel* well.
- 気分が悪い．（気持ちが）I *feel* bad. /（体調が）I

きぼ

feel sick [ill].
- 気分はどうですか.
  How do you *feel*?
  ━━…したい気分だ **feel like**＋〈-ing形〉
- 私は泣きたい気分だった. I *felt like* crying.
  気分転換(🔈) **a change**: 気分転換に泳ぎに行こう. Let's go swimming for a *change*.
  気分屋 a moody person

きぼ【規模】**a scale**[スケイル]
- 大[小]規模に on a large [small] *scale*
ぎぼ【義母】(夫または妻の母)**a mother-in-law**[マザァインロー](複 mothers-in-law);(まま母)**a stepmother**[ステップマザァ]

きぼう【希望】
(望み)(a) **hope**[ホウプ];(願い)(a) **wish**[ウィッシュ](►hopeは実現の可能性が高い場合, wishは低い場合に用いる)
- 希望を捨てるな. Don't give up *hope*.
- 彼は希望にあふれている. He is full of *hope*.
- 希望がかなった. My *wish* came true.
- 彼女の希望はいつか大統領になることだ.
  She *hopes* to be President one day.
- マキは希望どおり医師になった.
  Maki became a doctor just as she always *dreamed of*.
  ━━希望する **hope; wish**
- 世界中のすべての人々が平和を希望している.
  All the people in the world *wish* for peace.

  …することを希望する
  hope [wish] to＋〈動詞の原形〉/
  hope (that) …
- またお会いできるよう希望します.
  I *hope to* see you again.
- あなたが試験に合格することを希望します.
  I *hope* (*that*) you will pass the examination.

きほん【基本】
(the) **basics**[ベイスィックス], **fundamentals**[ファンダメントゥルズ], a **basis**[ベイスィス](複 bases[ベイスィーズ])
- まず英語の基本を学びなさい.
  First learn *the basics* of English.
  ━━基本的な **basic, fundamental**
- 基本的なミスをした.
  I made a *basic* mistake.
  ━━基本的に **basically, fundamentally**
- ジュンの意見は基本的に正しいと思う.
  I think Jun's opinion is *basically* right.
  基本的人権 (the) fundamental human

rights

きまえ【気前のいい】**generous**[チェナラス]
- おばあちゃんはお金に気前がいい.
  Grandma is *generous* with her money.
きまぐれ【気まぐれな】(天気などが)**changeable**[チェインヂァブル];(性格が)**capricious**[カプリシャス]
  ━━気まぐれに **on a whim**[(ホ)ウィム]
きまじめ【生まじめな】**serious**[スィ(ァ)リアス]
- 生まじめな人 a *serious* person
きまずい【気まずい】(ばつの悪い)**awkward**[オークワァド]
- 気まずい沈黙(🔈) an *awkward* silence
きまつ【期末】**the end of a term**[エンド][ターム]
  期末試験 a term exam(ination);(学年末の) **a final exam**(ination), **⑱ an end-of-term exam**
きまま【気ままな】(自分勝手な)**selfish**[セルフィッシュ];(気楽な)**carefree**[ケアフリィ]
  ━━気ままに **as** *one* **like**
- ミドリはいつも気ままにふるまっている.
  Midori always behaves *as she likes*.
きまり¹【決まり】**a rule**[ルール]→きそく
- それは私たちの学校の決まりに反する.
  It is against the *rules* of our school.
- よし, それで決まりだね. OK. That *settles* it.
  決まり文句 a set phrase
きまり²【決まりが悪い】**be embarrassed**[インバラスト]
- 彼に靴下(🔈)の穴を見られて決まりが悪かった. I *was* so *embarrassed* when he saw the hole in my sock.

きまる【決まる】

| ❶決定される | be decided, be fixed |
| ❷さまになる | neat, cool |

❶[決定される]**be decided**[ディサイディド], **be fixed**[フィクスト]
- ＰＫ戦で試合が決まった. The game *was decided* by a penalty shoot-out.
- 出発の日取りが決まった. The date of the [our] departure has *been fixed*.
  ━━決まっている(確実である)**be sure**[シュァ], **be certain**[サートゥン]
- マキがその試合に勝つに決まっている.
  Maki *is sure* to win the game. / I'm *certain* (that) Maki will win the game.
❷[さまになる]**neat**[ニート], **cool**[クール]
- きまってる！ That's *neat*! / How *cool*!
きみ¹【君】**you**[ユー](複 you)→あなた❶
- おい君, そこへ入っちゃ駄目(🔈)だ.

Hey *you! You* can't go in there.

- 君の名前は何て言うの？ What's *your* name?
- 君たち，何やってんの？ What are *you* guys doing?(▶2人以上への呼びかけでは女性を含(ᵃ)んでいても guysと言うことができる)

きみ²【黄身】(a)**yolk**[ヨゥク]（⇔白身 the white (of an egg)）→しろみ 図

…ぎみ【…気味】**kind of ...**[カインド]，**a little ...**[リトゥル]，**a slight ...**[スライト]

- 彼は太り気味だ．
  He is *kind of* overweight. / He is *a little* overweight.
- 私は風邪(ᵃ)気味だった．I had *a slight* cold.

きみがわるい【気味が悪い】**weird**[ウィァド]，**creepy**[クリーピィ]

- 夜の墓場は気味が悪い．
  The graveyard feels *creepy* at night.

きみどり【黄緑(の)】**yellowish green**[イェロウイッシュ グリーン]

きみょう【奇妙な】**strange**[ストゥレインヂ]，**odd**[アッド]

- 奇妙な風習 *strange* [*odd*] customs
  ━奇妙なことに strangely（**enough**）[(イナフ)]

ぎむ【義務】(a)**duty**[ドゥーティ]，(an)**obligation**[アブリゲイション]

- 君はキャプテンとしての義務を果たさなくては．You must do your *duty* as captain.
  ┃義務教育 compulsory education→学校生活【口絵】

きむずかしい【気難しい】(扱(ᵃ)いにくい)**hard to get along with**[ハード][ゲット アローング]；(喜ばせるのが難しい)**difficult** [**hard**] **to please**[ディフィカルト][プリーズ]

- 彼は気難しい．
  He is *hard to get along with*.

キムチ kimchi[キムチ]

ぎめい【偽名】**a false name**[フォールス ネイム]

- 偽名で under a *false name*

きめる【決める】

❶決定する	decide
❷決心する	decide, make up *one*'s mind
❸選ぶ	choose
❹成功させる	（下記❹参照）

❶〔決定する〕**decide**[ディサイド]

- 私たちはまだ時間を決めていない．We haven't *decided* [*fixed*] the time yet.

…することに決める

decide to +〈動詞の原形〉/ decide that ...

- 委員会はその計画を実行に移すことに決めた．

The committee *decided to* put the plan into action.

- 私たちは旅行を延期することに決めた．
  We *decided that* we would postpone the trip.
- 私は夜ふかしをしないことに決めている．
  I *make it a rule* not to stay up late at night.(◀決まりにしている)

❷〔決心する〕**decide**，**make up** *one*'s **mind**[メイク アップ][マインド]

- 彼は大学へ行くことに決めた．
  He *made up his mind* to go to college.

❸〔選ぶ〕**choose**[チューズ]

- どっちに決めた？
  Which one did you *choose*?

❹〔成功させる〕

- レンはサッカーの試合でゴールを決めた．
  Ren *scored* a goal in the soccer game.
- バスケットボールの試合でシュートを決めた．
  I *scored* a basket in the game.
- 野球でストライクを決めた．
  I pitched [threw] a strike.

キモい gross[グラゥス]，**yuck**[ヤック]，**creepy**[クリーピィ]→きもち

きもだめし【肝だめし】**a test of courage**[テスト][カーリッヂ]

- 私たちはきもだめしをした．
  We had *a test of courage*.

きもち【気持ち】

(感情)**feelings**[フィーリングズ]；(気分)**a mood**[ムード]→きぶん

- 不安な気持ち an uneasy *feeling*(▶特定の気持ちを表すときには a [an]がつく)
- リクの気持ちを傷つけてしまった．
  I hurt Riku's *feelings*.
- ほっとした気持ちになった．I felt relieved.
  ━気持ち(の)よい pleasant[プレザント]；(快適な)**comfortable**[カムフ(ァ)タブル]，**cozy**[コウズィ]
- 気持ちよい風 a *pleasant* breeze
- このソファーはとても気持ちがよい．
  This sofa is very *comfortable*.
  ━気持ち(の)悪い unpleasant；(不快な)**uncomfortable**；(体調が)**feel sick**；(不気味な，いやな)**creepy**，**gross**，**disgusting**
- 少し気持ちが悪い．I *feel* a little *sick*.
- あの虫は見た目が気持ち悪い．
  That insect looks *gross*.
  ━気持ちよく pleasantly；comfortably

きもの【着物】(和服)**a kimono**[カモウノゥ]→衣生活【口絵】

- 着物は伝統的な日本の衣服です．A *kimono* is

177

one hundred and seventy-seven

ぎもん

a traditional Japanese clothing.
• 私はまだ着物を着たことがない.
I've never worn a *kimono*（in my life）.

ぎもん【疑問】
(疑い)（a）**doubt**[ダウト]（★このbは発音しない）;
(質問)（a）**question**[クウェスチョン]
• その疑問に答えた.
I answered the *question*.
• それについて疑問の余地はない.
There is no *doubt*［*question*］about it.
…かどうか疑問である
I doubt if［that］... /
It is doubtful if［that］...
• 彼がその仕事をできるかどうか疑問だ.
I *doubt* if［*that*］he can do the job.
‖疑問詞〖文法〗an **interrogative**
疑問符(ふ)〖文法〗a **question mark**（▶記号は"?"）
‖疑問文〖文法〗an **interrogative sentence**

キャー (叫(さけ)び声)**eek**[イーク]
➡キャーと叫ぶ **shriek**[シュリーク], **scream**[スクリーム]

きゃく【客】
(来訪者)a **visitor**[ヴィズィタァ]; (家・ホテルなどの)a **guest**[ゲスト]; (店などの)a **customer**[カスタマァ]（▶お得意さまという意味を含む）; (買い物客)a **shopper**[シャッパァ]; (乗客)a **passenger**[パサンヂャァ]
• 空港は外国からの客で混雑していた.
The airport was crowded with foreign *visitors*.
• 50人の客がそのパーティーに招待された.
Fifty *guests* were invited to the party.
• バーゲンセールの買い物客
bargain sale *shoppers*
• この船には100人の乗客がいる.
There are 100 *passengers* on this ship.

ぎゃく【逆】the **contrary**[カントゥレリィ], the **opposite**[アパズィット], the **reverse**[リヴァース]
• 「右」の逆は「左」だ.
The *opposite* of "right" is "left."
➡逆の **contrary**, **opposite**, **reverse**
• 逆の方向に in the *opposite* direction
➡逆に (上下が)**upside down**; (表と裏が)**inside out**; (向き・順序などが)**the wrong way round**; (…とは反対に)**contrary to** ...
• 壁(かべ)の絵は上下逆に掛(か)かっている.
The picture on the wall is hanging *upside down*.
• 多くの人が言うのとは逆に, 私は彼を正直だと

思う. *Contrary to* what many people say, I think he is honest.

ギャグ a **gag**[ギャグ]; (ジョーク)a **joke**[ジョウク]
• コメディアンのギャグはおもしろかった.
The comedian's *gags* were funny.
• 父はよくギャグを言う.
My father often tells *jokes*.
‖ギャグ漫画(まんが) **comedy manga**

きゃくしつ【客室】a **guest room**[ゲスト ルーム]; (飛行機の)a **cabin**[キャビン]
‖客室乗務員 a **flight attendant**, a **cabin attendant**

きゃくしょく【脚色】(脚本にすること)**dramatization**[ドゥラマティゼイション]
➡脚色する **dramatize**[ドゥラマタイズ]

きゃくせき【客席】an **audience seat**[オーディアンス スィート]; (客席全体)**audience seating**

ぎゃくたい【虐待】ill-**treatment**[イルトゥリートゥマント], (an) **abuse**[アビュース]
• 幼児虐待は犯罪だ. Child *abuse* is a crime.
➡虐待する **treat** ... **cruelly**, **abuse**[アビューズ]
(★名詞との発音の違(ちが)いに注意)

ぎゃくてん【逆転する】(形勢などを)**reverse**（itself）[リヴァース], be **reversed**[リヴァースト]; (試合などで)**come from behind**[ビハインド]
• 私たちのチームは逆転勝ちした. Our team *came from behind* and won the game.
‖逆転勝ち a **come-from-behind win**

きゃくほん【脚本】(劇の)a **play**[プレイ]; (テレビドラマなどの)a **script**[スクリプト]; (映画などの)a **scenario**[スィナリオゥ], a **screenplay**[スクリーンプレイ]
‖脚本家 (劇の)a **playwright**, a **dramatist**; (テレビドラマなどの)a **scriptwriter**; (映画などの)a **scenario writer**, a **screenwriter**

きゃくま【客間】(宿泊用の)a **guest room**[ゲスト ルーム]➡おうせつま

きゃしゃ【きゃしゃな】**delicate**[デリカット]; (ほっそりしている)**slim**[スリム], **slender**[スレンダァ]; (やせている)**thin**[スィン]

キャスター (小さな車輪)a **caster**[キャスタァ]; (ニュースキャスター)a **newscaster**[ヌーズキャスタァ], an **anchor**[アンカァ]

キャスト (配役全員)a **cast**[キャスト], (その1人)a **member of the cast**[メンバァ]

きゃたつ【脚立】a **stepladder**[ステップラダァ]

きゃっかんてき【客観的な】**objective**[アブヂェクティヴ]（⇔主観的な subjective）
• 彼女は客観的な判断をした.
She made an *objective* decision.
➡客観的に **objectively**

キャッシュ **cash**[キャッシュ]➡げんきん

きゅう²

キャッシュカード a cash card, a bank card
キャッシュレス cashless: キャッシュレス決済 *cashless* payment

キャッチ【キャッチする】(ボールなどを)catch[キャッチ]; (情報などを)pick up[ピック アップ]
キャッチフレーズ a catchphrase; (スローガン)a slogan
キャッチボール catch: キャッチボールをする play *catch*
キャッチホン〖商標〗a call-waiting telephone
キャッチャー a catcher[キャッチャァ]
キャットフード cat food[キャット フード]
キャップ (帽子)a cap[キャップ]; (ふた)a cap
ギャップ a gap[ギャップ]
・ギャップを埋める bridge [fill in] a *gap*
キャビア caviar(e)[キャヴィアー]
キャビンアテンダント a flight attendant[フライト アテンダント], a cabin attendant[キャビン]
キャプション a caption[キャプション]
キャプテン a captain[キャプテン]
キャベツ (a) cabbage[キャビッヂ](★発音注意)
・キャベツ1個 a head of *cabbage* /《話》a *cabbage*(▶キャベツ2個はtwo heads of *cabbage* /《話》two *cabbages*)
キャミソール a camisole[キャミソウル]
ギャラ a performance fee[パァフォーマンス フィー], pay[ペイ](▶「ギャラ」はguarantee(保証)から)
キャラ(クター)(性格)(a) character[キャリクタァ] →せいかく¹; (漫画などの登場人物)a cartoon [comic] character[カートゥーン][カミック]
・これは人気キャラクターです.
This is a popular *cartoon* [*comic*] *character*.
キャラクターグッズ character goods, a character-themed item
キャラバン a caravan[キャラヴァン]
キャラメル(a) caramel[キャラマル]
ギャラリー(画廊)a gallery[ギャラリィ]; (見物客)the gallery
キャリア(経歴)a career[カリア]
ギャル a gal[ギャル], a girl[ガール]
ギャング(組織)a gang[ギャング], (その一員)a gangster[ギャングスタァ]
ギャング映画 a gangster movie
キャンセル cancellation[キャンサレイション]
ーキャンセルする cancel[キャンサル]
・予約をキャンセルしてもらえませんか. Would you *cancel* my reservation, please?
キャンディー《主に英》(a) candy[キャンディ],《主に英》a sweet[スウィート]; (棒付きのぺろぺろキャンディー)a lollipop[ラリパップ]

candies

lollipops

キャンドル a candle[キャンドゥル]
キャンバス a canvas[キャンヴァス]
キャンパス (a) campus[キャンパス]
キャンピングカー a motorhome[モウタァホウム]
キャンプ a camp[キャンプ], camping[キャンピング]; (スポーツチームの合宿)a training camp[トゥレイニング]
・キャンプに行きたい. I want to go *camping*.
ーキャンプをする camp
キャンプ場 a campground, a campsite
キャンプファイア a campfire
キャンプ村 a camping resort
ギャンブル (とばく)a gamble[ギャンブル]; (とばくをすること)gambling[ギャンブリング]
ーギャンブルをする gamble
キャンペーン a campaign[キャンペイン]
・自然保護のキャンペーン
a nature preservation *campaign*

きゅう¹〖九(の)〗nine[ナイン]→さん¹
・3かける3は9.
Three times three is [equals] *nine*.
・私はその映画を9回見た.
I have seen the movie *nine* times.
ー第九(の) the ninth[ナインス](▶9thと略す)

きゅう²〖急な〗

❶ 差し迫った (突然の)sudden; (緊急の)urgent
❷ 流れが rapid
❸ 傾斜が steep; (カーブが)sharp

❶〖差し迫った〗(突然の)sudden[サドゥン]; (緊急の)urgent[アージャント]
・両親は急な用事で出かけている.
My parents are out on *urgent* business.
ー急に suddenly, all of a sudden
・空が急に暗くなった.
Suddenly, the sky became dark.
・急に気温が下がった. There was a *sudden* drop in temperature.
❷〖流れが〗rapid[ラピッド], fast-moving[ファスト ムーヴィング]

きゅう[3]

- 私たちは流れの急な川をいかだで下った.
  We went down the *fast-moving* river on a raft.

❸〔傾斜が〕**steep**[スティープ]; (カーブが)**sharp**[シャープ]

- 急な坂道 a *steep* slope

急カーブ a *sharp* curve
急停車 an *emergency* stop
急ブレーキ: 急ブレーキをかける brake *suddenly*

きゅう[3] 【級】(クラス)**a class**[クラス]; (学年・資格などの)**a grade**[グレイド]

- 私たちは学校で同級なんだ.
  We are in the same *class* at school.
- マナは私より2級上[下]だ.
  Mana is two *grades* above [below] me.
- そろばん3級をとった.
  I passed the third *grade* in abacus.

きゅうえん 【救援】(貧困などの)**relief**[リリーフ]; (救助)**rescue**[レスキュー]

救援物資 *relief* supplies

きゅうか 【休暇】

《主に米》**a vacation**[ヴェイケイション]; 《主に英》**holiday(s)**[ハラディ(ズ)]; (祝祭日)**a holiday**→きゅうじつ

- 夏期休暇 the summer *vacation* [*holidays*]
- 正月の休暇 the New Year *vacation*
- 父は1週間の休暇を取った.
  My father took a week's *vacation*.

> **くらべてみよう!** **vacation** と **holiday**
> 米国では**vacation**は(長期)休暇に使い, **holiday**は祝祭日に対して使います. 英国では休暇に**holiday**を使います.

きゅうかく 【嗅覚】**a sense of smell**[センス] [スメル]

きゅうがく 【休学する】**be absent [away] from school**[アブサント][アウェイ][スクール]

- 私は1年間休学した.
  I *was absent from school* for one year.

きゅうがた 【旧型】**an old model**[オウルド マドゥル]

きゅうかん 【急患】**an emergency**[イマーヂャンスィ], **an emergency case**[ケイス]

きゅうぎ 【球技】**a ball game**[ボール ゲイム](▶米では「野球の試合」の意味で用いることが多い)

- 球技をする play a *ball game*

球技大会 a *ball game* tournament

きゅうきゅう 【救急の】**first-aid**[ファーストエイド], **emergency**[イマーヂャンスィ]

救急救命士 a paramedic
救急車 an ambulance: 救急車を呼んで! Call an *ambulance*!
救急箱 a first-aid kit
救急病院 an emergency hospital

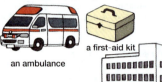

an ambulance　　a first-aid kit
an emergency hospital

ぎゅうぎゅう 【ぎゅうぎゅう詰めの】**crowded**[クラウディド], **jam-packed**[ヂャムパックト]

きゅうぎょう 【休業する】**close**[クロウズ]

- 本日休業〔掲示〕*CLOSED* (TODAY)

きゅうきょく 【究極の】**ultimate**[アルタマット]

きゅうくつ 【窮屈な】(服・靴などが)**tight**[タイト]; (狭い)**small**[スモール]

- 窮屈な上着 a *tight* jacket
- そのいすは私には窮屈だった.
  The chair was too *small* for me.

きゅうけい 【休憩】

a break[ブレイク], **a rest**[レスト]; (学校の)**a recess**[リセス]; (劇・映画などの)(**an**) **intermission**[インタァミッション]

- トイレ休憩 《主に米》a bathroom *break*
- ちょっと休憩をとった. I got some *rest*.

―休憩する take [have] a break, take [have] a rest, rest

- 5分間休憩しよう.
  Let's have [*take*] *a* five-minute *break*.

休憩室 (ホテルなどの) a lounge, a lobby

きゅうげき 【急激な】**sudden**[サドゥン]

- 急激な温度変化
  a *sudden* change in temperature

―急激に suddenly

きゅうこう[1] 【急行】(列車)**an express (train)**[イクスプレス (トゥレイン)]

- 松本行きの急行 the *express* (*train*) to [for] Matsumoto
- この駅に急行は止まりますか. Do *express trains* make a stop at this station?

急行券 an express ticket
急行料金 express charges

きゅうこう[2] 【休校になる】**be closed**[クロウズド]

- 大雪のため市内の全部の学校が休校になった.
  All the schools in the city *were closed*

きゅうびょう

due to heavy snow.

きゅうこん【球根】**a bulb**[バルブ]

きゅうし[1]【急死】**a sudden death**[サドゥン デス]
　➡**急死する die suddenly**
　・彼は心臓発作(ᵃ)のため急死した.
　　He *suddenly died* from a heart attack.

きゅうし[2]【休止】**a break**[ブレイク], **a shutdown**
[シャットダウン]

きゅうしき【旧式の】**old-fashioned**[オウルド ファッションド]
　・旧式のカメラ an *old-fashioned* camera

きゅうじつ【休日】(祝祭日)**a holiday**[ハラデイ];
(自分の仕事のない日)**a day off**[デイ オーフ]➡ きゅうか くらべて！
　・姉は休日にはいつもテニスをする.
　　My sister always plays tennis on her *days off*.

きゅうしゅう[1]【吸収する】**absorb**[アブゾーブ];
(知識などを)**take in**[テイク イン]
　・子どもたちは簡単に知識を吸収する. Children
　　absorb knowledge easily. / Children
　　take in knowledge easily.

きゅうしゅう[2]【九州(地方)】**Kyushu, the
Kyushu area**[district][エ(ア)リア[ディストゥリクト]]

きゅうじゅう【九十(の)】**ninety**[ナインティ]➡ さん[1]
　・祖母は来月90歳(ᵃ)になる. My grandmother
　　will be *ninety* next month.
　➡**第九十(の) the ninetieth**[ナインティイス](▶
90thと略す)

きゅうしょ【急所】(生命にかかわる所)**a vital
part**[ヴァイトゥル パート];(物事のいちばん大切な
点)**a point**[ポイント];(弱点)**a weak point**[ウィーク]

きゅうじょ【救助】(a)**rescue**[レスキュー];(助け)
help[ヘルプ]
　・救助を求めた.
　　I called for *help*.
　➡**救助する rescue**;(人命などを)**save**
　・彼らはその船の乗組員を救助した.
　　They *rescued* the crew of the ship.
　・私たちは多くの人命を救助した.
　　We *saved* many lives.
　▌救助隊 a rescue team[party]

きゅうじょう【球場】**a baseball stadium**[ベイス
ボール ステイディアム], ⊛**a ballpark**[ボールパーク]

きゅうしょく【給食】
(学校の昼食)**a school lunch**[スクール ランチ]
　▌給食時間 lunch break
　▌給食室 a school kitchen

給食当番 lunch duty: 私は今週, 給食当番です.
I am on *lunch duty* this week at school. /
I am *in charge of lunch* this week at
school.
　▌給食費 school lunch fee

きゅうしん【球審】【野球】**the plate**[chief]
umpire[プレイト[チーフ]アンパイア]

きゅうじん【求人】**a job offer**[チャップ オーファ]
　▌求人広告 a want ad, a help-wanted ad

きゅうす【急須】**a teapot**[ティーパット]

きゅうすい【給水】(a)**water supply**[ウォータァ
サプライ]
　▌給水車 a water wagon[truck]

きゅうせい【急性の】**acute**[アキュート](⇔慢性(ᵃᵃ)
の chronic)

きゅうせん【休戦】**a truce**[トゥルース], **a ceasefire**
[スィースファイア]

きゅうそく[1]【急速な】**rapid**[ラピッド]
　・彼女は急速な進歩をした.
　　She made *rapid* progress.
　➡**急速に rapidly**
　・時代は急速に変化している.
　　Times are changing *rapidly*.

きゅうそく[2]【休息】**a rest**[レスト]➡ きゅうけい

きゅうだん【球団】**a baseball club**[ベイスボール ク
ラブ], **a baseball team**[ティーム]

ぎゅうたん【牛タン】**beef tongue**[ビーフ タング]

キューティクル a(hair)**cuticle**[(ヘァ)キューテ
ィクル]

きゅうでん【宮殿】**a palace**[パリス]
　・バッキンガム宮殿 Buckingham *Palace*

キュート【キュートな】**cute**[キュート]

きゅうどう【弓道】**Japanese archery**[ヂャパニーズ
アーチャリィ]

ぎゅうどん【牛丼】**a bowl of rice with beef**[ボ
ウル][ライス][ビーフ]

ぎゅうにく【牛肉】**beef**[ビーフ]

ぎゅうにゅう【牛乳】**milk**[ミルク]
　・私は毎日牛乳をコップ1杯(ᵃ)飲む.
　　I drink a glass of *milk* every day.
　▌牛乳パック a milk carton
　▌牛乳瓶(ᵃ) a milk bottle
　▌牛乳店 a milk shop, a dairy
　▌牛乳販売(ᵃᵃ)人 a milk dealer

キューバ Cuba[キューバ]
　➡**キューバ(人)の Cuban**

キューピー(人形)**a kewpie doll**[キューピィ ダー
ル]

きゅうびょう【急病】**a sudden illness**[サドゥン イ
ルニス]
　・彼は旅行中急病にかかった. He *suddenly* fell
　　[got]*ill* during the trip.

181

きゅうめい

‖急病人 an emergency case

きゅうめい【救命】**lifesaving**[ライフセイヴィング]
‖救命具 a life preserver
‖救命胴衣(ど゙) a life jacket
‖救命ボート a lifeboat

きゅうゆ【給油】(燃料の補給)**refueling**[リフューアリング]
➡給油する **refuel**; (車・オートバイなどに)**fill up**[フィル アップ]
‖給油所 a gas [filling, service] station

きゅうゆう¹【級友】**a classmate**[クラスメイト]
• ケイは小学校時代の級友だ.
Kei was my elementary school *classmate*.

きゅうゆう²【旧友】**an old friend**[オウルド フレンド]

きゅうよう¹【休養】**a rest**[レスト]
➡休養する **rest, take [have] a rest**

きゅうよう²【急用】**urgent business**[アーヂャント ビズニス]
• 彼は急用でたった今出かけた. He has just left on some *urgent business*.

きゅうり〔植物〕**a cucumber**[キューカンバァ]

きゅうりょう¹【給料】**pay**[ペイ]; (月給)**a salary**[サラリィ]; (日給・週給)**wages**[ウェイヂズ]
• この仕事の給料は1か月どれくらいですか.
How much is the monthly *pay* for this job?
• 彼はいい給料をもらっている.
He *is paid* well. / He gets a good *salary*.
‖給料日 (a) **payday**

きゅうりょう²【丘陵】**a hill**[ヒ ル], **heights**[ハ イツ]

ぎゅっと tightly[タイトゥリィ]; (強く)**hard**[ハード]
• ミクは母親の腕(2)をぎゅっとつかんだ.
Miku held her mother's arm *tightly*.

きょう【器用な】**handy**[ハンディ], **skillful**[スキルフル]
• 彼女は手先がとても器用だ.
She is really *skillful* with her hands.
➡器用に **skillfully**

きょう¹【今日】

today[トゥデイ]
• きょうのニュース
today's news
• きょうの朝[午後, 夕方]
this morning [afternoon, evening]
• きょうの夜
tonight
• 来週[先週]のきょう
a week from [ago] *today*

☺きょうは何曜日ですか.
What day (of the week) is it *today*?
😆きょうは水曜日です.
Today [It] is Wednesday.

☺きょうは何日ですか.
What's the date (*today*)? / What's *today*'s date?
😆5月3日です.
It's May (the) third. / It's the third of May.

• きょうは楽しかった. I had fun *today*.
• きょうはお暇(2)ですか.
Are you free *today*?
• きょうはうちの学校の16回目の創立記念日だ.
Today is our school's 16th anniversary.

きょう²【凶】(占(2)いで)**bad luck**[バッド ラック], **ill luck**[イル], **misfortune**[ミスフォーチュン]
• おみくじを引いたら大凶だった. The fortune slip I drew said I would have very *bad luck*.

ぎょう【行】**a line**[ライン](►l. と略す. 複数行の場合は ll.)
• 上[下]から8行目
the eighth *line* from the top [bottom]
• 1ページは何行ありますか. How many *lines* are there on a single page?
• 1行おきに書いた.
I wrote on every other *line*.

きょうい¹【胸囲】**one's chest measurement**[チェスト メジャマント]
• あなたの胸囲はどれくらいですか.
What is *your chest measurement*?

きょうい²【驚異】(a) **wonder**[ワンダァ]
➡驚異的な **wonderful, amazing**[アメイズィング]
• 彼は傷を負ったが驚異的な快復を見せた.
He made an *amazing* recovery from his injuries.

きょうい³【脅威】**a threat**[スレット]
• このウイルスは人々にとって重大な脅威だ.
This virus is a serious *threat* to the public.

きょういく【教育】

education[エヂュケイション]
• 学校[大学, 義務]教育
school [college, compulsory] *education*
➡教育の, 教育的な **educational**
➡教育する **educate**[エヂュケイト]; (しつける) **discipline**[ディスィプリン]

182 one hundred and eighty-two

きょうさんしゅぎ

- 彼女はハーバード大学で教育を受けた．
  She was *educated* at Harvard University.
∥教育委員会 the Board of Education
∥教育実習 practice teaching
∥教育実習生 a student teacher
∥教育制度 an educational system
∥教育テレビ educational television
∥教育番組 an educational (TV) program
∥教育費 educational expenses

きょういん【教員】a teacher[ティーチァ]→せんせい[1]❶
∥教員室 a teachers' room
∥教員免許 a teacher's license, a teaching certificate

きょうえん【共演する】act with ...[アクト], play together[プレイ タゲザァ]
- 彼女はあの有名な俳優と映画で共演した．
  She *acted with* that famous actor in a movie.

きょうか[1]【教科】

a subject[サブヂクト]
- 「どの教科が好きですか」「私の好きな教科は数学と理科です」
  "What *subjects* do you like?" "My favorite *subjects* are math and science."

―――表現メモ―――

いろいろな教科

国語	Japanese	体育	P.E. / gym
社会	social studies	音楽	music
数学	math	美術	fine arts
理科	science	技術・家庭	technology and home economics
英語	English		

きょうか[2]【強化する】strengthen[ストゥレンクスン]

きょうかい[1]【教会】(キリスト教の)a church[チャーチ]
- 私たちは毎週日曜日に教会に行く．
  We go to *church* every Sunday.(▶礼拝のために行くときはaやtheをつけない)

きょうかい[2]【協会】an association[アソウスィエイション], a society[ササイアティ]

きょうかい[3]【境界】a boundary[バウンドゥリィ], a border[ボーダァ]
- その山脈がヨーロッパとアジアの境界になっている．Those mountains form the *boundary* between Europe and Asia.
∥境界線 a boundary, a borderline

きょうがく【共学】coeducation[コウエヂュケイション]
―共学の coeducational, 《話》coed[コウエッド]

- 共学の学校 a *coeducational* school

きょうかしょ【教科書】a textbook[テクストブック]
- 歴史の教科書 a history *textbook*

きょうかん【共感】sympathy[スィンパスィ]

きょうぎ【競技】

(試合) a match[マッチ], a game[ゲイム], a contest[カンテスト], a competition[カンペティション]; (運動競技)athletics[アスレティックス]; (種目)an event[イヴェント]
∥競技会 a competition, a contest; (スポーツの)an athletic meet
∥競技者 an athlete; (特に球技の)a player
∥競技場 (競技会場)a stadium; (競技するグラウンド)a field

ぎょうぎ【行儀】manners[マナァズ]; (ふるまい)behavior[ビヘイヴィァ]
- あの男の子は行儀がいい[悪い]．
  That boy has good [bad] *manners*.
- 行儀よくしなさい．*Behave* (yourself)!
―行儀のよい well-mannered
―行儀の悪い bad-mannered

きょうきゅう【供給】supply[サプライ](⇔需要(じゅよう) demand); (ガス・水道などの)service[サーヴィス]
- 需要と供給 *supply* and demand(▶ふつう日本語と順序が逆になることに注意)
―供給する supply, provide[プラヴァイド]

きょうぎゅうびょう【狂牛病】mad cow disease[マッド カウ ディズィーズ]

きょうぐう【境遇】(身の上)circumstances[サーカムスタンスィズ]; (状況(じょう)) conditions[カンディションズ]

きょうくん【教訓】(戒(いまし)め)a lesson[レッスン]
- 今回の経験は私にとっていい教訓になった．
  This experience taught me a good *lesson*.

きょうけん【狂犬】a mad dog[マッド ドッグ]
∥狂犬病 rabies

きょうげん【狂言】(能狂言)kyogen; (偽(いつわ)り) a hoax[ホウクス]
- 狂言は伝統的な日本の喜劇です．*Kyogen* is a traditional Japanese comical play.

きょうけんびょう【狂犬病】rabies[レイビーズ]

きょうこう【強硬な】(断固とした)firm[ファーム]

ぎょうざ → ギョーザ

きょうざい【教材】teaching materials[ティーチング マティ(ァ)リアルズ]

きょうさく【凶作】a bad crop [harvest][バッド クラップ [ハーヴィスト]]
- 昨年は米が凶作だった．
  We had a *bad crop* of rice last year.

きょうさんしゅぎ【共産主義】communism[カミュニズム]

きょうさんとう

- **共産主義の** communist
- 共産主義国 a communist country
- 共産主義者 a communist

きょうさんとう【共産党】**the Communist Party**[カミュニスト パーティ]

きょうし【教師】**a teacher**[ティーチァ] → せんせい❶

ぎょうじ【行事】**an event**[イヴェント] → 年中行事【口絵】
- 学校行事 a school *event*
- 年中行事 an annual *event*

きょうしつ【教室】

a classroom[クラスルーム] → p.185 ミニ絵辞典, 学校生活【口絵】
- 自分の教室に入った. I entered my *classroom*.
- 水泳教室 a swimming *class*
- 英会話教室に通っている. I take English conversation *classes* [*lessons*].
- **教室で** in the classroom

きょうじゅ【教授】(大学教授) **a professor**[プラフェッサァ] (▶ Prof. と略す)
- 山本教授 *Professor* Yamamoto
- 准(じゅん)教授 an associate *professor*

きょうせい¹【強制する】**force**[フォース], **compel**[カンペル]
- 彼はやりたくないことをやるように強制された. He was *forced* into doing something he didn't want to do.
- **強制的な** compulsory[カンパルサリィ], compulsive
- **強制的に** by force

きょうせい²【矯正】
- 私は(歯列)矯正をしている. I have *braces*.
- 矯正歯科(医院) orthodontist's office

きょうそう¹【競争】

competition[カンペティション], **a contest**[カンテスト]
- 競争に勝った[負けた]. I won [lost] the *competition*.
- **競争する** compete[カンピート]
- 彼と競争して勝った. I *competed* against him and won.
- 競争相手 a competitor; (ライバル) a rival
- 競争率 the competition rate: 競争率が高い (highly) competitive

きょうそう²【競走】**a race**[レイス]; (短距離(きょり)走) **a dash**[ダッシュ]
- 競走に勝った[負けた]. I won [lost] a *race*.
- 障害物競走 an obstacle *race*

- 100メートル競走 the 100-meter *dash*
- **競走する** race, run a race

きょうそうきょく【協奏曲】**a concerto**[カンチェアトウ]

きょうそん【共存】**coexistence**[コウイグズィスタンス]
- **共存する** live together[リヴ タゲザァ], **coexist**[コウイグズィスト]
- 私たちは動物と共存しなくてはならない. We must *coexist* with other wildlife.

きょうだい【兄弟】

(男の) **a brother**[ブラザァ]; (女の) **a sister**[スィスタァ]

話してみよう

- ☺ きょうだいはいますか. Do you have any *brothers* and [or] *sisters*?
- 😊 きょうだいはいません. I don't have any *brothers* or *sisters*.

- ☺ あなたには何人きょうだいがいますか. How many *brothers* and *sisters* do you have?
- 😊 男のきょうだいが2人と女のきょうだいが1人います. I have two *brothers* and a *sister*.

- ジュンとサキはきょうだいだ. Jun and Saki are *brother and sister*. (▶この場合aやtheをつけない)
- きょうだいがほしい. I want a *brother* or a *sister*.
- 兄弟げんか: きのう弟と兄弟げんかをした. I *fought* with my *brother* yesterday.

きょうだしゃ【強打者】〖野球〗**a heavy hitter**[ヘヴィ ヒッタァ], ⊛《話》**a slugger**[スラッガァ]

きょうだん【教壇】**a platform**[プラットフォーム], **a podium**[ポウディアム]

きょうちょう¹【強調】(an) **emphasis**[エムファスィス] (複 emphases[エムファスィーズ]), **stress**[ストゥレス]
- **強調する** emphasize, stress
- 彼女はボランティア活動の大切さを強調した. She *emphasized* the importance of volunteer work.

きょうちょう²【協調】**cooperation**[コウアパレイション]
- **協調する** cooperate[コウアパレイト]

きょうつう【共通の】**common**[カマン], **mutual**[ミューチュアル]
- 共通の目的 a *common* objective

184　one hundred and eighty-four

教室 Classroom

きょうつう

① チョーク chalk
② 黒板消し eraser
③ 黒板 blackboard
④ 掲示(じ)板 bulletin board
⑤ カレンダー calendar
⑥ 時間割 class schedule
⑦ 花びん vase
⑧ ごみ箱 wastebasket
⑨ 机 desk
⑩ いす chair
⑪ 教卓(きょうたく) teacher's desk
⑫ CDプレーヤー CD player
⑬ 本箱 bookcase
⑭ 地球儀(ぎ) globe
⑮ テレビ TV
⑯ 地図 map
⑰ スピーカー speaker
⑱ かけ時計 clock

図書室 library

理科室 science laboratory

美術室 art room

保健室 nurse's room

職員室 teachers' room

体育館 gym

きょうてい

- 共通の友人 a *mutual* friend
- ┃共通語 a common language
- ┃共通点: ケンとタクには共通点がたくさんある.
  Ken and Taku have a lot *in common*.

きょうてい【協定】an agreement[アグリーマント]

きょうど【郷土】*one's* hometown[ホウムタウン]→
いなか

きょうとう【教頭】a head teacher[ヘッド ティーチャァ]

きょうどう¹【共同】cooperation[コウアパレイション]
- ━共同の common[カマン], joint[ヂョイント]
- 私たちは共同の責任を負わなくてはならない.
  We must take *joint* responsibility.
- ━共同で joint, (do) together[(ドゥー) タゲザァ]
- ━共同で使う share[シェア]
- 私は姉と部屋を共同で使っている.
  My sister and I *share* a room.
- ┃共同作業 teamwork, joint operation
- ┃共同募金(ぼん) (集まったお金)⊛a community chest [fund]

きょうどう²【協同】cooperation[コウアパレイション]
- ━協同の cooperative[コウアパラティヴ]
- ┃協同組合 a co-op

きょうはく【脅迫】a threat[スレット]; (ゆすり)
blackmail[ブラックメイル]
- ━脅迫する threaten; blackmail
- ┃脅迫状 a threatening letter
- ┃脅迫電話 a threatening call

きょうふ【恐怖】(a) fear[フィァ], terror[テラァ],
horror[ホーラァ]
- 彼は恐怖で青ざめた.
  He turned pale with *fear*.

きょうふう【強風】a strong wind[ストゥローング ウィンド]
- ┃強風注意報 a strong-wind warning

きょうほ【競歩】racewalking[レイスウォーキング],
walking race[ウォーキング レイス], the walk[ウォーク]

きょうみ【興味】

(an) interest[インタラスト] (▶複数形では用いない)
- 彼女は異文化に興味をもち始めた.
  She began to take an *interest* in different cultures.

━**…に興味がある**
be interested in＋〈名詞または -ing形〉/
have an interest in＋〈名詞または -ing形〉
- 美術に興味がある. I *am interested in* art. /
  I *have an interest in* art.

- ナオは料理に興味を持っている.
  Nao *is interested in* cooking.
- ━興味深い interesting
- とても興味深い話 a very *interesting* story

きょうむ【教務】school affairs[スクール アフェァズ]
- ┃教務主任 a head of school affairs, a curriculum coordinator

きょうゆう【共有する】share[シェァ]→きょうどう¹

きょうよう【教養】education[エヂュケイション],
culture[カルチャァ]
- ━教養のある cultured, well-educated
- 教養のある人 a *cultured* person

きょうりゅう【恐竜】a dinosaur[ダイナソァ]

きょうりょく¹【協力】

cooperation[コウアパレイション]
- 私にはあなたの協力が必要だ.
  I need your *cooperation*.
- ━協力的な cooperative
- ━協力する cooperate[コウァ パレイト], work together
- 私たちは協力してその仕事を終えた. We *worked together* and finished the job.
- 君に協力しよう. I will *help* you.

きょうりょく²【強力な】strong[ストゥローング],
powerful[パウアフル]
- 強力なチーム a *strong* team
- ━強力に strongly, powerfully

きょうれつ【強烈な】strong[ストゥローング],
powerful[パウアフル], intense[インテンス]
- 強烈な印象 a *strong* impression
- 強烈な痛み intense *intense* pain

ぎょうれつ【行列】(順序よく並んだ)a line[ライン], ⊛a queue[キュー]; (行進の)a parade[パレイド]
- 行列に並んだ. I stood in *line*.
- ━行列する line up
- 多くの人が新製品を買うために行列していた.
  A lot of people were *lining up* to buy the brand-new product.

ギョーザ a Chinese meat dumpling[チャイニーズ ミート ダンプリング], a gyoza, a pot sticker[パット スティッカァ]

きょか【許可】permission[パァミッション]
- 私たちは先生の許可をもらった.
  We got our teacher's *permission*.
- 私は先生に早退する許可を求めた.
  I asked for (our teacher's) *permission* to leave school early.
- 許可なしにここに入ってはいけない. You cannot enter here without *permission*.

きょろきょろ

━許可する **permit**, **allow**[アラゥ]
・両親は子どもたちがふだんより遅(ﾖﾘ)くまで起きていることを許可した.
The parents *permitted* their children to stay up later than usual.
▍許可証(公的な免許(ﾒﾝｷ)状)**a permit**, **a license**

ぎょかいるい【魚介類】**fish and shellfish**[フィッシュ][シェルフィッシュ];(食べ物)**seafood**[スィーフード]

ぎょぎょう【漁業】**fishery**[フィッシャリィ], **fishing**[フィッシング];(産業)**the fishing industry**[インダストゥリィ]
・遠洋漁業 deep-sea [ocean] *fishing*
・近海漁業 coastal [inshore] *fishing*
▍漁業組合 a fisherman's union

きょく【曲】**a tune**[トゥーン], **a melody**[メラディ];(音楽作品)**music**[ミューズィック];(歌)**a song**[ソーング]
・1曲 a piece of *music*(►2曲は two pieces of *music*)
・テーマ曲 a(main)theme *song*
・この曲がとても好きです.
I like this *tune* [*song*] very much.
・彼は何曲かピアノで演奏した.
He played some *melodies* on the piano.
▍曲名 a song title
▍曲目(全体の)a program,(個々の)a number

きょくげい【曲芸】**acrobatics**[アクラバティックス]
━曲芸の **acrobatic**
▍曲芸師 an acrobat

きょくせん【曲線】**a curve**[カーヴ], **a curved line**[カーヴド ライン] → **せん²**図
━曲線を描(ｴｶ)く(曲線を引く)**draw a curve**;(カーブする)**curve**
・リクの打ったボールは曲線を描いて左へそれた. The ball Riku hit *curved* to the left.

きょくたん【極端な】**extreme**[イクストゥリーム]
・極端な見解 *extreme* views
━極端に **extremely**

きょくとう【極東】**the Far East**[ファー イースト]

ぎょこう【漁港】**a fishing port**[フィッシング ポート]

きょじゃく【虚弱な】(体力のない)**weak**[ウィーク];(ひ弱な)**delicate**[デリカット];(病弱な)**sickly**[スィックリィ]
▍虚弱体質 a weak constitution: 彼女は虚弱体質だ. She has a *weak constitution*.

きょじゅうしゃ【居住者】**a resident**[レズィダント], **an inhabitant**[インハビタント]

きょしょくしょう【拒食症】**anorexia**[アナレクスィア]

きょじん【巨人】**a giant**[チャイアント]

きょぜつ【拒絶】(a)**refusal**[リフューザル], (a)

rejection[リヂェクション]
━拒絶する **refuse**, **reject**
・彼らはその提案を拒絶した.
They *rejected* the proposal.

ぎょせん【漁船】**a fishing boat**[フィッシング ボウト]

ぎょそん【漁村】**a fishing village**[ヴィリッヂ]

きょだい【巨大な】**huge**[ヒューヂ], **gigantic**[チャイギャンティック], **enormous**[イノーマス]

ぎょっと【ぎょっとする】(驚(ｵﾄﾞﾛ)く)**be startled**[スタートゥルド], **start**[スタート];(衝撃(ｼｮｳｹﾞｷ)を受ける)**be shocked**[シャックト]
・彼女は暗闇(ｸﾗﾔﾐ)の人影(ﾋﾄｶｹﾞ)にぎょっとした.
She *was startled* by a figure in the darkness.

きょとんと(ぼんやりと)**blankly**[ブランクリィ]
・彼はきょとんとした顔で壁(ｶﾍﾞ)を見つめていた.
He is staring *blankly* at the wall.

きょねん【去年】

last year[ラスト イァ]
・去年の今ごろ私は病気だった.
I was sick about this time *last year*.
・去年の夏にマナはおばを訪ねた.
Mana visited her aunt *last* summer.
・彼は去年の10月にそこへ行った.
He went there *last* October.

> **ここがポイント!** last は「いちばん最後の」
> last は「過去でいちばん最後の」という意味です. last October は今が11月か12月なら「今年の10月」をさし, 今が1月から9月ならば「去年の10月」をさします. はっきり「去年の10月」であると言いたいときは "October last year" と言います.

きょひ【拒否】(a)**refusal**[リフューザル]
━拒否する **refuse** → **ことわる**

きょり【距離】

(a)**distance**[ディスタンス]
・短[長]距離 a short [long] *distance*
・AとBの間の距離は2キロメートルだ.
The *distance* between *A* and *B* is two kilometers.
・ここから東京駅まで距離はどれくらいですか.
How far is it from here to Tokyo Station?
・家から図書館までは歩いて約10分の距離だ.
It is about a ten-minute walk from my house to the library.

きょろきょろ【きょろきょろする】**look around**[ルック アラウンド]

187
one hundred and eighty-seven

きらい

きらい【嫌いである】
do not like[ライク], **dislike**[ディスライク];（大嫌い）**hate**[ヘイト]
- セロリは嫌いだ. I *don't like* celery. / I *dislike* celery.（▶後者のほうが意味が強い）
- 知らない人と話すのは嫌いだ. I *don't like* talking to people I don't know.
- くもは大嫌いだ. I *hate* spiders.

きらう【嫌う】do not like[ライク], **dislike**[ディスライク];（ひどく）**hate**[ヘイト]➡ きらい
- 嫌われるのを怖(こわ)がるな!
Don't be afraid of being *disliked*!

きらきら【きらきら光る】（星などが）**twinkle**[トゥウィンクル];（宝石などが）**glitter**[グリタァ];（宝石・星などが）**sparkle**[スパークル]

きらく【気楽な】easy[イーズィ];（のんきな）**easy-going**[イーズィゴウイング]
- 気楽にいこう. Take it *easy*.
- **━気楽にする be at ease, make** *one*self **at home**[メイク][ホウム]
- どうぞ気楽にしてください.
Please *make yourself at home*.

きり¹【霧】(a) **fog**[ファッグ], (a) **mist**[ミスト]（▶fogのほうが濃(こ)い）
- 濃い霧 thick *fog*
- 霧が晴れた. The *fog* has cleared（away）.
- **━霧のかかった foggy, misty**
▌霧雨(きりさめ)(a) **drizzle**

きり²【もみきり】a gimlet[ギムリット];（ドリル）a **drill**[ドゥリル];（千枚通し）**an awl**[オール]

きり³【切り】（物事の区切り）**an end**[エンド];（限度）**limits**[リミッツ]
- 彼女は文句を言いだしたら切りがない.
Once she starts, there's *no end* to her complaining.
- 夕食だよ. 勉強に切りをつけてご飯にしてね.
Dinner is ready. *Put away* your studies and come to（the）table now.

…きり

❶…だけ	only, alone
❷…が最後で	the last time;（…以来～ない）not ～ since …
❸ずっと…のまま	（下記❸参照）

❶[…だけ]**only**[オウンリィ], **alone**[アロウン]
- その生徒はひとりきりで外国へ行った.
The student went abroad *alone*［by himself / herself］.
❷[…が最後で]**the last time**[ラスト タイム];（…

以来～ない）**not ～ since** …[スィンス]
- サキとは5月に会ったきりだ.
I haven't seen Saki *since* May.
❸[ずっと…のまま]
- 両親はつきっきりで息子を看病した.
The parents looked after their son *without leaving* his bedside.

ぎり【義理】（義務）**duty**[ドゥーティ];（義理の家族）… **-in-law**[ロー]
- リンは義理がたい.
Rin has a strong sense of *duty*.
- 義理の兄 a brother-*in-law*
- **━義理で out of a sense of duty**[アウト][センス]

きりかえる【切り替える】change[チェインヂ];（スイッチなどを）**switch**[スウィッチ]
- 彼女は気持ちを切り替えるのが早い.
Her mood *changes* quickly.（◀彼女の気分はすばやく変わる）
- 頭を切り替えなさい.
Try to look at it differently.

きりかぶ【切り株】a stump[スタンプ]➡ き¹図

きりきず【切り傷】a cut[カット]

ぎりぎり（限界）**the**（**very**）**limit**[リミット];（最後の瞬間(しゅんかん)）**the last moment**［**minute**］[ラスト モウマント][ミニット]
- ぎりぎり電車に間に合った.
I caught the train at *the last moment*.
- ぎりぎりまで勉強しなかった.
I put off studying till *the last minute*.

きりぎりす【虫】a grasshopper[グラスハッパァ]（▶ばった, いなごなどを含(ふく)む）

ギリシャ Greece[グリース]
- **━ギリシャ（語, 人）の Greek**[グリーク]
▌ギリシャ語 Greek
▌ギリシャ人 a Greek

キリスト（イエス・キリスト）**Jesus Christ**[チーザス クライスト]
- **━キリスト（教）の Christian**[クリスチャン]
▌キリスト教 Christianity
▌キリスト教徒 a Christian

きりたおす【切り倒す】cut down[カット ダウン]
- 父はおのでその木を切り倒した.
My father *cut down* the tree with an ax.

きりつ¹【規律】discipline[ディスィプリン];（規則）**rules**[ルールズ]
- そのクラブは規律が厳しいことで有名だ. That club is famous for its strict *discipline*.
- 私たちは規律を守らなければいけない.
We must obey［keep］the *rules*.

きりつ²【起立する】stand up[スタンド アップ], **rise**[ライズ]
- 起立! *Stand up*!

…きる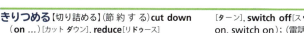

きりつめる【切り詰める】(節約する)**cut down**（**on** …）[カット ダウン], **reduce**[リドゥース]
- ミサは食費を切り詰めている. Misa is *cutting down on* food costs.

きりぬき【切り抜き】**a clipping**[クリッピング]
- 新聞の切り抜き a newspaper *clipping*
→切り抜く **cut out**, **clip**
- 雑誌から記事を切り抜いた.
I *cut out* an article from a magazine.

きりぬける【切り抜ける】(苦境を)**get [come] through**[スルー], **get out of** …[アウト]
- 彼はなんとか困難を切り抜けた.
He *got out of* trouble somehow.

きりはなす【切り離す】**cut off**[カット オーフ]; (分離する)**separate**[セパレイト]

きりふき【霧吹き】**a sprayer**[スプレイア]

きりみ【切り身】(骨のない肉・魚の)**a filet**[フィリット]; (薄い)**a slice**[スライス]

きりゅう【気流】**an air current**[エア カーラント], **a current of air**
- 上昇[下降]気流
upward [downward] *currents of air*

きりょく【気力】(元気)**energy**[エナヂィ]; (意志の力)**will power**[ウィル パウア]; (力強さ)**vigor**[ヴィガァ]
- そんなことをする気力はない.
I don't have the *energy* to do that.

きりわける【切り分ける】**cut into pieces**[カット ピースィズ]
- ナイフとフォークで肉を切り分けた.
I *cut* the meat *into pieces* with a knife and fork.

きりん〖動物〗**a giraffe**[ヂラフ]

きる¹【切る】

❶刃物で　　　　**cut**; (薄く)**slice**
❷終了させる　(テレビ・ラジオなどを)**turn off**, **switch off**; (電話を)**hang up**
❸トランプを　　**shuffle**

❶[刃物で]**cut**[カット]; (薄く)**slice**[スライス]
- 彼女はアップルパイを6つに切った.
She *cut* the apple pie into six pieces.
- 彼は包丁で指を切った.
He *cut* his finger with a kitchen knife.
- 髪をいつもより短く切ってください.
Can you *cut* my hair shorter than usual, please?
- パンを薄く切ってもらえない？
Will you *slice* the bread thin?

❷[終了させる](テレビ・ラジオなどを)**turn off**[ターン], **switch off**[スウィッチ](⇔入れる turn on, switch on); (電話を)**hang up**[ハング]
- テレビを切って. *Turn* [*Switch*] *off* the TV.
- 図書館ではスマホの電源を切らなければならない. We need to *turn* [*switch*] *off* our smartphones in the library.
- 電話をもう切らなくちゃ.
I have to *hang up* now.

❸[トランプを]**shuffle**[シャフル]
- トランプを切って. *Shuffle* the cards!

🔶慣用表現🔶

切っても切れない: ジュンと私は切っても切れない仲だ. Jun and I are very close. (←非常に親しい)

きる²【着る】

put on[プット アン](⇔脱ぐ take off); (身だたくする)**get dressed**[ゲット ドゥレスト]; (着ている)**wear**[ウェア], **have ... on**; (試着する)**try ... on**[トゥライ]
- セーターを着なさい. *Put* your sweater *on*. / *Put on* your sweater.
- 学校へ行くために急いで服を着た.
I *got dressed* for school in a hurry.
- すてきなコートを着ているね.
You're *wearing* a nice coat.
- (店で)これを着てみてもいいですか.
May I *try* this *on*?
- 服を着たまま眠ってしまった.
I fell asleep *with* my clothes *on*.
- あなたは緑を着るとすごく似合うね.
You look terrific *in* green.
- まだ服を着ていません. I'*m* not *dressed* yet.

くらべてみよう！ put on と wear と have ... on

put onは「着るという動作を」, **wear**と**have ... on**は「着ているという状態」を表します.

put on　　　wear [have ... on]

…きる【…(し)きる】(終える)**finish**+〈-ing形〉[フィニッシュ]; (尽きる)**use up**[ユーズ アップ]
- 私はその本を2日で読みきった. I *finished* read*ing* the book in two days.

キルティング

- ジャムを使いきった. I *used up* all the jam.

キルティング quilting[クウィルティング]

きれ〔布地〕cloth[クロース]

…きれ〔…切れ〕(一片(;;;))a piece[ピース]; (薄(;)い一片)a slice[スライス]

- 1枚の紙切れ a *piece* of paper
- 1切れのパン a piece [*slice*] of bread
- 2切れのハム two *pieces* [*slices*] of ham

きれい【きれいな】

❶外見・見た目などが

 (美しい)**beautiful**;
 (かわいらしい)**pretty**

❷汚(;)れや乱れがない

 (清潔な)**clean**;
 (澄(;)んだ)**clear**;
 (整とんされた)**neat, tidy**

❶〔外見・見た目などが〕(美しい)**beautiful**[ビューティフル]; (かわいらしい)**pretty**[プリティ]

- きれいな夕日 a *beautiful* sunset
- あのワンピースはきれいだ.
 That dress is *pretty* [*beautiful*].

❷〔汚れや乱れがない〕(清潔な)**clean**[クリーン](⇔汚(;)い dirty); (澄んだ)**clear**[クリァ]; (整とんされた)**neat**[ニート], **tidy**[タイディ]

- 手はきれい？ Are your hands *clean*?
- 泉の水はきれいだった.
 The spring water was *clear*.
- 彼はいつも部屋をきれいにしている.
 He always keeps his room *neat* and *tidy*.

━きれいに (きちんと)**neatly**; (完全に)**completely**[カンプリートゥリィ]

- カナは字をきれいに書く.
 Kana writes *neatly*.
- そのことはきれいに忘れていた.
 I *completely* forgot about that.

━きれいにする clean

きれめ【切れ目】(刃物(;;)の)**a cut**[カット], (中断)**a break**[ブレイク]

- 雲の切れ目 a *break* in the clouds

きれる【切れる】

❶刃物(;;)が	cut well, be sharp
❷切断される	break; (ぷつんと)snap
❸電話などが	be cut off
❹尽(;)きる、なくなる	
	run out of …; (縁(;)が)break off
❺時間・期限が	be up, run out, expire
❻頭がいい	be sharp
❼かっとなる	lose one's cool, snap

❶〔刃物が〕**cut well**[カット ウェル], **be sharp**[シャープ]

- このナイフはよく切れる.
 This knife *cuts well*. / This knife *is sharp*.
- このはさみはあまりよく切れない.
 These scissors don't *cut well*.

❷〔切断される〕**break**[ブレイク]; (ぷつんと)**snap**[スナップ]

- ロープが切れた. The rope *broke*.

❸〔電話などが〕**be cut off**[オーフ]

- 話している最中に電話が切れた. We *were cut off* in the middle of the call.

❹〔尽きる、なくなる〕**run out of …**[ラン アウト]; (縁が)**break off**

- しょうゆが切れた. We've *run out of* soy sauce. (▶run out of …は人が主語)

❺〔時間・期限が〕**be up**[アップ], **run out, expire**[イクスパイア]

- 時間切れです. Time *is up*.
- パスポート(の有効期限)は今月末で切れる.
 My passport *expires* at the end of this month.

❻〔頭がいい〕**be sharp**

- ナオは頭が切れる. Nao *is sharp*.

❼〔かっとなる〕**lose** one's **cool**[ルーズ][クール], **snap**

- 彼女はすぐキレる.
 She *loses her cool* easily.

キロ a kilo[キーロゥ]

キロカロリー a kilocalorie(▶kcalと略す)
キログラム a kilogram(▶kgと略す)
キロバイト a kilobyte(▶KBと略す)
キロメートル a kilometer(▶kmと略す)
キロリットル a kiloliter(▶klと略す)
キロワット a kilowatt(▶kWと略す)

きろく【記録】

a record[レカァド]; (文書)**a document**[ダキュマント]

- 公式記録 an official *record*
- 彼は100メートル走で記録を持っている.
 He holds the *record* for the 100 meters.
- 記録を破った. I broke the *record*.

━記録的な record[レカァド]

- 記録的な大雨 a *record* rainfall

━記録する record[リコード](★名詞との発音・アクセント位置の違(;)いに注意); (書き留めておく)**keep on record**[キープ][レカァド]

- 毎日体重を記録している.
 I *record* my weight every day.

記録映画 a documentary (film)
記録係 (時間の)**a timekeeper**, (スコアの)**a**

190　one hundred and ninety

scorekeeper
| 記録保持者 a record holder

ぎろん【議論】(a) discussion[ディスカッション], (an) argument[アーギュメント]
━議論する discuss, talk about ...; (論争する) argue
- 私たちはその問題について議論した.
We *discussed* the problem.
- それについては来週議論しましょう.
Let's *talk about* it next week.

きわどい(危険な) risky[リスキィ], dangerous[デインジャラス]; (接戦の) close[クロウス]; (微妙な) delicate[デリカット]
- きわどい勝負 a *close* game

きわめて very[ヴェリィ], extremely[イクストゥリームリィ] → ひじょうに

きわめる【極める】master[マスタァ]
- 彼女は柔道を極めるために一生懸命練習した.
She practiced hard to *master* judo.

きをつけ【気をつけ】(号令) Attention![アテンション]

きをつける【気をつける】

be careful[ケアフル], take care[ケア], watch (out)[ワッチ (アウト)]
- 道路を渡るときは気をつけて.
Be careful when you cross the street.
- コップを割らないよう気をつけて.
Be careful not to break the glass.
- 体に気をつけてください.
Take (good) *care of* yourself.
- 気をつけて. 車が来るよ.
Watch out! A car is coming.

きん【金】gold[ゴウルド]
━金の (金でできた) gold; (金のような, 金色の) golden[ゴウルドゥン]
- レンは金の指輪をしていた.
Ren was wearing a *gold* ring.
| 金貨 a gold coin
| 金賞 a gold prize
| 金箔 gold leaf
| 金メダル a gold medal

ぎん【銀】silver[スィルヴァ]
━銀の silver
- 銀のネックレス a *silver* necklace
| 銀貨 a silver coin
| 銀賞 a silver prize
| 銀箔 silver leaf
| 銀メダル a silver medal

きんえん【禁煙する】give up smoking[ギヴ アップ スモウキング]

- 禁煙
《掲示》*NO SMOKING*
| 禁煙車 a non-smoking car
| 禁煙席 a non-smoking seat

ぎんが【銀河】《天文》the Milky Way[ミルキィ ウェイ], the Galaxy[ギャラクスィ]
| 銀河系 a galaxy

きんがく【金額】an amount of money[アマウント][マニィ]
- かなりの金額 a large *amount of money*

きんがしんねん【謹賀新年】(A) Happy New Year![ハッピィ ヌー イァ]

きんがん【近眼の】→ きんし²

きんき【近畿(地方)】Kinki, the Kinki area [district][エ(ァ)リア ディストゥリクト]

きんきゅう【緊急】urgent[アーヂャント]; (即座の) immediate[イミーディアット]
- 緊急の用事で on *urgent* business
| 緊急事態 (an) emergency: 緊急事態にはこの番号に電話してください. Please call this number in an *emergency*.

きんぎょ【金魚】a goldfish[ゴウルドゥフィッシュ] (複 goldfish, goldfishes)

| 金魚すくい goldfish scooping
| 金魚鉢 a goldfish bowl, a fishbowl

キング a king[キング]
- ハートのキング the *king* of hearts

きんこ【金庫】a safe[セイフ]

きんこう【近郊】the suburbs[サバーブズ]
- 東京近郊に in the *suburbs* of Tokyo

ぎんこう【銀行】a bank[バンク]
- 都市[地方, 信託]銀行
a city [regional, trust] *bank*
- 銀行にお金を預けた.
I put money in the *bank*.
- 銀行から1万円を下ろした. I took out ten thousand yen from the *bank*.
| 銀行員 a bank clerk [employee]

きんし¹【禁止】prohibition[プロウハビション], a ban[バン]
- 駐車禁止
《掲示》NO PARKING

きんし²

- 立入禁止
《掲示》KEEP OUT / KEEP OFF

「立入禁止」の掲示

→禁止する（法律で）**prohibit**[プロウヒビット]；（公（職）に）**ban**
- ここで泳ぐことは禁止されている．
It is *prohibited* to swim here.

きんし²【近視の】⊗**nearsighted**[ニアサイティド], ⊛**shortsighted**[ショートサイティド]
- 弟は近視だ．My brother is *nearsighted*.

きんじつ【近日】（数日中に）**in a few days**[フューデイズ]；（まもなく）**soon**[スーン]
- 近日公開
《掲示》COMING *SOON*（▶新作映画などの宣伝文句）

きんじょ【近所】

neighborhood[ネイバフッド]
→近所の **neighboring**[ネイバリング], **nearby**
- 母は近所の店で働いている．My mother works at a *nearby* store.
- 近所の人 a *neighbor*
→近所に［で］**in the neighborhood**, **nearby**
- 近所に有名人がたくさん住んでいる．
Many famous people live *in the neighborhood*.

きんじる【禁じる】**prohibit**[プロウヒビット] →きんし¹
きんせい¹【金星】【天文】**Venus**[ヴィーナス]
きんせい²【均整】**balance**[バランス]
きんせん【金銭】**money**[マニィ] →かね¹
きんぞく【金属】（a）**metal**[メトゥル]
→金属（製）の **metal**, **metallic**[マタリック]
‖金属バット a metal bat
きんだい【近代】**modern times**[マダァン タイムズ], **the modern age**[エイヂ]
→近代の，近代的な **modern**
‖近代化 **modernization**

きんちょう【緊張する】

get［**feel**］**nervous**[（フィール）ナーヴァス], **become tense**[テンス]
- 試合の前は緊張する．

I *get nervous* before matches.
- スピーチをする前は緊張する．
I *get nervous* before making a speech.
→緊張した **nervous**, **tense**
- 緊張した表情 a *nervous* expression

きんトレ【筋トレ】→きんりょく（筋力トレーニング）
ぎんなん（いちょうの実）**a ginkgo nut**[ギンコゥナット]（★2つ目のgは発音しない）
きんにく【筋肉】（a）**muscle**[マスル]（★このcは発音しない）
- 腹筋運動をして筋肉をきたえる．I strengthen my *muscles* by doing sit-ups.
→筋肉（質）の **muscular**[マスキュラァ]
‖筋肉痛 **muscular pain**

きんねん【近年】**in recent years**[リースント イアズ]（▶ふつう完了形・過去形の文で用いる）

きんぱつ【金髪】**golden hair**[ゴウルドゥン ヘア]
→金髪の（男性）**blond**[ブランド], （女性）**blonde**, **fair**[フェア]

きんぴらごぼう sautéed burdock root[ソウティド バーダック ルート]

きんべん【勤勉な】**hard-working**[ハードワーキング]
- 日本人は勤勉な国民だとよく言われる．
It is often said that the Japanese are a *hard-working* people.

きんむ【勤務】**duty**[ドゥーティ]；（仕事）**work**[ワーク]；（公務）**service**[サーヴィス]
→勤務する **work**；（勤務中である）**be at work**, **be on duty**
- 父は午前9時から午後5時まで勤務している．
My father *works* from 9 a.m. to 5 p.m.
|勤務先: 勤務先はどちらですか．（場所）Where do you work? / Where is your *office*? / （会社名）What company do you work for?
‖勤務時間 **working hours**

きんようび【金曜日】**Friday**[フライデイ]（▶常に大文字で始め，Fr., Fri. と略す）→げつようび
ポイント!, すいようび ポイント!
- 13日の金曜日 *Friday* the thirteenth

きんりょく【筋力】**muscular strength**［**power**］[マスキュラ ストゥレンクス［パウア］]
‖筋力トレーニング（筋トレ）**muscle-building**, **strength training**

きんろう【勤労】（仕事）**work**[ワーク]；（主に肉体的な）**labor**[レイバァ]
- 勤労感謝の日 *Labor* Thanksgiving Day

ク

く[1] 【九(の)】**nine**[ナイン] → きゅう[1]
- 9時に at *nine* (o'clock)

く[2] 【区】(行政区分)**a ward**[ウォード]; (地区)**a district**[ディストゥリクト]
- 私は中野区に住んでいる.
 I live in Nakano *Ward*.(▶手紙のあて名などではふつう Nakano-ku とする)
 区大会 a ward contest; (競技の) a ward competition; (トーナメント形式) a ward tournament
 区役所 a ward office
 区予選 ward preliminaries

く[3] 【句】(文章の一節)**a passage**[パスィッヂ]; (2語以上の語の集まり)『文法』**a phrase**[フレイズ]

ぐ 【具】**an ingredient**[イングリーディアント]
- カレーの具は何ですか.
 What are the main *ingredients* of curry?

ぐあい 【具合】**a condition**[カンディション]; (やり方)**a way**[ウェイ]
- 祖母の具合はよくなってきた.
 My grandmother's *condition* is getting better.
- お父さんの具合はどうですか.
 How is your father?

くい[1] **a stake**[ステイク]; (テント用ペグ)**a peg**[ペッグ]
- 彼は地面にくいを打ちこんだ.
 He drove a *stake* into the ground.

くい[2] 【悔い】(a)**regret**[リグレット] → こうかい[1]
- 悔いが残らないように頑張る.
 I don't want to have *regrets*, so I will do my best.
 ━悔いる regret

クイーン a queen[クウィーン]
- スペードのクイーン the *queen* of spades

くいき 【区域】**an area**[エ(ァ)リア]; (特定の目的によって分けられた)**a zone**[ゾウン]; (行政上の)**a district**[ディストゥリクト]
- この区域は立入禁止だ.
 This *area* is off-limits.
- 危険区域 a danger *zone*

くいしんぼう 【食いしん坊】**a big eater**[ビッグ イータァ]

クイズ a quiz[クウィズ]
- 3問のクイズに正しく答えた.
 I answered three *quiz* questions correctly.
- 君にいくつかクイズを出すよ.
 I will give you some *quiz* questions.
 クイズ番組 a quiz show, a quiz program

くいちがい 【食い違い】**a contradiction**[カントゥラディクション]

くいちがう 【食い違う】**differ**[ディファ], **contradict**[カントゥラディクト]
- 彼らの意見は食い違っている.
 Their opinions *differ*.

くいとめる 【食い止める】**stop**[スタップ]

くう 【食う】**eat**[イート], **have**[ハヴ]=たべる; (虫などが)**bite**[バイト]; (消費する)**consume**[カンスーム]
- 体じゅう蚊に食われた. I was *bitten* by mosquitoes all over my body.
- 大型車はガソリンをくう.
 Large cars *consume* a lot of gasoline.

ぐう (じゃんけんの)**rock**[ラック] → じゃんけん

くうかん 【空間】**space**[スペイス]; (余地)**room**[ルーム]

くうき 【空気】

❶ 気体	air
❷ 雰囲気	(an) atmosphere

❶[気体]**air**[エァ]
- 新鮮な空気 fresh *air*
- 自転車のタイヤに空気を入れた.
 I put *air* into the bicycle tire.
- 空気が乾燥している. The *air* is dry.

❷[雰囲気](an)**atmosphere**[アトゥマスフィア]
- 教室の中の空気は張り詰めていた.
 The *atmosphere* in the classroom was very tense.
- 彼は空気を読めなかった.
 He couldn't take a hint.
 空気入れ (自転車用) a bicycle pump
 空気銃 an air gun
 空気清浄機 an air cleaner

グーグー (いびきをかく)**snore**[スノァ]; (おなかが鳴る)**growl**[グラウル], **rumble**[ランブル] (▶英語では動詞で表すことが多い)
- 父はグーグー大きないびきをかいていた.

くうぐん

My father was *snoring* loudly.
- おなかがグーグー鳴っている.
  My stomach is *growling* [*rumbling*].

くうぐん【空軍】**the air force**[エア フォース]
┃空軍基地 **an air base**

くうこう【空港】**an airport**[エアポート]

ジョン・F・ケネディ国際空港(米国・ニューヨーク州)
- 成田国際空港 Narita International *Airport*
┃空港バス **an airport bus**
┃空港ビル **an airport terminal building**

くうしゃ【空車】**an empty taxi**[エンプティ タクスィ]; (タクシーの表示)**Vacant**[ヴェイカント]

くうしゅう【空襲】**an air raid**[エア レイド]

くうしょ【空所】**a blank**[ブランク]
- 空所を正しい語で埋(う)めなさい.
  Fill in the *blanks* with the right words.

ぐうすう【偶数】**an even number**[イーヴン ナンバァ] (⇔奇数(ダネゥ) an odd number)

くうせき【空席】(座席の) **a vacant seat**[ヴェイカント スィート]; (欠員) **a vacancy**[ヴェイカンスィ]

ぐうぜん【偶然】(a) **chance**[チャンス], **an accident**[アクスィダント]; (偶然の一致(ツッ)) (a) **coincidence**[コウインスィダンス]
━**偶然に** by chance, by accident, accidentally [アクスィデンタリィ]
- バスの中で偶然友達に会った.
  I saw my friend *by chance* on the bus. /
  I *happened to* see my friend in the bus.

くうそう【空想】

(a) **fantasy**[ファンタスィ](★発音注意); (楽しい) **a daydream**[デイドゥリーム]; (想像) **(an) imagination**[イマヂネイション]
━**空想上の** imaginary[イマヂネリィ]
- 空想上の生物 an *imaginary* creature
━**空想する** daydream; imagine, fancy
- 未来を空想するのが好きだ.
  I like to *daydream* about the future.
┃空想科学小説 SF, science fiction, sci-fi; (個々の) an SF novel, a science fiction novel, a sci-fi novel

ぐうたら【ぐうたらな】**lazy**[レイズィ]

くうちゅう【空中に】**in the air** [**sky**][エア [スカイ]]
- 鳥が空中高く飛んだ.
  The bird flew high *in the air* [*sky*].
┃空中ぶらんこ a trapeze

くうはく【空白】**a blank**[ブランク]

くうふく【空腹】**hunger**[ハンガァ]
━**空腹の** hungry

クーポン a coupon[クーパン]

くうゆ【空輸する】**transport by air**[トゥランスポート] [エア]; (緊急(ホミネ)に) **airlift**[エアリフト]

クーラー (エアコン) **an air conditioner**[エア カンディショナァ] (▶「エアコン」の意味での「クーラー」は和製英語); (冷却(恕ケゞ)容器) **a cooler**[クーラァ]

くうらん【空欄】**a blank**[ブランク] → くうしょ

クール【クールな】(かっこいい)**cool**[クール]; (冷静な) **cool-headed**[クール ヘッディド]

くうろ【空路で】**by air** [**plane**][エア [プレイン]]

クエスチョンマーク a question mark[クウェスチョン マーク] (▶記号は"?")

くかく【区画】(土地の) **a lot**[ラット]; (市街の) **a block**[ブラック]

くがつ【九月】**September**[セプテンバァ] (▶常に大文字で始め, Sept., Sep. と略す) → いちがつ
- アメリカでは9月に学年がスタートする.
  The school year begins in *September* in the U.S.

くかん【区間】**a zone**[ゾウン], **a section**[セクション]
- 区間記録 the record for that *section*

く【茎】**a stem**[ステム], **a stalk**[ストーク]

くぎ a nail[ネイル]
- 板にくぎを打った.
  I hammered a *nail* into the board.
- くぎを抜(ぬ)いた. I pulled out a *nail*.
━**くぎで打ちつける** nail
┃くぎ抜き pincers, a nail puller

くぎり【区切り】(物事の) **an end**[エンド], **a stop**[スタップ]; (言葉・文章の) **a pause**[ポーズ]

くぎる【区切る】

(分割(銘)する) **divide**[ディヴァイド]; (文を) **punctuate**[パンクチュエイト], **separate**[セパレイト]; (休止する) **pause**[ポーズ]
- ピリオドで文を区切った.
  I *punctuated* the sentence with a period.
- 病室はカーテンで2つに区切られている.
  The hospital room is *divided* into two by a curtain.
- 言葉を区切ってゆっくり話した. I spoke slowly, *pausing* between my words.

くく【九九】**the multiplication table**[マルタプリケイション テイブル], **the times table**[タイムズ テイブル]

くぐる (通り抜(ぬ)ける) **pass** [**go**] **through**

くしゃみ

[パス][スルー];（下を通る）**pass**［**go**］**under** ...
- 車はトンネルをくぐった．
The car *passed through* the tunnel.
- 船が橋の下をくぐっていった．
A boat *passed under* the bridge.

くさ【草】

(a) **grass**[グラス];（雑草）**a weed**[ウィード]（▶しばしば複数形で用いる）
- 私たちは草の上に寝転んだ．
We lay down on the *grass*.
- 彼らは草を刈った．They cut the *grass*. /（草刈り機などで）They mowed the *grass*.
- その庭は草ぼうぼうだ．
The garden is covered with *weeds*.
━草取りをする **weed**
|草刈り機 **a mower**
|草花 **a flower**
|草野球（アマチュア野球）**amateur baseball**

くさい【臭い】

smell（**bad**）[スメル（バッド）],《話》**stink**[スティンク];（疑わしい）**suspicious**[サスピシャス]
- この肉は臭い．This meat *smells*（*bad*）.
- ガス[焦げ]臭い．
I *smell* gas［something burning］.
- 君の服はたばこ臭い．Your clothes *smell* like cigarettes [smoke].
- どうもあいつが臭いな．
That guy looks *suspicious*.（←疑わしい）

くさり【鎖】**a chain**[チェイン]
- 犬を鎖で犬小屋につないだ．I *chained* my dog to her kennel.（▶この chain は「…を鎖でつなぐ」の意味の動詞）

くさる【腐る】

❶腐敗する　**go bad, rot, spoil**
❷気落ちする　**feel blue**［**depressed**］

❶[腐敗する]**go bad**[バッド], **rot**[ラット], **spoil**[スポイル]
- 暑くて弁当が腐った．The box lunch *went bad* in the hot weather.
━腐った **bad, rotten, spoiled**
- そのりんごは腐っている．
The apple is *rotten*.
❷[気落ちする]**feel blue**［**depressed**］[フィールブルー［ディプレスト］]
- そう腐るなよ．Don't *feel* so *depressed*.

くし¹ **a comb**[コウム]（★このbは発音しない）
- くしで髪をとかした．I *combed* my hair.（▶この comb は「（毛）をくしでとかす」の意味の動詞）

くし²（焼きぐし）**a spit**[スピット], **a skewer**[スキューア]
|くしカツ **fried meat and vegetables on skewers**
|くし焼き **kabobs**

くじ

(1本の) **a lot**[ラット];（宝くじ）**a lottery**[ラッタリィ]
- 私はくじ運がいい[悪い]．
I'm lucky [unlucky] in [at] *lotteries*.
- くじに当たった[外れた]．
I won [lost] the *lottery*.
- 私たちはくじでキャプテンを選んだ．
We chose our captain by *lot*.

━くじを引く **draw**（**a lot**）

くじく（関節を）**sprain**[スプレイン], **twist**[トゥウィスト];（やる気を）**discourage**[ディスカーリッヂ]
- 足首をくじいた．I *sprained* my ankle.

くじける get discouraged[ディスカーリッヂド], **lose heart**[ルーズ ハート]
- 失敗でくじけないで．
Don't *get discouraged* by failure.

くじゃく[鳥] **a peacock**[ピーカック];（雌の）**a peahen**[ピーヘン]

くしゃくしゃ[くしゃくしゃの]**rumpled**[ランプルド];（乱れている）**messy**[メスィ]
- ケンの髪はいつもくしゃくしゃだ．
Ken's hair is always *messy*.
━くしゃくしゃにする **rumple**;（紙などを）**crumple**（**up**）[クランプル]
- トモはその手紙をくしゃくしゃに丸めた．
Tomo *crumpled up* the letter.

くしゃみ a sneeze[スニーズ]
━くしゃみをする **sneeze**

> これ、知ってる？　**くしゃみをした人にかける言葉**
> 英語圏ではくしゃみをした人に対して Bless you!「お大事に」と言うことがあります．言われた人は Thank you. と答えます．

くしょう

くしょう【苦笑】a bitter [forced] smile[ビタァ [フォースト] スマイル]

くじょう【苦情】a complaint[カンプレイント]
━苦情を言う complain[カンプレイン], make a complaint
- 私は騒音(そうおん)のことで苦情を言った.
  I *made a complaint* about the noise.

くじら【鯨】【動物】a whale[(ホ)ウェイル]

くしん【苦心】pains[ペインズ];（努力）(an) effort[エファト]（▶しばしば複数形で用いる）
━苦心する take pains, work hard
- ナナは苦心してその問題を解いた.
  Nana *took pains* to solve the problem.

くず（廃物(はいぶつ)）waste[ウェイスト], 米 trash[トゥラッシュ];（紙くず）wastepaper[ウェイストペイパァ]→ ごみ
- 紙くずを捨てた.
  I threw away the *wastepaper*.
║くずかご a trash can, a wastebasket

くすくす【くすくす笑う】chuckle[チャックル];（主に子どもが）giggle[ギッグル]
- 子どもたちはくすくす笑い出した.
  The children started *giggling*.

ぐずぐず（のろのろと）slowly[スロウリィ]
- ぐずぐずするな.
  Hurry up. / Don't *waste time*.（←急げ）
- ぐずぐずしないで宿題を片付けなさい.
  Stop *wasting time* and finish your homework.

くすぐったい tickle[ティックル]
- 背中がくすぐったい. My back *tickles*.

くすぐる tickle[ティックル]
- くすぐるのをやめてよ. Stop *tickling* me.

くずす【崩す】（お金を）change[チェインヂ];（ものを）break[ブレイク]
- 彼は千円札を崩した.
  He *changed* the thousand-yen bill.
- 言葉の壁(かべ)を崩そう.
  Let's *break down* the language barrier.
- 体調を崩した. I fell sick.

くすり【薬】

（内服薬）(a) medicine[メダスィン], a drug[ドゥラッグ]（▶drugはしばしば「麻薬(まやく)」の意味で用いる）;（塗(ぬ)り薬）an ointment[オイントマント]
- 頭痛に効く薬はありませんか.
  Do you have *medicine* for a headache?
- この薬は花粉症(かふんしょう)によく効きますよ.
  This *medicine* is good for hay fever.
- 病院で薬をもらった.
  I got some *medicine* from the doctor.
- 毎食後のせき止めの薬を2錠(じょう)飲みなさい.
  Take two tablets of this cough *medicine* after each meal.（▶「薬を飲む」ときはdrinkを使わないことに注意）

薬のいろいろ

飲み薬

錠剤(じょうざい)
pill [tablet]

粉薬
powder

カプセル
pill [capsule]

シロップ syrup
トローチ a (throat) lozenge

塗り薬 軟こう ointment, lotion
貼り薬 湿布(しっぷ) pack, compress

║薬箱 a medicine chest
║薬店, 薬局 a pharmacy, 米 a drugstore, 英 a chemist's (shop)
║薬屋さん(人), 薬剤師 a pharmacist, 米 a druggist, 英 a chemist

くすりゆび【薬指】the ring finger[リング フィンガァ]→ ゆび 図

くずれる【崩れる】collapse[カラプス], break (down)[ブレイク];（型が）lose one's shape[ルーズ][シェイプ]
- そのトンネルは地震(じしん)で崩れた.
  The tunnel *collapsed* in the earthquake.
- 天気が崩れた. The weather *broke*.
- かばんの形が崩れてしまった.
  The bag has *lost its shape*.

くすんだ（色が）dull[ダル], somber[サンバァ]

くせ【癖】

a habit[ハビット];（やり方）a way[ウェイ]
- 悪い癖がついてしまった.
  I fell [got] into a bad *habit*.
- 悪い癖を直そうとしている.
  I'm trying to break my bad *habits*.
- 彼はつめをかむ癖がある.
  He has the *habit* of biting his nails.
- 彼女はちょっと癖のある人だ.
  She has some strange *ways*.
━癖になる become a habit
║癖毛（整えにくい髪(かみ)）unruly hair;（縮れた髪）curly hair

…くせに【…のくせに】（…にもかかわらず）although …[オールゾウ], though …[ゾウ]
- リョウはスマホを持っていたくせに電話に出なかった. *Although* Ryo had his smartphone, he didn't answer it.

くだもの

くせん【苦戦】a hard fight[ハード ファイト]；(競技などで)a tight game[タイト ゲイム]➡せっせん
→**苦戦する** have a hard fight, have a tight game

くそっ! Darn (it)![ダーン]

くだ【管】a tube[トゥーブ]；(パイプ)a pipe[パイプ]

ぐたいてき【具体的な】concrete[コンクリート](⇔抽象(ちゅうしょう)的な abstract)；(明確な)specific[スピスィフィック]
・具体的な証拠(しょうこ) concrete evidence
→**具体的に** concretely；(詳(くわ)しく)in detail

くだく【砕く】break[ブレイク], crush[クラッシュ]
・氷を砕いた. I crushed the ice.

くたくた【くたくたである】be tired out[タイアドアウト], be exhausted[イグゾースティド]➡つかれる
・2時間歩いたのでくたくただ. I'm tired out because I walked for two hours.

くだける【砕ける】break[ブレイク], smash[スマッシュ]
・波が岩に砕けた.
 The waves broke against [on] the rocks.
・花瓶(かびん)が床(ゆか)に落ちて粉々に砕けた.
 The vase fell onto the floor and smashed to bits.

ください

(Please) give me ...[(プリーズ)]；(I'd like) ..., please[(ライク)]
・りんごを5個ください.
 Give me five apples, please.
・チーズバーガーをください.
 (I'd like) a cheeseburger, please.
・その赤いのをください.
 I'll take that red one.

…ください【…(して)ください】

❶…してほしい
　　Please+〈動詞の原形〉,
　　Will you+〈動詞の原形〉?,
　　Would you+〈動詞の原形〉?

❷…しないでほしい
　　Please don't+〈動詞の原形〉

❶[…してほしい]**Please+〈動詞の原形〉**[プリーズ], **Will you+〈動詞の原形〉?, Would you+〈動詞の原形〉?** [ウッド]
・窓を開けてください.
 Please open the window. / Will you open the window (, please)? / Would you (please) open the window?(▶後になるほどていねいな言い方)
・(私と)仲よくしてください.
 Please be my friends.
・もう少し静かにしてください. Would you (please) be a little more quiet?

❷[…しないでほしい]**Please don't+〈動詞の原形〉**
・そんなに大きな音を立てないでください.
 Please don't make so much noise.

くたびれる be [get] tired[タイアド]
・先生の話を聞くのにくたびれた.
 I was tired of listening to my teacher.

くだもの【果物】

(a) fruit[フルート]

市場内の果物店(米国)

・私は毎日果物を食べる. I eat fruit every day.
・バナナ, パパイアなどの熱帯産の果物 tropical fruit(s) such as bananas and papayas

> **ここがポイント！** fruitにaをつける？
> 「果物」とまとめて言うときのfruitは数えられない名詞として扱い, ふつうaをつけたり複数形にしたりはしません. ただし果物の種類や個々の果物を言うときには, aをつけたり複数形にしたりすることもあります.

|果物ナイフ a fruit [paring] knife
|果物店 a fruit shop [store]

果物のいろいろ
いちご a strawberry / いちじく a fig
さくらんぼ a cherry / ざくろ a pomegranate
すいか a watermelon / なし a pear
ぶどう a grape / 桃 a peach
りんご an apple / オレンジ an orange
キウイ a kiwi / グレープフルーツ a grapefruit
バナナ a banana / パイナップル a pineapple
パパイヤ a papaya / ブルーベリー a blueberry
プラム a plum / マンゴー a mango
メロン a melon / ライチ a lychee
ライム a lime / ラズベリー a raspberry
レモン a lemon

くだらない

くだらない(価値のない)**worthless**[ワースリス]；(ばかげた)**silly**[スィリィ]
- あのテレビ番組はくだらない．
  That TV program is *silly*.

くだり【下りの】**down**[ダウン]（⇔上りの up）；(坂道が)**downhill**[ダウンヒル]
- 下りのエスカレーター a *down* escalator
- 道はそこから下りになった．
  The road went *down* from there.

▶下り列車 an outbound train

くだりざか【下り坂】**a downward slope**[ダウンワァド スロウプ]
- 下り坂を転がり落ちた．
  I fell *down* the hill.
- 天気は下り坂だ．
  The weather is *changing for the worse*.

くだる【下る】**go down**[ゴゥ]（⇔上る go up）；(山を)**climb down**[クライム]
- 彼らはいかだで川を下った．
  They *went down* the river on a raft.
- 私たちは急いで山を下った．We *climbed* [*went*] *down* the mountain in a hurry.
- 観客は6万人を下らなかった．There were more than 60,000 spectators.

くち【口】

❶人・動物などの	a mouth
❷味覚	taste
❸しゃべること	(a) tongue

くちびる lip　歯 tooth　舌 tongue

❶[人・動物などの]**a mouth**[マウス]
- 彼女は口を閉じた．She closed her *mouth*.
- 口を大きく開けなさい．
  Open your *mouth* wide.
- 瓶(ぴん)の口 the *mouth* of a bottle

❷[味覚]**taste**[テイスト]
- 日本料理はメグの口には合わなかった．
  Japanese food wasn't to Meg's *taste*.
- これは口に合う．It *tastes* good．(▶このtasteは動詞)

❸[しゃべること]**(a) tongue**[タング]
- あなたって本当に口が悪いわね．
  You really have a sharp *tongue*.
- 彼は口が軽い．He cannot keep a secret.
- 彼は口が重い．He's a person of few words.
- 私のことに口を出さないで．Don't poke [stick] your nose into my affairs.

慣用表現

口は災(わざ)いの元．Words can get you into trouble.
良薬は口に苦し．Good medicine often tastes bitter.

口癖(ぐせ)(好きな言葉)*one's* **favorite phrase**:
「どうにかなるさ」が彼の口癖だ．"It'll be OK" is *his favorite phrase*.

ぐち【愚痴】**a complaint**[カンプレイント]
━愚痴をこぼす **complain**

くちあたり【口当たり】**texture**[テクスチァ]
━口当たりがいい **smooth, mild**

くちうるさい【口うるさい】**nagging**[ナギング]

くちごたえ【口答えする】(話)**talk back**[トーク バック], **answer back**[アンサァ]
- 先生に口答えしてはいけません．
  Don't *talk back* to the teacher.

くちコミ【口コミで】**by word of mouth**[ワード マウス]
- そのレストランは口コミで人気が出た．
  The restaurant became popular *by word of mouth*.

くちさき【口先】**all talk**[オール トーク]
- 彼は口先だけで行動しない．
  He is *all talk* and no action.
- 口先だけの約束をしないで．
  Don't make a promise you can't keep.

くちずさむ【口ずさむ】**sing**[スィング], **hum**[ハム]

くちばし(はと・あひるなどの)**a bill**[ビル]；(猛鳥(もうちょう)類のかぎ状の)**a beak**[ビーク]

くちびる【唇】

a lip[リップ]（▶ふつう複数形で用いる）→くち図
- 上[下]唇 the upper [lower] *lip*
- 唇をなめないで．
  Don't lick your *lips*.
- レンは(黙(だま)っていろと)唇に指を当てた．
  Ren put a finger to his *lips*.
- 彼は彼女の唇にキスした．
  He kissed her on the *lips*.

くちぶえ【口笛】**a whistle**[(ホ)ウィッスル]
━口笛を吹(ふ)く **whistle**
- 彼女は口笛を吹いて犬を呼んだ．
  She *whistled* to [for] her dog.

くちべた【口下手】(人)**a poor speaker**[プァ スピーカァ]

くちべに【口紅】**(a) lipstick**[リップスティック]
- 口紅2本 two *lipsticks*
- 口紅をつけたいな．I want to wear *lipstick*.
- マオは鏡に向かって口紅をつけた．Mao put *lipstick* on in front of the mirror.

くちもと【口元】mouth[マウス]
ぐちゃぐちゃ【ぐちゃぐちゃな】messy[メスィ]→ごちゃごちゃ，めちゃくちゃ
くちょう【口調】a tone[トウン]
- 彼の口調が突然変わった．
  His *tone* (of voice) changed suddenly.
- ケンは怒った口調で「わかってるよ」と言った．Ken said, "I know," in an angry *tone*.

くつ【靴】
(短靴)a shoe[シュー]；(スニーカー)a sneaker[スニーカァ]；(長靴)a boot[ブート](►いずれもふつう複数形で用いる)
- 靴1足 a pair of *shoes*(►靴2足はtwo pairs of *shoes*)
- 玄関で靴を履いた．I put on my *shoes* at the entrance.
- 玄関で靴を脱いだ．
  I took off my *shoes* at the entrance.
- この靴は少しきつい．
  These *shoes* are a little tight.
- たまには靴を磨きなさい．
  Polish your *shoes* once in a while.
- 靴を履いたまま入っていいですか．
  Is it all right to enter with my *shoes* on?

スニーカー sneakers ／ ブーツ boots ／ ローファー loafers ／ 厚底靴 platform shoes ／ ハイヒール high heels ／ ゴム長靴 rubber boots

┃靴墨 shoe polish
┃靴擦れ a blister
┃靴箱(げた箱)a shoe rack
┃靴ひも ㊇a shoestring, ㊈a shoelace
┃靴べら a shoehorn
┃靴店《主に㊇》a shoe store,《主に㊈》a shoe shop
┃靴職人 a shoemaker

くつう【苦痛】(a) pain[ペイン]
クッキー ㊇a cookie[クッキィ], ㊈a biscuit[ビスキット]
くっきり【くっきりと】clearly[クリアリィ]
クッキング cooking[クッキング]
┃クッキングスクール a cooking school
くつした【靴下】(短い靴下)a sock[サック]；(ハイソックス)a knee sock[ニー](►いずれもふつう複数形で用いる)
- 靴下1足 a pair of *socks*(►靴下2足はtwo pairs of *socks*)
- 靴下を履いた．
  I put on my *socks*.
- 靴下を脱いだ．
  I took off my *socks*.
┃靴下どめ sock glue

クッション a cushion[クション]
グッズ goods[グッヅ]
ぐっすり(よく)well[ウェル]
- ゆうべはぐっすり眠れた？
  Did you sleep *well* last night?
- ぐっすり眠れた．I slept *soundly*.

ぐったり(非常に疲れている)be dead tired (from ...)[デッド タイアド], be exhausted[イグゾースティド]→くたくた
- みんな暑さでぐったりしていた．Everybody *was exhausted* from the heat.

くっつく stick[スティック], cling[クリング]；(ごく近くにいる)be close together[クロウス タゲザァ]
- ガムが靴のかかとにくっついた．
  I have chewing gum *stuck* to the heel of my shoe.

くっつける(合わせる)join[ヂョイン], put together[タゲザァ]；(のりなどで)paste[ペイスト], glue[グルー], stick[スティック]
- 私は接着剤で2つの破片をくっつけた．
  I *joined* the two pieces with glue.

ぐっと(しっかり)firmly[ファームリィ]；(いちだんと)much[マッチ], remarkably[リマーカブリィ]
- 妹は私の手をぐっと握りしめた．
  My sister held my hand *firmly*.
- カナは去年ぐっと背が伸びた．
  Kana grew *much* taller last year.
- その映画のラストシーンにはぐっときた．
  The last scene of the movie *touched* me *deeply*.

グッピー【魚】a guppy[ガッピィ]
くつろぐ make oneself at home[ホウム], relax[リラックス]
- どうぞおくつろぎください．
  Please *make yourself at home*.
- 彼は日曜日の午後はふつう家でくつろいでいる．He usually *relaxes* at home on Sunday afternoons.

くどい
- 彼女の話はくどい．
  She *never stops* talking.
- くどいようだけど遅刻しないでね．Sorry for *repeating myself*, but don't be late.

くとうてん【句読点】a punctuation mark[パンク チュエイション マーク]（▶コンマ(,)，ピリオド(.)，コロン(:)，セミコロン(;)，疑問符(ぎ)(?)など）

くに【国】

a country[カントゥリィ]，a nation[ネイション]；（故郷）one's hometown[ホウムタウン]，one's home[ホウム]

- その国の公用語は英語だ．The official language of that *country* is English.
- 世界にはいくつ国がありますか．How many *countries* are there in the world?
- いろいろな国の友達がいる．
  I have friends from different *countries*.
- 日本は島国だ．Japan is an island *country*.
- お国はどちらですか．Where are you from?

くにぐに【国々】countries[カントゥリィズ]，nations[ネイションズ]

- アジアの国々 the *countries* of Asia

くばる【配る】（配布する）hand out[ハンド アウト]，give out[ギヴ]；（配達する）deliver[ディリヴァ]

- 先生はテスト用紙を配った．
  The teacher *handed out* the test papers.

くび【首】

| ❶人間・動物の | a neck; (頭部)a head |
| ❷解雇(かいこ) | (a) dismissal |

❶〔人間・動物の〕a neck[ネック]；（頭部）a head[ヘッド]→あたま **ポイント!**

- きりんは首が長い．
  Giraffes have long *necks*.
- 彼は首にマフラーを巻いていた．He was wearing a scarf around his *neck*.
- アミは首を横に振(ふ)って「ノー」と言った．
  Ami shook her *head* and said "No."
- 首筋が寒い．
  The back of my *neck* feels cold.
- 首を縦に振った．I nodded yes.（▶同意や賛成などを表す）

❷〔解雇〕(a) dismissal[ディスミサル]

━首になる get fired, be dismissed

- 彼は首になった．
  He was *fired*. / He *lost* his job.

慣・用・表・現

首を長くする：マイは夏休みを首を長くして待っている．Mai is *looking forward to* the summer vacation.

くびかざり【首飾り】a necklace[ネックリス]
くびわ【首輪】（犬などの）a collar[カラァ]
くふう【工夫】（仕掛(しか)け）a device[ディヴァイス]；

（考え）an idea[アイディア]

- 何かうまい工夫はありませんか．
  Don't you have any good *ideas*?

━工夫する devise[ディヴァイズ]

くぶん【区分】a division[ディヴィジョン]，a section[セクション]

━区分する divide[ディヴァイド]

くべつ【区別】(a) distinction[ディスティンクション]

━区別する（…を～から）tell (... from ～)[テル]

- イタリア語とスペイン語を区別するのは難しい．
  It's difficult to *tell* Italian *from* Spanish.

くぼみ a hollow[ハロゥ]；（路上の）a pothole[パットホウル]

- 道路のくぼみ a *pothole* in the road

━くぼんだ hollow

━くぼむ become hollow, sink

くま【熊】【動物】a bear[ベァ]

- 白熊［ひぐま］a polar [brown] *bear*
- 熊のぬいぐるみ a teddy *bear* / a stuffed bear

くまで【くま手】a rake[レイク]

くみ【組】

❶学級	a class
❷集団	（グループ）a group; （チーム）a team
❸ひとそろい	a set; (一対(いっつい))a pair

❶〔学級〕a class[クラス]

- 私たちは去年いっしょの組だった．
  We were in the same *class* last year.
- アキは3年D組だ．Aki belongs to *Class* 3-D.

❷〔集団〕（グループ）a group[グループ]；（チーム）a team[ティーム]

- 先生は私たちを5つの組に分けた．
  The teacher divided us into five *groups*.
- 今年は白組が赤組に勝った．The white *team* beat the red *team* this year.

❸〔ひとそろい〕a set[セット]；(一対)a pair[ペァ]

- 1組の茶器 a tea *set*
- 1組の銀器 a *set* of silverware
- 2人1組で行動した．We did it in *pairs*.

グミ（菓子）(a) gummy (candy)[ガミィ]

くみあい【組合】a union[ユーニアン]

- 労働組合
  ⊛a labor *union*, ⊛a trade *union*

くみあわせ【組み合わせ】(a) combination[カンバネイション]；（競技などの）a match[マッチ]，(a) pairing[ペアリング]

- テニスの試合の組み合わせ
  the *pairings* for the tennis tournament

くみあわせる【組み合わせる】（結合させる）

combine[カンバイン], put together[タゲザァ];（取り合わせる）match[マッチ]
- 新しいジーンズに黄色いTシャツを組み合わせた．I *put together* my yellow T-shirt and my new jeans.

くみきょく【組曲】〖音楽〗a suite[スウィート]

くみたて【組み立て】(作業)assembly[アセンブリィ];（構造）(a) structure[ストゥラクチャア]

くみたてる【組み立てる】assemble[アセンブル], put together[タゲザァ], build[ビルド]
- 鉄道模型を組み立てた．
 I *built* a model train.
- ジグソーパズルを組み立てた．
 I did a jigsaw puzzle.

くむ[1]【組む】

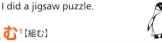

❶交差させる　　　（腕(え)を)fold:
　　　　　　　　　(脚(む)・腕を)cross
❷協力する　　work together, cooperate
❸ペアになる　　　　　pair（with …）

❶[交差させる](腕を)fold[フォウルド];（脚・腕を)cross[クロース]
- 彼女は腕を組んだ．She *folded* her arms.
- 彼は脚を組んで座(す)っていた．
 He was sitting with his legs *crossed*.（▶「あぐらをかく」は sit cross-legged）

sit with *one*'s legs crossed　　sit cross-legged

- トモがアキと腕を組んで歩いているのを見た．
 I saw Tomo walking arm in arm with Aki.

❷[協力する]work together[ワークタゲザァ], cooperate[コウアパレイト]
- 私はナオと組んで実験をした．Nao and I *worked together* to do the experiment.

❸[ペアになる]pair（with …）[ペア]
- テニスの試合でケイとペアを組んだ．
 I was *paired with* Kei in the tennis match.
- 5人でグループを組んでください．
 Make a group of five.

くむ[2](水などを)draw[ドゥロー];（ポンプで)pump[パンプ]

- 彼らは水タンクから水をくんだ．They *drew* [*pumped*] water from the water tank.

くも[1]【雲】

a cloud[クラウド]
- 雨雲 a rain *cloud*
- 厚い雲 a thick [heavy] *cloud*(s)
- 入道雲 a thunderhead / huge column of *clouds*
- 雲が出てきた．It became cloudy.
- 空には雲1つなかった．
 There was not a single *cloud* in the sky.
━雲のない cloudless
━雲の多い cloudy

くも[2]〖虫〗a spider[スパイダァ]
- くもの巣 a *spider*'s web / a cobweb
- くもの糸 a *spider*'s thread

くもり【曇り】

cloudy（weather）[クラウディ（ウェザァ）]
- 九州南部は一日中曇りでしょう．It will be *cloudy* all day in southern Kyushu.
- 曇り時々雨 *cloudy* with occasional rain
━曇りの cloudy
| 曇りガラス frosted glass
| 曇り空 a cloudy sky

くもる【曇る】

(空が)get [become] cloudy[クラウディ], cloud（over)[クラウド];（ガラスなどが）fog up[ファッグ]
- だんだん曇ってきた．It's *getting cloudy*.
- その知らせに彼女の顔が曇った．
 Her face *clouded over* at the news.
- 眼鏡が曇ってよく見えなかった．I couldn't see well because my glasses *fogged up*.
━曇った cloudy
- 曇った日はいつも気がめいる．
 I always feel depressed on a *cloudy* day.

くやしい【悔しい】

(人が)be frustrated[フラストゥレイティド], be disappointed[ディサポインティド];（事が）disappointing[ディサポインティング]
- 1点差で負けたときは本当に悔しかった．
 I *was* really *frustrated* when I lost by one point.
- 悔しい結果 a *disappointing* result
━悔し泣きする cry with frustration[クライ][フラストゥレイション]

くやしさ【悔しさ】regret[リグレット], frustration[フラストゥレイション]

くやみ

- 悔しさをばねに頑張(がん)る. I will use my *frustration* as motivation to work harder.

くやみ【悔やみ】**condolences**[カンドウランスィズ]
- お悔やみ申し上げます. Please accept my *condolences*.

くやむ【悔やむ】(後悔(こうかい)する)**regret**[リグレット]; (残念に思う)**be sorry**[サリィ]
- もっと勉強しておけばよかったと悔やんでいる. I *regret* that I didn't study harder.
- 今やらないと後で悔やむぞ. You'll *be sorry* if you don't do it now.

くよくよ【くよくよする】**worry** (about ..., over ...)[ワーリィ]
- そんなことでくよくよするな. Don't *worry about* such things.
- くよくよしないで, だいじょうぶだから. Take it easy. It's going to be all right.

くら¹【倉, 蔵】→ そうこ

くら²【鞍】**a saddle**[サドゥル]

くらい¹【暗い】

❶場所・光が	(場所・色などが)**dark**; (光が)**dim**
❷気持ちが	(陰気(いんき)な)**gloomy**; (気落ちした)**depressed**

❶[場所・光が](場所・色などが)**dark**[ダーク](⇔明るい **light**); (光が)**dim**[ディム](⇔明るい **bright**)
- 君の部屋は暗い. It's *dark* in your room.
- 暗い所で読書するのは目によくない. It is not good for your eyes to read in a *dim* light.
- **―暗くなる get**[**become**]**dark**
- 暗くならないうちに before (it *gets*) *dark*

❷[気持ちが](陰気な)**gloomy**[グルーミィ]; (気落ちした)**depressed**[ディプレスト]
- 彼は暗い性格だ. He tends to be *gloomy*.
- その知らせに彼女の気持ちは暗くなった. The news made her *depressed*.

くらい²【位】(地位・身分)(**a**)**rank**[ランク]; (等級)(**a**)**grade**[グレイド]; (数字の)**a digit**[ディヂット], (小数点以下の)**a place**[プレイス]
- 位の高い人 a person of high *rank*
- 100の位の数 a three-*digit* number
- 100分の1の位の数
  a number in the second decimal *place*

…くらい

❶約…	**about ...,** ⊛(話)**around ...**
❷…と同じくらい〜	**as 〜 as ...**
❸少なくとも…	**at least**
❹…できないほど〜	**too 〜 to ...**

❶[約…]**about ...**[アバウト], ⊛(話)**around ...**[アラウンド]
- 山本先生は30歳(さい)くらいだ. Mr. Yamamoto is *about* thirty years old.
- 10分くらいで戻(もど)ります. I'll be back in *about* ten minutes.
- 300人くらいの生徒が体育館に集まった. *About*[*Around*] three hundred students gathered in the gym.

❷[…と同じくらい〜]**as 〜 as ...**
- マキは私と同じくらいの身長だ. Maki is *as* tall *as* I am.
- 3年生に負けないくらい強くなりたい. I want to be *as* strong *as* the third-year students.

❸[少なくとも…]**at least**[リースト]
- 2つくらいは外国語を話せるようになりたい. I want to be able to speak *at least* two foreign languages.

❹[…できないほど〜]**too 〜 to ...**[トゥー]
- 食事もできないくらい眠(ねむ)かった. I was *too* sleepy *to* eat. / I was *so* sleepy *that* I *couldn't* eat.

グライダー a glider[グライダァ]

クライマックス a climax[クライマックス]
- 劇はクライマックスに達した. The drama reached its *climax*.

クラウドファンディング crowdfunding[クラウドファンディング](▶crowd(大勢の人)＋funding(資金調達)から)

グラウンド(学校の運動場)**a playground**[プレイグラウンド]; (競技場)**a field**[フィールド], **a ground**[グラウンド]
- サッカーグラウンド a soccer *field*
  - グラウンドコンディション ground conditions
  - グラウンドストローク a ground stroke
  - グラウンド整備 groundskeeping

ぐらぐら【ぐらぐらする】(不安定である)**loose**[ルーズ], **unsteady**[アンステディ], **shaky**[シェイキィ]; (煮(に)え立つ)**boil**[ボイル]
- 歯がぐらぐらする. I have a *loose* tooth.

くらげ【動物】**a jellyfish**[チェリィフィッシュ](複 jellyfish)

くらし【暮らし】(生活)(**a**)**life**[ライフ](複 lives[ライヴズ]); (生計)**a**[*one's*]**living**[リヴィング]
- アメリカでの暮らしはどうですか.

202 two hundred and two

グランプリ

How is *life* in the U.S.?
- 彼女は質素な暮らしをしている.
She leads a simple *life*.
- 彼は絵を描(か)いて暮らしを立てている.
He earns *his living* as a painter.

┃暮らし向き: 暮らし向きがいい[悪い] **be well [badly] off**

クラシック 【クラシックな】(古典的な) **classical** [クラスィカル]
- クラシックバレエ[音楽]
classical ballet [music]

くらす【暮らす】**live**[リヴ]→くらし
- 都会でひとりで暮らしてみたい.
I want to *live* alone in a big city.
- 彼らは幸せに暮らしている. They *live* happily. / They lead a happy life.

クラス

a class[クラス]
- カナと私は去年同じクラスだった. Kana and I were in the same *class* last year.
- 君のクラスには女子が何人いますか.
How many girls are there in your *class*?
- クラスの意見が分かれた. Opinion was divided in the *class*. (▶このclassは「クラスの生徒たち」の意)
- (飛行機の)ファースト[エコノミー]クラス first [economy] *class*
- 吉野先生は私たちのクラスの担任だ.
Ms. Yoshino is our *homeroom* teacher.

┃クラス委員 **a class officer**
┃クラス会 **a class meeting**; (卒業後の) **a class reunion**
┃クラス替(が)え: クラス替えがあった. We had a *class change* [*shuffle*].
┃クラス対抗(こう)試合 **an interclass meet**
┃クラスメート **a classmate**

グラス a glass[グラス]→コップ
- ワイングラス a wine *glass*

グラタン〖料理〗**gratin**[グラートゥン]; **casserole**[キャサロウル](▶ともにフランス語から)
- マカロニグラタン macaroni au *gratin*, macaroni and cheese

クラッカー (菓子) **a cracker**[クラッカァ], 廛 **a biscuit**[ビスキット]; (爆竹(ばく)) **a cracker**

グラニューとう【グラニュー糖】**granulated sugar**[グラニュレイティド シュガァ]

クラブ¹

a club[クラブ]→ぶかつ
- 私たちのクラブは県大会に出場した.
Our *club* competed in the prefectural tournament.
- 「どのクラブに入っているの？」「美術部だよ」
"What *club* are you in?"
"I'm in the art *club*."

┃クラブ会員 **a club member**, **a member of the club**
┃クラブ活動 **club activities**

クラブ² (トランプの) **a club**[クラブ]
- クラブのキング the king of *clubs*

グラフ a graph[グラフ]; (表) **a chart**[チャート]
- グラフを描(か)いた.
I drew [made] a *graph*.

┃グラフ用紙 **graph paper**

グラブ→グローブ

グラフィックデザイナー a graphic designer [グラフィック ディザイナァ]

くらべる【比べる】**compare** (... with [to] ~) [カンペア]
- 父は何かにつけて私を姉[妹]と比べる.
My father *compares* me *with* my sister in everything.
- 去年の夏に比べたら, 今年はそれほど暑くない.
Compared to last summer, it's not so hot this year.

くらむ (目が) **be dazzled**[ダズルド]
- 車のヘッドライトで目がくらんだ.
I *was dazzled* by the car headlights.

グラム a gram[グラム](▶g., g, gm., gr. と略す)

くらやみ【暗やみ】**the dark**[ダーク], **darkness**[ダークニス]
- 暗やみで目が見える動物もいる.
Some animals can see in *the dark*.

クラリネット〖楽器〗**a clarinet**[クラらネット]

グランド→グラウンド

グランドスラム a grand slam[グランド スラム] (▶テニス・ゴルフでは主要4大会のすべてに優勝すること. 野球では満塁(まん)ホームラン)

グランドピアノ a grand piano[グランド ピアノゥ]

グランピング glamping[グランピング](▶ glamorous(魅力(みりょく)的な) + camping(キャンプ) から)

グランプリ a grand prix[グラーン プリー](▶フラ

くり

ンス語から）

くり 〖植物〗**a chestnut**[チェスナット]
┃ **くり拾い** chestnut gathering

クリア〖クリアする〗**clear**[クリア]；（ゲームを）**beat**[ビート], **complete**[カンプリート]
・ケイはレベル5をクリアした．
　Kei *beat* the fifth level.

くりあげる〖繰り上げる〗（予定を）**move up**[ムーヴ], **advance**[アドゥヴァンス]
・私たちはコンサートの日取りを3日繰り上げた．
　We *advanced* [*moved up*] the date of the concert by three days.

グリーティングカード a greeting card[グリーティング カード]

クリーナー a cleaner[クリーナァ]

クリーニング cleaning[クリーニング], laundry[ローンドゥリィ]；（ドライクリーニング）dry cleaning[ドゥライ]

┃ **クリーニング店** a laundry, a cleaner(')s（▶米国ではアポストロフィ(')のないa cleanersが用いられることがある）：コートをクリーニング（店）に出した．I sent a coat to the *laundry* [*cleaner's*].

米国のクリーニング店

クリーム（食品）**cream**[クリーム]；（化粧(しょう)品）(a) cream
・コーヒーにクリームを入れますか．
　Do you like *cream* in your coffee?
・手にクリームを塗(ぬ)った．
　I put hand *cream* on my hands.
・リップクリーム lip balm
┃ **クリーム色** cream
┃ **クリームソーダ** a melon soda float
　（▶「クリームソーダ」は和製英語）
┃ **クリームチーズ** cream cheese
┃ **クリームパン** a cream bun

グリーン（緑）**green**[グリーン]
┃ **グリーンエネルギー** green energy
┃ **グリーン車** a first-class car
┃ **グリーンピース**（豆）(green) peas；（国際環境保護団体）Greenpeace

クリエイター a creator[クリィエイタァ]

くりかえし〖繰り返し〗(a) repetition[レピティション]；（歌の）a refrain[リフレイン]

くりかえす〖繰り返す〗

repeat[リピート]
・私の後について繰り返しなさい．
　Repeat after me.
・私はよく同じ間違(ちが)いを繰り返す．
　I often make the same mistakes.

━**繰り返し（て）** repeatedly；（何度も）over and over (again)；again and again
・その漫画(が)を繰り返し読んだ．I read that manga [comic book] *again and again*.

クリケット 〖スポーツ〗cricket[クリキット]

くりさげる〖繰り下げる〗move back [down][ムーヴ バック[ダウン]], put off[プット オーフ]

クリスチャン a Christian[クリスチャン]

クリスマス Christmas[クリスマス]（★つづり注意）；（クリスマスの日）Christmas Day[デイ]→年中行事【口絵】

・もうすぐクリスマスだ．
　Christmas is coming soon.

> 話してみよう
> 😊 メリークリスマス！
> 　Merry *Christmas*!
> 🙂 メリークリスマス！
> 　(The) Same to you!
> （▶カードには I wish you a Merry Christmas and a Happy New Year. などと書く．また，宗教に関係なく使える"Happy Holidays!"も多く使われる）

・私たちはクリスマスにスキーに行く．
　We are going skiing at *Christmas*.（▶at Christmasは「クリスマスの時期に」の意）
┃ **クリスマスイブ** Christmas Eve
┃ **クリスマスカード** a Christmas card
┃ **クリスマス会** a Christmas party
┃ **クリスマスケーキ** a Christmas cake
┃ **クリスマスツリー** a Christmas tree
┃ **クリスマスプレゼント** a Christmas present [gift]

くるしい

▮クリスマスリース a Christmas wreath
クリック〖コンピュータ〗**a click**[クリック]
 ━クリックする click
 ・アイコンをクリックしてください.
  Please *click*(on) the icon.
 ・ダブルクリックする a double *click*
クリップ a clip[クリップ];(紙留め)**a paper clip**
[ペイパァ]
 ・その書類をクリップで留めた.
  I *clipped* the papers together.
グリップ a grip[グリップ]
クリニック a clinic[クリニック]
グリル a grill[グリル]

くる【来る】

❶やって来る	**come**;(訪問する)**visit**; (到着(?)する)**arrive**
❷変化する	(…になる)**become, get**; (…し始める)**begin**
❸由来する	**come from …**

❶[やって来る]**come**[カム](⇔行く go);(訪問する)**visit**[ヴィズィット];(到着する)**arrive**[アライヴ]➡いく くらべて！
 ・こっちに来なさい. *Come* here.
 ・バスが来たよ.
  Here *comes* the bus.
 ・あなたはいつ日本に来たのですか.
  When did you *come* to Japan?
 …しに来る
 come and+〈動詞の原形〉/
 come to+〈動詞の原形〉
 ・来週遊びに来ませんか. Why don't you *come
  and*[*to*] see me next week?(▶《話》では
  come and seeのほうをよく使う)
 ・友達が家に泊(と)まりに来た. My friend *came
  to* stay overnight at my house.
 ・多くの観光客が京都に来る.
  A lot of tourists *visit*[*come* to] Kyoto.
 ・列車は時間どおりに来た.
  The train *arrived* on time.
 ・この町には前に来たことがある.
  I've *been to* this town before.(▶have
  been to …は経験を表す現在完了形で「…に行
  った[来た]ことがある」の意)
❷[変化する](…になる)**become**[ビカム], **get**[ゲ
ット];(…し始める)**begin**[ビギン]
 ・日がだんだん短くなってきている.
  The days are *becoming* shorter.
 ・暗くなってきた. It's *getting* dark.
 ・雪が降ってきた.
  It *began* to snow. / It *started* snowing.

…するようになってくる
come to+〈動詞の原形〉
 ・数学の授業がわかるようになってきた.
  I've *come to* understand the math class.
❸[由来する]**come from …**
 ・北海道の地名の多くはアイヌ語から来ている.
  Many of the place names in Hokkaido
  come from the Ainu language.
くるう【狂う】(気が)**go crazy**[クレイズィ];(夢中に
なって)**be crazy about …**[アバウト];(機械など
が)**go wrong**[ローング], **get out of order**[オーダ
ァ];(予定などが)**go wrong, be upset**[アプセッ
ト]
 ・兄はサッカーに狂っている.
  My brother *is crazy about* soccer.
 ・あの時計は狂っている.
  That clock *is wrong*.
 ・その事故で私たちの計画はすべて狂ってしまっ
  た. All our plans *were upset* by that
  accident. / All our plans *went wrong*
  because of that accident.

グループ

a **group**[グループ]
 ・グループを作った. We formed a *group*.
 ・グループに分かれよう.
  Let's break up into *groups*.
 ・京都ではグループで自由行動をした.
  We were free to go around in *groups* in
  Kyoto.
 ▮グループ学習 group study, group work
 ▮グループ活動 group activities
 ▮グループ交際 group dating
くるくる【くるくる回る】**go**[**turn**]**round and
round**[ゴゥ[ターン]ラウンド], **spin**[スピン](▶英語
では動詞で表すことが多い)
ぐるぐる(回る)**go**[**turn**]**round and round**[ゴ
ゥ[ターン]ラウンド];(旋回(?)する)**circle**[サーク
ル];(巻く)**roll**[ロゥル](▶英語では動詞で表すこ
とが多い)

くるしい【苦しい】

(困難な)**hard**[ハード];(苦痛な)**painful**[ペインフ
ル]
 ・試合に勝つために苦しい練習に耐(た)えた.
  We endured all the *hard* training in
  order to win the game.
 ・炎天下でのランニングは苦しかった.
  It was *painful* to run under the burning
  sun.
 ・すごく急いだので息が苦しかった.
  After hurrying so much, I *was out of*

くるしみ

breath.
- その村人たちの生活は苦しい.
The villagers are *badly off*.

くるしみ【苦しみ】(苦痛)(a) **pain**[ペイン]; (困難)(a) **hardship**[ハードシップ]
- 私たちは苦しみを乗り越(こ)えるたびに成長する. We grow each time when we overcome *hardship*.

くるしむ【苦しむ】**suffer (from ...)**[サファ]; (悩む)**be troubled**[トゥラブルド]
- 彼は病気でひどく苦しんでいた.
He *suffered* a lot because of his illness.
- 彼女はその失敗のことでまだ苦しんでいる.
She *is* still *troubled* by her mistake.

くるしめる【苦しめる】**hurt**[ハート], **pain**[ペイン]

くるぶし an **ankle**[アンクル]→あし図

くるま【車】

❶ 乗用車　　a car; (車両一般) a vehicle
❷ 車輪　　　a wheel

❶[乗用車]a **car**[カー]; (車両一般)a **vehicle**[ヴィーアクル]
- 車に乗ろう.
Let's get in [into] the *car*.
- 車から降りた.
I got out of the *car*.

> **ここが**
> **ポイント!** 「車に乗る」と「車から降りる」
> 乗用車やタクシーなどの乗り降りにはget in [into] ...(…に乗る), get out of ...(…から降りる)を使いますが, バス・列車・自転車・馬などの乗り降りにはget on(乗る), get off(降りる)を使います.

- あなたのお姉さんは車の運転ができますか.
Can your sister drive a *car*?
- 男の人が車にはねられた.
A man was hit by a *car*.
- 私たちは車で箱根に行った.
We went to Hakone by *car*. / We went to Hakone in our *car*. (▶by carは「交通手段としての車で」, in one's carは「…の車に乗って」の意)
- 車に酔(よ)った.
I got *carsick*.
- おばは車で私を家まで送ってくれた. My aunt drove me home. / My aunt gave me a ride home.

❷[車輪]a **wheel**[(ホ)ウィール]
| 車いす a **wheelchair**
| 車酔い **carsickness**

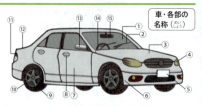

車・各部の名称(めいしょう)

① フロントガラス ⊛ **windshield** ⊛ **windscreen**
② ワイパー **wiper** ③ ボンネット ⊛ **hood** ⊛ **bonnet**
④ ヘッドライト **headlight**
⑤ ナンバープレート ⊛ **license plate** ⊛ **number plate**
⑥ バンパー **bumper** ⑦ ドア **door**
⑧ ドアハンドル **door handle** ⑨ タイヤ ⊛ **tire** ⊛ **tyre**
⑩ 車輪 **wheel** ⑪ テールランプ **taillight**
⑫ トランク ⊛ **trunk** ⊛ **boot**
⑬ サイドミラー ⊛ **side (view) mirror** ⊛ **wing mirror**
⑭ ハンドル **steering wheel**
⑮ バックミラー **rearview mirror**

くるみ〖植物〗a **walnut**[ウォールナット]
| くるみ割り a **nutcracker**

くるむ wrap up[ラップ]→つつむ

グルメ a **gourmet**[グァメイ](▶フランス語から)

くれ¹【暮れ】(年末)**the end of the year**[エンド][イア]

くれ²(ください)**give me ...**[ギヴ]→ください

グレー(灰色)**gray**[グレイ]

クレーター a **crater**[クレイタァ]

クレープ a **crepe**, a **crêpe**[クレイプ]

グレープ(ぶどう)(1粒(つぶ)の)a **grape**[グレイプ]; (1房(ふさ)の)a **bunch of grapes**[バンチ]
| グレープジュース **grape juice**

グレープフルーツ a **grapefruit**[グレイプフルート]

クレーム(苦情)a **complaint**[カンプレイント](▶claim[クレイム]は「(権利の)主張, 要求」の意味で「苦情の意味はない)
- 彼女はサービスについてクレームをつけた.
She made a *complaint* about the service. / She *complained* about the service.

クレーン a **crane**[クレイン]
| クレーンゲーム a **crane game**
| クレーン車 a **mobile crane**, a **crane truck**

クレジット credit[クレディット]
| クレジットカード a **credit card**

クレヨン a **crayon**[クレイアン]
- 24色のクレヨン
a twenty-four-color *crayon* set
- 彼女はクレヨンで絵を描(か)いた.
She drew a picture with *crayons*.

くれる¹

give[ギヴ]
- 父が私にこのペンをくれた. My father *gave*

くわしい

this pen to me. / My father *gave* me this pen.
- みんなが私たちに拍手をくれた．
Everyone *gave* us a big hand.

くれる² 【暮れる】

❶ 日・年などが (日が) **get [grow] dark**;
(一年などが) **come to an end**
❷ 途方に暮れる
do not know what to do

❶ [日・年などが] (日が) **get [grow] dark** [グロゥダーク], (一年などが) **come to an end** [エンド]
- 日が暮れてきた．
It's *getting dark*.
- 今年も暮れた．
This year has *come to an end*.

❷ [途方に暮れる] **do not know what to do** [ノゥ]
- 道に迷って途方に暮れた．I lost my way, and I *didn't know what to do*.

…くれる 【…(して)くれる】

(▶特別に決まった言い方はなく，for＋〈人〉や動詞＋〈人〉，ていねいな言い方などで表す)
- 彼はそれを私のためにしてくれた．
He did it *for me*.
- 弟が机の移動を手伝ってくれた．My brother *helped* me (to) move the desk.
- 窓を開けてくれませんか．*Will* [*Could*] *you* open the window, *please?*
- 友達はわかってくれた．
My friend understood (me).

クレンザー (洗剤) **cleanser** [クレンザァ]

くろ 【黒】

black [ブラック]
— 黒い **black**; (髪や皮膚などが) **dark**
- 黒いセーター a *black* sweater
- 私は黒い髪をしている．
I have *black* [*dark*] hair.

黒帯 a **black belt** (in judo)
黒っぽい **dark**, **blackish**

くろう 【苦労】

(面倒，骨折り) (a) **trouble** [トゥラブル]; (困難，苦難) (a) **difficulty** [ディフィカルティ]; (心配) (a) **worry** [ワーリィ]
- 親には大変苦労をかけた．I have given [caused] my parents much *trouble*.
- 苦労に耐えた．We endured *hardship*.
— 苦労する **have trouble** [**difficulty**] (in＋〈-ing形〉)
- 彼は数学の問題を解くのにずいぶん苦労した．
He *had* much *difficulty* (*in*) solving the math problems.

くろうと 【玄人】**a professional** [プラフェッショヌル], (話) **a pro** [プロゥ] (⇔素人) **an amateur**; (専門家，熟練者) **an expert** [エクスパート]

クローク a cloakroom [クロウクルーム]

クローバー 〖植物〗**a clover** [クロウヴァ]
- 四つ葉のクローバー
a four-leaf [four-leaved] *clover*

グローバル 【グローバルな】**global** [グロウバル]
- グローバルな視点でものを考えるようにしよう．Let's try to think about things from a *global* viewpoint.

グローブ a glove [グラヴ] (★発音注意)
- 投手はグローブをはめた．
The pitcher put on a *glove*.

クロール the crawl [クロール]
- クロールで泳いだ．
I swam *the crawl*.

クローン (複製生物) **a clone** [クロウン]

くろじ 【黒字】**the black** [ブラック] (⇔ 赤字 **the red**); (利益) (a) **profit** [プラフィット]

くろしお 【黒潮】*Kuroshio*; **the Japan Current** [ヂャパン カーラント]

グロス¹ (リップグロス) **a lip gloss** [リップ グロス]

グロス² (12ダース) **gross** [グロゥス]

クロスカントリースキー cross-country skiing [クロースカントゥリィ スキーイング]

クロスワードパズル a crossword (puzzle) [クロースワード (パズル)]

グロテスク 【グロテスクな】**grotesque** [グロウテスク]

クロワッサン (パン) **a croissant** [クルワサーント] (▶フランス語から) → パン 図

くわ¹ 【桑】〖植物〗**a mulberry (tree)** [マルベリィ]

くわ² (農作業用の) **a hoe** [ホゥ]

くわえる¹ 【加える】**add** [アッド]; (参加させる) **let ... join** [ヂョイン]
- 砂糖を2さじ加えてください．
Add two spoonfuls of sugar.
- 私たちも仲間に加えてよ．*Let* us *join* you.

くわえる² (口に) **have [hold] ... in** *one's* **mouth** [ホウルド] [マウス]
- 猫が子猫をくわえた．
The cat *held* her kitten *in her mouth*.

くわがたむし 【くわがた虫】〖虫〗**a stag beetle** [スタッグ ビートゥル]

くわしい 【詳しい】

くわずぎらい

❶[詳細(しょうさい)な] detailed; [十分な] full
❷[深く知っている] be familiar (with ...), know ... very well

❶[詳細な] detailed[ディテイルド]; [十分な] full[フル]
- コンピュータの詳しい知識
  a *detailed* knowledge of computers
- **詳しく** in detail
- そのことについて詳しく教えてください．
  Please tell me about it *in detail*.

❷[深く知っている] be familiar (with ...)[ファミリアリ], know ... very well[ノウ][ウェル]
- ケンはSF映画に詳しい．
  Ken *knows a lot* about sci-fi movies.

くわずぎらい[食わず嫌い]
- 祖母はピザを食わず嫌いしている．
  My grandmother doesn't like pizza even though she's never even tried it.

くわだて[企て]【計画】a plan[プラン]; 【試み】an attempt[アテンプト]
- **企てる** plan; attempt

くわわる[加わる] join[ヂョイン]
- ユキがチームに加わったら強力な戦力になるだろう．When Yuki *joins* our team, she will be a powerful asset.

…くん[…君] (男性) **Mr**., (主に⊕) **Mr**[ミスタァ] → …さん ポイント!
- 中山くん，君はどう思いますか．
  (*Mr.*) Nakayama, what do you think?
- マコトくんの番だ．It's Makoto's turn.

> これ，知ってる？ **親しい人には名前だけで呼びかける**
>
> 英語圏(けん)では友人や年下の人に対してはふつう名字ではなく下の名前や愛称(あいしょう)で呼びかけます．「…くん」「…さん」に当たる敬称は用いません．また両親や親しい年上の人に対しても名前だけで呼びかけることがあります．

ぐん[郡] a county[カウンティ](►手紙のあて名で日本の「…郡」はふつう -gun を用いる)
- 鹿児島県大島郡
  Oshima-*gun*, Kagoshima Prefecture

ぐんかん[軍艦] a warship[ウォーシップ], a battleship[バトゥルシップ]

ぐんぐん(急速に) rapidly[ラピッドゥリィ], fast[ファスト]; (大いに) remarkably[リマーカブリィ]
- 彼の英語力はぐんぐん伸(の)びた．
  His English improved *rapidly*.

ぐんしゅう[群衆] a crowd[クラウド]
- 日比谷公園にたくさんの群衆が集まった．
A large *crowd* gathered in Hibiya Park.

くんしょう[勲章] a decoration[デカレイション], an order[オーダァ]

ぐんじん[軍人] a soldier[ソウルヂァァ]

くんせい[くん製の] smoked[スモウクト]
- くん製のさけ *smoked* salmon (►「スモークサーモン」は和製英語)

ぐんたい[軍隊] the armed forces[アームド フォースィズ], an army[アーミィ]

ぐんて[軍手] cotton work gloves[カットゥン ワーク グラヴズ]

ぐんとう[群島] an archipelago[アーカペラゴゥ], a group of islands[グループ][アイランヅ]

ぐんび[軍備] armaments[アーママンツ](►複数形で用いる)
- 軍備削減(げん) an *arms* cut [reduction]

くんれん[訓練] training[トゥレイニング]; (防災などの)(a) drill[ドゥリル]
- 避難(ひなん)訓練 (火災の) a fire *drill*; (地震(じしん)の) an earthquake *drill*
- **訓練する** train; drill
- この犬は麻薬(まやく)をかぎ分けるように訓練されている．
  This dog is *trained* to sniff out drugs.
| 訓練士 a trainer
| 訓練所 (犬の) a training school

犬の訓練場で訓練を受けるハスキー犬

け ケ

け【毛】
hair[ヘア]；(1本の)a hair→かみ², ヘア；(動物の)fur[ファー]；(羊毛の)wool[ウル]

hair

fur

wool

- (1本の)猫の毛 a cat *hair*

ここがポイント！ 「髪の毛」の数え方
髪の毛全体を言うときにはaやtheをつけず複数形にもしませんが、髪の毛1本1本を言うときにはa hair, two hairsとaをつけたり複数形にしたりします。

- 縮れ毛 curly *hair*
- おじは頭の毛が濃い。
  My uncle has a thick head of *hair*.
- **毛深い** hairy

…け【…家】the family[ファミリィ]
- 佐藤家 the Sato *family* / the Satos

ケア(世話・手入れ)care[ケア]
- スキンケア skin *care*

| ケアマネージャー a care manager
| ケアワーカー a caretaker

けあな【毛穴】a pore[ポア]
- この石けんは毛穴の汚れを落としてくれる。
  This soap removes the dirt from your *pores*.

げい【芸】(演技)a performance[パフォーマンス]；(手品や動物の曲芸)a trick[トゥリック]
- ペットに芸を仕こむつもりだ。
  I will teach my pet *tricks*.

けいい【敬意】respect[リスペクト]

けいえい【経営】management[マニッヂマント]（★アクセント位置に注意）
- **経営する** run, keep, manage
- おばは会社を経営している。
  My aunt *runs* [*manages*] a company.
- **経営者** a manager

けいえん【敬遠する】keep [stay] away (from …)[キープ[ステイ] アウェイ]；〖野球〗walk … intentionally[ウォーク][インテンショナリィ]
- ピッチャーはバッターを敬遠した。The pitcher *walked* the batter *intentionally*.

けいおんがく【軽音楽】light music[ライト ミューズィック]

けいか【経過】progress[プラグレス], course[コース]
- 彼女の手術後の経過は良好だ。She is making good *progress* after the operation.
- **経過する** pass
- 彼がパリへ出発してから10日経過した。Ten days have *passed* since he left for Paris.

けいかい¹【警戒】(用心)caution[コーション]；(警備)guard[ガード]；(監視の)(a) watch[ワッチ]
- **警戒する** guard; watch out, look out
- 警察はテロリストを警戒している。The police are *watching out* for terrorists.

けいかい²【軽快な】(足取り・服装が)light[ライト]；(音が)rhythmical[リズミカル]
- 軽快な音楽 *rhythmical* music

けいかく【計画】

a plan[プラン]；(行事・番組などの)a program[プロウグラム]；(大規模な)a project[プラヂェクト]
- 計画を実行しよう。
  Let's carry out the *plan*.
- 夏休みの計画を立てた。
  I made a *plan* for the summer vacation.
- ケンの計画はうまくいった。
  Ken's *plan* worked out well.
- すべて計画どおりにいった。Everything went according to *plan*. / Everything went as *planned*.
- **計画的な** planned; (意図的な)intentional
- 計画的な犯罪 a *planned* [*premeditated*] crime
- **計画する** plan
- 私たちはピクニックを計画しているところだ。
  We are *planning* a picnic.

けいかん【警官】a police officer[パリース オーフィサァ]→おまわりさん
| 警官隊 a police squad

けいき【景気】(商売の)business[ビズネス], economy[イカナミィ]；(暮らし向きの)things[スィングズ], times[タイムズ]
- 景気がいい。
  Business is brisk. / The *economy* is up.
- 景気が悪い。
- *Business* is slow. / The *economy* is bad [weak].
- 不景気 a depression

けいぐ【敬具】(友人・知人などへの手紙で)Sincerely yours[スィンスィアリィ],《主に米》

けいけん

Yours sincerely(▶いずれの場合も後ろにコンマ(,)をつけ, その後に自分の名前をサインする)

けいけん【経験】

(**an**) **experience**[イクスピ(ァ)リアンス]
- 忘れられない経験
an unforgettable *experience*
- 楽しい経験
a pleasant *experience*
- つらい経験
a bitter *experience*

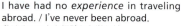

- 私は海外旅行の経験がない.
I have had no *experience* in traveling abroad. / I've never been abroad.
- 私はそのことを経験から学んだ.
I learned it by [from] *experience*.
- 経験豊かな看護師
an *experienced* nurse
━**経験する experience, have**
- カオルはアメリカで多くのことを経験した.
Kaoru *experienced* a lot in the U.S.
∥経験値 (ゲームの)an experience point, EXP

けいこ (**a**) **practice**[プラクティス]; (習い事)a **lesson**[レッスン]; (スポーツなどの)**training**[トゥレイニング]→れんしゅう, レッスン
━**けいこ(を)する practice**
- 毎日ピアノのけいこをしている. I *practice* (playing) the piano every day.

けいご【敬語】**an honorific**(**expression**)[アナリフィック (イクスプレッション)]
- 敬語を使う use *honorifics*

けいこう【傾向】**a tendency**[テンデンスィ]; (動向) **a trend**[トゥレンド]
- アスカは悪い冗談を言う傾向がある.
Asuka has a *tendency* to make nasty jokes.

けいこうとう【蛍光灯】 **a fluorescent lamp**[**light**][フル(ァ)レスント ランプ [ライト]]

けいこうペン【蛍光ペン】**a highlighter**[ハイライタァ]

けいこく【警告】(**a**) **warning**[ウォーニング]
━**警告する warn, give a warning**
- 彼らは私たちにその川では泳がないよう警告した.
They *warned* us not to swim in the river.

けいさい【掲載する】**carry**[キャリィ]
- この雑誌はワールドカップに関する記事を掲載している.
This magazine *carries* an article about the World Cup.

けいざい【経済】**economy**[イカナミィ]
- 国際経済

the international [world] *economy*
━**経済(上)の economic**[イーカナミック]
- 経済上の理由で
for *economic* reasons
━**経済的な economical**(⇔不経済な uneconomical)
━**経済的に economically**
∥経済学 economics
∥経済学者 an economist
∥経済大国 an economic power
∥経済問題 an economic problem

けいさつ【警察】**the police**[パリース](▶複数扱い)
- 警察を呼んだほうがいい. We should call *the police*.
- 落とし物を警察に届けた.
I took the lost item to *the police*.
∥警察官 a police officer
∥警察犬 a police dog
∥警察署 a police station
∥警察手帳 a police identification [ID]

けいさん【計算】

a calculation[キャルキュレイション]; (算数の)**a sum**[サム]
- 計算を間違えた.
I made a mistake in my *calculation*(s).
- その子は計算が速い[遅い].
The child is quick [slow] at *sums*.
━**計算する calculate**[キャルキュレイト]; **add up**[アッド アップ]
- 釣(?)り銭を頭の中で計算した.
I *calculated* the change in my head.

━━━慣用表現━━━
計算に入れる: その可能性を計算に入れておくべきだ. You should take the possibility into account [consideration]. (←考慮(りょ)に)

∥計算器 a calculator

けいし【軽視する】**make light** [**little**] **of** ...[ライト [リトゥル]]
- ゲーム依存症を軽視すべきではない.
You shouldn't *make light of* game addiction.

けいじ¹【刑事】**a**(**police**)**detective**[(パリース) ディテクティヴ]

けいじ²【掲示】(公示)**a notice**[ノウティス]; (公報) **a bulletin**[ブラトゥン]; (標識)**a sign**[サイン]
━**掲示する put up, post**
- 試験の結果が掲示された.
The results of the examinations were *posted*.
∥掲示板 a bulletin board

けいほう

けいしき 【形式】(a) form[フォーム](⇔内容 content)
━形式的な formal

けいしゃ 【傾斜】(a) slope[スロウプ], a slant[スラント]
・急な[緩(ゆる)やかな]傾斜
 a steep [gentle] slope
━傾斜した slanted
・傾斜した屋根 a slanted roof

げいじゅつ 【芸術】(an) art[アート]
━芸術的な, 芸術の artistic[アーティスティック]
・芸術的センス an artistic sense
| 芸術家 an artist
| 芸術作品 a work of art, an art work

けいしょく 【軽食】a light meal[ライト ミール], a snack[スナック]

けいせい 【形勢】the situation[スィチュエイション]
・形勢は私たちに有利だ.
 The situation is in our favor.
・形勢は私たちに不利だ.
 The situation is against us.

けいぞく 【継続する】continue[カンティニュー]
・今後もボランティア活動を継続するつもりだ.
 I will continue voluntary work after this. / I will continue volunteering after this.
━継続的な continuous[カンティニュアス]
━継続的に continuously

けいそつ 【軽率な】(不注意な)careless[ケアリス]; (深く考えない)thoughtless[ソートゥリス]; (早まった)hasty[ヘイスティ]
・それは軽率な行動だ.
 It's a careless action.
━軽率に carelessly; thoughtlessly

けいたい 【携帯する】carry [bring] ... with ～[キャリィ[ブリング]]
・登山の時は雨具を携帯しなさい.
 Carry rain gear with you when you climb a mountain.
━携帯用の portable
・携帯用充電(じゅうでん)器 a portable charger
| 携帯電話 a cell phone, ⑱a mobile (phone)(▶スマートフォンは smartphoneと言う. →スマホ)
| 携帯トイレ a portable toilet

けいてき 【警笛】an alarm whistle[アラーム (ホ)ウィッスル]; (車などの)a horn[ホーン]
・警笛鳴らせ 《掲示》SOUND YOUR HORN

けいと 【毛糸】wool[ウル], woolen yarn [thread][ウルン ヤーン [スレッド]]
・毛糸を5玉買った.
 I bought five balls of yarn [wool].
━毛糸の woolen
・毛糸の帽子(ぼうし) a woolen cap

けいど 【経度】longitude[ランヂテュード](▶long. と略す)(⇔緯度(いど) latitude)→とうけい², ちきゅう図

けいとう 【系統】a system[スィスティム]
━系統的な systematic[スィスティマティック]

げいとう 【芸当】→げい

げいにん 【芸人】an entertainer[エンタアテイナァ]; (お笑いの)a comedian[カミーディアン]

げいのう 【芸能】(娯楽(ごらく))entertainment[エンタアテインメント]; (伝統芸能)traditional arts[トゥラディショヌル アーツ]
| 芸能界 the entertainment world, show business
| 芸能人 an entertainer; (テレビタレント)a TV personality
| 芸能ニュース entertainment news
| 芸能プロダクション a talent agency

けいば 【競馬】horse racing[ホース レイスィング]
| 競馬場 《主に⑱》a racetrack

けいはく 【軽薄な】frivolous[フリヴァラス]

けいひ 【経費】expenses[イクスペンスィズ]→ひよう

けいび 【警備】guard[ガード]
━警備する guard
・警察官が道を警備していた.
 The police guarded the road.
| 警備員 a (security) guard
| 警備会社 a security company

けいひん 【景品】(おまけ)a giveaway[ギヴァウェイ]; (賞品)a prize[プライズ]

けいべつ 【軽べつ】contempt[カンテンプト](▶複数形では用いない)
・彼は軽べつのまなざしで私を見た.
 He looked at me with contempt.
━軽べつする 《話》look down on ..., despise[ディスパイズ](⇔尊敬する respect, look up to ...)
・彼に軽べつされている気がする.
 I always feel like he despises me.

けいほう 【警報】a warning[ウォーニング], an alarm[アラーム]
・暴風雨警報 a storm warning

211

- 火災警報 a fire *alarm*
- **警報を出す** give a warning, raise the alarm
- 警報が出された. A *warning* was *given*.
- 警報器 an alarm: 警報器が鳴った. The *alarm* went off.
- 警報装置 an alarm system

けいむしょ【刑務所】a prison[プリズン]; a jail[チェイル]
- その泥棒は刑務所に入れられた.
  The thief was put in *prison*. / The thief was sent to *prison*.

けいやく【契約】a contract[カントゥラクト]
- **契約する** contract[カントゥラクト]（★名詞とのアクセント位置の違いに注意）, make a contract（with …）

契約期間 a term of contract
契約金（スポーツ選手などの）contract money, a signing bonus
契約社員 a contract worker
契約書 a（written）contract

…けいゆ【…経由で】by way of …[ウェイ], via …[ヴァイア, ヴィーア]
- この飛行機はドバイ経由でパリへ行く.
  This plane flies to Paris *by way of* Dubai. / This plane flies to Paris *via* Dubai.

けいようし【形容詞】【文法】an adjective[アヂクティヴ]（▶a. または adj. と略す）

けいりゃく【計略】（策略）a trick[トゥリック];（わな）a trap[トゥラップ]

けいりん【競輪】*keirin*; bicycle racing[バイスィクル レイスィング]

けいれい【敬礼する】salute[サルート]

けいれき【経歴】one's background[バックグラウンド];（職業上の）one's career[カリア]
- 彼女はどういう経歴の持ち主ですか.
  What is *her background*?

けいれん a cramp[クランプ]
- カズは脚にけいれんを起こした.
  Kazu had［got］a *cramp* in his leg.

けいろうのひ【敬老の日】Respect-for-the-Aged Day[リスペクト][エイヂド], Senior Citizens Day[スィニァァ スィティズン]

ケーオー【KO】a KO[ケイオゥ]（▶knockoutの略）
- 彼はKO勝ちした.
  He won by a *KO*.

ケーキ（a）cake[ケイク]
- 子どもたちはケーキが大好きだ.
  Children love *cake*.
- ケーキを焼いた.
  I baked a *cake*.
- ケンはケーキを3切れ食べた.
  Ken had three pieces of *cake*.

ここが ポイント! 「ケーキ」の数え方

ホールケーキをさす場合はa cake, two cakesと数えますが, 切り分けたケーキは数えられない名詞として扱い, a piece of cake（ケーキ1切れ）, two pieces of cake（ケーキ2切れ）と数えます.
- クリスマスケーキ1個 a Christmas *cake*
- 彼にケーキを1切れ切ってあげた.
  I cut *a piece of cake* for him.

表現メモ

ケーキのいろいろ
ウエディングケーキ a wedding cake
カップケーキ a cupcake
シフォンケーキ（a）chiffon cake
ショートケーキ（a）(strawberry) sponge cake（▶これは日本の「ショートケーキ」. 欧米のshortcakeは, 焼いたビスケットなどの間にフルーツやクリームを挟んで積み重ねたもの）
スポンジケーキ（a）sponge cake
チーズケーキ（a）cheesecake
チョコレートケーキ（a）chocolate cake
デコレーションケーキ a decorated cake（▶「デコレーションケーキ」は和製英語）
パウンドケーキ（a）pound cake
パンケーキ a pancake
レアチーズケーキ（an）unbaked cheesecake
ロールケーキ（a）Swiss roll
バースデーケーキ a birthday cake

sponge cake   shortcake

ケーキ職人 a pastry chef
ケーキ店 a pastry shop, a cake shop［store］

ケース（入れ物）a case[ケイス];（場合）a case
- バイオリンをケースから取り出した.
  I took the violin out from the *case*.
- それはケースバイケースだ.
  It［That］depends（on the situation）.（←状況による）（▶「ケースバイケース」は和製英語）

ケースワーカー a caseworker

ゲート a gate[ゲイト]
- 私たちは3番ゲートから飛行機に乗った.
  We boarded at *Gate* 3.

ゲートボール Japanese croquet[ヂャパニーズ クロウケィ]（▶「ゲートボール」は和製英語）

ケーブル（a）cable[ケイブル]
 ケーブルカー a cable car
 ケーブルテレビ cable（TV［television］）, CATV

ケーポップ【Kポップ】K-pop[ケイパップ], Korean pop music[カリーアン パップ ミューズィック]
 Kポップアイドル K-pop idol［star］

ゲーマー a gamer[ゲイマァ]

ゲーム
a game[ゲイム]→しあい
- ゲームをして遊ぼう.
  Let's play a *game*.
- ゲームをクリアした.
  I finished the *game*.
- ゲームに勝った［負けた］.
  I won［lost］the *game*.
- ゲームセットです.
  The *game* is over.

―― 表現メモ ――

ゲームのいろいろ
アクションゲーム an action game
アドベンチャーゲーム an adventure game
アバターゲーム metaverse
オンラインゲーム an online game
カードゲーム a card game
シミュレーションゲーム a simulation game
シューティングゲーム a shooter game
スポーツゲーム a sports game
ソーシャルゲーム a social-network game
（定額）課金制ゲーム a pay-to-play game
テレビゲーム a video game
パズルゲーム a puzzle game
無料ゲーム a free-to-play game
レースゲーム a racing game
ロールプレイングゲーム a role-playing game（RPG）

 ゲーム解説者 a game commentator
 ゲーム機 a game console
 ゲームクリエイター, ゲーム開発者 a（video）game developer（▶ゲームクリエイターは和製英語）
 ゲーム実況 game streaming
 ゲームセンター an amusement arcade, a game center（▶ an arcade とも言う）
 ゲームソフト game software

自宅でオンラインゲームを楽しむ男性

けが
（事故などによる）an injury[インヂャリィ], a hurt[ハート]；（主に戦争や犯罪などで, 刃物（もの）・銃（じゅう）などによる）a wound[ウーンド]→きず
- このけがは簡単には治らない.
  This *wound* won't heal easily.

―**けがをする** be［get］injured, be［get］hurt, hurt oneself
- 彼女はその事故でひどい［軽い］けがをした.
  She *was* seriously［slightly］*injured* in that accident.
- 気をつけないとけがをしますよ.
  Be careful, or you'll *hurt* yourself.
- 転んで腕（うで）にけがをした.
  I fell down and I *hurt* my arm.
 けが人（1人）an injured person, a wounded person；（まとめて）the injured［wounded］

げか【外科】surgery[サーヂャリィ]
 外科医 a surgeon

けがわ【毛皮】（a）fur[ファー]；（毛皮製品）furs
- 毛皮のコートを着た. I wore a *fur* coat.

げき【劇】
（芝居（しばい））a play[プレイ]；（戯曲（ぎきょく））a drama[ドゥラーマ]
- 英語劇をした. We put on an English *play*. / We performed an English *play*.
- 劇を見に行った. I went to see a *play*.
- 学園祭で劇に出た. I appeared in a *play* at the school festival.

―**劇的な** dramatic[ドゥラマティック]
- 劇的な結末 a *dramatic* ending
 劇画 a story comic
 劇作家 a dramatist, a playwright
 劇団 a theatrical company

げきから【激辛の】extremely hot［spicy］[イクストゥリームリィ ハット［スパイスィ］]
- 激辛のポテトチップス
  extremely hot［*spicy*］potato chips

げきじょう【劇場】a theater, (英)theatre[スィアタァ]

げきれい

- 野外劇場 an open-air *theater*

げきれい【激励する】**encourage**[インカーリッヂ]→はげます

- もっと一生懸命(🈞)勉強するよう弟を激励した. I *encouraged* my brother *to* study harder.

げきろん【激論】**a heated discussion**[ヒーティドディスカッション]

げこう【下校する】**go**[**come**]**home from school**[ホウム][スクール]

- もうすぐ下校時間だ. It's almost time to *go home*.
- 下校の途中(🈞)でかさをなくした. I lost my umbrella on my *way home from school*.

けさ【今朝】**this morning**[モーニング]

- けさは暑い. It's hot *this morning*.
- けさは早く[遅(🈞)く]目が覚めた. I woke up early [late] *this morning*.

けさき【毛先】**the end of** *one's* **hair**[エンド][ヘア], **a hair end**

- 毛先を切りそろえてもらった. I had (*the ends of*) *my hair* trimmed.
- ユミは毛先をカールしている. Yumi curls *the ends of her hair*.

けし〖植物〗**a poppy**[パピィ]

げし【夏至】**the summer solstice**[サマァ サルスティス]（⇔冬至 the winter solstice）

けしいん【消印】**a postmark**[ポウストゥマーク]

けしき【景色】（全体の）**scenery**[スィーナリィ]；（眺(🈞)め）**a view**[ヴュー]；（一場面）**a scene**[スィーン]；（陸地の）**a landscape**[ランドゥスケイプ]

- 屋上からの景色はすばらしい. The *view* from the roof is wonderful.
- 箱根は山の景色が美しいことで有名だ. Hakone is famous for its beautiful mountain *scenery*.
- 雪景色 a snow *scene*

けしゴム【消しゴム】（主に🇺🇸）**an eraser**[イレイサァ], 🇬🇧 **a rubber**[ラバァ]

- それを消しゴムで消してください. Please erase it with an *eraser*.
- この消しゴムはよく消える. This *eraser* works well.

けじめ【けじめをつける】**draw a line**[ドゥロー][ライン]

- よいことと悪いことにけじめをつけなさい. *Draw a line* between right and wrong.

げしゃ【下車する】（バス・列車などから）**get off**[ゲット]→おりる❷

- 次の駅で下車しよう. Let's *get off* at the next station.

げしゅく【下宿する】（食事付きで）**board**[ボード]；（食事なしで）**lodge**[ラッヂ]

- 兄は学校の近くに下宿している. My brother is *boarding* [*lodging*] at a place near the school.

げじゅん【下旬に】**in late ...**[レイト]

- 7月下旬に暑くなる. It gets hotter *in late* July. / It gets hotter *toward the end of* July.

けしょう【化粧】

makeup[メイカップ]→メイク

- 厚[薄]化粧 heavy [light] *makeup*

━化粧(を)する **put on** (*one's*) **makeup**, **do** (*one's*) **makeup**（►「している」動作）; **wear makeup**（►「した」状態）

- 初めて少し化粧した. I *put* some *makeup on* for the first time.

化粧室（公共のトイレ）a restroom
化粧品, コスメ cosmetics (►複数扱い), makeup items
化粧品店 a cosmetics store

表現メモ

化粧品のいろいろ

アイシャドウ eye shadow
アイブローペンシル an eyebrow pencil
アイライナー (an) eyeliner / 口紅 (a) lipstick
クリーム a facial cream / グロス lip gloss
化粧下地, ベースメイク makeup base
化粧水 (a) skin [face] lotion, toner
香水 perfume / コンシーラー a concealer
洗顔フォーム facial foam
洗顔料 a facial wash
脱毛クリーム a hair removal cream
チーク blush / つけまつげ false eyelashes
乳液 moisturizing lotion
日焼け止め sunscreen / 美容液 serum
ファンデーション (a) foundation
保湿クリーム (a) moisturizer
ボディーローション body lotion
マスカラ mascara / マニキュア nail polish
メイク落とし makeup remover
リップクリーム lip balm

けっかん¹

けす【消す】

❶火を　　　　put out
❷電気・テレビ・ガスなどを
　　　　　　　turn off, switch off
❸文字などを
　　　　erase;（線を引いて）cross out
❹姿を　　　　disappear

put out

turn [switch] off

erase

cross out

❶[火を]**put out**[プット アウト]
- キャンプファイアーの火を消した．
  We *put out* the campfire.
- ケンはバースデーケーキのろうそくを消した．
  Ken *blew out* the candles on his birthday cake.（▶blow outは「吹(ふ)き消す」の意）

❷[電気・テレビ・ガスなどを]**turn off**[ターン]，**switch off**[スウィッチ]（⇔つける turn on）
- テレビを消した．
  I *turned* [*switched*] *off* the TV.
- ガスを消したかどうか確認して．
  Make sure that you *turned off* the gas.

❸[文字などを]**erase**[イレイス];（線を引いて）**cross out**[クロース]
- 黒板を消した．
  I *erased* [*cleaned*] the blackboard.

❹[姿を]**disappear**[ディサピア]
- 男は人ごみの中へ姿を消した．
  The man *disappeared* into the crowd.

げすい【下水】（下水溝(こう)）**a drain**[ドゥレイン]
| 下水管 **a drain pipe**
| 下水工事 **drainage work**

ゲスト a guest[ゲスト]

けずる【削る】（鉛筆(えんぴつ)を）**sharpen**[シャープン]
- ナイフで鉛筆を削った．
  I *sharpened* the pencil with a knife.

けた（数字の）**a digit**[ディヂット]，**a figure**[フィギャァ];（小数点以下の）**a place**[プレイス]→くらい²
- 4けたの数 a four-*digit* number / a number with four *digits*

げた geta; Japanese（**wooden**）**clogs**[チャパニーズ（ウドゥン）クラッグズ]
- ゆかたのときはげたを履(は)きます．We wear [put on] *geta* with our *yukata*.
| げた箱 **a shoe cabinet**[ラック]

けだかい【気高い】**noble**[ノウブル]

けち【けちな】

stingy[スティンヂィ]，**cheap**[チープ]
- けちな人
  a miser / a *stingy*［*cheap*］person
- けちけちするなよ．Don't be *stingy*.

──────── 慣用表現 ────────
けちをつける **find fault with** ...: 彼は私のすることにいちいちけちをつける．He always *finds fault with* everything I do.

ケチャップ ketchup[ケチャップ]
- フライドポテトにケチャップをつけた．
  I put *ketchup* on my French fries.

けつあつ【血圧】**blood pressure**[ブラッド プレッシャァ]
- 母は血圧が高い[低い]．My mother has high [low] *blood pressure*.

けつい【決意】**determination**[ディターマネイション];（a）**resolution**[レザリューション]→けっしん
- 私たちは決意を新たにした．
  We renewed our *determination*.
━決意する **decide, make a resolution**

けつえき【血液】**blood**[ブラッド]
| 血液型 **a blood type**:「血液型は何ですか」「A型です」"What's your *blood type*?" "It's [My *blood type* is] A."
| 血液型占(うらな)い **fortune-telling according to blood type**
| 血液検査 **a blood test**

けっか【結果】

（a）**result**[リザルト];（原因に対する）（an）**effect**[イフェクト]
- 検査結果 the test *result*(s)
- 原因と結果 cause and *effect*
- 話し合いの結果，試合は延期された．
  As a *result* of the discussion, the game was postponed.
- 「試験の結果はどうだった？」「まあまあだったよ」"How did your exam turn out? / What were the *results* of your exam?" "Not so bad."
- 結果がすべてだ．(The) *results* matter.

けっかく【結核】**tuberculosis**[トゥバーキュロウスィス]（▶TBと略す）

けっかん¹【欠陥】**a defect**[ディーフェクト];（ちょっとした欠点）**a flaw**[フロー]
━欠陥のある **defective**[ディフェクティヴ]

けっかん²

‖欠陥車 a defective car
‖欠陥商品 a defective product

けっかん²【血管】**a blood vessel**[ブラッド ヴェサル]

げっかん【月刊の】**monthly**[マンスリィ]
‖月刊誌 a monthly（magazine）

げっきゅう【月給】**monthly pay**[マンスリィ ペイ]，
a（**monthly**）**salary**[サラリィ]➡**きゅうりょう¹**

けっきょく【結局】**after all**[オール]，（最後には）**in
the end**[エンド]
• 結局アオイは行かなかった．
Aoi didn't go *after all*.
• 結局姉に手伝ってもらった．
I asked my sister to help me *in the end*.

げっけいじゅ【月桂樹】**a laurel**[ローラル]

けっこう¹

❶よい　**nice, fine, good**；
　（問題ない）**all right**；（用が足りる）**do**
❷かなり　**pretty, rather**；（まあまあ）**fairly**
❸断って　**No, thank you.**

❶[よい]**nice**[ナイス]，**fine**[ファイン]，**good**[グッ
ド]；（問題ない）**all right**[ライト]；（用が足りる）**do**
[ドゥー]
• すてきな贈(ぉく)り物をありがとうございました．
Thank you for the *nice* present.
• あしたまでにお返事いただければけっこうです．
It'll be *all right* if you answer by
tomorrow.
• どんな食べ物でもけっこうです．
Any food *will do*.
❷[かなり]**pretty**[プリティ]，**rather**[ラザァ]；（まあ
まあ）**fairly**[フェアリィ]
• この辞典はけっこう役に立つ．
This dictionary is *pretty* useful.
• ケンはけっこううまく英語を話す．
Ken speaks English *fairly* well.
❸[断って]**No, thank you.**[サンキュー]

話してみよう！

☺もう一杯(ぱい)紅茶をいかがですか．
Would you like another cup of tea?
☺いいえ，もうけっこうです．十分いただき
ました．
No, thank you. I've had enough.

けっこう²【欠航する】**be canceled**[キャンサルド]
• フライトは欠航になった．
The flight has *been canceled*.

けっこう³【決行する】**carry out**[キャリィ アウト]，
go ahead[アヘッド]，**proceed**[プロスィード]
• 試合は天気に関係なく決行される．
The game will *go ahead*, rain or shine.

けつごう【結合する】**combine**[カンバイン]

げっこう【月光】**moonlight**[ムーンライト]

けっこん【結婚】（a）**marriage**[マリッヂ]
• 恋愛(ﾚﾝあい)結婚 a love *marriage*
• 見合い結婚 an arranged *marriage*
━**結婚する marry, get married**；（結婚してい
る）**be married**
• 私と結婚してくれる？
Will you *marry* me?
• 彼女はヒロと結婚した．
She *married*［*got married to*］Hiro.
• 彼らは結婚して10年になる．
They have *been married* for ten years.
‖結婚記念日 a wedding anniversary
‖結婚式 a wedding（ceremony）：姉が6月に
結婚式を挙げる．My sister will hold［have］
her *wedding ceremony* in June.
‖結婚披露宴(ひろうえん) a wedding reception
‖結婚指輪 a wedding ring

けっさく【傑作】**a masterpiece**[マスタピース]

けっして【決して…ない】**never**[ネヴァ]；（少しも）
not（…）**at all**[オール]
• 私は決して学校を休んだことがない．
I have *never* been absent from school.
• 英語の試験は決してやさしくはなかった．
The English test was *not* easy *at all*.

げっしゃ【月謝】**a monthly fee**[マンスリィ フィー]

けっしょう¹【決勝（戦）】**the final(s)**[ファイヌル
（ズ）]，**the final game［match］**[ゲイム［マッチ］]
• 彼らは決勝に進んだ．
They went on to *the finals*. / They
reached *the finals*.
• 決勝戦で負けた．I lost in *the final game*.
• 準決勝 a semi*final*
• 準々決勝 a quarter*final*

けっしょう²【結晶】（雪などの）**a crystal**[クリスト
ゥル]；（苦労の末にできたもの）**results**[リザルツ]，
fruits[フルーツ]
• 雪の結晶 snow *crystals*
• 努力の結晶 the *results* of hard work / the
fruits of our labor

けつじょう【欠場する】**be absent from …**[アブサ
ント]
• 試合を欠場した．
I *was absent from* the game.

げっしょく【月食】『天文』**a lunar eclipse**[ルーナァ
イクリプス]，**an eclipse of the moon**[ムーン]
• 皆既(かいき)［部分］月食
a total［partial］*lunar eclipse*

けっしん【決心】

a decision[ディスィジョン]；（強固な）

216　　two hundred and sixteen

determination[ディターマネイション]
- 留学するという彼女の決心は固い. Her *determination* to study abroad is firm.
➡ 決心する **make up** *one*'s **mind**, **decide**, **determine**

…**する決心をする[がつく]**
decide to＋〈動詞の原形〉/
make up *one*'s mind to＋〈動詞の原形〉
- トモは看護師になる決心をした.
Tomo *decided*［*made up her mind*］*to* be a nurse.
- 彼に告白するかどうかまだ決心がつかない.
I cannot *decide* yet whether I will confess my love to him or not.

けっせい【結成する】**form**[フォーム]

けっせき【欠席】

（**an**）**absence**[アブサンス]（⇔出席 **presence**）
- 彼女の欠席の理由は何ですか.
What is the reason for her *absence*?
➡ 欠席する **be absent**（**from** …），**do not attend**（⇔出席する **be present**, **attend**）
- きのう学校を欠席した.
I *was absent from* school yesterday.
- マオは先週からずっと欠席している.
Mao has *been absent* since last week.

| 欠席者 **an absentee**
| 欠席届 **a notice**［**report**］**of absence**
| 欠席日数 **the number of days absent**

けつだん【決断】**decision**[ディスィジョン]
- 彼はついに決断を下した.
He finally made a *decision*.
- 私は決断が早い［遅(㊗)い］. I am quick [slow] to *decide*.（►このdecideは「決断する」の意味の動詞）
➡ 決断力のある **decisive**
- 彼女は決断力のある人だ. She is *decisive*.

けってい【決定】**decision**[ディスィジョン]
➡ 決定する **decide**

けってん【欠点】**a fault**[フォールト]；（弱点）**a weak point**[ウィーク ポイント]
- だれにでも欠点はある. Everyone has *faults*.
- 私の欠点は気の短いところだ.
My *weak point* is that I'm impatient.

けっぱく【潔白な】**innocent**[イナサント]

げっぷ a belch[ベルチ]**, a burp**[バープ]
➡ げっぷをする **belch**, **burp**

けっぺき【潔癖な】（不正を嫌(㊗)う）**upright**[アップライト]；（清潔好きな）**be particular about cleanliness**[パティキュラァ][クレンリニス]

けつまつ【結末】（物・事の）**an end**[エンド]；（物語などの）**an ending**[エンディング]

- 映画は幸せな結末だった. The movie had a happy *ending*.（►「ハッピーエンド」は和製英語）

げつまつ【月末】**the end of the month**[エンド][マンス]

げつようび【月曜日】**Monday**[マンデイ]（►常に大文字で始め, Mon. と略す）➡ すいようび ポイント!
- 月曜日に会いましょう.
I'll see you on *Monday*.

> ここがポイント! **「この前の月曜日に」と「この次の月曜日に」**
>
> on Mondayを過去形の文で使えば「この前の月曜日に」を表し, 現在形, 未来形の文で使えば「この次の月曜日に」を表します.
> - この前の月曜日に英語の試験があった.
> I had an English exam *on Monday*.
> - この次の月曜日に英語の試験がある. I'll have an English exam *on Monday*.

けつろん【結論】**a conclusion**[カンクルージョン]
- 結論として **in** *conclusion*
- 結論を教えてよ.（⬅結論は何？）
So, what was the *conclusion*?
➡ 結論を出す［下す］ **conclude**, **draw a conclusion**

けとばす【蹴飛ばす】**kick**（**away**）[キック（アウェィ)]➡ ける

けなす speak badly of …[スピーク バッドゥリィ]➡ わるくち

けはい【気配】**a sign**[サイン]
- その家には人の気配がまったくなかった.
There was no *sign* of life in the house.

けばけばしい（人目につく）**showy**[ショウィ]；（悪趣味な）**gaudy**[ゴーディ]；（どぎつい）**loud**[ラウド]

げひん【下品な】**vulgar**[ヴァルガァ]**, indecent**[インディースント]（⇔上品な **elegant**）；（みだらな）**dirty**[ダーティ]
- 下品な言葉づかい a *vulgar* expression

けむい【煙い】**smoky**[スモウキィ]

けむし【毛虫】**a caterpillar**[キャタァピラァ]

けむり【煙】**smoke**[スモウク]
- 煙が出ているよ. *Smoke* is coming out.
- たばこの煙が目にしみた.
The cigarette *smoke* irritated my eyes.

けむる【煙る】（煙が立つ）**smoke**[スモウク]；（かすんで見える）**look dim**[ルック ディム]

けもの【獣】**a beast**[ビースト]

げらげら【げらげら笑う】**laugh loudly**[ラーフ ラウドゥリィ]

げり【下痢】**diarrhea**[ダイアリーア]（►直接的すぎる

ゲリラ

ので日常会話では使わないほうがよい)
• 下痢をしている. I have loose bowels. / I have a bad stomach.
ゲリラ a guerrilla, a guerilla[ガリラ] (★発音注意)
ゲリラごうう【ゲリラ豪雨】**a sudden downpour** [**rainfall**] [サドゥン ダウンポァ[レインフォール]], **torrential rain**[タレンシャル レイン]
ける【蹴る】**kick**[キック]
• 私にボールをけって.
Kick the ball to me.
• 試合で脚(ぬ)をけられた.
I was *kicked* in the leg during the game.

けれども

but ...[バット], **however**[ハウエヴァ]; (…だけれども)**though** ...[ゾゥ], **although** ...[オールゾゥ]
• 甘(ぬ)いものはめったに食べないけれども, このチョコレートは好きだ. I rarely eat sweets, *but* I like these chocolates.
• 頭痛がしたけれども学校へ行った.
Though I had a headache, I went to school.
ゲレンデ a (**ski**) **slope**[(スキー) スロウプ] (►「ゲレンデ」はドイツ語から)
けわしい【険しい】(傾斜(ぬ)が急な)**steep**[スティープ]; (顔つきが)**stern**[スターン], **grim**[グリム]
• 険しい山道 a *steep* mountain path
けん¹【券】(切符(ぬ))**a ticket**[ティキット]
• 食券 a meal *ticket*
• 航空券 a flight [plane] *ticket*
▍券売機 a ticket machine

けん²【県】

a prefecture[プリーフェクチァ]
• 私は長野県出身です.
I am [come] from Nagano *Prefecture*.
➡県の **prefectural**[プリーフェクチャラル] → けんりつ
▍県議会 the prefectural assembly
▍県大会 a prefectural contest [(試合, 競技会) competition, (トーナメント)tournament]
▍県知事 a prefectural governor
▍県庁 a prefectural office
▍県民: 兵庫県民 the people of Hyogo *Prefecture*
▍県予選 prefectural preliminaries
けん³【剣】**a sword**[ソード] (★発音注意)
けん⁴【件】**a matter**[マタァ]
• その件について about that *matter*
• 今月はその交差点で事故が2件あった.
This month there were two accidents at the crossing.

…**けん**【…軒】**a house**[ハウス], **a door**[ドァ]
• おじは家を2軒持っている.
My uncle owns two *houses*.
• ケンは数軒先に住んでいる.
Ken lives a few *doors* away.
げん【弦】(楽器の)**a string**[ストゥリング]
▍弦楽器 a stringed instrument
けんい【権威】**authority**[アソーラティ]; (人)**an authority**
• 彼は日本史の権威だ.
He is an *authority on* Japanese history.

げんいん【原因】

a cause[コーズ]
• 原因と結果 *cause* and effect
• 寝(ぬ)不足が頭痛の原因だ.
A lack of sleep *caused* my headache.
• けんかの原因は何ですか.
What *caused* the fight? / What was the *cause* of the fight?
➡原因となる cause
けんえき【検疫】**quarantine**[クウォーランティーン]
げんえき【現役の】**active**[アクティヴ]
• 田中選手はまだ現役だ. Tanaka is still an *active* player. / Tanaka is still playing.

けんか

a fight[ファイト]; (口論)**an argument**[アーギュマント]
• 兄弟げんか
a *fight* between brothers
➡けんかする **fight** (**with** ...); (口論する) **argue** (**with** ...), (主に米)**quarrel** (**with** ...)
• リクはよく友達とけんかをする.
Riku often *fights with* his friends.
• つまらないことでけんかするのはやめなさい.
Stop *arguing* over small things.
けんかい【見解】(意見)**an opinion**[アピニャン]; (見方)**a view**[ヴュー]
• 専門家たちが見解を述べた.
The experts gave their *opinion*(s).
けんがい【圏外で[に]】(携帯(ぬ)電話やスマホを)**out of** (**service**) **range**[アウト] [(サーヴィス) レインヂ]
• 圏外で君からの電話に出られなかった.
My cell phone was *out of range* and I couldn't get your call.
げんかい【限界】**a limit**[リミット] (►しばしば複数形で)
• もう体力の限界だ.
I've reached the *limit* of my strength.
• それは我慢(ぬ)の限界をこえていた.

218　two hundred and eighteen

けんこう

It was beyond the *limits* of my patience.

けんがく【見学】**a visit**（**for study**）[ヴィズィット]［スタディ］, **a field trip**[フィールドトゥリップ]
━見学する **visit**（**for study**）, **go on a field trip**;（体育の授業などを）**look on, observe**
・私たちは工場を見学しに行く．
　We'll *go on a field trip* to a factory.

げんかく【厳格な】**strict**[ストゥリクト], **severe**[スィヴィア] ➡ きびしい
・厳格な先生 a *strict*［*severe*］teacher

げんかん【玄関】an entrance hall[エントゥランスホール],（入り口）an entrance;（正面のドア）the（front）door[(フラント) ドァ];（張り出し屋根のある部分）a porch[ポーチ]
・玄関のかぎを開けた．
　I unlocked *the front door*.
・玄関で靴(⁵)を脱(⁸)いだ．
　I took off my shoes at the *entrance*.

げんき【元気】

spirits[スピリッツ], **energy**[エナヂィ]
・彼女は最近元気がいい［ない］．
　She is in high［low］*spirits* these days.
・ソラはいつも元気いっぱいだ．
　Sora is always full of *energy*. / Sora is always *lively*.
━元気な **fine, well**;（明るい）**cheerful**[チアフル];（活気のある）**lively**[ライヴリィ]
・「きょうは元気そうだね」「ええ，とても」"You look *fine* today." "Yes, I feel great."
━元気に **cheerfully**
・ケンは元気に出発した．Ken left *cheerfully*.
━元気になる **get well**［**better**］
・おじいちゃんが早く元気になりますように．
　I hope Grandpa will *get well* soon.
━元気づける **cheer**（**up**）[チア], **encourage**[インカーリッヂ]
・その歌に元気づけられた．
　The song *cheered* me *up*.
・ミキが元気づけてくれた．
　Miki *encouraged* me.
・ほら，元気を出して．Come on, *cheer up*!

けんきゅう【研究】

（a）**study**[スタディ],（a）**research**[リサーチ]
・気候変動の研究
　the *study* of climate change
━研究する **study, do research**（**in ..., on ...**）
・マコトは日本文学の研究をしている．
　Makoto is *studying*［*doing research on*］Japanese literature.
▎研究室 a **study**（**room**）;（化学などの）a

laboratory,《話》a lab
▎研究者 a **researcher**
▎研究所 a **research institute**

けんきょ【謙虚な】**modest**[マデスト], **humble**[ハンブル]

けんきん【献金】**a donation**[ドゥネイション], **a contribution**[カントゥリビューション]
━献金する **donate**[ドゥネイト], **contribute**[カントゥリビュート]

げんきん【現金】**cash**[キャッシュ]
・現金をあまり持っていない．
　I don't have much *cash*.
・現金で払った．I paid in *cash*.
・（支払いは）現金ですか，カードですか．
　Cash or charge?
▎現金書留 **registered mail**
▎現金自動預け払(⁵)い機 a **cash machine**［**dispenser**］, an **ATM**（▶ **automated**［**automatic**］**teller machine**の略）

空港の現金自動預け払い機（米国）

けんけつ【献血】a **blood donation**[ブラッド ドゥネイション]
━献血する **give**［**donate**］**blood**
▎献血車 a **mobile blood bank**

げんご【言語】（a）**language**[ラングウィッヂ] ➡ ことば❶
▎言語学 **linguistics**（▶単数扱い）
▎言語学者 a **linguist**

けんこう【健康】

health[ヘルス]
・心身の健康 physical and mental *health*
・母はこのごろ健康が優(⁸)れない．
　My mother is in poor *health* these days.
・適度な運動は健康によい．Moderate exercise is good for your *health*.
・喫煙(⁸⁸)は健康に害を及(⁸)ぼす．
　Smoking is dangerous for your *health*.
・「どうぞ健康に気をつけて」「ありがとう，あなたもね」
　"Please take（good）care of yourself［your *health*］." "Thanks, you too."

げんこう

- 健康な，健康的な **healthy**, **well**
  - カイは健康だ. Kai is *healthy* [*well*]. / Kai is *in good health*.
  - ▌健康食品 **health food**
  - ▌健康診断（%） **a physical**（**examination**），**a physical checkup**, **a health check**,《話》**a checkup**
  - ▌健康診断書 **a health certificate**
  - ▌健康保険 **health insurance**
  - ▌健康保険証 **a health insurance card**

げんこう【原稿】**a manuscript**[マニュスクリプト]；（草稿）**a draft**[ドゥラフト]；（スピーチなどの）**a script**[スクリプト]
  - 原稿を書いた. I wrote a *manuscript*.
  - ケンは原稿なしでスピーチをした. Ken made a speech without a *script*.
  - ▌原稿用紙（400字詰（㌧）めの）**a**（**four-hundred-character**）**manuscript paper**

げんこうはん【現行犯で】**in the act**（**of …**）[アクト]
  - 彼は万引きの現行犯で逮捕（%）された. He was caught *in the act of* shoplifting.

けんこくきねんのひ【建国記念の日】**National Foundation Day**[ナショナル ファウンデイション]

げんこつ a fist[フィスト]
  - 彼はげんこつでテーブルを数回たたいた. He hit the table with his *fist* several times.

けんさ【検査】**an examination**[イグザミネイション]；（試験）**a test**[テスト]；（点検）**a check**[チェック]
  - あしたは身体検査だ. We will have a physical（*examination*）tomorrow.
  - ▶検査する **examine**[イグザミン]；**test**；**check**
  - 彼女は私たちの手荷物を検査した. She *checked* our baggage.

げんざい【現在】

the present[プレズント]
  - ▶現在の **present**, **current**[カーラント]
  - ▶現在は **at present**, **now**（▶nowのほうが口語的）
  - 彼は現在14歳（%）だ. He is *now* 14 years old.
  - ▌現在完了《文法》**the present perfect**
  - ▌現在形《文法》**the present tense**
  - ▌現在進行形《文法》**the present progressive form**
  - ▌現在分詞《文法》**the present participle**

けんさく【検索】**a search**[サーチ]
  - ▶検索する **search**, do［**run**］**a search**
  - インターネットでその本を検索した. I *searched* the Internet for the book.
  - ▌検索エンジン《コンピュータ》**a search engine**

げんさく【原作】**the original**[アリヂャナル]
  - このドラマは原作と全然違う. This drama is completely different from *the original*（work［story］）.
  - この映画の原作を読んだ. I read the novel that this movie is based on.
  - ▌原作者 **the original author**

げんさん【原産】（場所）**the place of origin**[プレイス]［オーリヂン]
  - ▶…原産の **native to …**
  - オーストラリア原産の果物 a fruit *native to* Australia

けんじ【検事】**a prosecutor**[プラスィキュータァ]

げんし¹【原子】**an atom**[アタム]➡げんしりょく
  - ▶原子の **atomic**[アタミック]
  - ▌原子爆弾（%） **an atomic bomb**
  - ▌原子炉（%） **a nuclear reactor**

げんし²【原始，原始的な】**primitive**[プリマティヴ]
  - 原始的なやり方 a *primitive* way
  - ▌原始時代 **the primitive age**
  - ▌原始人 **a primitive man**
  - ▌原始林 **a primeval forest**

けんじつ【堅実な】**steady**[ステディ]
  - 堅実な人 a *steady* person

げんじつ【現実】

reality[リアラティ], **actuality**[アクチュアラティ]
  - 理想と現実 ideals and *reality*
  - 夢が現実になった. My dream became a *reality*. / My dream came true.
  - ▶現実の **real**[リー（ァ）ル], **actual**[アクチュアル]
  - ▶現実に **really**, **actually**
  - ▶現実的な **realistic**[リーアリスティック]（⇔非現実的な **unrealistic**）

けんしゅう【研修】**study and training**[スタディ]［トゥレイニング]
  - ▌研修会 **a workshop**

けんじゅう【けん銃】**a pistol**[ピストゥル], **a handgun**[ハンドゥガン], **a gun**[ガン]➡じゅう²

げんじゅう【厳重な】**strict**[ストゥリクト]
  - ▶厳重に **strictly**
  - 彼らは先生から厳重に注意された. They were *strictly* warned by the teacher.

げんじゅうしょ【現住所】**one's present address**[プレズント アドゥレス]
  - 彼の現住所 his *present address*

げんしゅく【厳粛な】**solemn**[サラム]（★発音注意）

けんしょう【懸賞】**a prize**[プライズ]
  - 彼女は懸賞に当たった. She won a *prize*.
  - 雑誌の懸賞に応募（%）した. I entered the magazine's lottery［contest］.
  - ▌懸賞金 **prize money**

220　two hundred and twenty

げんしょう¹【減少】(a) decrease[ディークリース] (⇔増加 (an) increase), a fall[フォール]
— 減少する decrease[ディクリース] (★名詞とのアクセント位置の違いに注意)(⇔増加する increase)→ へる
- 日本の人口は減少しつつある.
The population of Japan is *decreasing*.

げんしょう²【現象】a phenomenon[フィナマナン] (複 phenomena[フィナマナ])
- 自然現象 a natural *phenomenon*

げんじょう【現状】the present situation[プレズント スィチュエイション]
- 現状では
under [in] *the present situation*

げんしょく【原色】(基本色) a primary color[プライメリィ カラァ]; (鮮やかな色) a vivid color[ヴィヴィッド]

げんしりょく【原子力】nuclear energy[ヌークリァ エナァディ], atomic energy[アタミック]
| 原子力潜水艦 a nuclear submarine, an atomic submarine
| 原子力発電 nuclear power generation
| 原子力発電所 a nuclear power plant

けんしん【検診】a (medical) checkup[(メディカル) チェックアップ]
- 定期検診 a regular *checkup*

けんしんてき【献身的な】devoted[ディヴォウティド]

けんすい【懸垂】a chin-up[チナップ]
- 懸垂を10回できる?
Can you do ten *chin-ups*?

げんせいりん【原生林】a primeval [virgin] forest[プライミーヴァル][ヴァーチン フォーリスト]

けんせつ【建設】construction[カンストゥラクション]
- 新しい図書館は今建設中だ.
The new library is under *construction*.
— 建設的な constructive
- 建設的な意見 a *constructive* opinion
— 建設する construct, build[ビルド]
- ダムが建設された. A dam was *constructed*.
| 建設会社 a construction company
| 建設現場 a construction site

けんぜん【健全な】healthy[ヘルスィ], sound[サウンド], wholesome[ホウルサム]
- 健全な身体に健全な精神が宿らんことを.
A *sound* mind in a *sound* body.

げんそ【元素】an element[エラマント]
| 元素記号 a chemical symbol, an atomic symbol

げんぞう【現像】development[ディヴェラップマント]

げんそく【原則】a principle[プリンスィプル]
- 原則としてスマホの持ちこみは禁止になっている.
In *principle*, smartphones are prohibited.

けんそん【謙そんする】be modest[マダスト]
- そんなに謙そんしないでください.
Please don't *be* so *modest*.

げんぞん【現存の】existing[イグズィスティング]
- それは現存する世界最古のマンモスのきばだ.
It is the oldest tusk of a mammoth *existing* in the world.

げんだい【現代】

the present day [age] [プレズント デイ [エイヂ]], today[トゥデイ]
- 現代ではコンピュータはなくてはならないものだ. A computer is absolutely necessary *today*.
— 現代の, 現代的な modern, contemporary; (今日の) present-day
- 現代のアメリカ美術
modern [*contemporary*] American art
- 現代の若者たち the youth (of) *today*
| 現代英語 current English
| 現代史 modern history
| 現代社会 modern society

けんだま【剣玉】a cup and ball[カッパンボール]
- 私たちは剣玉をした. We played a *cup-and-ball game*.

cup and ball

けんち【見地】a point of view[ポイント][ヴュー]
- 医学的見地から
from a medical *point of view*

げんち【現地】the spot[スパット]
| 現地時間 local time

けんちく【建築】(建てること) construction[カンストゥラクション], building[ビルディング]; (建築物) a building
- 木造建築 a wooden *building*
- 新しい野球場は現在建築中だ.
The new baseball stadium is *under construction* now. / The new baseball stadium is *being built* now.
— 建築する build; (大規模なものを) construct
- 彼は家を建築した. He *built* a house.
| 建築家 an architect
| 建築学 architecture
| 建築士 a registered architect

けんていしけん【検定試験】a certifying [licensing] examination[サァティファイイング [ライセンスィング] イグザマネイション]

げんてん【減点する】take off[テイク オーフ]

げんど

- 単語のつづりを間違(ま)えて1点減点された.
  I had one point *taken off* because of a misspelled word.

げんど【限度】**a limit**[リミット]
- どんなものにも限度がある. There's a *limit* to everything. / Everything has its *limit*.

けんとう¹【見当】**a guess**[ゲス]
- 見当違(ちが)いをした. I made a wrong *guess*.
- **➡見当をつける guess**
- 彼が何歳(なんさい)なのか見当がつかない.
  I cannot *guess* how old he is.

けんとう²【健闘する】**put up a good fight**[グッド ファイト]
- 彼らは健闘したが負けてしまった. Although they *put up a good fight*, they lost.
- 健闘を祈(いの)ります. *Good luck!*

けんとう³【検討する】**consider**[カンスィダァ], **examine**[イグザミン]

けんどう【剣道】**kendo**
- 剣道は竹の棒を使って行う日本の剣術です.
  Kendo is the Japanese art of fencing with bamboo sticks.
- マリは剣道4段だ.
  Mari is a fourth *dan* in *kendo*.
- **▌剣道部 a kendo team**

げんば【現場】(事件・事故などの)**the scene**[スィーン]; (工事などの)**the site**[サイト]
- 事故現場 the *scene* of the accident
- 建設現場 the construction *site*

げんばく【原爆】**an atomic bomb**[アタミック バム], **A-bomb**[エイバム]
- **原爆記念日 the anniversary of the atomic bombing**(of Hiroshima[Nagasaki])
- **原爆ドーム the Atomic Bomb Dome➡観光地**
  【口絵】

げんぱつ【原発】**➡げんしりょく**(原子力発電所)

けんばん【鍵盤】(1音)**a key**[キー], (全体)**a keyboard**[キーボード]

けんびきょう【顕微鏡】**a microscope**[マイクラスコウプ]
- 電子顕微鏡 an electron *microscope*
- 私は顕微鏡で花粉を見た. I looked at pollen under[through]a *microscope*.

けんぶつ【見物】**sightseeing**[サイトスィーイング]
- **➡見物する**(名所などを)**see, visit**; (見物に行く)**go sightseeing**
- 祖母と東京見物をした. I *went sightseeing* in Tokyo with my grandmother.
- **▌見物席 a seat**; (観覧席)**the stands**
  見物人(名所などの)**a sightseer**; (訪れる人)**a visitor**; (観客)**a spectator**

けんぽう【憲法】**a constitution**[カンスタトゥーション]

- 彼らは憲法を制定[改正]した.
  They established[revised]the *constitution*.
- 日本国憲法第9条
  Article 9 of *the Constitution* of Japan
- **▌憲法記念日 Constitution Memorial Day**

げんまい【玄米】**brown rice**[ブラウン ライス]

げんみつ【厳密な】**strict**[ストゥリクト]
- **➡厳密に strictly**
- 厳密に言えばこれは正解ではない. *Strictly* speaking, this is not the right answer.

けんめい¹【懸命に】**➡いっしょうけんめい**

けんめい²【賢明な】**wise**[ワイズ]
- 彼らが予定を変更(へんこう)したのは賢明だった.
  It was *wise* of them to change the plan.

げんめつ【幻滅する】**be disillusioned**(with ...)
[ディスィルージョンド]

けんやく【倹約する】**save**[セイヴ]
- ケンは小遣(こづか)いを倹約している.
  Ken is *saving* his allowance.
- **▌倹約家 a thrifty person**

けんり【権利】**a right**[ライト]
- 権利と義務 *rights* and duties
- 彼らは他人の権利を尊重する. They respect the *rights* of others.
- 彼らは他人の権利を侵害(しんがい)する. They infringe on the *rights* of others.
- 18歳(さい)になると、投票する権利を得る.
  At the age of eighteen, you get the *right* to vote.

げんり【原理】**a principle**[プリンスィプル]
- アルキメデスの原理
  the Archimedes' *principle*

けんりつ【県立の】**prefectural**[プリーフェクチャラル]
- **▌県立高校 a prefectural high school**

げんりょう¹【原料】**raw materials**[ロー マティ(ア)リアルズ]
- 私たちは原料を輸入している. We import *raw materials*.
- しょう油の原料は何ですか.
  What is soy sauce *made from*?(◀しょう油は何からできていますか)

げんりょう²【減量する】**lose weight**[ルーズ ウェイト]
- 私は2キロ減量したい.
  I want to *lose* two kilograms.

けんりょく【権力】**power**[パウァ]
- **▌権力者 a person of power**

げんろん【言論】**speech**[スピーチ]
- 言論の自由 freedom of *speech*

222
two hundred and twenty-two

こ【子】

❶ 人間の	a child, a kid; (男の子) a boy; (女の子) a girl
❷ 動物の	a baby

❶ [人間の] a child[チャイルド] (複 children[チルドゥラン]), a kid[キッド]; (男の子) a boy[ボーイ]; (女の子) a girl[ガール]
- かわいい子 a cute *boy* [*girl*]
- ケイは末っ子だ. Kei is the youngest *child*.
- 私は一人っ子です. I am an only *child*.
- おばに女の子が生まれた.
  My aunt had a baby *girl*.
- うちの子 my *son* [*daughter*]

❷ [動物の] a baby[ベイビィ] → こいぬ, こねこ, こうし¹, こうま, こひつじ, こやぎ
- 子象 a *baby* elephant

…こ【…個】

- りんご1個 an apple
- 箱2個 two boxes
- 角砂糖1個 a lump of sugar (▶角砂糖2個は two lumps of sugar)
- ケーキ1個 (丸ごと) a cake, (切り分けた) a piece of cake (▶ケーキ2個は (丸ごと) two cakes, (切り分けた) two pieces of cake)

two cakes

two pieces of cake

- このおにぎりは1個120円だ.
  These rice balls cost one hundred and twenty yen each [apiece].

ここがポイント! 「…個」と英語で言うとき
英語には日本語の「…個」「…枚」などのような物を数えるための特別な言葉はありません. 数えられる名詞の場合は, one [a, an], two, three …を名詞の前に置き, 2つ以上なら名詞を複数形にします. 数えられない名詞の場合は, a piece of …(1個の…), two pieces of …(2個の…)などの単位を表す語を用いて表します.

こい¹

ご¹【五(の)】five[ファイヴ] → さん¹
- 5回 *five* times
- 5分の1 one [a] *fifth*
- **―第五(の) the fifth**[フィフス] (▶5thと略す)
- 5列目 *the fifth* row
- 五角形 a pentagon

ご²【語】(単語) a word[ワード]; (言語) a language[ラングウィッヂ]
- この辞書には約1万語が収録されている.
  This dictionary contains about ten thousand *words*.
- 君の国では何語が話されていますか. What *language* is spoken in your country?

ご³【碁】(the game of) go[ゲイム]
- 碁はそれぞれ黒と白の丸い石を使って2人で競う盤(ばん)上ゲームです. *Go* is a board game played by two people using round black and white stones.
- 碁を打つのが好きだ. I like to play *go*.
- 碁石 a *go* stone
- 碁盤 a *go* board

…ご【…後】

after …[アフタァ]; (今から…たったら) in …[イン]; (ある時間がたった後で) … later[レイタァ]; (…後ずっと) since …[スィンス]

- 放課後に会おう.
  Let's meet *after* school.
- 彼は5分後に戻(もど)ってきます.
  He will be back *in* five minutes.
- 3日後, 彼は沖縄へ出発した.
  He left for Okinawa three days *later*.
- 引っ越(こ)し後, ミドリからは連絡(れんらく)がない.
  I haven't heard anything from Midori *since* she moved.

コアラ [動物] a koala (bear) [コウアーラ (ベァ)]

こい¹【恋】

love[ラヴ]
- 初恋はいつですか. When was your first *love*?
- アスカに恋を打ち明けた.
  I confessed my *love* to Asuka.
- **―恋する love, be in love (with …); (恋に落ちる) fall in love (with …)**
- ミキに恋している. I'm in love with Miki.
- 2人はお互(たが)い一目で恋に落ちた. They *fell in love with* each other at first sight.
- 恋人 (男性) a **boyfriend**, (女性) a **girlfriend**: リンには恋人がいる. Rin has a *boyfriend* [*girlfriend*].
- 恋わずらい: 彼女は恋わずらいしている. She's *lovesick*.

こい²

あ
こ
さ
た
な
は
ま
や
ら
わ

こい²【濃い】

❶色が　　　　　**dark, deep**
❷濃度(2³)などが　**thick;**
　　　　　　　(お茶・酒などが)**strong**

❶[色が]**dark**[ダーク](⇔薄(ゔ)い **light**), **deep**[ディープ]
・濃い青色のTシャツ a *dark* blue T-shirt
❷[濃度などが]　**thick**[スィック]　(⇔薄い **thin**);
(お茶・酒などが)**strong**[ストゥローング](⇔薄い **weak**)
・濃いコーンスープ *thick* corn soup
・濃い霧 a *thick* fog
・父は濃いコーヒーが好きだ.
　My father likes *strong* coffee.

こい³[魚]**a carp**[カープ]
┃こいのぼり **a carp streamer**

ごい【語彙】(a) **vocabulary**[ヴォウキャビュレリィ](►ある個人・作品などが用いる語の数全体)
・彼は英語の語いが豊富だ[少ない].
　He has a large [small] *vocabulary*.

こいし[小石]**a small stone**[スモール ストウン]; (丸い)**a pebble**[ペブル]

こいしい【恋しい】**miss**[ミス], **long** (**for** …)
・おばあちゃんの手料理が恋しい.
　I *miss* Grandma's cooking.

こいぬ【子犬】**a puppy**[パピィ]

コイン a coin[コイン]
┃コインランドリー ⊛ **a laundromat**, ⊕ **a launderette**
┃コインロッカー a (**coin-operated**) **locker**

こう(このように)**like this**[ライク], (**in**) **this way**[ウェイ]; (以下のように)**as follows**[ファロウズ]
・こうしてみて. Try to do it *like this*. / Try to do it (*in*) *this way*.
・先生はこう言っていた. The teacher said (*as follows*): …(►…に先生の言葉を続ける)

ごう[号]**a number**[ナンバァ]; (雑誌などの)**an issue**[イシュー]
・3号館 Building *Number* Three / Building *No*. 3
・9号のスカート a *size* 9 skirt

こうい¹【行為】(1回の)**an act**[アクト]; (一連の)(**an**) **action**[アクション]; (ふるまい)**behavior**[ビヘイヴィァ], **conduct**[カンダクト]
・親切な[勇気ある]行為
　an *act* of kindness [bravery]

こうい²【好意】(親切)**kindness**[カインドゥニス]; (支持)**favor**[フェイヴァ]
・彼女は好意からそうした.
　She did it out of *kindness*.

━好意的な **kind, friendly; favorable**
・彼はいつもわれわれに好意的だ.
　He is always *friendly* to us.

こうい³【校医】**a school doctor**[スクール ダクタァ]

ごうい【合意】**an agreement**[アグリーマント]
・2つの国は合意に達した. The two nations reached [came to] an *agreement*.

━合意する **agree**

こういう such[サッチ]➡ こんな

こういしつ【更衣室】(体育館などの)**a locker room**[ラッカァ ルーム]; (劇場などの)**a dressing room**[ドゥレッスィング]

こういしょう【後遺症】**an aftereffect**[アフタァイフェクト](►ふつう複数形で用いる)

ごうう【豪雨】**heavy rain**[ヘヴィ レイン], **a downpour**[ダウンポァ]

こううん【幸運】

(**good**) **luck**[(グッド) ラック](⇔不運 **bad luck**), (**good**) **fortune**[フォーチュン](⇔不運 (a) **misfortune**)
・あなたの幸運を祈(ゔ)ります. I wish you *good luck*. / *Good luck* (to you)!

━幸運な **lucky, fortunate**
・私たちはよい先生が担任で幸運だった.
　It was *lucky* that we had a good homeroom teacher.

━幸運にも **luckily, fortunately**
・幸運にも最後のバスに間に合った.
　Luckily I caught the last bus.

こうえい¹【後衛】[スポーツ]**a back**[バック](⇔前衛 a **forward**)

こうえい²【光栄】**honor**[アナァ]
・あなたにお目にかかれてとても光栄です.
　It is a great *honor* to meet you.

こうえん¹【公園】**a park**[パーク]
・国立[記念]公園
　a national [memorial] *park*
・代々木公園 Yoyogi *Park*(►公園名にはtheをつけず, 大文字で始める)
・彼らはよく公園で遊ぶ.
　They often play in the *park*.

こうえん²【講演】**a lecture**[レクチァ]
・『源氏物語』についての講演を聞いた.
　I attended the *lecture* on "The Tale of Genji."

━講演する **give a lecture**
┃講演会 **a lecture meeting**
┃講演者 **a lecturer, a speaker**

こうえん³【後援】**support**[サポート], 《話》**a backup**[バックアップ]; (資金的な)**sponsorship**[スパンサァシップ]

224　　　　two hundred and twenty-four

ごうかく

=後援する support, back up; sponsor
- 多くの企業がその選手を後援している．
Many companies are *sponsoring* the athlete.
- 後援会 a fan club; a support group
- 後援者 a supporter, a backer; a sponsor

こうえん[4]【公演】a（public）performance[(パブリック) パァフォーマンス]
=公演する perform

こうか[1]【効果】

（an）effect[イフェクト]
- すぐに効果が現れた．
It had an immediate *effect*.
=効果的な effective
- 英語を学ぶ効果的な方法
an *effective* way to learn English
=効果的に effectively

こうか[2]【校歌】a school song[スクール ソーング]
- 私たちは校歌を斉唱していた．
We were singing the *school song* in unison.

こうか[3]【高価な】expensive[イクスペンスィヴ]
- 高価な贈り物 an *expensive* gift

こうか[4]【硬貨】a coin[コイン]
- 100円硬貨 a hundred-yen *coin*

ごうか【豪華な】luxurious[ラグジュ(ァ)リアス], gorgeous[ゴーヂャス], deluxe[ダラックス]
- 豪華なホテル a *luxurious* hotel
- 豪華なウエディングドレス
a *gorgeous* wedding dress

豪華客船 a luxury liner

こうかい[1]【後悔】

（a）regret[リグレット]
=後悔する regret, be sorry（for ...）
- 私は後悔していない．I have no *regrets*.
- 後悔しないように頑張る．I'll do my best so I won't *have* any *regrets* later.
- 今やらないと後で後悔しますよ．
If you don't do it now, you'll *be sorry* later. / If you don't do it now, you'll *regret* it later.

〈慣用表現〉
後悔先に立たず．It is no use crying over spilt milk.（←こぼれたミルクを惜しんで泣いても何にもならない）

こうかい[2]【公開の】public[パブリック], open[オウプン]
=公開する（開放する）open to the public;（展示する）put ... on
- その建物は一般に公開されている．
The building is *open* to the public.
- 公開授業 an open class
- 公開討論会 a forum, an open forum, a public debate

こうかい[3]【航海】a voyage[ヴォイッヂ]
=航海する sail, make a voyage
- 太平洋を航海したい．
I want to *sail* the Pacific.

こうがい[1]【公害】（environmental）pollution[(インヴァイ(ァ)ランメントゥル) パルーション]
- この地域は騒音公害がひどい．There is a lot of noise *pollution* in this area.
- 公害病 a pollution-related disease
- 公害問題 a pollution problem

こうがい[2]【郊外】the suburbs[サバーブズ]
- レイは京都の郊外に住んでいる．
Rei lives in *the suburbs* of Kyoto.

こうがい[3]【校外で】outside［out of］school[アウトサイド［アウト］] [スクール]
- 校外学習 a field trip
- 校外活動 out-of-school activities

ごうがい【号外】an extra（edition）[エクストゥラ (イディション)]

こうかいどう【公会堂】a public hall[パブリック ホール]

こうかがくスモッグ【光化学スモッグ】
photochemical smog[フォウトウケミカル スマッグ]

こうがく【工学】engineering[エンヂニアリング]
- 工学部 the department of *engineering*

ごうかく【合格】

passing[パスィング], success（in ...）[サクセス]（⇔不合格 failure）
- 試験合格おめでとう！Congratulations on *passing* the examination!
=合格する pass, succeed（in ...）[サクスィード]（⇔落ちる，不合格になる fail）
- 姉は西高校の入学試験に合格した．My sister *passed*［*succeeded in*］the entrance examination for Nishi High School.
- 合格者 a successful candidate

こうかん[1]

合格通知 a letter of acceptance
合格点 a passing mark
合格率 the passing rate

こうかん[1]【交換】(an) **exchange**[イクスチェインヂ]

- その本と交換でタクにキーホルダーをあげた.
  I gave Taku a key chain in *exchange* for the book.
- 電池交換が必要だよ. You need to *change* [*replace*] the batteries.
- **交換する exchange, change**; (新品との) **replace**[リプレイス]
- 私たちは意見を交換した. We *exchanged* opinions.
- このコートをもっと大きいものと交換してもらえますか.
  Could you please *exchange* this coat for a bigger one?

交換手 (電話の) a telephone operator
交換留学生 an exchange student

こうかん[2]【好感】a **good impression**[グッド インプレッション]

- 彼は聴衆(ちょうしゅう)に好感を与(あた)えた. He made a *good impression* on the audience.
- 好感の持てる人 a *pleasant* person

こうき[1]【後期】the **latter period**[ラタァ][ピ(ァ)リァッド]〔⇔前期 **the first period**〕; (学期の) **the second term**[セカンド ターム]

こうき[2]【好機】a **good chance**[グッド チャンス], a **good opportunity**[アパァトゥーナティ]

こうき[3]【校旗】a **school flag**[スクール フラッグ]

こうぎ[1]【抗議】a **protest**[プロウテスト]

- **抗議する protest** (**against ...**)[プラテスト](★名詞との発音・アクセント位置の違(ちが)いに注意), **make a protest** (**against ...**)
- 監督(かんとく)は審判(しんぱん)の判定に抗議した.
  The manager *protested against* the umpire's call.

こうぎ[2]【講義】a **lecture**[レクチァァ]

- **講義する give a lecture** (**on ...**)

こうきあつ【高気圧】**high atmospheric pressure**[ハイ アトゥマスフェリック プレッシァァ]

こうきしん【好奇心】**curiosity**[キュ(ァ)リアサティ]

- 好奇心にかられて out of *curiosity*
- **好奇心の強い curious**[キュ(ァ)リアス]
- 彼女は好奇心が強い.
  She is a *curious* person.

こうきゅう[1]【高級な】**high-class**[ハイクラス], **high-grade**[-グレイド]; (高価な) **expensive**[イクスペンスィヴ]

高級車 a luxury car
高級品 (high) quality goods

こうきゅう[2]【硬球】a **hard ball**[ハード ボール]

ごうきゅう【号泣する】**weep**[ウィープ]

こうきょ【皇居】the **Imperial Palace**[インピ(ァ)リアル パリス]

こうきょう【公共の】**public**[パブリック]

公共事業 a public enterprise
公共施設(しせつ) public facilities
公共料金 public utility charges

こうぎょう[1]【工業】(an) **industry**[インダストゥリィ]

- 重[軽]工業 heavy [light] *industry*
- 自動車工業
  the car [automobile] *industry*
- **工業の industrial**[インダストゥリアル]

工業地帯 an industrial area
工業都市 an industrial city

こうぎょう[2]【鉱業】the **mining industry**[マイニング インダストゥリィ], **mining**

こうきょうがくだん【交響楽団】a **symphony orchestra**[スィンフニィ オーカストゥラ]

こうきょうきょく【交響曲】a **symphony**[スィンフニィ]

- ベートーベンの第9交響曲
  Beethoven's 9th *Symphony*

こうくう【航空】

- 日本航空 Japan *Airlines*

航空会社 an airline (company)
航空機 an aircraft
航空券 a flight ticket, an air ticket
航空写真 an aerial photograph
航空便 airmail, air mail
航空路 an air lane

こうけい【光景】a **sight**[サイト], a **scene**[スィーン]

- 美しい光景 a beautiful *scene*

こうげい【工芸】(a) **craft**[クラフト]

- 伝統工芸 a traditional *craft*
- 美術工芸 arts and *crafts*

ごうけい【合計】

a **total**[トウトゥル], the **sum**[サム]

- 合計955円です.
  The *total* will be 955 yen.

合計で…になる
be ... altogether [in total] / amount to ...

- 「いくらですか」「合計で3000円になります」
  "How much is it?" "It *is* 3,000 yen *altogether*."
- **合計する add up**[アッド アップ]
- これらの数字を合計してください.
  Please *add up* these figures.

合計金額 the sum total

こうさん

こうげき【攻撃】an attack[アタック], offense[オーフェンス](⇔防御(ぎょ) defense)
━攻撃的な aggressive[アグレッスィヴ]
・攻撃的な作戦 an aggressive strategy
━攻撃する attack

――――慣用表現――――

攻撃は最大の防御である.
Offense is the best defense.

こうけん【貢献】a contribution[カントゥリビューション]
━貢献する contribute(to ...)[カントゥリビュート], make a contribution(to ...)
・エリは勝利に大きく貢献した.
Eri contributed greatly to the victory.
・社会貢献したい. I want to make a contribution to society.

こうげん【高原】highlands[ハイランヅ], heights[ハイツ]

こうご¹【交互に】alternately[オールタァナットゥリィ], in turn[ターン]→こうたい¹

こうご²【口語】spoken language[スポウクン ラングウィッヂ](⇔文語 written language)
━口語の spoken, colloquial[カロウクウィアル]
|口語英語 spoken English

こうこう【高校】

a (senior) high school[(スィーニャァ) ハイ スクール]
・高校1年生 a first-year student in high school / ⓐa freshman in high school
・兄は高校へ通っている.
My brother goes to high school.

――――表現メモ――――

いろいろな高校
男子[女子]高校
a boys(') [girls(')] high school
都立高校 a metropolitan high school
県立[府立,道立]高校 a prefectural high school
私立高校 a private high school
工業高校 a technical high school
商業高校 a commercial high school
水産高校 a fisheries high school
農業高校 an agricultural high school
全日制高校 a full-time high school
単位制高校
a credit-based [credit-system] high school
通信制高校 a correspondence high school

|高校生 a high school student
|高校生活 high school life
|高校入試 a high school entrance examination
|高校野球大会 a high school baseball tournament

こうごう【皇后】the empress[エンプリス](⇔天皇 the emperor)
|皇后陛下 Her Majesty the Empress

こうこがく【考古学】archaeology[アーキアロラヂィ]
|考古学者 an archaeologist

こうこく【広告】an advertisement[アドゥヴァタイズメント], 《話》an ad[アッド]
・ネット広告 an Internet advertisement [ad]
・テレビ広告 a TV commercial
━広告する advertise[アドゥヴァタイズ]
|広告代理店 an advertising agency
|広告欄(らん) an advertising column

こうさ¹【交差する】cross[クロース]
・この道はこの先で国道と交差します.
This street crosses the national highway up ahead.
|交差点 an intersection, a crossing

こうさ²【黄砂】《気象》yellow sand[イェロウ サンド]

こうざ¹【講座】a course[コース]
・初級英会話講座 a beginner's course in English conversation

こうざ²【口座】an account[アカウント]
・その銀行に口座を開いた.
I opened an account at [with] the bank.

こうさい【交際】(友人関係)friendship[フレンドゥシップ]
・父は交際範囲(はん)が広い[せまい]. My father has a large [small] circle of friends.
━交際する make [be] friends (with ...), keep company (with ...); (恋人と)go out (with ...)→つきあう
・母は悪い友達と交際しないようにと言った.
My mother told me not to keep bad company.
・彼はナオと交際している.
He is going out with Nao.

こうさく【工作】a handicraft[ハンディクラフト]

こうさん【降参する】give up[ギヴ アップ], give in

こうざん[1]

(to ...)[イン]

こうざん[1]【高山】a high mountain[マウンテン]
→高山の alpine[アルパイン]
高山植物 an alpine plant
高山病 mountain [altitude] sickness

こうざん[2]【鉱山】a mine[マイン]

こうし[1]【子牛】a calf[キャフ](★このlは発音しない)(複 calves[キャヴズ])→うし

こうし[2]【講師】an instructor[インストゥラクタァ], a lecturer[レクチャラァ]

こうし[3]【公私】public [work] and private (matters)[パブリック [ワーク]][プライヴィット (マタァズ)]
・公私混同しないように. Don't mix up *work and private matters*.

こうじ【工事】construction[カンストゥラクション], repair[リペア]
・工事中
《掲示》(建設中)UNDER *CONSTRUCTION*;
(作業中)CREW AT WORK

「工事中」の掲示

・その道路は工事中だった.
The road was under *repair*.
工事現場 a construction site

こうしえん【甲子園】Koshien Stadium[ステイディアム]
・甲子園に出るのが私の夢だ.
It's my dream to play at *Koshien*.

こうしき【公式】

| ❶数学などの | a formula |
| ❷公の | (正式の)formal;
(公の仕事の)official |

❶[数学などの]a formula[フォーミュラ]
❷[公の](正式の)formal[フォーマル];(公の仕事の)official[アフィシャル]
・大統領は日本を公式訪問した. The President paid a *formal* visit to Japan.
→公式に formally; officially
公式記録 an official record
公式サイト an official site

公式戦 a regular-season game; 〖野球〗the pennant race

こうしつ【皇室】the Imperial Family[インピ(ァ)リアル ファミリィ]

こうじつ【口実】an excuse[イクスキュース], a pretext[プリーテクスト]
・休む口実 an *excuse* for absence

こうして in this way[ウェィ], like this[ライク]→こう

こうしゃ[1]【校舎】a school building[スクール ビルディング]

こうしゃ[2]【後者】the latter[ラタァ](⇔前者 the former)

こうしゅう[1]【講習】a course[コース], a class[クラス]
・7月は夏期講習に出ました.
I took some summer *courses* in July.

こうしゅう[2]【公衆】the public[パブリック]
・公衆の面前で in *public*
公衆衛生 public health
公衆電話 a public (tele)phone, a pay phone
公衆道徳 public morality
公衆便所 a public lavatory [toilet]

こうしょう[1]【交渉】(a) negotiation[ニゴウシエイション](►しばしば複数形で用いる)
→交渉する negotiate[ニゴウシエイト]
・小遣(ぅか)いについて両親と交渉した.
I *negotiated* with my parents about my allowance.

こうしょう[2]【校章】a school badge[スクール バッヂ]

こうじょう[1]【工場】a factory[ファクタリィ];(大規模な)a plant[プラント]
・工場見学 a field trip to a *factory*
・兄は自動車工場で働いている.
My brother works in [at] a car *factory*.
工場地帯 a factory district
工場排水(ﾊ) industrial wastewater

こうじょう[2]【向上】(改善)improvement[インプルーヴマント];(進歩)progress[プラグレス]
→向上する improve; make progress
・私の英語の成績は向上している.
My English grades have *improved*.
・彼女の数学の力はめざましく向上している.
She is *making* great *progress* in math.

ごうじょう【強情な】(性格が)stubborn[スタバァン], obstinate[アブスタナット]

こうしょきょうふしょう【高所恐怖症】
・高所恐怖症だ. I'm afraid [scared] of high places. / I'm afraid [scared] of heights.

こうしん[1]【行進】a march[マーチ];(祝賀などの)a parade[パレイド]

- きょうは行進の練習をします. We are going to practice *marching* today.
- ➡行進する **march**; **parade**
- ┃行進曲 **a march**

こうしん[2]【更新する】**renew**[リヌー], **update**[アップデイト]
- 会員証を更新しなくては.
  I have to *renew* my membership.
- あなたは何回ぐらいブログを更新しますか.
  How often do you *update* your blog?

こうしんりょう【香辛料】**spices**[スパイスィズ]

こうすい【香水】**perfume**[パーフューム]
- 姉は香水をつけている.
  My sister wears *perfume*.
- 母の香水をつけてみた.
  I put on my mother's *perfume*.

こうずい【洪水】**a flood**[フラッド]
- その洪水で橋が流されてしまった. The bridge was washed away in the *flood*.
- 去年この辺りは洪水に見舞(まい)われた.
  This area was *flooded* last year. (▶この floodは「はんらんさせる」の意味の動詞)

こうせい[1]【構成】**composition**[カンパズィション], **structure**[ストラクチャァ]
- ➡構成する **make up**, **compose**[カンポウズ]
- サッカーのチームは11人で構成されている.
  A soccer team is *made up of* eleven players. / A soccer team is *composed of* eleven players.

こうせい[2]【公正な】**fair**[フェア]
- 公正な判断 a *fair* judgment
- ➡公正に **fairly**

こうせい[3]【恒星】**a (fixed) star**[(フィックスト) スター], **a sun**[サン]

ごうせい【合成】
┃合成甘味(かん)料 (an) **artificial sweetener**
┃合成写真 **a montage photograph**
┃合成繊維(せん) **a synthetic fiber**
┃合成着色料 **artificial coloring**
┃合成保存料 **artificial preservatives**

こうせいぶっしつ【抗生物質】**an antibiotic**[アンティバイアティック]

こうせき【功績】(業績) **an achievement**[アチーヴマント]; (貢献) (**a**) **contribution**[カントゥラビューション]

こうせん【光線】(一筋の) **a ray**[レィ], **a beam**[ビーム]; (光) **light**[ライト]
- 太陽光線 the *rays* of the sun / sun*beams*
- レーザー光線 a laser *beam*

こうぜん【公然の】**open**[オウプン], **public**[パブリック]
- 公然の秘密 an *open* secret

- ➡公然と **openly**, **in public**

こうそう【高層】**high-rise**[ハイライズ]
- 高層ビル a *high-rise* building
- 超(ちょう)高層ビル a **skyscraper**

こうぞう【構造】**structure**[ストラクチャァ]
- 恐竜(きょうりゅう)の骨の構造
  the bone *structure* of a dinosaur
- ➡構造上の **structural**

こうそく[1]【校則】
school regulations[スクール レギュレイションズ], **school rules**[ルールズ]
- 彼は校則を守った[破った].
  He obeyed [broke] *school regulations*.
- 漫画(まんが)を学校に持ってくるのは校則違反(はん)だ. Bringing comic books to school is against the *school rules*.

こうそく[2]【高速】(**a**) **high speed**[ハィ スピード]
- 高速のインターネット接続
  high-speed Internet access
- ┃高速道路 ⓐ**an expressway**, ⓐ**a freeway**, ⓐ**a motorway**: 東名高速道路 the Tomei *Expressway*

こうたい[1]【交代する, 交替する】
(代理をする) **take ...'s place**[プレイス]; (かわるがわるやる) **take turns**[ターンズ]
- あしたの当番交代してもらえる？
  Can you *take my place* tomorrow?
- 私たちは交代してお昼ご飯を食べに行った.
  We *took turns* to go for lunch.

take ...'s place　　take turns

- ➡交代で **by turns**, **in turn**

こうたい[2]【抗体】**an antibody**[アンティバディ]
- ワクチンが体に抗体ができるのを助ける.
  The vaccine will help your body develop [produce] *antibodies*.

こうだい【広大な】**vast**[ヴァスト]

こうたいし【皇太子】**the Crown Prince**[クラウンプリンス]; (英国の) **the Prince of Wales**[ウェイルズ]

┃皇太子妃(ひ) **the Crown Princess**; (英国の) **the Princess of Wales**

こうたく【光沢】(**a**) **shine**[シャイン], (**a**) **gloss**[グラス] (▶いずれも複数形では用いない)

こうちゃ

―光沢のある shiny, glossy

こうちゃ【紅茶】(black) tea[(ブラック) ティー]
- 紅茶を1杯(院)いかがですか.
  How about a cup of *tea*?
- 母はいつも紅茶を飲んでいる.
  My mother always drinks *tea*. (►いつもの習慣には,「飲んでいる」であっても現在進行形ではなく現在形を使う)

> **ここがポイント!** **black tea とも**
> 「紅茶」を英語で表す場合,ふつうはtea だけで通じますが,日本の緑茶 green tea などと区別して black tea と言うこともあります.

こうちょう¹【校長】a principal[プリンスィパル]
- 中学の校長
  the *principal* of a junior high school
- きょうは校長先生のお話があるらしい. I hear our *principal* is going to talk today.
|| **校長室** the principal's office
こうちょう²【好調】good condition[shape][グッド カンディション[シェイプ]]
- 彼女は最近好調だ. She is in *good condition [shape]* these days.
- すべて好調だ.
  Everything is going *all right*. / Everything is going *well*.

こうつう【交通】
traffic[トゥラフィック];(輸送)transportation[トゥランスパァテイション]
- この通りは交通が激(禁)しい.
  The *traffic* is heavy on this street.
- その学校は交通の便がよい.
  The school has good access to *transportation*.
|| **交通安全** traffic safety: 交通安全週間 a *traffic safety* week
|| **交通違反**(院) traffic violation: 交通違反をしてはいけない. Don't break [violate] *traffic regulations*.
|| **交通機関** a means of transportation
|| **交通規則** traffic regulations [rules]
|| **交通事故** a traffic accident
|| **交通渋滞**(院) a traffic jam: 私たちは交通渋滞にはまった. We were [got] caught in a *traffic jam*.
|| **交通信号** a traffic light
|| **交通整理** traffic control
|| **交通費** transportation expenses
|| **交通標識** a traffic sign
こうつごう【好都合な】convenient[カンヴィーニャ

ント]→つごう

こうてい¹【校庭】school grounds[スクール グラウンヅ], a schoolyard[スクールヤード];(運動場)a (school) playground[プレイグラウンド]
- 私たちは校庭を3周走った. We ran three laps around the *schoolyard*.
こうてい²【皇帝】an emperor[エンパラァ];(女性の)an empress[エンプリス]
こうてい³【肯定する】affirm[アファーム]
―肯定的な affirmative(⇔否定的な negative)
|| **肯定文** 《文法》an affirmative sentence
こうてき【公的な】(公の)public[パブリック](⇔私的な private);(公務上の)official[アフィシャル]
こうてつ【鋼鉄】steel[スティール]
こうてん【好転する】improve[インプルーヴ], change for the better[チェインヂ][ベタァ]
- 事態は好転した.
  Things *changed for the better*.
こうど【高度】(a) height[ハイト];(標高, 海抜(院))(an) altitude[アルティテュード]
- 高度5000メートルで at a *height* of five thousand meters / at an *altitude* of five thousand meters
―高度な advanced, high
―高度に highly
- 高度に発達した文明 a *highly* developed civilization / an *advanced* civilization
こうとう¹【高等な】high[ハイ], higher[ハイア];(進歩した)advanced[アドゥヴァンスト]
|| **高等学校** a (senior) high school → こうこう
|| **高等教育** higher education
|| **高等裁判所** a high court
|| **高等専門学校** a technical college
こうとう²【口頭の】oral[オーラル]
―口頭で orally
|| **口頭試問[試験]** an oral examination

こうどう¹【行動】
(行為(院))(an) action[アクション], an act[アクト];(ふるまい)behavior[ビヘイヴィァ], conduct[カンダクト]
- 自分の行動には責任を持ちなさい.
  Be responsible for your *actions*.
―行動する do, act, take action; behave
- 私たちは団体で行動した.
  We *did* everything as a group.
―行動的な active
- ユウコは行動的だ. Yuko is *active*.
こうどう²【講堂】an auditorium[オーディトーリアム]
ごうとう【強盗】(人)a robber[ラバァ], a burglar[バーグラァ];(行為(院))(a) robbery[ラバリィ]

こうふん

- 銀行強盗 a bank *robber*
- 昨夜コンビニに強盗が入った．
  A *burglar* broke into a convenience store last night.

ごうどう【合同の】**joint**[ヂョイント]
| 合同演奏会 a joint concert
| 合同授業 a joint class
| 合同練習 a joint practice session

こうない【校内で】**in school**[スクール], **on the school grounds**[グラウンヅ]
| 校内放送 a school PA [public address] system
| 校内暴力 school violence

こうにゅう【購入する】**buy**[バイ], **purchase**[パーチャス] → かう¹

こうにん¹【後任】(人)**a successor**（**to** …）[サクセサァ]
- 彼女の後任はだれですか．
  Who is her *successor*?

こうにん²【公認の】**official**[アフィシャル], **officially recognized**[アフィシャリィ レカグナイズド]
| 公認記録 an official record

こうのとり〖鳥〗**a stork**[ストーク]

こうば【工場】→ こうじょう¹

こうはい【後輩】(部活などの) **a younger** [**junior**] **member**[ヤンガァ（ヂューニア）メンバァ]（⇔先輩 an elder [older] member, a senior member）；(年少者) **one's junior**
- 彼は部活の後輩だ．
  He is a *junior member* of our club.
- マユは私の2年後輩だ．Mayu is two years *my junior*. / Mayu is two years behind me.

こうばい¹【こう配】(傾き) **a slope**[スロウプ]
- こう配の急な [緩やかな] 坂道
  a steep [gentle] *slope*

こうばい²【購買】**purchase**[パーチャス]
| 購買部 (学校の) a school store

こうはん【後半】**the latter half**[ラタァ ハーフ], **the second half**[セカンド]（⇔前半 the first half）；(時期の終わり) **late**[レイト]
- 試合の後半 *the latter half* of the match
- 後半20分に in the twentieth minute of *the second half*
- 父は40代後半だ．
  My father is in his *late* forties.

こうばん¹【交番】**a koban**；**a police box**[パリース バックス]（▶英語圏では日本の交番のような形態はない）
- 交番のおまわりさんが来てくれた．A（police）officer from the *police box* came over.

近代的な建物の交番（日本）

こうばん²【降板する】〖野球〗**leave the mound**[リーヴ][マウンド]
- ピッチャーは3回で降板した．The pitcher *left the mound* in the third inning.

こうひょう¹【公表する】**make** … **public**[パブリック] → はっぴょう
- 事件の真相が公表された．
  The facts of the case were *made public*.

こうひょう²【好評な】**popular**[パピュラァ], **well-received**[ウェルリスィーヴド]
- その雑誌は好評だ．
  That magazine is *popular*.

こうふう【校風】(伝統) (a) **school tradition**[スクール トゥラディション]；(特徴) **school characteristics**[キャリクタリスティックス]

こうふく¹【幸福】**happiness**[ハピニス]
- 幸福をお祈りします．
  I wish you *happiness*.
- ━**幸福な happy**（⇔不幸な unhappy）
- 幸福な家庭 a *happy* family
- ━**幸福に happily** → しあわせ

こうふく²【降服】**surrender**[サレンダァ]
- ━**降服する surrender**（**to** …）
- 長い戦いの後，敵は降服した．After a long battle, the enemy *surrendered*.

こうぶつ¹【好物】**one's favorite**（**food**）[フェイヴァリット][フード]
- 君の好物は何？
  What is *your favorite food*?

こうぶつ²【鉱物】**a mineral**[ミナラル]
| 鉱物資源 mineral resources

こうふん【興奮】

excitement[イクサイトゥマント]
- ━**興奮する be [get] excited**
- コンサートですごく興奮した．
  I *was [got]* very *excited* at the concert.
- そのニュースを聞いて私たちは興奮した．
  We *were excited* by the news.
- 興奮したファンがステージにかけ寄った．
  The *excited* fans ran up to the stage.

こうへい

- **興奮して** excitedly, in excitement
  - 彼らは旅行について興奮して話した．
    They talked *excitedly* about their trip.
- **こうへい**【公平な】**fair**［フェア］(⇔不公平な **unfair**)
  - 彼は公平な判断を下した．
    He made a *fair* judgment.
  - 山田先生はだれに対しても公平だ．
    Ms. Yamada is *fair to* everyone.
- **公平に** fairly
  - このケーキは2人で公平に分けよう．
    Let's share this cake *fairly* between us.
- **こうほ**【候補(者)】**a candidate**［キャンディデイト］；(推薦された人) **a nominee**［ナマニー］
  - 生徒会長候補 a *candidate* for the student council president
  - アカデミー賞候補たち
    nominees for the Academy Awards
- **ごうほう**【合法的な】**legal**［リーガル］
- **こうま**【小馬, 子馬】(小馬) **a pony**［ポウニィ］；(雄の子馬) **a colt**［コウルト］；(雌の子馬) **a filly**［フィリィ］
- **ごうまん**【ごう慢な】**arrogant**［アラガント］
  - 彼はごう慢だ．He is *arrogant*.
- **こうみょう**【巧妙な】**clever**［クレヴァ］, **skillful**［スキルフル］
  - 巧妙なわな a *clever* trap
- **巧妙に** cleverly, skillfully
- **こうみん**【公民】(教科の) **civics**［スィヴィックス］
- **こうみんかん**【公民館】**a community center**［カミューナティ センタァ］, **a public hall**［パブリック ホール］
- **こうむいん**【公務員】**a civil［public］servant**［スィヴァル［パブリック］サーヴァント］, **an official**［アフィシャル］
  - 国家公務員 a government *official*
  - 地方公務員 a local government *official*
  - 公務員試験 civil-service examinations
- **こうむる**【被る】**suffer**［サファ］
  - その町は台風で大きな損害を被った．
    That town *suffered* great damage from the typhoon.
- **こうもく**【項目】**an item**［アイタム］
- **こうもり**【動物】**a bat**［バット］
- **こうもん**【校門】**a school gate**［スクール ゲイト］
- **ごうもん**【拷問】(a) **torture**［トーチァ］
- **拷問にかける** torture
- **こうよう**[1]【紅葉】**red leaves**［レッド リーヴズ］, **colored leaves**［カラァド］
- **紅葉する** turn red
  - 東北地方では木々の葉が美しく紅葉している．
    Autumn leaves are *turning red* and yellow in the Tohoku region.

紅葉のライトアップ(岩手県奥州市)

- **こうよう**[2]【公用】**official business**［アフィシャル ビズニス］
  - 公用で on *official business*
  - 公用語 an official language
- **こうらく**【行楽】**an outing**［アウティング］
  - 行楽客 ⊛ a vacationer, ⊛ a holiday maker
  - 行楽地 a holiday resort, a resort area
- **こうり**【小売り】**retail**［リーテイル］
- **小売りする** retail
  - 小売り店 a retail store［shop］
- **こうりつ**【公立の】**public**［パブリック］(⇔私立の private)
  - 公立中学校 a *public* junior high school
  - 公立図書館 a public library
- **ごうりてき**【合理的な】**rational**［ラショヌル］, **reasonable**［リーズナブル］, **logical**［ラヂカル］
- **合理的に** rationally, reasonably
- **こうりゃく**【攻略する】**capture**［キャプチァ］
  - そのゲームを(うまく)攻略できた．
    I was able to (successfully) finish the game.
  - 攻略サイト (ゲームの) a (game) cheat site
  - 攻略本 (ゲームの) a strategy guide (for a video game), a hints-and-tips book (for a video game)
- **こうりゅう**【交流】(やりとり) **(an) exchange**［イクスチェインヂ］；(親ぼく) **friendship**［フレンドシップ］；(電流の) **an alternating current**［オールタァネイティング カーラント］(⇔直流 direct current)(▶AC, ac と略す)
  - 文化交流 cultural *exchange*
  - 国際交流のイベント
    an international *exchange* event
  - 交流試合 a friendly match
  - 交流戦 (野球で) an interleague game
- **ごうりゅう**【合流する】**join**［ヂョイン］
  - 公園で友人たちと合流する予定だ．
    I'm going to *join* my friends at the park.
- **こうりょ**【考慮】**consideration**［カンスィダレイション］
  - 私たちは彼の意見も考慮に入れる必要がある．

We need to *take* his opinion *into consideration*.
─**考慮する** consider[カンスィダァ], take ... into consideration

こうりょく【効力】(an) **effect**[イフェクト]
- その薬は効力を発揮した．
The medicine had an *effect*.
─**効力のある** effective
─**効力のない** ineffective

こうれい【高齢の】**aged**[エイヂド]
高齢化 aging: 高齢化社会 an *aging* society
高齢者（1人）**an aged [elderly] person**,（まとめて）**the aged, senior citizens**

ごうれい【号令】**a command**[カマンド], **an order**[オーダァ]
- コーチは選手たちに「整列」と号令をかけた．The coach *ordered* the athletes to line up.

こうろん【口論】**an argument**[アーギュマント],《主に米》**a quarrel**[クウォーラル] → けんか
─**口論する** argue,《主に米》quarrel

こえ【声】
(人の) **a voice**[ヴォイス];（鳥の）**a song**[ソーング];（鳥・虫の）**a chirp**[チャープ]
- なみだ声 a tearful *voice*
- 虫の声 insect *chirps*
- アキはいつも大きな［小さな］声で話す．
Aki always speaks in a loud [low] *voice*.
- 風邪(ゕゼ)で声が出ない．
I've got a cold and (I've) lost my *voice*.
- 声がかすれてしまった．
My *voice* became hoarse.
- マキが声を出して本を読んでいる．
Maki is reading a book *aloud*.
- 彼らは声をそろえて「はい」と言った．
They said, "Yes" *in unison*.
声変わり the change of voice: 弟は声変わりしたばかりだ．My brother's *voice* has just *broken [changed]*.

ごえい【護衛】(人) **a (security) guard**[スィキュ(ァ)ラティ ガード];（同行者）**an escort**[エスコート]

こえだ【小枝】**a twig**[トゥウィッグ] → き¹ 図

こえる【越える, 超える】

❶越えて行く	go [get] over ..., cross;（跳(ト)び越す）clear
❷上回る	be over ..., be more than ...

❶[越えて行く]**go [get] over ...**[ゴゥ［ゲット］オウヴァ], **cross**[クロース];（跳び越す）**clear**[クリア]
- その町へ行くのに山を2つ越えた．We went *over* two mountains to get to the town.
- ボールはエンドラインを越えた．
The ball *crossed* over the end line.
- ポチがさくを越えて逃(ﾆ)げてしまった．
Pochi *cleared* the fence and ran away.

go over　　　cross　　　clear

❷[上回る]**be over ..., be more than ...**[モァ]
- 田中さんは80歳(ｻｲ)を超えている．Mr. Tanaka *is over* eighty.
- 参加者は1000人を超えた．There *were more than* a thousand participants.
- 彼の得点は平均点を超えていた．
His score *was above* average.

ゴーカート **a go-cart**[ゴウカート]
コーギー（ウェルシュ・コーギー犬）**a (Welsh) corgi**[(ウェルシュ) コーギィ]
ゴーグル **goggles**[ガッグルズ]
コース **a course**[コース];（競争・競泳などの）**a lane**[レイン]
- ハイキングコース a hiking *course*
- 高校進学コース
a high school preparatory *course*
- フルコースのディナー
a full-*course* [six-*course*] dinner
コーチ **a coach**[コウチ]
─**コーチする** coach
- 彼はサッカー部のコーチをしている．
He *coaches* the soccer team.
コーディネーター **a coordinator**[コウオーダネイタァ]
コーディネート【コーディネートする】**coordinate**[コウオーダネイト]
- ヒロはコーディネートが上手だ．
Hiro is good at *coordinating* an outfit.
コーデュロイ **corduroy**[コーダロイ], **cord**[コード]
コート¹（球技の競技場）**a court**[コート]
- バスケット［テニス］コート
a basketball [tennis] *court*
コート²（衣服）**a coat**[コウト], **an overcoat**[オウヴァコウト]
- コートを着た．
I put on the *coat*.
- コートを脱(ｸﾞ)いだ．
I took off the *coat*.
コード¹（電気の）**a cord**[コード]
- 延長コード an extension *cord*

コード² (和音) **a chord**[コード]
コード³ (暗号) **a code**[コウド]
- バーコード a bar *code*
- コード番号 a code number

コードレス【コードレスの】**cordless**[コードゥリス]
| コードレス電話 a cordless telephone

コーナー (曲がり角, すみ) **a corner**[コーナァ]; (走路の) **a turn**[ターン]; (売り場) **a section**[セクション]
- アニメコーナー the anime *section*
| コーナーキック (サッカーで) a corner kick

コーヒー coffee[コーフィ]
- 濃いコーヒー strong *coffee*
- 薄い[アメリカン]コーヒー
  weak *coffee*(▶「アメリカンコーヒー」は和製英語)
- アイス[ホット]コーヒー
  ice(d) [hot] *coffee*
- ブラック[ミルク]コーヒー
  black [milk] *coffee*
- コーヒー1杯
  a cup of *coffee*(▶コーヒー2杯はtwo cups of coffeeだが、店などではふつう a coffee, two coffeesと注文する)
- コーヒーを入れましょう。
  I'll make (some) *coffee*.
- 「コーヒーに何か入れますか」
  「クリームと砂糖を入れてください」
  "How would you like your *coffee*?"
  "With cream and sugar, please."
| コーヒーカップ a coffee cup
| コーヒー牛乳 coffee-flavored milk
| コーヒーショップ a coffee shop
| コーヒーポット a coffee pot
| コーヒー豆 coffee beans
| コーヒーミル a coffee grinder [mill]
| コーヒーメーカー a coffee maker

ゴーヤー 〖植物〗 **a bitter gourd**[ビタァ ゴード]

コーラ (a) **cola**[コウラ]; (コカコーラ) 〖商標〗 **Coca-Cola**[コウカコウラ], 《話》**Coke**[コウク]

コーラス a chorus[コーラス]

こおらせる【凍らせる】**freeze**[フリーズ]

こおり【氷】

ice[アイス]
- 角氷1個 an *ice* cube
- かき氷 shaved *ice*
- 氷のかたまり
  a lump of *ice* / (大きな) a block of *ice*
- 池には氷が張っていた。
  The pond was covered with *ice*.
- 彼女の指は氷のように冷たかった。
  Her fingers were as cold as *ice*.
| 氷砂糖 sugar crystals
| 氷枕 an ice pack
| 氷水 iced water

こおる【凍る】**freeze**[フリーズ]
- 水は零度で凍る。
  Water *freezes* at zero degrees.

ゴール

(球技での) **a goal**[ゴウル]; (競走での) **a finish**[フィニッシュ]
- その試合でゴールを決めた。
  I scored a *goal* in the game.
| ゴールイン: ケンが1着でゴールインした。Ken crossed [reached] *the finish line* first.

> **これ、知ってる?** 「ゴールイン」と英語で言うとき
> 「ゴールイン」は和製英語です。ランナーなどがゴールインする場合はbreak the tape, ヨットがゴールインする場合はsail across the finish lineなどとも言います。

| ゴールエリア the goal zone
| ゴールキーパー a goalkeeper
| ゴールキック a goal kick
| ゴールライン a goal line

ゴールデンウイーク 'Golden Week' holidays [ゴウルドゥン ウィーク ハラデイズ] (▶「ゴールデンウイーク」は和製英語なので説明が必要) → 年中行事【口絵】
- ゴールデンウイークは4つの国民の祝日を含む4月末から5月初めにかけての期間を言います。*Golden Week* is a period in late April and early May that includes four national holidays.

ゴールデンタイム (テレビ・ラジオの) **prime time** [プライム タイム] (▶「ゴールデンタイム」は和製英語)

ゴールド gold[ゴウルド] → きん

コールドゲーム 〖野球〗**a called game**[コールド ゲイム]
- 試合は雨のためコールドゲームになった。The

こくご

game was *called off* because of rain.

こおろぎ〖虫〗**a cricket**[クリキット]

コーン¹(とうもろこし)⊛**corn**[コーン], ⊛**maize**[メイズ]

  コーンスープ corn soup
  コーンスターチ cornstarch
  コーンフレーク cornflakes

コーン²(アイスクリームの)**a cone**[コウン]

こがい〖戸外の〗**outdoor**[アウトドァ], **outside**[アウトサイド]

━**戸外で outdoors, outside, in the open air**

ごかい〖誤解〗**(a) misunderstanding**[ミスアンダァスタンディング]

• 彼女は友達の誤解を解いた. She cleared up her friend's *misunderstanding*.

━**誤解する misunderstand, take〔get〕... wrong**

• 君は誤解されるかもしれないよ.
  You may be *misunderstood*.
• 誤解しないで. Don't *get* me *wrong*.

ごかく〖互角の〗**even**[イーヴン]

• 私たちは互角に戦った.
  We had an *even* fight.

ごがく〖語学〗**language**(**study**)[ラングウィッヂ]

• マリは語学に強い.
  Mari is good at *languages*.

ごかくけい〖五角形〗**a pentagon**[ペンタガーン]

こかげ〖木陰〗**the shade of a tree**[シェイド]

• 木陰で昼寝をした.
  I took a nap in *the shade of a tree*.

こがす〖焦がす〗**burn**[バーン]; (表面を)**scorch**[スコーチ]

• 彼はトーストを焦がした.
  He *burned* his toast.
• 私はシャツを焦がさないように注意してアイロンをかけた. I carefully ironed my shirt so as not to *scorch* it.

こがた〖小型の, 小形の〗**small**[スモール], **small-sized**[スモールサイズド]; (携帯可能な)**pocket**[パキット]

• 小型の自動車 a *small* car
• 小型のカメラ a *pocket*〔*compact*〕camera

ごがつ〖五月〗**May**[メイ](▶常に大文字で始める)→いちがつ

• 私は5月生まれだ. I was born in *May*.
• 5月5日はこどもの日だ. *May* 5 is Children's Day. (▶May 5はMay(the)fifthと読む)

  五月人形 dolls for the children's Festival

こがら〖小柄の〗**small**[スモール], **small-sized**[スモールサイズド]

こがらし〖木枯らし〗**a cold winter wind**[コウルドウィンタァ ウィンド]

ごきげん〖ご機嫌〗(機嫌がいい)**be in a good mood**[グッド ムード]→きげん²

• カズはご機嫌だ. Kazu *is in a good mood*.
• 「ご機嫌いかがですか」「おかげさまで元気です」 "How are you?" "I'm fine, thank you."

こぎって〖小切手〗**a check**[チェック]

ごきぶり〖虫〗**a cockroach**[カックロウチ]

こきゅう〖呼吸〗**breathing**[ブリーズィング], **respiration**[レスパレイション]; (息)(**a**)**breath**[ブレス]

• 人工呼吸 artificial *respiration*
• 彼は呼吸が荒い. He is *breathing* hard.
• 彼は呼吸が速い. He is *breathing* fast.

━**呼吸する breathe**[ブリーズ](★発音注意)

• 森で深呼吸した.
  I *breathed* deeply in the forest.

  呼吸困難 difficulty in breathing

こきょう〖故郷〗(one's)**home**[ホウム], one's **hometown**[ホウムタウン]; (出生地)one's **birthplace**[バースプレイス]

• 母は19歳で故郷を出た. My mother left (*her*) *home* at the age of nineteen.
• 故郷の松江が懐かしい.
  I miss *my hometown*, Matsue.
• 佐賀が父の故郷だ.
  Saga is *my father's birthplace*.

━**故郷の〔に〕home**

こぐ(舟を)**row**[ロウ]; (自転車を)**pedal**[ペドゥル]

• 私たちは池でボートをこいだ.
  We *rowed* a boat on the pond.
• 自転車を一生懸命こいだ.
  I *pedaled* hard on my bicycle.

ごく¹〖語句〗**words and phrases**[ワーヅ][フレイズィズ]

ごく²(非常に)**very**[ヴェリィ]

• ごく最近 *very* recently

こくおう〖国王〗**a king**[キング]

こくがい〖国外の〗**foreign**[フォーリン](⇔国内の domestic)→がいこく

━**国外へ〔に, で〕abroad, overseas**

こくぎ〖国技〗**the national sport〔game〕**[ナショヌル スポート〔ゲイム〕]

• 相撲は日本の国技だ.
  Sumo is *the national sport* of Japan.

こくご〖国語〗

(日本語)**Japanese**[ヂャパニーズ]; (言語)**a language**[ラングウィッヂ]

• 国語の授業 a *Japanese* class
• 彼女は国語の先生だ.
  She is a *Japanese* teacher.

two hundred and thirty-five 235

あ
こ
さ
た
な
は
ま
や
ら
わ

• ユリは2か国語を話せる. Yuri speaks two *languages*. / Yuri is bilingual.
∥ 国語辞典 a Japanese dictionary

ごくごく【ごくごく飲む】**gulp**（**down**）[ガルプ（ダ ウン）]

こくさい【国際的な】

international[インタナショヌル], **cosmopolitan** [カズマパラタン]

• ユニセフは国際的な組織だ.
UNICEF is an *international* organization.
∥ 国際会議 an international conference
∥ 国際化する internationalize
∥ 国際関係 international relations
∥ 国際空港 an international airport
∥ 国際結婚（ごん） an international marriage: 国際結婚したい. I want to *marry a* person of a different nationality.
∥ 国際交流 international exchange(s)
∥ 国際線 an international flight［line］
∥ 国際電話 an international（telephone）call, an overseas call: 国際電話のかけ方を知ってる？ Do you know how to make an *international call*?
∥ 国際都市 a cosmopolitan city
∥ 国際連合 → こくれん

こくさん【国産の】**domestic**[ダメスティック]；（日本製の）**Japanese-made**[ヂァパニーズ メイド]

∥ 国産車 a domestic car;（日本製の）a Japanese ［Japanese-made］car
∥ 国産品 domestic products［goods］

こくじん【黒人】**a black person**[ブラック パースン]；（アフリカ系アメリカ人）**an African-American** [アフリカンアメリカン]；（全体）**black people**[ピープル]

━黒人の black; African-American

こくせき【国籍】**(a)**［**one's**］**nationality**[ナショナリティ]

•「リク，君の国籍はどこ？」「日本だよ」
"What is *your nationality*, Riku?" "I'm Japanese."（▶国籍を言う場合は名詞Japanではなく形容詞Japaneseを用いる）
• ジャックの国籍はイギリスだ.
Jack's *nationality* is British.

こくたい【国体】（国民体育大会）**the National Athletic Meet**[ナショヌル アスレティック ミート]

こくていこうえん【国定公園】**a quasi-national park**[クウェイザイ ナショヌル パーク]

こくど【国土】（国）**a country**[カントゥリィ]；（土地）**land**[ランド]

• 日本は国土が狭（セま）い.
Japan is a small *country*.

こくどう【国道】**a national highway**[ナショヌル ハイウェイ]

• 国道3号線 *National Highway* 3 /（地図・標識などで）Route 3

こくない【国内の】**domestic**[ダメスティック], **home** [ホウム]（⇔国外の foreign）

• 国内のニュース *domestic* news
━国内へ[に, で] in the country
∥ 国内線 a domestic flight［line］
∥ 国内総生産 gross domestic product（▶GDPと略す）

こくはく【告白】**(a) confession**[カンフェッション]
━告白する confess；（告げる）tell
• ジュンに好きだと告白した.
I *told* Jun that I liked him.

こくばん【黒板】**a blackboard**[ブラックボード]；⊛ **a chalkboard**[チョークボード]

• 黒板をふいた. I erased［cleaned］the *blackboard*.
• 電子黒板 an electronic *blackboard*
• 答えを黒板に書いた.
I wrote the answer on the *blackboard*.
∥ 黒板消し a blackboard eraser

こくふく【克服する】**overcome**[オウヴァカム], **get over**[ゲット オウヴァ]

• 彼は弱点を克服しようと努力した.
He tried to *overcome* his weakness.

こくほう【国宝】**a national treasure**[ナショヌル トゥレジャア]

• 人間国宝 a living *national treasure*
• 法隆寺は日本の国宝だ. Horyuji temple is a *national treasure* of Japan.

こくみん【国民】（全体）**a nation**[ネイション]（▶単数扱い）,（一国の人々）**a people**[ピープル]（▶複数扱い）;（1人の）**a citizen**[スィティズン]

• 日本国民（1人）a Japanese（*citizen*）,（全体）the Japanese（*people*）（▶複数扱い）
• 全国民 every *citizen* / the whole *nation*
━国民の, 国民的な national[ナショヌル]
• 国民的アイドル a *national* idol
• 国民的人気ドラマ
a *nationally* popular TV drama
∥ 国民栄誉（えいよ）賞 a People's Honor Award
∥ 国民性 the national character
∥ 国民総生産 gross national product（▶GNPと略す）
∥ 国民投票 a referendum

こくもつ【穀物】**cereals**[スィ（ア）リアルズ], **grain**[グレイン]

ごくらく【極楽】**(a) paradise**[パラダイス]；（天国）**heaven**[ヘヴン]

こくりつ【国立の】**national**[ナショヌル]

236　two hundred and thirty-six

ごご

国立競技場 National Athletic Field
国立公園 a national park
国立大学 a national university

こくるい【穀類】→こくもつ

こくれん【国連】(国際連合) **the United Nations**
[ユーナイティド ネイションズ](►単数扱い. UN, U.N. と略す)

米国・ニューヨークにある国連本部

・日本の首相が国連でスピーチをする.
 The Prime Minister of Japan is going to give a speech at the *UN*.
国連安全保障理事会 the United Nations Security Council
国連憲章 the United Nations Charter
国連職員 a staff member of the United Nations
国連総会 the United Nations General Assembly
国連大使 the ambassador to the United Nations
国連本部 the United Nations Headquarters

こけ〖植物〗**moss**[モース]
・その庭は一面こけに覆(お)われている.
 The garden is covered with *moss*.
―こけのはえた **mossy**

コケコッコー(にわとりの鳴き声)
 cock-a-doodle-doo[カッカドゥードゥルドゥー]

こけし a *kokeshi* (**doll**)[ダール]
・こけしは日本の木製の人形です.
 A *kokeshi* is a Japanese wooden doll.

こげる【焦げる】**burn**[バーン]
・この目玉焼きは焦げている.
 This fried egg is *burnt*.

ここ

| ❶場所 | (ここへ[に])here; (この場所)this place |
| ❷期間 | (過去の)the past, the last; (未来の)the next |

❶[場所](ここへ[に])**here**[ヒァ](⇔そこへ[に] there); (この場所)**this place**[プレイス]

・ここへ来て. Come (over) *here*.
・確かにここに置いた.
 I am sure I put it *here*.
・ここから学校まで歩いてどのくらいかかりますか. How long does it take to walk to school from *here*?

ここに…がある[いる]
Here is [are] + 〈人・物〉(►〈人・物〉が単数形ならisに, 複数形ならareになる)
・ここに帽子(ぼう)がある. *Here is* a hat. (►否定文はThere isn't a hat here.)
・ここにペンが3本ある. *Here are* three pens.
・私はここで暮らして快適だ.
 I am comfortable living in *this place*.
・ここが私たちの教室です.
 This is our classroom.
・ここはどこですか.
 Where am I?
・ここだけの話だよ. Keep it between you and me. (◄あなたと私の間での)

話してみよう!
☺ぼくの本はどこだっけ？
 Where is my book?
😊ここにあるよ.
 Here it *is*. / *Here* you *are*. (►ともに物を渡(わた)しながら言う. 物をさして言う場合は"It's *here*.")

❷[期間](過去の)**the past**[パスト], **the last**[ラスト]; (未来の)**the next**[ネクスト]
・ここ2, 3日ずっと熱があった.
 I have had a fever for *the past* few days.
・ここ2, 3日は涼しいでしょう.
 It'll be cool for *the next* few days.

ごご【午後】

afternoon[アフタァヌーン](►正午から夕方まで)(⇔午前 morning), **p.m.**, **P.M.**[ピィーエム](►正午から午前0時までの時刻の後ろにつける)(⇔午前 a.m., A.M.)
・午後に in the *afternoon*
・午後4時に
 at four in the *afternoon* / at 4 *p.m.*
・今週の日曜日の午後に

two hundred and thirty-seven

ココア

on this Sunday *afternoon*（▶特定の日の午後を言う場合にはonを使う）
- 2月3日の午後に on the *afternoon* of Feb. 3（▶ Feb. 3はFebruary（the）thirdと読む）
- 父はきょう［あした］の午後に帰ってきます．
My father will come back this [tomorrow] *afternoon*.（▶this, yesterday, every, one, allなどがつくと前置詞は使わない）
- トモは午後遅(劉)くやってきた．
Tomo came late in the *afternoon*.

ココア(粉末)**cocoa**［コウコウ］（★発音注意）；（飲み物）**hot chocolate**［ハット チョーカラット］, **cocoa**

こごえる【凍える】**freeze**［フリーズ］
- こごえるほど寒い．
It's *freezing* cold.
- 多くの動物がこごえ死んだ．
Many animals *froze* to death.

ここちよい【心地よい】**pleasant**［プレザント］, **comfortable**［カムフ(ァ)タブル］；（さわやかな）**refreshing**［リフレッシング］
- 心地よいそよ風
a *pleasant* breeze
- この曲は耳に心地よい．
This music is *pleasant* to listen to.

こごと【小言を言う】**scold**［スコウルド］
- また母に小言を言われた．
I was *scolded* by my mother again.

ココナッツ a coconut［コウカナット］

ここのか（the）**ninth**［ナインス］
- 9日目 *the ninth* day
- 9日間 for *nine* days

ここのつ【九つ（の）】**nine**［ナイン］→ **きゅう**¹

こころ【心】

❶気持ち	(a) **heart**
❷考え, 精神	(a) **mind**

❶［気持ち］(a) **heart**［ハート］
- クミは心の優(劉)しい人だ．
Kumi has a kind *heart*.
- カズは私に心を開いてくれた．

Kazu opened his *heart* to me.
- 心温まる話
a *heart*warming story
- 私は心から祖母を愛している．
I love my Grandma with all my *heart*.
- 心に残る夏休みになった．
I'll always remember this summer vacation.

━**心（の底）から** from（the bottom of）one's **heart, sincerely**［スィンスィアリィ］
- 君には心の底から感謝しています．
I thank you *from the bottom of my heart*.

❷［考え, 精神］(a) **mind**［マインド］
- 新しい考えが心に浮(う)かんだ．
A new thought crossed my *mind*.
- もっと勉強をがんばろうと心に決めた．
I made up my *mind* to study harder.
- 心の広い［狭(せま)い］人 a broad-*minded* [narrow-*minded*] person

━**心の込もった thoughtful**［ソートフル］
━**心を打つ move**［ムーヴ］, **touch**［タッチ］
- 私はその役者の演技に心を打たれた．
I was *moved* [*touched*] by the actor's performance.

━**心ならずも reluctantly**［リラクタントゥリィ］
- 心ならずも学級委員を引き受けた．
I *reluctantly* accepted the position of class officer.

こころあたり【心当たり】**an idea**［アイディア］
- 彼がどこに行ったか心当たりはないですか．
Do you have any *idea* where he went?

こころがける【心掛ける】（…することを）**try to**＋〈動詞の原形〉［トゥライ］
- バランスのよい食事を取るよう心掛けている．
I *try to* eat a balanced diet.

こころがまえ【心構えをする】 **be prepared** [**ready**]（**for** …）［プリペアド］［レディ］
- 万一に対する心構えが必要だ． We need to *be prepared* [*ready*] *for* a rainy day.（▶a rainy dayは「困ったとき」の意）

こころがわり【心変わり】**a change of mind**［チェインヂ］［マインド］
━**心変わりする change** one's **mind**
- 彼女は急に心変わりをした．
She suddenly *changed her mind*.

こころざし【志】（意志）(a) **will**［ウィル］；（決意）(a) **resolution**［レザリューション］

こころづかい【心遣い】（配慮(劉)）**consideration**［カンスィダレイション］；（思いやり）**thoughtfulness**［ソートゥフルニス］

こころづよい【心強い】（安心できる）**reassuring**

こしょう¹

[リーアシュアリング]; (元気づける)**encouraging**[インカーリッヂング]
- 心強い言葉
  encouraging words

こころぼそい【心細い】(不安な)**uneasy**[アニーズィ]; (寂しい)**lonely**[ロウンリィ]
- ひとりでそこへ行くのは心細い.
  I feel *uneasy* going there alone.

こころみ【試み】**a trial**[トゥライアル], **a try**[トゥライ]; (企て)**an attempt**[アテンプト]

こころみる【試みる】**try**[トゥライ]
- にきびを治そうとあらゆる方法を試みた.
  I *tried* everything to cure my pimples.

こころゆくまで【心行くまで】**to** *one's* **heart's content**[ハーツ コンテント], **as much as ...want**[マッチ][ウォント]
- 夏休みには心行くまで本を読んだ. I read books *to my heart's content* during the summer vacation.
- 日曜日は心行くまで眠ることができる.
  I can sleep *as much as I want* on Sundays.

こころよい【快い】**nice**[ナイス], **pleasant**[プレザント]
━**快く gladly**[グラッドゥリィ], **willingly**[ウィリングリィ]
- 彼は快く手伝ってくれた.
  He helped me *willingly*.

ござ *goza*; **a rush mat**[ラッシュ マット]
コサージュ a corsage[コーサージ]
ございます 日≠英 (▶英語にはこれに当たる表現がないので, ていねいな表現や省略しない言い方を用いて表す)
- 「エレベーターはどこですか」「あちらでございます」
  "Where is the elevator?" "It is located over there."(▶ "Over there." でも通じるが, It is located ...とすることでていねいさが加わる)

こさじ【小さじ】**a teaspoon**[ティースプーン]→**さじ**
こさめ【小雨】**a light rain**[ライト レイン], **a drizzle**[ドゥリズル]
- 小雨が降っている.
  It's *raining lightly*. / It's *drizzling*.

こし¹【腰】

(腰のくびれた部分)**a waist**[ウェイスト]; (左右に張り出した部分)**a hip**[ヒップ](▶ふつう複数形で用いる); (背中の下部)**a**(**lower**)**back**[(ロウァ)バック]
- 腰が痛い.
  My *lower back* hurts.
- どうぞ腰を下ろしてください.
  Please take a seat.

ここが ポイント! 日本語の「腰」は範囲が広い
日本語の「腰」は英語よりも広い部分をさすので, 英語に訳すときはどの部分を言うのかを考えて使い分けましょう.

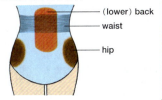
(lower) back
waist
hip

こし²【古紙】**paper waste**[ペイパァ ウェイスト]
こじ【孤児】**an orphan**[オーファン]
- 戦災孤児 a war *orphan*

ごじ【誤字】**a misspelling**[ミススペリング], **the wrong character**[ローング キャリクタァ]

こじあける【こじ開ける】(力ずくで)**force open**[フォース][オウプン]; (壊して)**break ...open**[ブレイク]
- ドアがこじ開けられていた.
  The door was *forced open*.

こしかける【腰掛ける】**sit**[スィット]→**すわる**
ごしごし(ブラシでこする)**scrub**[スクラブ]
- 床をごしごしみがいた.
  I *scrubbed* the floor.

こしつ【個室】*one's*(**own**)**room**[(オウン) ルーム]; (病院などの)**a private room**[プライヴィット ルーム]
- 自分の個室がほしい. I want *my own room*.

こじつけ(**a**) **distortion**[ディストーション]
ゴシップ(**a**) **gossip**[ガスィップ]
ごじゅう【五十(の)】**fifty**[フィフティ]→**さん**¹
- 私の父は52歳だ.
  My father is *fifty*-two years old.
- 50代の紳士 a gentleman in his *fifties*
━**第五十**(の) **the fiftieth**[フィフティアス](▶ 50th と略す)
▍五十音 the Japanese syllabary

ごじゅうのとう【五重の塔】**a five-storied pagoda**[ファイヴストーリィド パゴウダ]
ごじゅん【語順】**word order**[ワード オーダァ]

こしょう¹【故障】

trouble[トゥラブル]; **a breakdown**[ブレイクダウン]
- エンジンの故障 engine *trouble*
- 彼はひざの故障で試合を欠場した. He missed the game due to a knee *injury*.
━**故障する break down**; (故障している)**be out of order**
- コピー機が故障してしまった.

こしょう²

The copy machine has *broken down*.
- そのコンピュータは故障している.
The computer *doesn't work*. / The computer *isn't working*.
- 故障中〔掲示〕*OUT OF ORDER*

こしょう² pepper[ペッパァ]
┃こしょう入れ a pepper shaker

こじらせる
- 風邪(ஜ)をこじらせてしまった.
I *made* my cold *get worse*.

こじれる get worse[ゲット ワース], become[get] complicated[ビカム[ゲット]カンプラケイティ]; (人間関係が)go sour[ゴゥ サウァ]
- 話し合いはこじれてしまった.
The discussion has *become complicated*.

こじん【個人】

an individual[インディヴィヂュアル]
- 個人の権利 the rights of the *individual*
━個人の, 個人的な(個々の)individual; (私的な)personal[パーサヌル], private[プライヴィット](⇔公の public)
- 個人の自由 *individual* freedom
- 個人的にはこの作品が一番だと思う.
My *personal* opinion is that this work is the best.
━個人的に personally
- その歌手を個人的に知っている.
I know the singer *personally*.
┃個人差(an)individual difference
┃個人主義 individualism
┃個人授業 a private lesson
┃個人種目 an individual event
┃個人情報 personal information
┃個人戦 an individual competition
┃個人メドレー an individual medley
┃個人練習 individual practice

こじんまり【こじんまりした】→ こぢんまり

こす¹【越す, 超す】→ こえる
- ようこそお越しくださいました.
I'm so glad you could *come*.

こす²(こし器で)strain[ストゥレイン], filter[フィルタァ]

こずえ the top of a tree[タップ][トゥリー], a treetop[トゥリータップ]

コスチューム a costume[カストゥーム]

コスト(a)cost[コースト]→ ひよう

コスパ(コストパフォーマンス)
━コスパがいい a good value for the〔your〕money[グッド ヴァリュー][マニィ]
- この定食はコスパがいい.
This set meal is *a good value for the*

money.

コスプレ【コスプレする】cosplay[カズプレイ], play dress-up[プレィ ドゥレサップ]
- そのイベントにはアニメのコスプレをしている人がたくさん来ていた.
Many people came to the event *in costumes* of anime characters.

コスメ cosmetics[カズメティック]→ けしょう

コスモス〖植物〗a cosmos[カズマス](★発音注意)(複 cosmos, cosmoses)

こする rub[ラブ]; (こすってきれいにする)scrub[スクラブ]
- 両目をこすった. I *rubbed* my eyes.
- ケンはタオルで体をこすった. Ken *scrubbed* his body with a wash cloth.

こせい【個性】

(特性)individuality[インディヴィヂュアラティ]; (人柄(ぷ))(a)personality[パーサナラティ]
- 彼女の個性を尊重したい.
I want to respect her *individuality*.
- これらの絵には生徒の個性がよく出ている.
These pictures show the students' *individuality*.
- 彼は個性が強い.
He has a strong *personality*.
━個性的な(独自の)individual[インディヴィヂュアル], unique[ユーニーク]; (目立つ)distinctive
- 個性的な顔立ち a *distinctive* face

こせき【戸籍】a family register[ファマリィ レヂスタァ]

こぜに【小銭】(small)change[(スモール)チェインヂ], a coin[コイン]
- 小銭の持ち合わせがない.
I have no *small change* with me.
┃小銭入れ a coin purse

ごせん【五線】
┃五線紙 a music sheet
┃五線譜(ょ)a score

ごぜん【午前】

morning[モーニング](▶夜明けまたは真夜中から正午まで)(⇔午後 afternoon), a.m., A.M.[エィエム](▶午前0時から正午までの時刻の後ろにつける)(⇔午後 p.m., P.M.)
- 午前に in the *morning*
- 午前9時に
at nine in the *morning* / at 9 *a.m.*
- 今週の土曜日の午前に
on this Saturday *morning*(▶特定の日の午前を言う場合には on を使う)
- 1月6日の午前に on the *morning* of Jan. 6

240　two hundred and forty

ごちそうさま

- (►Jan. 6はJanuary (the) sixthと読む)
- きょう[あした]の午前にパリに出発します.
 I'll leave for Paris this [tomorrow] morning.(►this, yesterday, every, one, allなどmyには前置詞を使わない)
- ケンは午前早くにやってきた.
 Ken came early in the *morning*.

…こそ【まさに】**just**[ヂャスト]; (まさにその)**the very**[ヴェリィ](►It is ... that [who, when, which] 〜. などの強調構文で用いることが多い)
- これこそ私が探していた本だ.
 This is *just* the book (that) I was looking for. / This is *the very* book (that) I was looking for.
- 今度こそ this time (round)

こそこそ【こそこそと】(内緒(ないしょ)で)**secretly**[スィークリットゥリィ] ➡ こっそり

こそだて【子育て】➡ いくじ¹

ごぞんじ【ご存じ】(知っている)**know**[ノゥ]
- あの男性をご存じですか.
 Do you *know* that man?

こたい【固体】**a solid**(**body**)[サリッド (バディ)]

こだい【古代】**ancient times**[エインシャント タイムズ]
━━ 古代の **ancient**
- 古代ギリシャ *ancient* Greek
 古代史 *ancient* history
 古代文明 *ancient* civilization

こたえ【答え】(解答)**an answer**[アンサァ]
- この答えは合っている.
 This *answer* is correct [right].
- 間違(まちが)った答えを書いてしまった.
 I have written the wrong *answer*.

こたえる¹【答える】

answer[アンサァ](⇔尋(たず)ねる ask)
- ALTの質問に答えられなかった.
 I couldn't *answer* the ALT's question.
- 「わかりません」と私は答えた.
 I *answered*, "I don't understand." / I *answered* that I didn't understand.(►that以下のdon'tも時制の一致(いっち)によりdidn'tになる)

こたえる²【応える】(期待・要求に)**meet**[ミート], **live up to** ...[リヴ アップ]; (応じる)**respond**(**to** ...)[リスパンド]; (つらい)**be hard**(**on** ...)[ハード]
- 私は両親の期待に応えるために頑張(がんば)るつもりだ. I'll do my best to *meet* [*live up to*] my parents' expectations.
- 歌手はファンのリクエストに応えた. The singer *responded to* the fans' requests.
- プレッシャーが身に応えた.
 The pressure *was hard on* me.

ごたごた(もめ事)**trouble**[トゥラブル]
- 彼女がまたごたごたを起こした.
 She caused *trouble* again.

こたつ a *kotatsu*
- こたつは布団(ふとん)で覆(おお)われたテーブルで下にヒーターがついています.
 A *kotatsu* is a quilt-covered table with a heater underneath.
- こたつにあたった.
 I warmed myself under the *kotatsu*.

こだま an **echo**[エコゥ]
━━ こだまする **echo**
- 私の声が山々にこだました. My voice *echoed* through the mountains.

こだわる

(好みなどを追求する)**be particular** [**fussy**](**about** ...)[パティキュラァ (ファスィ) (アバウト)]; (固執(こしつ)する)**stick**(**to** ...)[スティック]
- 彼女は着る物にこだわる. She *is particular about* the clothes she wears.
- 細かなことにこだわるな.
 Don't *get caught up* in petty details.

ごちそう a **big**[**nice**]**meal**[ビッグ [ナイス] ミール]
- 私たちはごちそうを食べた.
 We had a *nice meal*.
━━ ごちそうする (おごる)**treat**[トゥリート]
- おじさんが夕飯をごちそうしてくれた.
 My uncle *treated* me to dinner.

ごちそうさま 日≠英

これ、知ってる? 「ごちそうさま」と英語で言いたかったら

英語には「ごちそうさま」に当たる決まった言い方はありません. 自宅で食事をしている場合は特に何も言わないことも多いのですが,
- I'm finished. May I be excused?
 (食べ終わったから, 席を外してもいい？)
などと言うこともあります.
食事に招かれたときには, 感謝を表す意味で
- Thank you. I enjoyed the dinner [lunch] very much.
 (ありがとうございます. 夕食[昼食]はとてもおいしかったです)
- Thank you. Everything was delicious.
 (ありがとうございます. みんなとてもおいしかったです)
などと言います. また, 帰り際(ぎわ)に
- I had a very good time. Thank you.
 (おかげさまでとても楽しかったです)
と言えば気持ちが伝わります.

two hundred and forty-one 241

ごちゃごちゃ

- 「ごちそうさまでした」
「お粗末(そまつ)さまでした」
"It was a wonderful meal. Thank you." "I'm glad you enjoyed it."
などと会話することもあります．

ごちゃごちゃ【ごちゃごちゃした】(散らかっている)**messy**[メスィ]
- この部屋はいつもごちゃごちゃしている．
This room is always *messy*.

こちょう【誇張】(an) **exaggeration**[イグザチャレイション]
→**誇張する exaggerate**[イグザチャレイト]

こちら

❶場所	(ここへ[に])**here**; (この場所)**this place**; (こちらの方向へ)**this way**
❷人, 物	**this**

❶[場所](ここへ[に])**here**[ヒァ](⇔あちら **there**); (この場所)**this place**[プレイス]; (こちらの方向へ)**this way**[ウェイ]
- こちらへ来てください．Come *here*, please.
- こちらは雨が降っている．It's raining *here*.
- こちらからはそれがよく見えない．
I can't see it well from *here*.
- こちらへどうぞ．*This way*, please.

❷[人, 物]**this**[ズィス](複 **these**[ズィーズ])(⇔あちら **that**)
- (紹介(しょうかい)して)こちらはユイです．
This is Yui.
- こちらが私の母です．*This* is my mother.

> 話してみよう！
> ☺はじめまして．お会いできてうれしいです．Hello. It's nice to meet you.
> ☻こちらこそ．
> Nice to meet you, too.

→**こちらの this**

こぢんまり【こぢんまりした】(居心地のいい)**snug**[スナッグ], **small and cozy**[スモール][コウズィ]; (小さな)**small**
- こぢんまりした寝室(しんしつ) a *snug* bedroom

こつ a **knack**[ナック](★このkは発音しない)
- ケンはやっとこつをつかんだ．

Ken finally got the *knack*.

こっか¹【国家】a **nation**[ネイション], a **state**[ステイト]
→**国家の national**[ナショヌル]
| 国家公務員→ こうむいん
| 国家試験 a national examination

こっか²【国歌】a **national anthem**[ナショヌル アンサム]

こっか³【国花】a **national flower**[フラウア]

こっかい【国会】(日本の)**the Diet**[ダイアット]; (米国の)**Congress**[カングリス]; (英国の)**Parliament**[パーラメント](▶いずれも常に大文字で始める)
- 現在国会は開会[閉会]中だ．
The Diet is now in session [recess].
| 国会議員→ ぎいん
| 国会議事堂→ ぎじどう

こづかい【小遣い】(主に子どもの)⊛an **allowance**[アラウアンス], ⊛**pocket money**[パキット マニィ]
- ユキは月に3000円の小遣いをもらっている．
Yuki gets an *allowance* of 3,000 yen a month.
- お小遣いで漫画(まんが)を買った．I bought a comic book with my *allowance*.

こっき【国旗】a **national flag**[ナショヌル フラッグ]; (日本の)**the Japanese flag**[チャパニーズ]
- 国旗を掲(かか)げる[降ろす]
raise [lower] the *national flag*

こっきょう【国境】a **border**[ボーダァ]
- 国境なき医師団 Doctors Without *Borders*
- カナダの国境を越(こ)えてアメリカに入った．
I crossed the Canadian *border* into the U.S.

コック(料理人)a **cook**[クック](★発音注意)
| コック長 a chief cook, a chef

コックピット a **cockpit**[カックピット]

こっくり【こっくりする】(うなずく)**nod**[ナッド]; (眠(ねむ)くて)**nod**

こっけい【こっけいな】(おかしな)**funny**[ファニィ]; (笑いを誘(さそ)う)**comical**[カミカル]
- 彼がサングラスをするとこっけいに見える．
He looks *funny* with sunglasses on.

…ごっこ【…ごっこをする】**play** …[プレイ]
- 鬼(おに)ごっこをしよう．Let's *play* tag.

こつこつ

❶たたく音	a **tap**
❷努力して	**steadily**, **diligently**

❶[たたく音]a **tap**[タップ]
→**こつこつ音を立てる click**; (たたく)**knock**, **tap**
(▶英語では動詞で表すことが多い)
- 彼女の靴(くつ)のかかとのこつこつという音が聞こえた．I heard the *tapping* of her heels.

❷[努力して]**steadily**[ステディリィ], **diligently**[ディラヂャントゥリィ]

- こつこつ勉強したほうがいいよ．
 You should study *diligently*.

ごつごつ【ごつごつした】**rough**[ラフ]

こつずい【骨ずい】**bone marrow**[ボウン マロゥ]
| 骨ずい移植 a bone marrow transplant
| 骨ずいバンク a bone marrow bank

こっせつ【骨折する】**break**（**a bone**）[ブレイク]〔(ボウン)〕

- 彼は右足を骨折した．He *broke* his right leg.

こっそり secretly[スィークリットゥリィ], **in secret**

- エミはこっそり誕生日パーティーを企画した．
 Emi planned the birthday party *secretly*.
- 彼が本当のことをこっそり教えてくれた．
 In secret, he told me the truth.

ごっそり all[オール]

- 泥棒（どろぼう）が母の宝石をごっそり取って行った．
 A thief stole *all* my mother's jewelry.

こっち here[ヒァ]→こちら❶

こづつみ【小包】**a package**[パキッヂ], **a parcel**[パーサル]; (小包郵便) **parcel post**[ポゥスト]

- これを小包で送りたいんですが．
 I would like to send this by *parcel post*.

こってり【こってりした】(味が) **rich**[リッチ], **heavy**[ヘヴィ]

こっとうひん【骨とう品】**an antique**[アンティーク]
| 骨とう品店 an antique shop

コットン cotton[カトゥン]

- 化粧（けしょう）用のコットン a *cotton* ball
- コットンのさらさらした感じが好き．
 I like the smooth touch of *cotton*.

コップ（ガラスの）**a glass**[グラス]; (陶器（とうき）などの) **a cup**[カップ] (▶「コップ」はオランダ語から)

- コップ1杯（ぱい）の水 a *glass* of water
- 紙コップ a paper *cup*

glass　　　cup　　　paper cup

こてい【固定する】**fix**[フィックス]
| 固定観念 a fixed idea

こてきたい【鼓笛隊】**a drum and fife band**[ドゥラム][ファイフ バンド]

こてん¹【古典】(1編の) **a classic**[クラスィック], (ま

こと¹

とめて) **the classics**
- 古典の **classic, classical**
| 古典音楽 classical music→クラシック
| 古典文学 classical literature, the classics (▶単数扱い)

こてん²【個展】**a private exhibition**[プライヴィット エクスィビション], **a one-man exhibition**

こと¹【事】

❶物事, 事柄（がら）	**a thing**; (事柄) **a matter**
❷…すること	**〈-ing形〉, to+〈動詞の原形〉**
❸…ということ	**that ...**
❹…したことがある	**have+〈過去分詞〉**

❶[物事, 事柄] **a thing**[スィング]; (事柄) **a matter**[マタァ]

- 毎日することがたくさんある．
 I have a lot of *things* to do every day.
- 笑い事じゃないよ．It's no laughing *matter*.
- 彼に大事なことを言い忘れた．I forgot to tell him *something* important.
- 君に聞きたいことがあるんだ．
 I have *something* to ask you.
- 私の知ったことじゃない．
 It's none of my business.

❷[…すること] **〈-ing形〉, to+〈動詞の原形〉**
 …することは〜だ
〈-ing形〉+ is +〈形容詞〉/
It is +〈形容詞〉+ to +〈動詞の原形〉

- ギターを弾（ひ）くことは楽しい．
 Play*ing* the guitar is fun.
- 一度に全部やることは難しい．
 It is hard *to* do everything at the same time. (▶it は to 以下を表す仮の主語)
- 私は友達とおしゃべりすることが好きだ．
 I like talk*ing* with my friends. / I like *to* talk with my friends.
- 私の言うことを聞いて．Please listen to me.

❸[…ということ] **that ...**[ザット]

- 彼らが付き合っていることを知ってる？
 Do you know *that* they are going out?

…ということだ
| They say that ...

- 彼は近いうちにクラブをやめるということだ．
 They say that he is going to quit the club soon.

❹[…したことがある] **have+〈過去分詞〉**→…ことがある❶

- 何回も水泳大会に出たことがある．
 I *have* been in the swimming contest

こと²

many times.

こと²〔琴〕**a koto**
- 琴は日本のハープです.
  A *koto* is a Japanese harp.
- 私は琴を弾(ひ)きます. I play the *koto*.

…**ごと¹**
(…おきに)**every** …〔エヴリィ〕; (…するたびに) **every time** …〔タイム〕
- その大会は2年ごとに開催(かいさい)される.
  The contest is held *every* two years.
- 私たちのチームは試合ごとに強くなった.
  Our team became stronger *every time* we had a game.
- 1日ごとに day by day

…**ごと²** **whole**〔ホウル〕
- 私たちはケーキを丸ごと食べた.
  We ate a *whole* cake.
- じゃがいもを皮ごとゆでた.
  I boiled the potatoes in their jackets. / I boiled the potatoes with their skins on.

こどう〔鼓動〕(心臓の)**a beat**〔ビート〕
- 胸の鼓動が高まった. My heart *beat* fast.
  ━鼓動する **beat**

…**ことがある**

| ❶ 経験がある | **have**＋〈過去分詞〉, **once**［**ever**］＋〈過去形〉 |
| ❷ 場合がある | (時々)**sometimes**; (しばしば)**often** |

❶〔経験がある〕**have**＋〈過去分詞〉, **once**［**ever**］＋〈過去形〉〔ワンス［エヴァ］〕

話してみよう!

☺海外へ行ったことがありますか.
Have you ever been abroad?
☺以前グアムへ行ったことがあります.
I *have* been to Guam before.

- こんなにおもしろい映画は見たことがない. I've never seen such an interesting movie.
❷〔場合がある〕(時々)**sometimes**〔サムタイムズ〕; (しばしば)**often**〔オーフン〕
- 時々お弁当を忘れることがある.
  I *sometimes* forget to bring my lunch.
- 彼女はよく寝坊(ねぼう)することがある.
  She *often* oversleeps.

ことがら〔事柄〕**a matter**〔マタァ〕→ こと¹ ❶
こどく〔孤独〕**solitude**〔サリトゥード〕; (独りの寂(さび)しさ)**loneliness**〔ロウンリィニス〕
- 彼は孤独を楽しんでいる.
  He enjoys *solitude*.

- 友人がほとんどいないので孤独を感じることがある.
  I often feel *lonely* because I have few friends.
  ━孤独な **solitary**; **lonely**

ことごとく **all**〔オール〕, **every**〔エヴリィ〕→ すべて
- 予想がことごとく外れた.
  All my guesses were wrong.

ことし〔今年〕**this year**〔ズィス イア〕
- 今年はできるだけ多くの本を読もうと思う.
  I am going to read as many books as possible *this year*.
- エリは今年の5月で15歳(さい)だ.
  Eri will be fifteen *this* May.

ことづけ **a message**〔メスィッヂ〕
- マリからのことづけがあります.
  I have a *message* for you from Mari.
  ━ことづける **leave a message**
- 彼にことづけてもらえますか.
  Can I *leave a message* for him?

ことなる〔異なる〕**be different**（**from** …）〔ディファラント〕, **differ**（**from** …）〔ディファ〕→ ちがう ❷
  ━異なった **different**（⇔同じ the same）
- 異なった色のペン *different* colored pens

…**ことになっている**〔…(する)ことになっている〕(未来の予定)**be to**＋〈動詞の原形〉, **be supposed to**＋〈動詞の原形〉〔サポウズド〕
- 私たちは6時にここで会うことになっている.
  We *are*（*supposed*）*to* meet here at six o'clock.
- パーティーのケーキはケンが準備することになっている. Ken *is supposed to* prepare the cake for the party.
- マキがスピーチをすることになっている.
  Maki *is going to* make a speech.

ことによると **possibly**〔パスィブリィ〕, **maybe**〔メイビィ〕→ もしか

ことば〔言葉〕

| ❶ 言語 | (a) **language** |
| ❷ 語句 | (単語)**a word**; (表現)**an expression**; (言葉遣(づか)い)**language** |

❶〔言語〕(a) **language**〔ラングウィッヂ〕(▶日本語, 英語などの具体的な言語の場合は数えられる名詞として扱う)
- 英語は世界中で広く話されている言葉だ.
  English is a *language* spoken widely all over the world.
❷〔語句〕(単語)**a word**〔ワード〕; (表現)**an expression**〔イクスプレッション〕; (言葉遣い)

language
- 別の言葉で言えば
  in other *words*
- 自分の気持ちを言葉で表してみた.
  I tried to put my feelings into *words*.
- うまい言葉が見つからない.
  I can't find the right *words*.
- 話し[書き]言葉
  spoken [written] *language*
- 花言葉
  the *language* of flowers
- わかりやすい言葉でスピーチした. I made a speech in plain [easy] *language*.

言葉遣い: 彼の言葉遣いはきちんとしている.
His *way of talking* is polite.

こども【子供】
a child[チャイルド](複 children[チルドゥラン]), 《話》a kid[キッド]
- 子どものころは野球をしていました.
  I played baseball when I was a *child*.
- 子ども扱(あつか)いしないでほしい.
  I don't want to be treated like a *child*.
- おじに子どもはいない.
  My uncle has no *children*.
- 10歳(さい)以下の子どもは無料です.
  Children aged ten or under are free.

━子どもの, 子どもっぽい childish[チャイルディッシュ]
- この服は子どもっぽい.
  This outfit is *childish*. (▶childishは「子どもじみた」という悪い意味)

━子どもらしい childlike[チャイルドライク]

こどものひ【こどもの日】Children's Day[チルドゥランズ デイ]→年中行事[口絵]

ことり【小鳥】a (little) bird[(リトゥル) バード]
- 彼女は小鳥を1羽飼っている.
  She has a *little bird*.

ことわざ a proverb[プラヴァーブ], a saying[セイイング]
- ことわざにもあるように,「転ばぬ先のつえ」だ.
  As the *proverb* says [goes], "Look before you leap."

ことわり【断り】(拒絶(きょぜつ))(a) refusal[リフューザル]; (許可)permission[パミッション]; (通知)a notice[ノウティス]
- 断りの手紙
  a letter of *refusal*
- 彼女は断りもなしに休んだ. She was absent without *permission* [*notice*].
- ペットお断り
  《掲示》(店などで)NO PETS ALLOWED

「ペットお断り」の掲示

ことわる【断る】
(拒絶(きょぜつ)する)refuse[リフューズ]; (よい話を)turn down[ターン ダウン]; (ていねいに)decline[ディクライン]; (許可をもらう)get (...'s) permission[パァミッション]
- 彼は私の申し出を断った.
  He *refused* [*turned down*] my offer.
- 彼女に教科書を貸すのを断った.
  I *refused* to lend my textbook to her.
- 前もって先生に断っておいたほうがいい.
  You had better *get* the *teacher's permission* in advance.

こな【粉】powder[パウダァ]
━粉の powdered, powdery
粉薬 powdered medicine, a powder→くすり
粉砂糖 powdered sugar
粉せっけん soap powder
粉チーズ grated cheese
粉ミルク powdered milk
粉雪 powdery snow

こなごな【粉々に】to [into] pieces[ピースィズ]
- グラスが落ちて粉々になった.
  A glass fell and broke *into pieces*.

こにもつ【小荷物】a package[パキッヂ], a parcel[パーサル]

コネ(クション) a connection[カネクション], 《話》pull[プル]
- 父はその会社にコネがある. My father has *connections* in the company.

こねこ【子猫】a kitten[キトゥン]

こねる(粉などを)knead[ニード](★このkは発音しない)
- パン生地をこねた. I *kneaded* the dough.

この

❶話し手の近くの物・人をさして
this
❷最近の this; (過去の)the last, the past; (未来の)the next

このあいだ

❶[話し手の近くの物・人をさして]**this**[ズィス]（複 these）（⇔あの that）
- 彼のこの自転車 *this* bicycle of his
- このかばんは私のものだ. *This* bag is mine.
- この人たちはブラジルから来た.
These people come from Brazil.

❷[最近の]**this**;（過去の）**the last**[ラスト], **the past**[パスト];（未来の）**the next**[ネクスト]
- この冬は暖かい.
It has been warm *this* winter.
- この数か月間彼女に会っていない. I haven't seen her for *the past* few months.

このあいだ【この間】（先日）**the other day**[アザァ デイ];（最近）**recently**[リースントゥリィ], **lately**[レイトゥリィ]
- この間駅でケンを見かけた.
I saw Ken at the station *the other day*.
- 私はこの間まで福岡に住んでいた.
I was living in Fukuoka until *recently*.

このあたり【この辺りに】➡ このへん

このうえ【この上】（ほかに）**else**[エルス];（これ以上）**any more**[エニィ モァ], ⊛ **anymore**[エニモァ], **any further**[ファーザァ]
- この上何を話したいというの？
What *else* do you want to talk about?

このかた【この方】（男性）**this gentleman**[チェントゥルマン],（女性）**this lady**[レイディ]
- この方が吉田さんです.
This is Mr.［Ms., Mrs., Miss］Yoshida.

このくらい（大きさ）**about this**[アバウト];（程度）**like this**[ライク]
- その石はこのくらいの大きさだった.
The stone was（*about*）*this* big.

このごろ

（近ごろ）**these days**[ズィーズ デイズ];（ごく最近）**recently**[リースントゥリィ], **lately**[レイトゥリィ];（今日(にち)）**nowadays**[ナウアデイズ]➡ さいきん¹
- このごろ体育の授業で柔道(じゅう)をやっている.
These days we do judo in P.E. class.

このさき【この先】（前方に）**ahead**[アヘッド];（今後）**from now**（**on**）[ナゥ]
- ラーメン屋さんはこの先にある.
The ramen shop is just *ahead*.
- この先は私がやります.
I'll take over *from now on*.
- この先進入禁止 《掲示》NO ENTRY

このつぎ【この次】**next**[ネクスト];（次のとき）**next time**[タイム]
- この次の水曜日に *next* Wednesday
- この次はいっしょに行こう.
We will go together *next time*.

このとおり（このように）**like this**[ライク];（見たとおり）**as you**（**can**）**see**[スィー]
- このとおりに紙を折ってください.
Please fold the paper *like this*.

このところ ➡ さいきん¹, このごろ

このは【木の葉】➡ は²

このへん【この辺】（この近くに）**near**［**around**］**here**[ニァ［アラウンド］ヒァ], **in this neighborhood**[ネイバァフッド]
- この辺にコンビニはありますか. Is there a convenience store *near*［*around*］*here*?

このまえ【この前】

（先日）**the other day**[アザァ デイ];（前回）**last**[ラスト]
- この前彼からメッセージが来た. I received a message from him *the other day*.
- この前会ったのはいつだっけ？
When did we see each other *last*?

━この前の last;（以前の）**former**
- この前の日曜日に *last* Sunday

このましい【好ましい】（好感が持てる）**good**[グッド], **nice**[ナイス];（望ましい）**desirable**[ディザイ(ァ)ラブル]

このまま **as it is**（**now**）[（ナゥ）], **as they are**（**now**）➡ そのまま
- 机の上をこのままにしておいて. Leave the things on the desk *as they are*.

このみ【好み】（a）**taste**[テイスト]
- このかばんは私の好みじゃない.
This bag isn't（to）my *taste*.
━好みの favorite［フェイヴァリット］
- 私の好みの色 my *favorite* color(s)
- 彼は好みのタイプだ. He is my type.

このむ【好む】**like**[ライク]➡ すき¹

このような such[サッチ]➡ こんな

このように **like this**[ライク],（**in**）**this way**[ウェイ]
- 子犬はこのように抱(だ)いてください.
You should hold the puppy in your arms *like this*. / You should hold the puppy in your arms *in this way*.

こばむ【拒む】**refuse**[リフューズ]➡ ことわる

こはるびより【小春日和】**an Indian summer**[インディアン サマァ], **hot weather in fall**[ハット ウェザァ]［フォール］（▶ Indian summerは米国・カナダで晩秋にみられる暖かい天候のこと）

こはん【湖畔】**a lakeside**[レイクサイド]
- 湖畔のホテル a *lakeside* hotel

ごはん【ご飯】

（米飯）（**boiled**［**cooked**］）**rice**[（ボイルド［クック

ト)) ライス); (食事)**a meal**[ミール]

a bowl of rice

a meal

- ご飯1ぜん a bowl of *rice*(▶ご飯2ぜんはtwo bowls of *rice*)
- ご飯を炊(た)いた. I boiled [cooked] *rice*.
- ご飯を茶わんによそった.
  I put *rice* in a bowl.
- リョウは7時にご飯を食べた.
  Ryo had a *meal* at seven.

コピー (複写)**a copy**[カピィ]; (広告文)**copy**
— **コピーする copy**, **make a copy** (**of ...**)
- これを5部コピーしてもらえますか.
  Could you *make* five *copies of* this?

| コピー機 **a copy machine**, **a** (**photo**) **copier**
| コピー商品 **a fake product**
| コピーライター **a copywriter**

こひつじ【子羊】**a lamb**[ラム](★このbは発音しない)
こびと【小人】**a dwarf**[ドゥウォーフ](複 **dwarfs**, **dwarves**[ドゥウォーヴズ])
- 『白雪姫(ひめ)と7人の小人』
  'Snow White and the Seven *Dwarfs*'

コピペ copy and paste[カピィ アン ペイスト], **copy-paste**→インターネット, コンピュータ
— **コピペする copy and paste**
- 友達のメルアドをコピペした.
  I *copied and pasted* my friend's email address.

こぶ(打撲(ぼく)による)**a bump**[バンプ]; (腫(は)れ物)**a lump**[ランプ]; (らくだの)**a hump**[ハンプ]
- 頭にこぶができた.
  I got a *bump* on my head.

ごぶさた
- ごぶさたしております. (手紙などで)Sorry for not writing for a long time. /(人に会って) I haven't seen you for [in] a long time.

こぶし a fist[フィスト]
- 彼はこぶしを握(にぎ)った.
  He clenched his *fist*(s).

コブラ【動物】**a cobra**[コウブラ]

こぶり【小降りになる】**let up**[レット アップ]
- 雨がようやく小降りになってきた.
  The rain is finally *letting up*.

こふん【古墳】**an ancient tomb**[エインシャント トゥーム](★**tomb**のbは発音しない)

こぶん【古文】**Japanese classics**[チャパニーズ クラスィックス]

ごぼう【植物】**a burdock**[バーダック], **a burdock root**[ルート]

こぼす

(液体を)**spill**[スピル]; (食べ物を)**drop**[ドゥラップ]; (涙(なみだ)を)**shed**[シェッド]; (愚痴(ぐち)を)**complain** (**about ...**)[カンプレイン (アバウト)]
- テーブルにみそ汁(しる)をこぼしてしまった.
  I *spilled* miso soup on the table.
- 母は私の成績が悪いとこぼしてばかりいる.
  My mother is always *complaining about* my bad grades.

こぼれる(液体が)**spill** (**from ...**)[スピル]; (涙(なみだ)が)**fall**[フォール], **drop**[ドゥラップ]
- 紅茶がカップからTシャツにこぼれた.
  Tea *spilled from* the cup on to my T-shirt.
- 目から涙がこぼれた.
  Tears *fell* from my eyes.

こま[1]【おもちゃ】**a** (**spinning**) **top**[(スピンニング) タップ]
- マコトはこまを回すのが上手だ.
  Makoto is good at spinning *tops*.(▶この spinningは動詞)

こま[2]【将棋(しょうぎ)の】**a piece**[ピース]; (チェスの)**a chessman**[チェスマン](複 **chessmen**)

コマ(漫画(まんが)・映画の)**a frame**[フレイム]
- 4コマ漫画 a four-*frame* comic strip

ごま【植物】**sesame** (**seeds**)[セサミ (スィーッ)] 慣用表現

ごまをする flatter: 彼はごまをするから嫌(きら)いだ. I hate him because he is a *flatterer*. / I hate him because he is an *apple-polisher*.

| ごま油 **sesame oil**

コマーシャル a commercial[カマーシャル](▶英語ではCMと略さない)

| コマーシャルソング **a commercial jingle**, **an advertising jingle**

こまかい【細かい】

❶小さい	**small**; (粒(つぶ)の細かい) **fine**; (ささいな)**trivial**
❷詳(くわ)しい	**detailed**
❸繊細(せんさい)な	**sensitive**, **delicate**
❹金(かね)に	**tight** (**with ...**), **stingy**

❶[小さい]**small**[スモール]; (粒の細かい)**fine**[ファイン]; (ささいな)**trivial**[トゥリヴィアル]
- 細かいお金 *small* change
- そんな細かいことはどうでもいい.
  The *small* stuff doesn't matter.
- 細かい霧雨(きりさめ) *fine* drizzle

ごまかす

―細かく **into pieces**[ピースィズ]
- にんじんを細かく刻んだ.
I cut a carrot *into pieces*.
- この1万円札を細かくしてもらえる?
Can you *change* this ten thousand yen bill, please?

❷〔詳しい〕**detailed**[ディテイルド]
- 細かい説明 a *detailed* explanation

❸〔繊細な〕**sensitive**[センスィティヴ], **delicate**[デリカット]
- 彼女は神経が細かい. She is *sensitive*.

❹〔金に〕**tight**（with ...）[タイト], **stingy**[スティンヂィ]
- 彼はお金に細かい.
He is *tight*［*stingy*］*with*（his）money.

ごまかす【だます】**deceive**[ディスィーヴ], **cheat**[チート];（うそをつく）**lie**[ライ]
- ごまかされないぞ. You can't *deceive* me.
- 彼女はテストの結果をごまかした.
She *lied* about her test result.

こまどり【こま鳥】〖鳥〗**a robin**[ラビン]

こまらせる【困らせる】（いらいらさせる）**annoy**[アノイ];（悩ませる）**bother**[バザァ];（苦しめる）**trouble**[トゥラブル]

こまる【困る】

（苦労する）**have trouble［difficulty］**[トゥラブル［ディフィカルティ］], **be in trouble**;（とほうにくれる）**be at a loss**[ロース]
- 困ったな. どうしよう.
I'm *in trouble*. What shall I do?
- 彼の質問に対する返事に困った. I *was at a loss* as to how to answer his question.
- 何かお困りですか. Is anything *troubling* you?（←何かがあなたを困らせていますか）

ごみ

（紙・ぼろ・缶などの）⊛**trash**[トゥラッシュ], ⊛**rubbish**[ラビッシュ];（生ごみ）⊛**garbage**[ガービッヂ], **waste**[ウェイスト];（紙くず）**wastepaper**[ウェイストペイパァ];（公共の場所の）**litter**[リッタァ];（ほこり）**dust**[ダスト]
- 燃える［燃えない］ごみ
burnable［unburnable］*trash*
- ごみを捨てた. I threw away the *trash*.
- ごみは分別しないと駄目だよ.
You should separate the *garbage*.
- 月曜日と木曜日にごみを出します.
We take out the *garbage* on Mondays and Thursdays.
- ごみ捨て禁止
《掲示》NO *LITTERING*

「ごみ捨て禁止」の掲示

- 目にごみが入った.
I've got a speck of *dust* in my eye.
ごみ収集車 a garbage truck
ごみ収集日 a garbage collection day
ごみ捨て場 a garbage collection area;（埋め立て地の）a landfill
ごみ箱 ⊛a trash［garbage］can,（室内の）a wastebasket; ⊛a dustbin
ごみ袋 a trash bag

こみあう【込み合う】**be crowded**（with ...）[クラウディド]→こむ

こみいった【込み入った】**complicated**[カンプラケイティド]
- この推理小説の筋は込み入っている.
The plot of this mystery is *complicated*.

こみち【小道】（山道）**a path**[パス];（市街地の）**a lane**[レイン]

コミック（漫画本）**a comic（book）**[カミック（ブック）]→まんが

コミッショナー **a commissioner**[カミッショナァ]

コミュニケーション **communication**[カミューナケイション]
- 親子のコミュニケーション *communication* between parents and children
―コミュニケーションをとる **communicate**[カミューナケイト]
- 英語でコミュニケーションがとれるようになりたい. I want to be able to *communicate* in English.

こむ【込む】

（混雑する）**be crowded**（with ...）[クラウディド], **be jammed**[チャムド]
- 電車は通勤通学の人々でとても込んでいた.
The train *was* very *crowded with* commuters. / The train was *jammed with* commuters.
- 道が込んでいて遅刻した.
I was late because of a *traffic jam*.（▶traffic jamは「渋滞」の意）
- 高速道路は込んでいた.
Traffic was *heavy* on the expressway.

ゴム rubber[ラバァ]
- 輪ゴム a *rubber* band
- ゴム印 a *rubber* stamp
- ゴムボート a *rubber* boat ［dinghy, raft］
- ゴムボール a *rubber* ball

こむぎ【小麦】wheat[(ホ)ウィート]
- 小麦色 light brown;（肌(はだ)が）tan: 彼女の肌はきれいな小麦色に焼けている. She has a nice *tan*.
- 小麦粉（a）flour
- 小麦畑 a *wheat* field

こめ【米】rice[ライス]
- 祖父は米を作っている.
  My grandfather grows *rice*.
- 米をといだ. I washed the *rice*.
- 米店 a *rice* shop
- 米販売(はんばい)人 a *rice* dealer

こめかみ a temple[テンプル]
コメディアン a comedian[カミーディアン]
コメディー a comedy[カミディ]
こめる【込める】(含(ふく)める)include[インクルード]
- 心を込めて彼にお礼を言った.
  I thanked him *with* all my heart.

ごめん¹

(ごめんなさい)I'm sorry.[サリィ]; Excuse me.[イクスキューズ ミー]; Pardon me.[パードゥン]
- ごめんなさい. カップを割ってしまいました.
  I'm sorry. I broke the cup.
- ごめんなさい. ちょっと通らせてください.
  Excuse me. Could I get through, please?
- ごめんなさい. もう一度言ってくださいますか.
  I beg your pardon. Could you say that again, please?

…してごめんなさい
I'm sorry to +〈動詞の原形〉/
I'm sorry（that）…
- 遅(おく)れてごめんなさい. *I'm sorry to* be late. /
  I'm sorry（that） I'm late.

> **くらべてみよう！** I'm sorry. と Excuse me. と Pardon me.
>
> **I'm sorry.** は相手に大きな迷惑(めいわく)をかけたり, 物を壊(こわ)したりして謝(あやま)る場合などに使います. また, **Excuse me.**, **Pardon me.** は相手に肩(かた)がぶつかったり, 人前でげっぷが出たりするなど失礼をわびる場合に使います. たいていの場合, 軽い意味の「ごめんなさい」は Excuse me. や Pardon me. に相当します.

ごめん²【ご免だ】(断って)no more …[モァ]

- 戦争は二度とごめんだ. *No more* wars!

ごめんください
- ごめんください. だれかいませんか.
  Excuse me. Is anyone in［home］?

コメンテーター a commentator[カマンテイタァ]
コメント（a）comment[カメント]
こもじ【小文字】a small letter[スモール レタァ]（⇔ 大文字 a capital letter）
こもの【小物】small articles[スモール アーティクルズ]
こもり【子守】babysitting[ベイビィスィッティング];
（人）a babysitter[ベイビィスィッタァ]
→子守をする babysit[ベイビィスィット]
- 子守歌 a lullaby

こもる（閉じこもる）shut oneself up[シャット][アップ];（満ちる）be filled（with …）[フィルド]
- 家にこもっていてはいけないよ.
  Don't *shut yourself up* in the house.
- 台所には煙(けむり)がこもっていた.
  The kitchen *was filled with* smoke.

こもん【顧問】an adviser[アドゥヴァイザァ], a consultant[カンサルタント]
- 部活の顧問 a club *adviser*

こや【小屋】(粗末(そまつ)な)a hut[ハット]; (簡素な)a cabin[キャビン]; (物置)a shed[シェッド]
- 犬小屋 a doghouse / a kennel

こやぎ【子やぎ】a kid[キッド]
こやく【子役】a child actor[チャイルド アクタァ]
ごやく【誤訳】(a) mistranslation[ミストゥランスレイション]
→誤訳する mistranslate

こやま【小山】(丘(おか), 低い山)a hill[ヒル]
こゆう【固有の】peculiar（to …）[ピキューリャァ];
(ある土地に)native（to …）[ネイティヴ]
- 日本固有の文化 culture *peculiar to* Japan
- 日本固有の動物 animals *native to* Japan
- 固有名詞『文法』a proper noun

こゆび【小指】(手の)a little finger[リトゥル フィンガァ], pinkie[pinky][ピンキィ]; (足の)a little toe[トウ]→ゆび 図

こよみ【暦】a calendar[キャランダァ]
- 暦の上ではもう冬だ. It is already winter according to the *calendar*.

こら(注意を喚起(かんき)して)Hey![ヘイ]
- こら！そこで何してるんだ？
  Hey, what are you doing there?

こらえる(我慢(がまん)する)bear[ベァ], stand[スタンド]（►ともにふつう疑問文・否定文で用いる）→がまん; (怒り, 涙(なみだ), 笑いなどを)hold back[ホウルド バック]
- 怒りをこらえた. I *held back* my anger.
- マリはこらえきれずに泣き出した.
  Mari *couldn't help* but cry.

ごらく

ごらく【娯楽】amusement[アミューズマント], entertainment[エンタテインマント]; (気晴らし) recreation[レクリエイション]
┃娯楽番組 an entertainment program

こらしめる【懲らしめる】punish[パニッシュ]; (思い知らせる) teach [give] ... a lesson[ティーチ][レッスン]

コラム a column[カラム]

ごらん【ご覧】
- やってごらんよ. *Try it.*
- ほらごらん, 言ったとおりじゃないか. *See?* I told you so.

こりこり
- これはこりこりしておいしい. This is *crunchy* and delicious.

こりごり
- もうこりごり. *Once was enough.* (←一回で十分だ)
- 彼といっしょに出かけるのはこりごりだ. I *never want to* go out with him.

こりしょう【懲り性】(熱中する人) an enthusiast[インスーズィアスト]; (完全主義者) a perfectionist[パァフェクショニスト]

こりつ【孤立】isolation[アイサレイション]
━孤立する be isolated (from ...)
- これを言ったら孤立してしまうかも. I'm afraid I'll *be isolated* if I say this.

ゴリラ【動物】a gorilla[ガリラ]

こりる【懲りる】(教訓を学ぶ) learn a lesson[ラーン][レッスン]
- もう懲りました. I *learned a* [*my*] *lesson.*

こる【凝る】(熱中する) be crazy (about ...)[クレイズィ (アバウト)]; (肩(㍍)が) have stiff shoulders[スティフ ショウルダァズ]
- ミキはテニスに凝っている. Miki *is crazy about* playing tennis.
- 父はいつも肩が凝っている. My father always *has stiff shoulders*.
━凝った (念入りな) elaborate[イラバラット]

コルク (コルク栓(㍍)) a cork[コーク] → せん³
- コルクの栓抜き a *cork*screw

ゴルフ golf[ガルフ]
- ゴルフをする. I play *golf*.
- 母といっしょにゴルフに行った. I went *golfing* with my mother.
┃ゴルフクラブ (場所, 団体) a golf club, a country club; (打棒) a (golf) club
┃ゴルフ場 a golf course

ゴルファー a golfer[ガルファ]

これ
(話し手の近くの物, 人をさして) this[ズィス] (複these[ズィーズ]) (⇔あれ that)

┃これは…だ
┃(…が単数のとき) This is ... /
┃(…が複数のとき) These are ...

- これはチューリップだ. *This is* a tulip. / *These are* tulips.
- 「これは何ですか?」「キーホルダーです」 "What is *this*?" "It's a key chain."
- 英語でこれを何と言うの? What do you call *this* in English?
- (店で) これをください. Can I have *this*? / I'll take *this*.

これから (今後) from now on[ナウ], after this[ズィス]; (将来) in (the) future[フューチァ]
- これからはもっと気をつけて. Pay more attention *from now on*.

コレクション a collection[カレクション]

コレクター a collector[カレクタァ]

コレクトコール a collect call[カレクト コール]

これくらい this much[ズィス マッチ]
- これくらいでいいですか. Is *this much* OK?

これほど so[ソウ] → こんな
- 彼がこれほど有名だとは知らなかった. I didn't know that he was *so* famous.

これまで (今まで) so far[ソウ ファー], until [till] now[アンティル][ティル][ナウ]
- これまでのところ学校生活を楽しんでいる. I've been enjoying my school life *so far*.
- きょうはこれまで. That's all for today. / So much for today. (▶授業などの終わりに用いる)

これら these[ズィーズ] (▶thisの複数形) → これ

コレラ cholera[カララ]

…ころ (…するころ) time ...[タイム]; (…のとき) when ...[(ホ)ウェン]
- もうケイは家に着いたころだろう. It is about *time* kei got home.
- 子どものころはよく鬼(㍍)ごっこをして遊んだ. *When* I was a child, I used to play tag.

ゴロ【野球】a grounder[グラウンダァ]

…ごろ (およそ) about ...[アバウト], around ...[アラウンド]
- 兄は毎晩8時ごろ帰って来る. My brother returns home at *about* eight every evening.
- 昼ごろ集まろう. Let's get together *around* noon.
- 去年の今ごろ *this time* last year

ころがす【転がす】roll[ロウル]
- さいころを転がした. I *rolled* the dice.

ころがる【転がる】roll[ロウル]
- 小銭(㍍)が溝(㍍)へ転がっていった.

Some change *rolled* into the gutter.

ごろごろ(►英語では動詞で表すことが多い)
- 雷(かみなり)がゴロゴロ鳴った．
  The thunder *rumbled*.
- きのうは一日中家でごろごろしていた．
  I stayed at home *doing nothing* all day yesterday.

ころす【殺す】**kill**[キル]

コロッケ a **croquette**[クロウケット]

コロナ(コロナウイルス)**coronavirus**[カロウナヴァイラス]
- コロナに感染した．
  I was infected with *coronavirus*.
- コロナウイルス検査は陽性［陰性］だった．
  I tested positive [negative] for the *coronavirus*.
- コロナ禍(か) the *corona* pandemic
- 新型コロナウイルス感染症(しょう) COVID-19 (►COVIDはcoronavirus diseaseの略．2019年から)

ころぶ【転ぶ】**fall**（**down**）[フォール(ダウン)]；（つまずいて）**trip**（**over** ...）[トゥリップ(オウヴァ)]
- 走っちゃ駄目(だめ)．転ぶよ．
  Don't run, you might *fall*.
- その段につまずいて転ばないように．
  Be careful not to *trip over* that step.

ころも【衣】（天ぷらなどの）**batter**[バタァ]；（パン粉の）**breading**[ブレッディング]

ころもがえ【衣替え】*koromogae*；**a seasonal change of clothing**[スィーザヌル チェインヂ][クロウズィング]→年中行事［口絵］

コロン a **colon**[コウラン]（►記号は :）

コロンビア Colombia[カランビア]
┃コロンビア人 a **Colombian**

こわい【怖い】
(恐(おそ)ろしい)**terrible**[テラブル], **frightening**[フライトゥニング], 《話》**scary**[スケ(ア)リィ], **fearful**[フィアフル]；（厳格な）**strict**[ストゥリクト]
- 怖い夢 a *bad*［*frightening*］*dream*
- ああ怖かった．
  That was *scary*. / I was *scared*.
- うちの父は怖い．
  My father is *strict*.
- 私は幽霊(ゆうれい)が怖い．
  I *am afraid of* ghosts. (←こわがる)

こわがる【怖がる】**be afraid**（**of** ...）[アフレイド], **be scared**（**of** ...）[スケァド]
- 妹は大きな犬を怖がる．
  My sister *is afraid*［*scared*］ *of* big dogs.

こわごわ（おどおどと）**timidly**[ティミッドゥリィ]；（用心深く）**cautiously**[コーシャスリィ]

こんげつ

こわす【壊す】
❶破壊(はかい)する **break**
❷健康を損(そこ)ねる **ruin**；（痛める）**damage**

❶[破壊する]**break**[ブレイク]
- 弟のおもちゃを壊してしまった．
  I *broke* my brother's toy.
❷[健康を損ねる]**ruin**[ルーイン]；（痛める）**damage**[ダミッヂ]
- 父は働きすぎて体を壊した．My father *ruined* his health by working so much.
- ユキがまたおなかを壊した．
  Yuki *had* stomach *trouble* again.

こわれる【壊れる】
break[ブレイク], **be broken**[ブロウカン]；（故障している）**be out of order**[アウト][オーダァ]
- 瓶(びん)は粉々に壊れた．
  The bottle *broke* into pieces.
- このいすは壊れている．This chair *is broken*.
- そのパソコンは壊れている．
  The PC *is out of order*.

こん【紺(の)】**dark blue**[ダーク ブルー], **navy blue**[ネイヴィ]
- 紺の制服 a *dark blue* uniform

こんかい【今回】**this time**[タイム]→こんど❶

こんがり【こんがり焼く】（パンを）**toast**[トウスト]；（肌(はだ)を）**tan**[タン]
- 海辺で肌がこんがり焼けた．
  I got *tanned* at the beach.

こんき【根気】**patience**[ペイシャンス]
- ジグソーパズルを完成させるには根気がいる．It takes *patience* to finish a jigsaw puzzle.
━根気よく **patiently**

こんきょ【根拠】**grounds**[グラウンヅ]
- 何を根拠にそう言うの？
  On what *grounds* do you say so?
━根拠のない **groundless**
- 根拠のないうわさ a *groundless* rumor

コンクール a **contest**[カンテスト]（►「コンクール」はフランス語から）
- 書道コンクール a calligraphy *contest*

コンクリート concrete[カンクリート]
- 鉄筋コンクリートの家
  a reinforced *concrete* house

こんげつ【今月】
this month[マンス]
- 今月の初め［末］に
  at the beginning [end] of *this month*
- ケンの誕生日は今月の12日だ．Ken's birthday

こんご

is on the 12th of *this month*.
- 今月は雨がほとんど降らなかった．
We have had little rain *this month*.

┃今月号 the current issue

こんご【今後】**from now on**[ナゥ], **after this**, **in the future**[フューチャァ]
- 今後は毎日朝食を食べます．I will eat breakfast every day *from now on*.
- 今後何が起こるかわからない．I don't know what will happen *in the future*.
→今後の future
- クラブの今後の予定 the club's *future* plans

こんごう【混合】**mixture**[ミックスチャア]
→混合する mix[ミックス], blend→まぜる
┃混合ダブルス mixed doubles

コンサート a concert[カンサート]
- その歌手はコンサートを開いた．
The singer gave [held] a *concert*.
- きのう野外コンサートに行った．
I went to an open-air *concert* yesterday.

野外コンサートのリハーサルの様子（英国）

┃コンサートホール a concert hall
┃コンサートマスター a concertmaster

こんざつ【混雑する】**be crowded**[クラウディド]
- 東京ディズニーランドはいつも混雑している．
Tokyo Disneyland *is* always *crowded*.

こんしゅう【今週】

this week[ウィーク]
- 今週の初め［末］に
at the beginning [end] of *this week*
- 今週の水曜日に授業が始まる．
Classes begin on Wednesday *this week*. / Classes begin *this* (*coming*) Wednesday.
- 私は今週（いっぱい）学校を休む．
I will be absent from school *this week*.
- 今週中にこの本を読まなければならない．
I have to read this book *this week*. / I have to read this book *within the week*.

┃今週号 the current issue: 今週号の『週刊少年サンデー』を買った．I bought *the current issue* of 'Weekly Shonen Sunday.'

こんじょう【根性】**guts**[ガッツ]; (意志)**will**
- タクは根性がある．Taku has *guts*.
- 君にこんなに根性があるとは思わなかった．
I didn't think you had such a strong *will*.

こんせいがっしょう【混声合唱】**a mixed chorus**[ミックスト コーラス]

コンセンサス a consensus[カンセンサス]
- 私たちはコンセンサスを得た．
We reached a *consensus*.

コンセント an (**electrical**) **outlet**[(イレクトゥリカル) アウトゥレット], **a socket**[サキット] (▶「コンセント」は和製英語)
- コンピュータのプラグをコンセントに差しこんだ．I plugged the computer into the *outlet*.

コンソメ(料理)**consommé**[カンサメィ] (▶フランス語から), **clear soup**[クリア スープ]

コンダクター a conductor[カンダクタァ]

コンタクトレンズ a contact lens[カンタクト レンズ]
- ヒナはコンタクトレンズをしている．
Hina wears *contact lenses*.
- 彼はコンタクトレンズを入れた．
He put in his *contact lenses*.
- 彼はコンタクトレンズを外した．
He took out his *contact lenses*.

こんだて【献立】**a menu**[メニュー]
- 夕飯の献立 a dinner *menu*

コンチェルト『音楽』(協奏曲)**a concerto**[カンチェァトゥ] (▶イタリア語から)

こんちゅう【昆虫】**an insect**[インセクト], 《主に米》**a bug**[バッグ]
┃昆虫採集 insect-collecting

コンディショナー (**a**) **conditioner**[カンディショナァ]

コンディション shape[シェイプ], (**a**) **condition**[カンディション]
- コンディションがいい．I'm in good *shape*.
- コンディションが悪い．I'm out of *shape*.

コンテスト a contest[カンテスト]
- スピーチコンテスト a speech *contest*

コンテナ (貨物用) **a container**[カンテイナァ]

コンテンツ (中身, 内容) **contents**[カンテンツ]

コント a short skit[ショート スキット]

こんど【今度】

❶今回	this time, now
❷この次	next time; (そのうち)sometime; (別の機会に)another time, some other time
❸新しい	new

コンビニ(エンスストア)

❶[今回]**this time**[タイム], **now**[ナゥ]
- 今度こそ勝ちたい. I want to win *this time*.
- 今度は君が話す番だ.
  Now it's your turn to talk.

❷[この次]**next time**[ネクスト タイム]; (そのうち)
sometime[サムタイム]; (別の機会に)**another time**[アナザァ], **some other time**[アザァ]
- 今度は忘れずに宿題をやろう. I won't forget to do my homework *next time*.
- 今度遊びに来ない？
  Won't you come to see me *sometime*?
- その話はまた今度にしよう.
  Let's discuss it *another time*. / Let's discuss it *some other time*.

━今度の **next**, **coming**
- 今度の試合は勝てるといいな.
  I hope we win the *next* game.
- 今度の週末に会おう.
  Let's meet *this* (*coming*) weekend.

❸[新しい]**new**[ヌー]
- 今度の先生は優(やさ)しい.
  Our *new* teacher is nice.

こんどう【混同する】**confuse**[カンフューズ], **mix up**
[ミックス アップ]; (…を～と取り違(ちが)える)**take**
[**mistake**] ... **for** ～[ミステイク]
- 公私混同すべきではない. We should not *confuse* work and private matters.

コントラバス〖楽器〗**a contrabass**[カントゥラベイス]

コントロール control[カントゥロウル]
- あの投手はコントロールがよい[悪い].
  That pitcher has good [poor] *control*.

━コントロールする **control**
| コントロールキー 〖コンピュータ〗**a control key**

こんな

such[サッチ], **like this**[ライク], **this kind** [**sort**]
of ...[カインド [ソート]]➡そんな
- こんなことでくよくよするな.
  Don't worry about *such* a thing.
- こんなTシャツがほしい.
  I want a T-shirt *like this*.

━こんなに **so**[ソゥ]
- きょう, こんなに寒くなるとは思わなかった.
  I didn't expect it to be *so* cold today.

こんなん【困難】(a) **difficulty**[ディフィカルティ];
(面倒(めんどう))**trouble**[トゥラブル]; (苦難)(a)
hardship[ハードシップ]
- 困難を克服(こくふく)した. I overcame the *difficulties*.
- 両親は多くの困難に耐(た)えた.

My parents bore many *hardships*.
- マラソンを完走することは彼には困難だった.
  It was *difficult* [*hard*] for him to complete the marathon.

━困難な **difficult; hard**

こんにち【今日】**today**[トゥデイ]; (このごろ)
nowadays[ナウアデイズ]
- 今日では着物を着る若者は少ない.
  Few young people wear kimonos *today* [*nowadays*].

━今日の (現代の)**present-day**[プレズントデイ]
- 今日の日本
  present-day Japan / *today*'s Japan

こんにちは

Hello.[ヘロゥ], 《話》**Hi.**[ハィ]; (午前中に)**Good morning.**[グッド モーニング]; (午後に)**Good afternoon.**[グッド アフタァヌーン](▶Good morning.やGood afternoon.はやや改まったあいさつ)

> **話してみよう!**
> ☺トム, こんにちは.
> *Hello*, Tom.
> ☻こんにちは, ケン, 元気？
> *Hi*, Ken. How are you? (▶Hello.よりもHi.のほうがくだけた言い方)

コンパクト (化粧(けしょう)道具)**a compact**[カンパクト]
━コンパクトな **compact**
| コンパクトカー **a compact car**
| コンパクトカメラ **a compact camera**
| コンパクトディスク **a compact disc**(▶CDと
| 略す)

コンパス (製図用具)**a compass**[カンパス], (**a pair of**) **compasses**[(ペァ)](▶単数扱い); (方位計)**a compass**
- コンパスで円を描(か)いた.
  I drew a circle with a *compass*.

こんばん【今晩】➡こんや

こんばんは Good evening.[グッド イーヴニング],
Hello.[ヘロゥ], 《話》**Hi.**[ハィ]
- こんばんは, ケンジ.
  Hi [*Good evening*], Kenji.
  (▶親しい間柄(あいだがら)では, Hello.やHi.で済ませることもある)

コンビ (2人組)**a pair**[ペァ](▶「コンビ」は
combination(組み合わせ)から)

コンビーフ corned beef[コーンド ビーフ]

コンビニ(エンスストア)a convenience store
[カンヴィーニャンス ストァ](▶「コンビニ」と略すのは
和製英語)➡p.254 ミニ絵辞典, ここがすごい【口絵】

two hundred and fifty-three　253

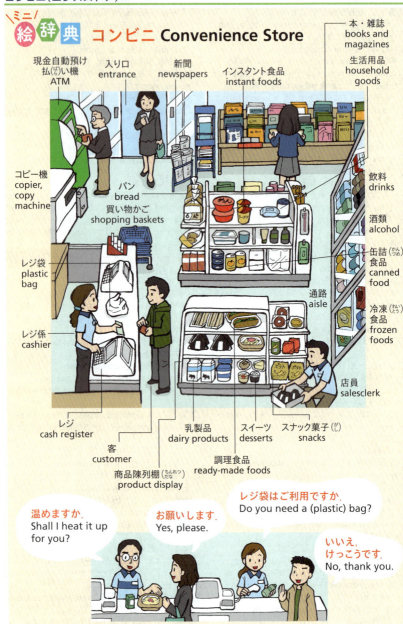

こんろ

コンビネーション combination[カンビネイション]
コンピュータ a computer[カンピューァ](▶ふつう個人用のコンピュータはpersonal computerと言い, PCと略す)➡パソコン, インターネット

ノートパソコン laptop (computer)
デスクトップコンピュータ desktop (computer)
プリンター printer

①モニター monitor
②スクリーン screen　③キーボード keyboard
④マウス mouse　⑤マウスパッド mouse pad
⑥USBメモリー USB (flash) drive
⑦CD / DVD-ROMドライブ CD/DVD-ROM drive

- コンピュータを使ってゲームをした. We used the *computer* to play (video) games.
- 私はコンピュータで映画を見る. I watch movies on my *computer*.
- (コンピュータで)ファイルを開いてパスワードを入力してください. Open the file and type [enter] the password.

コンピュータウイルス a computer virus
コンピュータグラフィックス computer graphics(▶CGと略す)
コンピュータゲーム a computer game
コンピュータ室 a computer room
コンピュータ部 a computer club

― 表現メモ ―
コンピュータに関することば
共有フォルダ a shared folder
ブラウザ a browser
起動する start up, boot up
終了する turn off, shut down
クリックする click
ダブルクリックする double-click
ドラッグする drag
コピペする copy and paste
削除する, 消去する delete
入力する enter, type
(ファイル)を開く open
(ファイル)を閉じる close
保存する save

こんぶ【昆布】kombu; a kind of kelp[ケルプ]
コンプレックス(劣等感) an inferiority complex[インフィ(ァ)リオーリティ カンプレックス]
- 私は自分の野球の腕前にコンプレックスを持っている. I have an *inferiority complex* about my baseball skills.

こんぼう【こん棒】a club[クラブ];(体操用の)an Indian club[インディアン]
コンポスト(堆肥) compost[カンポウスト]
こんぽんてき【根本的な】fundamental[ファンダメントゥル], basic[ベイスィック]
- 根本的な誤り a *fundamental* error
― **根本的に** fundamentally, basically

コンマ(句読点) a comma[カマ](▶記号は,)
- コンマを打ち忘れた.
  I forgot to put in a *comma*.

こんもり(木などが茂った) thick[スィック]
- こんもり茂った杉林
  a *thick* cedar forest

こんや【今夜】

(夜が明けるまで) tonight[トゥナイト];(日没から就寝まで) this evening[イーヴニング]
- 今夜は雪になりそうだ.
  It looks like we'll have snow *tonight*.
- 今夜は見たいテレビ番組がある.
  I have a TV program to see *this evening*.

こんやく【婚約】an engagement[インゲイヂメント]
― **婚約する** be [get] engaged (to ...)
- そのお笑い芸人は歌手と婚約した. The comedian *got engaged to* a singer.

婚約者(男の) a fiancé;(女の) a fiancée
婚約指輪 an engagement ring(▶「エンゲージリング」は和製英語)

こんらん【混乱】confusion[カンフュージョン]
― **混乱する** be confused
- 私たちは彼の説明に混乱した.
  We *were confused* by his explanation.

こんろ(持ち運びのできる) a portable (cooking) stove[ポータブル (クッキング) ストウヴ];(キッチンの) a (cooking) stove
- ガスこんろ a gas *stove*
- IHこんろ an induction *stove*

さ【差】a difference[ディファランス]
- 年齢(ねんれい)の大きな差 a big *difference* in age
- 私たちのチームは1点差で負けた．
Our team lost *by* one point.

さあ

❶声をかけて	now, come on
❷ためらって	well, let me see
❸わからないとき	《話》Who knows?, I don't know.

❶〔声をかけて〕**now**[ナゥ], **come on**[カモン]
- さあ，始めよう．*Now*, let's get started.
- さあ，来い[頑張(がんば)れ]！ *Come on*!
- さあ，出かけよう．*Let's go*.

❷〔ためらって〕**well**[ウェル], **let me see**[レットミースィー]
- さあ，そうは思いませんが．
Well, I don't think so.

話してみよう！

☺トムはいつ来るの．
When will Tom come?
☺さあ，たぶん金曜日かな．
Let me see, maybe on Friday.

❸〔わからないとき〕《話》**Who knows?**[ノゥズ], **I don't know**.
- 「彼女はどこにいるの」「さあ」
"Do you know where she is?"
"*Who knows? / I don't know*."

サーカス a circus[サーカス]

サーキット a circuit[サーキット]
サークル（円）a circle[サークル]；（同好会，クラブ）a club[クラブ], a group[グループ]
ざあざあ【ざあざあ降る】（雨が）pour[ポァ], rain heavily[レインヘヴィリィ]
サーチエンジン《コンピュータ》search engine[サーチエンヂン]
サード → さんるい
サーバー（テニスなどの）a server[サーヴァ]；《コンピュータ》a server

サービス

（客への）service[サーヴィス]；（テニスなどの）a service → サーブ
- このホテルはサービスがよい[悪い]．
The *service* at this hotel is good [poor].
- これはサービスです． You can get this (*for*) *free*. / This is *free of charge*.（←無料です）

| サービスエース an ace
| サービスエリア a rest stop, ㊤a service area
| サービス料 a service charge

サーブ（テニス・バレーボールなどの）a serve[サーヴ], a service[サーヴィス]
　―サーブ(を)する serve (a ball)
サーファー a surfer[サーファ]
サーフィン surfing[サーフィング]
- 湘南(しょうなん)にサーフィンに行った．
I went *surfing* at Shonan.
　―サーフィンをする surf

サーフボード a surfboard[サーフボード]
サーモン（鮭(さけ)）salmon[サマン]
さい【動物】a rhinoceros[ライナサラス]（複 rhinoceros, rhinoceroses），《話》a rhino[ライノゥ]（複 rhino, rhinos)

…さい【…歳】

… year(s) old[イァ(ズ) オウルド]

話してみよ

☺あなたは何歳ですか．
How *old* are you?
☺14歳です．
I'm fourteen (*years old*).

さいご²

- 兄は私より3歳年上だ. My brother is three *years* older than I [me].
- ケンは7歳から12歳までテニスを練習していた. Ken practiced tennis from *the age of* seven to twelve.

━…歳の ... *year-old*

- 6歳の女の子 a six-*year-old* girl（▶yearが単数形であることに注意）

━…歳のときに *at the age of* ...[エイヂ]

- 15歳のときに *at the age of* fifteen

さいあい【最愛の】**dearest**[ディアリスト], **beloved**[ビラヴィド]

さいあく【最悪(の)】**the worst**[ワースト]
- 最悪の場合には in *the worst* case
- きょうは人生最悪の日だ. This is *the worst* day of my life.
- 最悪の気分だ. I feel *terrible*.

ざいあく【罪悪】（宗教・道徳上の）**a sin**[スィン]; （法律上の）**a crime**[クライム] → つみ

さいかい¹【再会する】**meet ... again**[ミート][アゲン]

さいかい²【再開する】**resume**[リズーム], **reopen**[リオウプン]

さいかい³【最下位】**last place**[ラスト プレイス]
- 私たちのチームは最下位だった. Our team finished in *last place*.

さいがい【災害】**a disaster**[ディザスタァ]; （大災害）**a catastrophe**[カタストゥラフィ]
- 自然災害 a natural *disaster*
- いとこが災害にあった. My cousin was caught in the *disaster*.

災害救助隊 a disaster relief team

被災者を助ける災害救助隊

災害支援(しぇん) disaster assistance
災害派遣 a disaster relief operation

ざいがく【在学する】**be in [at] school**[スクール], **be enrolled**[インロウルド]

在学証明書 a certificate of student registration

さいかくにん【再確認する】**reconfirm**[リーカンファーム]

さいきょう【最強の】**the strongest**[ストゥローンギスト], **the most powerful**[モウスト パウアフル]

- 最強のチーム the *strongest* team

さいきん¹【最近】

recently[リースントゥリィ], **lately**[レイトゥリィ]（▶ともに現在完了形や過去形の文で用いる）
- 彼女は最近空手を習いはじめた. She has *recently* started learning karate.
- 私は最近彼に会っていない. I haven't seen him *lately*.

━最近の *recent*: （この前の）**last**[ラスト]
- 最近の出来事 *recent* events

さいきん²【細菌】**bacteria**[バクティ(ァ)リア]（▶複数扱い）, **a germ**[ヂャーム]; （微(び)生物）**a microbe**[マイクロウブ]

さいく【細工】（製品）**work**[ワーク]
- 竹細工 bamboo *work*
- 見事な細工の指輪 a well-*crafted* ring

さいくつ【採掘する】**mine**[マイン]

サイクリング cycling[サイクリング], **a bicycle [bike] ride**[バイスィクル [バイク] ライド]
- サイクリングに行こう. Let's go *cycling*.

サイクル a cycle[サイクル] → しゅうき

サイクルヒット 《野球》the cycle: 彼はサイクルヒットを打った. He hit for *the cycle*.

さいけつ【採決する】**take a vote (on ...)**[ヴォウト], **vote (on ...)**
- 私たちはその提案を採決した. We *took a vote on* the proposal. / We *voted on* the proposal.

さいげつ【歳月】**time**[タイム], **years**[イアズ]
- その事故以来10年の歳月が流れた. Ten *years* have passed since the accident.

さいげん【再現する】**re-create**[リクリエイト], **reproduce**[リプラデュース]
- 古い町並みが再現されている. The old townscape has been *reproduced*.

さいご¹【最後】

the last[ラスト], **the end**[エンド]（⇔ 最初 the first, the beginning）
- その小説を最後まで読んだ. I read the novel to *the end*.

━最後の *the last*, *final*[ファイナル]
- きょうは学園祭の最後の日だ. Today is the *final* day of our school festival.

━最後に *last*, *lastly*, *finally*
- エリが最後に来た. Eri came *last*. / Eri was *the last* to come.（←来た最後の人だった）

さいご²【最期】**one's death**[デス]
- ドラマで主人公は最期を遂(と)げた. The hero met *his* [*her*] *death* in the drama.

さいこう

さいこう【最高(の)】
(質・程度が)**the greatest**[グレイテスト]; (高さ・程度が)**the highest**[ハイイスト]; (最良の)**the best**[ベスト]; (すばらしい)**great**[グレイト]
- 彼は最高の漫画家だと思う。
 I think he is *the greatest* comic artist.
- それは今までのところ最高のアイデアだ。
 That is *the best* idea so far.
- それ最高だね！ That's *great*!

最高気温 the highest temperature; (天気予報で)high
最高記録 the best record
最高裁判所 the Supreme Court
最高点 the highest score: 数学のテストの最高点 *the highest score* on the math test

さいころ a dice[ダイス] (►元はa dieの複数形だが、現在はふつう単数も複数もdiceを用いる)
- さいころを振った。I rolled the *dice*.

さいこん【再婚する】get married again[マリィドアゲン], remarry[リマリィ]

ざいさん【財産】property[プラパァティ]; (巨額の)(a) fortune[フォーチュン]
- 祖父は財産を築いた。
 My grandfather made a *fortune*.

さいしあい【再試合】a rematch[リマッチ]

さいじつ【祭日】→ しゅくじつ

さいしゅう¹【最終(の)】
the last[ラスト], **the final**[ファイヌル]
- 彼は最終電車に乗り遅れた。
 He missed *the last* train.

最終回 (野球の)the last inning; (テレビドラマなどの)the last episode
最終日 the last day: 旅行の最終日におみやげを買った。I bought some gifts on *the last day* of my trip.

さいしゅう²【採集する】collect[カレクト], gather[ギャザァ]
- 昆虫採集をした。I *collected* insects.

さいしょ【最初】
the first[ファースト], **the beginning**[ビギニング] (⇔最後 the last, the end)
- 最初から最後まで from *beginning* to end
- その映画の最初を見逃してしまった。
 I missed *the beginning* of the movie.
- ➡最初の **the first**, **original**[アリヂナル]
- 彼女は最初の女性大統領だ。
 She is *the first* woman president.
- ➡最初に **first**, **in the beginning**; (初めて)**for the first time**

- 最初にケイに秘密を打ち明けた。
 I *first* told the secret to Kei.
- 最初にスキーに行ったのはいつですか。When did you go skiing *for the first time*?
- ➡最初は **first**, **at first**
- 最初はあまりじょうずにテニスができなかった。
 At first, I couldn't play tennis very well.

さいしょう【最小(の), 最少(の)】(大きさが)**the smallest**[スモーリスト]; (分量が)**the least**[リースト]
- 世界最小の鳥
 the smallest bird in the world

最小公倍数 the least [lowest] common multiple (►L.C.M.と略す)

さいじょう【最上(の)】**the best**[ベスト]
- 言語を学ぶ最上の方法は何ですか。What is *the best* way to learn a language?

最上級 〚文法〛the superlative
最上級生 a senior (student)

さいしょうげん【最小限】a minimum[ミニマム] (⇔最大限 a maximum)
- ➡最小限の minimum

さいしん【最新(の)】**the latest**[レイティスト], **the newest**[ヌーイスト]
- 最新の情報 *the latest* information

最新型 (自動車などの)the latest [newest] model

サイズ
a size[サイズ]
- 「サイズは何ですか」「Mです」
 "What *size* are you?" "I'm a *size* M."
- このセーターはサイズが合わない。
 This sweater is not my *size*.
- 私はテーブルのサイズを測った。
 I measured the *size* of the table.
- フリーサイズのTシャツ
 a one-*size*-fits-all T-shirt

表現メモ

いろいろなサイズ表示
Sサイズ small / Mサイズ medium
Lサイズ large / XLサイズ extra large
XXLサイズ extra extra large

米国のハンバーガーショップの表示

さいせい【再生】(録音・録画などの)**a playback**[プレイバック]; (廃物の)**recycling**[リーサイクリング]
━再生する **play back; recycle**
| 再生可能エネルギー **renewable energy**
| 再生工場 **a recycling plant**
| 再生紙 **recycled paper**
| 再生品 **a recycled product**

ざいせい【財政】**finance**[ファイナンス]

さいせん¹【再選】**reelection**[リーイレクション]
━再選する **reelect**

さいせん²【さい銭】**an offertory**[オファートゥリィ], **donation**[ドウネイション]
| さい銭箱 **an offertory box, a donation box**

さいぜん【最善】**the** [*one's*] **best**[ベスト]
・後悔しないように最善を尽くした.
I did *my best* so that I wouldn't have any regrets.
━最善の **the best**

さいせんたん【最先端の】(最も進んだ)**the most advanced**[モウスト アドゥヴァンスト]; (最近の)**the latest**[レイティスト]
・最先端の技術
the most advanced technology

さいそく¹【催促する】**press**[プレス], **urge**[アーヂ]
・私は彼に答えを催促した.
I *pressed* him for an answer.

さいそく²【最速の】**the fastest**[ファスティスト]

サイダー Ⓐ(a) **soda**[ソウダ] (▶ciderはⒶ「りんごジュース」, Ⓑ「りんご酒」のこと)

さいだい【最大の】**the biggest**[ビッゲスト], **the largest**[ラーヂェスト], **the greatest**[グレイティスト]
・琵琶湖は日本最大の湖です. Lake Biwa is *the largest* lake in Japan.
| 最大公約数 **the greatest common denominator** [**divisor**] (▶G.C.D.と略す)

さいだいげん【最大限】**a maximum**[マクスィマム] (⇔最小限 **a minimum**)
━最大限の **maximum**
・試合に勝つために最大限の努力をした.
I tried *as hard as I could* to win the game.

ざいたく【在宅する】**be at home**[ホウム]
・お父さんはご在宅ですか.
Is your father (*at*) *home*? / *Is your father in*?
| 在宅介護 **home care, home nursing**
| 在宅勤務 **telecommuting, teleworking, working from home**
━在宅勤務をする (勤務先から離れて)**work from home**; (リモートワークで)**work remotely**; (自営業など主に自宅で働く場合)**work at home**

・姉は今在宅勤務をしている.
My sister is *working from home* now.

さいたん【最短(の)】**the shortest**[ショーティスト]
・最短コース *the shortest* course

さいちゅう【最中に】**during** ...[ドゥ(ァ)リング], **in the middle of** ...[ミドゥル]
・夕食の最中に地震があった.
There was an earthquake *during* [*in the middle of*] dinner.

さいてい【最低(の)】

the lowest[ロウイスト]; (最悪の)**the worst**[ワースト]
・きのうは最低の日だった.
Yesterday was *the worst* day ever.
| 最低気温 **the lowest temperature**; (天気予報で)**low**

さいてき【最適】**the most suitable**[モウスト スータブル]; (最良の)(**the**) **best**[ベスト]
・散歩に最適な靴
the most suitable shoes for walking

さいてん【採点する】**mark**[マーク], **grade**[グレイド]
・先生は答案を採点した. The teacher *marked* [*graded*] the examination papers.

サイト (インターネット上の)**a website**[ウェブサイト]
・ユリはサイトを開設した.
Yuri opened [made] a *website*.
・アニメのサイトによくアクセスする.
I often visit anime *websites*.
・サイトが更新されていた.
The *website* has been updated.

サイド a side[サイド]
| サイドアウト 〘バレーボール〙**side-out**
| サイドスロー 〘野球〙**a sidearm throw** (▶「サイドスロー」は和製英語)
| サイドボード **a sideboard**
| サイドミラー **a side**(**view**) **mirror** → くるま図

さいなん【災難】**a misfortune**[ミスフォーチュン], **a disaster**[ディザスタァ], **an accident**[アクスィダント]
・災難に遭った.
I had an *accident*.

two hundred and fifty-nine

さいのう

さいのう【才能】
（a）**talent**[タラント], a **gift**[ギフト]；（能力）（an）**ability**[アビラティ]
- 彼は自分の才能を伸(の)ばした．
  He developed his *talent*.
- ケンはすばらしいダンスの才能を発揮した．
  Ken displayed a great *talent* for dance.
- カイは音楽の才能がある．
  Kai has a *gift* for music.

→才能のある **talented**, **gifted**

さいばい【栽培する】**grow**[グロウ], **raise**[レイズ]
- 彼らは野菜を栽培している．
  They *grow* vegetables.

さいはっこう【再発行する】**reissue**[リーイシュー]
- 生徒手帳を再発行してもらいたいのですが．
  I would like to have my student handbook *reissued*. (▶have＋〈人・物〉＋〈過去分詞〉で「〈人・物〉を…してもらう」の意)

さいばん【裁判】（a）**trial**[トゥライアル]；（判決）**judgment**[ヂャッヂマント]
→裁判をする **judge**
 裁判官 a judge
 裁判所（法廷(ほうてい)）a court；（建物）a courthouse：地方裁判所 district court, 家庭裁判所 family court

さいふ【財布】**a wallet**[ワリット]；（小銭(こぜに)入れ）a **coin purse**[コイン パース]（▶purseのみだと⊕では小型ハンドバッグをさす）

wallet

coin purse

さいほう【裁縫】**sewing**[ソウイング]（★発音注意），**needlework**[ニードゥルワーク]
→裁縫をする **sew**
 裁縫道具 a sewing kit

さいぼう【細胞】**a cell**[セル]
 細胞分裂(ぶんれつ) a cell division

さいほうそう【再放送】（テレビ番組・映画の）a **rerun**[リーラン], a **repeat**[リピート]
- あの番組の再放送が見たい．I want to watch the *rerun* of that program.

→再放送(を)する **rerun**[リーラン], **repeat**

さいまつ【歳末】**the end of the year**[エンド][イア]
→歳末の **year-end**

ざいもく【材木】**wood**[ウッド]；（製材した）⊕ **lumber**[ランバァ], ⊕ **timber**[ティンバァ]

さいよう【採用する】（考え・技術などを）**adopt**[アダプト]；（雇(やと)う）**hire**[ハイア], **employ**[インプロイ]
- 私の考えがクラスで採用された．
  My idea was *adopted* by our class.
 採用試験 an employment examination

さいりよう【再利用】**recycling**[リーサイクリング]
→再利用する **recycle**, **reuse**[リーユーズ]

ざいりょう【材料】
（a）**material**[マティ(ァ)リアル]；（料理の）an **ingredient**[イングリーディアント]
- 建築材料 building *materials*
- このケーキの材料は何ですか．
  What are the *ingredients* for this cake?

サイレン a siren[サイ(ァ)ラン]

さいわい【幸いな】（幸福な）**happy**[ハッピィ]；（幸運な）**lucky**[ラッキィ], **fortunate**[フォーチャナット]
- けがをしなかったのは幸いでした．
  I was *lucky* that I didn't get hurt.

→幸い(に) **luckily**, **fortunately**
- 電車は遅(おく)れていたが，幸い授業に間に合った．The train was late, but *fortunately* I was in time for the class.

サイン
（署名）a **signature**[スィグナチァア]；（有名人の）an **autograph**[オータグラフ]；（合図）a **sign**[サイン]；（野球の）a **signal**[スィグナル]

signature   autograph

- （有名人に対して）サインをいただけますか．
  May I have your *autograph*?
- コーチはバッターにサインを送った．
  The coach gave a *signal* to the batter.
- サイン入りの写真 an *autographed* photo

→サインする **sign**; **autograph**
- この書類にサインしてください．
  Please *sign* this document.
 サイン会 an autograph session
 サイン帳 an autograph book
 サインペン a felt-tip (pen)（▶「サインペン」は和製英語）

サウジアラビア Saudi Arabia[サウディ アレイビア]
 サウジアラビア人 a Saudi

サウスポー〖野球〗**a left-handed pitcher**[レフト ハンディド ピッチァア], **a lefty**[レフティ]

サウナ a sauna（bath）[ソーナ (バス)]

サウンド(a) sound[サウンド]
∥サウンドトラック a sound track

…さえ

❶ …ですら　　　　　　even
❷ ただ…さえすれば　　if only …

❶[…ですら]**even**[イーヴン](▶ふつう修飾する語句の直前に置く)
・そんなことは幼い子どもでさえ理解できる.
　Even a small child can understand that.
・私は歩くことさえできなかった.
　I could not *even* walk.
❷[ただ…さえすれば]**if only …**[オウンリィ]
・お金さえあればなあ. *If only* I had money.
　(▶現在の事実と反対の願望を表す言い方. If only の後の動詞は過去形にする)

〈人〉は…しさえすればよい
all＋〈人〉＋have to do is〔to〕＋〈動詞の原形〉／〈人〉＋only have to＋〈動詞の原形〉
・あなたは私に電話さえすればよい.
　All you *have to do is*〔*to*〕call me. ／You *only have to* call me.

さえぎる【遮る】(人の話などを)**interrupt**[インタラプト]; (行く手を)**block**[ブラック]
・大きな岩が道を遮っている.
　A huge rock is *blocking* the road.
さえずる **sing**[スィング]
・たくさんの鳥がさえずっている.
　Many birds are *singing*.
さえる(光・色・音などが)**be clear**[クリァ]; (頭が)**be sharp**[シャープ]; (目が)**be**(**wide**)**awake**[(ワイド)アウェイク]
・きょうはさえてるね.
　You *are sharp* today.
・ゆうべは目がさえて眠れなかった. I *was* lying *awake* last night and couldn't get to sleep.
さお **a pole**[ポウル], **a rod**[ラッド]
・釣りざお a fishing *rod*
さか【坂】**a hill**[ヒル], **a slope**[スロウプ]
・急な[緩やかな]坂
　a steep[gentle] *hill*
・坂を上った[下りた].
　I went up[down] a *hill*.
さかあがり【逆上がりする】(鉄棒で)**do a back hip circle**[バック ヒップ サークル]
さかい【境】**a border**[ボーダァ], **a boundary**[バウンダリィ]
さかえる【栄える】**prosper**[プラスパァ], **flourish**[フラーリッシュ]
・この町は江戸時代に栄えた.

さかのぼる

　This town *prospered* in the Edo era.
さかさま【逆さま(に)】(上下が)**upside down**[アップサイド];(頭から先に)**headfirst**[ヘッドファースト];(裏表が)**inside out**[インサイド アウト];(後ろ前に)**on backward**[バックワド]
・壁にかかっている絵は逆さまだ.
　The picture on the wall is *upside down*.
・彼は逆さまに階段から落ちた.
　He fell *headfirst* down the stairs.

さがす【探す, 捜す】

❶ 捜索する　　　(人・物を)look for …,
　　　　　　　　search for …;
　　　　　　　　(場所などを)search
❷ 地図・辞書で　look up

❶[捜索する](人・物を)**look for …**[ルック], **search for …**[サーチ], (場所などを)**search**
・私は昆虫に関する本を探した.
　I *looked for* a book on insects.
・警察はいなくなった子どもを捜した.
　The police *searched for* the missing child.
・家の中をくまなく捜した. I *searched* the house from top to bottom.
❷[地図・辞書で]**look up**[アップ]
・この単語を辞書で探しなさい.
　Look up this word in your dictionary.
さかだち【逆立ち】**a handstand**[ハンドスタンド]
━逆立ちする do a handstand, stand on one's hands
・逆立ちしてみて.
　Try *standing on your hands*.

さかな【魚】

a fish[フィッシュ](複 fish, fishes)(▶種類をさすときにfishesを用いる場合がある); (魚肉)fish
・焼き魚 (a) grilled[broiled] fish
・肉より魚のほうが好きだ.
　I like *fish* better than meat.

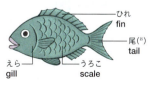

ひれ fin
尾 tail
えら gill
うろこ scale

∥魚釣り **fishing**: 父はよく魚釣りに行く.
My father often goes *fishing*.
∥魚店 a fish shop
∥魚販売人 a fish dealer
さかのぼる(川を)**go up**[ゴゥ アップ]; (以前に戻る)**trace back**[トゥレイス バック]

さかみち

- その言葉の起源は8世紀のインドにさかのぼる.
The origin of the word can be *traced back* to eighth-century India.
- 話は18世紀にさかのぼる.
The story *goes back* to the 18th century.
- その魚は川をさかのぼった.
The fish *swam* [*went*] *up* the river.

さかみち【坂道】**a slope**[スロウプ]→さか
さかや【酒屋】**a liquor store**[リカァ ストア]
さからう【逆らう】**go against …**[アゲンスト]
- 人の流れに逆らうな.
Don't *go against* the flow of people.
- 彼は両親に逆らって家を出た.
He *went against* his parents and left home.

さかり【盛り】**the height**[ハイト]; (全盛期) **the prime**[プライム]
- 夏の盛りに
in *the height* of summer

盛り場 **an amusement** [**entertainment**] **area**

さがる【下がる】

❶位置が	go down, fall
❷ぶら下がる	hang (down)
❸後退する	step back, move back

❶[位置が] **go down**[ゴゥ ダウン], **fall**[フォール] (⇔上がる **go up, rise**)
- 熱が下がった.
My fever has *gone down*. / My fever has *fallen*.
- 気温が2度まで下がった.
The temperature *went down* to 2°C. / The temperature *fell* to 2°C. (▶2°Cは two degrees centigrade [Celsius] と読む)
- 今学期は成績が下がった.
My grades have *fallen* this term.

❷[ぶら下がる] **hang (down)**[ハング]
- 大きなランプが天井から下がっている.
A big lamp is *hanging (down)* from the ceiling.

❸[後退する] **step back**[ステップ バック], **move back**[ムーヴ]
- 白線の後ろに下がってください.
Step back behind the white line, please.

さかん【盛んな】(栄えている) **prosperous**[プラスパラス]; (人気のある) **popular**[パピュラァ]; (活発な) **active**[アクティヴ]
- 日本では野球が盛んです.
Baseball is *popular* in Japan.

➡盛んに **actively**

さき【先】

❶先端(たん)	an end; (とがっている) a point; (指・舌などの) a tip
❷将来	the future
❸前方に	ahead
❹順番	(最初に) first; (…する前に) before …; (前もって) in advance

❶[先端] **an end**[エンド]; (とがっている) **a point**[ポイント]; (指・舌などの) **a tip**[ティップ]
- 棒の先 the *end* of a stick
- 鉛筆(約)の先 the *point* of a pencil
- 舌の先 the *tip* of the tongue

❷[将来] **the future**[フューチァァ]
- 少しは先のことを考えなさい.
Think about your *future* a little bit.

❸[前方に] **ahead**[アヘッド]
- おじの家は約50メートル先にある.
My uncle's house is about 50 meters *ahead*.
- 私たちは先に進んだ. We moved *ahead*.

❹[順番] (最初に) **first**[ファースト]; (…する前に) **before …**[ビフォァ]; (前もって) **in advance**[アドゥヴァンス]
- 私が先に話します. I will talk *first*.
- 私は父より先におふろに入った.
I took a bath *before* my father (did).
- 先に料金を支払(はら)わなければならなかった.
I had to pay *in advance*.
- お先にどうぞ. *Go ahead*. / *After you*.

さぎ[1]【詐欺】(a) **fraud**[フロード], **a swindle**[スウィンドゥル]

詐欺師 **a fraud, a swindler**

さぎ[2]【鳥】**a (snowy) heron**[(スノウィ) ヘラン]

サキソホン【楽器】**a saxophone**[サクサフォウン], (話) **a sax**[サックス]

さきどり【先取りする】**be ahead (of …)**[アヘッド]
- ユリはいつも流行を先取りしている.
Yuri *is* always *ahead of* fashion.

さきほど【先ほど】**a little while ago**[リトゥル (ホ) ワイル アゴゥ]
- マリは先ほど家を出ました.
Mari left the house *a little while ago*.

さきまわり【先回りする】go on ahead[アヘッド]
- 弟は先回りして私を驚かした．
 My brother *went on ahead* (of me) and surprised me.

さきゅう【砂丘】a (sand) dune[(サンド) ドゥーン]
- 鳥取砂丘 the Tottori *sand dunes*

さぎょう【作業】work[ワーク]
 ➡作業する work
- 彼は作業中だ. He is *working* now.
- 作業中《掲示》MEN AT *WORK*

|作業員 a worker
|作業服 work clothes

さく¹【咲く】
come out[カム アウト]；(主に観賞用の花が)bloom[ブルーム]；(主に果樹の花が)blossom[ブロッサム]
- 庭のゆりは来週咲くだろう. The lilies in the garden will *bloom* [*come out*] next week.
- 春になるとりんごの木に花が咲く．
 The apple tree *blossoms* in the spring.
 ➡咲いている be in bloom [blossom]
- 今桜が満開に咲いている．
 The cherry trees *are* now *in* full *bloom*.

米国のワシントンD.C.で，満開に咲いている桜

さく²【柵】a fence[フェンス]
さく³【裂く】(紙などを)tear[テア]；(縦に)split[スプリット]；(関係を)separate[セパレイト]
- 私はその紙を2つに裂いた．
 I *tore* the sheet of paper in two.

さく⁴【割く】(時間を)spare[スペア]
- ちょっと時間を割いてくれる？
 Can you *spare* me a few minutes?

さくいん【索引】an index[インデックス]
さくさく (食べ物が)crisp[クリスプ], crispy[クリスピィ]；(動きが)smoothly[スムーズリィ]
- 会議はさくさく進んだ．
 The meeting went *smoothly*.

さくし【作詞する】write (the) words [lyrics] (for a song)[ライト][ワーツ][リリックス]]
- 彼は多くの歌の作詞をした．

 He *wrote the lyrics* for many songs.
|作詞家 a lyricist；(作曲もする)a songwriter

さくじつ【昨日】➡きのう¹

さくしゃ【作者】(著者)an author[オーサァ]；(筆者)a writer[ライタァ]；(絵などの)an artist[アーティスト]
- このエッセーの作者はだれですか．
 Who is the *writer* of this essay? / Who wrote this essay?

さくじょ【削除する】delete[ディリート]
|削除キー (デリートキー)a delete key

さくせい【作成する】make[メイク], prepare[プリペア]

さくせん【作戦】(戦略)a strategy[ストゥラタヂィ]；(個々の戦術)tactics[タクティクス](▶単数・複数扱い)；(軍事行動)operations[アパレイションズ]

さくねん【昨年】last year[ラスト イァ]➡きょねん
さくばん【昨晩】last night[ラスト ナイト]➡さくや
さくひん【作品】(a) work[ワーク]
- 芸術作品 a *work* of art / an art *work*
- 授業で文学作品を読んだ．
 We read a literary *work* in class.

さくぶん【作文】(a) composition[カンパズィション], (an) essay[エセイ]
- 宿題で英作文を書いた. I wrote an English *composition* [*essay*] for class.

さくもつ【作物】(a) crop[クラップ]
- 作物が収穫された．
 The *crops* were harvested.

さくや【昨夜】last night[ラスト ナイト], yesterday evening[イェスタァデイ イーヴニング]
- 昨夜マリがメールしてきた．
 Mari texted me *last night*.

さくら【桜】(木)a cherry tree[チェリィ トゥリー]；(花)cherry blossoms[ブラッサムズ]
- 関東地方では桜が満開だ. *Cherry trees* are in full bloom in the Kanto area.

さくらそう【桜草】【植物】a primrose[プリムロウズ]
さくらんぼ a cherry[チェリィ]
さくりゃく【策略】a trick[トゥリック]
さぐる【探る】(捜す)search[サーチ]；(手足などで)feel[フィール]；(調査する)investigate[インヴェスティゲイト]
- 私はかぎを取り出そうとポケットを探った．
 I *searched* [*felt in*] my pocket *for* the key.

ざくろ【植物】a pomegranate[パムグラニット]
さけ¹【魚】a salmon[サマン] (複 salmon)
さけ²【酒】(酒類)liquor[リカァ], (alcoholic) drinks[(アルカホーリック) ドゥリンクス]；(日本酒)sake[サキ]
 ➡酒を飲む drink, have a drink
- 私の父はよく酒を飲む．

さけびごえ

My father often *drinks*.
酒店, 酒屋 a liquor store [shop]
酒販売(ばい)人 a liquor dealer

さけびごえ【叫び声】**a cry**[クライ], **a shout**[シャウト]; (悲鳴)**a scream**[スクリーム]
・助けを求める叫び声が聞こえた.
 I heard a *cry* for help.

さけぶ【叫ぶ】

cry (**out**)[クライ (アウト)], **shout**[シャウト], **scream**[スクリーム]
・少女は助けを求めて叫んだ.
 The girl *cried* for help.
・彼は「独りにしてくれ」と叫んだ.
 He *shouted*, "Leave me alone!"
・リンは蛇(へび)を見て叫んだ.
 Rin *screamed* when she saw a snake.

> **くらべてみよう!** cryとshoutとscream
> **cry**: 恐怖(きょうふ)・驚(おどろ)き・喜びなどのために「感情的になって叫び声を上げる」という意味. 度合いが強いときは**cry out**(大きな叫び声を上げる)を使う.
> **shout**: 「大きな声を出して叫ぶ」という意味の一般的な語.
> **scream**: 「金切り声を上げる」という意味.

さける¹【避ける】**avoid**[アヴォイド], **keep away from** ...[キープ アウェイ]
・私たちはラッシュアワーを避けた.
 We *avoided* the rush hour.
・おじは脂(あぶら)っぽい食べ物を避けるようにしている. My uncle tries to *keep away from* greasy foods.

さける²【裂ける】(紙などが)**tear**[テア](★発音注意); (縦に)**split**[スプリット]

さげる【下げる】

❶低くする　　　**lower**; (頭を)**bow**
❷つるす　　　　**hang**

❶[低くする]**lower**[ロウァ]; (頭を)**bow**[バウ]
・その店は価格を下げた.
 The store *lowered* its prices.
・私はみなに頭を下げて部屋を出た.
 I *bowed* to everyone and left the room.
❷[つるす]**hang**[ハング]
・彼女は壁(かべ)に絵を下げた.
 She *hung* a painting on the wall.

さこつ【鎖骨】**a collarbone**[カラァボウン]

ささ【植物】**bamboo grass**[バンブー グラス]; (ささの葉)**a bamboo leaf**[リーフ]

ささい【ささいな】**trivial**[トゥリヴィアル], **small**[スモール]
・ささいなこと
 a *trivial* matter

ささえ【支え】(**a**) **support**[サポート]
・彼の支えがなければそれはできなかった.
 I couldn't do it without his *support*.
　━支える **support**
・多くのファンがチームを支えている.
 Many fans *support* the team.

さざえ〖貝〗**a turban shell**[ターバン シェル], **a top shell**[タップ]

ささげる **devote**[ディヴォウト]
・彼は教育に一生をささげた.
 He *devoted* his life *to* education.

さざなみ【さざ波】**ripples**[リップルズ]
・湖面にさざ波が立っていた.
 There were *ripples* on the (surface of the) lake.

ささみ(鶏(とり)の)**chicken tenders**[チキン テンダァズ]

ささやか【ささやかな】**small**[スモール], **little**[リトゥル]
・ささやかなプレゼント a *small* gift

ささやき a whisper[(ホ)ウィスパァ]
　━ささやく **whisper**
・彼女は私の耳もとで何かささやいた.
 She *whispered* something in my ear.

ささる【刺さる】**stick**[スティック], **pierce**[ピアス]
・ガラスの破片(はへん)が指に刺さった.
 I *got* a sliver of glass *stuck* in my finger.

さじ a spoon[スプーン]
・大さじ1杯(ぱい)
 one table*spoon*
・小さじ2杯の砂糖(さとう)
 two tea*spoon*fuls of sugar

さしあげる【差し上げる】(与(あた)える)**give**[ギヴ]
→あげる¹❸
・このプレゼントを差し上げましょう.
 I would like to *give* this present to you.

さしいれ【差し入れ】**something as encouragement**[サムスィング][インカーリッチマント]
・差し入れに冷たい飲み物をもらった.
 I received cold drinks as *encouragement*.

さしえ【挿絵】**an illustration**[イラストゥレイション]
・この雑誌には挿絵がたくさんある.
 This magazine has a lot of *illustrations*.

ざしき【座敷】*zashiki*, (畳(たたみ)を敷(し)いた部屋)**a tatami-matted room**[-マッティド ルーム]; (日本式の部屋)**a Japanese-style room**[ヂャパニーズ スタイル]→住生活【口絵】

さしこむ【差し込む】

❶光が	shine in
❷物を	put ... in, insert; (プラグを)plug ... in

❶〔光が〕**shine in**[シャイン イン]
- 窓から日が差しこんでいる. The sun is *shining in* through the window.

❷〔物を〕**put ... in**[プット], **insert**[インサート]; (プラグを)**plug ... in**[プラグ イン]
- プラグをコンセントに差しこんでもらえますか. Would you *put* the plug *in* the outlet?

さしず【指図】**directions**[ディレクションズ], **orders**[オーダァズ]→めいれい
- 私たちはコーチの指図に従った. We followed our coach's *directions*.
- 彼はあなたの指図は受けない. He doesn't take *orders* from you.

→指図する **direct, order**

さしだす【差し出す】**hold out**[ホウルド アウト]
- 彼は私に右手を差し出した. He *held out* his right hand to me.

‖差出人 **a sender**

さしつかえる【差し支える】(不都合が生じる)**be inconvenient**[インカンヴィーニャント]
- 差し支えなければこれをお借りできませんか. If it's not *inconvenient*, can I borrow this? / If you don't mind, can I borrow this?

さしみ【刺身】**sashimi**[サシーミ]; (**sliced**) **raw fish**[(スライスト) ロー フィッシュ]
- 刺身は生の魚の薄切りからなる料理です. *Sashimi* is a dish consisting of slices of raw fish.

さす¹【刺す】(針などで)**prick**[プリック]; (蚊が)**bite**[バイト]; (はちが)**sting**[スティング]

prick　　　bite　　　sting

- 針で指を刺してしまった. I *pricked* my finger on a needle.
- 蚊に腕を刺された. I was *bitten* on the arm by a mosquito.

さす²【指す】(指し示す)**point**[ポイント]; (指名する)**call on**[コール]
- 彼は家の近くの大きな木を指した. He *pointed* to a big tree near his house.
- 先生はケンのことをよく指す. The teacher often *calls on* Ken.

さす³【差す】(日が)**shine**[シャイン]; (花を)**put**[プット]; (傘を)**open**[オウプン], **put up**
- 日が差している. The sun is *shining*.
- 彼女はゆりを花瓶に差した. She *put* the lilies in the vase.
- 雨が降り始めたので傘を差した. I *opened* my umbrella because it began to rain.

さすが

(本当に)**really**[リ(ァ)リィ], **just as I expected**[ヂャスト][イクスペクティド]; (…でさえ)**even**[イーヴン]
- あなたはさすがにテニスがうまい. *Just as I expected*, you are *really* a good tennis player.
- さすがの彼もそのパズルがとけなかった. *Even* he couldn't solve the puzzle.

さずける【授ける】**grant**[グラント]; (与える)**give**[ギヴ]

サステナブル(な) sustainable[サステイナブル]→じぞく
- サステナブルな社会 a *sustainable* society

サスペンス suspense[サスペンス](★アクセント位置に注意)

‖サスペンス映画 **a suspense movie**

ざせき【座席】**a seat**[スィート]→せき¹

‖座席指定券 **a reserved-seat ticket**

ざせつ【挫折】(計画などの)(**a**) **collapse**[カラプス]; (失敗)(**a**) **failure**[フェイリャァ]
- 私の計画は挫折した. My plan ended in *failure*.

…させる

❶強制的に	make
❷本人の希望どおりに	let, allow
❸頼んで	have, get

❶〔強制的に〕**make**[メイク]

〈人〉に…させる

make＋〈人〉＋〈動詞の原形〉
- 母は私に部屋の掃除をさせた. My mother *made* me clean my room.
- ケンはその仕事をさせられた. Ken *was made to* do the job. (▶受け身のときはto＋〈動詞の原形〉となる)

❷〔本人の希望どおりに〕**let**[レット], **allow**[アラウ]

〈人〉に…させる

let＋〈人〉＋〈動詞の原形〉
- 彼にもう一度やらせてあげなさい. *Let* him try it again.
- 私に自己紹介させてください.

Let me introduce myself.
❸ [頼んで] **have**[ハヴ], **get**[ゲット]➡…もらう
〈人〉に…させる
have +〈人〉+〈動詞の原形〉/
get +〈人〉+ to +〈動詞の原形〉
・後で彼に電話させましょうか.
Shall I *have* him call you later?
・私は彼女に宿題を手伝わせた. I *got* her *to* help me with my homework.

ざぜん【座禅】zazen; **Zen**[**sitting**] **meditation**[ゼン[スィッティング]メデテイション]
・私たちは座禅を組んだ.
We practiced *Zen*[*sitting*] *meditation*.

さそう【誘う】**ask**[アスク], **invite**[インヴァイト]
・私はミキを映画に誘った. I *asked* Miki to (go to) the movies (with me).

さそり【動物】**a scorpion**[スコーピアン]

さそりざ【さそり座】**Scorpio**[スコーピオゥ];(人)**a Scorpio**
・私はさそり座です. I am a *Scorpio*.

さだめる【定める】**decide**[ディサイド]➡きめる❶

ざだんかい【座談会】**a round-table talk**[ラウンドゥテイブル トーク], **a discussion meeting**[ディスカッション ミーティング]

さつ【札】⑨**a bill**[ビル], ⑩**a (bank) note**[(バンク) ノウト]
・1万円札 a ten thousand yen *bill*
∥札入れ **a wallet**

…**さつ**【…冊】**a book**[ブック], **a copy**[カピィ]
・買いたい本が3冊ある.
There are three *books* I want to buy.
・彼はその本を2冊買った.
He bought two *copies* of the book.

ざつ【雑な】**sloppy**[スラッピィ], **careless**[ケアリス]
・彼女は雑な仕事をした.
Her work was *sloppy*[*careless*].

さつえい【撮影する】(写真を)**take a picture**[**photograph**](**of** …)[ピクチャァ[フォウタグラフ]];(映画を)**shoot**[シュート], **film**[フィルム]
・彼らは映画を撮影している.
They are *shooting* a movie.
・撮影禁止《掲示》
NO PICTURES / NO PHOTOGRAPHY

∥撮影所 **a film**[**movie**] **studio**
ざつおん【雑音】(a) **noise**[ノイズ]
さっか【作家】**a writer**[ライタァ];(著者)**an author**[オーサァ];(小説家)**a novelist**[ナヴェリスト]
・SF作家 a *writer* of science fiction
ざっか【雑貨】**general goods**[ヂェナラル グッズ]
・あの店にはかわいいインテリア雑貨がたくさんある.
They have many cute home *goods* at that store.
∥雑貨店 **a variety store**
サッカー soccer[サッカァ], ⑩**football**[フットゥボール]➡p.267 ミニ絵辞典
・私はよくサッカーをする. I often play *soccer*.
・私たちのチームはサッカーの試合で勝った.
Our team won the *soccer* game.
∥サッカー競技場 **a soccer stadium**
∥サッカー選手 **a soccer player**
∥サッカー部 **a soccer team**
∥サッカーボール **a soccer ball**
さっかく【錯覚】(an) **illusion**[イルージャン]
・目の錯覚 an optical *illusion*
さっき➡さきほど
さっきょく【作曲】**a (musical) composition**[(ミューズィカル) カンパズィション]
━作曲する **compose**[カンポウズ]
・この曲はだれが作曲したのですか.
Who *composed* this music?
∥作曲家 **a composer**
さっきん【殺菌する】**sterilize**[ステラライズ];(低温で)**pasteurize**[パスチャライズ]
∥殺菌剤 **sterilizer**
サックス a saxophone[サクサホーン], 《略》**a sax**
ざっくばらん【ざっくばらんに】(率直に)**frankly**[フランクリィ]
・ざっくばらんに話そうよ. Let's talk *frankly*.
さっさと quickly[クウィックリィ]
・さっさと宿題を済ませなさい.
Finish your homework *quickly*.
サッシ a sash[サッシュ], **a window frame**[ウィンドウ フレイム]
・アルミサッシの窓
an aluminum-*framed* window

ざっし【雑誌】

a magazine[マガズィーン];(専門的な)**a journal**[ヂャーヌル]
・週刊の雑誌 a weekly (*magazine*)
・少女雑誌 a girls' *magazine*
・漫画雑誌 a comic (*magazine*)
ざっしゅ【雑種】**a mixed breed**[ミックスト ブリード]
・雑種の犬 a mutt

ミニ絵辞典 サッカー Soccer

- タッチライン touchline
- フィールド／ピッチ field / 《英》pitch
- センターライン／ハーフウェーライン center line, halfway line
- フォワード forward
- ミッドフィールダー midfielder
- 監督(かんとく) manager
- 審判(しんぱん) referee
- ディフェンダー defender
- ゴールキーパー goalkeeper, 《話》goalie
- ペナルティエリア penalty area
- ゴールエリア goal area
- 副審 assistant referee
- ゴールライン goal line
- ゴール goal

サッカー競技場 soccer stadium

パス（する） pass

ドリブル（する） dribble

シュートする shoot

ヘディング（する） head (a ball)

ける, キック	kick	フェイント（をかける）	fake
アシスト（する）	assist	ゴールを決める	score [make] a goal
オフェンス, 攻撃(こうげき)	offense	ディフェンス, 守備	defense
コーナーキック	corner kick	フリーキック	free kick
ペナルティキック	penalty kick	ゴールキック	goal kick
オウンゴール	own goal	オフサイド	offside
キックオフ	kickoff	ハーフタイム	half time
アディショナルタイム	additional time	ハットトリック	hat trick
PK戦	penalty shoot-out	イエロー［レッド］カード	yellow [red] card
スローイン	throw-in	ファウル	foul

two hundred and sixty-seven

さつじん

- うちの猫(ﾈｺ)は雑種です.
  Our cat is a *mixed breed*.

さつじん【殺人】**murder**[マーダァ]
┃ 殺人事件 **a murder**（**case**）
┃ 殺人犯 **a murderer**
┃ 殺人未遂(ﾐｽｲ)（**an**）**attempted murder**

ざつぜん【雑然とした】**messy**[メスィ]
- 彼女の部屋は雑然としている.
  Her room is *messy*.

ざっそう【雑草】**a weed**[ウィード]
━ 雑草を抜(ﾇ)く **weed, pull out weeds**
- この前の日曜日に庭の雑草を抜いた.
  I *weeded* the garden last Sunday.

さっそく at once[ワンス], 《話》**right away**[ライト アウェイ]
- さっそく本題に入りましょう. Let's get down to business *at once*. / Let's get down to business *right away*.（► このbusinessは「肝心(ｶﾝｼﾝ)の用件」の意）

ざつだん【雑談】**a chat**[チャット], **small talk**[スモール トーク]
━ 雑談する **have a chat**[ハヴ], **chat**

さっちゅうざい【殺虫剤】**an insecticide**[インセクタサイド], **bug spray**[バッグ スプレイ]
- ごきぶりに殺虫剤をかけた.
  I sprayed *insecticide* on the cockroach.

さっと（すばやく）**quickly**[クウィックリィ]；（急に）**suddenly**[サドゥンリィ]
- 車がさっと通り過ぎた.
  A car passed by *quickly*.

ざっと（おおよそ）**about**[アバウト], **roughly**[ラフリィ]；（手短に）**briefly**[ブリーフリィ]
- 体育館にはざっと100人の生徒がいた.
  There were *about*［*roughly*］a hundred students in the gym.
- 彼は計画をざっと説明した.
  He explained the plan *briefly*.

さっとう【殺到する】**rush**[ラッシュ]
- 多くの人が出口に殺到した.
  Many people *rushed* to the exit.

さっぱり

❶味が	**plain, light, simple**
❷気分が	**refreshed**
❸服装などが	**neat**
❹まったく…ない	**not ... at all**

❶〔味が〕**plain**[プレイン], **light**[ライト], **simple**[スィンプル]
- 昼食にはさっぱりしたものが食べたい. I'd like to have something *light* for lunch.

❷〔気分が〕**refreshed**[リフレッシュト]
- ふろに入ったのでさっぱりした.
  After taking a bath, I felt *refreshed*.

❸〔服装などが〕**neat**[ニート]
- ミオはいつもさっぱりした服装をしている.
  Mio is always *neatly* dressed.

❹〔まったく…ない〕**not ... at all**[オール]
- 彼の話は何がなんだかさっぱりわからなかった. I could*n't* understand him *at all*.

さつまいも【さつま芋】**a sweet potato**[スウィート ポテイトウ]

ざつよう【雑用】**a chore**[チョァ]
- 午後は雑用をした.
  I did the *chores* in the afternoon.

さて（ところで）**now**[ナウ], **well**[ウェル]
- さて, 次は何だ？ *Now*, what's next?

さといも【里芋】**a taro**[ターロゥ]

さとう【砂糖】

sugar[シュガァ]
- 砂糖1さじ
  a spoonful of *sugar*（► 砂糖2さじはtwo spoonfuls of *sugar*）
- 角砂糖1個
  a cube of *sugar*（► 角砂糖2個はtwo cubes of *sugar*）

ここがポイント! 「砂糖」の数え方

sugarにはふつうaやtheはつかず複数形にもしません. ただし, 話し言葉では「砂糖1さじ」,「角砂糖1個」という意味でa sugarのように言います.
- 「コーヒーに砂糖をいくつ入れましょうか」「2つお願いします」
  "How many *sugars* would you like in your coffee?" "Two, please."

┃ 砂糖入れ **a sugar bowl**
┃ 砂糖きび **sugar cane**

さどう【茶道】（**the**）**tea ceremony**[ティー セラモウニィ]
┃ 茶道部 **a tea ceremony club**

さとる【悟る】（理解する）**realize**[リーアライズ]
- 事の重大さを悟った.
  I *realized* the importance of the matter.

サドル a saddle[サドゥル] ➡ じてんしゃ図

さなぎ a pupa[ピューパ], **a chrysalis**[クリサリス]

さば【魚】**a mackerel**[マッカラル]（複 mackerel, mackerels）

サバイバル survival[サァヴァイヴァル]

さばく¹【砂漠】（**a**）**desert**[デザァト]
- サハラ砂漠 the Sahara（*Desert*）

268　two hundred and sixty-eight

さまたげる

|砂漠化 desertification

さばく[2]【裁く】**judge**[ヂャッヂ]
- その事件は裁かれた. The case was *judged*.

さび[1]（金属などの）**rust**[ラスト]
- さびた **rusty**
- さびたくぎ a *rusty* nail
- さびる **rust, get rusty**

さび[2]（曲・歌などの）**the chorus**
- その歌のさびのところが大好き.
I love *the chorus* of that song.

さびしい【寂しい】
lonely[ロウンリィ], **lonesome**[ロウンサム]
- 私はとても寂しい. I'm so *lonely*.
- 寂しく思う **feel lonely**;（人がいなくて）**miss**
- 君がいなくなると寂しくなるよ.
I will *miss* you.

さびれた【寂れた】**deserted**[ディザーティド]
サブ（交代選手）**a substitute**[サブスタトゥート]
|サブカルチャー a subculture
|サブキャプテン a subcaptain
|サブタイトル subtitles
|サブリーダー a subleader

サファイア(a) **sapphire**[サファイア]
サファリ(a) **safari**[サファーリィ]
|サファリパーク ⓔa **wild animal park**, ⓐa **safari park**

サブスク（リプション） a subscription[サブスクリプション]

ざぶとん【座布団】**a zabuton**; **a cushion**[クッション]
- 座布団は日本のフロアクッションです.
A *zabuton* is a Japanese floor *cushion*.

サプライズ(a) **surprise**[サプライズ]
- それはちょっとしたサプライズだった. That's something of (a) *surprise* (for me).

サプリ（メント） a supplement[サプラメント]
さべつ【差別】**discrimination**（against ...)[ディスクリミネイション（アゲンスト）]
- 人種差別 racial *discrimination*（►「人種差別主義者」は a racist）
- 性別 gender［sexual］*discrimination*

━差別する **discriminate**（against ...）[ディスクリミネイト]

さほう【作法】**manners**[マナァズ], **etiquette**[エティキット]➡ぎょうぎ
- 父は礼儀（ぎ）作法にうるさい.
My father is particular about *manners*.
- 茶道の作法
（Japanese）tea ceremony *etiquette*

サポーター（応援（ぉぅ）者）**a supporter**[サポータァ]; （男子の運動用の）**a jockstrap**[ヂャックストゥラップ], **an athletic supporter**[アスレティック]

サボテン【植物】**a cactus**[キャクタス]
さほど（さほど…ない）**not so**[ソゥ]➡それほど

サボる
（学校を）**cut school**[カット スクール];（授業を）**cut［skip］class**[[スキップ] クラス];（仕事を）**neglect one's work**[ニグレクト][ワーク]
- 彼はきのう学校をサボった.
He *cut school* yesterday. / He *cut[skipped] classes* yesterday.
- 仕事をサボると首になるよ. If you *neglect your work*, you will be fired.

…さま【…様】（男性）**Mr.**,《主に⑪》**Mr**[ミスタァ]（複 Messrs.[メサァズ]）;（既婚（ぇん）・未婚に関係なく女性）**Ms.**,《主に⑪》**Ms**[ミズ]（複 Mses., Ms's[ミズィズ]）;（未婚女性）**Miss**[ミス]（複 Misses）;（既婚女性）**Mrs.**,《主に⑪》**Mrs**[ミスィズ]（複 Mmes.[メイダーム]）➡…さん ポイント!
- 新井ケンイチ様 *Mr.* Arai Kenichi（►日本人の姓名（ぃ）を英語の中で言ったり書いたりするときは, 英語圏（ぇん）の名前と同じく「名→姓」とすることも, また日本語と同じく「姓→名」の順で表すこともできる）
- 中山サトミ様方 c/o *Ms.* Nakayama Satomi（► Ms. を省くこともある. c/o は（in）care of の略）

サマー summer[サマァ]
|サマーキャンプ a summer camp
|サマースクール (a) summer school
|サマータイム ⓔdaylight saving time（►DSTと略す）, ⓐsummer time

さまざま【さまざまな】**various**[ヴェ（ァ）リアス], **many kinds of ...**[メニィ カインヅ], **different**[ディファラント]➡いろいろ

さます[1]【冷ます】**cool**[クール]
- 飲む前にスープを冷ましなさい.
Let your soup *cool* before you eat it.

さます[2]【覚ます】（目を）**wake（up）**[ウェイク]
- 彼は毎朝7時に目を覚ます.
He *wakes up* at seven every morning.

さまたげる【妨げる】**disturb**[ディスターブ], **block**

269
two hundred and sixty-nine

さまよう

[ブラック]
- 大きな音が私の睡眠を妨げた．
A loud noise *disturbed* my sleep.
- 岩が通行を妨げていた．
A rock *blocked* the passage.

さまよう wander（about）[ワンダァ（アバウト）]
- 彼らは森の中をさまよった．
They *wandered* in the woods.

さみしい【寂しい】→さびしい

サミット（先進国首脳会議）a summit[サミット], a summit meeting [conference][ミーティング [カンフ(ァ)ランス]]

さむい【寒い】

cold[コウルド]（⇔暑い hot）;（肌に寒い）chilly[チリィ];（凍るように）freezing[フリーズィング]
- 寒い朝 a *cold* [*chilly*] morning
- 凍りつくように寒い夜 a *freezing* night
- きょうはとても寒い．It's very *cold* today.
- 寒くないの？ Aren't you *cold*?
―寒くなる get [grow] cold[ゲット [グロウ]]（▶ it を主語とする）
- だんだん寒くなってきている．
It's *getting colder* and *colder*.

さむけ【寒け】a chill[チル]
- 寒けがする．I feel a *chill*.

さむさ【寒さ】(the) cold[コウルド]
- 寒さには耐えられない．
I can't stand *the cold*.

さむらい【侍】a samurai[サマライ]; a Japanese warrior[ヂャパニーズ ウォーリァ]

さめ【魚】a shark[シャーク]（複 sharks, shark）

さめる¹【冷める】

（冷たくなる）get cold[コウルド];（興味を失う）lose interest（in …）[ルーズ インタリスト], cool down[クール]
- コーヒーが冷めるよ．
Your coffee is *getting cold*.
- 姉はその歌手への熱が冷めてしまった．
My sister has *lost interest in* the singer.

さめる²【覚める】（眠りから）wake（up）[ウェイク]
- 私は5時ごろ目が覚めた．
I *woke up* around 5 o'clock.

さめる³（色が）fade（away）[フェイド（アウェイ）]

さもないと or[オァ], otherwise[アザァワイズ]→そうしないと

さや（豆の）a pod[パッド], a shell[シェル];（刀の）a sheath[シース]
| さやいんげん a string bean
| さやえんどう a snow pea

さゆう【左右】left and right[レフト][ライト]
- 道を渡るときは左右を見なさい．Look *left and right* when you cross the street.
- ボートが左右に揺れた．
The boat rocked *from side to side*.
| 左右対称の symmetrical

さよう【作用】(an) action[アクション], (an) effect[イフェクト]
―作用する act

さようなら

goodby(e)[グッドゥバイ], see you[スィー], so long[ローング],《話》bye[バイ]

（話してみよう）

> ☺ さようなら，ケン．
> *Goodbye*, Ken.
> ☺ さようなら，ミキ．
> *Goodbye*, Miki.

- さようなら，またあした．
See you tomorrow.

（ここがポイント！）「さようなら」の言い方
「さようなら」を表す最も一般的な語はgoodby(e)ですが，実際の会話では近いうちにまた会う場合, See you (tomorrow).やSee you next week.などと言うのがふつうです．親しい間柄では「じゃあね」という感じでSee you later., So long., Take care., Bye (now).などと言います．

さよなら→さようなら
| サヨナラ勝ち winning in the bottom of the ninth inning
| サヨナラホームラン a walk-off home run

さら【皿】a dish[ディッシュ];（大皿）a platter[プラタァ];（平皿, 取り皿）a plate[プレイト];（受け皿）a saucer[ソーサァ]
- 弟が皿を洗う．
My brother washes [does] the *dishes*.
- 皿を片付けなさい．
Clear away the *dishes*.

platter
plate
saucer

さらいげつ【再来月】the month after next[マンス][ネクスト]

さらいしゅう【再来週】the week after next[ウィーク][ネクスト]
- 再来週の金曜日 the Friday *after* next

さらいねん【再来年】the year after next[イァ][ネクスト]

さらさら【さらさらした】dry[ドゥライ], smooth[スムーズ]
- さらさらした砂 *dry* sand
- さらさらした髪 *smooth* hair
→ さらさら(と)いう murmur[マーマァ], rustle[ラスル]

ざらざら【ざらざらの】rough[ラフ](⇔ 滑らかな smooth); (砂で)sandy[サンディ]
- ざらざらした手 *rough* hands

さらす expose[イクスポウズ]
- 子どもたちは危険にさらされた.
  The children were *exposed* to danger.

サラダ (a) salad[サラッド] (★発音注意)
- ポテトサラダを作ってください.
  Please make (a) potato *salad*.
| サラダオイル salad oil
| サラダドレッシング salad dressing

さらに(いっそう)much[マッチ], still[スティル], even[イーヴン]; (その上)more[モァ], further[ファーザァ] → もっと
- 状況はさらに悪くなっている. Things are getting *much* worse. (▶ much は比較級の意味を強める)
- 彼女はその店でさらにもう1品買った.
  She bought one *more* item at the shop.
- 先生はさらに説明した.
  The teacher explained *further*.

サラブレッド a thoroughbred[サラブレッド]

サラミ(ソーセージ) salami[サラーミ]

サラリーマン an office worker[オーフィス ワーカァ], a white-collar worker[(ホ)ワイト カラァ], a salaried worker[サラリィド]

ざりがに[動物] a crayfish[クレイフィッシュ](複 crayfish, crayfishes)

さりげない【さり気ない】
- さりげない会話 *natural* conversation
→ さりげなく
- 彼はさりげなく私を助けてくれた.
  He helped me *as if it was nothing*.

さる¹【去る】
❶ 場所を離れる　leave, go away
❷ 過ぎて行く　be over, pass

❶[場所を離れる]leave[リーヴ], go away[ゴゥ アウェイ]
- 彼女は東京を去った. She *left* Tokyo.
- ケンは何も言わずに去っていった.
  Ken *went away* without saying a word.

❷[過ぎて行く]be over[オゥヴァ], pass[パス]
- 夏が去った.
  Summer *is over*. / Summer has *gone*.
- 台風が去った.
  The typhoon has *passed*.
- 去る7月 *last* July(← この前の)

さる²【猿】[動物] a monkey[マンキィ]; (チンパンジー・ゴリラなど尾のない) an ape[エイプ]

monkey　　ape

―慣用表現―

猿も木から落ちる. Nobody [No one] is perfect.(← 完ぺきな人などいない)

さる³【申】(十二支の)the Monkey[マンキィ]

ざる a Japanese colander[ヂャパニーズ カランダァ]
| ざるそば cold buckwheat noodles served on a bamboo tray

…される → …れる

さわがしい【騒がしい】noisy[ノイズィ](⇔ 静かな quiet)
- 教室はとても騒がしかった.
  The classroom was very *noisy*.

さわぎ【騒ぎ】(騒音) a noise[ノイズ]; (空騒ぎ) (a) fuss[ファス](▶ 複数形では用いない)
- この騒ぎはいったい何なんだ.
  What's this *noise* [*fuss*] all about?

さわぐ【騒ぐ】
make (a) noise[ノイズ]; (大げさに騒ぎたてる) make a fuss[ファス]
- 授業中にそんなに騒ぐな.
  Don't *make* so much *noise* in class.
- ケイは何でもないことで騒いでいた.
  Kei was *making a fuss* about nothing.

さわやか【さわやかな】refreshing[リフレッシング];

さわる

（新鮮（炎）な）**fresh**[フレッシュ]
- さわやかな味 a *refreshing* taste
- 山の空気は本当にさわやかだった.
  The mountain air was really *fresh*.
- さわやかな気分だ. I feel *refreshed*.

さわる【触る】**touch**[タッチ], **feel**[フィール]
- 彼女はそっと赤ちゃんに触った.
  She *touched* the baby gently.
- 彼女の額に触って熱があるかを確かめた.
  I *felt* her forehead to see if she had a fever.
- 触るべからず《掲示》DO NOT *TOUCH*

さん[1]【三（の）】**three**[スリー]
- 3回[3度, 3倍] *three* times
- 私の弟は3歳（災）だ.
  My brother is *three*（years old）.
- 私たちは3人で出かけた.
  Three of us went out.
- 3拍子（びょう）*triple* time
- 3分の1 one [a] *third*
- 3分の2 two *thirds*
➡第三（の）**the third**[サード]（▶3rdと略す）
- 3月の第3月曜日 the *third* Monday in March
▌三冠王（**a winner of**）**a triple crown**
▌3乗 a **cube**: 2の3乗は8だ. The *cube* of 2 is 8.
▌三人称（にん）【文法】**the third person**

さん[2]【酸】（an）**acid**[アスィッド]➡さんせい[2]

…さん

（男性）**Mr.**[ミスタァ]（複 **Messrs.**[メサァズ]）;（既婚（きん）・未婚に関係なく女性）**Ms.**[ミズ],《主に⊛》**Ms**（複 **Mses.**, **Ms's**[ミズィズ]）;（未婚女性）**Miss**[ミス]（複 **Misses**）;（既婚女性）**Mrs.**[ミスィズ],《主に⊛》**Mrs**（複 **Mmes.**[メイダーム]）➡…くん

知ってる？
- 原さんは銀行に勤めている. *Mr*. Hara works for a bank.

ここがポイント! **Mr., Ms., Miss, Mrs. の使い方**
（1）Mr., Ms., Miss, Mrs.は「…さん」や「…様」に当たる改まった言い方で, 目上の人に対してや公（おおやけ）の場などで使います.
（2）Mr., Ms., Miss, Mrs.は名字または姓名の前につけ, 下の名前だけにはつけません.
　　○*Mr*. Tanaka
　　○*Mr*. Tanaka Ichiro
　　×Mr. Ichiro
（3）女性にはMiss, Mrs., Ms.を用います. 以前は未婚女性にはMiss,既婚女性にはMrs.と使い分けていましたが, 最近はその区別のないMs.を用いることが多くなりました.

さんか【参加する】
participate（**in** …）[パーティサペイト], **take part**（**in** …）[パート], **join**[ヂョイン]
- 夏期講習に参加した.
  I *participated in* the summer course.
- 彼女は鎌倉への日帰りバスツアーに参加した.
  She *joined* a one-day bus tour to Kamakura.
▌参加校 a participating school
▌参加者 a participant
▌参加賞 a prize for participation

さんかく【三角（形）】**a triangle**[トゥライアングル]
➡三角（形）の **triangular**[トゥライアンギュラァ]
▌三角関係 a love triangle
▌三角巾（きん）a sling
▌三角定規 a triangle
▌三角州（す）a delta

さんがつ【三月】**March**[マーチ]（▶常に大文字で始め, Mar.と略す）➡いちがつ
- 3月に in *March*
- 3月3日のひな祭りは日本の伝統的な行事だ.
  The Doll(s')Festival on *March* 3 is a traditional event in Japan.（▶March 3 は March（the）third と読む）➡ひなまつり

さんかん【参観する】**visit**[ヴィズィット]
- きのう授業参観があった.
  Our parents *visited* our class yesterday.
▌参観日 an open house

さんぎいん【参議院】**the House of Councilors**[ハウス][カウンサラァズ]
▌参議院議員 a member of the House of Councilors

さんきゃく【三脚】（カメラの）**a tripod**[トゥライパッド]

さんぎょう【産業】（an）**industry**[インダストゥリィ]
- 第1次産業 a primary *industry*
➡産業の **industrial**[インダストゥリアル]
▌産業革命 the Industrial Revolution
▌産業廃棄（はいき）物 industrial waste

ざんぎょう【残業】**overtime**（**work**）[オウヴァタイム]（ワーク）
➡残業する work overtime

サングラス sunglasses[サングラスィズ]
- その男性はサングラスをかけていた.
  The man was wearing *sunglasses*.

さんご【動物】**coral**[コーラル]
▌さんご礁（しょう）a coral reef

さんこう【参考】（a）**reference**[レフ(ァ)ランス]
➡参考にする **refer**（**to** …）[リファー]
- 自分のメモを参考にしてよい.

You may *refer to* your notes.
➡参考になる be helpful
・彼女のアドバイスはとても参考になった．
　Her advice *was* very *helpful*.
┃参考書（辞書・百科事典など）a reference book；（学習参考書）a study aid
ざんこく【残酷な】cruel[クルーアル]
・彼は残酷な人だ．He is *cruel*.
さんざん【散々】（ひどく）severely[スィヴィアリィ]，terribly[テリブリィ]
・父にさんざんおこられた．
　I was scolded *terribly* by my father.
・大雨でさんざんな目にあった．
　We had a *hard time* in the heavy rain.
さんじ【惨事】(a) disaster[ディザスタァ]
さんじゅう[1]【三十（の）】thirty[サーティ]➡さん[1]
・彼は30代だ．He is in his *thirties*.
➡第三十（の）the thirtieth[サーティアス]（▶30th と略す）
・第30代内閣総理大臣
　the thirtieth [*30th*] Prime Minister
┃30分 thirty minutes, half an hour
さんじゅう[2]【三重の】triple[トゥリプル]
┃三重唱［奏］a trio
さんしゅつ【産出する】produce[プラドゥース]
・オーストラリアは大量の金を産出する．
　Australia *produces* a great deal of gold.
ざんしょ【残暑】the heat of late summer[ヒート][レイト サマァ]
さんしょう【参照】(a) reference[レフ(ァ)ランス]
➡参照する refer（to ...）[リファー]
・この辞書を参照しなさい．
　Refer to this dictionary.
・40ページを参照して．*See* page 40.
さんしん【三振】【野球】a strikeout[ストゥライクアウト]
・ピッチャーは10個の三振を取った．
　The pitcher got ten *strikeouts*.
➡三振する strike out
さんすう【算数】arithmetic[アリスマティック]

さんせい[1]【賛成する】

agree[アグリー]（⇔反対する oppose）；be for ...[フォァ]（⇔反対する be against ...）
・賛成の人は手をあげてください．
　Raise your hand if you *agree*.

💬 話してみよう！
😊それについて賛成ですか，反対ですか．
　Are you *for* it, or against it?
😄全面的に賛成だよ．
　I'm all *for* it.

〈物・事〉に賛成する
agree to+〈物・事〉/ be in favor of+〈物・事〉
・彼はあなたの計画に賛成するだろう．
　He will *agree to* your plan. / He will *be in favor of* your plan.
〈人〉に賛成する
agree with+〈人〉
・彼女に賛成しますか．
　Do you *agree with* her?
…することに賛成する
agree to+〈動詞の原形〉
・生徒たちは投票で決めることに賛成した．
　The students *agreed to* take a vote.
さんせい[2]【酸性】acidity[アスィダティ]
➡酸性の acid[アスィッド]
┃酸性雨 acid rain
さんそ【酸素】【化学】oxygen[アクスィヂャン]
┃酸素マスク an oxygen mask
ざんだか【残高】the balance[バランス]
サンタクロース Santa Claus[サンタ クローズ]
サンダル a sandal[サンドゥル]（▶ふつう複数形で用いる）

sandals　　　　　flip-flops

・サンダル1足
　a pair of *sandals*（▶サンダル2足はtwo pairs of *sandals*）
・ビーチサンダル
　flip-flops
さんだんとび【三段跳び】【スポーツ】the triple jump[トゥリプル ヂャンプ]；the hop, step and jump[ハップ][ステップ]
さんち【産地】a producer[プラドゥーサァ]
・北海道は国内最大のじゃが芋(％)の産地だ．
　Hokkaido is the biggest potato-*producer* in the country.
┃産地直送: 産地直送のりんご apples *sent direct from the orchard*
さんちょう【山頂】the top［summit］of a mountain[タップ][サミット][マウンテン], the mountaintop[マウンテンタップ]
サンデー[1]【日曜日】Sunday[サンデイ]➡にちようび
サンデー[2]（アイスクリームに果物などをのせたデザート）a sundae[サンデイ]

サンドイッチ

sundaes

サンドイッチ a sandwich[サンドウィッチ]
- ハムのサンドイッチ a ham *sandwich*

ざんねん【残念に思う】
be sorry[サリィ], regret[リグレット]

…ということを残念に思う
I'm sorry(that)…. / It's too bad(that)….
- 君を助けてあげられなくて残念に思う。
 I'm sorry(*that*) I can't help you.
- 君がいっしょに行けないのは残念だ。
 It's too bad(*that*) you can't go with us.

…して残念に思う
I'm sorry to＋【動詞の原形】
- カナが引っ越すと聞いて、残念に思う。
 I'm sorry to hear Kana will move.

話してみよう！
😊 マリにふられた。
Mari dumped me.
😢 それは、残念！
Oh, I'm sorry.

さんねんせい【3年生】(小学校の)a third-year student[サードィァストゥードゥント], ⊛a third grader[グレイダァ];(中学校の)a third-year student, ⊛(ふつう)a eighth grader[エイトゥス];(3年制高校の)a third-year student, ⊛a senior[スィーニァ],(4年制高校・大学の)⊛a junior[ヂューニァ]→ がくねん **ポイント!**
- 私は中学3年生だ。I'm a *third-year student* in junior high school. / I'm a *ninth grader*. / I'm in *the ninth grade*.

サンバ〖音楽〗(a) samba[サンバ]
さんぱい【参拝する】visit[ヴィズィット]
- 八幡宮(はちまんぐう)に参拝した。
 We *visited* Hachiman Shrine.

さんばし【桟橋】a pier[ピア]
さんぱつ【散髪】a haircut[ヘアカット]
- 理髪店へ散髪に行った。
 I went to the barber's for a *haircut*.
━散髪する get a haircut
- 彼は散髪した[してもらった]。
 He *got a haircut*. / He *had his hair cut*.

さんびか【賛美歌】a hymn[ヒム](★発音注意)
さんぷく【山腹】a hillside[ヒルサイド], a mountainside[マウンテンサイド]
- 山腹に on a *hillside*[*mountainside*]

さんふじんか【産婦人科】obstetrics and gynecology[アブステトゥリックス][ガイナカラヂィ]
┃産婦人科医(産科医)an obstetrician;(婦人科医)a gynecologist

さんぶつ【産物】a product[プラダクト]
- 農[海]産物 farm [marine] *products*

サンフランシスコ San Francisco[サンフランスィスコゥ](▶米国カリフォルニア州の都市)

サンプル(見本)a sample[サンプル]

さんぽ【散歩】
a walk[ウォーク]
- 散歩に行きませんか。
 Would you like to go for a *walk*?
━散歩する take a walk, walk
- 父は毎日公園を散歩する。
 My father *walks* in the park every day.
- 犬を散歩させた。I *took* my dog for a *walk*. / I *walked* my dog.
┃散歩道 a walk;(遊歩道)a promenade

さんま〖魚〗a(Pacific) saury[ソーリィ]
さんみ【酸味】(a) sour taste[サウァ テイスト]
- 酸味が強い have a strong *sour taste*

さんみゃく【山脈】a mountain range[マウンテン レインヂ], mountains
- 飛騨(ひだ)山脈
 the Hida *Mountains* / the Hidas

さんりんしゃ【三輪車】a tricycle[トゥライスィクル]
- その子どもは三輪車に乗っていた。
 The child was riding a *tricycle*.

さんるい【三塁】〖野球〗third base[サードベイス]
┃三塁手 a third baseman
┃三塁打 a triple, a three-base hit
┃三塁ランナー the runner on third base

し シ

し¹【四(の)】**four**[フォア] → よん

し²【市】**a city**[スィティ]
- 奈良(なら)市 Nara (▶ふつう英語ではcityを使わず地名のみで表す. 手紙のあて名などではNara-shiとする場合もある)
- →市の city → しりつ¹
  市議会 **a city assembly**
  市大会 **a city contest**; (試合, 競技会) **a city competition**; (トーナメント) **a city tournament**

し³【詩】(1編の) **a poem**[ポウイム]; (まとめて) **poetry**[ポウイトゥリィ]
- 彼は詩を書いた. He wrote a *poem*.
- 宮沢賢治の詩が好きです.
  I like Miyazawa Kenji's *poetry*.

し⁴【死】(a) **death**[デス]
- 祖父の死 my grandfather's *death*
- 事故死 an accidental *death*

…し【…氏】**Mr.**, 《主に英》**Mr**[ミスタァ] (複 Messrs.[メサァズ]) (▶女性にはMiss, Ms., Mrs.を用いる)
→ …さん ポイント!
- 鈴木氏 *Mr.* Suzuki

じ【字】(漢字などの) **a character**[キャリクタァ]; (アルファベットの) **a letter**[レタァ]; (手書きの) **handwriting**[ハンドライティング] → もじ
- 漢字 Chinese *characters*
- 英語のアルファベットは26字ある.
  The English alphabet has 26 *letters*.
- ユキは字がうまい[へただ].
  Yuki has good [poor] *handwriting*.

…じ【…時】
… **o'clock**[アクラック]

話してみよう!
- ☺今何時ですか.
  What time is it (now)?
- ☻(ちょうど)10時です.
  It's ten *o'clock* (sharp).

- 3時50分(4時10分前)に
  at three fifty / at ten to four
- その番組は7時30分に始まる.
  The show starts at seven thirty. / 《英》The show starts at half past seven.
- 私は6時ごろ起きた. I got up at about six.
- 2時から4時までテニスをした.
  I played tennis from two to four.
- 私はふつう11時以降に寝(ね)る. I usually go to bed after eleven (*o'clock*).
- 14時 fourteen hundred *hours* (▶24時間制ではo'clockではなくhoursを用いる. 数字で表すと14:00となる)

ここがポイント! o'clockの使い方

o'clockはof the clockの略で, ちょうど「…時」と言うときにだけ使います. 例えば「5時ちょうど」と言いたいときにはfive o'clockと言えますが, 5時10分などの「…分」がつくときは使えません. また, a.m.(午前)やp.m.(午後)といっしょには使えません. なお, o'clockは省略することができます.

しあい【試合】

(野球などの) **a game**[ゲイム]; (テニス・ボクシングなどの) **a match**[マッチ]
- 練習試合 a practice *game* [*match*]
- 対校試合 an interschool *game*
- 引退試合 a retirement *match*
- どうしても試合に勝ちたい.
  I really want to win the *game* [*match*].
- 私たちは2対3で試合に負けた.
  We lost the *game* [*match*] 2 to 3.
- 次の試合には出場したい. I want to take part in the next *match*.
→ 試合(を)する **play** (against …), **have a game** [**match**]
- レッズはアントラーズとサッカーの試合をした. The Reds *had a* soccer *game against* the Antlers.

くらべてみよう! gameとmatch

団体競技の場合, 《米》ではbaseballやbasketballなど-ballのつくスポーツには**game**を, tennisなどには**match**を使います. 《英》ではどちらにも**match**を使います. また, 個人競技やペアでする競技の場合は, 《米》《英》とも**match**を使います.

しあがる

しあがる【仕上がる】be finished[フィニッシュト], be completed[カンプリーティド] → かんせい¹
- 私たちの文集が仕上がった.
A collection of our compositions has *been completed*.

しあげる【仕上げる】finish[フィニッシュ], complete[カンプリート] → かんせい¹
- 夏休みの宿題を仕上げた.
I have *finished* my summer homework.

しあさって three days from now[スリー デイズ][ナゥ](▶英語では具体的に曜日で表すことが多い)

シアター theater[スィーアタァ]

しあわせ【幸せ】

happiness[ハピィニス]

⊐幸せな happy
- いい友達に恵まれて幸せだ.
I'm *happy* to have good friends.
- ケーキを食べているときが一番幸せです.
I feel *happiest* when I'm eating cake.

⊐幸せに happily
- 彼らは幸せに暮らしている.
They are living *happily*.
- お幸せに.
Good luck. / *Best wishes*. / *God bless you*.

シーエム【CM】a commercial[カマーシャル](▶「シーエム」と略すのは和製英語)
∥CMソング a commercial jingle, a song from a commercial

しいく【飼育する】raise[レイズ], (繁殖(はん)のために)breed[ブリード]
∥飼育員 a zookeeper

シージー【CG】computer graphics[カンピュータァ グラフィックス], CG[スィーヂー]

シーズン a season[スィーズン] → きせつ
- スキーシーズン
the ski *season*
- シーズン中
during the *season*
- シーズンオフ the off season(▶「シーズンオフ」は和製英語)

シーソー a seesaw[スィーソー]
- 子どもたちはシーソーをしている.
The children are playing on a *seesaw*.
∥シーソーゲーム(接戦)a seesaw [close] game

しいたけ〖植物〗a shiitake (mushroom)[(マッシュルーム)]

英国の市場で売られているしいたけ

シーツ a (bed) sheet[(ベッド) シート]

シーッ (静かに)sh(h)[シッ], hush[ハッシュ]
- シーッ, 赤ちゃんが寝(ね)ています.
Shh! [*Hush*!] The baby's asleep.

シーディー【CD】a CD[スィーディー](複 CDs)(▶compact disk の略)
∥CDプレーヤー a CD player

シート¹(座席)a seat[スィート]
∥シートベルト a seat belt

シート²(切手の)a sheet[シート]; (覆(おお)うもの)a cover[カヴァ]

シード【シードする】seed[スィード]
- あの高校はそのトーナメントで第1シード校だった.
That high school was *seeded* first in the tournament.
∥シード選手 a seeded player

ジーパン jeans[ヂーンズ](▶「ジーパン」は和製英語) → ジーンズ

ジープ〖商標〗a jeep[ヂープ]

シーフード seafood[スィーフード]

シール a sticker[スティッカァ]
- ミキはスマホにたくさんシールをはった. Miki put a lot of *stickers* on her smartphone.

しいん¹【子音】a consonant[カンサナント](⇔母音(ぼいん) a vowel)

しいん²【死因】the cause of death[コーズ][デス]

しーん【しーんとする】
- クラスはしーんとしていた.
The class *was silent*.

シーン(場面)a scene[スィーン]; (光景)a sight[サイト]
- 戦闘(せんとう)シーン a battle *scene*

じいん【寺院】a (Buddhist) temple[(ブーディスト) テンプル] → てら

ジーンズ jeans[ヂーンズ]
- ジーンズ1本
a pair of *jeans*(▶ジーンズ2本は two pairs of *jeans*)
- ケンはいつもジーンズをはいている.
Ken always wears *jeans*.

しうんてん【試運転】(列車・車などの) a trial run [トゥライアル ラン]; (車の) a test drive [テスト ドゥライヴ]

シェア【シェアする】share [シェア]
- そのメッセージはインターネットでシェアされた. The message was *shared* on the Internet.

しえい【市営の】city [スィティ]
| 市営球場 a city ballpark
| 市営バス a city bus

じえい【自衛】self-defense [セルフディフェンス]
| 自衛隊 the Self-Defense Forces
| 自衛隊員 a Self-Defense official

シェイプアップ【シェイプアップする】get into shape [シェイプ]

シェーク shake [シェイク]
- バニラシェーク vanilla *shake*

ジェーポップ J pop [ヂェイ パップ]
- ジェーポップの歌手 *J-pop* singer

ジェーリーグ【Jリーグ】J. League [ヂェイ リーグ] (▶正式名はthe Japan Professional Football League)

ジェスチャー

(身ぶり) (a) gesture [ヂェスチャア]
━ジェスチャーをする gesture
- アヤは「あっちへ行って」というジェスチャーをした. Aya *gestured* to us to go away.

> **これ、知ってる?** 日本と意味が異なるジェスチャー
>
> 英語圏(^{けん})で「私」を示すときは、自分の鼻ではなく胸を指します.「こっちへ来て」は、手のひらを上に向けて手招きします.手のひらを下に向けて振(^ふ)ると「あっちへ行って」で、日本語とは逆の意味になってしまいます.

 私(胸を指す) I
 こっちへ来て. Come here.
 あっちへ行って. Go away.

ジェット jet [ヂェット]
| ジェット機 a jet (plane)
| ジェットコースター a roller coaster (▶「ジェットコースター」は和製英語)

シェットランド・シープドッグ (犬) a Shetland sheepdog [シェットランド シープドーグ]

シェパード (犬) a German shepherd [ヂャーマン シェパァド], ^英 an Alsatian [アルセイシャン]

シェフ a chef [シェフ] (▶フランス語から)

ジェラート gelato [ヂャラートウ] (▶イタリア(風)のアイスクリーム. イタリア語から)

イタリアのジェラート店で売られているジェラート

ジェル gel [ヂェル]
- 整髪(^{せいはつ})用ジェル hair *gel*

シェルター a shelter [シェルタァ]
- 核(^{かく})シェルター a nuclear *shelter*

しえん【支援】support [サポート]
━支援する support

ジェンダー gender [ヂェンダァ]
- ジェンダーレスな genderless [ヂェンダァリス]
| ジェンダー教育 gender education
| ジェンダー平等 gender equality
| ジェンダー問題 gender issue

しお¹【塩】

salt [ソールト]
- 塩1つまみ a pinch of *salt*
- 塩ラーメン *salt*-flavored ramen (noodles)
- 塩を取ってください.
  Pass me the *salt*, please.
━塩の, 塩辛(^{から})い salty
- このみそ汁(^{しる})は少し塩辛い.
  This *miso* soup is a little *salty*.
| 塩味 salty (taste)
| 塩水 salt water

しお²【潮】(a) tide [タイド]; (潮流) a current [カーラント]
- 満ち潮 the rising [flood] *tide*
- 引き潮 the falling [ebb] *tide*
- 潮が満ちてきている.
  The *tide* is rising [coming in].
- 潮が引いてきている.
  The *tide* is going out [on the ebb].
- 潮の流れに乗って[逆らって]泳いだ.
  I swam with [against] the *current*.
| 潮風 a sea breeze
| 潮干狩り clam-gathering

…しおえる【…(し)終える】→…おえる
しおからい【塩辛い】→しお¹
ジオラマ a diorama [ダイアラマ]
しおり (本にはさむ) a bookmark [ブックマーク]; (手引き) a leaflet [リーフリット], a guide [ガイド]

しおれる

- ページの間にしおりを挟(はさ)んでおいた.
I put a *bookmark* between the pages.
- 修学旅行のしおり a school trip *leaflet*

しおれる【**wither**[ウィザァ]】
- 強い日差しに花がしおれた. The flowers *withered* in the beating sun.

しか[1]【鹿】【動物】**a deer**[ディァ]（複 deer）（▶単複同形）
‖鹿せんべい **crackers for deer**

しか[2]【歯科】**dentistry**[デンティストゥリィ]
‖歯科医 **a dentist**→はいしゃ[1]

しか[3]【市価】**the market price**[マーキット プライス]

…しか【…しか〜ない】

only[オウンリィ]（▶onlyだけで「…しか〜ない」という意味なのでnotは不要）
- 私は500円しか持ってない. I have *only* five hundred yen (with me).
- きのうは部員が2人しか来なかった.
Only two club members came yesterday.
- 夏休みになって, まだ数日しかたっていない.
It's been *only* a few days since the summer vacation started.
- 水筒(すいとう)には水が少ししかなかった.
There was *only* a little water in the water bottle.

しかい[1]【司会】（番組などの）**a master of ceremonies**[マスタァ][セリモウニィズ]（▶M.C.と略す）, **a host**[ホウスト]；（会議の）**a chair**[チェァ], **a chairperson**[チェァパースン]
━司会をする（会議の）**chair**
- マキが生徒総会の司会をした. Maki *chaired* the student council assembly.

しかい[2]【視界】**sight**[サイト]
- 海が急に視界に入ってきた.
The sea suddenly came into *sight*.

しがい[1]【市外】**the suburbs**[サバーブズ]→こうがい[2]
‖市外局番 **an area code**

しがい[2]【死がい】**a dead body**[デッド バディ]

じかい【次回】**next time**[ネクスト タイム]→こんど❷

しがいせん【紫外線】**ultraviolet rays**[アルトゥラヴァイアリット レイズ]（▶UVと略す）
‖紫外線防御 **UV protection, sun protection**

しがいち【市街地】**a city area**[スィティ エ(ァ)リア], **a downtown area**[ダウンタウン]

しかえいせいし【歯科衛生士】**a dental hygienist**[デントゥル ハイヂーニスト]

しかえし【仕返しする】**get even**（with …）[イーヴン], **revenge**[リヴェンヂ]
- マリは姉に仕返ししたかった.

Mari wanted to *get even with* her sister.

…しかかる→…かかる

しかく[1]【四角】（形）（正方形）**a square**[スクウェア]；（長方形）**a rectangle**[レクタングル]→せいほうけい 図
━四角（形）の, 四角い **square**
- 四角い箱 a *square* box

しかく[2]【資格】(a) **qualification**[クワリフィケイション]；（免許）**a license**[ライサンス]
- 看護師の資格を取りたい.
I want to obtain *qualifications* to be a nurse.
━資格がある **be qualified**[クワリファイド]
- 彼にはコーチの資格がある.
He *is qualified* as a coach.
━資格を取る **get a qualification**

しかく[3]【視覚】**the sense of sight**[センス][サイト]
‖視覚障がい者 **a visually impaired person**

じかく【自覚する】**be aware**（of …）[アウェァ], **be conscious**（of …）[カンシャス]
- 彼は自分の責任を自覚していなかった.
He *was* not *aware of* his responsibilities.

しかけ【仕掛け】（装置）**a device**[ディヴァイス]；（からくり）**a trick**[トゥリック]
‖仕掛け花火 **professional fireworks**

…しかける→…かける

しかし but …[バット], **however** …[ハウエヴァ]
- 彼は必死に頑張(がんば)った. しかしそれをできなかった. He tried really hard *but* he couldn't do it.

じかせい【自家製の】**homemade**[ホウムメイド]

しかた a **way**[ウェィ]；（やり方）**how to**+〈動詞の原形〉→ほうほう, やりかた
- それをするにはいろいろなしかたがある.
There are many *ways* to do it.
- このソフトウェアの操作のしかたがよくわからない. I don't know *how to* use this software well.

しかたない

（避(さ)けられない）**cannot be helped**[ヘルプト]；（…せざるをえない）**cannot help**+〈-ing形〉；（…しても無駄(むだ)だ）**It is no use**+〈-ing形〉[ユース]
- しかたないよ. It *can't be helped*.
- そうするよりしかたなかった.
I *couldn't help* do*ing* that.
- 先生に言ってもしかたないよ.
It is no use say*ing* it to the teacher.

…しがち→…がち

しがつ【四月】**April**[エイプラル]（▶常に大文字で始め, Apr.と略す）→いちがつ

しき²

- 入学式は4月5日だ. The entrance ceremony is held on *April* 5th.
- 4月から2年生だ. I will be a second-year student in *April*.(▶ from Aprilは×)
- ┃四月ばか➔ エープリルフール

じかに directly[ディレクトゥリィ]➔ ちょくせつ

しがみつく cling (to ...)[クリング]
- その小さな女の子は父親にしがみついた. The little girl *clung to* her father.

しかめる(心配・怒りなどで)frown[フラウン]; (苦痛・嫌悪などで)make a face[フェイス]
- 彼は顔をしかめて私を見た. He *frowned* at me.

しかも(そのうえ)besides[ビサイヅ], moreover[モーロウヴァ]; (それなのに)and yet[イェット]
- 彼女は頭がいい. しかもだれに対しても優しい. She is smart. *Moreover*, she is kind to everyone.
- この新製品はすごく役に立つ. しかも安い. This new product is very useful, *and yet* inexpensive.

じかようしゃ〔自家用車〕a family car[ファミリィカー], a private car[プライヴィット]

しかる scold[スコウルド], 《話》tell off[テル]
- 父は私がうそをついたのでしかった. My father *scolded* me for telling a lie.
- しかられちゃった！I was *told off*!

しがん【志願】(an) application[アプリケイション]
━志願する apply (to ..., for ...)[アプライ]
- 彼は朝日高校への入学を志願するつもりだ. He will *apply for* admission *to* Asahi High School.
- ┃志願者 an applicant

じかん【時間】

❶時, 時刻	time
❷時の単位	an hour
❸一定の時間	a period; (授業)a class; (勤務・営業などの)hours

❶〔時, 時刻〕time[タイム]
- お時間はありますか？ Do you have some *time*?
- この宿題は時間がかかるだろう. This homework will take *time*.
- 私たちはその店で時間をつぶした. We killed *time* at the shop.
- 時間を無駄にしないように気をつけている. I try not to waste (my) *time*.
- 時間切れです. *Time*'s up.
- コンサートは時間どおりに始まった. The concert started on *time*.

- 彼は列車の時間に間に合った. He was in *time* to catch the train.
- …する時間だ
  It's time to ＋〈動詞の原形〉/ It's time (that) ...
- もう寝る時間だ. *It's time to* go to bed.
- …する時間がある
  have time to ＋〈動詞の原形〉
- その本を読む時間がなかった. I *had* no *time to* read the book.
- ミオはいつも時間を守る. Mio is always punctual.
- 駅までどれくらい時間がかかりますか？How long does it take to get to the station?

❷〔時の単位〕an hour[アウア]
- 私は2時間英語を勉強した. I studied English for two *hours*.
- あっという間に1時間たった. One *hour* went by really quickly.

❸〔一定の時間〕a period[ピ(ァ)リアッド]; (授業)a class[クラス]; (勤務・営業などの)hours
- 数学は2時間目だ. Math is in the second *period*.
- きょうは6時間授業がある. We have six *classes* today.
- 私は渡辺先生の英語の時間が好きだ. I like Mr. Watanabe's English *class*.
- 営業時間 business *hours*
- ┃時間割り ⊕a (class) schedule, ⊕a timetable

しき¹【式】

| ❶儀式 | a ceremony |
| ❷数学・化学などの | (公式)a formula; (方程式・等式)an equation |

❶〔儀式〕a ceremony[セリモウニィ]
- 入学式 an entrance *ceremony*
- 卒業式 a graduation *ceremony*
- 結婚式 a wedding (*ceremony*)
- 両親が式に参列した. My parents attended the *ceremony*.
- 祖父のお葬式に行った. I went to my grandfather's funeral.

❷〔数学・化学などの〕(公式)a formula[フォーミュラ](複 formulas, formulae[フォーミュリィ]); (方程式・等式)an equation[イクウェイション]
- 化学式 a chemical *formula*
- 方程式を解いた. I solved the *equation*.

しき²【四季】(the) four seasons[フォア スィーズンズ]
- 日本には四季がある. Japan has *four seasons*. /

There are *four seasons* in Japan.

- 私は四季の中で秋がいちばん好きだ.
I like fall（the）best of *the four seasons*.

しき³【指揮する】（楽団 を）**conduct**[カンダクト], **lead**[リード];（軍隊を）**command**[カマンド]

- 彼女はブラスバンドの指揮をした.
She *conducted* the brass band.

∥指揮者 a conductor

…しき【…式】（やり方）**a way**[ウェイ];（様式）（a）**style**[スタイル]

- 英国式の生活 the British *way* of life
- 洋式トイレ a Western-*style* toilet

じき¹【時期】**time**[タイム];（季節）（a）**season**[スィーズン]➡きせつ

- 家の大掃除(⊕)をする時期になった.
It's *time* to clean the whole house.
- 種まきの時期に大雨が降った.
It rained heavily in the sowing *season*.

じき²【磁気】**magnetism**[マグネティズム]
━磁気の **magnetic**[マグネティック]

じき³【磁器】**porcelain**[ポーサリン];（まとめて）**china**[チャイナ]

しきい【敷居】**a threshold**[スレッショウルド]

しきさい【色彩】（a）**color**, ㊞（a）**colour**[カラァ]
━色彩豊かな **colorful**

しきし【色紙】**an autograph paperboard**[オータグラフ ペイパァボード]

しきたり（a）**custom**[カスタム],（a）**tradition**[トゥラディション]

しきち【敷地】（1区画の土地）**a lot**[ラット];（用地）**a site**[サイト]

じきに soon[スーン]➡まもなく

しきもの【敷物】（床(⊕)の一部に敷く）**a rug**[ラグ];（野外用の）**a picnic blanket**[ピクニック ブランキット]

しきゅう¹【至急】**at once**[ワンス], **right away**[ライト アウェイ], **immediately**[イミーディアトゥリィ]➡すぐ❶

- 至急やります. I'll do it *at once*. / I'll do it *right away*. / I'll do it *immediately*.
━至急の **urgent**[アーヂャント]

しきゅう²【四球】➡フォアボール

しきゅう³【死球】➡デッドボール

じきゅう【時給】**hourly wage**[アウァリィ ウェイヂ]

- 時給はいくらですか.
How much is the *hourly wage*?（►自分がいくらもらえるかたずねるとき）/ How much do you get *paid by the hour*?（►相手がいくらもらっているかたずねるとき）
- 兄は時給1200円のアルバイトをしている.
My brother has a part-time job that pays 1,200 *yen an hour*.

じきゅうじそく【自給自足の】**self-sufficient**[セルフサフィシャント]

- その国は石油を自給自足している.
The country is *self-sufficient* in oil.

じきゅうそう【持久走】**long-distance running**[ローングディスタンス ラニング]

じきゅうりょく【持久力】**stamina**[スタミナ]

じぎょう【事業】（a）**business**[ビズニス]（►複数形では用いない）;（大規模な）**an enterprise**[エンタァプライズ]

- おばは新しい事業を始める.
My aunt will start a new *business*.
- 父は事業に成功[失敗]した. My father succeeded［failed］in *business*.

しぎょうしき【始業式】**the opening ceremony**[オウプニング セリモウニィ]（►欧米(⊕)の学校ではふつう始業式は行わない）

- 始業式はあしただ. *The opening ceremony* will be held tomorrow.

しきり【仕切り】**a partition**[パーティション]
━仕切る（分ける）**divide, partition**;（取りしきる）**manage, run**

- その行事をレンがひとりで仕切った.
Ren *ran* the event by himself.

しきりに very often[オーフン], **frequently**[フリークワントゥリィ];（熱心に）**eagerly**[イーガァリィ]

- ケンは私をしきりに訪ねてきた.
Ken visited me *very often*. / Ken visited me *frequently*.
- 彼はしきりに外国へ行きたがっている.
He *is eager to* go abroad.

しきん【資金】**a fund**[ファンド]（►しばしば複数形で用いる）;（資本金）**capital**[キャピトゥル]

- 私たちのクラブは資金が不足している.
Our club is short of *funds*.
- 支援(⊕)団体が資金をたくさん集めた.
The support group raised a lot of *money*.

しく【敷く】**lay**（out）[レイ], **spread**（out）[スプレッド]

- 私は10時に布団(⊕)を敷いた.
I *laid out* my futon at 10 o'clock.
- 彼らは床(⊕)に新聞を敷いた.
They *spread out* the newspaper on the floor.

じく【軸】**an axis**[アクスィス]（複 axes[アクスィーズ]）

しぐさ（身ぶり）**a gesture**[ヂェスチァァ]➡ジェスチャー

ジグザグ【ジグザグの[に]】**zigzag**[ズィグザグ]

- ジグザグに走った.
I ran in a *zigzag* pattern.
━ジグザグに…する **zigzag**

280　two hundred and eighty

じげん¹

- 私たちは山道をジグザグに上った.
  We *zigzagged* up the mountain.

しくしく(しくしく泣く)**sob**[サッブ](▶英語では動詞で表すことが多い)
- その子はしくしく泣いていた.
  The child was *sobbing*.

しくじる(失敗する)**fail**[フェイル];(間違いをする)**make a mistake**[ミステイク]

ジグソーパズル a jigsaw puzzle[ヂグソー パズル]

シグナル a signal[スィグナル]→**あいず**

しくみ【仕組み】(構造)**structure**[ストゥラクチャア];(仕掛け)**a mechanism**[メカニズム]

シクラメン【植物】**a cyclamen**[スィクラメン](★アクセント位置に注意)

しけい【死刑】**the death penalty**[デス ペナルティ]
- 裁判官は彼女に死刑を宣告した.
  The judge sentenced her to *death*.

しげき【刺激する】**stimulate**[スティミュレイト]
➡**刺激的な stimulating**;(興奮させる)**exciting**
- 彼の講演は刺激的だった.
  His lecture was *stimulating*.

しげみ【茂み】**a thicket**[スィキット], **a bush**[ブッシュ]

しげる【茂る】**grow thick**[グロウ スィック]
- その川に沿って草が茂っていた.
  Weeds *grew thick* along the river.

しけん【試験】

❶学校などの	an examination, 《話》an exam, a test; (小テスト)《米》a quiz
❷検査	a test

❶〔学校などの〕**an examination**[イグザミネイション],《話》**an exam**[イグザム], **a test**[テスト];(小テスト)《米》**a quiz**[クウィズ](複 quizzes)
- きょう英語の試験がある.
  We have an English *examination* today.
- 来年高校の入学試験を受ける.
  I'll take an entrance *examination* for high school next year.
- 彼は試験に合格した[落ちた].
  He passed [failed] the *exam*.
- 「試験はどうだった？」「すごく難しかった[簡単だった]」
  "How was the *exam*?" "It was pretty tough [easy]."
- 試験の準備をしなきゃ.
  I must prepare for the *test*.
- 彼女は試験でいい[悪い]点を取った.
  She got a good [bad] score on the *test*.
- 英単語の試験
  an English words [vocab(ulary)] *quiz*

●表現メモ●

試験のいろいろ
中間試験 a midterm examination
学期末試験 a term examination; (学年末の)a final examination, 《英》an end-of-term examination
入学試験 an entrance examination
筆記試験 a written examination
実技試験 a (practical) skills test
面接試験 an interview
実力試験 an achievement test
模擬試験 a trial examination
一次試験 a first-stage examination
二次試験 a second-stage examination
国家試験 a national examination
検定試験 a standardized examination

❷〔検査〕**a test**
- 臨床試験 a clinical *test*

試験会場 an exam room
試験科目 an examination subject
試験監督 a proctor
試験期間 an examination period
試験日 an examination date
試験問題 an examination question

しげん【資源】**resources**[リーソースィズ]
- エネルギー資源 energy *resources*
- その国は天然資源が豊富だ.
  The country is rich in natural *resources*.

資源ゴミ recyclable waste

じけん【事件】(法律上の)**a case**[ケイス];(重大な出来事)**an event**[イヴェント];(小さな出来事)**an incident**[インスィダント]
- 殺人事件 a murder *case*
- わが家の重大事件
  an important *event* for our family

じげん¹【次元】(数学で)**a dimension**[ダイメンション];(水準)(**a**)**level**[レヴァル]
- 彼の作品は次元が違う.
  His work is beyond our *level*.

➡**…次元の dimensional**
- 3次元[3D]の模型 a three-*dimensional*

じげん²

model

じげん²【時限】(授業時間) **a period**[ピ(ァ)リアッド], **a class**[クラス]
- 水曜日は5時限だ．
We have five *classes* on Wednesday(s).
|時限爆弾(ばくだん) **a time bomb**

しけんかん【試験管】**a test tube**[テストトゥーブ]

しご【死語】**an obsolete word**[アブサリートワード]
━死語になる **become obsolete**
- この言葉はすでに死語だ．
This word has *become obsolete*.

じこ¹【事故】

an accident[アクスィダント]
- 自転車で事故を起こした．
I caused a bicycle *accident*.
- 彼は事故に遭(あ)った．
He had [was involved in] an *accident*.
- この交差点で交通事故があった．A traffic *accident* happened at this crossing.
- 鉄道[自動車]事故
a railroad [car] *accident*

じこ²【自己】**self**[セルフ](複 **selves**[セルヴズ]), **oneself**→ じぶん❶
- 音楽は彼女が自己を表現する手段の1つだ．
Music is one of the ways she expresses *herself*.
|自己紹介(しょうかい) **a self-introduction**: 自己紹介させてください．Let me *introduce myself*.
|自己中心的な **selfish, self-centered**
|自己ベスト **a personal best**
|自己流 **one's own way**: 私の生け花は自己流です．I arrange flowers *in my own way*.

しこう【思考】**thought**[ソート], **thinking**[スィンキング]

じごう【次号】**the next issue**[ネクストイシュー]

じごうじとく【自業自得】
- それは自業自得だ．
You asked for it.(►「自分で求めた」の意)

しこく【四国(地方)】**Shikoku, the Shikoku area** [**district**][エ(ァ)リア[ディストゥリクト]]

じこく【時刻】**time**[タイム]→ じかん❶
|時刻表 a (**time**) **schedule**, 英**a timetable**

じごく【地獄】**hell**[ヘル](⇔天国 heaven)

しごと【仕事】

❶ 職業	a job, work
❷ 職務	a task; (義務)duty
❸ 商売	business

❶[職業]**a job**[チャブ], **work**[ワーク]→ しょくぎょう

- 姉は仕事を探している．
My sister is looking for a *job*.
- 兄は仕事をやめた．My brother quit his *job*.
- 私にはしなければならない仕事がたくさんある．I have a lot of *work* to do.
- 「あなたのお父さんの仕事は何ですか」「会社員です」
"What does your father do?" "He *works* at a company."(►He's an office worker. とはあまり言わない)
- 彼は今仕事中だ．
He is *working* now. / He is at *work* now.
━仕事をする **work**
- 将来出版関係の仕事をしたい．I want to *work* in publishing in the future.

❷[職務]**a task**[タスク]; (義務)**duty**[ドゥーティ]
- 彼の仕事は会社のサイトを作ることだ．
His *task* [*job*] is to make the company's website.

❸[商売]**business**[ビズニス]
- 彼女は仕事でシンガポールへ行った．
She went to Singapore on *business*.
|仕事場 **a workplace**

じさ【時差】(a) **time difference**[タイムディファランス]
- シドニーと東京では1時間の時差がある．
There is a one-hour *time difference* between Sydney and Tokyo.
|時差ぼけ **jet lag**: まだ時差ぼけなんです．I'm still suffering from *jet lag*.

しさつ【視察する】**inspect**[インスペクト]

じさつ【自殺】(a) **suicide**[スーイサイド]
━自殺する **commit suicide, kill** *oneself*

じさん【持参する】(持って来る)**bring**[ブリング]; (持って行く)**take**[テイク]
- お弁当を持参してください．
Bring your lunch.

しじ¹【支持】**support**[サポート]
━支持する **support, back up**
- 多くのファンがそのラグビーチームを支持した．
A lot of fans *supported* the rugby team.
|支持者 **a supporter**

しじ²【指示】(指図)**directions**[ディレクションズ], **instructions**[インストゥラクションズ]
- 加藤先生の指示に従いなさい．Follow Ms. Kato's *directions* [*instructions*].
━指示する **direct, instruct**

じじ【時事の】**current**[カーラント]
|時事問題 **current events**

ししざ【しし座】**Leo**[リーオゥ]; (人)**a Leo**
- 私はしし座です．
I am a *Leo*.

じじつ【事実】
a fact[ファクト]; (真実)the truth[トゥルース]
- ジャーナリストは事実を報道した.
 The journalist reported the *facts*.
- この話は事実に基(もと)づいている.
 This story is based on *fact*.
- それは事実に反する.
 It is contrary to the *facts*.

━事実の **true**
- ユキが転校するというのは事実ですか.
 Is it *true* that Yuki will change to another school?

ししゃ¹【死者】(1人)a dead person[デッド パースン], (まとめて)the dead
- その事故で10人の死者が出た.
 Ten people were killed in the accident.

ししゃ²【支社】a branch (office)[ブランチ (オフィス)](⇔本社 the head [main] office)

ししゃ³【使者】a messenger[メッセンヂャァ]

ししゃかい【試写会】a preview[プリーヴュー]

じしゃく【磁石】a magnet[マグニット]; (羅針盤(らしんばん))a compass[カンパス]

ししゃごにゅう【四捨五入する】round (off)[ラウンド], (端数(はすう)を切り上げる)round up, (端数を切り下げる)round down
- 1.2を四捨五入すると1になる.
 1.2 can be *rounded off* to 1.

じしゅ【自主的な】independent[インディペンダント]
━自主的に **independently**
| 自主性 **independence**
| 自主トレ(ーニング) **individual workouts**

ししゅう¹【刺しゅう】embroidery[インブロイダリィ]
━刺しゅうする **embroider**
- 上着にイニシャルを刺しゅうした.
 I *embroidered* my initials on the jacket.
| 刺しゅう糸 **embroidery thread**

ししゅう²【詩集】a collection of poems[カレクション][ポウイムズ]

しじゅう¹【四十(の)】forty[フォーティ]→ よんじゅう

しじゅう²【始終】always[オールウェイズ]→ いつも

じしゅう【自習する】study on one's own [スタディ][オウン], study by oneself
- 5時間目は自習だった.
 We *studied on our own* in the fifth period.
- 放課後, 自習した. I *studied by myself* after classes were over.
| 自習時間 **a study hour**
| 自習室 **study space**, ⓒ **study hall**

じしん¹

しじゅうそう【四重奏】a quartet[クウォーテット]

じしゅく【自粛する】refrain (from)[リフレイン]
- みな外出を自粛した.
 Everyone *refrained from* going out.

ししゅつ【支出】(an) outgo[アウトゴゥ], (an) expense[イクスペンス](⇔収入 (an) income)
━支出する **spend**

ししゅんき【思春期】adolescence[アダレサンス], puberty[ピューバティ]
━思春期の **adolescent**
- 思春期の少年[少女] an *adolescent*

ししょ【司書】a librarian[ライブレ(ァ)リアン]

じしょ【辞書】a dictionary[ディクシャネリィ]
- 私は辞書を引いた. I consulted a *dictionary*.
- その単語を和英辞書で調べなさい.
 Look up the word in your Japanese-English *dictionary*.
- 電子辞書 an electronic *dictionary*

じじょ【次女】[the] second daughter[セカンド ドータァ]

しじょう【市場】a market[マーキット]
- 国内[海外]市場
 the domestic [overseas] *market*

じじょう¹【事情】circumstances[サーカムスタンスィズ]; (理由)a reason[リーズン]
- 家庭の[個人的な]事情で
 for family [personal] *reasons*

じじょう²【自乗】→ にじょう

ししょうしゃ【死傷者】casualties[キャジュアルティズ]
- その事故で多数の死傷者が出た.
 The accident caused many *casualties*.

ししょく【試食】tasting[テイスティング]
━試食する **try (a food sample)**

じしょく【辞職する】resign[リザイン], ⟪話⟫quit[クウィット]
- 大臣は辞職した.
 The minister *resigned* from his job.

じじょでん【自叙伝】→ じでん

しじん【詩人】a poet[ポウイット]

じしん¹【自信】
confidence[カンフィダンス], self-confidence[セルフ-]

じしん²

- 私は自信がついた.
  I gained *confidence*.
- 私は自信をなくした.
  I lost *confidence*.
- 彼は自信満々だった.
  He was full of *confidence*.
- 彼女は自信を持って「そうよ」と答えた.
  She answered "yes" with *confidence*.
- **―自信のある confident**
- 私は英語力に自信がある. I'm *confident* in my English. / I have *confidence* in my English.
- 私は1等賞を取る自信がなかった.
  I was not *confident* that I would win (the) first prize. / I was not *confident* of winning (the) first prize.
- **―自信を持つ have confidence, be confident**
- もっと自分に自信を持ちなさい. You should *be* more *confident* in yourself.

じしん²【地震】

an earthquake[アースクウェイク]**➡ しんど**

- 弱い[強い]地震
  a weak [strong] *earthquake*
- 明け方に大地震があった. There was a big *earthquake* at dawn. / We had a big *earthquake* at dawn.
- 日本では頻繁(ひん)に地震が起こる.
  Earthquakes often occur in Japan.

| 地震速報 an earthquake alert
| 地震予知 an earthquake prediction

じしん³【自身】oneself[ワンセルフ]**➡じぶん** **ポイント!**
- 自分自身でしなさい. Do it *yourself*.

じすい【自炊する】cook *one's* own meals[クック][オウン ミールズ]
- 兄は自炊している.
  My brother *cooks his own meals*.

しずか【静かな】

quiet[クワイアット]**(⇔騒(そう)がしい noisy)**, **silent**[サイラント]**;(穏(おだ)やかな)calm**[カーム]
- 静かな夜 a *quiet* night
- 静かな海 a *calm* sea
- 森の中は暗くて静かだった.
  It was dark and *silent* in the forest.
- **―静かに quietly, silently; calmly**
- 彼女はいつも静かに話す.
  She always speaks *quietly*.
- もう少し静かにしてください.
  Could you be a little more *quiet*?

…しすぎる➡…すぎる
しずく【滴】a drop[ドゥラップ]

- 雨の滴 *drops* of rain / rain*drops*

しずけさ【静けさ】quiet[クワイアット]**, silence**[サイランス]**, calm**[カーム]
- 夜の静けさ the *silence* of the night
- 嵐(あらし)の前の静けさ
  the *calm* before a storm

システム a system[スィスティム]

| システムエンジニア a systems engineer
| システムキッチン a built-in kitchen unit (▶
| 「システムキッチン」は和製英語)

じすべり【地滑り】a landslide[ランドスライド]
しずまる【静まる】become quiet[クワイアット]**;(穏(おだ)やかになる)calm(down)**[カーム]
- 教室は静まった. The class *became quiet*.
- 嵐(あらし)が静まった.
  The storm *calmed down*.

しずむ【沈む】

❶下方に行く	（船などが）sink； （太陽などが）set
❷気持ちが	be [feel] depressed

❶**[下方に行く]（船などが）sink**[スィンク]**(⇔浮(う)かぶ float)；（太陽などが）set**[セット]**(⇔昇(のぼ)る rise, come up)**
- 彼らのボートはゆっくりと沈んでいった.
  Their boat slowly *sank*.
- 太陽は西に沈む. The sun *sets* in the west.
❷**[気持ちが]be [feel] depressed**[フィール ディプレスト]
- 彼は気が沈んでいた. He *was depressed*.

しずめる¹【沈める】sink[スィンク]
しずめる²【静める】calm(down)[カーム]
- 先生は生徒たちを静めた.
  The teacher *calmed down* the students.

しせい【姿勢】（a）posture[パスチャァ]**；（態度）an attitude**[アティトゥード]
- ユミは姿勢がよい[悪い].
  Yumi has good [poor] *posture*.
- 姿勢を正しなさい.（立っているとき）
  Straighten up. /（座(すわ)っているとき）Sit up straight.

じせい¹【時勢】（the）times[タイムズ]
- 時勢に遅(おく)れている気がする. I feel like I'm falling behind *the times*.

じせい²【自制】self-control[セルフカントゥロウル]
- **―自制する control *oneself***
- 君はもっと自制するべきだ.
  You should *control yourself* more.

しせいかつ【私生活】（one's）private life[プライヴィット ライフ]

しせき【史跡】a historic spot [site, place][ヒス

した¹

トーリック スパット [サイト, プレイス]]

しせつ【施設】**an institution**[インスティトゥーション]; (設備)**facilities**[ファスィリティズ]; (子ども・老人などの)**a home**[ホウム]
- 公共施設
  a public *institution* / public *facilities*
- 福祉(ふくし)施設 a welfare *institution* / welfare *facilities*
- 介護(かいご)施設 a nursing *home*

しせん【視線】**an eye**[アイ](▶ しばしば *one's* eyesで用いる), **a look**[ルック]
- 偶然(ぐうぜん)彼らの視線が合った.
  Their eyes met by chance.
- 彼女は私から視線をそらした.
  She broke off *eye* contact with me. / She looked away from me.

しぜん【自然】

nature[ネイチァ]
- 自然の法則 the law of *nature*
- 人間は自然を破壊した.
  Human beings destroyed *nature*.
- 自然を守るにはどうしたらいいだろう?
  What should we do to protect *nature*?
- 自然の大きさを改めて感じた. I realized the greatness of *nature* once again.

━自然な **natural**(⇔不自然な **unnatural**)
- 彼女がそう考えるのは自然なことだ.
  It is *natural* that she thinks so.

━自然に **naturally**; (ひとりでに)**by itself**
- 子どもは自然に言葉を学ぶ.
  Children learn languages *naturally*.
- エアコンが自然に切れた.
  The air conditioner went off *by itself*.

| 自然界 the natural world
| 自然科学 natural science
| 自然科学者 a (natural) scientist
| 自然食品 natural foods
| 自然破壊 the destruction of nature
| 自然保護 the preservation of nature, environmental protection

じぜん【慈善】**charity**[チャリティ]
━慈善の **charitable**
| 慈善事業 charitable work
| 慈善団体 a charity

しそ[植物]**Japanese mint**[ミント], **Japanese basil**[ベイズル]

しそう【思想】(a) **thought**[ソート], (an) **idea**[アイディア]
- 思想の自由 freedom of *thought*
- 西洋の思想 Western *ideas*
| 思想家 a thinker

…**しそうだ** → …そうだ❸

じそく【時速】**speed** (per hour)[スピード (パー アウァ)]
- 父は時速60キロで運転した. My father drove at a *speed* of 60 kilometers *per hour*.

じぞく【持続する】**continue**[カンティニュー], **last**[ラスト]
━持続可能な **sustainable**[サステイナブル]
- 持続可能な社会 a *sustainable* society
| 持続可能性 a sustainability

…**しそこなう** → …そこなう

しそん【子孫】**a descendant**[ディセンダント](⇔先祖, 祖先 **an ancestor**)

じそんしん【自尊心】**pride**[プライド]
- 彼の自尊心は傷ついた. His *pride* was hurt.
━自尊心のある **proud**[プラウド]
- 彼女は自尊心がある[強い].
  She is very *proud*.

した¹【下(に)】

❶下方	(真下に)**under** …; (離(はな)れて下に)**below** (…); (下方へ)**down**
❷下部	(最下部, 底)**the bottom**; (下(位)の)**lower**
❸年下の	**younger**, **junior**

❶[下方](真下に)**under** …[アンダァ](⇔上(に) **over** …); (離れて下に)**below** (…)[ビロウ](⇔上(に) **above** …); (下方へ)**down**[ダウン](⇔上(に) **up**)
- クリスマスツリーの下にプレゼントがあった.
  There was a present *under* the Christmas tree.
- 飛行機は雲の下を飛んだ.
  The airplane flew *below* the clouds.
- その箱を下に置きなさい.
  Put that box *down*.
- 弟は階段を降りていった. My brother went *down* the stairs.

under …   below (…)   down

❷[下部](最下部, 底)**the bottom**[バタム](⇔上 **the top**); (下(位)の)**lower**[ロウァ](⇔上 **upper**)
- それは30ページのいちばん下に書いてある.
  It is written at *the bottom* of page 30.
- 私の成績は彼女より下だった.

した²

My grades were *lower* than hers.
❸[年下の]**younger**[ヤンガァ](⇔上 older,
elder), **junior**[チューニァ](⇔年上の senior)
- 彼は私より4つ下だ.
He is four years *younger* than I [me].
した²[舌]**a tongue**[タング]➡くち図
- 人に向かって舌を出しちゃだめよ.
Don't stick out your *tongue* at others.

…した

(▶ふつう動詞の過去形で表す)
- 私は部屋を掃除(をう)した. I *cleaned* my room.
(▶cleanedは規則動詞cleanの過去形)
- 彼はミキと話をした. He *spoke* to Miki.(▶
spokeは不規則動詞speakの過去形)

> **ここが ポイント!** 過去形の作り方
>
> 動詞は変化のしかたによって規則動詞と不規則動詞の2つに分けられます. 規則動詞の場合, 原則として play(遊ぶ)➡played(遊んだ), start(出発する)➡started(出発した)などのように原形の語尾(ぶ)に-edをつけます. 不規則動詞はこの原則から外れるもので, 例えば, go(行く)➡went(行った), make(作る)➡made(作った)などのように変化する形はさまざまです. この辞典では*印がついている動詞が不規則動詞です. 具体的な変化については, 巻末の変化表を見てください.

したい[死体]**a dead body**[デッド バディ]
…したい➡…たい¹
…しだい[…次第](…するとすぐに)**as soon as …**
[スーン];(…によりけりだ)**depend on …**[ディペンド], **be up to …**
- 駅に着き次第電話をください. Call me *as
soon as* you arrive at the station.
- 天候次第で遠足は中止になる.
The school trip may be canceled
depending on the weather.
- すべてあなた次第だ. It's all *up to* you.
じたい¹[事態]**a situation**[スィチュエイション],
things[スィングズ]
- 事態は悪化している. The *situation* is getting
worse. / *Things* are getting worse.
じたい²[辞退する]**decline**[ディクライン]
- 大会の出場を辞退することにした.
We decided *not to participate* in the
tournament.

じだい [時代]

(時期)**a period**[ピ(ァ)リアッド], **an age**[エイヂ],
an era[イ(ァ)ラ];(時勢)(**the**)**times**[タイムズ]

- 江戸時代 the Edo *period* [*era*]
- 原始時代 primitive *times*
- 私たちはITの時代に生きている.
We live in the IT *age*.
- 時代は変わりつつある. *Times* are changing.
- 彼は学生時代によく一人旅をした.
He often traveled alone during his
school [college] *days*.
- 君の考えは時代遅(ぁく)れだ.
Your ideas are out-of-*date*.
- 子ども時代, この川で遊んだ.
During my childhood, I used to play in
this river.(◀子どものころ)
‖時代劇(侍(認)の)**a samurai drama**
しだいに gradually[グラヂュアリィ]➡だんだん
したう[慕う]**adore**[アドァ];(尊敬する)**respect**[リスペクト];(心引かれる)**be attached**[アタッチト]
- イズミはお姉さんを慕っている.
Izumi *adores* her sister.
したがう[従う]**follow**[ファロゥ];(服従する)**obey**[オゥベイ];(ついて行く)**follow**
- アキはいつも姉に従っている.
Aki always *follows* her sister.
- 私たちは菊池先生の指示に従った.
We *obeyed* Mr. Kikuchi's instructions.
- ガイドに従って工場を見学した. *Following* our
guide, we made a tour of the factory.
したがき[下書き](原稿(がう)の)**a draft**[ドゥラフト];(絵の)**a rough sketch**[ラフ スケッチ]
したがって➡だから

…したがって

❶…するにつれて	**as …**
❷…どおりに	**according to …**

❶[…するにつれて]**as …**[アズ]
- 彼は有名になるにしたがって忙(が)しくなった.
As he became more famous, he also
became busy.
❷[…どおりに]**according to …**[アコーディング]
- 計画にしたがって *according to* the plan
…したがる➡…たがる
したぎ[下着]**underwear**[アンダァウェァ];(女性用)**lingerie**[ラーンジャレィ]

したく [支度, 仕度]

preparations[プレパレイションズ]➡じゅんび, よう
い¹

━**したくができて be ready**[レディ]
- したくはできましたか. *Are* you *ready*?
- 朝食のしたくができた. Breakfast *is ready*.
━**したく(を)する get ready, prepare**[プリペァ], **make preparations**

- 学校に行くしたくをしなさい．
  Get ready to go to school. / *Get ready* for school.
- 父はロンドンへ行くしたくをしている．
  My father is *preparing* to go to London.

じたく【自宅】one's **house**[ハウス](複 **houses**[ハウズィズ]), one's **home**[ホウム]
- 彼女の自宅は京都にある．
  Her house is in Kyoto.
- 彼は今自宅にいない．He is not（at）*home* now. / He is out.（←出かけている）

…したくてたまらない→たまらない
…したことがある→…ことがある❶

したしい【親しい】
close[クロウス], **friendly**[フレンドゥリィ]
- 親しい友人 a *close* friend
- **親しくなる become friendly with ...**
- カナと私は親しくなった．
  I *became friendly with* Kana.

したじき【下敷き】a **pencil board**[ペンサル ボード]（►英米ではノートに下敷きは用いない）
- **下敷きになる be buried**［**trapped**］（**under** ...）[ベリド［トゥラップト］]
- その男性は車の下敷きになった．
  The man *was trapped under* the car.

したしむ【親しむ】**get**［**be**］**familiar**（**with** ...）[ファミリァ]; （楽しむ）**enjoy**[インチョィ]
- レイは科学技術にとても親しんでいる．
  Rei *is* very *familiar with* technology.

…しだす→…だす
したたる【滴る】**drip**[ドゥリップ]
…したて→…たて
…したところだ→…ところだ❸

じたばた【じたばたする】（もがく）**struggle**; （あわてる）**panic**
- 彼は逃げようとしてじたばたした．
  He *struggled* to escape.
- じたばたするな．Don't *panic*.

…したほうがいい［**よい**］→…ほうがいい［よい］
したまち【下町】**the old part**（**of** ...）[オウルド パート], **the old town**[タウン]
…したら→…たら
…したり→…たり
しち¹【七（の）】**seven**[セヴン]→なな
しち²【質に入れる】**pawn**[ポーン]
▎質店 a pawnshop
じち【自治】**self-government**[セルフガヴァンマント], **autonomy**[オータナミィ]
▎自治体 a local authority

しちがつ【七月】**July**[ヂュライ]（►常に大文字で始め，Jul.と略す）→いちがつ

しちごさん【七五三】*Shichi-go-san*; the **Seven-Five-Three Festival**[セヴンファイヴスリー フェスタヴァル]→年中行事［口絵］
- 七五三は3歳(さい)，5歳，7歳の子どもたちを祝う日です．*Shichi-go-san* is a festival day for children of three, five and seven years of age.

しちじゅう【七十（の）】**seventy**[セヴンティ]→ななじゅう

しちみとうがらし【七味唐辛子】*shichimi*; **seven-flavored spice**[セヴンフレイヴァド スパイス]
しちめんちょう【七面鳥】【鳥】**a turkey**[ターキィ]
しちゃく【試着する】**try on**[トゥライ]
- このワンピース，試着していいですか．
  Can I *try* this dress *on*.
▎試着室 a fitting room

シチュー（a）**stew**[ストゥー]
- ビーフシチュー beef *stew*

しちょう【市長】a **mayor**[メイア]
- 大阪市長 the *Mayor* of Osaka
- 金子市長 *Mayor* Kaneko

しちょうかく【視聴覚の】**audio-visual**[オーディオゥヴィジュアル]
▎視聴覚教材 audio-visual materials
▎視聴覚室 an audio-visual room

しちょうしゃ【視聴者】（1人）a **viewer**[ヴューァ], （まとめて）an **audience**[オーディアンス]
しちょうりつ【視聴率】a **rating**[レイティング]（►しばしば複数形で用いる）
- このテレビドラマは視聴率が高い［低い］．
  This TV drama has high［low］*ratings*.

しつ¹【質】（a）**quality**[クワリティ]
- このバターは質がよい［悪い］．
  This butter is good［poor］*quality*.
- 量より質が大切だ．*Quality* is more important than quantity.

しつ²【室】a **room**[ルーム]
- 305号室 *Room* 305（►305はthree-oh-fiveと読む）

シッ sh(h)[シッ], **hush**[ハッシュ]→シーッ
じつ【実の】**real**[リー(ァ)ル], **true**[トゥルー]
- 彼女は彼を実の父親のように扱(あつか)う．

じつえん

She treats him like her *real* father.
- **━実は in fact, to tell the truth, as a matter of fact**
- 実はぼくはスキーが得意なんだ.
  In fact, I am good at skiing. / *As a matter of fact*, I am good at skiing.
- 実は最初君を好きではなかったんだ. *To tell the truth*, I didn't like you at first.
- **━実に really, truly**
- それは実におもしろい映画だった.
  It was a *really* interesting movie.

じつえん【実演】a demonstration[デマンストレイション]
- **━実演する give a demonstration**

しつおん【室温】room temperature[ルーム テンパラチャァ]

しっかく【失格する】be disqualified[ディスクワリファイド]
- 彼はレースに失格になった.
  He *was disqualified from* the race.

しっかり【しっかりした】

❶土台・作りなどが　firm, strong;
　　　　　　　　　（きつく締(し)まった）
　　　　　　　　　tight
❷人・意志・計画などが steady; （信頼(しん)
　　　　　　　　　できる）reliable

❶〔土台・作りなどが〕**firm**[ファーム], **strong**[ストゥローング]; （きつく締まった）**tight**[タイト]
- しっかりした体格 a *strong* physique
- **━しっかり（と）firmly, firm; tight, tightly**
- 私はしっかりベルトを締めた.
  I fastened the belt *firmly*.
- 私は包みをひもでしっかりと縛(しば)った.
  I tied up the package *tightly*.
❷〔人・意志・計画などが〕**steady**[ステディ]; （信頼できる）**reliable**[リライアブル]
- しっかりした人 a *reliable* person
- **━しっかり（と）（一生懸命(けんめい)）hard; （堅実(けんじつ)に）steadily**
- しっかり勉強しなさい. Study *hard*.
- しっかりしなさい.
  Pull yourself together! / Come on!

じっかん【実感】a（strong）feeling[（ストゥローング）フィーリング]
- まだ実感がわかない. I still can't believe it.
- **━実感する realize**[リーアライズ], （really）feel
- 京都に来てよかったと実感している.
  I（*really*）*feel* glad to be in Kyoto.

しっき【漆器】lacquerware[ラッカァウェア]

じつぎ【実技】practical skills[プラクティカル スキルズ]
- 音楽の実技 *practical skills* in music
- 実技試験 a（practical）skills test

しつぎょう【失業】unemployment[アニンプロイマント]
- **━失業する lose one's job**
- 彼は失業した. He has *lost his job*.
- 失業者（1人）an unemployed person, （まとめて）the unemployed
- 失業率 the unemployment rate

じつぎょう【実業】business[ビズニス]
- 実業家 a businessperson
- 実業高校 a vocational high school

じっきょうちゅうけい【実況中継】live coverage[ライヴ カヴァリッヂ]

じっきょうほうそう【実況放送】（生放送）a live broadcast[ライヴ ブロードキャスト]
- **━実況放送で[の] live**
- これはロンドンからの実況放送です.
  This is *live* from London.

しっくり【しっくりいく】get along well（with ...）[アロング ウェル]
- 最近カオルとしっくりいかないんだ.
  Recently I haven't been *getting along well with* Kaoru.

じっくり（念入りに, 注意深く）carefully[ケァフリィ]; （あわてずに）without haste[ヘイスト]
- 彼はそれをじっくり考えた.
  He thought about it *carefully*.
- その問題にじっくり取り組みたい. I want to work on the problem *without haste*.

しつけ（精神面の）discipline[ディスィプリン]; （心身両面の）training[トゥレイニング]; （行儀(ぎょう)・作法の）manners[マナァズ]
- 家庭のしつけ family *discipline*
- その子はしつけがいい[悪い].
  That child is well [badly] *disciplined*.
- **━しつける discipline; train**
- 子犬をしつけた. We *trained* the puppy.

しっけ【湿気】（適度な）moisture[モイスチァ]; （不快な）damp[ダンプ]; （湿度(ど)の）humidity[ヒューミディティ]
- **━湿気のある moist; damp; humid**
- きょうは湿気がある. It's *humid* today.

じっけん【実験】(an) experiment[イクスペラマント], a test[テスト]
- 私たちの実験は成功[失敗]した.
  Our *experiment* was a success [failure].
- 核(かく)実験 a nuclear *test*
- **━実験の, 実験的（な）experimental**[イクスペラメントゥル]
- **━実験（を）する experiment, do [perform]**

288　two hundred and eighty-eight

an experiment
- 理科の実験をした.
  We *did a* science *experiment*.

実験室 a laboratory

じつげん【実現する】**come true**[トゥルー]; (実現させる)**realize**[リーアライズ]
- やっと私の夢が実現した.
  At last my dreams have *come true*.
- 夢の実現のために頑張(がんば)れ.
  Try hard to *realize* your dream.

しつこい(しつような)**persistent**[パァスィスタント]; (食べ物が)**heavy**[ヘヴィ]
- 彼はすごくしつこい. He is very *persistent*.
- このデザートは私にはしつこすぎる.
  This dessert is too *heavy* for me.

じっこう【実行する】**carry out**[キァリィ アウト]
- 彼は計画を実行した.
  He *carried out* his plan.
  実行委員会 an executive committee
  実行力: 田中さんは実行力がある. Mr.［Ms.］Tanaka is a person of action.

じっさい【実際の】**true**[トゥルー], **real**[リー(ア)ル], **actual**[アクチュアル]
- それは実際の話だ. That's a *true* story.
  ━実際に **really, actually, practically**
- 実際, 出かけたくなかった.
  Actually, I didn't want to go out.
  ━実際(のところ) **in fact**

じつざい【実在の】**real**[リー(ア)ル]
- 実在の人物 a *real* person
  ━実在する **exist**[イグズィスト]
- その奇妙(きみょう)な動物は実在する.
  That strange animal actually *exists*.

じっし【実施する】(計画などを)**put ... into practice**[プラクティス], **carry out**[キァリィ アウト]; (行事などを)**hold**[ホウルド]
- 私たちはその計画を実施した.
  We *carried out* the plan.
- そのスポーツイベントは5月に実施される.
  The sports event will be *held* in May.

じっしゅう【実習】**practice teaching**[プラクティスティーチング]

- 教育実習生 a student teacher

しっしん¹【失神する】**faint**[フェイント]
- 貧血で失神した. I *fainted* due to anemia.

しっしん²【湿しん】**a rash**[ラッシュ]

しっそ【質素な】**simple**[スィンプル], **plain**[プレイン]
- 私は質素な生活に慣れている.
  I'm used to living a *simple* life.
- 彼女は質素な服装をしている.
  She is dressed *simply*［*plainly*］.
  ━質素に **simply, plainly**

しっそう【疾走する】**run at full speed**[ラン][フル スピード]

しったかぶり【知ったかぶり】
- 彼は何にでも知ったかぶりをする.
  He *pretends to know* everything.

じっち【実地の】**hands-on**[ハンゾオン]
- 実地訓練 *hands-on* training

しっちたい【湿地帯】**wetland**[ウェットランド]

しっている【知っている】→ しる¹

しってん【失点】**loss**[ロース]
  ━失点する **lose a point**[ルーズ][ポイント]

しっと **jealousy**[ヂェラスィ]
- ツカサはしっとからそう言った.
  Tsukasa said that out of *jealousy*.
  ━しっと深い **jealous**
- あなたはしっと深いね. You're *jealous*!
  ━しっとする **be jealous**（**of** ...）, **envy**
- 私は彼女のよい成績にしっとしていた.
  I *was jealous of* her good grades.

しつど【湿度】**humidity**[ヒューミディティ]
- きょうは耐(た)えられないほど湿度が高い.
  The *humidity* is unbearably high today.

じっと
（動かないで）**still**[スティル]; (忍耐(にんたい)強く)**patiently**[ペイシャントゥリィ]
- 彼はじっと立っている. He is standing *still*.
- 彼女は騒音(そうおん)にじっと耐(た)えた.
  She *patiently* put up with the noise.
- 彼はその少女をじっと見た.
  He *stared* at the girl.

しっとり【しっとりした】(湿(しめ)り気のある)**moist**[モイスト]
- しっとりした肌(はだ) *moist* skin

しつない【室内の】**indoor**[インドァ]→ おくない
  ━室内で **indoors**[インドァズ]
- 子どもたちは室内で遊んだ.
  The children played *indoors*.

ジッパー a zipper[ズィッパァ]→ ファスナー

しっぱい【失敗】
（**a**）**failure**[フェイリャァ]（⇔成功（**a**）**success**）

しっぷ

- その芝居(しばい)は失敗だった.
  The play was a *failure*.
- 私たちの計画は失敗に終わった.
  Our plan ended in *failure*.
- 大失敗だ！I really *screwed up*!
- **━失敗する fail**（**in** ...）（⇔成功する **succeed**（**in** ...））
- 姉は入試に失敗した.
  My sister *failed* the entrance exam.
- 失敗しちゃった！I *blew it*!

━━━━━━ 慣・用・表・現 ━━━━━━
失敗は成功のもと. Every failure is a stepping stone to success.（←すべての失敗は成功への踏(ふ)み石だ）

しっぷ【湿布】**a pack**[パック], **a compress**[カンプレス]
- 温[冷]湿布
  a warm［cold］*pack*［*compress*］

じつぶつ【実物】（物）**the real thing**[リー(ァ)ル スィング]；（人）**the real person**[パーソン]
- この肖像(しょうぞう)画は実物そっくりだ. This portrait looks just like *the real person*.
- **━実物の real**
▌**実物大: 実物大の模型 a life-size model**

しっぽ a tail[テイル]

━━━━━━ 慣・用・表・現 ━━━━━━
しっぽを出す（本性を現す）**show one's true colors**: 彼はとうとうしっぽを出した. He finally *showed his true colors*.

しつぼう【失望】**disappointment**[ディサポイントゥマント]
- **━失望する be disappointed**
- 私は試合の結果に失望した. I *was disappointed at* the result of the game.
- 私たちは彼に失望した.
  We *were disappointed in* him.
- 彼女はその知らせを聞いて失望した.
  She *was disappointed* to hear the news.

しつめい【失明する】**lose one's eyesight**[ルーズ][アイサイト], **become blind**[ブラインド]
- 父は失明した. My father *lost his eyesight*.

しつもん【質問】

a question[クウェスチョン]
- 1つ質問があります. I have a *question*.
- 先生は質問に答えた.
  The teacher answered the *question*.
- 何か質問がありますか. Do you have any *questions*? / Any *questions*?
- **━質問する ask, ask a question**

- いくつか質問してもいいですか.
  May I *ask* you some *questions*?
▶〈人〉に〈事〉を質問する
ask ＋〈人〉＋〈事〉
- 弟は私に英語で「武士」を何と言うかと質問した. My little brother *asked* me how to say "*bushi*" in English.
- 私はあなたに質問したいことがたくさんある.
  I have a lot of *questions* to *ask* you.

じつよう【実用的な】**practical**[プラクティカル]
▌**実用英語 practical English**

じつりょく【実力】

（能力）（**real**）**ability**[（リー・（ァ）ル）アビラティ]
- 私は試合で実力を発揮した.
  I showed my *real ability* in the game.
- **━実力のある able, competent**[カンピタント]
- いちばん実力のある生徒
  the most *able* student
- ケンは英語の実力がある.
  Ken is *competent* in English.
▌**実力者**（影響(えいきょう)力のある人）**an influential figure**
▌**実力テスト an achievement test**

しつれい【失礼】（謝罪）**I'm sorry.**[ソリィ]；（軽いおわび，断り）**Excuse me.**[イクスキューズ]→ごめん¹，すみません❶❸
- 失礼ですが，浜さんではありませんか.
  Excuse me, but aren't you Ms. Hama?

━━━━━━ 話してみよう ━━━━━━
☺ちょっと失礼します.
Excuse me.
😊どうぞ.
Sure. / Certainly.

- 失礼ですが，何とおっしゃいましたか.
  I beg your pardon? / *Excuse me*?（▶ともに上げ調子で言う）
- そろそろ失礼します.
  Excuse me, but I must be going now.
- **━失礼な rude**[ルード], **impolite**[インパライト]
- 失礼な態度をとらないように.
  Be careful not to be *rude*.
▶…するのは失礼だ
It is rude［impolite］to ＋〈動詞の原形〉
- 口の中をいっぱいにしてしゃべるのは失礼だ.
  It is rude［impolite］to speak with your mouth full.

じつれい【実例】**an example**[イグザンプル]→れい¹

しつれん【失恋】**a broken heart**[ブロウカン ハート], **lost love**[ロスト ラヴ]
- 彼は失恋で苦しんでいた.

290　　two hundred and ninety

じどう²

He was suffering from a *broken heart*.
ー失恋する **have** *one*'**s heart broken**
- 失恋しちゃった．I *had my heart broken*. / I've *got a broken heart*.

じつわ【実話】**a true story**[トゥルー ストーリィ]
- この映画は実話に基(もと)づいている．
This movie is based on a *true story*.

…してあげる→…あげる

してい【指定する】**appoint**[アポイント]
- 指定された時間 the *appointed* time

指定校 a designated school
指定席（予約席）a reserved seat
指定図書 a set book

…していい[よい]→…いい❷
…していた→…いた
…している→…いる
…しておく→…おく

してき¹【指摘する】**point out**[ポイント アウト]
- 先生は私の間違(ちが)いを指摘した．
The teacher *pointed out* my mistake.

してき²【私的な】**private**[プライヴィット], **personal**[パーソナル](⇔公的な public)
- 私的な用事で on *private* business
- 私の私的なことに干渉しないで．Don't interfere in my *personal* affairs [matters].

…してください→…ください❶
…してくれませんか→…くれる
…してくれる→…くれる
…してしまう→…しまう

してつ【私鉄】⊛**a private railroad**[プライヴィット レイルロウド], ⊛**a private railway**[レイルウェイ]

…しては→…ては❶,…ませんか
…してはいけない→…いけない❷
…してはならない→…ならない❷
…してほしい→…ほしい
…してみる→…みる
…しても→…ても
…してもいい[よい]→…いい❷
…してもらいたい→…もらう
…してもらう→…もらう

してん¹【支店】（会社の）**a branch**（**office**）[ブランチ (オーフィス)]；（店の）**a branch**（**store**）[(ストァ)]
- 横浜支店 the Yokohama *branch*

支店長 a branch manager

してん²【視点】**a point of view**[ポイント][ヴュー], **a viewpoint**[ヴューポイント]

しでん【市電】（路面電車）⊛**a streetcar**[ストゥリートゥカー], ⊛**a tram**[トゥラム], **tramcar**[トゥラムカー]

じてん¹【事典】→ひゃっかじてん

じてん²【辞典】**a dictionary**[ディクショネリィ]→じしょ

- 英和辞典 an English-Japanese *dictionary*
- 和英辞典 a Japanese-English *dictionary*

じでん【自伝】**an autobiography**[オータバイアグラフィ]

じてんしゃ【自転車】

a bicycle[バイスィクル], 《話》**a bike**[バイク]
- 私は自転車に乗るのが好きだ．
I like to ride a *bicycle* [*bike*].
- アユは自転車で学校に通っている．
Ayu goes to school by *bicycle*. (►手段を示す by の後には a や the をつけない)

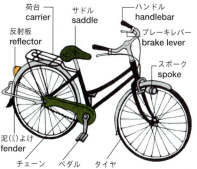

荷台 carrier
サドル saddle
ハンドル handlebar
反射板 reflector
ブレーキレバー brake lever
スポーク spoke
泥(どろ)よけ fender
チェーン chain
ペダル pedal
タイヤ ⊛tire, ⊛tyre

自転車置き場 a bicycle shed
自転車道 a bicycle path, a bikeway
自転車旅行 a cycling trip

しどう【指導】**guidance**[ガイダンス]；（教え）**instruction**[インストゥラクション]
- 進路指導教員 a *guidance* counselor

ー指導（を）する （教科を）**teach**；（スポーツを）**coach**; **guide**, **lead**, **instruct**
- ベーカー先生が英語の発音を指導する．
Ms. Baker *teaches* us how to pronounce English.
- 三木先生がバレー部の指導をしている．
Mr. Miki *coaches* our volleyball team.

指導員 an instructor, a coach
指導者 a leader
指導力 leadership

じどう¹【自動の】**automatic**[オータマティック]
ー自動的に **automatically**

自動運転 autonomous driving
自動運転車 a self-driving [driverless] car
自動改札（機）an automatic ticket gate
自動ドア an automatic door
自動販売(はんばい)機 a vending machine→ここがすごい!【口絵】

じどう²【児童】（子ども）**a child**[チャイルド]（複

じどうし

children[チルドゥラン]）；（学童）a schoolchild[スクールチャイルド]（複 schoolchildren）

▌児童虐待(ぎゃく) child abuse
▌児童文学 children's literature

じどうし【自動詞】〖文法〗an intransitive verb [イントゥランサティヴ ヴァーブ]（▶v.i., vi と略す）

じどうしゃ【自動車】

a car[カー]，⊗ an automobile[オータマビール]，⊗《話》an auto[オートゥ]，⊕ a motorcar[モウタァカー]→くるま❶

• 自動車に乗った. I got in［into］the *car*.
• 自動車から降りた. I got out of the *car*.
• 兄は自動車を運転できる.
　My brother can drive（a *car*）.

▌自動車教習所 a driving school
▌自動車工場 a car factory
▌自動車産業 the automobile industry
▌自動車事故 a car accident［crash］
▌自動車メーカー a car manufacturer
▌自動車レース a car race

しとしと【しとしと降る】（雨 が）drizzle[ドゥリズル]，rain gently[レイン ヂェントゥリィ]

• 一日中雨がしとしと降った.
　It *drizzled* all day long.

じとじと（しめった）wet[ウェット]，damp[ダンプ]

• きょうはじとじとしている. It's *damp* today.

しとやか【しとやかな】graceful[グレイスフル]

▬しとやかに gracefully

じどり【自撮り】a selfie[セルフィ]→しゃしん

▬自撮りする take a selfie

しな【品】（製品）a product[プラダクト]；（品物）an article[アーティクル]，an item[アイタム]；（商品）goods[グッヅ]

• 当時この品は 100 円だった.
　This *product* was 100 yen in those days.
• この品はどこの店でも手に入る.
　This *article* is available at every store.
• 多くの種類の品 a large variety of *goods*
• その漫画(まんが)は品切れです.
　That comic book is out of stock.

しない¹【市内に［の］】in the city[スィティ]

• 彼は松本市内に住んでいる.
　He lives *in*（*the city* of）Matsumoto.

▌市内通話 a local call

しない²【竹刀】a bamboo sword[バンブー ソード]

…しない→…ない❷
…しないうちに→うち²❷
…しないで→…ないで
…しないでください→…ください❷
…しなかった→…なかった
…しながら→…ながら❶

…しなくてもいい［よい］→…いい❸
…しなければいけない→…いけない❶
…しなければならない→…ならない❶
…しなさい→…なさい

しなもの【品物】an article[アーティクル]，an item[アイタム]；（商品）goods[グッヅ]；（製品）a product[プラダクト]→しな

• この品物はよく売れる.
　This *article*［*item*］sells well.

シナモン cinnamon[スィナモン]

しなやか【しなやかな】（柔軟な, 曲げやすい）flexible[フレクスィブル]；（やわらかな）soft[ソフト]；（身体・動作などが）supple[サプル]

• バレエのダンサーの動きはとてもしなやかだ.
　Ballet dancers are very *supple*.

シナリオ a scenario[スィナァリォウ]，a script[スクリプト]；（映画の）a screenplay[スクリーンプレイ]

▌シナリオライター a scriptwriter; a screenwriter

じなん【次男】［the］second son[セカンド サン]

…しに（…するために）to+〈動詞の原形〉

• スキーをしに苗場へ行った.
　I went to Naeba *to* ski.
• ミワはボランティア活動をしに岩手へ行った.
　Miwa went *to* do volunteer work in Iwate.

▬…しに行く go+〈-ing形〉

• コウは原宿へ洋服を買いに行った.
　Ko *went* clothes shop*ping* in Harajuku.

しにがみ【死神】Death[デス]

…しにくい→…にくい

しにものぐるい【死に物狂いの】desperate[デスパリット]

▬死に物狂いで desperately；（命がけで）for one's life

• 死に物狂いで走った. I ran *for my life*.

しぬ【死ぬ】

die[ダイ]（⇔生きる live）；be killed（in …）[キルド]；pass away[パス アウェイ]

• 私の父は 40 歳(さい)で死んだ.
　My father *died* at the age of forty.
• 多くの子どもが飢(う)えで死んだ.
　Many children *died of* hunger.
• 彼はけががもとで死んだ.
　He *died from* his injuries.
• そのミュージシャンは若くして死んだ.
　The musician *died* young.
• その交通事故で 3 人が死んだ.
　Three *were killed in* the traffic accident.
• 王は 2 年前に死んだ.
　The king *passed away* two years ago.

292　two hundred and ninety-two

- 私はおなかが減って死にそうだった．
  I *was dying of* hunger.
- 死ぬほどあなたに会いたい．
  I *am dying to* see you.

> **くらべてみよう！ die と be killed と pass away**
>
> **die**：「死ぬ」という意味の最も一般的な語．「病気・飢え・老衰(ろうすい)などで死ぬ」ときはdie of ...を，「不注意やけがで死ぬ」ときはdie from ...を使うのがふつう．
>
> **be killed**：「事故・災害・戦争などで死ぬ」ときに使う．
>
> **pass away**：「亡(な)くなる」という意味の遠回しな言い方．

→死んだ，死んでいる **dead**[デッド]
- 祖母が死んで10年になる．My grandmother has been *dead* for ten years.

じぬし【地主】a **landowner**[ランドゥオウナァ]

しのびこむ【忍び込む】**steal [sneak] into ...** [スティール] [スニーク]
- 昨夜男がその建物に忍びこんだ．A man *sneaked into* the building last night.

しば【芝】**the grass**[グラス]，**lawn**[ローン]→しばふ
- 庭の芝を刈(か)った．
  I mowed the *lawn* in the yard.
| 芝刈り機 a lawn mower

しはい【支配】**rule**[ルール]
→支配する **rule, control, dominate**
- 若い王がその国を支配している．
  A young king *rules* the country.
| 支配者 a ruler
| 支配人 a manager

しばい【芝居】a **play**[プレイ]→げき，えんげき

しばいぬ【柴犬】a **Shiba Inu (dog)**

じはく【自白】(a) **confession**[カンフェション]
→自白する **confess**

しばしば often[オーフン]（▶一般動詞の前，またはbe動詞・助動詞の後に置くのがふつう）
- 彼女はしばしば学校に遅刻(ちこく)する．
  She is *often* late for school.
- 姉はしばしば湖へ釣(つ)りに行く．
  My sister *often* goes fishing at the lake.

…しはじめる→…はじめる

しはつ【始発】（列車）**the first train**[ファースト トゥレイン]
- 始発に乗ろう．Let's take *the first train*.
| 始発駅 a terminal（▶「終着駅」の意味でも使う）

じはつてき【自発的な】**voluntary**[ヴァランテリィ]
- 自発的な練習 *voluntary* practice
→自発的に **voluntarily, of one's own free will**

- 彼は自発的にお年寄りに席を譲(ゆず)った．
  He gave up his seat *of his own free will* to the senior citizen.

しばふ【芝生】**the grass**[グラス]，**lawn**[ローン]
- 芝生の上に寝(ね)転がるのは気持ちいい．
  It's comfortable to lie on *the grass*.
- 芝生に入らないでください．
  《掲示》KEEP OFF *THE GRASS*

「芝生に入らないでください」の掲示

しはらい【支払い】(a) **payment**[ペイマント]
→支払う **pay**→はらう❶
| 支払日 the payment date

しばらく

> ❶少しの間　**for a (little) while;**
> 　　　　　　（ほんの少しの間）
> 　　　　　　**(for) a moment [second]**
> ❷長い間　　**(for) a long time**

❶[少しの間]**for a (little) while**[(リトゥル)(ホ)ワイル]；（ほんの少しの間）**(for) a moment [second]**[モウマント][セカンド]
- 私たちはしばらく黙(だま)っていた．
  We kept silent *for a while*.
- しばらくお待ちください．
  Wait *a moment* [*second*], please.

❷[長い間]**(for) a long time**[ロング タイム]
- しばらくぶりですね．I haven't seen you *for a long time*. / It has been *a long time* since I saw you last.

しばる【縛る】**tie**[タイ]，**bind**[バインド]
- ケンは靴(くつ)ひもをぎゅっと縛った．
  Ken *tied* his shoestrings tightly.
- アユはいつも髪を縛っている．
  Ayu always *ties* up her hair.

じばん【地盤】**the ground**[グラウンド]
- このあたりは地盤がゆるい．
  The ground is not firm around here.
| 地盤沈下 ground subsidence

じはんき【自販機】→じどう¹（自動販売(はんばい)機）

じひ【自費で】**pay by** *oneself*[ベイ]
- 姉は自費で留学した．My sister *paid by*

herself to study abroad.

じびか【耳鼻科】(医師)**an ear, nose, and throat doctor**[イア][ノウズ][スロウト][ダクタァ](▶ENT doctor と略す); (耳鼻咽喉(いんこう)科医院)**an ear, nose, and throat hospital**[ハスピトゥル], **an otolaryngologist**[オウトウラリンガラヂスト]

じひょう【辞表】**a (letter of) resignation**[(レタァ)][レズィグネイション]

じびょう【持病】**a chronic disease [illness]**[クラニック ディズィーズ][イルニス]

しびれる become [go] numb[ナム], **be asleep**[アスリープ], 《話》**go to sleep**[スリープ](▶現在完了形で用いる)
- 手が寒さでしびれている．
 My hands are *numb* with cold.
- 足がしびれた．My legs have *gone to sleep*. / My legs *are asleep*.

しぶい【渋い】

❶味が	bitter
❷服装・色などが	(趣味(しゅみ)のよい)tasteful; (地味な)quiet
❸表情などが	(不機嫌(ふきげん)な)sour; (むっつりした)sullen

❶〔味が〕**bitter**[ビタァ]
❷〔服装・色などが〕(趣味のよい)**tasteful**[テイストゥフル]; (地味な)**quiet**[クワイアット]
- 川田さんは渋い服を着ている．
 Ms. Kawada's clothes are *tasteful*.
❸〔表情などが〕(不機嫌な)**sour**[サウァ]; (むっつりした)**sullen**[サレン]

しぶき(霧(きり)状の)**spray**[スプレィ]; (水はね)**a splash**[スプラッシュ]

しふく【私服】**one's own clothes**[オウン クロウズ]
- その日は(制服ではなく)私服でいいらしい．
 I hear (that) we can pick *our* (*own*) *clothes* that day.

しぶしぶ unwillingly[アンウィリングリィ], **reluctantly**[リラクタントゥリィ]
- 私たちはしぶしぶ出発した．
 We *unwillingly* [*reluctantly*] set off.

シフト(移動・交替(こうたい))**a shift**[シフト]
 ┃シフトキー『コンピュータ』**a shift key**

しぶとい tough[タフ], **persistent**[パァスィスタント]
- 敵チームはしぶといだろう．
 The opponent will be *tough*.

じぶん【自分】

| ❶自分自身 | oneself |
| ❷私 | I |

❶〔自分自身〕**oneself**[ワンセルフ](▶人称(にんしょう)・数によってそれぞれ変化する)
- 彼女は自分をいい先生だと思っている．She believes *herself* to be a good teacher.
- 自分のことについて少し話させてください．Let me tell you a little bit about *myself*.
- 彼は自分が食べるためにラーメンを作った．
 He made ramen (noodles) for *himself*.
—自分の **one's (own)**
- 自分の辞書を使いなさい．
 Use *your own* dictionary.
—自分で (**by**) **oneself**
- 戸田さんは自分でその小屋を建てた．
 Mr. Toda built the hut *by himself*.

ここがポイント！ oneself(自分自身)の変化形

oneselfは主語の人称・数・性によって下記のように変化します．oneselfをそのまま用いるのは主語がoneのときだけです．

■主語が単数のとき

一人称	私	myself
二人称	あなた	yourself
三人称	彼	himself
	彼女	herself
	それ	itself

■主語が複数のとき

一人称	私たち	ourselves
二人称	あなたたち	yourselves
三人称	彼ら 彼女たち それら	themselves

❷〔私〕**I**[アィ]→わたし
- 自分がしました．*I* did it.

じぶんかって【自分勝手な】**selfish**[セルフィッシュ], **self-centered**[セルフセンタァド]
- 彼は自分勝手だ．He is *selfish*.

しへい【紙幣】**paper money**[ペイパァ マニィ], 《米》**a bill**[ビル], 《英》**a (bank) note**[(バンク) ノウト]

世界各国の紙幣

じへいしょう【自閉症】**autism**[オーティズム]
しほう【四方に[を]】(方角)**in every direction**[エ

ヴリィ ディレクション]

しぼう¹【志望する】**want**[ワント], **wish**[ウィッシュ]
- 姉は会計士を志望している.
 My sister *wants* to be an accountant.
- あなたはどの学校を志望しますか.
 What school do you *want* to enter?
| 志望校 the school of *one*'s *choice*: 私の第一志望校は東高校だ. *My* first *choice* is Higashi High School.

しぼう²【死亡】**death**[デス]
━死亡する (病気などで)**die**[ダイ]; (事故などで) **be killed**（**in** ...)→しぬ
| 死亡事故 a fatal accident
| 死亡者→ししゃ¹
| 死亡率 the death rate

しぼう³【脂肪】**fat**[ファット]
- この食べ物は脂肪が多すぎる.
 This food contains too much *fat*.
━脂肪の多い **fatty**

じほう【時報】**a time signal**[タイム スィグナル]

しぼむ wither[ウィザァ]
- その花はすぐにしぼんだ.
 The flowers *withered* soon.

しぼりだす【絞り出す】**squeeze out**[スクウィーズ]
- 彼女は残りのケチャップを絞り出した. She *squeezed out* the rest of the ketchup.

しぼる【絞る, 搾る】(タオルなどをねじって) **wring**（**out**)[リング (アウト)]; (汁などを取る) **squeeze**[スクウィーズ]
- タオルを絞った. I *wrung* (*out*) the towel.
- レモンを搾った. I *squeezed* a lemon.
- 牛の乳を搾った. I *milked* a cow.

wring (out)　　squeeze　　milk

- テーマを絞らなければならない.
 I have to *narrow* the subject.

しほん【資本】**capital**[キャピトゥル]
| 資本金 (a) capital (▶複数形では用いない)
| 資本主義 capitalism

しま¹【島】**an island**[アイランド]
- 佐渡島 Sado *Island* / the *Island* of Sado
- 離(はな)れ島 a remote *island*
| 島国 an island country

しま²【縞】**a stripe**[ストゥライプ]
- 縦[横]じま vertical [horizontal] *stripes*
━しまの **striped**→もよう 図
- しまのTシャツ a *striped* T-shirt

しまい【姉妹】**a sister**[スィスタァ]→きょうだい

- あなたには姉妹がいますか.
 Do you have any *sisters*?
| 姉妹校 a sister school
| 姉妹都市 a sister city: 私たちの市はボストンと姉妹都市です. Our city is a *sister city* of Boston.

しまう

(かたづける)**put away**[プット アウェイ]; (元の位置に戻(もど)す)**put back**[バック]; (保管する)**keep**[キープ]
- 今すぐこれらの物を全部しまいなさい.
 Put all these things *away* right now.
- 母は眼鏡をケースにしまった. My mother *put* the glasses *back* in the case.
- 牛乳を冷蔵庫にしまいなさい.
 Put the milk in the refrigerator.

…しまう【…(して)しまう】(終える)**finish**[フィニッシュ], **get through**[ゲット スルー], **have**+〈過去分詞〉
- 彼は来週の月曜日までにその仕事を終えてしまうだろう. He will *finish* [*get through*] the job by next Monday.
- 私はもう昼食を食べてしまった.
 I *have* had lunch already.
- 兄はオーストラリアへ行ってしまった.
 My brother *has* gone to Australia.

しまうま[シマウマ]【動物】**a zebra**[ズィーブラ](複 zebra, zebras)

じまく【字幕】**a caption**[キャプション], **subtitles**[サブタイトゥルズ]
- 日本語字幕つきのアメリカ映画 an American movie with Japanese *subtitles*

…しましょう→…ましょう
…します→…ます
…しません→…ない❷
…しませんか→…ませんか, …か❷

しまつ【始末する】(処理する)**deal with** ...[ディール]; (処分する)**dispose**（**of** ...)[ディスポウズ]

しまった Oops![ウプス], **Gee!**[チー], **Oh, no!**[オゥ ノウ]
- しまった, 違(ちが)う所に名前を書いた. *Oops*, I wrote my name in the wrong place.

しまる¹【閉まる】

close[クロウズ], **shut**[シャット]
- その店は8時に閉まる.
 The shop *closes* at eight o'clock.
- ドアがひとりでに閉まった.
 The door *closed* by itself.
- 窓がどうしても閉まらなかった.
 The window wouldn't *shut*.

two hundred and ninety-five　295

しまる²

話してみよう！

☺(店で)何時に閉まりますか．
What time do you *close*?
☻8時に閉まります．
We *close* at eight.

しまる²【締まる】(きつく結ばれる)**be tied**[タイド], **be tightened**[タイトゥンド]
• (スポーツなどで)締まっていこう！
Let's go on and win!

じまん【自慢する】
(誇(ほこ)りにする)**be proud**(of ..., about ...)[プラウド]；(鼻にかける)**boast**(of ..., about ...)[ボウスト]
• クラスで足がいちばん速いことが自慢だ．
I'*m proud of* being the fastest runner in the class.
• 彼は親が金持ちであることをいつも自慢する．
He always *boasts about* the wealth of his parents.

しみ【染み】**a spot**[スパット], **a stain**[ステイン]；(インクなどの)**a blot**[ブラット]
• カーペットに染みがついている．
There is a *spot* [*stain*] on the carpet.
➡染みをつける **stain**; **blot**

じみ【地味な】**plain**[プレイン], **sober**[ソウバァ]
• 地味なドレス a *plain* dress
• 地味な色 *sober* [*plain*] colors

しみこむ【染み込む】**soak**[ソウク]
• 水が砂に染みこんだ．
Water *soaked* into the sand.

シミュレーション a **simulation**[スィミュレイション]

しみる【染みる】**soak**[ソウク], **stain**[ステイン]；(ひりひりする)**smart**[スマート]
• 雨がTシャツに染みた．
The rain *soaked* through my T-shirt.
• ソースがじゅうたんに染みた．
The sauce *stained* the rug.
• 煙(けむり)が目に染みた．
My eyes *smarted* from the smoke.
• 彼の歌は心に染みた．
I was *deeply impressed* by his song.

しみん【市民】**a resident**(of a city)[レズィダント][スィティ], **a citizen**[スィティズン](▶citizenは「国民」の意味で用いることが多い)
• 福岡市民 a *resident* of Fukuoka
• アメリカ市民 an American *citizen* / a *citizen* of the United States
➡市民の **civil**
▎市民会館 **a city hall**

▎市民権 **citizenship**
▎市民生活 **civil life**
▎市民センター **a civic center**
▎市民団体 **a citizens' group**

じむ【事務】**office work**[オーフィス ワーク], **clerical work**[クレリカル]
▎事務員 **a clerk, an office worker**
▎事務所[室] **an office**

ジム(体育館)《話》**a gym**[ヂム], **a gymnasium**[ヂムネイズィアム]
• スポーツジム a *gym*

しめい¹【氏名】**a**(**full**)**name**[(フル)ネイム]
• ここに氏名を書いてください．Write down your (*full*) *name* here, please.

しめい²【指名する】**nominate**[ナミネイト], **name**[ネイム]
• カズはクラブの部長に指名された．
Kazu was *nominated* [*named*] (as) president of our club.(▶1人しかいない役職名にはaやtheはつけない)
▎指名打者《野球》**a designated hitter**(▶DHと略す)

しめい³【使命】**a mission**[ミッション], **duty**[ドゥーティ]
• 主人公は使命を果たそうとした．
The hero tried to carry out his *mission*.

しめきり【締め切り】**a deadline**[デッドライン]
• 締め切りに間に合わなかった．
I couldn't meet the *deadline*.

しめきる【閉め切る，締め切る】

| ❶戸などを | keep ... closed |
| ❷申しこみなどを | close |

❶[戸などを]**keep ... closed**[キープ][クロウズド]
• 彼らは一日中窓を閉め切っていた．They *kept* the windows *closed* all day long.
❷[申しこみなどを]**close**
• 冬期講習の参加申しこみはあした締め切ります．Applications for the winter course will *close* tomorrow.

しめしめ
• しめしめ，すべて思った通りになった．I've got it! Everything turned out as I thought.

じめじめ【じめじめした】**damp**[ダンプ], **wet**[ウェット], **humid**[ヒューミッド]

しめす【示す】(見せる)**show**[ショゥ]；(指し示す)**point**[ポイント]
• このイラストは登録方法を示している．
This illustration *shows* how to register.
• 例を示してくれますか．
Can you *show* [*give*] me an example?

しゃかい

- 矢印は出口を示している.
  The arrow *points* to the exit.
- 温度計は10度を示している.
  The thermometer *reads* ten degrees.

しめなわ【注連縄】**a sacred straw rope**[セイクリッド ストゥロー ロウプ]

しめる¹【閉める】

close[クロウズ]，**shut**[シャット]
- 窓を閉めてくれませんか. Would you *close* [*shut*] the window, please?
- 店は9時に閉めます.
  We *close* the store at 9 p.m.

しめる²【締める】

(留める)**fasten**[ファスン]；(身につける)**put on**[プット]；(きつく結ぶ)**tighten**[タイトゥン]
- シートベルトを締めてください.
  Fasten your seat belts, please.
- ネクタイを締める必要がありますか.
  Do I need to *put on* a tie? / Do I need to wear a tie?
- 彼はきょうストライプのネクタイを締めている. He is *wearing* a striped tie today.

しめる³【占める】**occupy**[アキュパイ]
- その店は旅行者の一団で占められていた.
  The shop was *occupied* by a group of tourists.

しめる⁴【湿る】**get wet**［**damp, humid**］[ウェット［ダンプ, ヒューミッド］]（⇐乾(かわ)く **dry**）

—湿った **wet, damp, moist**
- このタオルは湿っている.
  This towel is *damp*［*wet*］.
- きょうは空気が湿っている.
  It's［The air is］*humid* today.

じめん【地面】**the ground**[グラウンド]
- 彼は地面に横たわった.
  He lay on *the ground*.

しも【霜】**frost**[フロスト]
- 今朝庭に霜が張っていた. The garden was covered with *frost* this morning.

じもと【地元の】**local**[ロウカル]，**home**[ホウム]
- 地元のテレビ局 a *local* TV station
- 地元のチームが勝った.
  The *home* team won.

しもやけ【霜焼け】**chilblains**[チルブレインズ]；(凍傷(とうしょう))**frostbite**[フロストバイト]
- 指に霜焼けができた.
  I've got *chilblains* on my fingers.

しもん【指紋】**a fingerprint**[フィンガァプリント]（►ふつう複数形で用いる）

しや【視野】(**a field of**) **view**[(ァ フィールド)][ヴュ

ー]，**vision**[ヴィジョン]；(見解)**an outlook**[アウトゥルック]
- 広い視野を持てるように英語を学んでいます.
  I'm learning English in order to have a broad *view* of the world.

じゃあ well[ウェル]，**then**[ゼン]→では
- じゃあ, 後で.
  See you later. / I'll *see you* later.

ジャー(魔法瓶(びん))⊛**a thermos**(**bottle**)[サーマス (バトゥル)]，⊕**a thermos**(**flask**)[(フラスク)]（►この意味では a jar は×）

ジャージ(上下)**a sweatsuit**[スウェットスート]；(上)**a sweatshirt**[スウェットシャート]；(下)**sweatpants**[スウェットパンツ]；(生地)**jersey**[チャーズィ]

ジャーナリスト a journalist[チャーナリスト]

ジャーナリズム journalism[チャーナリズム]

シャープ〖音楽〗**a sharp**[シャープ]（►記号は#）（⇔フラット **a flat**）

シャープペンシル a mechanical pencil[ミカニカル ペンスル]（►a sharp pencil は「とがった鉛筆(えんぴつ)」の意）

シャーベット ⊛(**a**) **sherbet**[シャービット]，⊕(**a**) **sorbet**[ソービット]

シャイ【シャイな】**shy**[シャイ]

ジャイカ [JICA] **JICA**[チャイカ]，**Japan International Cooperation Agency**[チャパン インタァナショヌル コウアパレイション エイヂャンスィ]

しゃいん【社員】(1人)**an employee**[インプロイイー]，**a staff member**[スタッフ メンバァ]，(まとめて)**the staff**
- この会社には社員が100人いる. This company has one hundred *employees*.

しゃおんかい【謝恩会】**a thank-you party for the teachers**[サンキュー パーティ][ティーチャァズ]

しゃかい【社会】

(**a**) **society**[サ サイアティ]；(地域社会)**a community**[コミューナティ]；(世間)**the world**[ワールド]
- アルバイトは若者が社会を勉強する場になる.
  Part-time jobs help young people to learn about *society*.
- 大人になったら社会に貢献(こうけん)したい. I want to contribute to *society* when I grow up.
- ミカは18歳(さい)で社会に出た. Mika went out into *the world* at the age of 18.

—社会の, 社会的な **social**；(公共の)**public**

—社会的に **socially**

社会科 **social studies**

社会科見学 **a field trip**

社会研究部 **a social studies club**

社会主義 **socialism**

じゃがいも

社会人 a member of society
社会生活 life as a member of society
社会福祉(ﾞ) social welfare
社会福祉事業 social welfare work
社会保障 social security
社会問題 a social problem [issue]

じゃがいも【じゃが芋】a potato[パテイトウ]
しゃがむ squat[スクワット], crouch[クラウチ]
しゃがれた hoarse[ホース], husky[ハスキィ]
- しゃがれた声 a hoarse voice

しゃく【しゃくにさわる】be offended[アフェンディド]；(他者・事柄(?)が主語)offend, get on ...'s nerves[ナーヴズ]
- 彼の質問はしゃくにさわった. His question offended me. / I was offended by his question.
- 彼女はしゃくにさわる. She gets on my nerves.

…じゃく【…弱】a little less than ...[リトゥル レス ザン]
- ケンは100mを12秒弱で走った. Ken ran one hundred meters in a little less than twelve seconds.
- 駅まで1キロ弱離れている. The station is a little less than one kilometer away.

じゃくし【弱視】poor eyesight[プァ アイサイト]
しやくしょ【市役所】a city hall[スィティ ホール]
じゃぐち【蛇口】Ⓐ a faucet[フォースィット], ⦅主にⒷ⦆a tap[タップ]→すいどう 図
- 蛇口を開けた[閉めた]. I turned on [off] the faucet.

じゃくてん【弱点】a weak point[ウィーク ポイント], a weakness[ウィークニス]
しゃくほう【釈放する】release[リリース], set ... free[フリー]
しゃくや【借家】a rented house[レンティド ハウス]
しゃげき【射撃】shooting[シューティング]
→射撃する shoot
ジャケット(上着)a jacket[ヂャキット], a short coat[ショート コウト]；(本などのカバー)a jacket
しゃこ【車庫】a garage[ガラージュ]；(屋根だけの)a carport[カーポート]
しゃこう【社交的な】sociable[ソウシャブル]
- 彼は社交的だ[でない]. He is sociable [unsociable].
‖社交ダンス ballroom dancing
しゃざい【謝罪】(an) apology[アパラヂィ]
→謝罪する apologize→あやまる¹
しゃしょう【車掌】a conductor[カンダクタァ]

しゃしん【写真】
a picture[ピクチァ], a photograph[フォウタグラフ], ⦅話⦆a photo[フォウトウ]

- 写真を撮(と)りましょう. Let's take a picture.
- 私の写真を撮ってもらえますか. Would you take my picture?
- 私たちは写真を撮ってもらった. We had our picture taken.(▶have＋〈人・物〉＋〈過去分詞〉で「〈人・物〉を…してもらう」の意)
- あなたの家族の写真を見せてください. Please show me a picture of your family.
- この写真を引きのばしてもらえますか. Could you enlarge this picture?
- その写真はよく撮れている. The photo came out well.(◀写りのいい状態で出てきた)
- この写真をタグづけしてＳＮＳに載(の)せた. I tagged this photo and put it on social media.
- 写真を加工したの？ Did you retouch your photo?
- この写真はピンぼけだ. This picture is out of focus.
- 兄の趣味(ﾐ)は写真だ. My brother's hobby is photography.
- リョウは写真映(ば)えする. Ryo is photogenic.

表現メモ

いろいろな写真

カラー写真	a color photo
白黒写真	a black-and-white photo
記念写真	a commemorative [souvenir] photo
卒業写真	a graduation photo
スナップ写真	a snapshot
自撮り写真	a selfie

写真家 a photographer
写真集 a photograph collection
写真立て a photo frame
写真部 a photography club

ジャズ⦅音楽⦆jazz[ヂャズ]
‖ジャズダンス jazz dancing
‖ジャズバンド a jazz band
…しやすい→…やすい
ジャスミン⦅植物⦆jasmine[ヂャズミン]

しゃもじ

▪ジャスミン茶 jasmine tea
しゃせい【写生】**sketching**[スケッチング]；(写生画) **a sketch**
━写生する **sketch**
・富士山を写生した. I *sketched* Mt. Fuji.
しゃせつ【社説】**an editorial**[エディトーリアル], **a leading article**[リーディング アーティクル]
しゃたく【社宅】**a company-owned house**[**apartment**][カンパニィオウンド ハウス[アパートゥメント]]
しゃち〖動物〗**a killer whale**[キラァ(ホ)ウェイル]
しゃちょう【社長】**a president**[プレズィダント], 《主に⑱》**a CEO**[スィーイーオゥ]（▶chief executive officerの略）
・副社長 a vice *president*

シャツ
(ワイシャツ)**a shirt**[シャート]；(下着)⑱**an undershirt**[アンダァシャート], ⑱**a vest**[ヴェスト]
・Tシャツ a T-*shirt*
・半そで[長そで]シャツ
  a short-sleeved [long-sleeved] *shirt*
・ケンはシャツを着た. Ken put on his *shirt*.
・ケンはシャツを脱(ぬ)いだ. Ken took off his *shirt*.

> **ここが ポイント!** 下着の「シャツ」はshirtでない
> shirtはふつう「ワイシャツ」の意味で使います.「下着」には⑱undershirt, ⑱vestを使うのがふつうです.「ワイシャツ」は和製英語「ホワイト・シャツ」がなまったものです.

shirt

⑱undershirt, ⑱vest

しゃっきん【借金】(a) **debt**[デット]（★このbは発音しない）
━借金する **borrow money**；(借金している) **owe**[オゥ], **be in debt**
ジャック(トランプの)**a jack**[ヂャック]
しゃっくり a hiccup[ヒカップ]
・しゃっくりが止まらなかった.
  I couldn't stop my *hiccups*.
━しゃっくりをする **hiccup, have the hiccups**
ジャッジ(審判(ぱん)員)**a judge**[ヂャッヂ]；(判定) **judgment**[ヂャッヂマント]
シャッター(カメラの)**a shutter**[シャッタァ]；(建物の)**a shutter**（▶ふつう複数形で用いる）

・カメラのシャッターを押してくれますか.
  Would you take a picture for me, please?
・もうシャッターが降りていた. The *shutters* have already been closed.
シャットアウト(締(し)め出すこと)**shutting out**[シャッティング アウト]；〖野球〗(完封(ぷう)) **a shutout**[シャッタウト]
━シャットアウトする **shut out**
しゃどう【車道】**a road**[ロウド], **a roadway**[ロウドゥウェイ]
シャトルバス a shuttle bus[シャトゥル バス]
しゃぶる suck[サック]
・弟が親指をしゃぶっている.
  My brother is *sucking* his thumb.
しゃべる talk[トーク]；(雑談する)**chat**[チャット]；(告げる)**tell**[テル]
・彼女はいつもよくしゃべる.
  She always *talks* a lot.
・私たちは一晩中しゃべった.
  We *chatted* all night.
・これは秘密だからだれにもしゃべらないでね.
  This is a secret, so don't *tell* it to anyone.
シャベル a shovel[シャヴァル] → スコップ
シャボンだま[シャボン玉]**a** (**soap**) **bubble**[(ソウプ) バブル]（▶「シャボン」はポルトガル語から）
・子どもたちはシャボン玉を飛ばした[吹(ふ)いた]. The children blew *bubbles*.

じゃま【邪魔(を)する】
(妨害(ぼう)する)**disturb**[ディスターブ]；(口を挟(はさ)む)**interrupt**[インタラプト]
・勉強しているとき邪魔をしないで.
  Don't *disturb* me when I am studying.
・セナはいつも私たちの話の邪魔をする.
  Sena always *interrupts* us.
・通行の邪魔をしているよ.
  You're *in my way*.（←私の通り道にいる）
・きょうお邪魔してよろしいでしょうか.
  Can I *visit* [*come and see*] you today?
・こんにちは, お邪魔します. Hello. May I come in?（←入ってもいいですか）
しゃみせん【三味線】**a shamisen**
・三味線をひく play the *shamisen*
ジャム(果肉入り) **jam**[ヂャム]；(果肉を含(ふく)まない)**jelly**[ヂェリィ]
・トーストにいちごジャムを塗(ぬ)った. I spread [put] strawberry *jam* on my toast.
シャムネコ[シャム猫]**a Siamese cat**[サイアミーズ キャット]
しゃめん【斜面】**a slope**[スロウプ]
・急な斜面 a steep *slope*
しゃもじ a rice scoop [**spoon**][ライス スクープ

じゃり

[スプーン]]

じゃり【砂利】gravel[グラヴァル]
∥砂利道 a gravel road [walk, path]

しゃりょう【車両】(乗り物)a vehicle[ヴィーイクル]; (列車の)a car[カー]
- 車両通行止め《掲示》CLOSED TO TRAFFIC

しゃりん【車輪】a wheel[(ホ)ウィール] → くるま図

しゃれ(冗談(だん))a joke[ヂョウク]; (ごろ合わせ)a pun[パン]
━しゃれを言う tell a joke; make a joke; make a pun

しゃれた fashionable[ファッショナブル], stylish[スタイリッシュ], fancy[ファンスィ]
- しゃれた靴(⁵) *fashionable* shoes

じゃれる play with ...[プレイ]
- うちの猫(ఊ)はボールでじゃれるのが好きだ．
Our cat likes to *play with* a ball.

シャワー a shower[シャウァ]
- 私は朝シャワーを浴びる．
I take a *shower* in the morning.

シャワートイレ《商標》(温水洗浄(ఊ)便座)an automated toilet with water spray for washing[オータメイティド トイリット][ウォータァ スプレイ][ウォッシング]

ジャンクフード junk food[ヂャンク フード]

ジャンクメール junk mail[ヂャンク メイル], spam[スパム]

ジャングル the jungle[ヂャングル]
∥ジャングルジム ⓐa jungle gym, ⓑa climbing frame

じゃんけん *janken*; (the game of) rock-paper-scissors[ラック ペイパァ スィザァズ] (▶ rockは「石(=ぐう)」, paperは「紙(=ぱあ)」, scissorsは「はさみ(=ちょき)」の意)

これ、知ってる？ じゃんけんの代わりに…

「じゃんけん」は日本から世界に広まり始めていますが、英米で順番などを決めるときはふつうコインを使います．コインを投げ上げて "Heads or tails?" と言い、表か裏か予想して決めます．

シャンソン a chanson[シャンサン](▶フランス語から)

シャンデリア a chandelier[シャンドリァ](★アクセント位置に注意)

ジャンパー a (baseball [stadium]) jacket[(ベイスボール [ステイディアム]) ヂャキット]; (スポーツ用の)a windbreaker[ウィンドブレイカァ]

> **ここが ポイント!** 「ジャンパー」はjumperでない
> 日本語の「ジャンパー」（ゆったりした上着）は、英語ではjacketと言います．jumperは、ⓐでは「そでなしワンピース、ジャンパースカート」, ⓑでは「セーター」の意味です．

jacket　ⓐjumper　ⓑsweater
　　　　ⓑpinafore　ⓐjumper

∥ジャンパースカート ⓐa jumper, ⓑpinafore

ジャンプ a jump[ヂャンプ]
━ジャンプする jump
∥ジャンプシュート《バスケットボール》a jump shot

シャンプー (a) shampoo[シャンプー](★アクセント位置に注意)
━シャンプーする shampoo

ジャンボ(ジャンボジェット機)a jumbo[ヂャンボウ], a jumbo jet[ヂェット]

ジャンル a genre[ヂャーンラ](▶フランス語から)

しゅい【首位】the top[タップ], first place[ファーストプレイス], the lead[リード]
- 私たちのチームが首位に立った．
Our team took *the lead*.
∥首位打者 a leading hitter

しゆう【私有の】private[プライヴィット]
∥私有地 private land

しゅう¹【週】

a week[ウィーク]
- 今[先, 来]週 this [last, next] *week*
- 再来週 the *week* after next
- 先々週 the *week* before last
- 今月の2週目
the second *week* of this month
- 1週間に4回数学の授業があります．
We have four math classes a *week*.
- 私は毎週ピアノのレッスンを受けている．
I have a piano lesson every *week*.

300　three hundred

しゅうかん¹

- 来週の日曜日に出かけよう.
  Let's go out *next* Sunday.

しゅう²【州】(米国の)**a state**[ステイト]; (英国の)**a county**[カウンティ]

…しゅう[…周]**a lap**[ラップ]

じゆう【自由】

(束縛されない自由)**freedom**[フリーダム];
(束縛から解放された自由)**liberty**[リバァティ]

- 言論の自由 *freedom* of speech

━自由な free

- 来ても来なくてもあなたの自由だよ.
  You are *free* to come or not.

━自由に freely

┃自由に…する
┃feel free to +〈動詞の原形〉

- どうぞ自由に私の家に来て.
  Please *feel free to* visit my home.
- 自由にお菓子を取ってください.
  Please *help yourself* to the snacks.

┃自由型『水泳』**freestyle**
┃自由契約選手 **a free agent**
┃自由作文 **a free composition**
┃自由席 **an unreserved seat**

じゅう¹【十(の)】**ten**[テン]➡**さん¹**

- 何十個ものボール *dozens* of balls
- 10分の1 a [one] *tenth*
- **━第十(の) the tenth**[テンス](▶ 10thと略す)

じゅう²【銃】**a gun**[ガン]; (ピストル)**a pistol**[ピストゥル]

━銃を撃(う)つ shoot［**fire**］**(a gun)**

- 熊(く゜)は銃で撃たれた. The bear was *shot*.

┃銃規制 **gun control**
┃銃撃(げき)戦 **a gunfight**

…じゅう【…中】

❶期間 **throughout** …, **all through** …;
  (…の間に)**during** …

❷場所 **all over** …, **throughout** …,
  round …, **around** …

❶[期間]**throughout** …[スルーアウト], **all through** …[スルー]; (…の間に)**during** …[ドゥ(ァ)リング]

- 一晩中 *throughout* the night / *all* night
  (*long*)
- 一年中 *all through* the year / *all* (*the*)
  year *around*
- 一日中 *all* day (*long*)
- 私たちは冬休み中スキーをして楽しんだ.
  We enjoyed skiing *throughout* [*all
  through, during*] the winter vacation.

❷[場所]**all over** …[オウヴァ], **throughout** …,
round …[ラウンド], **around** …[アラウンド]

- 世界中で[に]
  all over the world / *around* the world
- そのニュースは町中に広まった. The news
  spread *all over* the town. / The news
  spread *throughout* the town.

しゅうい【周囲】(外周)(**a**) **circumference**[サァカンファランス]; (環境(かんきょう), 周りの状況(じょうきょう))
surroundings[サラウンディングズ]

- その湖は周囲が5キロある. The lake is five
  kilometers *in circumference*.
- 私の家の周囲はとても静かだ.
  It's very quiet *around* my house.

━周囲に[を] around

- 周囲を見回した. I looked *around*.

じゅうい【獣医】**a veterinarian**[ヴェタラネ(ァ)リアン], 《話》**a vet**[ヴェット]

じゅういち【十一(の)】**eleven**[イレヴン]➡**さん¹**

- 私の友達は犬を11匹(ぴき)飼っている.
  My friend has *eleven* dogs.

━第十一(の) the eleventh(▶ 11thと略す)

じゅういちがつ【十一月】**November**[ノウヴェンバァ](▶ 常に大文字で始め, Nov. と略す)➡**いちがつ**

しゅうかい【集会】**a meeting**[ミーティング], **a gathering**[ギャザリング]; (総会)**an assembly**[アセンブリィ]

- 私たちは集会を開いた. We had a *meeting*.
- 全校集会 a school *assembly*

┃集会場 **an assembly hall**

しゅうかく【収穫】**the harvest**[ハーヴィスト]; (収穫物)**a crop**[クラップ], **a harvest**

- 米の収穫が多かった[少なかった].
  We had a large [small] rice *crop*. / The
  rice *harvest* was good [bad].

━収穫する harvest

┃収穫期 **harvest time**
┃収穫量 **harvest amount**

しゅうがくりょこう【修学旅行】**a school trip**［**excursion**］[スクールトゥリップ [イクスカージョン]], **class trip**[クラス](▶ classには「同期」の意味があり, 学年単位の旅行は class trip を用いると伝わりやすい)➡**学校生活【口絵】**

- 私たちは修学旅行で広島に行った.
  We went on a *school trip* to Hiroshima.

じゅうがつ【十月】**October**[アクトウバァ](▶ 常に大文字で始め, Oct. と略す)➡**いちがつ**

しゅうかん¹【習慣】

(個人の)(**a**) **habit**[ハビット]; (しきたり)(**a**)
custom[カスタム]➡**習慣・マナー【口絵】**

three hundred and one
301

あ
か
し
た
な
は
ま
や
ら
わ

しゅうかん²

- 寝坊(ぼう)する習慣がついてしまった. I've got into the *habit* of getting up late.
- 日本にはお彼岸(がん)に墓参りをする習慣がある. It is the *custom* in Japan to visit family graves around the vernal and autumnal equinoxes.

habit

custom

しゅうかん²【週間】a week[ウィーク]
- 何週間も for *weeks*
- 交通安全週間 Traffic Safety *Week*
- 読書週間 Book *Week*
- 私たちは2週間ハワイに滞在(ざい)した. We stayed in Hawaii for two *weeks*.
- 彼は1週間前にカナダへ帰った. He went back to Canada a *week* ago.

しゅうかん³【週刊の】weekly[ウィークリィ]
| 週刊誌 a weekly (magazine)

しゅうき【周期】(期間) a period[ピ(ァ)リアッド]; (循環(かん)) a cycle[サイクル]

しゅうぎいん【衆議院】the House of Representatives[ハウス][レプリゼンタティヴズ]
| 衆議院議員 a member of the House of Representatives

しゅうきゅう【週休】(週ごとの休み) a weekly holiday[ウィークリィ ハリデイ]
| 週休2日(制) a five-day week

じゅうきゅう【十九(の)】nineteen[ナインティーン]→ さん¹
━第十九(の) the nineteenth (▶19thと略す)

じゅうきょ【住居】a house[ハウス](複 houses[ハウズィズ]), a residence[レズィダンス](▶後者は形式ばった語)

しゅうきょう【宗教】religion[リリヂョン]
━宗教の, 宗教的な religious

じゅうぎょういん【従業員】an employee[インプロイィー]; (労働者) a worker[ワーカァ]→ しゃいん
- 従業員のみ《掲示》STAFF ONLY

しゅうぎょうしき【終業式】the closing ceremony[クロウズィング セリモゥニィ](▶欧米(べい)の学校ではふつう終業式は行わない)

しゅうきん【集金する】collect money[カレクト マニィ]

じゅうく【十九(の)】→ じゅうきゅう

シュークリーム a creampuff[クリーム パフ](▶「シュークリーム」はフランス語から)

しゅうげき【襲撃】(an) attack[アタック]
━襲撃する attack

じゅうけんどうじょう【柔剣道場】a judo and kendo dojo[ヂュードウ]

じゅうご【十五(の)】fifteen[フィフティーン]→ さん¹
- 15分 *fifteen* minutes / a *quarter* (of an hour)
- 4時15分前だ. It's a *quarter* to four.
━第十五(の) the fifteenth (▶15thと略す)

しゅうごう【集合する】gather[ギャザァ], get together[トゥゲザァ]; (日時などを決めて) meet[ミート]→ あつまる❶
- 全生徒が体育館に集合した. All the students *gathered* in the gym.
- 何時に集合しましょうか. What time shall we *meet*?
| 集合時間 a meeting time
| 集合場所 a meeting place

じゅうごや【十五夜】(満月の夜) a night with a full moon[ナイト][フル ムーン]; (中秋の) the night of the harvest moon[ハーヴィスト ムーン]→ 年中行事(月見)《口絵》

ジューサー a juicer[ヂューサァ]

しゅうさい【秀才】a bright person[ブライト パースン]

じゅうさん【十三(の)】thirteen[サーティーン]→ さん¹
━第十三(の) the thirteenth (▶13thと略す)
- 13日の金曜日 Friday *the thirteenth* (▶欧米(べい)では不吉な日とされる)

しゅうじ【習字】calligraphy[カリグラフィ]

じゅうし¹【十四(の)】→ じゅうよん

じゅうし²【重視する】make much of ...[マッチ], put stress on ...[ストゥレス], emphasize[エンファサイズ]
- 河合先生はコミュニケーションを重視する. Ms. Kawai *makes much of* communication.

じゅうじ【十字】a cross[クロス]
- 南十字星 the Southern *Cross*
| 十字架(か) a cross
| 十字路 a crossroads

じゅうしち【十七(の)】→ じゅうなな

じゅうじつ【充実した】full[フル], fruitful[フルートゥフル]; (内容のある) substantial[サブスタンシャル]
- マリは充実した生活を送っている. Mari lives a *full* [*fruitful*] life. / Mari leads life *to the full*.
- 充実した1年だった. I had a *fruitful* year.

しゅうしふ【終止符】a period[ピ(ァ)リアッド], 英 a full stop[フル スタップ]

しゅうしゅう【収集】(集めること) collecting[カ

しゅうちゅう

レクティング］;（集めた物）**a collection**［カレクション］
▶**収集する collect** → あつめる
- 趣味はかわいい文房具を収集することだ．
My hobby is *collecting* cute stationery.

じゅうじゅん【従順な】**obedient**［アビーディアント］
- 従順な子ども an *obedient* child

じゅうしょ【住所】

an address［アドレス］
- 名前と住所を教えてください．
May I have your name and *address*?（▶語順に注意. address and nameは×）
- あなたの住所はどこですか．
What is your *address*? / Where do you live?（▶Where is your address?は×）
‖住所録 an *address* book

じゅうしょう【重傷】**a serious injury**［スィ(ァ)リアス インヂャリィ］, **a severe wound**［スィヴィアウーンド］
- 彼は自動車事故で重傷を負った．
He suffered a *serious injury* in a car accident. / He was *seriously injured* in a car accident.

しゅうしょく【就職】**employment**［インプロイマント］
▶**就職する get**［**find**］**a job**
- 姉はエンジニアとして就職したがっている. My sister wants to *get a job* as an engineer.
- 兄は地元の銀行に就職した．
My brother *found a job* at a local bank.
‖就職活動 job hunting
‖就職試験 an employment test［exam］

しゅうしん【就寝する】**go to bed**［ベッド］→ ねる¹ ❶

じゅうしん【重心】**the center of gravity**［センタァ］［グラヴィティ］

シューズ shoes［シューズ］→ くつ

ジュース¹（飲料）（**a**）**juice**［ヂュース］
- オレンジジュース orange *juice*

> **くらべてみよう!** juice と drink と beverages
> juiceは厳密には果汁100%のものだけをさし,それ以外はdrinkと言います.「炭酸飲料」はsoda,「清涼飲料」はsoft drinkと言います. また水以外の「飲み物」の総称がbeveragesです.

ジュース²（テニスなどでの）**deuce**［ドゥース］
しゅうせい【修正する】**correct**［カレクト］, **revise**［リヴァイズ］
‖修正液 correction fluid, ⊛whiteout
‖修正テープ a correction tape
しゅうせん【終戦】**the end of war**［エンド］［ウォー］

‖終戦記念日 the anniversary of the end of the war
しゅうぜん【修繕する】→ しゅうり
じゅうたい¹【重体,重態】（**a**）**critical condition**［クリティカル カンディション］
- その患者は重体だ. The patient is in *critical*［*serious*］*condition*.
じゅうたい²【渋滞】**a traffic jam**［トゥラフィック ヂャム］
- 私たちは渋滞につかまってしまった．
We got caught in a *traffic jam*.
じゅうだい¹【十代】**one's teens**［ティーンズ］（▶語尾に -teenがつく13歳から19歳までの年齢をさす）
- 彼女は10代の前半［後半］だ.
She is in *her* early［late］*teens*.
- 10代の人 a *teenager*
じゅうだい²【重大な】**important**［インポータント］;（深刻な）**serious**［スィ(ァ)リアス］, **grave**［グレイヴ］
- 君に重大な話がある．
I have something *important* to tell you.
- 彼は重大な過ちを犯した．
He made a *serious*［*grave*］mistake.
じゅうたく【住宅】**a house**［ハウス］（複 houses［ハウズィズ］），（まとめて）**housing**［ハウズィング］
- 木造住宅 a wooden *house*
‖住宅地 a residential area
‖住宅問題 a housing problem
‖住宅ローン a house［housing］loan
しゅうだん【集団】**a group**［グループ］
- 集団で in a *group*
‖集団感染 group infection
‖集団下校: 私たちは集団下校した. We came home from school in a group.
‖集団行動: 私たちは修学旅行の間集団行動をした. We *acted together as a group* during the school trip.
‖集団生活 living in a group
じゅうたん【床全体に敷く】**a carpet**［カーピット］;（床の一部に敷く）**a rug**［ラッグ］
- 床に新しいじゅうたんを敷いた．
I laid［put］a new *carpet* on the floor.

しゅうちゅう【集中】

concentration［カンサントゥレイション］
▶**集中する**（専念する）**concentrate**（**on** ...）［カンサントゥレイト］;（人・建物などが）**be concentrated**
- 宿題に集中しなさい．
Concentrate on your homework.
- 多くの工場がこの地区に集中している. Many factories *are concentrated* in this area.
‖集中豪雨 a localized（torrential）

しゅうてん

downpour
集中治療室 an intensive care unit (▶ICUと略す)
集中力 (one's power of) concentration

しゅうてん【終点】the last stop [ラスト スタップ], a terminal [ターミヌル]; (目的地) a destination [デスティネイション]
- この電車の終点はどこですか. What is this train's *destination* [*last stop*]?
- バス[鉄道]の終点 a bus [train] *terminal*

しゅうでん【終電】(列車) the last train [ラスト トゥレイン]

じゅうてん【重点】(重要な点) an important point [インポータント ポイント]; (強調) (an) emphasis [エムファスィス] (複 emphases [エムファスィーズ]), stress [ストゥレス]
- その高校は英語教育に重点を置いている. The high school puts *emphasis* on English education.
→ 重点的に (集中的に) intensively

じゅうでん【充電する】

charge [チャーヂ]
- スマホを充電しなくちゃ. I must *charge* my smartphone.

充電器 a charger
充電期間 charge period

シュート (サッカー・バスケットボールなどの) a shot [シャット], (野球のシュートボール) a screwball [スクルーボール]
- ダンクシュート a dunk (*shot*)
- ヘディングシュートでゴールを決めた. I scored a goal with a header.
→ シュートする (ゴールに) shoot [シュート]
- 彼女はゴールにシュートした. She *shot* at the basket. (バスケットボールで)

じゅうどう【柔道】judo [チュードウ]
- カオルは毎日柔道をする. Kaoru practices *judo* every day.
- 佐々木先生は柔道の黒帯だ. Mr. Sasaki is [has] a black belt in *judo*.

柔道部 a judo team

しゅうどういん【修道院】(男子の) a monastery [マナスタリィ]; (女子の) a convent [カンヴェント]

しゅうとく【習得する】master [マスタァ], acquire [アクワイア]
- 英語を習得したい. I want to *master* English.

じゅうなな【十七(の)】seventeen [セヴンティーン] → さん¹
→ 第十七(の) the seventeenth (▶17thと略す)

じゅうなん【柔軟な】flexible [フレクスィブル]; (体が) supple [サプル]
→ 柔軟性 flexibility [フレクスィビリティ]

柔軟体操 stretching

じゅうに【十二(の)】twelve [トゥウェルヴ] → さん¹
→ 第十二(の) the twelfth [トゥウェルフス] (▶12thと略す)

十二支 the twelve signs of the Oriental zodiac

子(ね)	丑(うし)	寅(とら)	卯(う)
the Rat	the Cow	the Tiger	the Rabbit

辰(たつ)	巳(み)	午(うま)	未(ひつじ)
the Dragon	the Snake	the Horse	the Sheep

申(さる)	酉(とり)	戌(いぬ)	亥(い)
the Monkey	the Rooster	the Dog	the Boar

じゅうにがつ【十二月】December [ディセンバァ] (▶常に大文字で始め, Dec. と略す) → いちがつ

しゅうにゅう【収入】(an) income [インカム] (⇔支出 (an) outgo, (an) expense)
- 彼は収入が多い[少ない]. He has a large [small] *income*.

しゅうにん【就任する】take office [オーフィス]

しゅうねん【執念】(不屈(ふくつ)の精神) persistence [パァスィスタンス]
- 勝利への執念 *persistence* to win
- 彼は執念深い. He does *not* give up easily.

…しゅうねん【…周年】(記念日) an anniversary [アニヴァーサリィ]
- 私たちの学校の創立50周年記念日 the fiftieth *anniversary* of our school

じゅうはち【十八(の)】eighteen [エイティーン] → さん¹
→ 第十八(の) the eighteenth (▶18thと略す)

しゅうばん【週番】weekly duty [ウィークリィ ドゥーティ]
- 今週は週番だ. I *am on duty* this *week*.

じゅうびょう【重病の】seriously ill [sick] [スィ(ア)リアスリィ イル [スィック]]
- 彼は重病だ. He's *seriously ill* [*sick*].

しゅうぶん【秋分】the autumnal [fall] equinox [オータムナル [フォール] イークウァナックス]
- 秋分の日 *Autumnal* [*Fall*] *Equinox* Day

じゅうぶん【十分な】

enough [イナフ]

- この自転車を買うのに十分なお金がない．
 I don't have *enough* money to buy this bike.
- じゃがいもは2個あれば十分だ．
 Two potatoes will be *enough*.
- 十分いただきました．I've had *enough*.（▶このenoughは「十分な量」という意味の名詞）

 …するのに十分なほど～だ
 ～ enough to +〈動詞の原形〉
- あなたは1人で旅行するのに十分な年になった．
 You are old *enough* to travel alone.（▶ are enough old toは×）

 ━十分に *enough*;（程度が）**well**[ウェル]
- 健康には十分に気をつけて．
 Take *good* care of yourself.

しゅうまつ【週末】**a weekend**[ウィークエンド]（▶土曜日と日曜日．金曜日の夜を含(ﾌｸ)めることもある．「平日」はa weekday）
- 週末に on［⑳at］the *weekend*
- 私はおじの家で週末を過ごした．
 I spent the *weekend* at my uncle's.
- 週末は毎週部活です．I attend club activities every *weekend*.
- 楽しい週末を！ Have a nice *weekend*!

じゅうまん【十万】**a hundred thousand**[ハンドゥラッド サウザンド]
- 50万 five *hundred thousand*（▶hundredの前に2以上の数詞がきても，hundred，thousandのどちらも複数形にしない）
- 何十万という人々
 hundreds of thousands of people（▶「何十万の…」というときはhundredもthousandも複数形にする）

じゅうみん【住民】**an inhabitant**[インハビタント]，**a resident**[レズィダント]

しゅうや【終夜】(all) **through the night**[ナイト]，**all night long**[ロング]
 終夜運転 all-night service

じゅうやく【重役】**a director**[ディレクタァ]，**an executive**[イグゼキュティヴ]

しゅうゆうけん【周遊券】**an excursion ticket**[イクスカーション ティキット]

しゅうよう【収容する】**hold**[ホウルド]，**accommodate**[アカマデイト]
- このホールは2000人を収容できる．
 This hall *holds* two thousand people.
- 負傷者は病院に収容された．
 The injured were *accommodated* at the hospital. / The injured were *taken to* the hospital.

じゅうよう【重要(性)】

しゅうりょう¹

importance[インポータンス]
 ━重要な **important**
- 重要な書類 an *important* document
- マキにとっていい成績をとることは重要なことだった．Getting good grades was *important* to Maki.

 …することは(〈人〉にとって)重要だ
 It is important（for +〈人〉+）to +〈動詞の原形〉
- 外国語を学ぶことは私たちにとって重要だ．
 It is important for us *to* learn foreign languages. / Learning foreign languages is *important* for us.
 重要人物 a very important person（▶ふつうVIPと略して用いる）
 重要文化財 an important cultural property

じゅうよん【十四(の)】**fourteen**[フォーティーン]→さん¹
 ━第十四(の) the fourteenth（▶ 14thと略す）

しゅうり【修理】

repair[リペァ]，**mending**[メンディング]，**fixing**[フィクスィング]
- 修理中で under *repair*
- この時計は修理がききません．
 This watch is beyond *repair*.
 ━修理する **repair**, **mend**, **fix**
- 彼はタイヤのパンクを修理した．
 He *repaired*［*fixed*］the flat tire.
- レイは壊(ｺﾜ)れた人形を修理した．
 Rei *mended* the broken doll.
- タブレットを修理してもらった．I had my tablet *repaired*.（▶ have +〈人・物〉+〈過去分詞〉で+「〈人・物〉を…してもらう」の意）

> くらべてみよう！ **repairとmendとfix**
>
> **repair**: 自動車，家，コンピュータなど仕組みが複雑な物や機械類を修理するときに使う．
> **mend**: 主に衣服や靴(ｸﾂ)，かぎなど小さな物を直すときに使う．
> **fix**: 上記のいずれの場合も使える．
>
>
>
> repair　　　　　mend
> ──── fix ────

 修理工 a repairman
 修理店 a repair shop

しゅうりょう¹【終了する】**end**[エンド]，**come to**

しゅうりょう²

an end[カム], finish[フィニッシュ] → おわる

しゅうりょう²【修了する】complete[カンプリート], finish[フィニッシュ]
- 兄は今春高校課程を修了した. My brother *completed* high school this spring.
▌修了式 the closing ceremony

じゅうりょう【重量】weight[ウェイト] → おもさ
▌重量あげ『スポーツ』weight lifting

じゅうりょく【重力】gravity[グラヴィティ]
- 重力の法則 the law of *gravity*
- 無重力状態 weightlessness

しゅうれい【終礼】a closing assembly[クロウズィング アセンブリィ]

しゅうろく【収録】recording[リコーディング]
━収録する record
- その動画は先週収録された.
The video was *recorded* last week.

じゅうろく【十六(の)】sixteen[スィクスティーン] → さん¹
━第十六(の) the sixteenth (► 16thと略す)

しゅえい【守衛】(門番)a doorkeeper[ドァキーパァ]; (警備員)a guard[ガード]

ジュエリー jewelry[チューアルリィ]

しゅえん【主演する】star[スター], play the leading part[プレイ][リーディング パート]
- その映画の主演はだれですか. Who *stars* [*plays the leading part*] in the movie?

シュガーレス sugar-free[シュガァフリー]

しゅかんてき【主観的な】subjective[サブチェクティヴ](⇔客観的な objective)
- 君の判断は主観的すぎる.
Your opinion is too *subjective*.

しゅぎ【主義】a principle[プリンスィプル]

じゅぎょう【授業】

(集団の)a class[クラス]; (集団または個人的な)a lesson[レッスン]; (学校の授業全体)school[スクール]
- 数学の授業 a math *class* [*lesson*]
- 4時間目の授業は何ですか. What *class* do you have in the fourth period?
- 水曜日は授業が5時間ある.
We have five *classes* on Wednesday(s).
- 私たちは毎日学校で授業を受ける.
We have *classes* at school every day.
- 彼は授業についていくのが大変だ. He is having a hard time following the *class* [*lessons*].

☺英会話の授業は週何時間ありますか.
How many English conversation *lessons* do you have a week? **話してみよう!**
☺週2時間です. Two *lessons* a week.

- そのとき私たちは授業中だった.
We were *in class* then.
- あしたは授業がない.
We have no *school* [*classes*] tomorrow.
- 授業は8時30分に始まる.
School begins at eight thirty.
- 授業に10分遅刻(ち)した.
I was ten minutes late for *class*.
▌授業参観 school visit; (参観日)an open house
▌授業時間 school hours
▌授業日数 the number of school days
▌授業料 school fees, tuition fees

じゅく【塾】a *juku*(school)[(スクール)]; a cram school[クラム]
- ケンは塾に通っている.
Ken goes to a *juku* [*cram school*].

じゅくご【熟語】an idiom[イディアム], a set phrase[セット フレイズ], an idiomatic phrase[イディアマティック]

しゅくさいじつ【祝祭日】 → しゅくじつ

しゅくじ【祝辞】a congratulatory speech[カングラチュラトーリィ スピーチ]
- だれが祝辞を述べるのですか.
Who makes the *congratulatory speech*?

しゅくじつ【祝日】a national holiday[ナショヌル ハリデイ]
- あしたは祝日で学校は休みだ. Tomorrow is a *national holiday* so we have no school.

表現メモ

日本の祝日
元日 New Year's Day
成人の日 Coming-of-Age Day
建国記念の日 National Foundation Day
天皇誕生日 the Emperor's Birthday
春分の日 Vernal [Spring] Equinox Day
昭和の日 *Showa* Day
憲法記念日 Constitution Memorial Day
みどりの日 Greenery Day
こどもの日 Children's Day
海の日 Marine Day
山の日 Mountain Day
敬老の日 Respect-for-the-Aged Day, Senior Citizens Day
秋分の日 Autumnal [Fall] Equinox Day
スポーツの日 Health-Sports Day
文化の日 Culture Day
勤労感謝の日 Labor Thanksgiving Day

しゅくしゃ【宿舎】an inn[イン]

しゅくしょう【縮小】(a) reduction[リダクション]
━縮小する reduce, make ... smaller

じゅくす【熟す】ripen[ライパン], be ripe[ライプ]

じゅしょう

- 柿(饣)は秋に熟す.
  A persimmon *ripens* in the fall.
- そのバナナはまだ熟してない.
  The bananas aren't *ripe* yet.

じゅくすい【熟睡する】**sleep well**[スリープ ウェル], **have a good sleep**[グッド]
- 昨夜は熟睡した. I *slept well* last night. / I *had a good sleep* last night.

しゅくだい【宿題】
homework[ホウムワーク], 《主に⊕》**an assignment**[アサインマント]
- 英語の宿題 English *homework* / an English *assignment*
- 宿題が終わった.
  I have finished my *homework*.
- 宿題が多すぎるよ. I have too much *homework*. (►homework は数えられない名詞なので too many homeworks は×)
- 先生はたくさん宿題を出した.
  The teacher gave us a lot of *homework* [*assignments*].
- **─宿題をする do** one's **homework**
- 宿題をしなきゃ.
  I have to *do my homework*.

しゅくでん【祝電】**a congratulatory telegram**[カングラチュラトーリィ テリグラム]

じゅくどく【熟読する】**read ... carefully**[リード][ケアフリィ]
- 教科書を熟読した.
  I *read* the textbook *carefully*.

しゅくはく【宿泊する】**stay**[ステイ]→ とまる²
- **宿泊客**（宿の）**a hotel guest**; （家庭の）**a home guest**
- **宿泊設備 lodging, accommodations**
- **宿泊料金 hotel**［**room**］**charges**

しゅくふく【祝福する】**bless**[ブレス]
- 神の祝福がありますように！
  （May）God *bless* you!

しゅくめい【宿命】**fate**[フェイト], （a）**destiny**[デスティニィ]

じゅくれん【熟練】**skill**[スキル]
- **─熟練した skilled, skillful**; （経験を積んだ）**experienced**[イクスピ（ァ）リアンスト]

しゅげい【手芸(品)】**handicrafts**[ハンディクラフツ]
- **手芸部 a handicrafts club**

しゅけん【主権】**sovereignty**[サヴランティ]

じゅけん【受験する】
take an exam［**examination**]**[イグザム [イグザマネイション]]（►入学試験の場合は take an entrance exam［examination]とする）

- 彼女は受験して合格した.
  She *took an exam* and passed it.
- 朝日高校を受験するつもりだ. I will *take an entrance exam* for Asahi High School.
- 兄は受験の準備で忙(饣)しい. My brother is busy preparing for an *examination*.
- **受験科目 examination subjects**
- **受験校 a school to apply to**
- **受験者 an examinee**; （志願者）**an applicant**
- **受験生 a student preparing to take the entrance examinations**
- **受験地獄**(﹐) **an examination hell**
- **受験番号 an examinee's（seat）number**
- **受験票 an examination admission card**
- **受験勉強 entrance exam preparation**
- **受験料 an examination fee**

しゅご【主語】『文法』**a subject**[サブヂクト]

じゅこう【受講する】**take a course**[コース]
- 夏期講習を受講するの？
  Do you *take*［*attend*] a summer *course*?

しゅさい【主催する】**sponsor**[スパンサァ], **organize**[オーガナイズ]
- それは旅行会社の主催だった.
  It was *sponsored* by a travel agency.
- **主催者 a sponsor, an organizer**

しゅざい【取材】**coverage**[カヴァリッヂ]
- **─取材する cover**; （人を）**interview**; （資料を集める）**gather material**
- 優勝チームは新聞社の取材を受けた.
  The winning team was *interviewed* by a newspaper reporter.

しゅし¹【種子】**a seed**[スィード]

しゅし²【趣旨】（ねらい）**the aim**[エイム]; （目的）**the object**[アブヂクト]

しゅじゅつ【手術】**an operation**[アパレイション]
- がんの手術 a cancer *operation*
- **─手術(を)する**（医師が）**operate**[アパレイト]; （患者が）**have an operation**
- 盲腸(饣)の手術をした［受けた].
  I *had an operation* for appendicitis.
- **手術室 an operating room**
- **手術台 an operating table**

しゅしょう¹【主将】**a captain**[キャプティン]
- レンはバスケットボール部の主将だ. Ren is the *captain* of our basketball team.

しゅしょう²【首相】**a prime minister**[プライム ミニスタァ]

じゅしょう【受賞する】**win a prize**［**award**]**[ウィン][プライズ［アウォード]]**
- この映画はアカデミー賞を受賞した.
  This movie *won* an Academy *Award*.
- **受賞者 a（prize）winner**

three hundred and seven

しゅしょく

しゅしょく【主食】**a staple food**[ステイプル フード]
- 米は日本人の主食だ.
  Rice is the *staple food* of Japan.

しゅじん【主人】(夫)**one's husband**[ハズバンド]; (店主)**a storekeeper**[ストァキーパァ]; (客をもてなす人)**a host**[ホウスト], (女主人)**a hostess**[ホウスティス]

じゅしん¹【受信する】**receive**[リスィーヴ](⇔送信する send)
- 私は毎日たくさんのメールを受信する.
  I *receive* many emails [texts] every day.
  | 受信機 a receiver
  | 受信箱 an inbox
  | 受信料 a license [subscription] fee

じゅしん²【受診する】**consult** [**see**] **a doctor**[カンサルト [スィー] [ダクタァ]

しゅじんこう【主人公】**the main character**[メインキャラクタァ]; (男の)**a hero**[ヒーロゥ]; (女の)**a heroine**[ヘロウイン]
- その漫画(がん)の主人公は外科医だ. *The* comic's *main character* is a surgeon.

しゅせき【首席】**the top**[タップ], **the head**[ヘッド]
- 彼女は首席で卒業した.
  She graduated at *the top* of her class.

しゅだい【主題】**the subject**[サブヂェクト]; (小説・音楽などの)**the theme**[スィーム]
  | 主題歌 a theme song

しゅだん【手段】**a means**[ミーンズ](複 means)(▶単複同形); (最後の手段)**a resort**[リゾート]→ほうほう
- 医師たちはあらゆる手段を尽(?)くした.
  The doctors tried every possible *means*.
- 言語はコミュニケーションの手段だ.
  Language is a *means* of communication.
- 最後の手段として as a last *resort*

しゅちょう【主張】(権利としての)(**a**)**claim**[クレイム]; (意見)**one's opinion**[アピニャン]
- 彼女の主張では in *her opinion*
  ━主張する claim; (言い張る)**insist**(**on** ...)
- 彼は自力でそれをやると主張した.
  He *insisted on* doing it by himself. / He *insisted* that he would do it by himself.

しゅつえん【出演】**an appearance**[アピ(ァ)ランス]
  ━出演する appear
- その俳優はテレビに出演している.
  The actor *appears* on TV.
- その俳優は映画に出演している.
  The actor *appears* in a movie.
  | 出演者 a performer, (まとめて)the cast
  | 出演料 pay, a performance fee

しゅっか【出火する】**break out**[ブレイク アウト]
- 台所から出火した. A fire *broke out* in the

kitchen. / A fire *started* in the kitchen.

しゅつがん【出願する】**apply**[アプライ], **make an application**[アプリケイション]
- 東高校に出願した.
  I *applied* to Higashi High School.

しゅっきん【出勤する】**go to work**[ワーク]
- 母はたいてい9時ごろ出勤する. My mother usually *goes to work* at about nine.

しゅっけつ¹【出血】**bleeding**[ブリーディング]
  ━出血する bleed
- 傷から出血した.
  My cut *bled*. / I *bled* from the cut.

しゅっけつ²【出欠をとる】**take** [**call**] **the roll**[コール][ロウル]→しゅっせき

しゅっこう【出港する】**set sail**[セイル]
- 船が出港した. The ship *set sail*.

しゅっこく【出国】**departure**[ディパーチァァ](⇔入国 entry)
  | 出国手続き departure procedures

しゅっさん【出産する】**give birth**(**to** ...)[ギヴバース]→うむ¹❶

しゅつじょう【出場する】**participate in** ...[パーティサペイト], **take part in** ..., **enter**[エンタァ]
- 将来オリンピックに出場したい. In the future, I want to *participate in* the Olympics.
- 彼はけがで運動会に出場できなかった.
  He couldn't *take part in* the field day due to an injury.
  | 出場校 a participating school
  | 出場者 a participant
  | 出場停止 suspension

しゅっしょうりつ【出生率】**the birthrate**[バースレイト]

しゅっしん【出身である】

(土地)**be from** ...[フラム], **come from** ...[カム]; (学校)**graduate from** ...[グラヂュエイト]
- 私は日本の奈良(ら)出身だ.
  I'm *from* Nara, Japan.
- パットはシカゴ大学の出身だ. Pat *graduated from* the University of Chicago.
- 「あなたはどこの出身ですか」「名古屋です」
  "Where do you *come from*? / Where are you *from*?" "I *come from* Nagoya. / I am *from* Nagoya."
  | 出身校 an alma mater
  | 出身地 a hometown, a birthplace

しゅっせ【出世する】**succeed in life**[サクスィード] [ライフ]

しゅっせき【出席】

attendance[アテンダンス]; (出席していること)

presence[プレザンス]（⇔欠席（an）absence）
- 谷先生は毎朝出席をとる. Mr. Tani takes [calls] the roll every morning.
- **━出席する attend; be present**（⇔欠席する be absent（from ...））
- 私たちのチームは壮行（そうこう）会に出席した.
  Our team *attended* the send-off party.
  ▌**出席者**（1人）a person（**who is**）**present, an attendee**;（まとめて）**the attendance**
  ▌**出席番号 a student number in a class**
  ▌**出席簿**（ぼ）**a roll**（**book**）

しゅつだい【出題する】**make a question**[クウェスチョン], **make an exam**[イグザム]
- 広田先生は教科書から出題した.
  Ms. Hirota *made questions* based on the textbook.
  ▌**出題範囲**（はんい）**the range of exam questions**

しゅっちょう【出張】**a business trip**[ビズニストゥリップ]
- 姉は明日から3日間の出張です. My sister will go on a three-day *business trip* tomorrow.
- **━出張する go ... on business**

しゅっぱつ【出発】

departure[ディパーチャア]（⇔到着（とうちゃく）arrival）
- 雪のため出発が30分遅（おく）れた.
  The *departure* was delayed for half an hour because of snow.
- **━出発する leave, start from ..., depart**
- あしたは朝早く出発しなければならない.
  I must *leave* early in the morning tomorrow.
- 私は来月日本を出発する. I will *leave* Japan next month.（▶ leave from は×）
- ツアーバスは東京駅を出発した. The tour bus *started from* Tokyo Station.
  〈場所〉へ向かって出発する
  leave［start］for＋〈場所〉
- ヒロの家族はハワイへ向かって出発した.
  Hiro's family *left for* Hawaii.
  〈場所A〉へ向かって〈場所B〉を出発する
  leave＋〈場所B〉＋for＋〈場所A〉
- 私たちは大阪へ向かって東京を出発した.
  We *left* Tokyo *for* Osaka.
  ▌**出発式 a departure ceremony**
  ▌**出発時刻 the departure time**
  ▌**出発点 the starting point**
  ▌**出発日 the departure date**
  ▌**出発ロビー a departure lounge**

しゅっぱん【出版】**publication**[パブリケイション]
- **━出版する publish**[パブリッシュ]

- この本は小学館から出版されている.
  This book is *published* by Shogakukan.（▶ from Shogakukan は×）
  ▌**出版社 a publishing company**
  ▌**出版物 a publication**

しゅっぴ【出費】**expenses**[イクスペンスィズ]
- 出費を抑（おさ）えなければならない.
  We must cut down（on）*expenses*.

しゅっぴん【出品する】**exhibit**[イグズィビット], **enter**[エンタァ],（売りに出す）**put up for sale**[プット][セイル]
- 彼女はコンクールに写真を出品した.
  She *entered* her photo in the contest.
- ネットオークションにアクセサリーを出品した.
  I *put* some accessories *up for sale* on an Internet auction.

しゅつりょく【出力】〖コンピュータ〗**output**[アウトプット]（⇔入力 input）
- **━出力する output**

しゅと【首都】**the capital**（**city**）[キャピトゥル（スィティ）]
- 日本の首都はどこですか. What's *the capital* of Japan?（▶ Where ... は×）
  ▌**首都圏**（けん）**the metropolitan area**

しゅどう【手動の】**manual**[マニュアル]

じゅどうたい【受動態】→ うけみ

しゅとして【主として】**chiefly**[チーフリィ], **mainly**[メインリィ]→ おもに²

ジュニア（10代の人）**a teenager**[ティーネイヂャァ];（息子（むすこ）, 二世）**junior**[ヂューニァ]（▶ Jr., jr. と略す）
- ジュニア向け月刊誌
  a monthly for *teenagers*

しゅにん【主任】**the head**[ヘッド], **the chief**[チーフ]
- 英語科の主任
  the head of the English Department

シュノーケル a snorkel[スノーカル]

しゅび【守備】**defense**, ⊛**defence**[ディフェンス];〖野球〗**fielding**[フィールディング]
- 私たちのチームは守備が弱い.
  Our team is poor at *fielding*.
- **━守備をする defend; field**
  ▌**守備側 the defense**

しゅふ¹【主婦】**a housewife**[ハウスワイフ]（複 housewives[-ワイヴズ]）, ⊛**a homemaker**[ホウムメイカァ]（▶後者は主夫（a house husband）も含（ふく）めた語）

しゅふ²【首府】→ しゅと

しゅみ【趣味】

a hobby[ハビィ];（娯楽（ごらく））**a pastime**[パスタイ

じゅみょう

ム]；（好み）(a) taste[テイスト]→p.311 ミニ絵辞典

> 話してみよう！
> 😊あなたの趣味は何ですか．
> Do you have any *hobbies*?
> 😋私の趣味はピアノを弾(ひ)くことです．
> (Yes.) My *hobby* is playing the piano.

- ナオは服の趣味がいい[悪い]．
Nao has good [bad] *taste* in clothes.
- この歌は私の趣味じゃない．
This song is not to my *taste*.

じゅみょう【寿命】(命の長さ) a life (span)[ライフ (スパン)]；(耐久時間) (a) life(複 lives[ライヴズ])
- 女性の平均寿命
the average *life span* of women
- 車の寿命 the *life* of a car
- せみは寿命が短い．A cicada has a short *life*.

しゅもく【種目】(競技の) an event[イヴェント]
▎トラック種目 a track *event*

しゅもん【呪文】a spell[スペル]；(災難よけの) a charm[チャーム]
- 魔女(じょ)は呪文を唱えた．
The witch cast a *spell*.

しゅやく【主役】the leading part [role][リーディング パート [ロウル]]
- 主役を演じた．I played *the leading part*.

じゅよ【授与する】give[ギヴ], award[アウォード]
- その選手は金メダルを授与された．
The athlete was *awarded* a gold medal.

しゅよう【主要な】main[メイン], chief[チーフ]→おもな；(大規模な) major[メイヂャァ]
▎主要都市 a major city

じゅよう【需要】demand[ディマンド](⇔供給 supply)
- 需要と供給 supply and *demand*(►日本語と逆の語順に注意)
- この製品は需要が多い．
These products are in great *demand*.

しゅりょう【狩猟】hunting[ハンティング]

しゅるい【種類】

a kind[カインド], a sort[ソート], a type[タイプ]
- この種類の映画 this *kind* [*sort*] of movie / a movie of this *kind*(►kind [sort] ofの後に単数名詞がきてもaやanはつかない)
- さまざまな種類の鳥 various *kinds* of birds / birds of various *kinds*
- あなたはどんな種類の食べ物が好きですか．
What *kind* of food do you like?
- この水族館には何種類の魚がいますか．
How many *kinds* of fish do they have in this aquarium?

- これらの猫(ねこ)は同じ種類です．
These cats are the same *kind*.

しゅわ【手話】sign language[サイン ラングウィッヂ]
- 手話で話そう．
Let's talk in *sign language*. / Let's use *sign language*.

じゅわき【受話器】a receiver[リスィーヴァ]
- 私は受話器を取った．
I picked up the *receiver*.
- 私は受話器を置いた．
I put down the *receiver*.

しゅん【旬】a season[スィーズン]
- ぶどうは今が旬だ．
Grapes are now in *season*.

じゅん¹【順】

(順序) order[オーダァ]；(順番) a turn[ターン]
- 番号順に in numerical *order*
- 身長[年齢(ねん)]順に
in *order* of height [age]
- アルファベット順に
in alphabetical *order* / alphabetically
- 名前は成績順に載(の)っています．
You are listed in *order* of your scores.
- 私たちは順に馬に乗った．
We took *turns* riding the horse.
- 先着順に on a first-come-first-served basis

order　　　　　　　　　turn

じゅん²【純な】(混じり気のない) pure[ピュア]；(純真な) innocent[イナサント]
▎純愛 pure love
▎純金 pure [solid] gold
▎純毛 pure wool

じゅんい【順位】ranking[ランキング]
▎順位決定戦 (同点者間の) a playoff

じゅんえん【順延になる】be postponed[ポウストゥポウンド], be put off[プット]→えんき

しゅんかん【瞬間】a moment[モウマント], an instant[インスタント]
- 最後の瞬間に at the (very) last *moment*
- その瞬間，頭が真っ白になった．
At the *moment*, I was upset.
▎瞬間接着剤 a quick-drying glue

じゅんかん【循環】(a) circulation[サーキュレイション]
──**循環する** circulate[サーキュレイト]
──**循環型の** recycle-oriented[リーサイクルオーリエ

趣味(しゅみ) **Hobbies**

将棋(しょうぎ)が私の趣味です.
Shogi is my hobby. / Shogi is one of my hobbies.

趣味は何ですか.
Do you have any hobbies? / What do you do for fun?

スポーツ観戦
watching sports

切手[コイン, フィギュア]の収集
collecting stamps [coins, models]

サイクリング
cycling

テニス(をすること)
playing tennis

ケーキ作り
making cakes

プラモデル作り
making plastic models

登山 mountain climbing

映画鑑賞(かんしょう)	watching movies
音楽鑑賞	listening to music
料理	cooking
写真撮影(さつえい)	taking pictures
絵を描(か)くこと	painting pictures
カラオケ	singing karaoke
旅行	traveling
釣(つ)り	fishing
キャンプ	camping
スキー	skiing
ダンス	dancing
サーフィン	surfing
スケートボード	skateboarding
ガーデニング	gardening
散歩	walking

バードウォッチング
birdwatching

ギター(をひくこと)
playing the guitar

じゅんきゅう

- 循環型社会 a *recycle-oriented* society
- 循環バス a circle [loop-line] bus

じゅんきゅう【準急】a local express (train)[ロウカル イクスプレス (トゥレイン)]

じゅんきょうじゅ【准教授】an associate professor[アソウシィエット プラフェッサァ]

じゅんけっしょう【準決勝】a semifinal[セミファイヌル](▶準決勝は2試合あるのでふつう複数形 the semifinals で用いる)

- 私たちのチームは準決勝に進んだ. Our team went on to *the semifinals*. / Our team advanced to *the semifinals*.
- 彼は準決勝で敗退した. He was defeated in *the semifinals*.

じゅんさ【巡査】a police officer[パリース オーフィサァ],《話》a cop[カップ]

- 交通巡査 a traffic *police officer*

じゅんじゅんに【順々に】(次々に)one after another[アナザァ];(順番に)in turn[ターン];(1人[1つ]ずつ)one by one

じゅんじゅんけっしょう【準々決勝】a quarterfinal[クウォータァファイヌル](▶準々決勝は4試合あるのでふつう複数形 the quarterfinals で用いる)→じゅんけっしょう

じゅんじょ【順序】order[オーダァ]

- 一定の順序で in regular *order*
- これらの名前は順序が間違(ﾁｶﾞ)っている. These names are in the wrong *order*.

じゅんじょう【純情な】pure[ピュア]

- リツは純情だ. Ritsu has a *pure* heart.

じゅんしん【純真な】pure[ピュア]

じゅんすい【純粋な】pure[ピュア]

- 純粋な心 a *pure* heart
- **純粋に** purely

じゅんちょう【順調な】smooth[スムーズ]
─**順調に** all right, well;(何の障害もなく)smoothly

- すべて順調だ. Everything is going *all right*.

じゅんばん【順番】a turn[ターン]→ばん²❶

- 順番に in *turn*
- 順番をお待ちください. Wait (for) your *turn*, please.

じゅんび【準備】

(a) preparation[プレパレイション]

- そのレストランはまだ準備中だ. The restaurant is still in *preparation*.

─**準備(を)する** prepare[プリペアァ];(準備がされている)be ready[レディ]

- ケンは食事を準備した. Ken *prepared* the meal.
- 夕食の準備ができたよ. Dinner *is ready*.

─**…の[する]準備をする** make [get] ready for+〈事〉

- 寝(ﾈ)る前にあしたの準備をしなきゃ. I have to *get ready for* tomorrow before going to bed.
- 私たちは送別会の準備をした. We *made preparations for* the farewell party.

─**…の[する]準備ができている** be ready for+〈事〉/ be ready to+〈動詞の原形〉

- 私はテストの準備ができている. I *am ready for* the exam.
- 私たちは修学旅行に行く準備ができている. We *are ready to* go on a school trip.
- 準備運動 warm-up exercises, a warm-up
- 準備室 a preparation room

しゅんぶん【春分】the vernal [spring] equinox[ヴァーヌル [スプリング] イークウィナックス]

- 春分の日 *Vernal* [*Spring*] *Equinox* Day

じゅんゆうしょう【準優勝】second place[セカンド プレイス]
─**準優勝する** take [win] second place

- バレー部は市大会で準優勝した. The volleyball team *won second place* in the city tournament.
- 準優勝者 a runner-up

しよう¹【使用】use[ユース]

- 使用上の注意 directions for *use*
- 多くのタブレットが学校で使用されている. Many tablets are in *use* at schools.

─**使用する** use[ユーズ](★名詞との発音の違(ﾁｶﾞ)いに注意)→つかう❶

- 使用禁止《掲示》(故障で)OUT OF ORDER

セルフサービスのコーヒーミルに貼られた「使用禁止」の表示

- 使用者 a user;(雇(ﾔﾄ)い主)an employer
- 使用中(トイレが)《掲示》OCCUPIED
- 使用料(土地・部屋などの)rent

しよう²【私用】(自分の用事)private business[プライヴィット ビズニス];(個人用)personal use[パーサヌル ユース]

- 彼は私用で神戸へ行った.

He went to Kobe on *private business*.

…しよう

❶ 勧誘(かんゆう) → …ましょう❶
❷ …しようとする
(試みる) **try to**+⟨動詞の原形⟩；
(…しようとしている)
be going to+⟨動詞の原形⟩,
be about to+⟨動詞の原形⟩

❶ [勧誘] → …ましょう❶
❷ [しようとする] (試みる) **try to**+⟨動詞の原形⟩[トゥライ]；(…しようとしている) **be going to**+⟨動詞の原形⟩[ゴウイング], **be about to**+⟨動詞の原形⟩
- 私は逃(に)げようとしたができなかった．
  I *tried to* run away, but I couldn't.
- 彼女が駅に着いたとき，電車はまさに発車しようとしていた．The train *was* (just) *about to* leave when she got to the station.

しょう¹ 【賞】**a prize**[プライズ] → じゅしょう
- 1等賞 (the) first *prize*
- 残念賞 a consolation *prize*
- ノーベル賞 the Nobel *prize*
- 芥川賞 the Akutagawa *Prize*
- アカデミー賞 an Academy *Award*

しょう² 【章】**a chapter**[チャプタァ]
- 第3章 the third *chapter* / *Chapter* 3 (▶後者は chapter three と読む)

しょう³ 【省】(英国・日本などの) **a ministry**[ミニストゥリィ]；(米国の) **a department**[ディパートゥマント]

―― 表現 メモ ――

日本の省の言い方
外務省 Ministry of Foreign Affairs
環境省 Ministry of the Environment
経済産業省 Ministry of Economy, Trade and Industry
厚生(こうせい)労働省 Ministry of Health, Labour and Welfare
国土交通省 Ministry of Land, Infrastructure, Transport and Tourism
財務省 Ministry of Finance
総務省 Ministry of Internal Affairs and Communications
農林水産省 Ministry of Agriculture, Forestry and Fisheries
防衛省 Ministry of Defense
法務省 Ministry of Justice
文部科学省 Ministry of Education, Culture, Sports, Science and Technology

three hundred and thirteen

しょうか²

…**しょう¹**【…(しま)しょう】→ …ましょう
…**しょう²**【…(で)しょう】→ …でしょう
…**しょう³**【…勝】**a win**[ウィン]
- 私たちのチームは4勝2敗だった．
  Our team had four *wins* and two losses.

じょう【錠】**a lock**[ラック] → かぎ

…**じょう¹**【…条】**an article**[アーティクル]
- (日本国)憲法第9条
  Article 9 of the (Japanese) Constitution

…**じょう²**【…畳】
- 6畳の部屋
  a six-*tatami mat* room / a six-*mat* room

…**じょう³**【…城】**castle**[キャスル]
- 姫路城 Himeji *Castle*

じょうえい【上映する】**show**[ショウ]
- その映画は今劇場で上映中だ．The movie is *showing* at the theaters now.
― 上映されている **be on**
- その映画館では何が上映されていますか．
  What's *on* at the movie theater?

しょうエネ【省エネ】**energy saving**[エナァヂィ セイヴィング]
― 省エネの **energy-saving**
- 省エネ型冷蔵庫
  an *energy-saving* refrigerator

じょうえん【上演する】**put on**[プット], **perform**[パァフォーム], **present**[プリゼント]
- 秋に英語劇を上演します．
  We will *perform* an English play in the autumn.

しょうか¹【消化】**digestion**[ダイヂェスチョン]
― 消化する **digest**
- めん類は消化しやすい．
  Noodles are easy to *digest*.
| 消化器官 (まとめて) **the digestive organs**
| 消化不良 **indigestion**

しょうか²【消火する】**put out the fire**[アウト][ファイア], **extinguish the fire**[イクスティングウィッシュ] → けす❶
| 消火器 **a fire extinguisher**
| 消火訓練 **a fire-fighting drill**
| 消火栓(せん) **a fire hydrant**

歩道に設置された消火栓(米国)

313

しょうが

しょうが〖植物〗**ginger**[ヂンヂャァ]

じょうか【浄化する】**purify**[ピュ(ァ)リファイ]
▌浄化装置 **purifying equipment**

しょうかい【紹介】

(**an**) **introduction**[イントゥラダクション]
→紹介(を)する **introduce**[イントゥロドゥース]
• 私の友達を紹介します.
　Let me *introduce* one of my friends.
〈人A〉を〈人B〉に紹介する
　introduce + 〈人A〉+ **to** + 〈人B〉
• ホワイト先生を紹介します.
　I'll *introduce* Mr. White *to* you.
▌紹介状 **a letter of introduction**

しょうがい¹【障害(物)】**an obstacle**[ア ブ スタク
ル], **barrier**[バリア]; (困難)**a difficulty**[ディフィカ
ルティ]; (身体的・精神的な)**a disability**[ディサビラ
ティ], **a handicap**[ハンディキャップ]
• 障害を乗り越(°)えなくてはならない. We must
　overcome *obstacles* [*difficulties*].
• 学習障害 learning *disabilities*
• 発達障害 a developmental *disorder*
▌障がい者 (まとめて)**people with disabilities**,
people who are disabled
▌障害物競走 **an obstacle race**

しょうがい²【生涯】**a life**[ライフ](複 **lives**[ライヴ
ズ]), (一生の間)**for all** one's **life**[オール], (この
先ずっと)**for the rest of** one's **life**[レスト]→い
っしょう
• あの幸せな日々を私は生涯忘れないだろう.
　I will remember those happy days *for
　the rest of my life*.
▌生涯教育 **lifelong education**

じょうがい【場外】
• マコトは場外ホームランを打った.
　Makoto hit an *out-of-the-park* homer.

しょうがくきん【奨学金】**a scholarship**[スカラァ
シップ]
• アズサは奨学金をもらって(勉強して)いる.
　Azusa is (studying) on a *scholarship*.

しょうがくせい【小学生】**a schoolchild**[スクール
チャイルド](複 **schoolchildren**[-チルドゥラン]),
⊕**an elementary schoolchild**[エレメンタリィ],
《主に⊕》**a primary schoolchild**[プライメリィ];
(男子)**a schoolboy**[スクールボーイ]; (女子)**a
schoolgirl**[スクールガール](▶ **schoolchild** は小学
生以外にも用いる)

しょうがつ【正月】(新年)(**the**) **New Year**[ヌー
イァ]; (元日)**New Year's Day**[デイ]
• 私は正月に友達と出かけた. I went out with
　my friends on *New Year's Day*.
▌正月休み **the New Year holidays**

しょうがっこう【小学校】⊕**an elementary
school**[エレメンタリィ スクール], 《主に⊕》**a
primary school**[プライメリィ]→がっこう
• 弟は小学校に通っている. My little brother
　goes to *elementary school*.
• 妹は小学校5年だ. My sister is in the fifth
　grade. / My sister is a fifth grader.

しょうがない→しかたない

じょうかまち【城下町】**a castle town**[キャスル タ
ウン]

しょうき【正気】**senses**[センスィズ], **sanity**[サニテ
ィ]
• 私は正気に返った. I came to my *senses*.
→正気の **sane**[セイン]
• 彼は正気じゃない.
　He is insane [out of his mind].

しょうぎ【将棋】**shogi**
• 将棋のこま a *shogi* piece
• 将棋は日本のチェスです.
　Shogi is Japanese chess.
• 2人は将棋を指しています.
　The two are playing *shogi*.
• 彼は将棋が強い.
　He is a good *shogi* player.
▌将棋盤(ばん) **a shogi board**
▌将棋部 **a shogi club**

じょうき【蒸気】**steam**[スティーム], **vapor**[ヴェイパ
ァ]
▌蒸気機関車 **a steam locomotive**

じょうぎ【定規】**a ruler**[ルーラァ]
• 三角定規 a triangle

じょうきげん【上機嫌で】**in high spirits**[ハイ スピ
リッツ], **in** (**a**) **good humor**[グッド ヒューマァ]

しょうきゃく【焼却する】**incinerate**[インスィナレ
イト]
▌焼却炉(ろ) **an incinerator**

じょうきゃく【乗客】**a passenger**[パサンヂャァ]
• その飛行機には80人の乗客がいた.
　There were 80 *passengers* on the plane.

じょうきゅう【上級の】(年齢(ねん)・役職が)**senior**
[スィーニャァ](⇔下級の junior); (レベルが上の)
advanced[アドヴァンスト]
• 上級の英会話クラス
　an *advanced* English conversation class
▌上級生 **an older student**(▶英米では「上級生,
下級生」という考え方をあまりしない)→せんぱ
い

しょうぎょう【商業】**commerce**[カマース],
business[ビズニス]
→商業の **commercial**[カマーシャル]
▌商業科 **the commercial course**
▌商業高校 **a commercial high school**

じょうしゃ

じょうきょう[1]【状況】**the situation**[スィチュエイション], **the circumstances**[サーカムスタンスィズ]
- この状況ではここにとどまったほうがよい. Under *the circumstances*, we'd better stay here.
- 状況はよく[悪く]なっている. *Things* are getting better [worse].

じょうきょう[2]【上京する】(東京に行く)**go up to Tokyo**[ゴゥ]; (東京に来る)**come up to Tokyo**[カム]
- いとこが先月上京してきた. My cousin *came up to Tokyo* last month.

しょうきょくてき【消極的な】(受け身の)**passive**[パッスィヴ](⇔積極的な active);(否定的な)**negative**[ネガティヴ](⇔積極的な positive)
- ケンは消極的だ. Ken is *passive*.
- 先生はその意見に対して消極的だった. The teacher was *negative* to the idea.

しょうきん【賞金】**prize money**[プライズ マニィ], **a prize**; (報償(ほうしょう)金)**a reward**[リウォード]
- 彼は賞金100万円を獲得(かく)した. He won [got] *a prize* of one million yen.

じょうくう【上空】
- 飛行機は富士山の上空を飛んだ. The plane flew through *the sky above* Mt. Fuji.

じょうげ【上下】**up and down**[アップ][ダウン]
- 飛行機は上下に揺(ゆ)れた. The plane went *up and down*.
| 上下関係: 柔道(じゅう)部は上下関係が厳しい. Judo team has a strict *pecking order*.

じょうけい【情景】**a scene**[スィーン], **a sight**[サイト]

しょうげき【衝撃】(a)**shock**[シャック]
- 彼女の死は全世界に大きな衝撃を与(あた)えた. Her death was [came as] a great *shock* to the world.
━**衝撃的な shocking**
- 衝撃的な出来事 a *shocking* event

じょうけん【条件】**a condition**[カンディション]
- 両親は私が毎日えさを与(あた)えるという条件で犬を飼うことを許してくれた. My parents allowed me to have a dog on (the) *condition* that I feed him every day.
━**条件つきの conditional**
| 条件反射 conditioned reflex

しょうこ【証拠】**evidence**[エヴィダンス], **proof**[プルーフ]
- 状況(じょうきょう)証拠 circumstantial *evidence*
- 物的証拠 physical *evidence*
- 彼らがうそをついたという証拠は何もない. There is no *evidence* [*proof*] that they lied.

しょうご【正午】**noon**[ヌーン]
- 正午に at *noon*
- 正午のニュース the *twelve o'clock* news / the *midday* news

しょうこうぐち【昇降口】(学校の)**school building entrance**[スクール ビルディング エントゥランス]

しょうさい【詳細】**details**[ディテイルズ]
━**詳細な detailed**
- 詳細な説明 a *detailed* explanation
━**詳細に in detail**
- 事実を詳細に報告した. I reported the facts *in detail*.

じょうざい【錠剤】**a tablet**[タブリット]→くすり図

しょうさん【賞賛】(ほめること)**praise**[プレイズ]; (感嘆(かんたん))**admiration**[アドゥマレイション]
━**賞賛する praise; admire**[アドゥマイア]→ほめる

しょうじ【障子】**a shoji**(**screen**)[(スクリーン)]
- 障子は紙の間仕切りのことです. A *shoji* is a sliding paper screen.

しょうしか【少子化】**a declining birth rate**[ディクライニング バース レイト]

しょうじき【正直】
honesty[アニスティ]
━**正直な honest**;(率直(そっちょく)な)**frank**
- 正直な人 an *honest* person
- マリはいつも正直だ. Mari is always *honest*.
━**正直に honestly; frankly**
- 正直に言って,君の意見には賛成できない. To be *honest* (with you), I don't agree with you. / *Frankly* (speaking), I don't agree with you.
- 正直に話してよ. Tell me the true story.

三度目の正直. Third time lucky.

じょうしき【常識】**common sense**[カマン センス]; (知識)**common knowledge**[ナリッヂ]
- それは常識だ. It's *common knowledge*. / Everybody knows it.(←みんな知っている)
━**常識がある have common sense**
- あの人は常識に欠ける. That person lacks *common sense*. / That person *has* no *common sense*.

しょうしゃ[1]【商社】**a business firm**[ビズニス ファーム];(貿易会社)**a trading company**[トゥレイディング カンパニィ]

じょうしゃ[2]【勝者】**a winner**[ウィナァ]

じょうしゃ【乗車する】**get on** ...[ゲット]; (自動車に)**get in** ...; (利用する)**take**[テイク]→のる❶❷

three hundred and fifteen　315

しょうしゅう

- 列車［バス］に乗車した.
  I *got on* a train［bus］.
  ‖乗車券 a ticket

しょうしゅう【召集する】**call**［コール］

じょうじゅん【上旬に】**early in ...**［アーリィ］, **in early ...**

- 5月上旬に *early in* May /（5月の初めに）*at the beginning of* May
- 私は来月上旬にアメリカに行く.
  I'll leave for America *early* next month.
  （►この場合early in next monthは×）

しょうしょ【証書】（証明書）**a certificate**［サァティフィカット］

しょうじょ【少女】**a girl**［ガール］（⇔少年 a boy）（►一般的に若い成人女性をさすこともある. 10歳（ ⟨⟩ ）くらいまでの女の子は a little girl と言うことが多い）

- おばは少女のころおてんばだった.
  My aunt was a tomboy when she was a （little）*girl*.
  ━少女のような, 少女らしい **girlish**［ガーリッシュ］
  ‖少女雑誌 a girls' magazine, a magazine for girls
  ‖少女時代 one's girlhood
  ‖少女漫画（ ⟨まんが⟩ ）a girls' comic

しょうしょう【少々】**some**［サム］;（量・程度が）**a little**［リトゥル］;（数が）**a few**［フュー］;（時間が）**a moment**［モウマント］➡ すこし

- なべにバターを少々入れてください.
  Please put *some* butter in［into］the pan.
- 少々お待ちください.
  Just *a moment*, please.

しょうじょう¹【症状】**a symptom**［スィンプタム］

しょうじょう²【賞状】**a certificate**（of merit）［サァティフィカット］（メリット）

じょうしょう【上昇する】**go up**［ゴゥ］, **rise**［ライズ］

- 物価が上昇している. Prices are *going up*.

しょうしょく【小食, 少食】

- 彼女は小食だ. She *doesn't eat much*. / She *eats little*. / She *eats like a bird*.

しょうじる【生じる】**occur**［アカー］, **happen**［ハパン］, **take place**［プレイス］➡ おこる²

しょうしん【昇進】（a）**promotion**［プラモウション］
━昇進する be promoted

しょうじんりょうり【精進料理】**a vegetarian diet**［ヴェヂテ（ア）リアン ダイアット］

じょうず【じょうずな】

good［グッド］（⇔へたな bad）
‖…がじょうずだ
be good at＋〈-ing形または名詞〉

- ミドリはバイオリンがじょうずだ. Midori *is* *good at* play*ing* the violin. / Midori is a *good* violinist. / Midori plays the violin *well*.
━じょうずに **well**［ウェル］

- テニスがじょうずになりたい.
  I want to play tennis *well*.
- ケンは私よりじょうずに英語をしゃべれる.
  Ken can speak English *better* than me.

じょうすい【浄水】
‖浄水器 a water purifier
‖浄水場 a water purification plant

じょうすいどう【上水道】**waterworks**［ウォータァワークス］

しょうすう¹【少数】**the［a］minority**［マノーリティ］（►複数形では用いない）（⇔多数 the［a］majority）
━少数の（a）**few ...**［フュー］, **a small number of ...**➡ すこし くらべて！

- ごく少数の生徒が試験に合格した.
  Only *a few* students passed the exam.
- ごく少数の生徒しか試験に合格しなかった.
  Only *few* students passed the exam.（►「〜しなかった」と否定的な言い方の場合には a をつけない）
  ‖少数意見 a minority opinion
  ‖少数民族 a minority（race）

しょうすう²【小数】〖数学〗**a decimal**［デスィマル］
‖小数点 a decimal point（►小数点は point と読み, 例えば, 10.23は ten point two three のように, 小数点以下を1けたずつ読む）

じょうせい【情勢】**the situation**［スィチュエイション］

しょうせつ【小説】（長編の）**a novel**［ナヴァル］;（物語）**a story**［ストーリィ］;（総称（ ⟨そうしょう⟩ ））**fiction**［フィクション］

- 短編小説 a short *story*
- 恋愛（ ⟨れんあい⟩ ）小説 a love *story*
- 連載（ ⟨れんさい⟩ ）小説 a serial *story*
- 推理小説 a mystery
  ‖小説家 a novelist

じょうせん【乗船する】**go on board**［ボード］, **go aboard**［アボード］

しょうぞうが【肖像画】**a portrait**［ポートゥリット］

しょうそく【消息】（情報）**news**［ヌーズ］（►単数扱い）

- 彼女からは何の消息もない.
  I haven't had any *news* from her. / I haven't heard from her.
- その飛行機は依然（ ⟨いぜん⟩ ）として消息不明だ.
  The airplane is still missing.

しょうたい¹【招待】

（an）**invitation**［インヴィテイション］

316　three hundred and sixteen

しょうとつ

- 彼は私の招待に応じた[を断った].
  He accepted [declined] my *invitation*.
- ➡招待する invite[インヴァイト]
- 招待してくれてどうもありがとう.
  Thank you for *inviting* me.
  〈人〉を〈会・食事〉に招待する
  invite +〈人〉+ to +〈会・食事〉
- ヒカルが誕生日パーティーに招待してくれた.
  Hikaru *invited* me to his birthday party.
  招待客 an invited guest
  招待券 an invitation ticket
  招待試合 an invitation game [match]
  招待状 an invitation (card)

しょうたい² 【正体】one's true character[トゥルー キャリクタァ];（身元）one's identity[アイデンティティ]
- 彼は正体を明かした.
  His *true character* was revealed.

じょうたい【状態】a state[ステイト],（a) condition[カンディション]
- 精神状態 a mental *state*
- この国の経済状態
  the economic *state* of this country
- 健康状態 a physical *condition*

しょうだく【承諾する】consent（to ...）[カンセント];（許可する）permit[パァミット]
- 先生は私たちが体育館を使うことを承諾しなかった. The teacher didn't *permit* us to use the gym.

じょうたつ【上達する】make progress（in ...）[プラグレス], improve（in ...）[インプルーヴ]
- 彼女はゴルフがすごく上達した.
  She *made* great *progress in* golf.
- 彼の英語は驚(ぉどろ)くほど上達した.
  His English has *improved* remarkably.

じょうだん【冗談】a joke[ヂョウク]
- ほんの冗談だよ.
  It's just [only] a *joke*. / I'm just *joking*.
- 冗談のつもりでやったんだ. I did it for *fun*.
- あの先生には冗談が通じない.
  That teacher has no sense of humor.
- ➡冗談を言う joke, tell [make] a joke,《話》kid
- 冗談はやめろ. Stop *joking*.
- 冗談でしょ. You're *kidding*! / No *kidding*!

しょうち【承知する】（承諾(ょょぅだく)する）say yes（to ...）[セィイェス];（許す）forgive[ファギヴ];（知っている）know[ノゥ]
- 両親は私の一人旅を承知しなかった.
  My parents didn't *say yes to* my traveling alone.
- うそをついたら承知しないよ.

If you lie, I won't *forgive* you.

しょうちょう【象徴】a symbol[スィンボル]
- 平和の象徴 a *symbol* of peace
- ➡象徴する symbolize[スィンボライズ]

しょうてん¹ 【商店】《主に⊕》a store[ストァ],《主に⊕》a shop[シャップ]➡みせ
  商店街 a shopping center, a (shopping) mall
  商店主 ⊕ a storekeeper, ⊕ shopkeeper

しょうてん² 【焦点】(a) focus[フォウカス]（複 focuses, foci[フォウカイ]）;（話の）the point[ポイント]➡ピント

しょうとう【消灯する】turn off [put out] the light[ターン][アウト][ライト]
  消灯時間 lights-out

しょうどう【衝動】(an) impulse[インパルス]
- 彼と話したいという衝動にかられた.
  I had an *impulse* to talk with him.
- ➡衝動的な impulsive[インパルスィヴ]
- ➡衝動的に impulsively, on impulse
- Tシャツを衝動買いした. I bought this T-shirt *on impulse*.
  衝動買い impulse shopping: ついてない日だったから衝動買いをした. I had a bad day so I went *impulse shopping*.

じょうとう【上等な】（高品質の）high quality[ハィクワリティ];（良質な）fine[ファイン]
- 上等な時計 a *high quality* watch
- 上等なコート a *fine* coat

しょうどく【消毒する】sterilize[ステラライズ], disinfect[ディスィンフェクト]➡じょきん
- 手をアルコールで消毒した.
  I *disinfected* my hands with alcohol.

  消毒液(手の) hand sanitizer
  消毒剤(ざい) disinfectant

…しようとする➡…しよう❷

しょうとつ【衝突】（自動車などの）(a) collision[カリジョン], a crash[クラッシュ];（意見などの）a clash[クラッシュ]
- 正面衝突 a head-on *collision* [*crash*]
- ➡衝突する collide（with ...）[カライド], crash（against ..., into ...）; clash（with ...）

しょうに

- タクシーがトラックと衝突した.
  A taxi *collided with* a truck.
- 車が壁(※)に衝突した.
  A car *crashed into* the wall.
- その計画をめぐって私たちは衝突した.
  We *clashed with* each other over the plan.
  ▌衝突事故（自動車の）a car crash

しょうに【小児】an infant[インファント], a small child[スモール チャイルド]
  ▌小児科医 a children's doctor, a pediatrician
  ▌小児科医院 pediatric office, ⑱a pediatric clinic
  ▌小児まひ polio

しょうにゅうどう【鍾乳洞】a limestone cave [ライムストウン ケイヴ]

しょうにん¹【証人】a witness[ウィットゥニス]

しょうにん²【商人】a merchant[マーチャント]; (小売商)《主に⑱》a storekeeper[ストァキーパァ], 《主に⑱》a shopkeeper[シャップキーパァ]; (卸(⑦)売り業者)a dealer[ディーラァ]

しょうにん³【承認】approval[アプルーヴァル]
  ━承認する approve

しょうにんずう【少人数】
- 少人数クラス a *small* class

じょうねつ【情熱】(a) passion[パッション]
- 彼の音楽にかける情熱はすばらしい.
  His *passion* for music is great.
  ━情熱的な passionate[パッシャナット]
  ━情熱的に passionately

しょうねん【少年】a boy[ボーイ](⇔少女 a girl)
- 頭のよい少年 a clever［bright］*boy*
- 私の兄は少年のころ水泳が得意だった.
  My brother was a good swimmer when he was a *boy*.
  ━少年のような, 少年らしい boyish[ボーイイッシュ]
  ▌少年時代 one's boyhood
  ▌少年犯罪 juvenile crime
  ▌少年法 the Juvenile Law［Act］

じょうば【乗馬】(horseback) riding[(ホースバック) ライディング]
- 彼女は乗馬をする.
  She *rides a horse*.
  ▌乗馬クラブ a riding club

しょうはい【勝敗】victory or defeat[ヴィクタリィ][ディフィート]
- 彼が勝敗のかぎです.
  The game is in his hands.
- 勝敗の分かれ目 a big situation

しょうばい【商売】business[ビズネス]
- 後藤氏はアメリカで商売を始めた.

Mr. Goto started a *business* in the U.S.
- 彼女の商売は繁盛(⑤)していた.
  Her company was doing good *business*.

じょうはつ【蒸発する】evaporate[イヴァパレイト]; (人は)disappear[ディサピァ]
- 水は熱せられると蒸発する.
  Water *evaporates* when it is heated.

じょうはんしん【上半身】the upper part of the body[アッパァ パート][バディ]

しょうひ【消費】consumption[カンサンプション]
  ━消費する consume[カンスーム]
- 日本人は大量のまぐろを消費している.
  Japanese *consume* tons of tuna.
  ▌消費期限 a consume-by date
  ▌消費者 a consumer
  ▌消費税 a consumption tax
  ▌消費量（amount of）consumption

じょうびやく【常備薬】household medicine[ハウスホウルド メダスィン]

しょうひょう【商標】a trademark[トゥレイドゥマーク]

しょうひん¹【商品】goods[グッツ](▶複数扱い), a commodity[カマディティ]
  ▌商品券 a gift certificate
  ▌商品名 a product name

しょうひん²【賞品】a prize[プライズ]
- 彼はそのコンテストで賞品をもらった.
  He got a *prize* in the contest.

じょうひん【上品な】elegant[エリガント], graceful [グレイスフル], refined[リファインド](⇔下品な vulgar)
- 上品な婦人 a *refined* lady / an *elegant* lady
  ━上品に elegantly, gracefully
- マコトは品よくふるまった.
  Makoto behaved *elegantly*.

しょうぶ¹【勝負】a game[ゲイム], a match[マッチ]
- 私たちは勝負に勝った［負けた］.
  We won［lost］the *game*.
- テニスでは彼とは勝負にならない.
  I'm no *match* for him in tennis.
  ━勝負する play, have a game

しょうぶ²【植物】a sweet flag[スウィート フラッグ], a Japanese iris[チャパニーズ アイ(ァ)リス]

じょうぶ【丈夫な】

(健康な)healthy[ヘルスィ]; (強い)strong[ストゥローング], sturdy[スタァディ]
- 私はすごく丈夫だ.
  I'm very *healthy*.
- 丈夫な机
  a *strong*［*sturdy*］desk

318 three hundred and eighteen

healthy

strong [sturdy]

しょうべん【小便】urine[ユ(ァ)リン], 《話》pee[ピー]（▶複数形では用いない）
- 小便をする urinate, 《話》have a pee
- その子はよく寝(ね)小便をする. The child often *wets* the bed.（← ベッドをぬらす）

しょうぼう【消防】fire fighting[ファイア ファイティング]

‖消防訓練 a fire drill
‖消防士 a firefighter
‖消防車 a fire engine
‖消防署 a fire station

じょうほう【情報】

information[インフォメイション]；(知らせ)news[ヌーズ]
- 1つの情報
  a piece of *information*（▶2つの情報はtwo pieces of *information*）
- 最新情報 the latest *information*
- レポートのためにネットで情報を集めた.
  I gathered *information* for the report on the web.
‖情報科学部 an information science club
‖情報化社会 an information-oriented society
‖情報技術 information technology（▶ITと略す）
‖情報教育 information and communication education, ICT education（▶ICTはInformation and Communication Technologiesの略）
‖情報源 a source of information
‖情報産業 the information industry
‖情報網(もう) an information network

しょうみきげん【賞味期限】the expiration date[エクスパレイション デイト]

じょうみゃく【静脈】a vein[ヴェイン]（⇔動脈 an artery）

しょうめい[1]【証明】proof[プルーフ]；(数学などの)(a) demonstration[デマンストゥレイション]
━証明する prove[プルーヴ]； demonstrate[デマンストゥレイト]
- 彼は自分が正しかったことを証明した.
  He *proved* that he was right.
‖証明書 a certificate

しょうめい[2]【照明】lighting[ライティング], illumination[イルーマネイション]
━照明する light (up)
‖照明係 a lighting technician

しょうめん【正面】the front[フラント]
━正面の front
- 正面のドア[玄関(げん)] the *front* door
━…の正面に in front of ...
- 彼の家の正面に大きな木がある.
  There is a big tree *in front of* his house.
‖正面衝突(とつ) a head-on collision

しょうもう【消耗する】consume[カンスーム], use up[ユーズ]；(体力を)exhaust[イグゾースト]
‖消耗品 consumables

じょうやく【条約】a treaty[トゥリーティ]
- 日本はその国と平和条約を結んだ.
  Japan made [concluded] a peace *treaty* with the country.

しょうゆ【しょうゆ】soy (sauce)[ソィ (ソース)]

じょうようしゃ【乗用車】a car[カー]→くるま❶

しょうらい【将来】

the future[フューチャ]
- 近い将来(に) in *the* near *future*
- 私の将来の夢 my dreams for *the future*
- 「将来何になりたいですか」「医者になりたいです」 "What do you want to be in *the future*?" "I want to be a doctor."
━将来性のある, 将来有望な promising

しょうり【勝利】(a) victory[ヴィクタリィ]（⇔敗北 (a) defeat）
- 勝利のポーズ a *victory* pose
‖勝利者 a winner, a victor
‖勝利投手〖野球〗a winning pitcher

じょうりく【上陸】landing[ランディング]
━上陸する land
- 台風は沖縄に上陸した. The typhoon *hit* Okinawa.（← 沖縄を襲(おそ)った）

しょうりゃく【省略】(短縮)abbreviation[アブリーヴィエイション]；(省くこと)(an) omission[オウミッション]
- L.A.はロサンゼルスの省略形だ.
  L.A. is the *abbreviation* for Los Angeles.

じょうりゅう[1]

━省略する abbreviate[アブリーヴィエイト]; omit
- この語を省略してはいけない.
 Don't *omit* this word.

じょうりゅう[1]【上流に[へ]】up the river[リヴァ], upstream[アップストゥリーム]
- さけは産卵するために川の上流へ行く.
 Salmon go *up the river* to spawn.
∥上流階級 the upper class

じょうりゅう[2]【蒸留する】distill[ディスティル]
∥蒸留水 distilled water

しょうりょう【少量の】a little[リトゥル]→すこし❷

じょうりょくじゅ【常緑樹】an evergreen tree[エヴァグリーン トゥリー]

じょうろ a watering can[ウォータリング キャン]

しょうわ【昭和】(元号)Showa→へいせい
- 昭和時代 the *Showa* period

ショー a show[ショウ]
- モーターショー a motor *show*
 ショーウインドー a store window(=⦿a shop window)
 ショーケース a showcase
 ショールーム a showroom

じょおう【女王】a queen[クウィーン]
- エリザベス女王 *Queen* Elizabeth
∥女王あり a queen ant
∥女王ばち a queen bee

ジョーカー(トランプの)a joker[ヂョウカァ]

ジョーク a joke[ヂョウク]→じょうだん

ショート 〖野球〗(選手)a shortstop[ショートスタップ]; (ポジション)shortstop; 〖電気〗a short circuit[ショート サーキット]

ショートカット(短い髪(ﾍﾞ))short hair[ショートヘア]; (短くした髪形)a short haircut[ヘアカット]; 〖コンピュータ〗a shortcut[ショートカット]

ショートケーキ(a) sponge cake[スパンヂ ケイク]→ケーキ

ショートパンツ shorts[ショーツ]

ショール(肩掛(ﾞ)け)a shawl[ショール]

しょか【初夏】early summer[アーリィ サマァ]
- 初夏に
 in *early summer* / *early* in *summer*

じょがい【除外する】exclude[イクスクルード]

しょき[1]【初期】the beginning[ビギニング]
- 平成初期に
 at the beginning of the *Heisei* era
 ━初期の[に] early
- モーツァルトの初期の作品
 early works of Mozart
 ━初期化する〖コンピュータ〗initialize, format

しょき[2]【書記】a secretary[セクラタリィ]; (官庁の)a clerk[クラーク]

しょきゅう【初級の】elementary[エラメンタリィ]; (初心者向けの)beginner's, beginners'[ビギナァズ]
∥初級コース an elementary course

じょきん【除菌】sterilization[ステラライゼイション]→しょうどく
∥除菌シート sanitizing wipes

ジョギング jogging[ヂャギング]
━ジョギングをする jog

しょく【職】a job[ヂャブ]→しごと❶

しょくいん【職員】(1人)a staff member[スタッフ メンバァ], (まとめて)the staff
∥職員会議 (教師の)a teachers' meeting
∥職員室 (教員室)a teachers' room

しょくえん【食塩】salt[ソールト]→しお[1]
∥食塩水 a salt [saline] solution

しょくぎょう【職業】

an occupation[アキュペイション]; a job[ヂャブ]; a profession[プラフェッション]; (a) trade[トゥレイド]→p.322〜p.323 ミニ絵辞典

話してみよう
☺あなたのお父さんの職業は何ですか.
 What is your father's *occupation* [*job*]? / What does your father do?
☻会社員です.
 He's a company employee. / He works at a company.

- 将来コンピュータ関係の職業につきたい.
 I want to get [have] a computer-related *job* in the future.

くらべてみよう! occupation, job, profession, trade

occupationと**job**は職業全般(ﾞ)に広く使われる言い方です. occupationが形式ばった言い方で正式な書類などに使われるのに対し, jobは口語的な語です. また, **profession**は医師・弁護士・科学者・芸術家など「特定の専門知識や技能を要する職業」に, **trade**は建築家・美容師など「特殊(ﾞ)技術を要する職業」に使います.

∥職業病 an occupational disease

しょくご【食後に】after a meal[ミール]

しょくじ【食事】

a meal[ミール]
- 軽い[たっぷりの]食事 a light [big] *meal*
- 兄はよく自分の食事を作る.
 My brother often makes his own *meals*.

じょこう

- 食事の用意ができたよ．
  Dinner [Breakfast, Lunch] is ready. (←夕食［朝食，昼食］が)
- 食事中に at the table
- **食事をする** eat, have a meal
- 私たちはたいてい一日に3回食事をする．
  We usually *have* three *meals* a day.
- 今夜は外で食事をしよう．
  Let's *eat* out tonight.

> **ここがポイント！ 食事の言い方**
> **meal**は「1回分の食事」を表す一般的な語です．具体的に示す場合は「朝食」には**breakfast**,「昼食」には**lunch**,「夕食」には**supper**や**dinner**を使います．dinnerは時刻に関係なく量が多く一日で最も重要な食事のことを，supperはいつもどおりの夕食，軽く取る夕食のことを言います．昼がdinnerのとき，夕食はsupperと言います．

∥食事制限 diet: 姉は食事制限をしている．My sister is on a *diet*.

しょくぜん【食前に】**before a meal**[ミール]

しょくたく【食卓】**a（dining）table**[（ダイニング）テイブル]
- 私たちは食卓に着いた．We sat at the *table*.
∥食卓塩 table salt

しょくちゅうどく【食中毒】**food poisoning**[フード ポイズニング]
- 生徒たちは食中毒にかかった．The students got［came down with］*food poisoning*.

しょくどう【食堂】（家の）**a dining room**[ダイニング ルーム]；（飲食店）**a restaurant**[レストラント]；（セルフサービスの）**a cafeteria**[キャフィティ(ァ)リア]
- 学生食堂 a（school）*cafeteria*
∥食堂車 a dining car

しょくにん【職人】**a craftsman**[クラフツマン]（複 craftsmen[-マン]），**a craftsperson**[クラフツパースン]（複 craftspeople[-ピープル]）
- 腕のいい職人
  a skilled *craftsperson*
∥職人芸 craftsmanship

しょくば【職場】**a workplace**[ワークプレイス]
∥職場体験 internship

しょくパン【食パン】**bread**[ブレッド]
- 食パン1枚
  a slice of *bread*（▶食パン2枚は two slices of *bread*）

しょくひ【食費】**food expenses**[フード イクスペンスィズ]

しょくひん【食品】**food**[フード]
- インスタント食品 instant *food*

- 冷凍食品 frozen *food*
∥食品添加物 a food additive
∥食品ロス food waste

しょくぶつ【植物】
a plant[プラント]
- 野生の植物 wild *plants*
- 高山植物 an alpine *plant*
- 熱帯植物 a tropical *plant*
- 理科の授業で植物を栽培している．
  We grow *plants* in science class.
- **植物性の vegetable**[ヴェヂタブル], **plant-based**[プラントベイスト]
∥植物園 a botanical garden

しょくみんち【植民地】**a colony**[カラニィ]
しょくむ【職務】（a）**duty**[ドゥーティ]
しょくもつ【食物】（a）**food**[フード]→たべもの
∥食物連鎖 the food chain

しょくよう【食用の】**edible**[エディブル]
∥食用油 cooking oil

しょくよく【食欲】（an）**appetite**[アピタイト]
- 私は食欲がある．
  I have a good *appetite*.
- 私は食欲がない．
  I have no *appetite*.
- 私は食欲があまりない．
  I have a poor *appetite*.

しょくりょう【食糧】**food**[フード]
∥食糧危機 a food shortage［crisis］
∥食糧問題 the food problem

しょくりょうひん【食料品】**food**[フード]
- たくさんの食料品 a lot of *food*
∥食料品売場 a food area
∥食料品店 a grocery, a grocery store

しょくりん【植林】**afforestation**[アフォーリステイション]

しょげる be depressed[ディプレスト], **be in low spirits**[ロゥ スピリッツ]
- 私はしょげてしまった．I *was depressed*.
- 彼はしかられてしょげていた．
  He was scolded, so he *was in low spirits*.

じょげん【助言】**advice**[アドゥヴァイス], **a tip**[ティップ]→アドバイス, ちゅうこく
- 私は彼女に助言を求めた．
  I asked her for *advice*.
- 助言をどうもありがとう．
  Thanks for your *advice*.

じょこう【徐行する】
go slow(ly)[スロゥ(リィ)]；（減速する）**slow down**[スロゥ ダウン]
- 徐行
  《掲示》《GO》SLOW / DRIVE SLOWLY

しょさい

「徐行」の標識を持つ工事現場の男性(米国)

しょさい【書斎】a study[スタディ]
じょさんし【助産師】a midwife[ミッドゥワイフ]

じょし【女子】
(女の子)a girl[ガール];(成人女性)a woman[ウマン](複 women[ウィミン])
- 私たちの学校は男子よりも女子のほうが多い. There are more *girls* than boys in our school.

女子(高)校 a girls'(high)school
女子生徒 a girl [female] student
女子大学 a women's university [college]
女子トイレ(学校の)a girls' bathroom;(一般に)⊕a ladies' room, ⊕the Ladies

じょしゅ【助手】an assistant[アスィスタント]
助手席 a passenger seat

しょしゅう【初秋】early fall [autumn][アーリィ フォール[オータム]]
- 初秋に in *early fall* [*autumn*] / *early* in *fall* [*autumn*]

しょしゅん【初春】early spring[アーリィ スプリング]
- 初春に in *early spring* / *early* in *spring*

しょじょ【処女】a virgin[ヴァーチン]
じょじょ【徐々に】gradually[グラヂュアリィ]→だんだん

しょしんしゃ【初心者】a beginner[ビギナァ]

ミニ絵辞典 職業 Occupation

医師
doctor

会社員
office worker

歌手
singer

看護師
nurse

客室乗務員
flight attendant

警察官
police officer

作家
writer

写真家
photographer

イラストレーター	illustrator	画家	painter
音楽家	musician	菓子職人	confectioner
科学者	scientist	銀行員	bank clerk
教師	teacher	ゲームクリエイター	game creator
公務員	public servant	コック	cook
サッカー選手	soccer player	歯科医	dentist
ジャーナリスト	journalist	政治家	statesman, politician
エンジニア	engineer	大工	carpenter

しょちゅうみまい

- スキーの初心者 a *beginner* skier

じょせい【女性】
a **woman**[ウマン]（複 women[ウィミン]）(⇔男性 a man), a **lady**[レイディ]
―女性の **female**[フィーメイル]

しょせき【書籍】a **book**[ブック] →ほん

じょせつ【除雪する】**remove snow**[リムーヴ スノゥ]
‖除雪車 a snow plow

じょそう【助走】an **approach run**[アプロウチ ラン]
―助走する **run up**

じょそうざい【除草剤】a **weed killer**[ウィード キラァ]

しょぞく【所属する】**belong** (to ...)[ビロング]
- 私は陸上部に所属している．
 I *belong to* the track-and-field team.

しょたい【所帯】a **household**[ハウスホウルド]；（家族）a **family**[ファミリィ]

しょたいめん【初対面である】**meet ... for the first time**[ミート][ファースト タイム]
- 彼女とは初対面だった．
 I *met* her *for the first time*.

しょち【処置】a **measure**[メジァァ]（▶しばしば複数形で用いる）；（手当て）(a) **treatment**[トゥリートゥメント]
- 看護師はけが人に応急処置をした．
 The nurse gave first *aid* to the injured.
―処置する **deal with** ...；（手当てする）**treat**

しょちゅうみまい【暑中見舞い】（はがき）a **summer greeting card**[サマァ グリーティング カード]
- 暑中お見舞い申し上げます．How are you

将来何になりたい？
What do you want to be in the future?

絵を描(か)くのも漫画(まんが)を読むのも好きだから，漫画家になりたいな．
I like drawing and reading comics, so I want to be a cartoonist.

獣医(じゅうい)
vet [veterinarian], animal doctor

消防士
fire fighter

通訳
interpreter

パイロット
pilot

美容師
hairdresser

保育士
nursery-school teacher

デザイナー	designer	農家	farmer
庭師，植木職人	gardener	パン職人	baker
俳優	actor	プログラマー	programmer
ファッションモデル	fashion model	メイクアップアーティスト	makeup artist
弁護士	lawyer	野球選手	baseball player
薬剤師	pharmacist	ユーチューバー	YouTuber
ツアーガイド	tour guide	理髪(りはつ)師	barber
トリマー	pet groomer	漁師	fisher

three hundred and twenty-three

しょっかく

getting along during this hot summer?（◀暑い夏をどう過ごしていますか）

しょっかく【触覚】the sense of touch[センス][タッチ]

しょっき【食器】（まとめて）tableware[テイブルウェァ]；（食卓(たょく)の）the dishes[ディッシズ]
- 私が食器を洗った. I did *the dishes*.
- 食器を片付けて. Clear *the table*.（◀食卓を）

‖ 食器洗い機 a dishwasher
‖ 食器棚(たな) a cupboard

ジョッキ a (beer) mug[(ビァ) マグ]

ショッキング【ショッキングな】shocking[シャッキング]

ショック a shock[シャック]
- 彼の死は私にとって大きなショックだった. His death was a great *shock* to me. / I was very much *shocked* by his death.
- リエはショックから立ち直った. Rie got over the *shock*.

‖ ショック死: 彼はショック死した. He *died of shock*.

しょっちゅう very often[オーフン], frequently[フリークワントゥリィ]

ショット a shot[シャット]
- ナイスショット！ Good *shot*!

しょっぱい salty[ソールティ]

ショッピング shopping[シャッピング] → かいもの

‖ ショッピングカート a shopping cart
‖ ショッピングセンター a shopping center, a (shopping) mall
‖ ショッピングバッグ a shopping bag

しょてん【書店】⊛ a bookstore[ブックストァ], ⊗ a bookshop[ブックシャップ]

しょとう¹【初等の】elementary[エラメンタリィ], primary[プライメリィ]

‖ 初等教育 elementary [primary] education

しょとう²【初冬】early winter[アーリィ ウィンタァ]
- 初冬に in *early winter* / *early* in *winter*

しょとう³【諸島】islands[アイランヅ]
- 伊豆(いず)諸島 the Izu *Islands*

しょどう【書道】calligraphy[カリグラフィ]

‖ 書道部 a calligraphy club

じょどうし【助動詞】〖文法〗an auxiliary verb[オーグズィリャリィ ヴァーブ]（▶aux. (v.)と略す）

しょとく【所得】(an) income[インカム]

しょにち【初日】the first day[ファースト デイ], the opening day[オウプニング]

しょばつ【処罰】(a) punishment[パニッシュマント]

➡処罰する punish

しょひょう【書評】a book review[ブック リヴュー]

しょぶん【処分する】（始末する）dispose (of ...)

[ディスポウズ]；（罰(ばっ)する）punish[パニッシュ]
- 私は古いおもちゃを処分した. I *disposed* [*got rid*] *of* my old toys.

しょほ【初歩】the ABC(s), ABC('s)[エイビースィー(ズ)], the basics[ベイスィックス]
- 料理の初歩 the ABC('s) of cooking
➡初歩の, 初歩的な elementary[エラメンタリィ]
- 科学の初歩的な知識 an *elementary* knowledge of science

しょほう【処方する】prescribe[プリスクライブ]

‖ 処方箋(せん) a prescription

しょみん【庶民】the common people[カマン ピープル]
➡庶民的な popular[パピュラァ]

しょめい【署名】a signature[スィグナチァ]
- 駅の近くで署名を集めた. We collected *signatures* near the station.
➡署名する sign[サイン]
- ここに署名しなさい. *Sign* your name here.

‖ 署名運動 a signature-collecting campaign

じょめい【除名する】expel[イクスペル]
- 彼はバスケ部を除名された. He was *expelled* from the basketball team.

しょもつ【書物】a book[ブック] →ほん

じょや【除夜】New Year's Eve[ヌー イァズ イーヴ]
- 除夜の鐘(かね)が聞こえた. I heard the temple bells on *New Year's Eve*.

しょゆう【所有する】have[ハ ヴ], own[オ ウン], possess[パゼス]
- この車はだれが所有しているのですか. Who *owns* this car?

‖ 所有格 〖文法〗the possessive case
‖ 所有者 an owner
‖ 所有物 one's property；（身の回りの物）one's (personal) things [belongings]

じょゆう【女優】an actress[アクトゥリス]（▶最近では男女の区別を避(さ)けてactorが多く用いられる）

しより【処理する】handle[ハンドゥル], deal with ...[ディール]

しょるい【書類】a document[ダキュマント]（▶しばしば複数形で用いる）, papers[ペイパァズ]
- 重要書類 important *documents* [*papers*]

‖ 書類選考 selection based on application forms

ショルダーバッグ a shoulder bag[ショウルダァ バッグ] →かばん 図

しょんぼり【しょんぼりした】dejected[ディチェクティド]；（悲しそうな）sad[サッド]
- しょんぼりした顔 a *dejected* look
➡しょんぼりと dejectedly

じらい【地雷】a landmine[ランドマイン]

324　three hundred and twenty-four

しらが【白髪】(a) **gray hair**[グレィ ヘァ], (a) **silver hair**[スィルヴァ]
- 父はこのごろ白髪が出てきた. My father has gotten some *gray hairs* recently.

しらかば【白かば】〖植物〗**a white birch**[(ホ)ワイト バーチ]

しらける【白ける】(だいなしになる)**be spoiled**[スポイルド]
- 彼の発言で雰囲気(ふんいき)が白けてしまった. His comment *spoiled* the atmosphere.

しらじらしい【白々しい】(見えすいた)**transparent**[トゥランスペ(ァ)ラント]
- しらじらしいうそ a *transparent* lie

しらす〖魚〗**whitebait**[(ホ)ワイトベイト]

じらす **keep ... hanging**[**in suspense**][キープ][ハンギング][サスペンス]
- 彼女は私たちをいつまでもじらした. She *kept* us *hanging*[*in suspense*] for the longest time.

しらずしらず【知らず知らず】**without realizing it**[ウィザウト リーアライズィング]
- 知らず知らず彼と友達になった. I became friends with him *without realizing it*.

しらせ【知らせ】**news**[ヌーズ](► 単数扱い);(報告)**a report**[リポート]
- あなたによい知らせと悪い知らせがあります. I have good *news* and bad *news* for you.
- 私たちはその知らせを聞いて喜んだ. We were happy to hear the *news*.

しらせる【知らせる】

let ... know[レット][ノゥ], **inform**[インフォーム];(教える)**tell**[テル]

〈人〉に〈事〉を知らせる
let +〈人〉+ know +〈事〉/
inform +〈人〉+ of +〈事〉

- メールアドレスを知らせてください. *Let* me *know* your email address.
- 私たちは先生にその事件を知らせた. We *informed* our teacher *of* the incident.
- 日本に着いたら知らせてください. Please *tell* me when you arrive in Japan.
- (アナウンスで)お知らせします. May I have your attention, please?

しらたま【白玉】**a rice flour dumpling**[ライス フラウァ ダンプリング]

しらべ【調べ】(調査)(an) **investigation**[インヴェスティゲイション], (an) **examination**[イグザメイション];(楽曲)**a tune**[トゥーン], **a melody**[メラディ]

しらべる【調べる】

❶調査する | **investigate, examine, look into ..., check;**(学術的に)**research**
❷辞書などで | **look up, consult**

❶[調査する]**investigate**[インヴェスティゲイト], **examine**[イグザミン], **look into ...**[ルック], **check**[チェック];(学術的に)**research**[リサーチ]
- 警察はその殺人事件を調べている. The police are *investigating*[*looking into*] the murder case.
- 新聞で最新情報を調べた. We *checked* the newspapers for current information.

❷[辞書などで]**look up, consult**[カンサルト]
- 辞書でこの単語を調べよう. Let's *look up* this word in the dictionary.
- その店の住所をインターネットで調べてくれる? Can you *look up* the address of the shop on the Internet?
- 彼は地図を調べた. He *consulted* a map.

しらみ〖虫〗**a louse**[ラウス](複 lice[ライス])

しらんかお【知らん顔をする】(無視する)**ignore**[イグノァ]→ しらんぷり
- 私が大声で呼んだのに兄は知らん顔をした. I called out to my brother, but he *ignored* me.

しらんぷり【知らんぷりをする】**pretend not to recognize**[プリテンド][レカグナイズ]→ しらんかお

しり【尻】**the buttocks**[バタックス], 《話》**the bottom**[バタム]

しりあい【知り合い】

an acquaintance[アクウェインタンス];(友人)**a friend**[フレンド]
- 彼は私の知り合いだ. He's an *acquaintance* of mine.

━知り合いである **know**
- 小田さんは昔からの知り合いです. I've *known* Ms. Oda for years.

━知り合う **get**[**come**] **to know, get acquainted**(**with ...**)
- 私はクラブ活動で彼と知り合った. I *got to know* him through club activities.
- あなたと知り合えてうれしいです. I'm glad to *get acquainted with* you.

シリアル(a) **cereal**[スィ(ァ)リアル]

シリーズ

a series[スィ(ァ)リーズ](複 series)(►単複同形)

あ
か
し
た
な
は
ま
や
ら
わ

じりき

- ハリー・ポッターのシリーズ
the Harry Potter *series*
- (野球の)日本シリーズ the Japan *Series*

じりき【自力で】**by oneself**[バイ]
- 私はその数学の問題を自力で解いた．
I solved the math question *by myself*.

しりごみ【尻ごみする】**hesitate**[ヘズィテイト]
- 尻ごみしないで頑張って．
Don't *hesitate* to try your best.

しりぞく【退く】**draw back**[ドゥロー バック]; (辞職・辞任する)**retire**[リタイア], **step down**[ステップ]
- 彼は日本チームの監督を退いた．
He *stepped down* as the manager of the All Japan team.

しりつ¹【市立の】**municipal**[ミュニスィパル], **city**[スィティ]
| 市立学校 **a municipal school**
| 市立図書館 **a city [municipal] library**
| 市立病院 **a city [municipal] hospital**

しりつ²【私立の】**private**[プライヴィット](⇔公立の public)
| 私立学校 **a private school**

じりつ【自立する】**become independent** (of …)[インディペンデント] → どくりつ

しりとり【尻取り】**shiritori**; **a word-chain game**[ワードチェイン ゲイム]

> **これ、知ってる？ 英語でもしりとり**
> 米国ではgeography[ヂアグラフィ]と呼ばれる，地名を使ったしりとりをします．たとえば，Boston[ボーストゥン]→New York[ヌー ヨーク]→Kansas[キャンザス]→San Francisco[サン フランスィスコゥ]のようにつなげていきます．

しりもち【尻もちをつく】**fall on** one's **buttocks**[bottom][フォール][バタックス[バタム]]
- 彼は尻もちをついた．
He *fell on his buttocks* [*bottom*].

しりょう【資料】**materials**[マティ(ァ)リアルズ], **data**[デイタ]
- 必要な資料を集めなきゃ．
I have to collect [gather] the necessary *materials*.
| 資料館[室] **archives [a reference room]**
| 資料集 **a source book**

しりょく【視力】**eyesight**[アイサイト], **sight**[サイト]
- 私は視力がいい[弱い]．
I have good [bad] *eyesight*.
- 右目の視力は0.6だった．
My *eyesight* in my right eye was 0.6.
- 彼は視力を失った．
He lost his *sight*.
- 祖父の視力はだんだん衰えてきている．
My grandfather's *eyesight* is failing little by little.
| 視力検査 **an eye test**

しる¹【知る】

know[ノウ](▶進行形にしない)
- 私はアキの住所を知っている．
I *know* Aki's address.
- 私はケンを彼が子どものときから知っている．
I have *known* Ken since he was a child.
- 彼女のことは名前だけなら知っている．
I *know* her only by name.
- 「ヒロの誕生日を知っていますか」「いいえ，知りません」
"Do you *know* when Hiro's birthday is?" "No, I don't."

〈人・物・事〉について知っている
know about +〈人・物・事〉/
know of +〈人・物・事〉
- 私はユリの家族について知っている．
I *know about* Yuri's family.
- 私はそのロック歌手について知っている．
I *know of* the rock singer.(▶「うわさに聞いて間接的に知っている」の意)

…だということを知っている
know that …
- 学校のだれもが森先生が厳しい先生だということを知っている．
Everyone in the school *knows that* Ms. Mori is a strict teacher.

…か知っている
know if [what, when, which など] …
- それが正しいかどうかだれも知らなかった．
Nobody *knew if* it was correct or not.
- あした何時にその試合が始まるのか知らない．
I don't *know when* the game will start tomorrow.
- エミはスキーのしかたをまったく知らない．
Emi doesn't *know how* to ski at all.
- 私の知る限り彼は私の意見に賛成していた．
As far as I *know*, he agreed with me.
- おまえの知ったことか．
(It's) none of your business!

━知られた known, famous[フェイマス]
- その歌手は世界的に知られている．
The singer is *known* to the world.
- 私の秘密がクラスじゅうに知られてしまった．
My secret became *known* to everybody in the class.

━知られていない unknown

しん¹

> **ここがポイント!** I don't know. の使い方
> (1) Do you know ...? と聞かれて「知りません」と答える場合は，No, I don't. / No, I don't know it. のどちらも使います．「わからない」は I don't know. を使います．
> (2) 道を聞かれたときに I don't know. とだけ答えるとぶっきらぼうな印象を与えることがあります．Sorry.（すみません）や I'm a stranger around here.（この辺のことは知らないのです）などをつけましょう．
> ・「目黒駅はどこか知っていますか」
>   「すみませんが，知りません（この辺には詳しくないので）」
>   "Do you know where Meguro Station is?"
>   "Sorry, *I don't know*. (I'm a stranger around here.)"

――――――――慣用表現――――――――
知らぬが仏． Ignorance is bliss.

しる²【汁】**juice**[チュース]；（スープ）**soup**[スープ]；（肉汁）**gravy**[グレイヴィ]
・みそ汁 miso *soup*
・汁の多い juicy

シルク silk[スィルク] → きぬ
┃シルクロード the Silk Road

しるこ【汁粉】*shiruko*; **sweet red bean soup**[スウィート レッド ビーン スープ]

しるし【印】
（目印）**a mark**[マーク]；（ある意味を表示する）**a sign**[サイン]；（記念・証拠）**a token**[トウクン]
・地図上のこの印は郵便局を表している．
This *mark* on the map stands for a post office.
━印をつける **mark, check**
・その間違いに印をつけた．
I *marked* the error.

シルバー silver[スィルヴァ]
シルバーシート seats for senior citizens and people with disabilities[スィーツ][スィーニャァ スィティズンズ][ピープル][ディサビラティーズ]（►「シルバーシート」は和製英語）

じれったい be irritated[イリテイティド]**, be impatient**[インペイシャント]
・じれったい思いをした．
I *was irritated*.

…しれない → …かもしれない

しれん【試練】**a trial**[トゥライアル]；（試す手段）**a test**[テスト]

しろ¹【白】
white[(ホ)ワイト]
・ユミは白い服を着ていた．
Yumi was dressed in *white*.
━白い **white**; （肌（はだ）が）**fair**[フェア]
・白い建物 a *white* building
・彼は色が白い．He has *fair* skin.
┃白熊（しろくま）〘動物〙**a polar bear**
┃白バイ **a police motorcycle**

しろ²【城】**a castle**[キャスル]

…しろ → …なさい

しろうと【素人】（アマチュア）**an amateur**[アマチュア]（⇔玄人（くろうと） a professional）
━素人の **amateur**
・素人のカメラマン
an *amateur* photographer
┃素人っぽい **amateurish**

じろじろ【じろじろ見る】**stare**（at ...）[ステア]
・みんなが私をじろじろ見た．
Everyone *stared at* me.

シロップ syrup[スィラップ]

しろみ【白身】（卵の）**the white**（of an egg）[(ホ)ワイト][(エッ)グ]（⇔ 黄身（a）yolk）；（魚の）**white flesh**[フレッシュ]

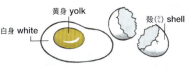
黄身 yolk
白身 white
殻（から） shell

じろりと（鋭（するど）い目つきで）**with a piercing look**[ピアスィング ルック]

しわ a wrinkle[リンクル]**, a line**[ライン]
・祖母の手はしわだらけだ．
My grandmother's hands are full of *wrinkles*.
・アイロンでハンカチのしわをのばした．
I ironed out the *wrinkles* in the handkerchief.
━しわになる wrinkle
・しわになったシャツ a *wrinkled* shirt

しわざ【仕業】（過失）**a fault**[フォールト]
・だれのしわざだ？
Who *did* it?

しん¹（果物などの）**a core**[コア]；（鉛筆（えんぴつ）の）（**a**）**lead**[レッド]（★「リード」でないことに注意）；（ろうそく・ランプの）**a wick**[ウィック]
・りんごのしん
the *core* of an apple
・鉛筆のしんがまた折れた．
The *lead* of the pencil broke again.

しん²

lead — core — wick

しん²【真の】**true**[トゥルー], **real**[リー(ア)ル], **genuine**[チェニュイン]
- 真の友情 *true* [*genuine*] friendship
- 真の実力 *real* ability [competence]

しん…【新…】**new**[ヌー]→あたらしい
- 新曲 a *new* song [release]

じんいてき【人為的な】**artificial**[アーティフィシャル]

しんか【進化】**evolution**[エヴァルーション]
- ➡進化する **evolve**[イヴァルヴ]
- 人間は猿(ᢒᢓ)から進化したそうだ. It is said that humans *evolved* from apes.
- ‖進化論 the theory of evolution

シンガー a **singer**[スィンガァ]
- ‖シンガーソングライター a singer-songwriter

しんがく【進学する】**go (on) to …**
- アイは今年の春に高校に進学した.
  Ai *went on to* high school this spring.
- ‖進学校 ⊛ a preparatory school
- ‖進学塾(ᠴᠲ) a cram school

じんかく【人格】**(a) character**[キャリクタァ], **(a) personality**[パーサナリティ]
- 二重[多重]人格
  a split [multiple] *personality*

しんがた【新型】**a new type [style]**[ヌー タイプ [スタイル]]; (車などの)**a new model**[マドゥル]
- 新型のカメラ a *new* camera *model*
- 最新型 the *latest model* [*type*]
- ‖新型ウイルス (a) new virus

しんがっき【新学期】**a new school term**[ヌー スクール ターム]

シンガポール Singapore[スィンガポァ]
- ‖シンガポール人 a Singaporean

しんかん【新刊】**a new publication**[ヌー パブリケイション]
- ‖新刊書 a new book

しんかんせん【新幹線】**the Shinkansen; the Japanese bullet train**[チャパニーズ ブリット トゥレイン]
- 東海道新幹線 the Tokaido *Shinkansen*

ジンギスカン【料理】**a (Mongolian) mutton barbecue**[(マンゴウリアン) マトゥン バービキュー]

しんきゅう【進級する】**be promoted (to …)**[プラモウティド]
- クミは中学3年生に進級した. Kumi *was promoted to* the 9th grade this year.

しんきろう【しん気楼】**a mirage**[ミラージュ]

しんきろく【新記録】**a new record**[ヌー レカァド]
- リョウは新記録を樹立した.
  Ryo made [set] a *new record*.
- 世界新記録 a *new* world *record*

しんきんかん【親近感を持つ】**feel close (to …)**[フィール クロウス]
- 新しい先生に親近感を持った.
  I *felt close to* our new teacher.

しんぐ【寝具】**bedding**[ベッディング], **bedclothes**[ベッドゥクロウズ]

しんくう【真空】**a vacuum**[ヴァキューム]
- ‖真空パック vacuum packing

ジンクス (a) jinx[チンクス] (►縁起(ᵈ⁸)の悪いことやその原因となる人やものに用いる)

シングル【野球】(シングルヒット) **a single (hit)**[スィングル (ヒット)]; (ホテルの1人部屋) **a single room**[ルーム]
- ‖シングルベッド a single bed
- ‖シングルマザー a single mother

シングルス (テニスなどで) **a singles**[スィングルズ]

シンクロナイズドスイミング synchronized swimming[スィンクラナイズド スウィミング]→アーティスティックスイミング

しんけい【神経】**a nerve**[ナーヴ]; (度胸) **(a) nerve**
- あの人は神経が図太い.
  That person has a lot of *nerve*.
- ジュンは神経が細い. Jun is sensitive.
- ➡神経質な **nervous**[ナーヴァス]
- そう神経質になるな. Don't be so *nervous*.
- ‖神経症(ᠴᠲ) a neurosis
- ‖神経痛 neuralgia

しんげつ【新月】**a new moon**[ヌー ムーン]

しんけん【真剣な】**serious**[スィ(ア)リアス]; (熱心な)**earnest**[アーニスト]
- ナオミはとても真剣な顔をしていた.
  Naomi looked quite *serious*.
- ➡真剣に **seriously**
- もっと真剣に練習をしてもらいたい.
  I want you to practice more *seriously*.
- ‖真剣勝負 a serious match

じんけん【人権】**human rights**[ヒューマン ライツ]
- 基本的人権を守るべきだ. We should defend fundamental *human rights*.

しんげん(ち)【震源(地)】**the epicenter of an earthquake**[エピセンタァ] [アースクウェイク]

しんこう¹【進行】**progress**[プラグレス]
- そのプロジェクトは現在進行中だ.
  The project is now in *progress*.
- ➡進行する **make progress**
- ‖進行係 a program director
- ‖進行形 〚文法〛the progressive form

しんこう²【信仰】**(a) faith**[フェイス], **(a) belief**

328　three hundred and twenty-eight

[ビリーフ]
━信仰する believe (in ...), have faith (in ...)
・その国民はイスラム教を信仰している. The people in that country *believe in* Islam.

しんごう【信号(機)】
(交通信号灯) a traffic light [トゥラフィック ライト] (▶しばしば the traffic lights で用いる), a signal [スィグナル]
・その運転手は信号を無視した.
The driver ignored the *traffic light*.
・信号が赤から青に変わった.
The *traffic light* changed from red to green. (▶信号の「青」は英語では green)

歩行者用の信号(米国)

じんこう¹【人口】(a) population [パピュレイション] (▶複数形では用いない)
・その国は人口が多い[少ない]. That country has a large [small] *population*.
・私たちの市は人口が増加[減少]した.
The *population* of our city has increased [decreased].

話してみよう!
☺あなたの町の人口はどれくらいですか.
What is the *population* of your town?
☺約5万人です.
It's about fifty thousand.

人口密度 population density
人口問題 the population problem

じんこう²【人工の】artificial [アーティフィシャル], man-made [マンメイド]
人工衛星 an artificial satellite, a man-made satellite
人工呼吸 artificial respiration
人工呼吸器 a respirator / a ventilator
人工知能 an artificial intelligence, AI
人工芝(ば) synthetic grass [turf]
人工林 an artificial forest

しんこきゅう【深呼吸する】take a deep breath [ディープ ブレス], breathe deeply [ブリーズ ディープ

リィ]

しんこく¹【深刻な】serious [スィ(ァ)リアス]
・深刻な顔 a *serious* look
━深刻に seriously
・深刻に考えすぎないで.
Don't take it too *seriously*.

しんこく²【申告する】(課税品などを)declare [ディクレア]

話してみよう!
☺(税関で)何か申告するものはありますか.
Do you have anything to *declare*?
☺いいえ, 何もありません.
No, I've nothing to *declare*.

しんこん【新婚の】newly married [ヌーリィマリィド]
・2人は新婚ほやほやだ.
The two have *just married*.
新婚夫婦(ふう) newlyweds, a newly married couple
新婚旅行 a honeymoon: 彼らはヨーロッパへ新婚旅行に行った. They went to Europe on their *honeymoon*.

しんさ【審査】an exam
━審査する judge
審査員 a judge, an examiner
審査結果 the exam result

しんさい【震災】an earthquake disaster [アースクウェイク ディザスタア]
・多くの人がその大震災で被害にあった.
Many people suffered from the great *earthquake*.
震災被災者 an earthquake victim

しんさつ【診察】a medical examination [メディカル イグザミネイション]
・医師の診察を受けた. I *consulted* a doctor.
━診察する examine [イグザミン]
・医者は私の鼻とのどを診察した. The doctor *examined* my nose and throat.
診察券 a consultation card
診察室 a consulting room

しんし【紳士】a gentleman [ヂェントゥルマン] (複 gentlemen [-マン]) (⇔婦人 a lady)
紳士服 menswear, men's wear

しんしつ【寝室】a bedroom [ベッドルーム]

しんじつ【真実】the truth [トゥルース] (⇔うそ a lie)
・彼女はついに真実を語った.
She finally told *the truth*.
…というのは真実だ
It is true that ...
・早起きは三文の徳というのは真実だ. *It is true*

しんじゃ

that the early bird catches the worm.
- **━真実の** true
- 真実の愛 *true* love

しんじゃ【信者】a believer[ビリーヴァ]
じんじゃ【神社】a（Shinto）shrine[（シントウ）シュラィン]
- 下鴨神社 the Shimogamo *Shrine*
- 神社にお参りしよう. Let's visit a *shrine*.

ジンジャーエール ginger ale[ヂンヂャァ エイル]
しんじゅ【真珠】a pearl[パール]
- 真珠のネックレス a *pearl* necklace

じんしゅ【人種】a race[レイス]
- **━人種の, 人種的な** racial[レイシャル]
- 人種差別 racial discrimination, racism
- 人種問題 a race problem［issue］

しんしゅつ【進出する】move into ...[ムーヴ], advance into［to］...[アドゥヴァンス]
- 日本代表は準決勝に進出した.
  The Japan national team *advanced*［*went on*］*to* the semifinals.

しんじる【信じる】

believe[ビリーヴ], believe in ...;（信用する）trust[トゥラスト]
- 私は彼を信じる. I *believe* him.
- あなたの言うことは何も信じられない.
  I can't *believe* anything you say.
- 弟はサンタクロースの存在を信じている.
  My little brother *believes in* Santa Claus.
- 私たちはみんなコーチを信じている.
  All of us *trust* our coach.

…ということを信じる
believe（that）...
- 私はうちのチームが試合に勝つと信じている.
  I *believe that* our team will win the game.
- 私は彼が成功すると信じている.
  I'*m sure that* he will succeed.

> **くらべてみよう！　believe と believe in**
>
> **believe** は人の言ったこと, 出来事, 事柄(がら)などを「信じる」ときに, **believe in** は存在・宗教・人格・能力など何か不確かなものを「信じる」ときに使います.
> - 私は神を信じる.
>   ×I believe God.
>   ○I *believe* in God.

しんしん【心身】mind and body[マインド][バディ]
- 私は心身ともに健康だ.
  I am healthy in *mind and body*.

しんじん【新人】a newcomer[ヌーカマァ], a new

face[フェイス];（スポーツで）《話》a rookie[ルーキィ]
- 新人王 『野球』the Rookie of the Year
- 新人歌手 a new singer
- 新人賞 the rookie-of-the-year award
- 新人戦 a rookie match［game］

しんすい【浸水する】be flooded[フラディド]
- 校舎が浸水した.
  The school building *was flooded*.

しんせい¹【神聖な】holy[ホウリィ], sacred[セイクリッド]
しんせい²【申請する】apply（for ...）[アプライ]
- パスポートを申請した.
  I *applied for* a passport.

じんせい【人生】(a) life[ライフ]（複 lives[ライヴズ]）
- 幸福な人生を送りたい.
  I want to lead［live］a happy *life*.
- 人生を大いに楽しもう.
  Let's enjoy *life* to the fullest.
- 人生観 a view of life

しんせき【親戚】a relative[レラティヴ]→しんるい
シンセサイザー〖楽器〗a synthesizer[スィンササイザァ]

しんせつ【親切】

(a) kindness[カインドゥニス]
- ご親切にどうもありがとうございます.
  Thank you very much for your *kindness*. / It is very *kind*［*nice*］of you.
- **━親切な** kind（⇔不親切な unkind）, nice
- あなたはとても親切だ. You are very *kind*.

〈人〉に親切だ
be kind to+〈人〉
- 他人に親切にしなさい. *Be kind to* others.
- **━親切に（も）** kindly
- 彼は親切にも公園へ行く道を教えてくれた. He *kindly* showed me the way to the park.

親切に（も）…する
be kind enough to+〈動詞の原形〉
- ナツは親切にも妊婦(にんぷ)に席を譲(ゆず)った.
  Natsu *was kind enough to* give up her seat to a pregnant woman.

しんせん【新鮮な】fresh[フレッシュ]
- 新鮮な空気 *fresh* air
- 新鮮な野菜 *fresh* vegetables

しんぜん【親善】friendship[フレンドシップ], goodwill[グッドウィル]
- 国際親善を深めるための催(もよお)しがある.
  There will be an event to promote international *friendship*.
- **━親善の** goodwill
- 親善試合 a goodwill［friendly］game

しんそう【真相】（真実）the truth[トゥルース]

330　three hundred and thirty

しんぱい

しんぞう【心臓】
❶ 内臓の器官　　　　a heart
❷ 勇気, 度胸　　　　nerve

❶[内臓の器官] a heart[ハート]
- 彼は心臓が弱い.
  He has a weak *heart*. / He has *heart* trouble.
- マラソン選手は心臓が丈夫(じょう)だ.
  Marathon runners have strong *hearts*.
- お化け屋敷(やしき)に入ったとき私の心臓はどきどきしていた.
  My *heart* was beating very fast when I entered the haunted house.

❷[勇気, 度胸] nerve[ナーヴ]
- 相当な心臓だな.
  You've got a lot of *nerve*.
- 私は心臓が弱い.
  I am shy [nervous]. (←気が弱い)

‖ 心臓移植 a heart transplant
‖ 心臓病 heart disease, heart trouble
‖ 心臓発作(ほっさ) a heart attack
‖ 心臓マッサージ heart massage
‖ 心臓まひ heart failure

じんぞう¹【人造】→じんこう²
じんぞう²【じん臓】a kidney[キッドゥニィ]
しんだ【死んだ】dead[デッド]→しぬ
しんたい【身体】a body[バディ]
　━身体の physical[フィズィカル]
‖ 身体検査 a physical examination [checkup]
‖ 身体障がい者→しょうがい¹(障がい者)
‖ 身体測定 the physical measurements
‖ 身体能力 physical ability

しんだい【寝台】a bed[ベッド]; (船・列車の)a berth[バース]
‖ 寝台車 a sleeping car, a sleeper
じんたい【人体】a human body[ヒューマン バディ]
しんたいそう【新体操】rhythmic gymnastics[リズミック ヂムナスティックス](►複数扱い)
しんだん【診断】(a) diagnosis[ダイアグノウスィス] (複 diagnoses[ダイアグノウスィーズ])
- 医者の診断はどうだった?
  What was the doctor's *diagnosis*?
- 健康診断 a medical examination
　━診断する diagnose[ダイアグノウス]
- おじはウイルスに感染(かんせん)していると診断された. My uncle was *diagnosed* with a virus.
‖ 診断書 a medical certificate

しんちく【新築の】newly-built[ヌーリィビルト]
- 新築の家 a *newly built* house
しんちゅう【真ちゅう】brass[ブラス]

しんちょう¹【身長】
(a) height[ハイト]→せ❷
- 先生が私の身長を測った.
  The teacher measured my *height*.
- リクは父と同じくらいの身長だ.
  Riku is as *tall* as his father.

しんちょう²【慎重な】(注意深い)careful[ケアフル]; (言動が)discreet[ディスクリート]
　━慎重に carefully; discreetly
しんてん【進展する】(発展する)develop[ディヴェラップ]; (進歩する)progress[プラグレス]
しんど【震度】a seismic intensity[サイズミック インテンスィティ]
- きょう, 震度3の地震があった. There was an earthquake with a *seismic intensity* of 3 (on the Japanese scale) today.

じんと【じんとくる】(感動する)be touched[タッチト], be moved[ムーヴド]
- 彼女の親切にじんときた.
  I *was touched* by her kindness.

しんどう¹【振動】(a) vibration[ヴァイブレイション]; (振(ふ)り子などの)a swing[スウィング]
　━振動する vibrate[ヴァイブレイト]; swing
しんどう²【震動】(a) vibration[ヴァイブレイション]
　━震動する vibrate[ヴァイブレイト], shake→ゆれる
じんどう【人道的な】humane[ヒューメイン]
‖ 人道支援(しえん) humanitarian aid[support]
シンナー(paint) thinner[(ペイント) スィナァ]
しんにゅう【侵入する】invade[インヴェイド]; (家などに)break into ...[ブレイク]
- 泥棒(どろぼう)が家に侵入した.
  A burglar *broke into* the house.
‖ 侵入者 an invader, an intruder
しんにゅうせい【新入生】a new student[ヌーストゥードゥント]; (大学および米国の4年制高校の1年生)a freshman[フレッシュマン] (複 freshmen[-マン])(►女性にも用いる)
しんにん【新任の】new[ヌー]
- 宇佐見先生は新任の英語の先生だ.
  Ms. Usami is our *new* English teacher.
しんねん¹【新年】(年初の数日間)(the) New Year[ヌーイア]
‖ 新年会 a New Year's party
しんねん²【信念】(a) faith[フェイス], (a) belief[ビリーフ]
- 揺(ゆ)るぎない信念 an unshakable *faith*

しんぱい【心配(事)】
(a) worry[ワーリィ], (an) anxiety[アングザイアティ]

three hundred and thirty-one

シンバル

- 父は心配事がたくさんあるようだ. My father seems to have a lot of *worries*.
- **心配する** (気にかける) **worry**（about ...）, **be worried**（about ...）, **be anxious**（about ...）;（恐(おそ)れる）**be afraid**（of ...）
- 心配しないで.
  Don't *worry*. / Don't *be anxious*.
- 次のテストのことが心配だ.
  I'm *worried* about the next exam.
- 私は地震(じしん)が起こるのではと心配だ. I'm *afraid* that an earthquake may occur.

シンバル[楽器]**cymbals**[スィンバルズ]

しんぱん【審判】(野球・バレーボール・テニスなどの)**an umpire**[アンパイア];（バスケットボール・サッカー・レスリングなどの)**a referee**[レファリー]（★ともにアクセント位置に注意）;（体操などの)**a judge**[チャッヂ]

- **審判をする referee**;（野球の)**umpire**

しんぴ【神秘】(a) **mystery**[ミスタリィ]
- **神秘的な mysterious**[ミスティ(ア)リアス]

しんぴん【新品の】**brand-new**[ブラン(ドゥ)ヌー], **new**[ヌー]
- これは新品のパソコンだ.
  This is a *brand-new* PC.

しんぷ[1]【神父】**a priest**[プリースト];（呼びかけ, 尊称(そんしょう))**Father**[ファーザァ]
- ネルソン神父 *Father* Nelson

しんぷ[2]【新婦】**a bride**[ブライド]（⇔新郎(しんろう) **a bridegroom, a groom**)

シンフォニー[交響楽[曲]]**a symphony**[スィンフォニィ]

じんぶつ【人物】**a person**[パースン];（劇などの登場人物)**a character**[キャリクタァ], **a personality**[パーサナリティ]
- 偉大(いだい)な人物 a great *person*
- 人物画 **a portrait**

シンプル[シンプルな]**simple**[スィンプル]

しんぶん【新聞】**a newspaper**[ヌーズペイパァ], **a paper**[ペイパァ]
- 父は毎朝2紙の新聞を読む.
  My father reads two *newspapers* every morning.
- 新聞に私たちの試合のことが出ていた.
  Our game appeared [was] in the *newspaper*.
- きょうの新聞によれば急な選挙があるようだ.
  Today's *newspaper* said [reported] that there will be a sudden election.
- うちでは日本新聞を取っている.
  We get the Nihon. (▶新聞名にはtheがつく)
- 新聞記事 **a newspaper article**
- 新聞記者 **a newspaper reporter**
- 新聞紙 **a newspaper**
- 新聞社 **a newspaper company**[**office**]
- 新聞部 **a newspaper club**

いろいろな種類の新聞（英国・ロンドン）

しんぽ【進歩】**progress**[プラグレス]
- **進歩する progress**[プラグレス], **make progress**;（上達する)**improve**[インプルーヴ]
- ノゾミの英語はとても進歩している.
  Nozomi's English has *improved* a lot.
- **進歩的な progressive**

しんぼう【辛抱】**patience**[ペイシャンス]→がまん
- **辛抱強い patient**
- **辛抱強く patiently**
- 彼は順番がくるのを辛抱強く待った.
  He waited (for) his turn *patiently*.
- **辛抱する endure, bear, put up with ...**

じんぼう【人望】(人気)**popularity**[パピュラリティ];（尊敬)**esteem**[イスティーム]
- **人望がある popular**[パピュラァ]; **well-respected**[ウェルリスペクティド]

しんぼく【親睦】**friendship**[フレンドシップ]
- 親睦を図(はか)るためにパーティーを開いた.
  We gave a party to promote *friendship*.
- 親睦会 **a social gathering**,（話)**a get-together**

シンポジウム **a symposium**[スィンポウズィアム]（複 **symposiums, symposia**[スィンポウズィア])

シンボル **a symbol**[スィンバル]→しょうちょう
- はとは平和のシンボルだ.
  Doves are a *symbol* of peace.
- シンボルマーク **a symbol**;（会社などの)**a logo**

しんまい【新米】(新人)**a newcomer**[ヌーカマァ];（初心者)**a beginner**[ビギナァ]

じんましん **a nettle rash**[ネトゥルラッシュ], **hives**[ハイヴズ]
- 体じゅうにじんましんが出た.
  I got *hives* all over my body.

しんみ【親身】
- 先生は親身になって聞いてくれた. The teacher listened with a *sympathetic* ear.

しんみつ【親密な]**close**[クロウス]

じんめい【人命】(a) **life**[ライフ]（複 **lives**[ライヴ

しんわ

ズ］),（a）human life[ヒューマン]
人命救助 lifesaving

しんや【深夜】midnight[ミッドゥナイト]
━深夜に in the middle of the night;（夜遅(蒿)く）late at night
・その店は深夜も営業している．
They are open 24 hours a day.（◀1日24時間開いている）
深夜番組 a midnight program［show］
深夜放送 a late night broadcast

しんゆう【親友】a close［good］friend[クロウス［グッド］フレンド], one's best friend[ベスト]
・アキは私の親友だ．Aki is *my best friend*.

しんよう【信用】trust[トゥラスト]
━信用する trust;（本当だと思う）believe
・私はもう彼を信用することができない．
I can't *trust* him anymore.
・彼は私の話を信用しなかった．
He didn't *believe* my story.
信用できる trustworthy[トゥラストワーズィ]

しんらい【信頼】trust[トゥラスト]
━信頼する trust;（頼(蒿)る）rely（on ...）[リライ]
・私はコーチを信頼している．I *trust* my coach.
━信頼できる reliable[リライアブル]

しんり[1]【心理】(a) psychology[サイカラヂィ]
心理学 psychology
心理学者 a psychologist
心理テスト a psychological test

しんり[2]【真理】(a) truth[トゥルース]
・哲学者は真理を追究する．
A philosopher seeks（after）*truth*.

しんりゃく【侵略】(an) invasion[インヴェイジョン]
━侵略する invade
・映画ではその町はゾンビに侵略された．
In the movie, the town was *invaded* by zombies.
侵略者 an invader

しんりょうじょ【診療所】a clinic[クリニック]

しんりょく【新緑】fresh green leaves[フレッシュ グリーン リーヴス]

しんりん【森林】a forest[フォーリスト], a wood[ウッド]（▶しばしば the woods で用いる）→もり

森林火災 a forest fire
森林公園 a forest park
森林破壊［伐採(蒿)］deforestation
森林浴 relaxing in the woods

しんるい【親類】

a relative[レラティヴ]
・父方の親類 *relatives* on my father's side
・ケンは私の遠い［近い］親類だ．
Ken is my distant［close］*relative*.

じんるい【人類】the human race[ヒューマン レイス], humans（▶最近では男女の区別を避(蒿)けて mankind を使わないのがふつう）
・人類の起源 the origin of *the human race*
人類学 anthropology

しんれい【心霊の】psychic[サイキック]
心霊現象 a psychic phenomenon
心霊写真 a psychic photograph

しんろ【進路】a course[コース]
・台風は進路を変えた．
The typhoon changed its *course*.
・将来の進路を決めた？
Have you decided what to do in the future?
進路相談 career counseling

しんろう【新郎】a bridegroom[ブライドグルーム], a groom[グルーム]（⇔新婦 a bride）

しんわ【神話】(1つの) a myth[ミス],（まとめて）mythology[ミサラヂィ]
・ギリシャ神話
the Greek *myths*［*mythology*］

す ス

す¹【巣】(鳥・虫・小動物の)**a nest**[ネスト]; (くもの) **a web**[ウェブ]; (みつばちの)**beehive**[ビーハイヴ], **a honeycomb**[ハニィコウム]
- ありの巣 an ant *nest*
- すずめが巣を作った.
  A sparrow made [built] a *nest*.

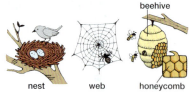
nest　web　honeycomb

▎巣箱(鳥の)a birdhouse

す²【酢】**vinegar**[ヴィニガァ]

ず【図】(絵)**a drawing**[ドゥローイング]; (挿絵) **an illustration**[イラストゥレイション]; (図解)**a figure**[フィギャァ]; (図表)**a diagram**[ダイアグラム]
- 5ページの図3 *figure* 3 on page 5

すあし【素足】**bare feet**[ベァ フィート]→はだし

ずあん【図案】**a design**[デザイン], **a pattern**[パタァン]

スイーツ(あめ,チョコレートなど)《主に米》**candy**[キャンディ], **desserts**[ディザーツ], 《主に英》**sweets**[スウィーツ]

スイートピー〘植物〙**a sweet pea**[スウィート ピー]

すいえい【水泳】

swimming[スウィミング]
- 水泳の試合 a *swimming* competition
- アヤは水泳が得意だ.
  Aya is good at *swimming*. / Aya is a good swimmer.
- アヤは水泳が苦手だ. Aya is bad at *swimming*. / Aya is a bad swimmer.
- →水泳をする swim→およぐ

水泳教室 a swimming class
水泳選手 a swimmer
水泳大会 a swim meet
水泳パンツ swim [swimming] trunks
水泳部 a swimming team
水泳帽 a swimming cap

すいか〘植物〙**a watermelon**[ウォータァメラン]
すいがい【水害】(洪水)**a flood**[フラッド]
- この町はよく水害に見舞われる.
  This town often suffers from *floods*.

▎水害地 a flooded area

すいがら【吸い殻】**a cigarette butt**[スィガレット バット]

すいきゅう【水球】〘スポーツ〙**water polo**[ウォータァ ポウロウ]

すいぎゅう【水牛】〘動物〙**a water buffalo**[ウォータァ バッファロウ]

すいぎん【水銀】**mercury**[マーキュリィ]

すいげん【水源】**the source of a river**[ソース]

すいこむ【吸い込む】(息を)**breathe in**[ブリーズ]
- トワは息を大きく吸いこんだ.
  Towa *breathed in* deeply.

すいさいが【水彩画】**a watercolor(painting)** [ウォータァカラァ (ペインティング)]
- 私たちは水彩画を描いた. We painted with *watercolors*. (←水彩画の絵で)

すいさんぶつ【水産物】**marine products**[マリーン プラダクツ]

すいじ【炊事】**cooking**[クッキング]

炊事道具(まとめて)**kitchenware**

すいしつ【水質】**water quality**[クワリティ]

すいしゃ【水車】**a waterwheel**[ウォータァ(ホ)ウィール]

▎水車小屋 a water mill

すいじゃく【衰弱する】**become [grow] weak** [ビカム [グロウ] ウィーク]
- その子猫はひどく衰弱していた.
  The kitten has *grown* terribly *weak*.

すいじゅん【水準】**a standard**[スタンダァド], **a level**[レヴァル]
- 生活水準 the living *standard* / the *standard* of living
- 日本の教育水準は高い.
  The *level* of education in Japan is high.

すいしょう【水晶】**crystal**[クリストゥル]

すいじょう【水上の[で]】**on the water**[ウォータァ]

▎水上スキー water-skiing
▎水上バス a water-bus

すいじょうき【水蒸気】(water) **vapor**[(ウォータァ) ヴェイパァ]; (湯気)**steam**[スティーム]

スイス Switzerland[スウィッツァランド]
- スイス(人)の **Swiss**[スウィス]

すいへい

┃スイス人 a Swiss
すいすい【すいすい(と)】(すばやく)**swiftly**[スウィフトゥリィ]；(楽に)**easily**[イーズィリィ]
すいせい¹【彗星】【天文】**a comet**[カミット]
すいせい²【水星】【天文】**Mercury**[マーキュリィ]
すいせん¹【推薦】**a recommendation**[レカメンデイション]
━推薦する **recommend**（**to** ...）[レカメンド]
・彼は私にこの辞書を推薦した.
　He *recommended* this dictionary *to* me.
┃推薦状 **a letter of recommendation**
┃推薦図書 **recommended reading**
┃推薦入学 **admission by recommendation**
すいせん²【水仙】【植物】**a narcissus**[ナースィサス]；(らっぱ水仙)**a daffodil**[ダファディル]
すいせんトイレ【水洗トイレ】**a flush toilet**[フラッシュ トイリット]
すいそ【水素】**hydrogen**[ハイドゥラヂャン]
┃水素エンジン **a hydrogen engine**
┃水素爆弾(ﾀﾞﾝ) **a hydrogen bomb, an H-bomb**
すいそう¹【水槽】**a**（**water**）**tank**[(ウォータァ) タンク]；(魚などの)**an aquarium**[アクウェ(ァ)リアム]
すいそう²【吹奏する】**play**[プレィ], **blow**[ブロウ]
┃吹奏楽 **wind music**
┃吹奏楽団 **a brass band**
┃吹奏楽部 **a school band**
┃吹奏楽器 **a wind instrument**
すいそく【推測】**a guess**[ゲス]
・彼女の推測は当たった.
　Her *guess* was right. / She *guessed* right.
・彼女の推測は外れた.
　Her *guess* was wrong. / She *guessed* wrong.
━推測する **guess, make a guess**
すいぞくかん【水族館】**an aquarium**[アクウェ(ァ)リアム]
すいちゅう【水中の】(水面下の)**underwater**[アンダァウォータァ]
━水中に［で］**in the water, under water**
┃水中カメラ **an underwater camera**
┃水中眼鏡 (水泳用の)（**swimming**）**goggles**
すいちょく【垂直な】**vertical**[ヴァーティカル](⇔水平な **horizontal**)
━垂直に **vertically**
┃垂直線 **a vertical line**
┃垂直跳(ﾄ)び **a vertical jump**

スイッチ

a switch[スウィッチ]
━スイッチを入れる **switch**［**turn**］**on**［**ターン**］
・彼女はテレビのスイッチを入れた.
　She *switched*［*turned*］*on* the TV.

━スイッチを切る **switch**［**turn**］**off**
┃スイッチヒッター 【野球】**a switch-hitter**
すいてい【推定】**an estimate**[エスタマット], **an estimation**[エスタメイション]
━推定する **estimate**[エスタメイト]
すいでん【水田】**a rice field**［**paddy**］[ライス フィールド [パディ]]→た¹
すいとう【水筒】**a water bottle**[ウォータァ バトゥル]
すいどう【水道】(設備)**a water supply**[ウォータァ サプライ]；(水道水)**tap**［**running**］**water**[タップ [ラニング]]

蛇口(ｸﾞﾁ) ⊕ **faucet** 《主に⊕》**tap**
水道の水 **tap**［**running**］**water**
洗面台 ⊕ **sink** ⊕ **washbasin**

・水道が止まってしまった.
　The *water supply* was cut off.
・父はいつも水道の水を飲んでいる.
　My father always drinks *tap water*.
・ケンは水道の水を出した［止めた］.
　Ken turned on［off］the faucet.
　(▶faucet は水道の「蛇口(ｸﾞﾁ)」)
┃水道管 **a water pipe**
┃水道工事 **waterworks**
┃水道料金 **the water bill, water charges**
すいとる【吸い取る】**soak up**[ソウク アップ], **absorb**[アブゾーブ]
・テーブルの上の水をふきんで吸い取った.
　I *soaked up* the water on the table with a kitchen cloth.
すいばく【水爆】→ すいそ(水素爆弾(ﾀﾞﾝ))
すいはんき【炊飯器】**a rice cooker**[ライス クッカァ]
ずいひつ【随筆】**an essay**[エセィ]
┃随筆家 **an essayist**
すいぶん【水分】(水)**water**[ウォータァ]；(果物・野菜・肉などの)**juice**[ヂュース]
・このすいかは水分が多い.
　This watermelon is *juicy*.
ずいぶん(非常に)**very**[ヴェリィ], **very much**[マッチ], **a lot**[ラット]；(かなり)**fairly**[フェアリィ]
・きょうはずいぶん涼(ｽｽﾞ)しかった.
　It was *very* cool today.
・彼とはずいぶん前に会った.
　I saw him a *long* time ago.
すいへい【水平な】(平らな)**level**[レヴァル], **horizontal**[ホーラザントゥル](⇔垂直な **vertical**)
━水平に **horizontally**
┃水平線 **the horizon**: 太陽が水平線(の下)に沈

(沈)んだ. The sun has sunk below *the horizon*.

すいみん【睡眠】**sleep**[スリープ]→ねむる
- 十分な睡眠を取ることは大切だ.
  It is important to have a good *sleep*.

睡眠時間 **hours of sleep**
睡眠不足(a) **lack of sleep**: 最近睡眠不足だ.
I haven*'t* had enough *sleep* lately.
睡眠薬 **a sleeping pill**［**drug**］

スイミング swimming[スウィミング]
スイミングクラブ **a swimming team**
スイミングスクール **a swimming school**

すいめん【水面】**the surface of the water**[サーフィス][ウォータァ]
➡水面に **on the water**

すいようび【水曜日】**Wednesday**[ウェンズデイ](★つづり注意. 最初のdは発音しない)(▶常に大文字で始め, Wed. と略す)→げつようび ポイント！
- 水曜日の朝に
  on *Wednesday* morning

ここがポイント！ last Wednesdayとはいつの水曜日？

lastは「現在に一番近い過去の」という意味です. last Wednesdayはいつそう言っているのかによって意味が変わります.

火曜日に言ったら…　　金曜日に言ったら…

- I met Yumi *last Wednesday*.
  火曜日に言った場合
  　先週の水曜日にユミに会った.
  金曜日に言った場合
  　(今週の)水曜日にユミに会った.
「先週の水曜日に」ということをはっきりさせる場合は, on Wednesday last weekとします.

すいり【推理】**reasoning**[リーズニング]
➡推理する **reason**
推理作家 **a mystery writer**
推理小説(探偵(ホミテム)小説) **a detective story**; (ミステリー) **a mystery**（**novel**）

すいりょく【水力】**hydropower**[ハイドゥロウパウァ]
水力発電 **hydroelectric power generation**
水力発電所 **a hydroelectric power plant**

すいれん【植物】**a water lily**[ウォータァ リリィ]
スイング(バットなどを振(ホ)ること) **a swing**[スウィング]; 【音楽】**swing**

すう¹【吸う】
(空気などを) **breathe**（**in**）[ブリーズ(イン)](★発音注意); (たばこを) **smoke**[スモウク]; (吸いこむ) **suck**[サック]
- さわやかな空気を吸った.
  I *breathed*（*in*）the fresh air.
- 君のお父さんはたばこを吸いますか.
  Does your father *smoke*?
- 掃除(ホラ)機でごみを全部吸い取った. The vacuum cleaner *sucked* up all the dust.

breathe　　smoke　　suck

すう²【数】**a number**[ナンバァ]→かず
- 生徒数 the *number* of students

すう…【数…】**several**[セヴ(ァ)ラル], **a few**[フュー], **some**[サム]
- 数回 *several* times
- 数か月前 *several*［*a few*］months ago(▶ふつうseveralはa fewよりも多い数に用いる)
- 数種類のりんご *several* kinds of apples
- 数千人 *several* thousand people / thousands of people
- 数十個のたまご dozens of eggs

スウェーデン Sweden[スウィードゥン]
➡スウェーデン(語, 人)の **Swedish**[スウィーディッシュ]
スウェーデン語 **Swedish**
スウェーデン人 **a Swede**

スウェット(上下) **a sweatsuit**[スウェットスート]; (上) **a sweatshirt**[スウェットシャート]; (上・フードつき) **a hoodie**[フーディ]; (下) **sweatpants**[スウェットパンツ]

すうがく【数学】**mathematics**[マサマティックス], ⑭《話》**math**[マス], ⑭《話》**maths**[マスス](▶単数扱い)
- 私は数学が得意［苦手］だ.
  I am good［poor］at *math*（*ematics*）.
- 数学の宿題をした.
  I did my *math* homework.

数学者 **a mathematician**

すうじ【数字】
(数) **a number**[ナンバァ]; (記号) **a numeral**[ヌーマラル], **a figure**[フィギャァ]→かず
- 縁起(エミ゙)のよい数字 a lucky *number*
- アラビア［ローマ］数字
  Arabic［Roman］*numerals*

- 私は数字に弱い[強い]. I'm bad [good] with *numbers*.

すうしき【数式】a numerical formula[ヌーメリカル フォーミュラ]

ずうずうしい（厚かましい）brash[ブラッシュ], impudent[インピャデント]; （恥知らずの）shameless[シェイムリス]
- ずうずうしい態度 *impudent* behavior
- 彼はずうずうしい. He has a lot of *nerve*. / He is *brash* [*shameless*].

スーツ a suit[スート]

スーツケース a suitcase[スートケイス]

スーパー(マーケット) a supermarket[スーパァマーキット]（▶「スーパー」と略すのは和製英語）
- スーパーに買い物に行った. I went shopping at a *supermarket*.

スーパーマン（超人）a superman[スーパァマン]（複 supermen[-メン]）; （漫画・映画の主人公）Superman

スープ soup[スープ]
- 私はスープを飲んだ. I had [ate, drank] *soup*.（▶eatはスプーンを使って飲むときに, drinkはカップから直接飲むときに用いる）

eat soup

drink soup

スープ皿 a soup plate; （深いもの）a soup bowl

ズームレンズ a zoom lens[ズーム レンズ]

すえ【末】（終わり）the end[エンド]; （…の後で）after[アフタァ]
- 先週の末に at *the end* of last week
- 彼は猛勉強の末, 試験に合格した. He passed the examination *after* studying hard.
- 末の（年齢が）(the) youngest

末っ子 the youngest child: ショウは3人兄弟の末っ子だ. Sho is *the youngest* of three brothers.

すえる【据える】（置く）put[プット], set[セット]; （取りつける）fix[フィックス], install[インストール]

ずが【図画】（絵の具でかくこと）painting[ペインティング]; （鉛筆などでかくこと）drawing[ドゥローイング]

図画工作 arts and crafts

スカート a skirt[スカート]
- デニムスカート a denim *skirt*
- アユはスカートをはいた. Ayu put on the *skirt*.
- アユはスカートを脱いだ. Ayu took off the *skirt*.
- ナオは赤いスカートをはいている. Nao is wearing a red *skirt*.

スカーフ a scarf[スカーフ]（複 scarfs, scarves[スカーヴズ]）
- ケイはスカーフをしていた. Kei was wearing a *scarf*.

ずかい【図解】an illustration[イラストゥレイション]
- 図解する illustrate[イラストゥレイト]

ずがいこつ【頭がい骨】a skull[スカル]

スカイダイビング skydiving[スカイダイヴィング]

スカウト（スポーツ・芸能の）a (talent) scout[(タラント) スカウト]
- スカウトする scout (out)

すがお【素顔】
- 彼女の（化粧をしていない）素顔を見たことがない. I've never seen her *face without makeup*.
- 家にいる時は素顔の自分でいられる. When I am at home, I can be my *true self*.

すがすがしい refreshing[リフレッシング]; （新鮮な）fresh[フレッシュ]→さわやか
- すがすがしい朝 a *refreshing* morning

すがた【姿】

（体型）a figure[フィギャア]; （外見）(an) appearance[アピ(ァ)ランス]
- そのモデルはほっそりとした姿をしている. The model has a slender *figure*.
- リンは鏡で自分の姿を見た. Rin looked at herself in a mirror.
- 姿を現す appear, show up
- 姿を消す disappear

スカッシュ〖スポーツ〗squash[スクウォッシュ]; （ソーダ飲料）squash

すがる（つかまる）cling to ...[クリング]; （頼りにする）depend on ...[ディペンド]

ずかん【図鑑】an illustrated book[イラストゥレイティド ブック]
- 植物図鑑 an *illustrated book* of plants

スカンク〖動物〗a skunk[スカンク]

すき[1]【好きである】

like[ライク], be fond (of ...)[ファンド]（▶likeよりもくだけた言い方で, 意味が強い）; （大好きである）love[ラヴ]
- 私は花がとても好きだ. I *like* flowers very much. / I am very *fond of* flowers.（▶一般的に「花が好き」と言う場合はふつう flowers と複数形にする）
- 彼は車が大好きだ. He *loves* cars.

すき²

- 彼女はロック音楽があまり好きではない. She doesn't *like* rock music very much.

…することが好き[大好き]だ
like [love] + ⟨-ing形⟩ / like [love] to + ⟨動詞の原形⟩ / be fond of + ⟨-ing形⟩

- 野球をするのが好きだ. I *like* play*ing* baseball. / I *like to* play baseball. / I *am fond of* play*ing* baseball.

⟨A⟩よりも⟨B⟩が好きだ
like + ⟨B⟩ + better than + ⟨A⟩ / prefer + ⟨B⟩ + to + ⟨A⟩

- 私は猫よりも犬が好きだ. I *like* dogs *better than* cats. / I *prefer* dogs *to* cats.
- テニスとバレーボールではどちらが好きですか. Which do you *like better*, tennis or volleyball?

…がいちばん好きである
like + … + (the) best

- レイは学科の中で英語がいちばん好きだ. Rei *likes* English (*the*) *best* of all subjects.

➡**好きな favorite**[フェイヴァリット]

- これが私の好きな本です. This is my *favorite* book.
- 好きな映画は何ですか. What is your *favorite* movie?
- きょうは好きなだけ遊んでいいよ. You may [can] play *as much as you want* today.

すき²(機会)**a chance**[チャンス]

- 彼らは逃げ出すすきをうかがっていた. They were waiting for a *chance* to escape. (⬅待っていた)
- すきを見せてはいけない. You should keep your guard up. (⬅油断してはいけない)

すぎ【杉】〖植物〗**a (Japanese) cedar**[(チャパニーズ) スィーダァ]

…すぎ【…過ぎ】

❶時間, 年齢　(時間) after …, past …; (年齢) over …, past …
❷程度　too

❶[時間, 年齢] (時間) **after …**[アフタァ], **past …**[パスト]; (年齢) **over …**[オウヴァ], **past …**

- 今5時10分過ぎだ. It is ten minutes *after* [⑳*past*] five now.
- 彼女のおばあさんは80過ぎだ. Her grandmother is *over* eighty.

❷[程度] **too**[トゥー]➡…すぎる

- 食べすぎは体によくない. Eating *too* much is not good for your health.

スキー(運動)**skiing**[スキーイング]; (スキー板)**a ski**

[スキー](▶ふつう複数形で用いる)

- フリースタイルスキー freestyle *skiing*
- スキー1組 a pair of *skis* (▶スキー2組はtwo pairs of *skis*)
- 私は山形へスキーに行った. I went *skiing* in Yamagata.

➡**スキーをする ski**

| スキーウエア skiwear, a ski suit
| スキー教室 a skiing class
| スキー場(ゲレンデ)ski slopes;(行楽地として の)a ski resort
| スキー部 a skiing team

①スキー帽(ぼう) ski cap [hat]
②スキージャケット ski jacket
③スキーストック ski poles
④スキー靴(ぐつ) ski boots
⑤スキー板 skis
⑥スキーパンツ ski pants
⑦スキー手袋 ski gloves
⑧スキー用ゴーグル ski goggles
⑨スキーリフト ski lift
⑩スキーヤー skier

(pole, boot, ski, gloveはセットで使う場合複数形を用いる)

すききらい【好き嫌い】**preferences**[プレフ(ァ)ランスィズ]

- 着るものに関しては特に好き嫌いはありません. I don't have any particular *preferences* about what I wear.
- 食べ物の好き嫌いをしてはいけません. Don't *be so picky* about your food. (▶pickyは「えり好みをする」の意味の形容詞)

ずきずき【ずきずきする】**throb**[スロップ]

- 頭がずきずきする. My head is *throbbing*.

スキップ a skip[スキップ]

➡**スキップする skip**

すきとおった【透き通った】**transparent**[トゥランスペ(ァ)ラント], **clear**[クリア]➡**すむ³**

- 透き通った声 a *clear* voice

…すぎない【…(に)すぎない】**only**[オウンリィ]

- それはうわさにすぎない. It's *only* a rumor.

すきま【透き間】**an opening**[オウプニング]; (割れ目)**a crack**[クラック]

- 塀(へい)の透き間 a *crack* in the fence / an *opening* in the

スクール

fence
┃透き間風（a）draft
すきやき【すき焼き】**sukiyaki**[スーキヤーキ]; **beef cooked with vegetables at the table**[ビーフ クックット][ヴェヂャタブルズ][テイブル]→食生活【口絵】
スキャナー scanner[スキャナァ]
スキャン【スキャンする】**scan**[スキャン]
スキャンダル a scandal[スキャンドゥル]
スキューバダイビング〚スポーツ〛**scuba diving**[スキューバ ダイヴィング]
スキル（a）**skill**[スキル]

すぎる【過ぎる】

❶ 場所を　　　pass, go by
❷ 時間が　　　pass, go by;（超(ニ)える）
　　　　　　　be past ..., be over ...

❶[場所を]**pass**[パス]**, go by**[ゴゥ バィ]
・列車はちょうど熱海を過ぎたところだ.
　The train has just *passed* Atami.
❷[時間が]**pass, go by**;（超える）**be past ...**[パスト]**, be over ...**[オウヴァ]
・あっという間に時間が過ぎた.
　The time *passed*［*went by*］very quickly.
・もう11時を過ぎた.
　It's *past* eleven o'clock now.
・夏休みが過ぎて, 2学期が始まった.
　The summer vacation *is over* and the second term has started.（◆終わって）
・あの人は30歳(ミミ)を過ぎているんじゃないかな.
　I guess that person *is over* thirty.

…すぎる（程度が）**too**[トゥー]
・この肉はかたすぎる.
　This meat is *too* tough.
・今夜は食べすぎちゃった. I ate *too* much tonight. / I've overeaten tonight.

　…すぎて～ない
　too ...（for＋〈人〉＋）to＋〈動詞の原形〉/
　so ... that ～（▶that以下は否定の文）

・彼の質問は私には難しすぎて答えられなかった. His question was *too* difficult *for* me *to* answer. / His question was *so* difficult *that* I couldn't answer it.
スキンケア skin care[スキン ケァ]
スキンシップ emotional communication via touch［**physical contact**］[イモウショヌル カミュニケイション ヴァイア タッチ][フィズィカル カンタクト]（▶「スキンシップ」は和製英語）
スキンダイビング〚スポーツ〛**skin diving**[スキン ダイヴィング]
スキンヘッド a skinhead[スキンヘッド]
すく（腹が）**be hungry**[ハングリィ];（乗り物などが）

be not crowded[クラウディド]
・おなかがすいた. I'm *hungry*.
・バスはすいていた.
　The bus *was not crowded*.

すぐ

❶ 直ちに　　　at once, immediately;
　　　　　　　（…するとすぐに）as soon as ...;
　　　　　　　（すばやく）quickly
❷ まもなく　　soon
❸ …の近くに　near ...
❹ 簡単に　　　easily

❶[直ちに]**at once**[ワンス]**, immediately**[イミーディアットゥリィ];（…するとすぐに）**as soon as ...**[スーン];（すばやく）**quickly**[クウィックリィ]
・すぐにケンにメールしなさい.
　Text Ken *at once*. / Text Ken *immediately*.
・ケイはベッドに入るとすぐに眠(ミ)った. Kei fell asleep *as soon as* she went to bed.
・彼はその難問をすぐに解いた.
　He *quickly* solved the difficult question.
❷[まもなく]**soon**[スーン]
・彼女はすぐ帰ってくるだろう.
　She'll be back *soon*.
・すぐに試験だ. The examination is coming *soon*.
❸[…の近くに]**near ...**[ニァ]
・私の家は駅からすぐだ.
　My house is *near* the station.
❹[簡単に]**easily**[イーズィリィ]
・マキはすぐ笑う. Maki laughs *easily*.
すくい【救い】**help**[ヘルプ]
・けが人は大声で救いを求めた.
　The injured man cried for *help*.
スクイズ〚野球〛**a squeeze play**[スクウィーズ プレィ]
すくう¹【救う】（救助する）**save**[セイヴ]**, rescue**[レスキュー];（助力する）**help**[ヘルプ]
・その医者は父の命を救ってくれた.
　The doctor *saved* my father's life.
すくう²（砂などを）**scoop（up）**[スクープ（アップ）]
・その子はシャベルで砂をすくってバケツに入れた. The child *scooped* sand with a shovel into the bucket.
スクーター a scooter[スクータァ]
スクープ a scoop[スクープ]
スクール a school[スクール]→がっこう
　スクールカウンセラー a school counselor
　スクールカラー（特色）**the character of a school**

three hundred and thirty-nine

すくない

スクールバス a school bus

すくない【少ない】
(数が)**few**[フュー](⇔多い many); (量が)**little**[リトゥル](⇔多い much); (数・量が)**small**[スモール]; (回数が)**seldom**[セルダム] → すこし❶❷, めった

- そのイベントに来た人は少なかった.
  Few people came to the event.
- 父は口数が少ない.
  My father is a man of *few* words.
- この夏は雨が少ない.
  We have had *little* rain this summer.
- この村は人口が少ない.
  This village has a *small* population.
- 彼女と話をすることは非常に少ない.
  I *seldom* talk to her. (←めったにない)

すくなくとも【少なくとも】at least[リースト]
- 毎日少なくとも1時間はギターの練習をする.
  I practice the guitar every day for *at least* one hour.

すくなめ【少なめ】small[スモール], little[リトゥル], smaller[スモーラァ]
- 少なめのご飯 a *small* serving of rice

すくめる (首を)duck[ダック]; (肩を)shrug[シュラッグ]
- 彼は肩をすくめた.
  He *shrugged* his shoulders.

スクラッチカード a scratch card[スクラッチ]

スクラップ (記事の切り抜き) 英 a clipping[クリッピング], 米 a cutting[カッティング]

スクラップブック a scrapbook

スクラム『ラグビー』a scrum[スクラム]
- スクラムを組め！ Form a *scrum*!

スクランブルエッグ (いり卵) scrambled eggs[スクランブルド エッグズ](▶scramble eggsは「卵をかき混ぜる」の意) → たまご

スクリーン a screen[スクリーン] → コンピュータ図
スクリーンセーバー a screensaver

スクリプト a script[スクリプト]

スクリュー a screw[スクルー]

すぐれる【優れる】

❶ まさっている　be better (than ...), be superior (to ...)
❷ (否定形で) 気分などが
not feel well

❶[まさっている]be better (than ...)[ベタァ], be superior (to ...)[スピ(ァ)リア]
- ナナのパソコンは私のより優れている.
  Nana's computer *is better than* mine. /
  Nana's computer *is superior to* mine.

━優れた excellent[エクサラント], **superior**
- 優れた音楽家 an *excellent* musician

❷[(否定形で) 気分などが]not feel well[フィールウェル]
- きょうは気分が優れない.
  I don't *feel well* today.

スクロール (a) scroll[スクロウル]
━スクロールする scroll
- 画面を上[下]にスクロールした.
  I *scrolled* up [down] the screen.

スクワット a squat[スクワット]

ずけい【図形】a figure[フィギャア]
- 図形を描(か)く draw a *figure*

スケート skating[スケイティング]
- スピードスケート speed *skating*
- フィギュアスケート figure *skating*
- インラインスケート inline *skating*
- 私たちは池にスケートをしに行った.
  We went *skating* on the pond.

━スケートをする skate
スケート靴(⑤) skates: スケート靴1足 a pair of *skates* (▶スケート靴2足はtwo pairs of *skates*)
スケート部 a skating team
スケートリンク a skating rink

スケートボード (板)a skateboard[スケートボード]; (遊び)skateboarding[スケイトボーディング]

━スケートボードをする skateboard

スケール (規模)a scale[スケイル]
- スケールの大きな夢
  a large-*scale* [big] dream

スケジュール a schedule[スケヂュール]
- スケジュールどおりに on *schedule*
- 彼女のスケジュールはとてもハードだ.
  She has a very heavy [tight] *schedule*.

━スケジュールを立てる make a schedule

ずけずけ【ずけずけ言う】speak bluntly[スピークブラントゥリィ]
- 彼はいつもずけずけものを言う.
  He always *speaks bluntly*.

スケッチ a sketch[スケッチ]

すこし

━スケッチする sketch, make a sketch
スケッチブック a sketchbook

スケボー → スケートボード

すける【透ける】**transparent**［トゥランスペ(ァ)ラント］, **see-through**［スィースルー］
- 中身が透けて見えるバッグを持っている．
  I have a *see-through* bag.

スコア(競技の得点) **a score**［スコァ］;（楽譜(がくふ)）**a score**
- 私たちは3対1のスコアで試合に勝った．
  We won the game by a *score* of 3-1.（▶3-1はthree to oneと読む）

スコアブック a scorebook
スコアボード a scoreboard

すごい

❶すばらしい	《話》great, wonderful, amazing
❷程度のひどい	terrible, awful;（激しい）heavy

❶ great　❷ terrible

❶〔すばらしい〕《話》**great**［グレイト］, **wonderful**［ワンダフル］, **amazing**［アメイズィング］
- いつかすごいカメラマンになりたい．I want to become a *great* photographer someday.

話してみよう!
😊 入学試験に受かったんだ．
  I passed the entrance exam.
😊 それはすごいや．
  That's *great*!

- すごいニュース *amazing* news

❷〔程度のひどい〕**terrible**［テラブル］, **awful**［オーフル］;（激しい）**heavy**［ヘヴィ］
- すごい暑さ *terrible* heat
- きのうはすごい雨だった．
  There was *heavy* rainfall yesterday.

━すごく **terribly, awfully; heavily**
- すごく疲(つか)れた．
  I'm *terribly*［*really*］tired.
- すごく雪が降った．
  It snowed *heavily*.

ずこう【図工】**arts and crafts**［アーツ］［クラフツ］
スコール a squall［スクウォール］
スコーン（パン）**a scone**［スコウン］

すこし【少し】

❶数が	a few, some, few
❷量が	a little, some;（少ししかない，ほとんどない）little
❸程度が	a little;（あやうく）almost, nearly
❹時間・距離	（時間）a minute, a little while;（距離）a short distance

❶〔数が〕**a few**［フュー］(⇔たくさん many), **some**［サム］, **few** → ❷ **くらべて!**
- 冷蔵庫に卵が少しある．
  There are *a few* eggs in the refrigerator.
- 冷蔵庫に卵が少ししかない．
  There are *few* eggs in the refrigerator.

❷〔量が〕**a little**［リトゥル］(⇔たくさん much), **some**;（少ししかない，ほとんどない）**little**
- 牛乳パックにミルクが少し入っている．
  There is *a little* milk in the carton.
- 牛乳パックにミルクが少ししか入っていない．
  There is *little* milk in the carton.
- もう少しミルクを飲みたい．
  I want to drink *some* more milk.
- 夏休みがもう少し長いといいな．I wish that summer vacation were［could be］*a little* longer.

くらべてみよう! a few, few, a little, little, some

a few, fewは数について，a little, littleは量について，someは数・量の両方について使われ，それぞれ次のような名詞と結びつきます．
　（a）few＋〈数えられる名詞の複数形〉
　（a）little＋〈数えられない名詞〉
　some＋〈数えられる名詞の複数形または数えられない名詞〉
fewもlittleもaがつくと「少しはある」という肯定的な意味に，aがつかないと「少ししかない」という否定的な意味になります．同じ数や量について言う場合でも，言う人の感じ方によって，「少しはある」「少ししかない」のどちらの意味にもなります．

❸〔程度が〕**a little**［リトゥル］;（あやうく）**almost**［オールモウスト］, **nearly**［ニアリィ］
- メアリーは少し日本語を話す．
  Mary speaks *a little* Japanese.
- 少しおなかがすいた．
  I'm *a little bit* hungry.
- 少しはテニスがうまくなった．

すこしも

I got *a little* better at playing tennis.
- もう少しでバスに乗り遅(ぉく)れるところだった.
I *almost* [*nearly*] missed the bus.
➡少しずつ **little by little**, **gradually**
❹[時間・距離が](時間)**a minute**[ミニット], **a little while**[(ホ)ワイル]; (距離)**a short distance**[ショート ディスタンス]
- 少しお待ちください.
Wait *a minute*, please.
- 私たちは少し休んでから出かけた. We rested for *a little while* then went out.
- バス停までほんの少しです.
It's just *a short distance* to the bus stop.

すこしも【少しも…ない】**not**(…)**at all**[オール], **not**(…)**in the least**[リースト]➡ぜんぜん

すごす【過ごす】

spend[スペンド], **pass**[パス]
- 私たちは週末を山で過ごした. We *spent* our weekends in the mountains.
…をして〈時間〉を過ごす
spend＋〈時間〉＋〈-ing形〉
- ゆうべはゲームをして過ごした.
I *spent* last night play*ing* a video game.
- のんびりと過ごしたい.
I want to *spend*(some)time relax*ing*.
- 楽しい1年を過ごした.
I *had* a fun year. / It was a fun year.
- いかがお過ごしですか.
How are you *getting along*?

スコットランド Scotland[スカットゥランド](►グレートブリテン島北部に位置する英国の一区分)
➡スコットランド(語, 人)の **Scottish**, **Scots**
| スコットランド語 **Scots**
| スコットランド人 a **Scot**

スコップ(小型の)a **scoop**[スクープ](★発音注意); (シャベル)a **shovel**[シャヴァル]

すごろく *sugoroku*: **a traditional board game using dice, similar to snakes and ladders**[トラディショナル ボード ゲイム ユーズィング ダイス スィミラァ トゥ スネイクス アンド ラダァズ]

すし sushi[スーシ]➡食生活【口絵】
- 回転ずし(店)a conveyor-belt *sushi* restaurant
| すし職人 a **sushi chef**
| すし屋(店)a **sushi restaurant**; (カウンター式の)a **sushi bar**

すじ【筋】

❶線	a **line**; (しま)a **stripe**
❷話の	a **story**, a **story line**,
	a **plot**; (論理)**logic**

❶[線]a **line**[ライン]; (しま)a **stripe**[ストゥライプ]
- 手のひらの筋 the *lines* on the palm
❷[話の]a **story**[ストーリィ], a **story line**[ライン], a **plot**[プラット]; (論理)**logic**[ラヂック]
- その小説の筋 the *plot* of the novel
➡筋の通った **logical**
- 彼の意見は筋が通っている.
His opinion is *logical*.

ずじょう【頭上の】**overhead**[オウヴァヘッド]
➡頭上に over [above] *one's* head, **overhead**[オウヴァヘッド]
- 頭上の星空がきれいだ. The starry sky *above my head* is beautiful.
- 頭上注意 (掲示)WATCH YOUR HEAD

すす soot[スット]
➡すすだらけの **sooty**

すず¹[鈴]a **bell**[ベル]
- 鈴を鳴らして祈(いの)った.
I rang the *bell* and prayed.

すず²[化学]**tin**[ティン]

すすき[植物]**Japanese pampas grass**[ヂャパニーズ パンパス グラス]

すすぐ rinse(**out**)[リンス(アウト)]
- 水で口をすすいだ.
I *rinsed out* my mouth with water.

すずしい【涼しい】**cool**[クール](⇔暖かい **warm**)
- 涼しい風 a *cool* wind
- この部屋は涼しい. This room is *cool*.
- きょうは涼しいね. It's *cool* today, isn't it?

すすむ【進む】

❶前方に動く	**move**[**go**]**forward**, **advance**
❷進歩する	**advance**, **make progress**, **improve**
❸時計が	**gain**; (進んでいる)**be fast**

❶[前方に動く]**move**[**go**]**forward**[ムーヴ[ゴゥ]フォーワァド], **advance**[アドゥヴァンス]
- 行列はゆっくりと進んだ. The line of people *moved forward* slowly.
- 私たちのチームは準決勝に進んだ.
Our team *advanced* to the semifinals.
- 将来大学に進みたい.
I want to *go on to* college in the future.
❷[進歩する]**advance**[アドゥヴァンス], **make progress**[プラグレス], **improve**[インプルーヴ]
- AI技術はこの数年で急速に進んだ.
AI technology has *advanced* rapidly these past few years.
- きょうは勉強がどんどん進んだ. I *made* great

すたれる

progress in my studies today.
- 進んだ progressive[プログレスィヴ], advanced
❸[時計が] gain[ゲイン]（⇔遅(おく)れる lose）;（進んでいる）be fast[ファスト]
- この時計は1日に30秒進む．
  This clock *gains* thirty seconds a day.
- 私の腕(うで)時計は3分進んでいる．
  My watch *is* three minutes *fast*.

すずむ【涼む】enjoy the cool air[インチョイ][クールエア], cool off[オーフ]
すずむし【鈴虫】[虫]a (bell) cricket[クリキット]
すすめ【勧め】advice[アドヴァイス];（推薦(すいせん)）a recommendation[レカメンデイション]
- 私は父の勧めに従った．
  I took [followed] my father's *advice*.
- 何がお勧めですか．
  What do you *recommend*?
- この本はお勧めです．
  I *recommend* this book.

すずめ[鳥]a sparrow[スパロウ]

すすめる¹【勧める】

❶忠告する	advise
❷推薦(すいせん)する	recommend
❸差し出す	offer

❶[忠告する]advise[アドヴァイズ]
〈人〉に…するよう勧める
advise＋〈人〉＋to＋〈動詞の原形〉
- 彼女は私に医者に行くよう勧めた．
  She *advised* me *to* see a doctor.

❷[推薦する]recommend[レカメンド]
- 母は私にその本を勧めた．My mother *recommended* that book *to* me.

❸[差し出す]offer[オーファ]
- おばは私にクッキーを勧めてくれた．
  My aunt *offered* me some cookies.

すすめる²【進める】

| ❶前に動かす | advance, go ahead (with ...);（どんどん行う）go on (with ...) |
| ❷時計を | set [put] ... ahead |

❶[前に動かす]advance[アドヴァンス], go ahead (with ...)[ゴウ アヘッド];（どんどん行う）go on (with ...)
- この計画を進めなさい．
  Go ahead with this plan.

❷[時計を]set [put] ... ahead[セット[プット]][アヘッド]
- 時計を3分進めておいた．

I *set* the clock *ahead* by three minutes.
すずらん[植物]a lily of the valley[リリィ][ヴァリィ]
すずり【硯】an inkstone[インクストウン]
すすりなく【すすり泣く】sob[サッブ], weep[ウィープ]
すする（一口飲む）take [have] a sip[スィップ];（音を立てて）slurp[スラープ];（鼻を）sniff[スニフ]
- スープは音をたててすすってはいけません．
  You shouldn't *slurp* your soup.

すすんで voluntarily[ヴァランテ(ァ)ラリィ]
すそ（衣服の）a hem[ヘム]
- スカートのすそを上げた[下ろした]．
  I took up [down] the *hem* of the skirt.

スター a star[スター]
- 彼はテニス界のスターになった．
  He became a tennis *star*.

スターティングメンバー（スポーツで）a starting line up[スターティング ラインナップ]（▶「スターティングメンバー」は和製英語）

スタート a start[スタート]
- ランナーたちはいいスタートを切った．
  The runners made a good *start*.

- スタートする start, make a start
  スタート係 a starter
  スタート台 a starting block
  スタートライン the starting line

スタイリスト a stylist[スタイリスト]
スタイル（様式，型）a style[スタイル];（体形）a figure[フィギャア]
- そのモデルはスタイルがよい．The model has a good *figure*.（▶styleに「体形」の意味はない）

スタジアム a stadium[ステイディアム]
スタジオ a studio[ストゥーディオゥ]（★発音注意）
スタッフ（全体）the staff[スタッフ];（その1人）a staff member[メンバァ]
スタミナ stamina[スタミナ]
- ナオはスタミナがある．
  Nao has a lot of *stamina*.
- ナオはスタミナがない．
  Nao has no *stamina*.

スタメン→スターティングメンバー
すたれる【廃れる】（流行などが）go out of fashion[ファッション];（使われなくなる）go out

スタンド

of use[ユース]
- その表現は廃れつつある.
  That expression is *going out of use*.

スタンド (観客席)**the stands**[スタンヅ];（売店)a **stand**[スタンド];（電気スタンド)a **desk lamp**[デスク ランプ]
- ライトスタンド 『野球』**the right** *stands*
- ホットドッグスタンド a hot dog *stand*

スタンドプレー a **grandstand play**[グランスタンド プレイ]（▶「スタンドプレー」は和製英語）

スタントマン a **stunt person**, a **stuntperson**[スタント パースン], a **stunt double**[スタント ダブル]

スタンバイ **standby**[スタン(ドゥ)バイ]
➡ スタンバイする **stand by**, **be on standby**

スタンプ a **stamp**[スタンプ]
➡ スタンプを押(お)す **stamp**

スチーム (蒸気)**steam**[スティーム]
▮ スチームアイロン a **steam iron**

スチール (鋼鉄)**steel**[スティール]
▮ スチール缶 a **steel can**

スチュワーデス → きゃくしつ（客室乗務員）

…ずつ
- 先生は私たちひとりずつと握手(あくしゅ)した. Our teacher shook hands with us *one by one*.
- 私たちはいちごを5個ずつ食べた.
  We ate five strawberries *each*.
- サヤの病気は少しずつよくなっている.
  Saya is getting better *little by little*.

ずつう 【頭痛】a **headache**[ヘデイク]
- きょうは少し[ひどく]頭痛がする.
  I have a slight [bad] *headache* today.

すっかり **quite**[クワイト];（完全に)**completely**[カンプリートゥリィ], **all**[オール]
- すっかり疲(つか)れてしまった.
  I'm *quite* tired.
- リョウはすっかり元気になった.
  Ryo has *completely* recovered.
- 庭はすっかり枯(か)れ葉で覆(おお)われている. The garden is *all* covered with dead leaves.

すっきり 【すっきりした】（こぎれいな)**neat**[ニート];（気分が)**refreshed**[リフレッシュト]
- 泣いたらすっきりした.
  I felt *refreshed* after crying.

ずっと

❶時間的な継続(けいぞく)	all the time, (all) through; (いつも)always
❷距離(きょり)的な継続	all the way
❸程度	much, far

❶[時間的な継続]**all the time**[オール][タイム], (**all**) **through**[スルー]; (いつも)**always**[オールウェイズ]
- 奈良にいる間ずっと雨が降っていた.
  It was raining *all the time* while I was in Nara.
- 彼は夏の間ずっとおじの家にいた.
  He stayed at his uncle's home *all through* the summer.
- 私はずっと漫画(まんが)家になりたかった.
  I have *always* wanted to be [become] a cartoonist.
- きのう, 私はずっと家にいた.
  I was at home *all day* yesterday.
- 妹は朝からずっと泣いている. My sister *has been crying* since this morning. (▶have been＋〈-ing形〉で現在完了進行形をつくり, 「ずっと…している」の意)
- ずっと彼らと友達でいたい.
  I want to be friends with them *forever*.

❷[距離的な継続]**all the way**[ウェイ]
- 彼は学校から家までずっと走って帰った.
  He ran *all the way* home from school.

❸[程度]**much**[マッチ], **far**[ファー]
- 彼のほうがケンよりずっと背が高い.
  He is *much* taller than Ken is. (▶muchやfarは比較(ひかく)級, 最上級を強める)
- ずっと前に *a long time* ago / *long* ago

すっぱい **sour**[サウァ]
- このいちごはすごくすっぱい.
  This strawberry tastes very *sour*.
- すっぱいものが好きだ.
  I like *sour* (tasting) food.

すっぴん 【素っぴん】**without makeup**[ウィザウト メイカップ]
- 私は素っぴんで出かけた. I went out *without makeup*.

すで 【素手】a **bare hand**[ベア ハンド]
- 素手で熱いなべに触(さわ)ってしまった.
  I touched the hot pan with my *bare hand*.

スティック a **stick**[スティック]
- スティックのり a glue *stick*

ステーキ (a) **steak**[ステイク]
- ハンバーグ（ステーキ) a hamburger *steak*

話してみよう

😊 ステーキの焼き方はどのようにしますか.
How would you like your *steak* (done)?

😋 ミディアム[レア, ウェルダン]でお願いします.
Medium [Rare, Well-done], please.

344 three hundred and forty-four

ストレス

ステージ a stage[ステイヂ]
- ステージでは緊張(きんちょう)した.
  I was nervous on the *stage*.

ステーション a station[ステイション]
- 宇宙ステーション a space *station*

すてき 【素敵な】
nice[ナイス], wonderful[ワンダァフル], 《話》great[グレイト]
- すてきな贈(おく)り物 a *nice* present
- すてき! How *nice* [*wonderful*, *great*]!
- 私たちはすてきな時間を過ごした.
  We had a *wonderful* time.

ステッカー a sticker[スティッカァ]
ステッキ a walking stick[ウォーキング スティック], a cane[ケイン]
ステップ (ダンスなどの) a step[ステップ]

すでに
(肯定文で) already[オールレディ]; (疑問文で) yet[イェット] ➡ もう❶; (以前に) before[ビフォァ]
- 彼女はすでに宿題を終えている.
  She has *already* finished her homework.

すてる 【捨てる】
| ❶不要なものを | throw away |
| ❷希望などを | give up |

❶[不要なものを] throw away[スロウ アウェイ]
- 古い漫画(まんが)を捨てた.
  I *threw away* my old comics.

❷[希望などを] give up[ギヴ アップ]
- 希望を捨てるな. Don't *give up* hope.
‖捨て犬[猫(ねこ)] an abandoned dog [cat]

ステレオ (装置) a stereo (set)[ステリオゥ (セット)]; (方式) stereo
ステンドグラス stained glass[ステインド グラス]
ステンレス stainless steel[ステインリス スティール]
スト a strike[ストゥライク] ➡ ストライキ
ストア a store[ストァ] ➡ みせ
ストーカー a stalker[ストーカァ]

ストーブ a heater[ヒータァ], a stove[ストウヴ] (▶︎ ㊉ではstoveはふつう調理用の「こんろ」をさす)
- 電気ストーブ an electric *heater*
- ガスストーブ a gas *heater*
- 石油ストーブ an oil *heater*
- ストーブをつけ[消し]て.
  Please switch on [off] the *heater*.

ストーリー (物語) a story[ストーリィ]; (筋) a plot[プラット]
- ストーリー展開 a *story* line
- そのドラマのストーリーを知ってる?
  Do you know the *story* of the drama?

ストール a stole[ストウル], shawl[ショール]
ストッキング (パンティストッキング)
㊉ pantyhose[パンティホウズ] (▶︎複数扱い),
㊉ tights[タイツ]
- ストッキング1足
  a pair of *pantyhose* (▶︎ストッキング2足は two pairs of *pantyhose*)
- 私はストッキングをはいた[脱(ぬ)いだ].
  I pulled on [off] my *pantyhose*.

ストック (スキーの) a ski pole[スキー ポウル] (▶︎ふつう複数形で用いる)
ストップ a stop[スタップ]
➡ ストップする stop ➡ とまる¹❶
‖ストップウォッチ a stopwatch

ストライキ (a) strike[ストゥライク] (★発音注意)
- 彼らはストライキ中だ.
  They are (out) on (a) *strike*.

ストライク 〖野球〗a strike[ストゥライク] (⇔ボール a ball) ➡ カウント
‖ストライクゾーン the strike zone

ストライプ a stripe[ストゥライプ]
ストラップ a strap[ストゥラップ]
ストリート a street[ストゥリート]
‖ストリートチルドレン street children
‖ストリートパフォーマー a street performer

ストリーミング 〖コンピュータ〗streaming[ストゥリーミング]
- その映画はオンラインのストリーミングで配信される. The movie will be *streamed* online.

ストレート 〖野球〗(速球) a fastball[ファストボール]
➡ ストレートな[で] straight[ストゥレイト]
- 私たちは(1セットも落とさずに)ストレートで勝った. We won in *straight* sets.
- ストレートな発言 a *straightforward* remark (◀︎率直(そっちょく)な)

ストレス (a) stress[ストゥレス]
- 車の騒音(そうおん)でストレスがたまった.
  The traffic noise put me under *stress*.
- 私たちはサッカーをしてストレスを発散した.
  We played soccer to de*stress*.

ストレッチ

ストレッチ(ストレッチ運動)**stretching exercises**[ストゥレッチング エクサァサイズィズ]
　➡ストレッチをする **stretch**

ストロー a **straw**[ストゥロー]

ストローク a **stroke**[ストゥロウク]

ストロベリー a **strawberry**[ストゥローベリィ]

すな【砂】**sand**[サンド]
・目に砂が入った.
　I got some *sand* in my eye.
　┃砂嵐(鸞) a **sandstorm**
　┃砂時計 an **hourglass**
　┃砂場 a **sandbox**
　┃砂浜(襟) a **sandy beach**

すなお【素直な】(従順な)**obedient**(to ...)[オウビーディアント];(温和な)**gentle**[ヂェントゥル], **mild**[マイルド]
・レイは素直な性格をしている.
　Rei is *gentle* by nature. / Rei has a
　gentle nature.
　➡素直に **obediently**

スナック(軽食)a **snack**[スナック];(酒を出す店)a **bar**[バー], 墺a **pub**[パブ](➡a snack barは「軽食堂」のことでふつう酒類は出さない)

スナップ(写真)a **snapshot**[スナップシャット]

すなわち that is(**to say**)[(セィ)], **or**, **namely**[ネイムリィ]➡つまり

スニーカー a **sneaker**[スニーカァ](➡ふつう複数形で用いる)➡くつ図
・スニーカー1足
　a pair of *sneakers*(➡スニーカー2足はtwo pairs of *sneakers*)

すね(向こうずね)a **shin**[シン]➡あし図

すねる【拗ねる】**sulk**[サルク]
・すねるのはやめなさい. Don't *sulk*.
　➡すねた **sulky**

ずのう【頭脳】**brains**[ブレインズ], a **head**[ヘッド]➡あたま❸
　┃頭脳戦 a **tactical game**, a **battle of wits**

スノー snow[スノゥ]
　┃スノータイヤ a **snow tire**
　┃スノーボード a **snowboard**: スノーボードに行った. I went *snowboarding*.
　┃スノーモービル a **snowmobile**

すのもの【酢の物】**vinegared food**[ヴィニガァド フード]

スパ(温泉複合施設(襟))a **spa**[スパー]

スパート a **spurt**[スパート]
　➡スパートする **spurt**

スパイ a **spy**[スパィ]
　➡スパイする **spy**(**on** ...)

スパイク(靴(ミ)底の金具)a **spike**[スパイク];『バレーボール』a **spike**

➡スパイクする **spike**(**a ball**)
　┃スパイクシューズ **spikes**, **spiked shoes**: スパイク(シューズ)に穴があいた. I got a hole in my *spikes*.
　┃スパイクタイヤ a **studded tire**

スパイス(a)**spice**[スパイス]
　➡スパイスの効いた **spicy**

スパゲッティ spaghetti[スパゲティ](➡イタリア語から)
・トマトソースとカルボナーラ, どちらのスパゲッティが好きですか.
　Which do you like [prefer], *spaghetti* with tomato sauce or carbonara?

すばしっこい quick[クウィック]

スパナ 英a **wrench**[レンチ], 米a **spanner**[スパナァ]

ずばぬけた【ずば抜けた】**outstanding**[アウトスタンディング], **exceptional**[イクセプショヌル]
・ユキは走り高跳(と)びではずば抜けていた.
　Yuki was *outstanding* in the high jump.
　➡ずば抜けて **outstandingly**, **exceptionally**;(最上級とともに)**by far**[ファー]
・テツはクラスでずば抜けて足が速い. Tetsu is *by far* the fastest runner in the class.

スパム(迷惑(籠)メール)**spam**[スパム], a **spam email**[イーメイル]

すばやい【素早い】**quick**[クウィック]
・すばやい決断 a *quick* decision
　➡すばやく **quickly**
・彼女は何かをすばやく机の中に隠(ぐ)した.
　She *quickly* hid something in her desk.

すばらしい

wonderful[ワンダァフル], **splendid**[スプレンディッド], 《話》**great**[グレイト], **fantastic**[ファンタスティック]
・何てすばらしいコンサートだったんだろう.
　How *wonderful* the concert was!
・弁護士はすばらしい職業だと思う.
　I think being a lawyer is a *great* job [profession].

> 話してみよう
> ☺ケイの演奏, どうだった？
> 　How was Kei's performance?
> 😊すばらしかったよ!
> 　*Fantastic!*

　➡すばらしく **wonderfully**, **splendidly**

スパンコール spangles[スパングルズ], **sequins**[スィークウィンズ]
・スパンコールのバッグ
　a *sequined* bag

すべて

スピーカー a loudspeaker[ラウドゥスピーカァ], a speaker[スピーカァ]

スピーチ a speech[スピーチ]
- スピーチをする make [give] a speech
- スピーチコンテスト a speech contest

スピーディー【スピーディーな】speedy[スピーディ]
- スピーディーに speedily, quickly[クウィックリィ]

スピード (a) speed[スピード]
- 作業のスピードを上げた．
  I increased the *speed* of my work.
- スピードを落とせ！ Slow down!
- スピード違反(はん) speeding
- スピードスケート speed skating

ずひょう【図表】a chart[チャート], a diagram[ダイアグラム]；（グラフ）a graph[グラフ]

スフィンクス a sphinx；（ギザの）the Sphinx[スフィンクス]

スプーン a spoon[スプーン]
- スプーン1杯(はい)の砂糖 a *spoonful* of sugar

ずぶぬれ【ずぶぬれになる】get wet thoroughly [ウェット サーロウリィ], get soaked [drenched] to the skin[ソウクト [ドゥレンチト]][スキン]
- 雨にあってずぶぬれになった．
  I *got soaked to the skin* in the rain.

すぶり【素振り】a practice swing[プラクティス スウィング]
- 素振りをする do a practice swing, practice one's swing
- 毎日朝食前にテニスの素振りをする．
  I *practice my* tennis *swing* every day before breakfast.

スプリンクラー a sprinkler[スプリンクラァ]

スプレー a spray[スプレィ]
- スプレーする spray

スペア a spare[スペア]
- スペアキー a spare key
- スペアタイヤ a spare tire

スペアリブ spareribs[スペアリブズ]

スペイン Spain[スペイン]
- スペイン(語, 人)の Spanish[スパニッシュ]
- スペイン語 Spanish

スペイン人 a Spaniard

スペース（空間, 余白）(a) space[スペイス], room (for ...)[ルーム]；（宇宙）space
- 私の部屋には収納スペースがない．
  There's no storage *space* in my room.
- 父の部屋には机を置くスペースがない．
  There's no *space* [*room*] for a desk in my father's room.
- スペースシャトル a space shuttle

スペード（トランプの）a spade[スペイド]
- スペードのキング the king of *spades*

…すべきだ→…すべき

スペシャリスト a specialist[スペシャリスト]
- AIのスペシャリスト
  an AI *specialist*

スペシャル【スペシャルな】special[スペシャル]
- スペシャル番組 a special program

すべすべ【すべすべした】smooth[スムーズ]
- 私の肌(はだ)はすべすべしている．I have *smooth* skin. / My skin is *smooth*.

すべて

everything[エヴリィスィング], all[オール]
- 私にできることはすべてやります．
  I'll do *everything* [*all*] (that) I can do.
- その店にある物はすべて100円だった．
  Everything in the store was one hundred yen.
- 「これですべてですか」「はい．これですべてが整いました」
  "Is that *all*?"
  "Yes. *Everything* is done [ready] now."
- すべての every, all
- すべての生徒がその旅行に行く．
  Every student is going on that trip. / *All* students are going on that trip.

> **くらべてみよう！** every と all
>
> **every**: ひとつひとつのものについて「そのどれもがみんな」という意味で使い, 後ろに単数名詞が来ます．
> **all**: 全体をひとつにまとめて「すべて(の)」という意味で使い, 後ろには数えられる名詞の複数形か, 数えられない名詞が来ます．
> - すべての生徒がクラブに入っている．
>   *Every* student belongs to a club.
>   *All* students belong to a club.
> - お金はすべて盗(ぬす)まれてしまった．
>   *All* my money was stolen.
>
> また, every, allの文にnotを使うと「すべての…が〜というわけではない」という部分否定になります．

すべりこむ

- すべての生徒がクラブに入っているわけではない.
  Not *every* student belongs to a club.
  Not *all* students belong to a club.
  全体を否定する場合は, 次のようになります.
- すべての生徒がクラブに入っていない.
  No student belongs to a club.

すべりこむ【滑り込む】**slide into ...**［スライド］
- 走者は三塁(るい)に滑りこんだ.
  The runner *slid into* third base.

すべりだい【滑り台】**a slide**［スライド］

すべる【滑る】

❶滑(なめ)らかに進む	slide; (スケートで)skate; (スキーで)ski
❷つるっと	slip
❸試験に	fail（in ...）

❶〔滑らかに進む〕**slide**［スライド］; (スケートで)**skate**［スケイト］; (スキーで)**ski**［スキー］
- テツは急な斜面(しゃめん)を滑り降りた.
  Tetsu *slid* down the steep slope.
- 私たちは凍(こお)った湖の上を滑った.
  We *skated* on a frozen lake.

❷〔つるっと〕**slip**［スリップ］
- ぬかるんだ道で滑ってしまった.
  I *slipped* on the muddy road.
  ━滑りやすい slippery［スリッパリィ］
- 凍結(とうけつ)した道路は滑りやすい.
  Icy roads are *slippery*.

❸〔試験に〕**fail**（in ...）［フェイル］
- 私は試験に滑った.
  I *failed* the exam.

スペル（a）**spelling**［スペリング］（► spellは「(語を)つづる」という意味の動詞）→ つづり
- 私はスペル・ミスをした.
  I made a *spelling* mistake.

スポーツ

（a）**sport**［スポート］（►「スポーツ一般」を言うときにはふつう複数形で用いる）
- 私はスポーツが好きだ.
  I like *sports*.
- 何かスポーツをしますか.
  Do you play any *sports*?
- スポーツをもっと楽しみたい.
  I want to enjoy *sports* more.
- スポーツの日
  Health-Sports Day→ 年中行事【口絵】

スポーツ医学 sports medicine
スポーツウエア sportswear
スポーツカー a sports car
スポーツクラブ a sports club
スポーツ新聞 a sports newspaper
スポーツ選手 an athlete
スポーツ中継(ちゅうけい) a live sportscast
スポーツテスト a physical fitness test
スポーツドリンク a sports drink
スポーツトレーナー an athletic trainer
スポーツニュース sports news
スポーツ番組 a sports program
スポーツマン an athlete
スポーツマンシップ sportsmanship
スポーツ用品 sporting goods

表現メモ
スポーツのいろいろ(「スポーツをする」と言うとき)

(1)種目名のもとの形に動詞の意味があるものはその動詞を使う(►以下の例のかっこの中はもとの動詞を表す)
(例)私はスキーをする. I ski.
　スキー skiing(ski)
　スケート skating(skate)
　スノーボード snowboarding(snowboard)
　水泳 swimming(swim)
　ジョギング jogging(jog)
　登山, クライミング climbing(climb)

(2)種目名に動詞の意味がないものは, 種目に応じて動詞をつける
① playをつけるもの(主に球技)
(例)私は野球をする. I play baseball.
　野球 baseball
　ソフトボール softball
　サッカー soccer, (米)football
　バスケットボール basketball
　車いすバスケットボール wheelchair basketball
　バレーボール volleyball
　ハンドボール handball
　アメフト American football
　ラグビー rugby
　ゴルフ golf
　テニス tennis
　卓球(たっきゅう) table tennis
　車いすテニス wheelchair tennis
　バドミントン badminton
② practiceやdoをつけるもの
(例)私は空手(のけいこ)をする.
I practice karate.
　空手 karate / 剣道(けんどう) kendo

すみません

柔道(じゅうどう) judo / 体操 gymnastics
ボクシング boxing
(例)私はヨガをする. I do yoga.
エアロビクス aerobics / ヨガ yoga

スポーティー【スポーティーな】**sporty**[スポーティ]
スポットライト a spotlight[スパットライト]
ズボン ⊛**pants**[パンツ], 《主に英》**trousers**[トゥラウザァズ](►「ズボン」はフランス語から)
- ズボン1本
  a pair of *pants* (►ズボン2本はtwo pairs of *pants*)
- ズボンをはいた. I put on my *pants*.
- ズボンを脱(ぬ)いだ. I took off my *pants*.

スポンサー a sponsor[スパンサァ]
スポンジ(a) **sponge**[スパンヂ]
▮ スポンジケーキ (a) **sponge cake**
スマート【スマートな】(ほっそりした)**slim**[スリム], **slender**[スレンダァ](►「ほっそりした」という意味ではsmartは用いない);(センスのいい)**stylish**[スタイリッシュ], **smart**[スマート]
- その人はスマートになった.
  The person became *slim*.

スマートフォン a smartphone[スマートフォウン]
→スマホ

すまい【住まい】(家)**a house**[ハウス](複 houses[ハウズィズ]);(住所)**one's address**[アドゥレス]
- お住まいはどちらですか. Where do you live? / May I ask *your address*?

すます【済ます】
(終える)**finish**[フィニッシュ],《話》**get through** (**with** ...)[ゲット スルー]; (間に合わせる)**make do** (**with** ...)[メイク]
- 昼食はシリアルで済ませた.
  I *made do with* cereal for lunch.

スマッシュ (テニスなどの) **a smash**[スマッシュ]
→スマッシュする smash

すまない (申し訳なく思う) **be**［**feel**］**sorry** (**for** ...)[サリィ]→すみません❶
- 迷惑(めいわく)をかけてすまないと思っている.
  I *am sorry for* causing you trouble.

スマホ a smartphone[スマートフォウン]
- スマホでメールした.
  I texted with my *smartphone*.
- スマホでSNSに投稿(とうこう)した.
  I posted on the social media with my *smartphone*.
- スマホの電源を入れた［切った］.
  I turned on［off］the *smartphone*.
- スマホの充電が切れそうだ. My *smartphone* is running out of battery.

- スマホを充電したい.
  I want to charge my *smartphone*.

表現メモ

スマホ関連のことば
タップする tap / スワイプする swipe
縮小する pinch in / 拡大する pinch out
長押しする tap and hold / 更新する update
消去する delete / アップデートする update
スクロールする scroll
格安スマホ low-cost smartphone
顔認証 face recognition
指紋(しもん)認証 fingerprint recognition

すみ¹【墨】(墨汁(ぼくじゅう))**India ink**[インディア インク], **Chinese ink**[チャイニーズ];(固形の)**sumi, an ink stick**[スティック]

すみ²【炭】**charcoal**[チャーコウル]
- 私たちは肉を炭(火)で焼いた.
  We cooked meat over *charcoal*.

すみ³【隅】**a corner**[コーナァ]
- 部屋の右隅にテーブルが1つあった.
  There was a table in the right-hand *corner* of the room.

すみません
❶謝(あやま)って　**I'm sorry.**,《話》**Sorry.**
❷感謝して　**Thank you.**, **Thanks.**
❸呼びかけ・依頼(いらい)など
　　Excuse me.

❶ I'm sorry.　❷ Thank you.　❸ Excuse me.

すみれ

❶〔謝って〕**I'm sorry.**［サリィ］,《話》**Sorry.** → ごめん¹

> 話してみよう！
> ☺あっ, すみません, 間違（ま）えました.
> Oh! *I'm sorry.* I made a mistake.
> ☻だいじょうぶですよ.
> That's all right.

・遅（おく）れてすみません.
　I'm sorry I'm late.

❷〔感謝して〕**Thank you.**［サンキュー］, **Thanks.** ［サンクス］→ありがとう

> 話してみよう！
> ☺手伝いましょう.
> Let me give you a hand.
> ☻すみません.
> *Thank you.*

❸〔呼びかけ・依頼など〕**Excuse me.** ［イクスキューズ］（▶話し手が2人以上のときは Excuse us.）
・すみませんがドアを開けていただけますか.
　Excuse me, but would you please open the door?

すみれ〖植物〗**a violet**［ヴァイアリット〕; （三色すみれ）**a pansy**［パンズィ〕
▮すみれ色 **violet**; （薄紫（うすむらさき））**lavender**

すむ¹〔住む〕

live （in ..., at ...）［リヴ〕

> 話してみよう！
> ☺どこに住んでいるの？
> Where do you *live*?
> ☻大阪だよ.
> I *live in* Osaka.

・私は川田町55番地に住んでいる.
　I *live at* 55 Kawada-machi.（▶番地を言うときは at を用いる）
・ほかにだれがこの階に住んでいるの？
　Who else *lives on* this floor?
・私は外国に住みたい. I want to *live* abroad.
　（▶live in abroad は×）
・カスミはこの2年間祖母といっしょに住んでいる. Kasumi has *lived* with her grandmother for the last two years.

すむ²〔済む〕

❶終わる	finish, be finished, be over
❷用が足りる	do
❸解決する	be settled

❶〔終わる〕**finish**［フィニッシュ〕, **be finished, be over**［オウヴァ〕
・宿題が済んだらあしたの準備をする.
　After I *finish* my homework, I will prepare for tomorrow.
・忘れなさい. もう済んだことだ. Forget that!
　It *is* already *over* [in the past].
❷〔用が足りる〕**do**［ドゥー〕
・この季節はまだ手袋（てぶくろ）なしで済む.
　We can *do* without gloves in this season.
❸〔解決する〕**be settled**［セトゥルド〕
・これは金で済む問題じゃない.
　This matter can't *be settled* with money.
・気は済んだか？
　Are you *satisfied* [*happy*] now?

すむ³〔澄む〕**become clear**［クリア〕
━澄んだ **clear**; （透明（とうめい）な）**transparent**［トゥランスペ（ア）ラント〕
・澄んだ水 *clear* water
・彼女は澄んだ声をしている.
　She has a *clear* voice.
・ここは空が澄んでいる.
　The sky is *clear* here.

スムージー a smoothie［スムーズィ〕

スムーズ【スムーズな】**smooth**［スムーズ〕
━スムーズに **smoothly**
・すべてがスムーズに運んだ.
　Everything went *smoothly*.

すもう〔相撲〕**sumo** （**wrestling**）［スーモゥ（レスリング）〕
・相撲はレスリングのように闘う形をとる日本の伝統的な国技です.
　Sumo is a form of wrestling and is the traditional national sport in Japan.
・ケンと相撲を取った. I did *sumo wrestling* with Ken.
・相撲の取り組み a *sumo* match [bout]
▮相撲取り a *sumo* wrestler
▮相撲部 a *sumo* team

スモッグ smog［スマッグ〕
・光化学スモッグ
　photochemical *smog*

すやすや【すやすや（と）】**peacefully**［ピースフリィ〕; （ぐっすりと）**soundly**［サウンドゥリィ〕
・赤ちゃんはすやすや眠（ねむ）っている.
　The baby is sleeping *peacefully*.

…すら even［イーヴン〕→…さえ❶
・私ですらそれを知っている.
　Even I know that.

スライス a slice［スライス〕
━スライスする **slice**
▮スライスチーズ **sliced cheese**

スライダー〚野球〛**a slider**[スライダァ]
スライディング〚野球〛**sliding**[スライディング]
スライド(映写用の)**a slide**[スライド]
ずらす(移動させる)**move**[ムーヴ], **shift**[シフト];(予定より前に)**move up**;(予定より後に)**push back**[プッシュ バック]
- 雨だから練習時間をずらそう.
  Let's *push back* the practice time because it's raining.

すらすら【すらすら(と)】(スムーズに)**smoothly**[スムーズリィ];(簡単に)**easily**[イーズィリィ];(流ちょうに)**fluently**[フルーアントゥリィ]
- マナブは問題をすらすらと解いた.
  Manabu solved the questions *easily*.
- チアキは英語をすらすら話すことができる.
  Chiaki can speak English *fluently*.

スラッガー a slugger[スラッガァ]
スラックス trousers[トゥラウザァズ], **slacks**[スラックス]→ズボン
スラムがい【スラム街】**a slum**[スラム], **the slums**
すらり【すらりとした】**slender**[スレンダァ]
- その人形はすらりとした足をしている.
  The doll has *slender* [*slim*] legs.

スランプ a slump[スランプ]
- 彼は今スランプだ.
  He's now in a *slump*.
- ケイはスランプから抜け出した.
  Kei came out of a *slump*.

すり(人)**a pickpocket**[ピックパケット];(行為(ﾞｳﾞ))**pickpocketing**[ピックパケッティング]→する[3]
- すりにご用心.
  《掲示》BEWARE OF *PICKPOCKETS*

スリーディー【3Dの】**3D**[スリーディー], **three-dimensional**[スリーディメンショヌル]
▮ スリーディープリンター **3D printer**

3Dプリンターを使っている様子

すりおろす(おろし金などで)**grate**[グレイト]
- 大根をすりおろした.
  I *grated* a Japanese radish.

すりきず【すり傷】(体の)**a scrape**[スクレイプ];(物の)**a scratch**[スクラッチ]
すりきれる【擦り切れる】**wear out**[ウェァ アウト]

━擦り切れた **worn-out**[ウォーンアウト]
スリッパ ㊍**a scuff**(**slipper**)[スカッフ(スリッパァ)], ㊍**a mule**[ミュール](▶ふつう複数形で用いる. 英語のslipperはダンスシューズのようなかとのある室内ばきをさすことが多い)
- スリッパ1足
  a pair of *scuffs*(▶スリッパ2足はtwo pairs of *scuffs*)
- スリッパをはいた.
  I put on some *scuffs*.

スリップ(下着)**a slip**[スリップ];(足を滑(ﾞｽﾞ)らすこと)**a slip**;(車の横滑り)**a skid**[スキッド]

━スリップする **slip**; **skid**
- 私たちの乗った車は雪でスリップした.
  Our car *skidded* in the snow.

すりつぶす mash[マッシュ];(粉にする)**grind**(**down**)[グラインド(ダウン)]
スリム【スリムな】**slim**[スリム]
すりむく【擦りむく】**graze**[グレイズ], **skin**[スキン], **scrape**[スクレイプ]
- ひじを擦りむいた.
  I *scraped* my elbow.

スリラー a thriller[スリラァ]
スリル a thrill[スリル]
- お化け屋敷(ﾞｼﾞ)はスリル満点だった.
  The haunted house was full of *thrills*./ The haunted house was really *thrilling*.

━スリルのある **thrilling**

する[1]

❶行う	do
❷ゲーム・スポーツなどを	play, practice
❸ある状態に	be, make, get;(職にある)be
❹…の値段である	cost;(…の価値がある)be worth
❺感じられる	have, feel;(音が)hear
❻決める	decide, have

❶【行う】**do**[ドゥー]

351

する²

話してみよう!
- 😊 きょうは何をするの.
  What are you going to *do* today?
- 😠 何もすることがないんだ.
  I have nothing to *do*.

- いっしょに皿洗いをしようよ.
  Let's *do* the dishes together.

ここがポイント! 「…する」のいろいろな言い方

英語では「…する」はdoを用いた表現のほかにも, いろいろな動詞を使って表されます. 何をするのかによって, 動詞を使い分けます.

〈動詞1語の例〉
- 毎日ピアノを練習する.
  I *practice* the piano every day.
- 毎日英語の勉強をする.
  I *study* English every day.

〈動詞+名詞の例〉
- メグと遊ぶ約束をした.
  I *made a promise* to play with Meg.
- パットが私たちにアドバイスしてくれた.
  Pat *gave some advice* to us.
- 食事の後休憩(きゅう)した.
  We *had a rest* after our meal.

〈動詞+形容詞の例〉
- 私たちはしばらくの間静かにしていた.
  We *were quiet* for a while.
- このジュースはさわやかな味がする.
  This juice *tastes fresh*.

❷[ゲーム・スポーツなどを]**play**[プレィ], **practice**[プラクティス]
- ゲームをするのは好きですか.
  Do you like *playing* video games?
- きのうサッカーをした.
  I *played* soccer yesterday.
- 体育の授業で柔道(じゅう)をした.
  We *practiced* judo in P.E. class.

❸[ある状態に]**be**, **make**[メイク], **get**[ゲット]; (職にある)**be**
- 動物にはやさしくしなさい.
  Be kind to animals.

〈人・物〉を…にする
make+〈人・物〉+〈名詞・形容詞・過去分詞〉
- 私たちはミドリを班長にした.
  We *made* Midori group leader.
- 友人はいつも私を元気にしてくれる.
  My friend always *makes* me happy.
- おばは弁護士をしている.
  My aunt *is* a lawyer.

❹[…の値段である]**cost**[コースト]; (…の価値がある)**be worth**[ワース]
- この自転車は2万円した. This bicycle *cost* (me) twenty thousand yen.
- あの絵は何百万円もするほどの価値がある.
  That picture *is worth* millions.

❺[感じられる]**have**[ハヴ], **feel**[フィール]; (音が)**hear**[ヒァ]
- ひどい頭痛がする.
  I *have* a bad headache.
- 目まいがする. I *feel* dizzy.
- 鳥の声がする. I *hear* the song of birds.

❻[決める]**decide**[ディサイド], **have**
- 彼はテニス部の合宿に行くことにした.
  He *decided* to go to the tennis team's training camp.
- きょうはコーンフレークにしよう.
  I'll *have* cornflakes today.

する²【擦る】(マッチを)**strike**[ストゥライク]; (こする)**rub**[ラブ]
- 彼女はマッチを擦った. She *struck* a match.

する³ pick[ピック]→すり
- 人ごみで財布(さい)をすられた.
  I had my pocket *picked* in the crowd. / I had my wallet *stolen* in the crowd.(←盗(ぬす)まれた)

ずる【ずるをする】**cheat**[チート]
- その少年はトランプでいつもずるをする.
  The boy always *cheats* at cards.

ずるい(悪賢(がしこ)い)**sly**[スライ], **cunning**[カニング]; (不公正な)**unfair**[アンフェア]
- 彼はずるい. He's *sly* [*dishonest*].
- それはずるいよ.
  That's *not fair*! / That's *unfair*!

スルーパス〖サッカー〗**a through pass**[スルー パス], **a through ball**[ボール]

…すること→こと¹ ❷
…することがある→…ことがある ❷
…することになっている→…ことになっている

するする【するする(と)】(容易に)**easily**[イーズィリィ]; (滑(なめ)らかに)**smoothly**[スムーズリィ]

ずるずる(音を立てる)**slurp**[スラープ]; (滑(すべ)る)

slide (down)[スライド]
- 坂をずるずると滑り落ちた．
  I *slid down* the slope.

…するため→…ため❷
…するだろう→…でしょう
…するつもりだ→…つもりだ❶❷
すると(そして)and; (それから)then[ゼン]→そうすると

するどい【鋭い】

sharp[シャープ]，(⇔鈍(にぶ)い dull); (感覚・能力が)keen[キーン], acute[アキュート]
- 鋭いナイフ a *sharp* knife
- 鋭い痛みを感じた. I felt a *sharp* pain.
- 象は聴覚(ちょうかく)が鋭い.
  Elephants have a *keen* sense of hearing.
➡**鋭く** sharply; keenly

…するところだ→…ところだ❷
…するとすぐ→すぐ❶
…するな→…な
…するべきだ→…べき
…するほうがいい[よい]→…ほうがいい[よい]
するめ dried squid[ドゥライド スクウィッド]
ずるやすみ【ずる休みする】⊛play hooky[プレイ フッキィ]，skip[スキップ]
- 彼は学校をずる休みした.
  He *skipped* school. / He *played hooky* (from school).

…するように→…ように
…するようになる→…なる❸
ずれ (a) difference[ディファランス], a gap[ギャップ]; (時間の) a lag[ラッグ]
- 世代間のずれ the generation *gap*
- 大人と子どもでは考え方にずれがある.
  There is a *difference* of views between adults and children.

すれすれ(かろうじて)barely[ベアリィ], narrowly[ナロウリィ]; (触れそうで)almost[オールモウスト]
- 彼はすれすれで試験に合格した.
  He *barely* passed the exam.
- トラックは塀(へい)すれすれを走っていった. The truck passed *almost* hitting the wall.
- その鳥は水面すれすれを飛んでいった.
  That bird flew *right* up to the surface of the water.

すれちがう【擦れ違う】pass each other[パス イーチ アザァ]
- 私たちは廊下(ろうか)でよく擦れ違う.
  We often *pass each other* in the hallway.

…すればするほど→…ほど❹
ずれる(正しい位置から)be out of position[アウト オブ パズィション]; (今いる所から)move[ムーヴ];

(要点から)be off the point[ポイント]; (くいちがう)be different (from ...)[ディファラント]
- 前が見えないのですこしずれてください.
  Please *move* a little because I can't see.
- 君の意見は要点から少しずれているよ.
  Your remark *is* a little *off the point*.

スローイン[スポーツ]a throw-in[スロウイン]
スローガン a slogan[スロウガン]
スロープ a slope[スロウプ]
スローモーション slow motion[スロウ モウション]

すわる

【座る】sit (in ..., on ...)[スィット], sit down[ダウン], take a seat[スィート], be seated[スィーティド]
- ヒナがソファーに座っている.
  Hina is *sitting* on the sofa.
- マユが私の隣(となり)に座った.
  Mayu *sat* next to me.
- お父さんがあぐらをかいて座っている.
  My father is *sitting* cross-legged.
- 彼は足を組んで座った.
  He *sat* with his legs crossed.
- 弟は今机に向かって座っている.
  My brother is now *sitting* at his desk.
- 座ってください. Please *sit down*. / Please *take a seat*. / Please *be seated*. (▶後のものほど改まった言い方になる)

すんぜん【(…する)寸前に】just before ...[ヂャスト ビフォア]
- 彼は家が崩(くず)れ落ちる寸前に家から飛び出した. He ran out of the house *just before* it collapsed.

すんなり easily[イーズィリィ], without any difficulty[ディフィカルティ], smoothly[スムーズリィ]

すんぽう【寸法】a measurement[メジャアマント], a size[サイズ]

あ
か
す
た
な
は
ま
や
ら
わ

three hundred and fifty-three　　353

せ

せ【背】
- ❶ 背中 the [one's] back
- ❷ 背丈, 身長 a height

❶【背中】the [one's] back [バック]
- いすの背 the back of a chair
- 彼は背をまっすぐに伸(の)ばした.
  He straightened his back.

❷【背丈, 身長】a height [ハイト]

話してみよう！

☺背はどれくらいありますか.
What is your height? / How tall are you?
😀150センチです.
I am a hundred and fifty centimeters (tall). (▶米国ではfeetやinch(es)を用いて I'm five feet (tall). のように言うのがふつう)

- 父は背が高い[低い].
  My father is tall [short].
- 私はユキより3センチ背が低い. I am three centimeters shorter than Yuki.
- 兄は家族の中でいちばん背が高い.
  My brother is the tallest in our family.
- 君と私でどちらが背が高いか比べよう.
  Let's see who is taller, you or I [me].

せい¹【…のせいで】because of ... [ビコーズ], due to ... [ドゥー]
- 大雪のせいでバスが止まった.
  Because of the heavy snow, the buses stopped running. / Due to the heavy snow, the buses stopped running.
- これはだれのせい？ Who's fault is this?
- 私のせいにしないで.
  Don't blame me for that!

せい²【性】(a) sex [セックス]
- 性別や年令に関係なく
  regardless of sex or age
- **━性の, 性的な** sexual [セクシュアル]
- 性教育 sex education
- 性差別 sexism, sexual discrimination
- 性的嫌(いや)がらせ sexual harassment

せい³【姓】a family name [ファミリィ ネイム], a last name [ラスト], a surname [サーネイム]
- 彼の姓は田中だ.
  His family name is Tanaka.

せい⁴【精】(精霊(れい))a spirit [スピリット]; (精力) energy [エナジィ]
- もっと精を出して勉強しなさい.
  Study harder!

…せい[…製の](生産地)made in ... [メイド]; (素材)made of [from] ...
- 中国製のシャツ a shirt made in China
- 木製の食器
  dishes made of wood / wooden dishes

ぜい【税】(a) tax [タックス]
- 消費税 a consumption tax
- 所得税 an income tax
- この価格は税こみ[別]ですか.
  Does this price include [exclude] tax?
- 税務署 a tax office

せいい【誠意】sincerity [スィンセリティ]
- 私は彼女に誠意を示そうとした.
  I tried to show my sincerity to her.
- **━誠意のある** sincere [スィンスィア]

せいいっぱい【精いっぱい】as hard as one can [ハード], as hard as possible [パスィブル]
- ケンは精いっぱい勉強した.
  Ken studied as hard as he could.
- 精いっぱいやりなさい. Do your best.

せいうち【動物】a walrus [ウォールラス]

せいえん【声援】(声援すること)cheering [チアリング]; (声援の声)a cheer [チア] → おうえん
- **━声援する** cheer

せいおう【西欧】(西洋)the West [ウェスト]; (ヨーロッパ)Europe [ユ(ア)ラップ]; (西ヨーロッパ) West [Western] Europe [[ウェスタァン]]

せいか¹【成果】(a) result [リザルト]; (苦労などの) a fruit [フルート]
- 私たちの努力の成果が見られた.
  We saw the results of hard work.

せいか²【聖火】(オリンピック会場の)the Olympic Flame [アリンピック フレイム]; (聖火リレーの)the Olympic Torch [トーチ]
- 聖火ランナー a torchbearer
- 聖火リレー the Olympic Torch relay

せいかい【正解】a correct [right] answer [カレ

クト [ライト] アンサァ]
- 正解に丸をつけた.
 I circled the *correct answer*.
- この問題の正解はCだ.
 The *right answer* to this question is C.

せいかく¹【性格】
(a) character[キャリクタァ]; (人柄(がら))(a) personality[パーサナラティ]
- 彼はよい性格をしている.
 He has a good *character* [*personality*].
- 彼女の性格は私のとまるっきり違(ちが)う.
 Her *personality* is completely different from mine.
- ヒロは明るい性格をしている.
 Hiro is cheerful.
- その男の子は性格が悪い.
 The boy is mean.

せいかく²【正確な】
(正しい)correct[カレクト](⇔不正確な incorrect); (厳密な)exact[イグザクト], precise[プリサイス]; (精密な)accurate[アキュラット](⇔不正確な inaccurate)
- この時計は正確ですか. Is this clock *correct*?
- この語の正確な意味は何ですか. What is the *precise* meaning of this word?
─正確に correctly; precisely; accurately
- それを正確に計算しなさい.
 Be sure to calculate it *correctly*.

せいがく【声楽】vocal music[ヴォウカル ミューズィック]
▮声楽家 a vocalist, a singer

せいかつ【生活】
(a) life[ライフ](複 lives[ライヴズ]), living[リヴィング]; (生計)a living
- 学校生活 school *life*
- 日常生活 everyday [daily] *life*
─生活(を)する live, lead a ... life
- 充実した生活をするつもりだ.
 I intend to *lead* [*live*] a full *life*.
▮生活習慣 a lifestyle: カナダの生活習慣が好きです. I like the *lifestyle* in Canada.
生活水準 the standard of living
生活費 the cost of living, living expenses

ぜいかん【税関】(the) customs[カスタムズ](►単数扱い)
- 税関を通ってください.
 Please go through *customs*.

せいかんざい【制汗剤】antiperspirant[アンティパースパラント]

せいき¹【世紀】a century[センチュリィ]
- 半世紀 a half *century* / half a *century*
- 彼は20世紀の初め[終わり]に生まれた. He was born in the early [late] 20th *century*.
- 何世紀にもわたって話は語り継(つ)がれた. The story was passed down for *centuries*.
▮世紀末 the end of the century

せいき²【正規の】regular[レギュラァ]; (公式の)formal[フォーマル]

せいぎ【正義】justice[ヂャスティス], right[ライト]
- 正義の味方 a champion of *justice*(►この championは「守り手」の意)
▮正義感 a sense of justice: 彼女は正義感が強い. She has a strong *sense of justice*.

せいきゅう【請求】a demand[ディマンド]; (要望) a request[リクウェスト]
─請求する ask; (代金などを)charge[チャーヂ]
- 靴(くつ)の代金として8000円を請求された.
 They *charged* me eight thousand yen for the shoes.
▮請求書 a bill

せいきょう【生協】co-op[コウアップ](►consumer cooperativeの略)
- 毎週生協が食べ物を配達してくれる. The *co-op* delivers meals to us each week.

ぜいきん【税金】→ ぜい

せいけい¹【生計】a living[リヴィング](►ふつう複数形では用いない)
- 両親は生計を立てるために働いている. My parents work to make [earn] a *living*.

せいけい²【西経】the west longitude[ウェスト ランヂトゥード]→ とうけい²

せいけい³【整形】(美容)cosmetic surgery[カズメティック サージャリィ]
▮整形外科 (診療(りょう)科名)orthopedics; (病院) an orthopedic hospital

せいけつ【清潔な】clean[クリーン](⇔不潔な dirty, unclean)
- 清潔なハンカチ a *clean* handkerchief
- 手を清潔にしておきなさい.
 Keep your hands *clean*.

せいげん【制限】(数量の)a limit[リミット]; (行為(い)の)restriction[リストゥリクション]
- 制限なしにそれを利用できます.
 You can use it without *limit*.
─制限する limit; restrict
- 祖父は病気のため食事が制限されている.
 My grandfather is on a *restricted* diet because of his illness.
▮制限時間 a time limit: そのテストの制限時間は50分です. The *time limit* of the test is fifty minutes.

せいこう

制限速度 a speed limit

せいこう【成功】

(a) success [サクセス]（►成功した事柄(認)を具体的にさす場合はaをつける)(⇔失敗 (a) failure)
- 成功を祈(%)ります. I wish you *success*.
- そのミュージカルは大成功だった.
 The musical was a great *success*.

—**成功する** succeed (in ...) [サクスィード](⇔失敗する fail (in ...)), be successful (in ...)
- 得点に成功した. I *succeeded* [*was successful*] *in* scoring a goal.
- 彼はミュージシャンとして成功した.
 He *succeeded* as a musician.

せいざ¹【星座】a constellation [カンスタレイション]; (星占(%)いの) a sign [サイン]
- 「あなたの星座は何ですか」「お羊座です」
 "What's your *sign*?" "I'm an Aries."

表現メモ

星座名

お羊座 Aries [エ(ァ)リーズ]
お牛座 Taurus [トーラス]
双子(捻)座 Gemini [チェマナィ]
かに座 Cancer [キャンサァ]
しし座 Leo [リーオゥ]
乙女(捻)座 Virgo [ヴァーゴゥ]
天びん座 Libra [リーブラ]
さそり座 Scorpio [スコーピオゥ]
射手座 Sagittarius [サヂタェ(ァ)リアス]
やぎ座 Capricorn [キャプリコーン]
水がめ座 Aquarius [アクウェ(ァ)リアス]
魚座 Pisces [パイスィーズ]

12星座の一覧図

星座早見表 a star chart

せいざ²【正座する】kneel on both knees [ニール] [ボウス ニーズ], sit in *seiza* [スィット] ➡ 習慣・マナー [口絵]

せいさく¹【製作, 制作】(映画などの) production [プラダクション]; (製造) manufacturing [マニュファクチャリング]

—**製作[制作]する** make, produce [プラドゥース]; manufacture
- いつか映画を製作したい.
 I want to *produce* a movie someday.

制作者 (演劇・番組などの) a producer
製作者 a maker; (製造業者) a manufacturer
製作所 a factory
制[製]作費 production costs

せいさく²【政策】a policy [パリスィ]
- 外交政策 a foreign *policy*
- 経済政策 an economic *policy*

せいさん¹【生産】production [プラダクション]
- 大量生産 mass [large-scale] *production*
- 国内総生産 gross domestic *product* (►GDPと略す)

—**生産する** make; (製品・農産物などを) produce [プラドゥース]; (機械で大量に) manufacture [マニュファクチャァ]
- この工場ではテレビを生産している. This factory *produces* [*manufactures*] TVs.

生産者 a producer
生産高 (an) output
生産地 a production area

せいさん²【精算する】adjust [アヂャスト], settle [セトゥル]

せいし¹【生死】life and [or] death [ライフ] [デス]
- それは生死にかかわる問題だ.
 It's a matter of *life and death*.

せいし²【制止する】control [カントゥロウル], hold back [ホウルド バック]
- 警察はデモ隊を制止しようとした.
 The police tried to *hold back* the demonstrators.

せいじ【政治】politics [パリティクス] (►単数扱い); (国を治めること) government [ガヴァンマント]
- 彼は政治にまったく興味がない.
 He has no interest in *politics*.
- 民主政治 democratic *government*

—**政治の, 政治的な** political [パリティカル]

政治家 a statesman, a politician
政治改革 a political reform
政治問題 a political issue [problem]

せいしき【正式な】formal [フォーマル]; (公式の) official [アフィシャル]
- 正式なディナー
 a *formal* dinner

—**正式に** formally; officially
- 試合の日程が正式に発表された.
 The date of the game was *officially* announced.

せいしつ【性質】

356　three hundred and fifty-six

せいせき

| ❶生まれつきの性質 | (a) nature; (気質) a disposition |
| ❷物事の特性 | (a) nature; (特質) a property |

❶[生まれつきの性質] (a) nature[ネイチァ]; (気質) a disposition[ディスパズィション] → せいかく¹
- 彼女は優(やさ)しい性質だ. She has a gentle *nature*. / She is gentle by *nature*.

❷[物事の特性] (a) nature; (特質) a property[プラパァティ]
- シリカゲルには湿気(しっけ)を吸収する性質がある. Silica gel has the *property* of absorbing moisture.

せいじつ【誠実な】sincere[スィンスィァ]; (忠実な) faithful[フェイスフル]; (正直な) honest[アニスト]
- 誠実な人 an *honest* person / a *sincere* person
━**誠実に** sincerely; faithfully; honestly
- 彼女は私の疑問に誠実に答えてくれた. She answered my question *sincerely*.

せいじゅく【成熟する】(人・動物などが) mature[マチュァ]; (果物などが) ripen[ライパン] → じゅくす
━**成熟した** mature; ripe

せいしゅん【青春】one's youth[ユース]
- 青春を無駄(むだ)にするな. Don't waste *your youth*.
━**青春の** youthful
青春時代 one's youth, one's youthful days: 母は青春時代の思い出を語った. My mother talked about *her youth*.

せいしょ¹【聖書】the (Holy) Bible[(ホウリィ) バイブル]
- 旧約[新約]聖書 the Old [New] *Testament*

せいしょ²【清書】a fair copy[フェア カピィ]
━**清書する** make a fair copy (of ...)

せいしょう【斉唱】unison[ユーニナン]
━**斉唱する** sing in unison

せいじょう【正常な】normal[ノーマル]
- 彼の食欲は正常に戻(もど)った. His appetite has returned to *normal*.
━**正常に** normally

せいしょうねん【青少年】young people[ヤング ピープル], the youth[ユース]
┃青少年犯罪 juvenile delinquency

せいしん【精神】mind[マインド], (a) spirit[スピリット]
- ボランティア精神 a volunteer *spirit*
━**精神的な** mental[メントゥル], spiritual[スピリチュァル](⇔物質的な material)
- 精神的なストレスのせいで眠(ねむ)れない.

I cannot sleep due to *mental* stress.
━**精神的に** mentally
- 彼は精神的に強い[不安定だ]. He is *mentally* strong [unstable].
┃精神安定剤 a tranquilizer
┃精神科医 a psychiatrist
┃精神科病院 a mental hospital
┃精神状態 mental condition
┃精神年齢(ねんれい) (a) mental age
┃精神障がい a mental disorder
┃精神力 mental [spiritual] strength

せいじん¹【成人】an adult[アダルト], 《話》a grown-up[グロウナップ] → おとな
- 成人の日 Coming-of-Age Day
━**成人する** come of age; (大人になる) grow up[グロウ アップ]
┃成人式 a coming-of-age ceremony

せいじん²【聖人】a saint[セイント]

せいず【製図】drawing[ドゥローイング]; (設計図などの) drafting[ドゥラフティング]
━**製図する** draw; draft

せいぜい(多く見積もっても) at most[モウスト]; (できるだけ) as ... as *one* can, as ... as possible[パスィブル]
- 高くてもせいぜい500円だろう. It will cost 500 yen *at most*.
- せいぜい頑張(がんば)って練習しなさい. Practice *as hard as you can*. / Practice *as hard as possible*.

せいせいどうどう【正々堂々と】fair[フェア], fairly[フェアリィ]
- 正々堂々と戦うべきだ. You need to play *fair* [*fairly*].

せいせき【成績】

(学業などの評価)《主に米》a grade[グレイド], a mark[マーク]; (競技などの結果) a result[リザルト]
- 私は(学校での)成績がよい[悪い]. My *grades* (at school) are good [bad].
- マミの成績が上がった[下がった]. Mami's *grades* went up [down].
- 英語のテストでよい成績をとった. I got a good *mark* on my English test.
- スピーチコンテストの成績が発表された. The *results* of the speech contest were announced.

> 話してみよう!
> ☺1学期の成績どうだった？
> How were your first term *grades*?
> 😊まあまあだった.
> I did okay.

three hundred and fifty-seven 357

せいせんしょくりょうひん

‖成績表 a report card
せいせんしょくりょうひん【生鮮食料品】**fresh
foods**[フレッシュ フーヅ]
せいそう【清掃】**cleaning**[クリーニング]→そうじ¹
せいぞう【製造】**manufacture**[マニュファクチァ];
（生産）**production**[プラダクション]→せいさん¹
‖製造業 the manufacturing industry
‖製造業者 a manufacturer; a maker
せいそく【生息する】**inhabit**[インハビット]
‖生息地 a habitat
せいぞん【生存】**existence**[イグズィスタンス];（生き
残ること）**survival**[サァヴァイヴァル]
•適者生存 the *survival* of the fittest
━生存する exist; survive
‖生存競争 the struggle for existence
‖生存者 a survivor
せいだい【盛大な】**grand**[グランド], **big**[ビッグ]
•盛大な歓迎㊟会だった.
  It was a *grand* [*big*] welcome party.
せいたいけい【生態系】**an ecosystem**[イーコウス
ィスティム]
ぜいたく luxury[ラクシャリィ]（★発音注意）
•うちでは海外旅行をするというぜいたくはでき
  なかった. We couldn't afford the *luxury*
  of traveling abroad.
━ぜいたくな **luxurious**[ラグジュ（ァ）リアス]
•ぜいたくな生活を送りたい.
  I want to live a *luxurious* life.
せいち【聖地】**a sacred spot**[セイクリッド スパット]
‖聖地巡礼 a pilgrimage

せいちょう【成長，生長】

growth[グロウス]
•子どもは成長が早い. Children *grow* fast.
━成長[生長]する（育つ）**grow**;（大人になる）
grow up
•彼女は成長して消防士になった.
  She *grew up* to be a firefighter.
•あの選手は今年急成長した.
  That player *improved* so much this year.
せいてつじょ【製鉄所】**a steel mill**[スティール ミ
ル]
せいてん【晴天】**fine**［**fair**］**weather**[ファイン［フ
ェア］ウェザァ]
せいでんき【静電気】**static electricity**[スタティッ
ク イレクトゥリスィティ]

せいと【生徒】

a student[ストゥードゥント], **a pupil**[ピューパル],
（男子）**a schoolboy**[スクールボーイ];（女子）**a
schoolgirl**[スクールガール]
•私は朝日中学の生徒だ. I am a *student* at

Asahi Junior High School.
•3年C組の生徒はとても活動的だ. The third
  year *students* in class C are very active.
•全校生徒 the whole school（▶単数扱い）
‖生徒会 a student council: 私は生徒会活動をし
ている. I'm involved in the *student
council*.
‖生徒会室 the student council office
‖生徒会選挙 an election for the student
council
‖生徒会長 the student council president
‖生徒総会 a student council assembly
‖生徒手帳 a student handbook
せいど【制度】**a system**[スィスティム]
•社会制度 a social *system*
•教育制度は改められるべきだ. The
  educational *system* should be reformed.
せいとう¹【正当な】**just**[ヂャスト], **right**[ライト];
（適正な）**good**[グッド]
•君にはその申し出を断る正当な理由がある. You
  have a *good* reason to reject the offer.
━正当化する **justify**[ヂャスティファイ]
•体罰㊟を正当化することはできない.
  Nothing can *justify* physical punishment.
‖正当防衛 self-defense: 私は正当防衛で反撃
㊟した. I fought back in *self-defense*.
せいとう²【政党】**a political party**[パリティカル パ
ーティ]
•彼らは新しい政党を結成した.
  They formed a new *political party*.
•保守政党 a conservative *party*
せいどう【青銅（の）】**bronze**[ブランズ]
‖青銅器時代 the Bronze Age
せいどく【精読】**careful**［**intensive**］**reading**[ケ
アフル［インテンスィヴ］リーディング]
━精読する **read ... carefully**［**intensively**］
せいとん【整とんする】→せいり¹
せいなん【西南】→なんせい
せいねん【青年】**a young man**［**woman**］[ヤング
マン［ウマン］], **a youth**[ユース];（全体）**young
people**[ピープル]
•彼はりっぱな青年だ.
  He is a fine *young man*.
‖青年海外協力隊 Japan Overseas Cooperation
Volunteers
‖青年時代 one's youth, one's young days: 彼
は青年時代を大阪で過ごした. He spent *his
youth* in Osaka.
せいねんがっぴ【生年月日】**one's date of birth**
[デイト][バース]
•「あなたの生年月日はいつですか」「2012年3月
  13日です」"What's *your date of birth*?"

"It's March 13, 2012."/(友人同士の会話などで)"*When were* you *born*?" "I *was born* on March 13, 2012."

せいのう【性能】(エンジンなどの)**performance**[パフォーマンス]; (効率)**efficiency**[イフィシャンスィ]

─**性能のよい efficient, high-performance**
・これは性能のよいパソコンです.
This is a *high-performance* PC.

せいはんたい【正反対の】
・兄と私は性格が正反対だ. My brother and I are *totally different* from each other.

せいび【整備】(技術的な修理点検)(a) **service**[サーヴィス]

─**整備する** (技術的に修理・点検をする)**service**; (修理する)**fix**[フィックス], **repair**[リペア], **maintain**[メインテイン]
・きのう自転車を整備した.
I *fixed* my bicycle yesterday.
・試合前にグラウンドを整備した. We *got* the athletic field *ready* for the game.

| 整備工場 a maintenance shop
| 整備士 (自動車の)a car mechanic; (飛行機の)a ground crew

せいひれい【正比例】**direct proportion**[ディレクト プラポーション]→ **ひれい**

せいひん【製品】a **product**[プラダクト]; (大量生産された)**manufactured goods**[マニュファクチャド グッヅ]; (商品)**goods**
・新製品が開発された.
A new *product* was developed.
・国内製品 domestic [home] *products*
・外国製品 foreign *products*
・電化製品 (electric) *appliances*

せいふ【政府】a **government**[ガヴァンメント]
・日本政府 the Japanese *Government*

せいぶ【西部】the **western part**[ウェスタァン パート], **the west**[ウェスト]; (米国の)**the West**
・私は北海道の西部で生まれた. I was born in *the western part* of Hokkaido.

─**西部の western**

| 西部劇 a western (movie)

せいふく¹【制服】

a **uniform**[ユーニフォーム]→ **衣生活**【口絵】
・学校の制服 a school *uniform*
・私たちは制服を着て登校しなくてはならない.
We must go to school in *uniform*. (▶in uniformは「制服を着て」の意. この場合aはつかない)

せいふく²【征服】(a) **conquest**[カンクウェスト]
─**征服する conquer**[カンカァ]

征服者 a conqueror

せいぶつ【生物】**a living thing**[リヴィング スィング], **a creature**[クリーチャァ], (まとめて)**life**[ライフ]
・地球上のすべての生物
all *living things* on earth
・深海の生物 *creatures* in the deep sea
・彼は火星に生物がいると主張している.
He claims that there is *life* on Mars.

| 生物学 biology
| 生物学者 a biologist

せいぶつが【静物画】**a still life**[スティル ライフ]

せいぶん【成分】**an ingredient**[イングリーディアント], **a component**[カンポウナント]
・キャンディーの主成分は砂糖だ.
The main *ingredient* of candy is sugar.
・空気の化学成分は何ですか.
What is the chemical *component* of air?

せいべつ【性別】**sex**[セックス]→ **せい²**

せいぼ¹【聖母】(聖母マリア)**the Virgin Mary**[ヴァーヂン メ(ァ)リィ]

せいぼ²【歳暮】**a year-end gift** [**present**][イァエンド ギフト [プレゼント]](▶欧米(慣)にはお歳暮をやりとりする習慣はない)

せいぼう【制帽】(学校の)**a school cap**[スクール キャップ]

せいほうけい【正方形】**a square**[スクウェア]

─**正方形の square**
・正方形の板 a *square* board

正方形の板　　　長方形の板
a square board　a rectangular board

せいほく【西北】→ **ほくせい**

せいみつ【精密な】**precise**[プリサイス]; (詳細(しょう)な)**detailed**[ディテイルド]
・精密な地図 a *detailed* map

─**精密に precisely**

| 精密機械 a precision machine
| 精密検査 (体の)a thorough examination [checkup]; (機械などの)a close [thorough] examination

せいめい¹【生命】(a) **life**[ライフ](複 lives[ライヴズ])→ **いのち**
・彼女の生命は危険な状態にある.
Her *life* is in danger.

| 生命保険 life insurance

せいめい²【姓名】**a (full) name**[(フル)ネイム]→ **なまえ**

せいめい³【声明】**a statement**[ステイトゥメント]
・共同声明 a joint *statement*

- 首相は声明を出した．
  The prime minister made a *statement*.

せいもん【正門】the front［main］gate［フラント［メイン］ゲイト］

せいやくがいしゃ【製薬会社】a pharmaceutical company［ファーマースーティカル カンパニィ］

せいゆう【声優】a voice actor［ヴォイス アクタァ］;（▶男女の区別なく使われる．女性は a voice actress とも言う）

せいよう[1]【西洋】the West［ウェスト］（⇔東洋 the East）;（西洋諸国）the Western countries［ウェスタァン カントゥリィズ］
- 西洋の Western, western
  西洋史 European history
  西洋人 a Westerner
  西洋文明 Western civilization

せいよう[2]【静養】（休養）（a）rest［レスト］
- 静養する rest, take［have］a rest
- 夏の間静養した．I took *a rest* during the summer.

せいり[1]【整理】arrangement［アレインヂマント］
- 整理する put ... in order, tidy（up）［タイディ］, organize［オーガナイズ］
- これらの資料を整理してください．
  Please *put* these materials *in order*.
- レイの部屋はいつも整理されている．
  Rei's room is always *neat and tidy*.
- 考えを整理しなければならない．
  I have to *organize* my thoughts.
  整理券 a（numbered）ticket
  整理番号 a reference number

せいり[2]【生理】(生物の体の機能) physiology［フィズィアラディ］;（月経）a period［ピ(ァ)リアッド］
- 生理中です．I'm on my *period*.
  生理痛《話》cramps: 生理痛がある．I have *cramps*.
  生理用ナプキン a（sanitary）napkin, a pad

せいりつ【成立する】（組織などが）be established［イスタブリッシュト］, be organized［オーガナイズド］, be formed［フォームド］

ぜいりつ【税率】a tax rate［タックス レイト］
- 消費税の税率 the consumption *tax rate*

せいりょういんりょう【清涼飲料】a soft drink［ソフト ドゥリンク］

せいりょく[1]【勢力】(権力) power［パウァ］;（影響（えいきょう）力）influence［インフルアンス］;（物理的な力）force［フォース］
- 勢力争い *power* struggle
- 台風の勢力が急激に増して［衰（おとろ）えて］きている．The *force* of the typhoon is rapidly increasing［decreasing］.
- 勢力のある powerful; influential［インフルエン

シャル］

せいりょく[2]【精力】energy［エナァヂィ］
- 精力的な energetic［エナァチェティック］, vigorous［ヴィガラス］
- 精力的に energetically, with energy

せいれき【西暦】the Christian era［クリスチャン イ(ァ)ラ］, A.D.［エイディー］（▶Anno Domini の略）, the Common Era［カマン イ(ァ)ラ］（▶宗教色のない言い方．C.E. と略す）→きげん[3]
- その男性は西暦306年に生まれた．The man was born in 306 *A.D.* / The man was born in（the year）306.

せいれつ【整列する】line up［ライン］→ならぶ
- 私たちは新モデルを買うために整列した．
  We *lined up* to buy a new model.
- 私たちは4列に整列した．（縦に）We *lined up* in fours. /（横に）We *lined up* in four rows.

セーター a sweater［スウェタァ］（★発音注意）, 《英》jumper［ヂャンパァ］

セーフ【セーフの】（だいじょうぶな）safe［セイフ］;《野球》safe（⇔アウト the out）
- 走者は二塁（るい）セーフだった．
  The runner was *safe* at second.

セーブ《野球》a save［セイヴ］
- セーブする《コンピュータ》save
- セーブを上げる《野球》get［have］a save
- 林投手は今年，12セーブを上げた．Hayashi got［had］twelve *saves* this year.

セーラーふく【セーラー服】a sailor-style uniform［セイラァスタイル ユーニフォーム］

セール a sale［セイル］→バーゲン（セール）
- 閉店［年末］セール
  a closing-down［year-end］*sale*
- 在庫一掃（いっそう）セール a clearance *sale*
- セール品 a *sales* item
- このバッグはセールで買った．
  I bought this bag at a *sale*.

スーパーのセール品コーナーの表示（米国）

セールスマン a salesperson［セイルズパースン］（▶男女の区別なく用いる）

せおう【背負う】carry ... on one's back［キャリィ］［バック］

- ケンは妹を背負っていた.
Ken *carried* his sister *on his back*.

せおよぎ【背泳ぎ】**the backstroke**[バックストゥロウク]
- 背泳ぎをするのが好きです.
I like to do [swim] *the backstroke*.

せかい【世界】

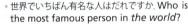

the world[ワールド]
- 世界でいちばん有名な人はだれですか. Who is the most famous person in *the world*?
- 私の夢は世界じゅうを旅行することだ.
My dream is to travel all over *the world*.
- 世界の人々と交流するのが好きだ.
I like to communicate with people all over *the world*.
- 彼は自分の小さな世界に引きこもった.
He withdrew into his own small *world*.
- スヌーピーは世界的に有名なキャラクターだ.
Snoopy is a *world*-famous character.
- 第一次世界大戦 *World* War I (▶World War one と読む)/ the First *World* War
- 第二次世界大戦 *World* War II (▶World War two と読む)/ the second *World* War
━**世界的な worldwide**, **global**[グロウブル]
- 貧困は世界的な問題だ.
Poverty is a *global* issue.
━**世界的に internationally**[インタナショヌリィ]
│世界遺産 a World Heritage site
│世界一 the best in the world
│世界一周旅行 a round-the-world tour: 世界一周旅行をしたい. I want to *travel around the world*.
│世界史 world history
│世界(新)記録 a (new) world record
│世界選手権大会 the world championship (meet)
│世界平和 world peace

せかす【急かす】**hurry**(**up**)[ハーリィ], **rush**[ラッシュ]
- せかさないで. Don't *hurry* [*rush*] me.

セカンド→にるい

せき¹【席】

a seat[スィート]
- 窓側の席 a window *seat*
- 通路側の席 an aisle *seat*
- 指定席 a reserved *seat*
- 自由席 a non-reserved *seat*
- 席に着きなさい. Sit down. / Take a *seat*.
- 席を替わってもいいですか.
Can I change my *seat*?
- ユミの隣の席に座った.

I took a *seat* next to Yumi.
- 「この席は空いていますか」「はい, 空いてます」
"Is this *seat* taken? / Is someone sitting here?" (▶前者のほうがていねい)
"No, it's free [vacant]. / No, no one is sitting here."
- エリはいつもお年寄りに席を譲る. Eri always gives up her *seat* to senior citizens.
- 私と席を替わってくれませんか.
Can you change *seats* with me?
(▶change a seatは×)
- 席をつめていただけますか.
Would you mind moving over a little?
│席替え: きょうは席替えをした. Today we *changed* our *seats*.

せき² a cough[コーフ](★発音注意)
- せきが止まらないんです.
I can't stop *coughing*.
━**せきをする cough, have a cough**
- 妹はひどい[軽い]せきをしている.
My little sister has a bad [slight] *cough*.
│せき止め a cough medicine; (ドロップの)a cough drop
│せき払い: 彼はせき払いをした. He *cleared his throat*.

せきがいせん【赤外線】**infrared rays**[インフラレドレイズ]

せきじゅうじ【赤十字(社)】**the Red Cross** (**Society**)[レッド クロス (ササイアティ)]

せきせつ【積雪】**snow**[スノゥ]
- 積雪量 a snowfall

せきたん【石炭】**coal**[コウル]

せきどう【赤道】**the equator**[イクウェイタァ]→ちきゅう 図
- その国は赤道直下にある.
The country is right on *the equator*.

せきにん【責任】

(仕事・義務などの)(**a**) **responsibility** (**for** ...)[リスパンスィビリティ]; (過失)(**a**) **fault**[フォールト]
- 私は自分の責任を果たした. I fulfilled [carried out] my *responsibility*.
- バスに乗り遅れたのは私の責任じゃない.
It's not my *fault* that we missed the bus.
━**責任が[の]ある responsible**[リスパンスィブル]
- あなたは自分のしたことに責任がある.
You are *responsible* for what you did.
- 彼女は責任のある地位に就いている.
She holds a *responsible* position.
│責任感 a sense of responsibility: 彼は責任感が強い. He has a strong *sense of responsibility*.

せきはん

責任者 a person in charge

せきはん【赤飯】*sekihan*; red bean rice[レッドビーンライス]

せきめん【赤面する】blush[ブラッシュ]
- 彼女は恥(は)ずかしくて赤面した.
  She *blushed* with embarrassment.

せきゆ【石油】oil[オイル], petroleum[パトゥロウリアム]

石油会社 an oil company
石油ストーブ an oil heater

セクシー sexy[セクスィ]

セクハラ sexual harassment[セクシュアル ハラスマント]

せけん【世間】(世の中)the world[ワールド]; (人々)people[ピープル]
- 彼は世間ではほとんど知られていない.
  He is little known to *the world*.
- 世間ではワールドカップのことが話題だ.
  People are talking about the World Cup.
- 世間の目を気にしてしまう. I worry too much about what *people* think.
- カオルは世間知らずだ.
  Kaoru knows little of *the world*.

世間話 a chat, small talk: 祖父母はお隣(となり)と世間話をしている. My grandparents are *chatting* [having a *chat*] with their neighbor.

せこい sneaky[スニーキィ]; (けちな)stingy[スティンヂィ]; (ずるい)cunning[カニング]
- せこいことするなよ.
  Don't be *sneaky*.

セし【セ氏(の)】centigrade[センティグレイド], Celsius[セルスィアス](▶C,C.と略す)→おんど
- セ氏15度の水 water at 15℃ (▶15℃は fifteen degrees centigrade [Celsius]と読む)

せすじ【背筋】one's back→せ❶
- 背筋を伸(の)ばした.
  I straightened up (*my back*).
- 背筋がぞくっとした.
  I got a *chill*.

セスナ a Cessna[セスナ]

…せずにいられない cannot help+⟨-ing形⟩ [ヘルプ], cannot help but+⟨動詞の原形⟩
- それを見たら笑わずにいられなかった.
  I *couldn't help* laughing when I saw it. / I *couldn't help but* laugh when I saw it.

せだい【世代】a generation[ヂェナレイション]
- 若い世代 the younger *generation*
- 世代間のギャップ
  the *generation* gap

セダン(車の型)a sedan[スィダン]

せつ¹【節】(文章の区切り)a paragraph[パラグラフ]; (引用などに用いる)a passage[パスィッヂ]; 【文法】a clause[クローズ]

せつ²【説】(意見,主張)an opinion[アピニャン], a view[ヴュー]; (学説)a theory[スィーアリィ]
- 父は簡単には自分の説を曲げない.
  My father sticks to his *opinions*. / My father doesn't easily change his *opinions*.

せっかい【石灰】lime[ライム]

石灰岩 limestone
石灰水 limewater

せっかく
- せっかく教室へ行ったのにだれもいなかった.
  I went *all the way* to the classroom, but no one was there.(←わざわざ)
- せっかくのお招きですが,その日は予定がいっぱいです.
  Thank you for your *kind* invitation, but my schedule is full that day.(←親切な)
- やってみなさい.せっかくの機会なんだから.
  Try it. It's a *rare* opportunity.(←めったにない)

せっかち【せっかちな】impatient[インペイシャント]
- アキラはせっかちだ. Akira is *impatient*.

せっきじだい【石器時代】the Stone Age[ストウン エイヂ]

せっきょう【説教】(お小言)a lecture[レクチャァ], a scolding[スコウルディング]; (教会の)a sermon[サーマン]

➡説教する scold, lecture; (教会で)preach[プリーチ]
- 私は規則を破って説教された.
  I was *scolded* for breaking the rules.

ぜっきょう【絶叫する】scream[スクリーム]
- 絶叫マシーン a *scary* ride

せっきょくてき【積極的な】(活動的な)active[アクティヴ](⇔消極的な passive); (肯定(こうてい)的な)positive[パズィティヴ](⇔negative)
- 彼女は何事にも積極的だ.
  She is *active* in everything.
- 私は人生に積極的な態度をとるようにしてい

る. I try to take a *positive* attitude toward life.

→積極的に **actively; positively**; (精力的に) **aggressively**[アグレッスィヴリィ]

・彼は積極的にボランティア活動をしている. He is *actively* doing volunteer activities.

・レンはサッカーをするとき積極的なプレーをする. Ren plays soccer *aggressively*.

せっきん【接近する】**approach**[アプロウチ], **come near** (**to** ...)[カム ニァ]

・大型台風が関東地方に接近している. A large-scale typhoon is *approaching* the Kanto area.

せっく【節句】**a seasonal festival**[スィーザヌル フェスタヴァル]

・桃(ぉ)の節句 the Doll(s') *Festival*→ひなまつり

セックス sex[セックス]

→セックスする **make love** (**to** ... [**with** ...]), **have sex** (**with** ...)

せっけい【設計】**a plan**[プラン], **a design**[ディザイン]

・人生設計 a life *plan*

→設計する **plan, design**

・この建物は有名な建築家が設計したものだ. This building was *designed* by a famous architect.

|設計者 **a planner, a designer**
|設計図 **a plan, a blueprint**

せっけん【石けん】**soap**[ソウプ]

・洗顔[浴用]石けん facial [bath] *soap*

・石けん1個 a bar of *soap* / a cake of *soap*

・石けん2個 two bars of *soap* / two cakes of *soap*

・石けんでよく手を洗いなさい. Wash your hands well with *soap* and water. (►英語では「石けんと水で」と言う)

ゼッケン(番号)**a number**[ナンバァ], **an athlete's number**[アスリーツ], **a player's number** [プレイァズ]; (番号布)**a number cloth**[クロス] (►「ゼッケン」はドイツ語から)

・ゼッケン8番の選手 player *number* 8

せっこう【石こう】**plaster**[プラスタァ]

ぜっこう¹【絶交する】**break off** (**with** ...)[ブレイク], **be through** (**with** ...)[スルー]

・彼とは絶交した. I *broke off with* him.

・君とはもう絶交だ. I *am through* [*finished*] with you.

ぜっこう²【絶好の】(申し分のない)**perfect**[パーフィクト], **ideal**[アイディ(ァ)ル]; (最善の)**the best**[ベスト]

・彼は得点する絶好のチャンスを逃(ぉ)した.

He missed a *perfect* chance to score.

ぜっさん【絶賛する】**praise ... highly**[プレイズ ハィリィ]

・彼女の演奏は絶賛された. People *praised* her performance *highly*.

せっし→セシ

せつじつ【切実な】(深刻な)**serious**[スィ(ァ)リアス], **acute**[アキュート]; (緊急の)**urgent**[アーチャント]

せっしゅ【接種】(an) **inoculation**[イナキュレイション], **vaccination**[ヴァクスィネイション]

・私はインフルエンザの予防接種を受けた. I got a *vaccination against* the flu.

→接種する **inoculate**[イナキュレイト], **vaccinate**[ヴァクスィネイト]

せっしょく【接触】**contact**[カンタクト], (a) **touch**[タッチ]

・電気の接触が悪いようだ. The electrical *contact* seems to be bad.

→接触する (連絡(鮯)する)**contact**; (触れる)**touch**; (出会う, 連絡する)**come into contact** (**with** ...)

せっしょくしょうがい【摂食障害】**an eating disorder**[イーティング ディスオーダァ], **anorexia**[アナレクスィア]

せっすい【節水する】**save water**[セイヴ ウォータァ]

せっする【接する】(接触(鮯)する)**contact**[カンタクト], **touch**[タッチ]; (…と出会う)**come into contact** (**with** ...), **meet**[ミート]

・直線Aは点Pにおいて円Bと接する. The straight line A *touches* the circle B at point P.

・カオルは多くの留学生と接した. Kaoru *came into contact with* many overseas students.

せっせと(懸命(鮯)に)**hard**[ハード]; (忙(ぉ)しく)**busy**[ビズィ], **busily**[ビズィリィ]

・両親はいつもせっせと働いている. My parents are always working *hard*.

・マオはせっせと家の掃除(鮯)をしている. Mao is *busy* cleaning the house.

せっせん【接戦】**a close match** [**game, race**][クロウス マッチ [ゲイム, レイス]]

・きのうの試合は接戦だった. Yesterday's game was a *close one*. (►oneはgameのこと)

せつぞく【接続】(a) **connection**[カネクション]

→接続する **connect** (**with** ...)

・インターネットに接続した. I got *connected* to the Internet.

・この電車は次の駅で成田行きの急行に接続します. This train *connects with* an express to

セッター

Narita at the next stop.
┃**接続詞** 〖文法〗**a conjunction**
セッター〖バレーボール〗**a setter**[セッタァ]

ぜったい〖絶対の〗

absolute[アブサルート]
・私は彼に絶対の信頼(しんらい)をおいている.
I have *absolute* trust in him.
━絶対に absolutely[アブサルートゥリィ],
definitely[デファニットゥリィ]
・彼がそう言ったというのは絶対に確かですか.
Are you *absolutely* sure that he said that?
・絶対に違(ちが)う.
Absolutely not! / *Definitely* not!(▶強い否定)

┃絶対に…する
be sure to +〈動詞の原形〉
・絶対にコンサートに来てよね.
Be sure to come to the concert.
┃絶対に…ない
never +〈動詞の原形〉
・絶対にあきらめない. I will *never* give up.
・私たちは試合に絶対に勝ちたい. We want to
win *at all costs*.(◀どんなことをしても)
ぜったいぜつめい〖絶体絶命である〗**be in a
desperate situation**[デスパラット スィチュエイション]
・彼は絶体絶命だった.
He *was in a desperate situation*.
せっちゃくざい〖接着剤〗**glue**[グルー], **(an)
adhesive**[アドゥヒースィヴ]
ぜっちょう〖絶頂〗**the peak**[ピーク], **the height**
[ハイト]
・彼女は今成功の絶頂にある.
She is now at *the peak* of success.
・彼は今人気の絶頂です.
He is at his *height* in popularity now.
せってい〖設定〗**setting**[セッティング]
━設定する set up
せってん〖接点〗**a contact**（**point**）[カンタクト]
せつでん〖節電する〗**save electricity**［**power**〗
[セイヴ イレクトゥリスィティ［パウァ]
・節電モード a *power-saving* mode

セット

（ひとそろい）**a set**[セット], **a kit**[キット]；（映画・球
技などの）**a set**；（髪(かみ)の）**a set**
・コーヒーセット a coffee *set*
・救急セット a first-aid *kit*
・マミは初めの2セットを取った.
Mami won the first two *sets*.(◀勝った)

━セットする set
・目覚まし時計を午前6時にセットした.
I *set* my alarm for 6 a.m.
セットプレー 〖サッカー〗**a set play**［**piece**]
┃**セットポイント** 〖テニス〗**a set point**
せっとく〖説得する〗**persuade**[パスウェイド]；
（納得させる）**convince**[カンヴィンス]
・ミワは母親を説得してカメラを買ってもらった. Miwa *persuaded* her mother *to* buy a
camera.
┃**説得力**: 彼のスピーチは説得力があった. His
speech was *persuasive*.
せつない〖切ない〗**painful**[ペインフル], **sad**[サッド]；
（曲などが）**bittersweet**[ビタァスウィート]
・親友が引っ越(こ)しをしたので切ない. I'm *sad*
because my best friend moved away.
ぜっぱん〖絶版で〗**out of print**[プリント]
・その漫画(まんが)本は絶版だ.
The comic book is *out of print*.
せつび〖設備〗**facilities**[ファスィリティズ], **equipment**
[イクウィップマント]
・この学校にはすばらしい設備がある.
This school has excellent *facilities*.
・この病院は設備がよい［悪い］.
This hospital is well［poorly］*equipped*.
せつぶん〖節分〗*setsubun*; **the Eve of the first
day of spring**[イーヴ］[ファースト デイ][スプリング]➡
年中行事［口絵］
・節分の豆まき
the bean-throwing ceremony
ぜっぺき〖絶壁〗**a cliff**[クリフ]
ぜつぼう〖絶望〗**despair**[ディスペァ]
・絶望のあまり out of *despair*
━絶望的な hopeless[ホウプリス], **desperate**[デスパラット]
・状況(じょうきょう)は絶望的に思える.
The situation seems *hopeless*.
━絶望する despair, **lose**［**give up**］**hope**
・彼女は将来に絶望したりしなかった.
She never *lost hope* for her future.

せつめい〖説明〗

（**an**）**explanation**[エクスプラネイション]
・それには説明が必要です.
That needs *explanation*.
━説明する explain[イクスプレイン]
┃〈人〉に〈事〉を説明する
explain +〈事〉+ to +〈人〉
・先生は私たちにその問題を説明した. The
teacher *explained* the problem *to* us.
┃…だと（いうことを）説明する
explain that …

364　　　three hundred and sixty-four

せまい

- 彼は自分が京都出身だと説明した．
 He *explained that* he was from Kyoto.
- なぜ遅(おく)れたのかを説明してくれる？
 Can you *explain* why you were late?

説明会 an *explanatory meeting*; 学校説明会 a school *orientation*(*meeting*)

説明書 *instructions*, a *manual*

ぜつめつ【絶滅】**extinction**[イクスティンクション]
- 白熊(しろくま)は絶滅の危機にあります．
 Polar bears are in danger of *extinction*.

→絶滅する **become extinct**, **die out**
- 多くの生物が絶滅しかかっている．
 Many living things are *dying out*.

絶滅危惧(きぐ)種 an *endangered species*

せつやく【節約する】**save**[セイヴ]; (切り詰(つ)める) **cut**(**down**)[カット] → **きりつめる**
- まとめ買いすればお金を節約できます．
 You can *save* money if you buy things in bulk.

せつりつ【設立】**establishment**[イスタブリッシュメント]; (創立) **foundation**[ファウンデイション]
→設立する **establish**, **set up**; **found**[ファウンド]
- ユニセフは1946年に設立された．
 UNICEF was *founded* in 1946.

せとないかい【瀬戸内海】*Seto* **Inland Sea**[インランド スィー]

せともの【瀬戸物】**china**[チャイナ], **chinaware**[チャイナウェア]
→瀬戸物の **ceramic**[スィラミック], **china**

せなか【背中】

the [*one's*] **back**[バック]
- 背中が痛い．
 My *back* hurts. / I have a *back*ache.
- 彼の背中は曲がっている．*His back* is bent.
- 彼女は私たちに背中を向けた．
 She turned *her back* on us.
- おばあちゃんは背中を丸めて座(すわ)っている．
 Grandma is sitting with *her back* hunched.

せのび【背伸びする】

❶背筋を伸ばす
 (背中を伸ばす) **stretch** (*oneself*);
 (つま先立ちする)
 stand on *one's* **tiptoes**
❷実力以上のことをする
 do more than *one* **can**

❶[背筋を伸ばす](背中を伸ばす) **stretch**(*oneself*)[ストゥレッチ]; (つま先立ちする) **stand on** *one's* **tiptoes**[スタンド][ティップトウズ]
- 両腕を上げて背伸びしてください．
 Please lift your arms and *stretch* up.
- ケンは塀(へい)の向こう側を見ようと背伸びした．
 Ken *stood on his tiptoes* to look over the fence.

❷[実力以上のことをする] **do more than** *one* **can**[モア]
- 背伸びをしないほうがいいよ．
 You shouldn't *do more than you can*.

せばんごう【背番号】**a uniform number**[ユーニフォーム ナンバァ]

ぜひ
- パーティーにぜひいらしてください．
 We'd *like* you *to* come to the party.
- ぜひ近いうちに遊びに来て．
 Be sure to come and see me soon.
- ぜひ試してみたいです．
 I'd *love* to try it.

セピアいろ【セピア色(の)】**sepia**[スィーピア]

せびろ【背広】**a suit**[スート]

せぼね【背骨】**the backbone**[バックボウン], **the spine**[スパイン]

せまい【狭い】

(幅(はば)が) **narrow**[ナロウ](⇔広い **wide**, **broad**); (小さい) **small**[スモール](⇔広い **big**, **large**)
- 狭い通路 a *narrow* passage
- この道は狭すぎて車が通れない．
 This road is too *narrow* for a car to pass through.
- 彼女は心が狭い．She is *narrow*-minded.
- 彼は視野が狭い．He has *narrow* views.
- 私の部屋は狭い．My room is *small*.

narrow

small

せまる

せまる【迫る】

❶ 近づく **approach**; (時期など)**draw near**
❷ 強く促(ﾂﾉ‎)す **press**

❶〖近づく〗**approach**[アプロウチ]; (時期など)**draw near**[ドゥロー ニァ]
- 後ろの走者が迫ってきている.
The next runners are *approaching*.
- 新学期が迫っている. The new school term will *start soon*. / The new school term is *drawing near*.

❷〖強く促す〗**press**[プレス]
- 彼は彼女に返事を迫った. He *pressed* her *to* reply. / He *pressed* her *for* an answer.

せみ【虫】**a cicada**[スィケイダ](複 cicadas, cicadae[スィケイディー])

ゼミ→セミナー

セミコロン a semicolon[セミコウラン](► 記号は;)

セミナー a seminar[セミナー]

ゼミナール → セミナー

せめて at least[リースト]→ すくなくとも
- 彼女の誕生日にせめて電話だけはするべきだよ. You should *at least* call her on her birthday.

せめる¹【攻める】**attack**[アタック](⇔守る defend), **make an attack**
- 私たちは相手チームを両サイドから攻めた. We *attacked* the opponent from both sides.

せめる²【責める】**blame**[ブレイム]
- 彼らはその事故で互(たが)いに相手を責めた. They *blamed* each other *for* the accident.

セメント cement[スィメント]

ゼラチン gelatin[ヂェラトゥン]

ゼラニウム【植物】**a geranium**[ヂァレイニアム]

セラミック ceramic[セラミック]

ゼリー ⊛ **jello**[ヂェロウ], **Jell-O**[ヂェロウ], ⊕(**a**)**jelly**[ヂェリィ](► Jell-Oは商標)

せりふ(芝居(しばい)の)(**one's**)**lines**[ラインズ]
- あなたがせりふを言う番ですよ.
It's your turn to say *your lines*.
- 私は本番中にせりふをとちった.
I blew *my lines* during the performance.

…せる→…させる

セルフサービス self-service[セルフサーヴィス]
- ドリンクはセルフサービスです.
Help yourself to drinks.(◀自由に取る)
━**セルフサービスの self-service**
- セルフサービスのガソリンスタンド

a *self-service* gas station

セルフタイマー a self-timer[セルフタイマァ]

セレナーデ【音楽】**a serenade**[セリネイド]

セレブ a celebrity[サレブラティ]

セレモニー→ しき¹

ゼロ (**a**) **zero**[ズィ(ア)ロウ], **nothing**[ナッスィング]→れい³
- プログラミングに関する知識はゼロだ. I know *nothing* at all about programming.

セロテープ【商標】→ セロハンテープ

セロハン cellophane[セラフェイン]
▌セロハン紙 **cellophane paper**

セロハンテープ tape[テイプ], 『商標』⊛ **Scotch tape**[スカッチ], 『商標』⊕ **Sellotape**[セラテイプ]

セロリ celery[セラリィ]
- セロリ1本
a stick of *celery*(►セロリ2本はtwo sticks of *celery*)

せろん【世論】→ よろん

せわ【世話】

care[ケア]; (援助(えんじょ))**help**[ヘルプ]; (迷惑(めいわく), 厄介(やっかい))**trouble**[トゥラブル]
- たいへんお世話になりました.
Thank you so much for your *help*.
- 弟は私に世話をかけてばかりいる. My brother always causes *trouble* for me.
- 彼は世話のやける人だ. He is *troublesome*.
━世話(を)する **take care of ..., look after ...**
- 私がペットのかめの世話をしている.
I *take care of* my pet turtle.
- マコトは子どもの世話をするのに慣れている.
Makoto is used to *taking care of* children. / Makoto is used to *looking after* children.

せん¹【千(の)】

a thousand[サウザンド], **one thousand**
- 5000円 five *thousand* yen(►thousandの前に2以上の数詞が来ても, thousandsと複数形にはしない)
- 何千もの人々がオリンピックの競技場に集まった. *Thousands of* people gathered in the Olympic stadium.(►「何千もの…」のときはthousandsと複数形にする)
- 2025年 two *thousand* twenty-five
- 千倍 a *thousand* times
- 千分の一 one thousandth
▌千円札 a thousand-yen bill

せん²【線】

a line[ライン]; (車線)**a lane**[レイン]; (鉄道などの

せんきょ

路線)**a line**
- 太い[細い]線 a bold [fine] *line*
- 斜線 a slanted *line* / a *slash*

> 線のいろいろ

直線
straight line

曲線
curved line

点線
dotted line

ジグザグの線
zigzag line

平行線
parallel lines

- (鉄道路線の)山手線 the Yamanote *Line*
- 国道16号線 National *Route* 16
- 彼らの乗る列車は7番線から発車する.
  Their train leaves from *Track*（No.）7.
- **─線を引く draw a line**[ドゥロー];（下線を）**underline**[アンダーライン]
- 直線を引きなさい. *Draw* a straight *line*.
- ミキは新しい単語の下に線を引いた.
  Miki *underlined* the new words.

せん³【栓】(穴をふさぐための)**a plug**[プラグ];（瓶(ビン)の)**a stopper**[スタッパァ];（コルク栓)**a cork**[コーク]
- 耳栓 ear *plugs*
- おふろの栓を抜(ぬ)いた.
  I pulled out the *plug* of the bathtub.
- (コルク)栓を抜きましょうか.
  Shall I pull the *cork* out of the bottle?
| 栓抜き **a bottle opener**;（コルク用の)**a corkscrew**

ぜん¹【善】(よいこと)**good**[グッド](⇔悪（an)evil);（正しいこと)**right**[ライト]
- 善と悪を区別することが大事だ.
  It's important to tell *good* from evil.

> 慣用表現

善は急げ. Don't hesitate in doing a *good deed*.

| 善悪 **right and wrong, good and evil**

ぜん²【禅】**Zen**（Buddhism)[ゼン（ブーディズム)]
ぜん…¹【全…】(すべての)**all**[オール];（全体の)**whole**[ホウル], **entire**[インタイア]
- 全人類 all humanity
- 全日本チーム the *all*-Japan team
- 全世界 the *whole* [*entire*] world

ぜん…²【前…】(かつての)**ex-**[エクス], **former**[フォーマァ];（その前の)**previous**[プリーヴィアス]
- 前生徒会長 an *ex*-president of the student council / a *former* president of the student council
- 前日 the *previous* day

せんい【繊維】(a)**fiber**[ファイバァ], **a textile**[テクスタイル]
- 食物繊維 dietary *fiber*
- 化学繊維 (a)chemical *fiber*
| 繊維工業 the textile industry
| 繊維製品 textile products

ぜんい【善意】**goodwill**[グッドウィル];（親切心)**kindness**[カインドゥニス]
- 彼女は善意で私を手伝ってくれた.
  She helped me out of *kindness*.

せんいん【船員】**a sailor**[セイラァ], （まとめて)**the crew**[クルー]

ぜんいん【全員】**all the members**[メンバァズ]
- クラス全員がその映画を楽しんだ.
  All the members of the class enjoyed the movie.
- クラス全員で練習した.
  We practiced with *everyone* in the class.
| 全員一致(いっち): 全員一致でその提案を受け入れることに決めた. *All of* us *agreed* to the proposal.

ぜんえい【前衛】『スポーツ』**a forward**[フォーワード](⇔後衛 a back)

ぜんかい¹【前回】(the)**last time**[ラストタイム]
- **─前回の last, previous**[プリーヴィアス]
- 前回のテストの点が悪かった.
  The *last* test score was bad.

ぜんかい²【全快する】**recover** [get over] **completely**[リカヴァ カンプリートゥリィ]
- 彼女はインフルエンザから全快した.
  She *got over* her flu *completely*.

ぜんがく【全額】**the total amount**[トウトゥル アマウント], **all** *one's* **money**[マニィ]
- 銀行から全額を引き出した.
  I withdrew *all my money* from the bank.

ぜんかくもじ【全角文字】『コンピュータ』**a full-size character**[フルサイズ キャリクタァ]

せんかん【戦艦】**a battleship**[バトゥルシップ]

せんがん【洗顔する】**wash** *one's* **face**[ワッシュ][フェイス]
- いつも朝食前に洗顔をする.
  I always *wash my face* before breakfast.
| 洗顔フォーム a facial foam

ぜんかん【全巻】**the complete set**[カンプリート]
- その漫画(まんが)を全巻買った. I bought *the complete set* of that comic.

ぜんき【前期】**the first period**[ファースト ピ(ァ)リアッド](⇔後期 the latter period);（学期の)**the first term**[ターム]

せんきょ【選挙】(an)**election**[イレクション]
- 総選挙 a general *election*
- 学級委員長の選挙に出てみたら？

あ
か
せ
た
な
は
ま
や
ら
わ

せんきょうし

Why don't you run in the *election* for class president?
- 選挙でレイが議長に選ばれた. Rei was *elected* chairperson.(►役職が1人に限られる場合はaやtheをつけない)
—**選挙する elect**
| 選挙違反(%) election violations
| 選挙運動 an election campaign
| 選挙演説 a campaign speech
| 選挙権 the right to vote

せんきょうし【宣教師】a missionary[ミッシャネリィ]

せんぎょうしゅふ【専業主婦】a stay-at-home mom[スティアットホウム マム], a housewife[ハウスワイフ](►専業主夫は a stay-at-home dad, a house husband)

せんぎり【千切りにする】shred[シュレッド]
- 千切りのキャベツ *shredded* cabbage

せんげつ【先月】last month[ラスト マンス]
- 先月クラス替(%)えがあった.
Classes were rearranged *last month*.(►at [in] last monthは×)
- 先月初め[末]に海外に行った.
At the beginning [end] of *last month*, I went abroad.
- 先々月 the month before last
| 先月号 last month's issue

せんげん【宣言】(a) declaration[デクラレイション]
- (アメリカ合衆国の)独立宣言
the *Declaration* of Independence
—**宣言する declare**[ディクレァ]
- 彼はオリンピックの開会を宣言した.
He *declared* the Olympics to be open.

せんご【戦後の】postwar[ポウストゥウォー](⇔戦前の prewar)
—**戦後に after the war**
- 祖父は戦後生まれだ. My grandfather was born *after the war*.(◄戦後に生まれた)

ぜんご【前後に】(方向が)back and forth[バック][フォース];(時間的に)before and after[ビフォァ][アフタァ];(およそ)about …[アバウト]
- その子はいすに座(%)って前後に動いた.
The child sat in a chair and moved *back and forth*.
- 運動の前後に水分を取りなさい. Drink water *before and after* you play sports.
- その人は40歳(%)前後に見えた.
The person looked *about* forty.
| 前後左右: 前後左右を見回したが, 部屋にはだれもいなかった. I *looked around*, but there wasn't anyone in the room.

せんこう¹【専攻】(専攻科目)one's specialty[スペ

シャルティ], ⊛*one's major*[メイヂャァ]
- 彼の専攻は哲学(%)でした.
His major was philosophy.
—**専攻する specialize (in …)**[スペシャライズ], ⊛major (in …)
- 姉は物理学を専攻している.
My sister *majors in* physics.

せんこう²【線香】an incense stick[インセンス スティック]
- 私たちは墓に線香を供えた.
We offered *incense sticks* at the grave.
| 線香花火 toy fireworks, a sparkler

せんこう³【先攻する】attack first[アタック ファースト];『野球』bat first[バット];『テニス・バレーボール』serve first[サーヴ]

ぜんこう【全校】the whole school[ホウル スクール]
- 全校生徒の前で表彰(%)された. I received an award before *the whole school*.
—**全校の schoolwide**
- 全校の行事 a *schoolwide* event
| 全校集会 an assembly for the whole school
| 全校生徒 all the students of a school, the whole school

せんこく【宣告する】(刑を)sentence[センタンス];(告げる)tell[テル]

ぜんこく【全国】

the whole country[ホウル カントゥリィ]
- 全国各地で in *all* parts of *the country*
- 兄は全国を旅している.
My brother travels *all over the country*.
—**全国の national**[ナショヌル]
—**全国的な nationwide**[ネイションワイド]
- 全国的な流行
a *nationwide* trend
—**全国(的)に all over the country**
| 全国大会 (スポーツの)a national athletic meet; (集会)a national convention
| 全国ツアー a nationwide tour

センサー a sensor[センサァ]

せんさい【繊細な】delicate[デリキット], sensitive[センスィティヴ]
- タクは繊細な感情の持ち主だ.
Taku is a person with *delicate* feelings.

せんざい【洗剤】(a) detergent[ディターヂャント]
- 洗たく用洗剤 laundry *detergent*

せんさく【詮索する】(…を)nose around[into …][ノウズ アラウンド], poke one's nose into …[ポウク][ノウズ]
—**詮索するような nosy**

せんし【戦死する】be killed in (the) war[キルド]

368　three hundred and sixty-eight

せんしつ【船室】a cabin[キャビン]
せんじつ【先日】the other day[アザァ デイ]
- 先日おもしろい映画を見ました. I saw an interesting movie *the other day*.

ぜんじつ【前日】the previous day[プリーヴィアス デイ]; (…の前日) the day before ...[ビフォァ]
- テストの前日
the day before the exam

せんしゃ【戦車】a tank[タンク]
ぜんしゃ【前者】the former[フォーマァ](⇔後者 the latter)
- 私は歴史小説とミステリーを読んだ. 前者は後者よりおもしろかった. I read a historical novel and a mystery novel. *The former* was more interesting than the latter.

せんしゅ【選手】

(球技などの) a player[プレイァ]; (運動選手) an athlete[アスリート]
- 野球選手 a baseball *player*
- 彼女は有名な選手だ.
She is a famous *athlete*.
- リレーの選手 a relay *runner* (▶「選手」に当たる英語はrunner, skierのように動詞＋-erの形で表されることが多い)

| 選手権 a championship, a title
| 選手権大会 a championship series

せんしゅう【先週】

last week[ラスト ウィーク]
- ミキは先週テニスの試合に出た.
Miki took part in a tennis match *last week*.
- 先週に続いてテストがあった.
We also had a similar test *last week*. (← 先週と同じように)
- ジュンは先週の火曜日に九州から帰ってきた.
Jun came back from Kyushu *last Tuesday*. → きょねん ポイント!
- 先週のきょう a *week ago* today
| 先週号 last week's issue

ぜんしゅう【全集】a complete series[カンプリート スィ(ァ)リーズ]; (特定の作家などの) the complete works[ワークス]
- 古典文学全集
a *complete series* of works of classical literature
- 宮沢賢治全集
the complete works of Miyazawa Kenji

せんじゅつ【戦術】tactics[タクティクス]; (戦略) a strategy[ストゥラタヂィ]

せんじょう【戦場】a battlefield[バトゥルフィールド]
ぜんしょう¹【全勝する】win all (the) games[ウィン][ゲイムズ]
- 私たちのチームはその大会で全勝した.
Our team *won all the games* in the tournament.

ぜんしょう²【全焼する】be burned down[バーンド]
- この地域のすべての家が全焼した. All the houses *were burned down* in this area.

せんじょうこうすいたい【線状降水帯】a linear rainband[リニア レインバンド]

せんしょくたい【染色体】a chromosome[クロウマゾウム]

ぜんしん¹【全身】the whole body[ホウル バディ]
- 全身が痛い. My *whole body* hurts.
— 全身に all over one's body
- 全身に汗をびっしょりかいた.
I'm sweating *all over my body*.

ぜんしん²【前進】(an) advance[アドゥヴァンス], progress[プラグレス]
— 前進する advance, make progress
- 日々前進することが大事だ.
It's important to *make progress* every day.

せんしんこく【先進国】a developed country[ディヴェラップト カントゥリィ](⇔開発[発展]途上国 a developing country)
| 先進国首脳会議 → サミット

せんす【扇子】a (folding) fan[(フォウルディング) ファン]

センス（感覚）(a) sense[センス]; (好み) taste[テイスト]
- 彼はユーモアのセンスがある[ない].
He has a [no] *sense* of humor.
- あなたは服のセンスがいい.
You have a good fashion *sense*. / You have good *taste* in clothes.

せんすい【潜水】diving[ダイヴィング]
— 潜水する dive → もぐる
| 潜水艦 a submarine
| 潜水士 a diver
| 潜水服 a diving suit

せんせい¹【先生】

❶ 教師　a teacher;
　(大学教授) a professor;
　(特殊技術の) an instructor
❷ 医師などの敬称
　doctor

せんせい²

❶【教師】a teacher[ティーチァ]；(大学教授) a professor[プラフェッサァ]；(特殊技術の) an instructor[インストゥラクタァ]
- 中学校の先生
a junior high school *teacher*
- 英語の先生 an Énglish tèacher(Englishを強く発音)/ a *teacher* of English(▶ an Ènglish téacherのようにteacherを強く発音すると「英国人の先生」の意になる)
- 竹内先生は私たちのクラスの担任だ.
Mr.[*Ms.*] Takeuchi is our homeroom *teacher*.(▶ teacher Takeuchiは×)

❷【医師などの敬称】doctor[ダクタァ]
- うちのホームドクターは原先生です.
Our family doctor is *Dr.* Hara.

> **ここがポイント！** 「…先生」と呼びかける場合
>
> 男の先生：Mr. ＋姓(せい)
> 女の先生：Ms. ＋姓
> を使います．また，名前を言わずに，男性教師にはsir，女性教師にはma'amと呼びかけることもあります．また，医師の場合は男女にかかわりなくDr.をつけ，呼びかけるときにはDoctorと言います．
> おはようございます，佐藤先生.
> Good morning, *Mr.*[*Ms.*] Sato.
> 先生，席に戻(もど)ってもいいでしょうか.
> *Sir*[*Ma'am*], can I go back to my seat?

せんせい²【宣誓】an oath[オウス]
ー宣誓する take an oath, swear[スウェア]
- 彼女はオリンピックの開会式で選手宣誓した.
She *took an oath* at the opening of the Olympics.

ぜんせい【全盛(期)】
- そのアイドルグループは今が全盛期だ. The idol group is *at the peak of* their *career* now.

せんせいじゅつ【占星術】→ ほし(星占(うらな)い)
センセーション a sensation[センセイション]
ぜんせかい【全世界】the whole world[ホウル ワ

ールド], all the world
ー全世界に throughout[all over] the world[スルーアウト]
- そのニュースは全世界に広まった.
The news spread *all over the world*.

ぜんぜん【戦前の】prewar[プリーウォー](⇔戦後のpostwar)
ー戦前に before the war

ぜんぜん【全然】

(全然…ない) not (...) at all; (まったく，完全に) completely[カンプリートゥリィ]
- 私は彼のことを全然覚えていない.
I d*on't* remember him *at all*.
- これは私が学校で習ったことと全然違(ちが)う.
This is *completely* different from what I learned at school.
- 彼女がどこへ行ったか全然見当がつかない.
I have *no* idea where she has gone.

せんせんげつ【先々月】the month before last[マンス][ラスト]
せんせんしゅう【先々週】the week before last[ウィーク][ラスト]
せんぞ【先祖】an ancestor[アンセスタァ](⇔子孫a descendant)
せんそう【戦争】(長期の)(a) war[ウォー](⇔平和peace)
- その国は戦争に勝った[負けた].
The country won [lost] the *war*.
- A国とB国の間で戦争が始まった. A *war* broke out between *A* and *B*. / A *war* started between *A* and *B*.
- 日本は再び戦争をすることはないだろう.
Japan will never go to *war* again.
- これら2国は現在戦争中だ.
These two nations are *at war* now.

▎戦争映画 a war movie

ぜんそく【ぜん息】asthma[アズマ](★発音注意)
- 彼はぜん息持ちだ. He has *asthma*.
- 昨晩ぜん息の発作(ほっさ)に襲(おそ)われた.
I had an *asthma* attack last night.

ぜんそくりょく【全速力で】at full speed[フルスピード], as fast as one can[ファスト]
- 彼は全速力で走った.
He ran *as fast as he could*.

センター a center, ⊕a centre[センタァ]；【野球】(ポジション) center field[フィールド]；(選手) a center fielder[フィールダァ]
- ショッピングセンター[モール] a shopping *center*[mall]
- 市民センター a citizen's *center*
- ホームセンター a home-improvement

center [store] / a hardware *store*

❙センターライン a centerline

ぜんたい【全体】

the whole[ホウル](⇔部分（a）part)
- 全体として *as a whole*
- この本は全体的に見てかなり難しい. This book is *on the whole* rather difficult.
- 国全体がお祭り気分だった. The *whole* nation was in a festive mood.
➡全体の whole, all, entire[インタイァ]

せんたく¹【洗濯】

（a）wash[ワッシュ], washing[ワッシング], laundry[ローンドゥリィ](★発音注意)
- あなたのスカートは洗濯中です.
  Your skirt is in the *wash*.
- 洗濯が好きだ. I like to *do the washing*.
- このコートを洗濯に出さなきゃ. I have to take this overcoat to the *laundry*.（▶クリーニング店のことも laundry と言う）
➡洗濯する wash, do the washing [laundry]
洗濯機 a washing machine: このシャツは洗濯機で洗えますか. Is this shirt machine washable?
洗濯ばさみ Ⓐ a clothespin, Ⓑ a clothespeg
洗濯物（the）laundry: 洗濯物を干さないといけない. I have to hang（out）the *laundry*. / 洗濯物を取りこまないといけない. I have to bring in the *laundry*.

せんたく²【選択】（a）choice[チョイス]
- 君は選択を誤った.
  You made a bad [wrong] *choice*.
- 君には選択の余地がない.
  You have no *choice*.
➡選択する choose[チューズ]➡えらぶ
選択科目 an elective subject
選択コース an elective course
選択肢 the choices

せんたん【先端】（先）a point[ポイント], a top[タップ]; （先頭）forefront[フォァフラント]
先端技術 high-tech, high-technology

ぜんち【全治する】（人 が）recover completely[リカヴァ カンプリートゥリィ]; （けがが）heal [cure] completely[ヒール [キュア]]

ぜんちし【前置詞】〖文法〗a preposition[プレパズィション]（▶prep. と略す）

センチ（メートル）a centimeter[センティミータァ]（▶cm, cm. と略す）

センチメンタル【センチメンタルな】
sentimental[センティメントゥル]

せんちゃく【先着】

- 先着順に in order of *arrival* / on a *first-come*, *first-served* basis
- 先着30人がイベントに参加できる. The *first* thirty people can take part in the event.

せんちょう【船長】a captain[キャプティン]

ぜんちょう¹【全長】the full [total] length[フル [トゥトゥル] レングス]
- この川の全長は50キロメートルだ. *The full length* of this river is fifty kilometers. / This river is fifty kilometers *long*.

ぜんちょう²【前兆】an omen[オウマン], a sign[サイン]; （病気などの）a symptom[スィンプタム]
- よい[悪い]前兆 a good [bad] *omen*

ぜんてい【前提】（仮定）（an）assumption[アサンプション]; （理論の）a premise[プレミス]
- それを前提として, このことについて話し合おう. Let's discuss this on that *assumption*.

せんでん【宣伝】（an）advertisement[アドゥヴァタイズマント]
➡宣伝する advertise[アドゥヴァタイズ]
- このスナック菓子はテレビでよく宣伝されている. They often *advertise* this snack on TV.
❙宣伝ポスター an advertising poster

セント a cent[セント]（▶米国などの貨幣(ᅠ)単位）

せんど【鮮度】freshness[フレッシュニス]
- 魚の鮮度を保つのは難しい.
  It's difficult to keep fish *fresh*.

ぜんと【前途】（a）future[フューチァ]
- あなたの前途は希望に満ちあふれている.
  You have a bright *future* before you.
➡前途有望な promising[プラミスィング]
- 彼は前途有望な選手だ.
  He is a *promising* athlete.

せんとう¹【先頭】the lead[リード], the head[ヘッド]
- 彼女はレースで先頭を走った.
  She took *the lead* in the race.
- 私は列の先頭にいた.
  I was at *the head* of the line.
❙先頭打者（チームの）a lead-off batter; （その回の）the first batter

せんとう²【戦闘】a battle[バトル], a fight[ファイト]

せんとう³【銭湯】a public bath[パブリック バス]

セントラルヒーティング central heating[セントゥラル ヒーティング]

せんにゅうかん【先入観】prejudice[プレヂュディス]
- 先入観で人を判断してはいけない.
  You shouldn't look at people with *prejudice*.

ぜんにん

あ
か
せ
た
な
は
ま
や
ら
わ

- この問題について先入観なしで話そう.
Let's talk about this issue with an open mind.(←広い心で)

ぜんにん【善人】**a good person**[グッド パースン] (⇔悪人 a bad［wicked］person)

せんねん【専念する】**devote** oneself（**to** …）[ディヴォウト]

- これからは勉強に専念します. I will devote myself to studying from now on.

ぜんねん【前年】**the previous year**[プリーヴィアス ィァ]；（…の前年）**the year before** …[ビフォァ]

- それはオリンピックの前年だった.
It was the year before the Olympics.

せんぱい【先輩】

（部活などの）**an elder**［**older**］**member**[エルダ ァ［オウルダァ］メンバァ]，**a senior member**[スィーニャァ]（⇔後輩[ﾆ̃] a younger［junior］member）；（年長者）one's senior

- 彼女は部活の先輩だ.
She is a senior member of our club.
- 彼は私より2年先輩だ. He is two years my senior. / He is my senior by two years.

せんばつ【選抜】**selection**[スィレクション]

- 全国選抜高校野球大会
the National High School Baseball Invitational Tournament
- **選抜する select, choose**[チューズ]➡えらぶ
- 彼女は50人の志願者の中から選抜された.
She was selected from among fifty applicants.

│選抜試験 **a selective examination**
│選抜チーム **an all-star team**

せんぱつ【先発する】（先に出る）**start in advance**[スタート][アドゥヴァンス]

│先発投手［野球］**a starting pitcher**
│先発メンバー➡スターティングメンバー

ぜんはん【前半】**the first half**[ファースト ハーフ] (⇔後半 the latter［second］half)；（時期の始まり）**early** …[アーリィ]

- 試合の前半を見逃[ﾉ̃が]した.
I missed the first half of the game.
- おじは30代前半だ.
My uncle is in his early thirties.

ぜんぶ【全部】

all[オール]；（全体）**the whole**[ホウル]

- チケットは全部売りきれだ.
The tickets are all sold out.
- 彼の漫画[ﾏ̃が]の全部がおもしろいわけではない.
Not all of his manga are interesting.

- 彼はケーキを全部食べた. He ate the whole cake. / He ate all of the cake.
- **全部の all**；（あらゆる）**every**➡すべて **くらべて！**；**whole**
- **全部で in all, in total**[トゥトゥル]
- オレンジは全部で8個ある.
There are eight oranges in all.
- 全部でいくらですか.
How much is it in total?

せんぷうき【扇風機】**an electric fan**[イレクトゥリック ファン]，**a fan**

- 扇風機をかけて［止めて］ください.
Please turn on［off］the fan.

せんべい a（**Japanese**）**rice cracker**[（ﾁ̃ャパニーズ）ライス クラッカァ]

ぜんぽう【前方に】**ahead**[アヘッド]；（前方へ）**forward**[フォーワァド]

- 前方に進んでください.
Please move forward.
- **…の前方で［に］in front of** …[フラント]，**before** …[ビフォァ]，**ahead of** …
- 前方で交通事故があった.
There was a traffic accident ahead of us.

ぜんまい a spring[スプリング]

- その子はおもちゃのぜんまいを巻いた.
The child wound up the toy's spring.

│ぜんまい仕掛け **clockwork**

せんまん【千万】**ten million**[テン ミリャン]

- 何千万羽もの鳥 tens of millions of birds

せんめい【鮮明な】**clear**[クリア]，**vivid**[ヴィヴィッド]

- 鮮明な画像 a clear image
- **鮮明に clearly, vividly**
- 私はその事故をまだ鮮明に記憶[ﾎ̃く]している.
I still remember the accident vividly. / I still have a vivid memory of the accident.

ぜんめつ【全滅する】**be completely destroyed**[カンプリートゥリィ ディストゥロイド]，**be wiped out**[ワイプト アウト]

- その村は洪水[ﾎ̃ず]で全滅した.
The village was completely destroyed by the flood.

せんめん【洗面する】**wash** one's **face**[ワッシュ][フェイス]➡せんがん

│洗面器 **a washbowl**
│洗面所（家庭の）**a bathroom**；（公共の場所の）**a restroom**➡トイレ(ｯﾄ)
│洗面台 ⊛**a sink**, ⊛**a washbasin**➡すいどう図
│洗面道具 **toiletries**

ぜんめん[1]【全面】**the entire surface**[インタイア サーフィス]

- **全面的な entire**；（完全な）**complete**
- **全面的に entirely**；**completely**

- 全面的にあなたの提案に賛成だ. I *completely* [*entirely*] agree with your proposal.

ぜんめん[2] 【前面】**the front**[フラント]

せんもん[1] 【専門】**a specialty**[スペシャルティ] → せんこう[1]
- 彼女の専門は経済学だ.
  Her *specialty* is economics. / She *specializes in* economics.
- **専門の, 専門的な special**; (特別の技術・知識を要する)**technical**[テクニカル]
- **専門にする specialize** (**in ...**)
| 専門家 a specialist, an expert
| 専門学校 a vocational school
| 専門知識 specialized [special, technical] knowledge
| 専門店 a specialty store
| 専門分野 an academic specialty

ぜんや【前夜】**the previous night**[プリーヴィアス ナイト]; (…の前夜)**the night before ...**[ビフォァ]; (祭日の)**the eve**[イーヴ]
- 出発前夜 *the night before* the departure
- クリスマスの前夜 Christmas *Eve*
| 前夜祭 an eve (of a festival)

せんやく【先約】**a previous engagement** [**appointment**][プリーヴィアス インゲイヂマント [アポイントゥマント]]
- **先約がある have a previous engagement** [**appointment**], **be booked up**[ブックト]
- ごめん, きょうは先約があるんだ.
  Sorry, but I *have a previous engagement* [*appointment*] today. / Sorry, I'*m booked up* today.

せんよう【専用】**private** [**personal**] **use**[プライヴィット [パーサヌル] ユース]; (…専用の)**for ... only**[オウンリィ]
- 彼は自分専用のタブレットを持っている. He owns a tablet for his own *personal use*.
- 非常口専用のドア
  a door *for* emergency use *only*

せんりつ【旋律】**a melody**[メラディ]

せんりゃく【戦略】(**a**) **strategy**[ストゥラタヂィ]

ぜんりゃく【前略】日≠英 **Dear ...**[ディァ](▶英文の手紙では特に「前略」に相当するものはなく,書き出しは Dear Mr. Brown,(ブラウン様)のようにする)

せんりょう[1] 【占領】**occupation**[アキュペイション]
- 日本はかつてアメリカの占領下にあった.
  Japan was once under U.S. *occupation*.
- **占領する occupy**[アキュパィ]
| 占領軍 an occupation army

せんりょう[2] 【染料】(**a**) **dye**[ダィ]

ぜんりょう【善良な】**good**[グッド], **goodnatured** [グッドネイチァド]
- 善良な村人たち *good* villagers

ぜんりょう【全寮制】
- 全寮制の高校 a *boarding* high school

ぜんりょく【全力】
- テストでは全力を尽(つ)くしてください.
  Please *do* your *best* on the test.
- 彼はテニスをマスターするのに全力を注いだ.
  He devoted *all* his *energy to* mastering tennis.

ぜんりん【前輪】**a front wheel** [**tire**][フラント (ホ)ウィール [タイア]]
- 自転車の前輪が壊(こわ)れている.
  The *front wheel* of my bicycle is flat.

せんれい[1] 【洗礼】(**a**) **baptism**[バプティズム]
- **洗礼を受ける be baptized**[バプタイズド]
- 彼女は15歳(さい)の時洗礼を受けた.
  She *was baptized* when she was fifteen.
| 洗礼名 a Christian [baptismal] name

せんれい[2] 【先例】**a precedent**[プレスィダント]
- 先例を破った.
  We broke a *precedent*.

ぜんれつ【前列】**the front row**[フラント ロゥ]
- 前列の人たち, 座(すわ)ってください.
  Will the people in *the front row* please sit down?

せんれん【洗練された】**refined**[リファインド], **sophisticated**[サフィスティケイティド]
- 洗練された振(ふ)る舞(ま)い *refined* manners
- 洗練された人 a *sophisticated* person

せんろ【線路】**a** (**railroad**) **track** [**line**][(レイルロゥド) トゥラック [ライン]]

…ぞい

そ ソ

…ぞい【…沿いに】**along**[アローング]；（…に面して）**on**[アン]
- その川沿いに *along* the river
- 海岸沿いの家 a house *on* the coast

カリフォルニア・マリブの海岸沿いに並ぶ家々（米国）

そう¹

❶そのとおり
yes, that's right;
（否定の疑問文に対して）no
❷疑問, あいづち, ためらい
（疑問, あいづち）Is that so?, Really?;
（ためらい）Let me see.
❸そのような[に] so, that
❹そんなに so, that

❶〔そのとおり〕**yes**[イェス], **that's right**[ザッツ ライト]；（否定の疑問文に対して）**no**[ノウ]

（話してみよう！）
☺これはあなたの辞書ですか．
Is this your dictionary?
☻はい，そうです．
Yes(, it is).

☺あなたが新しい学級委員長になったの？
Are you the new class president?
☻そうですよ．
That's right.

☺きょうは部活がないの？
Don't you have club activities today?
☻そうよ．*No*, I don't.

❷〔疑問, あいづち, ためらい〕（疑問, あいづち）**Is that so?**[ザット], **Really?**[リー(ァ)リィ]；（ためらい）**Let me see.**[レット][スィー]
- そう？ そんなはずないと思うけど．

Really? It can't be true!

（話してみよう）
☺また女の子に振(ふ)られたんだ．
A girl turned me down again.
☻そう，残念だったね．
Really? Bad luck!

☺何時に帰ってくる？
What time will you come back?
☻ええと，そうだなあ．5時ごろ．
Well, *let me see*. Around 5:00.

❸〔そのような[に]〕**so**[ソウ], **that**
- 私もそう思う．I think *so*, too.
- そうなるといいな．I hope *so*.
- そういう考え方はいやだ．
I don't like *that* way of thinking.

（話してみよう）
☺きょうは宿題をやらなくちゃ．
I have to do my homework today.
☻私もそうなの．
So do I.

❹〔そんなに〕**so**, **that**→そんな
- そう怒(おこ)るなよ．Don't get *so* angry.

そう²〔沿う〕→そって
そう³〔添う〕（期待などに）**meet**[ミート]
- 期待に添えるよう頑張(がんば)ります．
I'll try to *meet* your expectations.
そう⁴【僧】（仏教の）**a**（**Buddhist**）**priest**[(ブーディスト) プリースト]
そう⁵【層】（地層・社会などの）**a layer**[レイァ]；（階級）**a class**[クラス]
- 厚い雪の層 a deep *layer* of snow
…そう→…そうだ❷❸
ぞう¹【象】【動物】**an elephant**[エラファント]
ぞう²【像】（彫像(ちょうぞう)）**a statue**[スタチュー]；（姿）**an image**[イミッヂ]
- 自由の女神(めがみ)像 the *Statue* of Liberty
- モアイ像 a Moai *statue*
そうあたりせん【総当たり戦】 **a round-robin tournament**[ラウンドラビン トゥァナマント]
そうい¹【相違】（**a**）**difference**[ディファランス]
- 意見の相違はしかたがない．*Differences* in opinion cannot be helped.
━相違がある **differ**（**from** …）→ちがう❷
そうい²【創意】（独創性）**originality**[アリヂナラティ]；（発明の才）**invention**[インヴェンション]
━創意に富んだ **original**[アリヂヌル], **inventive, creative**
そういう such[サッチ]→そんな
そういえば【そう言えば】（思い出すと）**That**

そうさ²

reminds me.[ザット リマインヅ]; (考えてみると)
Come to think of it, ...[スィンク]; (ところで)
By the way, ...[ウェイ]
- そう言えば、後でミキに話さなくてはいけない。
 That reminds me, I have to talk to Miki later.(▶remindは「…に(～ということを)思い出させる」の意)
- そう言えば、君はあの歌手によく似ているよね。
 Come to think of it, you really look like that singer.

そうおん【騒音】(a) noise[ノイズ]
- そんなに騒音を立ててはいけません。
 Don't make so much *noise*.
 ▎騒音公害 noise pollution

ぞうか¹【増加】(an) increase[インクリース](⇔減少 (a) decrease)
- 人口の増加
 population growth
 ━増加する increase[インクリース](⇔減少する decrease)→ふえる
- 日本の高齢(為)人口は年々増加している。
 The population of Japan's elderly is *increasing* year by year.

ぞうか²【造花】an artificial flower[アーティフィシャル フラウァ]

そうかい【総会】a general meeting [assembly] [ヂェネラル ミーティング [アセンブリィ]]
- 国連総会
 the United Nations *General Assembly*

そうがく【総額】the total amount[トウトゥル アマウント], the (sum) total[(サム)]
- 募金(気)は総額10万円になった。
 The total amount of the donations came to one hundred thousand yen.

そうかん【創刊する】start[スタート]
 ▎創刊号 the first issue

ぞうかん【増刊号】an extra issue [edition][エクストゥラ イッシュー [イディション]]

そうがんきょう【双眼鏡】binoculars[ビナキュラァズ], field glasses[フィールド グラスィズ]
- 双眼鏡1台
 a pair of *binoculars*(▶双眼鏡2台はtwo pairs of *binoculars*)

そうき【早期の】early[アーリィ]
- 彼女の病気は早期に発見された。
 Her illness was found in its *early* stages.

そうぎ【葬儀】a funeral (service)[フューナラル (サーヴィス)]→そうしき

ぞうき【臓器】an internal organ[インターヌル オーガン]
 ▎臓器移植 an (internal) organ transplant
 ▎臓器提供者 an (organ) donor

臓器のいろいろ
脳 brain / 肺 lung / 食道 esophagus
心臓 heart / 肝臓(勢) liver / 胃 stomach
腎臓(勢) kidney / すい臓 pancreas
大腸 large intestine / 小腸 small intestine
ぼうこう bladder

そうきゅう【送球】a throw[スロウ]
- 二塁(為)へ送球した。
 I made a *throw* to second.

ぞうきん【雑巾】(床(為)用) a (floor) cloth[(フロア)クロース]; (ほこり用) a dust cloth[ダスト クロース]
- 全員で床をぞうきんがけした。
 We all wiped the floor with *cloths*.

ぞうげ【象牙】ivory[アイヴ(ァ)リィ]

そうけい【総計】a total[トウトゥル]→ごうけい

そうげい【送迎】
 ▎送迎デッキ (空港の) an observation deck
 ▎送迎バス a shuttle bus; (ホテルなどの) a courtesy bus

そうげん【草原】grasslands[グラスランヅ]

そうこ【倉庫】a warehouse[ウェアハウス], a storehouse[ストアハウス]

そうご【相互の】mutual[ミューチュアル]→たがい
- 相互の理解を深めることが大事だ。
 It's important to deepen *mutual* understanding.

そうごう【総合的な】integrated[インタグレイティド]; (一般的な) general[ヂェナラル]; (すべてを含む) all-around[オールアラウンド]; (広範囲(為)にわたる) comprehensive[カンプリヘンスィブ]
- 総合的な学習の時間 a period for *integrated* [*general*] study [studies]
 ━総合的に (一般に) generally; (全体に) overall
 ▎総合大学 a university(▶単科大学はa college)
 ▎総合点 overall points
 ▎総合病院 a general hospital

そうこうかい【壮行会】a send-off party[センドオーフ パーティ]

そうさ¹【捜査】(an) investigation[インヴェスタゲイション]; (捜索(為)) (a) search[サーチ]
- その事件は捜査中だ。
 The case is under *investigation*.
 ━捜査する investigate[インヴェスタゲイト]; search
 ▎捜査令状 a search warrant

そうさ²【操作】(機械などの) operation[アパレイション]
 ━操作する operate[アパレイト]
- 祖父は機械を操作している。My grandfather is *operating* the machine.

three hundred and seventy-five

そうざい

そうざい【総菜】ready-made dish[レディメイド ディッシュ]
- 総菜店 a deli: 総菜店でお総菜を買った. I bought some ready-made food at a *deli*.

そうさく¹【捜索】(a) search[サーチ]
- 捜索する search (for...) → さがす❶
- 警察はその家を捜索した. The police *searched* the house.
- 捜索隊 a search party

そうさく²【創作】(活動) a creation[クリエイション]; (作品) a work[ワーク]
- 創作する create; (小説などを書く) write (a novel)

そうじ¹【掃除】

cleaning[クリーニング]
- 掃除する clean, do the cleaning; (掃く) sweep[スウィープ]; (ふく) wipe[ワイプ]; (ほこりを払う) dust[ダスト]; (モップで) mop[マップ]
- 自分の部屋を毎日掃除する.
  I *clean* (*up*) my room daily.
- きのう祖父母を手伝って掃除した.
  I helped my grandparents *do the cleaning* yesterday.
- きょうは私がトイレを掃除する当番です. It's my turn to *clean* the bathroom today.
- 私は毎日机のふき掃除をする.
  I *wipe* the desk every day.
- 学校で大掃除をした.
  We *did* a general *cleaning* at our school.

sweep　wipe

dust　mop

- 掃除機 a (vacuum) cleaner: 居間に掃除機をかけてくれる？ Can you vacuum the living room?
- 掃除道具 a cleaning kit

そうじ²【送辞】a farewell speech[フェアウェル スピーチ]

そうしき【葬式】a funeral (service)[フューナラル (サーヴィス)]
- 祖母の葬式に参列した.
  I attended my grandmother's *funeral*.

そうして(そのようにして) in that way[ウェィ]; (それから) and[アンド], (and) then[ゼン] → そして
- そうして私は難関を切り抜けた. *In that way*, I managed to get out of trouble.

そうしないと or[オァ], (▶命令文とコンマに続いて用いる), otherwise[アザァワイズ]
- 今ベストを尽くしなさい. そうしないと後悔しますよ. Do your best now, *or* you will regret it later.

そうしゃ¹【走者】a runner[ラナァ]
そうしゃ²【奏者】a player[プレイァ]
そうじゅう【操縦する】(飛行機を) fly[フライ]; (船を) steer[スティア]; (機械を) operate[アパレイト]
- 操縦かん a control stick
- 操縦士 (飛行機の) a pilot
- 操縦席 a cockpit

そうしゅん【早春】early spring[アーリィ スプリング]
- 早春に in *early spring* / *early* in *spring*

ぞうしょ【蔵書】a collection of books[カレクション][ブックス]
- この図書館には蔵書が3万冊ある. This library has a *collection of* 30,000 *books*.

そうしょく¹【草食の】(動物が) plant-eating[プラントイーティング]
- 草食動物 herbivore, a plant-eating animal

そうしょく²【装飾】decoration[デカレイション]
- 室内装飾 interior *decoration* / (室内設計) interior *design*
- 装飾する decorate[デカレイト] → かざる
- 装飾品 a decoration, an ornament

そうしん【送信する】send[センド] (⇔受信する receive)
- 友達にメールを送信した.
  I *sent* an email to my friend.

ぞうしん【増進する】increase[インクリース], promote[プラモウト]
- 適度な運動は健康を増進する. Moderate exercise *promotes* good health.

そうしんぐ【装身具】accessories[アクセサリィズ]
ぞうすい¹【増水する】rise[ライズ], swell[スウェル]
- その川は急に増水した.
  The river has suddenly *swollen*.

ぞうすい²【雑炊】rice porridge [gruel][ライス ポーリッヂ [グルーアル]]

そうすると(それでは) then[ゼン]; (もしそうならば) if so[ソウ]
- そうするとそれはだれの分なの？
  Whose piece [part] is that, *then*?

そうすれば and[アンド], (▶命令文とコンマに続いて用いる)
- 今すぐチケット売り場に行きなさい. そうすればまだチケットが買えますよ.
  Go to the ticket office right now, *and*

376　three hundred and seventy-six

そうだん

you can still get a ticket.
- あなたがそうすればきっと夢はかないます.
  If you *do so* [*that*], your dream will surely come true.

ぞうせん【造船】**shipbuilding**[シップビルディング]
┃造船所 **a shipyard**

そうそう【早々】**early**[アーリィ], **as soon as ...**[スーン]
- 彼は来月そうそうカナダに出発する. He is leaving for Canada *early* next month.
- 私は新学期そうそう風邪(^か)を引いた. I caught a cold *as soon as* the new term started.

そうぞう¹【想像】

(**an**) **imagination**[イマヂネイション]; (推測)**a guess**[ゲス]
- そのかぼちゃは想像を絶する大きさだった.
  The size of the pumpkin was beyond all *imagination*.
- みなさんのご想像にお任せします.
  I'll leave it to your *imagination*.
━**想像上の imaginary**[イマヂネリィ]
- 想像上の動物 an *imaginary* animal
━**想像する imagine**[イマヂン]; **guess**
- 自分の将来を想像してみた.
  I tried to *imagine* my future.
- 次に何が出てくるか想像してごらん.
  Guess what's coming out next.
┃想像力 (**an**) **imagination**: 想像力を働かせなさい. Use your *imagination*.
そうぞう²【創造】**creation**[クリエイション]
━**創造的な creative**
━**創造する create**
┃創造力 **creative power**
そうぞうしい【騒々しい】**noisy**[ノイズィ]
- 騒々しい通り a *noisy* street
そうぞく【相続】**an inheritance**[インヘリタンス]
━**相続する inherit**
┃相続人 (男性の)**an heir**[エァ]; (女性の)**an heiress**[エァリス]

…そうだ

❶…と聞いている**I hear** (**that**) ..., **people** [**they**] **say** (**that**) ...
❷…のようだ (…のように見える)**look, look like ...**; (…と思われる)**seem**
❸…の可能性がある (…しそうだ)**be likely to**+〈動詞の原形〉; (すんでのところで…する)**almost, nearly**

❶[…と聞いている]**I hear** (**that**) ...[ヒァ], **people** [**they**] **say** (**that**) ...[ピープル][セイ]

- ケンが来月引っ越(^こ)すそうだ. *I hear* (*that*) Ken is moving next month.
- 彼はいい先生だそうだ. *People* [*They*] *say that* he is a good teacher.
❷[…のようだ](…のように見える)**look**[ルック], **look like ...**; (…と思われる)**seem**[スィーム]
- あのケーキはおいしそうだった.
  That cake *looked* delicious.
- 新しいコーチは厳しそうな人だ.
  The new coach *looks like* a strict person.
  (▶look likeの後には名詞か〈-ing形〉が続く)
- お金が足りなくなりそうだ. It *seems* [*looks like*] I don't have enough money.
- 彼の話はおもしろそうだ.
  His story *sounds* interesting.
❸[…の可能性がある](…しそうだ)**be likely to**+〈動詞の原形〉[ライクリィ]; (すんでのところで…する)**almost**[オールモウスト], **nearly**[ニアリィ]
- 雨が降りそうだ.
  It *is likely to* rain. / It *looks like* rain.
- バスに乗り遅(^お)れそうだった.
  I *almost* missed the bus.
- おなかがすいて死にそうだ.
  I'm *nearly* dead from hunger.
そうたい【早退する】(学校を)**leave school early** [リーヴ スクール アーリィ]
- 熱があったので学校を早退した.
  I *left school early* because I had a fever.
そうだい【壮大な】**magnificent**[マグニファスント]
- 壮大な景色 *magnificent* scenery

そうだん【相談】

a talk (**with ...**)[トーク]; (助言)**advice**[アドゥヴァイス]; (専門家との)(**a**) **consultation** (**with ...**)[カンサルテイション]
- 両親と相談した.
  I had a *talk with* my parents.
- ちょっと相談に乗ってくれる?
  Can you give me some *advice*?
- それは無理な相談だ.
  That's an impossible *request*.
━**相談する talk** (**to ...**, **with ...**); **consult** (**with ...**)[カンサルト]
- 先生にもう一度相談したほうがいい.
  You should *talk to* [*with*] your teacher again.
- 兄に高校のことについて相談した. I *talked to* [*with*] my brother *about* high school.
- お医者さんに相談しましたか.
  Have you *consulted* a doctor?
┃相談相手: 彼には相談相手がいなかった. He had no *one to talk to*.

three hundred and seventy-seven

そうち

┃相談室 a counselor's office

そうち【装置】**a device**[ディヴァイス], (まとめて)**equipment**[イクウィップマント]
- 安全装置 a safety *device*
- 舞台装置 a stage *setting* [*set*]

ぞうちく【増築する】**enlarge**[インラーヂ], **add on**(**to** ...)[アッド アン]
- 家を増築する *enlarge* [*add on to*] a house

そうちょう【早朝に】**early in the morning**[アーリィ][モーニング]
- 日曜日の早朝(に) *early* Sunday *morning*

そうです Yes, ...[イェス], **that's right**[ライト]; (否定の疑問文に対して)**No,** ...[ノゥ] ➡ そう¹ ❶

そうですね well[ウェル]

そうとう【相当な】**considerable**[カンスィダラブル]
- 相当な量の水が無駄(ﾀﾞ)になった.
 A *considerable* amount of water was wasted.
- **━相当に** ➡ かなり
- **━相当する be equal**(**to** ...)[イークワル]; (…の価値がある)**be worth** ...[ワース]
- その時代の10円は, 今の100円に相当した.
 Ten yen in those days *was equal to* one hundred yen today.
- 500円相当のクーポン
 a coupon *worth* five hundred yen

そうどう【騒動】(もめ事)(a)**trouble**[トゥラブル]; (社会的な)(a)**disturbance**[ディスターバンス]; (暴動)**a riot**[ライアット]
- 騒動を起こした生徒がいた.
 Some students were making *trouble*.

そうなん【遭難する】(事故にあう)**meet with an accident** [ミート][アクスィダント], **meet with a disaster** [ディザスタァ]; (行方(ﾞ)不明になる)**be lost** ...[ロースト]
- 何人かが山で遭難した. Some people *were lost* on the mountain. / Some people *went missing* on the mountain.

┃遭難者 a victim

ぞうに【雑煮】*zoni*
- 雑煮はもちや野菜, 鳥肉または魚などが入ったスープです. 正月の食べ物です.
 Zoni is soup containing rice cakes, vegetables, chicken or fish. It is a dish served on New Year's day.

そうにゅう【挿入】(an)**insertion**[インサーション]
- **━挿入する insert**

そうび【装備】(まとめて)**equipment**[イクウィップマント]; (登山・探検などの)**an outfit**[アウトフィット]
- **━装備する equip; outfit**
- 私たちは冬山用の装備をした. We *equipped* ourselves for the winter mountains.

そうべつ【送別の】**farewell**[フェアウェル]

┃送別会 a farewell party: 小野先生の送別会を開こう. Let's have [hold] a *farewell party* for Ms. Ono.

そうめん【素麺】**thin wheat noodles**[スィン (ホ)ウィート ヌードルズ]

ぞうり【草履】**zori; a**(**Japanese**)**sandal**[(チャパニーズ) サンドゥル](►ふつう複数形で用いる)
- ぞうり1足 a pair of (*Japanese*) *sandals*

そうりだいじん【総理大臣】**the Prime Minister**[プライム ミニスタァ]

そうりつ【創立】**foundation**[ファウンデイション], **establishment**[イスタブリッシュマント]
- **━創立する found, establish**
- 私たちの学校は80年前に創立された. Our school was *founded* eighty years ago.
┃創立記念日 the anniversary of the foundation: 学校の創立記念日 the school *foundation day*
┃創立者 a founder

そうりょ【僧侶】**a**(**Buddhist**)**priest**[(ブーディスト) プリースト]

そうりょう【送料】(郵便の)**postage**[ポウスティッヂ]; (荷物の)**shipping**[シッピング]; (配達料)**delivery charges**[ディリヴ(ァ)リィ チャーヂズ]
- この小包の送料はいくらですか.
 What is the *postage* for this parcel?
- 送料こみ[別]で合計1000円だ.
 The total is 1,000 yen including [excluding] *delivery charges*.

ソウル¹ Seoul[ソウル](►韓国(ﾞ)の首都)

ソウル²【音楽】**soul music**[ソウル ミューズィック]

そえる【添える】(付け加える)**add**[アッド]; (添付(ﾌﾟ)する)**attach**[アタッチ]; (…に添えて)**together with** ...[タゲザァ]
- 彼の演奏は行事に活気を添えた. His performance *added* liveliness *to* the event.
- 手紙を添えて彼に本を贈(ﾞ)った. I gave him a book *together with* a letter.

ソーシャルネットワーキングサービス〖コンピュータ〗**social media**[ソウシャル ミーディア], **social networking service**[ソウシャル ネットワーキング サーヴィス](►英語ではsocial mediaという言い方がふつう)

━━━━━━━━━━━━━━━━━

表現メモ

SNS関連のことば
炎上(ﾞ)する cause a stir
バズる, 拡散する spread fast, go viral
シェアする share / フォローする follow
フォロワー a follower

378 three hundred and seventy-eight

ソース sauce[ソース]; (ウスターソース)**Worcester sauce**[ウスター]; (中濃ソース)**a thick sauce**(▶英語のsauceは料理，菓子などに用いる液体調味料すべてをさす)
- カラメル[カスタード]ソース
  (a) caramel [custard] *sauce*
- コロッケにソースをかけた．
  I put (*Worcester*) *sauce* over a croquette.

ソーセージ (a) **sausage**[ソースィッヂ]
- ウインナーソーセージ
  (a) Vienna *sausage* / ⊕(a) wiener
- フランクフルトソーセージ
  (a) frankfurt *sausage* / a frankfurter

ソーダ soda[ソウダ]
∥ソーダ水 soda, soda water

ソート【ソートする】〖コンピュータ〗**sort**[ソート]

ソーラー solar[ソウラァ]
∥ソーラーエネルギー solar energy
∥ソーラーカー a solar car
∥ソーラーハウス a solar house
∥ソーラーパネル solar panels

ゾーン a zone[ゾウン]
∥ゾーンディフェンス zone defense

そく【即】→そくざ

…そく【…足】**a pair of …**[ペア]
- スニーカー 3 足 three *pairs of* sneakers

ぞくご【俗語】(個々の)**a slang word**[スラング ワード]，(全体)**slang**

そくざ【即座に】**immediately**[イミーディアットゥリィ]，**at once**[ワンス]
- アイは即座にその問いに答えた．Ai answered the question *immediately* [*at once*].

そくし【即死する】**be killed instantly** [**on the spot**][キルド インスタントゥリィ][スパット]
- その自動車事故で乗客全員が即死した．
  All the passengers *were killed instantly* in the car accident.

そくしん【促進】**promotion**[プラモウション]
➡促進する **promote**

ぞくする【属する】**belong**(**to …**)[ビローング]
- マオは美術部に属している．
  Mao *belongs to* the art club.

そくせき【即席の】(食べ物が)**instant**[インスタント]
→そっきょう
∥即席ラーメン instant ramen (noodles)

ぞくぞく¹【ぞくぞくする】(寒さ・恐怖などで)**shiver**[シヴァ]; (期待・うれしさなどで)**be thrilled**[スリルド]
- 彼は寒さでぞくぞくした．
  He *shivered* with cold.

ぞくぞく²【続々と】**one after another**[アナザァ]
- 会場に人が続々と入ってきた．People were

coming into the hall *one after another*.

そくたつ【速達】⊕ **special delivery**[スペシャル ディリヴ(ァ)リィ]，⊕ **express delivery**[イクスプレス]
- この書類を速達で送りたいのですが．
  I would like to send this document by *special delivery*.
∥速達料金 a special delivery charge

そくてい【測定】**measurement**[メジャァマント]，**check**[チェック]
- 体重測定 weight *check* [*measurement*]
➡測定する **measure**; (重さを)**weigh**[ウェイ]→はかる

そくど【速度】(a) **speed**[スピード]
- 最高速度 (the) maximum *speed*
- 制限速度 the *speed* limit

「制限速度 時速15マイル」の標識(米国)

- 台風は 1 時間に 70 キロの速度で日本に接近している．
  The typhoon is approaching Japan at a *speed* of 70 kilometers per hour.
- 速度を上げるな．Don't *speed* up. (▶この speedは「速度を上げる」の意の動詞)
- 速度を落としてください．Please slow down.
∥速度計 a speedometer

そくとう【即答する】**give an immediate answer**[イミーディアット アンサァ]

そくばく【束縛】(a) **restraint**[リストゥレイント]
➡束縛する **restrain, restrict, tie**(**down**)
- 私は時間に束縛されるのは嫌だ．
  I don't like being *restricted* by the time.

ぞくへん【続編】**a sequel**[スィークワル]
- あの漫画の続編が読みたい．I want to read the *sequel* to that manga.

そくほう【速報】(ニュース速報)**a news flash**[ヌーズ フラッシュ]

そくめん【側面】**a side**[サイド]; (物事の)**an aspect**[アスペクト]

そくりょう【測量】**a survey**[サーヴェイ]，**measurement**[メジャァマント]
➡測量する **survey**[サァヴェイ]
∥測量技師 a surveyor

そくりょく【速力】→そくど
ソケット a socket[サキット]

そこ¹【そこへ［に］】

(その場所）**there**[ゼァ]；(その点）**that**[ザット]

- そこへ行ったことがありますか.
  Have you been *there* before?
- そこから電車に乗った.
  I got on a train from *there*.
- 君の本はどこかそこらにあるはずだ.
  Your book is somewhere over *there*.
- 私が言いたかったのはそこだよ.
  That's what I wanted to say.
- **━そこまで so far, so much, that much**
- あなたの言うことはそこまではわかります.
  I understand you *so far*.
- そこまで言うことはなかったのに.
  You shouldn't have said *that much*.
- 冬はすぐそこまで来ている.
  Winter is *just around the corner*.

そこ²【底】

the bottom[バタム]；(靴の）**a sole**[ソウル]

- 海の底 *the bottom* of the ocean
- 心の底から感謝しています. I thank you from *the bottom* of my heart.
- 底の厚い靴 thick-soled shoes
- 底なしの沼 a *bottom*less swamp

そこく【祖国】**one's motherland**[マザァランド]，**one's**（**home**）**country**[(ホウム) カントゥリィ]

そこそこ（ほんの）**only about ...**[オウンリィ アバウト]；(せいぜい）**not more than ...**[モァ]，**at most**[モウスト]；（まあまあ）《話》**Not**（**so**）**bad.**[バッド]，**So-so.**[ソウソウ]

- 私のいとこはまだ10歳そこそこだ.
  My cousin is *only about* 10 years old.
- それは5000円そこそこの値段のはずだ.
  It should cost five thousand yen *at most*.
- 「テストの点数はどうだった？」「そこそこだね」
  "How did you do［score］on the test?"
  "*Not bad. / So-so.*"

そこで（それだから）**so**[ソゥ]，**therefore**[ゼアフォァ]；(その場所で）**there**[ゼア]

- このTシャツはその店で最後の1枚だった. そこで私はそれを買った. This T-shirt was the last one in the store. *So*, I bought it.

そこなう【損なう】**spoil**[スポイル]；(駄目にする）**ruin**[ルーイン]；(感情を）**hurt**[ハート]

- あのビルはここからの景色を損なっている.
  That building *spoils* the view from here.
- 喫煙は健康を損なう.
  Smoking will *ruin* your health.
- 彼女の言葉が彼の機嫌を損ねた.
  Her words *hurt* his feelings.

…そこなう【…(し)損なう】**miss**[ミス]，**fail to**+〈動詞の原形〉[フェイル]

- 私は最終バスに乗り損なった.
  I *missed* the last bus.
- 少年は虫を捕り損なった.
  The boy *failed to* catch the insect.

そざい【素材】(a) **material**[マティ(ァ)リアル]；(料理の）**an ingredient**[イングリーディアント]

そしき【組織】(an) **organization**[オーガニゼイション]；《生物》**tissue**[ティシュー]

- **━組織的な organized**；(系統的な）**systematic**
- **━組織する organize**[オーガナイズ]

そしつ【素質】(才能）(a) **talent**[タラント]；(資質）**the makings**[メイキングズ]

- ケイは美術の素質がある.
  Kei has a *talent* for art.
- **━素質のある talented, gifted**

そして

and[アンド]，(**and**）**then**[ゼン] ➡ それから

- 私たちの学校には鳥, うさぎ, そしてかめがいる. We have birds, rabbits, *and* turtles in our school.
- そしてついにその日がやってきた.
  Then, the day finally came.

そしょう【訴訟】**a lawsuit**[ロースート]

- 彼は訴訟を起こした. He filed a (*law*)*suit*.

そせん【祖先】**an ancestor**[アンセスタァ]（⇔子孫 a descendant）

そそぐ【注ぐ】**pour**[ポァ] ➡ つぐ¹；(流れこむ）**flow**[フロウ]

- その川は太平洋に注いでいる.
  That river *flows into* the Pacific Ocean.
- 受験勉強に全力を注いだ.
  I *devoted* my*self to* studying for the entrance examination(s). (◆専念する）

そそっかしい（不注意な）**careless**[ケアリス]

- そそっかしいね. You are so *careless*!
- 教科書を忘れるなんて彼はそそっかしい.
  How *careless* of him to forget to bring his textbook!

そそのかす tempt（**to ..., into ...**）[テンプト]，**put ... up**（**to ...**）[プット][アップ]

- だれかが彼をそそのかしてうそをつかせた.
  Someone *tempted* him *into* lying. /
  Someone *tempted* him *to* lie.

そだいごみ【粗大ごみ】**large-size refuse**[**trash**][ラーヂサイズ レフュース［トゥラッシュ］]

そだち【育ち】

- 彼女は育ちがいい.
  She comes from a good *background*.
- 育ち盛りの子ども a *growing* child

---

380 three hundred and eighty

・エミは都会育ちだ．
Emi was *brought up* in the city.

そだつ【育つ】
grow（**up**）[グロウ（アップ）]；(育てられる)**be brought up**[ブロート]，**be raised**[レイズド]
・この植物は育つのがとても速い．
This plant *grows* very fast.
・私は沖縄で育った．
I *grew up* in Okinawa. / I *was raised* in Okinawa.
・クミは育ってりっぱな画家になった．
Kumi *grew up* to be a fine artist.

そだてる【育てる】
(人を)**bring up**[ブリング]；(人・動植物を)**raise**[レイズ]；(作物・植物を)**grow**[グロウ]；(選手などを)**train**[トゥレイン]

bring up [raise]

raise

grow　　train

・祖母は3人の子どもをひとりで育てた．
My grandmother *brought up* three children all by herself. / My grandmother *raised* three children all by herself.
・マオは家でうさぎを育てている．
Mao *raises* a rabbit at home.
・私はうちの庭でトマトを育てている．
I'm *growing* tomatoes in our garden.
・私たちのコーチはたくさんの野球選手を育ててきた．Our coach has *trained* many baseball players.（←訓練してきた）

そち【措置】**measures**[メジャァズ]
・政府はその国に対して断固とした措置をとった．The government took firm *measures* against that country.

そちら(そこに［で，へ］)(**over**)**there**[オウヴァ ゼァ]；(遠くのものをさして)**that**[ザット]；(相手をさして)**you**[ユー]
・トイレはそちらです．
The bathroom is *over there*.
・では私はそちらをいただきます．
Then I will take *that* one.
・あしたそちらに伺(ﾊﾞめ)ってもよろしいですか．

Is it OK to call on *you* tomorrow?

そつぎょう【卒業】
graduation[グラヂュエイション]
・卒業おめでとう．
Congratulations on your *graduation*!
―卒業する **graduate**（**from ...**）[グラヂュエイト]；(終える)**finish**
・どの学校を卒業しましたか．
Which school did you *graduate from*?
・私は今年の3月に中学を卒業する．I am *finishing* junior high school this March.
▪卒業アルバム a yearbook
▪卒業式 a graduation ceremony，(米)(高校・大学の) a commencement
▪卒業証書 a diploma
▪卒業生 a graduate
▪卒業制作 a memorial work of graduation
▪卒業文集 graduation essays

卒業証書を受け取る学生(日本)

そっきょう【即興の】**improvised**[インプラヴァイズド]，**impromptu**[インプランチュー]
・即興のスピーチ
an *improvised* [*impromptu*] speech
―即興で作る［する］**improvise**
・そのバンドは即興で演奏した．The band *improvised* their performance.
▪即興曲 an impromptu, an improvisation

ソックス **a sock**[サック]（▶ふつう複数形で用いる）→くつした

そっくり(似ている)**look exactly like ...**[ルックイグザクトゥリィ ライク]；(全部)**all**[オール]
・あなたはお母さんにそっくりだ．
You *look exactly like* your mother.
・金庫の中のお金をそっくり盗(ﾇｽ)まれた．
All of the money in the safe was stolen.

そっけない【素っ気ない】(冷淡な)**cool**[クール]；(ぶっきらぼうな)**blunt**[ブラント]
・彼は私にいつもそっけない態度をとる．
He is always *cool* to me.

そっこう【速攻】(サッカー・バレーボールなどの)**a swift attack**[スウィフト アタック]

そっせん

- （バスケットボールの）速攻攻撃(ぜ.う)
  run and gun offense

そっせん【率先する】take the lead[テイク][リード], **be the first**[ファースト]

- アイはいつも率先して森先生の手伝いをする.
  Ai *is* always *the first* to help Ms. Mori.

そっち→ そちら

そっちょく【率直な】frank[フランク]

- あなたの率直な意見を聞かせてください.
  Tell [Give] me your *frank* opinion.
  ━率直に frankly
- 率直に言えばこれはおいしくない.
  Frankly speaking, this doesn't taste good.

そって【…に沿って】along[アローング], **down**[ダウン]

- この道に沿って行きなさい.
  Go *down* this street.
- 私たちはこの線路に沿って行った.
  We went *along* this railroad line.

そっと（静かに）**quietly**[クワイアットゥリィ]；（優(ゃ)しく）**softly**[ソフトゥリィ]；（こっそりと）**secretly**[スィークリットゥリィ]

- そっとその部屋に入った.
  I *quietly* entered the room.
- 彼女は授業中，エミにそっとそのメモを渡(を)した. She *secretly* handed the note to Emi in class.
- 彼のことはしばらくそっとしておこうよ.
  Let's *leave* him *alone* for the moment.

ぞっと【ぞっとする】（身ぶるいする）**shudder**[シャダァ], **shiver**[シヴァ]

- 蛇(ひ)のことを考えただけでもぞっとする.
  I *shudder* when I think of snakes.

そで（衣類の）**a sleeve**[スリーヴ]

- セーターのそで the *sleeve* of a sweater
- 私はそでをまくった. I rolled up my *sleeves*.
- 長[半]そでのシャツ
  a long-*sleeved* [short-*sleeved*] shirt
- そでなしのブラウス a *sleeve*less blouse

そと【外】

（外部）**(the) outside**[アウトサイド]（⇔内，中 the inside）**→** そとがわ

- 外は雨だ. It's raining *outside*.
  ━外の outside；（屋外の）**outdoor**[アウトドァ]
- 外の壁は白く塗(ぬ)られていた.
  The *outside* wall was painted white.
  ━外で[に] out, outside；（屋外で）**outdoors**[アウトドァズ]
- 晴れた日は外で仕事をするほうが好きだ. On a sunny day, I prefer working *outdoors*.
  ━外に出る go out, go outside [outdoors]

- 外に出て遊ぼうよ. Let's *go out* and play.
- 部屋の外に出てください.
  Please *go outside* the room. / Please *leave* the room.

そとがわ【外側】the outside[アウトサイド]（⇔内側 the inside）

- このパンは外側が固い.
  This bread is hard on *the outside*.
  ━外側の[に] outside（⇔内側の[に] inside）

そなえつける【備え付ける】equip[イクウィップ], **provide**[プラヴァイド]；（家具を）**furnish**[ファーニシュ]

- 各教室にはエアコンが備え付けられている.
  Each classroom is *equipped with* an air conditioner.

そなえもの【供え物】an offering[オーファリング]

そなえる¹【備える】（非常事態などに）**provide**（**for** …）[プラヴァイド]；（準備する）**prepare**（**for** …）[プリペァ]；（性質・能力などを）**have**[ハヴ]

- ユカは弁論大会に備えて頑張(がん)っている.
  Yuka is working hard to *prepare for* the speech contest.
- 万一の場合に備えないといけない. We should *prepare for* a rainy day.（►a rainy dayは「困ったとき」の意）
- アキラは音楽の才能を備えている.
  Akira *has* musical talent.

そなえる²【供える】offer[オーファ]

- 祖父の墓に花を供えた. I *put* flowers on my grandfather's grave.

ソナタ《音楽》**a sonata**[サナータ]

- ショパンのソナタ a *sonata* by Chopin

その

that[ザット]（複 those[ゾウズ]）；（前に話題になった物・人をさして）**the**[ザ]；（それの所有格）**its**[イッツ]（►it の所有格）**→** あの

- その日，雨が降った. It rained on *that* day.
- その丸いのは何？
  What's *that* round thing?
- その手袋(ふくろ)は私のです.
  Those gloves are mine.
- その映画はとてもつまらなかった.
  The movie was very boring [dull].
- 犬がその長い尾をふった.
  The dog wagged *its* long tail.

そのあいだ【その間に】meanwhile[ミーン(ホ)ワイル]

そのあと→ そのご

そのうえ besides[ビサイヅ], **moreover**[モーロウヴァ], **what's more**[ワッツ モァ]

- 歌手たちも，音楽もすばらしく，そのうえダンス

382　three hundred and eighty-two

も最高だった.
The singers were wonderful, the music was great, and *moreover*, their dance performance was fantastic.
- この本はとてもおもしろくて,そのうえ長すぎない.
This book is very interesting, and *what's more*, it's not very long.

そのうち

❶ 近いうちに　　(まもなく)**soon**, **before long**; (やがて) **in time**; (近日中に) **one of these days**
❷ いつか　　**someday**

❶[近いうちに](まもなく)**soon**[スーン], **before long**[ビフォァ ロング]; (やがて)**in time**[タイム]; (近日中に)**one of these days**[デイズ]
- ユミはそのうち戻(もど)るはずだ. Yumi should be back *soon* [*before long*].
- そのうちに風も収まるだろう.
The wind will die down *in time*.
- そのうち大きな嵐(あらし)が来ると言われている.
It is said that we will have a big storm *one of these days*.

❷[いつか]**someday**[サムデイ]
- そのうちまた会いましょう.
I will see you again *someday*.

そのかわり **instead**[インステッド]; (だけど)**but**[バット]
- 料理はできないけど,そのかわり皿洗いをするよ.
I can't cook, so I'll do the dishes *instead*.
- 来てもいいけど,そのかわり遅(おく)れちゃ駄目(だめ)だよ.
You can come, *but* you must not be late.

そのくせ **still**[スティル], (**and**)**yet**[イェット] → それなのに
- 彼は甘(あま)いものはきらいだと言う. そのくせケーキを食べる. He says he doesn't like sweet things, but he *still* eats cakes.

そのくらい → それくらい

そのご【その後】

❶そのあと　　**after that**; (それから…後に) **… later**; (順序)**then**
❷その時以来　　**since**(**then**)

❶[そのあと]**after that**[ザット]; (それから…後に)**… later**[レイタァ]; (順序)**then**[ゼン]
- その後どうなったの?
What happened *after that*?
- その後3年たって彼女に再会した.
I met her again three years *later*.
- 夕食を食べ,その後,ふろに入った.
I had dinner, *then* I took a bath.

❷[その時以来]**since**(**then**)[スィンス](▶現在完了形の文で用いる)
- 私はその後彼女に会っていない.
I haven't seen her *since*(*then*).

そのころ(当時)**in those days**[デイズ]; (その時)(**at**)**that time**[タイム], **then**[ゼン]
- 私はそのころバスケットボールの選手になりたいと思っていた. *In those days* I wanted to become a basketball player.
- そのころまでには授業も終わっているだろう.
Classes will be finished by *then*.

そのた【その他】**the others**[アザァズ]; (残り)**the rest**[レスト]; (それ以外に)**else**[エルス]; (…など) **and so on**[ソウ]
- 教科書を机の上に置いて,その他はかばんに入れなさい. Put the textbook on your desk, and *the others* in your bag.
- その他必要なものはありますか.
Do you need anything *else*? / Is there anything *else* you need?
- 私たちは旅行中に釣(つ)りをしたり山に登ったり,その他いろいろなことをした.
During the trip, we fished, climbed a mountain *and so on*.

━ その他の **other**

そのため【そのため(に)】(理由)**for that reason**[リーズン]; (目的)**for that purpose**[パーパス]; (結果)**so**[ソウ]
- そのために今回は行けません.
For that reason I can't go this time.
- 自転車を買いたい. そのためにお金をためている. I want to buy a bike. I am saving money *for that purpose*.
- 雨が降っていた. そのため運動会は中止になった. It was raining, *so* the field day was canceled.

そのとおり(**That's**)**right.**[ライト], **Exactly.**[イグザクトゥリィ]
- そのとおりだ.
That's right. / *You're right.* / *Exactly.*

そのとき【その時(に)】**at that time**[タイム], **then**[ゼン]; (その瞬間(しゅんかん))**at the moment**[モウマント]
- その時あなたはどこにいましたか.
Where were you *then* [*at that time*]?
- 駅に着いたちょうどその時電車が来た.
The train arrived *at the very moment* I got to the station.

そのば

そのば【その場で】on the spot[スパット], there and then[ゼア][ゼン]
- 私たちは釣った魚をその場で焼いた．
  We caught some fish and grilled them *on the spot*.

そのへん【その辺に［で］】around there[アラウンドゼア]
- さっきその辺で君の犬を見たよ．
  I saw your dog *around there* a little while ago.

そのほか→そのた

そのまま（同じ状態で）as it is[アズ], as they are
- 本をそのままにしておいてください．
  Leave the books *as they are*.
- （電話で）そのままお待ちください．
  Please *hold* the line.

そのもの itself[イットゥセルフ]（複 themselves[ザムセルヴズ]）
- 人生そのものが大切だ．
  Life *itself* is important.
- 彼は正直そのものだ．He is honesty *itself*.
- ユキは真剣そのものだった．
  Yuki was *very* serious.

そのような such[サッチ]→そんな

そのように like that[ライク], (in) that way[ウェイ]

そば¹【…のそばに】
（すぐ近くに）by …[バイ], close to …[クロウス], near …[ニア];（わきに）beside …[ビサイド]
- 窓のそばに立った．I stood *by* the window.
- 私の家は駅のすぐそばだ．
  My house is very *close to* the station.
- 母は私のそばに腰を下ろした．
  My mother sat *beside* me.
- そばにいて．Stay with me.
- そばに来ないで．Keep away from me.
- **そばの** nearby[ニアバイ]
- 私たちはそばの公園に行った．
  We went to a *nearby* park.

そば² soba; buckwheat noodles[バック(ホ)ウィートヌードゥルズ]→食生活【口絵】
- 私たちは年越しそばを食べた．We ate *buckwheat noodles* on New Year's Eve.
- そば店 a noodle shop, a soba shop

そばかす freckles[フレックルズ]
- ケイはそばかすがある．Kei has *freckles*.

そびえる rise[ライズ]
- その塔はビル群の中にそびえている．
  The tower *rises* above the buildings.

そふ【祖父】a grandfather[グラン(ドゥ)ファーザァ]（⇔祖母 a grandmother）→おじいさん

ソファー a sofa[ソウファ]→いす【図】

ソフト【ソフトな】（柔らかい）soft[ソーフト];（人当たりが）gentle[チェントゥル]
- ソフトウエア『コンピュータ』software（⇔ハードウエア hardware）, application
- ソフトクリーム (a) soft serve (ice cream)（▶「ソフトクリーム」は和製英語）
- ソフトテニス『スポーツ』soft tennis
- ソフトドリンク a soft drink
- ソフトボール『スポーツ』softball;（球）a softball

そふぼ【祖父母】grandparents[グラン(ドゥ)ペアランツ]

ソプラノ『音楽』（音域）soprano[サプラノゥ];（歌手）a soprano

そぼ【祖母】a grandmother[グラン(ドゥ)マザァ]（⇔祖父 a grandfather）→おばあさん

そぼく【素朴な】simple[シンプル], plain[プレイン]
- 素朴な人 a *simple* man [woman]

そまつ【粗末な】（質の悪い、貧弱な）poor[プア];（古びた）shabby[シャビィ];（質素な）plain[プレイン], simple[シンプル]
- そのホールの設備は粗末なものだった．
  The facilities at the hall were *poor*.
- その少年は粗末な身なりをしていた．
  The boy wore *shabby* clothes.
- 粗末な食べ物 *plain* food
- **粗末にする**（無駄に使う）waste[ウェイスト]
- 時間を粗末にするな．
  Don't *waste* your time.

そまる【染まる】dye[ダイ]（★つづり・発音注意）
- この布はよく染まる．
  This cloth *dyes* well.

そむく【背く】disobey[ディスオベイ]
- 彼は規則に背いた．
  He *disobeyed* the rules.

そむける【背ける】（顔を）turn (one's face) away[ターン][フェイス][アウェイ];（目をそらす）look away[ルック]
- 彼女は怒って彼から顔を背けた．
  She *turned her face away* from him in anger.

そめる【染める】dye[ダイ]（★つづり・発音注意）;（色付

384　three hundred and eighty-four

けする)**color**[カラァ]
- 姉は髪(鷲)を茶色に染めた.
My sister *colored* [*dyed*] her hair brown.

そや【粗野な】(不作法な)**rude**[ルード]；(乱暴な)**rough**[ラフ]
- 粗野な振(ふ)る舞(ま)い
rude [*rough*] behavior

そよう【素養】(知識)**knowledge**[ナリッヂ]
- 父はスペイン語の素養がある.
My father has some *knowledge* of Spanish.

そよかぜ【そよ風】**a** (**soft** [**gentle**]) **breeze**[(ソーフト [ヂェントゥル]) ブリーズ]
- そよ風が吹(ふ)いている.
There is a *gentle breeze*.

そよそよ【そよそよと】(穏(お)やかに)**softly**[ソーフトゥリィ], **gently**[ヂェントゥリィ]
- 風がそよそよと吹(ふ)いている.
The wind is blowing *softly* [*gently*].

そら¹【空】

the sky[スカイ], **the air**[エァ]
- 空にたくさん星が出ているよ.
You can see a lot of stars in *the sky*.
- たこは空高く舞(ま)い上がった.
The kite soared high into *the sky*.
- 青い空 a blue *sky*(▶*sky*はふつうthe をつけて用いるが, 形容詞がつくとa [an]+〈形容詞〉+*sky*となることがある)
- 空の旅 a trip *by air* [*plane*]

▍空色 sky blue

そら²【そらで】**by heart**[ハート]
- この歌の歌詞をそらで覚えなさい.
Learn the words of this song *by heart*.

そらす【逸らす】(話を)**change**[チェインヂ]；(方向を)**turn ... away**[ターン][アウェイ]；(注意などを)**distract**[ディストゥラクト]
- 彼女は突然(裳)話をそらした.
She suddenly *changed* the subject.

そらまめ【そら豆】【植物】 Ⓐ **a fava bean**[ファーヴァ ビーン], Ⓑ **a broad bean**[ブロード]

そり **a sled**[スレッド], (馬・犬が引く)**a sleigh**[スレイ]

sled

sleigh

- そりで坂を下った.
We went down the slope on a *sled*.

そる¹(ひげなどを)**shave**[シェイヴ]
- 父は毎朝ひげをそる.
My father *shaves* every morning.
- 私は無駄(むだ)毛をそった.
I *shaved* my unwanted hair.

そる²【反る】(曲がる)**bend**[ベンド]；(体が)**bend backward**[バックワァド]

それ

❶聞き手に近い所の物・人をさす代名詞 **that**
❷前に話題になった物・人をさす代名詞 **it**

❶[聞き手に近い所の物・人をさす代名詞]**that**[ザット]（複 those[ゾウズ]）

それは…だ
(主語が単数のとき)That is ... /
(主語が複数のとき)Those are ...
- それは君の猫(鷲)? *Is that* your cat?
- それは私の靴(鷲)だ. *Those are* my shoes.
- それはどういう意味ですか.
What does *that* mean?
- 「風邪(鷲)を引いたようです」「それはいけませんね」
"I seem to have caught a cold."
"*That*'s too bad."

❷[前に話題になった物・人をさす代名詞]**it**[イット]（複 they[ゼイ]）

ここがポイント! **it**（それ）の変化形

単数	複数
それは[が] it	それらは[が] they
それの its	それらの their
それを[に] it	それらを[に] them
—	それらのもの theirs
それ自身 itself	それら自身 themselves

- レイは子犬を飼っていて, それはとてもかわいい. Rei has a puppy and *it* is very cute.

それいぜん

- それ, 本気で言ってるの？
  Do you really mean *it*?

それいぜん【それ以前】**before that**[ザット]

それいらい【それ以来】**since then**[スィンス ゼン], **after that**[ザット]→それから

それから

(その後) **after that**[ザット](▶過去形の文で用いる); (それ以来) **since**（**then**）[スィンス（ゼン）](▶現在完了形の文で用いる); (次に)（**and**）**then**, **next**[ネクスト]

- 彼の生活はそれから変わった.
  His lifestyle changed *after that*.
- それから彼女とは話をしていない.
  I haven't talked to her *since*.
- 私たちは昼ごはんを食べ, それから家に帰った.
  We ate lunch, *and then* went home.
- それから何をすればいいでしょうか.
  What do I have to do *next*?

それくらい that much[マッチ]

- それくらいのことをするのは難しくはなかった. It wasn't hard to do *that much*.
- それくらいのことでそんなに悲しまないで.
  Don't get so sad over *such* a small thing.

それぞれ

each[イーチ](▶代名詞 each は単数扱い)
―**それぞれの each**(▶形容詞 each の後には単数名詞が来る)

- うちの学校では生徒はそれぞれ弁当を持参する. *Each* student brings their own lunch in our school.

持参した弁当を食べる中学生(日本)

―**それぞれ(に) each**

- 先生は私たちそれぞれに地図を配った.
  Our teacher gave a map to *each* of us.
- それぞれペンを2本ずつもらった.
  We got two pens *each*.

それだけ(限定して) **all**[オール]; (程度・割合) **that much**[マッチ]

- 持っているのはそれだけですか.
  Is that *all* you have?

- それだけじゃない. That's not *all*.
- それだけならいいんですが. I hope that's *all*.
- それだけのお金があれば1年快適に暮らせるよ.
  You can live comfortably for a year with *that much* money.
- それだけはごめんだ. I will do anything *but that*.(←それ以外ならどんなことでもする)

それっきり(最後の物・事) **the last**[ラスト]; (それ以来) **since**[スィンス]→それから

- 私の持っているお金はそれっきりだ.
  That's *the last* money I have.
- それっきり彼の姿を見た者はいない.
  No one has seen him *since*.

それで

(そして) **and**（**then**）[アンド（ゼン）]; (それゆえに) **so**[ソゥ]

- それでどうなったんですか.
  And（*then*）what happened?
- 雨に降られちゃった. それでぬれているんだ. I was caught in a shower, *so* I'm wet.

それでこそ

- よくセーブした. それでこそうちのゴールキーパーだ.
  Well saved. *That*'s our goalkeeper.

それでは(ということは) **then**[ゼン]; (では) **well**（**then**）[ウェル]

- それでは私が間違(まちが)っていると言うのですか. *Then* do you mean I'm wrong?
- それでは授業を始めましょう.
  Well（*then*）, let's begin the lesson.

それでも(しかし) **but**[バット]; (なお) **still**[スティル]

- 困難なのはわかっているが, それでもやってみたい. I know it's difficult, but I *still* want to try.

それどころ

- 忙(いそが)しくて今はそれどころじゃない.
  I am too busy to do that now.(←そんなことはやっていられない)

それどころか on the contrary[カントゥレリィ]→…どころか

- 作品の出来はよくなかった. それどころか完全な失敗作だった.
  The work wasn't good. *On the contrary*, it was a complete failure.

それとなく(間接的に) **indirectly**[インディレクトゥリィ]→ほのめかす

- 私たちは彼に二度と遅刻(ちこく)をしないようそれとなく注意した. We warned him *indirectly* not to be late again.
- メグは彼にもう来ないでほしいとそれとなく言った. Meg *hinted* to him that she didn't

want him to come again.

それとも or[オァ]
- サッカーを見たいですか,それとも野球ですか.
Do you want to watch soccer, *or* baseball?

それなのに (and) yet[イェット], but (still)[バット(スティル)]
- 私は彼に何度もメールした.それなのに彼は一度も返事をよこさなかった. I texted him again and again, *but* he never replied.

それなら if so[ソゥ], then[ゼン]
- 疲れたの? それなら少し休もう. Are you tired? *Then* let's take a little break.

それに besides[ビサイヅ]→そのうえ
- 宿題があるから出かけられないよ.それに雨も降っているし.
I can't go out because I have to do my homework. *Besides*, it's raining.

それにしても (それでも)still[スティル]; (たとえそうだとしても)even so[イーヴン ソゥ]
- 本人は何度も間違えたと言ったが,それにしても彼の演奏はすばらしかった. He said he made many mistakes, but *still* [*even so*], his performance was wonderful.

それはそうと (ところで)by the way[ウェイ]
- それはそうとテレビに出たそうだね. *By the way*, I heard you appeared on TV.

それほど (そんなに)so[ソゥ]
- それほど悪くもない. It's not *so* bad.
- 彼がそれほどあの絵を気に入っていたとは知らなかった. I didn't know he liked that picture *so* much.

それまで (それまでずっと)till [until] then[ゼン]; (その時までには)by then[バイ]
- それまで私は逆立ちができなかった.
I couldn't do a handstand *until then*.
- それまでには準備をしておいて.
Be ready *by then*.

それら those[ゾウズ] (▶thatの複数形), they[ゼィ] (▶itの複数形)→それ

それる (目標物から)miss[ミス]; (話が)get off (the) track[ゲット][トゥラック]
- 矢は的の中心をわずかにそれた. The arrow just *missed* the center of the target.
- 三木先生はよく話がそれる.
Mr. Miki often *gets off* (*the*) *track*.

ソロ a solo[ソウロゥ]
- ピアノソロ a piano *solo*
- ソロホームラン a *solo* homer

そろい (一式)a set[セット]; (〜と同じ…)... of the same 〜[セイム]
- 茶道具ひとそろい

a tea *set* / a *set* of tea things
- おそろいの(デザインの)コート
coats *of the same* design

そろう

❶集まる　　get together; (来る)come
❷完全になる　complete
❸等しい　　be equal

get together　　complete　　be equal

❶[集まる]get together[ゲット タゲザァ]; (来る)come[カム]
- 元日には親せきみんながそろう. My relatives *get together* on New Year's Day.
- みんながそろうまでここで待とう.
Let's wait here until everyone *comes*.
- あの店には新しい品物がそろっている[いない].
That shop *has* a large [poor] *selection* of new items.

❷[完全になる]complete[カンプリート]
- あとカード1枚でコレクションがそろう. One more card will *complete* my collection.

❸[等しい]be equal[イークワル]
- 箱の中のいちごは大きさがそろっている.
The strawberries in the pack *are equal* in size.

そろえる

❶整える　　put ... in order, arrange
❷完全にする　complete
❸同じにする　(声をそろえて)in unison

❶[整える]put ... in order[プット][オーダァ], arrange[アレインヂ]
- 棚の上の本をそろえた.
I *put* the books on the shelf *in order*.
- 靴を脱いだらきちんとそろえなさい.
When you take your shoes off, *arrange* them neatly.

❷[完全にする]complete[カンプリート]
- なんとか頑張って古い漫画のコレクションをそろえた.
I managed to *complete* my collection of old comic books.

❸[同じにする](声をそろえて)in unison[ユーニスン]

そろそろ

- 子どもたちは声をそろえて歌った.
  The children sang *in unison*.

そろそろ (まもなく) **soon**[スーン], **before long**[ビフォア ローング]; (ほとんど) **almost**[オールモウスト]
- そろそろ彼がやってくるはずだ.
  He will be coming *soon* [*before long*].
- そろそろ寝る時間だ.
  It's *almost* time to go to bed.

そろばん an abacus[アバカス][★発音注意]

そわそわ[そわそわと]**restlessly**[レストゥリスリィ]; (神経質に)**nervously**[ナーヴァスリィ]
→ **そわそわ(と)する be restless; be nervous**
- どうしてそんなにそわそわするの?
  Why are you so *restless* [*nervous*]?

そん【損】(a) **loss**[ロース](⇔得 (a) profit)→そんしつ; (不利なこと) (a) **disadvantage**[ディスアドヴァンティッヂ]→ふり¹
→ **損をする lose**[ルーズ]
- クレーンゲームで2000円も損をした. I *lost* 2,000 yen playing that claw game.
- その服を買って1000円も損をした.
  I *wasted* 1,000 yen buying that dress.
- 買わないと損をするよ!
  It's a must-buy! (←買うべきものだ)

そんがい【損害】**damage**[ダミッヂ]; (金銭上の)**a loss**[ロース]
- その村は台風の損害を被った.
  The village suffered *damage* in [from] the typhoon.
→ **損害を与える damage, do damage (to ...)**

そんけい【尊敬】**respect (for ...)**[リスペクト]
→ **尊敬する respect, look up to ...**[ルック アップ] (⇔軽べつする look down on ...)
- 私たちは田代先生を尊敬している.
  We *respect* [*look up to*] Mr. Tashiro. / We have *respect for* Mr. Tashiro.

そんざい【存在】**existence**[イグズィスタンス]
→ **存在する exist**
‖ **存在感 presence**: 彼には存在感がある. He has a *presence*.

ぞんざい【ぞんざいな】(粗野な)**rude**[ルード], **rough**[ラフ]; (不注意な)**careless**[ケアリス]
→ **ぞんざいに rudely, roughly; carelessly**
- 彼はぞんざいに話す. He speaks *rudely*.

そんしつ【損失】(a) **loss**[ロース]
- 彼らは多大な損失を被った.
  They suffered a great *loss*.

そんちょう¹【村長】**a mayor**[メイア]
そんちょう²【尊重】**respect**[リスペクト]
→ **尊重する respect**
- 私たちはみなの個性を尊重するべきだ. We should *respect* everyone's individuality.

そんな

such[サッチ], **like that**[ライク], **that kind [sort] of ...**[カインド][ソート]
- あなたがそんな無責任な人だとは知らなかった.
  I didn't know that you were *such* an irresponsible person.
- そんなこと, 言わないで!
  Don't say *such* a thing!
- ずっとそんなふうにしていたら, あなたのお父さんは怒るよ. Continue acting *like that*, and your father will get angry.
- 私はそんなことは一言も言わなかった.
  I never said *that kind of* thing. / I said no *such* thing.
- そんなはずはないよ. *That* can't be true!
→ **そんなに so, that, (so) much**
- そんなに早くは起きられないよ.
  I can't get up *so* early.
- そんなに(たくさん)食べられるの?
  Can you eat *that* much?
- そんなに勉強していない.
  I don't study (*so*) *much*.
- そんなに人は多くなかった.
  There weren't many people.

ゾンビ a zombie[ザンビィ]

ハロウィーンでゾンビの仮装をした男の子

ぞんぶん【存分に】(好きなだけ)**as much as one likes**[マッチ][ライクス]; (十分に)**fully**[フリィ]
- 試験が終わったら存分にゲームができる.
  I can play video games *as much as I like* after the exam is over.

そんみん【村民】**a villager**[ヴィリッヂァア]

た タ

た¹ 【田】**a rice field** [paddy][ライス フィールド [パディ]]
- 彼らは田を耕している.
  They are plowing *a rice field*.

た² 【他の】→ ほか, そのた

…た […(し)た](▶ふつう動詞の過去形で表す)
- 私は部屋を掃除(そうじ)した.
  I *cleaned* my room.
  (▶ cleanedは規則動詞cleanの過去形)
- ヒロはエリと話をした.
  Hiro *spoke* with Eri.
  (▶ spokeは不規則動詞speakの過去形)

> **ここがポイント!** 過去形の作り方
> 動詞には大きく分けて規則動詞と不規則動詞の2種類があります.
> (1)規則動詞:原形の語尾(ご)に-edをつけます.
>   play(遊ぶ)＋-ed→played
>   like(好きだ)＋-ed→liked(▶eを取って-edをつける)
> (2)不規則動詞:形がいろいろ変わります.
>   go(行く)→went
>   make(作る)→made
> 変化については, 巻末の変化表を参照してください.

…だ → …です
ターゲット a target[ターゲット]
 ━**ターゲットとする target**
- この店は10代をターゲットとしている.
  This shop *targets* teenagers.

ターコイズ(石)**a turquoise**[タークォイズ]
ダース a dozen[ダズン]
- コーラ1ダース a *dozen* colas
- コーラ2ダース two *dozen* colas(▶2ダース以上でもdozensではなくdozen)
- 半ダースの鉛筆(えんぴつ)
  half a *dozen* pencils /
  a half *dozen* pencils

ダーツ darts[ダーツ](▶単数扱い)
- ダーツをする.
  I play *darts*.

タートルネック a turtleneck[タートゥルネック]
- タートルネックのセーター
  a *turtleneck* sweater

ターミナル a terminal[ターミヌル]→ しゅうてん
- エアターミナル
  an air *terminal*
- バスターミナル
  a bus *terminal*

ターン a turn[ターン]
- 私はターンした.
  I made a *turn*. / I *turned*.
- 車はUターンした.
  The car made [did] a U-*turn*.

たい¹ 【隊】**a party**[パーティ]
たい² 〖魚〗**a sea bream**[スィー ブリーム]
 ┃たい焼き **a *taiyaki*; a fish-shaped pancake filled with sweet bean paste**

タイ¹ 【同点】**a tie**[タイ]→ ひきわけ
 ━**タイになる[する] tie**
- 得点は2対2のタイだった.
  The score was *tied* at two to two.
 ┃タイ記録 **a tie**: 彼は100ｍ走で日本タイ記録を出した. He *tied* the Japan record for [in] the 100-meter dash.

タイ² **Thailand**[タイランド]
 ┃タイ人 **a Thai person**

…たい¹

(希望する)**want**[ワント], **would like**[ウッド ライク], **hope**[ホウプ]→ …もらう

> **…したい**
> want [would like, hope] to＋〈動詞の原形〉

- 私は家に帰りたい.
  I *want to* go home.
- 今は何も食べたくない.
  I don't *want to* eat anything now.
- いっしょに行きたいです.
  I *would like to* go with you.
- またお会いしたいです.
  I *hope to* see you again.

…たい²

> **くらべてみよう！** **want と would like と hope**
>
> **want**は自分の願望を表す一般的な語です. しかし直接的すぎて相手に失礼にひびくこともあります. それを避(さ)けるためにはていねいな言い方の**would like**を用います. I would likeはしばしばI'd likeと短縮して使います. **hope**は実現する可能性があることを願う場合に使います.

…たい²【…対(〜)】(組み合わせ)《話》… **versus** 〜[ヴァーサス](▶vs.と略す);(点数, 比率)… **to** 〜[トゥー]
- 日本対イラクのサッカーの試合
  a Japan *vs.* Iraq soccer match / a soccer match *between* Japan *and* Iraq
- 私たちのチームは3対2でリードしている.
  Our team is winning (by a score of) 3 *to* 2. (◀3対2で勝っている)

だい¹【代】

❶代金	(値段)a price; (料金)a bill; (乗り物料)a fare; (サービス料)a fee
❷年代	a time
❸世代	(a) generation

❶[代金](値段)a **price**[プライス]; (料金)a **charge**[チャーヂ], a **bill**[ビル]; (乗り物の)a **fare**[フェァ]; (サービス料)a **fee**[フィー]
- バス代 bus *fare*
- 親が電話代を払っている.
  My parents pay the phone *bill.*
- 昼食代に500円もらった.
  I was given five hundred yen for lunch.

❷[年代]a **time**[タイム]
- 1990年代初めに in *the* early 1990(')s(▶1990(')sはnineteen ninetiesと読む. the (nineteen) ninetiesで(19)90年代)
- 私たちは10代だ. We are teenagers.
- 先生は30代後半だと思う. I think my teacher is in his [her] late 30s. (▶30sはthirtiesと読む. one's thirtiesで30(歳(さい))代)

❸[世代](a) **generation**[ヂェナレイション]
- 代々 from *generation* to *generation*
- 彼らは(親子)3代にわたって医者だ. They have been doctors for three *generations.*

だい²【台】

❶物をのせるための	a stand
❷数の範囲(はんい)	(下記❷参照)

❶[物をのせるための]a **stand**[スタンド]; (壇(だん)) a **platform**[プラットフォーム]

❷[数の範囲]
- 7時台のバス
  buses *between* seven *and* eight o'clock
- 英語の成績はたいてい70点台だ. My English grades are usually *in* the seventies.

だい³【題】(本・映画の題名)a **title**[タイトゥル]; (作文・スピーチなどの主題)a **subject**[サブヂクト]
- その映画の題を覚えていますか. Do you remember the *title* of the movie?
- スピーチの題は「日本の未来」だった. The *subject* of the speech was 'Japan's Future.'

だい⁴【大】(大きい)**big**[ビッグ], **large**[ラーヂ]
- コーラの大をください. A *large* coke, please.
- ━大の **great**
- 私たちは大の仲良しだ.
  We are *great* friends.
- 大家族 a **large family**
- 大企業(きぎょう) a **big business**

だい…【第…】
- 第1土曜 *the* first Saturday
- 第2位 Second Place
- 第6問 question *no.* 6(▶no. 6はnumber sixと読む)

たいあたり【体当たりする】**bang** [**throw**] **oneself** (**against** …) [バング [スロゥ]]
- 彼はどろぼうに体当たりした.
  He *threw himself against* the thief.
- 彼女の演技はまさに体当たりだった. She truly *threw herself* into her performance.

たいい【大意】(概略(がいりゃく))an **outline**[アウトライン]; (要約)a **summary**[サマリィ]
- その本の大意
  the *outline* [*summary*] of the book

たいいく【体育】(教科)**physical education**[フィズィカル エヂュケイション](▶PE, P.E.と略す), **gym**[ヂム]
- きょうの体育は鉄棒だ. We are practicing the horizontal bar in *P.E.* class today.
- 体育館 a **gymnasium**, 《話》a **gym**
- 体育館ばき **gym shoes**
- 体育祭 a **sports festival**, a **field day**→学校生活【口絵】

だいいち【第一の】

first[ファースト](▶ふつうtheをつけて用いる); (重要度などが)**primary**[プライメリィ]
- 第1課
  the first lesson / lesson (*number*) one
- 第1の理由

390　　three hundred and ninety

the *primary* reason
- **第一(に)** first, first of all, in the first place
- 安全第一《掲示》SAFETY *FIRST*

第一印象 *one*'s first impression: 日本の第一印象はいかがですか. What is *your first impression* of Japan?
第一次産業 *primary* industry
第一歩 *the first step*: きょうから第一歩を踏(ふ)み出そう. Let's take *the first step* today.

たいいん【退院する】leave（the）hospital[リーヴ][ハスピトゥル]（▶米ではふつうtheをつけない）
- 彼は来週退院する.
He will *leave the hospital* next week.

ダイエット a diet[ダイアット]
- 私はダイエット中だ. I am on a *diet*.
- **ダイエットする** diet, go on a diet;（減量する）lose weight[ルーズ ウェイト]

ダイオキシン dioxin[ダイアクシン]

たいおん【体温】
（a）temperature[テンパラチァ]
- 体温を計ってみよう.
I will take my *temperature*.
- 体温が上がった［下がった］.
My *temperature* rose［fell］.
- 体温は何度なの？
What's your *temperature*?
- きょうの体温は36度だ.
My *temperature* today is 36 degrees.

体温計 a（clinical）thermometer

たいか¹【大家】（名人）a master[マスタァ]
- 書道の大家
a *master* in Japanese calligraphy

たいか²【耐火(性)の】fireproof[ファイアプルーフ]

たいかい【大会】（スポーツの）an（athletic）meet[(アスレティック) ミート];（トーナメント）a tournament[トゥァナメント];（競技の）a competition[カンペティション], a contest[カンテスト];（総会）a general meeting[ヂェナラル ミーティング]
- 野球の全国大会に出場した. We took part in the national baseball *tournament*.

- 私たちのサッカーチームは県大会で優勝した.
Our soccer team won the prefectural *competition*.
- 学校でスピーチ大会がある.
We have a speech *contest* at school.
- 東京にはマラソン大会がある.
There is a marathon in Tokyo.

たいがい mostly[モウストゥリィ]→たいてい
たいかく【体格】（a）build[ビルド]→たいけい
- カズは体格がいい. Kazu has a good *build*.

たいがく【退学する】quit［leave］school[クウィット][リーヴ] スクール], drop out of school
- いとこは退学して働き始めた. My cousin *quit school* and started working.
- **退学させる** expel ... from school[イクスペル]

だいがく【大学】
（総合大学）a university[ユーナヴァースィティ];（単科大学）a college[カリッヂ]
- 兄は大学に入った. My brother entered （the）*university*.

> 話してみよう!
> 😊 お姉さんはどこの大学に行っているの？
> What *university* does your sister go to?
> 😊 京都大学です.
> She goes to Kyoto *University*.

- 私は四年制大学へ進学したい. I want to go to a four-year *university*.
- 彼は国立大学を受験した. He took the examination for a national *university*.
- ケンは大学で物理学を勉強するつもりです.
Ken is going to study physics at *college*.
- 私は共学の［女子］大学に進学したい. I want to go to a coed［women's］*university*.

大学院 米a graduate school, 英a postgraduate course
大学生 a college［university］student
大学入試 a college［university］entrance examination
大学病院 a university hospital
大学野球 college baseball

たいき¹【大気】（空気）the air[エア]
大気汚染(おせん) air pollution
大気圏(けん) the atmosphere
大気圏外 outer space

たいき²【待機する】wait[ウェイト]
- 救急車が待機していた.
The ambulance was *waiting*.

だいぎし【代議士】（日本 の）a member of the Diet[メンバァ][ダイアット], a Diet member

たいきゅうせい【耐久性がある】durable[デュアラブル]

だいきらい【大嫌い】hate[ヘイト]
- ピーマンが大嫌いだ.
I *hate* green peppers.

たいきん【大金】a lot of money[ラット][マニィ]

だいきん【代金】a price[プライス]; (サービスに対する) a charge[チャージ]
- 本の代金はいくらでしたか.
How much was the book? / What was the *price* of the book?
- 私は自転車の代金として2万円支払った.
I paid 20 thousand yen for the bicycle.

だいく【大工】a carpenter[カーパンタァ]
▍大工道具 carpenter's tools

たいぐう【待遇】treatment[トゥリートゥメント]; (ホテルなどの) service[サーヴィス]

たいくつ【退屈な】boring[ボーリング], ⑱ dull[ダル]
- 退屈な番組 a *boring*［*dull*］program
- 授業は退屈だった.
The class was *boring*.
- 彼は退屈そうだ. He looks *bored*.
→ **退屈する** be［get］bored (with ...)
- きのうはすることがなくて退屈だった. I *was bored* yesterday because I had nothing to do.

たいけい【体型】a figure[フィギュァ]
- その選手は理想的な体型をしている.
The athlete has an ideal *figure*.
- ほっそりした体型 a slender figure
- たくましい体格 a strong build

たいけつ【対決】a match[マッチ]
- 夢の対決 a dream *match*
→ **対決する** face off[フェイス]
- 両チームはあした対決します.
The two teams will *face off* tomorrow.

たいけん【体験】(an) experience[イクスピ(ァ)リアンス]→ けいけん
- 私の子どものころの体験
my childhood *experience*
→ **体験する** experience; (困難・つらいことなどを) go through ...[スルー]
- 不思議な体験をした.
I had a strange *experience*.
▍体験学習 learning through (practical) experience

たいこ【太鼓】a drum[ドゥラム]
- 大太鼓 a bass［big］*drum*
- 小太鼓 a snare［small, side］*drum*
- 太鼓をたたいてチームを応援した.
We beat the *drum* for our team.

たいこう¹【対抗】(反対) an opposition[アパズィション]; (対抗意識) rivalry[ライヴァルリィ]
- クラス対抗試合 an interclass match
→ **対抗する** match[マッチ], oppose[アポウズ]; (競う) compete[カンピート]
- 数学でレンに対抗できる生徒はいない.
No one can *match* Ren at mathematics.

たいこう²【対校の】interschool[インタスクール]
▍対校試合 an interschool match

だいこん【大根】【植物】a Japanese radish[ヂャパニーズ ラディッシュ], a giant radish[ヂャイアント ラディッシュ]

▍大根おろし(食べ物) grated Japanese radish; (道具) a radish grater

たいざい【滞在】a stay[ステイ]
- 私のニューヨーク滞在中に
during my *stay* in New York / while I was (staying) in New York
→ **滞在する** stay (at ..., in ..., with ...)
- 日本にどれくらい滞在する予定ですか. How long are you going to *stay in* Japan?
- 私はベスの家に滞在します.
I will stay *with* Beth.

たいさく【対策】a measure[メジャァ], a step[ステップ](▶ともにしばしば複数形で用いる)
- 彼らはいろいろな対策をした.
They took various *measures*.
- テスト対策の勉強をした.
I studied to *prepare for* the test.

だいさんしゃ【第三者】a third party[サードパーティ]

たいし【大使】an ambassador[アンバサダァ]
- 駐日アメリカ大使
the U.S. *ambassador* to Japan
▍大使館 an embassy

たいじ【退治する】(いのしし・熊・毒蛇などを) beat[ビート], conquer[カンカァ], destroy[ディストゥロイ], kill[キル]; (駆除する) get rid of ...[リッド]
- うちの庭のすずめばちを退治したい.
I want to *get rid of* the wasps in my yard.

だいじ【大事な】

だいじん

(重要な)**important**[インポータント]; (貴重な)**precious**[プレシャス]; (価値のある)**valuable**[ヴァリュ(ァ)ブル] ➡たいせつ
- 何よりも健康が大事だ. Nothing is more *important* than your health.
- お大事に. Take care (of yourself). /(病人に) I hope you get better soon.

たいした(偉大(いだい)な)**great**[グレイト]; (重大な)**serious**[スィ(ァ)リアス]; (非常に)**very**[ヴェリィ], **much**[マッチ]
- 彼女のこの作品はたいしたものだ. This work of hers is *great*.
- 彼のけがはたいしたことなかった. His injury was not *serious*.

たいして【たいして…ない】**not very** [**so**] **…**[ヴェリィ [ソゥ]], **not ... very** [**so**] **much**[マッチ]
- けさはたいして寒くない. It's *not very* cold this morning.
- パーティーはたいしておもしろくなかった. I didn't enjoy the party *very much*.

…たいして【…(に)対して】〈対象〉**to ...**[トゥー], **toward**[トード], **for ...**[フォァ]; (…に反対して)**against ...**[アゲンスト]➡…たいする
- ユカはお年寄りに対してとても親切だ. Yuka is very kind *to* senior citizens.
- 質問に対して答えられなかった. I couldn't give an answer *to* the question.
- ご協力に対して心から感謝しています. Thank you very much indeed *for* your help.

たいしゅう¹【大衆】**the** (**general**) **public**[(ヂェナラル) パブリック]
➡大衆的な **popular**[パピュラァ]

たいしゅう²【体臭】**body odor**[バディ オウダァ]

たいじゅう【体重】

weight[ウェイト] (★このghは発音しない)
- 体重が減った. I lost *weight*.
- 体重が3キロ増えた. I gained 3 kilograms.
➡体重を計る, 体重がある **weigh**
- 彼女は毎日(自分の)体重を計る. She *weighs* herself every day.
- 体重はどのくらいあるの？ How much do you *weigh*?
- その赤ん坊(ぼう)は体重が3000グラムあった. The baby *weighed* 3 kilograms.

体重計 a scale: 体重計で体重を計った. I checked my weight on the *scale*.
体重測定 weight measurement

たいしょう¹【対象】**an object**[アブヂェクト]; (研究などの主題, 話題)**a subject**[サブヂェクト]
➡対象にする **be intended for ...**
- この辞書は中学生を対象としている. This dictionary *is intended for* junior high school students.

たいしょう²【対照】**contrast**[カントゥラスト]
➡対照的な **contrasting**[カントゥラスティング]; (反対の)**opposite**[アパズィット]
- ケンと私は性格が対照的だ. Ken and I are exactly *opposite* in character.

たいしょう³【対称】(数学で)**symmetry**[スィマトゥリィ]
➡対称の **symmetrical**[スィメトゥリカル]

たいしょう⁴【大賞】
- この映画は外国のコンテストで大賞をとった. This movie won (the) *first prize* in an international competition.

たいじょう【退場する】(去る)**leave**[リーヴ]; 『スポーツ』(退場させられる)**be thrown out**[スロウン アウト]
- 彼はレッドカードで退場になった. He *was thrown out* with a red card.

だいしょう【大小】
- 大小さまざまのバッグ bags in various sizes

だいじょうぶ【大丈夫な】

all right[オール ライト], 《話》**okay**, **OK**[オウケィ]; (安全な)**safe**[セイフ]

話してみよう!
☺だいじょうぶ？ 疲(つか)れているみたいだけど.
Are you *all right*? You look tired.
☺だいじょうぶだよ, ありがとう.
I'm *OK*. Thank you.

…してもだいじょうぶだ
It is all right to＋〈動詞の原形〉 / It is safe to＋〈動詞の原形〉
- この犬をなでてもだいじょうぶだ. *It is all right to* pet this dog. / *It is safe to* pet this dog.
- だいじょうぶだよ. It's *OK*. / *No problem*.(⇐問題ないよ)
- その患者(かんじゃ)はもうだいじょうぶだ. The patient is *out of danger* now.(⇐危険な状態を脱(だっ)している)

たいしょく【退職】(定年での)**retirement**[リタイアメント]
➡退職する **retire** (**from ...**); (辞職する)**quit**[クウィット]
退職金 a retirement allowance

たいしん【耐震の】**earthquake-resistant**[アースクウェイクリズィスタント]

だいじん【大臣】(日本・英国の)**a minister**[ミニスタァ](▶米国の「大臣」はsecretary)

だいず

- 総理大臣 the Prime *Minister*
- 外務大臣 the Foreign *Minister*

だいず【大豆】〖植物〗**a soybean**[ソイビーン]

だいすう【代数】**algebra**[アルヂャブラ]

たいすき【大好きである】**like** ... **very much**[ライク]，[ヴェリィ マッチ]，**love**[ラヴ]，**be very fond**（**of** ...）[ファンド] ➡ すき¹

…たいする【…(に)対する】(対象)**to** ...[トゥー]，**toward**[トード]，**for** ...[フォァ]；(…に反対する)**against** ...[アゲンスト]

- その質問に対するアイの答えははっきりしていた．Ai's answer *to* the question was clear.
- アニメに対する偏見(炊)がある．
  There's a bias *against* anime.

たいせいよう【大西洋】**the Atlantic**（**Ocean**）[アトゥランティック（オウシャン）]

たいせき【体積】**volume**[ヴァリューム]

- この球の体積 the *volume* of this sphere

たいせつ 【大切な】

(重要な)**important**[インポータント]；(貴重な)**precious**[プレシャス]；(価値のある)**valuable**[ヴァリュ(ァ)ブル]

- これらはとても大切な写真だ．
  These are very *important* photos.
- 大切な思い出 *precious* memories
- 大切な物は引き出しにしまってある．
  I keep *valuable* things in a drawer.

《〈人〉が》…することは大切だ
It is important（for〈人〉+）to+〈動詞の原形〉/ It is important that+〈人〉...

- よく眠(ね)ることは大切だ．
  It is important for us *to* sleep well. / *It is important that* we sleep well.

━大切さ **importance**

━大切に（慎重(じょう)に）**carefully**[ケァフリィ]，**with care**

━大切にする **cherish**[チェリッシュ]，**treasure**[トゥレジャァ]；(体を)**take care of** ...

- 祖母との時間を大切にしている．
  I *cherish* my time with Grandma.
- 体を大切にしてください．
  Please *take care of* yourself.

たいせん¹【大戦】**a great war**[グレイト ウォー]；(世界戦争)**a world war**[ワールド]

- 第二次世界大戦 *World War* II（► II は[トゥー]と読む）

たいせん²【対戦する】**play**（**with** ..., **against** ...）[プレイ]

- 日本はブラジルと対戦する．
  Japan will *play against* Brazil.

┃対戦相手 **an opponent**

たいそう【体操】

(競技)**gymnastics**[ヂムナスティックス]（►複数扱い），(話)**gym**[ヂム]，(体 の 運 動)（**physical**）**exercises**[(フィズィカル) エクサァサイズィズ]

- 器械体操 apparatus *gymnastics*
- 新体操 rhythmic *gymnastics*
- 準備体操 warm-up *exercises*

━体操（を）する **do exercises**

- 祖父は毎朝ラジオ体操をする．My grandfather *does* radio *exercises* every morning.

┃体操着 **a gym suit**
┃体操選手 **a gymnast**
┃体操部 **a gymnastics team**

だいだ【代打】**a pinch hitter**[ピンチ ヒタァ]

- 代打は松田だ．The *pinch hitter* is Matsuda.

だいたい

(約)**about**[アバウト]；(ほとんど)**almost**[オールモウスト]，**nearly**[ニアリィ]；(大部分の)**most**（**of** ...）[モウスト]

- 家から公園まで歩いてだいたい20分だ．
  It takes *about* 20 minutes to walk from my house to the park.
- 宿題をだいたいやり終えた．
  I have *almost* finished my homework.
- だいたいの生徒は帰宅した．
  Most of the students have gone home.

だいだい【代々】 ➡ だい¹ ❸

だいだいいろ【だいだい色(の)】**orange**[オーリンヂ]

だいたすう【大多数】**a**［**the**］**majority**[マヂョラティ]

━大多数の **most** ➡ だいぶぶん

たいだん【対談】**a talk**[トーク]；(会見)**an interview**[インタァヴュー]

━対談する **talk with** ..., **have a talk**（**with** ...），**have an interview**（**with** ...）

だいたん【大胆な】**bold**[ボウルド]

だいち¹【大地】**the earth**[アース]；(地面)**the ground**[グラウンド]

だいち²【台地】(高原)**a plateau**[プラトウ]

たいちょう¹【体調】**physical condition**[フィズィカル カンディシャン]，(話)**shape**[シェイプ]

- 体調がいい．
  I'm in good *condition*［*shape*］.
- 体調がよくない．I'm in poor［bad］*shape*.

たいちょう²【隊長】**a captain**[キャプタン]，**a leader**[リーダァ]

タイツ tights[タイツ]（★このghは発音しない）

たいてい(ふつうは)**usually**[ユージュアリィ]；(一般に)**generally**[ヂェナラリィ]；(大部分は)**mostly**

だいぶつ

[モウストゥリィ]
- 昼休みはたいてい友達とテニスをする.
  I *usually* play tennis with my friend during my lunch break.
━たいていの most
- たいていの人が彼を知っている.
  Most people know him.

タイト【タイト(な)】**tight**[タイト]
- タイトなスケジュール a *tight* schedule
- タイトスカート a *tight* skirt

たいど【態度】**an attitude**（toward ..., to ...)[アティトゥード][トード], (a) **manner**[マナァ]
- 君の態度が気に入らない.
  I don't like your *attitude* [*manner*].
- 私に対する彼女の態度が変わった.
  Her *attitude* toward [*to*] me changed.
- 彼はいつも授業態度が悪い.
  He always *behaves* badly in class.

たいとう【対等の】(等しい)**equal**[イークワル]; (互角(ぶ)の)**even**[イーヴン]
- 対等の立場で on an *equal* footing
━対等に equally

だいとうりょう【大統領】**a president**[プレザダント]
- ジョン F. ケネディは第35代合衆国大統領だった.
  John F. Kennedy was the 35th *President* of the United States.
- リンカーン大統領 *President* Lincoln
  大統領選挙 a presidential election
  大統領夫人（アメリカの)the First Lady

だいどころ【台所】**a kitchen**[キッチン]→p.396
  ミニ絵辞典
- 台所で両親を手伝った.
  I helped my parents in the *kitchen*.
  台所仕事 kitchen work
  台所用品 kitchenware

タイトル(表題)**a title**[タイトゥル]; (選手権)**a title, a championship**[チャンピアンシップ]
- その漫画(が)のタイトル
  the *title* of the comic book
  タイトルマッチ a title match

だいなし【だいなしにする】**ruin**[ルーイン]
- つまらない口げんかをしてデートはだいなしになった.
  A trivial argument *ruined* the date.

ダイナマイト dynamite[ダイナマイト]

ダイナミック【ダイナミックな】**dynamic**[ダイナミック]

ダイニングキッチン a kitchen with a dining area[キッチン][ダイニング エ(ァ)リア](►「ダイニングキッチン」は和製英語)

ダイニングルーム a dining room[ダイニング ル

━ーム]

たいねつ【耐熱の】**heat-resistant**[ヒートレズィスタント]

ダイバー a diver[ダイヴァ]

たいばつ【体罰】**corporal punishment**[コーパラル パニッシュマント]
- コーチは選手に体罰を加えてはならない.
  Coaches should never inflict *corporal punishment* on their players.

たいはん【大半】→ だいぶぶん

たいびょう【大病】**a serious illness**[スィ(ァ)リアス イルネス]→ びょうき

だいひょう【代表(者)】**a representative**[レプリゼンタティヴ]
- ケイがクラスの代表に選ばれた. Kei was elected as the class *representative*.
- 日本代表(チーム)
  the Japanese national team
━代表的な(典型的な)**typical**[ティピカル]
━代表する represent
- ユミが学校を代表してその会議に出た. Yumi *represented* our school at the meeting.
  代表作 one's masterpiece: これは私の代表作だ. This is *my masterpiece*.
  代表団 a delegation

ダイビング diving[ダイヴィング]
- スキンダイビング skin *diving*
- スキューバダイビング scuba *diving*
━ダイビングする dive
  ダイビングキャッチ a diving catch

たいぶ【退部する】**leave [quit] the club**[リーヴ][クウィット][クラブ]
- 本気で退部するの？ Are you serious about *quitting the club*?

タイプ(型)**a type**[タイプ]; (好み)**one's type**
- このタイプのカメラはありませんか.
  Do you have this *type* of camera?
- レイはいい人だけどタイプじゃない.
  Rei is a nice person, but not *my type*.

だいぶ very[ヴェリィ]; (かなり)《話》**pretty**[プリティ]; (►比較(ぶ)級を強めて)**much**[マッチ]
- だいぶ寒くなってきた.
  It's getting *very* [*pretty*] cold.
- だいぶ待たないといけないようだ. I think we will have to wait *for a long time*.

たいふう【台風】**a typhoon**[タイフーン]
- 台風15号が日本に接近している.
  Typhoon No. 15 is approaching Japan.
- 九州はしばしば大型台風に襲(を)われる.
  Kyushu is often hit by large-scale *typhoons*.

だいぶつ【大仏】**a great statue of Buddha**[グレ

イト スタチュー][ブーダ]
・奈良(なら)の大仏 the *Great Buddha* at Nara

だいぶぶん【大部分】

(大半)**most**[モウスト], **the greater part**[グレイタァ パート]; (たいてい)**mostly**[モウストゥリィ]
・小遣(こづか)いの大部分をゲームに費(つい)やした. I spent *most* [*the greater part*] of my allowance on video games.
・私の友達は大部分が西小学校出身だ. My friends are *mostly* from Nishi elementary school.
━大部分の most
・大部分の中学生がこの日にテストを受ける. *Most* junior high school students take tests this day.

たいへいよう【太平洋】**the Pacific** (**Ocean**)[パスィフィック (オウシャン)]

たいへん

(非常に, とても)**very**[ヴェリィ], (**very**) **much**[マッチ], **really**[リー(ァ)リィ]; (程度がひどく) **terribly**[テラブリィ]
・たいへん寒かった. It was *very* [*really*] cold.
・その知らせを聞いてたいへんうれしいです. I am *very* happy to hear the news.
━たいへんな hard, difficult; (重大な)**serious**; **terrible**
・犬の世話をするのはたいへんだ. It's *hard* [*difficult*] to take care of a dog.
・これはたいへんなことだ. This is very *serious*.
・それはたいへんな間違(まちが)いだ. It's a *terrible* mistake.

だいべん【大便】**feces**[フィースィーズ], **stool**(**s**)[ストゥール(ズ)], 《話》**poop**[プープ]
━大便をする have a (**bowel**) **movement**[(バウ(ァ)ル) ムーヴマント], 《話》**poop**

たいほ【逮捕】(**an**) **arrest**[アレスト]
━逮捕する arrest
・警察はその男を万引きで逮捕した. The police *arrested* the man for shoplifting.
‖**逮捕状 an arrest warrant**

たいほう【大砲】**a cannon**[キャナン]

たいぼう【待望の】**long-awaited**[ローングアウェイティド]

だいほん【台本】**a script**[スクリプト]; (映画の脚本(きゃくほん))**a scenario**[スィナリオウ]

タイマー a timer[タイマァ]
・タイマーをセットした. I set the *timer*.
・タイマーを切った. I turned off the *timer*.
・タイマーが鳴っている. The *timer* is going off.

たいまつ a torch[トーチ]

たいまん【怠慢な】**neglectful**[ニグレクトゥフル]→なまける

タイミング

timing[タイミング]
・タイミングがいい[悪い]. The *timing* is good [bad].
・彼女に電話するタイミングをのがした. I didn't have a *chance* to call her.
━タイミングのよい timely
・彼がタイミングよく現れた. He showed up at a very *timely* moment.

タイム(時間)**time**[タイム]; (試合などの一時中止) (**a**) **time-out**[タイムアウト], 《話》**time**
・サムのタイムは世界記録だ. Sam's *time* is the world record.
・その選手はタイムを要求した. The player called (for) a *time-out*.
・タイム! *Time out*!
━タイムを計る time
・レースのタイムを計ろう. We will *time* the race.
‖**タイムカプセル a time capsule**
‖**タイムトラベル time travel**: タイムトラベルをしてみたい. I want to *time travel*. / I want to *travel in* [*through*] *time*.
‖**タイムマシン a time machine**

タイムリー【タイムリーな】**timely**[タイムリィ]
‖**タイムリーヒット**〖野 球〗**an RBI single**(►RBI はrun(s) batted in(打点)の略)

だいめい【題名】**a title**[タイトゥル]→だい[3]

だいめいし【代名詞】〖文法〗**a pronoun**[プロウナウン](►pron. と略す)

タイヤ a tire[タイァ]→くるま 図, じてんしゃ 図
・タイヤがパンクした. I've got a flat *tire*.

ダイヤ

❶鉄道の運行	**a** (**train**) **schedule, a timetable**
❷トランプの	**a diamond**

❶〔鉄道の運行〕**a** (**train**) **schedule**[(トゥレイン) スケヂュール], **a timetable**[タイムテイブル]
・鉄道のダイヤ the *train schedule*
❷〔トランプの〕**a diamond**[ダイアマンド]
・ダイヤのキング the king of *diamonds*

ダイヤモンド(**a**) **diamond**[ダイアマンド]

ダイヤル a dial[ダイアル]

たいよう

→ダイヤルする **dial**
- 110番にダイヤルして！
  Dial [*Call*] 110! (▶110は[ワン ワン オゥ]と読む)

たいよう【太陽】

the sun[サン]
- 太陽は東から昇(๑๑)り西に沈(ป)む. *The sun* rises in the east and sets in the west.
- ユウは太陽のように明るい. Yu is cheerful like *the sun*.

→太陽の **solar**[ソウラァ]
| 太陽エネルギー **solar energy**
| 太陽系 **the solar system**
| 太陽光発電 **solar power generation**
| 太陽電池 **a solar battery**
| 太陽電池パネル **a solar panel**
| 太陽熱 **solar heat**

米国・カリフォルニア州の太陽電池パネル

だいよう【代用する】**substitute**[サブスティトゥート]
| 代用品 **a substitute**（**for** ...）

たいら【平らな】**flat**[フラット], **even**[イーヴン]; （水平な）**level**[レヴァル]
- 平らな表面 **a** *flat* **surface**
→平らにする **level**
- でこぼこのグラウンドを平らにしなくては. We have to *level* the rough playground.

たいらげる【平らげる】**eat up**[イート アップ]
- マユはピザをまるごと平らげた. Mayu *ate up* the whole pizza.

だいり【代理】（代役）**a substitute**（**for** ...）[サブスタトゥート]
- だれがキャプテンの代理をするの？ Who will act as the captain's *substitute*?
→...の代理で **for** ..., **in place of** ...
- けがをしたメンバーの代理でリレーに出た. I ran in the relay *in place of* the injured member.
| 代理店 **an agency**
| 代理人 **an agent**

だいリーグ【大リーグ】（アメリカの）**the major leagues**[メイヂャァ リーグズ]

| 大リーグ選手 **a major leaguer**

たいりく【大陸】**a continent**[カンタナント]
- ユーラシア大陸 the Eurasian *continent*
→大陸の, 大陸的な **continental**[カンタネントゥル]
| 大陸性気候 **a continental climate**
| 大陸棚(等) **a continental shelf**

だいりせき【大理石】**marble**[マーブル]

たいりつ【対立】（反対）**opposition**[アパズィション]; （衝突(๑๑)）**(a) conflict**[カンフリクト]
→対立する **be against ..., be opposed**（**to** ...）[アポウズド]
- 2つのグループは対立している. The two groups *are opposed to* each other.

たいりょう¹【大量(の)】**a large quantity**（**of** ...）[ラーヂ クワンタティ], **a great deal**（**of** ...）[グレイト ディール]; （たくさんの）**a lot of** ...[ラット]
- ジャムを作るのに大量の砂糖がいる. Making jam requires *a large quantity of* sugar.
→大量に **in quantity, in large quantities**
| 大量生産 **mass production**

たいりょう²【大漁】**a good catch**[グッド キャッチ]

たいりょく【体力】**physical strength**[フィズィカル ストゥレンクス]; （スタミナ）**stamina**[スタミナ]
- 私たちは体力をつけないといけない. We must build up our *physical strength*.
- 私は体力がある[ない]. I'm (physically) strong [weak].
| 体力測定[テスト] **a physical fitness test**

タイル（**a**）**tile**[タイル]
→タイルを張る **tile**
- タイルを張った床(ゅゕ) a *tiled* floor

ダイレクトメール direct mail[ディレクト メイル] (▶DMと略す)

たいわ【対話】（**a**）**dialog**[ダイアローグ]; （会話）**a conversation**[カンヴァセイション]

たいわん【台湾】**Taiwan**[タイワーン]

たうえ【田植え】**rice-planting**[ライスプランティング]
→田植えをする **plant rice**

ダウン¹ **down**[ダウン]
→ダウンする（下がる）**fall, drop**; （病気などで）**come**[**be**] **down**（**with** ...）; （ボクシングで）**be knocked down**[ナックト]
- 2学期は成績がダウンした. My grades *fell* in the second term.
- マラソン終了後にダウンした. I *was exhausted* after the marathon.

ダウン²（鳥の羽毛）**down**[ダウン]
- ダウンの布団(ね) a *down* quilt
| ダウンジャケット **a down jacket**

タウンし[タウン誌]**a community magazine**

[カミューニティ マガズィーン]

ダウンロード【ダウンロードする】〖コンピュータ〗**download**[ダウンロウド](⇔アップロード **upload**)
- 彼は写真をパソコンにダウンロードした.
 He *downloaded* the pictures to the PC.

たえず【絶えず】(間断なく)**continuously**[カンティニュアスリィ], **continually**[カンティニュアリィ]

たえまない【絶え間ない】**continuous**[カンティニュアス]
➡絶え間なく **continuously**
- 早朝から絶え間なく雪が降っている.
 It has been snowing *continuously* since early this morning.

たえる¹【耐える】
bear[ベア], **stand**[スタンド], **endure**[インドゥア], **put up with** ...[プットアップ]➡がまん
- レギュラーになれるなら, 厳しい練習に耐えるつもりだ.
 I will *put up with* strict practice to become a regular member.
- その子どもは歯の痛みに耐えられずに泣き出した. The child couldn't *stand* the toothache any longer and began to cry.
- 彼らは何か月もの苦しい状況に耐えた.
 They *endured* months of hard times.

たえる²【絶える】(死に絶える)**die out**[ダィ アゥト], **become extinct**[イクスティンクト]
- 恐竜(きょうりゅう)は約6600万年前に絶えた.
 Dinosaurs *died out* about 66 million years ago. / Dinosaurs *became extinct* about 66 million years ago.

だえん【だ円】**an ellipse**[イリプス]; (卵形)**an oval**[オウヴァル]

たおす【倒す】
(打ち倒す)**knock down**[ナック ダウン]; (投げ倒す)**throw down**[スロゥ ダウン]; (切り倒す)**cut down**[カット]; (負かす)**beat**[ビート], **defeat**[ディフィート]
- 誤って花瓶(かびん)を倒してしまった.
 I *knocked over* a vase by mistake.
- 彼は世界チャンピオンを倒した.
 He *beat* the world champion.

タオル a towel[タウ(ァ)ル]
- タオルで手をふいた.
 I dried my hands with a *towel*.
▮タオルケット **a terry-cloth blanket**

たおれる【倒れる】

たかい

❶立っている物が横になる	fall, fall down
❷病気・過労などで	fall ill
❸死ぬ, 終わる	be killed, end

❶[立っている物が横になる]**fall**[フォール], **fall down**[ダウン]
- 彼は仰向(あおむ)け[うつ伏(ぶ)せ]に倒れた.
 He *fell* on his back [stomach].
- その古い家は台風で倒れた. The old house *fell down* during the typhoon.

❷[病気・過労などで]**fall ill**[イル]
- 彼女は過労で倒れた.
 She *fell ill* from overwork.

❸[死ぬ, 終わる]**be killed**[キルド], **end**[エンド]
- 鎌倉幕府は1333年に倒れた. The Kamakura feudal government *ended* in 1333.

たか【鳥】**a hawk**[ホーク]

だが(しかし)**but** ...[バット]➡けれども, しかし
- 不思議だが本当だ. It's mysterious *but* true.

たかい【高い】

❶下からの長さ・距離(きょり)がある	high, tall
❷温度・程度などが	high
❸値段が	high, expensive
❹声・音が	loud;
(甲高(かんだか)い)	high

❶[下からの長さ・距離がある]**high**[ハィ](⇔低い **low**), **tall**[トール](⇔低い **short, low**)
- 高い天井(てんじょう) a *high* ceiling
- 彼女はクラスでいちばん背が高い.
 She is the *tallest* student in the class.
- 東京スカイツリーは日本のどの建物よりも高い. The Tokyo Skytree is *taller* than any other building in Japan.

> **くらべてみよう!** high と tall
>
> **high**: 高度に重点を置いた語で, 主に「高さがあって幅(はば)も広いもの」に使う
> **tall**: 地上からの距離に重点が置かれ, 「同じ種類の中で高いもの」「細長くて高さがあるもの」に使う
> - 高い山 a *high* mountain
> - 高い木 a *tall* tree

high

tall

たがい

❷〔温度・程度などが〕**high**(⇔低い low)

- その子は体温が高い.
  The child has a *high* temperature.
- 彼はレベルの高い高校へ入った.
  He entered a *highly* ranked high school.
  (►「ハイレベル」は和製英語)

❸〔値段が〕**high**(⇔安い low), **expensive**[イクスペンスィヴ](⇔安い cheap, inexpensive)(► highは値段, expensiveは物・店に用いる)

- ニューヨークは物価が高い.
  Prices are *high* in New York.
- 新しい自転車がほしいけど高い.
  I want a new bicycle but it is *expensive*.
- あの遊園地の入場料はとても高い.
  The admission fee for the amusement park is very *expensive*.

❹〔声・音が〕**loud**[ラウド]; (甲高い)**high**(⇔低い low)

- 高い声で
  in a *high*-pitched [*high*, *loud*] voice

たがい【互いに(を)】

each other[イーチ アザァ], **one another**[ワン アナザァ]

- お互いに助け合いましょう.
  Let's help *each other*. / Let's help *one another*.
- 彼らは互いに手を取り合った.
  They held *each other's* hands.
- 私たちは互いに問題を出し合った.
  We asked *each other* questions.
- 私たちは互いにプレゼントを交換(ﾚ&)した.
  We exchanged presents with *one another*.
- 両親は互いを尊敬し合っている.
  My parents respect *each other*.

たかく【高く】(位置が)**high**[ハィ]; (地位・程度などが)**high, highly**[ハイリィ]

- 思い切り高く跳(ﾋ)びなさい.
  Jump as *high* as possible.
- エリの絵は高く評価された.
  Eri's picture was *highly* appreciated.

たがく【多額】**a large amount**[**sum**] **of money**
[ラーヂ アマウント [サム]] [マニィ]

たかくけい【多角形】**a polygon**[パリガン]

たかさ【高さ】**height**[ハイト]

- 彼の背の高さは約170センチだ.
  His *height* is about 170 centimeters.

━高さが…ある high, tall

- 富士山は高さ3776メートルです.
  Mt. Fuji is 3,776 meters *high*.

だがし【駄菓子】**cheap sweets** [**candy**] [チープス

ウィーツ [キャンディ]]

▌駄菓子店 an old-fashioned candy store

たかだい【高台】**heights**[ハイツ]

だがっき【打楽器】**a percussion instrument**[パアカッション インストゥラマント]

たかとび【高跳び】『スポーツ』(走り高跳び)**the high jump**[ハィ チャンプ]; (棒高跳び)**the pole vault**[ポウル ヴォールト]

- 走り高跳びの選手 a high jumper

たかまる【高まる】(増大する)**grow**[グロウ], **increase**[インクリース]

- 新しい映画への期待が高まっている.
  There is *growing* anticipation for the new movie.

たかめる【高める】**raise**[レイズ]; (改良する)**improve**[インプルーヴ]; (気持ちを)**lift up**[リフトアップ]

- 生産技術を高める必要がある. It is necessary to *raise* production techniques.
- コーチは私の気持ちを高めてくれた.
  The coach *lifted up* my spirits.
- 集中力を高めなくては.
  I need to *get more* focused.

たがやす【耕す】**plow**[プラゥ], **cultivate**[カルタヴェイト]

- 春になると畑を耕す.
  We *plow* a field in spring.

たから【宝】(**a**) **treasure**[トゥレジァァ]

▌宝くじ a (public) lottery
▌宝探し a treasure hunt
▌宝物 a treasure: アメリカでの経験は私の宝物だ. My experiences in America are my *treasures*.

だから

(それゆえ)(**and**) **so**[ソゥ]; (…だから)**because** …[ビコーズ]

- お昼にカレーを食べた. だから夕食にはもうカレーは食べたくない. I ate curry and rice for lunch, *so* I don't want to eat curry again for dinner.
- だからどうだっていうの? *So* what?
- 申しこみをしなかったのだからレースには参加できないよ.
  You can't take part in the race *because* you didn't register for it.

たかる **rip off**[リップ オーフ]; (食べ物・飲み物などを)《話》**freeload**[フリーロウド]

…たがる〔…(し)たがる〕**want to**+〈動詞の原形〉[ワント], **be eager to**+〈動詞の原形〉[イーガァ]

- 彼女は声優になりたがっている.
  She *wants* [*is eager*] *to* be a voice actor.

400　　　　　　　　　　　　　　　　four hundred

たき【滝】a waterfall[ウォータァフォール], falls[フォールズ] (▶fallsはしばしば滝の名前に用いる)
- 華厳(ごん)の滝 (the) Kegon *Falls*
┃滝つぼ the basin of a waterfall

だきあう【抱き合う】hug each other[ハッグ イーチ アザァ]

たきこみごはん【炊き込み御飯】mixed rice with assorted ingredients[ミクスト ライス][アソーティド イングリーディアンツ]

タキシード a tuxedo[タクスィードウ]

だきしめる【抱き締める】hug[ハッグ] → だく

たきび【たき火】a bonfire[バンファイア], a fire[ファイア]
- たき火をしよう．
Let's build [make] a *fire*.
- 私たちはたき火に当たった．
We warmed ourselves at the *fire*.

だきゅう【打球】
- 打球はレフトスタンドに入った．
The *ball* flew over the left field stands.

だきょう【妥協】(a) compromise[カンプラマイズ]
━妥協する compromise, make a compromise

たく【炊く】(ご飯を)cook[クック], boil[ボイル]
- うちは毎日ご飯を炊く．
We *boil* [*cook*] rice every day.

だく【抱く】(抱き締(し)める)hug[ハッグ]
- 私たちは皆抱き合った．
We all *hugged*.
- おばあちゃんは泣いている子を優(やさ)しく抱いた．
Grandma *hugged* the crying child gently.

たくあん pickled daikon radish[ピックルド][ラディッシュ]

たくさん【たくさん(の)】

❶数が	many; a lot (of ...); lots (of ...); plenty (of ...)
❷量が	much; a lot (of ...); lots (of ...); plenty (of ...)
❸十分	enough

❶[数が]**many**[メニィ](⇔少し a few); **a lot (of ...)**[ラット]; **lots (of ...)**; **plenty (of ...)**[プレンティ]
- たくさんの車
many [*a lot of*] cars
- 本文に知らない単語がたくさんあった．
I didn't know *many* of the words in the passage.
- 今週はすることがたくさんある．
There are *a lot of* things to do this week.

❷[量が]**much**[マッチ](⇔少し a little); **a lot (of ...)**; **lots (of ...)**; **plenty (of ...)**
- 私たちは試合のためにたくさん練習した．
We practiced *a lot* for the game.
- 今年はお年玉をたくさんもらった．
I received *a lot of* gift money this New Year.
- 今年は雨がたくさん降った．We've had *much* [*a lot of*] rain this year.
- きょうは友達とあまりたくさんしゃべれなかった．
I couldn't talk with my friends *very much* today.

> **くらべてみよう！** many, much, a lot of ..., lots of ..., plenty of ...
>
> **many**の後には数えられる名詞の複数形が来るのに対し，**much**の後には数えられない名詞が来ます．
>
> **a lot of ..., lots of ..., plenty of ...**の後には数えられる名詞も数えられない名詞もどちらも来ます．
>
> many, muchは《話》では主に疑問文，否定文で使います．また，a lot of ..., lots of ..., plenty of ...は肯定文で使うのがふつうです．

many cars　　much rain

❸[十分]**enough**[イナフ]
- こんなのもうたくさんだ．
I've had *enough* of this!

タクシー a taxi[タクスィ], a cab[キャブ]
- 私たちはタクシーで病院へ行った．
We took a *taxi* to the hospital.
- タクシーを呼んでください．
Would you call a *taxi* for me? / Would you get me a *taxi*?
- タクシーに乗ろう．
We will take a *taxi*.
- タクシーで行こう．
We will go by *taxi*.
- タクシーの運転手
a *taxi* driver / a *cab*driver
┃タクシー乗り場 a taxi stand
┃タクシー料金 a taxi fare

タクト

タクシー乗り場の表示(米国)

タクト〔指揮棒〕**a baton**[バトン]
たくはい【宅配】**home**（**parcel**）**delivery**[ホウム(パーサル)ディリヴ(ァ)リィ]→**でまえ**
・うちはよくピザの宅配を頼む．
 My family often order a pizza *delivered*.
 宅配便 **home**［**door-to-door**］**delivery**[**service**]：宅配便で注文した品物が届いた．I received an item I ordered by *home delivery*.
たくましい strong（**and firm**）[ストゥローング](ファーム)；（筋肉の発達した）**muscular**[マスキュラァ]
・レンはたくましい体格をしている．
 Ren has a *strong* build.
たくみ【巧みな】**skillful**[スキルフル]；（巧妙(みょう)な）**clever**[クレヴァ]
　━巧みに **skillfully; cleverly**
・選手たちは巧みにパスをつないでいった．
 The players passed the ball on *skillfully*.
たくらみ【企み】（陰謀(いんぼう)）**a plot**[プラット]，**a scheme**[スキーム]；（計略）**a trick**[トゥリック]
　━企む **plot**（**to**+〈動詞の原形〉），**scheme**（**to**+〈動詞の原形〉）
たくわえ【蓄え，貯え】（貯蔵）**a store**[ストァ]，**a stock**[スタック]
　━たくわえる **store**（**up**），**save**
・地震(じしん)に備えて食糧(しょくりょう)をたくわえなくてはならない．We must *store*（*up*）food for an earthquake.
たけ¹【竹】〔植物〕（**a**）**bamboo**[バンブー]
　竹馬（**bamboo**）**stilts**：竹馬に乗れますか．
 Can you walk on *stilts*?
　竹ぐし **a bamboo skewer**
　竹ざお **a bamboo pole**
　竹の子 **a bamboo shoot**
　竹やぶ **a bamboo grove**
たけ²【丈】（長さ）**length**[レングス]；（高さ）**height**[ハイト]
・このジーンズの丈をつめてもらえますか．
 Would you shorten these jeans?

…だけ

❶…のみ　　　　　only, just
❷限定，程度　　　as ... as ～
❸十分な　　　　　enough, worth, all

❶〔…のみ〕**only**[オウンリィ]，**just**[ヂャスト]
・それができるのはマリだけだ．
 Only Mari can do it.
・一度だけ *only*［*just*］**once**
・きょうだけね．*Just* for today.
・妹は少しだけ英語を話せる．
 My sister can speak English *just* a little.
 …だけでなく〜も
 not only ... but（also）〜 / 〜 as well as ...
・数学だけでなく国語も勉強しないと．I have to study *not only* math *but also* Japanese.

ここがポイント！ **only** の位置

only は原則として修飾する語の直前におきます．only の位置によって意味が異なってきます．
・それに興味があるのは君だけだ．
 Only you are interested in it.
・君はそれだけに興味があるね．
 You are interested *only* in it.
・君はそれに興味があるだけだ．
 You are *only* interested in it.

❷〔限定，程度〕**as ... as ～**[アズ]
・ほしいだけりんごを取りなさい．
 Take *as* many apples *as* you want.
・私はできるだけ早く帰りたい．
 I want to go home *as* early *as* I can.
❸〔十分な〕**enough**[イナフ]，**worth**[ワース]，**all**[オール]
・みんなに行き渡(わた)るだけケーキはありますか．
 Is there *enough* cake for everyone?
・その漫画(まんが)は読むだけの価値はあるよ．
 The comic is *worth* reading.
・それだけだ．That's *all*.
だげき【打撃】**a blow**[ブロウ]；（精神的な）**a shock**[シャック]；（大きな損害）**damage**[ダミッヂ]；〔野球〕**batting**[バッティング]
・試合で負けたことは私たちには打撃だった．
 The lost game was a *blow*［*shock*］to us.
・彼は打撃がうまい．He's good at *batting*.
だけど but[バット]→**しかし**
たこ¹ **a kite**[カイト]
・お正月にはたこを揚(あ)げる．
 We fly *kites* during the New Year.

たすう

たこ² 【動物】**an octopus**[アクタパス]
　▪ たこ焼き：たこ焼きは，小さな丸い粉の生地にたこが入ったものだ．*Takoyaki* is a little dough ball stuffed with octopus.

ださい uncool[アンクール]，**dowdy**[ダウディ]
　▪ ださい服 *dowdy* clothes

だし¹ 【山車】（パレード用の）**a float**[フロウト]

だし² 【出し】（料理の）（**soup**）**stock**[(スープ) スタック]

たしか 【確かな】**sure**[シュァ]（信頼(いん)できる）**reliable**[リライアブル]
　▪「それは確かですか」「確かです」
　　"Are you *sure* about it?" "Yes, I'm *sure*."
　▪ かぎをここに置いたのは確かですか．
　　Are you *sure* you put the key here?
　▪ この情報は確かだ．
　　This information is *reliable*.
　━確かに **surely**

たしかめる 【確かめる】**make sure**［**certain**］[シュァ（サートゥン）]；（照合して）**check**[チェック]
　▪ 事実を確かめなくては．
　　I have to *make sure of* the fact.
　▪ 忘れ物をしていないか確かめなさい．*Make sure that* you haven't left anything behind.
　▪ バスの時間を確かめます．I'll *check* the time for the bus schedule.

たしざん 【足し算】**addition**[アディション]（⇔引き算 subtraction）
　━足し算をする **add**（**up**）

だしゃ 【打者】〖野球〗**a batter**[バッタァ]，**a hitter**[ヒッタァ]
　▪ 4番打者 the clean-up（*hitter*）
　▪ 強打者 a slugger

だじゃれ（ごろ合わせ）**a pun**[パン]，**a play on words**[プレィ][ワーヅ]
　▪ 父はよくだじゃれを言う．
　　My father often makes *pun*s.

たしょう 【多少】（数が）**a few**[フュー]；（量が）**a little**[リトゥル]；（いくらか）**some**[サム]，**somewhat**[サム(ホ)ワット]
　▪ 私は英語を多少話せます．
　　I can speak a *little* English.
　▪ 私の意見はあなたの意見とは多少違(ちが)う．
　　My opinion is *somewhat* different from yours.

たす 【足す】**add**[アッド]
　▪ スープにもう少し塩を足してください．
　　Add some salt to the soup, please.
　▪ 3足す7は10．
　　Three *and* seven makes［equals］ten. / Three *plus* seven is ten.

だす 【出す】

❶中から外に	（取り出す）**take out**;
	（舌・顔などを）**put out**,
	stick out
❷提出する	**hand in**
❸郵便物を	**send**,《主に⊛》**mail**,
	《主に⊛》**post**;
	（手紙を書く）**write**
❹与(あ)える	**give**;（飲食物を）**serve**;
	（金を）**pay**
❺大声を	**shout**

❶［中から外に］（取り出す）**take out**[テイク アウト]；（舌・顔などを）**put out**[プット]，**stick out**[スティック]
　▪ ユキはその袋(ふくろ)からキャンディーを出した．
　　Yuki *took* candies *out* of the bag.
　▪ 男の子が窓を開けて顔を出した．
　　A boy opened the window and *put*［*stuck*］his head *out*.（◀頭を）
　▪ 水をはき出した．I *spat out* some water.

❷［提出する］**hand in**[ハンド イン]
　▪ 宿題を出さなくちゃ．
　　I have to *hand in* my homework.

❸［郵便物を］**send**[センド]，《主に⊛》**mail**[メイル]，《主に⊛》**post**[ポウスト]；（手紙を書く）**write**[ライト]
　▪ 私は小包を出すために郵便局へ行った．I went to the post office to *send* a package.
　▪ この手紙を出して来てくれない？
　　Can you go and *mail* this letter?
　▪ 友達に年賀状を出した．
　　I *wrote* New Year's cards to my friends.

❹［与える］**give**[ギヴ]；（飲食物を）**serve**[サーヴ]；（金を）**pay**[ペィ]
　▪ きょうはたくさん宿題を出された．We were *given* a lot of homework today.
　▪ お客さん全員にお茶を出した．
　　I *served* tea *to* all the guests.
　▪ 私の代金は兄が出してくれた．
　　My brother *paid* for me.

❺［大声を］**shout**[シャウト]
　▪ 大きな声を出すな．Don't *shout*.

…だす 【…(し)出す】**begin**[ビギン]，**start**[スタート]
　…(し)出す
　begin［start］＋to＋〈動詞の原形〉/
　begin［start］＋〈-ing形〉
　▪ 雨が降り出した．It *began*［*started*］*to* rain. / It *began*［*started*］rain*ing*.
　▪ 妹は突然(とつぜん)泣き出した．
　　My sister *burst into* tears.

たすう 【多数】（大多数）**the**［**a**］**majority**[マチョー

あ
か
さ
た
な
は
ま
や
ら
わ

four hundred and three　　403

たすかる

ラティ]（▶複数形では用いない）（⇔少数 the [a] minority）
━多数の many, a lot of ..., a (great) number of ...→たくさん❶
|多数決 decision by majority: 多数決で決めよう. Let's take a vote. (←投票する)

たすかる【助かる】（救われる）**be saved**[セイヴド]; （生き残る）**survive**[サァヴァイヴ]; （役に立つ）**be helpful**[ヘルプフル]
- 乗客は全員助かった.
  All the passengers *survived*.
- 助かった，ありがとう.
  It's really *helpful*. Thanks.
- おかげで助かりました. Thank you for your help. (←助力に感謝します)

たすけ【助け】**help**[ヘルプ]
- 彼は大声で助けを呼んだがだれも来なかった.
  He cried for *help*, but no one came.
- 患者には看護師の助けが必要だ.
  The patient needs a nurse's *help*.

たすける【助ける】

| ❶手伝う | help |
| ❷救う | help, save, rescue |

❶[手伝う]**help**[ヘルプ]
- 世界の子どもたちを助ける仕事につきたい.
  I want to get a job *helping* children around the world.

〈人〉が…するのを助ける
help＋〈人〉＋〈動詞の原形〉／
help＋〈人〉＋with ...
- おばあちゃんがコートを着るのを助けてあげた. I *helped* Grandma put on her coat.
- お父さんがいつも私の宿題を助けてくれる.
  My father always *helps* me *with* my homework. (▶helps my homeworkは×)
━助け合う help each other
- 人はお互いに助け合わないといけない.
  People should *help each other*.

❷[救う]**help**, **save**[セイヴ], **rescue**[レスキュー]
- 助けてくれ. *Help* (me)!

〈人〉を〈危険など〉から助ける
save [rescue]＋〈人〉＋from＋〈危険など〉
- その男の人は火の中から子どもを助けた.
  The man *saved* the child *from* a fire.

たずねる¹【尋ねる】

（質問する）**ask**[アスク]（⇔答える answer）→きく¹❷
- 私たちはスタジアムまでの行き方をたずねた.
  We *asked* the way to the stadium.

〈人〉に〈物・事〉をたずねる
ask＋〈人〉＋〈物・事〉
- 彼女は私の住所をたずねた.
  She *asked* me my address.
- おたずねしたいことがあるのですが.
  Can [May] I *ask* you a question?

〈人〉に〈物・事〉についてたずねる
ask＋〈人〉＋about＋〈物・事〉
- 私は先生に中国の歴史についてたずねた.
  I *asked* my teacher *about* the history of China.

たずねる²【訪ねる】

visit[ヴィズィット]；（人を）**call on** ...[コール]；（場所を）**call at** ...→ほうもん
- 私は母校の小学校を訪ねた. I *visited* [*called at*] my old elementary school.
- 祖父が訪ねてきた.
  My grandfather *came to see* us.

だせい【惰性】（習慣）(a) **habit**[ハビット]；（物理の慣性）**inertia**[イナーシャ]
━惰性で out of [from] habit

だせき【打席】**at bat**[バット]
- ケイが打席についた. Kei was *at bat*.

だせん【打線】**the batting order**[バッティング オーダァ]
- 上位［下位］打線
  the top [bottom] of *the batting order*

ただ¹【只(の)】

| ❶無料の | free |
| ❷ふつうの | common |

❶[無料の]**free**[フリー]
- 映画のただ券 a *free* movie ticket
━ただで(for) **free**, **free of charge**[チャーヂ], **for nothing**[ナッスィング]
- あの店は私の自転車をただで直してくれた.
  That shop repaired my bicycle *free of charge*.
- ただより高いものはない.
  We never get something *for nothing*.

「ただでワイファイが使用できます」という表示（米国）

たち

❷[ふつうの]**common**[カマン]
- ただの風邪(蕊)だ．
  It's just a *common* cold.

ただ² 【唯】

❶単に	only, just
❷唯一(第)の	only

❶[単に]**only**[オウンリィ], **just**[チャスト]
- 私はただサキと話したかっただけだった．
  I *only* wanted to talk with Saki.
- 先生はただ「わかった」と言った．
  The teacher *just* said, "I see."

❷[唯一の]**only**
- リンはただ1人テストで満点だった．
  Rin is the *only* student who got a perfect score.

だだ【だだをこねる】(わがままにふるまう)**act selfishly**[アクト セルフィッシュリィ]

ただいま 【ただ今】

❶帰ったときのあいさつ	hi, hello
❷現在	now, at present; (たった今)just now
❸今すぐ	right away, soon

❶[帰ったときのあいさつ]日≠英**hi**[ハィ], **hello**[ヘロゥ](▶決まった言い方はなく，「帰ったよ」を意味する表現や，hiなどを用いる)
- 「ただいま，帰ったよ」
  "*Hi*, I'm home [back]!"

❷[現在]**now**[ナゥ], **at present**[プレズント]; (たった今)**just now**[チャスト]
- ただ今の時刻は8時ちょうどです．
  It's 8 o'clock sharp *now*.
- 父はただ今外出中です．
  My father is out *now* [*at present*].

❸[今すぐ]**right away**[ライト アウェィ], **soon**[スーン]
- ただ今参ります．
  I'll be with you *right away*.

たたえる **praise**[プレィズ]
- 私たちは選手たちをたたえた．
  We *praised* the players.

たたかい【戦い，闘い】**a fight**[ファィト]; (戦闘(綌))**a battle**[バトゥル]; (戦争)(**a**) **war**[ウォァ]
- 貧困との闘い the *fight* against poverty
- これは自分との戦いです．
  This is a *fight* against myself.
- 戦いは3日間続いた．
  The *battle* continued for three days.

たたかう【戦う，闘う】**fight**（against ..., with ...）[ファィト], **battle**[バトゥル]
- 決勝戦でチームはよく戦った．The team *fought* well in the final match.
- このゲームでは武器で敵と戦います．
  In this game, we *fight against* an enemy using a weapon.
- 2国は領土をめぐって戦った．The two countries *fought* over their territory.

たたく

(打つ)**hit**[ヒット]; (続けて)**beat**[ビート]; (こぶしで)**knock**（on ..., at ...）[ナック]; (軽く)**pat**[パット]; (手を)**clap**[クラップ]
- 私をたたかないで！ Don't *hit* me!
- 彼らは太鼓(蕊)をたたいた．
  They *beat* drums.
- だれかがドアをたたいた．
  Somebody *knocked on* the door.
- 友達が私の肩をぽんとたたいた．
  A friend *patted* me *on* the shoulder.
- みんな手をたたいて喜んだ．
  We all *clapped* our hands with joy.

ただし(しかし)**but**[バット]

ただしい 【正しい】

right[ライト]（⇔間違(鬔)った wrong）; (正確な)**correct**[カレクト]
- 正しい決断 a *right* decision
- 正しい答え a *correct* answer
- あなたの言うことは正しい．You're *right*.
- 両親がそう言うのは正しかった．
  My parents were *right* to say so.
- **正しく rightly; correctly**
- 彼はその単語を正しく発音できなかった．He couldn't pronounce the word *correctly*.
- **正す correct**→ていせい

ただちに【直ちに】**at once**[ワンス]→すぐ❶
たたみ【畳】(**a**) **tatami; a tatami** [**straw**] **mat** [[ストゥロー] マット]→…じょう²
たたむ【畳む】**fold**（up）[フォゥルド]
- 傘(尝)を畳んだ．I *folded* the umbrella.
- ミキはハンカチを4つに畳んだ．Miki *folded* her handkerchief into fours.

ただよう【漂う】**float**[フロゥト], **drift**[ドゥリフト]
- 木の葉が水面を漂っている．
  Leaves are *floating* on the water.

たち(性質)**nature**[ネィチァ]; (気質)(**a**) **temper**[テンパァ]
- 兄は怒(尝)りっぽいたちだ．
  My brother gets angry easily.
- たちの悪い風邪(蕊)を引いている．I have a bad

…たち …(e)s (▶名詞の複数形で表す)
- クラスメートたち my classmate*s*
- 彼の子どもたち his child*ren*

たちあがる【立ち上がる】**stand up**[スタンド], **rise to** *one***'s feet**[ライズ][フィート]
- みないっせいに立ち上がった.
 We all *rose to our feet* all at once.

たちあげる【立ち上げる】《コンピュータ》**boot up**[ブートアップ], **start up**[スタート]

たちいりきんし【立入禁止】《掲示》**KEEP OUT**[キープアウト], **NO TRESPASSING**[トゥレスパシィング]

「立入禁止」の掲示(米国)

- ここは立ち入り禁止です.
 You cannot enter here.

たちいる【立ち入る】(入る)**enter**[エンタァ]; (干渉(かんしょう)する)**interfere**[インタァフィア]; (介入(かいにゅう)する)**intrude**[イントゥルード]

たちぎき【立ち聞きする】**listen secretly**(**to** …) [リスン スィークリットゥリィ]

たちさる【立ち去る】**leave**[リーヴ], **go away**[ゴゥアウェイ]→**さる**¹

たちどまる【立ち止まる】**stop**[スタップ]
- 立ち止まってスマホを見た.
 I *stopped* to check[look at] my smartphone.(▶stopped checking [looking at]は「見るのをやめた」の意)

たちなおる【立ち直る】**get over**[ゲット オウヴァ], **recover** (**from** …)[リカヴァ]
- ケンは失敗から立ち直った.
 Ken *got over* his failure.

たちのぼる【立ち上る】**go up**[ゴゥ アップ], **rise**[ライズ]
- 温泉から湯気が立ち上っている.
 Steam is *rising* from the hot spring.

たちば【立場】(人の置かれた状況(じょうきょう))**a place**[プレイス], **a situation**[スィチュエイション], **a position**[パズィション]
- 彼の立場になってみなさい.
 Put yourself in his *place*.
- 私は不利な立場に追いこまれた.
 I was put in a difficult *situation*.

たちばなし【立ち話をする】**stand and talk**[スタンド][トーク]
- 彼らは公園でよく立ち話をしている.
 They often *stand and talk* at the park.

たちまち at once[ワンス], **immediately**[イミーディアットゥリィ]; (一瞬(いっしゅん)のうちに)**in an instant**[インスタント]→**すぐ❶**

だちょう【鳥】**an ostrich**[オーストゥリッチ](複 ostriches, ostrich)

たちよみ【立ち読みする】**browse**[ブラウズ]
- 書店で雑誌を立ち読みした.
 I *browsed* magazines at the bookstore. / I *read* magazines at the bookstore (*without buying* them).

たちよる【立ち寄る】**drop in**((人の所に)**on** …, (場所に)**at** …)[ドゥラップ], **stop by**[スタップ]
- 友達のところに立ち寄った. I *dropped in at* my friend's house. / I *dropped in on* my friend.

たつ¹【立つ】

| ❶縦になる | (立っている)**stand**; (立ち上がる)**stand up** |
| ❷出発する | **leave, start** |

❶[縦になる](立っている)**stand**[スタンド]; (立ち上がる)**stand up**
- その城は山の上に立っている.
 The castle *stands* on a mountain.
- 私たちはずいぶん長い間立っていた.
 We *stood* for a very long time.
- 弟は立ったままメールを打っていた.
 My brother *stood* while texting.
- 先生のそばに立っている女の子はだれ?
 Who is the girl *standing* by our teacher?

❷[出発する]**leave**[リーヴ], **start**[スタート]→**しゅっぱつ**
- 父は中国にたった.
 My father has *left* for China.

たつ²

(時間が)**pass**[パス], **go by**[**on**][ゴゥ バィ[アン]]
- あの出来事から4年がたった.
 Four years have *passed* since that event.
- 1時間たったら出かけられる.
 I can go out *in* an hour.(←1時間後に)

たつ³【建つ】(建築される)**be built**[ビルト]
- 駅のそばに大きなビルが建った. A large building *was built* near the station.

たつ⁴【断つ, 絶つ】**cut off**[カット オーフ], **break off** [**with**][ブレイク オーフ]
- どういうわけか彼はすべての友達との付き合い

だっぴ

を絶った. For some reason he *cut off* all contact with his friends.

たつ[5]【竜, 辰】**a dragon**[ドゥラガン];（十二支の）**the Dragon**

たっきゅう【卓球】**table tennis**[テイブル テニス],《話》**ping-pong**[ピングパング]（▶Ping-Pongは米国の商標）
• 卓球をした. We played *table tennis*.
卓球台 **a ping-pong table**
卓球部 **a table tennis team**

だっきゅう【脱臼する】**dislocate**[ディスロウケイト]
• テニスをしていて足首を脱臼した. I *dislocated* my ankle playing tennis.

ダッグアウト【野球】**a dugout**[ダッガウト]

ダックスフント（犬）**a dachshund**[ダークスフント]

タックル a tackle[タックル]
➡ タックルする **tackle**, **make a tackle**

だっこ【抱っこする】**carry**［**hold**］… **in** *one's* **arms**[キャリィ［ホウルド］][アームズ]
• エミは子猫(ﾆﾞ)を抱っこしていた. Emi was *carrying* a kitten *in her arms*.
• パパ, 抱っこして. Pick me up, Dad.

だっしめん【脱脂綿】**absorbent cotton**[アブゾーバント カットゥン]

たっしゃ【達者な】（元気な）**well**[ウェル];（健康な）**healthy**[ヘルスィ];（じょうずな）**good**[グッド]

ダッシュ（突進(ﾄﾂ)）**a dash**[ダッシュ];（記号）**a dash**
➡ ダッシュする **dash**

だっしょく【脱色する】（漂白(ﾋﾖｳ)する）**bleach**[ブリーチ]
• 脱色した髪(ﾟﾞ) *bleached* hair

たっする【達する】

❶場所・段階に	**reach, get to ...**, **arrive**（**at ...**, **in ...**）
❷数量に	**reach, amount**（**to ...**）
❸目的などを	**achieve**

❶[場所・段階に]**reach**[リーチ], **get to ...**[ゲット], **arrive**（**at ...**, **in ...**）[アライヴ]
• 彼らは山の頂上に達した. They *reached*［*got to*］the top of the mountain.
❷[数量に]**reach**[リーチ], **amount**（**to ...**）[アマウント]
• 入場者は100万人に達した. The number of attendees *reached* one million.
❸[目的などを]**achieve**[アチーヴ]➡ たっせい

たっせい【達成する】**achieve**[アチーヴ], **accomplish**[アカンプリッシュ]
• チームの目標を達成した. We *achieved* the team's goal.
達成感 **a sense of accomplishment**

だっせん【脱線する】**derail**[ディーレイル], **run off the track**[ラン][トゥラック];（話が）**get off**
• 昨夜列車が脱線した. A train *derailed*［*ran off the track*］last night.
• ケンはしょっちゅう話が脱線する. Ken always *gets off topic*.

だっそう【脱走する】**escape**[イスケイプ]

たった（ただ…だけ）**only**[オウンリィ];（ちょうど）**just**[チャスト]
• その練習にはたった5人しかいなかった. There were *only* 5 people at the training.
• バスはたった今出た. The bus left *just* now.

…だった➡＝でした

タッチ a touch[タッチ];【野球】**a tag**[タッグ]
• タッチの差で電車をのがした. I missed the train *by seconds*［*a hair*].
➡ タッチする（触(ﾀﾞ)る）**touch**;（ICカードなどを）**touch, tap**[タップ];【野球】**tag**（▶この意味ではtouchは×）
• 読み取り機にICカードをタッチして. *Touch* your IC card on the reader. / *Touch* the reader with your IC card.
タッチアウト: ランナーはタッチアウトになった. The runner was *tagged out*.
タッチアップ【野球】**a tag up**
タッチスクリーン《コンピュータ》**a touch screen**
タッチダウン《アメリカンフットボール・ラグビー》**a touchdown**
タッチライン《サッカー・ラグビー》**a touchline**

だって

| ❶なぜなら…だから | **because ...**;（しかし）**but** |
| ❷…でさえ | **even**;（…もまた）**too** |

❶[なぜなら…だから]**because ...**[ビコーズ];（しかし）**but**[バット]
• 謝(ﾜﾃ)らないよ, だって彼はうそをついたんだから. I won't apologize *because* he told me a lie.
•「部屋を掃除(ﾄﾞ)しなさい」「だってきのうしたよ」 "Clean your room!" "*But* I did yesterday."
❷[…でさえ]**even**[イーヴン];（…もまた）**too**[トゥー]
• 私にだって解ける問題だ. This is a question *even* I can solve.
•「疲(ﾂ)れたよ」「私だって疲れてるんだ」 "I'm tired." "I'm tired, *too*."

たづな【手綱】**rein**(**s**)[レイン(ズ)]

だっぴ【脱皮する】**shed skin**[シェッド スキン]

four hundred and seven　　407

あ
か
さ
た
な
は
ま
や
ら
わ

タップダンス

タップダンス a tap dance[タップ ダンス]
たっぷり a lot（of ...）[ラット], plenty（of ...）[プレンティ];（まるまるの）full[フル]→まる…
- パンケーキにたっぷりクリームをかけてもらった. I had *a lot of* cream served on my pancake.
- 時間はまだたっぷりある. We still have *plenty of* time.

たつまき【竜巻】a tornado[トーネイドゥ]
- 突然(注)竜巻が発生した. A *tornado* has suddenly formed.

だつもう【脱毛】（毛が抜けること）hair loss[ヘアロース],（除く）hair removal[ヘア リムーヴァル]
→**脱毛する** remove（one's）hair[リムーヴ][ヘア]
| 脱毛器具 a hair remover
| 脱毛クリーム a hair removal cream

たて¹【縦】（長さ）length[レングス]（⇔横 width）
- そのテーブルは縦が2メートルある. The table is 2 meters in *length*. / The table is 2 meters *long*.
━**縦の**（垂直の）vertical[ヴァーティカル]（⇔横の horizontal）
- 縦の線 a *vertical* line

vertical lines   horizontal lines

━**縦に** vertically（⇔横に horizontally）
- 日本語はふつう縦に書く. Japanese is usually written *vertically*.

たて²【盾】（記念の）a plaque[プラック],（武具）a shield[シールド]

…たて【…(し)たての】new-[ヌー], newly[ヌーリィ]（また, newやfreshなどの語と組み合わせて表現することも多い）
- 生まれたての赤ん坊(ぼ) a *new*-born baby
- 焼きたてのパイ a *freshly* baked pie
- ペンキ塗(ぬ)りたて【掲示】WET PAINT

…だて【…建ての】-story[ストーリィ], -storied
- 10階建てのビル a ten-*story* building

たてうり【建て売り】（住宅）a ready-built house[レディビルト ハウス]

たてかえる【立て替える】pay ... for ～[ペイ]
- ミワが電車賃を立て替えてくれた. Miwa *paid* the train fare *for* me. / Miwa *paid* my train fare.

たてかける【立て掛ける】（…を～に）lean ... against ～[リーン], prop（up）... against ～[プラップ（アップ）]
- 壁(か)にはしごを立てかけた.

I *leaned* a ladder *against* the wall.

たてがみ a mane[メイン]

たてぶえ【縦笛】【楽器】a recorder[リコーダァ]

たてふだ【立て札】a sign[サイン], a bulletin board[ブラトゥン ボード]

たてもの【建物】a building[ビルディング]
- 木造2階建ての建物 a two-story wooden *building*

たてる¹【立てる】

| ❶まっすぐにする | stand, set up, put up |
| ❷計画・音などを | make |

❶[まっすぐにする] stand[スタンド], set up[セットアップ], put up[プット アップ]
- テーブルの上にろうそくを1本立てた. I *stood* a candle on the table.
- 彼は海岸にビーチパラソルを立てた. He *set up* a beach parasol on the beach.

❷[計画・音などを] make[メイク]
- 冬休みの計画はもう立てましたか. Have you already *made* plans for winter vacation?
- 大きな音を立てないで. Don't *make* any loud noises.
- 今学期の目標を立てよう. Let's *set up* goals for this term.

たてる²【建てる】

build[ビルド]
- 新しいビルが建てられた. A new building was *built*.
- おじは伊豆(ず)に家を建てた. My uncle *built* a house in Izu.
- 私たちはシロに犬小屋を建ててやった. We *built* Shiro a doghouse. / We *built* a doghouse *for* Shiro.

だてん【打点】RBI（▶run(s) batted in の略）
- その選手は50打点をあげた. The player has 50 *RBIs*.

たどうし【他動詞】【文法】a transitive verb[トゥランサティヴ ヴァーブ]（▶v.t., vtと略す）

たとえ【例え】（比ゆ）a metaphor[メタフォア];（例）an example[イグザンプル]

たとえ…でも even if［though］...[イーヴン イフ［ゾゥ］]→…でも❷
- たとえ雨が降っても試合は行われる. The game will be held *even if* it rains.

たとえば【例えば】

for example[イグザンプル]（▶e. g.[イーヂー]と略して書く場合もある）, like[ライク]

たのしむ

- 私は動物を飼いたい，例えば犬とか猫(ⁿ)を．
  I want to have a pet. *For example*, a dog or a cat.
- 南国の果物，例えばマンゴー，パパイヤ，パイナップルなどが好きだ．I like tropical fruits *like* mangos, papayas, or pineapples.

たとえる【例える】**compare ... to** ~[カンペア]
- 人生はよく旅に例えられる．
  Life is often *compared to* a journey.

たどりつく【たどり着く】**get to**[ゲット], **reach**[リーチ]➡**つく**¹
- 頂上にたどり着いた．
  We *reached* the summit.

たどる follow[ファロウ], **go along** ...[アローング]
- 山道をたどって行った．I *followed* [*went along*] a mountain path.

たな【棚】**a shelf**[シェルフ]（複 shelves[シェルヴズ]）; (列車などの) **a rack**[ラック]
- 棚の上に本がたくさん置いてある．
  There are a lot of books on the *shelf*.

たなばた【七夕】**the Star Festival**[スタァ フェスタヴァル]➡年中行事[口絵]
- 七夕は7月に行われる．
  The Star Festival is celebrated in July.

たに【谷】**a valley**[ヴァリィ]
┃谷川 **a mountain stream**

だに【虫】**a tick**[ティック]

たにん【他人】**others**[アザァズ], **other people**[ピープル]; (知らない人) **a stranger**[ストゥレインヂァァ]
- 他人のことを悪く言うのはよくない．
  It's not good to speak badly of *others*.
- 赤の他人 a total [perfect] *stranger*

たぬき【動物】**a raccoon dog**[ラクーン ドーグ]

━━━━━━━━━ 慣用表現 ━━━━━━━━━
たぬき寝入(ⁿ)りをする **pretend to be asleep**
（←寝ているふりをする）

たね【種】

❶植物の種子
  (a) **seed**; (桃(ⁿ)・梅などの) **a stone**;
  (りんご・みかんなどの) **a pip**

❷もとになるもの
  (心配などの) (a) **cause**;
  (話の) **a topic**; (手品の) **a trick**

❶[植物の種子] (a) **seed**[スィード]; (桃・梅などの) **a stone**[ストウン]; (りんご・みかんなどの) **a pip**[ピップ]
━種をまく **sow**, **plant** [**sow**] **seeds**
- 私たちは校庭に野菜の種をまいた．We *sowed* vegetable seeds in the school yard.
━種なしの **seedless**
- 種なしぶどう *seedless* grapes

❷[もとになるもの] (心配などの) (a) **cause**[コーズ]; (話の) **a topic**[タピック]; (手品の) **a trick**[トゥリック]
- テストが心配の種だ．
  The test is the *cause* of my worries.
- 種も仕掛(ⁿ)けもありません．
  There is no (secret) *trick* to this.

たのしい【楽しい】

be [**have**] **fun**[ファン]; **pleasant**[プレズント]; (幸せな) **happy**[ハッピィ]
- 楽しい思い出
  a *pleasant* [*fun*, *happy*] memory
- 友達の家に行って楽しかった．
  I *had fun* at my friend's house.
- ユミ，あなたといると楽しいよ．
  Yumi, I'm *happy* to be with you.
- 「遠足はどうだったの」「楽しかったよ」"How was the school trip?" "It *was fun*."
- サッカーをするのは楽しい．
  It's *fun* to play soccer.
- クラブは楽しいかい？
  Do you *enjoy* the club?
━楽しく **pleasantly**; **happily**
- 私たちは楽しく英会話の練習をした．We practiced English conversation *pleasantly*.
- 私たちは3年間を楽しく過ごした．
  We spent three years *happily*.

たのしませる【楽しませる】**entertain**[エンタァテイン]; (喜ばせる) **please**[プリーズ]
- 手品師は子どもたちを楽しませた．
  The magician *entertained* the children.

たのしみ【楽しみ】

(a) **pleasure**[プレジァァ], (an) **enjoyment**[インヂョイメント], **fun**[ファン]

…するのを楽しみにしている
be looking forward to +〈-ing 形〉
- 映画に行くのを楽しみにしている．I'm *looking forward to* going to the movie.
- 友達からのメッセージを読むのが何よりの楽しみだ．Nothing gives me more *pleasure* than reading messages from my friends.

たのしむ【楽しむ】

enjoy[インチョイ], **have a good time**[グッド タイム], **have fun**[ファン]
- 私たちはコンサートをとても楽しんだ．
  We *enjoyed* the concert very much.

…して[することを]楽しむ
enjoy +〈-ing 形〉
- 私は時々旅行をして楽しむ．

たのみ

I sometimes *enjoy* travel*ing*. (▶enjoy to travelは×)
- 楽しんでらっしゃい. *Have a good time*! (▶遊びに出かける人などに言う)
- 楽しんでね. *Enjoy* yourself!

たのみ【頼み】
(依頼) (a) **request**[リクウェスト]; (願い) a **favor**[フェイヴァ]
- 私は彼女の頼みを断った.
 I *refused* [*turned down*] her *request*.
- 私の頼みを聞いてくれる？ Will you do me a *favor*? / May I ask you a *favor*?

慣用表現

頼みの綱 the last [only] hope: 君はチームの頼みの綱だ. You are our team's *only hope*.

たのむ【頼む】

❶依頼する	ask
❷注文する	order

❶[依頼する] **ask**[アスク]
〈人〉に〈物・事〉を頼む
ask + 〈人〉＋ for ＋〈物・事〉
- 他のクラブにも応援を頼んだ.
 We *asked* the other clubs *for* help.
〈人〉に…してくれるように頼む
ask + 〈人〉＋ to ＋〈動詞の原形〉
- だれかに犬の世話をしてくれるように頼もう.
 Let's *ask* someone *to* take care of our dog.
- 父に買い物に行ってくるように頼まれた. I was *asked* by my father *to* go shopping.

❷[注文する] **order**[オーダァ]
- ピザとコーラを頼んだ.
 I *ordered* a pizza and a cola.

たのもしい【頼もしい】 reliable[リライアブル]
- 頼もしい人 a *reliable* person

たば【束】 a bunch[バンチ], a bundle[バンドゥル]
- 花束 a *bunch* of flowers / a bouquet
- 新聞紙の束 a *bundle* of newspapers
- **━束にする** → たばねる

たばこ (紙巻き) a cigarette[スィガレット]
- **━たばこを吸う** smoke
- たばこを吸うことは健康に悪い.
 Smoking is bad for your health.

タバスコ【商標】Tabasco sauce[タバスコゥ ソース]
- ピザにタバスコをかけた.
 I put *Tabasco sauce* on the pizza.

たばねる【束ねる】tie up[タイ]

- アオイは髪をゴムで束ねた.
 Aoi *tied* her hair *up* with a hair tie.

たび[1]【旅】travel[トゥラヴァル], a trip[トゥリップ], a journey[チャーニィ] → りょこう
- **━旅をする** travel, take a trip; (旅に出る) go on a trip
- 一人旅をしてみたい. I want to *travel* alone.
- ▍旅人 a traveler

たび[2]【足袋】tabi; Japanese socks[チャパニーズ サックス]
- 着物のときには足袋をはきます.
 When you wear a kimono, you put *Japanese socks* on.

タピオカ tapioca[タピオゥカ]; (球状の) tapioca pearls[タピオゥカ パールズ], boba[ボゥバ]
▍タピオカティー[ドリンク] bubble tea, (tapioca) pearl tea, boba (tea)

たびたび (しばしば) often[オーフン], frequently[フリークワントゥリィ]; (何度も) many times[メニィ タイムズ]
- この人はテレビでたびたび見ます.
 I *often* see this person on TV.

…たびに every time[エヴリィ タイム]
- 電車が到着するたびに, たくさんの人が降りてくる. Many people get off *every time* a train arrives.

ダビング
- **━ダビングする** (複製する) make a copy (of ...)
- 彼女はペットの猫の写真をＣＤ10枚にダビングした. She *made* 10 *copies of* the CD of her pet cat pictures.

タフ【タフな】tough[タフ]

タブー (a) taboo[タブー]
- 彼女にその話題を出すのはタブーだ.
 That topic is *taboo* with her. (▶このtabooは形容詞)

だぶだぶ【だぶだぶの】(衣服が) loose[ルース], baggy[バギィ]
- だぶだぶのセーター
 a *loose* [*baggy*] sweater

ダブる (重複する) be doubled[ダブルド], overlap[オウヴァラップ]; (日程が) fall on ...[フォール]

たまご

- 祭日が日曜日とダブっている.
  The national holiday *falls on* a Sunday.
- ものがダブって見える.
  I see *double*.

ダブル【ダブルの】**double**[ダブル]
- ダブルクリックする《コンピュータ》
  double-click
- ダブルスチール《野球》**a double steal**
- ダブルフォールト《テニス》**a double fault**
- ダブルプレー《野球》**a double play**
- ダブルヘッダー《野球》**a doubleheader**
- ダブルベッド **a double bed**

ダブルス《スポーツ》**doubles**[ダブルズ]（▶単数扱い）
- ダブルスのパートナー
  a *doubles* partner
- 混合ダブルス mixed *doubles*
- 友達と組んでダブルスの試合をした.
  I played *doubles* with my friend.

タブレット《コンピュータ》**a tablet**（**computer**）[タブリット（カンピュータァ）]

たぶん
（ひょっとしたら）**perhaps**[パァハプス], **maybe**[メイビィ]; （十中八九）**probably**[プラバブリィ]
- たぶんあしたは雨になると思う.
  Perhaps it will rain tomorrow.
- この教科書はたぶんユミのだ.
  This textbook is *probably* Yumi's.

たぶんか【多文化の】**multicultural**[マルティカルチャラル]

たべあるき【食べ歩き】
- 私たちはベトナムで食べ歩きをするつもりだ.
  We're going to try eating in different places in Vietnam.

たべごろ【食べ頃】
- このメロンは食べごろだ.
  This melon *is ready to eat*.

たべほうだい【食べ放題の】**all-you-can-eat**[オールユーキャンイート]
- 食べ放題の店
  an *all-you-can-eat* restaurant
- この店では2000円でピザが食べ放題だ.
  You *can eat* as many pizzas *as you want* for 2,000 yen at this restaurant.

たべもの【食べ物】
（食物）（**a**）**food**[フード]; （何か食べる物）**something to eat**[サムスィング][イート]
- 冷蔵庫に食べ物は何も残っていなかった.
  There was no *food* left in the refrigerator.
- すしは日本でいちばん人気のある食べ物の1つです.
  Sushi is one of the most popular *foods* in Japan.
- 何か食べ物をちょうだい.
  Give me *something to eat*.

たべる【食べる】
eat[イート], **have**[ハヴ]
- 私たちはおはしでご飯を食べます.
  We *eat* rice with chopsticks.
- 朝食は何を食べましたか.
  What did you *have*［*eat*］for breakfast?
  （▶eatよりhaveのほうがていねいな言い方）
- ケンは食べるのが速い［遅い］.
  Ken *eats* quickly［slowly］.
- うちは1週間に1回は外で食べる(外食する).
  Our family *eats* out once a week.
- ユキはお弁当を残さず食べた.
  Yuki *ate* up all her lunch.
- おやつを食べ過ぎた.
  I *ate* too many snacks.
- それ, おいしいよ. 食べてごらんよ.
  It's delicious. *Try* it.

たま[1]【球, 玉】（ボール）**a ball**[ボール]; （球形の物）**a ball**; （電球）**a bulb**[バルブ]; （硬貨）**a coin**[コイン]
- 10円玉 a ten-yen *coin*

たま[2]【弾】**a bullet**[ブリット]

たまご【卵】**an egg**[エッグ] → しろみ 図
- 卵の白身
  the white of an *egg* / an *egg* white
- 卵の黄身 the yolk of an *egg* / an *egg* yolk
- 卵の殻(%) an *egg*shell
- 卵を割った［ゆでた］.
  I broke［boiled］an *egg*.

> 話してみよう!
> ☺卵はどのように(調理)しますか？
>   How would you like your *eggs*?
> ☻スクランブルエッグでお願いします.
>   Scrambled, please.

- 彼女は医者の卵だ.
  She is a future doctor.

表現メモ

卵料理のいろいろ
生卵 a raw egg / 落とし卵 poached eggs
ゆで卵 a boiled egg
(固ゆでの) a hard-boiled egg
(半熟の) a soft-boiled egg
オムレツ an omelet
ハムエッグ ham and eggs
ベーコンエッグ bacon and eggs

four hundred and eleven　411

たましい

スクランブル エッグ
scrambled eggs

卵焼き
a Japanese omelet

目玉焼き
sunny-side up / fried eggs

たましい【魂】(霊魂)(a) soul[ソウル]; (精神) a spirit[スピリット]
だます deceive[ディスィーヴ], cheat[チート]
- 弟をだましました.
  I *deceived* my brother.
たまたま by chance[チャンス] → ぐうぜん
たまつき【玉突き】(ビリヤード) billiards[ビリャヅ](▶単数扱い); (自動車の玉突き事故) a pileup[パイラップ]
たまに occasionally[アケイジャナリィ], once in a while[ワンス][イ][ホ]ワイル]
- おじはたまに私に会いに来る.
  My uncle *occasionally* comes to see me.
- たまには部屋を掃除しなければ. I have to clean up my room *once in a while*.
たまねぎ【玉ねぎ】【植物】an onion[アニャン]
たまらない
- 暑くてたまらない.
  I *can't stand* the heat.
- その物語は悲しくてたまらなかった.
  The story was *too* sad.
- 新しいゲームがほしくてたまらない. I *badly want to* get a new game. / I *am dying to* get a new game.
- おかしくてたまらなかった. I *could not help* laugh*ing*. (←笑わざるを得なかった)
たまりば【たまり場】《話》a hangout[ハングアウト], a gathering spot[ギャザリング スパット], a haunt[ホーント]
たまる(集まる) collect[カレクト], gather[ギャザァ]; (増えていく) pile up[パイル]
- ポイントがたまった.
  I've *collected* [*earned*] points.
- 机の上にほこりがたまっていた.
  Dust *collected* [*gathered*] on the desk.
- 宿題がたまっている.
  My homework has *piled up*.
- 自転車を買うお金がたまった.
  I *saved* enough money to buy a bicycle.
- ストレスがたまる. I *get stressed*.

だまる【黙る】
become silent[サイラント]; (黙っている) keep silent[キープ]; (静かになる) become quiet[クワイアット]
- このことは黙っていて.
  Keep silent about this. / *Don't tell* this to anyone.
- 黙れ！
  (*Be*) *quiet*! / *Shut up*! / *Silence*!
  (▶Shut up!は非常に強い調子の言い方)
- アイは家の人に黙って外出した.
  Ai went out *without telling* anybody in her family.

ダム a dam[ダム]
- 彼らは黒部ダムを造った.
  They built Kurobe *Dam*.

…ため【(…の)ため】

❶利益	for …	
❷目的	for …; (…するために)	
	to＋〈動詞の原形〉,	
	in order to＋〈動詞の原形〉	
❸理由,原因	because of …	

❶ [利益] **for …** [フォア]
- 私は世界平和のために働きたい.
  I want to work *for* world peace.
 ためになる useful, helpful; (…にとって) be good for …
- これはためになる本らしい.
  I heard that this book is *useful*.

❷ [目的] **for …**; (…するために) **to＋〈動詞の原形〉, in order to＋〈動詞の原形〉** [オーダァ]
- 何のために日本に来たのですか.
  What did you come to Japan *for*?

…するために
to＋〈動詞の原形〉/
in order to＋〈動詞の原形〉
- ユキはカナダに行くために英語を勉強している.
  Yuki is studying English (*in order*) *to* go to Canada.

…するための〜
〜 to＋〈動詞の原形〉
- コーチは急いでいたので私と話すための時間がなかった.
  My coach was in such a hurry (that) he had no time *to* talk to me.

❸ [理由,原因] **because of …** [ビコーズ]
- 雨のために決勝戦は延期された. The final was postponed *because of* rain.
- バスが遅れたために遅刻しました.
  I'm late *because* the bus was (running) behind schedule.

たら

だめ【駄目な】

❶役に立たない, 無駄な
　no good, useless;
　(よくない)**be not good**
❷…してはいけない
　must［should］not+〈動詞の原形〉,
　Don't+〈動詞の原形〉
❸…しなくてはいけない
　have to+〈動詞の原形〉,
　must+〈動詞の原形〉
❹…できない
　cannot+〈動詞の原形〉

❶[役に立たない, 無駄な]**no good**[グッド],
useless[ユースリス]; (よくない)**be not good**
・彼の絵は駄目だ. His painting is *no good*.
・努力をしたが駄目だった.
　All my efforts were *useless*［*in vain*］.
・台風でりんごが駄目になった.
　The typhoon *damaged* the apples.
❷[…してはいけない]**must［should］not+**〈動
詞の原形〉[マスト［シュッド］], **Don't+**〈動詞の原形〉
➡…ならない❷
・そこへ入っては駄目だよ.
　You *mustn't*［*shouldn't*］go in there.
❸[…しなくてはいけない]**have to+**〈動詞の原
形〉[ハフタ], **must+**〈動詞の原形〉➡…ならない❶
・もっと早く起きなくては駄目だ.
　You *have*［*need*］*to* wake up earlier.
❹[…できない]**cannot+**〈動詞の原形〉[キャン]
・2時は駄目です. I *can't* make it at two.
・きょうはついていない. 何をやっても駄目だ.
　Today is not my day. I *can* do *nothing*
　well.

| 駄目もと: 駄目もとでやってみよう. Let's do it
anyway. We *have nothing to lose*.(◀と
にかくやろう. 私たちに失うものはない)

ためいき【ため息】**a sigh**[サイ]
━ため息をつく **sigh, give a sigh**
・私はほっとため息をついた.
　I *sighed* with relief.
ダメージ **damage**[ダミッヂ]
・ダメージが大きかった.
　The *damage* was serious.
━ダメージを受ける **be［get］damaged**
ためし【試し】**a try**[トゥライ]; (試用)**a trial**[トゥラ
イアル]
・試しにやってみなさい.
　Give it a *try*.
・アンは試しにすしを食べてみた.
　Ann *tried*（eat*ing*）sushi.

ためす【試す】

try[トゥライ], **attempt**[アテンプト]; (検査する)
test[テスト]
・そのやり方を試してみるべきだ.
　You should *try* doing it that way.
・これは体力を試すテストだ.
　This is to *test* your physical strength.
ためらい(a) **hesitation**[ヘズィテイション]
・彼はためらいなく川の中へ飛びこんだ. He dove
　into the river without *hesitation*.
・ケイはためらいがちに話した.
　Kei spoke *haltingly*.
ためらう **hesitate**[ヘズィテイト]
・私は先生に質問するのをためらった.
　I *hesitated* to ask the teacher a question.
ためる(お金を)**save up**[セイヴ]; (貯蔵する)**store**
[ストァ]
・兄はアルバイトでお金をためた. My brother
　saved up money by working part-time.
たもつ【保つ】**keep**[キープ]
・遊びと勉強のバランスを保ちたい.
　I want to *keep* a good balance between
　study and play.
たやすい **easy**[イーズィ], **simple**[スィンプル]➡やさ
しい¹
たより¹【便り】(手紙)**a letter**[レタァ]; (消息)
news[ヌーズ]
・お便りありがとう.
　Thank you for your *letter*.
・最近ユリから便りがありましたか.
　Have you *heard* from Yuri lately?
たより²【頼り】**reliance**[リライアンス]; (援助(統))
help[ヘルプ]
・地図を頼りに行った. I got there with the
　help of a map.
━頼りになる **reliable**[リライアブル]
・我々のゴールキーパーは頼りになる.
　Our goalkeeper is *reliable*.
━頼りない **unreliable**
━頼りにする➡たよる

たよる【頼る】

depend（**on** ...）[ディペンド], **rely**（**on** ...）[リラ
イ]; (当てにする)《話》**count on** ...[カウント]
・日本は食べ物の多くを海外に頼っている.
　Japan *depends*［*relies*］*on* foreign
　countries for much of its food.
・いつも姉を頼っている.
　I always *rely*［*depend*］*on* my sister.
・頼りにしているよ. I'm *counting on* you.
たら〖魚〗**a cod**[カッド](複 cod, cods)

あ
か
さ
た
な
は
ま
や
ら
わ

four hundred and thirteen　　413

あ か さ **た** な は ま や ら わ

…たら

たらこ cod roe

…たら【…(し)たら】

❶仮定, 条件　　　(もし…なら)**if** …;
　　　　　　　　　(…したとき)**when** …
❷…したらどうですか
　　Why don't you+〈動詞の原形〉**?,**
　　How about+〈-ing形〉**?**

❶〔仮定, 条件〕(もし…なら)**if** …[イフ]; (…したとき)**when** …[(ホ)ウェン]
• 無理だったらいいよ.
　Don't worry *if* it's difficult for you.
• カオルが来たら出発しよう. Let's start *when* Kaoru comes. (►未来のことでもwhen以下の時制は現在形になる)
• もっと英語ができたらなあ. I *wish* I were better at English. (►現在の事実に反することを仮定する)
❷〔…したらどうですか〕**Why don't you**+〈動詞の原形〉**?**[(ホ)ワィ], **How about**+〈-ing形〉**?**[ハッアバウト]
• もっと運動をしたら？ *Why don't you* get some more exercise? / *How about* gett*ing* some more exercise?

だらく【堕落】corruption[カラプション]
　━堕落する, 堕落させる **corrupt**[カラプト]
• 堕落した生活 a *corrupted* life
…だらけ be full of …[フル]**, be covered with** …[カヴァド]
• ナオの作文はミススペリングだらけだ.
　Nao's composition *is full of* misspellings.
• そのユニフォームは泥(%)だらけだった.
　The uniform *was covered with* mud.
だらける be lazy[レイズィ]**, slack off**[スラック]
• きょうもだらけちゃった.
　I have *been lazy* today, too.
たらこ〖魚〗**cod roe**[カッド ロウ]
だらしない (服装などが)**untidy**[アンタイディ]; (生活・行動などが)**lazy**[レイズィ]
• だらしないよ. You are too *lazy*!
たらす【垂らす】(ぶらさげる)**hang**[ハング]; (液体を)**drip**[ドゥリップ]
• 屋上から幕が垂らされていた.
　The banner was *hung* from the rooftop.
…たらず【…足らず】less than …[レス]
• 1時間足らずで終わると思う.
　I think it'll end in *less than* an hour.
たらたら
• とても暑いのでみな不満たらたらだった.
　Everyone was complaining because it was so hot.

だらだら【だらだらした】(長々続く)**long and boring**[ローング][ボーリング]; (怠惰(%)な)**lazy**[レイズィ]
• だらだらした話 a *long and boring* talk
• だらだらした生活をするな.
　Don't lead a *lazy* life.
• だらだら歩かないで. Don't walk so *slowly*.
タラップ (飛行機の)**a ramp**[ランプ]; (船の)**a gangway** (**ladder**)[ギャングウェィ (ラダァ)] (►「タラップ」はオランダ語から)
…たり【…(し)たり】and[アンド]
• 私は動画を見たり本を読んだりした.
　I watched videos *and* read books.
ダリア〖植物〗**a dahlia**[ダリャ]
だりつ【打率】〖野球〗**a batting average**[バッティング アヴ(ァ)リッチ]
• 彼の打率は3割2分5厘(%)だった.
　His *batting average* was .325. (►.325は three twenty-fiveと読む)
たりょう【多量の】→ たいりょう¹, たくさん❷

たりる【足りる】

(十分である)**be enough** (**for** …)[イナフ]**, sufficient**[サフィシャント]
• この宿題をするのに1時間あれば足りるだろう.
　One hour will *be enough for* me to do this homework.
• お金が足りない.
　I don't have *enough* money.
• この試合に出るにはメンバーが足りない.
　We don't have *enough* members to take part in the game.
• 彼は忍耐(%)が足りない.
　He is lacking in patience.
たる a barrel[バラル]
だるい feel tired[フィール タイァド]**, be dull**[ダル]
• 体がだるい. I *feel tired*.
• 足がだるい. My legs *felt heavy*.
だるま a Daruma doll[ダール]
たるむ (ぴんと張っていたものが)**come loose**[ルース]**, slacken**[スラックン]; (取り組む姿勢などが)**be lazy**[レイズィ]
• スニーカーのひもがたるんでいる.
　The laces of my sneakers are *loose*.
• 最近たるんでいる気がする.
　I feel I'*m lazy* these days.
たれ sauce[ソース]

だれ【誰】who[フー]

• だれがそう言ったのですか. *Who* said so?
• だれがこれをやったのかわかりません.
　I don't know *who* did this.

414　four hundred and fourteen

たんか²

ここがポイント！ who(だれ)の変化形

だれが	who
だれの	whose
だれを[に]	whom, 《話》who
だれのもの	whose

話してみよう！
😊(ドアのノックに応答して)だれ？
Who's there?(←だれがそこにいるの？)/ *Who* is it?
😊アヤです．
It's Aya.

- これはだれのバッグですか．
  Whose bag is this?
- だれからのメッセージを読んでいるの？
  Whose message are you reading?
- だれに電話しているの？
  Who [*Whom*] are you calling?
- だれといっしょにいたの？
  Who [*Whom*] have you been *with*?

だれか【誰か】
(肯定文で)**someone**[サムワン], **somebody**[サムバディ]；(疑問文・否定文などで)**anyone**[エニィワン], **anybody**[エニィバディ]（►いずれも単数扱い．somebody, anybodyのほうが口語的）
- だれかが片付けてくれた．
  Someone has put things away.
- だれか手伝ってくれる人はいませんか．
  Is there *anyone* who can help us? / Can *anybody* help（us）?
- だれか私の靴()を見なかった？
  Has *anyone* seen my shoes?
- だれかほかの人に頼んで．
  Ask *someone* else.

だれでも【誰でも】

(みんな)**everyone**[エヴリィワン], **everybody**[エヴリィバディ]；(どんな人でも)**anyone**[エニィワン], **anybody**[エニィバディ]（►いずれも単数扱い）
- だれでもそのことは知っている．
  Everybody knows that.
- そんな簡単な問題はだれでも解けるよ．
  Anyone can solve such an easy problem.

たれまく【垂れ幕】**a hanging banner**[ハンギング バナァ]
だれも【誰も】(みんな)**everybody**[エヴリィバディ], **everyone**[エヴリィワン]；(だれも…ない)**no one**[ノゥ ワン], **nobody**[ノゥバディ], **none**[ナン]（►noneは複数扱いにすることが多い．それ以外は単数扱い）
- だれもが彼女を好きだ．*Everybody* likes her.
- 体育館にはだれもいなかった．There was *no one* in the gym. / There was *nobody* in the gym.
- だれも教えてくれなかった．
  Nobody told me.

たれる【垂れる】(垂れ下がる)**hang**[ハング], **hang down**[ダウン]；(滴(しずく)る)**drip**[ドゥリップ]
- ヒロの髪()は肩()まで垂れている．
  Hiro's hair *hangs* about her shoulders.
- 屋根から雨水が垂れていた．
  Rainwater was *dripping* from the roof.

だれる be lazy[レイズィ]
タレント(テレビなどに出演する)**a personality**[パーサナリティ], **a star**[スタァ]（►starは売れっ子について言い，ふつうsinger(歌手), actor(役者)など具体的に言う．この意味ではa talentは×）
- テレビの人気タレント
  a popular TV *personality* [*star*]

…だろう➡…でしょう
タワー a tower[タワァ]
- 東京タワー Tokyo *Tower*

たわし a scrub brush[スクラブ ブラッシュ]
たわら a straw rice bag[ストロー ライス バッグ]
たん(のどの)**phlegm**[フレム]（★発音注意）
タン(舌肉)**(a) tongue**[タング]（★発音注意）
- 牛タン (a) beef *tongue*
  ▮タンシチュー **beef tongue stew**

だん¹【段】(階段の1段)**a step**[ステップ]；(柔道(じゅうどう)・空手などの)**a dan, a degree**[ディグリー]
- 石段 stone *steps*
- リオは剣道(けんどう)2段だ．Rio has a second *degree* black-belt in *kendo*.

だん²【壇】**a platform**[プラットフォーム]；(スピーチなどをするための)**a podium**[ポゥディアム]
だんあつ【弾圧する】**oppress**[アプレス]
- その国では大統領が民衆を弾圧している．
  The people of that country are *oppressed* by their president.

たんい【単位】**a unit**[ユーニット]；(大学・高校の授業の)**a credit**[クレディット]
- アメリカの長さの単位は何ですか．
  What are the *units* of length in the U.S.?

たんか¹【担架】**a stretcher**[ストゥレッチァァ]
- その病人は担架で運ばれた．The sick person was carried on a *stretcher*.

たんか²【短歌】**a tanka**
- 短歌は31音節からなる日本の詩です．
  A *tanka* is a 31-syllable Japanese poem.
- 母は短歌を詠(よ)む．
  My mother composes *tanka*.

タンカー

タンカー a tanker[タンカァ]
だんかい【段階】(進展の局面) a stage[ステイヂ], a phase[フェイズ]
だんがん【弾丸】a bullet[ブリット]
たんき【短気な】short-tempered[ショートテンパァド], quick-tempered[クウィック-]
- 兄は短気だ.
  My brother is *short-tempered*.
- 短気を起こさないで.
  Don't lose your temper.
たんきだいがく【短期大学】a junior college[ヂューニァ カリッヂ] → だいがく
たんきょり【短距離】(短い距離) a short distance[ショート ディスタンス];(短距離走) a sprint[スプリント], a dash[ダッシュ]
┃短距離走者 a sprinter
タンク(容器) a tank[タンク]
┃タンクローリー a tanker truck

だんけつ【団結する】
- みんなで団結すれば,試合で勝つことができるよ.
  If we all *work together*, we can win the game.
たんけん【探検】(探検すること)(an) exploration[エクスプラレイション];(探検旅行・遠征(ﾝ)) an expedition[エクスパディション]
- 南極探検 an *expedition* to the Antarctica
━探検する explore[イクスプロァ]
┃探検家 an explorer
┃探検隊 an expedition
たんげん【単元】a unit[ユーニット]
だんげん【断言する】assert[アサート]
- ケンはだれがうそをついていたかわかったと断言した. Ken *asserted* that he knew who was lying.

たんご【単語】
a word[ワード];(語い)(a) vocabulary[ヴォウキャビュレリィ]
- 彼は基本的な英単語を1000個覚えた. He memorized 1,000 basic English *words*.
- その単語を辞書でひいた.
  I looked up the *word* in the dictionary.
- あしたは単語のテストだ.
  We have a *vocabulary* test tomorrow.
┃単語帳 a wordbook
タンゴ a tango[タンゴゥ]
だんご【団子】a dumpling[ダンプリング]
たんこう【炭鉱】a coal mine[コウル マイン]
たんごのせっく【端午の節句】Children's Day[チルドランズ デイ]
だんごむし【団子虫】a pill bug[ピル バッグ]
だんさ【段差】difference in level[ディファランス][レヴァル]
━段差がある uneven[アンイーヴァン]
ダンサー a dancer[ダンサァ]
たんざく【短冊】a (decorative) strip of paper[(デカラティヴ) ストゥリップ][ペイパァ]
たんさん【炭酸】〖化学〗carbonic acid[カーボニック アスィッド]
┃炭酸飲料 a carbonated drink, soda
┃炭酸ガス carbon dioxide
┃炭酸水 soda (water)

だんし【男子】
(男の子) a boy[ボーイ];(男性) a man[マン](複 men[メン])
┃男子(高)校 a boys' (high) school
┃男子生徒 a boy [male] student
┃男子トイレ (学校の) the boys' bathroom;(一般に) ⊗the men's room
だんじき【断食】a fast[ファスト]
━断食する fast, go on a fast
たんしゅく【短縮する】(短くする) shorten[ショートゥン]
┃短縮形 〖文法〗a shortened [contracted] form (▶ I'm, don'tなど)
┃短縮授業 shortened school hours

たんじゅん【単純な】
(簡単な) simple[スィンプル] (⇔複雑な complicated)
- 理由はそれほど単純ではない.
  The reason is not so *simple*.
- 彼は単純だね. He is *simple-minded*.
たんしょ【短所】a weak point[ウィーク ポイント] (⇔長所 a strong [good] point) ⇒けってん
だんじょ【男女】(男性と女性) man and woman[マン][ウマン];(男の子と女の子) boy and girl[ボーイ][ガール](▶いずれも冠詞をつけない)
┃男女共学 coeducation,《話》coed → きょうがく
┃男女差別 gender [sexual] discrimination
┃男女同権 equal rights for men and women
┃男女平等 equality between men and

| women
たんじょう【誕生】(a) birth [バース]
→誕生する be born [ボーン] → うまれる
‖誕生祝い a birthday present [gift]
‖誕生石 a birthstone
‖誕生パーティー a birthday party

たんじょうび【誕生日】
a birthday [バースデイ]

話してみよう!
☺誕生日おめでとう. これ, あなたに.
Happy *birthday* (to you)! This is for you.
☻どうもありがとう. とてもうれしいです.
Thank you very much. I'm so happy.

☺あなたの誕生日はいつですか.
When is your *birthday*?
☻3月13日です.
It's March 13.

- きょうは彼女の15回目の誕生日だ.
Today is her fifteenth *birthday*.
- 誕生日には何をもらったの?
What did you get for your *birthday*?

たんしん[1]【単身で】alone [アロウン]
- 主人公は単身で城に入った.
The hero entered the castle *alone*.
- 父は単身赴任(ふにん)している.
My father is living away from the rest of our family on business.

たんしん[2]【短針】(時計の) the hour hand [アウア ハンド] (⇔長針 the minute hand) → とけい 図

たんす(整理だんす) a chest (of drawers) [チェスト] [(ドゥロアズ)]; (洋服だんす) a wardrobe [ウォードロウブ]

ダンス a dance [ダンス]; (踊ること) dancing
- ダンスの練習をした. I practiced *dancing*.
- フォークダンス a folk *dance*
- ブレイクダンス a break*dance*
→ダンスをする dance

‖ダンスパーティー a dance; (大規模な) a ball

だんたい

表現メモ

ダンスのいろいろ
コンテンポラリー a contemporary dance
社交ダンス a ballroom dance
ジャズダンス a jazz dance
ストリートダンス a street dance
タップダンス a tap dance
バレエ a ballet (dance)
ヒップホップダンス a hip-hop (dance)
フォークダンス a folk dance
フラダンス hula, a hula dance, hula dancing
ブレークダンス a breakdance, breaking
ベリーダンス a belly dance
モダンダンス a modern dance

たんすい【淡水】fresh water [フレッシュ ウォータァ]
‖淡水魚 a freshwater fish
だんすい【断水】
- 断水になった.
The water supply was *cut off*.
たんすいかぶつ【炭水化物】(a) carbohydrate [カーボウハイドゥレイト]
たんすう【単数】〖文法〗the singular (number) [スィンギュラァ (ナンバァ)] (▶s., sing. と略す) (⇔複数 the plural (number))
‖単数形〖文法〗the singular (form)

だんせい【男性】
a man [マン] (複 men [メン]) (⇔女性 a woman)
→男性の male [メイル]
だんぜん【断然】(最上級, 比較級を強めて) far [ファー], by far; (明確に) definitely [デファニットゥリィ]
- アキラは断然足が速い.
Akira is *by far* the fastest runner.
- 私は断然, 沢さんの味方だよ.
I'm *definitely* on the side of Ms. Sawa.
たんそ【炭素】carbon [カーボン]
- 一酸化[二酸化]炭素
carbon monoxide [dioxide]
たんだい【短大】→ たんきだいがく
だんたい【団体】a group [グループ]
- 自由時間も団体で行動した. We acted as a *group* in our free time, too.
‖団体競技 a team sport
‖団体行動 group activity, doing things as a group
‖団体戦 a team match
‖団体旅行 a group tour
‖団体割引 a group discount [reduction]: その動物園には団体割引がある. The zoo offers *group discounts*.

だんだん

（しだいに）**gradually**[グラヂュアリィ]；（少しずつ）**little by little**[リトゥル]

- だんだんつまらなくなってきた．
  I'm *gradually* getting bored.

だんだん…になる
get［become］+〈比較級〉（+and+〈比較級〉）

- 東の空がだんだん明るくなってきた．
  It's *getting brighter（and brighter）* in the eastern sky.

たんたんと〖淡淡と〗**cool**[クール], **indifferently**[インディフ(ァ)ラントゥリィ]

だんち〖団地〗 **a housing complex**[ハウズィング コンプレックス], **an apartment complex**[アパートゥマント]

たんちょう[1]〖単調な〗（変化のない）**monotonous**[マナタナス]；（退屈(たいくつ)な）**dull**[ダル]

- 単調な練習 *monotonous* training

たんちょう[2]〖短調〗〘音楽〙**a minor（key）**[マイナァ（キィ）]（⇔長調 a major（key））

- ト短調 G *minor*

たんてい〖探偵〗**a detective**[ディテクティヴ]
▌探偵小説 a detective story

たんとう[1]〖担当している〗**in charge（of ...）**[チャーヂ]

- ここの掃除(そうじ)の担当はだれ？ Who is *in charge of* cleaning this place? / Who is *responsible for* cleaning this place?

たんとう[2]〖短刀〗**a dagger**[ダガァ]

だんとう〖暖冬〗**a mild［warm］winter**[マイルド［ウォーム］ウィンタァ]

だんトツ〖断トツ〗**far ahead of ...**[ファー アヘッド]

- 断トツの1位 *clear* winner
- このドラマは断トツの人気だ．
  This drama is *far more* popular than other programs.

たんなる〖単なる〗**mere**[ミァ]；（ただ…だけ）**only**[オウンリィ], **just**[ヂャスト]

- それは単なるうわさだ．
  It's *only* a rumor.

たんに〖単に〗**only**[オウンリィ], **just**[ヂャスト]

- 単に思ったことを言っただけだ．
  I *just* said what I thought.
- アキは単に頭がいいだけでなく，クラスのリーダーでもある．
  Aki is *not only* bright, *but（also）* the leader of the class.

たんにん〖担任〗（担任教師）**a homeroom teacher**[ホウムルーム ティーチァア]

- 大田先生はうちのクラスの担任だ．
  Ms.Ota is our *homeroom teacher*.

━担任する be in charge（of ...）

- 理科はだれが担任しているの？
  Who's *in charge of* science? / Who's teaching science?

だんねん〖断念する〗**give up**[ギヴ アップ]→あきらめる

たんぱ〖短波〗**shortwave**[ショートウェイヴ]
▌短波放送 shortwave broadcasting

たんぱくしつ〖たん白質〗**protein**[プロウティーン]

タンバリン〖楽器〗**a tambourine**[タンバリーン]

たんパン〖短パン〗**shorts**[ショーツ]

- 寝るときは短パンとTシャツです．
  I sleep in a T-shirt and *shorts*.

ダンプカー ⊗**a dump truck**[ダンプ トゥラック], ⊗**a dumper（truck）**[ダンパァ]（▶「ダンプカー」は和製英語）

ダンベル dumbbells[ダンベルズ]

たんぺん〖短編の〗**short**[ショート]
▌短編映画 a short film
▌短編小説 a short story

だんぺん〖断片〗**a fragment**[フラグマント]；**a piece**[ピース]

━断片的な fragmentary

たんぼ a rice field［paddy］[ライス フィールド［パディ］]→た[1]

だんぼう〖暖房〗**heating**[ヒーティング]；（暖房器具）**a heater**[ヒータァ]

- 暖房を入れて．
  Turn on the *heater*.

━暖房する heat

- この部屋は暖房が入っている［いない］．
  This room is *heated*［not *heated*］.

だんボール〖段ボール〗（紙）**cardboard**[カードボード]；（箱）**a cardboard box**[バックス]

たんぽぽ〖植物〗**a dandelion**[ダンダライアン]

だんめん〖断面〗（切断面）**a section**[セクション]
▌断面図 a cross section

だんらく〖段落〗**a paragraph**[パラグラフ]

だんりゅう〖暖流〗**a warm current**[ウォーム カラント]（⇔寒流 a cold current）

だんりょく〖弾力のある〗**elastic**[イラスティック]

だんろ〖暖炉〗**a fireplace**[ファイアプレイス]

ち チ

ち¹【血】
blood[ブラッド](★発音注意)
- シャツに血が付いているよ.
  Your shirt is stained with *blood*.
- **血が出る bleed**[ブリード]
- 鼻血が出ているよ.
  Your nose is *bleeding*.
- **血の, 血まみれの bloody**
| 血豆 **a blood blister**: 指に血豆ができた. I got a *blood blister* on my finger.

ち²【地】**the earth**[アース], **the ground**[グラウンド]
- 地の果て the end(s) of *the earth*

チアガール a cheerleader[チアリーダァ](▶「チアガール」は和製英語)

チアリーダー a cheerleader[チアリーダァ]
- チアリーダーたちはすごいパフォーマンスをした. The *cheerleaders* gave a great performance.

チアリーディング cheerleading[チアリーディング]

ちあん【治安】**public safety**[パブリック セイフティ] →
ここがすごい【口絵】
- その地区は治安がいい[悪い].
  That area is safe [dangerous].

ちい【地位】(a) **position**[ポズィション]

ちいき【地域】**an area**[エ(ァ)リア]; (地区)**a district**[ディストゥリクト]; (ある特色を持った)**a region**[リーヂャン]
- この地域は雨があまり降らない.
  We don't have much rain in this *area*.
- **地域の regional**; (特定地域の)**local**[ロウカル]
- 地域のニュース *local* news
| 地域社会 **a community**

ちいさい【小さい】

❶大きさが	**small**; (小さくてかわいい)**little**; (非常に小さい)**tiny**
❷背が	**short**
❸年少の	**young, little, small**
❹音量が	**low, small**

❶〖大きさが〗**small**[スモール](⇔大きい **large**); (小さくてかわいい)**little**[リトゥル](⇔大きい **big**); (非常に小さい)**tiny**[タイニィ]
- 小さい町 a *small* town
- このTシャツは私には小さすぎます.
  This T-shirt is too *small* for me.
- 小さい子猫(ﾆ)が鳴いていた.
  A *little* kitten was meowing.
- 彼女は小さい飾(ﾄ)りのついたネックレスをしている. She is wearing a necklace with a *tiny* ornament.

small　　　　　little

❷〖背が〗**short**[ショート](⇔大きい **tall**)
- 妹は家族でいちばん背が小さい.
  My sister is the *shortest* in our family.

❸〖年少の〗**young**[ヤング], **little, small**
- 小さいときの夢は漫画(ﾏﾝｶﾞ)家になることだった.
  I wanted to be a manga artist when I was *small*.

❹〖音量が〗**low**[ロウ], **small**
- 彼女の声はとても小さかった.
  Her voice was very *small*.
- **小さくする(音量を) lower**[ロウァ], **turn down**[ターン ダウン]
- この部屋では声を小さくしないといけない.
  You must *lower* your voice in this room.
- テレビの音を小さくしなさい.
  Turn the TV *down*. / *Turn down* the TV.

ちいさな【小さな】→ ちいさい

チーズ(a) **cheese**[チーズ]
- チーズ1切れ a slice of *cheese* / a piece of *cheese*
- (写真を撮(ﾄ)るときに)はい, チーズ！
  Say *cheese*!
| チーズケーキ (a) **cheesecake**
| チーズトースト **cheese toast**
| チーズバーガー **a cheeseburger**
| チーズフォンデュ **cheese fondue**

チータ【動物】**a cheetah**[チータ]

チーフ a chief[チーフ]

チーム

a team[ティーム]
- 野球[サッカー]チームに入った.
  I joined a baseball [soccer] *team*.
| チームプレー **team play**
| チームメイト **a teammate**
| チームワーク **teamwork**

ちえ【知恵】**wisdom**[ウィズダム]
- 江戸時代の人の知恵 the *wisdom* of the

people in the Edo era
- 私たちは知恵をしぼった。
We racked our *brains*.
→知恵のある **wise**[ワイズ]
知恵の輪 **a puzzle ring**

チェーン a chain[チェイン] →じてんしゃ図
- 自転車のチェーン a bicycle *chain*
- ドアにチェーンを掛(か)け忘れた。
I forgot to latch the door.
チェーンストア **a chain store**

チェコ the Czech Republic[チェック リパブリック], **Czechia**[チェキア]
→チェコ(語, 人)の **Czech**

チェス chess[チェス]
- 私は兄とチェスをした。
I played *chess* with my brother.

チェック[1]
(点検, 照合) **a check**[チェック]
→チェックする **check**; (採点する, 記録する) **mark**[マーク]
- エリは答えをチェックした。
Eri *checked* the answers.
- 旅行の持ち物をもう一度チェックした。
I double-*checked* what to bring on the trip.
- 彼はきょうの出席をチェックした。
He *marked* today's attendance.
チェックイン (a) **check-in**: 私たちはホテルにチェックインした。We *checked into* a hotel. / We *checked in* at a hotel.
チェックアウト (a) **check-out**: 彼らはあしたチェックアウトする。They will *check out* tomorrow.

「チェックアウトは午前11時/チェックインは午後3時」というホテル受付の掲示(米国)

チェック[2]【チェックの】(柄(がら)が) **check**[チェック], **checkered**[チェッカード], **checked**[チェックト] →もよう図
- チェックのシャツ a *checkered* shirt
- 今年はチェックがはやりらしい。I heard that *checkered* designs are in this year.

チェリー a cherry[チェリィ]
チェロ〖楽器〗**a cello**[チェロウ]
チェロ奏者 **a cellist**
チェンジ a change[チェインヂ]
→チェンジする **change**

ちか【地下】(地下室) **a basement** (**room**)[ベイスメント (ルーム)] →デパちか
- 地下2階 the second *basement* floor
→地下の **underground**[アンダーグラウンド]
→地下に[で] **underground**[アンダーグラウンド]
地下街 **an underground shopping center**, **an underground mall**
地下水 **underground water**
地下道 ⊗**an underpass**, ⊗**a subway**

ちかい[1]【近い】→ちかく

❶距離(きょり)が	near; (すぐそば)close (to ...)
❷時期が	near, soon
❸関係が	close, near
❹数値・時間が	almost, nearly

❶[距離が] **near**[ニァ] (⇔遠い **far**); (すぐそば) **close (to ...)**[クロウス]
- 図書館は学校に近い。
The library is *near* [*close to*] our school.
- 駅はここから近い。The station is *near* here.
(▶near from here は×)
❷[時期が] **near**, **soon**[スーン]
- 近い将来 in the *near* future
- クリスマスが近い。Christmas is *near*.
- 中間試験が近い。
The midterm exams are coming *soon*.
→近いうちに **soon, before long**
- 近いうちに会おうね。See you *soon*.
❸[関係が] **close, near**
- モエと私はとても近い親戚(しんせき)だ。Moe and I are very *close* [*near*] relatives.
❹[数値・時間が] **almost**[オールモウスト], **nearly**
- もう12時に近い。
It's *almost* [*nearly*] 12 o'clock.

ちかい[2]【誓い】(神などに対する) **an oath**[オウス], **a vow**[ヴァゥ]
ちかい[3]【地階】**the basement**[ベイスメント] →ちか

ちがい【違い】
(a) **difference**[ディファランス]
- 能と歌舞伎(かぶき)の違いがわかりますか。
Can you tell the *difference* between Noh and Kabuki?

…ちがいない【…(に)違いない】

must＋〈動詞の原形〉[マスト], **be sure**[シュア]
- 彼の話は本当に違いない.
  His story *must* be true.
- タカシがピザを食べたに違いない.（▶ must have＋〈過去分詞〉で「…したに違いない」という過去の推量を表す）
  Takashi *must* have eaten the pizza.
- 彼女は試験に合格するに違いない.
  I'*m sure* she will pass the examination.

ちかう【誓う】**swear**[スウェア]
- 毎日日記をつけようと自分自身に誓った.
  I *swore* to myself that I would keep a diary every day.

ちがう【違う】

❶…ではない	**be not** ...
❷異なる	（**be**）**different**（**from** ...）, **differ**（**from** ...）
❸間違っている	（**be**）**wrong**

❶[…ではない]**be not** ...[ナット]
- 「失礼ですが田中さんでしょうか」「いいえ、違います」 "Excuse me, but are you Mr. Tanaka?" "No, I'*m not.*"
- 「彼女は君の妹?」「違うよ」
  "Is she your sister?" "No, she *isn't.*"

❷[異なる]（**be**）**different**（**from** ...）[ディファラント], **differ**（**from** ...）[ディファ]
- 彼女のバッグは私のバッグと違う.
  Her bag *is different from* mine.
- ケイは以前とは少し違って見えた. Kei looked a little *different* from before.
- その双子(ふたご)は性格がかなり違う.
  The twins *differ* greatly in character.
━ …と違って **unlike** ...[アンライク]
- 私と違って兄は足が速い. *Unlike* me, my older brother can run fast.

❸[間違っている]（**be**）**wrong**[ローング]
- その答えは違うよ. That answer is *wrong*.
- 違う番号にかけてしまった.
  I called the *wrong* number.

ちかく【近く】

❶場所が	**near**; （すぐそば）**close**（**to** ...）
❷時期が	**soon**
❸数値・時間が	**nearly, almost**

❶[場所が]**near**[ニア]; （すぐそば）**close**（**to** ...）[クロウス]➡ちかい¹❶
- この近くに書店はありますか.
  Is there a bookstore *near* here?

- 彼は学校の近くに住んでいる.
  He lives *near* [*close to*] the school.
━ 近くの **nearby**[ニアバイ]
- 近くのコンビニ
  a *nearby* convenience store

❷[時期が]**soon**[スーン]➡ちかい¹❷
- 近く新しい先生が来るらしいよ.
  I heard a new teacher is coming *soon*.

❸[数値・時間が]**nearly, almost**[オールモウスト]➡ちかい¹❹
- 50人近くの乗客がけがをした.
  Nearly [*Almost*] fifty passengers got injured.
- 昼近くまで寝てしまった.
  I slept till *about* noon.

ちがく【地学】**geology**[ヂアラヂィ]
ちかごろ【近ごろ】**recently**[リースントゥリィ], **lately**[レイトゥリィ], **these days**[デイズ]
- 彼は近ごろメッセージをくれない.
  He hasn't sent me a message *recently*.
━ 近ごろの **recent**

ちかづく【近づく】

approach[アプロウチ]; （近づいてくる）**come up**（**to** ...）[カム アップ], **come near**[ニア]; （近づいていく）**go up**（**to** ...）[ゴゥ], **go near**
- 台風が九州に近づいている.
  A typhoon is *approaching* Kyushu.
- 見知らぬ人が私に近づいてきた.
  A stranger *came up to* me.
- 犬に近づいた.
  I *went near* the dog.
- ワールドカップが近づいている.
  The World Cup is *close at hand*.（◀ 間近に迫(せま)っている）
- その場所には近づくな.
  Keep away from that place.

ちかづける【近づける】**bring** [**put**] ... **close**（**to** ...）[ブリング [プット]][クロウス], **bring** [**put**] ... **near**[ニア]
- 火のそばに紙を近づけないで.
  Don't *bring* the paper *close to* the fire.

ちがった【違った】**different**[ディファラント]
- 違った見方 a *different*（point of）view

ちかてつ【地下鉄】⊛**a subway**[サブウェィ], ⊛（**the**）**underground**[アンダァグラウンド]
- 地下鉄で渋谷まで行った.
  I went to Shibuya by *subway*. / I took *the subway* to Shibuya.（▶ 交通手段を表すbyの後ではaやtheをつけない）

ちかみち【近道】**a shortcut**[ショートゥカット], **the shortest way**[ショーテスト ウェィ]

four hundred and twenty-one

ちかよる

- これが学校へのいちばんの近道だ.
  This is *the shortest way* to the school.
  ➡近道をする take a shortcut
- 私たちは公園を通って近道をした.
  We took *a shortcut* through the park.

ちかよる【近寄る】➡ちかづく

ちから【力】

❶体などの力	power;（活力）energy; （体力）strength
❷能力	ability
❸援助, 助け	help

❶[体などの力] **power**[パウア];（活力）**energy**[エナァディ];（体力）**strength**[ストゥレンクス]
- 音楽の力
  the *power* of music
- 私はその試合で力を使い果たした.
  I used up all of my *energy* in the game.
- 彼らは力いっぱい綱を引っ張った.
  They pulled the rope with all their *strength*.
  ➡力の強い strong, powerful
- 弟は私より力が強い.
  My little brother is *stronger* than I [me].
  ➡力の弱い weak

❷[能力] **ability**[アビラティ]
- 彼には変化に対応する力がある.
  He has the *ability* to deal with change.
- 英語の力をつけたい.
  I want to improve my English.
- 自分の力で問題を解きなさい.
  Solve the problem *yourself*.

❸[援助, 助け] **help**[ヘルプ]
- あなたの力が必要だ.
  I need your *help*.
- 困っている人たちの力になりたい.（←助けたい）
  I want to *help* people in trouble.

ちからづよい【力強い】**strong**[ストゥローング], **dynamic**[ダイナミック], **powerful**[パウアフル]
- 力強い応援 *strong* support

ちかん【痴漢】a（train）**pervert**[(トゥレイン) パァヴァート], a **groper**[グロウパァ]

ちきゅう【地球】

the **earth**[アース]（▶ the Earthとも書く）, the **globe**[グロウブ]
- 地球は太陽の周りを回っている. *The earth* goes [revolves] around the sun.
  ➡地球の global
  | 地球温暖化 global warming
  | 地球儀 a globe

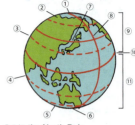

①北極 the North Pole
②北極圏 the Arctic Circle
③北回帰線 the Tropic of Cancer
④南回帰線 the Tropic of Capricorn
⑤南極圏 the Antarctic Circle
⑥南極 the South Pole
⑦緯度 latitude ⑧経度 longitude
⑨北半球 the Northern Hemisphere
⑩赤道 the equator
⑪南半球 the Southern Hemisphere

ちぎる tear（**off**）[テァ (オーフ)]
- 私は雑誌のページをちぎった.
  I *tore* a page out of a magazine.
- 彼女はその写真を細かくちぎった.
  She *tore* the photo into pieces.

チキン（鶏の肉）**chicken**[チキン]
- フライドチキン fried *chicken*

| チキンナゲット a chicken nugget
| チキンライス chicken pilaf

ちく【地区】a **district**[ディストゥリクト];（地域）an **area**[エ(ァ)リア]
- 住宅地区 a residential *area*
  | 地区大会 a district contest [competition, tournament]
  | 地区予選 district preliminaries

ちくさん【畜産】**stock-raising**[スタックレイズィング]
  | 畜産農家 a livestock farmer

ちくしょう【畜生】**Darn it!**[ダーン], **Shoot!**[シュート]

ちくちく【ちくちくする】**be scratchy**[スクラッチィ]
- このセーターはちくちくする.
  This sweater *is scratchy*.

ちぐはぐ【ちぐはぐな】**odd**[アッド]；（食い違った）**inconsistent**[インカンスィスタント]
- 彼が言うことは時々ちぐはぐだ．The things he says are sometimes *inconsistent*.
- あなたの上履きは左右ちぐはぐよ．Your indoor shoes are not a pair.

ちくわ a fish sausage[フィッシュ ソーセッヂ]

ちけい【地形】**topography**[タパグラフィ]，**geographical features**[ヂーアグラフィカル フィーチァズ]，**landform**[ランドゥフォーム]

チケット a ticket[ティキット] ➡ **きっぷ**
- 映画のチケットをただでもらっちゃった．I got a movie *ticket* for free!
- ネットでチケットを予約した．I reserved a *ticket* online.

ちこく【遅刻する】

be late（for ...）[レイト]
- 遅刻してすみません．I'm sorry I'm *late*.
- きょうは授業に10分遅刻した．I *was* ten minutes *late for* class today.
- 学校に遅刻しそうになったけど，間に合った．I *was* almost *late for* school, but I made it.

ちじ【知事】**a governor**[ガヴァナァ]
- 東京都［愛知県］知事 the *Governor* of Tokyo [Aichi (Prefecture)]

ちしき【知識】

（a）knowledge[ナリッヂ]（★発音注意）（▶複数形では用いない）；（情報）**information**[インファメイション]
- 実用的な知識 practical *knowledge*
- ハルは豊富な科学の知識を持っている．Haru has an extensive *knowledge* of science. / Haru *knows* a lot *about* science.
- この問題を解決するにはもっと知識が必要だ．I need more *information* to solve this problem.

┃知識人 **an intellectual**

ちじょう【地上】（the）**ground**[グラウンド]；（空に対して）（the）**earth**[アース]
- 地上100メートル one hundred meters above the *ground*
- 地上の楽園 a paradise on *earth*
- ➡地上に［で］（地面の上に）**on the ground**；（地面より上に）**above ground**

ちじん【知人】**an acquaintance**[アクウェインタンス] ➡ **しりあい**

ち ず【地図】

（1枚の）**a map**[マップ]；（地図帳）**an atlas**[アトゥラス]
- 世界地図 a *map* of the world
- 日本地図 a *map* of Japan
- 白地図 a blank *map*
- 道路地図 a road *map*
- ケンは私に家までの地図をかいてくれた．Ken drew a *map* to his house for me.

map atlas

ちすじ【血筋】**blood**[ブラッド]；（家柄）**family**[ファマリィ]

ちせい【知性】**intellect**[インタレクト]；（知能）**intelligence**[インテラヂャンス]
━ 知性的な **intellectual**[インタレクチュアル]；（知能の高い）**intelligent**

ちたい【地帯】**an area**[エ(ァ)リア]；（境界のはっきりした）**a zone**[ゾウン]；（地理的な）**a region**[リーヂャン]
- 工業地帯 an industrial *area*
- 山岳地帯 a mountainous *area*
- 安全［危険］地帯 a safety [danger] *zone*
- 森林地帯 a forest *region*

ちち¹【父】

a father[ファーザァ]（⇔母 a mother）➡ **おとうさん**
- 父の日 *Father's* Day
- 父は銀行に勤めている．*My father* works for a bank.

ちち²【乳】**milk**[ミルク]；（乳房）**a breast**[ブレスト]
━ 乳を搾る **milk**
- ハルカは牛の乳を搾ってみた．Haruka tried *milking* a cow.

ちちおや【父親】**a father**[ファーザァ] ➡ **おとうさん**

ちちかた【父方の】**paternal**[パターヌル]
- 父方の祖母は90歳です．My *paternal* grandmother is ninety years old.

ちぢこまる【縮こまる】**curl up**[カール アップ]，**huddle up**[ハドゥル アップ]
- 冷たい風で体が縮こまった．I *curled up* because of the chilly wind.

ちぢむ【縮む】**shrink**[シュリンク]
- セーターを洗ったら縮んでしまった．My sweater *shrank* when I washed it.

ちぢめる【縮める】**shorten**[ショートゥン]，**cut off**
- ズボンの丈を縮めてくれない？ Will you *shorten* my pants?
- 彼は自己ベストタイムを10秒も縮めた．He *cut*

ten seconds *off* his personal record.
ちちゅうかい【地中海】**the Mediterranean (Sea)**[メダタレイニアン (スィー)]
ちぢれる【縮れる】**curl (up)**[カール (アップ)], **frizzle**[フリズル]
━縮れた **curly, frizzy**
・縮れた髪(かみ) *curly* [*frizzy*] hair
ちつじょ【秩序】**(public) order**[オーダァ]
━秩序正しい[正しく] **orderly**
ちっそ【窒素】**nitrogen**[ナイトゥラヂャン]
ちっそく【窒息する】**choke**[チョウク]
ちっとも not ... at all[オール]
・彼の話はちっともおもしろくなかった.
His story was *not* interesting *at all*.
チップ[1]〖サービスに対するお礼のお金〗**a tip**[ティップ](★発音注意)
・この料金にチップは含まれていない.
The price doesn't include the *tip*.
━チップをやる **tip, give a tip**
・父はウエーターにチップを2ドル渡(わた)した.
My father *tipped* the waiter two dollars.
チップ[2]〖野球〗**a tip**[ティップ](★発音注意)
チップ[3]〖野菜などの薄切り〗**a chip**[チップ]
・ポテトチップ(ス) ⓐ**potato** *chips*, ⓑ(**patato**) *crisps*
ちっぽけ【ちっぽけな】**petty**[ペティ]
ちてき【知的な】**intellectual**[インテレクチュアル]; 〖知能の高い〗**intelligent**[インテラヂャント]
・彼女はとても知的だ.
She is very *intelligent*.
ちなみに by the way[ウェイ]
…ちなんで【…(に)ちなんで】**after ...**[アフタァ]
・彼はおじにちなんでケンと名付けられた.
He was named Ken *after* his uncle.
ちのう【知能】**intelligence**[インテラヂャンス]
━知能の高い **intelligent**
・チンパンジーは知能が高い.
Chimpanzees are *intelligent*.
|知能検査 **an intelligence test, a mental test**;(知能指数テスト)**an IQ test**
|知能指数 **an intelligence quotient**(▶IQ, I.Q.と略す)
ちび【ちびの】**tiny**[タイニィ], **little**[リトゥル]
|ちびっこ **a kid, a little one**
ちびちび little by little[リトゥル バイ リトゥル]
━ちびちび飲む(すする) **sip**
ちぶさ【乳房】**a breast**[ブレスト]
チフス typhoid (fever)[タイフォイド (フィーヴァ)]
ちへいせん【地平線】**the horizon**[ハライズン]
・太陽がゆっくりと地平線上に昇(のぼ)った.
The sun slowly rose over *the horizon*.
ちほう【地方】**a region**[リーヂャン]; (狭(せま)い)**a district**[ディストゥリクト], **an area**[エ(ァ)リア]; (田舎(いなか))**the country**[カントゥリィ]
・熱帯地方 the tropical *region*
・きのう,関西地方に大雨が降った. There was a heavy rain in the Kansai *area* yesterday.
・彼は地方の中学生だ.
He is a junior high school student living in *the countryside*.
━地方の(地元の)**local**
|地方公務員 **a local government worker**
|地方色 **local color**
|地方新聞 **a local paper**
ちめい[1]【地名】**a place name**[プレイス ネイム]
ちめい[2]【致命的な】**fatal**[フェイトゥル]
・彼は試合で致命的なミスをした.
He made a *fatal* error in the game.
|致命傷 **a fatal wound**

ちゃ【茶】

tea[ティー]; (緑茶)**green tea**[グリーン], (紅茶)**black tea**[ブラック](▶英米ではteaと言えばふつうblack teaをさす)

black tea　　　　　green tea

・濃(こ)い[薄(うす)い, 苦い]お茶
strong [weak, bitter] *tea*
・ほうじ茶 roasted *tea*
・母はお茶を1杯(ぱい)飲んだ.
My mother had [drank] a cup of *tea*.
・私はお茶を入れた[出した].
I made [served] *tea*.
・お茶にしましょう. Let's have a *tea* break.
・もう1杯お茶はいかがですか.
How about another cup of *tea*?
|茶さじ **a teaspoon**
|茶の湯 **tea ceremony**
チャージ【チャージする】**charge**[チャーヂ]
・ICカードをチャージしなくちゃ.
My IC card needs *charging*.
チャーシュー Chinese barbecued pork[チャイニーズ バービキュード ポーク]
|チャーシュー麺(めん) **noodles with slices of barbecued pork**
チャーター【チャーターする】**charter**[チャータァ]
・学校は遠足にバスをチャーターした.

チャンス 🐧

The school *chartered* a bus for the school trip.
▌チャーター機 a chartered plane

チャート a chart[チャート]

チャーハン fried rice[フライド ライス]
・えびチャーハン *fried rice* with shrimp

チャーミング【チャーミングな】(魅力(りょく)的な) **charming**[チャーミング], **attractive**[アトゥラクティヴ]

チャーム a charm[チャーム]

チャイム chimes[チャイムズ]; (学校の)**bell**[ベル]
・チャイムが鳴っている.
The *chimes* are ringing.
・学校のチャイム the school *bell*

ちゃいろ【茶色(の)】**brown**[ブラウン]
・薄(う)[焦(こ)げ]茶色 light [dark] *brown*
▌茶色っぽい **brownish**

ちゃかす(冗談(じょう)扱(あつか)いする)**make fun of** ...[ファン]
・ちゃかさないでよ. Stop *making fun of* me.

…ちゃく【…着】

❶到着	**be due** (at ..., in ...)
❷着順	(…着になる)**finish** ..., **come in** ...
❸服の1着	**a suit, a dress**

❶〔到着〕**be due** (**at** ..., **in** ...)[ドゥー]
・その飛行機は10時に成田着の予定です.
The plane *is due at* Narita at ten.
❷〔着順〕(…着になる) **finish** ...[フィニッシュ], **come in** ...[カム]
・ユキはマラソンで3着になった. Yuki *finished* [*came in*] third in the marathon.
❸〔服の1着〕**a suit**[スート], **a dress**[ドゥレス]
・スーツ4着 four *suits* (of clothes)

ちゃくじつ【着実な】**steady**[ステディ]
▬**着実に steadily**; (一歩一歩)**step by step**
・私の英語は着実に伸(の)びている.
I'm making *steady* progress in English.

ちゃくしょく【着色する】**color**, ⊛**colour**[カラァ]; (ある色に塗(ぬ)る)**paint**[ペイント]
▌着色料 **coloring**

ちゃくしん【着信】**an incoming call**[インカミング コール]
▌着信履歴(りれき)(スマホの)**incoming call history**; (Eメールの)**incoming email history**

ちゃくしんおん【着信音】**a ringtone**[リングトウン]
・スマホの着信音をオフにした.
I turned off the *ringtone* on my

smartphone.
・メッセージの着信音 a message alert

ちゃくせき【着席する】**take a** [*one's*] **seat**[スィート], **have a seat**, **be seated**[スィーティド], **sit down**[スィット ダウン]
・生徒はいっせいに着席した. The students *took their seats* all at once.

ちゃくち【着地する】**get down**, **land**[ランド]

ちゃくちゃく【着々と】➡ちゃくじつ

ちゃくメロ【着メロ】**a ringtone**[リングトウン]

ちゃくりく【着陸】(a) **landing**[ランディング](⇔離(り)陸(りく)(a) takeoff)
▬**着陸する land**(⇔離陸する **take off**), **make a landing**
・私たちの飛行機はスムーズに着陸した.
Our plane *landed* smoothly.

ちゃっかり【ちゃっかりした】**shrewd**[シュルード]
・ミワはちゃっかりその人気歌手といっしょに写真を撮(と)ってもらっていた. Miwa was *shrewd* enough to take a picture with the pop singer.

チャック(主に⊛)**a zipper**[ズィッパァ], ⊛**a zip**[ズィップ], **a fastener**[ファスナァ]➡ファスナー

ちゃづけ【茶漬け】**rice with green tea poured on it**[ライス][グリーン ティー][ポード]

チャット(a) **chat**[チャット]
▬**チャットする chat online**
・兄は2時間もチャットしていた. My brother spent two hours *chatting online*.
▌チャットルーム **a chat room**

ちゃのま【茶の間】(居間)**a living room**[リヴィング ルーム]

ちゃぱつ【茶髪】**dyed brown hair**[ダイド ブラウン ヘア]

ちやほや【ちやほやする】
・みんなその犬をちやほやした.
Everyone *made a fuss* over the puppy.

チャリティー charity[チャラティ]
▌チャリティーコンサート **a charity concert**

チャリ(ンコ)➡じてんしゃ

チャレンジ➡ちょうせん¹
・チャレンジしてみる！ I'll give it a *try*.
▬**チャレンジする try**, **take up**

ちゃわん【茶わん】(ご飯用)**a** (**rice**) **bowl**[ライス ボウル]; (飲み物用)**a cup**[カップ], **a teacup**[ティーカップ]
・茶わん1杯(ぱい)のご飯 a *bowl* of rice

…ちゃん(▶英語であてはまる表現はない)➡…さん

チャンス a chance[チャンス], an opportunity[アパチューナティ]➡きかい²
・このチャンスを逃(のが)すな.

four hundred and twenty-five　　425

Don't miss this *chance* [*opportunity*].

ちゃんと(きちんと) **properly**[プロパァリィ]; (確かに) **surely**[シュアリィ]; (正確に) **exactly**[イグザクトゥリィ]; (一生懸命(いっしょうけんめい)に) **hard**[ハード]
- ちゃんと話せるかな？ I wonder if I will be able to speak *properly*?
- **ちゃんとした proper**

チャンネル **a channel**[チャヌル] (★発音注意)
- 彼はチャンネルを替(か)えた．
  He changed the *channel*.
- そのドラマは8チャンネルでやっている．
  The drama is on *Channel* 8.

チャンピオン **a champion**[チャンピアン], 《話》**a champ**[チャンプ]
- テニスの世界チャンピオン
  a world *champion* in tennis

ちゅう¹[注] **a note**[ノウト]; (脚(きゃく)注) **a footnote**[フットノウト]

ちゅう²[中] (平均) **(an) average**[アヴ(ァ)リッヂ]; (真ん中) **the middle**[ミドゥル]
- 成績は中の上[下]くらいだ．My grades are slightly above [below] *average*.
- **中くらいの average, medium**[ミーディアム]
- 中くらいの身長の生徒
  a student of *medium* height

…**ちゅう**【…中】

❶期間	**during ..., in ...**
❷最中	(…の最中) **under ...**; (…する間) **while ...**
❸場所	**in ...**
❹数の範囲(はんい)	**out of ...**

❶[期間] **during ...**[ドゥ(ァ)リング], **in ...**[イン]
- 夏休み中 *during* the summer vacation
- セール中で店内は混んでいた．
  The store was crowded *during* the sale.
- 午前中に *in* the morning
- 2, 3日中に *in* a few days
- 一日中 *all* day *long*

❷[最中] (…の最中) **under ...**[アンダァ]; (…する間) **while ...**[(ホ)ワイル]
- 新しい校舎はまだ工事中です．
  The new school building is still *under* construction.
- 勉強中に話しかけないで！
  Don't talk to me *while* I'm studying!

❸[場所] **in ...**
- 空気中に *in* the air

❹[数の範囲] **out of ...**[アウト]
- 10問中7問が正解だった．
  I got 7 questions correct *out of* 10.

ちゅうい【注意】

❶意識を集中すること	**attention**
❷用心, 心遣(づか)い	**care**
❸忠告	**advice**; (警告) **warning**

pay attention (to ...)　take care (of ...)

❶[意識を集中すること] **attention**[アテンション]
- **注意深い attentive**(⇔不注意な careless)
- **注意深く attentively**
- **注意する pay attention**(to ...)[ペイ]
- 彼の言うことを注意して聞こう．
  Let's *pay attention* to what he says.

❷[用心, 心遣い] **care**[ケァ]
- **注意深い careful**(⇔不注意な careless)
- **注意深く carefully, with care**
- 彼は凍(こお)った道を注意深く歩いた．
  He walked *carefully* on the icy road.
- **注意する take care**(of ...), **be careful**
- ガラス製品は注意して扱(あつか)ってください．
  Please *take* good *care of* glass products.
- インフルエンザにかからないように注意してください．*Be careful* not to catch (the) flu.

❸[忠告] **advice**[アドゥヴァイス]; (警告) **warning**[ウォーニング]
- 一言注意しておきたい．
  Let me give you a piece of *advice*.
- **注意する advise**[アドゥヴァイズ](★名詞とのつづり・発音の違(ちが)いに注意); **warn**
- 私は何度も弟に注意した．
  I have *warned* my brother many times.

┃注意報 **a warning**

ちゅういち【中1】→ ちゅうがく

チューインガム **chewing gum**[チューイング ガム], **gum**
- チューインガム1枚
  a stick [piece] of *chewing gum*

ちゅうおう【中央】

the middle[ミドゥル]; (中心) **the center**, ⓑ**the centre**[センタァ]
- 道路の中央に *in the middle* of the road
- その公園は町の中央にある．
  The park is in *the center* of the town.
- **中央の middle**; **central**[セントゥラル]

ちゅうしゃ¹

中央アジア **Central Asia**
中央アメリカ **Central America**

ちゅうか【中華】**Chinese**[チャイニーズ]
‖中華街 **a Chinatown**
‖中華料理 **Chinese food**［**dishes**］
‖中華料理店 **a Chinese restaurant**

ちゅうがえり【宙返り】**a somersault**[サマァソール
ト], **a flip**[フリップ]
• 少女は前方[後方]宙返りをした.
 The girl did a front［back］*flip*.

ちゅうがく【中学(校)】
(主に日本の)**a junior high school**[ヂューニァ ハ
イ スクール], **a junior high**
• 公立[私立]中学校
 a public［private］*junior high school*
• 私は西中学に通っている.
 I go to Nishi *Junior High School*.
• 私は中学1[2, 3]年生です.
 I'm a first-［second-, third-］year student
 at (a) *junior high school*.
‖中学時代 one's junior high school days
‖中学生活 one's junior high school life: 中学
生活は楽しい. *My junior high school life* is
fun.

ちゅうがくせい【中学生】(主に日本の)**a junior
high school student**[ヂューニァ ハイ スクール スト
ゥードゥント]
• ケンは中学生だ.
 Ken is a *junior high school student*.

ちゅうがっこう【中学校】➡ ちゅうがく

ちゅうかん【中間】**the middle**[ミドゥル]
➡中間の **middle**, **mid-**[ミッド]
➡…の中間に **halfway**［**midway**］**between
... and ～**[ハーフウェイ ミッドウェイ]; (間に)
between ... and ～
• 岡山は神戸と広島の中間にある. Okayama is
 halfway between Kobe *and* Hiroshima.
‖中間試験 a midterm examination［**exam**］

ちゅうきゅう【中級の】**intermediate**[インタァミー
ディアット]
• 英会話の中級クラス an *intermediate* class
 in English conversation

ちゅうきょりそう【中距離走】**a middle-distance
race**[ミドゥルディスタンス レイス]
‖中距離走者 a middle-distance runner

ちゅうくらい【中位の】**medium**[ミーディアム]

ちゅうけい【中継】(中継放送)**a (remote)
broadcast**[(リモゥト) ブロードゥキャスト]
• サッカーの試合の生中継があるよ.
 There'll be a live *broadcast* of a soccer
 game.

four hundred and twenty-seven

➡中継する **broadcast**, **report from ...**

ちゅうげん【(お)中元】(贈り物)**a midyear
gift**[ミッドイァ ギフト](►欧米にはお中元をや
りとりする習慣はない)

ちゅうこ【中古の】**used**[ユーズド], **secondhand**
[セカンドゥハンド]
• 中古のゲームソフトを買った.
 I bought a *used* video game.
‖中古車 a used［secondhand］car

ちゅうこう【中高】
‖中高一貫教育 a unified junior and
senior high school education system
‖中高一貫校 an integrated［combined］
junior and senior high school
‖中高生 junior and senior high school
students

ちゅうこうねん【中高年の】**middle-aged**

ちゅうこく【忠告】(助言)**advice**[アドゥヴァイス]
• 私たちは先生の忠告に従った. We followed
 ［took］our teacher's *advice*.
➡忠告する **advise**[アドゥヴァイズ](★名詞とのつづり・
発音の違いに注意)
• 父は私に忠告してくれた. My father gave me
 some *advice*.(►an adviceは×)
〈人〉に…するよう忠告する
advise＋〈人〉＋to＋〈動詞の原形〉
• コーチは彼にもっと練習するように忠告した.
 The coach *advised* him *to* practice more.

ちゅうごく¹【中国】**China**[チャイナ]
➡中国(語, 人)の **Chinese**[チャイニーズ]
‖中国語 Chinese
‖中国人 a Chinese

ちゅうごく²【中国(地方)】**Chugoku**, **the Chugoku
area**［**district**］[エ(ァ)リア ディストゥリクト]

ちゅうざいしょ【駐在所】**a police box**[パリース
バックス]

ちゅうし【中止する】**stop**[スタップ]; (取りやめる)
call off[コール オーフ], **cancel**[キャンサル]
• 運動会は雨で中止になった.
 The field day was *called off* because of
 rain. / The field day was *canceled* because
 of rain.

ちゅうじつ【忠実な】**faithful**(**to ...**)[フェイスフ
ル]
• うちの犬は母に忠実だ.
 Our dog is *faithful to* our mother.
➡忠実に **faithfully**

ちゅうしゃ¹【注射】(**an**)**injection**[インヂェクショ
ン], (話)**a shot**[シャット]
➡注射(を)する (医師が)**give a shot**, **inject**[イ
ンヂェクト]; (患者が)**get**［**have**］**a shot**
• インフルエンザの予防注射をした[受けた].

427

あ
か
さ
た
ち
な
は
ま
や
ら
わ

ちゅうしゃ²

I *got* [*had*] *a shot* against influenza.
∥注射器 a syringe

ちゅうしゃ²【駐車】**parking**[パーキング]
- 駐車禁止
  《掲示》NO *PARKING*

公園の「駐車禁止」の掲示（カナダ）

➡駐車する park
∥駐車違反 a parking violation
∥駐車場 a parking lot

ちゅうじゅん【中旬に】**in the middle of** ...[ミドゥル], **in mid-**...
- 3月中旬にスキーに行きます．I'll go skiing *in the middle of* March. / I'll go skiing *in mid*-March.

ちゅうしょう【抽象的な】**abstract**[アブストゥラクト]（⇔具体的な concrete）
∥抽象画 an abstract painting
∥抽象名詞〖文法〗an abstract noun

ちゅうしょうきぎょう【中小企業】**small and medium-sized businesses**[スモール][ミーディアム サイズド ビズニスィズ]

ちゅうしょく【昼食】

lunch[ランチ]
- 遅い［軽い］昼食 a late［light］*lunch*（▶形容詞がつくと a［an］+〈形容詞〉+lunch となる）
- きょうの昼食はカレーだった．I had［ate］curry and rice for *lunch* today.
- 日曜の昼食は父が作る．
  My father cooks *lunch* on Sundays.
∥昼食時間 lunchtime

ちゅうしん【中心】

the center, 英 **the centre**[センタァ]
- 円の中心 *the center* of a circle
- そのホテルは町の中心にあります．The hotel is in *the center* of the town.

➡中心の central[セントゥラル]
∥中心人物 a key person

ちゅうせい¹【中世】（西洋史で）**the Middle Ages**[ミドゥル エイヂズ]；（日本史で）**the Medieval Period**[ミーディイーヴァル ピ(ァ)リアッド]

ちゅうせい²【中性の】**neutral**[ヌートゥラル]
∥中性洗剤（㊥）（a）neutral detergent

ちゅうせん【抽選】**a raffle**[ラッフル], **a lottery**[ラッタリィ]➡くじ
- 私は抽選に当たった［外れた］．
  I won［didn't win］the *raffle*［*lottery*］. / I *drew* the winning［losing］*lot*.
∥抽選券 a lottery ticket

ちゅうたい【中退する】**quit school**[クウィット スクール], **drop out of school**[ドゥラップ アウト]
- 彼は高校を中退した．
  He *quit*［*dropped out of*］high *school*.
∥中退者 a dropout

ちゅうだん【中断する】（やめる）**stop**[スタップ]；（妨げる）**interrupt**[インタラプト]
- 試合は雨で中断された．
  The game was *interrupted* by rain.

ちゅうちゅう（吸う）**suck**[サック]；（ねずみが鳴く）**squeak**[スクウィーク]

ちゅうちょ（a）**hesitation**[ヘザテイション]
- 私はちゅうちょなくメンバーに加わった．
  I joined as a member without *hesitation*.

➡ちゅうちょする hesitate➡ためらう

ちゅうと【中途の[で]】**halfway**[ハーフウェイ]
∥中途半端（㊥）：中途半端でやめるな．Don't give up *in the middle*.

ちゅうとう【中東】**the Middle East**[ミドゥル イースト]
➡中東の Middle Eastern[イースタン]

ちゅうどく【中毒】（毒物による）**poisoning**[ポイズニング]
- 10人が食中毒にかかった．Ten people got［suffered from］food *poisoning*.

チューナー a tuner[トゥーナァ]
チューニング tuning[トゥーニング]

ちゅうねん【中年】**middle age**[ミドゥル エイヂ]
➡中年の middle-aged
- 中年の夫婦（㊥）a *middle-aged* couple

チューバ〖楽器〗a tuba[トゥーバ]

ちゅうび【中火】**medium heat**[ミーディアム ヒート]
- スープを中火であたためた．
  I heated the soup over *medium heat*.

ちゅうぶ¹【中部】（中央の部分）**the central part**[セントゥラル パート]

ちゅうぶ²【中部（地方）】**Chubu, the Chubu area**[district][エ(ァ)リア][ディストゥリクト]]

チューブ a tube[トゥーブ]
- チューブ入り歯みがき a *tube* of toothpaste

ちゅうもく【注目】**attention**[アテンション]
- 彼女の発明は注目を集めた．
  Her invention gathered *attention*.

ちょうし

- レイは私たちの野球チームの注目の新人だ.
Rei is the new *up-and-comer* on our baseball team.
- ━注目する **pay** [**give**] **attention to** ...
- 私は注目されてしまった.
Everyone *paid attention to* me.
- ━注目すべき **remarkable**

ちゅうもん【注文】**an order**[オーダァ]
- すみません, 注文したいのですが.
Excuse me, could you take our *order*?
- ━注文する **order**
- ネットで本を注文した.
I *ordered* the book from an online shop.

ちゅうりつ【中立の】**neutral**[ヌートゥラル]
- 先生は中立を守ろうとしていた.
The teacher tried to remain *neutral*.
‖ 中立国 **a neutral nation** [**state**]

チューリップ〖植物〗**a tulip**[トゥーリップ]

ちゅうりゅう【中流】(社会階級の)**the middle class**[ミドゥル クラス]; (川の)**the middle of a river**[リヴァ]
- ━中流の **middle-class**

ちゅうりんじょう【駐輪場】**a bicycle parking lot**[バイスィクル パーキング ラット], **a bicycle shed**[シェッド]

ちゅんちゅん(すずめなどが鳴く)**chirp**[チャープ], **twitter**[トゥイッタァ]

ちょう¹〖蝶〗〖虫〗**a butterfly**[バタァフライ]
‖ 蝶ネクタイ **a bow tie**
‖ 蝶結び **a bowknot**

ちょう²〖腸〗(腸全体)**the bowels**[バウ(ァ)ルズ], (大腸と小腸)**the intestines**[インテスティンズ]
- 大[小]腸 the large [small] *intestine*

ちょう³〖兆〗**a trillion**[トゥリリャン]
- 10兆円
ten *trillion* yen(▶ ten trillions yenは×)

ちょう⁴〖庁〗**an agency**[エイヂャンスィ]

ちょう…〖超…〗**really**[リー(ァ)リィ], **super**[スーパァ], **extremely**[イクストゥリームリィ]
- その宿題は超簡単だった.
That homework was *really* [*super*] easy.
‖ 超ミニ(スカート) **a micro skirt**

…ちょう〖…調〗〖音楽〗➡たんちょう², ちょうちょう²

ちょういちりゅう【超一流の】**super**[スーパァ]
- 彼は超一流のゲーマーだ.
He is a *super* gamer.

ちょうおんそく【超音速の】**supersonic**[スーパァサニック]
- 超音速のスピードで at *supersonic* speed
‖ 超音速機 **a supersonic plane**

ちょうおんぱ〖超音波〗**ultrasound**[アルトゥラサウンド]

- ━超音波の **ultrasonic**[アルトゥラサニック]

ちょうか【超過】**excess**[イクセス]
- ━超過する **exceed**[イクスィード]

ちょうかく【聴覚】(**the sense of**)**hearing**[(セ ンス)][ヒ(ァ)リング]
- その犬は聴覚が鋭い[にぶい]. That dog has a good [bad] sense of *hearing*.

ちょうかん【朝刊】**a morning edition** [**paper**] [モーニング イディション[ペイパァ]]

ちょうきょう【調教】**training**[トゥレイニング]
- ━調教する **train**
- 彼女はいるかを調教している.
She is *training* a dolphin.
‖ 調教師 **a trainer**

ちょうきょり【長距離】**a long distance**[ローング ディスタンス]
‖ 長距離走 **a long-distance race**
‖ 長距離走者 **a long-distance runner**
‖ 長距離電話 **a long-distance call**

ちょうこう【兆候】**a sign**[サイン]; (病気の)**a symptom**[スィンプタム]
- 彼はインフルエンザの兆候を示していた.
He showed *symptoms* of the flu.

ちょうこうそう【超高層の】**high-rise**[ハイライズ]
‖ 超高層ビル **a high-rise building**, **a skyscraper**
‖ 超高層マンション **a high-rise apartment building**

ちょうこく【彫刻】(**a**)**sculpture**[スカルプチァァ], (**a**)**carving**[カーヴィング]
‖ 彫刻家 **a sculptor**, **an engraver**
‖ 彫刻刀 **a chisel**

ちょうさ【調査】(事故・犯罪の)(**an**)**investigation**[インヴェスタゲイション]; (実態の)**a survey**[サァヴェイ]
- 探偵は調査を開始した.
The detective started an *investigation*.
- (アンケート)調査をしてみたい.
I'd like to conduct a *survey*.
- ━調査(を)する **investigate**; **survey**
- その事件は調査中だ.
The case is being *investigated* now.
‖ 調査書 **an investigation report**

ちょうし【調子】

❶体調, 具合	condition, shape
❷音の	(a) tune
❸口調	a tone
❹やり方	a way
❺勢い, はずみ	(下記❺参照)

❶〖体調, 具合〗**condition**[カンディション], **shape**

four hundred and twenty-nine 　429

ちょうじゅ

[シェイプ]
・私はこのところ体の調子がいい.
I'm in good *shape* these days.
・(あいさつで)調子はどうですか.
How are you(doing)?
・調子が悪い.
I'm not feeling well.
❷[音の]〔a〕tune[トゥーン]
・彼女は調子外れに歌った.
She sang out of *tune*.
❸[口調]a tone[トウン]
・父は怒(い)った調子で私に話をした.
My father spoke to me in an angry *tone*.
❹[やり方]a way[ウェイ]
・その調子だ! That's the *way*! / *Way* to go!
❺[勢い, はずみ]
・日本チームは調子が出てきた. The Japan team looks like they are coming back.
・調子に乗っちゃだめ!
Don't get carried away!

ちょうじゅ【長寿】long life[ローング ライフ]
・長寿のひけつは何ですか.
What is the secret of *long life*?

ちょうしゅう【聴衆】an audience[オーディアンス]
(▶単数・複数扱い)
・たくさんの[少ない]聴衆 a large[small] *audience*(▶many[few] audienceは×)

ちょうしょ【長所】a strong[good]point[ストゥローング[グッド]ポイント](⇔短所 a weak point), strength[ストゥレンクス]
・ナオの長所は明るいことだ. Nao's *strong point* is cheerfulness. / Nao's *strength* is cheerfulness.

ちょうじょ【長女】the oldest daughter[オウルデイスト ドータァ], the eldest daughter[エルディスト](▶娘(ゖ)が2人の場合はthe older[elder]daughterを用いる)
・私は長女です. I'm the oldest[eldest] *daughter* in my family.

ちょうじょう【頂上】the top[タップ], the summit[サミット], the peak[ピーク]
・私たちは山の頂上にたどり着いた. We reached *the top*[*summit*]of the mountain.

ちょうしょく【朝食】

breakfast[ブレックファスト]
・軽い朝食 a light *breakfast*(▶形容詞がつくとa[an]+〈形容詞〉+breakfastとなる)
・朝食を食べている時に
at[during]*breakfast*
・ふつう何時に朝食を食べますか. What time do you usually have[eat]*breakfast*?

・けさは朝食を抜(ぬ)いた.
I skipped *breakfast* this morning.
・朝食にはパンよりご飯だ.
I prefer rice to bread for *breakfast*.

ちょうしん¹【長針】(時計の)the minute hand[ミニット ハンド](⇔短針 the hour hand)→とけい図

ちょうしん²【長身の】tall[トール]
・彼女は長身だ.
She is *tall*.

ちょうしんき【聴診器】a stethoscope[ステサスコウプ]

ちょうせつ【調節】adjustment[アヂャストゥマント]
━調節する adjust
・この画面は明るさが調節できる. You can *adjust* the brightness of this screen.

ちょうせん¹【挑戦】a challenge[チャリンヂ]
・私たちは西中学校の挑戦に応じた.
We accepted Nishi Junior High School's *challenge*.
━挑戦する challenge; (試みる)try, give … a try
・次の試合で彼に挑戦する. I'll be *challenging* him in the next game.
・「できるかどうかわからない」「挑戦してみたら」
"I don't know if I can do it." "Just *try*."
▌挑戦者 a challenger

ちょうせん²【朝鮮】Korea[カリーア]→かんこく, きたちょうせん
━朝鮮(語, 人)の Korean
▌朝鮮語 Korean
▌朝鮮人 a Korean
▌朝鮮半島 the Korean Peninsula

ちょうだい→ください
・何か飲み物をちょうだい.
Give me something to drink.

…ちょうだい【…(して)ちょうだい】→…ください

ちょうちょう¹【町長】a mayor[メイァ]

ちょうちょう²【長調】《音楽》a major(key)[メイジァァ(キィ)](⇔短調 a minor(key))
・イ長調 A *major*

ちょうちん a(paper)lantern[ランタァン]

ちょうてん【頂点】the top[タップ], the peak[ピーク]

ちょうど

just[ヂャスト]; (正確に)**exactly**[イグザクトゥリィ]
・ちょうどいいときに来たね.
You came at *just* the right moment.
・列車はちょうど10時に発車した.
The train left at *exactly* ten o'clock.

430　　　four hundred and thirty

ちょうど…するところだ
be about to＋〈動詞の原形〉
・今ちょうど出かけるところだ.
I *am about to* leave.
ちょうど…したところだ
have just＋〈過去分詞〉
・母はちょうど帰ってきたところだ.
My mother *has just* returned.
ちょうどうけん【聴導犬】**a hearing dog**
ちょうとっきゅう【超特急】(列車)**a superexpress**[スーパイクスプレス]
ちょうない【町内】**neighborhood**[ネイバァフッド]
▎町内会 **a neighborhood association**
▎町内会長 **a neighborhood association president**
ちょうなん【長男】**the oldest son**[オウルディストサン], **the eldest son**[エルディスト](▶息子(ﾑｽｺ)が2人の場合はthe older [elder] sonを用いる)
・私は長男です. I'm *the oldest* [*eldest*] *son* in my family.
ちょうのうりょく【超能力】**supernatural powers**[スーパァナチャラル パウァズ]
▎超能力者 **a person with supernatural powers**
ちょうはつ【長髪】**long hair**[ローング ヘァ]
・その写真家は長髪にしている.
The photographer has his *hair long*.
ちょうぶん【長文】**a long passage**[パスィッヂ]
ちょうへん【長編の】**long**[ローング]
▎長編映画 **a long movie**
▎長編小説 **a long novel**
ちょうほうけい【長方形】**a rectangle**[レクタングル]➡せいほうけい 図
━長方形の **rectangular**[レクタンギュラァ]
ちょうまんいん【超満員の】**overcrowded**[オウヴァクラウディド],(話)**jam-packed**[ヂャムパックト]
・スタジアムは超満員だった. The stadium was *overcrowded* [*jam-packed*].
ちょうみりょう【調味料】(a) **seasoning**[スィーズニング](▶塩, こしょうなど. 砂糖は含(ﾌｸ)まない)
ちょうみん【町民】(1人)**a citizen**[スィティズン], (全体)**townspeople**[タウンズピープル]
…ちょうめ【…丁目】旧≠英 **-chome**(▶日本独特の言い方. ふつう数字だけを書く)
・東京都新宿区四谷9丁目2番5号
9-2-5 Yotsuya, Shinjuku-ku, Tokyo
ちょうやく【跳躍】**a jump**[ヂャンプ]
━跳躍する **jump**
ちょうり【調理】**cooking**[クッキング]; (調理法)**cookery**[クッカリィ]➡りょうり❶
━調理する **prepare**[プリペァ], **make**; (熱を加えて)**cook**

▎調理器具 **cooking utensils**
▎調理師 **a cook**
▎調理室 **a food-preparation room**
▎調理実習 **cooking practice**
▎調理台 **a food-preparation table**
▎調理方法 **a recipe**
ちょうりつ【調律】**tuning**[トゥーニング]
▎調律師 **a piano tuner**
ちょうりゅう【潮流】(a) **tide**[タイド]
ちょうりょく【聴力】**hearing** (**ability**)[ヒ(ｱ)リング (アビラティ)]
・祖父は聴力が衰(ｵﾄﾛ)えてきている.
My grandfather is losing his *hearing*.
▎聴力検査 **a hearing test**
ちょうれい【朝礼】**a morning assembly**[モーニング アセンブリィ](▶日本的な習慣)
ちょうわ【調和】**harmony**[ハーモニィ]
・私たちは環境(ｶﾝｷｮｳ)と調和して生きなければならない. We should live in *harmony* with the environment.
━調和する **go well** (**with** ...), **harmonize** (**with** ...)[ハーマナイズ]
・このカーテンは部屋とよく調和している.
These curtains *go well with* the room.
チョーク chalk[チョーク]
・チョーク1本
a piece of *chalk*(▶チョーク2本はtwo pieces of *chalk*)
・黄色のチョークで書いて.
Write with yellow *chalk*.
ちょき(じゃんけんで)**scissors**[スィザァズ]➡じゃんけん
ちょきん¹【貯金】**savings**[セイヴィングズ]; (銀行預金)**a deposit**[ディパズィット]
・レオは貯金で自転車を買った. Reo bought a bicycle with her *savings*.
━貯金する (ためる)**save** (**money**)
・兄はオートバイを買うために貯金している.
My brother is *saving money* to buy a motorcycle.
▎貯金通帳 **a bankbook**, **a passbook**
▎貯金箱 **a piggy bank**

bankbook

piggy bank

ちょきん²(ちょきんと切る)**snip**[スニップ], **cut off**[カット オーフ]
ちょくご【直後に】**right** [**just**] **after** ...[ライト [ヂャスト]]

ちょくせつ

ちょくせつ【直接の】**direct**[ディレクト]（⇔間接の indirect）
- ➡直接(に) **directly**; (本人自ら) **in person**
  - それについては先生に直接相談しなさい.
  - You should talk to your teacher *directly* [*in person*] about that.
- ▌直接目的語〖文法〗**a direct object**
- ▌直接話法〖文法〗**direct speech** [**narration**]

ちょくせん【直線】**a straight line**[ストゥレイト ライン]➡ せん² 図
- 一直線に[直線距離で] in a *straight line*
- 定規で直線を引いた.
  - I drew a *straight line* with a ruler.
- ▌直線コース **a straight course**

ちょくぜん【直前に】**right** [**just**] **before ...**[ライト[チェスト]]
- テストの直前に風邪(ぜ)を引いた.
  - I caught a cold *just before* the test.

ちょくちょく（very）**often**[オーフン]

ちょくつう【直通の】(乗り換(か)えがない)**direct**[ディレクト], **through**[スルー]; (途中(ちゅう)で止まらない)**nonstop**[ナンスタップ]
- ▌直通列車 **a through train; a nonstop train**

ちょくめん【直面する】**face**[フェイス], **be faced**（**with ...**）[フェイスト]
- 私はどうしようもない問題に直面していた.
  - I *was faced with* an impossible problem.

ちょくやく【直訳】**a literal translation**[リタラル トゥランスレイション]
- ➡直訳する **translate ... literally** [**word for word**]

ちょくりつ【直立の[して]】**upright**[アップライト]
- ➡直立する **stand upright** [**straight**][ストゥレイト]

ちょくりゅう【直流】**direct current**[ディレクト カラント]（⇔交流 alternating current）（▶DCと略す）

ちょこちょこ【ちょこちょこ歩く】**toddle**[タ ドゥル]

ちょこっと➡ ちょっと❶

チョコ（レート）（a）**chocolate**[チョーカラット]
- 板チョコ1枚
  - a bar of *chocolate* / a *chocolate* bar
- 生チョコ
  - very soft *chocolate* made with cream
- ▌チョコレートケーキ **a chocolate cake**

ちょさくけん【著作権】**copyright**[カピライト]

ちょしゃ【著者】**an author**[オーサァ]; (筆者) **a writer**[ライタァ]

ちょしょ【著書】**a book**[ブック]

ちょすいち【貯水池】**a reservoir**[レザヴワ]

ちょぞう【貯蔵】**storage**[ストーリッヂ]; (貯蔵物)

（a）**stock**[スタック]
- ➡貯蔵する **store**
- ▌貯蔵室 **a storeroom**

ちょちく【貯蓄】(蓄(たくわ)えること)**saving**[セイヴィング]; (貯金) **savings**[セイヴィングズ]➡ ちょきん¹
- ➡貯蓄する **save**

ちょっかい【ちょっかいを出す】**tease**[ティーズ], **meddle**（**with**）[メドゥル]

ちょっかく【直角】**a right angle**[ライト アングル]
- ▌直角三角形 **a right**(**-angled**) **triangle**

ちょっかん【直感】**intuition**[イントゥーイション]
- 直感がさえてるね.
  - Your *intuition* is good!
- ➡直感的に **intuitively**[イントゥーアティヴリィ], **by intuition**

チョッキ ⊛**a vest**[ヴェスト], ⊛**a waistcoat**[ウェスカット]（▶「チョッキ」はポルトガル語から）

ちょっきゅう【直球】**a fastball**[ファストゥボール]
- そのピッチャーは直球勝負だ. The strong point of that pitcher is his *fastball*.

ちょっけい【直径】**a diameter**[ダイアマタァ]
- その池の直径は10メートルだ.
  - The pond is ten meters in *diameter*. / The pond is ten meters across.

ちょっこう【直行する】**go straight**[ゴゥ ストゥレイト], **go direct**[ディレクト], **go directly**
- 遅(おく)れたので駅へ直行します. I'm late, so I will *go directly* to the station.

ちょっこうびん【直航便】(飛行機)**a nonstop flight**[ナンスタップ フライト]
- パリへの直航便 a *nonstop flight* to Paris

ちょっと

❶少し	**a little**, 《話》**a bit**
❷少しの間	(**just**) **a minute** [**moment, second**]
❸呼びかけ	(親しい人に)**Hey!**, ⊛**Say!**

❶[少し]**a little**[リトゥル], 《話》**a bit**[ビット]
- これはちょっと変だ.
  - This is *a little* strange.
- バターがほんのちょっと残っていた.
  - There was *a little* butter left.
- あと1週間ちょっとで試験だ.
  - We have an exam in *a little* over a week.
- この上着は私にはちょっと大きすぎる.
  - This jacket is *a bit* too large for me.

❷[少しの間](**just**) **a minute** [**moment, second**][(チェスト)][ミニット [モウマント, セカンド]]
- ちょっと待ってよ. 私は反対だ.
  - Wait *a minute*! I'm against it.
- エミはちょっと前に出かけた.

Emi left *a moment* ago.
- もうちょっとで学校に遅刻(ちこく)するところだった. I was *almost* late for school.

❸【呼びかけ】(親しい人に)**Hey!**[ヘイ], ⊗**Say!**[セイ]
- ちょっと, それは私のペンだよ.
Hey, that's my pen.

ちょっぴり a little[リトゥル], **a bit**[ビット]→ちょっと❶

ちょろちょろ(流れる)**trickle**[トゥリックル]

ちらかす【散らかす】(ごみを)**litter**[リタァ];(部屋などを)**leave ... untidy**[リーヴ][アンタイディ]
- ごみを散らかさないでください
《掲示》NO *LITTERING*

ちらかる【散らかる】(場所が)**be (in) a mess**[メス], **be untidy**[アンタイディ];(物が)**be scattered**[スキャタァド]
- ハルの部屋はいつも散らかっている.
Haru's room *is* always (*in*) *a mess.*

ちらし【散らし】**a flier**[フライア];(折りこみの)**a leaflet**[リーフリット];(手渡(てわた)しの)**a handbill**[ハンドゥビル]

> 散らし寿司(ずし) sushi in a bowl with a variety
> of ingredients on top

ちらちら (光が)**flicker**[フリッカァ], **shimmer**[シマァ], **glimmer**[グリマァ];(見る)**peek (at ...)**[ピーク], **steal (a few) glances (at ...)**[スティール(ア フュー) グランスィズ]
- 明かりがちらちらしている.
The light is *flickering.*
- 雪がちらちら降ってきた.
The snow began to fall in flakes. / The snow began to fall lightly.

ちらっと briefly[ブリーフリィ]
- 隣(となり)の人をちらっと見た. *I briefly* looked at the person next to me.

ちらばる【散らばる】**be scattered**[スキャタァド]
- 彼の部屋には漫画(まんが)本が散らばっていた.
Comic books *were scattered* all over his room.

ちらほら here and there[ヒア][ゼア]
- 桜の花がちらほら咲(さ)いている. The cherry blossoms are out *here and there.*

ちり¹【地理】**geography**[ヂィアグラフィ]
ちり²(ほこり)**dust**[ダスト]

――――慣用表現――――
ちりも積もれば山となる. Many drops make an ocean. (←たくさんの水滴(すいてき)が海を作る)

▎ちり取り a dustpan
チリ Chile[チリ]
▎チリ人 a Chilean

ちりがみ【ちり紙】(a) **tissue**[ティシュー](► tissue paperは「包装用の薄(うす)い紙」の意)

ちりょう【治療】(**medical**) **treatment**[メディカル トゥリートゥマント]
- 彼は頭の傷の治療を受けている.
He is under *treatment* for a head injury.
━治療する **treat**
- 私はきのう歯を治療してもらった.
I had my tooth *treated* yesterday. (► have+〈人・物〉+〈過去分詞〉で「〈人・物〉を…してもらう」の意)

ちる【散る】(花や葉が)**fall**[フォール]
- 桜はもう散ってしまった.
The cherry blossoms have *fallen* now.

チワワ(犬)**a chihuahua**[チワーワ]

ちんぎん【賃金】**wages**[ウェイヂズ];(給料)**pay**[ペイ]

チンする heat [cook] ... in a microwave[ヒート][クック][マイクロウウェイヴ], **zap**[ザップ]
- 夕飯はハンバーグをチンして.
Heat a hamburger *in the microwave* for dinner. / *Zap* a hamburger for dinner.

ちんたい【賃貸】(賃貸契約)**a lease**[リース]
▎賃貸アパート[マンション] a rental apartment
▎賃貸料 (a) rent

ちんちん【ちんちんする】(犬 が)**beg**[ベッグ], **stand on one's hind legs**[スタンド][ハインド レッグズ]
- うちの犬はちんちんができる.
Our dog can *stand on its hind legs.*

ちんつうざい【鎮痛剤】**a painkiller**[ペインキラァ]
チンパンジー〖動物〗**a chimpanzee**[チンパンズィー](★アクセント位置に注意)

ちんぷんかんぷん【ちんぷんかんぷんだ】(全 然理解できない)**not understand (...) at all**[アンダスタンド][オール]
- 私にはこの本はちんぷんかんぷんだ.
I *can't understand* this book *at all.*

ちんぼつ【沈没する】**sink**[スィンク]
- その客船は嵐(あらし)で沈没した.
The passenger ship *sank* in the storm.

ちんもく【沈黙】**silence**[サイランス]
- 彼女が沈黙を破った.
She broke the *silence.*
- 私たちはどちらも沈黙を守った.
We both kept *silent.*
━沈黙した, 沈黙の **silent**
━沈黙する **fall silent**

ちんれつ【陳列する】**exhibit**[イグズィビット](★発音注意), **display**[ディスプレィ]→てんじ¹
▎陳列室 a display room
▎陳列棚(だな) a showcase
▎陳列品 an exhibit

four hundred and thirty-three

つア　ツ

ツアー a tour[トゥア]；（団体旅行）a group tour[グループ]；（パックツアー）a package tour[パキッヂ]（►「パックツアー」は和製英語）
- スキーツアーに行く予定だ.
  I will go on a ski *tour*.
- 家族でツアーに入ってヨーロッパを回った.
  My family traveled around Europe on a *group tour*.
- そのバンドは全国ツアーをした.
  The band went on a nation-wide *tour*.
■ ツアーコンダクター a tour conductor

つい¹（うっかり）carelessly[ケアリスリィ]；（思わず）in spite of oneself[スパイト][ワンセルフ]；（ほんの）only[オウンリィ], just[チャスト] → うっかり
- つい人の悪口を言ってしまった.
  I *carelessly* spoke ill of others.
- ダイエット中なのについ食べちゃった.
  I broke my diet *in spite of myself*.
- つい2, 3分前に戻(㐂)ってきたところだ. I returned *only* [*just*] a few minutes ago.

つい²【対】a pair (of ...)[ペア], a couple (of ...)[カップル]
- 1対のティーカップ a *pair of* tea cups

ツイート a tweet[トゥイート]（►旧ツイッターのつぶやきのこと）
━ ツイートする tweet

ツイード tweed[トゥイード]

ついか【追加】(an) addition[アディション]
━ 追加の additional, more[モア]
- 追加のメンバー an *additional* member
- 追加のフライドポテトを注文した.
  I ordered *more* French fries.
━ 追加する add
追加注文 an additional order
追加料金 an additional［extra］charge: 追加料金を払わないとだめです. You have to pay *an additional charge*.

ついきゅう¹【追及する】（事件などを）examine[イグザミン], investigate[インヴェスタゲイト]；（〜の責任を…に）blame ... for 〜[ブレイム]
- 人々は彼に事故の責任を追及した.
  People *blamed* him *for* the accident.

ついきゅう²【追求】pursuit[パスート]
━ 追求する pursue[パスー], seek[スィーク]
- 彼らは真実を追求している.
  They are *pursuing* the truth.

ついし【追試（験）】a makeup examination

[exam][メイカップ イグザミネイション[イグザム]],《話》a makeup
- 数学の追試を受けなくてはならない.
  I need to take a *makeup exam* in math.

ついしん【追伸】a postscript[ポウストゥスクリプト]（►手紙などではPS, psと略し, これに続けて追加の用件を書く）

ついせき【追跡】a chase[チェイス], pursuit[パスート]
━ 追跡する chase, pursue[パスー]

…ついた【…（の）付いた】with ...[ウィズ]
→ …つき¹
- ストラップのついたかばん
  a bag *with* a strap

ついたち【一日】(the) first[ファースト]
- 4月1日
  April (*the*) *first* / *the first* of April

ついたて【つい立て】a screen[スクリーン]

ツイッター Twitter[トゥウィタァ]（►ソーシャルネットワーキングサービスの1つ. Xの旧名称(㐂)）

…ついて【…（に）ついて】

❶ …に関して	about ..., of ..., on ...
❷ …ごとに	per ...

❶［…に関して］about ...[アバウト], of ...[アヴ], on ...[アン]
- あなたの趣味(㐂)について話してください.
  Please tell me *about* your hobbies.
- その本は何について書いてあるの？
  What's that book *about*?
- この絵についてどう思いますか.
  What do you think *of* this painting?
- 彼はずっと遺伝子について研究している.
  He has been doing research *on* genes.
❷［…ごとに］per ...[パァ] → …つき²

ついで（機会）a chance[チャンス]
- ついでがあれば私の家に遊びに来てください.
  Please come and see me when you have a *chance*.
━ ついでに（この機会に）incidentally[インサデンタリィ], by the way；（途中(㐂)で）on one's way；（…するとき）when ...
- ついでにあなたに言いたいことがある.
  Incidentally, I have something to tell you.
- 駅へ行くついでにこの漫画(㐂)雑誌を買ってきてよ. Can you get a comic magazine for me *on your way to* the station?

ついていく【ついて行く】follow[ファロゥ]；（いっしょに行く）go with ...[ゴゥ]；（遅(㐂)れない）keep up with ...[キープ アップ]

434　four hundred and thirty-four

- 先生の後をついて行った.
 We *followed* our teacher.
- 私は学校まで妹について行った.
 I *went* to the school *with* my sister.
- 数学の授業についていけない.
 I can't *keep up with* my math class.

ついている→うん¹
- きょうはついている.
 Today I'm *lucky*. / Today is *my (lucky) day*.

ついてくる【ついて来る】**follow**[ファロゥ]; (いっしょに来る)**come with** ...[カム]
- その犬は家までずっと私の後をついて来た. The dog *followed* [*came (along) with*] me all the way to my house.

ついとつ【追突する】**run into ... from behind**[ラン][ビハインド]
- その車はバスに追突した.
 The car *ran into* the bus *from behind*.
→追突される **be hit from behind**
- 私たちの車は交差点でタクシーに追突された.
 Our car *was hit from behind* by a taxi.

ついに
(とうとう)**finally**[ファイナリィ], **at last**[ラスト]
- ついに夏休みの宿題が終わった.
 I *finally* finished my homework for the summer vacation.
- この間の試合でついに彼女を負かした.
 I *finally* beat her in the last match.
- ついに彼は家にたどり着いた.
 At last he reached home.

ついばむ peck at ...[ペック]
- 鶏(にわとり)がえさをついばんでいる.
 A chicken is *pecking at* its food.

ついほう【追放する】**expel**[イクスペル], **exile**[イグザイル], **get rid of** ...[ゲット リッド アヴ]

ついやす【費やす】(金・時間を)**spend**[スペンド]; (無駄(むだ)に)**waste**[ウェイスト]→つかう❷
- ケンはゲームにたくさんのお金[時間]を費やしている. Ken *spends* a lot of money [time] on games.

ついらく【墜落】(飛行機の)**a crash**[クラッシュ]
→墜落する **crash**

ツイン twin[トゥウィン]
- ツインベッド *twin beds*

ついん【通院する】**go to (the) hospital**[ハスピトゥル]

つうか【通過する】(通り過ぎる)**pass**[パス], **go through** ...[ゴゥ スルー]
- 列車はちょうど浜松を通過した.
 The train has just *passed* Hamamatsu.

つうがく【通学する】(学校に行く)**go to school**[ゴゥ][スクール]; (学校に来る)**come to school**[カム]
- 多くの生徒がバスで通学している.
 Many students *come to school* by bus.
- 私は歩いて通学する.
 I walk to school.
通学区域 **a school district**
通学路 **school route**

つうきん【通勤する】**go to work** [**one's office**][ゴゥ][ワーク [オーフィス]], **commute**[カミュート]
- 父は電車で通勤している.
 My father *goes to work* [*his office*] by train.
通勤客 **a commuter**
通勤電車 **a commuter train**
通勤ラッシュ **the rush hour**

つうこう【通行】(交通)**traffic**[トゥラフィック]
- この道は一方通行だ.
 This is a one-way street. (▶《掲示》ではONE WAY)

「一方通行」の標識 (米国)

- この道は通行禁止です. This street is closed. (▶《掲示》では CLOSED TO *TRAFFIC*, NO THOROUGHFARE)
- 左側通行《掲示》KEEP TO THE LEFT
→通行する **pass**[パス]
通行人 **a passer-by**
通行料金 **a toll**

…つうじて【…を通じて】**throughout** ...[スルーアウト]
- ここは一年を通じて気候がよい. We have a comfortable climate *throughout* the year.
- 私はマリを通じて彼女と出会った.
 I met her *through* Mari.

つうじょう【通常】(いつも)**usually**[ユージュアリィ]; (一般に)**generally**[ヂェナラリィ]

ツーショット a snapshot [photo] of two people[スナップシャット [フォウトウ]][トゥー ピープル]
- 私と親友とのツーショット
 a photo of myself with my best friend

つうじる【通じる】

つうしん

❶道・鉄道などがつながる
lead（to …）, go（to …）
❷理解される
be understood;（言語が）**be spoken;**
（自分の言葉が）**make** *oneself* **understood**
❸電話がつながる
get through（to …）

❶[道・鉄道などがつながる]**lead（to …）**[リード], **go（to …）**[ゴゥ]
• この道は奈良(℃)公園に通じている.
This road *leads to* Nara Park.
❷[理解される]**be understood**[アンダァスト**ゥ**ッド];（言語が）**be spoken**[スポウクン];（自分の言葉が）**make** *oneself* **understood**
• ハワイのショッピングセンターでは日本語が通じた. Japanese *was spoken* at the shopping mall in Hawaii.
• 英語はあまりじょうずに話せなかったが何とか通じた. I couldn't speak English well, but somehow I *made myself understood*.
• 私のジョークは先生に通じなかった.
The teacher didn't get my joke.
❸[電話がつながる]**get through（to …）**[ゲットスルー]
• マキに何度も電話したが通じなかった.
I called Maki again and again but couldn't *get through to* her.

つうしん【通信】**communication**[カミューナケイション]
━**通信する communicate（with …）**[カミューナケイト]
▎通信衛星 **a communications satellite**
通信教育 a correspondence course:兄は通信教育を受けている. My brother is taking *a correspondence course*.
通信販売(⁣)[通販] **mail order**:このワンピースは通販で買った. I bought this dress by *mail order*. / I bought this dress online.
▎通信簿(℃) **a report card**

つうち【通知】（a）**notice**[ノウティス]
━**通知する notify**[ノウタファイ], **inform**[インフォーム]
▎通知表 **a report card**

つうちょう【通帳】（銀行の）**a bankbook**[バンクブック], **a passbook**[パスブック]

ツーピース a two-piece[トゥーピース]

つうやく【通訳】**interpretation**[インターブリテイション];（通訳者）**an interpreter**[インターブリタァ]
• 同時通訳 simultaneous *interpretation*;（通訳者）a simultaneous *interpreter*
• 選手は通訳を通して話した. The player spoke through an *interpreter*.
━**通訳する interpret, translate**[トゥランスレイト]
• 彼の言っていることを通訳してくれませんか.
Would you *interpret*[*translate*] what he is saying?

つうよう【通用する】（考えなどが）**be accepted**[アクセプティド];（貨幣(℃)などが）**be in use**[ユーズ]
• この考え方はアメリカでは通用しない.
This way of thinking *is* not *accepted*[*acceptable*] in the U.S.
• このお札(℃)はもう通用しないと思う.
I think this bill *isn't in use* yet.
▎通用門 **a side gate**

ツーリング touring[トゥァリング]

ツール a tool[トゥール]

つうろ【通路】**a way**[ウェイ], **a passage**[パスィッヂ];（座席と座席の間の）**an aisle**[アイル]
• 荷物を通路に置いてはいけない.
We should not put our bags in the *aisle*.
• 通路側の席 an *aisle* seat

つうわ【通話】**a（phone）call**[コール]
• 市内通話 a local *call*
▎通話料 **the charge for a（phone）call**

つえ a（walking）stick[（ウォーキング）スティック], **a cane**[ケイン]
• おじいさんがつえをついて歩いていた.
An old man was walking with a *cane*.

つかい【使い】（用足し）**an errand**[エランド];（人）**a messenger**[メッサンヂァ]
• モエ, お使いに行ってきてくれる?
Moe, will you go on an *errand* for me? / Moe, will you run an *errand* for me?

つかいかた【使い方】**how to use**[ハゥ][ユーズ]
• これの使い方を説明してくれる?
Will you explain *how to use* this?

つかいこなす【使いこなす】**make full use（of …）**, [メイク フル ユース], **master**[マスタァ]
• 私はこのタブレットを使いこなせる. I am able to *make full use of* this tablet.

つかいすて【使い捨ての】**disposable**[ディスポウザブル], **throwaway**[スロウアウェイ];（1回限りの）**single-use**[スィングルユース]
• 使い捨てかいろ
a *disposable* body warmer
• この紙皿は使い捨てだ. These paper plates are *disposable*[*single-use*].

つかいみち【使い道】**how to use**[ハゥ][ユーズ]
• みんなでそのお金の使い道について話し合った. We discussed *how to spend* the money.

つかいわける【使い分ける】

つき¹

- アズサは行く場所によってかばんを使い分けている. Azusa *uses* different bags *depending on* where she goes.

つかう【使う】

❶使用する	use
❷費(つい)やす	spend; (無駄(むだ)に)waste
❸雇(やと)う	employ

❶[使用する]**use**[ユーズ]
- この辞典, 使ってもいい？
  May I *use* this dictionary?
- カナダでは英語とフランス語が使われている.
  English and French are *used* [*spoken*] in Canada.
- このパソコンは使いやすい[にくい].
  This PC is easy [hard] to *use*.
➡ …を使って(手段) ➡ …で❷

❷[費やす]**spend**[スペンド]; (無駄に)**waste**[ウェイスト]

〈金など〉を〈物・人・事〉に使う
spend +〈金など〉+ on [((主に⊛)) for] +〈物・人・事〉

- レイは洋服にお金を使いすぎる. Rei *spends* too much money *on* clothes.
- 旅行の準備に2時間使った.
  I *spent* two hours preparing for the trip.

❸[雇う]**employ**[インプロイ]

つかえる¹【仕える】**serve**[サーヴ]
つかえる²(引っ掛かる, 詰まる)**get stuck**[ゲットスタック], **choke**[チョウク]; (言葉が)**stumble**[スタンブル], **stutter**[スタッタァ]
- パンがのどにつかえた.
  Bread *got stuck* in my throat.

つかまえる【捕まえる】**catch**[キャッチ], **get**[ゲット], **grab**[グラブ]; (逮捕(たいほ)する)**arrest**[アレスト]
- とんぼを捕まえた.
  I *caught* a dragonfly.
- その男は私の右腕(みぎうで)を捕まえた.
  The man *caught* me by the right arm.
- 警察は泥棒(どろぼう)を捕まえた.
  The police *arrested* [*caught*] the thief.

つかまる【捕まる】**be caught**[コート]; (逮捕(たいほ)される)**be arrested**[アレスティド]; (つり革(かわ)などに)**hold on**(**to** …)[ホウルド アン]
- 指名手配の男が捕まった. The wanted man *was caught* [*arrested*].
- つり革につかまった.
  I *held on to* a strap.

つかむ

(手で)**catch**[キャッチ], **grasp**[グラスプ], **hold**[ホウルド]; (意味などを)**grasp**, **get**[ゲット]
- ケンは素手(すで)でボールをつかんだ. Ken *caught* the ball with his bare hands.
- 先生の話の要点がつかめなかった. I couldn't *grasp* the teacher's point. / I didn't *get* the teacher's point.

つかる【浸かる】(水・お湯に)**soak**[ソウク], **dip**[ディップ]; (水浸したになる)**be flooded**[フラディド]
- 温泉に浸かるとすごくリフレッシュする. I feel so refreshed when I *soak* in a hot spring.
- 大雨で多くの家が水に浸かった. Many houses *were flooded* because of heavy rain.

つかれ【疲れ】**tiredness**[タイアドニス], **fatigue**[ファティーグ]
- リラックスして疲れを取った.
  I relaxed and got over my *tiredness* [*fatigue*].

つかれる【疲れる】

get tired(**from** …)[タイアド]; (疲れている)**be tired**
- 一日中歩き回ったのでくたくたに疲れた.
  I *got* very *tired from* walking all day.
- 疲れたの？
  Are you *tired*?
- 彼はひどく疲れている様子だった. He looked *exhausted*. / He looked *very tired*.

つき¹【月】

❶天体	the moon
❷暦(こよみ)	a month

❶[天体]**the moon**[ムーン]
- 月が出た.
  The *moon* has risen [come out].
- 今夜は月が出ている[いない].
  There is a [no] *moon* tonight.

a crescent moon　　a half moon　　a full moon
三日月　　　　　　半月　　　　　満月

❷[暦]**a month**[マンス]
- 月の初め[終わり]
  the beginning [end] of the *month*
- 私は月に1度フットサルをする.
  I play indoor soccer once a *month*.
- バレエのレッスンは月に8000円です.
  My ballet lessons cost eight thousand yen per *month*.

つき²

表現メモ

月の言い方

1月 January / 2月 February / 3月 March
4月 April / 5月 May / 6月 June / 7月 July
8月 August / 9月 September / 10月 October
11月 November / 12月 December

つき²〖運〗**luck**[ラック]➡ **うん¹**

…つき¹〖…付きの〗**with …**[ウィズ]
• バス付きの部屋
  an apartment *with* a bathroom
• 1年間保証付きのテレビ
  a TV *with* a one-year guarantee

…つき²〖…(に)つき〗(…ごとに)**per …**[パァ], **a …**
• レンタサイクルを借りるのに1日につき500円を支払った. I paid five hundred yen *a* [*per*] day to rent a bicycle.

つぎ¹〖次(の)〗

next[ネクスト]
• 私たちは次の駅で降りなければなりません.
  We need to get off at the *next* station.
• 次の水曜日に会おう.
  Let's see each other *next* Wednesday.
• 木曜日は閉店だったが, その次の日には開いていた. The shop was closed on Thursday but was open (on) the *next* day. (▶特定の日の「次の日」という場合には the をつける)
• 次の方, どうぞ. *Next*, please.
• 次の次の週末に行きます.
  I'll go in the weekend after *next*.
• 次から次へ人が入ってくる.
  People come in *one after another*.
➡**次に**[は] **next**; (次回に)**next time**[タイム]; (…の次に[は])**next to …**
• さて, 次は何をすればいいですか.
  Well, what should I do *next*?
• 次はフミヤも連れてきて. *Next time*, please bring Fumiya with you.
• テニスの次にバレーボールが好きだ.
  Next to tennis, I like volleyball.

つぎ²〖継ぎ〗**a patch**[パッチ]
➡**継ぎを当てる patch, put a patch**

つきあい〖付き合い〗**association**[アソウスィエイション]➡ **こうさい, つきあう**
• サラは付き合いがいい[悪い].
  Sara is *sociable* [*unsociable*].

つきあう〖付き合う〗

(いっしょに行く)**go** [**come**] (**with …**)[ゴゥ [カム]]; (仲間として)**be friends with …**[フレンツ]; (恋人と)**see**[スィー](▶ふつう進行形で用いる),

go out (**with …**)[アウト], **date**[デイト]
• 歓迎(㊗)会に必要な物の買い物に行くんだ. 付き合ってくれない?
  I'm going to buy some things for the welcome party. Can you *come with* me?
• 父は彼らとは付き合うなと言った.
  My father told me not to *be friends with* them.
• ミキはケンと1年近く付き合っている.
  Miki has been *seeing* [*dating*] Ken for almost a year.
• もう付き合ってられないよ.
  I can't stand you anymore.

つきあたり〖突き当たり〗**the end** (**of …**)[エンド]
• 私の家はこの道の突き当たりにある.
  My house is at *the end of* this road.
➡**突き当たる** (行き止まりになる)**come to the end of the road**[カム][エンド][ロウド]

つぎあわせる〖継ぎ合わせる〗**stick** [**patch**] **together**[スティック [パッチ] タゲザァ]

つきさす〖突き刺す〗**stick**[スティック]

つきそい〖付き添い〗(人)**an attendant**[アテンダント]

つきそう〖付き添う〗**attend**[アテンド]; (病人などに)**take care of …**[テイク][ケァ]; (ついて行く)**go with …**[ゴゥ], **accompany**[アカンパニィ]
• 両親は病気の子どもに付き添った.
  The parents *took care of* their sick child.
• 彼女は友達に付き添われていた.
  She was *accompanied* by her friend.

つきだす〖突き出す〗(舌・手足などを)**stick out**[スティック アウト]
• 子どもたちは彼に向かって舌を突き出した. The children *stuck* their tongues *out* at him.

つぎつぎ〖次々に〗**one after another**[アナザァ]
• 生徒たちが次々に教室から出てきた.
  The students came out from the classroom *one after another*.

つきっきり
• 兄は私につきっきりでいろいろ教えてくれた.
  My brother *stayed by* my *side* and taught me many things.

つきでる〖突き出る〗**stick out**[スティック アウト]

つきとおす〖突き通す〗➡ **つらぬく**

つきひ〖月日〗(時)**time**[タイム]; (日々)**days**[デイズ]
• 月日のたつのは早い.
  Time flies.

つきまとう〖付きまとう〗**follow … around**[ファロゥ][アラウンド]
• 私に付きまとわないで.
  Don't *follow* me *around*!

つくる

つきみ【月見】**moon-viewing**[ムーンヴューイング]
━月見をする **enjoy**（**watching**）**a full moon**

つぎめ【継ぎ目】**a joint**[チョイント]；（布などの）**a seam**[スィーム]

つきゆび【突き指をする】**sprain** *one's* **finger**[スプレイン][フィンガァ]
• 彼は試合で突き指をした.
  He *sprained his finger* in the game.

つきる【尽きる】（なくなる）**run out**（**of ...**）[ランナウト]；（体力などが）**be exhausted**[イグゾースティド]➡なくなる¹❷
• ガソリンが尽きたらしい.
  It seems（that）we *ran out of* gas.
• 力が尽きた. My strength *gave out*. / My strength *was exhausted*.

つく¹【着く】

| ❶到着（とうちゃく）する | **arrive**（**at ...**, **in ...**）, **get to ...**, **reach** |
| ❷席に | **sit down**, **have**［**take**］**a seat** |

❶[到着する]**arrive**（**at ...**, **in ...**）[アライヴ], **get to ...**[ゲット], **reach**[リーチ]
• 真夜中に大阪駅に着いた. We *arrived at* Osaka Station at midnight.
• ユミはきのう名古屋に着いた.
  Yumi *arrived in* Nagoya yesterday.
• ようやく家に着いた.
  I finally *arrived*［*got*］home.（▶homeは副詞なのでarrive at［got to］homeは×）
• 列車は何時に東京に着きますか. When does the train *get to* Tokyo? / When does the train *reach* Tokyo?（▶reachは他動詞なので前置詞は不要）

くらべてみよう！ arrive at と arrive in

arrive at: 比較（ひかく）的狭（せま）いと感じられる場所（点のイメージ）に「着く」
arrive in: 比較的広いと感じられる場所（面のイメージ）に「着く」

❷[席に]**sit down**[スィット ダウン], **have**［**take**］**a seat**[スィート]
• どうぞ席にお着きください. *Have*［*Take*］*a seat*, please.

つく²（明かりなどが）**come on**[カム アン]；（ついている）**be on**
• 明かりがついた［ついていた］.
  The light *came*［*was*］*on*.

つく³【付く】（くっついて離（はな）れない）**stick**（**to ...**）[スティック]；（染（し）みなどが）**be stained**

（**with ...**）[ステインド]；（付属する）**have**[ハヴ]
• シャツにソースが付いているよ.
  Your shirt *is stained with* sauce.
• このバッグにはポケットが5つ付いている.
  This bag *has* 5 pockets.

つく⁴【突く】（強く押（お）す）**push**[プッシュ]；（針などで軽く）**prick**[プリック]

つぐ¹【注ぐ】**pour**（**out**）[ポァ（アウト）]
• コップに麦茶をついだ.
  I *poured* barley tea into a glass.

つぐ²【継ぐ】（…の跡（あと）を）**succeed**[サクスィード]；（地位・仕事・財産などを）**succeed to ...**；（仕事などを）**take over**[テイク オウヴァ]
• 父の跡を継ぎたい.
  I want to *succeed* my father.

つくえ【机】**a desk**[デスク]
• カイはよく机に向かう.
  Kai frequently sits at his *desk*.

つくし **a horsetail**[ホースティル]

つくす【尽くす】（…する）**do**[ドゥー], **try**[トゥライ]
• 全力を尽くした. I *did* all I can（do）. / I *did*［*tried*］my best.

つくづく
• つくづく自分は絵がへただ.
  I'm *just* no good at drawing.

つぐなう【償う】**make up**（**for ...**）[メイク アップ]

つくりかた【作り方】**how to make**[ハウ][メイク]
• ピザの作り方を教えてくれる？
  Can you tell me *how to make* a pizza?

つくりなおす【作り直す】**remake**[リメイク], **remodel**[リマドゥル]

つくりばなし【作り話】**a made-up story**[メイダップストーリィ]
• 作り話をしているでしょ. You're *making up* that *story*, aren't you?

つくる【作る, 造る】

❶製作する, 製造する	**make**
❷建造する	**build, construct**
❸創作する	**write**;（曲などを）**compose**
❹調理する	**make, prepare**;（加熱して）**cook**;（パン・菓子などを）**bake**
❺組織する	**form**
❻栽培（さいばい）する	**grow**

❶[製作する, 製造する]**make**[メイク]
• あの会社はコンピュータゲームを作っている.
  That company *makes*［*produces*］computer games.

four hundred and thirty-nine

つくろう

〈人〉に〈物〉を作る
make+〈人〉+〈物〉/ make+〈物〉+for+〈人〉
- 友達がこのアクセサリーを作ってくれた. My friend *made* me these accessories. / My friend *made* these accessories *for* me.
- 豆腐(ؤ)は大豆から作られる.
Tofu is *made from* soybeans.(▶材料の形が残っていない場合はfromを使うことが多い)
- このテーブルはかしの木で作られている.
This table is *made of* oak.(▶材料がそのまま見てわかる場合はofを使うことが多い)

❷[建造する]**build**[ビルド], **construct**[カンストゥラクト]
- 新しい駅が造られている.
A new station building is being *built*.

❸[創作する]**write**[ライト]; (曲などを)**compose**[カンポウズ]
- その歌手は歌詞も作る.
The singer *writes* lyrics, too.
- これはスティーブが作った曲だ. This is the music (that) Steve *composed*.

❹[調理する]**make**, **prepare**[プリペァ]; (加熱して)**cook**[クック]; (パン・菓子などを)**bake**[ベイク]
- トマトサラダを作った.
I *made* [*prepared*] a tomato salad.(▶加熱しない場合, cookは×)
- 夕食にカレーライスを作った.
I *cooked* curry and rice for supper.
- 私はケーキを作るのが好きです.
I like *baking* cakes.

❺[組織する]**form**[フォーム]
- ロックバンドを作ろうよ.
Let's *form* a rock band.

❻[栽培する]**grow**[グロウ]
- おばは庭でトマトを作っている. My aunt *grows* tomatoes in her garden.

つくろう【繕う】**mend**[メンド]

…づけ【…付け】**dated** …[デイティド], **of** …[アヴ]
- 12月13日付けのはがき
a postcard *dated* [*of*] December 13

つげぐち【告げ口する】(…に〜のことを)**tell** … **on** 〜[テル]
- 私のことをお父さんに告げ口しないで.
Don't you dare *tell* dad *on* me.

つけくわえる【付け加える】**add**[アッド]
- 何か付け加えることがありますか.
Do you have anything to *add*?

つけこむ【付け込む】**take advantage of** …[アドゥヴァンティッヂ]
- 彼は私の弱みに付け込んだ.
He *took advantage of* my weakness.

つけもの【漬物】(**a**) **pickle**[ピックル](▶しばしば複数形で用いる. ㊧ではきゅうりの酢(ず)漬けをさすことが多い)

つける¹【付ける】

❶離(はな)れなくさせる	attach; (取り付ける)put, fix
❷電気・火を	(電気を)turn on, put on; (火を)light
❸塗(ぬ)る	put; (バターなどを)spread
❹日記・記録などを	keep
❺ついて行く	follow, chase

❶[離れなくさせる]**attach**[アタッチ]; (取り付ける)**put**[プット], **fix**[フィックス]
- プレゼントにカードを付けた.
I *attached* the card to the present.
- おじが壁(次)に棚(磊)を付けた. My uncle *put* a shelf on the wall.

❷[電気・火を](電気を)**turn on**[ターン アン](⇔消す turn off), **put on**; (火を)**light**[ライト]
- 電気をつけてください.
Turn on the light, please.
- ろうそくに火をつけてくれる?
Can you *light* the candle?
- エアコンがつけっ放しだ.
The air conditioner *is* left *on*.

❸[塗る]**put**; (バターなどを)**spread**[スプレッド]
- 彼女は傷に薬をつけた.
She *put* the medicine on the wound.
- タカはトーストにジャムをつけた.
Taka *spread* jam on his toast.

❹[日記・記録などを]**keep**[キープ]
- 彼は日記をつけている. He *keeps* a diary.

❺[ついて行く]**follow**[ファロウ], **chase**[チェイス]
→ ついていく

つける²【着ける】

put on[プット アン], **wear**[ウェァ](▶put onは「身につける」動作を表し, wearは「身につけている」状態を表す)
- アキはイヤリングを着けた. Aki *put on*

つづく

earrings. / Aki *put* earrings *on*.
- 彼はシャツにバッヂを着けていた．
He was *wearing* a badge on his shirt.

つける[3]【浸ける，漬ける】（浸(ひた)す）**soak**[ソウク]；（少し浸す）**dip**[ディップ]；（漬物にする）**pickle**[ピックル]

つげる【告げる】**tell**[テル]，**say**[セィ]
- その男性は名前も告げずに立ち去った．
The man left without *saying* his name.

つごう【都合】

convenience[カンヴィーニャンス]
- 都合のいいときに来てください．
Please come at your *convenience*.
- 今度の日曜日，都合はどう？
Are you free next Sunday?
➡都合のいい **convenient**
- 野球をするのに都合のいい場所
a *convenient* place to play baseball
- いつが都合がいいですか？
When is *convenient*［good］for you?（▶When are you convenient?は×）
➡都合の悪い **inconvenient**
- あしたは都合が悪いんですが．I'm sorry, tomorrow is *inconvenient* for me.

つじつま【つじつまが合う】**be consistent**[カンスィスタント]；（論理的である）**be logical**[ラヂカル]
- 君の話はつじつまが合わない．Your story *is* not *consistent*. / Your story *is inconsistent*.

つた【植物】（an）**ivy**[アイヴィ]

つたえる【伝える】

❶知らせる	tell；（報道する）report
❷紹介(しょう)する	introduce；
	（伝承する）pass down
❸電気・熱などを	conduct

❶[知らせる]**tell**[テル]；（報道する）**report**[リポート]
- このことを先生に伝えたの？
Did you *tell* the teacher about this?
- ケンによろしく伝えてください．➡よろしく

Please *say hello to* Ken（for me）．
❷[紹介する]**introduce**[イントゥラデュース]；（伝承する）**pass down**[パス ダウン] ➡つたわる❷
- だれが野球を日本に伝えたのですか．
Who *introduced* baseball to［into］Japan?
- 伝統を伝えるのは重要だ．
It's important to *pass down* tradition.
❸[電気・熱などを]**conduct**[カンダクト]

つたわる【伝わる】

❶うわさなどが	spread
❷紹介(しょう)される	be introduced；
（伝承される）	be handed down
❸光・音などが	travel

❶[うわさなどが]**spread**[スプレッド]
- そのうわさはすぐ学校中に伝わった．
The rumor soon *spread* throughout the school.
❷[紹介される]**be introduced**[イントゥラデュースト]；（伝承される）**be handed down**[ハンディド ダウン] ➡つたえる❷
- キリスト教は16世紀に日本に伝わった．
Christianity *was introduced* into Japan in the 16th century.
- この着物はわが家に代々伝わるものだ．This kimono has *been handed down* in my family from generation to generation.
❸[光・音などが]**travel**[トゥラヴァル]

つち【土】**earth**[アース]；（土壌(じょう)）**soil**[ソイル]；（地面）**the ground**[グラウンド]
- 土のかたまり a lump of *earth*
- この辺りの土はやせて［肥えて］いる．
The *soil* around here is poor［rich］．

つつ【筒】**a pipe**[パイプ]；**a tube**[トューブ]

つづき【続き】

（番組などの次の回）**the next episode**[ネクスト エパソウド]；（残りの部分）**the rest**[レスト]
- このドラマの続きが待ち遠しい．
I'm looking forward to *the next episode*（of this program）．
- 宿題の続きをやらなくちゃ．
I have to do *the rest* of my homework.

つつく **poke**[ポウク]；（鳥が）**peck**[ペック]
- 友達が私の背中をつついた．
My friend *poked* me in the back.（▶ふつうpoked me in my backは×）

つづく【続く】

441
four hundred and forty-one

つづける

❶継続(ﾂｷﾞ)する	continue, go on; (ある期間)last
❷後に続く	follow

❶[継続する]**continue**[カンティニュー], **go on**[ゴゥ アン]; (ある期間)**last**[ラスト]
- ミーティングは6時まで続いた. The meeting *continued* [*lasted*] until six o'clock.
- 雨は4日間降り続いている. It has been raining for four days. (►「ずっと…し続ける」はhave been +〈-ing形〉で表す)
- 次回に続く (連続物に)To be *continued*.
- 大型の台風が続いた. Big typhoons occurred *one after another*.

❷[後に続く]**follow**[ファロゥ]
- ケイに続いて私たちはみんな川に飛びこんだ. *Following* Kei, we all jumped into the river.

つづける【続ける】

continue[カンティニュー], **go on**[ゴゥ アン], **keep on**[キープ]
- 先生は授業を続けた.
  The teacher *continued* the class.
- 彼らはちらりと私を見たがおしゃべりを続けた. They glanced at me and *went on* talking.

…**つづける**【…(し)続ける】**continue** [**go on**] +〈-ing形〉, **keep** (**on**) +〈-ing形〉, **continue**+ **to**+〈動詞の原形〉
- そんな調子で練習し続けると疲れるよ.
  You'll get tired if you *continue* [*go on*] practic*ing* like that.
- 足が少し痛かったが私は走り続けた.
  I felt a slight pain in my foot, but I *kept* (*on*) runn*ing*.

つっこむ【突っ込む】(…を~の中に)**put ... into** ~[プット]; (激突(ｹﾞｷﾄﾂ)する)**run into** [**against**] ...[ラン]
- 彼はお金をポケットに突っこんだ.
  He *put* the money *into* his pocket.
- トラックが一時停止の標識に突っこんだ.
  A truck *ran into* the stop sign.

つつじ【植物】**an azalea**[アゼイリア]
つつしみ【慎み】**modesty**[マデスティ]
　━慎み深い **modest**[マダスト]
つつしむ【慎む】(言動などに注意する)**be careful** (**about ..., of ...**)[ケアフル]
- 言葉を慎みなさい.
  Be careful of your language. / *Be careful* (**in**) what you say.

つつみ¹【包み】**a package**[パキッヂ], 《主に⊕》**a parcel**[パーサル]
- まだ包みを開けていない.
  I haven't opened the *package* yet.
　包み紙 **wrapping paper**

つつみ²【堤】**a bank**[バンク]; (堤防)**an embankment**[エンバンクマント]

つつむ【包む】**wrap** (**up**)[ラップ (アップ)]; (覆う)**cover**[カヴァ]
- これをプレゼント用に包んでもらえますか.
  Would you *wrap* this as a present? / Would you gift-wrap this?

- 湖は朝もやに包まれていた. The lake was *covered* with morning mist.

つづり(**a**) **spelling**[スペリング]
- つづりの間違(ﾏﾁｶﾞ)いを見つけた.
  I found some *spelling* mistakes.
　━つづる (語を)**spell**
- あなたの名前はどうつづりますか.
  How do you *spell* your name?
- アメリカではcolorをuを入れないでつづる.
  In America, people *spell* color without a "u". (►⊕ではcolorではなく, colourとつづる)

つとめ¹【勤め】(仕事)**work**[ワーク]; (勤め口)**a job**[ヂャブ]
- 両親は毎日勤めに出ます.
  My parents go to *work* every day.
- ケンは勤めを辞(ﾔ)めた. Ken quit his *job*.

つとめ²【務め】(義務)(**a**) **duty**[ドゥーティ]

つとめる¹【勤める】**work** (**for ..., at ..., in ...**)[ワーク]➡はたらく
- 佐野さんは銀行に勤めている.
  Mr. Sano *works for* [*at*, *in*] a bank.

つとめる²【努める】**try**[トゥライ], **make an effort**[エファト]➡どりょく
- 彼女は技術の向上に努めた. She *made an effort* to improve her skills.

つとめる³【務める】(役割を)**play**[プレイ], **act as ...**[アクト]
- エミが私たちの案内役を務めた.
  Emi *acted as* our guide.

つな【綱】**a rope**[ロウプ]; (細い)**a cord**[コード]; (犬用の)**a dog leash**[ドーグ リーシュ]
- 私たちは綱を張った[ほどいた].
  We stretched [loosened] the *rope*.

つまらない

綱引き（a）tug-of-war: 綱引きをした. We played *tug-of-war*.
綱渡(☆)り tightrope walking
ツナ tuna[トゥーナ]
▶ツナ缶 a canned tuna
つながる be connected (to ..., with ...)[カネクティド]
・下関は門司とトンネルでつながっている.
Shimonoseki *is connected to* Moji by a tunnel.
つなぐ (結びとめる)tie[タイ]; (結合する)join[ヂョイン]; (接続する)connect[カネクト]
・その女性は犬を柱につないだ.
The woman *tied* her dog to a pole.
・キーボードをコンピュータにつないでくれる？
Will you *connect* the keyboard to the computer?
・子どもたちは手をつないで歩いていた. The children were walking *hand in hand*.
つなみ【津波】a tsunami[ツナーミ]; a tidal wave[タイダル ウェイヴ]
つねに 【常に】always[オールウェイズ]→いつも
つねる pinch[ピンチ]
・夢でないことを確かめようと自分をつねってみた. I *pinched* myself to make sure I was not dreaming.
つの【角】(牛・羊などの角)a horn[ホーン]; (雄(お)じかなどの枝状の角)an antler[アントゥラァ]; (かたつむりなどの)antenna[アンテナ] (複 antennae[アンテニィ])

horns　　　antlers　　　antennae

つば spit[スピット]; (だ液)saliva[サライヴァ]
→つばを吐(は)く spit
つばき〖植物〗a camellia[カミーリァ]
つばさ【翼】a wing[ウィング]
・その鳥は翼を広げた[畳(たた)んだ].
The bird spread [folded] its *wings*.
つばめ〖鳥〗a swallow[スワロウ]
つぶ〖粒〗(穀物・砂・塩などの)a grain[グレイン]; (水滴(☆))a drop[ドゥラップ]
・1粒の米[砂] a *grain* of rice [sand]
・雨粒 a *drop* of rain
つぶす crush[クラッシュ], smash[スマッシュ]; (すりつぶす)mash[マッシュ]; (時間を)(話)kill[キル]
・うっかり箱をつぶしてしまった.
I carelessly *crushed* a box.
・ゆでたじゃがいもをつぶしてください.

Please *mash* the boiled potatoes.
・時間をつぶさなくちゃいけない.
I need to *kill* some time.
つぶやく murmur[マーマァ]; (不平などを)mutter[マタァ]
つぶる（目を）close[クロウズ]→とじる¹
つぶれる（形が崩(くず)れる）be crushed[クラッシュト]; (予定などが)cancel[キャンセル]; (破産する) go bankrupt[ゴゥ バンクラプト]
・台風で授業がつぶれた. The class was *canceled* because of the typhoon.
・去年は多くの会社がつぶれた. A lot of companies *went bankrupt* last year.
つぼ a pot[パット], (広口の)a jar[ヂャァ]
つぼみ a bud[バッド]
・桜のつぼみが色づいている. The cherry blossom *buds* are turning pink.
つぼめる (狭くする)make narrow[メイク ナロウ]; (傘(かさ)を)close[クロウズ], fold (up)[フォウルド]; (口などを)purse[パース]
つま【妻】a wife[ワイフ] (複 wives[ワイヴズ]) (⇔夫 a husband)
つまさき【つま先】a tiptoe[ティップトウ]
・つま先立ちをしてください. Please stand on *tiptoe*. (▶この場合a や the をつけない)
つまずく stumble (on ..., over ...)[スタンブル], trip (on ..., over ...)[トゥリップ]
・階段でつまずいて転げ落ちた.
I *stumbled on* the stairs and fell down.
つまみぐい【つまみ食いする】pick at ...[ピック]
・夕食のおかずをつまみ食いしないで.
Don't *pick at* your dinner.
つまむ pick (up)[ピック (アップ)]
・私はピンセットでビーズをつまんだ. I *picked up* the beads with a pair of tweezers.
・臭(くさ)くて鼻をつまんだ.
I *held* my nose because it stank.
つまようじ a toothpick[トゥースピック]

つまらない

❶おもしろくない　boring, dull; bored
❷ささいな　little, small

❶[おもしろくない]boring[ボーリング], dull[ダル]; bored[ボード] (▶人を主語にして用いる)
・つまらない映画だった.
It was a *boring* [*dull*] movie.
・彼はつまらなそうだ. He looks *bored*.
❷[ささいな]little[リトゥル], small[スモール]
・彼はいつもつまらないことで悩(なや)んでいる.
He always worries about *little* things.
・つまらないものですが.

つまり

Here's something for you. (►英米ではあまりへりくだった言い方は好まれない. Here's a little something for you. あるいはThis is a small gift for you. などがふつう)

つまり〖すなわち〗**that is**（**to say**）[(セィ)], **in other words**[アザァ ワーヅ]; (手短に言えば)**in short**[ショート]
- ユマは私の姉の娘, つまり私のめいだ.
  Yuma is my sister's daughter. *That is to say*, she is my niece.
- つまり, 行きたくないんですね.
  In short, you don't want to go, do you?

つまる〖詰まる〗(いっぱいである)**be packed**[パクト], **be filled**（**with** ...）[フィルド]; (ふさがる) **be stopped**（**up**）[スタップト(アップ)]; (鼻が)**be stuffed**[スタッフト]; (流れが)**clog**[クラッグ]; (息が)**choke**[チョウク]
- この引き出しにはセーターが詰まっている.
  This drawer *is filled with* sweaters.
- 花粉症(か)で鼻が詰まっている. My nose *is stuffed* because of hay fever.
- 流しが詰まった. The sink is *clogged*.

つみ〖罪〗(法律上の)**a crime**[クライム]; (道徳・宗教上の)**a sin**[スィン]
- その男性は罪を犯(お)した.
  The man committed a *crime*.
➡罪のある **guilty**[ギルティ]
➡罪のない **innocent**[イナサント]

つみき〖積み木〗(**building**) **blocks**[(ビルディング) ブラックス]

つむ¹〖積む〗(積み上げる)**pile**（**up**）[パイル(アップ)]; (積みこむ)**load**[ロウド]
- 机の上にたくさんの本が積まれていた.
  Many books were *piled up* on the desk.
- トラックに自転車を積んだ. I *loaded* [*put*] my bicycle on the truck.

つむ²〖摘む〗**pick**[ピック]
- いちごを摘んだ.
  I *picked* some strawberries.

つむぐ〖紡ぐ〗**spin**[スピン]

つめ(人の手足の)**a nail**[ネイル], **fingernail**[フィンガァネイル]; (動物の)**a claw**[クロー]➡ゆび 図
- つめを切らなきゃ.
  I have to cut my *nails*.
- 姉は手のつめを長く伸(の)ばしている.
  My sister let her *fingernails* grow long.
‖つめ切り **nail clippers**

…づめ〖…詰めにする〗**pack**[パック]
- それを箱詰めにした.
  I *packed* it in a box.

つめあわせ〖詰め合わせの〗**assorted**[アソーティド]
- クッキーの詰め合わせ
  assorted cookies

つめえり〖詰め襟〗**a stand-up collar**[スタンダップ カラァ]
- 詰め襟の制服
  a school uniform with a *stand-up collar* / Japanese male school uniform

つめこむ〖詰め込む〗**pack**[パック], **stuff**[スタフ], **cram**[クラム]
- お土産(みゃげ)をかばんに詰めこんだ.
  I *packed* many souvenirs into the bag.

つめたい 〖冷たい〗

cold[コウルド]（⇔熱い, 温かい**hot**）, **chilly**[チリィ]
- 冷たい風 a *cold* [*chilly*] wind
- 冷たい人 a *cold* person
- 冷たいものが飲みたい.
  I want to drink something *cold*.
- 君の手はとても冷たい.
  Your hands are very *cold*.
- あなたは私に冷たい.
  You are *cold* to [with] me.
➡冷たく **coldly**
- 「もう会いたくない」と彼女は冷たく言った.
  "I don't want to see you any more," she said *coldly*.

つめる 〖詰める〗

(物などを)**pack**[パック], **fill**[フィル], **stuff**[スタフ]; (服などの寸法を)**shorten**[ショートゥン], **take in**[テイク イン]
- お店の人がお菓子(かし)を箱に詰めてくれた.
  The salesclerk *packed* the candies into the box. / The salesclerk *filled* [*stuffed*] the box with the candies.
- 「荷物はもう詰めた？」「まだ詰めているところだよ」 "Have you already *packed*?" "I'm still *packing*."

- 席を少し詰めてもらえますか.
  Would you *move over* a little?

…つもりだ 〖…(する)つもりだ〗

❶意図	intend to＋〈動詞の原形〉, mean to＋〈動詞の原形〉
❷予定	be going to＋〈動詞の原形〉, will
❸思いこみ	think, believe

❶[意図]**intend to＋〈動詞の原形〉**[インテンド], **mean to＋〈動詞の原形〉**[ミーン]
- セナは医者になるつもりだ.
Sena *intends to* be a doctor.
- 彼女の気持ちを傷つけるつもりはなかった.
I didn't *mean to* hurt her feelings.

❷[予定]**be going to＋〈動詞の原形〉**[ゴウイング], **will**[ウィル]
- 今度の週末はハイキングに行くつもりだ.
I'*m going to* go on a hike this weekend.

❸[思いこみ]**think**[スィンク], **believe**[ビリーヴ]
- 彼は自分では人気者のつもりでいる.
He *thinks* (*believes*) he is popular.

つもる【積もる】(雪・ちりなどが)**lie**[ライ], **cover**[カヴァ]; (重なって高くなる)**pile up**[パイル アップ]
- 屋根に雪がたくさん積もっていた.
Snow *lay* thickly on the roof. / The roof was *covered* with thick snow.

つや¹ **gloss**[グラス], **luster**[ラスタァ]
➡つやのある➡ つやつや

つや² 【通夜】**a wake**[ウェイク]

つやつや glossy[グラッスィ]; (髪(ﾒ)の毛が)**sleek**[スリーク]
- これを付けると肌(ﾊﾀﾞ)がつやつやになるよ.
This cream will make your skin *glossy*.

つゆ¹【露】**dew**[ドゥー]
- 朝顔に露が降りていた. The morning glory was wet with *dew*.(⬅露でぬれていた)

つゆ² 【梅雨】*Tsuyu*; **the rainy season**[レイニィ スィーズン]➡ 年中行事[口絵]
- 梅雨はふつう6月から7月にかけての雨の多い時期を指します. *Tsuyu* is *the rainy season* which usually occurs from June to July.
- 梅雨に入った.
The rainy season has started.
- 梅雨が明けた. *The rainy season* is over.

つゆ³ (吸い物)**soup**[スープ]; (だし汁)**broth**[ブロース]
- そばつゆ soba dipping *broth*

つよい【強い】
(力・程度が)**strong**[ストゥローング](⇔ 弱い weak), **powerful**[パワァフル]; (得意である)**be good at ...**[グッド]
- 風が強い. The wind is *strong*.
- もっと強い人間になりたい.

- I want to be a *stronger* person.
- 強い磁石 a *powerful* magnet
- エリはコンピュータに強い.
Eri *is good at* computers.
➡**強く strongly**; (激しく)**hard**[ハード]
- ドアを強くたたいた.
I knocked *hard* on the door.
- ケイはボールを強くけった.
Kei hit the ball *hard*.

つよがる【強がる】**act tough**[アクト タフ], **bluff**[ブラフ]
- 彼は強がっているだけだよ.
He's just *acting tough*. / He's just *bluffing*.

つよき【強気の】**aggressive**[アグレッスィヴ]
- 彼女の強気のプレーがチームを勝利へ導いた.
Her *aggressive* play led the team to victory.

つよさ【強さ】**strength**[ストゥレンクス]

つよび【強火】**high heat**[ハイ ヒート]
- ガスは強火にしてください.
Turn the gas to *high*(*heat*).
- 肉を強火で焼いた. I cooked meat on *high*(*heat*).

つよみ【強み】(長所)**a strong point**[ストゥローング ポイント]; (利点)**an advantage**[アドゥヴァンティッヂ]

つよめる【強める】**strengthen**[ストゥレンクスン], **make stronger**[メイク ストゥロンガァ]; (明かり・ガスなどを)**turn up**[ターン アップ]
- ガスの火を強めてください.
Would you *turn up* the gas?

つらい
hard[ハード], **tough**[タフ]; (精神的に)**painful**[ペインフル]
- 早起きはつらい.
Getting up early is *hard* for me.
- この授業はつらい.
This class is *tough*.
- 最近, 学校でつらい目に遭(ぁ)った.
Recently, I had a *hard* time at school.
  …するのはつらい
  It is hard[tough, painful]to＋〈動詞の原形〉
- 毎日2時間練習するのはつらい.
It's tough to practice two hours a day.
- 彼女が苦しむのを見るのはつらい.
It's painful to see her suffer.

つらぬく【貫く】(やり通す)**stick to ...**[スティック]
- 自分の主張を貫くつもりです.
I'm going to *stick to* my opinion.

つらら an icicle[アイスィクル]

four hundred and forty-five
445

つらら

あ
か
さ
つ
な
は
ま
や
ら
わ

つり¹

- つららが木の枝から垂れ下がっていた．
  Icicles hung from tree branches.

つり¹【釣り】(魚釣り)**fishing**[フィッシング]
- 釣りが趣味です．
  Fishing is one of my hobbies.
➡釣りをする **fish**
| 釣り具 **fishing tackle**
| 釣り人 **an angler, a fisher**
| 釣り船 **a fishing boat**
| 釣り堀 **a fishing pond**

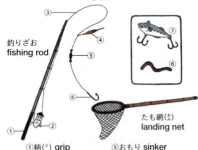

釣りざお fishing rod
たも網 landing net

①柄 grip
②リール reel
③釣り糸 fishing line
④浮き float
⑤おもり sinker
⑥釣り針 hook
⑦ルアー lure
⑧えさ bait

つり²【釣り】(釣り銭)**change**[チェインヂ]
- はい，お釣りです．
  Here's your *change*.
- お釣りは200円だった．
  I got 200 yen in *change*.
- 5000円でお釣りはありますか．
  Can you give me *change* for a five thousand yen bill?

つりあい【釣り合い】**balance**[バランス]；(調和)**match**[マッチ]
➡釣り合う **balance, match**

つりかわ【つり革】**a strap**[ストゥラップ]
- つり革につかまってください．
  Please hold on to a *strap*.

つりばし【釣り橋】**a suspension bridge**[サスペンション ブリッヂ]

米国・ニューヨークのハドソン川にかかる釣り橋

つる¹【釣る】**catch**[キャッチ]；(魚をとる)**fish**[フィッシ]➡つり¹
- 私は魚を5匹釣った．
  I *caught* five fish.
- 池で魚を釣るのが好きだ．
  I like to *fish* in the pond.

つる²(ぶら下げる)**hang**[ハング]
- 私は部屋にレースのカーテンをつった．
  I *hung* lace curtains in the room.
- 彼は右腕をつっていた．
  He had his right arm in a sling.（▶slingは「三角巾」の意）

つる³(ひきつる)**have a cramp**[ハブ][クランプ]
- 泳いでいて足がつった．
  I *have a cramp* in my leg from swimming.
  （▶つっている状態を表す）

つる⁴【鶴】〖鳥〗**a crane**[クレイン]
つる⁵【植物の】**a vine**[ヴァイン]
つる⁶【弦】(楽器の)**a string**[ストゥリング]；(弓の)**a bowstring**[ボウストゥリング]
つるす hang[ハング]➡つる²

つるつる【つるつるした】(滑りやすい)**slippery**[スリッパリィ]；(滑らかな)**smooth**[スムーズ]
- 雨上がりの道路はつるつるしていた．
  The road was *slippery* after the rain.

つるはし a pickax(e)[ピックアックス](複 pickaxes)
…つれて【…につれて】**as** …[アズ]➡したがって❶

つれていく【連れて行く】**take**[テイク]
- お父さん，野球に連れて行ってよ．Dad, *take* me to a baseball game, please.
- 毎朝犬を散歩に連れて行く．
  I *take* my dog for a walk every morning.

つれている【連れている】**be with** …[ウィズ]
- アキはいとこを連れていた．
  Aki *was with* her cousin.

つれてくる【連れて来る】**bring**[ブリング]
- 彼は弟のケンをいっしょに連れて来た．
  He *brought* his brother Ken with him.

つんつん(不機嫌な)**cross**[クロース]
- どうして彼はつんつんしているのかな．I wonder why he is *cross* [*angry*] (with me).

つんと
- アオイはつんとしている．
  Aoi is *stuck up*. / Aoi is *snobbish*.
- わさびが鼻につんときた．
  Wasabi *stung* my nose.

て テ

て【手】

❶体の部位	a hand; (腕(え)) an arm
❷方法, 手段	a way, a means
❸人手	a hand; (手伝い) help

❶〔体の部位〕**a hand**［ハンド］; (腕) **an arm**［アーム］
→うで図, ゆび図

- 右手を上げてください.
 Please raise your right *hand*.
- 彼女は(両)手に何か持っていた.
 She had something in her *hand*(s).
- 彼はお年寄りの手をひいてあげた.
 He led an elderly person by the *hand*.
- 子どもたちは手をつないで歩いていた. The *children* were walking *hand in hand*.
- 手を触(さ)れないでください
 《掲示》*HANDS OFF*
- 私はノートを取ろうと手をのばした.
 I stretched out my *arm* to pick up the notebook. / I reached for the notebook.
- ジュンは私にさようならと手を振った.
 Jun waved goodbye to me.

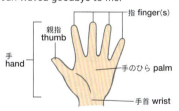

指 finger(s)
親指 thumb
手 hand
手のひら palm
手首 wrist

❷〔方法, 手段〕**a way**［ウェイ］, **a means**［ミーンズ］
(▶単複同形)
- ほかに手がない. There's no other *way*.

❸〔人手〕**a hand**; (手伝い) **help**［ヘルプ］
- ちょっと手を貸してもらえない？
 Will you give me a *hand*, please?
- 猫(ねこ)の手も借りたいくらい忙(いそが)しい.
 I'm so busy I'll take any *help* I can get.
 (←どんな助けでもいいくらい忙しい)
- 手が空いている人を連れてきて.
 Get someone who is free.

━━━━━━ 慣用表現 ━━━━━━

手に入れる get: 欲しかったものをやっと手に入れた. I *got* something I really wanted.
手につかない cannot concentrate（on ...）: 心配で勉強が手につかない. I'm so worried that I *can't concentrate on* my studies.
手も足も出ない（太刀(たち)打ちできない）**be no match**（for ...）: 試合相手に手も足も出なかった. I *was no match for* my opponent in the game.

…で

❶場所	in ..., at ...
❷手段, 道具	by ..., in ..., on ...; (道具) with ...
❸原因, 理由	because of ..., of ..., from ...
❹材料, 原料	of ..., from ...
❺時間, 期間	(…したら) in ...; (…以内に) within ...
❻値段・年齢(ねんれい)・速度など	at ..., for ...

❶〔場所〕**in ...**［イン］, **at ...**［アット］(▶ふつうinは比較(ひかく)的広い場所に, atは一点を意識するような狭(せま)い場所に用いる)
- 私は千葉で生まれた. I was born *in* Chiba.
- 学校で防災訓練をした.
 We did an emergency drill *at* school.
- バス停でアイに会った.
 I met Ai *at* the bus stop.
- ここで待っているから. I'll wait here.

❷〔手段, 道具〕**by ...**［バイ］, **in ...**, **on ...**［アン］; (道具) **with ...**［ウィズ］
- バスで学校へ通っています.
 I go to school *by* bus.
- そのことはメールで母に知らせた.
 I told my mother about it *by* email.
- この本は英語で書かれている.
 This book is written *in* English.
- 私はその事件についてインターネットで調べた.
 I looked up the incident *on* the Internet.
- きのうの試合をテレビで見た. I watched yesterday's game *on* TV. (on the TVは×)
- エリと電話で話した.
 I talked with Eri *on*［*over*］the phone.
- 鉛筆(えんぴつ)で答えを書きなさい. Write your answers *with* a pencil.

❸〔原因, 理由〕**because of ...**［ビコーズ］, **of ...**［アヴ］, **from ...**［フラム］
- 悪天候で電車が遅(おく)れた. The train was delayed *because of* bad weather.
- 祖父はがんで死んだ. My grandfather died *of* cancer. (▶「病気」という直接的な原因にはofを用いる → しぬ くらべて!)

❹〔材料, 原料〕**of ..., from ...**

- この箱は木でできている．
This box is made *of* wood.（▶材料が見てわかる場合はofを使うことが多い）
- ワインはぶどうで作る．Wine is made *from* grapes.（▶材料が見ただけではわからない場合はfromを使うことが多い）

❺[時間，期間]（…したら）**in** ...;（…以内に）**within** ...[ウィズイン]
- 1時間で戻ります．
I'll be back *in* [*within*] an hour.

❻[値段・年齢・速度など]**at** ..., **for** ...[フォア]
- その店はTシャツを800円で売っている．The store sells T-shirts *for* 800 yen.
- 全速力で走った．
I ran *at* full speed.
- レイは35歳で俳優になった．
Rei became an actor *at* the age of 35.

であい【出会い】**an encounter**[インカウンタァ]
であう【出会う】**meet**[ミート]；（偶然に）**come across** ...→あう¹❶
- 駅で偶然先生に出会った．I *met* my teacher by chance at the station.

てあし【手足】*one's* **arms and legs**[アームズ][レッグズ]
- 目覚めてベッドの中で手足を伸ばした．
I woke up and stretched *my arms and legs* in bed.

てあたりしだい【手当たり次第に】**at random**[ランダム]
- 図書館の本を手当たり次第に読んだ．
I read library books *at random*.（▶このreadは過去形）

てあて【手当て】（治療）(**a**) (**medical**) **treatment**[(メディカル) トゥリートゥマント]
- 応急手当てを受けた．
I was given first-aid (*treatment*).
━手当てをする **treat**
- けがした生徒の手当てをした．
I *treated* the injured students.

てあらい【手洗い】**a bathroom**[バスルーム]→トイレ(ット)

…である→…です

ていあん【提案】**a suggestion**[サグチェスチョン]；（主に公式の）**a proposal**[プラポウザル]
- 何か提案はありませんか．
Do you have any *suggestions*?
━提案する **suggest**; **propose**
- ミサはもう少し待ってみようと提案した．
Misa *suggested* [*proposed*] *that* we wait a little longer.

ティー（お茶）**tea**[ティー]
- ミルク[レモン]ティー

tea with milk [lemon]
- ハーブティー herbal *tea*
| ティーカップ **a teacup**
| ティースプーン **a teaspoon**
| ティータイム **a coffee** [**tea**] **break**
| ティーバッグ **a tea bag**

ディーエヌエー【DNA】**DNA**[ディーエヌエィ]
| DNA鑑定 **a DNA test**
ディージェー【DJ】**a DJ**[ディーヂェィ]→ディスクジョッキー
ティーシャツ a T-shirt[ティーシャート]
ディーゼル（ディーゼルエンジン）**a diesel** (**engine**)[ディーザル (エンヂン)]
| ディーゼル車 **a diesel** (**car**)
ディーブイディー【DVD】『コンピュータ』**a DVD**[ディーヴィーディー]（▶digital versatile [video] diskの略）
| DVDプレーヤー **a DVD player**
ていいん【定員】**a** (**fixed**) **number**[(フィクスト) ナンバァ]，(**a**) **capacity**[カパサティ]（▶複数形では用いない）
- その学校は募集定員が増えた．
The school has increased its *capacity* for applicants.
- この会場の定員は500名だ．
This hall has a *capacity* of 500 seats.
- エレベーターは定員をオーバーしている．
The elevator is overcrowded.

ティーンエージャー a teenager[ティーネイヂャァ]（▶-teenのつく13歳（thirteen）から19歳（nineteen）までを言う）
ていえん【庭園】**a garden**[ガードゥン]
ていか¹【低下する】**fall**[フォール]，**drop**[ドゥラップ]
- 気温が急激に低下した．The temperature *fell* [*dropped*] sharply.
ていか²【定価】**a** (**fixed**) **price**[(フィクスト) プライス]
- この靴の定価はいくらですか．
What's the *price* of these shoes?
ていかんし【定冠詞】『文法』**a definite article**[デファニット アーティクル]（▶theのこと）
ていき【定期的な】**regular**[レギュラァ]

ていど

―定期的に regularly
定期入れ a pass case, a pass holder
定期演奏会 a regular concert
定期券 a commuter pass; (電車の)a train pass; (バスの)a bus pass
定期預金 a fixed deposit, a time deposit

ていぎ【定義】a definition[デファニション]
―定義する define[ディファイン]

ていきあつ【低気圧】low atmospheric pressure [ロゥ アトゥマスフェリック プレッシャァ]

ていきゅうび【定休日】a regular holiday[レギュラァ ハラデイ]
• あの店は月曜が定休日です.
　The shop is *closed* on Mondays.

ていきょう【提供する】(差し出す)offer[オーファ]; (与(あた)える)give[ギヴ]; (番組などを)sponsor[スパンサァ], present[プリゼント]
• この番組はＣ＆Ｃの提供でお送りしています.
　This program is *presented* by C&C.

テイクアウト ⊛takeout[テイクアウト], ⊛takeaway[テイクアウェイ]
• 急いでいたのでテイクアウトにした.
　I was in a hurry so I got *takeout*.
―テイクアウトで to go
• テイクアウトでハンバーガーを2つください.
　Two hamburgers *to go*, please.

ディクテーション(書き取り)(a) dictation[ディクテイション]

デイケア day care[デイ ケア]
デイケアセンター a day care center

ていこう【抵抗】(a) resistance[リズィスタンス]
―抵抗する resist
抵抗力 resistance（to ...）

ていこく¹【帝国】an empire[エンパイア]
帝国主義 imperialism

ていこく²【定刻】the appointed ［fixed］time [アポインティド［フィックスト］タイム]
• 定刻に到着(とうちゃく)した.
　We arrived *on time*［*schedule*］.

ていし【停止】a stop[スタップ]
―停止する stop
停止信号 a stop sign

ていじ【定時】a regular［fixed］time[レギュラァ ［フィクスト］タイム]
• 特急は定時に着いた.
　The express arrived *on schedule*.
定時制高校 a part-time high school, an evening high school, a night high school

デイジー【植物】a daisy[デイズィ]

ていしゃ【停車】a stop[スタップ]
• 次の停車(駅)は横浜です.
　The next *stop* is Yokohama.

―停車する stop, make a stop
• この電車は各駅に停車します.
　This train will *stop* at every station.

ていしゅつ【提出する】hand in[ハンド]; (郵送などで)send in[センド]
• レポートを提出しなくてはいけない.
　I have to *hand in* my paper.
提出物 things to be handed in

ていしょく【定食】a set meal[ミール]

ディスカウント a discount[ディスカウント]
• このバッグはディスカウント価格で買えた.
　I bought this bag at a *discount* rate.
ディスカウントショップ a discount store ［shop］

ディスカッション(a) discussion[ディスカッション]➡とうろん, ぎろん

ディスク『コンピュータ』a disk, a disc[ディスク]

ディスクジョッキー a disc jockey[ディスク チャッキィ], a DJ[ディーヂェイ]

ディズニー Disney[ディズニィ]
• ディズニーのキャラクター
　a *Disney* character
ディズニー映画 a Disney movie
ディズニーリゾート Disney Resort

ディズニーランド Disneyland[ディズニィランド]
• 一日中ディズニーランドで過ごした.
　We spent all day at *Disneyland*.

ディスプレイ『コンピュータ』a display[ディスプレイ]

ていせい【訂正】(a) correction[カレクション]
―訂正する correct
• 誤りを訂正した.
　I *corrected* my errors.

ていたく【邸宅】a residence[レズィダンス]; (大邸宅)a mansion[マンション]

ティッシュ(ペーパー) a tissue[ティシュー], (▶tissue paperは包装用の薄(うす)い紙をさす); 『商標』a Kleenex[クリーネックス](複 Kleenex, Kleenexes)
• ティッシュ(ペーパー)の箱
　a *tissue* box / a box of *tissues*

ていでん【停電】a power failure[パウァ フェイリャァ], a blackout[ブラックアウト]
• ゆうべ停電があった.
　There was a *power failure* last night. / There was a *blackout* last night.

ていど【程度】(度合い)(a) degree[ディグリー]; (水準)(a) level[レヴァル]
• 彼の話はある程度は本当だ.
　His story is true to some *degree*.
• この本は中学校程度の生徒を対象に書かれている.

four hundred and forty-nine
449

あ
か
さ
た
て
な
は
ま
や
ら
わ

ディナー

This book is written for junior high school *level* students.

ディナー (a) **dinner**[ディナァ]

ていねい【ていねいな】

(礼儀正しい) **polite**[パライト]; (念入りな) **careful**[ケアフル]

- ていねいな言い方
  a *polite* way of expression

―ていねいに politely; carefully; neatly

- もっとていねいに話したほうがいい．
  You should speak more *politely*.
- その箱はていねいに扱ってください．
  Please handle the box *carefully* [*with care*].
- ミキはいつもていねいに書く．
  Miki always writes *neatly*.

ていねん【定年】a **retirement age**[リタイアマント エイヂ]

- あの会社は65歳が定年だ．The *retirement age* at that company is 65.

―定年退職する retire

ていばん【定番の】**standard**[スタンダァド]

- 定番の贈り物
  a *standard* gift
- 「イエスタデイ」は父の定番の曲だ．
  "Yesterday" is my father's *standard* (number).

ていひょう【定評】(よい評判) **a good reputation**[グッド レピュテイション]

- その品物は品質に定評がある．
  The item has a *good reputation* for its quality.

ディフェンス defense[ディフェンス](⇔オフェンス **offense**)

- きょうはディフェンスが弱かった[強かった]．
  The *defense* was weak [strong] today.

ディフェンダー a defender[ディフェンダァ]

ディベート (討論) (a) **debate**[ディベイト]

―ディベートをする debate

- 私たちはその問題について1時間ディベートした．
  We *debated* on[over, about] the issue for an hour.

ていへん【底辺】【数学】the **base**[ベイス]
ていぼう【堤防】a **bank**[バンク]
ていぼく【低木】a **shrub**[シュラブ]
でいり【出入りする】**come and go**[カム アン ゴゥ], (よく訪れる) **visit ... frequently**[ヴィズィット][フリークワントゥリィ]

‖出入り口 a **doorway**

ていりゅうじょ【停留所】a **stop**[スタップ]

米国のバス停留所

- バスの停留所で待っているよ．
  I'll wait for you at the bus *stop*.

ていれ【手入れ】(世話) **care**[ケア]; (修理) **repair**[リペァ]

―手入れする take care of ...

- グローブの手入れをちゃんとしなさい．
  Take good *care of* your glove.

ディレクター a director[ディレクタァ]
ティンパニー【楽器】**timpani**[ティンパニ]
テークアウト → テイクアウト
デーゲーム a day game[デイ ゲイム]
データ data[デイタ] (►もとはdatumの複数形だが，単数扱いもされる)

- データを保存した．I saved the *data*.

‖データベース a **database**

デート a date[デイト]

- タオをデートに誘いたい．
  I want to *ask* Tao *out*.

―デートする date, have a date (with ...)

- ケイとデートした．
  I *had a date with* Kei.

テーピング taping[テイピング]

―テーピングする tape up

- ひざをテーピングしてもらった．
  I had my knee *taped up*. (►「have＋〈人・物〉＋〈過去分詞〉」で「〈人・物〉を…してもらう」の意)

テープ (a) **tape**[テイプ]

―テープをはる[で留める] tape

- そのポスターをテープで壁にはった．
  I *taped* the poster on the wall.

‖テープレコーダー a **tape recorder**

テーブル a table[テイブル]

- テーブルに着いた．We sat at (the) *table*.
  (►米ではふつうtheをつける)
- テーブルを片付けますね．
  I'll clear the *table*.

‖テーブルクロス a **tablecloth**
‖テーブルマナー **table manners**

テーマ a theme[スィーム] (★発音注意)

‖テーマソング a **theme song**

できたて

∥テーマパーク a theme park

ておくれ【手遅れになる】**be too late**[レイト]
- 手遅れにならないうちにやめたほうがいい.
  It's better to stop before it *is too late*.

デオドラント **deodorant**[ディーオウダラント]
- ∥デオドラントスプレー **deodorant spray**

てがかり【手掛かり】(解決の糸口)**a clue**[クルー]
- そのなぞを解く手掛かりは何一つなかった.
  There was no *clue* to the mystery.

てがき【手書き】**handwriting**[ハンドライティング]

でかける【出かける】

(外出する)**go out**[アウト]; (出発する)**leave**[リーヴ], **start**[スタート]
- これから友達と出かけるんだ.
  I'm *going out* with my friend.
- **▬出かけている be out**
- 彼は今出かけています. He *is out* now.

てかげん【手加減する】**go easy on …**[イーズィ]
- 手加減はしないよ.
  I won't *go easy on* [*with*] you.

てかてか【てかてかしている】**shiny**[シャイニィ], **glistening**[グリスニング]
- 顔が汗(ᵃ)でてかてかしている.
  My face is *shiny* with sweat.

でかでか【でかでかと】(大きな文字で)**in big letters**[ビッグ レタァズ]; (大々的に)**in a big way**

てがみ【手紙】**a letter**[レタァ]
- 手紙をありがとう.
  Thank you for your *letter*.
- きのうあなたの手紙を受け取りました.
  I received your *letter* yesterday.
- **▬手紙を書く write**[ライト] (**to …**), **write a letter** (**to …**)
- 私はカナダの友達に手紙を書いた. I *wrote* (*a letter*) *to* my friend in Canada.
- 長い間手紙を書かなくてすみません. I'm sorry I haven't *written to* you for so long.

てがら【手柄】(功績)**credit**[クレディット]; (すばらしい働き)**an outstanding job**[アウトスタンディング チャブ]
- エミの手柄だよ. Emi deserves the *credit*.
- お手柄だ！ *Good job*! (◀よくやった！)

てがる【手軽な】(使いやすい)**handy**[ハンディ]; (簡単な)**easy**[イーズィ], **simple**[スィンプル]; (量の少ない)**light**[ライト]
- 手軽な運動 *easy* [*simple*] exercise
- 手軽な食事 a *light* meal
- **▬手軽に easily, simply**

てき【敵】**an enemy**[エナミィ] (⇔味方 a friend); (競争相手)**a rival**[ライヴァル]; (対戦相手)**an opponent**[アポウナント]

でき【出来】(結果)(a)**result**[リザルト]
- 出来がよかった. The *results* were good.
- 上出来！ (自分にとって)This is good enough!; (他人をほめて)Well *done*! / Good *job*! / Excellent!

できあい【出来合いの】**ready-made**[レディメイド]

できあがる【出来上がる】**be completed**[カンプリーティド], **be finished**[フィニッシュト] ➡ かんせい¹
- やっとポスターが出来上がった.
  The poster has finally *been completed*.

てきい【敵意】**hostility**[ハスティラティ]
- **▬敵意のある hostile**[ハストゥル]
- 彼は私に敵意をもっている.
  He is *hostile* with me.

てきおう【適応する】**adapt** *one*self (**to …**)[アダプト]
- 幼い子どもは新しい環境(ᵃⁿ₃ᵃ)にすぐに適応する. Young children *adapt to* new surroundings easily.

できごと【出来事】(日常の)**an occurrence**[アカーランス]; (大きい)**an event**[イヴェント]; (小さい)**an incident**[インサダント]
- ありふれた出来事
  an everyday *occurrence* [*thing*]
- 転校は私には大きな出来事だった. Changing schools was a big *event* for me.

てきざいてきしょ【適材適所】**the right person in the right place**[ライト パースン][ライト プレイス]

できし【でき死する】**drown**[ドゥラウン] ➡ おぼれる

テキスト(教科書)**a textbook**[テクストブック]; (本文, 原文)**text**[テクスト]
- テキストの8ページを開きなさい.
  Open your *textbook*(*s*) to[⑭at] page 8.

てきする【適する】**be suitable**[スータブル], **be good**[グッド], **be fit**[フィット]
- その靴(ᶜ)はハイキングには適さない.
  Those shoes *are* not *suitable* for hiking.
- マリはその役に適している.
  Mari *is good* for the role.

てきせい【適性】(an)**aptitude**[アプタテュード]
- 私は教師の適性があると思う.
  I think I might be good at teaching.
- ∥適性検査 an aptitude test

てきせつ【適切な】**appropriate**[アプロウプリィアット], **apt**[アプト]
- 彼女のふるまいはその場に適切なものではなかった. Her behavior was not *appropriate* for the occasion.
- 先生は私に適切なアドバイスをくれた.
  My teacher gave me some *apt* advice.

できたて【出来たての】**fresh**[フレッシュ]
- このパイは出来たてだ.

four hundred and fifty-one

451

あ か さ て な は ま や ら わ

てきちゅう

This pie is *fresh* from the oven.

てきちゅう【的中する】(的に当たる)**hit the mark**[マーク]；(予想が)**guess right**[ゲス ライト]
• 私の予想は的中した. My *guess* was *right*.

てきど【適度の】**moderate**[マダリット]
• 適度の運動 *moderate* exercise
■ **適度に moderately**

てきとう【適当な】

❶ふさわしい **suitable, proper**
❷いい加減な **sloppy**；
　　　　　　(無責任な)**irresponsible**；
　　　　　　(あいまいな)**vague**

❶〔ふさわしい〕**suitable**[スータブル], **proper**[プラパァ]
• ハイキング用の適当な靴(⑤) がない. I don't have any *suitable* shoes for hiking.
❷〔いい加減な〕**sloppy**[スラッピィ]；(無責任な)**irresponsible**[イリスパンサブル]；(あいまいな)**vague**[ヴェイグ]
• 彼女ったら本当に適当なんだから.
　She is really *sloppy* [*irresponsible*]!
• 彼はいつも適当な返事をする.
　He always gives me a *vague* answer.
■ **適当に**(いい加減に)**not ... properly**；**roughly**[ラフリィ]

…できない→…ない❸

てきぱき【てきぱきと】(速く)**quickly**[クウィックリィ]；(効率よく)**efficiently**[イフィシャントゥリィ]
• 彼はてきぱきと宿題を片付けた. He did his homework *quickly* [*efficiently*].

てきよう【適用する】**apply**（**to ...**）[アプライ]
• その規則は子どもには適用されない.
　The rule doesn't *apply to* children.

できる

❶可能である **can+**〈動詞の原形〉，
　　　　　　be able to+〈動詞の原形〉
❷優(⑤)れている
　　　　　(じょうずだ)**be good**（**at ...**），
　　　　　do well；(成績がよい)**bright**
❸完成する **be finished**；(終える)**finish**；
　　　　　(用意が整う)**be ready**
❹作られる **be made**；(育つ)**grow**

❶〔可能である〕**can**[キャン]**+**〈動詞の原形〉，**be able to+**〈動詞の原形〉[エイブル]

…することができる
can +〈動詞の原形〉**/**
be able to +〈動詞の原形〉
• リサは3か国語を話すことができる.

Risa *can* speak three languages.
•「スキーはできますか」「はい, 少しだけ/いいえ, できません」"*Can* you ski?" "Yes, a little. / No, I *can't*."
• 練習したら泳ぐことができるようになるよ.
　You will *be able to* swim if you practice.

> **くらべてみよう！ can と be able to**
>
> ほぼ同じ意味で使いますが, be able to のほうがやや堅(⑤)い言い方です. また, can はほかの助動詞（will, may, must など）といっしょに使うことはできないので, その場合は be able to を使います.
> また could は「…する能力があった」という意味なので,「…を(実際に)成しとげた」ことを表すにはふつう was ［were］able to を使います.

❷〔優れている〕(じょうずだ)**be good**（**at ...**）[グッド], **do well**[ウェル]；(成績がよい)**bright**[ブライト]
• トモは編み物ができる.
　Tomo *is good at* knitting.
• 彼はよくできる生徒だ. He *does well* at school. / He is a *bright* student.
❸〔完成する〕**be finished**[フィニッシュト]；(終える)**finish**；(用意が整う)**be ready**[レディ]
• その橋はまだできていない.
　The bridge *is not finished* yet.
• 宿題ができた. I *finished* my homework.
• 朝食ができたよ. Breakfast *is ready*.
❹〔作られる〕**be made**[メイド]；(育つ)**grow**[グロウ]
• しょうゆは大豆からできる.
　Soy sauce *is made* from soybeans.
• 沖縄ではパイナップルができる.
　Pineapples *grow* in Okinawa.

できるだけ as ... as possible[パスィブル]**, as ... as one can**
• できるだけ多くの本を読みなさい. Read *as* many books *as possible* [*you can*].
• できるだけ早く起きた.
　I got up *as early as possible* [*I could*].

できれば if possible[パスィブル]**, if one can**
• できれば窓側の席がいいんですが.
　I'd like a window seat, *if possible*.
• できれば金曜日までに終わらせてください.
　If you can, please finish it by Friday.

てぎわ【手際のよい】**skillful**[スキルフル]
■ **手際よく skillfully**

でぐち【出口】**an exit**[エグズィット]（⇔入り口 an entrance）

…でしょう

高速道路の「出口専用」の標識(米国)

テクニック（a）**technique**[テクニーク]
テクノロジー **technology**[テクナラヂィ]
てくび【手首】**a wrist**[リスト]→うで図, て図
てこ **a lever**[レヴァ]
てこずる **have trouble**（**with** …）[トゥラブル]
- この問題はてこずりそうだ. I think I'll *have trouble with* this problem.

てごたえ【手ごたえ】(反応)（a）**response**[リスパンス], （a）**reaction**[リアクション]; (効果)（an）**effect**[イフェクト]; (感触(かんしょく))**feeling**[フィーリング]
- 手ごたえはよかった.
I have a good *feeling* about it.

でこぼこ【でこぼこの】**rough**[ラフ], **uneven**[アニーヴン]; (道が)**bumpy**[バンピィ]
- でこぼこの道 a *rough*［*bumpy*］road

デコレーション(装飾(そうしょく))（a）**decoration**[デカレイション]
デコレーションケーキ a decorated ［fancy］cake (►デコレーションケーキは和製英語)

てごろ【手ごろな】(扱(あつか)いやすい)**handy**[ハンディ]; (値段が)**reasonable**[リーズナブル]
- 手ごろな値段で at a *reasonable* price

てごわい【手ごわい】(強い)**strong**[ストゥローング]; (意志や考えを曲げない)**tough**[タフ]
- 対戦相手はなかなか手ごわかった.
The opponent was rather *strong*.

デザート（a）**dessert**[ディザート]
デザイナー **a designer**[ディザイナァ]
- インテリアデザイナー an interior *designer*
- ウェブデザイナー a Web *designer*
- グラフィックデザイナー a graphic *designer*
- ファッションデザイナー a fashion *designer*

デザイン（a）**design**[ディザイン]
- …のデザインを変更[改良]する
change［improve］the *design* of …
ーデザインする design
- 自分のトートバッグをデザインした.
I *designed* my tote bag.

てさぐり【手探りする】**feel around**（**for** …）[フィール アラウンド]
- 私は手探りでコンタクトレンズを探した.
I *felt around for* a contact lens.

てさげ【手提げ】**a handbag**[ハンドゥバッグ]; (買い物用)**a shopping bag**[シャッピング バッグ]; (大型の)**a tote bag**[トウト]→かばん図

てざわり【手触り】**touch**[タッチ]
- コットンは手触りがいい. The cotton is soft to the *touch*. / The cotton *feels* soft.

でし【弟子】**a pupil**[ピュープル], **a disciple**[ディサイプル]

デジカメ→デジタル(デジタルカメラ)
てしごと【手仕事】**hand work**[ハンド ワーク]

…でした (►動詞の過去形を用いて表す)
- きのうはいい天気でした.
It *was* sunny yesterday.
- きのうは暇(ひま)でした.
We *had* nothing to do yesterday.

デジタル【デジタルの】**digital**[ディヂトゥル]
デジタルカメラ a digital camera
デジタル時計 (置き時計)a digital clock→とけい図; (腕(うで)時計)a digital watch
デジタル放送 digital broadcasting

てじな【手品】**magic**[マヂック]; (個々の)**a**（**magic**）**trick**[トゥリック]
- 彼は私たちに手品を見せてくれた.
He showed us some *magic tricks*.
手品師 a magician

でしゃばり【出しゃばりの】**intrusive**[イントゥルースィヴ]; (話)**pushy**[プッシィ]
- 出しゃばりな人 an *intrusive*［*pushy*］person
ー出しゃばる put *oneself* **forward**[フォーワァド]
- 出しゃばるな.
Don't *put yourself forward*! / Don't *be so forward*!

…でしょう

❶未来　will＋〈動詞の原形〉
❷推測　(…と思う)think（that）…,
　　　suppose（that）…;
　　　(確信している)be sure（that）…
❸念を押(お)す　isn't it?, right?

❶[未来]will＋〈動詞の原形〉[ウィル]
- あすは雨でしょう.
It *will* be rainy tomorrow.
- 彼はすぐ戻(もど)るでしょう.
He *will* come back soon.
❷[推測](…と思う)**think**（**that**）…[スィンク], **suppose**（**that**）…[サポウズ]; (確信している)**be sure**（**that**）…[シュア]

…です

- ミキは来ないでしょう.
  I don't *think* Miki will come.
- ジュンはきっと試験に合格するでしょう.
  I'm *sure*（*that*）Jun will pass the exam.
- ❸〔念を押す〕**isn't it?, right?**［ライト］（►しばしば付加疑問文で表す）➡…ね
- この子犬, かわいいでしょう.
  This puppy is cute, *isn't it*?
- あなたも行きたいんでしょう？
  You also want to go, *right*?

…です

beの現在形（► am, are, is）

> **ここがポイント！** **beの現在形**
>
> 主語によって次のように変化します.
>
> | | 単数 | | 複数 |
> |---|---|---|---|
> | 主語 | be動詞 | 主語 | be動詞 |
> | I | am | we | are |
> | you | are | you | are |
> | he ⎫ | | | |
> | she ⎬ | is | they | are |
> | it ⎭ | | | |

- 私は中学生です.
  I *am*［I'*m*］a junior high school student.

> **話してみよう！**
> ☺あなたはテニス部に入っているのですか.
> *Are* you on the tennis team?
> 😊はい, そうです. Yes, I *am*.

- あしたはハイキングです.
  We *are* going on a hike tomorrow.

てすう【手数をかける】**bother**［バザァ］
- お手数をおかけして申し訳ありません.
  I'm sorry to *bother* you.
▍手数料 a charge

デスク（机）**a desk**［デスク］
▍デスクトップコンピュータ a desktop
（computer）➡コンピュータ図

テスト

a test［テスト］；（試験）**an examination**［イグザミネイション］, （話）**an exam**［イグザム］；（小テスト）**a quiz**［クウィズ］（複 quizzes）
- 私たちはきのうテストを受けた.
  We took［had］a *test* yesterday.
- テストでいい［悪い］点を取った.
  I got a good［bad］grade on a *test*.
- テストはどうだった？How did you do in the *exam*? / How was the *exam*?
━テストする **test, give a test**

…ですね（念を押す）**isn't it?, right?**［ライト］
（►しばしば付加疑問文で表す）➡…ね
てすり【手すり】**a handrail**［ハンドレイル］
- 手すりにおつかまりください.
  Please hold［use］the *handrail*.
てせい【手製の】**handmade**［ハンドメイド］；（自家製の）**homemade**［ホウムメイド］
てそう【手相】**palm**（**lines**）［パーム（ラインズ）］
- 彼女は手相を見てくれた.
  She read my *palm*.
▍手相占（うらな）い **palmistry, palm reading**
▍手相占い師 **a palm reader**
でたらめ **nonsense**［ナンセンス］
- そのうわさは全部でたらめだ.
  The rumor is all *nonsense*. / The rumor is *not true* at all.
━でたらめな **random**［ランダム］；（うその）**false**［フォールス］
てぢか【手近の】**handy**［ハンディ］
てちょう【手帳】**a**（**pocket**）**notebook**［（パキット）ノウトブック］, **a**（**pocket**）**diary**［ダイアリィ］；（スケジュール帳）**a**（**schedule**）**planner**［（スケジュール）プランナァ］
- 手帳に予定を記入した.
  I wrote the plan down in my *notebook*［*planner*］.
- 生徒手帳 a student *handbook*
てつ【鉄】**iron**［アイアン］；（鋼鉄）**steel**［スティール］
▍鉄条網（もう）**a barbed wire fence**
でっかい **very big**［ビッグ］, **huge**［ヒューヂ］, **gigantic**［ヂャイギャンティック］
てつがく【哲学】**philosophy**［フィラサフィ］
▍哲学者 **a philosopher**
てつき【手つき】**a hand**［ハンド］
- 慣れた［不器用な］手つきで
  with practiced［clumsy］*hands*
- ヒロは慣れた手つきでパスタを料理した.
  Hiro cooked pasta skillfully.
てっき【鉄器】**ironware**［アイアンウェア］
▍鉄器時代 **the Iron Age**
デッキ（船の）**a deck**［デック］（★発音注意）
てっきょ【撤去する】**remove**［リムーヴ］, **clear**［クリァ］；（車などを）**tow away**［トウアウェイ］
てっきょう【鉄橋】**an iron bridge**［アイアン ブリッヂ］；（鉄道の）**a railroad bridge**［レイルロウド］
てっきり
- てっきり帰ったと思っていた.
  I'*m sure* you have already gone home.
てっきん【鉄琴】〖楽器〗**a glockenspiel**［グラッカンスピル］
てっきんコンクリート【鉄筋コンクリート】
reinforced concrete［リーインフォースト カンクリー

…ては

ト]
てづくり【手作りの】(手製の)**handmade**[ハンドメイド]; (自家製の)**homemade**[ホウムメイド]
- 手作りのクッキー *homemade* cookies

てっこう【鉄鋼】**steel**[スティール]

デッサン a **sketch**[スケッチ](▶「デッサン」はフランス語から)

てつだい【手伝い】**help**[ヘルプ]; (手伝う人)a **help**, **a helper**[ヘルパァ]→て❸, てつだう
- お手伝いさん
  a *housekeeper* / a *helper*

てつだう【手伝う】

help[ヘルプ]
- 私は時々母を手伝う.
  I sometimes *help* my mother.

〈人〉の〈事〉を手伝う
help + 〈人〉+ with + 〈事〉
- 姉が私の宿題を手伝ってくれた.
  My sister *helped* me *with* my homework.
  (▶helped my homeworkは×)

〈人〉が…するのを手伝う
help + 〈人〉(+ to) + 〈動詞の原形〉
- この机を動かすのを手伝ってくれない？
  Will you *help* me (*to*) move this desk?

てつづき【手続き】(a) **procedure**[プラスィージャア]
- きちんとした手続きを踏(ﾌ)まなくてはならなかった. I had to follow the regular *procedure*.

てってい【徹底的な】**thorough**[サーロゥ](★発音注意)
→徹底的に **thoroughly**

てつどう【鉄道】⊛ a **railroad**[レイルロウド], ⊛ a **railway**[レイルウェイ]
| 鉄道運賃 **railroad fare**
| 鉄道事故 a **railroad**［**railway**］**accident**, a **train accident**

デッドヒート a **close race**[クロウス レイス](▶a dead heatは「同着」の意)

デッドボール【デッドボールを受ける】【野球】**be hit by a pitch**[ピッチ](▶「デッドボール」は和製英語)
- レンはデッドボールを受けた.
  Ren *was hit by a pitch*.

てっぱん【鉄板】**an iron plate**[アイアン プレイト]
| 鉄板焼 **meat and vegetables grilled on an iron plate**

てっぺん the **top**[タップ]; (山の)the **summit**[サミット]→ちょうじょう
- 頭のてっぺんから足の先まで
  from head to toe [foot, heel]

てつぼう【鉄棒】(体操の)**the horizontal bar**[ホーラザントゥル バー]
- 小さいころ鉄棒を練習した.
  I practiced on the *horizontal bar* when I was little.

てっぽう【鉄砲】a **gun**[ガン]; (ライフル)a **rifle**[ライフル]

てつや【徹夜する】**stay**［**sit**］**up all night**[ステイ][ナイト]
- ゆうべは本を読んでいて徹夜した.
  I *stayed up all night* reading a book.
- 徹夜で勉強した. I studied *all night*.

でていく【出て行く】→でる❶
テディベア a **teddy bear**[テディ ベア]
テナー→テノール
でなおす【出直す】(再び来る)**come again**[アゲン]; (やり直す)**make a fresh start**[フレッシュ スタート]
- あした出直します.
  I'll *come again* tomorrow.

てにいれる【手に入れる】**get**[ゲット], (買う)**buy**[バイ]→て❶

テニス tennis[テニス]
- テニスをするのが好きだ.
  I like playing *tennis*.
- サチはテニスがとてもじょうずだ.
  Sachi plays *tennis* very well. / Sachi is a very good *tennis* player.

| テニスコート a **tennis court**
| テニスシューズ **tennis shoes**
| テニス部 a **tennis team**

デニム（厚地綿布）**denim**[デニム]
てにもつ【手荷物】(まとめて)**baggage**[バギッヂ]
- 手荷物1個
  a piece of *baggage* (▶手荷物2個はtwo pieces of *baggage*)

| 手荷物一時預かり所 (駅などの)a **baggage room**; (ホテルの)a **cloakroom**
| 手荷物検査 a **baggage inspection**［**check**］

てぬき【手抜きする】**slack off**[スラック オーフ]
- 合唱の練習で手抜きしてしまった.
  I *slacked off* during chorus practice.

てぬぐい【手ぬぐい】a (**hand**) **towel**[(ハンド) タウ(ァ)ル], **a Japanese towel**[ヂャパニーズ タウ(ァ)ル]→タオル

テノール〖音楽〗(音域)**tenor**[テナァ]; (歌手)a **tenor**

てのひら【手のひら】a **palm**[パーム](▶「手の甲(ｺｳ)」はthe back of the hand)→て 図

…ては

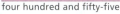

では

❶ …してはどうですか
　　　Why don't you＋〈動詞の原形〉?,
　　　《話》**Why not**＋〈動詞の原形〉?
❷ …のわりには　　**for** …
❸ …の立場では　　**as** …

❶ […してはどうですか] **Why don't you**＋〈動詞の原形〉?, 《話》**Why not**＋〈動詞の原形〉?
- やってみてはどうですか.
　Why don't you give it a try? / *Why not* give it a shot?

❷ […のわりには] **for** …[フォア]
- 夏にしては寒い. *For* summer, it's cold.

❸ […の立場では] **as** …[アズ]
- 彼女はキャプテンとしては頼(たよ)りになる.
　She is reliable *as* a captain.

では(さて) **well**[ウェル], **now**[ナウ]
- では,そろそろ失礼します.
　Well, I must be going now.
- では始めましょう.
　Now, let's begin.

…では(場所,位置) **in** …[イン], **at** …[アット];(判断の根拠(きょ)) **in** …
- アメリカではどのように新年を祝いますか.
　How do you celebrate the New Year *in* America?
- 私の考えでは彼が間違(まちが)っている.
　In my opinion, he is wrong.

デパート **a department store**[ディパートゥマント ストア] (▶「デパート」は和製英語)
- デパートに買い物に行った.
　I went shopping at a *department store*.
（▶ to a department storeは×）

デパちか【デパ地下】**the food area [section] in a department store basement**[フード エ(ア)リア[セクション]][ディパートゥマント ストア ベイスマント]

…ではない→…ない❶
…ではないか→…ありませんか

てばなす【手放す】**part with** …[パート]
- ペットの犬を手放さなければならなかった.
　We had to *part with* our pet dog.

でばん【出番】**turn**[ターン]
てびき【手引(き)】（指導書,案内書）**a guide**[ガイド], **a manual**[マニュアル]

デビュー **a debut**[デビュー] (▶フランス語から)
━ デビューする **make** *one*'s **debut**
- 彼はこの作品でデビューした.
　He *made his debut* with this work.

てぶくろ【手袋】

(5指に分かれている) **a glove**[グラヴ];（ミトン）**a mitten**[ミトゥン] (▶ともにふつう複数形で用いる)

　mittens　　　　　gloves

- 手袋1組 a pair of *gloves*（▶手袋2組はtwo pairs of *gloves*）
- 母は皿を洗うときゴム手袋をする. My mother wears rubber *gloves* when she does the dishes.
- 暑いので手袋を外した.
　I took off my *gloves* because it was hot.

てぶら【手ぶらで】**empty-handed**[エンプティハンディド]
- 手ぶらで来てください. Come *empty-handed*. / Just bring yourself.

デフレ(ーション) **deflation**[ディフレイション](⇔インフレ(ーション) inflation)

てほん【手本】**an example**[イグザンプル], **a（role）model**[(ロウル) マドゥル]
- 母は私によい手本を示してくれた.
　My mother showed me a good *example*.
- 彼を手本にした.
　I followed his *example*.
- 姉は私の手本です.
　My sister is my *role-model*.

てま【手間】（かかる時間）**time**[タイム];（労力）**labor**[レイバァ]
━ 手間がかかる **take a lot of time**
- この宿題は手間がかかった.
　This homework *took a lot of time*.

デマ **a false [groundless] rumor**[フォールス [グラウンドゥリス] ルーマァ] (▶「デマ」はドイツ語から)

てまえ【手前】**this side**[サイド]
━ …の手前で **before** …
- あの交差点の手前で降ろしてください.
　Please drop me off just *before* that intersection.

でまえ【出前】
- 今夜は寿司(すし)の出前をとろう.
　We'll *order in* some sushi tonight.
━ 出前をする **deliver**[ディリィヴァ]
- 出前してくれますか.
　Do you *deliver*?（▶お店の人に）→たくはい

でまかせ【出任せの】**unreliable**[アンリライアブル]
- 彼の言うことは全部出任せだ.
　All that he says is *unreliable*.

てまねき【手招きする】**beckon**[ベカン]
- リカはもっとそばに来てと手招きした.
　Rika *beckoned* me to come closer.

でむかえる【出迎える】**meet**[ミート]

・彼は空港で私たちを出迎えてくれた．
He came to *meet* us at the airport.
でめきん【出目金】〖魚〗**a popeyed goldfish**［パップアイドゴウルドフィッシュ］
デメリット a demerit［ディーメリット］
…ても（たとえ…ても）**even if** …［イーヴン］；（どんなに…しても）**however**［ハウエヴァ］➡…でも❷，どんなに
でも but ...［バット］➡しかし，だが
デモ a demonstration［デマンストゥレイション］,《話》**a demo**［デモゥ］
━デモをする **demonstrate**［デマンストゥレイト］
| デモ行進 a demonstration (parade)
| デモ隊 demonstrators

…でも

❶…でさえ	even
❷たとえ…でも	even if [though] ...
❸どの…でも	any
❹例えば	say, something like

❶〔…でさえ〕**even**［イーヴン］（▶修飾する語（句）の前に置く）
・今でも彼の顔をはっきり思い出せる．*Even* now I can remember his face clearly.
・そこは10月でも泳げる．You can go swimming there *even* in October.
❷〔たとえ…でも〕**even if [though]** ...［ゾゥ］（▶if［though］の後は内容が未来のことでも現在形で表す）
・その試合は雨でも行われる．
The match will be held *even if* it rains.
❸〔どの…でも〕**any**［エニィ］
・どれでも好きな色を選びなさい．
Pick *any* color you like.
❹〔例えば〕**say**［セィ］, **something like**［サムスィングライク］
・ピザでも注文しようか．
Shall we order, *say*, a pizza?
デモクラシー democracy［ディマクラスィ］
てもと【手もとに】**at hand**［ハンド］
・私はいつも手もとにスマホを置いている．
I always keep my smartphone *at hand*.
デュース〖スポーツ〗**deuce**［デュース］
デュエット a duet［ドゥーエット］
・友達とデュエットした．
I sang a *duet* with my friend.
てら【寺】**a**（**Buddhist**）**temple**［（ブーディスト）テンプル］
・京都ではお寺に行きました．
I went to *temples* in Kyoto.
てらす【照らす】**light**（**up**）［ライト］

・タワーはライトで明るく照らされていた．
The tower was brightly *lit up*.
テラス a terrace［テラス］
デラックス【デラックスな】**deluxe**［ダラックス］
テリア〖犬〗**a terrier**［テリア］
デリート【デリートする】〖コンピュータ〗（削除（さくじょ）する）**delete**［ディリート］
デリケート【デリケートな】（微妙（びみょう）な）
delicate［デリカット］（★発音・アクセント位置に注意）；（過敏（かびん）な）**sensitive**［センスィティヴ］
・デリケートな気持ち a *delicate* feeling
・デリケートな肌（はだ）*sensitive* skin
てりやき【照り焼き】**teriyaki**
・照り焼きバーガー a *teriyaki* burger
・照り焼きは，しょうゆとみりんでつやが出るように焼く，日本の調理法です．*Teriyaki* is a Japanese cooking technique in which food is cooked with soy sauce and *mirin* so that it becomes glossy.
てる【照る】**shine**［シャイン］
・太陽がさんさんと照っている．
The sun is *shining* brightly.

でる【出る】

❶中から外へ	（出て行く）**go out**, **get out**; （出て来る）**come out**
❷出発する	**leave**, **start**
❸現れる	**come out**, **appear**; （見つかる）**be found**; （出演する）**appear**
❹出席する	**attend**; （参加する）**take part**（**in** ...）
❺卒業する	**graduate**（**from** ...）
❻電話に	**answer**

go out　　　　　leave

come out　　　take part (in ...)

❶〔中から外へ〕（出て行く）**go out**［ゴゥアウト］, **get out**［ゲット］；（出て来る）**come out**［カム］
・チャイムが鳴るとみんな教室から出た．
We *went out of* the classroom when the

てるてるぼうず

bell rang.
- 男の人が建物から出て来た．
A man *came out of* the building.

❷[出発する]**leave**[リーヴァ], **start**[スタート]
- 毎朝7時半に家を出る．I *leave* home at 7:30 every morning.

❸[現れる]**come out**, **appear**[アピァ]；(見つかる)**be found**[ファウンド]；(出演する)**appear**
- 星が出た．The stars *came out*.
- お化けが出た！ A ghost *appeared*!
- なくしたかぎが出て来た．
The lost key *was found*.
- うちの犬は以前テレビに出たことがある．
Our dog has *appeared* [been] on TV before.

❹[出席する]**attend**[アテンド]；(参加する)**take part**(**in** ...)[パート]
- ミーティングに出た．
I *attended* the meeting.
- マコトはマラソンに出た．
Makoto *took part in* a marathon.
- 彼女はけがで試合に出られない．She can't *play* in games because of her injury.

❺[卒業する]**graduate**(**from** ...)[グラヂュアット]
- ケンは去年大学を出た．
Ken *graduated from* college last year.

❻[電話に]**answer**[アンサァ]
- 電話に出た．I *answered* the phone.
- 私が(電話に)出るわ．I'll *get* it.

てるてるぼうず【照る照る坊主】**a paper doll to which children pray for fine weather**[ペイパァ ダール][チルドゥラン プレイ][ファイン ウェザァ]

テレパシー telepathy[テレパスィ]

テレビ(放送)**television**[テレヴィジョン], **TV**[ティーヴィー]；(受像機)**a television**(**set**), **a TV**(**set**)
- 祖父はテレビを毎晩見る．My grandfather watches *TV* every night.
- テレビをつけて[消して]ください．
Please turn on [off] the *TV*.
- テレビの音を大きく[小さく]してください．
Please turn up [down] the *TV*.
- 昨夜テレビでサッカーの試合を見た．I watched a soccer game on *TV* last night.

▎テレビカメラ **a TV camera**
▎テレビ局 **a TV station**
▎テレビゲーム **a video game**
▎テレビショッピング(**TV**)**home shopping**
▎テレビタレント **a TV star**[**personality**]
▎テレビディレクター **a TV director**
▎テレビ番組 **a TV program**[**show**]；好きなテレビ(番組)は何ですか．What is your favorite *TV program*?

表現メモ
いろいろなテレビ番組

アニメ	anime, an animated cartoon, a cartoon
歌番組	a music show
お笑い	a comedy
クイズ番組	a quiz show
スポーツ番組	a sports program
トーク番組	a talk show
ドラマ	a drama
生中継(ちゅうけい)	a live broadcast
ニュース番組	a news program
バラエティー	a variety show
報道番組	a news report
恋愛コメディ	a romantic comedy
連続ドラマ	a soap opera, a TV drama

テレホン a telephone[テラフォウン]→でんわ
てれる【照れる】**feel shy**[フィール シャイ]
- 彼はほめられて照れた．He *felt shy* when he was praised.
- 女の子に話しかけるのは照れくさい．
I'*m shy* about talking to girls.

▎照れ屋 **a shy person**

テレワーク telecommuting[テリコミューティング], **teleworking**[テリワーキング], **working from home**[ワーキング][ホウム]
━**テレワークする work from home**, **work remotely**[リモウトゥリィ]

テロリスト a terrorist[テラリスト]
テロ(**リズム**)**terrorism**[テラリズム]
てわけ【手分けする】**divide**[ディヴァイド]
- 私たちは手分けして宿題をした．
We *divided* the homework among us.

てわたす【手渡す】**hand**[ハンド], **pass**[パス]
- マリは次のランナーにバトンを手渡した．
Mari *handed* [*passed*] the baton to the next runner.

てん¹【点】

❶評価点	a score, a point, a mark; (成績)(主に⊛)a grade
❷得点	(テニスなどの)a point; (サッカーなどの)a goal; (野球などの)a run; (総得点)a score
❸箇所(ゕょ)	a point
❹記号	a dot, a point

❶[評価点]a score[スコァ], a point[ポイント], a mark[マーク]; (成績)(主に⊛)a grade[グレイド] →せいせき
- 理科は満点だった.
  I got a perfect *score* in science.
- 英語は50点だった.
  I got 50 *points* in English.
- 彼は数学でいい[悪い]点を取った.
  He got a good [bad] *grade* in math.

❷[得点](テニスなどの)a point; (サッカーなどの)a goal[ゴウル]; (野球などの)a run[ラン]; (総得点)a score
- チームは3点入れた.
  The team scored three *points*.

❸[箇所]a point
- その点に関しては私も君と同じ意見だ.
  I agree with you on that *point*.

❹[記号]a dot[ダット], a point
- 小数点 a decimal *point*
- 「i」の点を打った. I *dotted* an "i".

てん² 【天】(空)the sky[スカィ]; (天国)heaven[ヘヴン]
- 天と地 *heaven* and earth

でんあつ【電圧】(a) voltage[ヴォウルティッヂ]

てんいん【店員】a salesclerk[セイルズクラーク], a clerk[クラーク]

でんえん【田園】(田舎(ｲﾅｶ))the country[カントゥリィ]
━田園の rural[ル(ァ)ラル]
▏田園地帯 a rural area, the countryside

でんかせいひん【電化製品】electric(al) appliances[イレクトゥリック(イレクトゥリカル) アプライアンスィズ]

てんかぶつ【添加物】additives[アディティヴズ]
- このおにぎりは添加物が入っていない.
  This *onigiri* is *additive*-free.

てんき【天気】

the weather[ウェザァ]
- あしたの天気はどうですか.
  What will *the weather* be (like) tomorrow?
- きのうは一日中天気が悪かった.

The weather was bad all day yesterday.
- 天気がよく[悪く]なった. *The weather* changed for the better [worse].
- きょうは天気がいい. It's fine today.
▎天気雨 a sun shower
▎天気図 a weather chart
▎天気予報 a weather forecast [report]: 天気予報によると, あしたは雨らしい. According to the *weather forecast* [*report*], it will be rainy tomorrow.

天気のいろいろ
雨 rainy /霧(きり) foggy /曇(くも)り cloudy
晴れ sunny /雪 snowy
(天気予報で)晴れ時々曇り fair, partly cloudy
自然現象
嵐(あらし) storm /稲光 lightning
風 wind /雷(かみなり) thunder
気温 temperature /雲 cloud /氷 ice
台風 typhoon /竜巻(たつまき) tornado
津波(つなみ) tsunami /虹(にじ) rainbow

でんき¹【電気】

(電灯)a light[ライト]; (電力)electricity[イレクトゥリサティ]
- 電気をつけて[消して].
  Turn on [off] the *light*.
- この車は電気で動く.
  This car runs on *electricity*.
━電気の electric[イレクトゥリック], electrical
▎電気かみそり an electric razor [shaver]
▎電気自動車 an electric car [vehicle]
▎電気スタンド a desk lamp
▎電気ストーブ an electric heater
▎電気製品 electric appliances
▎電気毛布 an electric blanket
▎電気料金 the electricity bill [charges]

でんき² 【伝記】a biography[バイアグラフィ]
- ヘレン・ケラーの伝記
  the *biography* of Helen Keller

でんきゅう【電球】a light bulb[ライト バルブ]
- 電球が切れてしまった.
  The *light bulb* has burned [gone] out.

てんきょ【転居】a move[ムーヴ], moving[ムーヴィング]→ひっこし, ひっこす

てんきん【転勤】(a) transfer[トゥランスファー]
━転勤する be transferred (to ...)[トゥランスファード]
- 兄は大阪へ転勤になった.
  My brother *was transferred to* Osaka.

てんぐ【天ぐ】a *tengu*; a Japanese long-nosed

goblin[チャパニーズ ローンゲノウズド ガブリン]

でんぐりがえる【でんぐり返る】(前回りする)**do a forward roll**[ドゥー][フォーワドゥ ロウル], (後ろ回りする)**do a backward roll**[ドゥー][バックワドゥ ロウル]

てんけいてき【典型的な】**typical**[ティピカル]
- 典型的なタイ料理 a *typical* Thai dish

てんけん【点検】**check**[チェック]; (綿密な)**inspection**[インスペクション]
- エレベーターは点検中で乗れない.
  We can't get in the elevator as it is currently under *inspection*.

でんげん【電源】**a power source**[パウァ ソース], (電力の供給)**a power supply**[サプライ]
- 外出の前にエアコンの電源を切った. I turned off the air conditioner before I left.

∥電源スイッチ a power switch

てんこ【点呼】**a roll call**[ロウル コール]
- 1時に点呼がある.
  There is a *roll call* at one (o'clock).

➡点呼する **call[take] the roll**

てんこう¹【転校する】**transfer (to ...)**[トゥランスファー], **change schools**[チェインヂ スクールズ]
- マリは大阪の学校に転校した. Mari has *transferred to* a school in Osaka.
- 小学生の時転校した. I *changed schools* when I was in elementary school.

∥転校生 a transfer student

てんこう²【天候】**the weather**[ウェザァ]→てんき

でんこう【電光】(電灯の光)**electric light**[イレクトゥリック ライト]

∥電光掲示(けいじ)板 an electric bulletin board

てんごく【天国】**heaven**[ヘヴン](▶しばしば Heavenで用いる)(⇔地獄(じごく)hell); (理想的環境(かんきょう))**a paradise**[パラダイス](▶複数形では用いない)
- 彼は天国へ行った.
  He went to *Heaven*.
- 歩行者天国 a pedestrian's *paradise*

でんごん【伝言】**a message**[メスィッヂ]
- ケンから伝言を受け取った.
  I got a *message* from Ken.
- ミオに伝言をお願いできますか?
  Can I leave a *message* for Mio?

∥伝言板 a message board

てんさい¹【天才】(人)**a genius**[ヂーニャス]; (才能)**genius**
- 数学の天才 a mathematical *genius*

てんさい²【天災】**a natural disaster**[ナチュラル ディザスタァ]

てんさく【添削】(a) **correction**[カレクション]
➡添削する **correct**

- マイクが私の英作文を添削してくれた.
  Mike *corrected* my English composition.

てんし【天使】**an angel**[エインヂャル]

てんじ¹【展示】(an) **exhibition**[エクサビション], (a) **display**[ディスプレイ]
➡展示する **exhibit**[イグズィビット], **display**, **show**
- ピカソの絵が美術館に展示されている.
  Picasso's paintings are being *exhibited* in the museum.

∥展示会 an exhibition, a display
∥展示品 an exhibit

てんじ²【点字】**braille, Braille**[ブレイル]
- 点字の本 a book in *braille*

∥点字ブロック tactile paving[blocks, tiles][タクティル ペイヴィング[ブラックス, タイルズ]]

でんし【電子】**an electron**[イレクトゥラン]
➡電子の **electronic**[イレクトゥラニック]

∥電子オルガン an electronic organ
∥電子顕微鏡(けんびきょう) an electron microscope
∥電子工学 electronics(▶単数扱い)
∥電子黒板 an electronic blackboard[board, whiteboard]
∥電子辞書 an electronic dictionary
∥電子書籍(しょせき) an electronic book, an e-book
∥電子ピアノ an electronic piano
∥電子マネー electronic money
∥電子メール (an) email→メール
∥電子レンジ a microwave (oven)

でんじは【電磁波】**an electromagnetic wave**[イレクトゥロウマグネティック ウェイヴ]

でんしゃ【電車】

a train[トゥレイン]→ここがすごい【口絵】; (市街電車)®**a streetcar**[ストゥリートゥカー], ®**a trolley**[トゥラリィ], ®**a tram**[トゥラム], **tramcar**[トゥラムカー]

- 各駅停車の電車 a local *train*
- 急行電車 an express *train*
- 学校に電車で行く. I go to school by *train*.
- 渋谷で電車に乗った.
  I took[got on] a *train* at Shibuya.

てんぷく

- 全員が電車から降りた.
  Everyone got off the *train*.
- 8時10分の電車に乗り遅(#)れた. I missed the 8:10 *train*.(▶8:10はeight tenと読む)
- この電車は新大阪行きだ.
  This *train* is bound for Shin-Osaka.
- 新宿で電車を乗り換(#)えてください.
  Please change *trains* at Shinjuku.(▶trainsと複数形になる)
- ▮電車賃 a train fare

てんじょう【天井】a ceiling[スィーリング]

テンション spirits[スピリッツ], energy[エナヂィ]

でんしんばしら【電信柱】→でんちゅう

てんすう【点数】→てん¹❶❷

でんせつ【伝説】a legend[レヂェンド]
- ━伝説上の, 伝説的な legendary[レヂェンデリィ]
- 伝説の英雄 a *legendary* hero

てんせん【点線】a dotted line[ダッティド ライン]→せん²図

でんせん¹【電線】an electric wire[イレクトゥリック ワイア]

でんせん²【伝染】infection[インフェクション]
- ━伝染性の infectious[インフェクシャス], contagious[カンテイヂャス]
- この病気は伝染性だ.
  This disease is *contagious*.
- ━伝染する (人が)be infected (with …); (病気が)spread[スプレッド]→うつる²❷
- ▮伝染病 an infectious disease

でんせん³【伝線】(靴下(#)の)a run[ラン]
- ストッキングが伝線しているよ.
  You've got a *run* in your pantyhose.

てんそう【転送する】forward[フォーワァド]
- このメールをタカに転送してください.
  Please *forward* this email to Taka.

てんたい【天体】a heavenly body[ヘヴンリィ]
- ▮天体観測 astronomical observation
- ▮天体望遠鏡 an astronomical telescope

でんたく【電卓】a pocket calculator[パキット キャルキュレイタァ]

でんち【電池】

a battery[バッタリィ], a cell[セル]
- 電池が切れている. The *battery* is dead.
- これは電池で動く. This uses *batteries*.
- 乾電池 a dry cell [*battery*]
- 太陽電池 a solar *cell* [*battery*]
- 単1電池 a D (*cell*) *battery*
- 単3電池 a AA (*cell*) *battery*(▶AAは double A[ダブル エィ]と読む)

でんちゅう【電柱】a utility pole[ユーティラティ ポ ウル]; (電話線の)a telephone pole[テリフォウン]

てんちょう【店長】a (store) manager[マニヂァ]

テント a tent[テント]
- ここにテントを張ろう.
  Let's put up a *tent* here. / Let's pitch a *tent* here.
- テントを畳(#)んで.
  Take [Pull] down the *tent*.

でんとう¹【伝統】(a) tradition[トゥラディション]
- 私たちの店はおいしいパンを作ってきた伝統がある. Our shop has a *tradition* of baking good bread.
- ━伝統的な traditional
- ▮伝統芸能 traditional arts
- ▮伝統工芸 traditional crafts

でんとう²【電灯】a light[ライト], an electric light[イレクトゥリック]→でんき¹

でんどう【電動の】electric[イレクトゥリック]
- ▮電動かみそり an electric razor [shaver]
- ▮電動自転車 an electric bike [bicycle], an e-bike
- ▮電動自動車 an electric car [vehicle]

てんとうむし【てんとう虫】【虫】⊛a ladybug[レ イディバッグ], ⊛a ladybird[レイディバード]

てんどん【天丼】*tendon*; a bowl of rice topped with tempura[ボウル][ライス][トップド][テンプラ]

てんにゅう【転入する】move in[ムーヴ イン], transfer (to …)[トゥランスファー]→てんこう¹

てんねん【天然の】natural[ナチャラル]
- ▮天然ガス natural gas
- ▮天然記念物 a natural monument; (動物の)a protected animal; (植物の)a protected plant
- ▮天然資源 natural resources
- ▮天然パーマ (髪(#)の)naturally curly hair

てんのう【天皇】the emperor[エンパラァ](⇔皇后 the empress)
- ▮天皇誕生日 the Emperor's Birthday
- ▮天皇陛下 His Majesty the Emperor

てんのうせい【天王星】【天 文】Uranus[ユ(ァ)ラナス]

でんぱ【電波】a radio wave[レイディオゥ ウェイヴ]
- ▮電波時計 a radio wave clock
- ▮電波望遠鏡 a radio telescope

てんびんざ【天びん座】Libra[リーブラ]; (人)a Libra
- 私は天びん座です. I am a *Libra*.

てんぶ【転部する】change clubs[チェインヂ]
- 美術部から剣道部へ転部した. I *changed* from the art *club* to the kendo team.(▶運動部にはteamを用いる)

てんぷ【添付する】attach[アタッチ]
- ▮添付ファイル an attached file

てんぷく【転覆する】be overturned[オウヴァター

てんぷら

ンド]

てんぷら tempura[テンプラ] → 食生活[口絵]
- てんぷらは魚や野菜をたっぷりの油で揚(ぁ)げた日本の料理です. *Tempura* is Japanese deep-fried fish and vegetables.

でんぷん【でん粉】**starch**[スターチ]

テンポ(a) **tempo**[テンポウ](▶イタリア語から);(速さ, ペース)**a pace**[ペイス]
- アップテンポの曲 an up-*tempo* song

てんぼう【展望】(眺(ながめ)**a view**[ヴュー];(見通し)**an outlook**[アウトゥルック]
| 展望台 an observation deck [platform, tower]

でんぽう【電報】**a telegram**[テレグラム]
- 彼に電報を打った. I sent him a *telegram*.

デンマーク Denmark[デンマーク]
━デンマーク(語, 人)の) **Danish**[デイニッシュ]
| デンマーク人 a Dane

てんめつ【点滅する】**blink**[ブリンク]

てんもんがく【天文学】**astronomy**[アストゥラナミィ]
| 天文学者 an astronomer
| 天文部 an astronomy club

てんもんだい【天文台】**an astronomical observatory**[アストゥラナミカル アブザーヴァトーリィ]

てんらんかい【展覧会】**an exhibition**[エクサビション], **a show**[ショウ]
- その画家は来月展覧会を開く.
The artist will hold an *exhibition* next month.

でんりゅう【電流】**an electric current**[イレクトゥリック カーラント], **a current**

でんりょく【電力】(electric) **power**[(イレクトゥリック) パウァ];(電気)**electricity**[イレクトゥリサティ]
| 電力会社 an electric power company
| 電力計 a wattmeter

でんわ【電話】

a telephone[テリフォウン], **a phone**[フォウン];(通話)**a call**[コール], **a phone call**
- アキと電話で話した.
I talked with Aki on [over] the *phone*.
- 兄は今電話中だ.
My brother is on the *phone* right now.
- 電話を借りてもいいですか. May I use your *phone*?(▶May I borrow は×)
- あした電話して. Give me a *call* tomorrow.
- ケン, 電話だよ. Ken, there's a *call* for you.
- 彼はいきなり電話を切った.
He suddenly hung up.
- 電話を切らずにお待ちください.

Hold on, please.
━電話をかける **call**

【話してみよう!】

☺ 電話, だれからだった?
Who was the *call* from?
☻ マリから. 後でもう一度かけるよ.
It was from Mari. I'll *call* her back later.

【表現メモ】

電話のいろいろ
スマホ(スマートフォン)	a smartphone
携帯(けいたい)電話	㊤a cell phone,
	㊥a mobile phone
固定電話	a landline, a landline phone
公衆電話	a public phone, a pay phone
コードレス電話	a cordless phone
テレビ電話	a video phone
留守番電話	an answering machine
市内電話	a local call
長距離(ちょうきょり)電話	a long-distance call
国際電話	an international call

| 電話局 a telephone office
| 電話帳 a phone book, a telephone directory
| 電話番号 a (tele)phone number: 彼に私の電話番号を教えた. I gave him my *phone number*.
| 電話料金 the telephone bill

と¹【戸】a door[ドア]→ ドア
と²【都】(行政区分)a metropolis[ミトゥラパリス]; (東京都)Tokyo Metropolis(►住所の場合はふつう単にTokyoとする)→ けん²

—都の metropolitan[メトゥラパリタン]→ とりつ
都大会 a prefectural contest [(試合, 競技会) competition, (トーナメント)tournament]
都知事 the Governor of Tokyo
都庁 the Tokyo Metropolitan Government Office
都民 a citizen of Tokyo

…と

❶ AとB	and; (どちらか)or
❷ …とともに	with …; (…に対して) with …, against …
❸ …するとき	when …; (…するとすぐ) as soon as …
❹ …ということ	that …
❺ ならば	if …

❶[AとB]and[アンド]; (どちらか)or[オァ]
・ケンと私はよい友達だ.
Ken *and* I are good friends.
・数学と理科と体育が好きだ.
I like math, science(,) *and* P.E.(►3つ以上の語句を並べる場合, 途中(とちゅう)はコンマで区切り, 最後の語句の前にandをつける. andの前のコンマは省略できる)
・コーヒーと紅茶ではどちらが好きですか.
Which do you like better, coffee *or* tea?
❷[…とともに]with …[ウィズ]; (…に対して) with …, against …[アゲンスト]
・今度の土曜日に母と買い物に行くつもりだ.
I'll go shopping *with* my mother next Saturday.
・日本はイタリアとサッカーの試合をした.
Japan had a soccer game *against* Italy.
❸[…するとき]when …[(ホ)ウェン]; (…するとすぐ)as soon as …[スーン]
・私が手を振(ふ)ると彼も私に手を振った.
When I waved to him, he waved back.
・家に入ると電話が鳴りだした.
As soon as I entered the house, the telephone began to ring.
❹[…ということ]that …[ザット](►《話》ではしばしば省略される)

・あなたは正しいと思う.
I think (*that*) you are right.
❺[…ならば]if …[イフ]
・一生懸命(けんめい)勉強しないと試験に受からないよ. *If* you don't study hard, you won't pass the exam.

…ど【…度】

| ❶ 回数 | a time |
| ❷ 角度, 温度 | a degree |

❶[回数]a time[タイム]→ …かい¹ ❶
・1度[2度, 3度] once [twice, three *times*](►「2度」はtwo timesとも言う)
・年に2, 3度
two or three *times* a year
・何度言えばわかるんですか.
How many *times* do I have to tell you?
❷[角度, 温度]a degree[ディグリー]
・セ氏15度 fifteen *degrees* centigrade [Celsius](►15℃と略す)
・気温がマイナス(セ氏)20度に下がった.
The temperature dropped to minus twenty *degrees* centigrade [Celsius].
・30度の角度で
at an angle of thirty *degrees*

ドア a door[ドア]
・ドアを開けて. Open the *door*.
・ドアを閉めて. Close [Shut] the *door*.
・ドアにはかぎがかかっている.
The *door* is locked.
・だれかがドアをノックした.
Somebody knocked on [at] the *door*.
とい¹【問い】a question[クウェスチョン]→ しつもん
とい²【樋】a gutter[ガタァ], a drainpipe[ドゥレインパイプ]
といあわせ【問い合わせる】ask[アスク]
・私は品物について店に電話で問い合わせた. I called the store to *ask* about the item.

…という

❶ …という名前の	named …, called …; (…とかいう人)a …
❷ …ということ	that …
❸ …というのに	though …, although …
❹ …というのは	because …

❶[…という名前の]named …[ネイムド], called …[コールド]; (…とかいう人)a …
・トムというアメリカ人の少年に出会った.
I met an American boy *named* Tom.
・クリスマス島という名の島を知ってる?

ドイツ

Do you know an island *called* Christmas Island?
- 少し前に鈴木さんという人から電話がありました. *A* Mr. Suzuki *called* you a short time ago.

❷[…ということ]**that** ...[ザット](▶(話)ではしばしば省略される)
- きょう授業がないということを聞きましたか. Have you heard (*that*) there will be no classes today?

❸[…というのに]**though** ...[ゾゥ], **although** ...[オールゾゥ]
- 秋というのに暑い. It's hot outside even *though* it's already fall.

❹[…というのは]**because** ...→なぜなら

ドイツ Germany[チャーマニィ]
━ドイツ(語, 人)の **German**
| ドイツ語 **German**
| ドイツ人 **a German**

トイレ(ット)(家庭の)㊤**a bathroom**[バスルーム], 《主に㊥》**a toilet**[トイリット]; (公共の)**a restroom**[レストゥルーム]
- トイレをお借りしてもいいですか. May I use the *bathroom*?(▶May I borrowは×)
- トイレはどちらですか. Where is the *restroom*?
- 男子用[女子用]トイレ a men's [ladies'] *room*

性別問わずすべての人が使えるトイレの表示

| トイレットペーパー (**a roll of**) **toilet paper**

とう¹[塔]**a tower**[タウァ]; (仏教の)**a pagoda**[パゴウダ]
- エッフェル塔 the Eiffel *Tower*
- 五重の塔 a five-storied *pagoda*

とう²[党]**a** (**political**) **party**[(パリティカル) パーティ]
| 党員 **a member of the party**

…とう¹[…等]**a class**[クラス], **a grade**[グレイド]
- (列車などの)1[2]等車 a first [second] *class* car
- 私たちのクラスは1等賞を取った. Our class won (the) first prize.
- 彼は3等に入った. He finished [came in] third.

…とう²[…頭]**head**[ヘッド](複 head)(▶単複同形)

- 牛50頭 fifty *head* of cattle(▶ふつうはfifty cowsと言う)
- 祖父は牛を80頭飼っている. My grandfather has eighty cows.

どう¹

❶状態をたずねる	(何)**what**; (どのように)**how**
❷方法をたずねる	(何)**what**; (どのように)**how**
❸提案, 勧誘(かんゆう)	**How about ...?**, **What about ...?**

❶[状態をたずねる](何)**what**[(ホ)ワット]; (どのように)**how**[ハゥ]
- どうしたの? *What*'s the matter? / *What*'s wrong?
- それからどうなったの? *What* happened then?
- どう思う? *What* do you think?
- ミキが学校に来なかった. どうしたのかと思った. Miki didn't come to school. "*What happened*?" I wondered.
- 調子はどう? *How* are you doing?
- 旅行はどうでしたか. *How* was the trip?
- その映画はどうでしたか. *How* did you like the movie?
- 結果がどうなるか楽しみだ. I can't wait to see *how* things will turn out.

❷[方法をたずねる](何)**what**; (どのように)**how**
- 学校へはどうやって通っていますか. *How* do you go to school?
- あっ, どうしよう. Oh, no! *What* should I do?
- どうしたらいいかわからない. I don't know *what* to do.(←何をすべきか)
- この問題をどう解けばいいかわからない. I don't know *how* to solve this problem.

❸[提案, 勧誘]**How** [**What**] **about ...?**
- スケートに行くのはどうですか. *How* [*What*] *about* going skating?
- コーヒーを一杯どう? *How* [*What*] *about* a cup of coffee?

どう²[銅]**copper**[カパァ]; (青銅)**bronze**[ブランズ]
| 銅貨 **a copper** (**coin**)
| 銅線 **copper wire**
| 銅メダル **a bronze medal**

どう³[胴]**the trunk**[トゥランク]→どうたい

どう⁴[道](行政区分)**a prefecture**[プリーフェクチァ]; (北海道)**Hokkaido Prefecture**(▶住所の場合はふつう単にHokkaidoとする)→けん², どうりつ

道大会 a prefecture-wide contest［(試合, 競技会)competition, (トーナメント)tournament］

どう… 【同…】the same...[セイム]→おなじ

とうあん 【答案】an examination paper[イグザミネイション ペイパァ], a paper, an answer sheet[アンサァ シート]
- 答案を集めてください. Please collect the (examination) papers.
- 彼は白紙のままで答案を提出した. He handed in a blank paper.

どうい 【同意】(an) agreement[アグリーマント]
→同意する (人に)agree (with ...), (事に)agree (to ...)→さんせい¹
‖同意語 a synonym(⇔反意語 an antonym)

どういう (何)what[(ホ)ワット]; (方法, 状態)how[ハウ]
- この単語はどういう意味ですか. What does this word mean?
- クリスマスはどういうふうに祝いますか. How do you celebrate Christmas?

どういたしまして

| ❶お礼に対して | You're welcome. |
| ❷謝罪に対して | That's all right., Never mind. |

You're welcome.

That's all right.

❶ [お礼に対して] You're welcome. [ウェルカム]

☺花をどうもありがとう. Thank you very much for the flowers.
😊どういたしまして. *You're welcome.*

（話してみよう!）

ここがポイント! 「どういたしまして」のいろいろな言い方

お礼に対する「どういたしまして」にはほかに次のような言い方があります.
　Not at all.
　No problem.
　My pleasure.
　Don't mention it.
　Any time.(←いつでもどうぞ)

❷ [謝罪に対して] That's all right. [ライト], Never mind. [ネヴァ マインド]

☺待たせてごめんなさい. I'm sorry to have kept you waiting.
😊どういたしまして. *That's all right.*

（話してみよう!）

とういつ 【統一】(単一性)unity[ユーナティ]
→統一する unify[ユーナファイ]
どういつ 【同一の】the same[セイム]→おなじ
‖同一人物 the same person

どうか

| ❶依頼, 懇願 | please |
| ❷どうかしている | be wrong [up] (with ...), be the matter (with ...) |

❶ [依頼, 懇願] please[プリーズ]→どうぞ
- どうか私の話を聞いてください. *Please* listen to me.

❷ [どうかしている] be wrong [up] (with ...)[ローング], be the matter (with ...)[マタァ]
- 彼女最近どうかしているよ. Something *is wrong* [*up*] *with* her recently.
- 「どうかしたの？」「ちょっと目まいがするんだ」 "*What's the matter?*" "I feel a little dizzy."

…どうか […かどうか]if (... or not)[イフ], whether (... or not)[(ホ)ウェザァ]
- それが本当かどうかわかりません. I don't know *if* [*whether*] it's true *or not*.
- ケンにその歌を知っているかどうか聞いてごらん. Ask Ken *if* he knows that song.
- 試験に合格できるかどうか不安だ. I feel anxious about *whether* I can pass the exam.

どうが 【動画】(アニメーション)an animation[アナメイション]; 〘コンピュータ〙video[ヴィディオウ]
- マナはよく動画を撮(と)って編集している. Mana often shoots *videos* and edits them.
- 動画をユーチューブに投稿(とうこう)した. I posted [uploaded] a *video* on YouTube.
‖動画サイト a video site
‖動画配信サービス (video) streaming service

とうがらし 【唐辛子】red pepper[レッド ペッパァ]
どうかん 【同感である】agree (with ...)[アグリー]
- まったく同感です. I quite *agree* (*with* you). / Exactly.(←そのとおりです)

four hundred and sixty-five　465

とうき¹

とうき¹【冬期, 冬季】the winter season[ウィンタァ スィーズン]→ふゆ

■冬季オリンピック the Winter Olympics
冬期講習 a winter course [program, session]

とうき²【陶器】pottery[パタリィ]; (陶磁器)china[チャイナ]

とうぎ【討議】(a) discussion[ディスカッション], (a) debate[ディベイト]

・その問題は現在討議中だ.
The problem is under *discussion*.
→討議する discuss, debate→とうろん

どうき【動機】a motive[モウティヴ]

どうぎご【同義語】a synonym[スィナニム](⇔反意語 an antonym)

とうきゅう¹【投球】a throw[スロゥ], a pitch[ピッチ], pitching[ピッチング]
→投球する throw a ball, pitch

とうきゅう²【等級】a class[クラス], a grade[グレイド]

とうぎゅう【闘牛】a bullfight[ブルファイト]
■闘牛士 a bullfighter

どうきゅう【同級】the same class[セイム クラス]

・私はトモと同級だ.
I am in *the same class* as Tomo. / Tomo and I are in *the same class*.
■同級生 a classmate

どうきょ【同居する】live together[リヴ タゲザァ], live with ...

・私は父方の祖父母と同居している.
I *live with* my father's parents.

とうきょう【東京都】Tokyo Metropolis[トウキオゥ ミトゥラパリス]→と²

・東京23区 23 wards of *Tokyo*

どうぐ【道具】a tool[トゥール]; (家事用の)a utensil[ユーテンサル]

・大工道具 carpenter's *tools*
・台所道具 kitchen *utensils*
■道具箱 a toolbox

どうくつ【洞くつ】a cave[ケイヴ]

とうげ【峠】a (mountain) pass[(マウンテン) パス]

とうけい¹【統計】statistics[スタティスティックス]

・統計によると出生率は下がる一方だ.
According to the *statistics*, the birthrate is continuing to fall.

とうけい²【東経】the east longitude[イースト ランヂャトゥード]

・明石は東経135度に位置している.
Akashi is located at 135 degrees *east longitude*.

とうげい【陶芸】ceramics[セラミックス]
■陶芸家 a potter

■陶芸部 a pottery club

どうけん【同権】equal rights[イークワル ライツ]

・男女同権
equal rights for men and women

とうこう¹【登校する】go [come] to school[スクール]

・私は自転車で登校している.
I *go to school* by bicycle.
・彼は登校中に事故に遭(ぁ)った. He had an accident *on his way to school*.
■登校拒否(きょ) refusal to go to school: 彼女は登校拒否をしている. She *refuses to go to school*.
登校日 a school day

とうこう²【投稿する】(インターネット上に)post[ポウスト]

・私はサイトに写真をよく投稿する.
I often *post* pictures on the website.

どうこうかい【同好会】a club[クラブ]

どうさ【動作】a movement[ムーヴマント](▶ふつう複数形で用いる)

・コアラは動作が遅(ぉそ)い. Koalas are slow in their *movements*. / Koalas *move* slowly.

とうざい【東西】east and west[イースト][ウェスト]
■東西南北 north, south, east and west(▶日本語との語順の違(ちが)いに注意)

とうさん【倒産する】go bankrupt[バンクラプト]

とうし¹【投資】investment[インヴェストゥマント]
→投資する invest

とうし²【闘志】fighting spirit[ファイティング スピリット], fight[ファイト]

・彼は闘志満々だ. He is full of *fight*.

とうし³【凍死する】freeze to death[フリーズ][デス]

とうじ¹【当時】(その時)then[ゼン], at that time[タイム]; in those days[デイズ]

・当時彼らは埼玉に住んでいた.
They lived in Saitama *at that time*.
・ビートルズは当時いちばん人気のあるグループだった. The Beatles were the most popular group *in those days*.

とうじ²【答辞】a graduation speech[グラヂュエイション スピーチ]

・アキは卒業生を代表して答辞を読んだ.
Aki made a *speech* on behalf of the graduating students.

とうじ³【冬至】the winter solstice[ウィンタァ サルスティス](⇔夏至 the summer solstice)

どうし【動詞】〖文法〗a verb[ヴァーブ](▶ v. と略す)

…どうし【…同士】

・彼らはいとこ同士だ. They are cousins.
・私たちは友達同士でプレゼントを交換する.

466　four hundred and sixty-six

とうせん

We exchange gifts with our friends.

どうじ【同時に】

at the same time[セイム タイム]；（一度に）at a [one] time；（…すると同時に）as soon as ...[スーン]

- 弟と私は同時にインフルエンザにかかった．
 My brother and I caught the flu *at the same time*.
- 私は同時に２つのことはできません．
 I can't do two things *at the same time*. / I can't do two things *at one time*.
- 電話を切ると同時にまた鳴り出した．
 As soon as I hung up, the phone began to ring again.

| 同時通訳 simultaneous interpretation；（人）a simultaneous interpreter

とうじつ【当日(は, に)】

(on) that day[デイ]；（定められた日）on the day

- 当日はあいにく雨だった．
 Unfortunately it rained *on that day*.

| 当日券 a ticket at the door

どうして

（なぜ）why[(ホ)ワイ]，（話）how come[ハッ]；（どうやって）how → なぜ

- どうして遅刻したのですか．*Why* were you late? / *How come* you were late?
- どうしてスペインへ行くの？
 Why are you going to Spain?
- どうして私のメールアドレスを知ってるの？
 How did you know my email address?

どうしても

really[リー(ア)リィ], by all means[ミーンズ]

- きょうどうしても宿題を終えないといけない．
 I *really* have to finish my homework today.
- どうしても彼女に会わなければなりません．
 I must see her *by all means*.
- どうしても窓が開かない．
 The window *won't* open.
- 彼はどうしても中国へ行くと言った．
 He *insisted on* going to China.
- それはどうしても信じられない．
 I *just can't* believe it.

| どうしても…してしまう
| can't help +⟨-ing形⟩
- この写真を見るとどうしても笑ってしまう．
 I *can't help* laugh*ing* at this photo.

とうしゅ【投手】

〖野球〗a pitcher[ピッチァア]

- 勝利[敗戦]投手

 a winning [losing] *pitcher*
- 投手交代が行われた．
 The *pitcher* was changed [relieved].

トウシューズ

〖バレエ〗pointe shoes[プワントシューズ]

とうしょ【投書】

a letter (to the editor)[レタァ] [(エ)ダタァ]

— 投書する write (a letter) to ...

- 私は新聞に投書した．
 I *wrote a letter to* the newspaper.

| 投書箱 a suggestion box
| 投書欄(らん) the readers' column

とうじょう¹【登場する】

（現れる）appear[アピア]，（舞台(ぶたい)に）come on (the stage)[ステイヂ]；（脚本(きゃくほん)のト書きで）enter[エンタァ]

- 新しいヒーローが登場した．
 A new hero *appeared*.
- ドラマの登場人物 a character in a drama

とうじょう²【搭乗する】

board[ボード]

| 搭乗券 a boarding pass

どうじょう¹【同情】

sympathy[スィンパスィ]

— 同情する feel sorry [sympathy] (for ...)

- みんなが彼女に同情した．
 Everybody *felt sorry for* her.

どうじょう²【道場】

a training hall[トゥレイニング ホール]

どうしようもない

（望みがない）be hopeless[ホウプリス]

- 彼はどうしようもないよ．He *is hopeless*.
- ほかにどうしようもない．
 There is no other way.

とうしんだい【等身大の】

life-size(d)[ライフサイズ(ド)]

どうすれば

how[ハッ]

- どうすればそんなにさらさらの髪になるの？
 How can I get smooth hair like yours?
- 私はどうすればいいのですか．
 What should I do?（←何をすれば）

どうせ

anyway[エニウェイ], after all[オール]

- 「ノートをなくしてがっかりだね」「どうせいらなかったから」"Too bad you lost your notebook." "I didn't need it *anyway*."
- どうせやるなら今やりなさい．
 If you're going to do it (*anyway*), then do it now.
- どうせ君の勝ちだよ．You win *after all*.

とうせん【当選する】

be elected[イレクティド]；（くじなどに）win (a prize)[ウィン] [(プ)ライズ]

- 高橋さんが生徒会長に当選した．
 Takahashi *was elected* student council president.
- 姉はハワイ旅行に当選した．

とうぜん

My sister *won* a trip to Hawaii.
■ **当選者**（選挙の）**a successful candidate**;（くじなどの）**a prize winner**
■ **当選番号 a winning［lucky］number**

とうぜん【当然の】

natural[ナチャラル]

〈人〉が…するのは当然だ
It is natural for＋〈人〉＋**to**＋〈動詞の原形〉/ **It is natural that**＋〈人〉（＋**should**）＋〈動詞の原形〉
• 彼が怒(ﾟ)るのは当然だ. *It's natural for* him *to* get angry. / *It's natural that* he *should* get angry.
•「あしたの部活には行くの？」「当然さ」
"Are you going to the club activity tomorrow?" "*Of course*（I am）."

どうぞ

（ていねいな依頼(ﾆ)）**please**[プリーズ];（返事）**certainly**[サートゥンリィ],（話）**sure**[シュア]
• どうぞおかけください. *Please* take your seat.
• こちらへどうぞ.（Come）this way, *please*.
• クッキーをどうぞ.
Please have some cookies.
• どうぞお先に. *Please* go ahead. / After you.（►「（私は）あなたの後から」の意）
• どうぞよろしくお願いします.（初めて会ったとき）Nice to meet you.（頼みごとをして最後に）Thank you.（►英語には決まり文句はない）

> 話してみよう!
> ☺ペンをお借りしてもいいですか.
> May I use your pen?
> ☺ええ, どうぞ.
> *Certainly. / Sure. / Go ahead.*
>
> ☺ちょっと消しゴムを貸してくれる？
> Please lend me your eraser.
> ☺（差し出して）はい, どうぞ.
> *Here you are. / Here you go.*

とうそう¹【逃走する】**escape**[イスケイプ], **run［get］away**[ランアウェイ]➡にげる
とうそう²【闘争】**a fight**[ファイト]
どうそう【同窓である】
• ケンと私は同窓だ. Ken and I *went to the same school.*（◆同じ学校に通った）
■ **同窓会**（会合）**a school［class］reunion**
どうぞう【銅像】**a bronze statue**[ブランズ スタチュー]
とうそつりょく【統率力】**leadership**[リーダァシッ

プ]
とうだい【灯台】**a lighthouse**[ライトゥハウス]
どうたい【胴体】（人・動物の）**the trunk**[トゥランク];（飛行機などの）**the body**[バディ]
■ **胴体着陸 a belly-landing**

とうちゃく【到着】

arrival[アライヴァル]（⇔出発 departure）
➡**到着する arrive**（**at ...**, **in ...**）, **reach**, **get to ...** ➡つく¹ ❶
• バスは定刻に到着した.
The bus *arrived* on schedule［time］.
■ **到着ゲート an arrival gate**
■ **到着時刻 the arrival time**
■ **到着ホーム an arrival platform**
■ **到着ロビー an arrival lounge**
とうてい➡とても❷
…どうですか（提案）**How about ...?**[ハゥ], **What about ...?**[(ホ)ワット]➡どう¹ ❸
どうてん【同点】**a tie**[タイ]
➡**同点になる**【する】**tie**
• ユウのゴールで同点になった.
Yu's goal *tied* the score.
■ **同点ホームラン a game-tying home run**
とうとい【尊い】（貴重な）**precious**[プレシャス];（高貴な）**noble**[ノウブル]
• 生命は尊い. Life is *precious*.
とうとう at last[ラスト], **finally**[ファイナリィ]➡ついに
どうどう【堂々とした】**dignified**[ディグナファイド]
• 堂々とした態度で in a *dignified* manner
➡**堂々と grandly**;（正々堂々と）**fair**（**and square**）
どうとく【道徳】**morals**[モーラルズ]
➡**道徳的な moral**
■ **道徳教育 moral education**
■ **道徳心 a moral sense**
とうなん¹【東南】**the southeast**[サウスイースト]➡なんとう
➡**東南の southeast**, **southeastern**
■ **東南アジア Southeast Asia**
とうなん²【盗難】（**a**）**theft**[セフト];（強奪(ﾀ)）（**a**）**robbery**[ラバリィ]
• 彼は財布(ﾌ)の盗難に遭(ｱ)った. He *had* his wallet *stolen.*（◆財布を盗(ﾇ)まれた）
■ **盗難事件 a（case of）theft, a robbery**
■ **盗難車 a stolen car**;（自転車）**a stolen bicycle［bike］**
■ **盗難品 stolen property**
どうにか somehow[サムハゥ]➡なんとか
とうにゅう【豆乳】**soy milk**[ソィ ミルク]
どうにゅう【導入する】**introduce**[イントゥラドゥ

ス]

とうにょうびょう【糖尿病】**diabetes**[ダイアビーティス]

とうばん【当番】(順番)**a turn**[ターン]
- きょう黒板を消す当番は私だ. It's my *turn* to erase the blackboard today.

どうはん【同伴する】**go**［**come**］**with** ...[ゴゥ], **accompany**[アカンパニィ]
- 未成年者は保護者同伴のこと. Minors must be *accompanied* by their parents.

とうひょう【投票】**voting**[ヴォウティング], **a vote**[ヴォウト]
- 投票で決めよう. Let's decide with a *vote*. / Let's *vote* on it.
- ➡投票する **vote**(**for ..., against ...**)
- 私はその提案に賛成[反対]の投票をした. I *voted for*［*against*］the proposal.
| 投票所 **a polling station**［**place**］
| 投票箱 **a ballot box**
| 投票日 **an election day**
| 投票用紙 **a ballot**

とうふ【豆腐】**tofu**[トゥフー], (**soy**)**bean curd**[(ソイ)ビーン カード]
- 豆腐1丁 a block of *tofu* (▶豆腐2丁はtwo blocks of *tofu*)

米国のスーパーで売られている豆腐

とうぶ【東部】**the eastern part**[イースタァン パート], **the east**[イースト]
- 千葉は日本の東部にある. Chiba is in *the eastern part* of Japan.
- ➡東部の **eastern**

どうふう【同封する】**enclose**[インクロウズ]
- 旅行のときの写真を数枚同封します. I am *enclosing* a few photos from the trip.

どうぶつ【動物】

an animal[アナマル]
- 野生動物 wild *animals*
- 動物にえさを与(ﾞ)えないでください. Please do not feed the *animals*.
- この動物をペットとして飼いたい. I want to keep this *animal* as a pet.

| 動物愛護 **animal protection**
| 動物愛護センター **an animal care center**
| 動物園 **a zoo**: 上野動物園 (**the**)**Ueno Zoo**
| 動物病院 **an animal hospital**

とうぶん【当分】(しばらくの間)**for some time**[タイム], **for a while**[(ホ)ワイル]; (今のところ)**for the present**[プレズント]
- 当分雨は降らないだろう. It won't rain *for some time*.

とうほく[1]【東北】**the northeast**[ノースイースト]➡ほくとう

とうほく[2]【東北(地方)】**Tohoku, the Tohoku area**［**district**］[エ(ｱ)リア［ディストゥリクト］]

どうみゃく【動脈】**an artery**[アータリィ](⇔静脈(じょうみゃく) **a vein**)

とうみん【冬眠】**hibernation**[ハイバァネイション], **winter sleep**[ウィンタァ スリープ]
- ➡冬眠する **hibernate**[ハイバァネイト]

とうめい【透明な】**transparent**[トゥランスペアラント]; (澄(ｽ)んだ)**clear**[クリア]
- 透明な水 *clear* water
| 透明度 **transparency**

どうめい【同盟】(**an**)**alliance**[アライアンス]

どうめいし【動名詞】『文法』**a gerund**[チェランド]

どうも

❶とても　　　　　　　　　　**very**(**much**)
❷どことなく, なんだか　　　　(下記❷参照)
❸軽い応答　(お礼の言葉)**Thank you., Thanks.**; (あいさつ)**Hi.**

❶[とても]**very**(**much**)[ヴェリィ(マッチ)]
- どうもすみません. I'm *very* sorry.
- どうもありがとう. Thank you *very much*.

❷[どことなく, なんだか]
- どうもきょうはおなかの調子が悪い. My stomach *just* doesn't feel well today.

❸[軽い応答](お礼の言葉)**Thank you.**[サンキュー], **Thanks.**; (あいさつ)**Hi.**[ハイ]
- 手伝ってくれてどうも. *Thanks* for your help.

どうもう【どう猛な】**fierce**[フィアス]

とうもろこし ⓐ **corn**[コーン], ⓑ **maize**[メイズ]
- (皮つきの)とうもろこし1本 an ear of *corn* / a cob of *corn*
- とうもろこしの皮 a *corn* husk
- とうもろこしのひげ (*corn*) silk
| とうもろこし畑 **a cornfield**

どうやって how[ハゥ]
- このいすはどうやって畳(ﾀ)むの？ *How* do you fold this chair?

どうやら【どうやら…だ】**seem**[スィーム], **look**

とうよう

like ...[ルック ライク], be likely; (なんとか) somehow[サムハウ]
- どうやらルリは試験に合格したらしい。
It *seems that* Ruri passed the exam.
- どうやら雪になりそうだ。
It *looks like* snow. / It's *likely* to snow.

とうよう【東洋】the East[イースト](⇔西洋 the West), the Orient[オーリアント]
→東洋の Eastern[イースタン], Oriental[オーリィエントゥル]
|東洋史 Oriental history
|東洋人 (アジア人)an Asian

どうよう[1]【童謡】a nursery rhyme[ナーサリィ ライム], a children's song[チルドゥランズ ソーング]

どうよう[2]【動揺する】get upset[アップセット]; (動揺している)be upset
- その知らせに動揺した。
I *got upset* at the news.

どうよう[3]【同様の】the same (as ...)[セイム]
→同様に like ..., as good as ...
- エミはお姉さん同様テニスがじょうずだ。Emi is a good tennis player *like* her sister.
- この自転車は新品同様だ。
This bicycle is *as good as* new.

どうり【道理】reason[リーズン]
→道理で…だ No wonder ...[ワンダァ]
- 「リエは試験に受かったんだ」「どうりであんなにうれしそうなんだ」
"Rie passed the test." "*No wonder* she looks so happy."
→道理にかなった reasonable
- あなたの言うことは道理にかなっている。
What you say is *reasonable*.

どうりつ【道立の】Hokkaido prefectural[プリフェクチャラル]
- 北海道立の高校
a *Hokkaido prefectural* high school

どうりょく【動力】(motive) power[(モウティヴ)パウァ]

とうるい【盗塁】〖野球〗a steal[スティール]
→盗塁する steal a base
- 彼は二塁へ盗塁した。He *stole* second.
|盗塁王 the stolen base leader

どうろ【道路】

a road[ロウド], a way[ウェイ]; (街路)a street[ストゥリート]→みち[1]❶
- 私たちは広い道路を渡った。
We crossed the wide [big] *road*.
- この道路は交通量が多い。There is always a lot of traffic on this *road*.
|幹線道路 a high*way*
|道路工事 (建設)road construction; (修理)

road repairs
|道路地図 a road map
|道路標識 a road sign

とうろう【灯ろう】Japanese traditional lantern[チャパニーズ トゥラディショヌル ランタァン]

とうろく【登録】(a) registration[レヂストゥレイション]
→登録する register[レヂスタァ]

とうろん【討論】(a) discussion[ディスカッション], (a) debate[ディベイト]
→討論する discuss, debate
- その問題について何時間も討論した。We *discussed* the problem for many hours.
(▶discuss about the problemは×)
|討論会 a debate, a discussion

どうわ【童話】a children's story[チルドゥランズ ストーリィ]; (おとぎ話)a fairy tale[フェアリィ テイル]

とえい【都営の】(Tokyo) Metropolitan[(トウキョウ) メトゥラパリタン]
|都営バス a metropolitan bus

とお【十(の)】ten[テン]→じゅう[1]

とおい【遠い】

far[ファー](⇔近い near), distant[ディスタント], be a long way[ローング ウェイ]
- ここから駅まではかなり遠い。
The station is pretty *far* from here. / It is *a long way* from here to the station.
- 遠い昔に in the *distant* past
- アヤは私の遠い親せきだ。
Aya is a *distant* relative of mine.
- 祖母は耳が遠い。
My grandmother is *hard of* hearing.

とおか【十日】(the) tenth[テンス]
- 10日目 *the tenth day*
- 10日間 for *ten days*

とおく【遠く(に)】

far[ファー], far away[ファーラウェイ], in the distance[ディスタンス]
- あんまり遠くへ行っちゃ駄目(だめ)よ。
Don't go too *far*.
- 遠くに大島が見える。
You can see Oshima *in the distance*.
→遠くの→とおい

とおざかる【遠ざかる】go [move] away[ムーヴ アウェイ]

とおざける【遠ざける】keep ... away[キープ][アウェイ]
- ライターは小さな子どもから遠ざけておくべきだ。You should *keep* lighters *away* from small children.

470　four hundred and seventy

とおる

…どおし【…通し】**all through** ...[スルー]
- 私たちは夜通ししゃべった．
  We talked *all through* the night.
- 名古屋まで立ち通しだった．
  I had to stand *all the way to* Nagoya.

…とおして【…通して】→ …つうじて

とおす【通す】

❶ 通過させる　　　let ... through, pass
❷ 案内する　　　　show

❶〔通過させる〕**let ... through**[レット][スルー], **pass**[パス]
- すみません，通してください．
  Excuse me. *Let* me *through*, please.
- 針に糸を通した．
  I *threaded* a needle.

❷〔案内する〕**show**[ショウ]
- マキは私を部屋に通してくれた．
  Maki *showed* me into the room.

トースター a toaster[トウスタァ]
トースト toast[トウスト]
- トースト1枚
  a slice of *toast*（►トースト2枚はtwo slices of *toast*）
  ━トーストする **toast**

トーテムポール a totem pole[トウタム ポウル]
トートバッグ a tote bag[トウト バッグ]
ドーナツ a doughnut, ⊛**a donut**[ドウナット]（★ doughnutのghは発音しない）
トーナメント a tournament[トゥァナメント]
- 私たちのチームは決勝トーナメントに進んだ．
  Our team advanced to the final *tournament*.

ドーピング doping[ドウピング]
▷ドーピングテスト **a drug test, a dope test**
ドーベルマン〘犬〙**a Doberman**[ドウバァマン]
とおまわし【遠回しの】**indirect**[インダレクト]
　━遠回しに **indirectly**
- 彼は遠回しにそれを説明した．
  He explained it *indirectly*.

とおまわり【遠回り】**a detour**[ディートゥァ]
- 道に迷って遠回りした．
  I got lost and made a *detour*.

ドーム a dome[ドウム]
- 東京ドーム the Tokyo *Dome*

とおり【通り】

a street[ストゥリート]**, an avenue**[アヴァニュー]（►それぞれSt., Ave.と略す）**, a road**[ロウド]→ どうろ，みち¹ ❶
- にぎやかな通り a busy *street*
- この通りをまっすぐ行って右へ曲がりなさい．
  Go straight down this *street* and turn right.
- 通りで財布(ポェ)を拾った．
  I found a wallet on the *street*.
- 郵便局は通りの向かい側にある．The post office is across the *street*.

…とおり【どおり】**as ...**[アズ]
- 私の言うとおりにしなさい．
  Do (just) *as* I tell you.
- 予想どおりにあのチームは強かった．*As* we had expected, that team was strong.
- 父はいつもどおり7時に帰宅した．
  My father came home at seven *as* usual.
- 私たちは時間どおりに駅に着いた．
  We arrived at the station just *on time*.
- そのとおりです．
  You are *right*. / That's *right*.
- 思ったとおりだ．That's what I thought.

とおりかかる【通りかかる】**pass by ...**[パス]
- 帰り道にマミの家の前を通りかかった．
  I *passed by* Mami's house on my way home.

とおりすぎる【通り過ぎる】**pass（by）**[パス]**, go past ...**[パスト]
- うっかりして駅を通り過ぎてしまった．
  I carelessly *went past* the station.

とおりぬける【通り抜ける】**go through**[スルー]**, pass through**[パス]
- 改札口を通り抜けた．
  I *went through* the ticket gate.

とおりみち【通り道】**a way**[ウェイ]; (通路)**a passage**[パスィッヂ]
- 学校への通り道に小さな公園がある．There is a small park on my *way* to school.

とおる【通る】

❶ 通過する　　　pass, go; (運行する)run
❷ 合格する　　　pass

❶〔通過する〕**pass**[パス]**, go**[ゴウ]; (運行する)**run**[ラン]→ とおりかかる，とおりすぎる

トーン

- この道は車がたくさん通る.
A lot of cars *pass* along this road.
- ここはバスが15分ごとに通っている.
Buses *run* every 15 minutes here.
- リカの声はよく通る.
Rika's voice *carries* very well.
- **━…を通って through**[スルー]
- 商店街を通って帰った. I went back *through* the shopping arcade.
- ❷[合格する]**pass**
- その試験に通った. I *passed* the exam.

トーン a tone[トウン]

…とか like …[ライク], **such as** …[サッチ]
- ケーキとかクッキーとかの甘(ಌ)いものがほしい. I'd like something sweet *like* cake or cookies.

とかい【都会】**a city**[スィティ], **a town**[タウン]
- 東京は大都会だ. Tokyo is a big *city*.
- 都会の人たちはいつも忙(ᵃ)しそうだ.
People in the *city* always seem busy.
- 彼は都会育ちだ. He grew up in the *city*.
- **━都会の city, urban**[アーバン]
- 都会の生活 *city* [*urban*] life

とかげ【動物】**a lizard**[リザァド]

とかす¹【溶かす】(水などに)**dissolve**[ディザルヴ]; (熱で)**melt**[メルト]
- 塩を水に溶かして.
Dissolve salt in water.
- まずバターをなべに溶かします.
First *melt* the butter in a pan.

とかす² (ブラシで)**brush**[ブラッシュ]; (くしで)**comb**[コウム](★このbは発音しない)
- 今髪(ᵏ)をとかしている.
I'm *brushing* [*combing*] my hair now.

どかす get … out of the […'s] **way**[アウト][ウェイ]➡**どける**

とがった pointed[ポインティド], **sharp**[シャープ]
- とがった鉛筆(ᵃⁿ) a *sharp* pencil(►「シャープペンシル」は a mechanical pencil)

ドカン(ドカンという音)**a bang**[バング]
- ドカンという音にびっくりした.
I was surprised to hear a *bang*.

とき¹【時】

(時間)**time**[タイム]
- キャンプで楽しい時を過ごした.
I had a good *time* at the camp.
- 時がたつにつれ私たちは親しくなった.
We became close as *time* passed.
- その時あなたは何をしていましたか. What were you doing at that *time*? / What were you doing then?

●慣●用●表●現
時は金なり. Time is money.

とき²【鳥】**an ibis**[アイビス], **a Japanese crested ibis**[チャパニーズ クレスティド]

…とき

when …[(ホ)ウェン], **as** …[アズ]; (…の間)**while** …[(ホ)ワイル]
- 私は11歳(ಌ)のとき初めて外国に行った.
I went abroad for the first time *when* I was eleven.
- それを聞いたときとてもうれしかった.
When I heard that, I was very happy.
- 帰ってくるとき子犬を見つけた.
I found a puppy *as* I was coming home.
- 寝ているときに雨が降り出した.
It began to rain *while* I was sleeping.

どき【土器】**an earthenware vessel**[アーサンウェアヴェサル], (まとめて)**earthenware**

どきっと【どきっとする】**be startled**[スタートゥルド]
- 突然(ᵏ)名前を呼ばれてどきっとした.
I *was startled* when my name was called suddenly.

ときどき【時々】

sometimes[サムタイムズ](►ふつう一般動詞の前, be動詞・助動詞の後に置く), **now and then**[ナゥ][ゼン]
- 父は時々夕食を作る.
My father *sometimes* cooks dinner.
- 彼は時々学校に遅刻(ᵏ)する.
He is *sometimes* late for school.

どきどき【どきどきする】(心臓が)**beat fast**[ビート ファスト], **flutter**[フラッタァ]
- スピーチをする前はいつもどきどきする.
My heart always *beats fast* before I make a speech.

ときふせる【説き伏せる】**persuade**[パァスウェイド]➡**せっとく**

ときめく(胸が)**beat fast**[ビート ファスト]➡**どきどき**

ドキュメンタリー a documentary[ダキュメンタリィ]

> ドキュメンタリー番組 a documentary program

どきょう【度胸】(勇気)**courage**[カーリッヂ], (話)**guts**[ガッツ]
- **━度胸のある bold, courageous**[カレイヂャス]
- うちのキャプテンは度胸があるよ.
Our captain is *courageous*.

ときょうそう【徒競走】**a footrace**[フットレイス]

472 four hundred and seventy-two

とぎれる

- インターネットの接続がとぎれた. The Internet (connection) has *been cut off*.
- 会話がとぎれた.
There was a *break* in the conversation.

とく¹【解く】(問題を)**solve**[サルヴ], **answer**[アンサァ]; (ほどく)**undo**[アンドゥー]→ほどく

- 数人の生徒しかその問題を解けなかった.
Only a few students could *solve* the problem.
- この結び目,解ける？
Can you *undo* [*untie*] this knot?

とく²【溶く】**beat**[ビート], **mix**[ミックス]

- 卵を溶いてちょうだい. Beat an egg.
‖ とき卵 a beaten egg

とく³【得】(利益)(a) **profit**[プラフィット](⇔損 (a) loss)
━得な **profitable**; (経済的な)**economical**
‖ 得な買い物 a good bargain [deal]
━得する **make a profit**, **gain**[ゲイン]

- 最後には得をした.
I *gained* something in the end.

とぐ【研ぐ】**sharpen**[シャーパン]; (米を)**wash**[ワッシュ]

どく¹【毒】(a) **poison**[ポイズン]; (蛇・くもなどの)**venom**[ヴェナム]

- ゲームのしすぎは目に毒だ.
Playing video games for too long is *bad* for your eyes.
━毒のある **poisonous**[ポイザナス]
- このきのこには毒がある.
This mushroom is *poisonous*.
‖ 毒ガス poison gas
‖ 毒蛇 a poisonous snake

どく² **get out of the** [...'s] **way**[アウト][ウェィ]; (わきへ)**step aside**[ステップ アサイド]

- どいて！ *Get out of my way*!
- 私はわきへどいた. I *stepped aside*.

とくい【得意な】

| ❶ じょうずな | good, strong |
| ❷ 自慢の | proud |

❶ [じょうずな]**good**[グッド](⇔不得意な **bad** [**not good**](at ...)), **strong**[ストゥローング]
‖ …が得意だ
be good at +‐ing 形または名詞
- リオは料理が得意だ. Rio *is good at* cook*ing*. / Rio is a good cook.
- カレーは得意料理の1つです.
I'*m good at* mak*ing* curry.
- 姉はスポーツはなんでも得意だ.

My sister *is good at* every sport.
- 私の得意科目は音楽です.
My *strong* subject is music.

❷ [自慢の]**proud**[プラウド]
- 彼は得意そうな顔をした. He looked *proud*.
━得意そうに **proudly**

とくぎ【特技】*one's* **talent**[タラント]; **a special skill**[スペシャル スキル]

- 彼女の特技は人の物まねです.
Impersonation is one of her *talents*. / She's really *good at* impersonation.

どくさいしゃ【独裁者】**a dictator**[ディクテイタァ]

とくさんぶつ【特産物】**a specialty**[スペシャルティ], **a special product**[スペシャル プラダクト]

どくじ【独自の】(独創的な)**original**[アリヂャヌル]; (自分自身の)*one's* **own**[オウン]

- 彼はそれを独自のやり方で発見した.
He discovered it in *his own* way.

とくしつ【特質】**a characteristic**[キャリクタリスティック]

どくしゃ【読者】**a reader**[リーダァ]
‖ 読者欄 a readers' column

とくしゅ【特殊な】**special**[スペシャル]

- 彼女には特殊な才能がある.
She has a *special* talent.
‖ 特殊効果 (映画などの)special effects (▶SFXと略す)
‖ 特殊メイク special effects makeup

とくしゅう【特集】(記事)**a feature (article)**[フィーチャァ (アーティクル)]

- 今月号はジブリ映画の特集が載っているって. I heard the magazine has a *feature on* Ghibli animations this month.
━特集する feature
‖ 特集号 a special issue

どくしょ【読書】

reading[リーディング]
━読書(を)する read
- 時間があるときに読書するのが好きです.
I like *reading* books in my free time.
‖ 読書家 a (great) reader
‖ 読書感想文 a book report
‖ 読書室 a reading room
‖ 読書週間 Book Week

どくしょう【独唱】**a (vocal) solo**[(ヴォウカル) ソウロウ]
━独唱する sing a solo
‖ 独唱会 a recital

とくしょく【特色】**a characteristic**[キャリクタリスティック]→とくちょう¹

どくしん【独身の】**single**[スィングル], **unmarried**

とくせい

[アンマリィド]
- リツは独身だ. Ritsu is *single*.
- ▌独身生活 *single* life

とくせい【特製の】**specially made**[スペシャリィ]
- わが家特製のカレーライスを食べてみて.
  Try our *specially made* curry and rice.

どくせん【独占する】**monopolize**[マナパライズ], **have all ... to** *oneself*
- うちのテレビは祖父がいつも独占している.
  Grandpa always *monopolizes* the TV.
- 独占インタビュー an *exclusive* interview

どくそう¹【独創的な】**original**[アリヂャヌル]

どくそう²【独奏】**a solo**[ソウロゥ]
- ➡独奏する **play a solo**
- ▌独奏会 **a recital**

ドクター a doctor[ダクタァ]
> **ドクターストップ a doctor's order**: ドクターストップのため試合に参加できない. I can't take part in the match on *doctor's orders*. (▶「ドクターストップ」は和製英語)

とくだい【特大】**king-size**[キングサイズ], **supersize**[スーパァサイズ]
- ➡特大の **extra large**
- 私たちは特大のピザを注文した. We ordered a *supersize* pizza. / We ordered an *extra large* pizza.

とくだね【特種】**a scoop**[スクープ]

とぐち【戸口】**a doorway**[ドゥウェイ]
- 戸口に in the *doorway* / at the door

とくちょう¹【特徴】**a characteristic**[キャリクタリスティック], **a feature**[フィーチァァ]
- 白黒のしま模様がしまうまの特徴だ.
  Black and white stripes are a *characteristic* of the zebra.
- ➡特徴のある **characteristic, distinctive**
- 彼女の声は特徴がある.
  She has a *distinctive* voice.

とくちょう²【特長】➡ちょうしょ

とくてい【特定の】**specific**[スピスィフィック]

とくてん¹【得点】

a point[ポイント]; (野球の)**a run**[ラン]; (サッカーなどの)**a goal**[ゴウル]; (試験の)**a mark**[マーク]; (総得点)**the score**[スコァ]➡てん¹❶❷
- ➡得点する **score**
- 5得点した. I *scored* 5 points.
- ▌得点王 **the top scorer**
- ▌得点掲示(けいじ)板 **a scoreboard**

とくてん²【特典】**a privilege**[プリヴィリッヂ]

どくとく【独特の】(ほかに類のない)**unique**[ユーニーク]; (特徴(とくちょう)的な)**characteristic**[キャリクタリスティック], **distinctive**[ディスティンクティヴ]

- その習慣はこの地方独特のものだ.
  The custom is *unique* to this district.
- 味噌(みそ)には独特のにおいがある.
  Miso has a *distinctive* smell.

とくに【特に】

especially[イスペシャリィ], **particularly**[パティキュララリィ], **in particular**; (用途(ようと)に合わせて)**specially**[スペシャリィ]
- 特に留学生のために和食を作りました.
  I made Japanese food *particularly* for the foreign students.
- 私は果物, 特にいちごが好きだ.
  I like fruit, *particularly* strawberries.
- あした特にすることがない. I don't have anything *in particular* to do tomorrow.

とくばい【特売】**a sale**[セイル]➡バーゲン(セール)
- 特売品 **a bargain**

とくはいん【特派員】**a** (**special**) **correspondent** [(スペシャル) コーラスパンダント]
- ＮＨＫのニューヨーク特派員
  a NHK's New York *correspondent*

とくべつ【特別の】

special[スペシャル], **particular**[パティキュラァ]
- きょうは特別な日だ. Today is a *special* day.
- ➡特別に **specially, especially, particularly**➡とくに
- ▌特別活動 (学校の)**extracurricular activities**
- ▌特別支援(しえん)学校 **a special needs education school**
- ▌特別賞 **a special prize**
- ▌特別番組 **a special program**
- ▌特別料金 (割増しの)**an extra charge**; (割引きの)**a specially reduced charge**

とくめい【匿名の】**anonymous**[アナナマス]
- 匿名の手紙 an *anonymous* letter
- ➡匿名で **anonymously**

どくやく【毒薬】(**a**) **poison**[ポイズン]

どくゆう【特有の】**characteristic**[キャリクタリスティック], **peculiar**[ピキューリァァ], **one's own**[オウン]
- この地域は特有のダンスがある.
  This region has a dance all of *its own*.
- 花粉症特有の症状(しょうじょう)
  a *characteristic* symptom of hay fever

どくりつ【独立】**independence**[インディペンダンス]
- ➡独立した **independent**
- 兄はすでに親から独立している. My older brother is already *independent* of our parents.
- ➡独立する **become independent**

474 four hundred and seventy-four

- 1783年にアメリカはイギリスから独立した. America *became independent* from Britain in 1783. (▶独立宣言は1776年)
 独立国 an independent country

どくりょく【独力で】**by [for]** *oneself*[バイ[フォァ]], **on** *one*'s *own*[オウン]
- 私は独力でその問題を解いた. I solved the problem *by myself*. / I solved the problem *on my own*.

とげ（ばらなどの）**a thorn**[ソーン]；（木などの）**a splinter**[スプリンタァ]；（サボテンなどの）**spine**[スパイン]；（動植物の）**prickle**[プリックル]

thorn

splinter

spine

- 指にとげが刺さった. 抜かないと. I got a *splinter* [*thorn*] in my finger. I must draw it out.
 とげ抜き (a pair of) tweezers

とけい【時計】
（腕時計）**a watch**[ワッチ]；（置き時計, 掛け時計）**a clock**[クラック]

目覚まし時計
alarm clock

置き時計
table clock

デジタル時計
digital clock

①12 ③
②
④
掛け時計
wall clock

腕時計
watch

①文字盤 face　②時針, 短針 hour hand
③分針, 長針 minute hand　④秒針 second hand

- 私の時計では3時15分だ. It's three fifteen by my *watch*.
- この時計は合ってる？ Does this *watch* keep good time?
- あの時計は10分進んでいる[遅れている]. That *clock* is ten minutes fast [slow].
- 彼女は目覚まし時計を7時にセットした. She set the alarm *clock* for seven.
- デジタル時計 a digital *watch* [*clock*]
- クオーツ時計 a quartz *watch* [*clock*]
- 砂時計 an hourglass
- 時計の針 a *clock* hand
 時計台 a clock tower
 時計回りに clockwise: 時計回りに回った. I turned clockwise.
 時計店 a watch shop
 時計職人 a watchmaker

とけこむ【溶け込む】**fit in**[フィット]
- 転校生は学校に溶けこむのに時間がかかった. It took a long time for the new student to *fit in* the school.

とける¹【溶ける】（熱で）**melt**[メルト]；（水などに）**dissolve**[ディザルヴ]
- アイスクリームが溶けちゃった. My ice cream has *melted*.
- 砂糖が完全に溶けていない. The sugar hasn't *dissolved* completely.

とける²【解ける】（解決する）**be solved**[サルヴド]；（ほどける）**come untied [undone]**[アンタイド][アンダン]
- 謎が解けた. The mystery *was solved*.

とげる【遂げる】（やり遂げる）**achieve**[アチーヴ]
- 中国はめざましい発展を遂げた. China has *achieved* remarkable progress.

どける get ... out of the way[アウト][ウェイ], **move**[ムーヴ]
- その箱をどけてくれない？ Will you *get* that box *out of the way*?

とこ【床】**a bed**[ベッド]

どこ
where[(ホ)ウェア]
- 市役所はどこですか. *Where* is the city hall?
- ここはどこですか. *Where* am I? (▶同行者がいるときはWhere are we? と言う)
- 東京のどこの出身ですか. *Where* in Tokyo are you from? / *What part* of Tokyo are you from?
- そのシャツ, どこ[どこの店]で買ったの？ *Where* [At *which* store] did you buy that shirt?

どこか

- どこへ行ったらいいのかわからない．
I don't know *where* to go.
- 京都でおすすめの場所はどこですか．*Where* do you recommend to go in Kyoto?
- どこの塾へ行っているの？
What cram school are you going to?
- そのジョークのどこがおもしろいのかわからない．I don't know *what* is funny about that joke.

どこか

somewhere[サム(ホ)ウェア], **anywhere**[エニ(ホ)ウェア]（▶後者は疑問文やifの文で用いる）

- それは自分の部屋のどこかにあるに違(ﾁが)いない．It must be *somewhere* in my room.
- はずかしくてどこかに隠(ﾂく)れてしまいたかった．I was embarrassed and wanted to hide *somewhere*.
- この夏はどこかへ行く予定ですか．
Are you going *anywhere* this summer?
- どこかでうちの犬を見かけたら知らせてください．Please let us know if you find our dog *anywhere*.

どこにでも anywhere[エニ(ホ)ウェア], **everywhere**[エヴリィ(ホ)ウェア]

- この店はどこにでもあるね．
We can find this shop *everywhere*.

どこにも…ない not ... anywhere[エニ(ホ)ウェア], **nowhere**[ノウ(ホ)ウェア]

- コンビニがどこにもない．We can*not* find a convenience store *anywhere*.
- （今年は）夏休みにどこにも行かなかった．
I did*n't* go *anywhere* during the summer vacation（this year）.

とこのま【床の間】tokonoma→ 住生活【口絵】

- 床の間は和室にある美術品を飾(ﾃ)るための奥(ﾃ)まった所です．
A *tokonoma* is an alcove for artworks in a tatami room.

どこまで how far[ファー]

- 数学の授業はどこまで進んだ？
How far did we get in math?

どこまでも（最後まで）**to the end**[エンド]；（世界の果てまでも）**to the ends of the earth**[アース]；（果てしなく）**endlessly**[エンドゥリスリィ]

- 佐藤コーチ，どこまでもついて行きます！
Mr. Sato, we'll follow you *to the ends of the earth*!

とこや【床屋】（理髪(りはつ)店）**a barbershop**[バーバァシャップ]；（理髪師）**a barber**[バーバァ]

ところ【所】

（場所）**a place**[プレイス], **a spot**[スパット]→ ばしょ

- ハワイはとてもよい所だった．
Hawaii was a great *place* to go.
- ここが彼の生まれた所だ．
This is the *place* where he was born.
- あきらめないのが君のよいところだ．You never give up. That's your good *point*.

ところが but[バット] → しかし

…どころか far from ...[ファー]

- やせるどころか太っちゃった．*Far from* losing weight, I have gained weight.
- その年老いた犬は走るどころか歩くこともできない．The old dog can't walk, *much less* run.

…ところだ

❶ …しているところだ
be + ⟨-ing形⟩

❷ …するところだ
be going to + ⟨動詞の原形⟩,
be about to + ⟨動詞の原形⟩

❸ …したところだ
have + ⟨過去分詞⟩

❹ もう少しで…するところだった
almost ..., **nearly ...**

❶〔…しているところだ〕**be + ⟨-ing形⟩**
- 今宿題をしているところです．
I'*m* do*ing* my homework now.
- カズはその時昼食を食べているところだった．
Kazu *was* ha*ving* lunch then.

❷〔…するところだ〕**be going to + ⟨動詞の原形⟩**[ゴウイング], **be about to + ⟨動詞の原形⟩**[アバウト]
- 買い物に行くところだ．
I *am going*（*to* go）shopping.
- マコトは出かけるところだった．
Makoto *was about to* go out.

❸〔…したところだ〕**have**[ハヴ] **+ ⟨過去分詞⟩**
- ちょうどその本を読み終えたところだ．
I *have* just finished reading the book.

❹〔もう少しで…するところだった〕**almost ...**[オールモウスト], **nearly ...**[ニアリィ]
- もう少しでバスに乗り遅(ﾃ)れるところだった．
I *nearly* missed the bus.

ところで（それはそうと）**by the way**[ウェイ]
- ところでUFOを信じる？
By the way, do you believe in UFOs?

ところどころ here and there[ヒァ][ゼァ]
- ところどころに雪が積もっていた．Snow covered the ground *here and there*.

ドサッ（ドサッという音）**a thud**[サッド]（▶ふつう複数形では用いない）

476　four hundred and seventy-six

としょ

- 何かがドサッと落ちてきた.
  Something fell with a *thud*.

とざん【登山】**mountain climbing**[マウンテン クライミング]

- 富士登山 *climbing* Mt. Fuji
- **━登山する climb**［**go up**］**a mountain**
- 姉は登山が好きです.
  My sister enjoys *climbing mountains*.
  | 登山家 a mountaineer, an alpinist
  | 登山靴(⑤)（a pair of） **mountain-climbing boots**
  | 登山者 a mountain climber
  | 登山隊 a mountaineering party

とし¹【年】

| ❶時の単位 | a year |
| ❷年齢(ねん) | an age, a year |

❶[時の単位]**a year**[イァ]

- 年の初め［暮れ］に
  at the beginning ［end］ of the *year*
- よいお年を. Happy New *Year*!
- 「何年(なん)生まれですか」「ひつじ年です」
  "What *year* of the Chinese zodiac were you born in?"
  "The *year* of the sheep."
- 年がたつにつれてその事件のことは忘れられた. As the *years* passed ［went by］, the case was forgotten.

❷[年齢]**an age**[エイヂ], **a year**

- ユキと私は同い年だ.
  Yuki and I are the same *age*.
- ユカは年のわりには大人っぽく見える.
  Yuka looks mature for her *age*.

☺お兄さんの年はいくつですか？ **話してみよう！**
  How *old* is your brother?
☻19歳(さい)です.
  He is nineteen (*years old*).

- **━年を取った old**（⇔若い **young**）
- **━年を取る get**［**grow**］**old**
  | 年越しそば soba noodles eaten on New Year's Eve

とし²【都市】**a city**[スィティ], **a town**[タウン]→とかい

- 工業都市 an industrial *city*
- 商業都市 a commercial *city*
- 大阪は西日本の主要都市だ.
  Osaka is a major *city* in Western Japan.
  | 都市銀行 a city bank
  | 都市計画 city planning

どじ（ばかな間違(まちが)い）**a stupid mistake**[ストゥーピッド ミステイク]

- またどじを踏(ふ)んでしまった！
  I've made a *stupid mistake* again!
- **━どじな**（まぬけな）**stupid**

としうえ【年上の】**older**[オウルダァ], **senior**[スィーニャァ]

- ケンはぼくより3歳(さい)年上です.
  Ken is three years *older* than I ［me］. /
  Ken is my *senior* by three years.
- 「エリとアキはどちらが年上ですか」「アキです」
  "Who is *older*, Eri or Aki?" "Aki is."
- 3人の中では私がいちばん年上だ.
  I am *the oldest* of the three.（►3人以上のときはthe oldestとする）

とじこめる【閉じ込める】**shut up**[シャット]; （かぎをかけて）**lock up**[ラック]

- 狭(せま)い部屋に閉じこめられた.
  I was *locked up* in a small room.

とじこもる【閉じこもる】**shut** *one*self **up**[シャット]

- 彼はいつも部屋に閉じこもっている.
  He always *shuts himself up* in his room.

としごろ【年ごろ】（およその年齢(ねん)）**age**[エイヂ]

- ケンは私と同じくらいの年ごろだ.
  Ken is about my *age*.

としした【年下の】**younger**[ヤンガァ], **junior**[チューニァ]

- 彼はエミより4歳(さい)年下だ.
  He is four years *younger* than Emi.
- マリとリクとではどちらが年下なの？
  Who is *younger*, Mari or Riku?
- 私は4人の中でいちばん年下だ.
  I am *the youngest* of the four.（►3人以上のときはthe youngestとする）

…として as …[アズ]

- 私は学校代表としてスピーチをします.
  I'll make a speech *as* a representative of our school.

…としては for …[フォァ]➡…ては❷❸

…としても➡…でも❷

どしどし（自由に…する）**feel free to**+〈動詞の原形〉[フィール フリー]

- どしどし質問してください.
  Feel free to ask questions.

とじまり【戸締まりをする】**lock**（**up**）[ラック]

- 戸締まりをした？
  Have you *locked* the doors?

どしゃぶり【土砂降り】**heavy rain**[ヘヴィ レイン]

- きょうは土砂降りだった.
  We had *heavy rain* today.

としょ【図書】**books**[ブックス]

どじょう

- 参考図書 a reference *book*
- 推薦(ボ)図書 a recommended *book*
- 図書カード a book coupon
- 図書室 a library, a reading room

どじょう〖魚〗a loach[ロウチ]

としょかん【図書館】a library[ライブレリィ]
- 図書館から本を2冊借りた.
  I borrowed two books from the *library*.
- 図書館員 a librarian

としより【年寄り】an old〔elderly〕person[オウルド〔エルダァリィ〕パースン], (全体)old〔elderly〕people[ピープル], the old, the elderly; (高齢者)senior citizens[スィーニャァ スィティズンズ]
- 彼はお年寄りに親切だ.
  He is kind to *the elderly*〔*old people*〕.

とじる[1]【閉じる】
  close[クロウズ], shut[シャット](⇔開く open)
- 私は目を閉じた. I *closed* my eyes.
- 教科書を閉じなさい. *Close* your textbooks.

とじる[2]（1つにつづる）file[ファイル]
- 私はテストの答案をバインダーにとじている.
  I *file* my test papers in a binder.

としん【都心】the center〔central part〕of the city[センタァ〔セントゥラル パート〕][スィティ]; (商業地域)downtown[ダウンタウン]

ドシン（ドシンという音）a thud[サッド](▶ふつう複数形では用いない)
- ドシンという音がした. I heard a *thud*.

トス（軽く投げること）a toss[トース]
- **トスする** toss

どせい【土星】〖天文〗Saturn[サタァン]

とそう【塗装する】paint[ペイント]

どそく【土足で】with *one's* shoes on[シューズ]
- 土足厳禁〖掲示〗TAKE *YOUR SHOES* OFF

どだい【土台】(建物などの)a foundation[ファウンデイション], a base[ベイス]

ドタキャン【ドタキャンする】cancel ... at the last moment[キャンサル][ラスト モウマント]
- 私は約束をドタキャンしてしまった.
  I *canceled*（the appointment）*at the last moment*.

とだな【戸棚】(食器用の)a cupboard[カバァド](★発音注意)

どたばた【どたばたする】(走り回る)run about noisily[ラン アバウト ノイズィリィ]; (騒ぎ立てる)make a fuss[ファス]

とたん【…した途端(に)】as soon as ...[スーン], just as ...[ヂャスト]
- 彼はベッドに入ったとたんに眠(ヤ)ってしまった. He fell asleep *as soon as* he got into the bed.

どたんば【土壇場で】at the last moment[minute][ラスト モウマント〔ミニット〕]
- 彼は土壇場でゴールを決めた.
  He scored a goal *at the last minute*.

トタンやね【トタン屋根】a tin roof[ティン ルーフ](▶「トタン」はポルトガル語から)

とち【土地】land[ランド]; (地面)ground[グラウンド]; (土)soil[ソイル]
- 広大な土地 a large piece of *land*
- 東京は土地の値段が非常に高い.
  Land in Tokyo is very expensive.

とちゅう【途中で】
  on the〔*one's*〕way[ウェィ]; (物事の)halfway[ハーフウェイ]
- 駅に行く途中でアオイに会った.
  I met Aoi *on my way* to the station.
- 家に帰る途中で財布(ゾ)をなくした.
  I lost my wallet *on my way* home.
- 途中で何か買おう.
  Let's get something *on the way*.
- 途中であきらめるな.
  Don't give up *halfway*.
- お話の途中ですみません.
  Excuse me for interrupting you.
- **途中下車する** stop over: 私は奈良(ゾ)で途中下車した. I *stopped over* in Nara.

どちら

❶ どれ	which
❷ どこ	where
❸ だれ	who

❶〔どれ〕which[(ホ)ウィッチ]
- どちら(のチーム)が勝ったの.
  Which（team）has won?
- どちらの自転車があなたのですか.
  Which bicycle is yours?
- ミントとバニラではどちらの味が好きですか.
  Which flavor do you like better, mint or vanilla?
- どちらがいいか決められない.
  I can't decide *which* is better.
- 私はどちらでもいい.
  Either will do. / Both are fine with me.

❷〔どこ〕where[(ホ)ウェァ]
- どちらへ行かれるのですか.
  Where are you going?
- ご自宅の住所はどちらですか. *What* is your home address?(▶ Where is ...?は×)

❸〔だれ〕who[フー]
- どちら様ですか.

(電話で)*Who's* calling, please? /(面と向かって)May I have your name, please? /(ノックに答えて)*Who* is it, please?

どちらか

either[イーザァ];(…か〜のどちらか)either ... or 〜
- ケンか私のどちらかがお皿を洗わなければならない. *Either* Ken *or* I have to wash the dishes.(▶either *A* or *B*が主語になる場合,動詞の形は*B*に合わせる)
- **どちらかといえば if anything**;(むしろ…したい)**would rather**〈動詞の原形〉
- どちらかといえば犬より猫を飼いたい. I'*d rather* have a cat than a dog.

どちらも→りょうほう

❶肯定文で	both;(…も〜もどちらも) both ... and 〜
❷否定文で	neither, not ... either; (…も〜もどちらもない) neither ... nor 〜

❶[肯定文で]**both**[ボウス];(…も〜もどちらも)**both ... and 〜**
- 私の両親はどちらも教師だ. *Both* (of) my parents are teachers.
- トモとマキはどちらも髪が長い. *Both* Tomo *and* Maki have long hair.
- どちらもいいと思う. I like *both* (of them).

❷[否定文で]**neither**[ニーザァ], **not ... either**[イーザァ];(…も〜もどちらもない)**neither ... nor 〜**[ノァ]
- 漫画はどちらもおもしろくなかった. *Neither* comic was interesting.
(▶neither (...)が主語になる場合,動詞の形は原則として単数形に合わせる)
- その映画のどちらも見たことがない. I haven'*t* seen *either* of the movies.
- エミも私のどちらも練習に行かない. *Neither* Emi *nor* I go to practice.
(▶neither *A* nor *B*が主語になる場合,動詞の形は*B*に合わせる)

とっか【特価で】**on sale**[セイル]
- 私はこれを特価で買った. I got this *on sale*.

とっかつ【特活】**extracurricular activities**[エクストゥラカリキュラァ アクティヴィティズ]

とっきゅう【特急】**a limited [special] express**[リミティド [スペシャル] イクスプレス];(超特急)**a super-express**[スーパァイクスプレス]

とっきょ【特許】**a patent**[パトゥント]

どっきり【どっきりする】→どきっと

どっきりカメラ(番組) **a candid camera show / a prank show**

ドッキング【ドッキングする】**dock**[ダック]

ドック(船の整備施設)**a dock**[ダック]

ドッグショー a dog show[ドーグ ショウ]

とっくに long ago[ローング アゴゥ], **already**[オールレディ]
- その漫画はとっくに読んでしまった. I read that comic book *long ago*.

ドッグフード dog food[ドーグ フード]

ドッグラン dog run[ドーグ ラン]

とっくん【特訓】(スポーツの)**intensive training**[インテンスィヴ トゥレイニング];(教科などの)**intensive lessons**[レスンズ]
- 毎日曜日にテニスの特訓を受けている. I do *intensive training* in tennis on Sundays.

とっけん【特権】**a privilege**[プリヴァリッヂ]

とっさに in an instant[インスタント]

ドッジボール dodgeball[ダッヂボール]
- ドッジボールをしよう. Let's play *dodgeball*.

どっしり【どっしりした】(大きくて重い)**massive**[マッスィヴ];(態度などが堂々とした)**dignified**[ディグナファイド]

とっしん【突進する】**rush**[ラッシュ], **dash**[ダッシュ]
- みな入り口に突進した. Everyone *rushed* to the entrance.

とつぜん【突然】**suddenly**[サドゥンリィ]
- 彼女は突然泣き出した. *Suddenly* she began to cry.
- **突然の sudden**;(予期しない)**unexpected**
- 突然すぎてびっくりした. It was too *sudden* and surprised me.

どっち→どちら❶

どっちみち(いずれにせよ)**anyway**[エニウェイ];(結局は)**after all**[オール]
- どっちみち同じだよ. *Anyway*, it's the same.

とって【取っ手】**a handle**[ハンドゥル];(丸いもの)**a knob**[ナップ](★この*k*は発音しない)

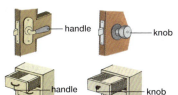

handle — knob
handle — knob

…とって【…(に)とって】**for ...**[フォァ], **to ...**[トゥー]
- 私にとって徹夜は大変だ. It's hard *for* me to stay up all night.

とっておく

- テストの結果は私にとって不本意なものだった. The test result was disappointing *for* me.
- この写真は私にとって大切なものだ. This photo is important *to* me.

とっておく【取って置く】

keep[キープ]；（使わないで）**set**［**put**］**aside**[アサイド]，**save**[セイヴ]

- 彼は好きなものは最後に取って置く. He *saves* the things he likes until last.
- 先に行って席を取って置くよ. I'll go ahead and *get* a seat for you.

とってかわる【取って代わる】**replace**[リプレイス]，**take the place of ...**[プレイス]

- 明治政府が江戸幕府に取って代わった. The Meiji government *replaced* the Edo government.

とってくる【取って来る】**go and get**[ゴ ゥ][ゲット]，**fetch**[フェッチ]

- 教科書を取って来なきゃ. I have to *go and get* the textbook.
- （犬に向かって）取って来い. *Fetch*!

どっと

- 彼のジョークにみんなどっと笑った. We *burst out* laugh*ing* at his joke.

ドット【点】**a dot**[ダット]

とっぱ【突破する】**break through ...**[ブレイク スルー]；（試験を）**pass**[パス]

- 私たちのチームは1回戦を突破した. Our team *broke*［*got*］*through* the first round.

トッピング（料理の）**(a) topping**[タッピング]

トップ **the top**[タップ]，**the first**[ファースト]

- ユカはいつもクラスのトップだ. Yuka is always at *the top* of her class.

┃トップバッター 〖野球〗**the leadoff man**［**batter**］

┃トップモデル **a top model**

どて【土手】**a riverbank**[リヴァバンク]

とても

❶非常に　　　**very, so,（very）much**
❷とうてい…ない　**hardly, not possibly**

❶[非常に]**very**[ヴェリィ]，**so**[ソゥ]，（**very**）**much**[マッチ]➡ひじょうに ⟨くらべて！⟩

- ケンはとても背が高い. Ken is *very* tall.
- お会いできてとてもうれしいです. I'm *very*［*so*］glad to meet you.
- 夏休みはとても楽しかった. I enjoyed the summer vacation *very much*.

❷[とうてい…ない]**hardly**[ハードゥリィ]，**not**

---

possibly[パサブリィ]

- とても信じられない. I can *hardly* believe it.
- とてもそんなことできない. I ca*n't possibly* do such a thing.

とても…なので～ **so ... that** ～[ソゥ]➡あまりに

- そのアトラクションはとても楽しかったのでまた乗りたい. The ride was *so* exciting *that* I want to ride it again.

とどうふけん【都道府県】**prefecture(s)**[プリーフェクチャァ]

- 47都道府県 47 prefectures

とどく【届く】

❶到着(とうちゃく)する　**arrive, be delivered**；
　　　　　　　（手に入る）**get, receive**
❷手などが　　**reach**

❶[到着する]**arrive**[アライヴ]，**be delivered**[ディリヴァド]；（手に入る）**get**[ゲット]，**receive**[リスィーヴ]

- その荷物は宅配便で届く. The parcel will *arrive* by delivery service.
- ユキの手紙はきのう届いた. I *received* a letter from Yuki yesterday.

❷[手などが]**reach**[リーチ]

- 棚(たな)の上の本に届きますか. Can you *reach* the book on the shelf?
- それは小さな子の手の届かない所に置いておきなさい. Keep it out of the *reach* of small children.（▶このreachは名詞）

とどけ【届け】（通知）**a notice**[ノウティス]

- 欠席届を出した. I handed in my *notice* of absence.

とどける【届ける】

❶送る　　　**send**；（配達する）**deliver**；
　　　　　　（持って行く）**take**
❷通知する　**report**

❶[送る]**send**[センド]；（配達する）**deliver**[ディリヴァ]；（持って行く）**take**[テイク]

- 祖母の誕生日に声のメッセージを届けた. I *sent* a voice message to my grandmother for her birthday.
- 新しいテレビがきのう届けられた. A new TV was *delivered* yesterday.
- この花をおじいちゃんに届けてちょうだい. *Take* these flowers to Grandpa.

❷[通知する]**report**[リポート]

- 盗難(とうなん)を警察に届けた. We *reported* the theft to the police.

ととのう【整う】**be ready**[レディ]
- 準備はすっかり整っている.
  Everything *is ready*.

ととのえる【整える, 調える】(用意する)**get ... ready**[レディ]; (調子を)**get into [in] good shape**[グッド シェイプ]
- 修学旅行のしたくを整えた.
  I *got* my things *ready* for a school trip.
- レースに備えて体調を整えなさい.
  Get in good shape for the race.

とどまる stay[ステイ], **remain**[リメイン]
- 嵐(あらし)が止むまでそこにとどまった. We *stayed* there until the storm was over.

とどろく(音が)**roar**[ロァ], **boom**[ブーム]

ドナー(臓器などの)**a donor**[ドウナァ]
┃ ドナーカード **a donor card**

トナカイ『動物』**a reindeer**[レインディア](複 reindeer) (▶単複同形)

どなた→ どちら❸

どなべ【土鍋】**an earthenware pot**[アーサンウェァ パット]

となり【隣の[に]】
next[ネクスト], **next-door**[ネクストゥドァ]
- 隣の人 a neighbor
- 隣の家 the house *next* door
- 隣の家の人 a *next-door* neighbor
- 今井さんはうちの隣に住んでいる.
  Ms. Imai lives *next* door to us.

─**…の隣の[に] next to ...**
- ＡＢＣ銀行は郵便局の隣にあります.
  ABC Bank is *next to* the post office.
- 私の隣の人は寝(ね)ていた.
  The person *next to* me was sleeping.
- 友達の隣に座(すわ)りたい.
  I want to sit *next to* my friend.
┃ 隣近所 the neighborhood; (隣近所の人たち) neighbors

どなる【怒鳴る】**shout**[シャウト], **yell**[イェル]
- 私に怒鳴らないで.
  Don't *yell* at me!

とにかく(いずれにしても)**anyway**[エニウェイ], **anyhow**[エニハウ], **in any case**[エニィ ケイス]
- とにかくやってみよう. Let's try it *anyway*.
- とにかくすごいんだから. *In any case*, it's incredible.

どにち【土日】**Saturday and Sunday**[サタァデイ][サンデイ], **the weekend**[ウィーケンド]→ しゅうまつ

どの

❶疑問	which, what
❷どの…(で)も	any, every
❸どの…も～ない	not ~ any ..., no

❶〔疑問〕**which**[(ホ)ウィッチ], **what**[(ホ)ワット]
- どの教科がいちばん好きですか.
  Which subject do you like best?
- どの単語を使えばいいかわからない.
  I don't know *which* word to use.
- どの本がほしいですか. *Which* [*What*] book do you want?(▶ふつう限られたものの中から選ぶ場合はwhich, 不特定多数の中から選ぶ場合はwhatを用いる)
- どの駅で乗りかえればいいですか. At *what* station should I change (trains)?

❷〔どの…(で)も〕**any**[エニィ], **every**[エヴリィ]
- どの本でもいいよ. *Any* book will do.
- どのロックファンもその歌を知っている.
  Every rock music fan knows that song.
- どの電車も新宿に止まる.
  All trains stop at Shinjuku.

❸〔どの…も～ない〕**not ~ any ..., no**[ノゥ]
- 彼女はどの写真も気に入らなかった.
  She did*n't* like *any* of the photos.
- どの生徒も答えられなかった.
  No student could answer.

どのくらい

❶数	how many
❷量, 金額	how much
❸時間, 長さ	how long
❹距離(きょり)	how far
❺大きさ, 高さ	how big [large], how tall [high]
❻頻度(ひんど)	how often, how many times
❼程度	how

❶〔数〕**how many**[ハゥ メニィ]→ いくつ❶
- どのくらいの人が来るの？
  How many people are coming?
- どのくらい漫画(まんが)本を持っている？
  How many comic books do you have?

❷〔量, 金額〕**how much**[マッチ]→ いくら¹❶
- ミルクは瓶(びん)にどのくらい残っていますか.
  How much milk is left in the bottle?
- どのくらいお小遣(づか)いをもらいましたか.
  How much (money) did you get for your allowance?
- そのゲームソフトはどのくらいしますか.
  How much is that game software?

❸〔時間, 長さ〕**how long**[ローング]

481

とのさま

- 成田からハワイまで飛行機でどのくらいかかりますか. *How long* does it take to fly from Narita to Hawaii?
- この橋の長さはどのくらいですか. *How long* is this bridge?

❹[距離]**how far**[ファー]
- ここからビーチまでどのくらいありますか. *How far* is it from here to the beach?

❺[大きさ, 高さ]**how big**[large][ビッグ[ラージ], **how tall**[high][トール[ハイ]
- 身長はどのくらいありますか. *How tall* are you?

❻[頻度]**how often**[オーフン], **how many times**[メニィ タイムズ]➡ **なんかい**
- 週にどのくらい塾に行くの？ *How often* in a week do you go to cram school? / *How many times* a week do you go to cram school?

❼[程度]**how**
- その映画はどのくらい怖(こわ)かったですか. *How scary* was the movie?
- どのくらいがんばったの？ *How* hard did you try?

とのさま【殿様】**a lord**[ロード]

どのていど【どの程度】➡ **どのくらい**

どのへん【どの辺】**Where …?**[(ホ)ウェァ], **What part …?**[(ホ)ワット パート]
- その店はどの辺にあるの？ *Where* is that store?
- アメリカのどの辺の出身ですか. *What part* of the U.S. are you from?

どのように how[ハゥ]➡ **どう¹**❶❷

とばす【飛ばす】**fly**[フライ]；(吹(ふ)き飛ばす)**blow off**[ブロゥ]；(抜(ぬ)かす)**skip**[スキップ]
- 帽子(ぼう)を飛ばしてしまった. My hat *flew off*.
- 台風で屋根が飛ばされた. The roof was *blown off* in the typhoon.
- 第10課は飛ばすんだって. I heard we'll *skip* lesson ten.
- 紙飛行機を飛ばした. I *threw* a paper plane.

とび【鳶】**a kite**[カイト]

とびあがる【飛び上がる】**jump**(up)[チャンプ]
- みな飛び上がって喜んだ. Everyone *jumped* for joy.

とびうお【飛び魚】[魚]**a flying fish**[フライイング フィッシュ]

とびおきる【飛び起きる】**jump out of bed**[チャンプ][ベッド]
- 寝(ね)過ごしてあわてて飛び起きた. I overslept and *jumped out of bed* in a panic.

とびおりる【飛び降りる】**jump off**[down][チャ

ンプ]
- 猫(ねこ)は塀(へい)から飛び降りた. The cat *jumped down* from the wall.

とびこえる【飛び越える】**jump over …**[チャンプ]
- マサトはフェンスを飛び越えた. Masato *jumped over* the fence.

とびこみ【飛び込み】(水泳の)**diving**[ダイヴィング]
━ **飛びこむ jump**(into …)；(頭から水中に)**dive**(into …)
- 子どもたちは川に飛びこんだ. The children *jumped into* the river.
┃ **飛びこみ台 a diving board**

とびだす【飛び出す】(走って出る)**run out**[ラン]
- 私たちは校舎の外へ飛び出した. We *ran out* of the school building.

とびちる【飛び散る】(ものが)**fly**(off)[フライ]；(水などが)**spatter**[スパッタァ]
- スカートに泥(どろ)が飛び散った. My skirt was *spattered* with mud.

とびつく【飛びつく】**jump at …**[チャンプ]
- うちの犬が興奮して私に飛びついてきた. Our dog *jumped at* me excitedly.

トピック(話題)**a topic**[タピック]

とびのる【飛び乗る】**jump on**[into]**…**[チャンプ]
- 彼女はその電車に飛び乗った. She *jumped on* the train.

とびばこ【跳び箱】**a horse**[ホース]
- 跳び箱を跳べなかった. I couldn't jump over the *horse*.

とびまわる【飛び回る】**fly around**[フライ アラウンド]

とびら【扉】**a door**[ドァ]➡ **ドア**

とぶ¹【飛ぶ】

fly[フライ]
- 鳥が空を飛んでいる. Birds are *flying* in the sky.
- 鳩(はと)がいっせいに飛び立った. The pigeons *flew* away together.
- 私は病院へ飛んで行った. I *rushed* to the hospital. (◀急いで行った)

とぶ²【跳ぶ】**jump**[チャンプ]
- その選手はとても高く跳ぶことができる. That athlete can *jump* very high.

どぶ a ditch[ディッチ]

とほ【徒歩で】**on foot**[フット]
- 学校までは徒歩で15分かかる. It takes fifteen minutes to get to school *on foot*.

とほう【とほうにくれる】**be at a loss**[ロース], **do not know what to do**[ノゥ][(ホ)ワット]
- とほうにくれてしまった. I *was at a loss*. I *didn't know what to do*.

482 four hundred and eighty-two

ともだち

とぼける(知らんぷりする)**play dumb**[プレイ ダム]; (おどける)**play the fool**[フール]
- とぼけないでよ.
  Don't *play dumb*!

とぼしい【乏しい】**poor**（**in** ...）[プァ]; (不足した)**short**（**of** ...）[ショート]
- お金が乏しくなってきた.
  I'm running *short of* money.

とぼとぼ【とぼとぼ歩く】**walk slowly**［**heavily**］[ウォーク スロウリィ［ヘヴィリィ］], **plod**[プラッド]

トマト〔植物〕**a tomato**[タメイトウ]
  トマトケチャップ **tomato ketchup**
  トマトジュース **tomato juice**
  トマトソース **tomato sauce**

とまどう【戸惑う】**be confused**[カンフューズド]

とまりがけ【泊まりがけで】**overnight**[オウヴァナイト]
- 泊まりがけでいとこの家に行った.
  I went to stay *overnight* with my cousin. / I went to stay *overnight* at my cousin's house.

とまる¹【止まる, 留まる】

❶動かなくなる	stop
❷駐車(ちゅうしゃ)する	park, be parked
❸鳥が	perch, sit

❶〔動かなくなる〕**stop**[スタップ]
- 目覚ましが止まっていた！
  My alarm clock *stopped*!
- この列車は新神戸に止まりますか.
  Does this train *stop* at Shin-Kobe?
- 涙が止まらなかった.
  I couldn't *stop* crying.

❷〔駐車する〕**park**[パーク], **be parked**
- 道に赤い車が止まっていた.
  A red car *was parked* in the street.

❸〔鳥が〕**perch**[パーチ], **sit**[スィット]
- からすが電柱に止まっていた. Crows were *sitting* on the electricity pole.

とまる²【泊まる】

stay（**at** ..., **in** ..., **with** ...）[ステイ]
- 両親はホテルに泊まった.
  My parents *stayed at* a hotel.
- 京都に泊まった.
  We *stayed in* Kyoto.
- 友達がうちに泊まりに来る.
  My friend is going to *stay with* us.

とみ【富】**wealth**[ウェルス]

ドミノ〔ゲーム〕**dominoes**[ダミノウズ]

とむ【富む】**be rich**（**in** ...）[リッチ]→ **ほうふ**¹

とめる¹【止める】

| ❶動きを | stop |
| ❷電気・水道などを | turn off |

❶〔動きを〕**stop**[スタップ]
- 彼女は車を止めた. She *stopped* the car.
- けんかを止めて！
  Stop［*Break up*］the fight!

❷〔電気・水道などを〕**turn off**[ターン]
- マイはエアコンを止めた. Mai *turned off* the air conditioner.

とめる²【泊める】**put up**[プット]
- 友達を泊めてあげたいんだ.
  I want to *put* my friend *up*.

とめる³【留める】

(固定する)**fasten**[ファスン], **fix**[フィックス]; (ピンで)**pin**（**down**）[ピン]

fasten　　fix　　pin

- 私はクリップでレポートを留めた. I *fastened* the papers together with a paper clip.
- 彼女はその本に目を留めた.
  She *fixed* her eyes on the book.
- 壁(かべ)にポスターが留めてあった.
  A poster was *pinned* on the wall.

とも【友】**a friend**[フレンド]→ **ともだち**

…とも both[ボウス]; (どちらも…ない)**neither**[ニーザァ]→ **どちらも**
- 私たちは2人とも野球部員だ. *Both of* us are members of the baseball team. / *Both of* us are on the baseball team.
- 私たちは2人ともスポーツが得意ではない.
  Neither of us is good at sports.

ともかく anyway[エニウェイ]→ **とにかく**

ともかせぎ【共稼ぎ】→ **ともばたらき**

ともだち【友達】

a friend[フレンド]
- リエは私の友達だ. Rie is a *friend* of mine.
- こちらは私の友達のタカシです.
  This is my *friend* Takashi.
- ジュンとタカはいい友達だ.
  Jun and Taka are good *friends*.
- 友達をたくさん作りたい.
  I want to make a lot of *friends*.

ともなう

- 親しい友達 a close *friend*
- クラスの友達 a class*mate*
- ➡友達になる make friends（with ...）
- ヒロとケンは友達になった.
  Hiro *made friends with* Ken.

ともなう【伴う】（あわせ持つ）**involve**[インヴァルヴ];（連れ歩く）**go with** ...[ゴウ], **take** ...（**with**）[テイク]
- 自由には責任が伴う.
  Freedom *involves* responsibility.

ともに together[タゲザァ]➡いっしょ❶

ともばたらき【共働き】
- うちの両親は共働きだ.
  Both（of）my parents *are working*.

どようび【土曜日】**Saturday**[サタデイ]（▶常に大文字で始め, Sat. と略す）➡げつようび ポイント!, すいようび ポイント!
- 土曜日には練習がある. I have training on *Saturdays*.（▶ on Saturdays と複数形にすると「土曜日にいつも」という意味が強くなる）

とら【虎】【動物】**a tiger**[タイガァ]

トライ【トライする】**try**[トゥライ]
- バンジージャンプにトライしたい.
  I want to *try* bungee jumping.

ドライ【ドライな】（情に流されない）**unemotional**[アンイモウショヌル];（事務的な）**businesslike**[ビズニスライク]
- 彼はドライな性格だ. He is *not emotional*. / He is rather *businesslike*.
  ┃ドライアイス dry ice
  ┃ドライクリーニング dry cleaning
  ┃ドライフラワー a dried flower

トライアスロン triathlon[トゥライアスラン]

トライアングル【楽器】**a triangle**[トゥライアングル]（★アクセント位置に注意）

ドライバー（ねじ回し）**a screwdriver**[スクルードゥライヴァ];（運転者）**a driver**[ドゥライヴァ]

ドライブ（運転）**a drive**[ドゥライヴ]
- ➡ドライブする go for a drive
- この夏ドライブに行った.
  We *went for a drive* this summer.
  ┃ドライブスルー a drive-through：ドライブスルーでハンバーガーを買った. I bought a hamburger at the *drive-through*.

ドライヤー a hair dryer[ヘア ドゥライァ]

トラウマ（a）**trauma**[トゥラウマ]
- そのつらい体験が彼女のトラウマとなった. The terrible experience *traumatized* her.

とらえる【捕らえる】**catch**[キャッチ]➡つかまえる

トラクター a tractor[トゥラクタァ]

ドラゴン a dragon[ドゥラガン]

トラック¹（貨物自動車）**a truck**[トゥラック], ⊛**a**

lorry[ローリィ]

トラック²（陸上競技の）**a track**[トゥラック]
┃トラック競技 track events

ドラッグ【ドラッグする】【コンピュータ】**drag**[ドゥラッグ]

ドラッグストア a drugstore[ドゥラッグストァ]

トラッド【トラッドな】**traditional**[トゥラディショヌル]

ドラフト draft[ドゥラフト]
┃ドラフト会議 a draft conference
┃ドラフト制 the draft system

トラブル（a）**trouble**[トゥラブル]
- 妹はいつもトラブルを起こす. My sister always makes［causes］*trouble*.
- 主人公はトラブルに巻きこまれた. The hero got into *trouble*.
┃トラブルメーカー a troublemaker

ドラマ a drama[ドゥラーマ]
- 連続テレビドラマ a soap opera / a TV *drama*

ドラマチック【ドラマチックな】**dramatic**[ドゥラマティック]

ドラム a drum[ドゥラム]
- 彼はドラムをたたく. He plays the *drums*.
┃ドラム奏者 a drummer

ドラムかん【ドラム缶】**a drum**[ドゥラム]

とられる【取られる】➡とる¹❹❼❿

トランク（旅行かばん）**a suitcase**[スートゥケイス];（車の）**a trunk**[トゥランク]➡くるま 図

トランクス trunks[トゥランクス];（下着）**boxer shorts**[バクサァ ショーツ]

トランシーバー a transceiver[トゥランスィーヴァ];《話》**a walkie-talkie**[ウォーキィトーキィ]

トランスジェンダー transgender[トゥランスチェンダァ]

トランプ（遊び）**cards**[カーヅ]
- トランプをしよう. Let's play *cards*.
- 君がトランプを切る［配る］番だよ. It's your turn to shuffle［deal］the *cards*.
- トランプ占いをしてくれる? Will you tell me what the *cards* say about my future?

トランペット a trumpet[トゥランピット]
- 彼はトランペットを演奏する.
  He plays the *trumpet*.
┃トランペット奏者 a trumpeter

トランポリン a trampoline[トゥランパリーン]（★アクセント位置に注意）

とり【鳥】**a bird**[バード]
- 鳥がさえずっている. *Birds* are singing.
- もうすぐ渡り鳥がやって来る. The migratory *birds* will be coming soon.
┃鳥インフルエンザ bird flu

とりちがえる

鳥かご a (**bird**) **cage**
鳥肉 (鶏(½)の)**chicken**

ドリア a rice casserole[ライス キャサロウル]
• えびドリア a *rice casserole* with shrimp

とりあう【取り合う】(奪(½)い合う)**fight**(**over** ...)[ファイト]
• 子どもたちはおやつを取り合った.
Children *fought over* the snacks.
• 連絡を取り合いましょう.
Let's *keep in touch*.

とりあえず(今は)(**for**)**now**[ナゥ]; (当分の間)**for the time being**[タイム]; (まず)**first**(**of all**)[ファースト]
• とりあえず教科書は読んでおこう.
I'll read the textbook *for now*.
• とりあえず飲み物を買った.
I bought drinks *first*(*of all*).

とりあげる【取り上げる】(手に取る)**pick**[**take**]**up**[ピック]; (奪(½)う)**take away**[アウェィ]; (扱(½)う)**take up**
• 弟に漫画(½)を取り上げられた.
My brother *took away* my comic books.
• それはミーティングの議題として取り上げよう. Let's *take* it *up* as a meeting topic.

とりあつかい【取り扱い】**handling**[ハンドゥリング]
• 取り扱い注意 《掲示》*HANDLE* WITH CARE
取り扱い説明書 an instruction manual

とりあつかう【取り扱う】(道具を)**handle**[ハンドゥル]; (論じる)**treat**[トゥリート]→ あつかう

とりい【鳥居】a Shinto shrine gate[シントゥ シュライン ゲイト]

トリートメント(髪(½)の)a (**hair**) **treatment**[(ヘァ) トゥリートゥマント]
• 髪にトリートメントをした.
I put a *treatment* on my hair.

とりいれ【取り入れ】a harvest[ハーヴィスト]→ しゅうかく

とりいれる【取り入れる】(収穫(½½)する)**harvest**[ハーヴィスト], **gather in**[ギャザァ]; (採用する)**take**[テイク], **adopt**[アダプト]
• 私のアイデアを取り入れてもらった.
My ideas were *adopted*.

とりえ【取り柄】a strong [good] point[ストゥローング [グッド] ポイント]→ ちょうしょ

トリオ a trio[トゥリーオゥ]

とりかえす【取り返す】**get**[**take**]**back**[バック]
• 友達から自分のペンを取り返した.
I *got* my pen *back* from my friend.
• 遅(½)れは取り返さないと.
I need to *make up* for the delay.

とりかえる【取り替える】**change**[チェインヂ], **exchange**[イクスチェインヂ]; (つけ替える)

replace[リプレイス]→ こうかん¹
• 電池を取り替えよう.
I'll *change* the batteries.
• このカードを君のカードと取り替えてくれる？
Will you *exchange* your card for this?

とりかかる【取り掛かる】**begin**[ビギン], **start**[スタート]
• 試験勉強に取りかからなくちゃ.
I must *start* to study for the exams.

とりかこむ【取り囲む】**surround**[サラウンド]
• チームメンバーが投手を取り囲んだ. The team members *surrounded* the pitcher.

とりかわす【取り交わす】**exchange**(**with** ...)[イクスチェインヂ]

とりきめ【取り決め】(**an**) **arrangement**[アレインヂマント]

とりくみ【取り組み】(相 撲(½)の対戦)a sumo match[スーモゥ マッチ], a match; (物事への)an approach[アプロゥチ]

とりくむ【取り組む】**tackle**[タックル], **work on** ...[ワーク]
• 彼らは難問に取り組んだ.
They *tackled* [*worked on*] the difficult problem.

とりけす【取り消す】(予 約)**cancel**[キャンサル], 《話》**call off**[コール]; (発言)**take back**[バック]
• 私は歯医者の予約を取り消した.
I *canceled* my dentist's appointment.
• 今言ったことは取り消します.
I *take back* what I said just now.

とりこ(捕虜(½))a prisoner[プリズナァ]
• 彼はJポップアイドルのとりこだ.
He *is crazy about* J-pop idols.(◀夢中だ)

とりこわす【取り壊す】**pull down**[プル]
• その古いビルは取り壊された.
The old building was *pulled down*.

とりさげる【取り下げる】**drop**[ドゥラップ], **withdraw**[ウィズドゥロー]

とりざら【取り皿】a plate[プレイト]
• サラダを分けるための取り皿をください. Can we have extra *plates* to share the salad?

とりしきる【取り仕切る】**manage**[マニッヂ]

とりしらべ【取り調べ】(**an**) **investigation**[インヴェスタゲイション]
━ 取り調べる **investigate**[インヴェスタゲイト]
• その件は今取り調べられている.
The case is being *investigated*. / The case is currently under *investigation*.

とりだす【取り出す】**take out**[アウト]
• エリはかばんからスマホを取り出した.
Eri *took* a smartphone *out* of her bag.

とりちがえる【取り違える】(…を～と間違える)

four hundred and eighty-five　485

あ
か
さ
た
な
は
ま
や
ら
わ

とりつ

mistake ... **for** ～[ミステイク]; (誤解する)
misunderstand[ミスアンダスタンド]➡ **まちがえ
る, ごかい**

とりつ【都立の】**Tokyo metropolitan**[メトゥラパリ
タン]

▌**都立高校 a（Tokyo）metropolitan（senior）
high school**

トリック a trick[トゥリック]

▌**トリックアート optical illusion art**

とりつける【取り付ける】(くっつける)**attach**[ア
タッチ]; (固定する)**fix**[フィックス]

• リュックにフックを取り付けた.
I *attached* a hook to my backpack.

• エアコンが取り付けられた.
The air conditioner was *fixed*.

とりのぞく【取り除く】**remove**[リムーヴ], **take
away**[アウェイ]

• 彼らは放射性物質を取り除いている. They are
removing radioactive substances.

とりはずす【取り外す】**take off**[テイク], **remove**
[リムーヴ]➡ **はずす**

とりはだ【鳥肌】**goosebumps**[グースバンプス],
goose pimples[グース ピンプルズ]

• 寒くて鳥肌が立った.
I got *goosebumps* from the cold.

• そのアニメは鳥肌ものだった.
The anime gave me *chills*.

とりひき【取り引き, 取引】(商売)**business**[ビズニ
ス], **trade**[トゥレイド]

➡**取り引きする do business with ...**

トリプル【トリプルの】**triple**[トゥリプル]

▌**トリプルプレー『野球』a triple play**

ドリブル dribbling[ドゥリブリング]

➡**ドリブルする dribble**

• 佐藤はゴールまでドリブルした.
Sato *dribbled* to the goal.

トリマー a pet groomer[ペット グルーマァ]

とりまく【取り巻く】➡ **とりかこむ, かこむ**

とりみだす【取り乱す】**be upset**[アップセット]

• ハルはその知らせを聞いて取り乱した.
Haru *was upset* by the news.

とりもどす【取り戻す】➡ **とりかえす**

とりやめる【取りやめる】**call off**[コール], **cancel**
[キャンサル]➡ **ちゅうし**

• 遠足は取りやめになった.
The school trip was *called off*.

どりょく 【努力】

（an）**effort**[エファト], **hard work**[ハード ワーク]

• 努力なしでは何事も達成できない. You can't
achieve anything without *effort*.

➡**努力する make an effort, work hard, try**

hard

• 彼は努力して成功した.
He *made an effort* and succeeded.

• 彼女はスタメンに選ばれるために努力してい
る. She is *trying*（*hard*）to be selected as
a starting player.

▌**努力家 a hard worker**
▌**努力賞 an award for effort**

とりよせる【取り寄せる】(注文する)**order**[オーダ
ァ]

• うちではネットで野菜を取り寄せている.
We *order* vegetables online.

ドリル(穴あけ機)**a drill**[ドゥリル]; (練習)(**a**)
drill; (練習問題)**an exercise**[エクサァサイズ]

とりわけ especially[イスペシャリィ], **particularly**
[パァティキュラァリィ]➡ **とくに**

ドリンク a drink[ドゥリンク]

▌**ドリンク剤（栄養）an energy drink**

とる¹【取る】

❶手で持つ	take;
	(取り上げる)pick up
❷手渡(茫)す	pass, hand;
	(取ってやる)get
❸手に入れる	get; (賞などを)win
❹盗(芸)む	steal;
	(奪(氛)う)take away
❺脱(峩)ぐ, 外す	take off
❻食べる	have, eat
❼時間・場所を	take up
❽購読する	(新聞などを)subscribe
❾選ぶ	take, choose
❿料金などを	charge
⓫ノートを	take

❶〔手で持つ〕**take**[テイク]; (取り上げる)**pick up**
[ピック]

• 私はりんごを手に取った. I *took* an apple.

• 彼はペンを取って書き始めた. He *picked up*
a pen and began writing.

❷〔手渡す〕**pass**[パス], **hand**[ハンド]; (取ってや
る)**get**[ゲット]

• バターを取ってください.
Pass me the butter, please.

• 車のかぎを取ってきて.
Go and *get* me the car key.

❸〔手に入れる〕**get**; (賞などを)**win**[ウィン]

• 数学は何点取れた？
How many points did you *get* in math?

• 彼女はそのコンテストで1等賞を取った.
She *won* the first prize in the contest.

❹〔盗む〕**steal**[スティール]; (奪う)**take away**[アウ

486 four hundred and eighty-six

ェィ]
- 自転車が取られた.
  My bicycle was *stolen*.
- だれかが傘(ホャ)を取っていった.
  Someone has *taken* my umbrella *away*.

❺〔脱ぐ, 外す〕**take off**
- 帽子(ぼう)を取りなさい.
  Take off your hat. / *Take* your hat *off*.

❻〔食べる〕**have**[ハヴ], **eat**[イート]
- もっと野菜を取りなさい.
  Eat more vegetables.
- 遅(ぉそ)い時間に昼食を取った.
  I *had* a late lunch.

❼〔時間・場所を〕**take up**
- 宿題をするのに時間を取られてしまう. Doing homework *takes up* most of my time.

❽〔購読する〕(新聞などを)**subscribe**
- うちでは地方紙を取っている. My family *subscribes to* a local newspaper.

❾〔選ぶ〕**take, choose**[チューズ]
- 数学の特訓コースを取った.
  I *took* an intensive course in math.
- どれを取ろうかな？
  I wonder which I should *choose*.

❿〔料金などを〕**charge**[チャーヂ]
- ヘアカットにいくら取られるかな？
  How much will they *charge* me for a hair cut?

⓫〔ノートを〕**take**
- ちゃんとノートを取っておいた.
  I didn't forget to *take* notes.

とる² 〔撮る・録る〕

(写真を)**take**[テイク]➡ さつえい
- 旅行中にたくさんの写真を撮った.
  I *took* a lot of pictures during the trip.
- このカメラで動画が撮れるよ.
  You can *take* videos with this camera.

とる³ 〔採る・捕る〕

(花・きのこなどを)**gather**[ギャザァ]; (魚などを)**catch**[キャッチ]
- エミは森できのこを採った.
  Emi *gathered* mushrooms in the forest.
- この川では秋になるとさけがとれる.
  You can *catch* salmon in this river in fall.

ドル a dollar[ダラァ] (▶記号は $)
- 10ドル ten *dollars*

トルコ Turkey
➡ トルコ(語, 人)の **Turkish**
 ▌トルコ石 a turquoise
 ▌トルコ人 a Turk

four hundred and eighty-seven　　487

どれ

which[(ホ)ウィッチ]➡ どちら❶
- どれがいい？ *Which* (one) do you like?

どれい〔奴隷〕**a slave**[スレイヴ]
 ▌奴隷制度 slavery

トレー (盆) **a tray**[トゥレィ]

トレーディングカード a trading card[トゥレーディング カード]

トレード【トレードする】**trade**[トゥレイド]
- その選手はジャイアンツからタイガースにトレードされた. The player was *traded* from the Giants to the Tigers.

トレードマーク a trademark[トゥレイドゥマーク]

トレーナー (シャツ) **a sweatshirt**[スウェットシャート] (▶この意味では a trainer は×)➡ スウェット; (練習の指導者) **a trainer**[トゥレイナァ]

トレーニング training[トゥレイニング]
- 自主トレーニング individual *training*
- 春季トレーニングが始まった.
  Spring *training* has started.
➡ トレーニングする **train**
 ▌トレーニングウェア (上下) a sweatsuit
 ▌トレーニングキャンプ a training camp
 ▌トレーニングシャツ a sweatshirt
 ▌トレーニングパンツ (トレパン) sweatpants

トレーラー a trailer[トゥレイラァ]

どれくらい➡ どのくらい

ドレス a dress[ドゥレス]

とれたて【取れ立ての】**fresh**[フレッシュ], **fresh-picked**[フレッシュピックト], **freshly picked**[フレッシュリィ ピックト]
- うちの菜園からの取れ立ての野菜です. These vegetables are *fresh* [*freshly picked*] from our garden.

トレッキング trekking[トゥレッキング]
➡ トレッキングする **trek**
 ▌トレッキングシューズ trekking boots

ドレッシング (a) **dressing**[ドゥレスィング]

どれでも

any[エニィ], **whichever**[(ホ)ウィッチエヴァ]
- どれでも好きな飲み物を選べます.
  You can choose *any* drink you like.
- どれでもいいよ. *Whichever* will do.

トレパン➡ トレーニング(トレーニングパンツ)

どれほど➡ どんなに, どのくらい

どれも

every[エヴリィ], **all**[オール]; (どれも…ない)**not … any**[エニィ]
- 料理はどれもおいしかった. *Every* dish was

とれる

delicious.（▶every の後ろは単数形）
- ぬいぐるみはどれもかわいい．
All those stuffed animals are cute.（▶all の後ろに数えられる名詞が来る場合は複数形）
- 私は彼の小説をどれも読んだことがない．
I haven't read *any* of his novels.

とれる【取れる，捕れる，撮れる】

❶外れる	come off
❷痛みなどが	be gone
❸収穫（しゅうかく）などがある	
	（作物が）be produced；
	（魚が）be caught
❹写真が	come out

❶〔外れる〕**come off**［カム］
- ボタンが取れかかっている．
A button is *coming off*.
❷〔痛みなどが〕**be gone**［ゴーン］
- やっと歯の痛みが取れた．
My toothache *is gone* at last.
❸〔収穫などがある〕（作物が）**be produced**［プラ
ドゥースト］；（魚が）**be caught**［コート］→ **とる**³
- 長野ではりんごがよくとれる．
A lot of apples *are produced* in Nagano.
❹〔写真が〕**come out**［アウト］→ **とる**²
- この写真，よく撮れてるね．
This photo *came out* well, didn't it?
トレンド a **trend**［トゥレンド］
- 最近のトレンド the latest *trend*
どろ【泥】**mud**［マッド］；（汚（よご）れ）**dirt**［ダート］
-- 泥だらけの **muddy**
- 私の靴（くつ）は泥だらけだった．My shoes were
muddy［covered with *mud*］．
トローチ a（**throat**）**lozenge**［（スロウト）ラザンヂ］
ドローン（無人飛行機）a **drone**［ドゥロウン］
- 上を飛んでいくドローンを見た．
I saw a *drone* flying over me.
-- ドローンを飛ばす［操作する］**fly**［**control**,
operate］a **drone**
とろける melt［メルト］→ **とける**¹
- とろけるチーズ a *melty* cheese slice
ドロップ（菓子）a **drop**［ドゥラップ］
ドロップアウト【ドロップアウトする】**drop out**
［ドゥラップ］
とろとろ（煮（に）る）**simmer**［スィマァ］
- とろとろのオムレツ a *creamy* omelet
どろどろ【どろどろの】（泥（どろ）で）**muddy**［マディ］；
（液体が）**thick**［スィック］
トロピカル tropical［トゥラピカル］
❚ トロピカルフルーツ **tropical fruits**
トロフィー a **trophy**［トゥロウフィ］（★アクセント位置

に注意）
どろぼう【泥棒】（こそ泥）a **thief**［スィーフ］（複
thieves［スィーヴズ］）；（強盗（ごうとう））a **robber**［ラバ
ァ］；（夜盗）a **burglar**［バーグラァ］
- 泥棒に入られた．
A *thief*［*burglar*］broke into our house.
トロンボーン〖楽器〗a **trombone**［トゥランボウン］
どわすれ【度忘れする】**forget ... for the
moment**［ファゲット］［モウマント］
- 彼女の名前を度忘れした．I've *forgotten* her
name *for the moment*.
トン（重さの単位）a **ton**［タン］（▶t. と略す）
ドン（ドンという音）a **bang**［バング］
- その車は壁（かべ）にドンとぶつかった．The car
crashed into the wall with a *bang*.
- 位置に着いて，用意，ドン！
On your mark(s), get set, *go*!
…どん【…丼】a ...（**rice**）**bowl**［（ライス）ボウル］,
rice topped with ...［トップト］
- 牛丼 a beef *bowl*
とんカツ【豚カツ】a（**deep-fried**）**pork cutlet**
［（ディープフライド）ポーク カットゥリット］
どんかん【鈍感な】**insensitive**（**to ...**）［インセンス
ィティヴ］, **dull**［ダル］
どんぐり〖植物〗an **acorn**［エイコーン］
とんこつ【豚骨】**pork bones**［ポーク ボウンズ］
- 豚骨スープ
a broth made from *pork bones*
- 豚骨ラーメン ramen（noodles）（cooked）
in *pork bone* stock
とんじる【豚汁】**miso soup with pork and
vegetables**［スープ］［ポーク］［ヴェヂタブルズ］
どんぞこ【どん底】**the bottom**［バタム］
-- どん底で at *one*'s worst
とんだ（ひどい）**terrible**［テラブル］→ **とんでもない**
- とんだ目に遭（あ）ってしまった．
I had a *terrible* experience.
とんち（a）（**ready**）**wit**［（レディ）ウィット］
どんちゃんさわぎ【どんちゃん騒ぎをする】
have a wild party［ワイルド パーティ］
とんちんかん【とんちんかんな】（見当違（ちが）いの）
beside the point［ポイント］, **irrelevant**［イレラヴ
ァント］
- 彼はとんちんかんな返事をした．His answer
was *beside the point*. / He gave an
irrelevant answer.
とんでもない（たいへんな，ひどい）**awful**［オーフ
ル］, **terrible**［テラブル］
- とんでもないことに巻きこまれちゃったよ．
I got caught in an *awful* mess.
- 「彼のこと，好きなの？」「とんでもない」
"Do you like him?"

488　four hundred and eighty-eight

どんより

"Of course not! / Not at all!"

トントン(ノックなどの音)**a knock**[ナック], **a tap**[タップ]
- **━トントンたたく knock, tap**
- だれかがドアをトントンたたいている.
  Somebody is *knocking* at [on] the door.

どんどん

| ❶たたく音 | **a bang** |
| ❷物事の進行 | (連続して)**on and on**; (急速に)**rapidly, fast** |

❶[たたく音]**a bang**[バング]
- **━ドンドンたたく bang**
- だれかがドアをドンドンたたくのが聞こえた.
  I heard someone *banging* on the door.

❷[物事の進行](連続して)**on and on**[アンナンドアン]; (急速に)**rapidly**[ラピドゥリィ], **fast**[ファスト]
- 少女はどんどん歩いて行った.
  The girl walked *on and on*.
- 友達の英語はどんどん上達している.
  My friend's English is improving *rapidly*.

どんな

❶どのような (何の)	**what**;
(どんな種類の)	**what kind of ...**
❷どんな方法・状態で	**how, what ... like**
❸どんな…でも	**any**
❹たとえ…でも	**whatever**

❶[どのような](何の)**what**[(ホ)ワット]; (どんな種類の)**what kind of ...**[カインド]
- どんな国に行ってみたい？
  What country would you like to visit?
- どんな色が好きですか.
  What is your favorite color?
- どんなスポーツが好きですか.
  What kind of sports do you like?

❷[どんな方法・状態で]**how**[ハゥ], **what ... like**[ライク]
- これはどんなふうに開けるの？
  How do you open this?
- どんな方法でそこまで行ったの？
  How did you get there?
- ライブはどんなだった？
  What was the live concert *like*?

❸[どんな…でも]**any**[エニィ] → どの❷
- どんな中学生でもそれを知っている.
  Any junior high student knows it.
- どんなときでも助けてあげられるよ.
  I can help you *any* time.

- (バレエダンサーになるためなら)どんな苦労にも耐(た)えられる. I can put up with *any* kind of hardship (to be a ballet dancer).

❹[たとえ…でも]**whatever**[(ホ)ワットゥエヴァ]
- どんなことがあっても希望を捨てちゃだめだよ. Never give up hope, *whatever* happens.

どんなに how[ハゥ], **so**[ソゥ]; (どんなに…でも) **no matter how ...**[マタァ], **however ...**[ハゥエヴァ]
- 私がどんなにあなたを好きかわかってる？
  Do you know *how* much I love you?
- 毎日どんなに大変だったことか.
  How hard it was every day!
- どんなに練習がきつくても彼は不平を言わなかった. *No matter how* hard the practice was, he didn't complain.

トンネル a tunnel[タヌル]
- 列車はトンネルを通り抜(ぬ)けた.
  The train went through the *tunnel*.

どんぶり【丼】**a bowl**[ボウル]

とんぼ【虫】**a dragonfly**[ドゥラガンフライ]

とんぼがえり【とんぼ返り】(宙返り)**a somersault**[サマァソールト], **a flip**[フリップ]
- とんぼ返りをした. I did a *flip*.
- 大阪へとんぼ返りした. I went to Osaka and came back without resting.

ドンマイ Never mind![ネヴァ マインド], **Don't worry about it!**[ウーリィ] (▶Don't mind.は×)

とんや【問屋】(店)**a wholesale store**[ホウルセイル ストァ]; (人)**a wholesale dealer**[ホウルセイル ディーラァ]

どんよく【貪欲な】**greedy**[グリーディ]

どんより【どんよりした】**gloomy**[グルーミィ], **dull**[ダル]; (曇(くも)った)**cloudy**[クラウディ]; (鉛(なまり)色の)**gray**[グレィ]
- きょうはどんよりした空だ.
  The sky is *gloomy* [*cloudy*] today.

な ナ

な【名】(名前) **a name**[ネイム] → なまえ, なづける

…な[…(する)な] **Don't**+〈動詞の原形〉, **Never**+〈動詞の原形〉[ネヴァ] (▶ Never のほうが強い禁止を表す)

- 大きな声で話すな.
 Don't talk loudly.
- 乾(かわ)かないうちは絵に触(さわ)るな.
 Never touch a painting when it's wet.

…なあ

| ❶ 願望 | I hope …, I wish … |
| ❷ 感嘆(かん) | How …!, What …! |

❶〔願望〕**I hope** …[ホウプ], **I wish** …[ウィッシュ] (▶ I hope …は実現の可能性のある願望を, I wish …はかなえられない, または実現の可能性のきわめて低い願望を表す)

…するといいなあ
I hope(*that*)…

- このプレゼントを気に入ってくれるといいなあ. I *hope* (*that*) you will like this gift.
- また君に会えるといいなあ.
 I *hope* to see you again.

…ならばなあ
I wish+〈主語〉+〈過去形〉(▶現在の事実に反することやかなえられないことを表す)

- 私がお金持ちだったらなあ.
 I wish I were [《話》was] rich. (▶実際はお金持ちではない)

…だったならばなあ
I wish+〈主語〉+had+〈過去分詞〉(▶過去の事実に反することやかなえられなかったことを表す)

- きのう彼女に本当のことを言っていればなあ.
 I wish I *had* told her the truth yesterday.
 (▶実際は本当のことを言わなかった)

❷〔感嘆〕**How** …![ハッ], **What** …![(ホ)ワット] → なんて

- おもしろいなあ. *How* interesting!
- カッコいいダンスだなあ.
 What a cool dance!

ナース(看護師) **a nurse**[ナース]
| ナースコール (ボタン) **a nurse call button**
| ナースステーション **a nurses' station**

ない

| ❶ 存在しない | be not, There is [are] not any …, There is [are] no …, do not exist |
| ❷ 所有していない | do not have any …, have no … |

❶〔存在しない〕**be not**, **There is** [**are**] **not any** …, **There is** [**are**] **no** …, **do not exist**[イグズィスト]

- 兄は家にいない.
 My brother *isn't* at home.
- ペットボトルに水が全然ない. *There isn't any* water in the plastic bottle. / *There is no* water in the plastic bottle.
- 火星人はいないと思う. I *don't* think Martians *exist*. (▶「…でないと思う」は, ふつう「…だとは思わない」の形で think を否定する)

❷〔所有していない〕**do not have any** …, **have no** …

- ぼくはお金を持っていない. I *don't have any* money. / I *have no* money. (▶ not any のほうが no より意味が強い)
- あしたは学校がない.
 We *have no* school tomorrow.

> **ここが ポイント!** **no** +〈数えられる名詞〉
> no の後に数えられる名詞が続くとき, ふつう1つしかないものの場合には単数形を, 複数あると考えられる場合には複数形を使います. また,「きょうだい」のようにどちらもありえるときは, ふつう複数形を使います.

…ない

❶ …ではない	be not …
❷ …しない	do not+〈動詞の原形〉, will not+〈動詞の原形〉
❸ …できない	cannot+〈動詞の原形〉

❶〔…ではない〕**be not** …

- これはうちの猫(ねこ)じゃない.
 This *is not* our cat.
- テストは難しくなかった.
 The tests *were not* difficult.

❷〔…しない〕**do not**+〈動詞の原形〉, **will not**+〈動詞の原形〉

- ぼくは野球はしない. I *don't* play baseball.

490　four hundred and ninety

（►don'tはdo notの短縮形）

• 彼女は同じ間違(誌)いをしない.
She *doesn't* make the same mistakes twice.（►doesn'tはdoes notの短縮形）

• あしたは外出しない.
I *will not* go out tomorrow.

❸〔…できない〕**cannot**+〈動詞の原形〉[キャナット]

• 私はうまく歌えない.
I *can't* sing well.（►can'tはcannotの短縮形）

• 彼は勉強に集中できない.
He *can't* concentrate on his studies.

ナイーブな〔ナイーブな〕(せんさいな)**delicate**[デリケット]；(精神的に敏感(然)な)**sensitive**[センスィティヴ]（►英語のnaiveは「世間知らず」,意味が違(然)うので注意)

ないか〔内科〕**internal medicine**[インターヌル メダスィン]

∥内科医 a physician

…ないか¹〔…(し)ないか〕➡…ませんか
…ないか²〔…(では)ないか〕➡…ありませんか

ないがい〔内外で〕(国の)**both at home and abroad**[ボウス][ホウム][アブロード]

ないかく〔内閣〕**a cabinet**[キャビニット]（►しばしばthe Cabinetの形で用いる）

• 伊藤内閣 the Ito *Cabinet*

∥内閣総理大臣 the Prime Minister

ナイジェリア Nigeria[ナイヂ(ァ)リア]

ないしょ〔内緒〕(a)**secret**[スィークリット]

• このことはみんなには内緒だよ.
Keep this *secret* from everybody.

━内緒の **secret**

━内緒で **secretly, in secret**

• ユミは内緒で姉のケーキを食べた.
Yumi *secretly* ate her sister's cake.

∥内緒話 a private talk [conversation]

ないしん〔内心では〕**inside**[インサイド], **at heart**[ハート]

• 私は内心では緊張していた.
I was nervous *inside*.

ないしんしょ〔内申書〕**a report card**[リポート カード]

• 内申書があまりよくなかった.
My *report card* was not very good.

ナイス nice[ナイス], **good**[グッド]

∥ナイスキャッチ a nice [good] catch
∥ナイスショット a good [nice] shot（►goodのほうが一般的）

ないせん〔内戦〕**a civil war**[スィヴァル ウォー]

ないぞう〔内臓〕**internal organs**[インターヌル オーガンズ]

ナイター a night game[ナイト ゲイム]（►「ナイタ

ー」は和製英語）

…ないで〔…(し)ないで〕**without**+〈-ing形〉[ウィザウト]

• 彼はさようならも言わないで行ってしまった.
He left *without* saying goodbye.

ナイトゲーム a night game[ナイト ゲイム]

ナイフ a knife[ナイフ]（複 **knives**[ナイヴズ]）

• このナイフはよく切れない.
This *knife* is not sharp.

• その国ではナイフとフォークで食事をしない.
They don't eat with a *knife* and fork in that country.（►ナイフとフォークで1セットと考えるので, aはknifeの前にのみみつける）

ないぶ〔内部〕(内側)(**the**)**inside**[インサイド]（⇔外部(**the**)**outside**）➡**なか¹ ❶**

━内部の[で] **inside**[インサイド]（⇔外部の[で] **outside**）

ないめん〔内面〕**inner**[イナァ]

ないや〔内野〕『野球』**the infield**[インフィールド]（⇔外野 the outfield）

∥内野安打 an infield hit
∥内野ゴロ an infield grounder
∥内野手 an infielder
∥内野スタンド the (infield) stands [bleachers]: 打球が内野スタンドに入った.
The ball went into *the infield stands [bleachers]*.
∥内野席 the infield bleachers: 内野席で野球の試合を見た. We watched the baseball game from *the infield bleachers*.
∥内野フライ an infield fly ball

ないよう〔内容〕(書物などの趣旨(亡))**content**[カンテント]；(具体的な項目(詫)・中身)**contents**[カンテンツ]（⇔形式 (a) form）

• その本の内容 the *content(s)* of the book

ナイロン nylon[ナイラン]

ナイン『野球』**the nine**[ナイン]

なえ〔苗〕**a seedling**[スィードゥリング]；(苗木)**a sapling**[サプリング]

• いねの苗を植えた.
We planted rice *seedlings*.

∥苗床(望) a seedbed

なお(まだ, 依然(沿)として)**still**[スティル]；(さらに, いっそう)**much**[マッチ]（►比較(沿)級を修飾(腔)する）

• 試合は今もなお続いている.
The game is *still* going on.

• なおいっそうがんばります.
I'll work *much* harder.

なおさら all the more[モァ]

• なおさらその映画が見たくなった.
I wanted to see the movie *all the more*.

なおす¹【直す】

❶ 修理する 《話》fix;
(複雑なものを)repair;
(簡単なものを)mend
❷ 訂正(ﾃｲｾｲ)する correct;
(悪い習慣などを)break
❸ 翻訳する translate

❶〔修理する〕《話》fix[フィックス];(複雑なものを)repair[リペァ];(簡単なものを)mend[メンド]
・父が自転車を直してくれた.
My father *fixed* my bicycle.
・パソコンを直してもらった. I had the PC *repaired*. (▶have+〈人・物〉+〈過去分詞〉は「〈人・物〉を…してもらう」の意)
・母が私の破れたドレスを直してくれた.
My mother *mended* my torn dress.

❷〔訂正する〕correct[カレクト];(悪い習慣などを)break[ブレイク]
・母は私の間違(ﾏﾁｶﾞ)いを直した.
My mother *corrected* my mistakes.
・寝坊(ﾈﾎﾞｳ)の習慣を直さないと.
I have to *break* [*get rid of*] the habit of oversleeping.

❸〔翻訳する〕translate[トゥランスレイト]
・この文を英語に直してください.
Please *translate* [*put*] this sentence *into* English.

なおす²【治す】

(病気・患者(ｶﾝｼﾞｬ)を)cure[キュァ];(けが・傷を)heal[ヒール];(治療(ﾁﾘｮｳ)する)treat[トゥリート]

〈人〉の〈病気〉を治す
cure+〈人〉+of+〈病気〉

・その薬が父の病気を治してくれた. The medicine *cured* my father *of* his illness.
・脚(ｱｼ)の傷を治すのに1か月かかった. It took a month for my injured leg to *heal*.
・がんを治す新薬を発明したい. I want to invent a new drug to *treat* cancer.

なおる¹【直る】

❶ 修理される
《話》be fixed;
(複雑なものが)be repaired;
(簡単なものが)be mended
❷ 癖(ｸｾ)が
break, get rid of …

❶〔修理される〕《話》be fixed[フィックスト];(複雑なものが)be repaired[リペァド];(簡単なものが)be mended[メンディド]
・パソコンは1週間で直ります. The PC will *be fixed* [*repaired*] in a week.

❷〔癖が〕break[ブレイク], get rid of …[リッド]
・夜ふかしの習慣が直らない. I can't *break* [*get rid of*] the habit of staying up late.

なおる²【治る】

(元気になる)get well[ウェル];(回復する)recover (from …)[リカヴァ], get over …[ゲット];(傷が)heal[ヒール]
・病気はもうすっかり治った. I've completely *recovered from* my illness. / I've completely *gotten over* my illness.
・「風邪(ｶｾﾞ)はどう?」「おかげさまで, だんだん治ってきています」"How's your cold?" "It's *getting better*. Thank you."

なか¹【中】

❶ 内部 (the) inside
❷ …のうちで among …; of …; in …

❶〔内部〕(the) inside[インサイド](⇔外 (the) outside)
・建物の中は暗かった.
The *inside* of the building was dark.
─…の中に in …, inside …
・箱の中に古い本がたくさん入っていた.
There were many old books *in* the box.
・中に入って. Come *in* [*inside*]. (▶このin, insideは副詞)
─…の中へ into …
・私たちはトンネルの中へ入った.
We went *into* the tunnel.
─…の中から out of …
・彼はかばんの中から写真を何枚か取り出した.
He took some photos *out of* his bag.
─…の中を (通り抜(ﾇ)けて)through …[スルー]
・すりは人ごみの中を走り去った.
The pickpocket ran away *through* the crowd.

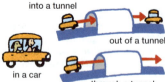

into a tunnel
out of a tunnel
in a car
through a tunnel

❷〔…のうちで〕among …[アマング]; of …[アヴ]; in …[イン]
・彼は生徒の中で人気がある.

He is popular *among* students.
- ケンは3人の中でいちばん背が高い.
Ken is the tallest *of* the three.
- タオは家族の中でいちばん若い.
Tao is the youngest *in* her family.

くらべてみよう! amongとofとin

among: 後に名詞の複数形がきます.
- 私の兄弟の中で *among* my brothers
of: 後に数詞または名詞の複数形がきます.
- その4人の中で *of* the four
in: 後に集合体や場所を表す名詞の単数形がきます.
- クラスの中で *in* the class

なか²【仲がいい】

be good friends[グッド フレンヅ], **be on good terms**(**with ...**)[タームズ]➡なかよく
- アキとユミは仲がいい.
Aki and Yumi *are good friends*.
- うちの家族は仲がいい.
We are a *close* family.
- 二人は仲が悪い. The two don't *get along with* each other.

ながい【長い】

long[ローング](⇔短い short)
- 彼女は髪(^{かみ})が長い. She has *long* hair.
- もっと長い間いたかった.
I wanted to stay *longer*.
- 長い間会わなかったね.
I haven't seen you for a *long* time.

ながいき【長生きする】**live long**[リヴ ローング]
- ペットの犬には長生きしてほしい.
I want my pet dog to *live long*.

ながいす【長椅子】(ベンチ)**a bench**[ベンチ], (ソファー)**a couch**[カウチ]

ながいも【長芋】**a Chinese yam**[チャイニーズ ヤム]

ながく【長く】**long**[ローング]
- このごろ日が長くなってきた.
The days are getting *longer* these days.
- スカートをあと2センチ長くしたい. I want to make the skirt two centimeters *longer*.

ながぐつ【長靴】(ゴムの)**a rubber boot**[ラバァ ブート]➡くつ図; (雨靴)**a rain boot**[レイン](►いずれもふつう複数形で用いる)

なかごろ【中頃】**about the middle**(**of ...**)[アバウト][ミドゥル]
- 11月の中ごろ(に)
about the middle of November

ながさ【長さ】**length**[レングス]

- 「この橋の長さはどれくらいですか」「800mです」"How *long* is this bridge?" "It's 800 meters in *length*." / It's 800 meters *long*.
- ―…の長さがある ... long

ながし【流し】**a**(**kitchen**)**sink**[(キッチン)スィンク]

ながす【流す】(押し流す)**wash away**[ワッシュ アウェィ]; (涙(^{なみだ})などを)**shed**[シェッド]; (トイレで)**flush**[フラッシュ]; (うわさを)**spread**[スプレッド]
- 橋は洪水(^{こうずい})で流された. The bridge was *washed away* by a flood.
- 少女は涙を流した. The girl *shed* tears.

なかせる【泣かせる】(感動で)**move ... to tears**[ムーヴ][ティァズ]; (意地悪などをして)**make ... cry**[クライ]
- その役者の演技が泣かせた. The actor's performance *moved* us *to tears*.
- あれは泣かせる映画だったね. That was a *touching* [*moving*] story, wasn't it?

ながそで【長袖の】**long-sleeved**[ロング スリーヴド]
- 私はヒロが着ている長袖シャツが好きです.
I like the *long-sleeved* shirt that Hiro is wearing.

…なかった【…(し)なかった】**did not**+〈動詞の原形〉(►過去形で表す)
- 彼は時間どおりに来なかった.
He *didn't* come on time.

…なかったら【…がなかったら】**without ...**[ウィザウト]
- 君のアシストがなかったら, シュートを決められなかったよ. I could not have scored a goal *without* your assist.

ながつづき【長続きする】**last long**[ラスト ローング]
- ぼくの幸運は長続きしなかった.
My luck didn't *last long*.

ながでんわ【長電話する】**talk long on the phone**[トーク ローング][フォウン]
- 姉はいつも長電話する. My sister always *talks long on the phone*.

なかなおり【仲直りする】**make up**(**with ...**), **be**[**become**]**friends again**[フレンヅ アゲン]
- アユとミキはその日のうちに仲直りした.
Ayu and Miki *made up with* each other within the day.
- 仲直りしよう. Let's *be friends again*.

なかなか

❶かなり　　　　**very, pretty, quite**
❷なかなか…ない
(容易には…ない)**not easily**; (どうしても…ない)**will not**+〈動詞の原形〉;
(長い間…しない)**not ... for a long time**

four hundred and ninety-three

なかにわ

❶[かなり]**very**[ヴェリィ], **pretty**[プリティ], **quite**[クワイト]
- その本はなかなかおもしろい.
The book is *very* interesting.
- なかなかいいね！ *Pretty* good! / Not bad!
- 兄はなかなかのスポーツマンだ.
My brother is *quite* an athlete.

❷[なかなか…ない]（容易には…ない）**not easily**[イーズィリィ];（どうしても…ない）**will not**＋〈動詞の原形〉;（長い間…しない）**not ... for a long time**[ローング タイム]
- 彼はこのコンピュータをなかなかうまく使えない. He ca*n't* use this computer *easily*.
- びんのふたがなかなか取れない.
The cap of the bottle *won't* come off.
- バスはなかなか来なかった.
The bus did *not* come *for a long time*.
- 朝なかなか起きられない. It's *hard* for me to get up in the morning.

なかにわ[中庭]**a courtyard**[コートゥヤード], **a court**[コート]
ながねぎ[長ねぎ]**a leek**[リーク]
なかば[半ば]（半分）**half**[ハーフ];（中ごろ）**the middle**[ミドゥル]
- 宿題は半ばすんだ.
My homework is *half* done.
- 8月半ばに in *the middle* of August
- 父は40代半ばだ.
My father is in his *mid*-forties.

ながびく[長引く]（延長される）**be prolonged**[プラローングド];（時間がかかる）**take a long time**[ローング タイム]
- その試合は雨のために長引いた.
The game *was prolonged* due to rain.

なかま[仲間]

（友人）**a friend**[フレンド];（いっしょに行動する）**company**[カンパニィ];（集団）**a group**[グループ]
- 彼女は塾(じゅく)の仲間だ.
She is a *friend* of mine from *juku*［cram school］.
- 彼は悪い仲間と付き合っているんだって.
I hear that he runs with a bad *crowd*.
- 仲間に入らない？ Will you *join* us?
仲間外れ: 彼はクラスで仲間外れにされていた.
He was always *left out* in the class.
仲間割れ a split

なかみ[中身]**contents**[カンテンツ]
- スーツケースの中身は何ですか.
What are the *contents* of your suitcase?
ながめ[眺め]**a view**[ヴュー]
- このビルからの眺めはすばらしい. The *view*

from this building is wonderful.
ながめる[眺める]**look**[ルック];（動いているものを）**watch**[ワッチ]
- 彼女は時々窓から外を眺めた. She sometimes *looked* out of the window.
ながもち[長持ちする]（続く）**last long**[ラスト ローング];（食品が）**keep for a long time**[キープ][ローング タイム]
- このバッテリーは長持ちする.
This battery *lasts long*.
- 野菜は冷蔵庫に入れておけば長持ちする.
Vegetables *keep for a long time* in the refrigerator.
なかゆび[中指]（手の）**the middle finger**[ミドゥル フィンガァ];（足の）**the third toe**[サード トウ]→ゆび 図

なかよく[仲良く]

happily[ハッピリィ]
━**仲良くする get along well**（**with ...**）[ウェル]→なか²
- 私たちはブラジルから来た生徒と仲良くしている. We *get along well with* the student from Brazil.
- 彼らはすぐに仲良くなった.
They soon *became*［*made*］*friends*（*with each other*）.
- これから仲良くしてください.
Please *be nice* to me.
なかよし[仲良し]**a good friend**[グッド フレンド]→なか²
- ユリとは小学校からの仲良しだ.
Yuri and I have been *good friends* since elementary school.

…ながら

| ❶…する間に | while ..., as ... |
| ❷…だけれども | though ..., although ... |

❶[…する間に]**while ...**[(ホ)ワイル], **as ...**[アズ]
- 彼らはテレビを見ながら夕食を食べた.
They ate dinner *while* watching TV.
- 私たちは歩きながらたくさんおしゃべりをした. We talked a lot *as* we walked along.
❷[…だけれども]**though ...**[ゾウ], **although ...**[オールゾウ]
- 彼は答えを知っていながら言わなかった.
He didn't say the answer *although* he knew it.
- 残念ながらお役に立てません.
I'm sorry, *but* I can't help you.
ながれ[流れ]**a flow**[フロウ]（▶複数形では用いな

い)，**a stream**［ストゥリーム］
- 水の流れ the *flow*［*stream*］of water
- そのホームランで試合の流れが変わった．
 The home run changed the *flow* of the game.
- 時の流れ the *passage* of time

ながれぼし【流れ星】**a shooting star**［シューティング スター］

ながれる【流れる】

❶水などが	run, flow
❷時が	go by, pass
❸中止になる	be called off

❶〔水などが〕**run**［ラン］, **flow**［フロゥ］
- 江戸川は東京の東部を流れている．
 The Edo River *runs*［*flows*］through the eastern part of Tokyo.

❷〔時が〕**go by**［ゴゥ バイ］, **pass**［パス］
- 時の流れるのははやい．
 Time *goes by* quickly.

❸〔中止になる〕**be called off**［コールド オーフ］
- 試合は嵐のため流れた．
 The game *was called off* because of the storm.

なぎ【凪】**a calm**［カーム］
なきがお【泣き顔】**a crying face**［クライイング フェイス］
なきごえ【泣き声，鳴き声】（人・動物などの）**a cry**［クライ］；（鳥・虫などの）**a song**［ソーング］
- 赤ちゃんの泣き声が聞こえる．
 I hear a baby's *cry*. / I hear a baby *crying*.

＝表＝現＝メ＝モ＝
動物の鳴き声のいろいろ

なきごと【泣き言を言う】**complain**［カンプレイン］
- 今さら泣き言を言っても無駄だ．
 It's no use *complaining* now.

なきむし【泣き虫】**a crybaby**［クライベイビィ］

なく¹【泣く】

cry［クライ］；（涙を流す）**weep**［ウィープ］；（すすり泣く）**sob (out)**［サッブ（アウト）］

cry　weep　sob

- 赤ちゃんはミルクがほしくて泣いている．
 The baby is *crying for* its milk.
- 痛くて泣いた．I *cried* with［from the］pain.
- 私たちはうれし泣きした．
 We *cried*［*wept*］for joy.
- 泣きたい気分だった．I felt like *crying*.

なく²【鳴く】

（鳥・虫が）**sing**［スィング］, **chirp**［チャープ］（▶具体的な鳴き声を表すときは動物によって異なる動詞を用いる）
- 鳥が鳴いている．The birds are *singing*.

＝表＝現＝メ＝モ＝
動物によって異なる「…が鳴く」の言い方
（あひるが）quack /（牛が）moo
（馬が）whinny, neigh /（かえるが）croak
（小鳥，虫が）chirp /（猿が）chatter
（鶏が）（おんどり）crow;（めんどり）cluck
（猫が）meow /（ねずみが）squeak
（はとが）coo /（羊が）bleat /（豚が）oink

なぐさめ【慰め】
- 彼女に慰めの言葉をかけようとした．
 I tried to say something to *comfort* her.

なぐさめる【慰める】**comfort**［カムファト］；（元気づ

なくす

け(ける) **cheer up** [チア アップ]
- ケンは友人を慰めた.
  Ken *comforted* his friend.

なくす【無くす, 亡くす】**lose** [ルーズ] → うしなう
- ぼくはどこかで眼鏡をなくしてしまった.
  I've *lost* my glasses somewhere.
- 彼女は先月おじいさんを亡くした.
  She *lost* her grandfather last month.

…なくて(…ではなくて〜) **not ... but 〜**
- いるかは魚ではなくてほ乳動物だ.
  A dolphin is *not* a fish *but* a mammal.

なくてはならない essential [イセンシャル], **vital** [ヴァイトゥル]

…なくてもいい[よい]【…(し)なくてもいい[よい]】→ …いい ❸

なくなる¹【無くなる】

❶ 紛失(ふんしつ)する
　　lose;
　　(見当たらない) **be missing**;
　　(消失する) **be gone**
❷ 尽(つ)きる **run out**(**of …**)

❶ [紛失する] **lose** [ルーズ]; (見当たらない) **be missing** [ミスィング]; (消失する) **be gone** [ゴン]
- 財布(さいふ)がなくなっちゃった！ I have *lost* my wallet! / My wallet *is missing*!
- 席に戻(もど)ると, かばんがなくなっていた.
  When I came back to my seat, my bag *was gone*.

❷ [尽きる] **run out**(**of …**) [ラン アウト]
- 時間がなくなってしまった.
  Time has *run out*. / I've *run out of* time.

なくなる²【亡くなる】**die** [ダイ], **pass away** [パス アウェイ] → しぬ くらべて!
- その俳優は去年亡くなった.
  The actor *passed away* last year.

なぐる【殴る】**hit** [ヒット]; (殴り倒(たお)す) **knock down** [ナック ダウン]; (平手で) **slap** [スラップ]
- 強盗(ごうとう)は私の頭を殴った. The robber *hit* me *on* the head.(▶ on my head は×)
- ボクサーは対戦相手を殴り倒した. The boxer *knocked* his [her] opponent *down*.

なげく【嘆く】**be sad** [サッド], **cry over …** [クライ]; (嘆き悲しむ) **grieve** [グリーヴ]
- 彼女は飼い犬の死を嘆いた.
  She *cried over* the death of her pet dog.

なげだす【投げ出す】(仕事などを) **give up …** [ギヴ アップ]
- 途中(とちゅう)で投げ出したらプロのサッカー選手にはなれないよ.
  You'll never become a professional soccer player if you *give up* half way.

なげる【投げる】
throw [スロウ], **pitch** [ピッチ]; (軽く) **toss** [トース]

〈人・物〉に〈物〉を投げる
throw ＋〈人・物〉＋〈物〉/
throw ＋〈物〉＋ to ＋〈人・物〉
- マリははとにパンくずを投げた. Mari *threw* the pigeons bread crumbs. / Mari *threw* bread crumbs *to* the pigeons.

〈人・物〉目がけて〈物〉を投げる
throw ＋〈物〉＋ at ＋〈人・物〉
- 彼女は私に野球のボールを投げた.
  She *threw* a baseball *at* me.

…なければ(…がなければ) **without …** [ウィザウト]; (もし…しなければ) **if ... not**, **unless …** [アンレス]
- 私たちは水がなければ生きていけない.
  We can't live *without* water.
- 一生懸命(いっしょうけんめい)勉強しなければ, 試験に落ちるよ.
  If you *don't* study hard, you will fail the exam. / *Unless* you study hard, you will fail the exam.

…なければならない【…(し)なければならない】→ …ならない ❶

なこうど【仲人】**a go-between** [ゴウビトゥウィーン], **matchmaker** [マッチメイカァ]

なごむ feel at ease [フィール][イーズ], **relax** [リラックス]
- 私たちは音楽を聞いてなごんだ. We *felt at ease* while listening to the music.

なごやか【和やかな】**friendly** [フレンドゥリィ]
- 和やかな雰囲気(ふんいき)の会合
  a *friendly* meeting

ナサ NASA(アメリカ航空宇宙局: National Aeronautics and Space Administration の略)

米国・フロリダ州にある NASA の宇宙センター

…なさい【…(し)なさい】(▶ 主語(you)を省略して, 動詞の原形で始める命令文の形をとる)
- 静かにしなさい. *Be* quiet.
- もっと大きな声で話しなさい.

Speak louder [*up*].

なさけ〖情け〗(哀れみ) **pity**[ピティ]; (親切) **kindness**[カインドゥニス]
- 情け深い **kind**

なさけない〖情けない〗(惨めな) **miserable**[ミザラブル]; (恥ずかしい) **shameful**[シェイムフル]
- 情けない気持ちになった. I felt *miserable*.
- カンニングをしたなんて情けない.
  It's *shameful* of you to cheat.

なし〖植物〗**a pear**[ペア]

…なしで without …[ウィザウト]
- 彼女はすべて電卓なしで計算した.
  She calculated everything *without* a calculator.

なしとげる〖成し遂げる〗**accomplish**[アカンプリッシュ], **achieve**[アチーヴ]

なじむ(慣れる) **get used to …**[ユーストゥ]→ なれる❶; (服などが) **fit**[フィット]
- マキは新しい環境になじんできている.
  Maki is *getting used to* the new environment.
- ジーンズが体になじんできた.
  The jeans got to *fit* me better.

なす an eggplant[エッグプラント]

なすりつける(汚す) **smear**[スメア]; (…のせいにする) **put the blame on …**[プット][ブレイム]
- 彼は私に責任をなすりつけた.
  He *put the blame on* me.

なぜ

why[(ホ)ワイ], **how come?**[ハウ カム]; (何のために)(話) **what … for?**[(ホ)ワット]→ どうして

> 話してみよう!
> 😊 きのうはなぜ学校を休んだの?
> *Why* were you absent from school yesterday?
> 😊 病気で寝ていたんだよ.
> Because I was sick in bed.

- 「そのパンを食べちゃ駄目よ」「なぜ?」"You mustn't eat the bread." "*Why not?*"(▶否定文に対して「なぜ駄目なの?」とその理由をたずねる場合は, not が必要)
- 彼がなぜうそをついたのかわからない.
  I don't know *why* he told a lie.
- なぜだかわからないけどきょうは出かけたくない. I don't know *why*, but I don't want to go out today.

なぜか somehow[サムハウ], **for some reason**[リーズン]
- なぜか眠れなかった.
  Somehow I couldn't sleep.

なぜなら

because …[ビコーズ]
- このPCはよく売れている. なぜなら持ち運びしやすいから. This PC sells well *because* it is easy to carry.

なぞ(なぞなぞ) **a riddle**[リドゥル]; (不思議なこと) **a mystery**[ミスタリィ]
- このなぞ(なぞ)が解ける?
  Can you solve this *riddle*?
- 宇宙はいまだになぞだらけだ.
  The universe is still full of *mystery*.
- なぞの **mysterious**[ミスティ(ア)リアス]

なぞる trace[トゥレイス]

なた a hatchet[ハチット]

なだかい〖名高い〗**famous**[フェイマス], **well-known**[ウェルノウン]; (悪名高い) **notorious**[ノウトーリアス]

なだめる(落ち着かせる) **soothe**[スーズ], **calm (down)**[カーム(ダウン)]
- キャプテンは腹を立てた選手たちをなだめた.
  The captain *calmed* the angry players.

なだらか〖なだらかな〗**gentle**[ヂェントゥル]
- なだらかな坂 a *gentle* slope

なだれ〖雪崩〗**a snowslide**[スノウスライド], **an avalanche**[アヴァランチ]

「なだれに注意」の標識

ナチュラル〖ナチュラルな〗**natural**[ナチャラル]
- ナチュラルメイク *natural* makeup

なつ〖夏〗

(a) **summer**[サマァ]→ はる¹
- 東京の夏はひどく暑い. In Tokyo it's awfully hot in (the) *summer*.
- 今年[去年]の夏は雨が多かった.
  We had a lot of rain this [last] *summer*.

夏風邪 (a) **summer cold**
夏時間 ⊛ **daylight saving time**, ⊛ **summer time**(▶夏の間, 日照時間を有効に利用するため標準時間を1時間進める制度)
夏ばて: 夏ばてだ. I'm *suffering from the summer heat*.
夏服 **summer clothes**; (制服) **summer**

なつかしい

uniform
夏ミカン a *natsumikan* fruit
夏やせ：夏やせした． I *lost weight in the summer*.

なつかしい【懐かしい】
- この写真は懐かしい．
This photo *brings back memories*.
- マリは日本の家族が懐かしい．
Mari *misses* her family in Japan.（▶miss は「…がいなくて寂（<ruby>寂<rt>さび</rt></ruby>）しく思う」の意）

なつく be attached to …［アタッチト］
- うちの子猫（<ruby>猫<rt>こ</rt></ruby>）は母になついている．
Our kitten *is attached to* my mother.

なづける【名付ける】name［ネイム］
- 彼はその犬をバディと名付けた．
He *named* the dog Buddy.
- 彼は父の名にちなんでナオと名付けられた．
He was *named* Nao after his father.

ナッツ（木の実）a nut［ナット］

…なっている【…（することに）なっている】→ …ことになっている

なってない（とても悪い）very bad［バッド］
- コーチはぼくのシュートがなってないと言った．
The coach told me that my shot was *very bad*.

なっとう【納豆】natto; fermented soybeans［ファメンティド ソイビーンズ］（▶「発酵（<ruby>発酵<rt>はっこう</rt></ruby>）させた大豆」の意）

なっとく【納得する】be convinced（that … /of …）［カンヴィンスト］, be satisfied（with …）［サティスファイド］
- 自分の結果に納得している．
I *am satisfied with* my results.

なつやすみ【夏休み】⑧(the) summer vacation［サマァ ヴァケイション］, ⑨(the) summer holiday(s)［ハラディ（ズ）］→ 年中行事［口絵］
- 夏休みに自転車旅行をした． I took a bicycle trip during *the summer vacation*.

なでしこ【植物】a pink［ピンク］

なでる（さする）stroke［ストゥロウク］；（軽くたたくようにして）pat［パット］；rub［ラブ］
- ケンは子犬の頭をなでた．
Ken *patted* his puppy's head.
- 彼はレースの後，ひざをなでた．
He *rubbed* his knee after the race.

…など and so on；（人をさすとき）and others［アザァズ］；（…などの）such as …［サッチ アズ］
- 私たちは庭にチューリップ，カーネーションなどを植えた． In our garden we planted tulips, carnations, *and so on*.
- 祖母はチョコレートやクッキーなどのお菓子をくれた． Our grandmother gave us sweets

such as chocolates and cookies.

ナトリウム【化学】sodium［ソウディアム］（▶「ナトリウム」はドイツ語から）

なな【七（の）】seven［セヴン］→ さん¹
- 妹は7歳（<ruby>歳<rt>さい</rt></ruby>）です．
My sister is *seven*（years old）.
- 七色の虹（<ruby>虹<rt>にじ</rt></ruby>） a *seven*-colored rainbow
- **━第七（の）** the seventh［セヴンス］（▶7thと略す）

ななじゅう【七十（の）】seventy［セヴンティ］→ さん¹
- (19)70年代 the（nineteen）*seventies*
- **━第七十（の）** the seventieth［セヴンティイス］（▶70thと略す）

ななつ【七つ（の）】seven［セヴン］→ なな

ななめ【斜めの】diagonal［ダイア ガヌル］, slanted［スランティド］
- 斜めの線を引いた． I drew a *diagonal* line.
- **━斜めに** diagonally
- 道路を斜めに渡（<ruby>渡<rt>わた</rt></ruby>）ってはいけません．
Don't go *diagonally* across the road.

なに【何】

what［(ホ)ワット］→ なん…
- 夕飯に何を食べたいですか．
What do you want to eat for dinner?
- ここで何やってるの？
What are you doing here?
- 動物は何がいちばん好きですか．
What animal do you like best?
- 何が起こったの？ *What* happened?
- 「ひもがいるな」「何に使うの？」
"I need a string." "*What*（is it）for?"
- 日記に何を書いたらいいかわからない．
I don't know *what* to write in my diary.

なにか【何か】

（肯定文で）something［サムスィング］；（疑問文・if［whether］を含む文で）anything［エニィスィング］
- 君の机の上に何かあるよ．
There is *something* on your desk.
- 何か食べ物をくださいませんか． Would you give me *something* to eat?（▶肯定の答えを期待している場合や，人にものを勧（<ruby>勧<rt>すす</rt></ruby>）める場合は，疑問文中でもsomethingを使う）
- コーヒーか何か飲みませんか．
Would you like coffee or *something*?
- 何かほしいものがあったら言ってね．
Let me know if you want *anything*.
- 丘（<ruby>丘<rt>おか</rt></ruby>）の上に何か見えますか． Can you see *anything* on the top of the hill?
- 何かコメントはありますか？
Are there *any* comments?

498　four hundred and ninety-eight

なまける

なにがなんでも【何が何でも】**no matter what**[マタァ（ホ）ワット], **at any cost**[エニィ コスト]→どうしても
- 何が何でも勝たなきゃいけない．
 We must win *no matter what*. / We must win *at any cost*.

なにげない【何げない】**casual**[キャジュアル]
- 私たちは何げない会話をした．
 We had a *casual* conversation.
━**何げなく casually, in a casual way**

なにしろ anyway[エニィウェイ]→とにかく

なにも【何も…ない】**not ... anything**[エニィスィング], **nothing**[ナッスィング]
- けさは何も食べていない．
 I did*n't* eat *anything* this morning.
- きょうは何もおもしろいことがなかった．
 There was *nothing* exciting today.（▶nothing＋〈形容詞〉の語順に注意）

なにもかも【何もかも】**everything**[エヴリスィング]；（何もかも…ない）**nothing**[ナッスィング]
- ホームステイの体験は何もかもすばらしかった．*Everything* I experienced during my homestay was wonderful.

なにより〈形容詞・副詞の比較級〉＋**than anything else**[エニィスィング エルス]
- 愛情はなにより大切だ．Love is *more* important *than anything else*.
- お役に立ててなによりです．
 Happy [Glad] to be of help.

なのか【七日】(the) **seventh**[セヴンス]
- 7日目 *the seventh* day
- 7日間 for *seven* days

…なので→…ので，だから

…なのに→…のに❶，けれども

ナプキン（食卓用）**a napkin**[ナプキン]；（生理用）**a sanitary napkin**[サナテリィ]

なふだ【名札】**a name card**[ネイム カード], **a nameplate**[ネイムプレイト]

なべ（浅めで片柄の）**a pan**[パン]；（深めで両柄の）**a pot**[パット]
- 今夜はなべ（料理）だ．
 We are having a one-*pot* dish（cooked at the table）tonight.

なま【生の】

❶加熱していない	**raw, uncooked**；
	（新鮮な）**fresh**
❷実況の	**live**

❶[加熱していない]**raw**[ロー], **uncooked**[アンクックト]；（新鮮な）**fresh**[フレッシ]
- 生の魚 *raw* fish

❷[実況の]**live**[ライヴ]
- 生のコンサートを見に行った．
 We went to see a *live* concert.

| 生演奏 a live performance |
| 生傷 a fresh wound |
| 生クリーム fresh cream |
| 生ごみ garbage |
| 生卵 a raw egg |
| 生中継 a live broadcast, a live stream |
| 生チョコレート fresh creamy chocolate |
| 生煮えの half-cooked |
| 生ハム raw ham |
| 生ビール draft beer |
| 生放送 a live broadcast |
| 生水 unboiled water |
| 生野菜 fresh vegetables |

なまいき【生意気な】**cheeky**[チーキィ]
- その男の子は生意気だ．That boy is *cheeky*.

なまえ【名前】

a name[ネイム]
- そのゲームの名前は何ですか．
 What is the *name* of that game? / What *is* that game *called*?
- ココという名前の犬 a dog *named* Koko

話してみよう！
☺お名前を教えていただけますか．
 May I ask [have] your *name*, please?
☻森田コウジです．
 My *name* is Koji Morita.

ここがポイント！ 名前のたずね方
What's your name?はふつう目下に対して使う言い方です．場合によっては失礼な感じを与えるので，初対面の人にはMay I ask [have] your name? が適切です．また，Who are you? は「おまえはだれなんだ」と問いただす調子になるので，名前を聞くときには使わないようにしましょう．

ここがポイント！ 名前の順序
英語圏の人の名前はMary Whiteのように「名（first name）」「姓（family [last] name）」の順になります．日本人の名前は，例えば「田中ユミ」はYumi Tanakaとすることも，Tanaka Yumiとすることもできます．

━**名前を付ける name**→なづける

なまぐさい【生臭い】**fishy**[フィッシィ]

なまける【怠ける】（する意欲がなくて）**be lazy**[レ

four hundred and ninety-nine 499

イズィ］；（当然すべきことをしない）**neglect**[ニグレクト]

- だんだん怠けるようになってきた.
  I'm getting *lazy*.
- ナオはきょう部屋を掃除(ಓ)するのを怠けた.
  Nao *neglected* to clean his room today.
- **怠け者 a lazy person**

なまこ a sea cucumber[スィー キューカンバァ]

なまず【魚】a catfish[キャットフィッシュ]（複 catfish）

なまぬるい【生ぬるい】lukewarm[ルークウォーム]

なまり¹ an accent[アクセント]；（方言）a dialect[ダイアレクト]
- ロビンは英語なまりの日本語を話す. Robin speaks Japanese with an English *accent*.

なまり²【鉛】lead[レッド]（★発音注意）

なみ¹【波】a wave[ウェイヴ]；（さざ波）a ripple[リップル]
- 波が岸に打ち寄せていた. The *waves* were beating against the shore.
- 波に乗ろう！Let's catch a *wave*!

なみ²【並み】（平均）the average[アヴ(ァ)リッヂ]

なみき【並木】a row of trees[ロウ][トゥリーズ]
| **並木道 a tree-lined street [road]**；（大通り）**an avenue**

なみだ【涙】

a tear[ティァ]（▶ふつう複数形で用いる）
- うれし涙 *tears* of joy
- 彼女は涙を流した. She shed *tears*.
- 涙が出そうだった. I was close to *tears*.
- 涙をふきなさい. Dry [Wipe] your *tears*.
- 私は涙をこらえた. I fought back my *tears*.
- ヒロの目は涙でいっぱいになった.
  Hiro's eyes filled with *tears*.

なみだぐましい【涙ぐましい】painful[ペインフル]
- 涙ぐましい努力 *painful* efforts

なみだぐむ【涙ぐむ】be moved to tears[ムーヴド][ティァズ]
- 景色がとてもきれいで涙ぐんだ. The view was so beautiful that I *was moved to tears*.

なみだもろい【涙もろい】cry easily[クライ イーズィリィ]
- ヨウコは涙もろい. Yoko *cries easily*.

なめくじ【動物】a slug[スラッグ]

なめらか【滑らかな】smooth[スムーズ]（★発音注意）
（⇔ざらざらの rough）
- この布は滑らかだ. This cloth feels *smooth*.
- **滑らかに smoothly**

なめる

（ぺろりと）lick[リック]；（しゃぶる）suck[サック]；
（液体を）lap（up）[ラップ]

- 彼は唇(ᓊ)をなめた. He *licked* his lips.
- 男の子はあめをなめていた.
  The boy was *sucking* on a piece of candy.
- その犬はミルクをなめていた.
  The dog was *lapping up* the milk.

なや【納屋】a barn[バーン]

なやます【悩ます】（困らせる）trouble[トゥラブル]；（心配させる）worry（about …）[ワーリィ]；（じゃまする・迷惑(⅏)をかける）bother[バザァ]
- 住民は騒音(⅘)に悩まされていた. The residents *were bothered* by the noise.

なやみ【悩み】（心配）(a) worry[ワーリィ]；（問題）a problem[プラブラム]；（困っていること）trouble[トゥラブル] → なやむ
- 将来について悩み事がたくさんある.
  I have many *worries* about my future.
- 部屋が狭(ⅶ)いことが彼の悩みの種だった.
  The small room was a *problem* for him.

なやむ【悩む】

（不安・心配で）worry（about …, over …）[ワーリィ]；be worried（about …, over …）[ワーリィド]；（病気・特定の原因で）be troubled（about …, with …）[トゥラブルド]
- そんなつまらないことで悩まないで.
  Don't *worry about* such little things.
- 私は将来についてとても悩んでいる.
  I *am worried* a lot *about* my future.
- 友達へのプレゼントのことで少し悩んでいる.
  I'm a little *troubled about* a gift for my friend.

…なら（もし…ならば）if …[イフ]；（…に関しては）as for …, as to …
- 物まねならケンがクラスで一番だよ. *If you are talking about imitations*, Ken is the best in the class.（◀物まねについて言うなら）
- もし, ピアノがひけるなら, ぼくたちのバンドに入れるよ. *If you can play the piano*, you can join our band.

ならいごと【習い事】lessons[レッスンズ]
- ジュンはピアノの習い事でいそがしかった.
  Jun was busy going to his piano *lessons*.

ならう【習う】

（学ぶ）learn[ラーン]；（教科として）study[スタディ]；（レッスンを受ける）take lessons[レッスンズ]
- 私たちは学校で英語を習っている.
  We *study* [*learn*] English at our school.
- ぼくは彼女にチェロを習っている.
  I *take* cello *lessons* from her.
| **…することを習う**
| learn（how）to＋〈動詞の原形〉

なりきる

- ぼくはギターを習いたい．
  I want to *learn how to* play the guitar.

――― 慣用表現 ―――

習うより慣れろ．Practice makes perfect.（← 練習すれば完全になる）

ならす¹【鳴らす】sound[サウンド]；（鐘・ベルなどを）ring[リング]；（クラクション・らっぱなどを）honk[ハンク], blow[ブロウ]
- 運転手はクラクションを鳴らした．
  The driver *sounded* the horn.

ならす²【慣らす】（習慣づける）accustom[アカスタム], get used to ...[ユースト]；（動物を）tame[テイム]
- 耳を英語に慣らすようにしている．
  I'm trying to *get used to* the sound of English.

ならす³（平らにする）level[レヴァル]

…ならない

❶必要	must＋〈動詞の原形〉, have to＋〈動詞の原形〉
❷禁止	must not＋〈動詞の原形〉, may not＋〈動詞の原形〉, should not＋〈動詞の原形〉, Don't＋〈動詞の原形〉
❸仕方がない	can't help＋〈-ing形〉

❶[必要] must＋〈動詞の原形〉[マスト], have to＋〈動詞の原形〉[ハフタ]→…いけない❶

…しなければならない
must＋〈動詞の原形〉/ have to＋〈動詞の原形〉
- 今朝はバスに乗らなくてはならない．
  I *must* catch the bus this morning.
- 今夜は宿題をしなくてはならない．I *must* [*have to*] do my homework tonight.

くらべてみよう！ must と have to
mustは「どうしても…しなければならない」といった強いひびきを持つので，日常の会話ではやわらかな言い方のhave toを多く用います．

ここがポイント！ 「…しなければならない」の過去・未来を表す表現
mustには過去形がないので，「…しなければならなかった」を表すにはhad toを使います．また，mustは助動詞なので，他の助動詞と同時に使うことはできません．したがって未来のことを表すにはwill have toを使います．

- 宿題をしなくてはならなかった．
  I *had to* do my homework.
- きょうは私が夕食を作らなければならないだろう．
  I *will have to* cook supper today.

❷[禁止] must not＋〈動詞の原形〉, may not＋〈動詞の原形〉[メィ], should not＋〈動詞の原形〉[シュッド], Don't＋〈動詞の原形〉[ドゥント]→…いけない❷

…してはならない
must not＋〈動詞の原形〉/
may not＋〈動詞の原形〉/
should not＋〈動詞の原形〉/
Don't＋〈動詞の原形〉
- 図書館で騒いではならない．
  You *mustn't* [*may not*, *shouldn't*] be noisy in the library. / *Don't* be noisy in the library.
- うそをついてはならない．
  You *shouldn't* tell lies.

ここがポイント！ 「…してはならない」の言い方
否定形must notは「絶対に…してはならない」という強い禁止を表します．おだやかな禁止を表すにはmay notを用います．

❸[仕方がない] can't help＋〈-ing形〉[ヘルプ]
- 試験の結果が気になってならない．
  I *can't help* worry*ing* about the results of the exam.

ならぶ【並ぶ】（人が整列する）line up[ライン アップ], ⦅英⦆queue（up）[キュー]（★発音注意；（縦1列に）stand in（a）line［⦅英⦆queue］[スタンド]；（横1列に）stand in a row[ロウ]→れつ 図
- 並んでください．Will you *line up*, please?
- 私は切符を買うために列に並んだ．
  I *stood in（a）line* to buy a ticket.
- **並んで** side by side
- 私たちは並んで座った．
  We sat *side by side*.

ならべる【並べる】（整列させる）line up[ライン アップ]；（縦1列に）put ... in a line；（横1列に）put ... in a row[ロウ]；（配置する）arrange[アレインヂ]→れつ 図
- 彼は本を本棚に並べた．He *lined up* [*arranged*] the books on the shelf.
- 私たちはいすを縦1列［横1列］に並べた．
  We *put* our chairs *in a line* [*row*].
- テーブルにお皿を並べてくれる？
  Will you *set* the table?

なりきる【なり切る】（役に）get into one's role [ロウル]

five hundred and one 501

…なりそうだ

- 彼は主人公になり切った.
  He *got into his role* of the hero.

…なりそうだ be likely to+〈動詞の原形〉[ライクリィ]→…そうだ❸

…なりたい→…なる❶

なりたつ【成り立つ】→ なる³

…なりに
- 私なりに努力したが，結果を出せなかった.
  I tried *in my*（*own*）*way*, but my efforts didn't bear fruit.

なりゆき【成り行き】(the) **course**[コース]
- 今は成り行きに任せよう.
  I will let things *take* their *course*.

なる¹【鳴る】**sound**[サウンド]；（ベル・鐘(炒)などが）**ring**[リング]；**go off**[ゴゥ オーフ]（▶特に目覚まし時計などに使う）
- 電話が鳴ってるよ.
  The telephone is *ringing*.
- 朝6時に目覚まし時計が鳴った. The alarm clock *went off* at six in the morning.

なる²（実が）**grow**[グロゥ]；（木が実をつける）**bear**[ベア]
- この木にはたくさんのりんごがなる.
  A lot of apples *grow* on this tree.
- 桃(も)の木に実がなった.
  The peach tree *bore* fruit.

なる³【成る】（構成されている）**consist**（of …）[カンスィスト]，**be made up**（of …）[メイド アップ]
- 天の川は無数の星から成っている. The Milky Way *consists of* countless stars.

…なる【…(に)なる】

- ❶ある状態に
  become, be, get
- ❷ある状態から別の状態に
  turn, change
- ❸…するようになる
  come［**get**］**to**+〈動詞の原形〉；
  （…できるようになる）
  learn to+〈動詞の原形〉
- ❹…の結果になる
  come to …;
  （総計して）**come**［**amount**］**to …**;
  （計算して）**make**
- ❺時が…に達する
  come around;（時がたつ）**be**,
  have+〈過去分詞〉

❶［ある状態に］**become**[ビカム]，**be**[ビー]，**get**[ゲット]

┃ …になる
┃ **become**＋〈名詞・形容詞〉/ **get**＋〈形容詞〉

- 姉は大学生になった.
  My sister *became* a university student.
- 暗くなってきた.
  It's *getting*［*becoming*, *growing*] dark.

> ☺君は将来何になりたいの.　　　**話してみよう！**
> What do you want to *be* in the future?
> ☻ジャーナリストになりたいです.
> I want to *be* a journalist.（▶未来のことについてはbecomeよりbeを使うのがふつう）

- 私は来年17歳(ボ)になる.
  I will *be* seventeen next year.
- 頭が痛くなった. I *got* a headache.

❷［ある状態から別の状態に］**turn**[ターン]，**change**[チェインヂ]
- 木の葉が赤くなった.
  The leaves *turned* red.
- 毛虫が蝶(ホ^)になった. A caterpillar *turned*［*changed*］*into* a butterfly.

❸［…するようになる］**come**［**get**］**to**+〈動詞の原形〉[カム]；（…できるようになる）**learn to**+〈動詞の原形〉[ラーン]
- すぐに新しい学校が楽しくなるよ. You will *come to* enjoy the new school soon.
- コウタはスライダーが投げられるようになってきた. Kota is *learning to* throw a slider.

❹［…の結果になる］**come to …**;（総計して）**come**［**amount**］**to …**[アマウント]；（計算して）**make**[メイク]
- お勘定(ホゃ゚)は3500円になります.
  Your bill *comes*［*amounts*］*to* three thousand five hundred yen.
- 48足す33は81になる.
  Forty-eight and thirty-three *make*(*s*) eighty-one.

❺［時が…に達する］**come around**[アラウンド]；（時がたつ）**be**, **have**+〈過去分詞〉（▶現在完了形）
- 春になると何か新しいことをしたくなる.
  I want to do something new when spring *comes around*.
- 私たちが出会ってから6年になる.
  It *is* six years since we met. / Six years *have* passed since we met.

なるべく as … as possible［*one* can］[パスィブル]
- なるべく早く来てください. Please come *as* soon *as possible*［*you can*］.
- なるべくお金をためよう. I'm going to save *as* much money *as possible*.

502　　　five hundred and two

なるほど

❶相づちの言葉として
　　　　I see., Of course.;
　　　（わかったとき）**I get it!, OK.**
❷本当に　　**indeed, really**

❶[相づちの言葉として]**I see.**[スィー], **Of course.**
[アフコース]；（わかったとき）**I get it!**[ゲット], **OK.**
[オゥケイ]
• 「この辞書は便利だよ」「なるほど, 使ってみる
　よ」"This dictionary is helpful." "*I see*. I'll
　try it."
❷[本当に]**indeed**[インディード], **really**[リー(ァ)リ
ィ]
• なるほど, これは大きなかぼちゃだ.
　This is *really* a big pumpkin.

ナレーション （a）**narration**[ナレイション]
　━ナレーションする narrate[ナレイト]

ナレーター a narrator[ナレイタァ]

なれなれしい too friendly（with ...）[フレンド
ゥリィ]
• その店員さんはやけになれなれしかった.
　The shop assistant was *too friendly*.
• なれなれしくしないで.
　Don't get *fresh with* me.

なれる【慣れる】

❶人が　　**get**［**become**]**used to ...**;
　　　　（慣れている）**be used to ...**
❷動物が　**be tame**

❶[人が]**get**［**become**]**used to ...**[ビカム ユース
ト]；（慣れている）**be used to ...**
…に慣れる
get［become]used to ＋〈名詞または -ing
形〉
• 新しい学校にすぐ慣れるだろう.
　You'll soon *get used to* the new school.
• 2, 3か月すると彼女は早起きに慣れた.
　After a few months she *got used to*
　gett*ing* up early.
…に慣れている
be used to ＋〈名詞または -ing形〉
• 彼はコンピュータを使うのに慣れていない.
　He *is* not *used to* us*ing* a computer.
❷[動物が]**be tame**[テイム]
• この馬はとても人になれている.
　This horse *is* quite *tame*.

なわ【縄】**a rope**[ロウプ]；（細い）**a cord**[コード]
　━縄ばしご a rope ladder

なわとび【縄とび】**a jump rope**[チャンプ ロウプ]

━縄とびをする jump rope

なん…【何…】

→なに, なんかい, なんさい, なんじ, なんにち, な
んにん, なんねん, なんようび

❶不特定の物事　　**what**
❷不特定の数量　　（いくらか）**some**;
　　　　　　　　（たくさん）**many**

❶[不特定の物事]**what**[(ホ)ワット]

┌─────────────────────────話してみよう!
☺これは何ですか.
　What is this?
☻お弁当箱です.
　It's a lunch box.
└─────────────────────────

• （聞き返して）何だって？ *What*?
• あれ, 何て言うんだっけ？
　What do you call that?
• 英語の試験は何点だった？
　What［*How many* points］did you get
　on the English exam?
• 君, 何年生？
　What grade are you in?
❷[不特定の数量]（いくらか）**some**[サム]；（たく
さん）**many**[メニィ]
• かごにオレンジが何個か入っている.
　There are *some* oranges in the basket.
• 人気のパンを買うのに何時間も並んだ.
　I stood in line for *many* hours to buy the
　popular bread.

なんい【南緯】**the south latitude**[サウス ラティトゥ
ード]

なんかい【何回】

how many times[ハウ メニィ タイムズ], **how
often**[オーフン]
• 金沢には何回行きましたか. *How many*
　times have you been to Kanazawa?
• 週何回くらいテニスの練習をしているの？
　How often do you practice tennis a
　week?
━何回も many times；（繰(ﾞ)り返して）**again**
and again[アゲン]；（しばしば）**often**
• あなたに何回もメッセージを送ったよ.
　I sent you messages *again and again*.

なんかん【難関】**a difficulty**[ディフィカルティ], **an
obstacle**[アブスタクル]

なんきゅう【軟球】**a rubber ball**[ラバァ ボール]**→**
なんしき

なんきょく【南極】**the South Pole**[サウス ポウル]
（⇔北極 the North Pole）**→**ちきゅう図

five hundred and three　　503

なんこう

━南極の Antarctic[アンタークティック]（⇔北極の Arctic）
南極海 the Antarctic Ocean
南極観測隊 an Antarctic survey（party）
南極大陸 the Antarctic Continent, Antarctica
南極探検 an Antarctic expedition
南極点 the South Pole

なんこう【軟こう】(an) ointment[オイントゥマント]

なんごく【南国】a southern country[サザーン カントゥリィ]
━南国の tropical[トゥラピカル]
・マンゴーは南国の果物です．
A mango is a *tropical* fruit.

なんさい【何歳】
how old[オウルド]

😊君のお父さんは何歳ですか．
How old is your father?
😀45歳です．
He is forty-five (years old).

・何歳で水泳を始めましたか．*How old* were you when you started swimming?

なんじ【何時】
what time[(ホ)ワット タイム];（いつ）when[(ホ)ウェン]

😊何時ですか．
What time is it? / Do you have the time?（►くだけた言い方）
😀12時50分です．／ 1時10分前です．
It's twelve fifty. / It's ten minutes to one.

・何時ごろ行ったの？ *When* did you go?

なんしき【軟式】
軟式テニス softball tennis
軟式野球 rubberball baseball

なんじゃく【軟弱な】（人が）wimpy[ウィンピィ], sissy[スィスィ]
━軟弱な人 a wimp, a sissy

なんせい【南西】the southwest[サウスウェスト]（►SWと略す．「西南」の訳語も同じ）
━南西の southwest, southwestern
━南西に southwest, to [in] the southwest

ナンセンス nonsense[ナンセンス]

なんだ Oh[オゥ], What[(ホ)ワット]（►驚(おどろ)き・意外な気持ちなどを表す）
・なんだ，君か．中に入りなよ．
Oh, it's you! Come in.
・なんだ，ぼくにはこれだけ？
What? Is this all for me?

なんだか（どういうわけか）somehow[サムハゥ];（幾分(いくぶん)）somewhat[サム(ホ)ワット]→なぜか，なんとなく
・なんだか疲(つか)れてた．
I am *somewhat* tired.

なんだかんだ【何だかんだ】
・何だかんだでマリとずっとメールしていた．
I texted with Mari for many hours.

なんちょう【難聴】impaired hearing[インペアドヒ(ア)リング]

なんて【何て】
（何て…なのだろう）How …![ハゥ];（何て…な〜だろう）What …![(ホ)ワット]

▶…は何て〈形容詞・副詞〉なのだろう
How＋〈形容詞・副詞〉＋ … ＋〈動詞〉!
・この花は何てきれいなのだろう．
How beautiful this flower is!
・彼女は何てピアノがうまいのだろう．
How well she can play the piano!

▶…は何て〈形容詞〉な〜なのだろう
What (a [an])＋〈形容詞〉＋〜＋ … ＋〈動詞〉!
・彼らは何て親切な人たちなのだろう．
What kind people they are!
・何てことをしてしまったんだ！
What have I done!

…なんて
・彼が満点を取ったなんて，信じられない．
I (just) can't believe that he got full marks.

なんで【何で】why[(ホ)ワィ]→なぜ

なんでも【何でも】
（どんなものでも）anything[エニィスィング];（どれでも全部）everything[エヴリィスィング];（何でもない）nothing[ナッスィング]
・君のためなら何でもするよ．
I will do *anything* for you.
・「夕食は何がいい？」「何でもいいよ」

504　five hundred and four

なんようび

"What do you want to have for dinner?"
"*Anything* is fine."
- ケンはそのアニメのことなら何でも知っている．
Ken knows *everything* about that anime.
- 「どうかしたの」「何でもないよ」
"What's the matter?" "*Nothing*."

なんてん【難点】**a difficult point**[ディフィカルト ポイント]

なんと【何と】

| ❶疑問 | what, how |
| ❷感嘆(かん) | how, what |

❶[疑問] **what**[(ホ)ワット], **how**[ハウ]
- 「桜」は英語で何と言いますか．
How do you say "*sakura*" in English?

❷[感嘆] **how, what** → なんて

なんど【何度】→ なんかい
- 熱は何度あるの．
What's your temperature?

なんとう【南東】**the southeast**[サウスイースト] (▶ SE と略す．「東南」の訳語も同じ)
─南東の **southeast, southeastern**
─南東に **southeast, to [in] the southeast**

なんとか(どうにか) **somehow**[サムハウ]
- なんとか月曜日までにこの宿題を終わらせます．I'll finish this homework by Monday *somehow*.
─なんとか…する **manage to**+〈動詞の原形〉[マニッヂ]
- カズはアキラとなんとか仲直りした．
Kazu *managed to* make up with Akira.

なんとなく somehow[サムハウ] → なんだか
- なんとなく彼が好きになれない．
I *don't know why*, but I don't like him.

なんとも
- なんとも大変なことになった．
The situation is really troublesome.

なんども【何度も】→ なんかい

なんにち【何日】(日数をたずねて) **how many days**[ハウ メニィ デイズ]; (月日をたずねて) **what day**[(ホ)ワット デイ]
- 北海道には何日滞在(終)する予定ですか．
How many days are you going to stay in Hokkaido?
- きょうは何日？ *What's* the *date* today? / *What day* of the month is it today?

なんにん【何人】**how many people**[ピープル]
- 何人家族ですか．*How many* (*people*) are there in your family?

なんねん【何年】

(年数をたずねて) **how many years**[ハウ メニィ イアズ]; (年月をたずねて) **what year**[(ホ)ワット]
- あの事故から何年になりますか．*How many years* have passed since that accident?

> 話してみよう！
> ☺あなたは何年生まれですか．
> In *what year* were you born? /
> When were you born?
> 😀2011年生まれです．
> I was born in 2011.

- 子どものとき外国に何年も住んでいた．
I lived abroad for *many years* when I was a child.

なんの【何の】→ なに
なんぱ【難破する】**be wrecked**[レックト]
ナンバー a number[ナンバァ] (▶ No., no. と略す); (車の) **a license number**[ライサンス]
‖ナンバープレート Ⓑ**a license plate**, Ⓐ**a number plate** → くるま 図
‖ナンバーワン **number one**

なんばん【何番】→ ばん² ❶❷
- あなたは何番？ What *number* are you?

なんびょう【難病】**a grave disease**[グレイヴ ディズィーズ]

なんぶ【南部】**the southern part**[サザァン パート], **the south**[サウス]; (米国の) **the South**
─南部の **southern**

なんべい【南米】**South America**[サウス アメリカ]
─南米の **South American**
‖南米大陸 **the South American Continent**

なんべん【何べん】→ なんかい

なんぼく【南北】**north and south**[ノース][サウス] (▶日本語と逆の語順に注意)
‖南北戦争 (米国の) **the** (**American**) **Civil War**

なんみん【難民】**a refugee**[レフュヂー]
‖難民キャンプ **a refugee camp**

なんもん【難問】**a difficult question** [**problem**] [ディフィカルト クウェスチョン[プラブラム]]

なんようび【何曜日】
- きょうは何曜日ですか．
What day of the week is it today?

に¹

に ニ

に¹【二(の)】**two**[トゥー]➡ **さん¹**
- 2回 twice / *two* times
- 2分の1 a half / one half
— 第二(の) **the second**[セカンド]（▶2ndと略す）

に²【荷】（積み荷）**a load**[ロウド]

慣・用・表・現

荷が重い **be too much**（**for** ...）：キャプテンになるのは私には荷が重すぎる。Being a captain *is too much for* me.

…に

❶時	at ..., on ..., in ...
❷場所	at ..., in ..., on ...
❸方向，帰着点	to ..., for ..., toward ...
❹動作の対象・目的	（対象）to ..., for ...；（目的）for ...
❺原因，理由	at ..., with ...
❻動作主	by ...
❼割合	a, out of ...

❶〔時〕**at** ...[アット]，**on** ...[アン]，**in** ...[イン]
- 私はけさ6時に起きた。
  I got up *at* six this morning.
- 日曜日に泳ぎに行こう。
  Let's go swimming *on* Sunday.
- 私は2012年5月13日に生まれた。
  I was born *on* May 13, 2012.
- 5月7日の午後に来てください。
  Please come *on* the afternoon of May 7.（▶単に「午前[午後]に」は*in* the morning [afternoon]だが，特定の日の午前[午後]をさす場合はonを用いる）
- 祖父は1947年に生まれた。
  My grandfather was born *in* 1947.
- 私たちは3月に宮崎へ引っ越(こ)します。
  We are moving to Miyazaki *in* March.

くらべて みよう！ 時を表すatとonとin

at：「時の一点，時刻」を言うときに使います。
on：「日，曜日」を言うときに使います。
in：「年，月，季節，世紀」のように「比較(かく)的長い時」について使います。

❷〔場所〕**at** ..., **in** ..., **on** ...
- 私たちはバス停に並んだ。
  We lined up *at* the bus stop.
- 私は大阪に住んでいる。I live *in* Osaka.
- 壁(かべ)にすてきな絵が飾(かざ)ってあった。
  There was a nice picture *on* the wall.

くらべて みよう！ 場所を表すatとinとon

at：「一点を意識するような狭(せま)い場所」を示します。
in：「比較的広い場所」や「ある範囲(はんい)の内側」を示します。
on：表面に接触(せっしょく)した状態であれば「…の上に」「…の側面に」「…の下に」など広い意味で用いることができます。

❸〔方向，帰着点〕**to** ...[トゥー]，**for** ...[フォァ]，**toward** ...[トード]
- 私は東京ディズニーランドに行きたい。
  I want to go *to* Tokyo Disneyland.
- 彼は大阪に出発した。He left *for* Osaka.
- ケンは川のほうに行った。
  Ken went *toward* the river.

くらべて みよう！ toとforとtoward

to：方向に加えて，「その場所まで行く」という帰着点を表します。
for：「…に向かって」というはっきりした目標地点を示します。
toward：移動の方向を表す語で，実際にそこまで行くかどうかは問題にしません。

❹〔動作の対象・目的〕（対象）**to** ..., **for** ...；（目的）**for** ...
- 彼は妹にお菓子をあげた。He gave snacks *to* his sister. / He gave his sister snacks.
- 家族全員でドライブに行った。I went *for* a drive with the whole family.

❺〔原因，理由〕**at** ..., **with** ...[ウィズ]
- 母はその知らせに驚(おどろ)いた。
  My mother was surprised *at* the news.
- 彼女は痛さに跳(と)びあがった。
  She jumped *with* pain.

❻〔動作主〕**by** ...[バィ]
- ケンは両親にしかられてばかりいる。
  Ken is always scolded *by* his parents.

❼〔割合〕**a, out of** ...[アウト]➡ **…つき²**
- 1週間に1度 once *a* week
- 10人に1人 one *out of* ten people

にあう【似合う】**suit**[スート]；（調 和 す る）**go**（**well**）**with** ...[ゴゥ]，**match**（**with** ...）[マッチ]；（服などが）**look nice**［**good**］（**on** ...）[ルック ナイス［グッド］]
- そのドレスはユキによく似合っていた。
  The dress *suited* Yuki well. / The dress

looked really *nice* [*good*] *on* Yuki.
- このスカートにはどのセーターが似合うかな. Which sweater *goes well with* this skirt?
- 赤が似合いますね. You *look good* in red.

にいさん【兄さん】→あに

にえる【煮える】**boil**[ボイル], **be boiled**; (料理される)**cook**[クック], **be cooked**
- このにんじんはよく煮ている. These carrots *are* well *cooked*.

におい
(**a**) **smell**[スメル](▶形容詞がつかない場合は「悪臭(しゅう)」の意味になることが多い); (不快な)**an odor**[オウダァ]

━においがする **smell**
- このゆりは甘(あま)いにおいがする. This lily *smells* sweet. / This lily *has* a sweet *smell*.
- これはコーヒーのようなにおいがする. This *smells* like coffee.

におう→におい

にかい¹【二回】**twice**[トゥワイス]→にど, …かい¹

にかい²【二階】❽ **the second floor**[セカンド フロア], ❾ **the first floor**[ファースト]→…かい²
- 私の部屋は2階にある. My room is on *the second floor*.
- 2階建ての家 a *two-story* house
━2階で[に] **upstairs**[アップステアズ]
- 2階に上がろう. Let's go *upstairs*.

にがい【苦い】(味 が)**bitter**[ビタァ](⇔ 甘(あま)い **sweet**); (経験などがつらい)**bitter, hard**[ハード]
- この薬は苦い. This medicine tastes *bitter*.
- 苦い経験をした. I had a *bitter* experience.

にがうり【苦うり】→ゴーヤー

にがおえ【似顔絵】**a portrait**[ポートゥリット]
- エリが似顔絵を描(か)いてくれた. Eri drew a *portrait* of me.

…にかけて→…かけて

にがす【逃がす】**let … go**[レット][ゴウ], **set … free**[セット][フリー]; (機会を)**miss**[ミス]
- 子どもたちはかぶと虫を逃がしてやった. The children *let* the beetles *go*.

にがつ【二月】**February**[フェビュエリィ](▶常に大文字で始め, Feb. と略す)→いちがつ
- ここでは2月に雪がたくさん降る. We get a lot of snow here in *February*.

にがて【苦手な】
be not good(**at …**)[グッド], **bad**(**at …**)[バッド], **weak**(**in …**)[ウィーク]
- 英語は苦手だ. I *am not good at* English.
- 数学は私の一番苦手な科目です. Math is my *weakest* subject.
- くもは苦手だ. I *don't like* spiders.
- 押しの強い人は苦手だ. I *don't get along with* aggressive people.

にがわらい【苦笑いする】**smile bitterly**[スマイル ビタァリィ]

にきび a pimple[ピンプル], **acne**[アクニ]

- 顔ににきびがある. I have some *pimples*.
━にきびだらけの **pimply**[ピンプリィ]
| にきび用化粧(けしょう)水 acne lotion
| にきび面(づら) a pimply face

にぎやか【にぎやかな】**lively**[ライヴリィ](★発音注意); (通りなどが)**busy**[ビズィ]; (騒々(そうぞう)しい)**noisy**[ノイズィ]
- にぎやかな通り a *busy* street
- 会場はとてもにぎやかだった. The place was very *lively*.

にぎり【握り】**a knob**[ナブ], **a grip**[グリップ]

にぎる【握る】(手に持つ)**hold**[ホウルド]; (握りしめる)**grasp**[グラスプ], **grip**[グリップ](▶gripのほうが握り方が強い)

hold   grip

- 彼女はその子の手を優(やさ)しく握った. She *held* the child's hand gently.
- ラケットをしっかり握りなさい. *Grip* your racket tightly.

にぎわう(混雑する)**be crowded**(**with …**)[クラウディド]
- 原宿は買い物客でにぎわっていた. Harajuku *was crowded with* shoppers.

にく【肉】
(食用の肉)**meat**[ミート](▶ふつう鶏(とり)肉・魚肉は含(ふく)まない); (人間・動物の肉, 果肉)**flesh**[フレッシュ]

にくい

> **ここがポイント!** 「肉」の言い方
> 英語では動物の名前とその食肉との呼び方が異なることがあります。
> 牛肉 beef / 豚(ぶた)肉 pork /
> 羊の肉 mutton / 子羊の肉 lamb

肉団子 a meatball
肉ばなれ: 肉ばなれを起こした. I *pulled* a *muscle*.
肉まん a (steamed) meat bun
肉店, 精肉店 a meat [butcher] shop
肉料理 meat dish

にくい【憎い】hateful[ヘイトゥフル] → にくむ
・憎い敵 a *hateful* enemy

…にくい【…(し)にくい】
difficult to+〈動詞の原形〉[ディフィカルト], hard to+〈動詞の原形〉[ハード]
・この本は読みにくい.
This book is *difficult* [*hard*] *to* read. / It's *difficult* [*hard*] *to* read this book.

にくがん【肉眼】the naked eye[ネイキッド アイ]
にくしみ【憎しみ】(a) hatred[ヘイトゥリッド]
にくしょく【肉食の】(動物が)flesh-eating[フレッシュイーティング]
‖肉食動物 carnivore, a flesh-eating animal
にくたい【肉体】the body[バディ]
━肉体の physical[フィズィカル], bodily
━肉体的に physically
‖肉体労働 physical labor
にくまれぐち【憎まれ口をたたく】say nasty things (to …)[セイ ナスティ スィングズ]
にくむ【憎む】hate[ヘイト](⇔愛する love)
・戦争を何よりも憎む.
I *hate* war more than anything else.
にくらしい【憎らしい】hateful[ヘイトゥフル] → にくい
にぐるま【荷車】(手押(お)し車)a cart[カート]
にぐん【二軍】【野球】a second team[セカンド ティーム], a farm team[ファーム ティーム]

にげる【逃げる】
run away (from …)[ラン アウェイ], get away (from …)[ゲット], escape (from …)[イスケイプ]
・野良(のら)犬から逃げた.
I *ran away from* the stray dog.
・公園で私の犬が逃げ出した.
My dog *got away from* me in the park. / My dog *escaped from* me in the park.
・この問題からは逃げられない.
We can't *escape from* this problem.

にこにこ【にこにこする】smile (at …)[スマイル] → にっこり
にごる【濁る】become [get] muddy[マディ]; (濁っている)be muddy
・大雨の後で, 川は濁っていた. After the heavy rain, the river *was muddy*.
━濁った muddy; (空気が)foul[ファウル]
にさん【二三(の)】(二つ三つの)two or three[トゥー][スリー]; (いくつかの)a few[フュー]
・二三日前に *two or three* days ago
・二三質問があります.
I have *a few* questions.
にさんかたんそ【二酸化炭素】carbon dioxide [カーバン ダイアクサイド]

にし【西】

(the) west[ウェスト](⇔ 東 (the) east)(▶W. と略す) → きた
・太陽は西に沈(しず)む. The sun sets in *the west*.(▶ to the west は×)
・長崎は佐賀の西にある.
Nagasaki lies (to *the*) *west* of Saga.
━西の west, western[ウェスタァン](⇔東の east, eastern)
━西へ[に] west, westward[ウェストワァド]
‖西風 a west wind
‖西口 a west exit
‖西日本 Western Japan
‖西日 the afternoon sun

にじ[1]【a rainbow[レインボウ]
・にじが出た. A *rainbow* appeared.
‖にじ色 rainbow colors

にじ色の旗

にじ[2]【二次の】(二番目の)second[セカンド]; (二次的な)secondary[セカンデリィ]
・第二次世界大戦 World War *II*(▶IIはtwoと読む)/ *the Second* World War
…にしたがって【…に従って】→ …したがって
…にしては → …ては❷
にじむ(ペン・紙などが)blot[ブラット]; (文字などが)be blurred[ブラード]; (インク・色などが)run[ラン]

- 文字が水でにじんだ．
  The letters *were blurred* by water.

にじゅう[1]【二十(の)】**twenty**[トゥウェンティ]
- 彼女は20代だ．She is in her *twenties*.
- 20分の1 a *twentieth*
- **―第二十(の) twentieth**[トゥウェンティアス]（▶20thと略す）

二十世紀 the twentieth century
二十一世紀 the twenty-first century

にじゅう[2]【二重の】
double[ダブル]
- **―二重に double**:（二度）**twice**[トゥワイス]

二重あご a double chin
二重唱［奏］a duet
二重人格（人）a person with a split personality
二重丸 a double circle

にじょう【二乗】**a square**[スクウェア]
- 3の二乗は9．3 *squared* is 9.
- **―二乗する square**

にじる【煮汁】**broth**[ブロース]
にしん〖魚〗**a herring**[ヘリング]（複 herring, herrings）
ニス varnish[ヴァーニッシュ]

- **―ニスを塗(ぬ)る varnish**

…にすぎない→…すぎない
にせ【偽の】**false**[フォールス], **fake**[フェイク]
- 偽のパスポート a *false* passport
- 偽のダイヤモンド a *fake* diamond

偽札 a counterfeit note
偽物 fake;（模造品）an imitation

にせい【二世】（日系アメリカ［カナダ］人の）**a Nisei, a nisei**[ニーセイ]（複 Nisei, Niseis, nisei, niseis）, **second generation**[セカンド ヂェナレイション]; （王・女王などの）**the second**
- エリザベス2世
  Elizabeth II（▶IIは the second と読む）

にせる【似せる】（まねる）**imitate**[イミテイト]; （手本に合わせて）**model** (on ...)[マドゥル]
にせん【二千】**two thousand**[トゥー サウザンド]
にたにた【にたにた笑う】**smirk**[スマーク]

…にち【…日】
（日にち）**a day**[デイ]; （日付）**a date**[デイト]→ p.509 ミニ絵辞典
- 3月は31日ある．
  There are thirty-one *days* in March.
- 期末テストまであと何日ですか．How many *days* are left before the term exam?

ミニ絵辞典 …日（曜日 Day 日付 Date）

日曜日 Sunday	月曜日 Monday	火曜日 Tuesday	水曜日 Wednesday	木曜日 Thursday	金曜日 Friday	土曜日 Saturday
SUN	MON	TUE	WED	THU	FRI	SAT
1 1st first	2 2nd second	3 3rd third	4 4th fourth	5 5th fifth	6 6th sixth	7 7th 運動会 seventh
8 8th eighth	9 9th ninth	10 10th tenth	11 11th eleventh	12 12th twelfth	13 13th thirteenth	14 14th fourteenth
15 15th fifteenth	16 16th sixteenth	17 17th seventeenth	18 18th eighteenth	19 19th nineteenth	20 20th twentieth	21 21st twenty-first
22 22nd twenty-second	23 23rd twenty-third	24 24th twenty-fourth	25 25th twenty-fifth	26 26th twenty-sixth	27 27th twenty-seventh	28 28th twenty-eighth
29 29th twenty-ninth	30 30th thirtieth	31 31st thirty-first	☆5月8日＝May 8(th)は May (the) eighth のように読む．			

運動会はいつなの？
When is the field day?

7日の土曜日だよ．
It's on Saturday, the seventh.

にちえい

- きょうは何日ですか. What's the *date* today? / What *date* is it today?
- 9月3日に on September 3（▶September 3はSeptember（the）thirdと読む）

にちえい【日英の】Japanese-British[ヂャパニーズ ブリティッシュ], Japan-U.K.[ヂャパンユーケイ]

…にちがいない【…に違いない】→…ちがいない

にちじ【日時】the time and date[タイム][デイト]（▶日本語と逆の語順に注意）

にちじょう【日常の】everyday[エヴリデイ], daily[デイリィ]

| 日常会話 everyday conversation
日常茶飯事（さはん）: そんなことは日常茶飯事だ. It *always happens*.
| 日常生活 daily life

…にちなんで→…ちなんで

にちべい【日米の】Japanese-American[ヂャパニーズ アメリカン], Japan-U.S.[ヂャパンユーエス]

| 日米関係 Japan-U.S. relations

にちぼつ【日没】(a) sunset[サンセット]

にちや【日夜】(昼も夜も)day and night[デイ][ナイト]

にちようだいく【日曜大工】do-it-yourself[ドゥーイットユアセルフ]; (人) a do-it-yourselfer

にちようび【日曜日】Sunday[サンデイ]（▶常に大文字で始め, Sun. と略す）→げつようび ポイント!, すいようび ポイント!

- 日曜日はのんびり過ごす. I have a relaxed time on *Sunday*.

にちようひん【日用品】daily necessities[デイリィ ナセサティズ]

…について→…ついて

にっか【日課】daily work[デイリィ ワーク]

- 犬の散歩を日課にしている. I walk our dog *every day*.（◀毎日犬を散歩させる）

にっかん【日刊の】daily[デイリィ]

| 日刊紙 a daily (newspaper)

…につき→…つき²

にっき【日記(帳)】a diary[ダイアリィ]→p.511 ミニ絵辞典

- 絵日記 a picture *diary*
- 私は日記をつけている. I keep a *diary*.

ニックネーム a nickname[ニックネイム]→あだな

にっけい【日系の】Japanese[ヂャパニーズ]

- 日系アメリカ人 a *Japanese*-American
- 日系ブラジル人 3世 a third-generation *Japanese*-Brazilian
- 日系企業 a *Japanese* company

にっこう【日光】sunlight[サンライト], sunshine[サンシャイン], the sun[サン]

- 直射日光 direct *sunlight*

| 日光浴 sunbathing: 日光浴をした. I *sunbathed*. I bathed in the sun.

にっこり【にっこりする】smile (at ...)[スマイル]

- リエは私を見てにっこりした. Rie *smiled at* me.
- ナオはにっこりしてあいさつした. Nao greeted me with a *smile*.

にっし【日誌】a diary[ダイアリィ]; (公的な) a journal[ヂャーヌル]

- 私たちは学級日誌をつけている. We keep a class *journal*.

にっしゃびょう【日射病】→ねっちゅう(熱中症)

にっしょく【日食】a solar eclipse[ソウラァ イクリプス]

- 皆既（かいき）日食 a total *solar eclipse*
- 部分日食 a partial *solar eclipse*

にっすう【日数】(the number of) days[(ナンバァ)][デイズ]

にっちゅう【日中】in the daytime[デイタイム], during the day[ドゥ(ア)リング][デイ]

にっちょく【日直】class duty[クラス ドゥーティ]

- マサルは金曜日に日直だった. Masaru was on *class duty* on Friday.

にってい【日程】schedule[スケヂュール]

| 日程表 a program, a schedule

ニット【ニットの】knit[ニット]（★このkは発音しない）

- きょうはニットのスカートをはいている. I'm wearing a *knit* skirt today.

にっぽん【日本】Japan[ヂャパン]→にほん

につめる【煮詰める】boil down[ボイル ダウン]

…につれて→…したがって❶

にている【似ている】→にる¹

にている

日記 Diary

Friday, July 11

We had nice weather this morning, but rain this afternoon. After school, we didn't have tennis practice because of rain, so I went to the library to read some books. I met Yumi, who lives next door to me, there, and we did our homework together.

On our way home, we shared her umbrella because I didn't have mine with me.

7月11日 金曜日

けさは天気がよかったけど、午後は雨が降った。放課後、雨でテニスの練習がなかったので、本を読みに図書室へ行った。そこで、隣(となり)に住んでいる由美と会って、宿題をいっしょにした。

私は傘(かさ)を持っていなかったので、帰りは由美の傘でいっしょに帰った。

Saturday, July 12

I went shopping with my sister in Shibuya in the morning. There was a sale, so it was very crowded. I bought a new bag, but she didn't buy anything.

In the afternoon, we went to Shinjuku to see a movie. It was a lot of fun!

At night we talked about our day with our parents.

7月12日 土曜日

午前中、姉と渋谷へ買い物に行った。セールをやっていたので、とても混雑していた。私は新しいバッグを買ったけど、姉は何も買わなかった。

それから午後は映画を見に新宿に行った。すごくおもしろかった。

夜は一日のことを両親と話した。

[時を表す語(句)]

きょう today	きのう yesterday
先日 the other day	あした tomorrow
午前[午後]に in the morning [afternoon]	
夕方に in the evening	
夜に at night	
きょう[きのう]の朝 this [yesterday] morning	
きょう[きのう]の午後 this [yesterday] afternoon	
きょう[きのう]の夕方 this [yesterday] evening	
きょう[きのう]の夜 tonight [last night]	
今[先/来]週 this [last / next] week	
先々週 the week before last	
再来週 the week after next	
おととい[さきおととい] the day before yesterday [three days ago]	
あさって[しあさって] two [three] days from now	

[天気を表す語]

晴れの	sunny
くもりの	cloudy
雨の降る	rainy
雪の降る	snowy
風の強い	windy
嵐(あらし)の	stormy

にど

にど【二度】

two times[トゥー タイムズ], **twice**[トゥワイス]; (再び)**again**[アゲン]

• 私はディズニーランドに2度行ったことがある.
I have been to Disneyland *twice*.

━二度目(の) second[セカンド]

• 京都を訪(おとず)れるのは2度目だ.
This is my *second* visit to Kyoto.(◀これが2度目の訪問だ)

━二度と…ない never … again[ネヴァ]

• もう二度とそんなことはしません.
I'll *never* do that *again*.

━━━━━ 慣用表現 ━━━━━

二度あることは三度ある. Things always happen in threes.

┃二度寝: 二度寝してしまった. I *fell back to sleep*.

にとう【二等】(2等目)**the second**[セカンド]; (2級)**the second class**[クラス]

┃二等賞 second prize

…にとって→…とって

…になる→…なる

ににんさんきゃく【二人三脚】(競技)a **three-legged race**[スリーレギッド レイス]

にねんせい【2年生】(小学校の)a **second-year student**[セカンドイァ ストゥードゥント], ㊌a **second grader**[グレイダァ]; (中学校の)a **second-year student**, ㊌(ふつう)a **seventh grader**[セブンス]; (3年制高校の)a **second-year student**, ㊌a **junior**[ジューニァ], (4年制高校・大学の)㊌a **sophomore**[サファモァ]→がくねん ポイント!

• ぼくは中学2年生だ.
I'm a *second-year student* at [in] a junior high school.

…には

❶時間, 場所	(時間)at …, on …, in …;
	(期限)by …;
	(期間)within …;
	(場所)at …, in …
❷…にとっては	for …;
	(…に対しては)to …
❸…するためには	to+〈動詞の原形〉

❶ 時間, 場所 (時間)at …[アット], on …[アン], in …[イン]; (期限)by …[バイ]; (期間)within …[ウィズイン]; (場所)at …, in …→…に❶❷

• 父は日曜にはゴルフに行く.
My father goes golfing *on* Sundays.

• 昼までには戻(もど)るよ.
I'll be back *by* noon.

• 渋谷(しぶや)にはたくさんの店がある.
There are many stores *in* Shibuya.

❷ […にとっては]**for** …[フォァ]; (…に対しては)**to** …[トゥー]→…に❹

• この本はぼくには難しすぎる.
This book is too difficult *for* me.

• お年寄りには親切にしなさい.
Be kind *to* senior citizens.

❸ […するためには]**to**+〈動詞の原形〉

• 医者になるには一生懸命(いっしょうけんめい)勉強しなくては.
You must study hard *to* be a doctor.

にばい【二倍】

twice[トゥワイス], **double**[ダブル]→ばい

• あの部屋はこの部屋の2倍の広さがある.
That room is *twice* as large as this one.

• この道だと時間が2倍かかる. If we go this way, it'll take *twice* as long.

━二倍になる[する] double

• 部員は5年間で2倍になった.
The members of the club have *doubled* in five years.

にばん【二番】(順番)**the second**[セカンド]; (番号)**number two**[ナンバァ トゥー]

━二番目の second(▶ふつうtheをつけて用いる)

• 世界で2番目に大きい国はどこですか.
What's *the second* largest country in the world?

…にはんして【…に反して】→…はんして

にぶい【鈍い】**dull**[ダル](⇔鋭(するど)い sharp); (動作・反応が遅(おそ)い)**slow**[スロゥ]

• 鈍い痛み
a *dull* pain

• コアラは動きが鈍い.
Koalas are *slow* in moving.

━鈍る become [get] dull

• しばらく練習しなかったので腕が鈍った.
My skills have *become dull* because I haven't practiced for a while. / I *lost my touch* because I haven't practiced for a while.

にふだ【荷札】a **tag**[タッグ]; (はり札)a **label**[レイバル](★発音注意)

にほん【日本】

Japan[ヂャパン]→p.513 ミニ絵辞典

• 私は日本で生まれ育った.
I was born and raised in *Japan*.

• 日本の首都は東京だ.
The capital of *Japan* is Tokyo.

にほん

- 日本(語, 人)の Japanese[ヂャパニーズ]
- 多くの人が日本の伝統文化に触れた.
  Many people experienced traditional *Japanese* culture.
- 日本アルプス the Japan Alps
- 日本海 the Japan Sea, the Sea of Japan
- 日本語 Japanese, the Japanese language
- 日本国民 the Japanese people
- 日本酒 sake
- 日本シリーズ〖野球〗the Japan Series
- 日本人 (1人)a Japanese, (全体)the Japanese: 私は日本人だ.
  I am *Japanese*.(▶国籍(こくせき)を言うときはふつう形容詞を用いる)
- 日本代表 a national team player
- 日本文化 Japanese culture
- 日本料理 Japanese food [dishes]
- 日本列島 the Japanese archipelago

ミニ絵辞典 英語になった日本語

Japanese Words Adopted into English

ラーメンが好きです.
I love ramen.

日本の食べ物で何が好きですか.
What's your favorite Japanese food?

伝統文化 traditional culture

食べ物 food

豆腐(とうふ) tofu

すし sushi

着物 kimono

盆栽(ぼんさい) bonsai

その他 other

折り紙 origami

禅(ぜん) Zen

空手(からて) karate

カラオケ karaoke

アニメ anime

[食べ物]		[伝統文化]		[その他]	
刺身(さしみ)	sashimi	歌舞伎(かぶき)	Kabuki	コスプレ	cosplay
すき焼き	sukiyaki	能	Noh	オタク	otaku
てんぷら	tempura	俳句	haiku	漫画(まんが)	manga
ラーメン	ramen	相撲(すもう)	sumo	台風	typhoon

five hundred and thirteen 513

…にもかかわらず

東京都心のビル街と富士山

…にもかかわらず→…かかわらず

にもつ【荷物】
(手荷物)⊛baggage[バギッヂ], ⊛luggage[ラギッヂ]; (梱包(こんぽう)した荷物・小包)a package[パキッヂ]→に²
- 荷物1個 a piece of baggage(▶荷物2個は two pieces of baggage)
- しばらく荷物を見ていてもらえますか. Could you watch my baggage for a while?
- この荷物を送ってくれる？ Can you send this package?
- 荷物をまとめなければ. I have to pack my things.

にもの【煮物】a simmered dish[シマァド ディッシュ]

ニャー(猫(ねこ)の鳴き声)meow[ミァゥ]
- ニャーと鳴く meow

にやにや[にやにや笑う]smirk[スマーク]

にやり[にやりと笑う]grin[グリン]

ニュアンス nuance[ヌアーンス]

にゅういん【入院する】
go into [to] (the) hospital[ハスピトゥル](▶⊛ではふつうtheをつけない)
- ぼくは盲腸(もうちょう)で入院した. I went to (the) hospital with a case of appendicitis.
- 妹は今入院している. My sister is in (the) hospital now.

| 入院患者(かんじゃ) an inpatient

にゅうえき【乳液】moisturizing lotion[モイスチャライズィング ロウション]

にゅうかい【入会する】
join[ヂョイン], become a member (of ...)[ビカム][メンバァ]
- ファンクラブに入会した. I joined the fan club.

| 入会金 an entrance fee

にゅうがく【入学する】
enter (a) school[エンタァ][スクール]
- 姉は来年高校に入学する. My sister will enter high school next year.

| 入学願書 an application form for admission
| 入学金 an enrollment fee
| 入学志願者 an applicant
| 入学式 an entrance ceremony
| 入学試験 an entrance examination
| 入学手続き admission procedures

にゅうこく【入国】entry[エントゥリィ](⇔出国 departure)

にゅうし¹【入試】
an entrance examination[エントランス イグザミネイション], an entrance exam[イグザム]
- 私は来春高校入試を受ける. I'll take the entrance examination for high school next spring.
- 彼は入試に受かった[落ちた]. He passed [failed] the entrance examination.

にゅうし²【乳歯】a baby [(主に⊛)milk] tooth[ベイビィ][ミルク][トゥース]

ニュージーランド New Zealand[ヌー ズィーランド]
　━ニュージーランドの New Zealand
　| ニュージーランド人（1人）a New Zealander, (全体)the New Zealanders

にゅうしゃ【入社する】enter [join] a company[エンタァ][ヂョイン][カンパニィ]

にゅうしゅ【入手する】get[ゲット]
　━入手できる be available[アヴェイラブル]
- その動画はどこで入手できますか. Where is the video available? / Where can I get the video?

にゅうしょう【入賞する】win a prize[ウィン][プライズ]→にゅうせん
- シュンは2位に入賞した. Shun won second prize.

| 入賞者 a prizewinner

にゅうじょう【入場】
(an) entrance[エントランス], (an) admission[アドミッション]
　━入場する enter
- 選手たちがスタジアムに入場した. The players entered the stadium.

| 入場券 an admission ticket; (駅の) a platform ticket
| 入場行進 an entrance march
| 入場無料《掲示》ADMISSION FREE
| 入場料 an admission fee, admission

ニュース
news[ヌーズ](★発音注意)(▶単数扱い)
- ニュース1件 a piece of news(▶ニュース2件は two pieces of news)
- 7時のニュース

にわかあめ

the seven o'clock *news*
- 海外[国内]ニュース
  foreign [domestic] *news*
- スポーツニュース sports *news*
- 私はテレビでそのニュースを見た.
  I watched the *news* on TV.
- ネットで最新のニュースをチェックしよう. I'll
  check the latest *news* on the Internet.

ニュース解説 a news commentary
ニュース解説者 a news commentator
ニュースキャスター an anchor (person)
(►newscasterは「ニュースを読む人」の意)
ニュース速報 a news flash
ニュース番組 a news program

にゅうせいひん【乳製品】**dairy products**[デ(ァ)
リィ プラダクツ]

にゅうせん【入選する】**win a prize**[ウィン][プライ
ズ]
- エミの絵がコンクールで入選した.
  Emi's painting *won a prize* in the contest.

入選作 a winning work

にゅうぶ【入部する】**join a club**[チョイン][クラブ]
- アキは演劇部に入部した.
  Aki *joined* the drama *club*.
- エミはテニス部に入部した.
  Emi *joined* the tennis *team*. (►運動部には
  teamを用いる)

にゅうもん【入門する】**become a pupil**[ビカム]
[ピューパル]

入門コース a beginner's course
入門書 a beginner's book

ニューヨーク(the State of) **New York**[ヌー ヨ
ーク] (►米国北東部の州); **New York (City)**[(ス
ィティ)] (►ニューヨーク州の都市)

にゅうよく【入浴】**a bath**[バス], **bathing**[ベイズィ
ング]➡ふろ

入浴する take [have] a bath, bathe
入浴剤(ざい) bath salts
入浴時間 bath time

にゅうりょく【入力】『コンピュータ』**input**[インプ
ット] (⇔出力 output)

入力する input, enter[エンタァ]
- 彼らはすべてのデータをコンピュータに入力し
  た.
  They *input* [*entered*] all the data into
  the computer.

によう【尿】**urine**[ユ(ァ)リン]➡おしっこ

…によって➡…よって
…による➡…よる
…によれば➡…よれば

にょろにょろ【にょろにょろする】(へびなどが)
wriggle (about)[リグル]

にら garlic chives[ガーリック チャイヴズ]

にらむ(怒(おこ)って)**glare (at …)**[グレァ]; (見つめ
る)**stare (at …)**[ステア]
- (試合の)相手はぼくをにらんだ.
  The opponent *glared at* me.
- 2人の力士は互(たが)いににらみ合った.
  The two sumo wrestlers *stared at* each
  other.

にらめっこ a staring game[ステアリング ゲイム]
―にらめっこする play a staring game

にりゅう【二流の】**second-class**[セカンド クラス],
second-rate[-レイト]
- 二流の作家 a *second-rate* writer

にる¹【似る】

look like …[ルック ライク], **resemble**[リゼンブル],
be similar (to …)[スィ マ ラァ]; (親 に)**take
after …**
- ケンは母親に似ている.
  Ken *looks like* his mother. (►is looking
  likeは×) / Ken *resembles* his mother. (►
  is resemblingは×) / Ken *takes after* his
  mother. (►is taking afterは×)
- 君のバッグはぼくのと似ている.
  Your bag *is similar to* mine.
- 姉と私はまったく似ていない.
  My sister and I *have* nothing *in common*.
  (⇐共通点が何もない)

―…に似て like …
- 彼は父親に似て[似ず]とても背が高い.
  He is very tall *like* [unlike] his father.

にる²【煮る】**boil**[ボイル]; (料理する)**cook**[クック];
(とろ火で)**simmer**[スィマァ], **stew**[ストゥー]
- 豆を5分間煮なさい.
  Boil the peas for five minutes.
- 肉をトマトソースで煮た.
  I *cooked* the meat in tomato sauce.

にるい【二塁】『野球』**second base**[セカンド ベイス]
二塁手 a second baseman
二塁打 a two-base hit, a double

にわ【庭】(家の周囲の)**a yard**[ヤード]; (草木の植わ
った)**a garden**[ガードゥン]
- 庭のチューリップが満開だ. The tulips in the
  garden are in full bloom.
- 裏庭 a back*yard*

庭いじり gardening
庭師 a gardener

にわかあめ【にわか雨】**a (sudden) shower**[(サ
ドゥン) シャウァ]
- 家に帰る途中(とちゅう)ににわか雨にあった.
  I was caught in a *shower* on my way
  home.

five hundred and fifteen　　515

にわとり

にわとり【鶏】〖鳥〗**a chicken**[チキン], (おんどり)**a rooster**[ルースタァ], (めんどり)**a hen**[ヘン], (ひな)**a chick**[チック] (▶一般に「鶏」と言うときはchickenを用いる)
- おじの家では鶏を飼っている.
 My uncle's family raises *chickens*.
▌鶏小屋 a henhouse

にんき【人気】

popularity[パピュラ̄ラティ]
- そのロックグループは女の子の間でとても人気がある.
 The rock group is very *popular* with [among] girls.
- この動画は最近人気が出てきた.
 This video program has recently become *popular*.
- 人気のある **popular**[パピュラァ]
- これはクラスでいちばん人気のある漫画(_が)だ.
 This is the most *popular* comic in our class.
▌人気歌手 a popular singer
▌人気投票 a popularity vote
▌人気番組 a popular program
▌人気者 a favorite

にんぎょ【人魚】**a mermaid**[マーメイド]

にんぎょう【人形】**a doll**[ダール]
- 妹は人形で遊んでいる.
 My sister is playing with a *doll*.
▌着せ替(_が)え人形 a dress-up *doll*
- 操(_{あやつ})り人形
 a puppet / a marionette
▌人形劇 a puppet show

にんげん【人間】

a human (being)[ヒューマン(ビーイング)]; (人類)**human beings**, **human race**[レイス]→ひと
- 人間は火をおこせる唯一(_{ゆいいつ})の動物だ. The *human race* is the only animal that can make fire.
- 人間の **human**
- 人間味のある **humane**[ヒューメイン]
- 彼女は人間味のある人だ.
 She is a *humane* person.
▌人間関係 human relations
▌人間国宝 a living national treasure
▌人間性 human nature, humanity
▌人間ドック a full medical checkup

にんじゃ【忍者】**a ninja**
- 忍者は特別に訓練された昔のスパイでした.
 A *ninja* was a specially trained spy in former days.

にんしょう【人称】〖文法〗**person**[パースン]
- 一[二, 三]人称
 the first [second, third] *person*
▌人称代名詞〖文法〗a personal pronoun

にんじょう【人情】**human feelings**[ヒューマン フィーリングズ], **human nature**[ネイチャア]
- 人情に厚い人々 warm-*hearted* people

にんしん【妊娠している】**be pregnant**[プレグナント]
- おばは今妊娠している.
 My aunt is *pregnant* now.

にんじん〖植物〗**a carrot**[キャラット]

にんずう【人数】**the number of people**[ナンバァ][ピープル]
- グループごとの人数を数えなさい. Count *the number of people* in each group.
- うちの家族は大[少]人数だ.
 Our family is large [small].

にんそう【人相】**looks**[ルックス]
- 人相の悪い男 an evil-*looking* man

にんたい【忍耐】**patience**[ペイシャンス]→がまん
- 目標を達成するには忍耐がいる.
 It takes *patience* to achieve a goal.
- 忍耐強い **patient**

にんちしょう【認知症】**dementia**[ディメンシア]

にんにく〖植物〗**a garlic**[ガーリック]

にんぷ【妊婦】**a pregnant woman**[プレグナント ウマン]

にんむ【任務】(義務)**(a) duty**[ドゥーティ](▶しばしば複数形で用いる); (仕事)**a task**[タスク]; (使命)**a mission**[ミッション]
- 宇宙飛行士たちは任務を果たすことができた.
 The astronauts could carry out their *mission*.

にんめい【任命する】**appoint**[アポイント], **name**
- ユキはその会議の議長に任命された. Yuki was *appointed* chairperson of the meeting.

ぬ ヌ

ぬいぐるみ【縫いぐるみ】**a stuffed toy**[スタッフトィ]; (動物の)**a stuffed animal**[アナマル]
- 熊(くま)の縫いぐるみ
  a teddy bear /
  a *stuffed* bear

ぬいもの【縫い物】**sewing** [ソウイング]
  ━縫い物をする sew

ぬう【縫う】**sew**[ソウ](★発音注意)
- おばは私にブラウスを縫ってくれた.
  My aunt *sewed* me a blouse.

ヌード nude[ヌード]➡はだか

ヌードル noodles[ヌードゥルズ]

ぬか rice bran[ライス ブラン]
  ┃ぬか床(どこ) fermented rice-bran bed
  ┃ぬか漬け rice bran pickles

ぬかす【抜かす】
leave out[リーヴ アウト], **skip**[スキップ]➡ぬく❸
- 最初の問題を抜かして次の問題に進んだ.
  We *skipped* the first question and went on to the next one.

ぬかる be muddy[マディ]
- 雨が降って道がぬかっている.
  The road *is muddy* after the rain.

ぬかるみ mud[マッド]

ぬきうち【抜き打ちの】**surprise**[サァプライズ]
  ┃抜き打ち検査 a surprise inspection
  ┃抜き打ちテスト a surprise test, 《米》a pop quiz

ぬく【抜く】

❶抜き取る	pull out
❷追い抜く	pass; (勝る)beat
❸省く	skip, omit

❶〔抜き取る〕**pull out**[プル アウト]
- 私は歯医者で歯を抜いてもらった.
  I had my tooth *pulled out* by a dentist.
  (▶ have＋〈人・物〉＋〈過去分詞〉で「〈人・物〉を…してもらう」の意)

❷〔追い抜く〕**pass**[パス]; (勝る)**beat**[ビート]
- オートバイがぼくたちの車を抜いていった.
  A motorcycle *passed* our car.
- 私はレースでミキを抜いた.
  I *beat* Miki in the race.

❸〔省く〕**skip**[スキップ], **omit**[オウミット]

- サヤは時々朝食を抜く.
  Saya sometimes *skips* breakfast.

ぬぐ【脱ぐ】
(服を全部)**get undressed**[ゲット アンドゥレスト]; (身につけているものを取る)**take off**[テイク オーフ](⇔着る, かぶる, 履(は)く put on)
- おふろに入る前に服を脱いだ.
  I *got undressed* before I took a bath.
- ケンはコートを脱いだ. Ken *took off* his coat. / Ken *took* his coat *off*.
- 日本では家に入るとき靴(くつ)を脱ぐ.
  In Japan, we *take off* our shoes when entering a house.

ぬぐう wipe[ワイプ]➡ふく³

ぬけがら【抜け殻】**a cast-off skin**[キャストゥオーフ スキン], **a slough**[スラフ]

ぬけだす【抜け出す】**leave**[リーヴ]
- 練習を抜け出した. I *left* the training.

ぬけている【抜けている】
- 彼は賢(かしこ)いけれど時々どこか抜けている.
  He is smart but *not* always *all there*.

ぬけめ【抜け目のない】**shrewd**[シュルード], 《話》**clever**[クレヴァ]
- 彼はお金に関して抜け目がない.
  He is *shrewd* about money.
  ━抜け目なく shrewdly, 《話》cleverly

ぬける【抜ける】

❶取れる	come off [out]
❷あるべきものが	be missing
❸通り抜ける	go through ...

❶〔取れる〕**come off [out]**[カム オーフ〔アウト〕]
- 歯が抜けた. My tooth *came* [*fell*] *out*.
- このくぎはなかなか抜けない.
  This nail won't *come out*.

❷〔あるべきものが〕**be missing**[ミスィング]
- その本は最後の数ページが抜けている. The last few pages *are missing* from the book.

❸〔通り抜ける〕**go through ...**[スルー]
- 電車はトンネルを抜けた.
  The train *went through* the tunnel.

ぬげる【脱げる】**come off**[カム オーフ]
- 走っているときに左の靴(くつ)が脱げた. My left shoe *came off* while I was running.

ぬすみ【盗み】(a) **theft**[セフト], **stealing**[スティーリング]

ぬすみぐい【盗み食いをする】**eat ... secretly**[イート][スィークリットゥリィ]
- 彼女はおやつを盗み食いした.
  She *ate* the snack *secretly*.

ぬすむ

ぬすむ【盗む】**steal**[スティール]
- 財布(さいふ)を盗まれた.
  I had my purse *stolen*. / My purse was *stolen*.(►I was stolen my purse.は×. 前者のhave+〈人・物〉+〈過去分詞〉は「〈人・物〉を…される」の意)

ぬの【布】**cloth**[クロース]
- 布の靴(くつ)
  cloth shoes

ぬま【沼】(a) **marsh**[マーシュ], (a) **swamp**[スワンプ]

ぬらす wet[ウェット]
- 彼女はタオルをぬらした.
  She *wet* the towel.

ぬりえ【塗り絵】**coloring**, 英**colouring**[カラリング]
- 塗り絵をしよう.
  Let's *color a picture*.

ぬる【塗る】

(塗料(とりょう)などを)**paint**[ペイント]; (色を)**color**, 英**colour**[カラァ]; (薄(うす)く伸(の)ばす)**spread**[スプレッド]; (薬・クリームなどを)**apply**[アプライ], **put**[プット]

- ペンキ塗りたて《掲示》WET *PAINT*

…を〜色に塗る
paint [color]+〈名詞〉+〈形容詞〉
- 私はその箱を白く塗るつもりだ.
  I'm going to *paint* the box white.
- マリは太陽を赤く塗った.
  Mari *colored* the sun red.

〈A〉に〈B〉を塗る
spread +〈名詞B〉+ on +〈名詞A〉
- ケンはトーストにバターを塗った.
  Ken *spread* butter *on* a piece of toast.
- 傷口に薬を塗りなさいよ.
  Apply some medicine *to* the wound. / *Put* some medicine *on* the wound.

ぬるい lukewarm[ルークウォーム]
- ぬるい湯 *lukewarm* water
- おふろがぬるかったよ.
  The bath *wasn't warm enough*.

ぬるぬる【ぬるぬるの】**slimy**[スライミィ]; (油で)**greasy**[グリースィ]

ぬれぎぬ【濡れ衣】**a false accusation**[フォールス アキュゼイション]
- マコトは濡れ衣を着せられた.
  Makoto was *accused falsely*.

ぬれる

get wet[ウェット]
- にわか雨にあってぬれてしまった.
  I was caught in a shower and *got wet*.
- 雨で服がぬれてしまった.
  I *got* my clothes *wet* in the rain.

━ぬれた wet
- ぬれた服を脱(ぬ)ぎなさい.
  Take off your *wet* clothes.

ね ネ

ね[1]【根】(植物の)**a root**[ルート] → き[1]図
- 彼女は根は親切だ. She is kind *at heart*.
- それは根も葉もないうわさにすぎない.
  It's just a groundless rumor.

ね[2]【値】**a price**[プライス] → ねだん

ね[3]【音】**a sound**[サウンド]; (楽器の)**a tone**[トウン]; (虫の)**a chirp**[チャープ] → おと
- 鈴(ず)の音 the *sound* of the bell

…ね

❶ …ですね 〈肯定文〉, +〈否定の疑問形〉
❷ …ではないですね 〈否定文〉, +〈肯定の疑問形〉

ここがポイント! 付加疑問文
相手に「…ね」と同意を求めたり，念を押(お)したりする場合は付加疑問文を使います．付加疑問文は，肯定文には否定の疑問形を，否定文には肯定の疑問形をそれぞれつけてつくります．下げ調子で言うと軽く念を押す感じに，上げ調子で言うと疑問の気持ちが強く，相手に答えを求める感じになります．

❶ […ですね]〈肯定文〉, +〈否定の疑問形〉
- きょうはいい天気ですね.
  It's a beautiful day today, *isn't it*?
- 「君は英語を話しますね」「はい，話します」"You speak English, *don't you*?" "Yes, I do."
- トモはピアノが弾(ひ)けますよね.
  Tomo can play the piano, *can't she*?

❷ […ではないですね]〈否定文〉, +〈肯定の疑問形〉
- 「あなたはそこにいませんでしたね」「はい，いませんでした」"You weren't there, *were you*?" "No, I wasn't."
- 私，お姉ちゃんと似てないよね.
  I don't look like my sister, *do I*?
- まだ宿題を仕上げていないのね. You haven't finished your homework yet, *have you*?

ねあげ【値上げする】**raise prices**[レイズ プライスィズ]
- 先月バスの運賃が値上げされた.
  Bus fares were *raised* last month.

ネイティブスピーカー a native speaker[ネイティヴ スピーカァ]

ネイビー(紺(こん)色)**navy blue**[ネイビィ ブルー]

ネイリスト a manicurist[マニキュアリスト]

ネイル(爪(つめ))**a nail**[ネイル] → マニキュア
ネイルアート nail art
ネイルケア nail care

ねいろ【音色】**sound**[サウンド]
ねうち【値打ち】**value**[ヴァリュー] → かち[1]
ねえ(呼びかけて)《話》**Say!**[セィ], **Hey!**[ヘィ]; (注意をほかに向けさせるとき)**Look!**[ルック], **Listen!**[リスン]
- ねえ，今夜映画を見に行かない？ *Say*, how about going to a movie tonight?
- ねえ，あそこに花が咲(さ)いているよ.
  Hey [*Look*]! There is a flower blooming over there.

ねえさん【姉さん】→ あね

ネーブル[植物]**a navel orange**[ネイヴァル オーリンヂ]

ネーム a name[ネイム] → なまえ

ねおき【寝起き】
- 私は寝起きが悪い. I am a slow waker.

ネオン(サイン)**a neon (sign)**[ニーアン (サイン)]

ネガ〖写真〗**a negative**[ネガティヴ]

ねがい【願い】

(願望，願い事)**a wish**[ウィッシュ]; (**a**) **hope**[ホウプ]; (依頼(いらい))**a request**[リクウェスト]
- 願いがかなった. My *wish* has come true.
- 彼は私の願いを聞き入れた[聞き入れなかった]. He accepted [refused] my *request*.

ねがう【願う】

(望む)**hope (for ...)**[ホウプ], **wish (for ...)**[ウィッシュ] (▶ hope は実現の可能性がある事柄(ことがら)について用い，wish は実現可能な事柄についても不可能な事柄についても用いる); (頼(たの)む)**ask**[アスク]
- だれもが平和を願っている.
  Everyone *hopes* [*wishes*] *for* peace.

…であることを願う
hope [wish] that ...
- 私たちは彼が早く元気になることを願っている. We *hope that* he will get well soon.

…することを願う

ねがえり

hope [wish] to＋〈動詞の原形〉
- またあなたにお会いできることを願っています．I *hope to* see you again.

ねがえり【寝返りを打つ】**turn over in bed**[ターンオウヴァ][ベッド]

ねかす【寝かす】**lay down**[レィ ダウン]

ねかせる【寝かせる】(眠らせる)**put ... to bed**[**sleep**][スリープ]; (横にする)**lay**[レィ]
- 弟を寝かせた．I *put* my brother *to bed*.

ねぎ【植物】**a leek**[リーク]

ねぎる【値切る】**bargain**(**down**)[バーガン]
- 母はその魚を600円から500円に値切った．
  My mother *bargained down* the price of the fish from 600 yen to 500 yen.

ねぐせ【寝癖】
- 髪に寝癖がついてしまった．
  My *hair* got *messed up while sleeping*.

ネクタイ a tie[タイ], **a necktie**[ネクタイ]; (蝶ネクタイ)**a bow**(**tie**)[ボゥ]
- 彼はネクタイを締めた．He put on a *tie*.
∥**ネクタイピン a tiepin**

ネグリジェ a nightgown[ナイトゥガウン], 《話》**a nightie**[ナイティ]

ねこ【猫】**a cat**[キャット]; (子猫)**a kitten**[キトゥン]
- うちでは猫を飼っている．We have a *cat*.
- 猫はニャーと鳴いた．The *cat* meowed.

猫舌：私は猫舌だ．I can't eat or drink hot *things*.
∥**猫背 a stoop**

ねごと【寝言を言う】
- 彼は寝言を言う．
  He *talks in his sleep*.

ねこむ【寝込む】(病気で)**be sick**[**ill**]**in bed**[スィック][イル][ベッド]
- 彼女は寝こんでいる．She *is sick in bed*.

ねころぶ【寝転ぶ】**lie**(**down**)[ライ][ダウン]
- 彼はソファーに寝転んでいた．
  He was *lying* on the sofa.

ねさげ【値下げする】**cut the price**[カット][プライス], **reduce the price**[リドゥース]
- 靴の価格が2000円に値下げされた．
  The *prices* of the shoes were *reduced* to two thousand yen.

ねじ a screw[スクルー]
- 彼はねじを締めた[緩めた]．
  He tightened [loosened] the *screw*.
∥**ねじ回し a screwdriver**

ねじる twist[トゥウィスト]
- 足首をねじった．I *twisted* my ankle.

ねすごす【寝過ごす】**oversleep**[オウヴァスリープ]
- けさは1時間寝過ごしてしまった．
  I *overslept* an hour this morning.

ねずみ【動物】(大形の)**a rat**[ラット]; (小形の)**a mouse**[マウス](複 **mice**[マイス])
∥**ネズミ取り a mousetrap**

ねぞう【寝相】
- 彼女は寝相が悪い．
  She tosses about [around] in bed.

ねた(小説などの)**material**[マティ(ァ)リアル]; (すしの)**a sushi ingredient**[スーシ イングリーディアント]

ねたきり【寝たきりである】
- 祖父はその心臓発作以来寝たきりです．
  My grandfather has *been sick in bed* since his heart attack.

ねたみ envy[エンヴィ]; (しっと)**jealousy**[チェラスィ]
━ねたむ envy[エンヴィ]; **be jealous**(**of ...**)
- 彼らは私の成功をねたんでいた．
  They *were jealous of* my success.

ねだる ask[アスク]
- 女の子は母親にアイスクリームをねだった．
  The girl *asked* her mother *for* ice cream.

ねだん【値段】

a price[プライス]
- 手ごろな[安い]値段で
  at a reasonable [low] *price*
- この本の値段はいくらですか．
  What's the *price* of this book? / How much is this book?
- この時計は値段が高すぎる．
  The *price* of this watch is too high. / This watch is too expensive.

ねつ【熱】

heat[ヒート]; (体温)(**a**)**temperature**[テンパラチャァ]; (病熱)(**a**)**fever**[フィーヴァ]
- 太陽熱 solar *heat*
- 40度の熱が出た．
  I had a *temperature* of forty degrees.
- 少し熱があるんです．I have a slight *fever*. / I feel a little *feverish*.
- 熱が下がった．
  My *fever* came down.
- 熱が上がった．

520　five hundred and twenty

ねぼう

My *fever* went up.
- 「熱を計ってみた？」「うん，でも熱はないんだ」
"Did you take your *temperature*?" "Yes, but I have no *fever*."
- スケートボード熱が再燃した.
I'm back into skateboarding.

ねつい【熱意】eagerness[イーガァニス]
ネッカチーフ a neckerchief[ネッカァチーフ]
ねつき【寝つき】
- その子どもは寝つきがいい.
The child *falls asleep* easily.
- 私は寝つきが悪い.
I can't *go to sleep* quickly.

ねつき【熱気】an air of excitement[エァ][イクサイトゥマント]

ねっきょう【熱狂的な】enthusiastic[インスーズィアスティック]
- 彼はあの歌手の熱狂的なファンだ.
He is an *enthusiastic* fan of that singer.
━**熱狂する** get excited[イクサイティド]

ねつく【寝つく】→ねつき
ネックレス a necklace[ネックリス]
- 彼女は真珠(½)のネックレスをしていた.
She was wearing a pearl *necklace*.

ねっしゃびょう【熱射病】heatstroke[ヒートゥストゥロウク]

ねっしん【熱心な】eager (in ...)[イーガァ], keen[キーン], hard[ハード]
- エリはボランティア活動に熱心だ.
Eri is *eager in* her volunteer work.
━**熱心に** eagerly, keenly, hard
- 私たちは熱心に練習した. We practiced *hard*.

ねっする【熱する】heat (up)[ヒート (アップ)]
ねったい【熱帯】the tropics[トゥラピックス]
━**熱帯の** tropical
熱帯雨林 a tropical rain forest
熱帯魚 a tropical fish
熱帯植物 a tropical plant
熱帯夜 a "tropical night", a sweltering night

ねっちゅう【熱中している】be crazy (about ...)[クレイズィ (アバウト)], be absorbed (in ...)[アブソーブド]
- 弟は読書に熱中している.
My brother *is absorbed in* reading.
熱中症 heatstroke

ネット¹(あみ)a net[ネット]
- バックネット 『野球』a backstop(►「バックネット」は和製英語)
- ネットイン: ボールはネットインした. The ball *hit the net and went in*.(►「ネットイン」は和製英語)

ネット²(インターネット)the Internet[インタァネット], the Net
- ネットで本を買った. I bought a book on *the Internet*. / I bought a book *online*.
ネットいじめ cyberbullying
ネットオークション an online auction
ネットカフェ an Internet café
ネットゲーム an online game
ネットサーフィン surfing the Internet
ネットショッピング online shopping
ネット犯罪 cybercrime
ネットワーク a network

ねっとう【熱湯】boiling water[ボイリング]
ねつぼう【熱望する】be eager (for ...)[イーガァ], long (for ..., to+〈動詞の原形〉)[ローング]
- 私はアメリカに行くことをずっと熱望している. I've been *longing to* go to the U.S.

ねづよい【根強い】
- これは日本で最も根強い人気のあるバラエティ番組だ.
This is the *longest-running* variety show in Japan.(◀最も長く続いている番組)

ねつれつ【熱烈な】ardent[アードゥント], passionate[パッシャナット]
- 彼はサッカーの熱烈なファンだ.
He's an *ardent* fan of soccer.

ねどこ【寝床】a bed[ベッド]
ネパール Nepal[ナポール]
ネパール人 a Nepalese

…ねばならない→…ならない❶
ねばねば【ねばねばした】sticky[スティッキィ]
ねばり【粘り】stickiness[スティックニス], (頑張(⅘)り)strenuousness[ストゥレイニュアスニス]
ねばりづよい【粘り強い】tenacious[タネイシャス], persistent[パスィスタント]
- 彼は粘り強い. He doesn't give up easily.
(◀簡単にはあきらめない)

ねばる【粘る】(ねばねばする)be sticky[スティッキィ]; (やり通す)stick (to ...)[スティック]
- 最後まで粘るんだ！ *Stick to* it to the end!

ねびき【値引き】(a) discount[ディスカウント]
━**値引きする** give ... a discount, discount
- 店員は10%値引きしてくれた.
The salesclerk *gave* me a 10% *discount*.

ねぶくろ【寝袋】a sleeping bag[スリーピング]
ねぶそく【寝不足】
- 寝不足だ.
I didn't have [get] *enough sleep*.

ねぼう【寝坊】
(人)a late riser[レイト ライザァ], a sleepyhead[スリーピィヘッド]

ねぼける

━寝坊する (遅く起きる)**get up late**; (寝過ごす)**oversleep**
- ぼくはけさ寝坊した．
  I *got up late* this morning . / I *overslept* this morning.

ねぼける【寝ぼける】(寝ぼけている)**be half asleep**[ハーフ アスリープ]
- 電話が鳴った時私は寝ぼけていた．
  I *was half asleep* when the phone rang.

ねまき【寝巻き】**night clothes**[ナイト クロウズ]; (パジャマ)**pajamas**[パチャーマズ](★アクセント位置に注意)➡パジャマ, ネグリジェ

ねむい【眠い】

sleepy[スリーピィ]
- 数学の授業中私はとても眠かった．
  I was [felt] very *sleepy* in the math class.
- 眠そうだね． You look *sleepy*.

━眠くなる **get sleepy**
- 本を読んでいたら眠くなった．
  I *got sleepy* while reading a book.

ねむけ【眠気】**sleepiness**[スリーピニス]
- 眠気を払うために顔を洗った． I washed my face to get rid of the *sleepiness*.

ねむり【眠り】(a) **sleep**[スリープ]
- 彼は深い眠りに落ちた．
  He fell into a deep *sleep*.

ねむる【眠る】

sleep[スリープ], **have a sleep**; (眠りにつく)**go to sleep, fall asleep**[アスリープ]
- ぼくはふつう8時間眠る．
  I usually *sleep* (for) eight hours.
- ゆうべはよく眠れましたか．
  Did you *sleep* well last night? / Did you *have a* good *sleep* last night?
- 私はいつの間にか眠ってしまった．
  I *fell asleep* before I knew it.

━眠っている **be asleep**
- 地震が起きた時彼女はぐっすり眠っていた．
  She *was* fast *asleep* when the earthquake struck.

ねらい【目的】(an) **aim**[エイム]
- この実験のねらいは何ですか．
  What's the *aim* of this experiment?

━ねらう **aim**（**at**［**for**］…）
- ぼくは国立の高校をねらうつもりだ．I intend to *aim for* a national high school.

ねる¹【寝る】

❶布団に入る	go to bed
❷眠る	sleep
❸横になる	lie down

❶ ❷ ❸

go to bed　　sleep　　lie down

❶[布団に入る]**go to bed**[ベッド](⇔起きる **get up**)
- 私はいつも12時を過ぎて寝る．
  I always *go to bed* after twelve.
- ゆうべはいつもより早く[遅く]寝た．
  I *went to bed* earlier [later] than usual last night.
- もう寝る時間だ．
  It's time *for bed*. / It's time to *go to bed*.

━寝ている **be in bed**
- アキは3日間病気で寝ている．
  Aki has *been* sick *in bed* for three days.

❷[眠る]**sleep**[スリープ]➡ねむる
- お昼までぐっすり寝たい．
  I want to *sleep* deeply until noon.
- ケンはテレビを見ているうちに寝てしまった．
  Ken *fell asleep* as he was watching TV.

❸[横になる]**lie down**[ライ]
- 芝生の上にあおむけに寝た．
  I *lay down* on my back on the grass.

ねる²【練る】(粉・土を)**knead**[ニード](★このkは発音しない); (よく混ぜる)**mix up**[ミックス]; (計画などを)**work out**[ワーク アウト]
- パンの生地をよく練ってください．
  Knead the dough well.
- 夏休みの計画を練った． We *worked out* a plan for the summer vacation.

ねん¹【年】

| ❶1年 | a year |
| ❷学年 | a year, 米 a grade |

❶[1年]**a year**[イア]

ねんれい

- 年に1度 once a year
- 令和5年 the 5th year of Reiwa
- ぼくは2012年生まれだ. I was born in 2012.
- オリンピックは4年に1度開かれる.
  The Olympic Games are held every four years.
- 私たちは5年前にこの町に引っ越(ﾞ)してきた.
  We moved to this city five years ago.
- 1年ぶりにエリに会った.
  I met Eri after one year.

❷[学年] a year[イァ], ⊛ a grade[グレイド]→がくねん

話してみよう!

☺君は今何年?
What grade are you in?
☺中学1年だよ. I'm in the first year of junior high.

ねん[2] 【念】(気持ち) a feeling[フィーリング]
━念を押す tell ... again[テル][アゲン]
- 9時に来るよう彼に念を押した.
  I told him again to come at nine.
━念のため(に)(用心のために) just in case;(確認のために) just to make sure
- 念のために答案を見直した. I looked over the answers again just to make sure.
━念入りに carefully[ケアフリィ]

ねんがじょう【年賀状】a New Year's card[ヌーイァズ カード]→習慣・マナー[口絵]
- やっと年賀状を出した.
  I finally sent New Year's cards.

ねんかん[1]【年間の】annual[アニュアル]
- 年間の雨量 an annual rainfall

ねんかん[2]【年鑑】a yearbook[イァブック]

ねんきん【年金】a pension[ペンション]
- 祖母は年金で暮らしている.
  My grandmother lives on her pension.

ねんごう【年号】the name of an era[イ(ァ)ラ]

ねんざ【ねんざする】sprain[スプレイン]
- 足首をねんざした. I sprained my ankle.

ねんし【年始】the beginning of the year

ねんじゅう【年中】(一年の間ずっと)all (the) year round[オール][イァ ラウンド];(いつも) always[オールウェイズ]

年中無休: あの店は年中無休だ. That store is open all year round.

ねんしょう【年少の】(若い) young[ヤング];(年下の) younger[ヤンガァ]→としした

…ねんせい【…年生】→がくねん ポイント!

ねんだい【年代】
- 90年代に
  in the 90(')s(▶90(')sはninetiesと読む)

ねんちゅうぎょうじ【年中行事】an annual event[アニュアル イヴェント]→年中行事[口絵]

ねんちょう【年長の】(上の)old[オウルド];(より年上の)older[オウルダァ]→としうえ

ねんど[1]【粘土】clay[クレイ]

ねんど[2]【年度】school year[スクール イァ]; fiscal year[フィスクル イァ]

ねんねん【年々】(年ごとに)year by year[イァ];(毎年)every year[エヴリィ], year after year;(毎年毎年)from year to year

ねんぱい【年配の】elderly[エルダァリィ]

ねんぴょう【年表】a chronological table[クラノラヂカル テイブル]

ねんまつ【年末】the end of the year[イァ]
▮年末大売出し a year-end (bargain) sale

ねんりょう【燃料】fuel[フューアル]
▮燃料電池 a fuel cell

ねんりん【年輪】(木の)an annual ring (of a tree)[アニュアル リング][(トゥリー)]

ねんれい【年齢】(an) age[エイヂ], years[イァズ]→とし[1]❷
- 平均年齢 the average age
- 私は兄と年齢が離れている.
  My brother and I are far apart in age.
▮年齢制限 the age limit

の ノ

の【野】a field [フィールド]

…の

❶ …が所有する, …に所属する（下記❶参照）
❷ …に関する　about ..., on ..., of ..., in ...;（…のための）for ...
❸ …でできた　of ...;（…で書かれた）in ...
❹ …にいる　in ..., at ..., on ...
❺ …による　by ...

❶ […が所有する, …に所属する]（▶代名詞の所有格,〈名詞〉+ 's, of +〈名詞〉で表す）

ここがポイント! 代名詞の所有格

単数		複数	
私の	my	私たちの	our
あなたの	your	あなたたちの	your
彼の	his	彼らの	their
彼女の	her	彼女らの	their
それの	its	それらの	their

- 私のかばん my bag
- 姉の上着 my sister's jacket
- 先生たちの部屋はどこですか. Where is the teachers' room?（▶-s で終わる名詞の複数形には, アポストロフィ（'）のみつける）
- ユミは私(ケイ)の友達だ.
  Yumi is a friend *of* mine [Kei's].
- 彼女の目の色は茶色だ.
  The color *of her* eyes is brown.
- 私は朝日中学の2年生だ.
  I'm in the second year *at* Asahi Junior High School.（▶ at の代わりに of は×）

ここがポイント!〈名詞〉+ 's と of +〈名詞〉
原則として〈名詞〉が「人」や「動物」の場合は〈名詞〉+ 's を,「無生物」の場合は of +〈名詞〉を使います.
- ケンの部屋 Ken's room
- この机の脚 the legs *of* this desk
ただし, 無生物でも〈名詞〉+ 's の形を使うことが多くなってきています.
また, 時間や距離を表す場合は〈名詞〉+ 's を使います.
- 1時間の休憩 an hour's rest
- 歩いて5分の距離 five minutes' walk（▶ s で終わる複数名詞の場合は' だけつける）

❷ […に関する] about ...[アバウト], on ...[アン], of ...[アヴ], in ...[イン];（…のための）for ...[フォア]
- 映画の本 a book *about* [*on*] movies
- 英語の先生
  a teacher *of* English / an English teacher
- 歴史のテスト
  an exam *in* history / a history exam
- 子どものおもちゃ a toy *for* children

❸ […でできた] of ...;（…で書かれた）in ...
- 父は木の家を建てた.
  My father made a house *of* wood.
- 英語の歌詞 lyrics *in* English

❹ […にいる] in ..., at ...[アット], on ... → …に❷
くらべて!
- 沖縄のおじ my uncle *in* Okinawa
- 駅のカフェ a café *at* the station
- 壁の絵 a picture *on* the wall

❺ […による] by ...[バイ]
- ルノワールの絵 a painting *by* Renoir

ノイローゼ【医学】(a) neurosis [ヌ(ァ)ロウスィス]
━ノイローゼの neurotic

のう¹【脳】a brain [ブレイン]
| 脳死 brain death
| 脳しんとう concussion
| 脳波 brain waves

のう²【能】(能楽)(a) Noh [ノゥ], Noh play [プレイ]
のうえん【農園】a farm [ファーム]
のうか【農家】(農場経営者)a farmer [ファーマァ]; (住居) a farmhouse [ファームハウス]
のうぎょう【農業】agriculture [アグリカルチャァ], farming [ファーミング]

- 私のおじは農業をやっている.
  My uncle is engaged in *agriculture*.
━農業の agricultural [アグリカルチャラル]
| 農業協同組合 an agricultural cooperative (association)
| 農業高校 an agricultural high school
| 農業用水 agricultural water

のうぐ【農具】a farming tool [ファーミング トゥール]
のうさぎょう【農作業】farming [ファーミング]
のうさくぶつ【農作物】crops [クラップス]
のうさんぶつ【農産物】farm [agricultural]

524　five hundred and twenty-four

produce[ファーム [アグリカルチャラル] プラドゥース]
のうしゅく【濃縮する】concentrate[カンサントゥレイト]
⏐濃縮ジュース concentrated juice
のうじょう【農場】a farm[ファーム]
⏐農場主 a farmer
のうそっちゅう【脳卒中】a stroke[ストロウク]
- 祖父は70歳(㌒)のとき脳卒中にかかった.
 My grandfather had a *stroke* when he was seventy.
のうそん【農村】a farm village[ファーム ヴィリッヂ], a farming village[ファーミング]
⏐農村地帯 a farm area
のうち【農地】farmland[ファームランド]
のうてんき【脳天気】carefree[ケァフリー], easygoing[イーズィゴウイング], optimistic[アプティミスティック]
のうどうたい【能動態】『文法』the active (voice) [アクティヴ (ヴォイス)] (⇔受け身,受動態 the passive (voice))
ノウハウ know-how[ノウハウ]
のうみん【農民】a farmer[ファーマァ]
のうやく【農薬】agricultural chemicals[アグリカルチャラル ケミカルズ]
⏐農薬散布 crop-dusting
のうりつ【能率】efficiency[イフィシャンスィ]
- 音楽がかかっていないと勉強の能率が上がらない. I can't study *well* without music.
━能率的な efficient
━能率的に efficiently
のうりょう【納涼】
⏐納涼花火大会 a summer evening fireworks display
⏐納涼祭り a summer evening festival
のうりょく【能力】(an) ability[アビラティ]; (受容能力) (a) capacity[カパサティ]
- コーチは私の運動能力を伸(㋕)ばしてくれた.
 My coach helped me develop my athletic *ability*.
━能力のある able[エイブル], of ability, capable[ケイパブル]

…する能力がある
be able to+〈動詞の原形〉/
be capable of+〈-ing形〉
- 彼にはその問題を解く能力がある.
 He *is able to* solve the problem. / He has the *ability* to solve the problem.
ノーコメント no comment[カメント]
ノースリーブ sleeveless[スリーヴリス]

ノート
(帳面) a notebook[ノウトブック] (▶この意味では
a noteは×); (メモ) a note[ノウト]

notebook

note

- 彼はノートにその単語を書いた. He wrote down that word in his *notebook*.
- 生徒たちは熱心にノートを取った.
 The students took *notes* diligently.
⏐ノートパソコン a notebook (computer), a laptop (computer) →コンピュータ図
ノーヒットノーラン a no-hitter[ノウヒッタァ]
- ぼくは試合でノーヒットノーランを達成した.
 I pitched a *no-hitter* in the game.
ノーベルしょう【ノーベル賞】a Nobel Prize[ノウベル プライズ]
- 山中教授はノーベル生理学・医学賞を受賞した.
 Prof. Yamanaka was awarded the *Nobel Prize* for Physiology or Medicine.
のがす【逃す】miss[ミス]
- 博多行きの午前8時のバスを逃してしまった.
 I *missed* the 8 a.m. bus for Hakata.
のがれる【逃れる】escape (from …)[イスケイプ], run away (from …)[ラン アウェィ], get away (from …)[ゲット]→にげる
のけもの【のけ者】an outcast[アウトキャスト]
- 彼はクラスメートからのけ者にされていた.
 He *was shut out* by his classmates.
のこぎり a saw[ソー]
━のこぎりで切る saw
のこす【残す】leave[リーヴ]
- 彼は私たちによい[悪い]印象を残した.
 He *left* a good [bad] impression on us.
- 私にはほとんど時間が残されていない.
 I have little time *left*.
のこり【残り】the rest[レスト]; (食事などの) leftovers[レフトオゥヴァズ]
- アヤはほしいものを取り,残りを弟にあげた.
 Aya took what she wanted, and gave *the rest* to her younger brother.
- (食べ物の)残りは冷蔵庫に入れなさい.
 Put the *leftovers* in the refrigerator.

のこる【残る】
❶余る	be left
❷とどまる	stay, remain

❶【余る】be left[レフト] (▶leftはleaveの過去分詞)
- ケーキが少し残っている.

のせる

There *is* some cake *left*.

❷〔とどまる〕**stay**[ステイ], **remain**[リメイン]

- 放課後ケイは教室に残った.
  Kei *stayed* in the classroom after school.
- 彼女の言葉は今でも心に残っている.
  Her words still *remain* in my mind.

のせる【乗せる, 載せる】

❶車などに	**give ... a ride**; (途中(ちゅう)で拾う)**pick up**
❷上に置く	**put**

❶〔車などに〕**give ... a ride**[ライド]; (途中で拾う)**pick up**[ピック アップ]

- おじが学校まで車に乗せていってくれた.
  My uncle *gave* me *a ride* to school. / My uncle *drove* me to school.
- 彼女は帰宅途中ぼくを車に乗せてくれた.
  She *picked* me *up* on her way home.

❷〔上に置く〕**put**[プット]

- テーブルの上に足を載せてはいけません.
  Don't *put* your feet *on* the table.

のぞく¹(こっそり)**peep**(**into** ...)[ピープ]; (のぞきこむ)**look into** ...[ルック]

- 窓から部屋の中をのぞいた. I *peeped into* the room through the window.

のぞく²〔除く〕**take off**[テイク オフ], **remove**[リムーヴ], 《話》**get rid of** ...[リッド]

━…を除いて **except** ...[イクセプト]

- パーティーでは私を除いて全員がアメリカ人だった. All the people at the party were Americans *except* me.

のそのそ〔のそのそと〕**sluggishly**[スラギッシュリィ]

のぞみ【望み】

(希望, 願い)(**a**)**wish**[ウィッシュ], (**a**)**hope**[ホウプ]; (見こみ)(**a**)**chance**[チャンス]

- 望みはかなえられた.
  My *wish* came true.
- 私たちがそのチームに勝つ望みはほとんどない. There is little *hope* that we can beat the team.
- まだコンサートのチケットが手に入る望みはあるよ. There is still a *chance* for us to get tickets to the concert.

のぞむ【望む】

(欲(ほっ)する)**want**[ワント]; (希望する)**wish**[ウィッシュ], **hope**[ホウプ] (▶**wish**は実現の可能性を問わずに用い, **hope**は実現可能な事柄について用いる); (期待する)**expect**[イクスペクト]

- カナが何を望んでいるのかわからない.

I don't know what Kana *wants*.

┃…を望む
wish [hope] for ...

- 親は子どもの幸せを望むものだ. Parents *wish for* their children's happiness.

┃…することを望む
hope [want] to+〈動詞の原形〉

- ヒロはカナダに行くことを望んでいる.
  Hiro *hopes to* go to Canada.

〈人〉が…することを望む
hope that+〈人〉+… / want [expect]+〈人〉+to+〈動詞の原形〉

- 早く回復されることを望んでいます.
  I *hope that* you feel better soon.
- 父は私が教師になることを望んでいる.
  My father *wants* [*expects*] me *to* be a teacher.

のち〔後に〕**after** ...[アフタァ]; (後ほど)**later**[レイタァ], **afterwards**[アフタァワッツ]→あと¹❷, …ご

- 晴れ後曇(くも)り. Fair, *later* cloudy.

ノック a knock[ナック]

━ノックする **knock**(**at** ..., **on** ...)

- だれかがドアをノックしている.
  Someone is *knocking at* the door.

┃ノックダウン a knockdown

ノックアウト a knockout[ナックアウト] (▶KO, K.O.と略す)

━ノックアウトする **knock out**

のっとる〔乗っ取る〕(飛行機などを)**hijack**[ハイヂャック]; (会社などを)**take over**[テイク オウヴァ]

…ので

because ...[ビコーズ], **since** ...[スィンス], **as** ...[アズ]

- 寝坊(ぼう)をしたので電車に乗り遅(おく)れてしまった.
  I missed the train *because* I overslept.
- マミは10年間アメリカに住んでいたので, アメリカのことをよく知っている.
  Mami knows a lot about America *since* she lived there for ten years.

のど

a throat[スロウト]

- のどが痛い. I have a sore *throat*.
- のどが渇(かわ)いた. I'm thirsty.

┃のどあめ a cough drop
┃のど自慢大会 an amateur singing contest
┃のどぼとけ the Adam's apple

のどか〔のどかな〕**calm**[カーム], **peaceful**[ピースフル]; (天候などが)**mild**[マイルド]

- そこはのどかな村だ.
  It is a *peaceful* village.

526 five hundred and twenty-six

…のに

❶ …にもかかわらず
　　though …, although …,
　　in spite of …; (しかし) but …
❷ …するために
　　to+〈動詞の原形〉
❸ 願望 (…すべきだ) should+〈動詞の原形〉;
　　(…ならいいのに) I wish …

❶〔…にもかかわらず〕though …[ゾゥ], although …[オールゾゥ], in spite of …[スパイト]; (しかし) but …
・雪が降っているのに彼はコートを着ないで出かけた. *Though* it was snowing, he went out without a coat.
・エミはけがをしているのに試合に出場した. Emi played in the game *in spite of* her injury.
❷〔…するために〕to+〈動詞の原形〉
・うちから学校へ行くのに歩いて1時間はかかる. It takes at least an hour *to* walk to school from my house.
❸〔願望〕(…すべきだ) should+〈動詞の原形〉[シュッド]; (…ならいいのに) I wish …[ウィッシュ]→…なあ❶
・もっと早く起きればいいのに. You *should* get up earlier.
・彼が今ここにいたらいいのに. *I wish* he *were* here now. (▶I wish+〈主語〉+〈過去形〉は現在の事実に反することや不可能なことを表す)

ののしる curse[カース]; (人を) call … (bad) names[コール][(バッド) ネイムズ]

のばす【伸ばす, 延ばす】

❶期日を	(延期する) put off, postpone; (延長する) extend
❷長くする	make … longer; (髪（%）・ひげを) grow
❸まっすぐにする	straighten, stretch (out); (手を) reach (for …)
❹発達させる	develop, improve

❶ ❷

put off　　　　grow

❸ ❹

straighten　　improve

❶〔期日を〕(延期する) put off[プット オーフ], postpone[ポウストゥポウン]; (延長する) extend[イクステンド]
・私は出発を1週間延ばした. I *put off* my departure for a week.
・私たちはその町での滞在（%）を3日延ばした. We *extended* [*prolonged*] our stay in the town for three days.
❷〔長くする〕make … longer[ローンガァ]; (髪・ひげを) grow[グロゥ]
・私は髪を伸ばしているところだ. I'm *growing* my hair long.
❸〔まっすぐにする〕straighten[ストゥレイトゥン], stretch (out)[ストゥレッチ (アウト)]; (手を) reach (for …)[リーチ]
・背筋を伸ばしなさい. *Straighten* your back.
・ベッドの上で思いきり体を伸ばした. I *stretched* (myself) *out* on the bed.
・彼は塩を取ろうと手を伸ばした. He *reached for* the salt.
❹〔発達させる〕develop[ディヴェラップ], improve[インプルーヴ]
・英語力を伸ばす努力をした. I made an effort to *improve* my English.

のはら【野原】a field[フィールド]
のばら【野ばら】〔植物〕a wild rose[ワイルド ロゥズ]
のび【伸びをする】stretch (out)[ストゥレッチ (アウト)]→のばす❸
のびのび【のびのびした】carefree[ケァフリー]

のびる【伸びる, 延びる】

❶成長する	grow; (発達する) make progress
❷延期される	be put off, be postponed

❶〔成長する〕grow[グロゥ]; (発達する) make progress[プラグレス]
・ぼくは1年で10センチ身長が伸びた. I *grew* ten centimeters in one year.
・アユミは英語の力がぐんと伸びた. Ayumi *made* great *progress* in English.
❷〔延期される〕be put off[プット オーフ], be postponed[ポウストゥポウンド]
・遠足は来週まで延びた. The school trip *was put off* till next week.

ノブ(取っ手) a knob[ナップ] (★このkは発音しない)

のべる

のべる【述べる】(意見などを)**express**[イクスプレス]
→いう❶
- 率直(を)に意見を述べてください.
  Please *express* your opinions frankly.

のぼせる(ぼうっとする)**get** [**feel**]**dizzy**[[フィール] ディズィ];(夢中になる)**be crazy**(**about** …)[クレイズィ]
- 長ぶろしてのぼせてしまった.
  I *got dizzy* after taking a long bath.

のぼり【上りの】**up**[アップ](⇔下りの **down**);(坂道が)**uphill**[アップヒル]
- 上りのエスカレーター an *up* escalator
| 上り坂 an *uphill* slope
| 上り電車 an inbound train

のぼる 【上る, 登る, 昇る】

❶上のほうへ	**go up**
❷木・山などに	**climb**
❸太陽などが	**rise, come up**

❶[上のほうへ]**go up**[ゴゥ アップ](⇔下る **go down**)
- 私は階段を上った. I *went up* the stairs.

❷[木・山などに]**climb**[クライム]
- 富士山に登ったことがありますか.
  Have you ever *climbed* Mt. Fuji?

❸[太陽などが]**rise**[ライズ], **come up**[カム アップ](⇔沈(しず)む **set**)
- 太陽は東から昇る. The sun *rises* in the east.
  (►from the eastは×)

のみ¹【蚤】〖虫〗**a flea**[フリー]
- 蚤の市 a *flea* market(►この場合 freeは×)

のみ²(道具)**a chisel**[チズル]

…のみ only[オウンリィ], **just**[ヂャスト]→…だけ❶

のみこむ【飲み込む】**swallow**[スワロゥ];(理解する)**understand**[アンダスタンド]
- カプセルを飲みこんだ. I *swallowed* a capsule.

ノミネート【ノミネートする】**nominate**[ナミネイト]

のみみず【飲み水】**drinking water**[ドゥリンキング ウォータァ]

のみもの【飲み物】(**a**)**drink**[ドゥリンク]→ジュース[くらべて!]
- 温かい飲み物をもらえますか.
  Can I have a hot *drink*?
- 何か冷たい飲み物がほしい.
  I want *something* cold to drink.

> **話してみよう!**
> ☺飲み物は何にしますか.
> What would you like to *drink*?
> ☺ココアをお願いします.
> I'll have hot chocolate, please.

のむ 【飲む】

drink[ドゥリンク], **have**[ハヴ];(薬を)**take**[テイク]
- 私は毎朝コップ1杯(ぱい)のミルクを飲む.
  I *drink* a glass of milk every morning.
- お茶でも飲みませんか.
  Would you like to *have* some tea?
- 寝(ね)る前にこの薬を飲みなさい.
  Take this medicine before going to bed.
- スープを飲むときに音をたててはいけません.
  You should not slurp when *eating* soup.
  (►スープを飲むとき, スプーンを使う場合は eatを, カップなどから直接飲む場合には drink を用いる)
- うちの父はお酒を飲まない.
  My father doesn't *drink*.(► この drinkは「(習慣的に)酒を飲む」の意)

のら【野良】**stray**[ストゥレィ], **homeless**[ホウムリス]
- 野良犬[猫(ねこ)]
  a *stray* [*homeless*] dog [cat]

のり¹(接着用の)**paste**[ペイスト], **glue**[グルー]
 ━のりではる **paste**, **glue**

のり²(食品)**nori**
- 焼き[味付け]のり
  toasted [seasoned] *nori*
- のりは乾燥させた海藻(かいそう)です.
  Nori is dried seaweed.
| のり巻き vinegared rice rolled in nori

のり³【乗り】**a groove**[グルーヴ]
- 乗りのいい曲
  a piece with a *groove*
- コンサートの客は乗りがよかった.
  The spectators at the concert were really into it.

のりおくれる【乗り遅れる】**miss**[ミ ス], **be late**(**for** …)[レイト]
- 最終電車に乗り遅れてしまった.
  I *missed* the last train.
- 早くしないとバスに乗り遅れますよ.
  Hurry up, or you'll *be late for* the bus.

のりかえ【乗り換え】**a change**[チェインヂ], (**a**)**transfer**[トゥランスファー]
| 乗り換え駅 a transfer station

のりかえる【乗り換える】**change**[チェインヂ], **transfer**[トゥランスファー]
- 佐賀行きはどこで乗り換えたらいいのですか.
  Where should I *change* trains for Saga?
  (►trainsと複数形にすることに注意)
- 上野で銀座線に乗り換えよう.
  Let's *change* to the Ginza Line at Ueno.

のりき【乗り気である】**be enthusiastic**(**about** …)[インスーズィアスティック (アバウト)]

528 five hundred and twenty-eight

ノンフィクション

- 私はそのデートにあまり乗り気ではなかった．
  I *wasn't* very *enthusiastic about* the date.

のりくみいん【乗組員】(1人) a crew member [クルー メンバァ], (全員) the crew

- 乗組員は全員無事だった．
  All *the crew* were all right.

のりこえる【乗り越える】(向こう側に) climb [クライム], get over ... [ゲット]; (克服する) overcome [オウヴァカム]

- ヒデはやっと失恋(ﾚﾝ)を乗り越えた．
  Hide finally *got over* his breakup.

のりこす【乗り越す】ride past ... [ライド パスト]

- 居眠(ﾈﾑ)りをして乗り越してしまった．
  I was sleeping and *rode past* my station.

のりすごす → のりこす

のりつぐ【乗り継ぐ】make a connection [カネクション]

- 京都で私鉄に乗り継いだ．
  I *made a connection* at Kyoto with a private railway.

のりば【乗り場】(バスの) a bus stop [バス スタップ]; (駅の) a platform [プラットフォーム]; (タクシーの) a taxi stand [タクスィ スタンド]

のりもの【乗り物】

a vehicle [ヴィーアクル]; (海上の) a vessel [ヴェスル]; (空の) an aircraft [エァクラフト]; (遊園地の) a ride [ライド]

| 乗り物酔(ﾖ)い motion sickness, travel sickness

のる¹【乗る】

❶ 乗りこむ （電車・バス・飛行機などに）
　　　　　get on (...);
　　　　　（車・タクシーに）get in (...),
　　　　　get into ...
❷ 乗り物を利用する
　　　　　take; (自転車・馬などに) ride;
　　　　　(飛行機に) fly
❸ 物の上に　get on ...

❶ [乗りこむ] (電車・バス・飛行機などに) get on (...) [ゲット アン] (⇔降りる get off); (車・タクシーに) get in (...) [イン], get into ... [イントゥー] (⇔降りる get out of ...)

- 私たちは空港行きのバスに乗った．
  We *got on* the bus for the airport.
- ほら，車に乗りなさい．
  Come on, *get in* the car.

❷ [乗り物を利用する] take [テイク]; (自転車・馬などに) ride [ライド]; (飛行機に) fly [フライ]

take　　ride　　fly

- 彼女は毎朝7時50分の電車に乗る．
  She *takes* the 7:50 train every morning.
- 自転車に乗ろう．
  Let's *ride* bicycles [bikes].
- ユキは飛行機に乗るのが怖(ｺﾜ)い．
  Yuki is afraid of *flying*.

❸ [物の上に] get on ...

- びくびくしながら体重計に乗った．
  I *got on* the scales uneasily.

のる²【載る】(掲載(ｹｲｻｲ)される) appear [アピア], be reported [リポーティド], be on ... [in ...] [アン] [イン]; (上にある) be on ...

- 兄の記事がその雑誌に載った．My brother's article *appeared* in the magazine.
- その店はこの地図に載っていない．
  The store *is* not *on* this city map.

ノルウェー Norway [ノーウェイ]
　─ノルウェー(語，人)の Norwegian [ノーウィーヂャン]
　│ノルウェー人 a Norwegian

ノルディック Nordic [ノーディック]
　│ノルディック種目 the Nordic events

ノルマ a quota at work [クウォウタ] [ワーク]

のろい¹ a curse [カース]

- 魔女(ﾏｼﾞｮ)は王子にのろいをかけた．
  The witch put a *curse* on the prince.

のろい² slow [スロゥ] → おそい ❷

のろう curse [カース]

のろのろ slowly [スロウリィ]

のんき【のんきな】easygoing [イーズィ ゴウイング]; (気楽な) easy [イーズィ]; (楽天的な) optimistic [アプタミスティック]

- 彼女はのんきな人だ．
  She is an *easygoing* person.

ノンステップバス a low-floor bus [ロウフロァ バス]

のんびり【のんびりする】

relax [リラックス], take it easy [テイク] [イーズィ]

- 昨夜はのんびりしてテレビを見ていた．
  I *took it easy* and watched TV last night.
  ─のんびりした relaxed; (静かな) quiet [クワイアット]
- きのうの午後はのんびり過ごした．
  I spent a *quiet* afternoon yesterday.

ノンフィクション nonfiction [ナンフィクション] (⇔フィクション fiction)

five hundred and twenty-nine　　529

は ハ

は¹【歯】

a tooth[トゥース]（複 **teeth**[ティース]）→くち 図

- 虫歯 a bad [decayed] *tooth*
- 前[奥]歯 a front [back] *tooth*
- 上の歯 an upper *tooth*
- 下の歯 a lower *tooth*
- 毎食後歯を磨(みが)きなさい．
  Brush your *teeth* after every meal.
- 歯が痛い．
  I have a *tooth*ache. / My *tooth* aches.
- 食事中に妹の歯が抜(ぬ)けた．
  My sister's *tooth* fell out while she was eating.
- 歯を抜いてもらった．I had a *tooth* pulled.
  （▶ have ＋〈人・物〉＋〈過去分詞〉は〈人・物〉を…してもらう」の意）
- 私は歯の矯正(きょうせい)をしている．
  I'm getting my *teeth* straightened.

―**歯の dental**[デントゥル]
- 歯の検診(けんしん)
  dental examination

歯ぐき the gums

歯並び：彼女は歯並びがいい[悪い]．She has even [uneven] teeth.

は²【葉】

a leaf[リーフ]（複 **leaves**[リーヴズ]）→き¹ 図；（すすきなどの細長い葉）**a blade**[ブレイド]；（針状の葉）**a needle**[ニードゥル]

- 落ち葉 a fallen *leaf*
- 枯(か)れ葉 a dead *leaf*
- かえでの葉 maple *leaves*

は³【刃】

an edge[エッヂ]；（刀身）**a blade**[ブレイド]

- このかみそりの刃はよく切れる[あまり切れない]．
  This razor's *edge* is sharp [dull].

刃物（まとめて）**cutlery**；（包丁など）**a knife**

…は

❶主語を表して　　　　　（下記❶参照）
❷目的語を表して　　　　（下記❷参照）

❶[主語を表して]
- 私はユミをよく知っている．
  I know Yumi very well.
- それは黒猫(くろねこ)だ．It's a black cat.

❷[目的語を表して]

> **ここが** **日本語の「…は」が**
> **ポイント!** **目的語を表す物**
>
> 日本語では同じような物を比べて言うとき，目的語を「…は」と言う場合があります．たとえば，「（にんじんはきらいだが）トマトは好きだ」と言うとき，「トマト tomatoes」は「好きだ like」の目的語にあたります．これを英語で言う場合，「…は」は〈動詞〉＋〈名詞〉の〈名詞〉の位置に入ります．
> - トマトは好きだ．
>   I like tomatoes.
>   〈動詞〉〈名詞〉

- 犬は好きですか．Do you like *dogs*?
- 月曜日はきらいだ．I hate *Mondays*.

ば【場】（場所）**a place**[プレイス]；（特定の）**a spot**[スパット]；（劇の場面）**a scene**[スィーン]
- その場の全員が幸せを感じた．
  Everybody at that *place* felt happy.

はあ（驚(おどろ)きなどを表して）**oh**[オゥ]；（答えて）**yes**[イェス]；（問い返して）**What?**[(ホ)ワット]

バー（走り高跳(たか)びなどの）**a bar**[バー]

バーコード a bar code

ぱあ（じゃんけんの）**paper**[ペイパァ]→じゃんけん

ばあい【場合】**a case**[ケイス]；（特定のとき）**a time**[タイム]
- 緊急(きんきゅう)の場合はドアは手で開けられる．
  In *case* of an emergency, the door can be opened manually.
- 今はけんかをしている場合じゃない．
  This is no *time* for fighting.
- 参加できない場合はお知らせください．
  Please let us know *if* you can't attend.
- それは場合によりけりだ．
  That *depends*. / It (all) *depends*.

バーガー a burger[バーガァ]→ハンバーガー

パーカー a hoodie[フーディ]
パーカッショニスト a percussionist[パァカッショニスト]
パーカッション percussion[パァカッション]
バーゲン(セール) a sale[セイル] (▶「バーゲンセール」は和製英語)

「バーゲン／最大70％引き」の表示

- このジーパンはバーゲンで安く買った.
  I got these jeans cheap at a *sale*.
- その店では洋服のバーゲンをしている.
  That store has a *sale* on clothes. / Clothes are on *sale* at that store.

▎バーゲン品 sale goods

バージョン〖コンピュータ〗a version[ヴァージョン]
▎バージョンアップする upgrade

バースデー a birthday[バースデイ] ➡ たんじょう, たんじょうび
▎バースデーカード a birthday card
▎バースデーケーキ a birthday cake
▎バースデーパーティー a birthday party
▎バースデープレゼント a birthday present [gift]

パーセンテージ (a) percentage[パァセンティッヂ]
パーセント percent, per cent[パァセント] (▶記号は％)
- 生徒の95パーセントが高校に進学する.
  Ninety-five *percent* of students go on to high school.

バーチャル(リアリティー)〖コンピュータ〗virtual reality[ヴァーチュアル リアラティ], VR[ヴィーアー] (▶コンピュータによって現実そっくりに作り出される仮想世界)

パーツ(部品)parts[パーツ]
パーティー a party[パーティ]
- クリスマスにパーティーを開こう.
  Let's have [give, throw] a *party* on Christmas.
- 歓迎(然)[お別れ]パーティー
  a welcome [farewell] *party*

ハート(トランプの)a heart[ハート]; (心臓)a heart; (心, 気持ち) (a) heart
- ハートのエース
  the ace of *hearts*
- ハート形のクッキー
  a *heart*-shaped cookie

ハード【ハードな】(厳しい)hard[ハード]; (予定などが)tight[タイト]
- ハードなトレーニング
  a *hard* workout
- ハードなスケジュール
  a *tight* schedule
- バスケをハードにプレーした.
  We played basketball really *hard*.

パート(一部分)a part[パート]; (パートタイムの仕事)a part-time job[パートタイム ヂャブ], (人)a part-timer[パートタイマァ], a part-time worker[ワーカァ]
➡パートの[で] part-time
- 彼女は近くの店でパートをしている.
  She works *part-time* at a nearby store.

ハードウエア〖コンピュータ〗hardware[ハードウェア] (⇔ソフトウエア software)
バードウォッチング birdwatching[バードウォッチング]
➡バードウォッチングをする birdwatch
パートタイマー➡パート
パートタイム➡パート
ハードディスク〖コンピュータ〗a hard disk[ハードディスク]
パートナー a partner[パートゥナァ]
ハードル a hurdle[ハードゥル]
- ハードルを跳(と)ぶ
  clear [jump over] a *hurdle*
▎ハードル競走 the hurdles (▶単数扱い)
▎ハードル選手 a hurdler

バーナー a burner[バーナァ]
ハーネス a harness[ハーネス]
- 犬にハーネスをつけた.
  I put a *harness* on my dog.

はあはあ【はあはあ言う】pant[パント], gasp[ギャスプ]

ハーフ(試合の前[後]半)a half[ハーフ]
- 彼は日本とアメリカのハーフだ.
  He has both Japanese and American

ハーブ

origins.（←彼は日本とアメリカにルーツを持つ）/ He has a Japanese father and an American mother.（←彼には日本人の父とアメリカ人の母がいる）
- ハーフコート〖バスケットボール〗a half court
- ハーフサイズ half size
- ハーフタイム half(-)time
- ハーフブーツ half boot(s)
- ハーフマラソン a half marathon

ハーブ（薬草）an herb[アーブ]
- ハーブティー herbal tea

ハープ〖楽器〗a harp[ハープ]
- ハープ奏者 a harpist

パーフェクト［パーフェクトな］perfect[パーフィクト]→かんぜん, かんぺき

バーベキュー a barbecue[バービキュー]（▶BBQ, Bar-B-Qなどと略す）
- 庭でバーベキューをした.
  We had a *barbecue* in the yard.

バーベル a barbell[バーベル]

パーマ a permanent [パーマナント], 《話》a perm [パーム]
- 彼はパーマをかけている.
  He has a *perm*.
- 私は天然パーマだ.
  I have naturally *curly hair*.

ハーモニー（a）harmony[ハーモニィ]

ハーモニカ〖楽器〗a harmonica[ハーモニカ]

パール a pearl[パール]→しんじゅ

はい¹

❶質問に対して	yes;（否定が入った疑問文に対して）no
❷出席の返事	Here., Present., Yes.
❸物を差し出して	Here you are., Here it is.

❶〔質問に対して〕**yes**[イェス]（⇔いいえ no）;（否定が入った疑問文に対して）**no**[ノゥ]
- 「君はこの近くに住んでいるのですか」「はい, そうです」
  "Do you live near here?" "*Yes*, I do."
- 「あの少年がタクヤですか」「はい, そうです」
  "Is that boy Takuya?" "*Yes*, he is."
- 「あなたは納豆(なっとう)が食べられないのですか」
  「はい, 食べられません」
  "Can't you eat natto?"
  "*No*, I can't."
- 「サッカーは好きじゃないの？」
  「はい（好きじゃありません）」
  "Don't you like soccer?"
  "*No*(, I don't)."

ここがポイント！「はい」と no

英語では, 例えば, Can't you play the piano?（あなたはピアノが弾(ひ)けないのですか）という否定が入った疑問文に対して, 弾ける場合はYes, I can.（いいえ, 弾けます）, 弾けない場合はNo, I can't.（はい, 弾けません）と答えます. このように英語では, 質問の形に関係なく, 答えが「…でない」という場合はNoで答えます.

❷〔出席の返事〕**Here.**[ヒァ], **Present.**[プレズント], **Yes.**[イェス]
- 「中村君」「はい」
  "Nakamura?" "*Here. / Present. / Yes.*"

❸〔物を差し出して〕**Here you are.**, **Here it is.**
- 「赤ペンを貸してもらえる？」「はい, どうぞ」
  "Can I borrow your red pen?"
  "*Here it is. / Here you are.*"

はい²〖肺〗a lung[ラング]（▶「両方の肺」はthe lungs）
- 肺活量 lung capacity

はい³〖灰〗ash[アッシュ], ashes[アッシズ]

…はい¹【…杯】

（カップに）**a cup of ...**[カップ];（グラスに）**a glass of ...**[グラス]
- （カップ）1杯の紅茶
  a cup of tea（▶（カップ）2杯の紅茶は*two cups of* tea）
- （グラス）1杯の水
  a glass of water（▶（グラス）2杯の水は*two glasses of* water）
- ご飯をもう1杯もらえますか.
  Can I have *another bowl of* rice?
- 砂糖を2杯入れてください.
  I'll take *two spoonfuls of* sugar, please.

…はい²【…敗】(a) loss[ロース], (a) defeat[ディフィート]→…しょう³
- 彼はこれで今シーズン3敗めだ.
  This is his third *loss* of the season.

ばい【倍】

| ❶2倍 | twice, double |
| ❷…倍 | ... times |

はいしゃ[1]

❶【2倍】**twice**[トゥワイス], **double**[ダブル]
- …の2倍の大きさ *double* the size of …
- いつもの2倍は食べた.
 I ate *twice* as much as usual.
- あの靴(⑤)の値段はこの靴の倍だ. Those shoes cost *twice* as much as these (ones).

❷【…倍】**… times**[タイムズ]
- この公園は東京ドームの約3倍の広さがある.
 This park is about three *times* as big as the Tokyo Dome.

パイ(a) **pie**[パイ], ⑱**tart**[タート]
- アップルパイ (an) apple *pie*
- パイ1切れ a piece of *pie* (▶パイ2切れは two pieces of *pie*)
- パイ皮 a piecrust

はいいろ【灰色(の)】**gray**, ⑱**grey**[グレイ]
‖灰色っぽい **grayish**

ハイウエー【高速道路】⑲**a freeway**[フリーウェイ], **an expressway**[イクスプレスウェイ], ⑱**a motorway**[モウタウェイ](▶highwayは「幹線道路」の意味で, 日本の国道や県道に当たる)

米国・サンディエゴのハイウエー(高速道路)

はいえい【背泳】〖水泳〗**the backstroke**[バックストゥロウク]→せおよぎ

ハイエナ〖動物〗**a hyena**[ハイイーナ]

はいえん【肺炎】**pneumonia**[ヌモウニャ](★このpは発音しない)

バイオ(テクノロジー) **biotechnology**[バイオウテクナラヂィ]

バイオマス biomass (energy)[バイオウマス (エナ(ァ)ヂィ)]

バイオリズム(a) **biorhythm**[バイオウリズム]

バイオリン〖楽器〗**a violin**[ヴァイアリン](★アクセント位置に注意)
- カナは上手にバイオリンを弾(ひ)いた.
 Kana played the *violin* well.
‖バイオリン奏者 **a violinist**

ハイカー a hiker[ハイカァ]

はいかん【拝観】
‖拝観券 **an admission ticket**
‖拝観者 **a visitor**
‖拝観料 **an admission fee**

はいきガス【排気ガス】**exhaust**(gas)[イグゾースト (ギャス)], **exhaust fumes**[フュームズ]

はいきぶつ【廃棄物】**waste**[ウェイスト]

はいきん【背筋】**back muscles**[バック マスルズ]

ばいきん【ばい菌】**a germ**[ヂャーム], **bacteria**[バクティ(ァ)リア](▶bacteriumの複数形. 単数形ではほとんど用いない)

ハイキング hiking[ハイキング], **a hike**[ハイク]
- 今度の日曜に足柄山にハイキングに行こう.
 Let's go *hiking* [on a *hike*] up Mt. Ashigara next Sunday.
‖ハイキングコース **a hiking trail**

バイキング(料理)**a buffet**[バフェイ](▶この意味ではa Vikingは×); (北欧(おう)の)海賊(ぞく)) (1人)**a Viking**[ヴァイキング], (全体)**the Vikings**
- バイキング料理を食べた.
 I had a *buffet* meal.
- 中華料理のバイキング
 a Chinese *buffet*
- バイキング形式(食べ放題)のレストラン
 an *all-you-can-eat* restaurant

はいく【俳句】**a haiku**(poem)[ハイクー (ポウアム)]
- 学校で俳句を作った.
 We wrote *haiku* [*poems*] at school.
- 俳句は五七五の3つの部分から成っています.
 A *haiku* poem consists of three lines of 5-7-5 syllables, respectively.

バイク a motorcycle[モウタァサイクル], ⦅主に⑱⦆**a motorbike**[モウタァバイク] (▶bikeは「自転車」の意味で用いることが多い)

はいけい[1]【背景】**a background**[バックグラウンド]
- 海を背景に写真を撮(と)った.
 We took a picture with the ocean in the *background*.

はいけい[2]【拝啓】**Dear …**[ディア]

はいざら【灰皿】**an ashtray**[アッシュトゥレイ]

はいし【廃止する】**get rid of …**[リッド], **abolish**[アバリッシュ]
- その規則を廃止したい.
 I want to *get rid of* the rule. / I want to *abolish* the rule.

はいしゃ[1]【歯医者】**a dentist**[デンティスト]

five hundred and thirty-three

はいしゃ²

- きょう歯医者さんに行かなくちゃ.
  I have to go to the *dentist* today.

はいしゃ²【敗者】**a loser**[ルーザァ]

▌敗者復活戦 a consolation match

ハイジャック(a)**hijacking**[ハイヂャッキング], (a)**hijack**

━ハイジャックする **hijack**

はいしゅつ【排出】**emission**[イミッション]

━排出する **emit**

はいしん【配信】**streaming**[ストゥリーミング], **broadcast**[ブロードキャスト], **webcast**[ウェブキャスト]

- ライブ配信 live *streaming* [*broadcasting*]
- オンデマンド配信 on-demand *streaming* [*broadcasting*]

━配信する(動画を)**stream**(a video)

- (動画)配信サービス
  a (video)*streaming* service

はいすい【排水】**drainage**[ドゥレイニッヂ]

▌排水管 a drainage pipe

はいせん¹【敗戦】(a)**defeat**[ディフィート]

▌敗戦投手 a losing pitcher

はいせん²【配線】**wiring**[ワイアリング]

ハイソックス knee socks[ニー サックス]

はいたつ【配達】(a)**delivery**[ディリヴ(ァ)リィ]

━配達する **deliver**

- ピザは30分以内に配達された. A pizza was *delivered* within thirty minutes.
- 彼らは品物を即日配達してくれる. They *deliver* items on the same day.

▌配達料 a delivery charge

ハイタッチ a high five[ハイ ファイヴ]

━ハイタッチする **high-five**, **give high fives**

- 私たちはお互(たが)いにハイタッチした.
  We *gave* each other *high fives*.

はいち【配置】(an)**arrangement**[アレインヂマント]

━配置する **arrange**

ハイティーン late teens[レイト ティーンズ]

ハイテク high technology[ハイ テクナラヂィ]

━ハイテクの **high-tech**[ハイテック]

ばいてん【売店】(屋台, 露店(ろ))**a stand**[スタンド]; (駅などの)**a kiosk**[キーアスク]; (学校の)**a school store**[スクール ストァ]

バイト¹ a part-time job[パートタイム ヂャブ]━アルバイト

━バイトをする **work part-time**[ワーク パートタイム]

- 私の姉はコンビニでバイトをしている.
  My sister is *working part-time* at a convenience store.

バイト²〖コンピュータ〗**a byte**[バイト]

パイナップル a pineapple[パイナプル]

はいはい【はいはいする】**crawl**[クロール]━はう

バイバイ Bye![バイ], **Bye-bye!**[バイバイ], **See you!**[スィー]━さようなら

バイパス a bypass[バイパス]

ハイヒール a high heel[ハイ ヒール], **a high-heeled shoe**[ハイヒールド シュー](►ともにふつう複数形で用いる), **heels**━くつ図

ハイビジョンテレビ a high-definition television[ハイデフィニション テラヴィジョン](►HDTVと略す)

ハイビスカス〖植物〗**a hibiscus**[ハイビスカス]

はいふ【配布】**distribution**[ディストゥラビューション]

━配布する **distribute**[ディストゥリビュート], **hand out**━くばる

▌配付資料 a handout

パイプ(管)**a pipe**[パイプ], **a tube**[トゥーブ]; (刻みたばこ用の)**a pipe**

▌パイプオルガン a (pipe) organ

ハイファイ【ハイファイ(の)】**hi-fi**[ハイファイ](►high-fidelityの略)

ハイブリッド a hybrid[ハイブリッド]

▌ハイブリッドカー a hybrid car

バイブル the Bible[バイブル]━せいしょ¹

ハイフン a hyphen[ハイファン](►part-timeのように語をつないで複合語を作るときや, 語の途中(ちゅう)で行が変わるときなどにつなぎに用いる)

はいぼく【敗北】(a)**defeat**[ディフィート](⇔勝利)(a)**victory**)━まけ

はいやく【配役】(全体)**the cast**[キャスト]

はいゆう【俳優】**an actor**[アクタァ]

- 主演俳優
  a leading [starring] *actor*
- 舞台(ぶたい)俳優
  a stage *actor* [*player*]

ハイライト a highlight[ハイライト]

- オリンピックのハイライト
  the *highlights* of the Olympic Games

ばいりつ【倍率】(レンズの)(a)**magnification**[マグニフィケイション]; (競争率)**the competitive rate**[カンペタティヴ レイト]

- あの高校の入試は倍率が高い.
  The entrance examination for that high school is very *competitive*.

はいりょ【配慮する】**consider**[カンスィダァ], **think of**[スィンク]

バイリンガル a bilingual[バイリンガル]

━バイリンガルの **bilingual**

- エミは日本語と英語のバイリンガルだ.
  Emi is *bilingual* in Japanese and English.

はいる【入る】

534　five hundred and thirty-four

❶外から中へ	come in, go in, get in, enter
❷学校・クラブなどに	(学校に)enter; (クラブなどに)join
❸収容する	hold
❹含(ふく)まれる	contain, include
❺始まる	start, begin

❶[外から中へ]**come in**[カム], **go in**[ゴゥ], **get in**[ゲット], **enter**[エンタァ]
- どうぞ入ってください.
  Please *come in*.
- 彼はそっと部屋に入った. He *went into* the room quietly. / He *entered* the room quietly.

❷[学校・クラブなどに](学校に)**enter**; (クラブなどに)**join**[チョイン]
- 姉は大学に入った.
  My sister *entered* the university.
- 選抜(せんばつ)チームに入った.
  I *joined* the special team.
- 何のクラブに入るつもりですか.
  Which club are you going to *join*?
- 美術部に入っている. I *belong to* the art club.

❸[収容する]**hold**[ホウルド]
- あの競技場は1万人入る. That stadium *holds* ten thousand people.
- ケーキは冷蔵庫に入っているよ.
  Your cake *is in* the refrigerator.

❹[含まれる]**contain**[カンテイン], **include**[インクルード](▶「含む物」が主語となる)
- キウイにはビタミンCがたくさん入っている.
  Kiwis *contain* a lot of vitamin C.

❺[始まる]**start**[スタート], **begin**[ビギン]
- あしたから夏休みに入る.
  Summer vacation *starts* tomorrow.

はいれつ【配列】(an) **arrangement**[アレインヂマント]
  ━**配列する arrange**

パイロット a pilot[パイラット]

バインダー a binder[バインダァ]

はう crawl[クロール], **creep**[クリープ]
- 毛虫が葉の上をはっていた.
  A caterpillar was *crawling* on the leaf.

ハウス house[ハウス]
  ▌ハウス栽培(さいばい) greenhouse cultivation

パウダー powder[パウダァ]
  ▌パウダースノー powder snow

バウンド a bounce[バウンス]
- ワンバウンドでボールをキャッチしろ.
  Catch the ball on the first *bounce*!
  ━**バウンドする bounce, bound**

はえ[虫]**a fly**[フラィ]
  ▌はえたたき a fly swatter

はえる【生える】**grow**[グロゥ]
- 庭に雑草がたくさん生えてきている. A lot of weeds are *growing* in the garden.

はおる【羽織る】**put on**[プット]→**きる²**

はか[墓]**a grave**[グレイヴ], **a tomb**[トゥーム]
- 祖父のお墓に行った.
  I visited my grandfather's *grave*.
  ▌墓石 a gravestone
  ▌墓参り a visit to the(family)grave

ばか

(人)**an idiot**[イディアット], **a fool**[フール]; (ばかげたこと)**nonsense**[ナンセンス]
- 彼の話を信じるなんてなんてばかだったんだ.
  What a *fool* I was to believe his story!
━**ばかな foolish, stupid**[ストゥーピッド], **silly**
- ばかみたい.
  How *stupid*!
- 階段を飛び降りるなんてばかなことをするな.
  Don't do something *stupid* like jumping down the stairs.
━**ばかにする make a fool of ...**; (からかう)**make fun of ...**; (見下す)**look down on ...**
- ばかにしないで. Stop *making fun of* me.

はかい【破壊】**destruction**[ディストゥラクション]
━**破壊する destroy**[ディストゥロィ]

はがき a postcard[ポウストカード]
- 往復はがき a reply-paid *postcard*
- アキは奈良(なら)から絵はがきをくれた. Aki sent me a picture *postcard* from Nara.

はがす(乱暴に)**tear off**[テァ], **peel off**[ピール]
- 壁(かべ)のポスターはすべてはがされた. All the posters on the wall were *torn off*.

はかせ【博士】**a doctor**[ダクタァ](▶名前の前につけるときはDr., Drと略す)
- 野口博士 *Dr.* Noguchi
  ▌博士号 a doctorate

はかどる make(rapid)progress[(ラピッド)プラグレス]
- 宿題ははかどっていますか. Are you *making progress* with your homework?

ぱかぱか【ぱかぱか歩く】(馬が)**clip-clop**[クリップクラップ]

ばかばかしい ridiculous[リディキュラス]; (愚(おろ)かな)**silly**[スィリィ], **foolish**[フーリッシュ]
- ばかばかしい.
  Ridiculous! / *Nonsense*!
━**ばかばかしいこと nonsense**[ナンセンス]

はかり a scale[スケイル](▶しばしば複数形で用いる); (天びん)**a balance**[バランス]

kitchen scale　bathroom scale

balance

…ばかり

❶ ただ…だけ	only …, nothing but …;（全部）all
❷ いつも, 絶えず	always
❸ ちょうど	just
❹ およそ	about …

❶〔ただ…だけ〕**only** …[オウンリィ], **nothing but** …[ナスィング]；（全部）**all**[オール]
- その子はそこに座って泣くばかりだった.
  The child *only* sat there and cried.
- 兄はゲームばかりしている. My brother does *nothing but* play games.
- これらは私の好きな曲ばかりだ.
  These are *all* my favorite songs.
- リカはアメリカばかりかカナダにも住んだことがある. Rika has lived *not only* in America *but* also in Canada.

❷〔いつも, 絶えず〕**always**[オールウェイズ]
- ぼくはその試合のことばかり考えている.
  I'm *always* thinking about the match.
- 弟は邪魔ばかりする.
  My brother is *always* bothering me.

❸〔ちょうど〕**just**[チャスト]
- アオイは中国から帰ってきたばかりだ.
  Aoi has *just* come back from China.

❹〔およそ〕**about** …[アバウト]
- 教室には生徒が10人ばかりいた. There were *about* ten students in the classroom.
- 1時間ばかり勉強した.
  I studied for *about* an hour.

はかる【測る, 量る, 計る】

（大きさ・広さ・長さ・量などを）**measure**[メジャ]；（重さを）**weigh**[ウェイ]；（時間を）**time**[タイム]；（体温を）**take**[テイク]

measure

weigh

time　take

- 私は弟の身長を測った.
  I *measured* my brother's height.
- ケンは体重を計った. Ken *weighed* himself.
- コーチは私のタイムを計った.
  The coach *timed* me.
- 看護師はぼくの体温を計った.
  The nurse *took* my temperature.

はがれる **come off**[カム]；（皮がむけるように）**peel off**[ピール]
- 塀のペンキがはがれてきた. The paint on the wall is *coming* [*peeling*] *off*.

バカンス ⊗（a）**vacation**[ヴェイケイション], ⊛**holidays**[ハラデイズ]

はきかえる【履き替える】**change** （**into** …）[チェインヂ]
- 入口で上ばきに履き替えた. I *changed into* indoor shoes at the entrance.

はきけ【吐き気がする】**feel sick**[フィール スィック]
- 吐き気がするんです.
  I *feel sick.* / I *feel like throwing up.*

はぎしり【歯ぎしりする】**grind** *one's* **teeth**[グラインド][ティース]
- 彼は睡眠中よく歯ぎしりする.
  He often *grinds his teeth* in his sleep.

パキスタン **Pakistan**[パキスタン]
∥パキスタン人 a Pakistani

はきだす【吐き出す】→はく²

はきはき【はきはきした】（はっきりした）**clear**[クリア]；（歯切れよい）**brisk**[ブリスク]
━はきはきと **clearly**; **briskly**

はく¹【履く】

put on[プット]（⇔脱ぐ **take off**）；（はいている）**wear**[ウェア], **have** … **on**→きる² くらべて!
- エリはジーンズをはいた. Eri *put on* her jeans. / Eri *put* her jeans *on*.
- マコはいつもスニーカーを履いている.
  Mako always *wears* sneakers.

ばくろ

- ミカはきょうお気に入りのスカートをはいている. Mika *has* her favorite skirt *on* today. / Mika is *wearing* her favorite skirt today.
- アメリカでは靴(⑤)を履いたまま家の中に入る. In America, you can go into a house *with* your shoes *on*.

はく²【吐く】（息を）**breathe**（**out**）[ブリーズ（アウト）]；（食べたものを）**throw up**[スロゥ], **vomit**[ヴァミット]；（つばを）**spit**（**out**）[スピット]
- 私は船に酔(ょ)って吐いてしまった. I got seasick and *threw up*.

はく³【掃く】**sweep**[スウィープ]
- 床(ゆ)を掃きなさい. *Sweep* the floor.

はぐ take［**tear**］**off**[テイク[ティァ] オーフ]➡はがす

ハグ【ハグする】**hug**[ハッグ]
- 私たちはしっかりハグし合った. We *hugged* each other tightly.

バグ〖コンピュータ〗**a bug**[バッグ]

パグ〖犬〗**a pug**[パッグ]

はくい【白衣】**a white coat**[(ホ)ワイト コウト]

はぐき【歯茎】**a gum**[ガム]

ばくげき【爆撃】**bombing**[バミング]
- ➡爆撃する **bomb**

はくさい【白菜】〖植物〗（**a**）**Chinese cabbage**[チャイニーズ キャビッヂ]

はくし¹【白紙の】**blank**[ブランク]
- 彼は白紙の答案を出した. He handed in a *blank* answer sheet.

はくし²【博士】➡はかせ

はくしゅ【拍手】
（**hand**）**clapping**[(ハンド) クラッピング], 《話》**a hand**；（拍手喝(か)さい）**applause**[アプローズ]
- 私たちは観客から拍手をもらった. The audience gave us a big *hand*.
- ➡拍手する **clap**（**one's hands**）；**applaud**
- その俳優が現れると観客は拍手をした. When the actor appeared, the audience *clapped their hands*.
- ➡拍手喝采(ぷ)する **clap and cheer**[チア]

はくじょう¹【白状する】**confess**[カンフェス]；（認める）**admit**[アドゥミット]
- すべてを白状した. I *confessed* everything.
- カイはうそをついたと白状した. Kai *admitted* that he had told a lie.

はくじょう²【薄情な】**heartless**[ハートゥリス]；（冷淡(たん)な）**cold-hearted**[コゥルドハーティド]；（不親切な）**unkind**[アンカインド]

ばくしょう【爆笑する】**burst into laughter**[バースト][ラーフタァ], **burst out laughing**[ラーフィング]
- 私たちは彼の冗談(だ)に爆笑した. We *burst into laughter* at his joke.

はくしょん ⊛**achoo**[アーチュー], ⊜**atishoo**[アティシュー]➡くしゃみ

はくじん【白人】**a Caucasian**[カーケイジャン]；（全体）**Caucasian**（**people**）[カーケイジャン(ピープル)]
- ➡漠然と **vaguely**

ばくぜん【漠然とした】**vague**[ヴェイグ]

ばくだい【ばく大な】**huge**[ヒューヂ], **vast**[ヴァスト]
- 町の復興にはばく大なお金がかかるだろう. The reconstruction of the town will cost a *huge* amount of money.

ばくだん【爆弾】**a bomb**[バム]（★後の**b**は発音しない）
- 爆弾が爆発した. A *bomb* exploded.
- 原子爆弾 an atomic *bomb* / an A-*bomb*
- 時限爆弾 a time *bomb*
- ➡爆弾を落とす **bomb**, **drop a bomb**

はくちょう【白鳥】〖鳥〗**a swan**[スワン]

バクテリア bacteria[バクティ(ァ)リァ]

バクてん【バク転】**a back handspring**[バック ハンドゥスプリング]

はくねつ【白熱した】**heated**[ヒーティド]
- 白熱した試合だった. It was a *heated* match.

ばくは【爆破する】**blow up**[ブロゥ], **blast**[ブラスト]

ぱくぱく【ぱくぱく食べる】**gobble**（**down**）[ガブル (ダウン)], **munch**[マンチ]
- お腹がすいていたので昼ごはんをぱくぱく食べた. I was hungry so I *gobbled down* my lunch.

はくはつ【白髪】**white hair**[(ホ)ワイト ヘァ], **gray hair**[グレイ]

ばくはつ【爆発】**an explosion**[イクスプロウジョン]；（火山の）（**an**）**eruption**[イラプション]
- ガス爆発 a gas *explosion*
- ➡爆発する **explode**, 《話》**blow up**；**erupt**
- その火山は3年前に爆発した. That volcano *erupted* three years ago.

ばくふ【幕府】**shogunate**[ショウガナット]
- 江戸幕府 the Edo *shogunate*

はくぶつかん【博物館】**a museum**[ミューズィーアム]（★アクセント位置に注意）
- 博物館に見学に行った. I visited a *museum*.

ばくやく【爆薬】**an explosive**[イクスプロウスィヴ]

はくらんかい【博覧会】**an exposition**[エクスパズィション], 《話》**an expo**[エクスポゥ], **a fair**[フェァ]
- 万国(ぷ)博覧会 a world *exposition*

はくりょく【迫力のある】**powerful**[パウアフル]
- 迫力のある演説 a *powerful* speech

はぐるま【歯車】**a gear**（**wheel**）[ギァ (ホ)ウィール]

はぐれる lose sight of ...[ルーズ サイト]
- 人ごみで友達とはぐれてしまった. I *lost sight of* my friends in the crowd.

ばくろ【暴露する】**expose**[イクスポゥズ]；（明かす）

はけ

disclose[ディスクロウズ], reveal[リヴィール]

はけ a brush[ブラッシュ]

はげ(はげた部分)a bald spot[ボールド スパット]
→はげた bald→はげる
• 彼ははげている. He is *bald*.
‖はげ頭 a bald head

はげしい【激しい】

(猛烈(きつ)な)hard[ハード], violent[ヴァイアラント]; (苦痛などが)severe[スィヴィア]; (量・程度が)heavy[ヘヴィ]
• それは激しい戦いだった.
It was a *hard* fight.
• 激しい嵐(きう)が町をおそった.
A *violent* storm hit the city.
• 彼は胸に激しい痛みを感じた.
He felt a *severe* pain in his chest.
• この時間帯は車の往来が激しい. The traffic is *heavy* at this time of the day.
→激しく hard, violently; severely; heavily
• 雨が激しく降っている. It is raining *hard*.

バケツ a bucket[バキット], ⊕a pail[ペイル]
• バケツ1杯(ば)の水
a *bucket* [*bucketful*] of water
• バケツに水を入れた. I filled a *bucket* with water. / I put water into a *bucket*.

バゲット a baguette[バゲット]

はげます【励ます】encourage[インカーリッヂ], cheer up[チア]
• 落ちこんでいるといつも彼が励ましてくれる.
Every time I feel depressed, he *cheers* me *up*. / Every time I feel depressed, he *encourages* me.
• もう一回トライして, と彼女を励ました.
I *encouraged* her to try again.

はげみ【励み】encouragement[インカーリッヂマント]
→励みになる encouraging

はげむ【励む】work hard[ワーク ハード]; (練習などに)train hard[トゥレイン]
• レンはトレーニングに励んでいる.
Ren is *training hard*.

ばけもの【化け物】(怪物(きつ))a monster[マンスタァ], (幽霊(きつ))a ghost[ゴウスト]

はげる(髪(き)が)go[get] bald[ボールド]→はげ; (塗(きつ)ったものが)come off[カム]→はがれる
• 父の頭ははげてきた.
My father is *getting bald*.

ばける【化ける】change into ...[チェインヂ イントゥ]

はけん【派遣する】send[センド], dispatch[ディスパッチ]

はこ【箱】a box[バックス]; (保管や輸送のための)a case[ケイス]

• その箱には何が入っていますか.
What's in the *box*?
• チョコレート1箱 a *box* of chocolates
• 弁当箱 a lunch *box*

はごいた【羽子板】a battledore[バトゥルドァ]

はごたえ【歯応えがある】(やわらかい)chewy[チューイ], (かたい)tough[タフ]; (パリパリしている)crunchy[クランチィ]
• このいかは歯応えがある.
This squid is *chewy*.

はこぶ【運ぶ】

| ❶ほかの場所へ | carry, take, bring |
| ❷進行する | go |

❶[ほかの場所へ]carry[キャリィ], take[テイク], bring[ブリング]→もっていく, もってくる
• この箱を2階に運ぶのを手伝ってくれない？
Will you help me *carry* this box upstairs?
• 彼は病院へ運ばれた.
He was *taken* to a hospital.
❷[進行する]go[ゴゥ]
• 物事がいつもうまく運ぶとは限らない.
Things don't always *go* well.

バザー a bazaar[バザー](★アクセント位置に注意)

ぱさぱさ dry[ドゥライ]
• このパンは固くてぱさぱさしている.
This bread is hard and *dry*.
• 私の髪(か)はぱさぱさだ. My hair is too *dry*.

はさまる【挟まる】be [get] caught (in ..., between ...)[コート]
• 上着がドアに挟まった.
My coat *got caught in* the door.
• 何かが歯に挟まっている. Something *is stuck in* my teeth. / Something *is caught between* my teeth.

はさみ scissors[スィザァズ]
• はさみ1丁 a pair of *scissors*(►はさみ2丁は two pairs of *scissors*)
• このはさみはよく切れる.
These *scissors* cut well.

はさむ【挟む】(間に入れる)put ... between ~[ビトゥウィーン]; (指などを)pinch[ピンチ], catch[キャッチ]; (口を)interrupt[インタァラプト]
• マリはその本の間にしおりを挟んだ.
Mari *put* a bookmark *between* the pages of the book.
• 私はドアに指を挟んでしまった. I *pinched* [*caught*] my finger in the door.
• 口を挟まないで. Don't *interrupt* us.
• 昼休みをはさんで試験が4つある.
We have four exams with a lunch break

538　five hundred and thirty-eight

はじめまして

in *between*.

はさん〖破産する〗**go bankrupt**[バンクラプト]

はし[1]〖橋〗**a bridge**[ブリッヂ]
- 私たちは橋を渡った.
  We crossed a *bridge*.
- 新しい橋が架けられた.
  A new *bridge* was built.
- その川には多くの橋が架かっている.
  There are many *bridges* across the river.
- つり橋 a suspension *bridge*

はし[2]〖食事用の〗**a chopstick**[チャップスティック]（▶ふつう複数形で用いる）
- 豆をはしで食べるのは難しい.
  It's hard to eat beans with *chopsticks*.

はし[3]〖端〗〔末端〕**an end**[エンド]；〔縁〕**an edge**[エッヂ]；〔わき〕**a side**[サイド]
- ロープの一方の端 the *end* of the rope
- 彼はベンチの端に腰掛けた.
  He sat down on the *edge* of a bench.
- その男は道の端に立っていた. The man was standing by the *side* of the road.

はじ〖恥〗**(a) shame**[シェイム]
- 彼は恥を知らない（恥知らずな）やつだ.
  He has no sense of *shame*.
- 恥を知れ.
  Shame on you!
- ━恥をかく **get embarrassed** → はずかしい
- みんなの前で恥をかいた.
  I *got embarrassed* in front of everyone.
- 彼に恥をかかせた. I *embarrassed* him.

はしか〖(the) measles〗[ミーズルズ]
- 赤ん坊ははしかにかかった.
  The baby caught (*the*) *measles*.

はじく〖指で〗**snap**[スナップ]；〖水を〗**repel**[リペル]
- 私のコートは水をはじく.
  My coat *repels* water.

はじける burst[バースト], **pop**[ポップ]
- ポケットがいっぱいではじけそうだ.
  My pockets might *burst* because they are so full.

はしご a ladder[ラダァ]
- はしごを上った.
  I climbed [went up] the *ladder*.
- はしごを降りた.
  I climbed [went] down the *ladder*.
- 彼は塀にはしごを掛けた.
  He set a *ladder* against the fence.
- はしご車 a ladder truck

はじまり〖始まり〗**the beginning**[ビギニング], **the start**[スタート]；〖起源〗**the origin**[オーラヂン]
- 新たな一年の始まりだ.
  It's *the beginning* of a new year.

はじまる〖始まる〗
〖開始する〗**begin**[ビギン], **start**[スタート]；〖店・会などが〗**open**[オウプン]
- 新学期は4月から始まる. The new school year *begins* in April.（▶ from April は×）
- 「映画は何時に始まりますか」「8時半です」
  "What time does the movie *begin* [*start*]?" "At eight thirty."
- 私たちはコンサートが始まる30分前に着いた.
  We arrived thirty minutes before the concert *started*.
- 銀行は9時に始まる.
  The banks *open* at nine.

はじめ〖初め, 始め〗
the beginning[ビギニング], **the start**[スタート]→ さいしょ
- 初めから終わりまで
  from *beginning* to end（▶ beginning と end が対になっているので the をつけない）
- ━初めは **at first**[ファースト]
- 初めはあの声優が好きではなかった.
  I didn't like that voice actor *at first*.
- ━初めの **the first**
- 映画の初めの10分間は退屈だった. *The first* ten minutes of the movie were boring.
- ━初めに **first, at the beginning**
- 今年の初めに伊勢に行った. I traveled to Ise *at the beginning* of this year.

はじめて〖初めて〗
〖最初に〗**first**[ファースト]；〖生まれて初めて〗**for the first time**[タイム]
- 初めて彼女に会ったのはいつですか.
  When did you *first* meet her?
- ナオはきょう初めてテニスをした. Nao played tennis today *for the first time*.
- こんなきれいな花火を見たのは初めてです.
  This is *the first time* I have seen such beautiful fireworks!
- ━初めての **first**
- 今回が初めての海外旅行だ.
  This is my *first* trip abroad.

━…して初めて〜
not ~ until ...
- その本を読んで初めて読書のおもしろさを知った. I didn't know that reading was so interesting *until* I read the book.

はじめまして Nice to meet you.[ナイス][ミート]；〖くだけて〗**Hello!**[ヘロゥ], **Hi!**[ハイ]；〖改まって〗**How do you do?**[ハゥ]

はじめる

話してみよう！
- 😊 はじめまして。私の名前は森ハルカです。
  Nice to meet you. My name is Mori Haruka.
- 😊 こちらこそはじめまして。
  Nice to meet you, too.

はじめる【始める】
begin[ビギン], **start**[スタート]
- ぼくは4月から野球を始めた。
  I *started* playing baseball in April.
- では、レッスン1から始めましょう。
  Now, let's *begin* with Lesson 1.
- ミーティングは何時から始めようか。
  What time should we *start* the meeting?
- ぼくはドラムの練習を始めたばかりだ。I have just *started* practicing the drums.

…はじめる【…(し)始める】start [begin]+〈動詞の原形〉[スタート [ビギン]], start [begin]+-ing形
- 雨が降り始めた。It *began* [*started*] to rain. / It *began* [*started*] rain*ing*.

ばしゃ【馬車】**a carriage**[キャリッヂ]
はしゃぐ get excited[イクサイティド]; (喜んで飛び回る)**romp about** [**around**][ランプ][アラウンド]
- そんなにはしゃがないで。
  Don't *get so excited*!

パジャマ pajamas, 英**pyjamas**[パチャーマズ] (▶ふつう上下でひとそろいなので複数); **sleepwear**[スリープウェア]
- パジャマ1着 a pair of *pajamas* (▶パジャマ2着は two pairs of *pajamas*)
- パジャマのシャツ(上)
  a *pajama* top / a *pajama* shirt
- パジャマのズボン(下)
  pajama bottoms / *pajama* pants

ばしょ【場所】
(所)**a place**[プレイス]; (空間)**room**[ルーム], **space**[スペイス]→ところ
- それを元あった場所に戻(き)しなさい。
  Put it back in its *place*.
- 座(き)る場所がなかった。
  There was no *room* [*space*] to sit down.

はしら【柱】**a pillar**[ピラァ], (電柱など)**a pole**[ポウル]
‖ 柱時計 **a wall clock**
はしりたかとび【走り高跳び】〖スポーツ〗**the high jump**[ハイ ヂャンプ]
はしりはばとび【走り幅跳び】〖スポーツ〗**the long jump**[ローング ヂャンプ]

はしりまわる【走り回る】**run around**[アラウンド]

はしる【走る】
run[ラン]
- ミキは走るのが速い。
  Miki *runs* fast. / Miki is a fast *runner*.
- 彼は家までずっと走って行った。
  He *ran* all the way home.
- うちの犬がぼくのほうへ走ってきた。
  Our dog came *running* to me.
- 5kmレースを走る予定だ。
  I will *run* in a 5 km race.

はじる【恥じる】**be [feel] ashamed (of ...)**[フィール][アシェイムド]→ はずかしい
はす〖植物〗**a lotus**[ロウタス]

…はず【…はずだ】
(当然)**should**[シュッド], **must**[マスト]; (…する予定だ)**be to+**〈動詞の原形〉, **be supposed to+**〈動詞の原形〉[サポウズド]
- 彼はそのことを知っているはずだ。
  He *should* know that.
- ポチは今ごろきっとおなかをすかせているはずだ。Pochi *must* be hungry by now.
- その荷物はきょう届くはずだった。
  The package *was* (*supposed*) *to* arrive today.
- **…はずがない cannot+**〈動詞の原形〉
- それが本当であるはずがない。
  It *cannot* [《話》*can't*] be true.

バス¹
a bus[バス]
- 彼らはバスに乗った。They got on a *bus*.
- 彼らはバスから降りた。They got off a *bus*.
- 5番のバスに乗ってください。
  Please take the No. 5 *bus*.
- バスで学校へ通う。
  I go to school by *bus*.
- 終バスに乗り遅(ﾞ)れた。
  I missed the last *bus*.
- 6時のバスに間に合った。
  I caught the six o'clock *bus*.
- このバスは高崎に行きますか。
  Does this *bus* go to Takasaki?
- バスの中で先生に会った。
  I met my teacher on the *bus*.

‖ バスガイド **a bus conductor**
‖ バスターミナル **a bus terminal**
‖ バス停(留所) **a bus stop**
‖ バス料金 **a bus fare**
‖ バス路線 **a bus line** [**route**]

はずれ

表現メモ

バスのいろいろ
空港(リムジン)バス an airport limousine
貸し切りバス a chartered bus
市営バス a city bus
2階立てバス a double-decker (bus)
長距離バス a long-distance bus
マイクロバス a minibus, a microbus
夜行バス a night [overnight] bus
送迎バス a pickup bus
スクールバス a school bus
観光バス a sightseeing bus
路線バス a city bus

英国の2階建てバス

バス²(ふろ)a bath[バス]
バスタオル a bath towel
バスマット a bath mat
バスルーム a bathroom

バス³〖音楽〗(音域)bass[ベイス]; (歌手)a bass
バスクラリネット〖楽器〗a bass clarinet
バストロンボーン〖楽器〗a bass trombone

バス⁴〖魚〗a bass[バス]
バスつり bass-fishing

パス (球技・トランプなどの)a pass[パス]; (無料券)a (free) pass[フリー]
─パスする (球技・トランプなどで)pass; (合格する)pass; (やめておく)pass on ...
・「あなたの番だよ」「パスする」
"It's your turn." "(I) *pass*."
・食べ過ぎたのでデザートはパスしよう.
I ate too much, so I'll *pass on* dessert.

はずかしい【恥ずかしい】
(きまりが悪い)be embarrassed[インバラスト];
(恥じる)be [feel] ashamed[フィール アシェイムド]; (内気である)be shy[シャイ]
・道で転んで本当に恥ずかしかった. I *was so embarrassed* when I fell on the road.
・間違(まちが)ったことをして恥ずかしかった.
I *was* [*felt*] *ashamed of* myself for doing the wrong thing.
・恥ずかしがらないで.
Don't *be shy*.
─恥ずかしそうに shyly[シャイリィ]
・彼は恥ずかしそうにスピーチを始めた.
He *shyly* began his speech.

パスケース(定期券入れ)a commuter-pass holder[カミューターパス ホウルダァ]

バスケット(かご)a basket[バスキット]

バスケットボール〖球技〗basketball[バスキットゥボール]; (ボール)a basketball
・ぼくらは放課後バスケットボールをする.
We play *basketball* after school.
バスケットボールシューズ basketball shoes
バスケットボール部 a basketball team

はずす【外す】(取り外す)take off[テイク], remove[リムーヴ]; (ゴールなどを)miss[ミス]; (ボタンなどを)undo[アンドゥー]; (席を)leave one's seat[リーヴ][スィート]
・眼鏡を外した.
I *took off* my glasses.
・その選手はゴールを外した.
The player *missed* the goal.
・彼女は席を外した. She *left her seat*.
・私たちは羽目をはずしてしまった.
We enjoyed ourselves *too much*.

パスタ pasta[パースタ]

バスタブ a bathtub[バスタブ]

パステル a pastel[パステル]
パステル画 a pastel painting
パステルカラー pastel-colored: パステルカラーのワンピース a *pastel-colored* dress

バスト a bust[バスト]

はずべき【恥ずべき】shameful[シェイムフル]

パスポート a passport[パスポート]
・パスポートを申請(しんせい)しなくちゃ.
I must apply for my *passport*.

はずむ【弾む】bounce[バウンス]
・このボールはよく弾む.
This ball *bounces* well.
・アメリカでの生活について話が弾んだ.
We had a *lively* conversation about life in America. (←活気のある会話をした)

パズル a puzzle[パズル]
・パズルを解いた. I solved the *puzzle*.

はずれ【外れ】(くじの)a blank[ブランク]; (当たらないこと)a miss[ミス]; (郊外(こうがい))the suburbs[サバーブズ], the outskirts[アウトスカーツ]; (端(はし))the edge[エッヂ]
・外れくじを引いてしまった.
I drew a *blank*.
・町の外れに住んでいる.
I live in *the outskirts* of the town.

five hundred and forty-one

はずれる

はずれる【外れる】
- ❶ 取れる　**come off**
- ❷ 当たらない　**miss**; (間違っている) **be wrong**; (くじが) **lose**

come off

miss

be wrong

lose

❶〔取れる〕**come off**[カム]
- 自転車のチェーンが外れた．
 The chain of my bicycle *came off*.

❷〔当たらない〕**miss**[ミス]; (間違っている)**be wrong**[ローング]; (くじが)**lose**[ルーズ]
- 彼の矢は的を外れた．
 His arrow *missed* the mark.
- きょうの天気予報は外れた．
 The weather forecast *was wrong* today.
- くじ引きは外れた．I *lost* the lottery.

パスワード a password[パスワード]
- パスワードを入力した．I entered [typed (in)] my [the] *password*.
- パスワードを変更[保存]した．
 I changed [saved] the *password*.

はぜ〘魚〙**a goby**[ゴウビィ]

パセリ〘植物〙**parsley**[パースリィ]

パソコン a (personal) computer[(パーサヌル) カンピュータァ], **a PC**[ピースィー]
- 自分のパソコンを持ってる？
 Do you have your own *computer*?
- パソコンを使ってゲームをした．
 We used the *computer* to play games.
- パソコンでグラフを作った．
 I made a graph on my *PC*.

はた〔旗〕**a flag**[フラッグ]
- 旗を掲げた．I put up a *flag*.
- 旗を下ろした．I took down a *flag*.
- 彼らは旗を振ってメダリストたちを迎えた．They waved *flags* as they welcomed the medalists.

■ 旗ざお **a flagpole**

はだ〔肌〕**(a) skin**[スキン]
- 白い[黒い, 小麦色の]肌
 fair [dark, tanned] *skin*
- 赤ん坊はすべすべした肌をしている．
 Babies have smooth *skin*.
- 私は乾燥[敏感]肌だ．
 My *skin* is dry [sensitive].
- テニス部の雰囲気が私の肌に合っていた．
 I was able to *fit into* the tennis team.

■ 肌着 (まとめて)**underwear**
■ 肌ざわり **a [the] touch**: このタオルは肌ざわりがいい[悪い]．This towel is smooth [rough] to *the touch*.

バター butter[バタァ]
- バターを塗ったパン bread and *butter*

➡ バターを塗る **butter, spread butter on ...**
- パンにバターを塗った．I *buttered* [*spread butter on*] my bread.

■ バターナイフ **a butter knife**

ばたあし【ばた足】**the flutter kick**[フラッタァ キック]
- ばた足で泳いだ．
 I swam by *kicking* my *feet*.

はだあれ【肌荒れ】**rough skin**[ラフ スキン]

パターン a pattern[パタァン]

はだか〔裸の〕**naked**[ネイキッド], **nude**[ヌード]; (むき出しの)**bare**[ベア]
- その少年は上半身裸だった．
 The boy was *naked* to his waist.

➡ 裸になる **take off** *one's* **clothes**
- 彼は裸になった．He *took off his clothes*.

はたけ〔畑〕**a field**[フィールド]
- 父は毎日畑を耕す．
 My father plows the *fields* every day.

はだざむい【肌寒い】**chilly**[チリィ]

はだし a bare foot[ベア フット]

➡ はだしで **barefoot**
- はだしで走った．I ran *barefoot*.

はたす【果たす】(実行する)**carry out**[キャリィ アウト]; (実現する)**achieve**[アチーヴ]
- 自分の義務を果たしなさい．
 Carry out your duty. / *Do* your duty.
- 彼は目的を果たすためにがんばった．
 He worked hard to *achieve* his goal.
- 父は約束を果たした．

My father *kept* his promise.
はたち【二十(歳)】**twenty (years old)**[トゥウェンティ (イァズ オウルド)]
ばたばた【ばたばたと】(音を立てて)**noisily**[ノイズィリィ]; (次々に)**one after another**[ワン アフタァ アナザァ]
- 生徒たちは廊下(ﾛ)をばたばた走っていた.
 The students were running *noisily* in the corridor.
- 一日中ばたばたした. I've been *busy* all day long.(←忙(ｲｿｶﾞ)しくしていた)

ぱたぱた【ぱたぱたと】(動かす)**flap**[フラップ]
- うちわでぱたぱたあおいだ.
 I *flapped* my fan.

バタフライ〘水泳〙**the butterfly (stroke)**[バタフライ (ストゥロウク)]
はたらき【働き】(労働, 仕事)**hard work**[ハード ワーク]; (機能)**a function**[ファンクション]
- カナの働きで掃除(ｿｳｼﾞ)が早く終わった.
 We finished the cleaning early thanks to Kana's *hard work*.
- 心臓の働きが衰(ｵﾄﾛ)えた.
 The *function* of the heart has declined.
| 働き口 a job
| 働き者 a hard worker

はたらく【働く】

work (for ..., at ..., in ...)[ワーク]
- 父は商社で働いている.
 My father *works for* a trading company. (←会社はふつう for を使う)
- 姉は書店で働いている.
 My sister *works at* a bookstore.
- 兄は看護師として働いている.
 My brother *works* as a nurse. / My brother is a nurse.
- 彼はとてもよく働く. He *works* very hard.
- 頭を働かせなさい. *Use* your head.

バタン(音)**a slam**[スラム](►複数形では用いない), **a bang**[バング]
 ━**バタンと閉まる[閉める] slam**
- ドアがバタンと閉まった.
 The door *slammed* shut.

はち¹【八(の)】**eight**[エイト]→**さん¹**
- この車は8人乗りだ. This car carries *eight* people.(←8人を運ぶ)
 ━**第八(の) the eighth**[エイトゥス](★つづり・発音注意)(►8thと略す)

はち²【虫】**a bee**[ビー]; (みつばち)**a honeybee**[ハニィビー]; (すずめばち)**a wasp**[ワスプ]
- はちに刺(ｻ)された. I got stung by a *bee*.
- 女王[働き]ばち a queen [worker] *bee*

- はちの巣 a *bee*hive / a honeycomb→す¹図

はち³【鉢】**a bowl**[ボウル]; (植木鉢)**a (flower) pot**[(フラウァ) パット]

ばち【罰】(**a**) **punishment**[パニッシュマント]
- 罰が当たったのさ. It *serves* you *right*!
- そんなことすると罰が当たるよ.
 You will *pay dearly* for that.(←高い代償(ﾀﾞｲｼｮｳ)を払(ﾊﾗ)うことになる)

はちうえ【鉢植え】**a potted plant**[パッティド プラント]
- 鉢植えのばら *potted* roses

はちがつ【八月】**August**[オーガスト](►常に大文字で始め, Aug.と略す)→**いちがつ**
- 私たちは毎年8月にキャンプに行く.
 We go camping in *August* every year.

はちじゅう【八十(の)】**eighty**[エイティ]→**さん¹**
- 80年代の音楽 music in the *eighties*
 ━**第八十(の) the eightieth**[エイティイス](►80thと略す)

ぱちぱち(音)**crackle**[クラックル]; (拍手(ﾊｸｼｭ))**clap**[クラップ]; (目を)**blink**[ブリンク]
- 手をぱちぱちたたいた. I *clapped* my hands.
- 彼女は目をぱちぱちさせた.
 She *blinked* her eyes.

はちまき【鉢巻き】**a headband**[ヘッドバンド]
- はちまきをした. I wore a *headband*.

はちみつ **honey**[ハニィ]
はちゅうるい【は虫類】**reptiles**[レプタイルズ], (1匹)**a reptile**

はちょう【波長】〘物理〙**a wavelength**[ウェイヴレングス]
- マリと私は波長が合う.
 Mari and I are on the same *wavelength*. / Mari and I get along well.

パチンコ pachinko
| パチンコ店 a *pachinko* parlor

はつ…【初…】**first**[ファースト], **initial**[イニーシャル]
- 初勝利[デート] a *first* victory [date]

…はつ【…発】(場所)**from ...**[フラム]
- 東京発横須賀行きの電車
 a train *from* Tokyo for Yokosuka
- 8時発の急行 the 8 o'clock express

ばつ¹【罰】(**a**) **punishment**[パニッシュマント], (**a**) **penalty**[ペナルティ](★アクセント位置に注意)
- 罰として庭の掃除(ｿｳｼﾞ)をさせられた.
 I was made to clean the yard as a *punishment*.
 ━**罰する punish**
- カンニングをして罰せられた.
 I was *punished* for cheating.
| 罰ゲーム a penalty game

ばつ²(×印)**an X**[エックス]

ばつ³

→ばつをつける put an X（on ...）

ばつ³
→ばつが悪い feel awkward[フィール オークワァド], feel embarrassed[インバラスト]
- うそがばれてばつが悪かった．
I *felt embarrassed* because my lie was revealed.

はついく【発育】growth[グロウス]
→発育する grow→そだつ

はつおん【発音】(a) pronunciation[プラナンスィエイション]（★動詞とのつづりの違いに注意）
- カオルの英語の発音はとてもいい．Kaoru's English *pronunciation* is very good.
- 先生は私の発音を直してくれた．The teacher corrected my *pronunciation*.
→発音する pronounce[プラナウンス]
- この単語はどう発音するのですか．
How do you *pronounce* this word?
‖発音記号 a phonetic symbol [sign]

はつか【植物】peppermint[ペパミント]

ハッカー〖コンピュータ〗a hacker[ハッカァ]

はつかねずみ a mouse[マウス]（複 mice[マイス]）

はつがんせい【発がん性の】carcinogenic[カースィナチェニック]
‖発がん性物質 a carcinogen

はっき【発揮する】bring out[ブリング アウト]
- 力を十分に発揮できた．I was able to *bring out* the best in myself.

はっきり【はっきりした】
clear[クリア], (明白な)obvious[アブヴィアス]
- 彼女ははっきりした声をしている．
She has a *clear* voice.
- 私はやりたいことがはっきりしていない．
I don't have a *clear* vision of what to do.
- 彼らが正しいことはっきりしている．
It's *clear* [*obvious*] that they are right.
→はっきりと clearly
- その島はここからはっきりと見える．
We can see the island *clearly* from here.

ばっきん【罰金】a fine[ファイン], a penalty[ペナルティ]

- 駐車違反の罰金は1万円だ．The *fine* for illegal parking is ten thousand yen.

バック(背景)a background[バックグラウンド];〖スポーツ〗a back[バック](⇔フォワード a forward)
- 富士山をバックに写真を撮ろう．
Let's take a picture with Mt. Fuji in the *background*.
→バックする back (up), go back
→バックさせる back (up)
 バックスクリーン〖野球〗the batter's eye (screen)
 バックストローク the backstroke
 バックナンバー a back number [issue]
 バックネット〖野球〗a backstop(►「バックネット」は和製英語)
 バックハンド a backhand
 バックミラー a rearview mirror(►「バックミラー」は和製英語)→くるま図

バッグ a bag[バッグ]→かばん

パック(包み)a pack[パック]；(紙製容器)a carton[カートゥン]；(美容用)a facial mask[フェイシャル マスク]
- 牛乳パック a *carton* of milk
‖パック旅行 a package tour

バックアップ(後援, 支援)a backup[バックアップ]；〖コンピュータ〗a backup
→バックアップをとる make a backup
→バックアップする support, back up

はっくつ【発掘】(an) excavation[エクスカヴェイション]
→発掘する excavate[エクスカヴェイト]

バックル a buckle[バックル]

ばつぐん【抜群の】outstanding[アウトスタンディング], excellent[エクサラント]
- 彼には抜群の記憶力がある．
He has an *excellent* memory.

パッケージ(包み)a package[パキッヂ]

はっけつびょう【白血病】leukemia[ルーキーミア]

はっけん【発見】(a) discovery[ディスカヴァリィ]
→発見する (未知のものを)discover；(無くしたものを)find[ファインド]
- ニュートンは引力を発見した．
Newton *discovered* gravity.
‖発見者 a discoverer

はつげん【発言する】speak[スピーク], say[セィ]
- 反省会で自分たちのプレーについて発言した．
I *spoke* about our plays at the review meeting.

はつこい【初恋】one's first love[ファースト ラヴ]
- 初恋はいつ？ When was *your first love*?
- リオは私の初恋(の人)だ．

はっと

Rio is *my first love*.

はっこう【発行する】(本などを)**publish**[パブリッシュ]
- この雑誌は隔週で発行される. This magazine is *published* every other week.

∥発行部数 (a) **circulation**

ばっさい【伐採する】**cut down**[カット]
- 森林伐採 **deforestation**

ばっさり(切る)**cut off**[カット], **chop off**[チョップ]
- (自分で)前髪をばっさり切った. I *cut off* my bangs.

はっさん【発散する】**release**[リリーヴ], **let out**[レット アウト]
- 泳ぎに行ってストレスを発散できた. I was able to *get rid of* my stress by swimming. / I was able to *destress* by swimming.

ばっし【抜糸する】**remove the stitches**[リムーヴ][スティッチズ]

バッジ a badge[バッヂ]
- このバッジをつけないといけない. We have to wear this *badge*.

はっしゃ[1]【発車する】**leave**[リーヴ], **depart**[ディパート]
- 次の急行は9時10分に発車する. The next express *leaves* at 9:10.(▶読み方は nine ten / ten after nine)
- バスは定刻に発車した. The bus *departed* on schedule.

∥発車時刻 **the departure time**

はっしゃ[2]【発射する】(銃などを)**fire**[ファイア]; (ロケットなどを)**launch**[ローンチ]

はっしょうち【発祥地】**the birthplace**[バースプレイス]

ばっすい【抜粋】**an extract**[エクストゥラクト]
➡抜粋する **extract**[イクストゥラクト]

はっする【発する】(においなどを)**give off**[ギヴ]; (光・熱などを)**send off**[センド], **radiate**[レイディエイト]
- 納豆は強烈なにおいを発する. Natto *gives off* a strong smell.

はっせい[1]【発生する】(起こる)**occur**[アカー], **happen**[ハパン]; (戦争・火事などを)**break out**[ブレイク アウト]➡おこる[2]
- けさ,そこで事故が発生した. An accident *occurred* there this morning.

はっせい[2]【発声する】**vocalize**[ヴォウカライズ]
∥発声練習 **vocal exercises**: 本番の前に発声練習をした. We did *vocal exercises* before the performance. / We *practiced* *vocalization* before the performance.

はっそう【発送する】**send out**[off][センド アウト]; (郵便物を)《主に米》**mail**[メイル], 《主に英》**post**[ポウスト]➡だす[3]

ばった〘虫〙**a grasshopper**[グラスハッパァ]

バッター〘野球〙**a batter**[バタァ]
∥バッターボックス **a batter's box**(▶「バッターボックス」は和製英語)

はったつ【発達】**development**[ディヴェラップマント]; (成長)**growth**[グロウス]; (進歩)**progress**[プラグレス]
- 過度のダイエットは体の発達によくない. Excessive diet is bad for physical *growth*.
➡発達する **develop**; **grow**; **progress**[プラグレス]
- 日本では鉄道網が発達している. The rail system is highly *developed* in Japan.

ばったり(不意に)**unexpectedly**[アニクスペクティドゥリィ]
- きょう駅でばったり島先生に会った. I *ran into* Mr. Shima at the station today.

ばっちり perfect[パーフィクト]
- 英語の試験はばっちりだった. I did *perfect* on the English exam.

バッティング〘野球〙**batting**[バッティング]

バッテリー(電池)**a battery**[バッタリィ]; 〘野球〙**a battery**
- ぼくはカズヤとバッテリーを組んでいる. I form a *battery* with Kazuya.

はってん【発展】**development**[ディヴェラップマント], **growth**[グロウス]
➡発展する **develop**, **grow**
- 新しい駅ができて町は発展した. The town *developed* more after the new station was built.
- その国の経済は急速に発展した. The economy of that country has *grown* rapidly.

∥発展途上国 **a developing country**(⇔先進国 **a developed country**)

はつでん【発電する】**generate electricity**[チェナレイト イレクトゥリサティ]

∥発電機 **a generator**
∥発電所 **a power station** [**plant**]

いろいろな発電

火力発電 thermal power generation
水力発電 hydroelectric power generation
原子力発電 nuclear power generation
風力発電 wind power generation
地熱発電 geothermal power generation
太陽光発電 solar power generation

はっと【はっとする】**be startled**[スタートゥルド]

バット

- 彼女は急な物音にはっとした.
  She *was startled* by the sudden noise.

バット(野球の)**a bat**[バット]
- バットを振(*)る練習をした.
  I practiced swinging a *bat*.

ハットトリック〖サッカー〗**a hat trick**[ハット トゥリック]
- 彼はハットトリックを決めた.
  He scored a *hat trick*.

はつねつ【発熱】**a fever**[フィーヴァ]
- 39度の発熱
  a *fever* of 39 degrees（Celsius）
- 軽い[中程度の]発熱 a mild [moderate] *fever*
- **─発熱する have a fever**

はつばい【発売】(販売(𝑏𝑎𝑖)の)**(a) sale**[セイル];（商品・本などの）**release**[リリース]
- その新商品は発売中だ. The new product is now on *sale*.
- **─発売する sell, put ... on sale; release**
- 新しいゲームが発売される.
  A new video game will be *put on sale*.
- ▮**発売日 a sale date**: この雑誌の発売日は金曜日だ. This magazine *comes out on* Friday.

はっぴ a happi（coat）[（コウト）]

ハッピー【ハッピーな】**happy**[ハッピィ]
- ▮**ハッピーエンド a happy ending**（►「ハッピーエンド」は和製英語）

はつひので【初日の出】**the first sunrise of the New Year's**[ファースト サンライズ][ヌー イァズ]

はっぴょう【発表】

(知らせ)**(an) announcement**[アナウンスマント];（調査結果などを）**a presentation**[プレザンテイション]
- **─発表する**(知らせる)**announce, make ... public**[パブリック];（意見などを）**present**[プリゼント], **make a presentation**
- 自由研究の結果をクラスで発表した.
  I *presented* the results of my school research project to the class.
- 入試の結果はあした発表される.
  The results of the entrance exam will be *announced* [*made public*] tomorrow.
- ▮**発表会**(独奏会)**a recital, performance**

バッファロー【動物】**a buffalo**[バッファロウ]

はっぽうスチロール【発泡スチロール】**polystyrene**[パリスタイ(ァ)リーン], 〖商標〗**Styrofoam**[スタイ(ァ)ラフォウム]

はつみみ【初耳】**news**[ヌーズ]
- それは初耳だな. That's *news* to me.

はつめい【発明】**invention**[インヴェンション];（発明

品）**an invention**
- **─発明する invent**
- だれがアイパッドを発明したのですか.
  Who *invented* the iPad?
- ▮**発明家 an inventor**

はつもうで【初もうで】**the New Year's first shrine visit**[ヌー イァズ ファースト シュライン ヴィズィット]
- 神社に初もうでした. I made my *first shrine visit of the New Year* at the shrine.

はつゆめ【初夢】**the first dream of the year**[ファースト ドゥリーム][イァ]
- 初夢を見た.
  I had my *first dream of the year*.

はで【派手な】(色・柄(𝑔𝑎𝑟𝑎)などが)**loud**[ラウド];（目立つ）**showy**[ショウィ]
- 彼はいつもはでな服を着ている.
  He always wears *showy* clothes.
- このシャツは私にははですぎる.
  This shirt is too *loud* for me.

パティシエ a pastry chef[ペイストゥリィ シェフ]（►「パティシエ」はフランス語から）
- 将来, パティシエになりたい. I want to become a *pastry chef* in the future.

ばてる get exhausted[イグゾースティド];（ばてている）**be beat**[ビート]
- 5キロ走ったらばてた. I *got exhausted* after running five kilometers.

はと【鳥】**a pigeon**[ピヂャン]; **a dove**[ダヴ]（►小型の白いはとを指す）
- 伝書ばと a carrier [homing] *pigeon*
- はとは平和の象徴(𝑠𝑦𝑜𝑜𝑐𝑦𝑜𝑜)だ.
  The *dove* is a symbol of peace.
- ▮**はと時計 a cuckoo clock**

パトカー a police car[パリース カー], **a patrol car**[パトゥロウル]

バドミントン badminton[バドゥミントゥン]（★アクセント位置に注意）
- バドミントンをするのが好きだ.
  I like to play *badminton*.
- ▮**バドミントン部 a badminton team**

パトロール patrol[パトゥロウル]
- 警察がパトロール中です.
  The police are on *patrol*.
- **─パトロールする patrol**
- ▮**パトロールカー →パトカー**

バトン a baton[バタン]（★発音注意）
- ▮**バトンタッチ a baton pass**（►「バトンタッチ」は和製英語）: 私はエミにバトンタッチした.
  I *passed* the *baton* to Emi.
- ▮**バトントワラー a baton twirler**
- ▮**バトントワリング baton twirling**

546　　five hundred and forty-six

はなしあう

❷[物語]a story[ストーリィ]
・彼は私の話を信じた. He believed my story.
❸[話題]a subject[サブヂクト], a topic[タピック];（うわさ）a rumor[ルーマァ]
・今度は違う話をしよう.
Let's change the subject [topic].
・佐藤先生が学校をやめるという話を聞いた.
I heard a rumor that Ms. Sato is going to leave the school.
━話が合う get along well with ...

はなしあう【話し合う】talk（with ...）[トーク], discuss[ディスカス]
・私は将来の計画について両親と話し合った.
I talked with my parents about my future plans.
・彼らはその問題を話し合った.
They discussed the problem.

はなしかける【話しかける】talk to ...[トーク], speak to ...[スピーク]
・電車の中で知らない人が話しかけてきた.
A stranger spoke to me on the train.

はなしことば【話し言葉】spoken language[スポウクン ラングウィヂ]

はなす¹【話す】→いう くらべて!

❶ 言語を話す　　　　speak
❷ 語り合う，しゃべる　talk
❸ 告げる，伝える　　tell

❶[言語を話す]speak[スピーク]
・父は中国語を話すのがとてもじょうずだ.
My father speaks Chinese very well.
・もう少しゆっくり話してもらえますか.
Could you speak more slowly?
・英語を話せるようになりたい.
I want to be able to speak English.
・メキシコでは何語を話しますか. What language do they speak in Mexico?
❷[語り合う, しゃべる]talk[トーク]
・（電話で）ケンと話したいので代わってくれますか. I'd like to talk to [with] Ken. Would you put him on (the line)?
・その赤ちゃんは少しだけ言葉が話せる.
The baby can talk a little.
・これがきのう話していた本だよ. This is the book I was talking about yesterday.
❸[告げる, 伝える]tell[テル]
・本当のことを話して. Tell me the truth.
・話したいことがあるんだ.
I have something to tell you.
・あなたの学校生活について話してください.
Please tell us about your life at school.

はなす²【放す】

(手を)let ... go[レット][ゴゥ], let go of ...;（自由にする）set ... free[フリー], let ... loose[ルース]
・放して. Let me go!
・絶対にロープを放すんじゃない.
Never let go of the rope.
・犬を庭に放した.
I let my dog loose in the yard.

はなす³【離す】

separate[セパレイト], part[パート]
・先生はけんかをしている2人の生徒を離した.
The teacher separated the two students who were fighting.
・手荷物から目を離してはいけません.
Don't take your eyes off the baggage. / Keep your eyes on the baggage.

バナナ a banana[バナナ]
・バナナ1房 a bunch of bananas
・バナナの皮 a banana peel

はなび【花火】fireworks[ファイアワークス];（手で持つ）a sparkler[スパークラァ], small fireworks[スモール ファイアワークス]

fireworks　　　　　　sparkler

・公園で花火をした. We played with sparklers in the park. / We set off (small) fireworks in the park.
・花火を見に行こう.
Let's go (to) watch the fireworks.
▮花火大会 a fireworks display [festival]

はなびら【花びら】a petal[ペトゥル]

はなみ【花見】cherry blossom viewing[チェリィ ブラッサム ヴューイング]→年中行事[口絵]
・春になると花見をする.
We view cherry blossoms in spring.

はなむこ【花婿】a bridegroom[ブライドグルーム](⇔花嫁 a bride)

はなやか【華やかな】（豪華な）gorgeous[ゴーヂャス];（はでな）showy[ショウィ], colorful[カラァフル]
・華やかなパーティー a gorgeous party

はなよめ【花嫁】a bride[ブライド](⇔花婿

はな¹【花】

(草木の) **a flower**[フラウァ];(果樹の) **a blossom**[ブラッサム]

- 祖父母はいろいろな種類の花を育てている.
  My grandparents grow various kinds of *flowers*.
- 花を生けるのが好きです.
  I like to arrange *flowers*.
- 花びんの花が散ってしまった.
  The *flowers* in the vase are gone.
- 桜の花が満開だ.
  The cherry *blossoms* are in full bloom.

—花が咲(さ)く bloom, come out
- この花は夕方に咲く.
  This flower *blooms* in the evening.

—花のような flowery[フラウ(ァ)リィ]
- 花のようなきれいな色が好きです.
  I like pretty *flowery* colors.

花言葉 the language of flowers
花束 **a bouquet**(►フランス語から), **a bunch of flowers**: ばらの花束 a *bouquet* [*bunch*] of roses
花畑 a flower garden
花店, 花屋 a flower shop
花屋さん (人) a florist
花輪 a (flower) wreath

表現メモ

いろいろな花

朝顔 morning glory ／ カーネーション carnation ／ きく chrysanthemum

たんぽぽ dandelion ／ チューリップ tulip ／ ばら rose

ひまわり sunflower ／ ゆり lily

はな²【鼻】

a nose[ノウズ];(象の) **a trunk**[トゥランク];(犬・馬などの) **a muzzle**[マズル]

nose trunk muzzle

- 彼は鼻が高い[低い]. He has a long [flat] *nose*. (►a high [low] noseは×)
- 鼻をかみなさい. Blow your *nose*.
- 鼻が詰(つ)まっている.
  My *nose* is stuffed up.
- その子は鼻をほじっていた.
  The kid was picking his *nose*.
- 象は鼻が長い.
  An elephant has a long *trunk*.
- 鼻の穴 a nostril

鼻歌: 鼻歌を歌う *hum* a tune
鼻声 a nasal voice
鼻血 a nosebleed: 彼は鼻血が出ていた. His *nose* was *bleeding*.
鼻水: 一日中鼻水が止まらない. I've had a *runny nose* all day. / My *nose* has been *running* all day.

はなし【話】

❶ 会話   (談話) (a) **talk**;
         (会話) (a) **conversation**
❷ 物語   **a story**
❸ 話題   **a subject**, **a topic**;
         (うわさ) **a rumor**

❶ [会話] (談話) (a) **talk**[トーク];(会話) (a) **conversation**[カンヴァセイション]

- 校長先生は話が長い.
  The principal's *talk* is long.
- ちょっと話があるんだけど.
  Can I *talk* to you for a minute?
- うちの両親は話がわかる.
  My parents are *understanding*.
- 彼は話がうまい. He is a good *speaker*.
- (電話で) お話し中です. The line is *busy*.

—話をする talk, have a talk; (おしゃべりする) **chat**[チャット]
- ぼくはマコトと話をした.
  I *talked* with Makoto.
- 彼女は友達と話をするのが好きだ.
  She likes to *chat* with her friends.

はなし

five hundred and forty-seven 547

パフェ

bridegroom）
┃花嫁衣装(いしょう) a wedding dress
はなればなれ【離れ離れになる】**get separated**[セパレイティド]
・私たちは人ごみの中で離れ離れになった．
We *got separated* in the crowd.

はなれる【離れる】

（去る）**leave**[リーヴ]；（離れている）**be away**[アウェィ]；（近づかない）**keep away**（**from** …）[キープ]
・兄は去年故郷を離れた．My brother *left* our hometown last year.
・バス停はここから200メートル離れている．The bus stop *is* 200 meters *away* from here.
・その機械から離れていなさい．
Keep away from the machine.
・弟と2歳(さい)年が離れている．
My brother and I are two years *apart*.

はにかむ be shy[シャイ], **be bashful**[バシュフル]
━はにかんで **shyly**
パニック（a）**panic**[パニック]
━パニックになる **panic**, **get into a panic**
・火事が起こったとき，私たちはパニックになった．When a fire broke out, we *panicked* [*got into a panic*].
バニラ vanilla[ヴァニラ]（★アクセント位置に注意）
┃バニラアイスクリーム **vanilla ice cream**
┃バニラエッセンス **vanilla essence**
はね【羽, 羽根】（翼(つばさ)）**a wing**[ウィング]；（羽毛(うもう)）**a feather**[フェザァ]；（バドミントンの）**a shuttlecock**[シャトゥルカック]
┃羽根つき：アイと羽根つきをした．I played *traditional Japanese badminton* with Ai.
┃羽布団(ぶとん) **a feather quilt**
ばね a spring[スプリング]
ハネムーン a honeymoon[ハニィムーン]
はねる（飛び上がる）**jump**（**up**）[ヂャンプ]；（ボールなどが）**bounce**[バウンス]；（飛び散る）**splash**[スプラッシュ]；（車が）**hit**[ヒット]
・このボールはよくはねる．
This ball *bounces* well.
・うちの犬が車にはねられた．
Our dog was *hit* by a car.
パネル a panel[パネル]
┃パネルディスカッション **a panel discussion**
パノラマ（全景）**a panorama**[パナラマ]
┃パノラマ写真 **a panoramic photo**（**graph**）

はは【母】

a mother[マザァ]（⇔父 **a father**）➡おかあさん

・母の日 *Mother*'s Day
・母は銀行に勤めている．
My *mother* works for a bank.
・彼女は2人の子どもの母だ．
She is the *mother* of two（children）.

母の日向けの花束売り場（英国）

はば【幅】

（a）**width**[ウィドゥス]
━幅の広い **wide**, **broad**[ブロード]
・幅の広い川 a *wide* river
━幅の狭(せま)い **narrow**
・その道は幅が狭い．
The road is *narrow*.
━…の幅がある … **wide**
・この布は幅が90センチある．
This cloth is 90 centimeters *wide*.
・この川の河口はどれくらいの幅がありますか．
How *wide* is the mouth of this river?
┃幅跳(と)び『スポーツ』**the long jump**
パパ dad[ダッド], **daddy**[ダディ]（▶daddyは幼い子どもがよく使う語．なおpapaは((米))((話))以外ではほとんど使わない）
パパイア『植物』**a papaya**[パパーヤ]
ははおや【母親】**a mother**[マザァ]➡はは, おかあさん
ははかた【母方の】**on** *one*'s **mother's side**[マザーズ サイド]
・母方の親せきに会った．
I saw my relatives *on my mother's side*.
・母方の祖父 *my mother's* father
ばばぬき【ばば抜き】（トランプの）**old maid**[オウルド メイド]
ババロア『菓子』**Bavarian cream**[バヴェ(ァ)リアン クリーム]
パピヨン（犬）**a papillon**[パピアン]
パビリオン a pavilion[パヴィリャン]
パフ（化粧(しょう)用の）**a powder puff**[パウダァ パフ]
パフェ a parfait[パーフェイ]（▶「パフェ」はフランス語から）
・チョコレートパフェ a chocolate *parfait*

パフォーマンス a performance[パフォーマンス]
はぶく【省く】(省略する)omit[オウミット]; (節約する)cut down[カット], save[セイヴ]
- この段落を省きたい. I want to *omit* this paragraph.
- 新しい掃除機を使えばかなりの時間と手間が省ける. The new vacuum cleaner can *save* a lot of time and trouble.

ハプニング an unexpected incident[アニクスペクティド インサダント]
- ハプニングが起きた. An *unexpected incident* happened [has occurred].
- うれしいハプニング a happy *accident*

はブラシ【歯ブラシ】a toothbrush[トゥースブラッシュ]
パプリカ a bell pepper[ベル ペッパァ]
バブル a bubble[バブル]
はへん【破片】a (broken) piece[(ブロウカン) ピース]
- ガラスの破片 a *piece* of broken glass

はまぐり【貝】a clam[クラム]
はまち【魚】a young yellowtail[イェロウテイル]
はまべ【浜辺】a beach[ビーチ]
- 浜辺で遊んだ. We played on the *beach*.

はまる
(ぴったり合う)fit[フィット]; (穴などに落ちこむ)fall (into ..., in ...)[フォール]; (動けなくなる)get stuck[スタック]; (夢中になる)be crazy about ...[クレイズィ]

fit　　　　　fall

get stuck

be crazy about ...

- そのかぎはかぎ穴にぴったりはまった. The key *fit* the lock exactly.
- タイヤがぬかるみにはまってしまった. The tire *got stuck* in the mud.
- レイはこのゲームにはまっている. Rei *is crazy about* this game.

はみがき【歯磨き】(練り歯磨き)toothpaste[トゥースペイスト]; (チューブ入りの)a tube of toothpaste[トゥーブ]
- 食後は歯磨きをしなさい. *Brush* your *teeth* after you eat.

はみだす【はみ出す】go over ...[ゴゥ], stick out[スティック アウト]
- 白線からはみ出さないで. Don't *go* [*step*] *over* the white line.

はみでる【はみ出る】hang out[ハング アウト], stick out[スティック]
- 彼のシャツのすそがはみ出ていた. His shirttail was *hanging out*.
- ケイの足が毛布からはみ出ていた. Kei's feet *stuck out* from the blanket.

ハミング humming[ハミング]
→ハミングする hum

ハム(肉製品)ham[ハム]
　ハムエッグ ham and eggs(►「ハムエッグ」は和製英語)
　ハムサンド a ham sandwich(►「ハムサンド」は和製英語)

ハムスター【動物】a hamster[ハムスタァ]
はめ【羽目】
- 羽目をはずしすぎて後でしかられた. We *had too much fun* and got scolded later.

はめつ【破滅】ruin[ルーイン]
→破滅する be ruined

はめる
(身につける)put on[プット アン]; (はめている)wear[ウェァ], have ... on[ハヴ]; (窓などをはめこむ)fit[フィット]
- 彼女は指輪をはめた. She *put on* a ring.
- 父は黒い時計をはめている. My father *has* a black watch *on*. / My father is *wearing* a black watch.

ばめん【場面】a scene[スィーン]
- 最後の場面がいちばん好きだ. I like the last *scene* the best.

はもの【刃物】an edged tool[エッヂド トゥール]

はやい
【早い, 速い】→はやく
❶時間が　early
❷速度が　fast; (動作が)quick; (動作・速度が)rapid, speedy

❶　　　　　　　　　❷
early　　　　　　　fast

❶[時間が] early[アーリィ](⇔遅い late)
- 彼女は寝るのが早い. She goes to bed *early*.

はらう

- 夕食を食べるにはまだ早い．
It's (still) too *early* to have supper.
- 早ければ早いほどよい．
The *sooner*, the better.

❷[速度が]**fast**[ファスト]；(動作が) **quick**[クウィック]；(動作・速度が) **rapid**[ラピッド], **speedy**[スピーディ] (⇔遅い slow)

- ミキは走るのがとても速い．Miki runs very *fast*. / Miki is a very *fast* runner.
- ルイは物覚えが速い．Rui is a *quick* learner.
- 時のたつのは早いものだ．
Time *flies*. (←時間は飛ぶように過ぎる)

はやおき【(人)】**an early riser**[アーリィ ライザァ]
━**早起きする get up early**→はやね

はやがてん【早合点する】(結論を急ぐ)**jump to conclusions**[ジャンプ][カンクルージョンズ]

はやく 【早く, 速く】→はやい

❶[時間が] **early**；(すぐに) **soon**
❷[速度が] **fast**；(動作が) **quickly**

❶[時間が] **early**[アーリィ] (⇔遅(琴)く late)；(すぐに) **soon**[スーン]
- 朝早く *early* in the morning
- ユカはいつもより早く家を出た．
Yuka left the house *earlier* than usual.
- 早く大人になりたい．
I want to be an adult *soon*.
- できるだけ早く返事がほしいです．
I'd like your reply as *soon* as possible.

❷[速度が] **fast**[ファスト]；(動作が) **quickly**[クウィックリィ] (⇔遅く slow(ly))

- ケンはとても速く走った．
Ken ran very *quickly*.
- もっと速く泳げるようになりたい．
I want to be able to swim *faster*.
- 早く来て！ Come *quickly*!

はやくち【早口である】**speak fast**
- 彼はかなり早口だ．He *speaks* pretty *fast*.
┃早口言葉 **a tongue twister**

はやさ【早さ,速さ】(a) **speed**[スピード]
はやし【林】**woods**[ウッツ]→もり〈くらべて！〉
- 林の中を散歩した．I walked in the *woods*.

ハヤシライス rice with hashed beef[ライス][ハッシュド ビーフ]

はやす【生やす】**grow**[グロウ]
- 父は時々ひげを生やす．
My father sometimes *grows* a beard.

はやとちり【早とちり】→はやがてん

はやね【早寝する】**go to bed early**[ベッド アーリィ]
- 私はいつも早寝早起きすることにしている．
I make it a rule to *keep early hours*.

はやびけ【早引けする】(学校を)**leave school early**[リーヴ スクール アーリィ]→そうたい

はやべん【早弁する】
- 彼は3時間目の後, 早弁した．He *had* an *early lunch* after the third period.

はやまる【早まる】**be moved up**[ムーヴド]
- 試合の日程が一週間早まった．The date of the game *was moved up* by one week.
- そう早まるな．Don't be so *hasty*.

はやめ【早めに】**early**[アーリィ], (予定より)**ahead of time**[アヘッド][タイム]
- きょうは早めに寝(ᑫ)たい．
I want to go to bed *earlier* today.
- 早めに宿題を終えた．
I finished my homework *ahead of time*.

はやめる【早める, 速める】(期日などを)**move up**[ムーヴ アップ]；(速度を)**quicken**[クウィッカン]
- 私は歩調を速めた．I *quickened* my pace.

はやり (a) **fashion**[ファッション]→りゅうこう

はやる

❶[流行している](人気がある)**be popular**；(服などが) **be in fashion**
❷病気などが **go around**

❶[流行している](人気がある)**be popular**[パピュラァ]；(服などが) **be in fashion**[ファッション]
- この歌は今でもはやっている．
This song *is* very *popular* now.
- 今どんな髪型(ෂ)がはやっているの？ What kind of hair style *is in fashion* now?

❷[病気などが] **go around**[ゴウ アラウンド]
- またインフルエンザがはやっている．
The flu *is going around* again.

はら【腹】**a stomach**[スタマック] (★つづり・発音注意), **a belly**[ベリィ]→い, おなか
- 腹が痛い．
My *stomach* hurts.
- すごく腹が減った．
I'm very hungry.
- 何にそんなに腹を立てているんだい？
What made you so angry? / What are you so mad about?

ばら[植物]**a rose**[ロウズ]
━**ばら色の rosy**

バラード a ballad[バラッド]

はらいた[腹痛]**a stomachache**[スタマッケイク]

はらいもどし【払い戻し】**a refund**[リーファンド]
━**払い戻す refund**[リファンド]

はらう 【払う】

バラエティー

❶金を	pay
❷注意などを	pay
❸ほこりなどを	dust（off）

❶[金を]**pay**[ペイ]
- 父が勘定(かんじょう)を払った．
  My father *paid* the bill.
- 彼はその本に5000円払った．
  He *paid* 5,000 yen for the book.
- ケンはぼくに500円払った．Ken *paid* me 500 yen. / Ken *paid* 500 yen *to* me.

❷[注意などを]**pay**
- 彼は私の忠告に注意を払わなかった．
  He didn't *pay* attention to my warning.

❸[ほこりなどを]**dust（off）**[ダスト]
- 書店員が本のほこりを払っていた．
  A salesclerk at the bookstore was *dusting* the books.

バラエティー variety[ヴァライアティ]
‖バラエティー番組 a *variety* show

パラグライダー paragliding[パラグライディング]

はらぐろい【腹黒い】**black-hearted**[ブラックハーティド]**, wicked**[ウィキッド]

パラシュート a parachute[パラシュート]

はらす【晴らす】(疑いを)**clear**[クリア]**,**(…に恨(うら)みを)**have revenge on …**[リヴェンヂ]
- 彼は疑いを晴らした．
  He *cleared* himself of suspicion.
- うっぷんを晴らした．We *blew off* steam.

パラソル a parasol[パラソール]→ビーチ(ビーチパラソル)

パラダイス a paradise[パラダイス]

はらっぱ【原っぱ】**a field**[フィールド]**, an open field**[オウプン]

はらばい【腹ばいになる】**get［lie］on one's stomach**[ライ][スタマック]
- 腹ばいになった．
  I *got*［*lay*］*on my stomach*.

はらはら【はらはらする】(不安で)**feel nervous**[フィール ナーヴァス]; (興奮して)**get excited**[イクサイティド]
- 空中ブランコは見ていてもはらはらする．
  Watching the flying trapeze makes me *feel nervous*［*excited*］.
  ━**はらはらするような exciting**
- はらはらするような試合だった．
  It was an *exciting* game.

ばらばら【ばらばらに】(粉々になって)**to pieces**[ピースィズ]; (別々に)**separately**[セパラットゥリィ]
- 少年は時計をばらばらに分解した．The boy took the clock *to pieces*. / The boy took the clock *apart*.
- 私たちはばらばらに帰った．
  We went home *separately*.

ぱらぱら(続けて落ちる)**sprinkle**[スプリンクル]**, scatter**[スキャタァ]; (ページなどをめくる)**leaf［flip］through …**[リーフ][フリップ][スルー]
- アイは肉に塩とこしょうをぱらぱらかけた．Ai *sprinkled* salt and pepper on the meat.
- 彼はその雑誌をぱらぱらとめくった．
  He *leafed through* the magazine.
- 数分間雨がぱらぱら降った．
  It *drizzled* for several minutes.

ばらまく scatter[スキャタァ]
- 床に鉛筆(えんぴつ)をばらまいてしまった．
  I *scattered* my pencils all over the floor.

パラリンピック the Paralympics[パラリンピックス]

バランス balance[バランス]
- 私はバランスを失って平均台から落ちた．
  I lost my *balance* and fell off the beam.
- 竹馬はバランスをとるのが難しい．It's difficult to keep your *balance* on stilts.
- バランスのとれた食事 a well-*balanced* diet

はり¹【針】(縫(ぬ)い針)**a needle**[ニードゥル]; (留め針)**a pin**[ピン]; (釣(つ)り針)**a hook**[フック]; (時計の)**a hand**[ハンド]; (はちなどの)**a sting**[スティング]

縫(ぬ)い針
needle

留め針
（straight）pin

釣(つ)り針
hook

時計の針
hand

はちの針
sting

- 針に糸を通してください．
  Please thread a *needle*.
- 時計の針 the *hands* of a clock
‖針箱 a workbox

はり²【張り】**tension**[テンション]
- 張りのある声 a *strong* voice

はり³(はり治療(ちりょう))**acupuncture**[アキュパンクチャア]
‖はり師 an acupuncturist

パリ Paris[パリス]（▶フランスの首都）

バリアフリー【バリアフリーの】**accessible**[アクセ

サブル], **easy access**[イーズィー アクセス](►「バリアフリー」はだれでも利用しやすいという意味なのでaccessibleが適切. barrier-freeは「障害(物)を取り除いた」という意味)
- バリアフリーの環境 an *easily accessible* environment

パ・リーグ the Pacific League[パスィフィック リーグ]

ハリウッド Hollywood[ハリウッド]

バリエーション (a) variation[ヴァリエイション]

はりがね【針金】(a) wire[ワイア]

はりがみ【貼り紙】a poster[ポウスタァ]

バリカン hair clippers[ヘァ クリッパーズ]

ばりき【馬力】(a) horsepower[ホースパウァ](►複数形では用いない. HP, hpと略す)

はりきる【張り切る】be in high spirits[ハイ スピリッツ], be fired up[ファイアド]
- 私のクラスはみんな体育祭に向けて張り切っている. My class *is* all *fired up* for the sports festival.
- **張り切って**（熱心に）enthusiastically[インスーズィアスティカリィ]
- 姉は張り切って働いている.
  My sister is working *enthusiastically*.

バリケード a barricade[バラケイド]

ハリケーン a hurricane[ハーラケイン]

はりつける【貼り付ける】→はる²

バリトン〖音楽〗(音域)baritone[バラトゥン];（歌手) a baritone

ばりばり
- ばりばり働いている I am working *hard*.
- せんべいをばりばり食べた. I *crunched* the rice crackers as I ate them.

ぱりぱり crisp[クリスプ]
- **ぱりぱりした** crispy

はる¹【春】
(a) spring[スプリング]
- 春の初めに[終わりに] early [late] in *spring* / in (the) early [late] *spring*
- 2024年の春に in the *spring* of 2024(►特定の年の春を表すときはtheをつける)
- 春が来た. *Spring* has come.
- 春になると桜が咲(さ)く.
  Cherry blossoms come out in *spring*.
- 私は来年の春には高校生になる. I'll be a high school student next *spring*. (►next, last, thisなどとともに用いるときはinをつけない)

春風 a spring breeze [wind]
春雨（春の雨）(a) spring rain;（食べ物）gelatin noodles

はる²【貼る】**put**[プット], **stick**[スティック];（のり

で)paste[ペイスト]
- ユリは自分の部屋の壁(かべ)にその歌手のポスターをはった. Yuri *put* a poster of the singer on the wall of her room.
- 封筒(ふうとう)に切手をはった.
  I *put* [*stuck*] a stamp on an envelope.

はる³【張る】(ひもなどを)**stretch**[ストゥレッチ]; (テントを)**set up**[セット], **put up**[プット]
- ここにテントを張ろう.
  Let's *set up* a tent here.
- 障子を張った. I *put* [*pasted*] new paper on the shoji sliding screen.

はるか【はるかに】(遠くに)in the distance[ディスタンス], far[ファー];（程度が）far, by far, much[マッチ]→ずっと❸
- 私たちははるか遠くに島が見えた.
  We could see an island *in the distance*.

バルコニー a balcony[バルカニィ]

はるさめ【春雨】→はる¹（春雨）

はるばる all the way[ウェイ]
- 彼ははるばるインドからやってきた.
  He came *all the way* from India.

パルプ (wood) pulp[(ウッド) パルプ]

はるまき【春巻き】a spring roll[スプリング ロウル]

はるやすみ【春休み】(the) spring vacation[スプリング ヴェイケイション]

はれ【晴れた】
fine[ファイン], **fair**[フェア], **sunny**[サニィ](►天気予報の表示ではふつうfairを用いる)→はれる¹❶
- あしたは晴れでしょう.
  It will be *fine* [*fair*] tomorrow.
- 晴れ後曇(くも)り. *Fair*, cloudy later.
- 晴れ時々曇り. *Fair*, partly cloudy.

バレエ (a) ballet[バレィ]（★このtは発音しない）
- バレエを習っている. I take *ballet* lessons.
- クラシックバレエ classical *ballet*

バレエ団 a ballet company
バレエダンサー a ballet dancer

ハレーすいせい【ハレーすい星】Halley's comet[ハリーズ カミット]

パレード (a) parade[パレイド]

バレーボール

→パレードする parade

バレーボール〔球技〕**volleyball**[ヴァリィボール];（ボール）**a volleyball**
- 放課後バレーボールをした．
We played *volleyball* after school.
‖バレーボール部 a volleyball team

はれつ〔破裂〕**a burst**[バースト]
→破裂する **burst, blow up**

パレット a palette[パリット]

バレリーナ a ballerina[バレリーナ]

はれる¹【晴れる】

❶ 空・天候が	clear up, be fine［nice］
❷ 疑いが	disappear, be cleared
❸ 心・気分が	cheer up, feel better

❶〔空・天候が〕**clear up**[クリア], **be fine**［**nice**］[ファイン［ナイス］]
- だんだん空が晴れてきた．
The sky is gradually *clearing up*.
- あすは晴れるでしょう．
It will *be fine* tomorrow.

❷〔疑いが〕**disappear**[ディサピア], **be cleared**(▶後者は人が主語)
- 彼に対する疑いはまだ晴れない．My doubts about him have not *disappeared* yet.
- あなたに対する疑いはすっかり晴れた．
You *are* now *cleared of* suspicion.

❸〔心・気分が〕**cheer up**[チア], **feel better**[フィール ベタァ](▶ともに人が主語)
- 君に悩みを話せてずっと気分が晴れた．
I *felt* much *better* after telling you about my problems.

はれる²（手足などが）**swell**[スウェル]
- ねんざした足首がひどくはれた．
My sprained ankle *swelled up*.
→はれた **swollen**[スウォウラン]

ばれる come out[カム アウト]
- 秘密はすぐにばれた．
The secret soon *came out*.

バレンタインデー（St.）**Valentine's Day**[(セイント) ヴァランタインズ デイ] →年中行事【口絵】

- 「バレンタインデーに何を作るの？」「チョコレートケーキを作るよ」
"What are you going to make on *Valentine's Day*?" "I'm going to make a chocolate cake."

> **これ，知ってる？ バレンタインデー**
> 2月14日はキリスト教の聖人，聖バレンタインを記念する日です．この日，主に欧米(おうべい)では大切な人にバレンタインカードやチョコレート，花などを贈(おく)ります．

ハロウィーン Halloween[ハロウイーン]

> **これ，知ってる？ ハロウィーン**
> 10月31日，万聖節(ばんせいせつ)（※All Saints' Day）の前夜のこの日，子どもたちはお化けのふん装をして近所の家を回り，"Trick or treat."（お菓子(かし)をくれなきゃいたずらするぞ）と言ってお菓子をもらいます．家々の玄関(げんかん)先にはかぼちゃをくりぬいて作ったちょうちん（jack-o'-lantern）が飾(かざ)られたりします．

バロック（バロック様式）**the baroque**[バロック]

パロディー a parody[パラディ]

バロメーター a barometer[バラミタァ]

パワー（力，体力）**power**[パウア]

ハワイ Hawaii[ハワイィ]；（ハワイ諸島）**the Hawaiian Islands**[ハワイアン アイランヅ]
→ハワイ（人）の **Hawaiian**

パワハラ（**パワーハラスメント**）**workplace bullying**[ワークプレイス ブリイング], **abuse of authority**[アビューズ][アソーラティ]

パワフル【パワフルな】**powerful**[パウアフル]

はん¹【半】

（a）**half**[ハーフ]（複 **halves**[ハーヴズ]）
- 5時半だ．It's five thirty / It's *half* after five.
- 1時間半 an［one］hour and a *half* / one and a *half* hours
‖半ズボン shorts
‖半そでシャツ a short-sleeved shirt

はん²〔班〕**a group**[グループ]
- 先生は生徒を6班に分けた．The teacher divided the students into six *groups*.
‖班長 a group leader

はん³〔判〕**a seal**[スィール], **a stamp**[スタンプ]
→判を押(お)す **put** *one*'**s seal**［**stamp**］
- 彼は書類に判を押した．
He *put his seal* on the form.

はん⁴〔版〕**an edition**[イディション], **a version**[ヴァ

ばん¹【晩】

(日没(にちぼつ)から寝(ね)るころまで)(an) evening[イーヴニング]; (日没から日の出まで)(a) night[ナイト](⇔朝 morning)→よる¹, こんや

- 寒い晩だった.
  It was a cold *evening*.
- 今晩の8時に電話してね.
  Call me at eight this *evening*. / Call me at eight *tonight*.
- あしたの晩, 映画に行きませんか. Shall we go to a movie tomorrow *night*?(▶this, every, tomorrowなどがつくときはinやatなどをつけない)
- 彼は日曜の晩に帰ってくる予定だ. He is going to come back on Sunday *evening*.(▶特定の日の「晩に」と言うときにはonをつける)
- 彼らは朝から晩まで働く. They work from morning till *night*.
- 一晩じゅう all *night*(long)

ばん²【番】

❶ 順番　one's turn; (…番目)(下記❶参照)
❷ 番号　a number
❸ 見張り　a watch

❶[順番]one's turn[ターン]; (…番目)序数で表す
- 君が話す番だよ.
  It's *your turn* to speak.
- うちのクラスはリレーで2番だった. Our class *placed second* in the relay race.
- 「あなたはクラスで何番?」「10番だよ」
  "Where do you stand [rank] in your class?" "I am *tenth*."

❷[番号]a number[ナンバァ]
- あなたの電話番号は何番ですか.
  What's your phone *number*?

❸[見張り]a watch[ワッチ]
━番をする watch(over ...)
- 荷物の番をしてもらえますか.
  Would you *watch*(*over*) my baggage?

バン(自動車)a van[ヴァン]

パン

(食パン)bread[ブレッド]
- 食パン1枚 a slice of *bread*(▶食パン2枚は two slices of *bread*)
- パンにバターを塗(ぬ)ったら? Why don't you spread butter on your *bread*?
- リンはよくパンを焼く.
  Rin often bakes *bread*.

バンガロー

表現メモ
パンのいろいろ

黒パン
brown bread

精白パン
white bread

ベーグル
bagel

フランスパン
French bread

クロワッサン
croissant

米丸パン
(ハンバーガー用など)
bun

トースト
toast

ロールパン
roll

パンくず(bread) crumbs
パン粉 bread crumbs
パン店 a bakery
パン職人 a baker

はんい【範囲】(a) range[レインヂ]
- ユミは趣味(しゅみ)の範囲が広い.
  Yumi has a wide *range* of interests.
- 試験の範囲はレッスン4から6までです.
  The examination *covers* from Lesson 4 to Lesson 6.

はんいご【反意語】an antonym[アンタニム](⇔同意語, 同義語 a synonym)

はんえい【繁栄】prosperity[プラスペリティ]
━繁栄する prosper[プラスパァ]

はんが【版画】a print[プリント]; (木版画)a woodcut[ウッドカット], a woodblock print[ウッドブラック]; (銅版画)an etching[エッチング]

ハンガー a hanger[ハンガァ]
- ハンガーにコートをかけた.
  I hung my coat on a *hanger*.

はんがく【半額】half(the) price[ハーフ][プライス]; (運賃などの) half(the) fare[フェア]
- 私はこのTシャツを半額で買った.
  I bought this T-shirt at *half*(*the*) *price*.

ハンカチ a handkerchief[ハンカァチーフ](複 handkerchiefs, handkerchieves[ハンカァチーヴズ])

ハンガリー Hungary[ハンガリィ]
━ハンガリー(語, 人)の Hungarian[ハンガ(ァ)リアン]
ハンガリー人 a Hungarian

バンガロー a cabin[キャビン], a lodge[ロッヂ]

five hundred and fifty-five　555

はんかん

はんかん【反感】
- 実を言うと彼に反感を抱(%)いているんだ. To tell the truth, I *don't like* him.

はんきょう【反響する】echo[エコゥ]→ひびき

パンク[1](パンクしたタイヤ)a flat (tire)[フラット(タイア)]
- 自転車のパンクを修理してください. Please fix the *flat* on my bike.
- **→パンクする** (人・車などが主語)have [get] a flat (tire); (タイヤが主語)go flat
- タイヤがパンクしてしまった. I *got a flat tire*. / The tire *went flat*.

パンク[2](ファッション・音楽などの)punk[パンク]
| パンクロック punk rock

ハンググライダー a hang glider[ハング グライダァ]

ばんぐみ【番組】a program[プログラム], a show[ショゥ]→テレビ
- ラジオ番組 a radio *program*
- テレビのクイズ番組 a quiz *show* on TV
- 私はスポーツ番組を見るのが好きだ. I like watching sports *programs*.

バングラデシュ Bangladesh[バングラデシュ]

はんけい【半径】a radius[レイディアス]

パンケーキ a pancake[パンケイク]
- 焼きたてのパンケーキにシロップをかけた. I poured syrup on freshly made *pancakes*.

はんげき【反撃する】counterattack[カウンタァアタック]

はんげつ【半月】a half moon[ハーフ ムーン]→つき[1]図

ばんけん【番犬】a watchdog[ワッチドーグ]

はんこ【判こ】→はん[3]

はんこう【反抗】(a) resistance[リズィスタンス]
- **→反抗する** resist; (反発する)rebel (against ...)[リベル]
- **→反抗的な** rebellious[リベリャス]
| 反抗期: 弟は今反抗期だ. My brother is at a *rebellious age*.

はんごう【飯ごう】a camping pot[キャンピング]
| 飯ごう炊(%)さん cooking in a camping pot

ばんごう【番号】

a number[ナンバァ](►No., no. と略す)
- 電話番号 a (tele)phone *number*
- 出席番号 a student *number*
- 受験番号 an examinee's (seat) *number*
- あなたの部屋の番号は何番ですか. What's your room *number*?
- (電話で)番号をお間違(%)えですよ. I'm afraid you have the wrong *number*.
- **→番号の** numerical[ヌーメリカル]
- 番号の順に並んでください. Please line up in *numerical* order.

ばんこく【万国】(すべての国)all countries[カントゥリィズ], all nations[ネイションズ]
| 万国旗 the flags of the world
| 万国博覧会 a world exposition, 《話》an expo

ばんごはん【晩ご飯】(a) dinner[ディナァ], (a) supper[サパァ]→ゆうしょく

はんざい【犯罪】a crime[クライム]
- 犯罪を犯(%)せば刑務所行きだ. If you commit a *crime*, you go to jail.
- 犯罪者 a criminal
- 犯罪心理学 criminal psychology
- 犯罪心理学者 a criminal psychologist

ばんざい【万歳】hurrah[ハラー], hurray[ハレィ]
- 万歳, 宿題が終わった. *Hurrah*! I've finished my homework.

ハンサム【ハンサムな】good-looking[グッドゥルッキング]→うつくしい〈くらべて!〉, handsome[ハンサム]

はんじ【判事】a judge[チャッヂ]

ばんじ【万事】everything[エヴリィスィング], all[オール]
- 万事うまくいっている. *Everything* [*All*] is going well.

パンジー【植物】a pansy[パンズィ]

バンジージャンプ bungee jumping[バンヂィ]

…はんして【…に反して】against ...[アゲンスト], contrary to ...[カントゥレリィ]
- 自らの意志に反して行動したくない. I don't want to act *against* my will.
- 私たちの予想に反してそのチームは負けてしまった. *Contrary to* our expectations, the team lost the game.

はんしゃ【反射】reflection[リフレクション]
- **→反射する** reflect
- 月の光が水面に反射していた. Moonlight was *reflected* on the surface of the water.
| 反射材 a reflective material
| 反射神経 reflexes

はんじゅく【半熟の】soft-boiled[ソフトボイルド]
- 半熟卵 a *soft-boiled* egg

はんじょう【繁盛する】prosper[プラスパァ]

はんしょく【繁殖】breeding[ブリーディング]
- **→繁殖する** breed

ハンドバッグ

バンズ〘米〙(ハンバーガー用の)**a hamburger bun**[ハンバーガァ バン]

はんする【反する】(違反(ﾊﾝ)する)**be against …**[アゲンスト]; (逆である)**be contrary (to …)**[カントゥレリィ]➡…はんして
• それはルールに反する.
  It's *against* the rules.

はんせい【反省】(振(ﾌ)り返ること)**reflection**[リフレクション]; (後悔(ﾋﾟ))(a) **regret**[リグレット]
━**反省する reflect (on …), think over; regret**
• 私は自分の態度を反省した.
  I *reflected on* my attitude.
• あんなことを言ったのを深く反省しています.
  I deeply *regret* having said such a thing.
‖反省会 a review meeting: 反省会をしよう.
  Let's *reflect on* what we have done.

はんせん【反戦の】**antiwar**[アンティウォー]

ばんそう【伴奏】(an) **accompaniment**[アカンパニィマント]
• 先生のピアノの伴奏で歌った. We sang to our teacher's piano *accompaniment*.
━**伴奏する accompany**
• ケンはギターで彼女の伴奏をした.
  Ken *accompanied* her on the guitar.
‖伴奏者 an accompanist

ばんそうこう an adhesive plaster[アドゥヒースィヴ プラスタァ], 〘商標〙⊛ **a Band-Aid**[バンドエイド]

はんそく【反則】**a foul**[ファウル]
• 彼は反則をした. He committed a *foul*.

はんそで【半袖】**short sleeves**[ショート スリーヴズ] ➡ はん¹(半そでシャツ)

パンダ【動物】**a panda**[パンダ]
• レッサーパンダ a lesser *panda*

はんたい 【反対】

(逆)**the opposite**[ア パズィット]; (異議)(an) **objection**[アブ チェクション]; (対立)(an) **opposition**[アパズィション]➡ ぎゃく
• 「過去」の反対は何ですか.
  What's *the opposite* of "the past"?
━**反対の (逆の)opposite, the other**
• あなたとは反対の意見です.
  I have the *opposite* opinion to yours.
━**反対する oppose**[アポウズ](⇔賛成する agree); **be against …**(⇔賛成する be for …)
• その提案には反対だ.
  I *oppose* the proposal.
━**…に反対して against …**
‖反対運動 an opposition movement
反対側: 私たちの学校は通りの反対側にある.
  Our school is on *the other* [*opposite*] *side* of the street.

‖反対語 an antonym

バンダナ a bandana[バンダナ]

はんだん【判断】(a) **judgment**[チャッヂマント]; (決定)(a) **decision**[ディスィジョン]
• 私の判断は正しかったのだろうか.
  I wonder if I made the right *decision*.
• ミキは冷静な判断力をもっている.
  Miki is good at making calm *judgments*.
━**判断する judge; decide**[ディサイド]
• 人を見た目で判断してはいけない.
  Don't *judge* people by their looks.

ばんち【番地】(家の番号)**a house** [**street**] **number**[ハウス [ストゥリート] ナンバァ]
• 君の家は何番地ですか.
  What's your *street number*?

パンチ(打撃(ﾀﾞ))**a punch**[パンチ]; (穴開け器)**a punch**

パンツ(下着)**underpants**[アンダァパンツ], (男性用)**boxer shorts**[ボクサァ ショーツ], **briefs**[ブリーフス], (女性用)**panties**[パンティズ]; (ズボン)**pants**(►いずれも数えるときは a pair of …, two pairs of … となる)
• 海水パンツ swimming *trunks*
• ショートパンツ shorts

はんつき【半月】**half a month**[ハーフ][マンス], **a half month**

ハンデ a handicap[ハンディキャップ], **a disadvantage**[ディスアドゥヴァンティッヂ]

はんてい【判定】(判断)(a) **judgment**[チャッヂマント]; (決定)(a) **decision**[ディスィジョン]

パンティー(女性用下着)**panties**[パンティズ]
‖パンティーストッキング pantyhose(►複数扱い. 「パンティーストッキング」は和製英語)

ハンディキャップ a handicap[ハンディキャップ]

パンデミック a pandemic[パンデミック](►感染症(ﾋﾟ)の世界的大流行)

はんてん【はん点】**a spot**[スパット]
━**はん点のある spotted**

バント〘野球〙**a bunt**[バント]
• 犠牲(ﾋﾟ)バント a sacrifice *bunt*
━**バントする bunt**

バンド¹(ひも, 帯)**a band**[バンド]; (ベルト)**a belt**[ベルト]
• ヘアバンド a hair *band* / a head *band*

バンド²(楽団)**a band**[バンド]
• ロック[ジャズ]バンド a rock [jazz] *band*

はんとう【半島】**a peninsula**[パニンシュラ]
• 朝鮮半島 the Korean *Peninsula*

はんとし【半年】**half a year**[ハーフ][イァ], **a half year**

ハンドバッグ a handbag[ハンドゥバッグ], ⊛**a purse**[パース]

ハンドブック

ハンドブック a handbook[ハンドゥブック]
ハンドボール〖球技〗handball[ハンドゥボール]; (ボール) a handball
‖ハンドボール部 a handball team
パントマイム (a) pantomime[パンタマイム]

ハンドル
❶乗り物の　(車の) a (steering) wheel; (自転車の) handlebars
❷インターネットの　(ハンドルネーム) a handle

❶[乗り物の] (車の) a (steering) wheel[(スティアリング) (ホ) ウィール]→くるま図; (自転車の) handlebars[ハンドゥルバーズ]→じてんしゃ図 (▶いずれも a handle は×)
・運転手はハンドルを右に切った.
　The driver turned the *steering wheel* to the right.
・左ハンドルの車 a car with left-*hand* drive
❷[インターネットの]〖コンピュータ〗(ハンドルネーム) a handle[ハンドゥル]

はんにち【半日】a half day[ハーフ デイ]
はんにん【犯人】a culprit[カルプリット]; (犯罪者) a criminal[クリマヌル]
ばんねん【晩年】one's later years[レイタァ イアズ]
・これは彼女の晩年の小説です.
　She wrote this novel in *her later years*.
はんのう【反応】(a) reaction[リアクション], (a) response[リスパンス]
・それに対する彼の反応はどうでしたか.
　What was his *reaction* toward that?
・連鎖(さ)反応 a chain *reaction*
➡反応する react, respond
ばんのう【万能の】all-(a)round[オール(ア)ラウンド]
‖万能選手 an all-(a)round player
はんぱ【半端な】odd[アッド]
ハンバーガー a hamburger[ハンバーガァ] (★アクセント位置に注意), 《話》a burger[バーガァ]

ハンバーグ(ステーキ) a hamburger steak[ハンバーガァ ステイク]
はんばい【販売】(a) sale[セイル]
➡販売する sell→うる

・その本はこの店で販売されている.
　That book is *sold* at this store.
ばんぱく【万博】a world exposition[ワールド エクスパズィション], 《話》an expo[エクスポウ]
はんはん【半々の】half and half[ハーフ], fifty-fifty[フィフティ]
ばんばん
・ドアをばんばんたたいた.
　I *banged* on the door.
ぱんぱん
・お腹がぱんぱんだ. I'm *full*.
はんぴれい【反比例】inverse proportion[インヴァース プラポーション]→ひれい
パンプス a pump[パンプ] (▶ふつう複数形で用いる)
パンフレット a pamphlet[パムフレット]; (商品宣伝用の) a brochure[ブロウシュァ]

はんぶん【半分】

(a) half[ハーフ] (複 halves[ハーヴズ])
・クラスの半分は塾(じゅく)に通っている. *Half* (of) the class goes to cram schools.
・ミキはケーキを半分に切った.
　Miki cut the cake in *half* [into *halves*].
・グラスに水が半分入っていた.
　The glass was *half* full with water.

・私は本を姉の半分しか持っていない. I only have *half* as many books as my sister.
➡半分にする halve
ハンマー a hammer[ハマァ]
‖ハンマー投げ〖スポーツ〗the hammer throw
ハンモック a hammock[ハマック]
はんらん¹【氾濫】a flood[フラッド]
➡はんらんする flood, overflow[オウヴァフロウ]
・川がはんらんした. The river *flooded*.
はんらん²【反乱】(a) revolt[リヴォウルト], (a) rebellion[リベリャン]
➡反乱を起こす revolt (against ...)
はんろん【反論】an argument[アーギュマント]
➡反論する argue[アーギュー]

ひ ヒ

ひ[日]

❶	太陽	the sun; (日光) sunshine, sunlight
❷	昼間	a day
❸	1日	a day; (日取り) a date

❶[太陽] **the sun**[サン]; (日光) **sunshine**[サンシャイン], **sunlight**[サンライト]
- 日が明るく照っている.
  The sun is shining brightly.
- 日が昇った[沈んだ].
  The sun has risen [set].
- この部屋は日がよく当たる.
  This room gets a lot of *sunlight*.

❷[昼間] **a day**[デイ]
- 日がだんだん長く[短く]なってきた.
  The *days* are getting longer [shorter].
- 日が暮れないうちに before dark

❸[1日] **a day**; (日取り) **a date**[デイト]
- ある日 one *day*
- 私は遠足の日に病気になってしまった.
  I got sick on the *day* of the school trip.
- ピクニックに行く日を決めよう.
  Let's fix the *date* for the picnic.
- いつの日かまた会えればいいね.
  I hope I'll see you again some *day*.
- 日ごとに寒くなっている.
  It's getting colder *day* by *day*.

ひ²[火]

(a) **fire**[ファイア] (►たき火・暖房用の火などには a をつける); (たばこ・マッチなどの) **a light**[ライト]; (火事) (a) **fire**
- 火を消してちょうだい. Please put out the *fire*. /(ガスの) Please turn off the gas.
- カーテンに火がついた.
  The curtain caught *fire*.
- バーベキューをするのに火をおこした. We made [built] a *fire* to have a barbecue.
- 私は手を火にかざして暖めた.
  I warmed my hands over the *fire*.
- ろうそくの火を吹き消した.
  I put [blew] out the *candle*.
➡火をつける (たばこ・ろうそくなどに) **light**; (放火する) **set fire** (**to ...**)

び[美] **beauty**[ビューティ]

ピアス (耳用の)(**pierced**) **earrings**[(ピアスト) イアリングズ] (►「ピアス」は和製英語. earrings でピアスもイヤリングも表す. ピアスでない「イヤリング」を表す場合は clip-on earrings と言う)
- 姉はピアスをしている.
  My sister wears *earrings*.
- 彼女は耳にピアスの穴を開けた.
  She had her ears *pierced*.

ひあたり[日当たり]
- 日当たりのよい部屋 a *sunny* room

ピアニスト **a pianist**[ピアニスト]

ピアノ **a piano**[ピアノウ]
- ピアノを弾くのが好きです.
  I like to play the *piano*.
- 彼は4歳の時からピアノを習っている. He has taken *piano* lessons since he was four.
- ピアノの練習をしなくちゃ.
  I have to practice the *piano*.
- グランドピアノ a grand *piano*
- たて型[アップライト]ピアノ an upright *piano*

ヒアリング (聞き取り) **listening comprehension** [リスニング カンプリヘンション] (►この場合 hearing は×)
- ヒアリングの練習
  a drill in *listening comprehension*

ヒアリングテスト a listening comprehension test

ピーアール【ＰＲ】**PR**, **P.R.**[ピーアー] (► public relations の略)

ひいおじいさん **a great-grandfather**[グレイトゥグランファーザァ], **a great-granddad**[グレイトグランダッド]

ひいおばあさん **a great-grandmother**[グレイトゥグランマザァ], **a great-grandma**[グレイトグランマー]

ビーカー **a beaker**[ビーカァ]

ひいき【ひいきする】**favor**[フェイヴァ], **play favorites**[プレイ フェイヴァリッツ]
- 父は弟をひいきしていると思う. I think that my father *favors* [*plays favorites* with] my brother.
➡ひいきの **favorite**[フェイヴァリット]

ピーク **a peak**[ピーク]
- 彼はラッシュのピークに電車に乗る. He takes the train at the *peak* of the rush hour.

ビーグル (犬) **a beagle**[ビーグル]

ビーズ **a bead**[ビード]
- ビーズでブレスレットを作った.
  I made a bracelet with *beads*.
- ビーズのリング a *beaded* ring

ピースサイン **a peace sign**[ピース サイン], **a V**

five hundred and fifty-nine

ヒーター

sign[ヴィー]
- アミはカメラに向かってピースサインをした. Ami made a *peace* [*V*] *sign* for the camera.

ヒーター a heater[ヒータァ]
ビーだま[ビー玉]a marble[マーブル]
ビーチ a beach[ビーチ]

ビーチサンダル flip-flops(▶beach sandals は海岸で履(は)く履き物の総称)
ビーチパラソル a beach umbrella(▶「ビーチパラソル」は和製英語)
ビーチバレー beach volleyball
ビーチボール a beach ball

ピーティーエー【PTA】a PTA, a P.T.A.[ピーティーエィ](▶Parent-Teacher Associationの略)
ビート(音楽の拍子(ひょうし))a beat[ビート]
ピーナッツ a peanut[ピーナット]
| ピーナッツバター peanut butter
ビーバー〚動物〛a beaver[ビーヴァ]
ぴぃぴぃ[ぴぃぴぃ鳴く]peep[ピープ], chirp[チャープ]
ビーフ(牛肉)beef[ビーフ]
| ビーフシチュー beef stew
| ビーフステーキ (a) steak, (a) beefsteak
ピーマン〚植物〛a green pepper[グリーン ペッパァ], a sweet pepper[スウィート](▶「ピーマン」はフランス語から)
ヒール a heel[ヒール]
ビール beer[ビァ]
- ビール1杯(ぱい) a glass of *beer*
- ビール1びん[缶] a bottle [can] of *beer*

ヒーロー a hero[ヒーロゥ]
ひえしょう【冷え性】
- 私は冷え性です. My hands and feet *get cold easily*. (←手足がすぐに冷たくなる)

ひえる【冷える】get cold [chilly][コウルド[チリィ]]
- 今夜は冷えるだろう. It'll *get cold* tonight.
- よく冷えたジュースを飲んだ. I drank a glass of *ice-cold* juice.

ピエロ a clown[クラウン](▶「ピエロ」はフランス語から)

ビオラ〚楽器〛a viola[ヴィオウラ]
ひがい【被害】damage[ダミッヂ]
━被害を与(あた)える damage, do [cause] damage (to ...)
- 台風は農作物に被害を与えた. The typhoon *damaged* the crops.

━被害を受ける be damaged
| 被害者 a victim
| 被害妄想(もうそう) paranoid

ひかえ【控え】(予備)a reserve[リザーヴ]→ほけつ;(写し)a copy[カピィ], a duplicate[ドゥープリカット]
- レポートの控えを取った. I made a *copy* of my paper.
| 控え選手 a reserve player

ひかえめ【控え目な】(程度が適度な)modest[マディスト];(おとなしい)reserved[リザーヴド]
ひがえり【日帰り】(旅行)a day trip[デイトゥリップ]
- 私たちは日帰りで伊豆(いず)へ行った. We made a *day trip* to Izu.

ひかえる【控える】(減らす)cut down (on ...);(…を避(さ)ける)refrain from ...[リフレイン]
- 彼は健康のために塩分を控えている. He is *cutting down on* salt for his health.
- ジャンクフードを食べるのは控えなさい. *Refrain from* eating junk food.

ひかく【比較】(a) comparison[カンパリスン]
━比較的 comparatively[カンパラティヴリィ], relatively[レラティヴリィ]
━比較する compare[カンペァ]→くらべる
| 比較級〚文法〛the comparative

ひかげ【日陰】the shade[シェイド]
- 日陰で休んだ. I took a rest in *the shade*.

ひがさ【日傘】a parasol[パラソール]

ひがし【東】

(the) east[イースト](⇔西 (the) west)(▶E.と略す)→きた
- 太陽は東から昇(のぼ)る. The sun rises in *the east*.(▶from the eastは×)
- 千葉は東京の東にある. Chiba lies to *the east* of Tokyo.

━東の east, eastern[イースタァン](⇔西の west, western)
━東へ[に] east, eastward(s)[イーストワァド(-ワァツ)]

| 東アジア East Asia
| 東風 an east [easterly] wind
| 東口 the east exit
| 東日本 Eastern Japan

ひがた【干潟】mudflats[マッドゥフラッツ]
ぴかぴか[ぴかぴかの]shiny[シャイニィ]
ひがむ(ねたむ)be [get] jealous (of ...)[チェラ

ひきのばす

ズ]
・そうひがむな. Don't *be* so *jealous*.
・彼女はひがみっぽい.
She tends to *get jealous*.

ひかり【光】

light[ライト]
・太陽の光 sun**light** / sun**shine**
・窓から光が差しこんで来た.
The *light* poured through the window.
■光ケーブル an **optical cable**
■光センサー an **optical sensor**
■光ディスク an **optical disk**
■光ファイバー an **optical fiber**

ひかる【光る】

shine[シャイン];（星などが）**twinkle**[トゥウィンクル];（宝石などが）**glitter**[グリタァ];（ぴかっと）**flash**[フラッシュ]
・今夜は月が明るく光っている.
The moon is *shining* brightly tonight.
・夜空で星が光っている.
The stars are *twinkling* in the night sky.
・西の空に稲妻（淡）が光った.
Lightning *flashed* in the western sky.

ひかれる【引かれる】
・私は彼の正義感に引かれた.
I *was drawn* to his sense of justice.

ひかんてき【悲観的な】**pessimistic**[ペサミスティック]（⇔楽天的な, 楽観的な optimistic）
・悲観的になるなよ. Don't be *pessimistic*.

…ひき【…匹】（▶ふつう, 数えたい動物を複数形にして表す）
・猫を2匹飼っている.
I have two cats.
・何匹ペットがいるの？
How many pets do you have?

ひきあげる【引き上げる】（上 に）**pull up**[プ ル];（料金などを）**raise**[レイズ]
・最近電車の運賃が引き上げられた.
Train fares were *raised* recently.

ひきいる【率いる】**lead**[リード], **head**[ヘッド]

ひきうける【引き受ける】**take**（**on**）[テイク]
・彼はその仕事を引き受けた.
He *took on* the job.

ひきおこす【引き起こす】（事件などを）**cause**[コーズ], **bring about**[ブリング アバウト]

ひきかえ【引き替え】（**an**）**exchange**[イクスチェインヂ] → こうかん¹
■引き替え券（手荷物の）**a claim ticket**［**tag**］;（景品の）**a coupon**

ひきかえす【引き返す】**turn back**[ターン バック]

ひきがえる〖動物〗**a toad**[トウド]

ひきこもり【引きこもり】（状態）**withdrawal from society**[ウィズドゥローアル][ササイアティ],（人）**a shut-in**[シャットウイン]

ひきこもる【引きこもる】（家 に）**stay indoors**[ステイ インドァズ];（交流を避（⁵）ける）**withdraw from society**[ウィズドゥロー][ササイアティ]
・きょうは一日中家に引きこもっていた.
I *stayed in the house* the whole day today. / I *stayed indoors* the whole day today.

ひきざん【引き算】**subtraction**[サブトゥラクション]（⇔足し算 addition）
━引き算をする **subtract**

ひきしめる【引き締める】**tighten**[タイトゥン];（気持ちなどを）**brace**（**up**）[ブレイス]
・ベルトを引き締めた. I *tightened* my belt.
・試合に向けて気持ちを引き締めなさい.
Brace up for the match.

ひきずる【引きずる】（重い物を）**drag**[ドゥラッグ]
・彼はけがした足を引きずっていた.
He *dragged* his injured foot along.

ひきだし【引き出し】（机などの）**a drawer**[ドゥロァ]
・引き出しを開けた[閉めた].
I opened［shut］the *drawer*.

ひきだす【引き出す】**draw**［**pull**］**out**[ドゥロー ブル アウト];（預金などを）**take out**[テイク], **withdraw**[ウィズドゥロー]
・彼女は銀行口座から3万円を引き出した.
She *withdrew* thirty thousand yen from her bank account.

ひきつぐ【引き継ぐ】**take over**[テイク], **succeed**[サクスィード]
・彼はチームのキャプテンを引き継いだ.
He *took over* the post of captain of the team.

ひきつける【引き付ける】（人の注意などを）**attract**[アトゥラクト], **draw**[ドゥロー]

ひきつる【引きつる】→ つる³

ひきとめる【引き止める】**hold back**[ホウルド バック]

ビキニ（女性用水着）**a bikini**[ビキーニィ]

ひきにく【ひき肉】**ground**［**minced**］**meat**[グラウンド][ミンスト] ミート]

ひきにげ【ひき逃げ】（事 件）**a hit-and-run**（**accident**）[ヒットアンドラン アクスィダント]
━ひき逃げする **hit and run**

ひきぬく【引き抜く】**pull out**［**up**][プル アウト アップ], **pick out**[ピック アウト]

ひきのばす【引き伸ばす】（写真を）**enlarge**[インラーヂ];（時間などを）**prolong**[プラローング], **extend**[イクステンド],（ゴムなどを）**stretch**[ストレッチ]→

five hundred and sixty-one 561

あ
か
さ
た
な
ひ
ま
や
ら
わ

ひきはなす

のばす
- 輪ゴムをめいっぱい引き伸ばした. I *stretched* a rubber band as much as I could.

ひきはなす【引き離す】**separate**[セパレイト]
- 先生は口げんかしていた生徒たちを引き離した. The teacher *separated* the students who were arguing.

ひきょう【卑きょうな】(ずるい)**unfair**[アンフェア]; (おく病な)**cowardly**[カウアドゥリィ]
- それは卑きょうだよ. That's *unfair* [*not fair*]!
- 卑きょう者 (おく病者) a coward

ひきわけ【引き分け】**a draw**[ドゥロー], **a tie**[タイ]
- その試合は引き分けに終わった. The game ended in a *tie*.

ひく¹【引く】

❶引っ張る	pull, draw
❷減ずる	(引き算をする)subtract; (値段を)give a discount
❸辞書で調べる	(言葉を)look up; (辞書を)use
❹注意などを	draw, attract
❺風邪を	catch

❶[引っ張る]**pull**[プル](⇔押す push), **draw**[ドゥロー]
- ドアを(手前に)引いて開けなさい. *Pull* the door open.
- カーテンを引いてください. Please *draw* the curtains.
- 定規で直線を引いた. I *drew* a straight line with a ruler.
- (写真を撮るとき)あごを引いて. *Tuck in* your chin!

pull　　　draw　　　draw

❷[減ずる](引き算をする)**subtract**[サブトゥラクト]; (値段を)**give a discount**[ディスカウント]
- 値段を引いてもらえませんか. Could you *give* me *a discount*?
- 10引く3は7. Ten *minus* three is seven.

❸[辞書で調べる](言葉を)**look up**[ルック]; (辞書を)**use**[ユーズ]
- 辞書でprogressという単語を引いた. I *looked up* the word "progress" in my dictionary.

- 君はもっと辞書を引くべきだ. You should *use* a dictionary more often.

❹[注意などを]**draw, attract**[アトゥラクト]
- 彼の衣装(いしょう)はみんなの目を引いた. His costume *drew* everybody's attention.
- 彼女の笑顔(えがお)に引かれた. I was *attracted* by her smile.

❺[風邪を]**catch**[キャッチ]
- 私はよく風邪を引く. I often *catch* a cold.

ひく²(車・人が)**run over**[ラン]
- その猫(ねこ)は車にひかれた. The cat was *run over* by a car.

ひく³【弾く】

(楽器を)**play**[プレイ]
- 父はバイオリンを弾く. My father *plays* the violin.
- ケンはギターで1曲弾いた. Ken *played* a tune on the guitar.

ひく⁴(のこぎりなどで)**saw**[ソー]; (粉を)**grind**[グラインド]

ひくい【低い】

❶高さが	low; (身長が)short
❷声・音が	low
❸温度・程度などが	low

❶[高さが]**low**[ロゥ](⇔高い tall, high); (身長が)**short**[ショート](⇔高い tall)
- 低いビル a *low* building
- ケンは背が低い. Ken is *short*.
- 私はエリより5センチ背が低い. I'm five centimeters *shorter* than Eri.
- 彼女は鼻が低い. She has a *flat* nose.

> **くらべてみよう!** **low と short**
> **low**: 高さ・位置, 声などが低い場合に使う
> **short**: 身長が低い場合に使う
>
>
>
> 低い　高い　　　低い　高い
> low　tall[high]　short　tall

❷[声・音が]**low**(⇔高い high)
- 彼は低い声で話す.

He speaks in a *low* voice.
- 低くする **lower**;（テレビの音などを）**turn down**
- テレビの音を低くして. *Turn down* the TV.
❸ [温度・程度などが]**low**（⇔高い high）

ピクニック a **picnic**[ピクニック]
- ピクニックに行こう. Let's go on a *picnic*.

びくびく【びくびくする】**be afraid**[アフレイド]
- 母に怒（おこ）られるのではないかとびくびくしている. I'm *afraid* of being scolded by my mother.
- びくびくして **nervously**[ナーヴァスリィ]
- 彼はびくびくしながら箱を開けた. He *nervously* opened the box.

ぴくぴく【ぴくぴく動く】**twitch**[トゥイッチ]

ピクルス pickles[ピックルズ]

ひぐれ【日暮れ】（日 没（ぼつ））**(a) sunset**[サンセット], **(an) evening**[イーヴニング]
- 日暮れ前に帰ってきなさい. Come home before *dark*.

ひげ（口ひげ）**a mustache**[マスタッシュ]；（あごひげ）**a beard**[ビアド]；（ネコなどのひげ）**whiskers**[(ホ)ウィスカァズ]

口ひげ
mustache

あごひげ
beard

（ネコなどの）ひげ
whiskers

- 父は口ひげを生やしている. My father has a *mustache*.
- 兄のひげが生えてきた. My brother's facial hair has begun to grow. / My brother's *beard* has begun to grow.
- ひげをそる **shave**

ひげき【悲劇】**(a) tragedy**[トゥラヂティ]（⇔喜劇 (a) comedy）
- 悲劇的な **tragic**

ひけつ¹【秘けつ】**a secret**[スィークリット], **a key**[キー]
- 料理がうまくなる秘けつは何ですか. What's the *key* to becoming a good cook?

ひけつ²【否決】**rejection**[リヂェクション]
- 否決する **reject**
- 私たちの要求は否決された. Our demand was *rejected*.

ひこう¹【飛行】**(a) flight**[フライト]
- 有人宇宙飛行 a manned space *flight*
- 飛行船 an airship

ひこう²【非行】**delinquency**[ディリンクワンスィ]
- 彼女は非行に走った. She turned to *delinquency*.
- 非行少年［少女］a juvenile delinquent（▶男女ともに用いる）, a delinquent boy［girl］

びこう【尾行する】**follow**[ファロウ]

ひこうき【飛行機】

a plane[プレイン], **an airplane**[エアプレイン]
- 飛行機に乗ったことはありますか. Have you ever been on a *plane* before?
- ケンは飛行機で那覇（なは）へ行った. Ken went to Naha by *plane*. / Ken *flew* to Naha.
- 飛行機雲 a vapor trail
- 飛行機事故（墜落（ついらく）事故）a plane crash

ひこうしき【非公式の】**unofficial**[アノフィシャル]；（個人的な）**private**[プライヴィト]

ひごろ【日頃】（ふだん）**always**[オールウェイズ]；（定期的に）**on a regular basis**[レギュラァ ベイスィス]
- 日ごろからサッカーの練習をしている. We practice soccer *on a regular basis*.

ひざ a knee[ニー]（★このkは発音しない）；（座（すわ）ったときの腰（こし）からひざがしらまで）a lap[ラップ]（▶ふつう複数形では用いない）→あし図
- ひざががくがくする. My *knees* are wobbling.
- 彼女は子どもをひざの上に載（の）せていた. She held her child on her *lap*.
- ひざがしら a kneecap

— lap
— knee

ビザ【査証】**(a) visa**[ヴィーザ]

ピザ (a) pizza[ピーツァ]

ひさい【被災する】**suffer**[サファ], **be hit（by ...）**[ヒット]
- この間の台風で被災した. We *suffered* damage from the recent typhoon.
- 被災者 a victim
- 被災地 a disaster［stricken］area

ひざし【日差し】**the sun**[サン], **sunlight**[サンライト]
- 日差しが強かった. *The sun* was strong.

ひさしぶり【久しぶりに】

after a long time[ローング タイム]
- 久しぶりにクラス会を開いた. We held a class reunion *after a long time*（of not seeing each other）.
- 久しぶりですね. I haven't seen you *for a long time*. / It's been *a long time*.

ひざまずく kneel（down）[ニール]

ひさん

ひさん【悲惨な】**miserable**[ミザラブル]; (悲劇的な) **tragic**[トゥラヂック]; (ひどい)**terrible**[テラブル]
・悲惨な出来事 a *tragic* event

ひじ an elbow[エルボウ]➡️うで図
・彼は机にひじをついていた.
He rested his *elbows* on the desk.
▮ **ひじ掛**⁽ᵖ⁾**けいす an armchair**➡️いす図

ひしがた【ひし形】**a diamond**[ダイ(ア)マンド]

ひじき(*hijiki*) **seaweed**[スィーウィード]

ビジネス business[ビズニス]➡️しごと❸
▮ ビジネスクラス a business class
▮ ビジネスマン(会社員)**an office worker**; (実業家)**a businessperson**

ひしゃく a dipper[ディパァ]; (おたま)**a ladle**[レイドゥル]

ビジュアル visual[ヴィジュアル]

ひじゅう【比重】**specific gravity**[スピスィフィック グラヴィティ]

びじゅつ【美術】**(an) art**[アート]; (文学・音楽などと区別して)**the fine arts**[ファイン アーツ]
▮ 美術学校 an art school
▮ 美術館 an art museum [gallery]
▮ 美術室 an art room
▮ 美術展 an art exhibition
▮ 美術品 a work of art
▮ 美術部 an art club

ひしょ¹【秘書】**a secretary**[セクラテリィ]

ひしょ²【避暑する】**summer**[サマァ]
・毎年夏に軽井沢へ避暑に行く. We *spend the summer* in Karuizawa every year.
▮ 避暑地 a summer resort

ひじょう【非常】(非常事態)**(an) emergency**[イマーヂェンスィ]➡️きんきゅう(緊急事態)
・非常の場合はこのボタンを押しなさい.
Press this button in case of *emergency*.
▮ 非常階段 a fire escape
▮ 非常口 an emergency exit
▮ 非常ベル an emergency bell; (火災用)a fire alarm

びしょう【微笑】**a smile**[スマイル]➡️ほほえみ

ひじょうしき【非常識な】**absurd**[アブサード]; (思慮⁽ʳʸ⁾のない)**thoughtless**[ソートゥリス]
・あいつは非常識なやつだ. He is *lacking in common sense*. / He is *thoughtless*.(⬅常識に欠けている)

ひじょうに【非常に】

very[ヴェリィ], (**very**) **much**[マッチ], **so**[ソゥ], **really**[リー(ァ)リィ]
・そのお寺は非常に美しかった.
The temple was *very* beautiful.
・会えて非常にうれしいです.

I'm *very* [*so*] glad to meet you.
・そのニュースを聞いて非常に驚⁽ᵒᵈ⁾いた. I was *very* (*much*) surprised at the news.
・ユキは非常にダンスがうまい. Yuki dances *really* well. / Yuki is a *very* good dancer.
・彼女はあなたに非常に会いたがっていた.
She *really* wanted to see you.

┃ 非常に…ので〜する
┃ so ... that 〜
・非常に疲⁽ᵖ⁾れていたので早く寝⁽ᵗ⁾た.
I was *so* tired *that* I went to bed early.

> 💚 **くらべてみよう!** very と(very) much と so
>
> **very**は形容詞・副詞を, (**very**) **much**は動詞を強める場合にそれぞれ使います. **so**はveryの代わりによく使います.
> ・彼は非常に背が高い. He is *very* tall.
> ・私は彼女の歌が非常に好きだ.
> I like her songs *very much*.

びしょぬれ【びしょぬれになる】➡️ずぶぬれ

びしょびしょ【びしょびしょになる】**get soaking wet**[ゲット ソウキング ウェット], **drench**[ドゥレンチ]➡️ずぶぬれ

びじん【美人】**a beautiful woman** [**girl**][ビューティフル ウマン [ガール]], **a beauty**[ビューティ]

ビスケット⊛ **a cookie**[クッキィ], ⊕**a biscuit**[ビスキット]

ヒステリー hysteria[ヒステリア]
━ヒステリーを起こす **get** [**become**] **hysterical**
・リンはヒステリーを起こした.
Rin *became hysterical*.

ピストル a pistol[ピストゥル], **a gun**[ガン]

びせいぶつ【微生物】**a microbe**[マイクロウブ]

ひそか【ひそかに】**secretly**[スィークリットゥリィ]➡️こっそり

ひそひそ【ひそひそと】**in a low voice**[ロウ ヴォイス], **in a whisper**[(ホ)ウィスパァ]

ひだ(衣服の)**a pleat**[プリート], **a fold**[フォウルド], **a crease**[クリース]
・スカートのひだが取れちゃった.
My skirt lost its *pleats*.

ひたい【額】**a forehead**[フォーリッド](★発音注意)
・リエは額が広い[せまい].
Rie has a high [low] *forehead*.

ひたす【浸す】(完全に)**soak**[ソゥク]; (少し)**dip**[ディップ]
・泥⁽ᵈ⁾だらけのソックスを漂白剤⁽ʰʸᵒʰᵃᵏ⁾に浸した. I *soaked* the muddy socks in bleach.

ビタミン a vitamin[ヴァイタミン](★発音注意)
・にんじんはビタミンAが豊富だ.

564 five hundred and sixty-four

ひつじ

Carrots are rich in *vitamin* A.
‖ビタミン剤(ざい) a vitamin pill［tablet］

ひだり【左】

（方 向）the ［*one's*］ left［レ フ ト］（⇔ 右 the ［*one's*］ right）
• ケンの左に座(すわ)っている少女がエリです.
　The girl sitting on *Ken's left* is Eri.
━左の left
• 私の左足［手］my *left* foot［hand］
━左に［へ］to the left, left
• 2番目の角を左に曲がりなさい.
　Turn（to the）*left* at the second corner.
• 左側通行《掲示》KEEP（TO THE）LEFT
　左上（the）upper［top］left: 左上に on *the
　upper left*
　左腕 the ［*one's*］ left arm
　左側(がわ) left,（the）left side, the left-hand
　side
　左きき（左ききの）left-handed;（左ききの人）
　a left-handed person: 私は左ききです. I'm
　left-handed.;（サウスポー）a southpaw
　左下（the）lower［bottom］left
　左端(はじ)（the）（far）left

ひたる【浸る】soak（up）［ソ ウ ク］, be absorbed
（in ...）［アブゾーブド］
• この公園は雰囲気(ふんいき)に浸れるところだ.
　The park is a nice spot to *soak up* the
　atmosphere.

ぴちぴち【ぴちぴちした】（元気な）lively［ライヴリィ］
ぴちゃぴちゃ（なめる）lap［ラップ］
ピッ（音）peep［ピープ］, beep［ビープ］;（電 子 音）
bleep［ブリープ］
• ピッという音を聞いた. I heard a *beep*.

ひっかかる【引っ掛かる】get stuck［スタック］
• スカートのすそがドアに引っ掛かった.
　My skirt hem *got stuck* in the door.
• ひっかかった! I *was fooled*!（◆だまされた）

ひっかききず【引っかき傷】a scratch［スクラッチ］
ひっかく【引っかく】scratch［スクラッチ］
• 猫(ねこ)がドアを引っかいている.
　The cat is *scratching* at the door.

ひっかける【引っ掛ける】（掛けてつるす）hang［ハ
ング］, hook［フック］;（誤って）catch［キャッチ］
• セーターをくぎに引っ掛けてしまった.
　I *caught* my sweater on a nail.
‖引っ掛け問題 a trick question

ひっき【筆記】writing［ライティング］
‖筆記試験 a written examination
‖筆記体:筆記体で書きなさい. Write in *cursive*.
‖筆記用具 a pen-and-pencil set

ひつぎ a coffin［コーフィン］, a casket［キャスキット］

ビッグ big［ビッグ］
• ビッグイベント a *big* event
ピック《音楽》（ギターの）a pick［ピック］
ピックアップ【ピックアップする】pick out［ピッ
ク アウト］, choose［チューズ］→えらぶ
ビッグバン the Big Bang［ビッグ バング］
びっくり【びっくりする】be surprised［サァプライ
ズド］, be amazed［アメイズド］→おどろく❶
• 本当にびっくりした. I *was* really *surprised*.
━びっくりするような surprising, amazing
━びっくりさせる surprise, amaze;（怖(こわ)）がら
せる）scare［スケア］
•「わっ, びっくりした!」「ここにいるの, 気づか
なかった？」"Ah, you *scared* me!" "You
didn't know I was here?"
‖びっくり箱 a jack-in-the-box

ひっくりかえす【ひっくり返す】（倒(たお)す）upset
［アプセット］;（裏返す）turn ... over［ターン］;（上下
に）turn ... upside down［アップ サイド ダウン］;
（表裏に）turn ... inside out［インサイド アウト］
• 犬が走り回って花瓶(かびん)をひっくり返した.
　Our dog ran around and *upset* the vase.

ひっくりかえる【ひっくり返る】turn over［タ ー
ン］;（倒(たお)れる）fall over［フォール］
• 地震(じしん)でいすがひっくり返った.
　The chairs *fell over* in the earthquake.

ひづけ【日付】a date［デイト］→…にち
• その手紙の日付は3月5日だった.
　The letter was *dated* March 5.
━日付を書く date
‖日付変更(へんこう)線 the（international）date line

ひっこし【引っ越し】a move［ム ー ヴ］, moving［ム
ーヴィング］
ひっこす【引っ越す】move［ムーヴ］
• 東京から名古屋へ引っ越した.
　We *moved* from Tokyo to Nagoya.
• 木田家は先週引っ越して来た［行った］.
　The Kidas *moved* in［out］last week.

ひっこみじあん【引っ込み思案な】shy［シャイ］
ひっこめる【引っ込める】draw in ...［ドゥ ロー］;
（撤回(てっかい)する）withdraw［ウィズドゥロー］
• カタツムリは角を引っこめた.
　The snail *drew in* its horns.

ピッコロ《楽器》a piccolo［ピッカロウ］
ひっさつわざ【必殺技】a special move［スペシャ
ル ムーヴ］
ひっし【必死の】desperate［デスパラット］
• 医者たちは彼女の命を救おうと必死の努力をし
た. The doctors made a *desperate* effort
to save her life.
━必死に desperately

ひつじ【羊】《動物》a sheep［シープ］（複 sheep）（▶

five hundred and sixty-five　　　565

ひっしゅう

単複同形；（子羊）**a lamb**[ラム]（★この**b**は発音しない）
- 羊の群れ a flock of *sheep*
- 羊の肉 **mutton** / （子羊の肉, ラム肉）*lamb*
‖羊飼い **a shepherd**

ひっしゅう【必修の】**required**[リクワイァド], **compulsory**[カンパルサリィ]
‖必修科目 a required ［compulsory］ **subject**

ひつじゅひん【必需品】**necessities**[ネセサティズ]；（日常生活の）**daily necessities**[デイリィ]

びっしょり→ ずぶぬれ
- 汗(䀁)びっしょりだった. I was *all sweaty*.

びっしり
- 予定がびっしり詰(つ)まっている.
  I have a *busy* schedule.

ひったくり（行為）**a snatch**[スナッチ], **a mugging**[マギング]；（人）**a snatcher**[スナッチァ]

ひったくる snatch（away）[スナッチ (アウェイ)]
- その男は彼女のハンドバッグをひったくった.
  The man *snatched* her handbag.

ぴったり（正確に）**exactly**[イグザクトゥリィ]；（すきまなく）**close**[クロウス], **closely**；（完ぺきに）**perfectly**[パーフィクトゥリィ]
- 代金は1000円ぴったりだった.
  It cost（me）*exactly* 1,000 yen.
- はぐれるからぴったりついてきなさい.
  Stay *close* to ［by］ me or you'll get lost.
- このワンピースは私にぴったりだ.
  This dress fits me *perfectly*.
- 時間ぴったりに駅に着いた.
  I got to the station *right on* time.
- **ぴったりの exact**; **tight**[タイト]；**perfect**

ピッチ（速度）（a）**pace**[ペイス]（►この意味では pitchは×）；（サッカー場）**a field**[フィールド]
- 急ピッチで at a fast *pace*

ピッチハイク hitchhiking[ヒッチハイキング]

ピッチャー〖野球〗**a pitcher**[ピッチァ]
- 先発ピッチャー a starting *pitcher*

ピッチング pitching[ピッチング]

ひってき【匹敵する】**be equal**（to ...）[イークワル]；**be a match**（for ...）[マッチ]

ヒット〖野球〗**a hit**[ヒット]；（映画・歌などの大当たり）**a hit, a success**[サクセス]
- 彼はヒットを3本打った. He got three *hits*.
- この映画は大ヒットした.
  This movie was a big ［great］ *hit*.
‖ヒットエンドラン a hit-and-run
‖ヒット曲 a hit song
‖ヒットチャート（音楽の）a record chart（►「ヒットチャート」は和製英語）

ひっぱる【引っ張る】**pull**[プル]；（引きずる）**drag**[ドゥラッグ]→ ひく¹❶
- マリは私の袖(㲇)を引っ張った.

Mari *pulled* me by the sleeve.
- キャプテンはいつもチームを引っ張ってくれる. The captain always *leads* our team.

ヒップ the hips[ヒップス]→ こし¹
- ヒップハンガーのパンツ *hip*-hugging pants

ヒップホップ【ヒップホップの】**hip-hop**[ヒップホップ]

ひつよう【必要】

（a）**need**[ニード]
- **必要な necessary**（⇔不要な unnecessary）
- 必要ならこの自転車を使えます.
  You can use this bike if（it is）*necessary*.
- 〈〈人〉が）…することは必要だ
  It is necessary（for＋〈人〉＋）to＋〈動詞の原形〉/ need＋to＋〈動詞の原形〉
- リクはもっと運動する必要がある.
  It is necessary for Riku to exercise more. / Riku *needs* to exercise more.
- **必要である need**
- 新しいノートが必要だ.
  I *need* a new notebook.
- この自転車は修理が必要だ.
  This bicycle *needs* repairing.
- **…する必要はない**
  don't have ［need］ to＋〈動詞の原形〉
- あなたがそこへ行く必要はありません.
  You *don't have* ［*need*］ *to* go there.

ひてい【否定する】**deny**[ディナイ]
- 彼は間違(まちが)えたことを否定している.
  He *denies* that he made a mistake.
- **否定的な negative**[ネガティヴ]（⇔肯定(㲒)的な affirmative）
‖否定文 〖文法〗a negative sentence

ビデオ（a）**video**[ヴィディオウ]→ どうが
- 時々ネットでビデオを見る.
  I sometimes watch *videos* online.
‖ビデオカメラ a video camera
‖ビデオゲーム a video game
‖ビデオ判定 instant replay, video review

ひでり【日照り】**dry weather**[ドゥライ ウェザァ]；（干ばつ）（a）**drought**[ドゥラウト]

ひと【人】

❶1人の	a person, （男性）a man, （女性）a woman	
❷複数の	people; （ほかの人々）others, other people	
❸人類	a human（being）; human beings, human race	
❹人柄(㲣)	(a) personality, nature	

566　five hundred and sixty-six

ひとつ

❶〔1人の〕**a person**[パースン]（▶男女の別なく用いる），（男性）**a man**[マン]（複 **men**[メン]），（女性）**a woman**[ウマン]（複 **women**[ウィミン]）
• 彼は明るい人だ. He is a cheerful *person*.
• あの男[女]の人はだれですか.
Who is that *man*［*woman*］?
• ユミはどんな人ですか.
What kind of *person* is Yumi? / What is Yumi like?

❷〔複数の〕**people**[ピープル]；（ほかの人々）**others**[アザァズ], **other people**
• デパートは人であふれていた. The department store was full of *people*.
• 人には親切にしなさい. Be kind to *others*.
• 犬が好きな人もいれば猫(½)が好きな人もいる. Some *people* like dogs, and *others* like cats.

❸〔人類〕**a human（being）**[ヒューマン（ビーイング）]；**human beings**[ビーイングズ], **human race**[レイス]→ にんげん
• いつか人は火星に行ける.
Someday *human beings* can go to Mars.

❹〔人柄〕**（a）personality**[パーサナラティ], **nature**[ネイチァァ]
• 彼はすっかり人が変わってしまった.
He has become quite another *man*.

ひどい

❶程度がはなはだしい	
	terrible; （雨などが）**heavy**; （病気などが）**bad**
❷残酷(⅔)な	**cruel**; （つらい）**hard**; （意地悪な）**mean**

❶〔程度がはなはだしい〕**terrible**[テラブル]；（雨などが）**heavy**[ヘヴィ]；（病気などが）**bad**[バッド]
• ひどい間違(⅓)いをした.
I made a *terrible* mistake.
• ゆうべはひどい雨だった.
We had *heavy* rain last night.
• タクはひどい風邪(½)を引いている.
Taku has a *bad* cold.
━ひどく **terribly**; **heavily**; **badly**
• ひどく暑かった. It was *terribly* hot.
• マユはあなたにひどく会いたがっている.
Mayu wants to see you *badly*.
━ひどくなる **get worse**[ワース]

❷〔残酷な〕**cruel**[クルーアル]；（つらい）**hard**[ハード]；（意地悪な）**mean**[ミーン]
• 子どもたちはその犬にひどい仕打ちをした.
The children were *cruel* to the dog.
• きのうはひどい目にあった.

I had a *hard* time yesterday.
•「今の話はうそ, 本当にごめん」「ひどい！」
"Everything I just said was a lie. I'm so sorry." "That was *mean*!"

ひといき〔一息〕**breath**[ブレス]
• 一息ついた. I caught my *breath*.
• あと一息だ. We are *almost* there.

ひとがら〔人柄〕**（a）personality**[パーサナラティ]
• 彼は人柄がいい.
He has a good *personality*.

ひとくち〔一口〕（ひとかじり）**a bite**[バイト]；（ひとすすり）**a sip**[スィップ]；（一口分）**a mouthful**[マウスフル]
• このハンバーガー, 一口かじる？
Do you want a *bite* of this hamburger?

ひとこと〔一言〕**a（single）word**[（スィングル）]
• 一言で言うと in a *word*
• 一言も言わずに彼は立ち去った.
He left without saying a *word*.

ひとごと〔人ごと〕**somebody else's problem**[business][サムバディ エルスズ プロブレム［ビズニス］]
• それは人ごとじゃないよ.
It could happen to us.（◀自分たちにも起こりうる）

ひとごみ〔人込み〕**a crowd**[クラウド]
• 彼女は人ごみをかき分けて進んだ.
She made her way through the *crowd*.

ひとごろし〔人殺し〕（殺人）**（a）murder**[マーダァ]；（殺人者）**a murderer**[マーダラァ], **a killer**[キラァ]

ひとさしゆび〔人さし指〕**a forefinger**[フォーフィンガァ], **an index finger**[インデックス フィンガァ]→ ゆび 図

ひとしい〔等しい〕**equal（to ...）**[イークワル]
• この三角形はあの三角形と面積が等しい.
This triangle is *equal to* that one in area.

ひとじち〔人質〕**a hostage**[ハスティッヂ]
• 50人が人質にとられた.
Fifty people were taken *hostage*.

ひとつ [一つ]

❶1個	**one**; （それぞれ）**each**
❷…さえ	**even**
❸さて, 試しに	**just**

❶〔1個〕**one**[ワン]；（それぞれ）**each**[イーチ]
• 私にも1つください. May I have *one*, too?
• テニスは私の好きなスポーツの1つだ.
Tennis is *one* of my favorite sports.
• ここに箱が2つある. 1つは大きくて軽く, もう1つは小さくて重い.
Here are two boxes. *One* is big and light, and *the other* is small and heavy.

ひ

five hundred and sixty-seven　　　567

ひとで¹

- 1つずつシャツのボタンを外した.
  I undid my shirt buttons *one* by *one*.
- それは1ついくらですか.
  How much is *each* of these?
- **→1つの a**[ア, (強く言うとき)ェィ], **an**[アン, (強く言うとき)ァン], **one**
- かごの中にキウイが1つある.
  There is *a* kiwi fruit in the basket.

> **ここがポイント!** 「1つ」の言い方
> (1) 数えられる名詞には a または an をつけます. 子音(a, e, i, o, u以外の音)で始まる語には a を, 母音(a, e, i, o, uの音)で始まる語には an を用います.
> - 1つのかぎ *a* key
> - 1つのりんご *an* apple
> - 1つの古い机 *an* old desk
> (2) 数えられない名詞には a piece of … などをつけます.
> - 1つのニュース[家具]
>   *a piece of* news [furniture]

- **❷**〔…さえ〕**even**[イーヴン]
- ぼくはオムレツ1つ作れない.
  I can't *even* make an omelet.
- 空には雲一つなかった.
  There was not a *single* cloud in the sky.
- **❸**〔さて, 試しに〕**just**[ヂャスト]
- じゃあひとつやってみよう.
  I'll *just* give it a try.

ひとで¹〔動物〕**a starfish**[スターフィッシュ](複 starfish, starfishes)

ひとで²〔人手〕(働き手)**a hand**[ハンド]
- 人手が足りない.
  We are short of *hands* [*people*].

ひとどおり【人通り】**pedestrian traffic**[パデストゥリアントゥラフィック]
- この道は人通りが多い[ない].
  There are [are not] many *pedestrians* on this street. / This street is busy [quiet].

ひとなつこい【人なつこい】**friendly**[フレンドゥリィ]

ひとなみ【人並みの】(ふつうの)**ordinary**[オーダネリィ]; (平均的な)**average**[アヴ(ァ)リッヂ]

ひとびと【人々】**people**[ピープル]**→ひと❷**

ひとまえ【人前で】**in public**[パブリック], **in front of other people**[フラント][アザァ ピープル]
- 人前で話すのは苦手だ.
  I'm not good at speaking *in public*.

ひとみ(瞳孔(どうこう))**a pupil**[ピューパル]; (目)**an eye**[アィ]**→め¹図**

ひとみしり【人見知りする】**be shy**[afraid of strangers]**[シャィ][アフレィド][ストゥレィンヂャァズ]**

- 赤ちゃんは人見知りする.
  The baby *is shy* [*afraid of strangers*].

ひとめ¹【一目で】**at first sight**[ファースト サイト], **at a glance**[グランス]
- 一目でその人が分かった.
  I recognized the person *at a glance*.
- ┃一目ぼれ: そのアーティストに一目ぼれした.
  ┃I *fell in love* with the artist *at first sight*.

ひとめ²【人目】(注目)**attention**[アテンション]
- その建物は人目を引いた.
  The building attracted *attention*.
- 彼は人目を気にしない. He doesn't care *what people say* [*think*] about him.

ひとやすみ【一休み】**a break**[ブレイク], **(a) rest**[レスト]
- **→一休みする take** [**have**] **a break**

ひとり【一人, 独り】

❶ 1人の人	one, one person
❷ 一人も…ない	no one, nobody
❸ 独(ひと)りで	alone, by *oneself*

❶〔1人の人〕**one**[ワン], **one person**[パースン]
- 友達の1人が弁論大会で優勝した. *One* of my friends won a speech contest.
- 彼らは1人ずつ入ってきた.
  They came in *one* by *one*.
- 料金は1人当たり3000円です.
  We charge 3,000 yen per *person*.
- **→1人の one, a**[ア, (強く言うとき)ェィ], **an**[アン, (強く言うとき)ァン]; (ただ1人の)**only**[オウンリィ]
- 私には兄が1人いる.
  I have *one* [*a*] brother.

❷〔一人も…ない〕**no one, nobody**[ノウバディ]
- そこに行ったことがある人は一人もいない.
  No one has ever been there.
- だれ一人としてその話を信じなかった.
  Nobody believed the story.

❸〔独りで〕**alone**[アロウン], **by** *oneself*[バィ]**→ひとりで**
- 独りにしてくれ. Leave me *alone*.
- ┃一人旅 travel alone
- ┃一人っ子 an only child
- ┃一人ひとり each and every person
- ┃一人息子(むすこ) an only son
- ┃一人娘(むすめ) an only daughter

ひとりぐらし【一人暮らしする】**live (all) by** *oneself*[リヴ], **live alone**[アロウン]
- 兄は一人暮らしをしている.
  My brother *lives* (*all*) *by himself*.

ひとりごと【独り言を言う】**talk to** *oneself*[トーク]

568 five hundred and sixty-eight

ひび¹

- 彼はいつも独り言を言っている.
  He always *talks to himself*.

ひとりじめ【独り占めする】**have ... all to** *oneself* [ハヴ オール]

- 今週の土曜日の午後, 私はテレビを独り占めする. This Saturday afternoon I *have* the TV *all to myself*.

ひとりで【独りで】
(独りぼっちで)**alone**[アロウン], **by** *oneself*[バィ]; (独力で)**by** *oneself*

- 彼女のおじいさんは独りで暮らしている. Her grandfather lives *alone* [*by himself*].
- 独りでこの問題を解きなさい.
  Answer this question *by yourself*.
- **ひとりでに by itself**
- ドアがひとりでに開いた.
  The door opened *by itself*.

ひとりぼっち【独りぼっちで】(ひ と り で)**alone** [アロウン]; (さびしく)**lonely**[ロウンリィ]

- その子はひとりぼっちで遊んでいた.
  The child was playing *alone*.

ひな a baby bird[ベイビィ バード]; (鶏(にわとり)の)**a chick**[チック]

ひなぎく【ひな菊】〖植物〗**a daisy**[デイズィ]

ひなた【ひなたで】**in the sun**[サン]
| ひなたぼっこ **sunbathing**: ひなたぼっこをする **sunbathe**

ひなにんぎょう【ひな人形】**ornamental Hina dolls**[オーナメントゥル][ダールズ]

ひなまつり【ひな祭り】**the Doll(s') Festival**[ダール(ズ) フェスタヴァル] → 年中行事【口絵】

- ひな祭りは女の子の幸せと長寿(ちょう)を願う3月3日に行われる祭りです. *Hinamatsuri* is the festival for girls celebrated on March 3rd to wish them a happy and long life.

ひなん¹【避難】(**an**)**evacuation**[イヴァキュエイション]

- **避難する take shelter, evacuate**[イヴァキュエイト]
- 人々は体育館に避難した.
  People *took shelter* in the gym.
| 避難訓練 **an evacuation drill**; (火災の)**a fire drill**
| 避難者 **an evacuee**
| 避難所 **a shelter**
| 避難命令 **an evacuation order**

ひなん²【非難】(**the**)**blame**[ブレイム]; (批判)(**a**)**criticism**[クリタスィズム]

- **非難する blame; criticize**[クリタサイズ]
- 彼女はそのことで非難された.
  She was *blamed* for it.

ビニール plastic[プラスティック]

- **ビニールの plastic**
| ビニールハウス **a plastic greenhouse**
| ビニール袋(ぶくろ) **a plastic bag**

ひにく【皮肉】(いやみ)**sarcasm**[サーカズム], **irony** [アイ(ア)ラニィ]

- **皮肉の sarcastic**[サーキャスティック], **ironic**[アイラニック]
- **皮肉を言う make sarcastic comments**
- また彼は皮肉を言っている.
  He's *making sarcastic comments* again.

ひにち【日にち】(日取り)**a date**[デイト], **a day**[デイ]; (日数)**days**

- 試験の日にちが決まった.
  The exam *date* was set.
- 試験までもう日にちがない. There are a few *days* left until the day of the exam.

ひにん【避妊する】**use birth control**[ユーズ バース カントゥロウル]

ひねくれた twisted[トゥウィスティド], **cynical**[スィニカル]

びねつ【微熱】**a slight fever**[スライト フィーヴァ]

- 微熱がある. I have a *slight fever*.

ひねる【ねじる】**twist**[トゥウィスト]; (栓(せん)・スイッチなどを)**turn on** [**off**][ターン]

- 試合中手首をひねった.
  I *twisted* my wrist during the game.

ひのいり【日の入り】(**a**)**sunset**[サンセット]

ひので【日の出】(**a**)**sunrise**[サンライズ]

ひのまる【日の丸】**the Rising Sun (flag)**[ライズィング サン (フラッグ)]

ひばいひん【非売品】**an article not for sale**[アーティクル][セイル]

ひばく【被ばくする】(原子爆弾に)**be a victim of an atomic bomb**[ヴィクティム][アタミック バム], **be a victim of a nuclear bomb**[ヌークリア バム], (放射線に)**be exposed to radiation**[イクスポウズド][レイディエイション]

| 被ばく国 (原子爆弾の)**a country that was a victim of an atomic bomb**
| 被ばく者 (原子爆弾の)**an atomic bomb victim**

ひばな【火花】**a spark**[スパーク]

- **火花が散る spark**

ひばり〖鳥〗**a lark**[ラーク], **a skylark**[スカイラーク]

ひはん【批判】(**a**)**criticism**[クリタスィズム]; (非難)(**the**)**blame**[ブレイム]

- **批判的な critical**[クリティカル]
- 彼らはその計画に批判的だ.
  They are *critical* of the project.
- **批判する criticize**[クリタサイズ]; **blame**

ひび¹ a crack[クラック]

ひび²

ひび² 【日々】**daily**[デイリィ]

ひびき 【響き】(音)**a sound**[サウンド];(反響(はんきょう)) **an echo**[エコゥ]

 ━**響く sound; echo**

 • 彼らの歌声がその大きなホールに響いた.
 Their songs *echoed* in the big hall.

ひひょう 【批評】(専門的な)(**a**)**criticism**[クリタスィズム];(寸評)(**a**)**comment**[カメント](★アクセント位置に注意);(本などの)**a review**[リヴュー]

 ━**批評する criticize**[クリタサイズ]; **comment (on ...)**; **review**
 ▮**批評家 a critic**

びびる be frightened[フライトゥンド], **chicken out**[チキン アウト]

 • 行け, 今さらびびるな.
 Come on! You can't *chicken out* now!

びひん 【備品】**equipment**[イクウィップマント]

ひふ 【皮膚】(**a**)**skin**[スキン]➡ はだ

 • がさがさ [すべすべ] の皮膚
 rough [smooth] *skin*

 • 赤ちゃんの皮膚はデリケートだ.
 Babies have delicate *skin*.

 ▮**皮膚科 dermatology**
 ▮**皮膚がん skin cancer**
 ▮**皮膚病 a skin disease**

びふう 【微風】**a breeze**[ブリーズ]

ひふくしつ 【被服室】**a sewing room**[ソウイング ルーム]

ビブラート 〚音楽〛**a vibrato**[ヴィブラートウ]

ひま 【暇】

 (時間)**time**[タイム];(余暇(よか))**free time**[フリー], **spare time**[スペァ]

 • 忙(いそが)しくて本を読む暇がない. I'm so busy that I have no *time* to read (books).

 • 泣いている暇はないよ.
 There's no *time* for crying.

 • ぼくたちはトランプをして暇をつぶした.
 We killed *time* playing cards.

 • 暇な時は何をしてるの. What do you do in your *spare* [*free*] *time*?

 ━**暇な free**(⇔忙しい **busy**)

 • あしたは暇ですか.
 Are you *free* tomorrow?

ひまご 【ひ孫】**a great-grandchild**[グレイト グランチャイルド](複 **great-grandchildren**[-チルドゥラン])

ヒマラヤン (猫(ねこ))**a Himalayan**[ヒマレイアン]

ひまわり 〚植物〛**a sunflower**[サンフラウァ]

ひまん 【肥満】**fatness**[ファットニス], **obesity**[オウビーサティ]

 ━**肥満の obese**
 ▮**肥満児 a overweight child**

ひみつ 【秘密】

a secret[スィークリット]

 • 私はリエにある秘密を打ち明けた.
 I told Rie a *secret*.

 • 秘密を守れる?
 Can you keep a *secret*?

 • 秘密がばれてしまった.
 The *secret* came out.

 • 話して. 絶対秘密にするから.
 Tell me. I swear I'll keep it a *secret*.

 • ユカは私の秘密をばらした.
 Yuka gave away my *secret*.

 • これはぼくたちだけの秘密だよ. This is just *between you and me*. / This is just *between us*.

 ━**秘密の secret, hidden**[ヒドゥン]

びみょう 【微妙な】(細心の注意を要する)**delicate**[デリカット];(差などが)**subtle**[サトゥル](★このbは発音しない);(急ふやな)**iffy**[イフィ]

 • それは微妙な問題だ.
 That's a *delicate* problem.

 • ちょっと微妙だね. That's (a bit) *iffy*.

ひめ 【姫】**a princess**[プリンスィス]

ひめい 【悲鳴】**a scream**[スクリーム]

 ━**悲鳴を上げる scream**

 • 彼女はくもを見て悲鳴を上げた.
 She *screamed* at the sight of the spider.

ひも (**a**)**string**[ストゥリング];(太い)(**a**)**cord**[コード]

 • ケンはその箱をひもで縛(しば)った.
 Ken tied the box up with *string*.

ひもの 【干物】(魚の)**a dried fish**[ドゥライド フィッシュ]

ひやあせ 【冷や汗】**a cold sweat**[コウルド スウェット]

 • 冷や汗をかいた. I broke out in a *cold sweat*.

ひやかす 【冷やかす】**tease**[ティーズ]

 • 新婚ほやほやのカップルを冷やかした.
 We *teased* the newly-married couple.

ひゃく 【百(の)】

a hundred[ハンドゥリッド], **one hundred**➡ さん¹

 • 300 three *hundred*(▶*hundred*の前に2以上の数詞が来ても, hundredsとはしない)

 • 450 four *hundred* (and) fifty

 • 100点を取った.
 I got a *hundred* points. / I got full marks.

 • 何百人もの人 *hundreds of* people(▶「何百もの」と言う場合にはhundredsと -sがつく)

 • 百人一首 a classical anthology of one *hundred waka* poems

 • 100分の1 one [a] *hundredth*

---

570   five hundred and seventy

ひゃくまん【百万(の)】a million[ミリャン], one million

ひやけ【日焼け】a suntan[サンタン], a tan[タン];(痛むほどの)(a) sunburn[サンバーン]
- **日焼けする** get a tan, get tanned
- きれいに日焼けしているね. You've *got* a nice *tan*.
- ひどく日焼けした. I *got* a bad *sunburn*.
- 日焼けした肌 *tanned* skin
- 日焼け止め (a) sun screen

ひやしちゅうか【冷やし中華(そば)】Chinese cold noodles[チャイニーズ コウルド ヌードゥルズ]

ヒヤシンス〖植物〗a hyacinth[ハイアスィンス]

ひやす【冷やす】cool[クール]
- コーラを冷蔵庫で冷やした. I *cooled* the cola in the refrigerator.
- 少し頭を冷やしなさい. *Cool* it a bit! / Calm down a bit!
- **冷やした** chilled;(水で)iced

ひゃっかじてん【百科事典】an encyclopedia[インサイクラピーディア]

ひゃっかてん【百貨店】→ デパート

ひやひや【ひやひやする】be nervous[ナーヴァス], be worried[ワーリィド]
- 私たちはどうなることかとひやひやした. We *were worried* about how things would turn out.

ひややっこ【冷や奴】chilled tofu[チルド トウフー]

ひゆ【比喩】a figure of speech[フィギャァ][スピーチ], a metaphor[メタフォー]

ピュア【ピュアな】pure[ピュァ]

ヒューズ〖電気〗a fuse[フューズ]
- ヒューズが飛んだ. The *fuse* has blown.

ひゅうひゅう【ひゅうひゅう吹く】(風が)howl[ハウル], whistle[(ホ)ウィッスル]

ビューラー〖商標〗an eyelash curler[アイラッシュ カーラァ]

ビュッフェ(立食)a buffet[バフェィ](▶「ビュッフェ」はフランス語から)
- ビュッフェ(スタイル)の昼食 a *buffet* lunch

ひよう 【費用】

(an) expense[イクスペンス], a cost[コスト]
- 旅行の費用 traveling *expenses*
- **費用が(…だけ)かかる** cost
- 「費用はどのくらいかかりますか」「2万円くらいです」 "How much will it *cost*?" "About twenty thousand yen."

ひょう¹【表】a table[テイブル], a list[リスト]
- 時刻表 a time*table*
- 予定表 a schedule

- **表にする** make a list (of ...)

ひょう²【票】a vote[ヴォウト]
- 彼は30票獲得した. He got thirty *votes*.
- **票を入れる** vote
- 君に1票入れるよ. I'll *vote* for you.

ひょう³〖動物〗a leopard[レパド](★発音注意);(黒ひょう)a panther[パンサァ]

ひょう⁴〖気象〗hail[ヘイル];(1粒の)a hailstone[ヘイルストウン]
- **ひょうが降る** hail(▶itを主語とする)

びよう【美容】beauty[ビューティ]
- 美容院 a beauty salon
- 美容師 a hairdresser

びょう¹ 【秒】

a second[セカンド](▶sec.と略す)
- 5分10秒 five minutes (and) ten *seconds*
- 100メートルを13秒で走る. I run one hundred meters in thirteen *seconds*.
- 秒針 a second hand
- 秒読み (a) countdown→ カウントダウン

びょう²→ がびょう

びょういん 【病院】

a hospital[ハスピトゥル]
- 検査を受けに病院に行った. I went to the *hospital* to have a checkup.
- 患者は病院へ運ばれた. The patient was taken to (the) *hospital*.
- 救急病院 an emergency *hospital*
- 総合病院 a general *hospital*
- 大学病院 a university *hospital*
- 動物病院 an animal *hospital* / a pet *hospital*

ひょうか【評価】(an) evaluation[イヴァリュエイション], rating[レイティング]
- **評価する** evaluate[イヴァリュエイト], estimate[エスティメイト], rate
- 他人の能力を評価するのは難しい. It's difficult to *evaluate* others' abilities.
- 先生は私たちの作文を5段階で評価した. The teacher *rated* our compositions on a

ひょうが

five-point scale.

ひょうが【氷河】a glacier[グレイシャァ]
‖氷河期 the ice age

びょうき【病気】(an) illness[イルニス], (a) sickness[スィックニス], (a) disease[ディズィーズ] →p.573 ミニ絵辞典
- おじは心臓の病気にかかっている. My uncle is suffering from heart *disease*.
- 早く病気がよくなるといいですね. I hope you'll get well soon.
→病気の[で] sick, ill
- 弟は先週から病気で寝ている. My brother has been *sick* in bed since last week.
→病気になる get[become] sick
- 旅行先で病気になった. I *got*[*became*] *sick* while traveling.

ひょうきん【ひょうきんな】funny[ファニィ], comical[カミカル]

ひょうげん【表現】(an) expression[イクスプレッション]
- 表現の自由 freedom of *expression*
→表現する express
- 自分の気持ちを表現するのは難しかった. It was hard to *express* myself.

びょうげんきん【病原菌】a (disease) germ[バクテリ(ァ)リア]

ひょうご【標語】(スローガン)a slogan[スロウガン]; (モットー)a motto[マトウ]

ひょうさつ【表札】a doorplate[ドアプレイト]

ひょうざん【氷山】an iceberg[アイスバーグ]

ひょうし¹【表紙】(本の)a cover[カヴァ]

ひょうし²【拍子】(音楽の)time[タイム], beat[ビート]
- 4分の2拍子の曲 a piece in two-four[two-quarter] *time*
- 子どもたちは足で拍子をとった. The children tapped their feet to the *beat*.

ひょうしき【標識】a sign[サイン]
- 交通[道路]標識 a traffic[road] *sign*

びょうしつ【病室】a sickroom[スィックルーム]; (病院の)a hospital room[ハスピトゥル ルーム]

びょうしゃ【描写】(a) description[ディスクリプション]
→描写する describe[ディスクライブ], give a description (of ...)

ひょうじゅん【標準】a standard[スタンダァド]; (平均)(an) average[アヴ(ァ)リッヂ]
- 彼のテストの得点は標準以上[以下]である. His test score is above[below] (the) *average*.
→標準的な standard; average

‖標準語 the standard language, standard Japanese

ひょうしょう【表彰する】honor[アナァ]
- 彼は成績が優秀だったので表彰された. He was *honored* for his achievements.
‖表彰式 an awards ceremony
‖表彰状 a testimonial
‖表彰台 the winners' platform, a podium

ひょうじょう【表情】a look[ルック], an expression[イクスプレッション]
- タクは心配そうな表情で私を見た. Taku looked at me with a worried *expression*.
- アミは真剣な表情をしていた. Ami *looked* serious.

びょうじょう【病状】(a) condition[カンディション] (▶複数形では用いない)

ひょうだい【表題】(本・詩などの)a title[タイトゥル]

ひょうてん【氷点】the freezing point[フリーズィング ポイント]
- 氷点下20度です. It's twenty degrees below *zero*[*the freezing point*].

びょうどう【平等】equality[イクワラティ]
- 男女平等 *equality* between men and women
→平等な equal[イークワル]
- 私たちはみな法の前に平等である. We are all *equal* before the law.
→平等に equally

びょうにん【病人】a sick person[スィック パースン]; (患者)a patient[ペイシャント]

ひょうはく【漂白する】bleach[ブリーチ]
‖漂白剤 bleach

ひょうばん【評判】(a) reputation[レピュテイション]; (人気)popularity[パピュララティ]
- その医師は評判がよい[悪い]. That doctor has a good[poor] *reputation*.
- 彼は友達の間で評判がよい. He is *popular* among[with] his friends.

ひょうほん【標本】a specimen[スペサマン]
- 昆虫の標本 *specimens* of insects

ひょうめん【表面】a surface[サーフィス]
- 湖の表面 the *surface* of the lake
→表面的な superficial[スーパァフィシャル]
- 彼女の優しさは表面的だ. Her kindness is only *superficial*.

ひょうりゅう【漂流する】drift (about)[ドゥリフト]

ひょうろん【評論】(a) criticism[クリタスィズム], (a) review[リヴュー]
‖評論家 (芸術の)a critic, (経済などの)an analyst

ひよけ【日よけ】a sunshade[サンシェイド]; (ブラ

ミニ絵辞典 病気 Illness

どうされましたか.
Can you tell me what's wrong?

きのうから頭が痛くてせきが出るんです.
I've had a headache and a cough since yesterday.

看護師 nurse
医師 doctor
患者(かんじゃ) patient

症状(しょう)を説明する

熱がある have a fever	微(び)[高]熱がある have a slight [high] fever	寒気がする feel a chill	吐(は)き気がする feel sick [nauseous]
鼻水が出る have a runny nose	せきが出る have a cough	くしゃみが出る have a sneezing fit	食欲がない have no appetite
頭が痛い have a headache	おなかが痛い have a stomachache	のどが痛い have a sore throat	下痢(げり)をしている have diarrhea

風邪(かぜ)をひいている	have a cold	風邪をひく	catch [get] a cold
花粉症(かふんしょう)である	have hay fever	アレルギーがある	have allergies
歯が痛い	have a toothache	背中[腰]が痛い	have a backache
車に酔(よ)う	get carsick	インフルエンザにかかる	catch the flu

five hundred and seventy-three

ひよこ

インド)**a blind**[ブラインド]

ひよこ(鶏(ﾆﾜﾄﾘ)の)のひな)**a chick**[チック]

ひょっこり(偶 然(ﾀﾞｾﾞﾝ))**by chance**[チャンス]; (不意に)**unexpectedly**[アニクスペクティドゥリィ]

ひょっと【ひょっとしたら, ひょっとして】**possibly**[パサブリィ], **perhaps**[パァハップス], **by any chance**[チャンス]➡もしか
• ひょっとしたらケンも来るかもしれない.
  Ken may *possibly* come, too.
• ひょっとして佐藤さんを知っていますか.
  Do you *happen to* know Ms. Sato?

ぴょんと
━**ぴょんと飛ぶ hop**[ホップ], **leap**[リープ]
• はしごからぴょんと飛びおりた.
  I *hopped* down from the ladder.

びら(手渡(ﾃﾜﾀﾞ)しの)**a flier, a flyer**[フライア], **a leaflet**[リーフレット]; (はり紙)**a poster**[ポウスタァ]
• びらをはった. I put up a *poster*.
• びらを配っているのはだれですか.
  Who is giving out *fliers*?

ひらいしん【避雷針】**a lightning rod**[ライトゥニングラッド]

ひらおよぎ【平泳ぎ】**the breaststroke**[ブレストストゥロウク]
━**平泳ぎをする swim the breaststroke**

ひらがな【平仮名】**a Japanese *hiragana***(**syllabary character**)[ジャパニーズ][スィラベリィ キャリクタァ]

ひらく【開く】

❶開ける	open
❷開催(ｶｲｻｲ)する	hold, have, give
❸開花する	come out, open

❶[開ける]**open**[オウプン](⇔閉じる close, shut)
• 教科書の21ページを開きなさい.
  Open your textbooks to page 21.
• きょう図書館は8時まで開いている.
  The library is *open* till eight today.(▶このopenは形容詞)
❷[開催する]**hold**[ホウルド], **have**[ハヴ], **give**[ギヴ]
• エミの歓迎(ｶﾝｹﾞｲ)会を開いた. We *had*［*gave*］a welcome party for Emi.
• ワールドカップは4年に1度開かれる.
  The World Cup is *held* every four years.
❸[開花する]**come out**[アウト], **open**➡さく¹
• 朝顔の花が開き始めている. The morning glories are just *opening*［*coming out*］.

ひらたい【平たい】**flat**[フラット]➡たいら

ピラニア【魚】**a piranha**[ピラーニャ]

ひらひら【ひらひらする】**flutter**[フラッタァ]

ピラフ pilaf[ピラーフ]

ピラミッド a pyramid[ピラミッド]

ひらめ【魚】**a flatfish**[フラットフィッシュ](複 flatfish, flatfishes), **a flounder**[フラウンダァ]

ひらめく flash[フラッシュ], **strike**[ストゥライク]
• 名案がひらめいた. A good idea *struck* me.

びり the last[ラスト], **the bottom**[バタム]
• 彼はクラスの中でびりだ.
  He's at *the bottom* of his class.
• マラソンでびりから2番目だった. I was second to (*the*) *last* in the marathon.

ピリオド a period[ピ(ｱ)リアッド](▶記号は.)

ひりつ【比率】(a) **ratio**[レイショウ](★発音注意)➡わりあい❶
• うちのクラブの男女の比率は3対2だ.
  The *ratio* of boys to girls in our club is three to two.

びりっ
• コンセントをさわったらびりっときた.
  I got a *shock* from the outlet.

ぴりっ
━**ぴりっとした**(味)**spicy**[スパイスィ], **sharp**[シャープ]

ひりひり【ひりひりする】**sting**[スティング], **burn**[バーン]
• ひざのすりむいたところがひりひりする.
  The scratch on my knee *stings*.

ぴりぴり【ぴりぴり破る】**tear up**[テ ア], **rip … into pieces**[リップ][ピースィズ]

ぴりぴり【ぴりぴりする】(痛みで)**tingle**[ティングル]; (緊張(ｷﾝﾁｮｳ)して)**strained**[ストゥレインド], **tense**[テンス], **uptight**[アップタイト]
• みんなぴりぴりしていた.
  Everyone was *tense*［*uptight*］.

ビリヤード billiards[ビリャヅ](▶単数扱い)

ひりょう【肥料】**fertilizer**[ファータライザァ]
• 有機肥料 an organic *fertilizer*

ひる¹【昼】

(正午)**noon**[ヌーン]; (昼間)(**the**) **day**[デイ], (**the**) **daytime**[デイタイム]; (昼食)**lunch**[ランチ]
• 昼前[昼過ぎ]に before［after］*noon*
• 昼までに宿題を済ませよう. I'm going to finish my homework by *noon*.
• 父は昼も夜も働く.
  My father works *day* and night.
• コアラは昼眠(ﾈﾑ)り, 夜活動する.
  Koalas sleep during *the day* and become active at night.
• お昼にしましょう. Let's have *lunch* now.

574　　　five hundred and seventy-four

▎昼休み a lunch break; (昼食時間)lunchtime

ひる[2][[動物]]a leech[リーチ]

ビル a building[ビルディング]
- 高層ビル a high-rise *building* / (超)高層ビル)a skyscraper
- 7階建てのビル a seven-story *building*

▎ビル街 a street of large office buildings

ひるごはん【昼ご飯】lunch[ランチ]→ちゅうしょく

ひるね【昼寝】a nap[ナップ]
━昼寝をする take a nap

ひるま【昼間】(the) daytime[デイタイム]

ひれ(魚の)a fin[フィン]

ヒレ(ヒレ肉)a fillet[フィリット](★発音注意)

ひれい【比例】proportion[プロポーション]
- 正[反]比例 direct [inverse] *proportion*
━比例する be in proportion (to …), be proportional (to …)
- XはYに(正)比例[反比例]する. X *is* directly [inversely] *proportional to* Y.

ひれつ【卑劣な】mean[ミーン]; (不正な)dirty[ダーティ]

ひろい【広い】

(幅(はば)が)wide[ワイド], broad[ブロード](⇔狭(せま)い narrow); (面積が)big[ビッグ], large[ラーヂ](⇔狭い small); (広大な)vast[ヴァスト]

━━━━━━━━━━━━━━━━━━━
くらべて
みよう！ **wide, broad, big, large**

wideは「2点間の距離(きょり)や幅が広い」,
broadは「面として広がりがある」という意味です. また, **big, large**はどちらも「面積の広さ」という意味で, bigのほうが口語的です.
━━━━━━━━━━━━━━━━━━━

- 横幅の広い道路[川] a *wide* road [river]
- 広い庭のある家 a house with a *big* yard
- 肩幅が広いですね.
  You have *broad* shoulders.
- 彼の部屋はかなり広い.
  His room is quite *large*.
- ケイは心の広い人だ. Kei is a *broad*-minded [*big*-hearted] person.
━広く wide, widely, broadly
- 窓は広く開いていた.
  The window was *wide* open.
- エジソンは世界的に広く知られている. Edison is *widely* known around the world.
━広くする widen[ワイドゥン]→ひろげる

ヒロイン a heroine[ヘロウイン]

ひろう[1]【拾う】

pick up[ピック]; (見つける)find[ファインド]
- 空き缶(かん)を拾ってください.

Please *pick up* the empty cans.
- 通りで手袋(てぶくろ)を片方拾った.
  I *found* a glove on the street.
- 母はタクシーを拾った.
  My mother *got* [*caught*] a taxi [cab].

ひろう[2]【疲労】fatigue[ファティーグ], exhaustion[イグゾースチョン]→つかれ, つかれる

ひろう[3]【披露する】show[ショゥ], present[プリゼント]→みせる

▎披露宴(えん) a wedding reception

ビロード velvet[ヴェルヴィット](►「ビロード」はポルトガル語から)

ひろがる【広がる】spread (out)[スプレッド (アウト)]
- 私たちの目の前に草原が広がっていた.
  The grasslands *spread out* before us.

ひろげる【広げる】

spread (out)[スプレッド (アウト)]; (幅(はば)などを)widen[ワイドゥン], extend[イクステンド], broaden[ブロードゥン]; (開く)open[オウプン]
- 彼はトランプを机の上に広げた.
  He *spread out* the cards on the desk.
- その狭(せま)い道は去年広げられた.
  The narrow road was *widened* last year.
- 外国へ行き視野を広げたい. I want to go abroad and *broaden* my horizons.

ひろさ【広さ】(面積)(an) area[エ(ァ)リア]; (幅(はば))width[ウィドゥス]→はば
- その公園の広さはどれくらいですか.
  How large is that park? / What's the *area* of that park?
- この道の広さは5メートルだ.
  The *width* of this road is five meters. / This road is five meters *wide*.

ひろば【広場】(空き地)an open space [place][オウプン スペイス [プレイス]]; (人の集まる場所)a square[スクウェア], a plaza[プラーザ]

ひろま【広間】a hall[ホール]

ひろまる【広まる】spread[スプレッド]
- そのうわさはすぐに広まった.
  The rumor *spread* quickly.
- そのゲームは男の子の間で広まっている.
  The game *is popular* among boys.

ひろめる【広める】spread[スプレッド]
- だれがそのうわさを広めたの.
  Who *spread* the rumor?
- 知識を広めよう.
  Let's *broaden* our knowledge.

びわ【植物】a loquat[ロウクワット]

ひん【品のよい】(洗練された)refined[リファインド]; (優雅(ゆうが)な)elegant[エリガント]→じょうひん

びん¹

―品のない unrefined, vulgar[ヴァルガァ]

びん¹【瓶】

a bottle[バトゥル];(広口の)a jar[ヂャー]

飲み物などの瓶 bottle / 広口の瓶 jar

- 牛乳[ビール]瓶 a milk [beer] *bottle*
- 空き瓶 an empty *bottle*
- マーマレードの瓶 a *jar* of marmalade

びん²【便】(飛行機の)a flight[フライト]
- パリ行きの便 a *flight* bound for Paris / a *flight* going to Paris
- 航空便でどのくらいかかりますか.
  How long does it take by *airmail*?
- 彼は宅配便でりんごを送ってくれた. He sent me apples by (home) *delivery service*.

ピン a pin[ピン];(ヘアピン)a hairpin[ヘアピン]
- 安全ピン a safety *pin*
―ピンで留める pin (up)

びんかん【敏感な】sensitive (to ...)[センスィティヴ]
- この植物は寒さに敏感だ.
  This plant is *sensitive to* the cold.
  ┃敏感肌 sensitive skin

ピンク【ピンク(の)】pink[ピンク]
  ┃ピンクっぽい pinkish

ひんけつ【貧血】anemia[アニーミア]
- 貧血で気を失った. I fainted from *anemia*.
- 軽い貧血を起こした. I was slightly *anemic*.

ビンゴ(ゲーム)bingo[ビンゴゥ]
- パーティーでビンゴをした.
  We played *bingo* at the party.

ひんこん【貧困】poverty[パヴァティ]

ひんし【品詞】『文法』a part of speech[パート][スピーチ]

ひんしつ【品質】(a) quality[クワラティ]
- この時計は品質がよい[悪い].
  This watch is of good [poor] *quality*.

ひんじゃく【貧弱な】poor[プァ]

びんしょう【敏捷な】quick[クウィック]

ピンセット tweezers[トゥウィーザァズ](▶複数扱い.「ピンセット」はオランダ語から)

びんせん【便せん】letter paper[レタァ ペイパァ];(1冊の)a letter pad[パッド]
- 便せん1枚 a sheet of *letter paper*(▶便せん2枚は two sheets of *letter paper*)

ピンチ(危機)a crisis[クライスィス](複 crises[クライスィーズ]), a tough situation[タフ スィチュエイショ

ン], a pinch[ピンチ]
- 彼はなんとかピンチを切り抜けた.
  He managed to get out of the *crisis* [*tough situation*].
  ┃ピンチヒッター a pinch hitter

びんづめ【瓶詰めの】bottled[バトゥルド]

ヒント

a hint[ヒント];(手がかり)a clue[クルー]
- もう1つヒントをあげよう.
  I'll give you one more *hint*.
- 「水」がそのなぞを解くヒントになった.
  "Water" was the *clue to* the mystery.

ぴんと(張る)stretch[ストゥレッチ], strain[ストゥレイン];(思い当たる)click[クリック], ring a bell[リング ア ベル], sound right[サウンド ライト]
- ロープをぴんと張って.
  Stretch the rope tight.
- ぴんときた? Does it *ring a bell*?
- ぴんときた. Now I got it!

ピント focus[フォウカス](▶「ピント」はオランダ語から)
- この写真はピントがずれている.
  This photo is out of *focus*.
- この写真はピントが合っている.
  This photo is in *focus*.
―ピントを合わせる focus
- 私はその鳥にカメラのピントを合わせた.
  I *focused* my camera on the bird.

ひんぱん【頻繁に】often[オーフン], frequently[フリークワントゥリィ]→よく¹❶

びんぼう【貧乏】poverty[パヴァティ]
―貧乏な poor[プァ](⇔金持ちの rich)
- 貧乏な家 a *poor* family
  ┃貧乏ゆすり:貧乏ゆすりをしないで. Please don't *jiggle* your legs.

ピンポン(卓球)ping-pong[ピングパング](▶ Ping-Pong は米国の商標), table tennis[テイブル テニス]

ふ フ

ふ【府】(行政区分) a prefecture[プリーフェクチャァ] → けん²
- 京都府 Kyoto *Prefecture*(▶住所の場合はふつう単に Kyoto とする)
- ━**府の** prefectural[プリフェクチャラル] → ふりつ
府大会 a prefectural contest [(試合, 競技会) competition, (トーナメント)tournament]
府立高校 a prefectural high school

ぶ【部】
(部分) a part[パート]; (クラブ) a club[クラブ], (運動部) a team[ティーム] → ぶかつ; (部署, 部門) a department[ディパートゥマント]; (学部) a department, a faculty[ファカルティ]; (本などの数) a copy[カピィ]
- 第1部 *Part* One
- レンは科学部に入った. Ren joined the science *club*.
- 教育学部 the *Department* of Education
- その本は100万部以上売れた. The book sold more than one million *copies*.

ファースト → いちるい
ファーストクラス first class[ファースト クラス]
ファーストネーム a first name[ファースト ネイム] → なまえ ポイント!
ファーストフード fast food[ファスト フード]
ファーストフード店 a fast-food restaurant
ファーム (二軍) a farm (team)[ファーム (ティーム)]
ぶあいそう【無愛想な】unfriendly[アンフレンドゥリィ]; (ぶっきらぼうな) blunt[ブラント]
ファイター a fighter[ファイタァ]
ファイト【闘志(とう)】fight[ファイト]; (掛(か)け声) Go, go, go![ゴゥ]
ファイトマネー prize money
ファイナル (決勝戦, 最終戦) the finals[ファイヌルズ], the final round[ラウンド]
ファイル a file[ファイル]
━ファイルする file
ファインプレー a nice play[ナイス プレイ], an amazing play[アメイズィング]
ファウル(反則) a foul[ファウル]; 〖野球〗a foul
ファウルフライ 〖野球〗a foul fly
ファウルボール 〖野球〗a foul ball
ファゴット〖楽器〗a bassoon[バスーン]
ファスナー 《主に⊕》a zipper[ズィッパァ], 《⊕》a zip[ズィップ], a fastener[ファスナァ]
- ファスナーを開けた. I undid the *zipper*.
- バッグのファスナーを閉めた. I *zipped* up the bag.

ぶあつい【分厚い】very thick → あつい³ ❶
ファックス(電送方法)(a) fax[ファックス]
━ファックスで送る fax
ファッション(a) fashion[ファッション]
ファッションショー a fashion show
ファッションデザイナー a fashion designer
ファッションモデル a fashion model
ファミリー a family[ファミリィ]
ファミリーレストラン a family restaurant[ファマリィ レスタラント], a diner[ダイナァ]
ファミレス → ファミリーレストラン

ふあん【不安】
anxiety[アングザイアティ], uneasiness[アニーズィネス]
- 私は不安でいっぱいだった. I was full of *anxiety*.
━**不安な** anxious[アンクシャス], uneasy[アニーズィ], restless[レストゥリス], nervous[ナーヴァス], worried[ワーリィド]
- 1人で海外に行くのは不安だ. I feel *uneasy* about going abroad alone.
- 試験の前はいつも不安になる. I always get *nervous* before an exam.
- 彼は不安そうだった. He looked *worried*.

ファン a fan[ファン]
- サッカーの大ファンだ. I'm a big *fan* of soccer.
- あなたはだれ[どのチーム]のファンですか. Who [Which team] are you a *fan* of?
ファンクラブ a fan club
ファンレター a fan letter
ファンタジー(a) fantasy[ファンタスィ]
ファンタジー小説 a fantasy novel
ふあんてい【不安定な】unstable[アンステイブル]; (天候などが) changeable[チェインチャブル]
- 情緒(じょう)不安定な人 an *unstable* person
ファンデーション(化粧(しょう)用の) foundation[ファウンデイション]
ファンファーレ fanfare[ファンフェア](★発音注意)
ふい【不意に】(思いがけずに) unexpectedly[アニクスペクティドゥリィ]; (突然(ぜん)) suddenly[サドゥンリィ]
フィート a foot[フット](複 feet[フィート])(▶長さの単位. 約30.48センチメートル. ft. と略す)
フィーリング feeling[フィーリング]
- 彼女とはフィーリングが合わない. She and I don't have good *chemistry*.
フィールド(競技場) a field[フィールド]
フィールドアスレチック field athletics

five hundred and seventy-seven

フィギュア

‖フィールド競技 a field event

フィギュア【人形】an action figure[アクションフィギャア], a doll[ダール]

フィギュアスケート〘スポーツ〙figure skating[フィギャラ スケイティング]

フィクション fiction[フィクション]（⇔ノンフィクション nonfiction）

ブイサイン【Vサイン】a peace [V] sign[ピース[ヴィー] サイン] → ピースサイン

フィット【フィットする】fit[フィット]
- このセーターは体にフィットする.
  This sweater *fits* me well.

フィットネスクラブ a gym[ヂム], a fitness club[フィットニス クラブ]

フィナーレ a finale[フィナリィ]

フィニッシュ a finish[フィニッシュ]
→ フィニッシュする finish

フィリピン the Philippines[フィラピーンズ]
→ フィリピン(人)の Philippine
‖フィリピン人 a Filipino

フィルター a filter[フィルタァ]
- エアコンのフィルターを交換（こうかん）した.
  I replaced the *filter* on the air conditioner.

フィルム (a) film[フィルム]
- カラー[白黒]フィルム
  (a) color [black and white] *film*

ぶいん【部員】(クラブの)a club [team] member[クラブ [ティーム] メンバァ]
- テニス部の部員 a *member* of the tennis team / a tennis team *member*
- 今年は部員がたくさん入った. A lot of new *members* joined our club this year.

フィンランド Finland[フィンランド]
→ フィンランド(語, 人)の Finnish[フィニッシュ]
‖フィンランド人 a Finn

ふう[1]【封】a seal[スィール]
→ 封をする seal
- その手紙の封をして[切って]ください.
  Please *seal* [open] the letter.

ふう[2]【風】(やり方)(a) way[ウェィ], a manner[マナァ]; (様式)a style[スタイル]; (型)a type[タイプ]
- このレバーをこんなふうに動かしなさい.
  Move this lever this *way*. / Move this lever *like* this.
- 日本風の庭園 a Japanese-*style* garden

ブーイング booing[ブーイング]
→ ブーイングをする boo
- ステージの人たちはブーイングを浴びせられた.
  The people on the stage were *booed*.

ふうき【風紀】discipline[ディスィプリン]

ふうきり【封切り】(a) release[リリース]

ブーケ(花たば)a bouquet[ブケィ]

- 花嫁（はなよめ）のブーケ a bridal *bouquet*

ふうけい【風景】(広い景色)scenery[スィーナリィ]; (眺（なが）め)a view[ヴュー]
- 美しい風景 beautiful *scenery*
‖風景画 a landscape

ふうし【風刺】a satire[サタイア]

ふうしゃ【風車】a windmill[ウィンドゥミル]

ふうしゅう【風習】→ ふうぞく

ふうしん【風しん】Rubella[ルーベラ]

ふうせん【風船】a balloon[バルーン]
- 風船をふくらまそう.
  Let's blow up a *balloon*.
- 風船が割れた.
  The *balloon* burst.
‖風船ガム bubble gum

ふうそく【風速】wind speed[ウィンド スピード]
- 現在の風速は30メートルだ. The *wind is blowing at* 30 meters *per second*.
‖風速計 a wind gauge

ふうぞく【風俗】manners[マナァズ], (a) custom[カスタム]
‖風俗習慣 manners and customs

ブーツ a boot[ブート]（▶ふつう複数形で用いる）→ くつ図
- ブーツ1足 a pair of *boots*（▶ブーツ2足は two pairs of *boots*)

フード[1]（食べ物）food[フード]
- ドッグ[キャット]フード dog [cat] *food*
- フードコート a *food* court

フード[2]（覆（おお）い, ずきん）a hood[フッド]

ふうとう【封筒】an envelope[エンヴァロウプ]
- 手紙を封筒に入れた.
  I put the letter into an *envelope*.

プードル(犬)a poodle[プードゥル]
- トイプードル a toy *poodle*

ふうふ【夫婦】a (married) couple[(マリィド) カップル], husband and wife[ハズバンド][ワイフ]（▶複数形は husbands and wives)
- 新婚（しんこん）の夫婦 a newly-*married couple*
‖夫婦げんか a fight between husband and wife / an argument between husband and wife

ブーム(にわか景気)**a boom**[ブーム];(一時的な流行)《話》**a fad**[ファッド]
- サッカーブーム
  a soccer *boom*
- マイブームは料理です.
  I'm really *into* cooking now.(←料理にはまっている)(►「マイブーム」は和製英語)
- ━ブームになる **become a fad**
- そのゲームはブームになった.
  That game *became a fad*. / That game *became popular*.

ブーメラン a boomerang[ブーマラング]

ふうりょく【風力】**wind force**[ウィンド フォース];(発電用の)**wind power**[パウア]
| 風力発電 wind power generation
| 風力発電所 a wind farm

ふうりん【風鈴】**a wind chime**[ウィンド チャイム]

プール a (swimming) pool[(スウィミング)プール]
- 室内プール
  an indoor *swimming pool*
- 私は毎週プールへ泳ぎに行く.
  I go to the *pool* for a swim every week.

ふうん【不運】**(a) misfortune**[ミスフォーチュン](⇔幸運(good) fortune), **bad luck**[バッド ラック](⇔幸運(good) luck)
- ━不運な **unfortunate**[アンフォーチュニット], **unlucky**[アンラッキィ]
- ━不運にも **unfortunately, unluckily**
- 不運にも彼は交通事故で大けがをした.
  Unfortunately, he was seriously injured in a traffic accident.

ふえ【笛】**a whistle**[(ホ)ウィスル];(縦笛)**a recorder**[リコーダァ];(横笛)**a flute**[フルート]
- ━笛を吹く **blow a whistle, play the recorder [flute]**

フェア[1][フェアな]**fair**[フェア]
- それはフェアじゃない.
  It's not *fair*.
| フェアトレード fair trade
| フェアプレー fair play: フェアプレーをしよう. Let's *play fair*.

フェア[2](見本市)**a fair**[フェア]
- ブックフェア
  a book *fair*

ふえいせい【不衛生な】**unsanitary** [アンサニタリィ], **dirty and unhealthy**[ダーティ アンド アンヘルスィ]

フェイント a feint[フェイント]
- ━フェイントをかける **feint, fake**[フェイク]

フェスティバル a festival[フェスタヴァル]

フェリー(ボート)**a ferry**[フェリィ], **a ferryboat**[フェリィボウト]

フォワード

ふえる【増える】

increase[インクリース](⇔減る decrease);(体重などが)**gain**[ゲイン](⇔減る lose)

increase　　　　　　　　gain

- 部員数が増えた. The number of club members has *increased*.
- 休み中に体重がすごく増えた. I *gained* a lot of weight during the holidays.
- 知識が増えるのは楽しい.
  It's fun to learn new things.

フェルト felt[フェルト]
- フェルトペン a *felt*-tip pen

フェレット〖動物〗**a ferret**[フェリット]

フェンシング fencing[フェンスィング]
- 父は若いころフェンシングをしていた.
  My father *fenced* when he was young.

フェンス a fence[フェンス]

フォアボール〖野球〗**a walk**[ウォーク](►「フォアボール」は和製英語)
- ━フォアボールを与える **walk**
- ピッチャーはバッターにフォアボールを与えた. The pitcher *walked* the batter.

フォーク(食事用の)**a fork**[フォーク];〖野球〗(フォークボール)**a forkball**[フォークボール]
- ナイフとフォーク a knife and *fork*(►「1組のナイフとフォーク」の意味では最初にのみaをつける)
- デザートをフォークで食べた. I ate the dessert with a *fork*.

フォークソング a folk song[フォウク ソング]

フォークダンス a folk dance[フォウク ダンス]

フォーマル【フォーマルな】**formal**[フォーマル]

フォーム(スポーツなどの)**(a) form**[フォーム];(洗顔用の)**foam**[フォウム]
- 彼の打撃[投球]フォームはきれいだ.
  His hitting [pitching] *form* is beautiful [good].

フォトフレーム a photo frame[フォウトゥ フレイム]

フォルダ(ー) a folder[フォウルダァ]

フォルテ〖音楽〗**forte**[フォーティ]

フォロー【フォローする】**follow**[ファロウ]

フォワード〖スポーツ〗**a forward**[フォーワード](►FWと略す)(⇔バック a back)

five hundred and seventy-nine

フォント〖コンピュータ〗(書体)**a font**[ファント]
ぶか【部下】**a staff member**[スタッフ メンバァ]

ふかい¹【深い】
deep[ディープ](⇔浅い shallow);(濃(こ)い)**thick**[スィック], **dense**[デンス]
- 深い川[海, 井戸(ど)]
  a *deep* river [sea, well]
- 深い眠(むむ)り a *deep* sleep
- 深い霧(きり) a *thick* [*dense*] fog
- この湖はこの辺りがいちばん深い. This lake is *deepest* around here.(▶ほかの湖との比較(かく)ではないのでdeepestにtheはつかない)

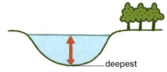

━**深く deep**, (比ゆ的に)**deeply**
- そのことは深く反省している.
  I'm *deeply* sorry for that.

ふかい²【不快な】**unpleasant**[アンプレザント]
‖不快指数 the discomfort index(▶DIと略す)

ふかさ【深さ】(a) **depth**[デプス]
- プールの深さ the *depth* of the pool
━**…の深さがある** ... **deep**
- この池の深さは5メートルだ.
  This pond is five meters *deep*.

ふかす steam[スティーム]
- じゃが芋(いも)をふかした.
  I *steamed* some potatoes.

ぶかつ【部活(動)】
club activities[クラブ アクティヴィティズ]→p.582〜p.583 ミニ絵辞典, 学校生活[口絵]
- 週3回, 部活がある. I have [attend] *club activities* three times a week.

話してみよう!
😊 何か部活やっている?
Are you in any *clubs*?
😀 うん, 柔道(じゅうどう)部に入っているんだ.
Yes. I'm on the judo *team*.(▶運動部にはteamを使う)

ぶかっこう【不格好な】**ill-shaped**[イルシェイプト], **shapeless**[シェイプリス]

ふかのう【不可能な】**impossible**[インパスィブル](⇔可能な possible)
- 宿題を10時までに仕上げるのは不可能だ. It's *impossible* for me to finish homework by ten.(▶I am impossible to ...は×)

ふかんぜん【不完全な】**imperfect**[インパーフィクト](⇔完全な perfect), **incomplete**[インカンプリート](⇔完全な complete)

ぶき【武器】**a weapon**[ウェパン], (まとめて)**arms**[アームズ]

ふきかえ【吹き替え】(映画で)**dubbing**[ダビング]
- この映画の日本語吹替え版はありませんか.
  Do you have a Japanese *dubbed* version of this movie?
━**吹き替える dub**[ダブ]
- その声優が映画(のせりふ)を日本語に吹き替えた. The voice actor *provided* the Japanese *dubbing* for the film.

ふきけす【吹き消す】**blow out**[ブロウ アウト]
- ケーキのろうそくの火を吹き消した.
  I *blew out* the candles on the cake.

ふきげん【不機嫌で】**in a bad mood**[バッド ムード]
- 父はきのう不機嫌だった. My father was *in a bad mood* yesterday.

ふきこむ【吹き込む】(息を)**blow (in)**[ブロウ];(録音する)**record**[リコード]

ふきそく【不規則な】**irregular**[イレギュラァ](⇔規則的な regular)
‖不規則動詞【文法】an irregular verb

ふきだす【吹き出す】(思わず笑い出す)**burst into laughter**[バースト][ラーフタァ], **burst out laughing**[ラーフィング]
- 私のジョークに彼らは吹き出した.
  They *burst into laughter* at my joke. / They *burst out laughing* at my joke.

ふきつ【不吉な】**unlucky**[アンラッキィ]
ふきつける【吹きつける】**spray**[スプレイ]
ふきとばす【吹き飛ばす】**blow away**[ブロウ アウェイ], **blow off**[オーフ]
- 看板が強風で吹き飛ばされた. The signboard was *blown away* by the strong wind.

ふきとる【ふき取る】**wipe (away)**[ワイプ (アウェイ)]→ふく³

ぶきみ【不気味な】**weird**[ウィアド](★発音注意), **creepy**[クリーピィ]

ふきゅう【普及する】**spread**[スプレッド], **become popular**[パピュラァ]
- 日本の漫画(まんが)は世界じゅうに普及した.
  Japanese comics *became popular* all over the world.

ふきょう【不況】(a) **recession**[リセッション];(深刻な)**a depression**[ディプレッション]→けいき
- 不況でたくさんの人が失業した.
  Many people lost their jobs because of the *recession*.

ぶきよう【不器用な】**clumsy**[クラムズィ], **awkward**[オークワァド]

ふくしゅう²

- 姉は手先が不器用だ. My sister is *clumsy* [*awkward*] with her hands.

ふきん¹〖食器用〗**a dishtowel**[ディッシュタウ(ァ)ル], **a dishcloth**[ディッシュクロス];〖台ふきん〗**a kitchen cloth**[キッチン クロース]

ふきん²〖付近〗**neighborhood**[ネイバァフッド]→きんじょ
- この付近 *around* here

ふく¹ 〖服〗

〖衣服〗**clothes**[クロウズ](★発音注意)(▶複数扱い);〖主に女性の〗(**a**) **dress**[ドレス];〖スーツ〗**a suit**[スート];〖衣類〗**clothing**[クロウズィング], **wear**[ウェア], **an outfit**[アウトフィット]
- 服を脱(ぬ)いでワンピースに着替(きが)えた.
  I took off my *clothes* and changed into a *dress*.
- ミキは赤い服を着ていた.
  Miki was wearing a red *dress*. / Miki was dressed in red.
- 子ども服 children's *wear*

—服を着せる **dress**
- 子どもたちは人形に服を着せた[の服を脱がせた]. The children *dressed* [*undressed*] their dolls.

‖服店, 衣料品店 **a clothing store, apparel**

⦅表現メモ⦆

いろいろな服
ジャケット a jacket
シャツ a (dress) shirt
パンツ (a pair of) pants,《主に英》trousers
スカート a skirt / ワンピース a dress
ジーンズ (a pair of) jeans
Tシャツ a T-shirt / ブラウス a blouse
スーツ a suit / コート a coat
セーター a sweater / パーカー a hoodie
トレーナー a sweatshirt
制服 a uniform
タンクトップ a tank top
カーディガン a cardigan
オーバーオール overalls
ダウン(コート) a down coat

ふく² 〖吹く〗

〖風が〗**blow**[ブロウ];〖楽器・ホイッスルなどを〗**play**[プレイ], **blow**;〖口笛を〗**whistle**[(ホ)ウィッスル]

blow

play [blow]

play

whistle

- きょうは風が強く吹いている.
  It [The wind] is *blowing* hard today.
- 彼女はとてもじょうずにフルートを吹いた.
  She *played* the flute very well.

ふく³ **wipe**[ワイプ];〖水気をふき取る〗**dry**[ドライ];〖モップで〗**mop**[マップ]
- ヒロシはテーブルをふいた.
  Hiroshi *wiped* the table.
- タオルで手をふいてください.
  Please *dry* your hands with a towel.
- 今すぐモップで床(ゆか)をふきなさい.
  Mop the floor right now.

ふく…〖副…〗**vice-**[ヴァイス]
- 副部長(文化系クラブの)a *vice*-president /(体育系クラブの)a *vice*-captain

‖副校長 **a vice-principal**
‖副賞 **an extra prize**

ふぐ〖魚〗**a blowfish**[ブロウフィッシュ](複 blowfish, blowfishes)

ふくげん〖復元する〗**restore**[リストァ]

ふくざつ〖複雑な〗**complicated**[カンプラケイティド](⇔単純な, 簡単な **simple**)
- 複雑な話 a *complicated* story
- それについては複雑な心境だ.
  I have *mixed* feelings about it.

—複雑にする **complicate**

ふくさよう〖副作用〗**a side effect**[サイド イフェクト]

ふくさんぶつ〖副産物〗**a by-product**[バイプラダクト]

ふくし¹〖副詞〗〖文法〗**an adverb**[アドゥヴァーブ](▶ adv. と略す)

ふくし²〖福祉〗**welfare**[ウェルフェア]
- 社会福祉 social *welfare*

‖福祉国家 **a welfare state**
‖福祉事業 **welfare work**
‖福祉施設 **a welfare institution, welfare facilities**

ふくしゃ〖複写〗→コピー

ふくしゅう¹ 〖復習〗

(**a**) **review**[リヴュー]

—復習する **review**
- もし英語を復習しなかったら忘れてしまうだろう. If you don't *review* your English, you will forget it.

ふくしゅう²〖復しゅう〗**revenge**[リヴェンヂ]

—復しゅうする **get** [**take**] **revenge**(**on** ...)

ふくしゅう² ミニ絵辞典 部活動 Club Activities

何のスポーツが好き？
What sports do you like?

サッカーが好きです．
サッカー部に入っています．
I like soccer.
I'm on the soccer team.

運動部

野球部
baseball team

サッカー部
soccer team

バレーボール部
volleyball team

バスケットボール部
basketball team

ソフトテニス部
soft tennis team

卓球(たっきゅう)部
table tennis team

バドミントン部
badminton team

水泳部
swimming team

陸上部
track-and-field team

体操部
gymnastics team

柔道(じゅうどう)部
judo team

剣道部
kendo team

[試合に関連する表現]

試合に勝つ	win a game [match]	試合で負ける	lose a game [match]
（相手）…に勝つ	defeat / beat ...	（相手）…に負ける	lose to ...
練習試合	a practice game [match]	大会で優勝する	win a meet
3対2で勝つ［負ける］	win [lose] by three to two	引き分け	tie

ふくしゅう²

何か部活に入ってる?
Are you in any clubs?

私は料理部に入っています.
I'm in the cooking club.

文化部

美術部
art club

写真部
photography club

料理部
cooking club

演劇部
drama club

英語部
English club

放送部
broadcasting club

新聞部
newspaper club

吹奏(すいそう)楽部
school [brass] band

合唱部
chorus (club)

天文部
astronomy club

科学部
science club

コンピュータ部
computer club

書道部
calligraphy club

茶道部
tea ceremony club

華道(かどう)部
flower arrangement club

将棋(しょうぎ)部
shogi club

ふくじゅう

ふくじゅう【服従する】**obey**[オウベィ]

ふくすう【複数】〖文法〗**the plural（number）**[プル(ァ)ラル（ナンバァ）]（▶ pl. と略す）⇔単数 the singular（number）
■複数形〖文法〗**the plural（form）**

ふくせい【複製】(a) **reproduction**[リープラダクション], **a replica**[レプリカ]

ふくそう【服装】**clothes**[クロゥズ]（★発音注意）, (a) **dress**[ドゥレス]
- 彼は服装を気にしない．
He doesn't care about his *clothes*.
- エミは暖かい服装をしていた．
Emi was *dressed* warmly.（▶この dress は「…に服を着せる」の意味の動詞）

ふくつう【腹痛】(a) **stomachache**[スタマッケイク]
- 腹痛がする．I have a *stomachache*.

ふくびき【福引き】**a lottery**[ラッタリィ]
- 福引きが当たって割り引き券をもらった．
I won a *lottery* and got a coupon.

ふくぶくろ【福袋】**a lucky bag**[ラッキィ バッグ]

ふくむ【含む】

（成分として）**contain**[カンテイン]；（数の中に）**include**[インクルード]
- この果物はビタミンCをたくさん含んでいる．
This fruit *contains* a lot of vitamin C.
■…を含めて **including** …
- 先生を含めて25人がバスに乗りこんだ．
Twenty-five people, *including* the teacher, got on the bus.

ふくめん【覆面】**a mask**[マスク]

ふくらはぎ **a calf**[カーフ]（複 **calves**[カーヴズ]）→あし図

ふくらます【膨らます】**blow up**[ブロゥ アップ]
- この風船を膨らましてくれない？
Will you *blow up* this balloon?

ふくらむ【膨らむ】**swell**[スウェル]
- 餅(もち)を焼いたら膨らんだ．The rice cake *swelled*（up）as it was cooked.
- その知らせを聞いて胸がふくらんだ．
The news *filled* me *with* hope.

ふくれる【膨れる】（不機嫌(きげん)になる）**be sullen**[サラン]**[sulky**[サルキィ]**]**
- そんなにふくれないで．Don't *be so sullen*.

ふくろ【袋】**a bag**[バッグ]
- 紙[ビニール]袋 a paper [plastic] *bag*
- ポップコーンを1袋全部食べちゃった．
I ate a whole *bag* of popcorn.

ふくろう【鳥】**an owl**[アウル]（★発音注意）

ふくわじゅつ【腹話術】**ventriloquism**[ヴェントゥリラクウィズム]

ふけ（頭皮の）**dandruff**[ダンドゥラフ]

ふけいき【不景気】（経済の不況(きょう)）**hard** [**bad**] **times**[ハード [バッド] タイムズ], **a slump**[スランプ] →ふきょう

ふけいざい【不経済な】**uneconomical**[アニカナミカル]（⇔経済的な economical）

ふけつ【不潔な】**dirty**[ダーティ], **unclean**[アンクリーン]（⇔清潔な clean）

ふける¹【老ける】**age**[エイヂ], **grow old**
- 祖父はずいぶん老けた．
My grandfather has *aged* a lot.
- 父は年より老けて見える．
My father looks *old* for his age.

ふける²【更ける】**get** [**become**] **late**[レイト]
- 夜もだいぶ更けてきた．
It's *getting* very *late*.

ふける³（夢中になる）**be absorbed**（**in** ...）[アブソーブド]→むちゅう

ふけんこう【不健康な】**unhealthy**[アンヘルスィ]

ふこう【不幸】**unhappiness**[アンハッピィニス]
━不幸な **unhappy**（⇔ 幸福な happy）；（不運な）**unfortunate**[アンフォーチュニット]
- 不幸な子ども時代 an *unhappy* childhood
━不幸にも **unfortunately**
- 不幸にも彼女はその事故でけがをしてしまった．*Unfortunately*, she was injured in the accident.

ふごう【符号】**a sign**[サイン], **a mark**[マーク]

ふごうかく【不合格】**failure**[フェイリャァ]（⇔合格 passing）
━不合格になる **fail**（⇔合格する pass）
- 彼はその試験で2回不合格になった．
He *failed* the examination twice.

ふこうへい【不公平な】**unfair**[アンフェア]（⇔公平な fair）；（えこひいきする）**partial**[パーシャル]
- 不公平な扱(あつ)い *unfair* treatment
━不公平に **unfairly**; **partially**

ふごうり【不合理な】**unreasonable**[アンリーズナブル], **irrational**[イラショヌル]

ふさ【房】（花・果実の）**a bunch**[バンチ]；（髪(かみ)・糸などの）**a tuft**[タフト]；（房飾(かざ)り）**a tassel**[タッサル]

- 1房のぶどう a *bunch* of grapes

ブザー a buzzer[バザァ](★発音注意)
ふさい【夫妻】husband and wife[ハズバンド][ワイフ] → ふうふ
- 金田夫妻 Mr. and Mrs. Kaneda

ふざい【不在】absence[アブセンス]
━不在の absent
━不在である be not at home[ホウム], be away[アウェィ]
- 母は不在です. My mother *is not at home*.
▮不在者投票 absentee voting

ふさがる(閉じる)close(up)[クロウズ], be closed[クロウズド];(場所が使用中である)be occupied[アキュパイド]
- 傷口がふさがった.
The cut has *closed up*. / The cut has *healed*.
- 男性用トイレはふさがっていた.
The men's room *was occupied*.

ふさく【不作】a bad［poor］crop[バッド][プァ]クラップ]
- 今年はりんごが不作だった.
We had a *bad crop* of apples this year.

ふさぐ(閉ざす)stop[スタップ], close[クロウズ];(覆(おお)う)cover[カヴァ],(遮(さえぎ)る)block[ブラック]
- 車の騒音(そうおん)が聞こえないように耳をふさいだ.
I *closed*［*covered*］my ears to block out the car noises.
- 彼らはバリケードで道路をふさいだ.
They *blocked* the road with a barricade.

ふざける(冗談(じょうだん)を言う)joke[ヂョウク];(ばかなことをする)fool around[フール アラウンド],(人をばかにする)make fun of ...[ファン]
- 彼はちょっとふざけていただけだよ.
He was only *joking*.
- ふざけるのはやめなさい.
Stop *fooling around*!

ふさふさ【ふさふさした】(髪(かみ)などが)thick[スィック];(しっぽの毛などが)bushy[ブッシィ]
- ふさふさしたしっぽ a *bushy* tail

ふさわしい right[ライト], suitable[スータブル], appropriate[アプロウプリアット]
- 君はチームのキャプテンにふさわしい人物だ.
You are the *right* person to become the team captain.
- 彼の服装はその場にふさわしくなかった.
His clothes were not *suitable*［*appropriate*］for the occasion.

ふさんせい【不賛成】disapproval[ディスアプルーヴァル], disagreement[ディスアグリーマント] → はんたい

ふし【節】(メロディー)a tune[トゥーン], a melody[メラディ]

ふじ【植物】(a) wisteria[ウィスティ(ァ)リア]
ぶし【武士】a samurai[サムライ], a warrior[ウォーリァ]

ぶじ【無事】

(安全)safety[セイフティ]
- 行方(ゆくえ)不明だった子どもは無事見つかった.
The missing child was found *safe*.
- 彼は階段から落ちたが無事だった. He fell down the stairs, but he was *all right*.
━無事な safe, well, all right
━無事に safely, safe and sound[サウンド]
- 兄が無事にロンドンに着いたのでほっとした.
I was relieved that my brother arrived in London *safely*.
- 私たちは無事に家に帰った.
We got home *safe and sound*.

ふしかてい【父子家庭】single-parent household[スィングル ペアラント ハウスホウルド]

ふしぎ【不思議】
a wonder[ワンダァ];(不可解なこと)a mystery[ミスタリィ]
- 世界の七不思議
the Seven *Wonders* of the World
- ヨウジがここにいないなんて不思議だ.
It's *strange* that Yoji is not here.
━不思議な(変な)strange[ストゥレインヂ]; mysterious[ミスティ(ァ)リアス]
- 不思議な経験 a *strange* experience
━不思議なことに strangely(enough)
━不思議に思う wonder
- なぜそんなことが起こったのか不思議に思う.
I *wonder* why something like that happened.

ふじさん【富士山】Mt. Fuji[マウント]
ふしぜん【不自然な】unnatural[アンナチャラル](⇔ 自然な natural)
ぶしつ【部室】a club room[クラブ ルーム]
ふじゆう【不自由】(不便)(an)inconvenience[インカンヴィーニアンス]
- 電気のない生活はとても不自由だ. It's very *inconvenient* to live without electricity.
━不自由な inconvenient;(体が)physically disabled［challenged］[フィズィカリィ ディセイブルド][チャリンヂド]]

ふじゅうぶん【不十分な】not enough[イナフ], insufficient[インサフィシャント]
- 自転車を買うにはお金が不十分だった. I did*n't* have *enough* money to buy a bicycle.

ふじゅん[1]【不順な】(気候が)unseasonable[アンスィーズナブル],(変わりやすい)changeable[チェ

ふじゅん²

インチャブル], (不定期の)**irregular**[イレギュラァ]
- 生理不順 *irregular* periods

ふじゅん²【不純な】**impure**[インピュア]
- 不純な動機 a wrong reason

ふしょう【負傷】(事故による)**an injury**[インヂャリィ]; (武器などによる)**a wound**[ウーンド]→けが
負傷者(1人) **an injured person, a wounded person**, (まとめて)**the injured**［**wounded**］

ぶじょく【侮辱】**an insult**[インサルト]
━**侮辱する insult**[インサルト](★名詞とのアクセント位置の違(ホネい)に注意)
- 彼は私を友達の前で侮辱した.
 He *insulted* me in front of my friends.

ふしん【不審な】**doubtful**[ダウトフル], **suspicious**[サスピシャス]→あやしい

ふじん¹【夫人】**a wife**[ワイフ](複 wives[ワイヴズ]); (敬称(ケィ)) **Mrs.**,《主に英》**Mrs**[ミスィズ](複 Mmes. [メイダーム])→…さん ポイント!
- 田中夫人 *Mrs.* Tanaka

ふじん²【婦人】**a woman**[ウマン](複 women[ウィミン]), **a lady**[レイディ](▶womanよりていねいな語)(⇔紳士(シンシ) a gentleman)
━**婦人用の women's, ladies'**
┃婦人服 women's ［ladies'］ wear

ふしんせつ【不親切な】**unkind**[アンカインド](⇔親切な kind)

ふすま a fusuma
- ふすまは厚紙, 木, あるいは布でできた日本の引き戸です.
 A *fusuma* is a Japanese sliding door made of thick paper, wood, or cloth.

ふせい【不正】(an) **injustice**[インヂャスティス], (a) **wrong**[ローング]
- 彼は不正をはたらいた.
 He did something *wrong*.
- 彼は試験で不正をした(カンニングをした).
 He *cheated* on the exam.
━**不正な unjust**[アンヂャスト], **wrong, dishonest**[ディスアニスト]; (法律に反する)**illegal**[イリーガル]

ふせいかく【不正確な】**incorrect**[インカレクト](⇔正確な correct), **inaccurate**[イナキュラット](⇔正確な accurate)

ふせいこう【不成功】**a failure**[フェイリャァ]→しっぱい

ふせぐ【防ぐ】(予防する)**prevent**[プリヴェント], **keep out**[キープ アウト]; (保護する)**protect**[プラテクト]
- 伝染(テォッ)病が広がるのを防がねばならない.
 We must *prevent* the spread of infectious diseases.
- 寒さを防ぐために厚手のコートを着た. I put on a thick coat to *keep out* the cold.

ふせる【伏せる】(表を下にする)**turn ... face down**[フェイス]; (上を下にする)**turn ... upside down**[アップサイド]; (目を)**look down**[ルック]; (身を)**lie down**[ライ]
- 試験問題を伏せてください.
 Please *turn* your exams *face down*.

ふせん【付箋】**a sticky note**[スティッキィ ノウト], 《商標》**a Post-it**[ポウストイット]
━**付箋を貼**(ハ)る **attach a sticky note**[アタッチ]

ふせんしょう【不戦勝する】**win by default**[ウィン][ディフォールト]

ぶそう【武装】**an armament**[アーママント]
━**武装する arm**[アーム]

ふそく【不足】(a) **lack**[ラック], (a) **shortage**[ショーティッヂ]; (不十分)**insufficiency**[インサフィシャンスィ]
- 睡眠(スィ)不足で気分が悪くなった.
 I got sick from *lack* of sleep.
━**不足する lack, run short**(**of** ...), **be short**(**of** ...)(▶ともに人が主語)
- 人手が不足している. We *are short of* hands. / We're *running short of* hands.

ふぞく【付属する】**be attached**(**to** ...)[アタッチト]
- この中学はB大学の付属だ. This junior high school *is attached to* B university.
- B大学付属中・高等学校 B University Junior and Senior High School
┃付属品 accessories, an attachment

ふた(箱・器などの)**a lid**[リッド]; (瓶(ビン)などの)**a cap**[キャップ]; (覆(オォ)い)**a cover**[カヴァ]
- 缶(カン)のふたを開けてくれませんか.
 Would you take the *lid* off the can?
- 瓶のふたを戻してください.
 Please put the *cap* back on the bottle.

ふだ【札】(カード)**a card**[カード]; (張り札)**a label**[レイブル](★発音注意); (下げ札)**a tag**[タッグ]
- 値札 a price *tag*
- 荷物には名札を付けたほうがいいよ.
 You should put a name *tag* on *your* baggage.

ぶた【豚】**a pig**[ピッグ]; (食肉用の)**a hog**[ハッグ]

豚小屋 a pigpen
豚肉 pork
ぶたい【舞台】**a stage**[ステイヂ］;（劇・小説などの）**a scene**[スィーン]
- ハムレットが舞台に登場した.
 Hamlet came [appeared] on the *stage*.
 舞台装置 a stage set
 舞台美術 stage design

‹慣用表現›

清水の舞台から飛び下りる: 清水の舞台から飛び下りるような気持ちで留学することに決めた. I decided to *take the plunge* and study abroad. (←思いきって決めた)

ふたえ【二重の】**double**[ダブル]
 二重まぶた a double eyelid: 彼は二重まぶたです. He has *double eyelids*.
ふたご【双子】**twins**[トゥウィンズ];（その一方）**a twin**
- 彼らは双子だ. They are *twins*.
 ━双子の twin
- 双子の兄弟 twin brothers
- 双子の妹がいます. I have a *twin* sister.(►自分と妹が双子) / I have *twin* sisters. (►妹2人が双子)
ふたござ【双子座】**Gemini**[ヂェミニィ];（人）**a Gemini**
- 私は双子座です. I am a *Gemini*.
ふたたび【再び】**again**[アゲン]➡ **また**¹ ❶

ふたつ【二つ】
(2個) **two**[トゥー];（両方）**both**[ボウス]
- この町には中学校が2つある. There are *two* junior high schools in this town.
- りんごを2つに切りなさい. Cut the apple in *two*.
- 2つともください. Give me *both* of them.
- 2つともいらない.
 I don't want *either* of them. / I want *neither* of them. (►全体否定)

ふたまた【二股】
- 二股に分かれた道 a forked road
- 彼は二股をかけている.
 He is dating two girls at once.

ふたり【二人】
two[トゥー], **two people [persons]**[ピープル [パーソンズ]];（両人）**both**[ボウス]
- 2人1組で問題を解いた. We solved the problems in groups of *two*.
- 部屋には2人しか残っていなかった. There were only *two people* left in the room.

- 私たちは2人ともテニス部だ.
 Both of us belong to the tennis team.
 二人乗り: 自転車の二人乗りは危険だ. It's dangerous for *two people* to *ride on the same bicycle at once*.
ふたん【負担】（重荷）**a burden**[バードゥン]
- 両親に負担をかけたくない. I don't want to be a *burden* on my parents.
ふだん usually[ユージュアリィ];（いつも）**always**[オールウェイズ]
- 日曜日はふだん何をしていますか.
 What do you *usually* do on Sundays?
 ━ふだんの usual;（毎日の）**everyday**[エヴリィデイ]
 ━ふだんより(も) than usual
- けさはふだんより早く起きた.
 I got up earlier *than usual* this morning.
 ふだん着 everyday clothes [wear]
ふち【縁】(へり) **an edge**[エッヂ];（コップや帽子などの）**a brim**[ブリム];（眼鏡などの）**a frame**[フレイム];（円形のものの）**a rim**[リム]
- 彼女はコップの縁まで水を入れた. She filled the glass to the *brim* with water.

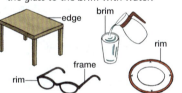

 ━縁なしの edgeless; rimless; brimless
- 縁なしの眼鏡 *rimless* glasses
ぶち spots[スパッツ]; **patches**[パッチィズ]
- ぶち猫 a *spotted* cat, a *tabby* cat
ぶちこわす【ぶち壊す】➡ **こわす** ❶
プチプチ bubble wrap[バブル ラップ],（►プチプチも bubble wrap も商標. 正式には気泡(きほう)緩衝(かんしょう)材）, **bubble wrap packing**[バブル ラップ パッキング]
ふちゅうい【不注意】**carelessness**[ケアリスニス]
 ━不注意な careless（⇔注意深い **careful, attentive**)
- 不注意なミスをしないように気をつけたい.
 I want to take care not to make *careless* mistakes.
ふちょう【不調である】**be in bad condition**[バッド カンディション];（選手・チームなどが）**be in a slump**[スランプ]
- 試合の時ぼくは絶不調だった. I *was in* an extremely *bad condition* in the game.
ぶちょう【部長】(体育系クラブの) **a captain**[キャ

ぶつ

ブタン]；（文化系クラブの）**a president**[プレズィダント]；（会社などの）**a manager**[マニヂァァ], **a head**[ヘッド]
- サッカー部の部長
  a *captain* of the soccer team

ぶつ（たたく, 殴(な)る）**hit**[ヒット]；（平手で）**slap**[スラップ]→うつ¹ くらべて!
- 彼女が先に私をぶった. She *hit* me first.

ふつう¹【ふつうの】
usual[ユージュアル]；（ありふれた）**common**[カマン], **ordinary**[オーダネァリィ]；（平均的な）**average**[アヴ(ァ)リッヂ]
- ふつうの風邪(か) a *common* cold
- ふつうの人 an *ordinary* person
- 私の身長はふつう［ふつう以上／ふつう以下］だ.
  I'm *average* ［above *average* / below *average*］ in height.
━ふつう（は）**usually**→いつも, ふだん
━ふつうでない **unusual**[アニュージュアル], **not normal**[ノーマル]
┃普通科 a general course
┃普通名詞《文法》a common noun
┃普通郵便《主に⑧》ordinary mail,《主に⑧》ordinary post
┃普通列車 a local train

ふつう²【不通になる】**be suspended**[サスペンディド]
- 大雪のため新幹線が不通になった .
  The *Shinkansen* Line *was suspended* because of heavy snow.

ふつか【二日】（the）**second**[セカンド]
- 2日目 the *second day*
- 2日間 for *two days*

ぶっか【物価】**prices**[プライスィズ]
- 東京は物価が高いと言われている.
  It is said that *prices* are high in Tokyo.

ふっかつ【復活】**a revival**[リヴァイヴァル]
━復活する **revive**
┃復活祭（キリスト教の）**Easter**

ぶつかる

❶接触(せっしょく)する
　　　　　（当たる）**hit**；
　　　　　（衝突(しょうとつ)する）**run into** ...
❷障害などに遭(あ)う
　　　　　meet with ...
❸かち合う　（日時が）**fall on** ...；
　　　　　（対戦する）**compete with** ...

❶［接触する］（当たる）**hit**[ヒット]；（衝突する）**run into** ...[ラン]

- ボールが顔面にぶつかった.
  A ball *hit* me in the face.
- 交差点でオートバイと車がぶつかった.
  A motorcycle and a car *ran into* each other at the intersection.
❷［障害などに遭う］**meet with** ...[ミート]
- 私たちは人生で多くの困難にぶつかる.
  We *meet with* many difficulties in life.
❸［かち合う］（日時が）**fall on** ...[フォール]→あたる❼；（対戦する）**compete with** ...[カンピート]
- 2回戦で西中とぶつかった.
  We *competed with* ［*against*］ Nishi Junior High School in the second game.

ふっき【復帰】（a）**return**[リターン], **a comeback**[カムバック]
━復帰する **return**, **come back**, **make a comeback**
- ミキは次の試合で復帰する. Miki will *make a comeback* in the next game.

ふっきゅう【復旧】**restoration**[レストァレイション]
━復旧する **be restored**[リストード]
- 地震から3日後, 電力が復旧した.
  Three days after the earthquake, electricity *was restored*.

ぶっきょう【仏教】**Buddhism**[ブーディズム]
┃仏教徒 a Buddhist

ぶっきらぼう【ぶっきらぼうな】**blunt**[ブラント]
━ぶっきらぼうに **bluntly**

ふっきる【吹っ切る】**get over** ...
- きのうの試合のことは吹っ切るべきだよ.
  You need to *get over* yesterday's game.

ふっきん【腹筋】**abdominal muscles**[アブダマナル マスルズ]；（腹筋運動）**a sit-up**[スィットアップ]
- 腹筋を何回できる？
  How many *sit-ups* can you do?

フック **a hook**[フック]
- フックに上着をかけた.
  I hung my jacket on the *hook*.

ブック **a book**[ブック]
┃ブックカバー a（book）jacket
┃ブックマーク《コンピュータ》a bookmark（►よく見るサイトを登録する機能）

ふっくら【ふっくらした】**full**[フル], **plump**[プランプ]
- ふっくらしたほっぺた *full*［*plump*］cheeks

ぶつける（強く打ち当てる）**hit**[ヒット]；（物を投げつける）**throw**（**against**）[スロッ（アゲンスト）]；（頭などを）**knock**[ナック]
- 彼女はいすにひざをぶつけた.
  She *hit* her knee *against* the chair.
- 彼は壁(かべ)にボールをぶつけた.
  He *threw* a ball *against* the wall.

ふところ

ふっこう【復興】(再建)**reconstruction**[リーカンストゥラクション], **recovery**[リカヴァリィ]
- 災害からの復興
  recovery from the disaster
—**復興する reconstruct**; (復元する)**restore**[リストァ]➡ふっきゅう

ぶっしつ【物質】(精神・心と区別して)**matter**[マタァ]; (特定の性質を備えた)**a substance**[サブスタンス]
- 化学物質 a chemical *substance*
—**物質的な material**[マティ(ァ)リアル](⇔精神的な spiritual)

プッシュ【プッシュする】**push**[プッシュ]

ぶつぞう【仏像】**an image of Buddha**[イミッヂ][ブーダ], **a Buddha statue**[スタチュー]

ぶったい【物体】**an object**[アブヂェクト]
- 未確認(認)飛行物体 an unidentified flying *object*(►UFOと略す)

ぶつだん【仏壇】**a family Buddhist altar**[ファマリィ ブーディスト オールタァ]

ふっとう【沸騰する】**boil**[ボイル]
- やかんの湯が沸騰している.
  The kettle is *boiling*.

ぶっとおし【ぶっ通しで】**without a break**[ブレイク]
- 彼は3時間ぶっ通しで練習した.
  He practiced for three hours *without a break*.

フットサル〖球技〗**futsal**[フットゥサル], **indoor soccer**[インドァ サッカァ]

フットボール〖球技〗**football**[フットボール](►⊛ではAmerican football, ⊛ではsoccerをさす); (ボール)**a football**

フットワーク footwork[フットワーク]

ぶつぶつ(つぶやくように言う)**murmur**[マーマァ]; (不平を言う)**mutter**[マタァ], **complain**[カンプレイン]

ぶつり【物理(学)】**physics**[フィズィックス](►単数扱い)
‖ 物理学者 a physicist

ふで【筆】(毛筆)**a writing brush**[ライティング ブラッシュ]; (絵画用)**a paintbrush**[ペイントブラッシュ], **a brush**[ブラッシュ]
‖ 筆立て a pen stand
‖ 筆箱 a pencil box; (筆入れ) a pencil case

ふていかんし【不定冠詞】〖文法〗**an indefinite article**[インデフ(ァ)ニット アーティクル](►a, anのこと)

ふていき【不定期の】**irregular**[イレギュラァ], **occasional**[アケイジョナル]

ふていし【不定詞】〖文法〗**an infinitive**[インフィナティヴ](►to+〈動詞の原形〉のこと)

ブティック a boutique[ブーティーク](►フランス語から)

プディング(a)**pudding**[プディング]

ふてきとう【不適当な】**not good**[グッド], **unsuitable**[アンスータブル], **improper**[インプラパァ]

ふてくされる sulk[サルク]
- ケンは試合に負けてふてくされていた. Ken was *sulking* because he lost the game.

ふと(突 然(認))**suddenly**[サドゥンリィ]; (偶 然(認))**by chance**[チャンス]
- 彼女はふと立ち止まった.
  She *suddenly* stopped.
- 私はふとしたことからタクと知り合いになった.
  I got to know Taku *by chance* [*coincidence*].

ふとい【太い】

| ❶物の周囲や幅が | **thick, big** |
| ❷声が低くて大きい | **deep** |

❶[物の周囲や幅が]**thick**[スィック](⇔細い thin), **big**[ビッグ]
- 太いロープ a *thick* rope
- 太い線を引く draw a *thick* line
- 太い腕(認) a *thick* [*big*] arm
❷[声が低くて大きい]**deep**[ディープ](⇔細い small)
- 彼は太い声をしている. He has a *deep* voice.

ぶどう¹〖植物〗(1粒)**a grape**[グレイプ](►ふつう複数形で用いる); (木, つる)**a grapevine**[グレイプヴァイン], **a vine**[ヴァイン]
- ぶどう1房(認) a bunch of *grapes*
‖ ぶどう園 a vineyard
‖ ぶどう狩(刈)り grape picking
‖ ぶどう酒 wine

ぶどう²〖武道〗**martial arts**[マーシャル アーツ]
‖ 武道館 a martial arts hall

ふとうこう【不登校】**school refusal** [**avoidance**][スクール リフューザル[アヴォイダンス]]
- 小学生のとき私は不登校気味だった.
  I often *refused to go to school* when I was in elementary school.

ふとくい【不得意な】(能力の劣(認)った)**weak**[ウィーク]; (へたな)**bad** [**not good**](at ...)[バッド[グッド]](⇔得意な good)
- 君の不得意科目は何ですか.
  What is your *weak* subject?
- 私は料理が不得意だ.
  I'm *not good at* cooking.

ふところ【懐】(胸の)**the bosom**[ブザム], (お金)**a purse**[パース]

five hundred and eighty-nine   589

ふとさ

ふとさ【太さ】(直径) **thickness**[スィックニス]
 ━…の太さがある ... **thick**
- その丸太は太さが50センチある.
 The log is 50 centimeters *thick*.

ふともも【太もも】**a thigh**[サイ]

ふとる【太る】

get[**grow**]**fat**[ファット];(体重が増える)**gain**[**put on**]**weight**[ゲイン][ウェイト](⇔やせる lose weight)
- 最近彼は太ってきた.
 He is *gaining weight* these days.
- 食べ過ぎで太った.
 I *put on weight* because I ate too much.
- 私は1か月で2キロ太った.
 I've *gained* two kilograms in a month.
 ━太った **fat**(⇔やせた thin);(太りすぎの) **overweight**[オウヴァウェイト](▶fatはしばしば軽べつ的な意味合いを含(ふく)む)
- 私の父は太っている.
 My father is *overweight*.
- その赤ちゃんは丸々と太っていた.
 The baby was *chubby*.

ふとん【布団】

Japanese futon[チャパニーズ フートン];(掛(か)け布団)**a comforter**[カンファタァ], **a quilt**[クウィルト];(敷(し)き布団)**a mattress**[マットゥリス];(寝具(ぐ)類)**bedding**[ベッディング]→住生活【口絵】
- 布団を敷いた.
 I spread [laid out] the *Japanese futon* set.
- 布団を畳(たた)んだ.
 I folded up the *Japanese futon* set.

ふな[魚]**a crucian**(**carp**)[クルーシャン(カープ)]
ふなびん【船便】**sea mail**[スィー メイル]
ふなよい【船酔い】**seasickness**[スィースィックニス]
 ━船酔いする **get seasick**
ぶなん【無難な】**safe**[セイフ]
- 無難な話題 a *safe* topic

ふね【船】

a ship[シップ], **a boat**[ボウト](▶shipは大型の船をさす. boatは小型の船をさすことが多いが,《話》ではしばしばshipと同じ意味で用いる)→ボート
- 私たちは船に乗った.
 We got on board the *ship*.
- 私たちは船から降りた.
 We got off the *ship*.
- 船に乗って
 aboard a *ship* / on board a *boat*

- 船で宮崎へ行った.
 I went to Miyazaki by *ship*.(▶手段を表すbyの後ではaやtheをつけない)/ I took a *ship* to Miyazaki.

ふねんぶつ【不燃物】**incombustibles**[インカンバスタブルズ]
ふはい【腐敗】**decay**[ディケイ],(堕落(だらく)) **corruption**[カラプション]
 ━腐敗する **decay**; **corrupt**→くさる❶
ふひつよう【不必要な】→ふよう
ふひょう【不評の】**unpopular**[アンピピュラァ]
- 新しいお菓子(し)は甘(あま)すぎて不評だ.
 The new snack is *unpopular* because it's too sweet.
- 私の演技は不評だった.
 My performance didn't *go over well*.

ふびょうどう【不平等】**inequality**[イニクワラティ]
 ━不平等な **unequal**[アニークワル];(不公平な) **unfair**[アンフェア]
ぶひん【部品】**a part**[パート]
ふぶき【吹雪】**a snowstorm**[スノウストーム];(猛(もう)吹雪)**a blizzard**[ブリザァド]
ぶぶん【部分】(**a**)**part**[パート](⇔全体 the whole)
- この教科書は5つの部分で構成されている.
 This textbook is made up of five *parts*.
 ━部分的な **partial**[パーシャル]
 ━部分的に **partially**
ふへい【不平】**a complaint**[カンプレイント]
 ━不平を言う **complain**(**about ..., of ...**)
- 彼は小遣(こづか)いのことで不平を言っていた. He was *complaining about* his allowance.

ふべん【不便な】**inconvenient**[インカンヴィーニャント](⇔便利な convenient)
- そこは電車で行くには不便だ.
 It's *inconvenient* to go there by train.

ふぼ【父母】**one's parents**[ペ(ア)ランツ], **one's father and mother**[ファーザァ][マザァ]
ふほう【不法な】**illegal**[イリーガル], **unlawful**[アンローフル]
 ▎不法投棄(とうき) **illegal dumping**

ふまじめ【ふまじめな】(真剣(しんけん)でない)**not serious**[スィ(ア)リアス]
ふまん【不満】**dissatisfaction**[ディスサティスファクション];(不平)**a complaint**[カンプレイント]
 ━不満である **be not satisfied**(**with ...**)
- テストの結果に不満だ.
 I'm *not satisfied with* the test results.

ふみきり【踏切】**a**(**railroad**)**crossing**[(レイルロウド)クロースィング]
- 踏切をわたった.
 I crossed [went over] a *railroad crossing*.

プライベート

「踏切／止まれ」の標識（米国）

ふみだい【踏み台】a stool[ストゥール]
ふみんしょう【不眠症】a sleeping problem[スリーピング プラブレム], insomnia[インサムニア]
- 彼は不眠症だ. He has a *sleeping problem*.

ふむ【踏む】step on ...[ステップ]
- 君はぼくの足を踏んでいるよ.
  You're *stepping on* my foot.
- 画びょうを踏んでしまった.
  I *stepped on* a pushpin.

ふめい【不明な】(はっきりしない)not clear[クリア], unclear[アンクリア]；(未確認〈ホゥ〉の)unknown[アンノウン]
- うちの猫〈愆〉はいまだ不明だ. The whereabouts of our cat is still *unknown*.

ふめいよ【不名誉】dishonor[ディスアナァ], disgrace[ディスグレイス]
▶**不名誉な** dishonorable, disgraceful

ふめつ【不滅の】immortal[イモートゥル]

ふめん【譜面】music[ミューズィック], a score[スコア]
▍譜面台 a music stand

ふもと the foot[フット], the base[ベイス]
- 阿蘇山のふもとに at *the foot* of Mt. Aso

ふやかす soak[ソウク]
- ゼラチンを水でふやかした.
  I *soaked* gelatin in water.

ふやす【増やす】increase[インクリース]
- 英語の語いを増やしたい. I want to *increase* my English vocabulary.
- 友達を増やしたい.
  I want to *make more* friends.

ふゆ【冬】

(a) winter[ウィンタァ]→はる[1]
- 暖かい［寒い］冬 a mild［cold］*winter*
- 今年の冬は雪がとても多かった.
  We had a lot of snow this *winter*.
- スキーとスケートは冬のスポーツだ.
  Skiing and skating are *winter* sports.
▍冬服 winter clothes

ふゆかい【不愉快な】unpleasant[アンプレザント]（⇔愉快な pleasant）
- 不愉快な一日 an *unpleasant* day

ふゆやすみ【冬休み】(the) winter vacation[ウィンタァ ヴァケイション]

ぶよ【虫】a gnat[ナット]

ふよう【不用な, 不要な】(不必要な)unnecessary[アンネサセリィ]（⇔必要な necessary）；(役に立たない)useless[ユースリス]
- 不要なものは捨てよう. Let's throw away *unnecessary* things. / Let's throw away what we *don't need* any more.
▍不用品 unnecessary item

ぶよう【舞踊】a dance[ダンス]；(踊ること)dancing[ダンスィング]
- 日本舞踊 a Japanese *dance*

ぶようじん【不用心な】(危険な)not safe[セイフ], unsafe[アンセイフ]；(不注意な)careless[ケアリス]

ふようど【腐葉土】leaf mold[リーフ モウルド]

ブラ a bra[ブラー]

フライ[1]【料理】deep-fried［fried］food[ディープフライド［フライド］フード]
- えびフライ a *deep-fried* prawn
━フライにする deep-fry, fry→あげる[2]
▍フライ返し a spatula

フライ[2]【野球】a fly[フライ], a fly ball[ボール]
━フライを打つ hit a fly (ball), fly

フライト a flight[フライト]
▍フライトアテンダント a flight attendant

プライド pride[プライド]→じしんしん, ほこり[2]
▍プライドが高い be proud[プラウド]

フライドチキン fried chicken[フライド チキン]

フライドポテト ⓤFrench fries[フレンチ フライズ], ⓑchips[チップス]（▶「フライドポテト」は和製英語）

fried chicken and French fries

プライバシー privacy[プライヴァスィ]
- あなたのプライバシーは守ります.
  I guard［protect］your *privacy*.
- 私のプライバシーを侵害〈愆〉しないでください.
  Don't disturb［intrude on］my *privacy*, please.

フライパン a frying pan[フライイング パン]

プライベート【プライベートな】(私的な)private[プライヴィット]

five hundred and ninety-one 591

フライング

フライング〖スポーツ〗**a false start**[フォールス スタート]
- 1人の走者がフライングをした.
  A runner made a *false start*.

ブラインド a blind[ブラインド], ⊛**a (window) shade**[(ウィンドウ) シェイド]
- ブラインドを上げて[下げて]ください. Please raise [lower, pull down] the *blind(s)*.

ブラウザ a browser[ブラウザァ]

ブラウス a blouse[ブラウス]

プラカード a placard[プラカード]

プラグ a plug[プラグ]
- プラグを抜(ぬ)いて. Please pull the *plug*.

ぶらさがる【ぶら下がる】**hang (down)**[ハング]
- 少年は鉄棒にぶら下がった.
  The boy *hung* from a horizontal bar.

ぶらさげる【ぶら下げる】**hang**[ハング]
- タオルをフックにぶら下げた.
  I *hung* the towel on a hook.

ブラシ a brush[ブラッシュ]
- 歯ブラシ a tooth*brush*
- ━ブラシをかける **brush**
- ズボン[髪(かみ)]にブラシをかけた.
  I *brushed* my pants [hair].

ブラジャー a bra[ブラー]

ブラジル Brazil[ブラズィル]
- ━ブラジル(人)の **Brazilian**[ブラズィリャン]
- ▍ブラジル人 a Brazilian

プラス a plus[プラス](▶記号は＋)(⇔マイナス a minus)
- 1プラス1は2だ.
  One *plus* one is [equals, makes] two.
- これは彼の将来にとってプラスになるだろう.
  This will have a *positive* influence on his future.(◀よい影響(えいきょう)を与(あた)える)
- ━プラスの **plus, positive**[パズィティヴ]

フラスコ a flask[フラスク]

プラスチック plastic[プラスティック]
- ━プラスチック(製)の **plastic**
- これらのおもちゃは全部プラスチック製だ.
  These toys are all made of *plastic*.
- ▍プラスチックごみ plastic garbage

ブラスバンド〖音楽〗**a brass band**[ブラス バンド]
- ▍ブラスバンド部 a brass band

フラ(ダンス) hula[フーラ]**. a hula dance**[ダンス]**, hula dancing**

プラチナ platinum[プラチナム]

ぶらつく stroll[ストゥロウル]; (散歩する)**take a walk**[ウォーク]➡**ぶらぶら❶**

ブラック〖ブラック(の)〗**black**[ブラック]
- (コーヒーは)ブラックでお願いします.
  Make it *black*. / I'd like my coffee

black, please.
- ▍ブラックバス 〖魚〗a black bass
- ▍ブラックホール a black hole
- ▍ブラックユーモア black humor
- ▍ブラックリスト a blacklist

フラッシュ(a) flash[フラッシュ]**, a flashlight**[フラッシュライト]
- カメラマンはフラッシュをたいた.
  The photographer used (a) *flash*.
- ▍フラッシュカード a flash card

ブラッシング brushing[ブラッシング]

ふらっと
- いとこがふらっと訪ねてきた.
  My cousin *dropped in* on us.

フラット〖音楽〗**a flat**[フラット](▶記号は♭)(⇔シャープ a sharp)
- ━フラットで〖スポーツ〗(きっかり)**flat**
- 彼は100メートルを10秒フラットで走った.
  He ran a hundred meters in 10 seconds *flat*.

プラットホーム a platform[プラットフォーム]

プラネタリウム a planetarium[プラナテ(ァ)リアム](★アクセント位置に注意)

ふらふら【ふらふらする】(目まいがする)**feel dizzy**[フィール ディズィ]
- お腹がすいてふらふらになった.
  I *became dizzy* with hunger.

ぶらぶら【ぶらぶらする】

❶あてもなく歩く
  stroll, wander:
  (散歩する)**take a walk**
❷無駄(むだ)に過ごす
  spend time idly, waste time
❸ぶら下がっている物が揺(ゆ)れ動く
  swing, sway

❶[あてもなく歩く]**stroll**[ストゥロウル]**, wander**[ワンダァ]; (散歩する)**take a walk**[ウォーク]
- 彼女は浜辺(はまべ)をぶらぶら歩いた.
  She *strolled* along the beach.
❷[無駄に過ごす]**spend time idly**[スペンド タイム アイドゥリィ]**, waste time**[ウェイスト]
- 何もせずぶらぶら過ごした.
  I *spent time idly* doing nothing.
❸[ぶら下がっている物が揺れ動く]**swing**[スウィング]**, sway**[スウェイ]
- その男の子は机の下で足をぶらぶらさせていた. The boy was *swinging* his legs under the desk.

フラミンゴ〖鳥〗**a flamingo**[フラミンゴウ]

プラム〖植物〗**a plum**[プラム]

プリクラ

プラモデル a plastic model[プラスティック マドゥル]

ふられる¹【降られる】→ふる¹

ふられる²【振られる】→ふる²❸

プラン a plan[プラン]→けいかく
━プランを立てる plan, make a plan

ブランク (途切れ)a break[ブレイク], a gap[ギャップ]; (空欄(⌒⌒))a blank[ブランク]
・3か月のブランクは彼には長く感じられた. The three-month *break* felt too long to him.

プランクトン〖生物〗plankton[プランクタン]

フランクフルトソーセージ a frankfurter[フランクファータァ]

ぶらんこ a swing[スウィング]
・子どもたちはぶらんこで遊んでいた. The children were playing on the *swings*.

フランス France[フランス]
━フランス(語, 人)の French[フレンチ]
フランス語 French
フランス人 (男性の)a Frenchman, (女性の)a Frenchwoman, (全体)the French
フランスパン French bread→パン図
フランス料理 French food; (調理法)French cuisine

プランター a planter[プランタァ]

ブランチ brunch[ブランチ]
・この前の日曜日はブランチを食べた. We had *brunch* last Sunday.

ブランデー brandy[ブランディ]

ブランド a brand[ブランド]
・有名ブランドのバッグ a *brand*-name bag

ふり¹【不利】(a) disadvantage[ディサドゥヴァンティッヂ](⇔有利(an) advantage)
・彼らは不利な立場にあった. They were at a *disadvantage*.

ふり²【ふりをする】pretend[プリテンド]
・病気のふりをするのはやめなさい. Stop *pretending* to be sick.

ぶり〖魚〗a yellowtail[イェロウテイル]

…ぶり

| ❶時間の経過 | (…の間で初めて)for the first time in …; (…の後) after …; (…以来)since … |
| ❷様子 | a way of … |

❶[時間の経過](…の間で初めて)for the first time in …[ファースト タイム]; (…の後) after …[アフタァ]; (…以来)since …[スィンス]
・彼は5年ぶりに日本に帰ってきた. He came back to Japan *for the first time in* five years.
・私は2年ぶりにアユミに会った.

I saw Ayumi *after* two years.
❷【様子】a way of …[ウェイ]
・彼の話しぶりが気に入らない. I don't like his *way of* talking. / I don't like *the way* he talks.

フリー【フリーの】

free[フリー]; (自由契約(⌒⌒)の)freelance[フリーランス]
・フリーのカメラマン
a *freelance* photographer
フリーキック〖サッカー〗a free kick
フリーサイズ one size fits all(▶「フリーサイズ」は和製英語):フリーサイズのTシャツa *one-size-fits-all* T-shirt
フリースクール a free school
フリースタイル (水泳, スキーなどの)freestyle
フリースロー〖スポーツ〗a free throw
フリーダイヤル a toll-free number(▶「フリーダイヤル」は和製英語)
フリーパス an unlimited pass
フリーバッティング〖野球〗(a) batting practice

フリーザー a freezer[フリーザァ]

フリージア〖植物〗a freesia[フリージァ]

フリース (衣服)(a) fleece[フリース]

フリーズ【フリーズする】freeze[フリーズ]

フリーター a job-hopping part-time worker[ヂャブハッピング パートタイム ワーカァ]

ブリーダー a breeder[ブリーダァ]
・犬のブリーダー a dog *breeder*

ブリーフ briefs[ブリーフス](▶女性用もさす); (男性用)underpants[アンダァパンツ]

フリーマーケット a flea market[フリー マーキット](▶この場合freeは×)

ふりかえきゅうじつ【振替休日】 a substitute holiday[サブスタトゥート ハラデイ]

ふりかえる【振り返る】turn around[ターン アラウンド], look back[ルック バック]
・彼は振り返って私に手を振った. He *turned around* and waved at me.
・自分の過去を振り返ってごらん. *Look back* on your past. / *Reflect* on your past.

ふりかける【振りかける】sprinkle[スプリンクル], put on[プット]
・魚に塩をふりかけた. I *sprinkled* salt on the fish.

ブリキ tin[ティン], tinplate[ティンプレイト](▶「ブリキ」はオランダ語から)
・ブリキ缶 a *tin* can

プリクラ〖商標〗(機械)an automatic photo booth[オータマティック フォウトゥ ブース]; (シール)

five hundred and ninety-three　　593

ふりこ

photo-sticker[フォウトウスティッカァ]
- 友達といっしょにプリクラを撮(と)った. I took some *photo-stickers* with my friend.
▮プリクラ手帳 a photo sticker album

ふりこ【振り子】a pendulum[ペンヂュラム]
フリスビー〖商標〗(a) Frisbee[フリズビィ]
プリズム a prism[プリズム]
ふりそで【振り袖】a long-sleeved kimono[ローングスリーヴド カモゥノゥ]
ふりつ【府立の】prefectural[プリフェクチャラル]
▮府立高校 a prefectural high school
ふりつけ【振り付け】choreography[コーリアグラフィ], dance moves[ダンス ムーヴズ]
→振り付ける choreograph[コーリアグラフ]
▮振り付け師 a choreographer
ぶりっこ【ぶりっ子】→…ぶる
ブリッジ(橋)a bridge[ブリッヂ]; (トランプの) bridge
プリペイドカード a prepaid card[プリーペイド カード]
フリマ a flea market[フリー マーキット]→ フリーマーケット
ふりまわす【振り回す】→ ふる2 ❶
ふりむく【振り向く】turn around[ターン アラウンド], look back[ルック バック]→ ふりかえる
ふりょう【不良の】bad[バッド]; (行動が) delinquent[ディリンクワント]→ ひこう2
▮不良少年[少女] a juvenile delinquent
▮不良品 a defective product
フリル a frill[フリル]
- フリルのついたワンピース
 a dress with *frills* / a *frilly* dress
プリン(a) pudding[プディング]
プリンス a prince[プリンス]
プリンセス a princess[プリンスィス]
プリンター a printer[プリンタァ]→ コンピュータ図

プリント
(配布物)a handout[ハンドアウト]; (プリント模様)a print[プリント]
→プリントする print
プリントアウト【プリントアウトする】print out[プリント アウト]

ふる¹【降る】
(雨が)rain[レイン]; (雪が)snow[スノゥ](▶いずれも it を主語とする); (落ちてくる)fall[フォール]
- 一日中雨[雪]が降っていた.
 It was *raining* [*snowing*] all day.
- 雪がちらちら降ってきた.
 The snow began to *fall* in flakes.
- 登校途中(ちゅう)で雨に降られた. I *was caught in a shower* on my way to school.
- この地方は雨がたくさん降る.
 We *have* a lot of *rain* in this region.

ふる²【振る】

❶揺(ゆ)り動かす
　(前後左右に)shake, swing;
　(手・ハンカチを)wave;
　(尾(お)・頭を)wag
❷振りかける
　sprinkle, put on
❸交際相手を
　(交際していて)dump, drop;
　(交際を申しこんで)turn … down

❶〔揺り動かす〕(前後左右に)shake[シェイク], swing[スウィング]; (手・ハンカチを)wave[ウェイヴ]; (尾・頭を)wag[ワッグ]

shake

swing

wave

wag

- 彼は首を横に振った. He *shook* his head.(▶ 不許可・不賛成を表す)
- 彼は高めの速球を振った.
 He *swung* at a high fastball.
- 子どもたちが私たちに手を振っている.
 The children are *waving to* us.
- 犬はうれしそうにしっぽを振った.
 The dog *wagged* its tail happily.
❷〔振りかける〕sprinkle[スプリンクル], put on
- ステーキにこしょうを振った.
 I *sprinkled* some pepper on the steak.
❸〔交際相手を〕(交際していて)dump[ダンプ], drop[ドゥラップ]; (交際を申しこんで)turn … down[ターン]
- ケイにふられた.(つき合っていてふられた)Kei *dumped* me. /(告白してふられた)Kei *turned* me *down*.
フル full[フル]
- 想像力をフルに生かした.
 I made *full* use of my imagination.
- サッカーの試合にフル出場した.
 I played for the *entire* soccer game.
…ぶる(ふりをする)pretend[プリテンド]

- 彼女はかわい子ぶっている.
She is *pretending* to be cute.

ふるい【古い】
old[オウルド]（⇔新しい new）；(時代遅れの)
old-fashioned[オウルドファッションド],
out-of-date[アウトアヴデイト]；(中古の)used[ユーズド]
- この柱時計はとても古い.
This wall clock is very *old*.
- そんな古い考えはだれも聞かないよ. Nobody will listen to such *old-fashioned* ideas.

ブルー【ブルー(の)】blue[ブルー]
▍ブルージーンズ（blue）jeans
ブルース blues[ブルーズ]
フルーツ（a）fruit[フルート]→くだもの
▍フルーツケーキ（a）fruitcake
▍フルーツサンド a fruit sandwich
フルート〘楽器〙a flute[フルート]
- 彼は上手にフルートを吹く.
He plays the *flute* well.
▍フルート奏者 a flute player, a flutist
ブルーベリー a blueberry[ブルーベリィ]
ふるえる【震える】shake[シェイク]；(恐怖・寒さなどで)tremble[トゥレンブル], shiver[シヴァ]
- 彼女の声は怒りで震えていた.
Her voice was *shaking* with anger.
- その子犬は寒くて震えていた. The puppy was *trembling* because it was cold.

ふるぎ【古着】used［second-hand, thrifted, vintage］clothing［clothes］[ユーズド［セカンドハンド, スリフティド, ヴィンテッヂ］クロウズィング［クロウズ］]

▍古着店 a second-hand clothes store
▍古着ファッション thrifty look

ふるさと（one's）home[ホウム], one's hometown[ホウムタウン]→こきょう
フルスピード【フルスピードで】at full［top］speed[フル［タップ］スピード]
フルセット〘スポーツ〙a full set[フル]
ブルドーザー a bulldozer[ブルドウザァ]
ブルドッグ（犬）a bulldog[ブルドーグ]

フルバック〘スポーツ〙a fullback[フルバック]
ぶるぶる（震える）shake[シェイク], shiver[シヴァ]→ふるえる
ぷるぷる
- このゼリーはぷるぷるしている.
The jelly is *jiggling*［*jiggly*］.
- 赤ちゃんの肌はぷるぷるだ.
A baby's skin is *very soft*.

ブルペン〘野球〙a bullpen[ブルペン]
ふるほん【古本】a secondhand book[セカンドハンド ブック], a used book[ユーズド]
▍古本屋(店) a secondhand［used］bookstore
ふるまい【振る舞い】behavior[ビヘイヴィア]
　→ふるまう behave
- 子どもたちは客の前で行儀よくふるまった. The children *behaved* themselves in front of the guests.（▶このbehaveには「行儀よく」の意味も含まれる）

ふれあい【触れ合い】(a) contact[カンタクト], rapport[ラポァ]
　→触れ合う come in contact（with ...）, have a good rapport（with ...）
- 自然と触れ合う機会があった. We had (a) chance to *come in contact with* nature.

ぶれい【無礼】→しつれい
フレー（掛け声）Hooray![フレィ], Hurrah![ハラー]
プレー（a）play[プレィ]
- ファインプレー a nice［fine］*play*
　→プレーする play
▍プレーオフ a play-off
▍プレーボール Play ball!（▶号令）
ブレーカー（電流遮断装置）a（circuit）breaker[（サーキット）ブレイカァ]

ブレーキ
a brake[ブレイク]（▶しばしば複数形で用いる）
　→ブレーキをかける brake, put on the brakes
- 彼は坂道でブレーキをかけた. He *braked*［*put on the brakes*］on the downhill.

ブレーク【ブレークする】make a（big）hit[（ビッグ）], be a big hit
- その俳優は最新作の映画でブレークした.
That actor *was a big hit* in her［his］last movie.

フレーズ a phrase[フレイズ]
- 前に聞いたことがあるようなフレーズだ.
I think I've heard that *phrase* before.

プレート a plate[プレイト]
- ナンバープレート
license *plate* / ⓐnumber *plate*
フレーバー a flavor[フレイヴァ]

フレーム

- 何フレーバーのアイスクリームが好きですか. What *flavors* of ice cream do you like?

フレーム a frame[フレイム]
- 眼鏡のフレーム eyeglass *frames*

プレーヤー(競技者, 演奏者) a player[プレイア]
- ＤＶＤプレーヤー a DVD *player*

プレーン【プレーン(な)】plain[プレイン]
- プレーンヨーグルト *plain* yogurt

ブレザー a blazer[ブレイザァ]

ブレスレット a bracelet[ブレイスリット]

プレゼン(テーション) a presentation[プレザンテイション]
- 文化祭についてプレゼンした. I gave a *presentation* about the cultural festival.

プレゼント

a present[プレズント], a gift[ギフト]
- 誕生日のプレゼント a birthday *present*

話してみよう！

😊 君へのプレゼントだよ.
Here is a *present* for you. / This is for you.

😊 ありがとう. 開けてもいい？
Thank you. May I open it?

- クリスマスに友達とプレゼント交換をした.
On Christmas Day, I exchanged *gifts* with my friends.

─プレゼントする give ... (as a present)
- 母にネックレスをプレゼントした. I *gave* my mother a necklace (*as a present*).

プレッシャー pressure(s)[プレッシァ(ズ)]
- 彼はプレッシャーを感じているに違(ホポ)いない. He must feel [be under] *pressure*.
- 試験が終わってプレッシャーから解放された. The exam is over and I was released from the *pressure*.

フレッシュ【フレッシュな】fresh[フレッシュ]

プレハブ【プレハブの】prefabricated[プリーファブリケイティド], prefab[プリーファブ]
- プレハブの家[建物] a *prefabricated* house [building]

プレミア(ム) premium[プリーミアム]
- プレミア付きの商品 a *premium* product

ふれる【触れる】touch[タッチ]
- 絵に触れないでください. Please don't *touch* the paintings. / Please keep your hands off the paintings.
- 多くの人に日本の文化に触れてほしい. I want many people to *experience* Japanese culture.

ぶれる(写真が) be blurred[ブラード]; (軸(ジ)が) go off course[コース]

フレンチ French[フレンチ]
- フレンチトースト *French* toast
- フレンチドレッシング *French* dressing
- フレンチブル(ドッグ) a *French* bulldog
- フレンチネイル a *French* manicure

ブレンドコーヒー blended coffee[ブレンディド コーフィ]

フレンドリー【フレンドリーな】friendly[フレンドリィ]
- その集まりはとてもフレンドリーな雰囲気(シキ)だった. The gathering had a very *friendly* atmosphere.

ふろ

a bath[バス] ➜ 住生活【口絵】

湯 hot water
浴槽(ソウ) bathtub
シャワー shower
鏡 mirror
スポンジ sponge
石けん soap
浴室タオル washcloth
いす stool
洗面器 washbowl
シャンプー shampoo
リンス conditioner

- 私は毎日ふろに入る. I take [have] a *bath* every day.
- 父はいつも長ぶろだ. My father always takes long *baths*.
- 彼はふろからあがった. He got out of the *bath*.
- おふろがわきましたよ. The *bath* is ready.

ふろ場 a bathroom (▶英語では, ふつうトイレも備わっているものをさす)

ふろ屋(公衆浴場) a public bath

596　five hundred and ninety-six

プロ a professional[プラフェッショヌル], 《話》a pro[プロゥ](⇔アマチュア an amateur)
- プロの professional, pro
- プロのテニス選手になりたい. I want to be a *professional* tennis player.
- プロテスト a professional qualification test
- プロ野球 professional baseball

フロア a floor[フロア]
- フロアスタンド a *floor* lamp

フローズン frozen[フロウズン]
- フローズンドリンク a *frozen* drink
- フローズンヨーグルト *frozen* yogurt

すいかのフローズンドリンク

ブローチ a brooch[ブロウチ]
フローリング a wooden floor[ウドゥン フロア]
- ぼくの部屋はフローリングだ. My room has a *wooden* floor.

ブロガー a blogger[ブラガァ]
ふろく【付録】(おまけ) something extra[サムスィング エクストゥラ], a free-gift[フリーギフト]; (追加記事) a supplement[サプラマント]; (巻末の) an appendix[アペンディクス]

ブログ a blog[ブラグ]
- ブログを立ち上げた. I started a *blog*.

プログラマー a programmer[プロウグラマァ]
プログラミング programming[プロウグラミング]
プログラム (催し物などの) a program[プロウグラム];〘コンピュータ〙a program

プロジェクト a project[プラヂェクト]
- プロジェクトチーム a *project* team

ふろしき a furoshiki
- ふろしきは物を包んだり持ち運んだりするために日本人が使うスカーフのような布です. A *furoshiki* is a scarf-like cloth used by Japanese for wrapping or carrying things.

プロセス (a) process[プラセス]
- 私は解決までのプロセスを大事にしたい. I want to place importance on the *process* until it's resolved.

プロダクション an agency[エイヂャンスィ], a production[プラダクション]

- 芸能プロダクション a talent *agency*

ブロック a block[ブラック]
- ブロックする block
- スパムメッセージをブロックした. I *blocked* a spam message.
- ブロック体 a block letter

ブロッコリー〘植物〙broccoli[ブラッカリィ]
プロテクター〘スポーツ〙a protector[プラテクタァ]
プロテスタント (信者) a Protestant[プラタスタント]; (教派) Protestantism[プラタスタンティズム]
プロデューサー a producer[プラドゥーサァ]
プロバイダー (インターネット接続業者) a provider[プラヴァイダァ]
プロパンガス propane (gas)[プロウペイン(ギャス)](★発音注意)
プロフィール a profile[プロウファイル](★発音注意)
プロフェッショナル→プロ
プロペラ a propeller[プラペラァ]
- プロペラ機 a propeller plane

プロポーズ a proposal[プラポウザル]
- プロポーズする propose (to ...)

プロモーションビデオ a promo[プロウモウ]
プロレス professional wrestling[プラフェッショヌル レスリング]
- プロレスラー a professional wrestler

フロン(ガス)〘商標〙freon gas[フリアン ガス]; chlorofluorocarbon[クロウロウフル(ァ)ロウカーバン](►CFCと略す)
ブロンズ bronze[ブランズ]
フロント (ホテルの) the front [reception] desk[フラント [リセプション] デスク]
ブロンド (男性) a blond[ブランド](►女性にablondeを用いるのは侮蔑(ぶべつ)的なので避ける)
- ブロンドの blond, blonde (►ふつう男性にはblondを, 女性にはblondeを使うが, ⦅米⦆ではともにblondを使う傾向(けいこう)がある)

フロントガラス ⦅米⦆a windshield[ウィンドシールド], ⦅英⦆a windscreen[ウィンドスクリーン](►「フロントガラス」は和製英語)→くるま図
ふわふわ (やわらかい) soft[ソーフト], fluffy[フラッフィ]
- ふわふわのタオルが好きだ. I like *fluffy* towels.

ふん¹【分】
(時間の) a minute[ミニット](►m, m., min.と略す)
- 数分間待った. I waited for several *minutes*.

> 話してみよう!
> 😊 何時？
> What time is it?
> 😃 10時2分前だよ.
> It's two *minutes* to ten.

ふん²

- 家から学校までは歩いて10分だ．
  It takes ten *minutes* to walk from my house to school. / It's a ten-*minute* walk from my house to school.
- コンサートは5分後に始まる．
  The concert will start in five *minutes*.
- 映画が始まる3分前に映画館に着いた．
  I arrived at the movie theater three *minutes* before the movie started.
- 昨晩，友達と30分以上チャットした．
  Last night, I chatted with my friend for more than thirty *minutes*.
- 8時15分に学校が始まる．
  School begins at eight fifteen.

ふん²〖鳥などの〗**droppings**[ドゥラッピングズ]；〖牛や馬などの〗**dung**[ダング]
- 奈良(な)公園には鹿のふんがたくさん落ちている．There are a lot of deer *droppings* in Nara Park.

ぶん¹〖文〗**a sentence**[センタンス]；〖作文〗**a composition**[カンパズィション]→ぶんしょう

ぶん²〖分〗〖割り当て〗**one's share**（**of** ...）[シェア]；〖部分〗**a part**[パート]
- 彼は自分の分の仕事をした．
  He did *his share of* the work.
- 1人分のパン one *serving* of bread
- パイを4等分した．I divided the pie into four (*parts*).
- 1000円分のお菓子(か)を買っていいよ．
  You may buy one thousand yen's *worth* of sweets.
- 5分の1 a [one] fifth

ふんいき〖雰囲気〗**an atmosphere**[アトゥマスフィア]，**an air**[エア]
- 明るい雰囲気
  a cheerful *atmosphere*

ふんか〖噴火〗（**an**）**eruption**[イラプション]
- 富士山の噴火が心配だ．
  I worry about the *eruption* of Mt. Fuji.
- ➡噴火する **erupt**
| 噴火口 **a crater**

米国・デスバレー国立公園の火山の噴火口

ぶんか〖文化〗（**a**）**culture**[カルチャア]
- 日本の文化 Japanese *culture*
- 文化の日 *Culture* Day
- ➡文化の，文化的な **cultural**[カルチャラル]
| 文化祭 **a cultural festival**；〖学校祭〗**a school festival**
| 文化部 **a cultural club**→学校生活〖口絵〗

ぶんかい〖分解する〗**take ... apart**[アパート]
- 故障した時計を分解した．
  I *took* the broken clock *apart*.

ぶんがく〖文学〗**literature**[リタラチャア]
- アメリカ文学 American *literature*
- ➡文学の **literary**[リタレリィ]
| 文学作品 **a literary work**
| 文学者 **a literary person**, **a person of letters**

ぶんかざい〖文化財〗**a cultural asset**[カルチャラル アセット]

ぶんかつ〖分割〗**division**[ディヴィジョン]
- ➡分割する **divide**[ディヴァイド]，**split**[スプリット]

ぶんげい〖文芸〗**art and literature**[アート][リタラチャア]；〖文学〗**literature**
| 文芸部 **literature club**

ぶんこ〖文庫〗**a library**[ライブレリィ]
- 学級文庫 a class *library*

ぶんこう〖分校〗**a branch school**[ブランチ スクール]

ぶんこぼん〖文庫本〗**a paperback**（**edition**）[ペイパァバック（エディション）]，**a pocketbook**[パキットブック]

ぶんし〖分子〗〖物理・化学〗**a molecule**[マラキュール]；〖数学〗**a numerator**[ヌーマレイタァ]（⇔分母 **a denominator**）

ふんしつ〖紛失する〗**lose**[ルーズ]（▶人が主語），**be missing**[ミッシング]（▶物が主語）
- パスポートを紛失した．
  I *lost* my passport.
- かばんが紛失した．My bag *is missing*.
| 紛失物 **a lost**［**missing**］**article**

ぶんしゅう〖文集〗〖作文集〗**a collection of compositions**[カレクション][カンパズィションズ]
- 卒業文集 graduation *writings*

ぶんしょ〖文書〗**a document**[ダキュマント]

ぶんしょう〖文章〗〖文〗**a sentence**[センタンス]；〖作文〗**a composition**[カンパズィション]；〖書き物〗**writing**[ライティング]
- 英語でいくつか文章を書いた．
  I wrote a couple of *sentences* in English.
- 文章を書くのが好きです．I like *writing*.
- 彼は文章がうまい［へただ］．
  He *is a good*［*poor*］*writer*. / He *writes well*［*badly*］.

ふんすい〖噴水〗**a fountain**[ファウンタン]

ぶんめい

ぶんすう【分数】〖数学〗**a fraction**[フラクション]

> **ここがポイント！ 分数の読み方**
>
> 分数を読むときは分子(基数),分母(序数)の順に読みます.
> - 2分の1(½)　one half, a half (▶ one secondは×)
> - 3分の1(⅓)　one third, a third
> - 4分の1(¼)　one [a] quarter, one [a] fourth
>
> 分子が2以上の場合,分母は複数形になります.
> - 3分の2(⅔)　two thirds
>
> また,帯分数は整数部分と分数部分をandでつなぎます.
> - 2と5分の3(2 ⅗)　two and three fifths

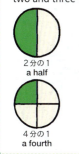

2分の1　a half
4分の1　a fourth

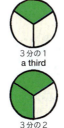

3分の1　a third
3分の2　two thirds

ぶんせき【分析】(**an**)**analysis**[アナラスィス](複 **analyses**[アナラスィーズ])
　━**分析する** **analyze**[アナライズ]

ふんそう【紛争】**a dispute**[ディスピュート], **conflict**[カンフリクト]

ぶんたん【分担】(仕事などの)**one's share**(**of ...**)[シェア]
- ごみ出しは私の分担です.
Taking out the garbage is *my share of* the work.
　━**分担する** **share**
- 旅行の費用は分担しよう.
Let's *share* the traveling expenses.
- その漫画(まんが)はストーリーと絵を2人の人が分担している.
That comic's story and illustrations are *made by* two *different people*.

ぶんちょう【文鳥】〖鳥〗**a Java sparrow**[チャーヴァ スパロウ]

ぶんちん【文鎮】**a paperweight**[ペイパァウェイト]

ぶんつう【文通】**correspondence**[コーラスパンダンス]
　━**文通する** **correspond**(**with ...**), **exchange letters**(**with ...**)[イクスチェインヂ レタァズ]

ふんとう【奮闘する】**struggle**[ストラグル], **make a great effort**[グレイト エファト]

ぶんぱい【分配する】**distribute**[ディストゥリビュート], **divide**[ディヴァイド], **share**[シェア]

ふんばる【踏ん張る】(持ちこたえる)**hold on**[ホウルド]→がんばる

ぶんぷ【分布】**distribution**[ディストゥリビューション]
　━**分布する** **be distributed**[ディストゥリビューティド]

ぶんぶん(羽音を立てる)**buzz**(**around, about**)[バズ(アラウンド, アバウト)](▶英語では動詞で表すことが多い)
- はちがぶんぶん飛び回っている.
Bees are *buzzing around* [*about*].

ぷんぷん
- マリはぷんぷん怒(おこ)っている.
Mari is *very* angry.
- 台所はカレーのにおいがぷんぷんしていた.
There was a *strong* smell of curry in the kitchen.

ぶんべつ【分別の】**separate**[セパラット]
- ごみの分別収集
separate collection of garbage
　━**分別する** **separate**[セパレイト]
- 私たちの市ではごみは分別しなくてはならない. We must *separate* the garbage in our city.

ぶんぼ【分母】〖数学〗**a denominator**[ディナマネイタァ](⇔分子 a numerator)

ぶんぽう【文法】**grammar**[グラマァ]
- 英文法　English *grammar*
　━**文法(上)の** **grammatical**[グラマティカル]
- この文にはいくつか文法の間違(まちが)いがある.
This sentence has some *grammatical* mistakes.

ぶんぼうぐ【文房具】

(全体)**stationery**[ステイショネリィ]
→p.600 ミニ絵辞典
文房具店　a stationery store
文房具屋さん(人)a stationer

ふんまつ【粉末】**powder**[パウダァ]

ぶんめい【文明】(**a**)**civilization**[スィヴァリゼイション]
- 古代エジプト文明
ancient Egyptian *civilization*

five hundred and ninety-nine　599

ぶんや

文明国 a civilized country
文明社会 a civilized society
ぶんや【分野】a field［フィールド］
ぶんらく【文楽】Bunraku; a Bunraku puppet show［バンラク ショウ］
ぶんり【分離】separation［セパレイション］
　→分離する separate［セパレイト］
ぶんりょう【分量】(a) quantity［クワンタティ］, an amount［アマウント］
ぶんるい【分類する】classify［クラサファイ］
ぶんれつ【分裂する】split（into ...）［スプリット］
ふんわり【ふんわりした】fluffy［フラッフィ］, soft［ソフト］, airy［エアリィ］
・ケーキは軽くてふんわりしていた．
　The cake was light and *fluffy*.
　→ふんわりと softly［ソフトリィ］

ミニ絵辞典　文房具 Stationery

定規を忘れちゃった．
貸してくれる？
I forgot my ruler.
Would you lend me yours?

はい，どうぞ．
Sure, here you go.

①筆箱 pencil case
②鉛筆（削り）けずり pencil sharpener
③シャープペンシル mechanical pencil
④ボールペン ballpoint (pen)
⑤蛍（けい）光ペン highlighter
⑥ホチキスの針 staple(s)
⑦ホチキス stapler
⑧消しゴム eraser
⑨鉛筆 pencil

①のり glue
②はさみ scissors
③カッター (box) cutter
④修正テープ correction tape
⑤クリップ paper clip
⑥ふせん sticky note
⑦セロハンテープ tape

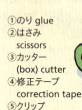

①コンパス compass
②定規 ruler
③分度器 protractor
④三角定規 triangle

教科書 textbook
辞書 dictionary

①クリアファイル plastic folder
②ノート notebook
③（リング）バインダー (ring) binder
④ルーズリーフ loose-leaf notebook
⑤下じき pencil board

へいきん

…へ

❶方向	（到達点・方向）to …; （…のほうへ）toward …; （行き先）for …
❷…の中へ	in …, into …
❸…の上へ	on …, onto …
❹対象	for …, to …

❶[方向]（到達点・方向）**to** …[トゥー]; （…のほうへ）**toward** …[トード]; （行き先）**for** …[フォア]
- 「どこへ行くの？」「新宿へ行く途中(ちゅう)だよ」
"Where are you going?" "I'm on my way *to* Shinjuku."
- その男の人は私のほうへ歩いてきた．
The man walked *toward* me.
- 私たちはシドニーへ向け成田を出発した．
We left Narita *for* Sydney.
- 君はそこへ行くべきだったのに．
You should have gone there．（▶gone to thereは×）

❷[…の中へ]**in** …[イン], **into** …[イントゥー]
- 服をクローゼットへしまった．
I put the clothes away *in* the closet.
- 彼は洞穴(ほら)の中へ入って行った．
He went *into* the cave.
- 中へ入って来てもらえますか．
Could you come *in*, please?（▶このinは副詞）

❸[…の上へ]**on** …[アン], **onto** …[アンタ]
- その箱を棚(たな)の上へ戻(もど)しなさい．
Put the box back *on* [*onto*] the shelf.

❹[対象]**for** …, **to** …
- ぼくはユキへのプレゼントに本を買い，カードに「ユキへ」と書いた．
I bought a book *for* Yuki as a gift and wrote "*To* Yuki" on the card.

ヘア

hair[ヘァ]➡かみ², け

- ヘアアレンジ hair styling
- ヘアケア hair care
- ヘアスタイル a hairstyle; （特に女性の）《話》a hairdo
- ヘアドネーション a hair donation
- ヘアメイク hair styling and makeup
- ヘアメイクアーティスト a hair makeup artist

表現メモ
いろいろなヘアグッズ（hair accessories）
- カーラー a curler, a (hair) roller
- カチューシャ a headband ／ くし a comb
- シュシュ a scrunchie, a hair tie
- ドライヤー a hair dryer ／ バレッタ a barrette
- ヘアアイロン a hair iron, a straightener
- ヘアクリップ a hair clip
- ヘアゴム an elastic hair band, a hair tie
- ヘアジェル hair gel ／ ヘアスプレー hair spray
- ヘアバンド a headband
- ヘアピン a hairbrush, a bobby pin
- ヘアブラシ a hairbrush ／ ヘアワックス hair wax

ペア

a pair[ペァ]
- ペアの相手 a (*pair*) partner

━ペアを組む **pair up**（**with …**）, **be paired**（**with …**）
- 隣(となり)に座(すわ)っている人とペアを組みなさい．
Pair up with a person sitting next to you.

へい【塀】**a wall**[ウォール]; （垣(かき)）**a fence**[フェンス]

へいかい【閉会】**the closing of a meeting**[クロウズィング][ミーティング]

━閉会する **close**（⇔開会する open）（▶人が主語）, **come to an end**（▶会が主語）

║閉会式 a closing ceremony

へいがん【併願】
- 3つの高校に併願した．
I *applied to* three high schools.

へいき¹【兵器】**a weapon**[ウェパン]（★発音注意）, （まとめて）**arms**[アームズ]
- 核(かく)兵器 nuclear *weapons*

へいき²【平気である】（気にならない）**do not mind**[マインド], **do not care**[ケァ]; （だいじょうぶである）**be all right**[ライト]
- 寒さは平気だ．I *don't mind* the cold.
- 「医者を呼ぼうか？」「いや，平気だよ」"Shall I call a doctor?" "No, I'*m all right*."

do not mind

be all right

へいきん【平均】

（**an**）**average**[アヴ(ァ)リッヂ]; （均衡(きんこう)，バランス）**balance**[バランス]
- 彼の成績は平均より上［下］だ．His grades are

へいこう

above [below] (the) average.
- **―平均の, 平均的な** average
- **―平均して** on average
- 私は毎日平均して3時間勉強する. I study for three hours a day *on average*.

| 平均寿命 the average life expectancy
| 平均台 a balance beam
| 平均点 an average score
| 平均年齢(ねん) the average age

へいこう【平行の】parallel (to ..., with ...)[パラレル]
- その線路は川に平行に走っている.
 The railroad runs *parallel to* the river.

| 平行四辺形 a parallelogram
| 平行線 parallel lines→せん²図

べいこく【米国】America[アメリカ], the United States (of America)[ユーナイティド ステイツ]→アメリカ

へいさ【閉鎖する】close[クロウズ], close down

へいさつ【併殺】〖野球〗a double play[ダブル プレイ]
- 併殺された. I hit into a *double play*.

へいし【兵士】a soldier[ソウルヂャア]

へいじつ【平日】a weekday[ウィークデイ](▶ふつう土曜日と日曜日以外の日を言う)
- 平日はいつも7時に起きる.
 I always get up at 7 on *weekdays*.

へいじょう【平常の】usual[ユージュアル]
- **―平常どおり** as usual
- あしたは平常どおり授業がある.
 We will have classes *as usual* tomorrow.

へいせい【平成】(元号)*Heisei*
- この本は平成26年に発行された. This book was published in the twenty-sixth year of *Heisei*. / This book was published in 2014. (▶日本以外では元号になじみがないので, 西暦(せい)に直して書くほうがよい)

へいたい【兵隊】(兵士)a soldier[ソウルヂャア]

へいてん【閉店する】(その日の営業を終える) close[クロウズ](⇔開店する open); (廃(はい)業する)close down
- 当店は午後6時に閉店します.
 We *close* at 6 p.m.
- 閉店間際 just before *closing* time
- 本日閉店〘掲示〙*CLOSED* TODAY

「本日閉店します」の表示(英国)

へいねつ【平熱】(a) normal (body) temperature[ノーマル (バディ) テンパラチャア]
- 平熱だ. My *temperature is normal*.
- 平熱に戻(もど)った. My *fever went down*. (◀熱が下がった.)

へいほう【平方】a square[スクウェア]
- この畑の面積はおよそ800平方メートルだ.
 This field is about eight hundred *square* meters in area.

| 平方根 〖数学〗a square root

へいぼん【平凡な】(ふつうの)ordinary[オーダネリィ]; (ありふれた)common[カマン]; (平均的な)average[アヴ(ァ)リッヂ]
- 平凡な家庭 an *ordinary* family
- 平凡な成績だった. I got *average* grades.

へいめん【平面】a plane[プレイン]

へいや【平野】a plain[プレイン]
- 十勝平野 the Tokachi *Plain*(s)

へいわ【平和】

peace[ピース](⇔戦争 (a) war)
- 世界平和を守りたい.
 I want to keep [protect] world *peace*.
- 長い戦争の後, その国に平和が戻(もど)った.
 After a long war, *peace* returned to the country.
- **―平和な** peaceful
- **―平和に** peacefully

| 平和運動 a peace movement
| 平和条約 a peace treaty

ペイント paint[ペイント]
- 水性ペイント watercolors

へえ(驚(おどろ)き)Wow![ワゥ]; (感嘆(かん))What?[(ホ)ワット]; (本当に)Really![リー(ァ)リィ]

ベーカリー a bakery[ベイカリィ]

ベーキングパウダー baking powder[ベイキング パウダァ]

ベーグル (パン)a bagel[ベイガル]→パン 図

ベーコン bacon[ベイカン]

| ベーコンエッグ bacon and eggs(▶「ベーコンエッグ」は和製英語)

ページ

a page[ペイヂ](▶略す場合, 1ページのみはp., 複数ページにわたる場合はpp.とする)
- ページをめくってください.
 Please turn (over) the *page*.
- 教科書の15ページを開きなさい.
 Open your textbooks to [〘at〙] *page* 15.
- この本は500ページ以上ある.
 This book has more than 500 *pages*.
- その文章は50ページにのっている.
 You'll find the sentences on *page* 50.

へた¹

・3ページから10ページまで
pages 3 to 10 / *pp*. 3-10

ベーシック【ベーシックな】**basic**[ベイスィック]
・ベーシックな問題から片付けよう.
Let's start with the *basic* problems.

ベージュ【ベージュ(の)】**beige**[ベイジュ]

ベース¹〔野球〕**a base**[ベイス]➡**るい**¹
・スリーベースヒット
a three-*base* hit / a triple

ベース²(基礎(きそ))**a basis**[ベイスィス](複 **bases**[ベイスィーズ])

ベース³〔楽器〕(コントラバス)**a double bass**[ダブル ベイス];(ベースギター)**a bass**(**guitar**)[(ギター)]➡**バス**³
・私はベースを弾(ひ)く. I play the *bass*.
▎ベース奏者 **a bassist**

ペース(a)**pace**[ペイス]
・ペースを上げて. Quicken your *pace*.
・私は自分のペースで走った.
I ran at my own *pace*.
・彼はペースを落とした.
He slowed down his *pace*.
・ペースを上げて宿題を片付けた.
I *sped* up and finished my homework.

ペースト(肉などを練ったもの)(a)**paste**[ペイスト]
➡ペーストする〔コンピュータ〕**paste**[ペイスト]

ベースボール baseball[ベイスボール]➡**やきゅう**

ペースメーカー a pacemaker[ペイスメイカァ]

ペーパー paper[ペイパァ]➡**かみ**¹
▎ペーパータオル **a paper towel**
▎ペーパーテスト **a written test**[**examination**]
▎ペーパーナイフ **a paper knife**

ベール(女性のかぶり物)**a veil**[ヴェイル]

…べき【…(す)べき(だ)】
should+〈動詞の原形〉[シュッド], **ought to**+〈動詞の原形〉[オータ];(…しなければならない)**must**+〈動詞の原形〉[マスト], **have to**+〈動詞の原形〉[ハフタ]

│ **…すべきだ**
should+〈動詞の原形〉/ **ought to**+〈動詞の原形〉/ **must**+〈動詞の原形〉
・君はもっと寛大(かんだい)になるべきだ.
You *should*[*ought to*] be more tolerant.
・人は生きたいように生きるべきだ.
People *should*[*ought to*] live the way they want.
・金を借りたら返すべきだ. If you borrow money, you *must* return it.

│ **…すべきでない**
should not+〈動詞の原形〉/ **must not**+〈動詞の原形〉

・子どもはこんな動画を見るべきではない.
Children *should not* watch this kind of video.
・未成年者はアルコールを飲むべきではない.
Minors *must not* drink.

│ **何を[いつ, いかに…]…すべきか**
what[**when, how** ...]+**to**+〈動詞の原形〉
・将来何をすべきかわからない.
I don't know *what to* do in the future.
・いかにしてこの問題を解決すべきか考えた.
I thought about *how to* solve the problem.

│ **…すべき〜(…して当然の〜)**
〜+**to**+〈動詞の原形〉
・私にはやるべき宿題がたくさんある.
I have a lot of homework *to* do.

へきが〔壁画〕**a wall painting**[ウォール ペインティング], **a mural**[ミュ(ァ)ラル]

ペキン【北京】**Beijing**[ベイヂン](►中国の首都)

ヘクタール a hectare[ヘクテァ](►面積の単位. ha, ha. と略す)

ペこぺこ(空腹である)**be very hungry**[ハングリィ], **be starving**[スターヴィング];(へつらう)**flatter**[フラッタァ]
・おなかがぺこぺこだ.
I'm *very hungry*[*starving*].

へこみ(物にぶつかってできる)**a dent**[デント]
➡へこむ **dent, be**[**get**]**dented**

ベジタリアン a vegetarian[ヴェヂテ(ァ)リアン]

ベスト¹(最善)**the**[**one's**]**best**[ベスト]
・結果を気にするな. ベストを尽(つ)くせばいいんだ. Don't worry about the results. Just do *your best*.
・自己ベストを更新したい.
I want to break my personal *record*.
▎ベストセラー **a best seller**: ベストセラー作家
a best-selling author
▎ベストテン **the top ten**

ベスト²(衣服の)**a vest**[ヴェスト]

へそ a navel[ネイヴァル],《話》**a bellybutton**[ベリィバトゥン]
➡へそを曲げる **get cross**
▎へその緒 **an umbilical cord**
▎へそのごま **belly button lint**
▎へそ曲がり(人)(a)**twisted**(**person**)

へそくり secret savings[スィークリット セイヴィングズ]

へた¹【下手な】
bad[バッド](⇔じょうずな **good**)
・彼はへたな言い訳をした.
He gave a *bad* excuse.
│ **…がへただ**

あ
か
さ
た
な
へ
ま
や
ら
わ

six hundred and three　　603

へた[2]
- be bad at +〈-ing形または名詞〉
- 私は球技がへただ. I *am bad at* ball sports.
- 父は料理がへただ. My father *is bad at* cook*ing*. / My father is a *bad* cook.
- 私は口べただ. I'*m not a good* talker.

へた[2](植物の) a stem end[ステム エンド]
へたくそ→へた[1]
べたべた→べとべと
ペタペタ(貼る) paste[ペイスト];(たたく) slap[スラップ];(足音) pit-a-pat[ピタパット]
ペダル a pedal[ペドゥル]→じてんしゃ図
━ペダルを踏む pedal

へちま a loofah[ルーファ], a sponge cucumber[スパンヂ キューカンヴァ]

ぺちゃくちゃ【ぺちゃくちゃ話す】chatter[チャタァ]
- 私は友達といつもぺちゃくちゃしゃべっている.
  My friend and I are always *chattering*.

ぺちゃんこ【ぺちゃんこの】flat[フラット]
- (パンクして)ぺちゃんこのタイヤ a *flat* tire
- その箱はぺちゃんこになっていた(つぶれていた). The box was *badly crushed*.

べつ【別の】

another[アナザァ](►後には単数形が来る);(同じでない) different[ディファラント];(ほかの) other[アザァ]→べつに, ほか
- 店員は私に別のスカーフを見せた. The shop clerk showed me *another* scarf.
- その男は別の事件で逮捕された. The man was arrested for a *different* offense.
- 別の方法はありませんか.
  Isn't there any *other* way?
- 別の言葉で言えば in *other* words

べっかく【別格の】special[スペシャル]
べっかん【別館】an annex[アネックス]
べっきょ【別居する】live apart (from ...)[リヴ アパート], be separated (from ...)[セパレイティド]
べつじん【別人】a different person[ディファラント パースン]
- マリは別人のようだった.
  Mari was like a *different person*.

べっそう【別荘】(大きい) a villa[ヴィラ];(小さい) a cottage[カッテッヂ];(避暑用の) a summer house[サマァ ハウス]

べったり(つく) stick[スティック];(いっしょにいる) be (always) together[(オールウェイズ)]
- ジャムが服にべったりついた.
  The jam *stuck* to my clothes.

ヘッド a head[ヘッド]
| ヘッドコーチ a head coach
| ヘッドスライディング a head-first slide: 彼はヘッドスライディングした. He *slid head first*.

ベッド

a bed[ベッド]
- ゆうべは10時にベッドに入った.
  I went to *bed* at ten last night.
- 彼はベッドの中で本を読んでいた. He was reading a book in *bed*. (►in a bedは×)
- 君はベッドで寝るの, それとも布団で寝るの? Do you sleep in a *bed* or on the Japanese futon?
- 自分でベッドを整えなさい.
  Make your *bed* by yourself.
- シングルベッド a single *bed*
- ダブルベッド a double *bed*
- 2段ベッド a bunk *bed*
| ベッドカバー a bedspread
| ベッドタウン a bedroom town [community, suburb](►「ベッドタウン」は和製英語)
| ベッドルーム a bedroom

ペット a pet[ペット]
- 私はハムスターをペットとして飼っている.
  I have a hamster as [for] a *pet*.
| ペットショップ a pet shop
| ペットフード pet food
| ペットホテル a pet hotel

ペットボトル a plastic bottle[プラスティック バトゥル](►ペットPETはpolyethylene terephthalateの略)

ヘッドホン headphones[ヘッドフォウンズ];(マイク付きの) a headset[ヘッドセット]

headphones　　headset

- ヘッドホンをつけてください.
  Please put on *headphones*.

ヘッドライト a headlight[ヘッドライト], a headlamp[ヘッドゥランプ](►ともにふつう複数形で用いる)→**くるま**図

べつに【別に】

(特別には)**particularly**[パァティキュラァリィ], **specially**[スペシャリィ]; (分けて、離(⊠)して)**separately**[セパラットゥリィ]

・「泳ぎに行きたい？」「別に」"Would you like to go swimming?" "Not *particularly*."
・「何か質問ある？」「別に」"Do you have any questions?" "Nothing *in particular. / Not really*."
・今度の日曜日は別に予定はありません。I have nothing *particular* to do this Sunday.
・その汚(⊠)いシャツは別に洗いなさい。 Wash that dirty shirt *separately*.
━…は別にして apart [aside] from ...
・ニュース番組は別にしてテレビはあまり見ない。*Apart* [*Aside*] *from* news programs, I don't watch TV very much.

べつべつ【別々の】**separate**[セパラット]
・私たちは別々の部屋に泊(⊠)まった。 We stayed in *separate* rooms.
・(店で)勘定(⊠)は別々にしてください。 *Separate* checks, please. / Can we have *separate* checks, please?
━別々に separately
・両親は今別々に住んでいる。 My parents are living *separately* now.

べつめい【別名】**another name**[アナザァ ネイム]
・西芳(⊠)寺は別名「苔寺(⊠)」とも呼ばれる。 Saiho-ji Temple is *also called* [*known as*] the "Moss Temple".

へつらう **flatter**[フラッタァ], **play up to** ...[プレイ]

ヘディング a header[ヘッダァ], (a) heading[ヘディング]
━ヘディングする head (a ball)
┃**ヘディングシュート**: 彼はヘディングシュートを決めた。He *scored with a header*.

ベテラン an expert[エクスパート](►veteranは⊗では「退役(⊠)軍人」の意味で用いることが多い)
━ベテランの (経験豊かな)**experienced**[イクスピ(ァ)リアンスト], **veteran**[ヴェタラン]
・ベテランの弁護士 an *experienced* lawyer
・ベテランの野球選手 a *veteran* baseball player

ベトナム Vietnam[ヴィエトゥナーム]
━ベトナム(語, 人)**の** Vietnamese[ヴィエットゥナミーズ]
┃**ベトナム人** a Vietnamese

へとへと【へとへとである】(非常に疲(⊠)れている) be exhausted[イグゾースティド], be tired out[タイァド アウト]
・へとへとだ。I'm exhausted [tired out].

べとべと, 【べとべとする】(ねばねば) sticky[スティッキィ], (脂(⊠)で) greasy[グリースィ]
・キャンディーを食べたら指がべとべとした。 I had *sticky* fingers after eating the candy.
・べとべとした髪(⊠) *greasy* hair

ペナルティ〖スポーツ〗a penalty[ペナルティ]
┃**ペナルティエリア** a penalty area
┃**ペナルティキック** a penalty kick

ペナント a pennant[ペナント]
┃**ペナントレース**〖野球〗a pennant race

べに【紅をつける】rouge[ルージュ]→**くちべに**に

ベニヤいた【ベニヤ板】plywood[プライウッド]

ペパーミント peppermint[ペパァミント]
・ペパーミントガム *peppermint* gum

へび【蛇】a snake[スネイク]; (十二支の)the Snake
・毒蛇 a poisonous *snake*

ヘビー【ヘビーな】heavy[ヘヴィ]
┃**ヘビー級** heavy weight
┃**ヘビーメタル** heavy-metal rock

ベビー a baby[ベイビィ]
┃**ベビーカー** a buggy[バギィ], a baby carriage[キャリッヂ], (折りたたみ式)a stroller
┃**ベビーシッター** a babysitter: ベビーシッターをする (子守をする) babysit
┃**ベビーフード** baby food
┃**ベビー服** baby clothes
┃**ベビーベッド** ⊗a crib, ⊗a cot

へや【部屋】

a room[ルーム]→p.606 **ミニ絵辞典**
・広い[狭(⊠)い]部屋 a large [small] *room*
・私の家は5部屋ある。There are 5 *rooms* in our house. / Our house has 5 *rooms*.
・自分の部屋を片付けた。I cleaned my *room*.
・自分だけの部屋がほしい。 I want my own *room*.
・彼は8畳(⊠)の部屋を弟といっしょに使っている。He shares the eight-mat *room* with his brother.

へらす【減らす】reduce[リドゥース]; (量・経費を) cut down (on ...)[カット]; (体重を)lose[ルーズ]
・彼は体重を3キロ減らした。 He *lost* three kilograms.
・父は医者にたばこの量を減らすように忠告された。The doctor advised my father to *cut down on* smoking.

ぺらぺら (流ちょうに)fluently[フルーアントゥリィ];

six hundred and five
605

あ か さ た な **へ** ま や ら わ

ベランダ

(薄(うす)っぺらの)**thin**[スィン]
- ジュンは英語がぺらぺらだ.
Jun speaks English *fluently*.

ベランダ a **veranda(h)**[ヴァランダ]; (玄関(げんかん)前の)⊛**a porch**[ポーチ]; (2階以上にあり, 屋根のない)**a balcony**[バルカニィ]

へり an **edge**[エッヂ]

ペリカン[鳥]a **pelican**[ペリカン]

へりくつ【へ理屈】**a pointless argument**[ポイントゥリス アーギュメント]
―へ理屈を言う **quibble**[クウィブル]

ヘリコプター a **helicopter**[ヘリカプタァ], 《話》a **chopper**[チャッパァ]

ヘリポート a **heliport**[ヘリポート]

へる【減る】
decrease[ディクリース](⇔増える **increase**); (体重などが)**lose**[ルーズ](⇔増える **gain**)
- 去年は外国人観光客の数が減った.
The number of foreign tourists *decreased* last year.
- 私は体重が2キロ減った.
I have *lost* two kilograms.
- おなかが減った. I got hungry.

ベル a **bell**[ベル]; (玄関(げんかん)の)**a doorbell**[ドアベル]
- ベルの音 sound of a *bell* / a ring
- 非常ベル an emergency *bell*
- 授業開始のベル the class *bell*
- 玄関のベルを鳴らした. I rang a *doorbell*.

ペルー Peru[パルー]
―ペルー(人)の **Peruvian**[パルーヴィアン]
‖ペルー人 a **Peruvian**

ベルギー Belgium[ベルヂャム]
―ベルギー(人)の **Belgian**[ベルヂャン]
‖ベルギー人 a **Belgian**

ヘルシー【ヘルシーな】**healthy**[ヘルスィ]
- 豆腐(とうふ)はヘルシーな食べ物だ.
Tofu is *healthy* food.

ペルシャ(猫(ねこ))a **Persian**[パージャン]

ヘルスメーター **bathroom scales**[バスルーム スケイルズ](▶「ヘルスメーター」は和製英語)

ベルト a **belt**[ベルト]
- 彼はベルトを締(し)めた[ゆるめた].
He tightened [loosened] his *belt*.
- ベルトがきつい. My *belt* feels tight.
‖ベルトコンベヤー a **belt conveyer**

ヘルパー a **helper**[ヘルパァ]

ヘルメット a **helmet**[ヘルミット], ⊛**a hard hat**[ハード ハット]

ベルリン Berlin[バーリン](▶ドイツの首都)

ベレーぼう【ベレー帽】a **beret**[バレィ](★このtは発音しない)→ぼうし¹図

へん¹【変な】

べんざ

strange[ストゥレインヂ], **odd**[アッド]
- ゆうべとても変な夢を見た.
 I had a very *strange* dream last night.
- きょうのおとうさんは様子が変だよ.
 Dad isn't him*self* today.

┃…であるのは変だ
┃It is strange [odd] that ...
- 部屋にだれもいないなんて変だ. *It's strange*
 [odd] *that* there is no one in the room.

へん²【辺】(周辺, 辺り)**a neighborhood**[ネイバァ
フッド]; (多角形の)**a side**[サイド]
- この辺に
 in this *neighborhood* / *around* here
- 三角形には辺が3つある.
 A triangle has three *sides*.

べん【便のよい】**convenient**[カンヴィーニャント]➡べ
んり

…べん【…弁】(なまり)**an accent**[アクセント]; (方
言)**a dialect**[ダイアレクト]
- 彼は名古屋弁で話す.
 He speaks with a Nagoya *accent*. / He
 speaks in Nagoya *dialect*.

ペン a pen[ペン]
- 先生はいつもペンで書く.
 Our teacher always writes with a *pen*. /
 Our teacher always writes in *pen*.
- ボール[サイン]ペン a ballpoint [felt] *pen*
┃ペンケース a pencil case
┃ペンネーム a pen name
┃ペンフレンド《主に⊛》a pen pal, ⊛a pen
┃friend

へんか【変化】(a) **change**[チェインヂ]; (多様性)
(a) **variety**[ヴァライアティ]
- 状況(じょう)の変化 a *change* in the situation
➡変化する **change**➡かわる¹
- 紙の色は赤から青に変化した. The color of
 the paper *changed from* red *to* blue.
┃変化球〖野球〗a breaking ball

べんかい【弁解】(an) **excuse** (**for** ...)[イクスキュ
ーズ]
➡弁解する **make excuses**
- ユミは母の手伝いをしなかったことを弁解し
 た. Yumi *made excuses* for not helping
 her mother.

へんかん¹【返還】(a) **return**[リターン]
➡返還する **return**

へんかん²【変換する】**convert**[カンヴァート],
transform[トゥランスフォーム], **change**[チェインヂ]
- ローマ字を漢字に変換した. I *converted*
 Roman letters into Chinese characters.

ペンキ paint[ペイント]
- ペンキ塗りたて《掲示》WET *PAINT*

➡ペンキを塗(ぬ)る **paint**
- 私たちは壁(かべ)に黄色のペンキを塗った.
 We *painted* the wall yellow.
┃ペンキ職人 a painter

へんきゃく【返却】(a) **return**[リターン]
➡返却する **return**
- この本は水曜日までに返却してください.
 Please *return* this book by Wednesday.
┃返却日 a date of return, a due date

べんきょう【勉強】

study[スタディ], **work**[ワーク]
- 姉は時々私の勉強を見てくれる. My sister
 sometimes helps me with my *studies*.
- 勉強よりスポーツのほうが好きです.
 I prefer playing sports to *studying*.
- この物語は勉強になった.
 This story *taught* me *a good lesson*. / I
 learned a lot from this story.
- ケンは勉強ができる.
 Ken *does well* in school.
➡勉強する **study**, **work**
- 数学の試験勉強をした.
 I *studied* for the math examination.
- 医師になるにはもっと一生懸命(けん)に勉強しな
 ければ. To be a doctor, I have to *study*
 harder.
- 勉強していても集中できなかった.
 I couldn't concentrate while *studying*.
┃勉強家 a hard worker
┃勉強時間 study hours
┃勉強部屋 a study

へんきょく【編曲】**arrangement**[アレインヂマント]
➡編曲する **arrange**

ペンギン〖鳥〗a **penguin**[ペングウィン](★発音注意)

へんけん【偏見】(a) **prejudice** [**bias**] (**against**
...)[プレヂュディス[バイアス](アゲンスト)]
- 人種的偏見 racial *prejudice*
- 人々がアニメに対する偏見をもたないようにし
 たい. I want people to be free from their
 prejudices against animation.

べんご【弁護】**defense**[ディフェンス]
➡弁護する **defend**
┃弁護士 a lawyer

へんこう【変更】a **change**[チェインヂ]
- 時間割りの変更
 a *change* in the class schedule
➡変更する **change**
- 私たちは悪天候のために計画を変更しなくては
 ならなかった. We had to *change* our plans
 because of bad weather.

べんざ【便座】a toilet seat[トイリット スィート]

six hundred and seven　607

へんさち

へんさち【偏差値】one's adjusted score[アジャスティド スコァ]
- 偏差値がずいぶん上がった. My adjusted score has gone up a lot.
- あの高校に入るには偏差値60が必要だよ. You need an adjusted score of at least 60 to enter that high school.

へんじ【返事】

an answer[アンサァ], a reply[リプライ]
- 返事はいつもらえますか. When can I have [get] your answer?
- 彼女からまだ返事が来ない. I haven't received a reply from her yet.
- (手紙などで)お返事をお待ちしています. I am looking forward to hearing from you. (▶hear fromは「…から便りがある」の意)
→**返事をする** answer, reply (to ...)
- ケンは私たちが呼んでも返事をしなかった. Ken didn't answer when we called him.

へんしゅう【編集】editing[エディティング]
→**編集する** edit
| 編集者 an editor
| 編集長 a chief editor, an editor-in-chief
| 編集部 the editorial department

べんじょ【便所】→ トイレ(ット)

べんしょう【弁償する】pay (for ...)[ペイ]
- 君は自転車を壊(ﾞ)したのだから, 弁償しなければならない. Since you broke the bike, you have to pay for it.

へんしょく【偏食する】have an unbalanced diet[アンバランスト ダイアット]

ペンション a small (country) hotel[スモール (カントゥリィ) ホウテル], a country inn[イン]

へんしん¹【変身する】transform oneself (into ...)[トゥランスフォーム], change (into ...)[チェインヂ]

へんしん²【返信】a reply[リプライ]→へんじ
→**返信する** reply, answer[アンサァ]
| 返信メール a reply mail
| 返信メッセージ a return message

へんじん【変人】an odd person[オッド パースン]

へんせいき【変声期】→こえ(声変わり)
- 彼は変声期だ. His voice is changing.

へんそう【変装】(a) disguise[ディスガイズ]
→**変装する** disguise oneself (as ...)
- その刑事(ﾞ)はペンキ職人に変装した. The detective disguised himself as a painter.

ペンダント a pendant[ペンダント]

ベンチ a bench[ベンチ]→いす 図
- ベンチに座(ﾞ)った. I sat on a bench.

ペンチ (cutting) pliers[(カッティング) プライアズ]

ベンチャー a venture[ヴェンチャァ], start-up[スタートアップ]

へんとう【返答】→ へんじ

べんとう【弁当】

(昼食)(a) lunch[ランチ]; (箱に入った)a packed [box] lunch[パックト (ボックス)]

- きょうは弁当を持って来なかった. I didn't bring (a) lunch with me today.
- 父は毎朝私たちの弁当を作ってくれる. My father makes lunches for us every morning.
- コンビニ弁当 a convenience store lunch
| 弁当箱 a lunch box

へんとうせん【扁桃腺】tonsils[タンスィルズ]
- 扁桃腺がはれている. My tonsils are swollen.

へんぴ【辺ぴな】remote[リモウト]

べんぴ【便秘】constipation[カンスタペイション]
- 3日ほど便秘しています. I've suffered from constipation for three days.

へんぴん【返品する】return[リターン]
- 姉はネットで買った靴(ﾞ)を返品した. My sister returned the shoes she bought online.

へんぺいそく【扁平足】flat feet[フラット フィート]

べんり【便利な】

(都合がよい)convenient[カンヴィーニャント](⇔不便な inconvenient); (役に立つ)useful[ユースフル]; (手ごろな)handy[ハンディ]
- そのスーパーは家の近くにあるのでとても便利だ. That supermarket is very convenient because it is near my house.
- そのホールへはバスで行くのが便利です. It's convenient to take a bus to the hall.
- 便利な道具 a handy [useful] tool

べんろん【弁論】(演説)public speaking[パブリック スピーキング]; (討論)(a) debate[ディベイト]
| 弁論大会 a speech contest

ぼうがい

ほ ホ

ほ¹【穂】(麦などの)**an ear**[イァ]
ほ²【帆】**a sail**[セイル]
…ほ【…歩】**a step**[ステップ]
- 5歩進みなさい[下がりなさい].
 Take five *steps* forward [backward].
- 疲(つか)れてもう一歩も歩けない.
 I'm too tired to take another *step*.

…ぽい
- ユウタはいい人っぽい.
 Yuta *seems* nice.
- 彼女はあきっぽい.
 She *gets* tired of things *easily*.

ほいく【保育】**childcare**[チャイルドケア]
━保育する **nurse**
保育士 a nursery (-school) teacher, a childcare worker
保育園・保育所 a nursery, a nursery school, a day-care center

ボイコット a boycott[ボイカット]
━ボイコットする **boycott**

ぽいすて【ぽい捨て】**littering**[リタリング]
ホイッスル a whistle[(ホ)ウィッスル]
ホイップ【ホイップする】**whip**[(ホ)ウィップ]
ホイップクリーム whipped cream

ホイル foil[フォイル]
- アルミホイル aluminum *foil*

ぼいん【母音】**a vowel**[ヴァウ(ァ)ル](⇔子音(しいん) a consonant)

ポイント(得点)**a point**[ポイント]; (要点)**the point**
- その選手は連続4ポイントを上げた.
 The player scored 4 *points* in a row.
- その話のポイントがつかめなかった.
 I didn't get *the point* of the story.
ポイントカード a discount [reward] card

ほう¹【方】

❶方角, 方向　　a direction, a way
❷比較(ひかく), 対比　　better than …
❸…(する, した)ほうがいい[よい]
　　→…ほうがいい[よい]

❶[方角, 方向]**a direction**[ディレクション], **a way**[ウェイ]
- どうぞこちらのほうへ. This *way*, please.
━…のほうへ **toward** …[トード], **in the direction of** …
- 「ケンはどちらのほうへ行きましたか」「学校のほうへ行きましたよ」"Which *way* did Ken go?" "He went *toward* [*in the direction of*] the school."

❷[比較, 対比]**better than** …[ベタァ](▶比較級を用いて表す)
- 彼は勉強よりスポーツのほうが好きだ. He likes playing sports *better than* studying. / He *prefers* playing sports *to* studying.
- 私より妹のほうが背が高い. My younger sister is *taller than* I [me].
- こっちのほうがよさそうだ.
 This one looks *better*.(←よりよく見える)

❸[…(する, した)ほうがいい[よい]]→…ほうがいい[よい]

ほう²【法】(a) **law**[ロー]→ほうりつ

ぼう【棒】**a stick**[スティック]
- 私は頭を棒でたたかれた.
 I was struck on the head with a *stick*.
棒グラフ a bar graph
棒高跳(たか)び [スポーツ] the pole vault

ぼういんぼうしょく【暴飲暴食する】**eat and drink too much**[イート][ドゥリンク][マッチ]

ぼうえい【防衛】**defense**[ディフェンス]
━防衛する **defend**

ぼうえき【貿易】**trade**[トゥレイド]
━貿易する **trade**(with …)
貿易会社 a trading company

ぼうえんきょう【望遠鏡】**a telescope**[テリスコウプ]
- 彼は望遠鏡で月を見ていた. He was looking at the moon through a *telescope*.
- 天体望遠鏡 an astronomical *telescope*

ほうおう【法王】(ローマ法王)**the Pope**[ポウプ]

ぼうおん【防音の】**soundproof**[サウンドプルーフ]
- このホールは防音になっている.
 This hall is *soundproof*.
防音室 a soundproof room

ほうか【放火】**arson**[アースン]
━放火する **set fire**(to …)
放火魔(ま) a habitual arsonist

ぼうか【防火の】(耐火(たいか)の)**fireproof**[ファイアプルーフ]
防火訓練 a fire drill

ほうかい【崩壊する】**fall down**[フォール ダウン], **be destroyed**[ディストゥロイド]
- 地震(じしん)でビルが崩壊した.
 The building *was destroyed* by the earthquake.

ぼうがい【妨害する】**disturb**[ディスターブ]; (阻止(そし)する)**obstruct**[アブストゥラクト]
- 騒音(そうおん)で私は安眠(あんみん)を妨害された.
 The noise *disturbed* my sleep.

six hundred and nine 609

…ほうがいい[よい]

…ほうがいい[よい]〖…(する, した)ほうがいい[よい]〗**should＋〈動詞の原形〉**[シュッド], **would rather＋〈動詞の原形〉**[ウッド ラザァ]
- もっと気をつけたほうがいい．
You *should* be more careful.
- 医者に診(み)てもらったほうがいい．
You *should* see a doctor.
- 彼女に電話しないほうがいいと思うよ．
I don't think you *should* call her.
- 家でテレビを見ているほうがいい．I *would rather* stay at home and watch TV.
- 泳ぎに行くよりテニスをするほうがいい．
I *prefer* playing tennis *to* going for a swim.

ほうがく〖方角〗**a direction**[ディレクション]
- この方角には東京駅があります．
Tokyo station is in this *direction*.
- その男は反対の方角に歩いていった．The man walked in the opposite *direction*.

北(N) north
北西(NW) northwest
北東(NE) northeast
西(W) west
東(E) east
南西(SW) southwest
南東(SE) southeast
南(S) south

ほうかご〖放課後に〗**after school**[スクール]
- 私は放課後毎日柔道(じゅうどう)の練習をする．
I practice judo *after school* every day.

ほうがんし〖方眼紙〗**graph paper**[グラフ ペイパァ]

ほうがんなげ〖砲丸投げ〗〚スポーツ〛**the shot put**[シャット プット]

ほうき¹ a broom[ブルーム]
- 私たちは床(ゆか)をほうきできれいに掃(は)いた．
We swept the floor clean with a *broom*.

ほうき²〖放棄する〗**give up**[ギヴ アップ], **abandon**[アバンダン]
- 彼はキャプテンとしての責任を放棄した．He *gave up* his responsibility as captain. / He *abandoned* his responsibility as captain.

ぼうぎょ〖防御〗**defense**[ディフェンス]（⇔攻撃(こうげき) an attack, offense）
➡防御する **defend**

ぼうぐ〖防具〗（剣道(けんどう)などの）**protective gear**[プラテクティヴ ギア]

ほうけん〖封建的な〗**feudal**[フューダゥル]
▎封建時代 **the feudal age**

ほうげん〖方言〗**a dialect**[ダイアレクト] ➡…べん

ぼうけん〖冒険〗**(an) adventure**[アドヴェンチャア]
➡冒険(を)する **have an adventure**; （危険を冒(おか)す）**take a risk**
- 私はサマーキャンプで多くの冒険をした．I *had a lot of adventures* at summer camp.
- 冒険することは人生において大切だ．
Taking risks is important in life.
▎冒険家 **an adventurer**

ほうこう〖方向〗**a direction**[ディレクション], **a way**[ウェイ], **a course**[コース]
- ここからだと体育館はどの方向になりますか．
Which *way* [*direction*] is the gym from here?
- 方向を見失った．
I lost my *way*.
- 方向を間違(まちが)えた．
I went the wrong *way*.
▎方向音痴(おんち): 私は方向音痴だ．I have *no sense of direction*.

ぼうこう〖暴行〗**violence**[ヴァイアランス]; （強姦(ごうかん)）**(a) rape**[レイプ]
➡暴行する **use violence**（on …）; **rape**

ほうこく〖報告〗**a report**[リポート]
➡報告する **report**（on …）
- 調べた結果を彼に報告してください．*Report* the [your] research results to him.
- 私たちのチームが勝ったことを報告した．
We *reported* our team's victory.
▎報告書 **a report**

ぼうさい〖防災〗**disaster prevention**[ディザスタァ プリヴェンション]
▎防災訓練 **an emergency drill**
▎防災頭巾(ずきん) **an emergency hood**
▎防災マップ **a disaster prevention map**
▎防災用品 **emergency supplies**

ほうさく〖豊作〗**a good harvest**[グッド ハーヴィスト], **a good crop**[クラップ]
- 今年はりんごが豊作だった．
We had a *good harvest* [*crop*] of apples this year.

ぼうさん〖坊さん〗➡ぼうず

ほうし〖奉仕〗**service**[サーヴィス]
➡奉仕する **serve**
- 私は社会に奉仕したい．
I want to *serve* the public.
▎奉仕活動 **volunteer work**

ほうじ〖法事〗**a (Buddhist) memorial service**[（ブーディスト）ミモーリアル サーヴィス]

ぼうし¹〖帽子〗

a hat[ハット]; （縁のない）**a cap**[キャップ]

野球帽 baseball cap
スキー帽 ski cap [hat]
麦わら帽子 straw hat
ベレー帽 beret

- 帽子をかぶりなさい.
 Put on your *hat*. / Put your *hat* on.
- 彼は帽子を取った.
 He took off his *hat*. / He took his *hat* off.
- その少年は帽子をかぶっていた.
 The boy was wearing a *cap*.

ぼうし[2] 【防止する】**prevent**[プリヴェント]
- 犯罪を防止しなくては.
 We need to *prevent* crime.

ほうしゃ 【放射性の】**radioactive**[レイディオウアクティヴ]
- 放射性物質
 a *radioactive* material [substance]
- 放射性廃棄(き)物 *radioactive* waste
放射線 **radioactive rays, radiation**
放射能 **radioactivity**

ほうしゅう[1] 【報酬】(a) **reward**[リウォード]
ほうしん[1] 【方針】(政策) a **policy**[パラスィ]; (計画) a **plan**[プラン]
- 彼らは方針を変えた.
 They changed their *policy* [*plans*].
- 方針を立てよう. Let's make *plans*.
- 教育方針 an educational *policy*

ほうしん[2] 【放心】
- その時私は放心状態だった.
 I was *in shock* then.

ぼうず 【坊主】a **Buddhist monk**[ブーディスト マンク]
坊主頭 (つるつる頭の) a **shaven head**
坊主刈(が)り **buzz-cut**: 私は坊主刈にした. I had my *hair buzz-cut*.

ぼうすい 【防水の】**waterproof**[ウォータープルーフ]
防水時計 a **waterproof watch**

ほうせき 【宝石】a **jewel**[ヂューアル], a **gem**[ヂェム]; (宝石類) **jewelry**[ヂューアルリィ]
宝石店 a **jeweler's shop**
宝石箱 a **jewel box**

ほうそう[1] 【放送】

broadcasting[ブロードキャスティング]; (1回の放送) a **broadcast**[ブロードキャスト]
- 衛星放送 satellite *broadcasting*
- 2か国語放送 a bilingual *broadcast*

- ラジオの深夜放送(番組)
 a midnight radio *show* [*program*]
- 再放送 a rerun
→ 放送する **broadcast**; (テレビで) **televise**[テレヴァイズ], **telecast**[テリキャスト]
- その試合は国立競技場から生放送された.
 The game was *broadcast* live from the National Stadium. (▶この broadcast は過去分詞)
放送局 a **broadcasting station**, (テレビの) a **television station**, (ラジオの) a **radio station**
放送室 a **broadcasting room** [**booth**]; (放送局の) a **studio**
放送部 a **broadcasting club**

ほうそう[2] 【包装】**wrapping**[ラッピング]; (贈(おく)り物に) **gift-wrapping**[ギフト-]
→ 包装する **wrap** (**up**) → つつむ
包装紙 **wrapping paper**

ぼうそう 【暴走する】(人が車で) **drive recklessly**[ドゥライヴ レックリスリィ]; (車などが) **run out of control**[ラン][カントゥロウル]
暴走族 (集団) a **motorcycle gang**

ほうそく 【法則】a **law**[ロー]
- 重力の法則 the *law* of gravity

ほうたい 【包帯】a **bandage**[バンデッヂ]
- メグミは指に包帯をしていた.
 Megumi had a *bandage* on her finger.
- 包帯を外さないでね.
 Don't remove the *bandage*.
- 私は傷口に包帯をした.
 I put a *bandage* on the cut.

…ほうだい 【…放題】
- 2000円で食べ放題. You can eat as much as you like for 2,000 yen.
- 1日乗り放題の乗車券
 a one-day unlimited ride pass

ほうち 【放置する】**leave**[リーヴ], **abandon**[アバンダン]
放置自転車 an **abandoned bicycle**

ぼうちゅうざい 【防虫剤】(虫よけ) (an) **insect repellent**[インセクト リペラント]; (衣料用の) a **mothball**[モースボール]

ほうちょう 【包丁】a **kitchen knife**[キッチン ナイフ]

ぼうちょう 【膨張する】**expand**[イクスパンド], **swell**[スウェル]
- 気体は熱で膨張する. Gas *expands* with heat.

ほうっておく leave [**let**] ... **alone**[リーヴ [レット][アロウン]; (無視する) **ignore**[イグノア]
- ほうっておいて. *Leave* me *alone*.
- この問題はしばらくほうっておこう.
 Let's *put* this matter *aside* for a while.

ぼうっと

ぼうっと（ぼんやりとかすんで）**dimly**[ディムリィ]；(かすかに)**faintly**[フェイントゥリィ]；(うわの空で)**absent-mindedly**[アブサントマインディドゥリィ]→ぼんやり

―**ぼうっとする space out**[スペイス], **daydream**[デイドゥリーム]
- ぼうっとしていたら先生に指された．
 The teacher called on me when I was *spacing out*. / The teacher called on me when I was *daydreaming*.

ほうてい【法廷】**a**（**law**）**court**[(ロー) コート]

ほうていしき【方程式】**an equation**[イクウェイション]
- その方程式を解くのは難しかった．
 It was difficult to solve the *equation*.

ほうどう【報道】**news**[ヌーズ], **a report**[リポート]
- その事件に関する最新の報道
 the latest *report* on the case
- 報道の自由 freedom of the *press*

―**報道する report**
- 新聞はそのスキャンダルを第1面で報道した．
 Newspapers *reported* the scandal on their front pages.

| 報道機関 the news media, the press
| 報道陣(½)（a group of）reporters, the press

ぼうどう【暴動】**a riot**[ライアット]
- 町で暴動が発生した．
 A *riot* started in the town.

ほうにん【放任する】
- 彼らは子どもを放任している． They *let* their children *do as they please*.

ぼうねんかい【忘年会】**a year-end party**[イァエンド パーティ]

ぼうはてい【防波堤】**a breakwater**[ブレイクウォータァ]

ぼうはん【防犯】**crime prevention**[クライム プリヴェンション]

| 防犯カメラ a security camera
| 防犯ベル a burglar alarm

ほうび【褒美】**a reward（for ...）**[リウォード], **a prize（for ...）**[プライズ]
- 満点の褒美に時計をもらった．I received a watch as a *reward for* a perfect score.

ほうふ[1]【豊富な】**rich**[リッチ], **abundant**[アバンダント], **a lot of**[ラット]
- これらの地域は鉱物資源が豊富だ．These areas are *rich*［*abundant*］in minerals.
- 彼は鉄道の知識が豊富だ．
 He knows *a lot* about railroads.

―**豊富に abundantly**

ほうふ[2]【抱負】(野心的な望み)**an ambition**[アンビション]；(期待)**one's hope(s)**[ホウプ(ス)]
- 私の将来の抱負
 my *ambitions*［*hopes*］for the future
- 新年の抱負 New Year's *resolution*

ぼうふう【暴風】**a storm**[ストーム], **a stormy wind**[ストーミィ ウィンド]

| 暴風雨 a rainstorm
| 暴風雨警報 a rainstorm warning

ぼうふうりん【防風林】**a windbreak**[ウィンドブレイク]

ほうほう【方法】

a way[ウェイ]；(一定の計画に従う)**a method**[メサッド]；(手段)**a means**[ミーンズ]（複 means）(▶単複同形)
- この方法でいいかしら．
 I wonder if this *way* is all right.
- 私の方法のほうがうまくいくだろう．
 My *method* will work better.
- 効率のよい勉強方法
 an efficient study *method*

ほうぼう【方々】(あちこち)**here and there**[ヒァ ゼア]；(至る所)**everywhere**[エヴリィ(ホ)ウェア]
- 私たちは方々捜(ポ)し回った．
 We searched *everywhere*.

ほうむる【葬る】**bury**[ベリィ]（★発音注意）

ほうめん【方面】(地域)**an area**[エ(ァ)リア], **a district**[ディストゥリクト]；(方向)**a direction**[ディレクション]；(分野)**a field**[フィールド]
- 私たちは大阪方面に向かった．We went in the *direction* of Osaka. / We went *toward* Osaka.
- 彼はこの方面では非常に有名な人だ．
 He is a very famous person in this *field*.

ほうもん【訪問】**a visit**[ヴィズィット]；(短時間の)**a call**[コール]→たずねる[2]
- 今度の水曜日に家庭訪問がある．
 My homeroom teacher will *visit* my house next Wednesday.

―**訪問する visit**；(人を)**call on ...**；(場所を)**call at ...**
- その歌手は被災(ポミミ)地の学校を訪問した．The singer *visited* a school in the disaster

ホーム¹

[stricken] area.
∥訪問者 a visitor
ぼうや【坊や】a (little) boy[(リトゥル) ボーイ], a son[サン]
ほうようりょく【包容力】
・包容力がある人 a broad-minded person
ぼうよみ【棒読みする】read ... in a monotone[リード][マナトウン]
ほうりだす【ほうり出す】(外へ投げ出す)throw out[スロウ アウト]；(途中(ちゅう)でやめる)give up[ギヴ アップ]
・数学の問題が難しすぎたので途中で放り出した。The math problems were too hard so I gave up.
ほうりつ【法律】a law[ロー], (全体)the law
・彼らは法律を守った［破った］。They obeyed [broke] the law.
・それは法律に違反(はん)している。That is against the law. / That is illegal.
・飲酒運転は法律で禁止されている。The law prohibits drunken driving.
ほうりなげる【ほうり投げる】throw[スロウ], toss[トス]→なげる
ほうりゅう【放流する】release[リリース]
・亀(かめ)が海に放流された。The turtles were released into the sea.
ぼうりょく【暴力】violence[ヴァイアランス]
・人に暴力を振(ふ)るってはいけない。You should not use violence against other people.
・家庭内暴力 domestic violence
・校内暴力 school violence
━暴力的な violent
∥暴力団 a gang, a yakuza organization
ボウリング[スポーツ]bowling[ボウリング]
━ボウリングをする bowl
∥ボウリング場 a bowling alley
ほうる throw[スロウ]→なげる
ぼうれい【亡霊】a ghost[ゴゥスト]
ほうれんそう【ほうれん草】[植物]spinach[スピニッチ]
ほうろう【放浪する】wander (around, about)[ワンダァ (アラウンド, アバウト)]
ほえる(犬が)bark (at ...)[バーク]；(猛獣(じゅう)が)roar[ロァ]；(遠ぼえする)howl[ハウル]
・あの犬はいつも私にほえる。That dog always barks at me.
ほお a cheek[チーク]
・その赤ちゃんはピンク色のほおをしていた。The baby had pink [rosy] cheeks.
・うれし涙(なみだ)が彼のほおを流れた。Tears of joy ran down his cheeks.

ほおずり：私はその子猫(ねこ)にほおずりをした。I rubbed my cheek against the kitten.
ほおづえ：彼女はほおづえをついた。She rested her chin on her hand(s).
ボーイ(レストランの)a waiter[ウェイタァ]；(ホテルの)a bellboy[ベルボーイ]
ボーイスカウト(団体)the Boy Scouts[ボーイ スカウツ]；(団員)a boy scout
ボーイッシュ【ボーイッシュな】boyish[ボーイッシュ]
ボーイフレンド a boyfriend[ボーイフレンド]（►(親密な)男友達, 恋人(びと)を指す。単なる男友達は a (male) friend）（⇔ガールフレンド a girlfriend）
ポーカー(トランプの)poker[ポゥカァ]
ボーカル(声楽)a vocal[ヴォウカル]；(人)a vocalist[ヴォウカリスト]
ボーク[野球]a balk[ボーク]
ホース a hose[ホウズ](★発音注意)
・庭にホースで水をまいた。I watered the yard with a hose.
ポーズ【姿勢】a pose[ポウズ]
・このポーズはかっこいい。This pose is cool.
━ポーズを取る pose (for ...)
・彼女は写真のポーズを取った。She posed for a photograph.
ボーダーライン a borderline[ボーダーライン]
・私は受かるか落ちるかのボーダーラインにいると思う。I think I'm on the borderline between passing and failing.
ポータブル portable[ポータブル]
∥ポータブルラジオ［プレーヤー］a portable radio [player]
ポーチ(小物入れ)a pouch[パウチ]
ボート a boat[ボウト]（►船全般(ぱん)をさして用いる）；(手こぎの)a rowboat[ロウボウト]→ふね
・私たちはボートをこいで遊んだ。We had fun rowing a boat.
━ボートをこぐ［に乗る］boat
・彼らは湖へボートに乗りに行った。They went boating on the lake.
∥ボートレース a boat race, a regatta
ボードゲーム a board game[ボード ゲーム]
ボーナス a bonus[ボウナス]
ほおばる stuff one's mouth (with ...)[スタッフ][マウス]
・ピザをほおばった。I stuffed my mouth with pizza.
ホープ(期待される人物)a hope[ホウプ]
・彼女はテニス部のホープだ。She is the hope of the tennis team.
ホーム¹(駅の)a platform[プラットフォーム]

six hundred and thirteen

ホーム²

- 列車は3番ホームから発車する. The train will leave from *platform*（No.）3.

ホーム²（家庭）a home[ホウム]；（老人・障がい者などの施設(ﾎﾑﾂ)）a home；〖野球〗home（plate）[プレイト]

- 老人ホーム a nursing *home*
- ホームゲーム a home game
- ホームスチールする steal home
- ホームセンター a home-improvement center [store], a hardware store
- ホームチーム the home team
- ホームベース home plate
- ホームヘルパー a home care giver

ホームイン【ホームインする】〖野球〗get [reach] home[ゲット][リーチ] ホウム], cross the（home） plate[クロース][プレイト]

ホームシック【ホームシックの】homesick[ホウムスィック]

- ホームシックにかかった. I got [am] *homesick*.

ホームステイ a homestay[ホウムステイ]

- アメリカの家庭にホームステイしたい. I'd like to *stay with* an American *family* in the U.S.
- ホームステイ先 a host family

ホームドラマ a family drama[ファマリィ ドゥラーマ]（►「ホームドラマ」は和製英語）

ホームページ（サイト）a website[ウェブサイト]（►Websiteとも）, a site[サイト]；（トップページ）a homepage[ホウムペイジ] → サイト

ホームラン a home run[ホウム ラン], a homer[ホウマァ]

- 打者はサヨナラホームランを打った. The batter hit a game-ending *home run*.
- 満塁(ﾏﾝﾙｲ)ホームラン a grand slam
- ホームラン王 a home run king

ホームルーム（教室）a homeroom[ホウムルーム]；（時間）homeroom, a homeroom hour[アウァ]

ホームレス（1人）a homeless person[ホウムリス パースン],（全体）the homeless, homeless people[ピープル]

ポーランド Poland[ポウランド]

- ポーランド（語, 人）の Polish[ポウリッシュ]
- ポーランド人 a Pole

ボーリング → ボウリング

ホール（大広間, 会館）a hall[ホール]

ボール¹

（球）a ball[ボール]；〖野球〗a ball（⇔ストライク a strike）

- ボールを打った[投げた]. I hit [threw] a *ball*.

- 外野手はボールを取った[取り損ねた]. The outfielder caught [missed] the *ball*.
- カウントはツーボール, ワンストライクだ. The count is two *balls* and one strike.
- ボールコントロール ball control

ボール²（容器）a bowl[ボウル]

- サラダボール a salad *bowl*

ポール a pole[ポウル]

ボールがみ【ボール紙】cardboard[カードボード]

ホールディング〖スポーツ〗holding[ホウルディング]

ボールペン a ballpoint（pen）[ボールポイント（ペン）]

ほおん【保温】

- 高い保温性 high *heat retention*
- スープを夕方まで保温しておいた. I *kept* the soup *warm* until evening.

ほか

（単数の人・物）another[アナザァ],（the）other[アザァ]；（複数の人・物）（the）others（►other, othersの前にtheがつくとほかのもの全部をさす）

- ほかの人はどこ? Where are *the others*?
- ほかの another, other, else[エルス]（►some-, any-, no-がつく語, および疑問詞の後で用いる）
- ほかの国（1か国）*another* country /（2か国以上）*other* countries
- エミはほかの人と話している. Emi is talking with *another* person.
- ほかの物を見せてもらえますか. Show me *another* one, please?
- テーマパークではそのほかのいろいろな乗り物にも乗った. We rode many *other* rides in the theme park.
- ほかに質問はありませんか. Do you have any *other* questions?
- だれかほかの人にたずねてみます. I'll ask somebody *else*.
- …のほかに（…を除いて）except …[イクセプト]；（…に加えて）besides …[ビサイツ]
- ケンのほかはみんな宿題をやってきた. Everyone did their homework *except* Ken.
- ピアノのほかにダンスを習っている. *Besides* the piano, I also take lessons in dance.

ぽかぽか（暖かい）warm[ウォーム]

- きょうはぽかぽか陽気だ. It's nice and *warm* today.（► nice and …は気持ちのよさを強調する言い方）

ほがらか【朗らかな】cheerful[チアフル] → あかるい ❷

→朗らかに cheerfully
ほかん【保管する】**keep**[キープ]→あずかる
ぽかん【ぽかんとする】
- 彼は口をぽかんと開けて立っていた. He stood with his mouth gaping wide open.

ぼき【簿記】**bookkeeping**[ブックキーピング]
ボキャブラリー a vocabulary[ヴォウキャビュレリィ]
ほきゅう【補給する】**supply**[サプライ];（燃料を）**refuel**[リーフューアル]
- 父は車に燃料を補給した.
 My father *refueled* his car.
- 暑い日は水分を補給してください.
 Drink enough water on hot days.

ぼきん【募金する】**collect contributions**[カレクト カントゥラビューションズ], **raise funds**（**for** ...）[レイズ ファンヅ]
- 私たちは街頭で募金した. We *collected contributions* on the street.
- 赤い羽根共同募金 a red feather campaign
┃募金活動 a fund-raising campaign
┃募金箱 a collection box

ぼく I[アイ]（複 **we**[ウィー]）→わたし
ほくい【北緯】**the north latitude**[ノース ラタトゥード]
ボクサー a boxer[バクサァ]
ぼくし【牧師】**a minister**[ミニスタァ];（聖職者）**a clergyman**[クラーディマン]（複 **clergymen**）
ぼくじょう【牧場】**a stock farm**[スタック ファーム];（大規模の）⊛**a ranch**[ランチ];（放牧地）**a pasture**[パスチャァ]
ボクシング boxing[バクスィング]
- ボクシングの試合 a *boxing* match
 →ボクシングをする box（with ..., against ...）
┃ボクシングジム a boxing gym

ほぐす（緊張を）**ease the tension**[イーズ][テンション];（もつれを）**disentangle**[ディセンタングル]
- 彼のジョークが場の雰囲気（ふんいき）をほぐした.
 His joke *eased the tension* in the room.
- お風呂は筋肉をほぐすのによい.
 A hot bath is good for *relaxing* muscles.

ほくせい【北西】**the northwest**[ノースウェスト]（▶ NW と略す.「西北」の訳語も同じ）
 →北西の **northwest, northwestern**
 →北西に **northwest, to**［**in**］**the northwest**

ぼくそう【牧草】**grass**[グラス]
┃牧草地（草地）a meadow;（放牧地）a pasture
ぼくちく【牧畜】**stock farming**[スタック ファーミング]
ほくとう【北東】**the northeast**[ノースイースト]（▶ NE と略す.「東北」の訳語も同じ）
 →北東の **northeast, northeastern**
 →北東に **northeast, to**［**in**］**the northeast**
ぼくとう【木刀】**a wooden sword**[ウドゥン ソード]

ほくとしちせい【北斗七星】**the Big Dipper**[ビッグ ディッパァ]

ほくぶ【北部】**the northern part**[ノーザァン パート], **the north**[ノース]
 →北部の **northern**
ほくべい【北米】**North America**[ノース アメリカ]
 →北米の **North American**
┃北米大陸 the North American Continent
ほくろ a mole[モウル]
- 彼女はあごにほくろがある.
 She has a *mole* on her chin.
ほげい【捕鯨】**whaling**[(ホ)ウェイリング]
┃捕鯨船 a whaling ship

ほけつ【補欠】
（代わりの人）**a substitute**[サブスティトゥート], **an alternate**[オールタナット]
- 姉は補欠で大学に入学できた. My sister was able to enter the university as an *alternate*（on the waiting list）.
- その高校は補欠を募集しているよ.
 That high school is recruiting students to fill vacant spots.
┃補欠選手 a reserve（player）, a substitute（player）, a bench warmer

ポケット
a pocket[パキット]
- 胸［わき］のポケット a breast［side］*pocket*
- ポケットに穴が開いていた.
 There was a hole in the *pocket*.
- ヒロは両手をポケットに突（つ）っこんで歩いていた. Hiro was walking with his hands in his *pockets*.
- エミはポケットからかぎを取り出した.
 Emi took the key out of her *pocket*.
┃ポケットティッシュ pocket tissues

ぼける（ピントが）**be out of focus**[フォウカス];（年を取って）**get**［**become**］**senile**[スィーナイル]
- その写真はちょっとぼけている.
 The photo *is* slightly *out of focus*.
- このごろおじいちゃんはぼけてきた.

ほけん¹

Grandpa is *getting senile* these days.

ほけん¹【保健】**health**[ヘルス]
| 保健委員 a student health officer
| 保健師 a health nurse;（学校の）a school nurse
| 保健室 a nurse's room
| 保健所 a (public) health center
| 保健体育 health and physical education
| 保健福祉センター a health and welfare center

ほけん²【保険】**insurance**[インシュ(ァ)ランス]
・旅行保険に入った．I got travel *insurance*.
・健康［生命］保険 health [life] *insurance*
━保険をかける **insure**
| 保険会社 an insurance company
| 保険金 insurance money

ほご【保護】**protection**[プラテクション]
━保護する **protect**
・このクリームは紫外(がい)線から肌(はだ)を保護する．This cream *protects* your skin *from* ultraviolet [UV] rays.
| 保護区域（a）sanctuary
| 保護者 a guardian;（親）a parent
| 保護者会 a parents' meeting, a PTA meeting
| 保護色 protective coloring

ぼご【母語】**a native language**[ネイティヴ ラングウィッヂ], **a mother tongue**[マザァ タング]
・私の母語は日本語です．
My *native language* is Japanese.

ぼこう【母校】**one's (old) school**[(オウルド) スクール]
・母校でクラス会があった．We had a class reunion at *our* (*old*) *school*.

ほこうしゃ【歩行者】**a pedestrian**[パデストゥリアン], **a walker**[ウォーカァ]
| 歩行者天国 a vehicle-free promenade

ぼこく【母国】**one's home (country)**[ホウム (カントゥリィ)], **one's native country**[ネイティヴ]
・彼の母国はアメリカです．
His home country is America.
|| 母国語→ぼご

ほこり¹ dust[ダスト]
・机はほこりをかぶっていた．
The desks were covered with *dust*.
━ほこりっぽい **dusty**
━ほこりを払(はら)う **dust (off, down)**
・私はキーボードのほこりを払った．
I *dusted off* the keyboard.

ほこり²【誇り】**pride**[プライド];（自尊心）**self-respect**[セルフリスペクト]
・彼は私たちの学校の誇りだ．
He is the *pride* of our school.

・その武士は誇りが高かった．
The samurai was *proud*.
━誇りに思う［を持つ］**be proud (of ...)**[プラウド], **take pride in ...**
・君を誇りに思うよ．I'm *proud of* you.
・母は自分の仕事に誇りを持っている．
My mother *is proud of* her work. / My mother *takes pride in* her work.

ほころび a rip[リップ], **a tear**[テア]
・シャツのほころびを繕(つくろ)った．
I mended the *tear* in my shirt.
━ほころびる **be torn**（▶tornはtear（引き裂(さ)く）の過去分詞）；（つぼみが開く）**open**
・桜のつぼみがほころんでいる．
The cherry blossom buds are *opening*.

ぼさぼさ【ぼさぼさの】（髪(かみ)が）**messy**[メスィ], **uncombed**[アンコウムド]
・寝(ね)起きで髪がぼさぼさだ．My hair is *messy* in the morning. / I have bed hair.

ほし【星】

a star[スタァ]
・今夜は星がたくさん出ている．
There are a lot of *stars* tonight.
・空には星がきらめいている．
Stars are twinkling in the sky.
・流れ星 a shooting *star*
| 星占(うらな)い（個々の）a horoscope;（占星(せん)術）astrology：星占いによると今月は恋愛運がいいようだ．My *horoscope* says that I'm lucky with love this month.
| 星印（＊印）an asterisk
| 星空 a starry [starlit] sky

ほしい

want[ワント], **would like**[ウッド ライク]（▶would likeはていねいで控(ひか)え目）
・新しい自転車がほしい．I *want* a new bicycle. / I *would like* a new bicycle.
・何か温かい飲み物がほしいなあ．I *want* something hot to drink.（▶something＋〈形容詞〉＋to＋〈動詞の原形〉の語順になる）
・誕生日には何がほしいの？
What do you *want* for your birthday?
・これは私がずっとほしかった物だ．
This is what I have always *wanted*.

…ほしい【…(して)ほしい】**want**[ワント], **would like**[ライク]（▶would likeのほうがていねい）
〈人〉に…してほしい
want [would like]＋〈人〉＋to＋〈動詞の原形〉
・すぐに君にここへ来てほしい．

I *want* you *to* come here at once.
- 海に連れて行ってほしいんです. I *would like* you *to* take me to the beach.

ポシェット a pochette[ポシェット]
ぼしかてい【母子家庭】**a single-parent household**[スィングルペアラント ハウスホウルド]
ほしがる【欲しがる】**want**[ワント]➡ほしい
ほしくさ【干し草】**hay**[ヘイ]
ポジション(位置) **a position**[パズィション]
- 彼はピッチャーからショートにポジションを変えた. He changed *positions* from pitcher to shortstop.
- タクはレギュラーのポジションをとった. Taku became a regular *player*.

ほしぶどう【干しぶどう】**a raisin**[レイズン]
ほしゅ【捕手】【野球】**a catcher**[キャッチァ]
ほしゅう[1]【補習】**a supplementary lesson**[サプラメンタリィ レッスン]
- 夏休みに2週間の補習がある. We have *supplementary lessons* for two weeks during the summer vacation.

ほしゅう[2]【補修(する)】**repair**[リペァ]
ほじゅう【補充】**a supplement**[サプラマント]
- **補充する** supplement; (満たす) fill (up)

ぼしゅう【募集する】(社員・会員などを)**recruit**[リクルート]; (寄付などを)**raise**[レイズ], **collect**[カレクト]
- 美術部の部員を募集しています. We are *recruiting* members for the art club.
- うちの学校は1月に入学志望者の募集をする. Our school will *accept applications* for admission in January.
- ボランティア募集 《掲示》VOLUNTEER *WANTED*

| 募集広告 an advertisement, 《話》a want ad

ほしゅてき【保守的な】**conservative**[カンサーヴァティヴ]
ほじょ【補助】**help, assistance**[アスィスタンス]
- **補助する** help, assist, support[サポート]
| 補助いす a spare chair; (バスなどの)a jump [folding] seat; (劇場の)an extra seat

ほしょう[1]【保証】**a guarantee**[ギャランティー](★アクセント位置に注意); (確信)(an) **assurance**[アシュ(ァ)ランス]
- **保証つきの** guaranteed
- このコンピュータは3年間の保証つきだ. This computer is *guaranteed* for three years. / This computer has [comes with] a three-year *guarantee*.
| 保証書 a guarantee
| 保証人 a guarantor

ほしょう[2]【保障】**security**[スィキュ(ァ)ラティ]
- 社会保障(制度) social *security* (system)
- **保障する** secure

ほしょう[3]【補償】**compensation**[カンパンセイション]
- **補償する** compensate (for ...)[カンパンセイト]

ほす【干す】(乾(か)かす)**dry**[ドゥライ]; (虫干しする)**air**[エア]
- 彼はぬれた靴(く)をひなたに干した. He *dried* his wet shoes in the sun.
- 私は洗濯(せん)物を外に干した. I hung the washing out to *dry*. (▶hang ... outは「(洗濯物などを)外につるす」の意)
- 晴れた日には掛(か)け布団(ふ)を干す. I *air* the comforters on a sunny day.

ボス a boss[ボス], a head[ヘッド]
ポスター a poster[ポウスタァ]
- 私たちはポスターを壁(か)にはった. We put up a *poster* on the wall.
| ポスターカラー a poster color

ポスト Ⓐa **mailbox**[メイルバックス], Ⓑa **postbox**[ポウストゥバックス]

米国のポスト　　英国のポスト

- **ポストに入れる** 《主にⒶ》mail, 《主にⒷ》post
- 彼女はその手紙をポストに入れた. She *mailed* the letter. / She *dropped* the letter *into the mailbox*.

ホストファミリー a host family[ホウスト ファマリィ](▶家族1人1人はホストファーザー a host father, ホストマザー a host mother, ホストペアレント a host parentなどと言う)
ボストンバッグ a travel bag[トゥラヴァル バッグ]
ホスピス a hospice[ハスピス]
ぼせい【母性】**motherhood**[マザァフッド], **maternity**[マターニティ]

ほそい【細い】

❶物や人が　thin; (ほっそりした)slender, slim; (やせこけた)《話》skinny; (狭(せ)い)narrow
❷声が　weak, thin, small

❶[物や人が] thin[スィン](⇔太い thick); (ほっそりした)slender[スレンダァ], slim[スリム]; (やせこ

ほそう

けた）《話》**skinny**[スキニィ]；（狭い）**narrow**[ナロゥ]
- 細い糸 a thin [*fine*] thread
- 細くて長い指 long *slender* fingers
- 細い道 a *narrow* road

thin

slender

narrow

━細くする **make ... thin** [**slender**]**, slim**
- ウェストを細くしたい．
 I want to *slim* my waist.

❷【声が】**weak**[ウィーク], **thin, small**[スモール]（⇔太い **deep**）
- 彼女は声が細い．She has a *weak* voice.

ほそう【舗装する】**pave**[ペイヴ]
- 舗装してない道 an un*paved* road
||舗装道路 a paved road, a pavement

ほそく【補足する】**add**[アッド]；（補う）**supplement**[サプラマント]

ほそながい【細長い】**long and narrow**[ローング][ナロゥ]；（ほっそりした）**long and thin**[スィン]

ほそみ【細身の】**slim-fit**[スリムフィット], **slim-cut**[スリムカット]
- 細身のジーンズ *slim-fit* jeans
- ヒロキは細身のジャケットを着ていた．
 Hiroki wore a *slim-cut* jacket.

ほぞん【保存】**preservation**[プレザヴェイション]
━保存する **preserve**[プリザーヴ], **keep**；《コンピュータ》**save**
- この食品は冷凍(ホミダ)庫で1か月保存できる．
 This food can be *kept* in a freezer for a month.
- データを保存した？ Did you *save* the data?
||保存食 preserved food
||保存料 preservatives

ポタージュ（a）**potage**[ポウタージ]（▶フランス語から）, **thick soup**[スィックスープ]

ほたて(**がい**)【帆立(貝)】**a scallop**[スカラップ]

ほたる【蛍】【虫】**a firefly**[ファイアフライ]

ぼたん【植物】**a peony**[ピーアニィ]
- ぼたん雪 large flakes of snow

ボタン

a button[バトゥン]
- エレベーターのボタンを押した．
 I pushed the elevator *button*.
- ブラウスのボタンが取れかかってるよ．The *button* on your blouse is coming off.
━ボタンを掛(か)ける **button**（**up**）
- シャツのボタンを掛けた．
 I *buttoned*（*up*）my shirt.

━ボタンを外す **unbutton**
- シャツのボタンを外した．
 I *unbuttoned* my shirt.
||ボタン穴 a buttonhole

ぼち【墓地】**a graveyard**[グレイヴヤード]；（特に教会所属地外の）**a cemetery**[セマテリィ]

ホチキス a stapler[ステイプラァ]
- ホチキスの針 a staple
━ホチキスで留める staple

ほちょう【歩調】（a）**pace**[ペイス], （a）**step**[ステップ]

ほちょうき【補聴器】**a hearing aid**[ヒ(ア)リング エイド]

ほっかいどう【北海道(地方)】 **Hokkaido, the Hokkaido area**[**district**][エ(ア)リア [ディストリクト]]

ほっきょく【北極】**the North Pole**[ノース ポウル]（⇔南極 the South Pole）→**ちきゅう**図
━北極の **Arctic**[アークティック]（⇔南極の Antarctic）
||北極海 the Arctic Ocean
||北極ぐま a polar bear
||北極圏 The Arctic Circle
||北極星 the polestar, the North Star
||北極点 the North Pole

ホック a hook[フック]
━ホックを掛(か)ける **hook**（**up**）
━ホックを外す **unhook**

ボックス（仕切り席）**a box**（**seat**）[バックス (スィート)]；（電話の）**a booth**[ブース]
- バッターボックス the batter's *box*

ホッケー《スポーツ》**hockey**[ハッキィ], ⓂⓔⒾⒸⓐⓝ**field hockey**[フィールド]

ほっさ【発作】**a fit**[フィット]；（激しい）**an attack**[アタック]
- 父が心臓発作を起こした．
 My father had a heart *attack*.

ぼっしゅう【没収する】**confiscate**[カンファスケイト], **take away**[テイク]
- 母に漫画(ボミダ)を没収された．My mother *took* the comics *away* from me.

ほっそり【ほっそりした】→**ほそい**❶

ホッチキス→ホチキス

ほっと【ほっとする】（安心する）**be**[**feel**] **relieved**[**easy**][フィール リリーヴド [イーズィ]]；（ため息をつく）**give a sigh**[サイ]
- 試験が終わってほっとした．
 I *was relieved* to finish the exam.

ホット hot[ハット]
- ホットコーヒー *hot* coffee
- ホットミルク *hot* [*warm*] milk
- ホットな話題 a *hot* topic

ほどく

ポット（魔法瓶(まほうびん)）**a thermos**（**bottle**）[サーモス (バトゥル)]；(紅茶の)**a teapot**[ティーパット]；(コーヒーの)**a coffeepot**[コーフィパット]

ぼっとう【没頭している】**be absorbed**（**in ...**）[アブソーブド]
- 彼はテニスに没頭している.
  He *is absorbed in* playing tennis.

ホットケーキ a pancake[パンケイク] → パンケーキ

ホットドッグ a hot dog[ハット ドーグ]
ポップコーン popcorn[パップコーン]
ポップス【音楽】**pop**（**music**）[パップ (ミューズィック)]
| **ポップス歌手 a pop singer**

ほつれる（衣服などが）**become**［**get**］**frayed**[フレイド]；(髪(かみ)などが)**come loose**[ルース]
- アップにした髪(かみ)がほつれてきた.
  My bun is *coming loose*.

ボディー a body[バディ]
| **ボディーガード a bodyguard**
| **ボディーシャンプー body shampoo**
| **ボディーチェック**（空港などでの）**a security check**（▶「ボディーチェック」は和製英語）
| **ボディービル body-building**
| **ボディーボード bodyboarding**
| **ボディーランゲージ body language**

ポテト a potato[パテイトウ]
| **フライドポテト** ⓐ **French fries** / ⓑ **chips**
| **ポテトサラダ potato salad**
| **ポテトチップ(ス)** ⓐ **potato chips,** ⓑ（**potato**）**crisps**

ほてる【火照る】**feel hot**[フィール ハット]；(顔が)**flush**[フラッシュ]**, burn**[バーン]
- 恥(は)ずかしくて顔がほてった.
  My face *flushed* with shame.

ホテル a hotel[ホウテル]
- 私たちは湖のそばのホテルに泊(と)まった.
  We stayed at a *hotel* by the lake.
- 父がホテルを予約した.
  My father booked a *hotel*.
- ホテルにチェックインした.
  We checked in at the *hotel*.
- ホテルをチェックアウトした.

We checked out of the *hotel*.
| **ホテルマン a hotel clerk**

…ほど

❶ およそ　　**about ...**；
　　　　　　(…かそのくらい)**... or so**
❷ そんなに　**such, that**
❸ …ほど〜ではない
　　　　　　not as［**so**］〜 **as ...**
❹ …すればするほど
　　　　　　the＋〈比較(ひかく)級〉**, the**＋〈比較級〉

❶〔およそ〕**about ...**[アバウト]；(…かそのくらい)**... or so**
- 教室には生徒が10人ほどいた. There were *about* ten students in the classroom.
- 1時間ほどで戻(もど)ります.
  I'll be back in an hour *or so*.

❷〔そんなに〕**such**[サッチ]**, that**[ザット]
- これほどおもしろい映画だとは思わなかった.
  I didn't expect that it would be *such* an interesting movie.
- それほど悪くないよ. It's not *that* bad.
- 立っていられないほどの地震(じしん)だった.
  The earthquake was so strong *that* I couldn't stay standing.

❸〔…ほど〜ではない〕**not as**［**so**］〜 **as ...**
- 彼はお兄さんほど背が高くない.
  He is *not as* tall *as* his brother.
- 私はタオほど速く走れない.
  I can't run *as* fast *as* Tao.
- 健康ほど大切なものはない.
  Nothing is *as* precious *as* your health.

❹〔…すればするほど〕**the**＋〈比較級〉**, the**＋〈比較級〉
- 早ければ早いほどいい.
  The sooner, the better.
- 彼女を知れば知るほど好きになる. *The more* I get to know her, *the more* I like her.

ほどう¹【歩道】ⓐ **a sidewalk**[サイドウォーク], ⓑ **a pavement**[ペイヴマント]
- 横断歩道
  a *pedestrian* crossing / ⓐ a crosswalk
| **歩道橋 a pedestrian overpass**

ほどう²【補導する】**guide**[ガイド]**, take ... into protective custody**[プラテクティヴ カスタディ]
- 少年たちは万引で警官に補導された.
  The boys were *taken into custody* by the police for shoplifting.

ほどく undo[アンドゥー]**, untie**[アンタイ]（⇔ 結ぶ tie）
- 彼は靴(くつ)のひもをほどいた.

six hundred and nineteen　　619

ほとけ

He *untied* his shoestrings.
- 結び目をほどいてくれませんか.
  Would you *undo* the knot?

ほとけ【仏】(仏陀(ﾌﾞ)) **a Buddha**[ブーダ]
ほどける come [**get**] **undone**[アンダン], **come loose**[ルース]
ほととぎす〖鳥〗**a lesser cuckoo**[レッサァ クークー]
ほとりに on …[アン], **by** …[バィ], **near** …[ニァ]
- その建物は川のほとりにある.
  The building is *by* the river.

ボトル a bottle[バトゥル]

ほとんど

❶ほぼ	almost, nearly
❷ほとんど…ない	hardly; (量・程度が) little; (数が) few

❶[ほぼ] **almost**[オールモウスト], **nearly**[ニアリィ]
- 新しい体育館はほとんど完成している. The new gym is *almost* [*nearly*] finished.
- ほとんど毎日 *almost* every day
━ほとんどの **most, almost all**
- ほとんどの生徒は上手に英語を話したがっている. *Most* (of the) students want to speak English well.
- ほとんどの子どもはおもちゃ遊びが好きだ. *Almost all* children like to play with toys.

❷[ほとんど…ない] **hardly**[ハードゥリィ]; (量・程度が) **little**[リトゥル]; (数が) **few**[フュー]
- ほとんど自分の目が信じられなかった.
  I could *hardly* believe my eyes.
- ヒロが宿題を忘(ﾜｽ)れることはほとんどない.
  Hiro *hardly* ever forgets to do his homework.
- びんに牛乳がほとんど残っていない.
  There is *little* milk left in the bottle.

ポニーテール a ponytail[ポウニィテイル]
- リナは髪(ﾐﾄﾞ)をポニーテールにしている.
  Rina wears her hair in a *ponytail*.

ぼにゅう【母乳】**mother's milk**[マザァズ ミルク]
━母乳で育てる **breastfeed**
ほにゅうびん【ほ乳瓶】**a baby bottle**[ベイビィ バトゥル]
ほにゅうるい【ほ乳類】**mammals**[ママルズ], (1個体) **a mammal**

ほね【骨】

❶動物の	(a) bone
❷苦労	pains

❶[動物の] (a) **bone**[ボウン]
- 魚の骨がのどに引っ掛(ｶ)かった.

A fish *bone* got stuck in my throat.
- スキー中に足の骨を折ってしまった.
  I *broke* my leg while skiing.
❷[苦労] **pains**[ペインズ]
━骨を折る **take pains, make efforts**
- この本を読むのは骨が折れる. It is *hard work* for me to read this book.

━━━━━━━━━━━━━━ 慣用表現

骨折り損のくたびれもうけ: 私たちの努力は骨折り損のくたびれもうけだった. All our efforts were in vain. (←すべての努力が無駄(ﾀﾞ)になった)

ほのお【炎】**a flame**[フレイム]
- ろうそくの炎 the *flame* of a candle
- その家は炎に包まれていた.
  The house was in *flames*.
ほのぼの【ほのぼのとした】**heartwarming**[ハートウォーミング]
- ほのぼのとした話 a *heartwarming* story
ほのめかす suggest[サグチェスト]
- 先生は問題の解き方をほのめかした.
  The teacher *suggested* a way to solve the problem.
ポピュラー【ポピュラーな】**popular**[パピュラァ]
┃ポピュラー音楽 **pop**(**ular**) **music**
┃ポピュラーソング **a popular song**
ボブ(髪型(ﾊ))**bob**[バブ]
ボブスレー〖スポーツ〗(そり) **a bobsled**[バブスレッド]; (競技) **bobsledding**[バブスレッディング]
ポプラ〖植物〗**a poplar**[パプラァ]
ポプリ potpourri[ポウプリー]
ほぼ→ほお
ほぼ… about …[アバウト], **around** …[アラウンド]
→だいたい, ほとんど❶
ほほえましい(心温まる)**heartwarming**[ハートウォーミング]; (楽しい)**pleasant**[プレザント]
- ほほえましい光景 a *heartwarming* scene
ほほえみ a smile[スマイル]
- 彼はほほえみを浮(ｳ)かべながら答えた.
  He answered with a *smile*.
ほほえむ smile(**at** …)[スマイル]
- 赤ちゃんは私にほほえんだ.
  The baby *smiled at* me.
ポメラニアン(犬)**a Pomeranian**[パマレイニアン]

ほめる【褒める】

praise[プレイズ], **speak well of** …[スピーク ウェル]; (賞賛する)**admire**[アドゥマイア]

〈事〉のことで〈人・物・事〉をほめる
┃**praise**＋〈人・物・事〉＋**for**＋〈事〉
- 母は私の頑張(ｶﾞﾝ)りをほめてくれた.

ホワイト

My mother *praised* me *for* my hard work.
- 彼はめったに人をほめない.
He seldom *speaks well of* people.
- ナオはほめられてうれしかった.
Nao was happy to be *praised*.

ぼや a small fire[スモール ファイア]

ぼやく complain（about …）[カンプレイン]
- ミキはいつも宿題のことをぼやいている.
Miki always *complains about* her homework.

ぼやける blur[ブラー]
- この写真はぼやけている.
This picture is *blurry*.

ぼやぼや【ぼやぼやする】be careless[ケア リス], be slow[スロウ]➡ ぼんやり

ほら¹（呼びかけ）Hey![ヘィ], Look![ルック], Listen![リスン]
- ほら［ほら見て］, いるかだよ!
Hey［*Look*］! There goes a dolphin!
- ほら（聞いて）, これ私の大好きな曲.
Listen. This is my favorite music.

ほら²（大げさな話）a big talk[ビッグ トーク]
　➡ ほらを吹(ふ)く talk big
　┃ ほら吹き（人）a big talker

ホラーえいが【ホラー映画】a horror movie[ホーラァ ムーヴィ]

ほらあな【洞穴】a cave[ケイヴ]

ボランティア（人）a volunteer[ヴァランティア]
　┃ ボランティア活動（a）volunteer activity, volunteer work: 私はボランティア活動をしている. I do *volunteer work*. / I work as a *volunteer*.
　┃ ボランティア部 a volunteer club

ほり【堀】a moat[モウト]

ポリエステル polyester[パリエスタァ]

ポリシー a policy[パラスィ]
- 私のポリシーは自分に正直であることだ.
My *policy* is to always be honest with myself.

ほりだしもの【掘り出し物】a find[ファインド];（安い買い物）a bargain[バーゲン]

ほりだす【掘り出す】dig out[ディッグ アウト], dig up[アップ]➡ ほる¹

ポリぶくろ【ポリ袋】a plastic bag[プラスティック バッグ]

ボリューム volume[ヴァリューム]
- テレビのボリュームを上げて［下げて］.
Turn up［down］the *volume* of the TV.
- ボリュームのある食事 a large meal

ほりょ【捕虜】a prisoner（of war）[プリザナァ][(ウォァ)]

ほる¹【掘る】dig[ディッグ]
- 地面に深い穴を掘りなさい.
Dig a deep hole in the ground.
- 私たちはじゃがいもを掘った.
We *dug*（up）potatoes.

ほる²【彫る】carve[カーヴ]
- 私は木に名前を彫った.
I *carved* my name into a tree.

ボルダリング bouldering[ボウルダァリング]

ボルト¹（ねじ）a bolt[ボウルト]
- ボルトを締(し)めた. I fastened a *bolt*.

ボルト² a volt[ヴォウルト]（▶電圧の単位. V, vと略す）

ポルトガル Portugal[ポーチュガル]
　━ポルトガル（語, 人）の Portuguese[ポーチュギーズ]
　┃ ポルトガル語 Portuguese
　┃ ポルトガル人 a Portuguese

ポルノ pornography[ポーナグラフィ],《話》porno[ポーノゥ], porn[ポーン]

ホルモン（a）hormone[ホーモウン]
　┃ ホルモン焼き grilled animal entrails

ホルン【楽器】a horn[ホーン]

ほれい【保冷する】keep cool[キープ クール]
　┃ 保冷剤 an ice pack
　┃ 保冷箱 a cooler

ボレー【スポーツ】a volley[ヴァリィ]
　➡ ボレーをする volley

ほれる fall in love（with …）[フォール][ラヴ], fall for …
- あのアイドルにほれてしまった. I *fell for* that idol. / I *have a crush on* that idol.

ぼろ（ぼろ布）《話》（a）rag[ラッグ];（ぼろ服）rags
　┃ ぼろ靴(くつ) worn-out shoes

ポロ【スポーツ】polo[ポウロゥ]

ぼろい➡ ぼろもうけ

ポロシャツ a polo shirt[ポウロゥ シャート]

ほろにがい【ほろ苦い】bittersweet[ビタァスウィート]

ほろびる【滅びる】fall[フォール], perish[ペリッシュ], die out[ダイ アウト]
- その国はもう滅びてしまった.
The country has already *perished*.

ほろぼす【滅ぼす】destroy[ディストゥロィ]
- 彼らは敵を滅ぼした.
They *destroyed* the enemy.

ぼろぼろ【ぼろぼろの】ragged[ラッグド];（すり切れた）worn-out[ウォーンアウト]
- ぼろぼろの運動靴(くつ)
worn-out sports shoes

ホワイト white[(ホ)ワイト]
　┃ ホワイトソース white sauce

あ
か
さ
た
な
ほ
ま
や
ら
わ

six hundred and twenty-one　621

ほん

ホワイトハウス the White House
ホワイトボード a whiteboard

ほん【本】

a book[ブック]
- 歴史に関する本 a *book* on history
- 英語で書かれた本 a *book* in English
- 太宰(だざい)治の本
  a *book* by Dazai Osamu
- おもしろい本を読んだ．
  I read an interesting *book*.
- 兄は本を読むのが好きだ．
  My brother likes reading *books*.
- 1か月に何冊本を読みますか．
  How many *books* do you read a month?
- その本の作者はだれですか．
  Who is the writer of that *book*?

本棚(だな) a bookshelf
本箱 a bookcase
本屋, 書店 ⊛a bookstore, ⊛a bookshop
本屋さん(人), 書店員 a bookseller

表現メモ

本のいろいろ
絵本 a picture book
攻略本(ゲームの) a strategy guide（book）
子どもの本 a children's book
辞書 a dictionary / 小説 a novel
図鑑(ずかん) an illustrated reference book
年鑑(かん) an almanac
百科事典 an encyclopedia
漫画(まんが) a comic（book）
ハードカバー a hardcover
文庫本 a paperback, a pocket book
ペーパーバック a paperback

ぼん【盆】

| ❶ 平たい器 | a tray |
| ❷ 仏教の行事 | Bon; the Bon festival |

❶[平たい器]**a tray**[トゥレイ]
❷[仏教の行事]**Bon; the Bon festival**[フェスタヴァル]➡年中行事【口絵】
- 盆は先祖の魂(たましい)を慰(なぐさ)めるために7月または は8月に行われる仏教の祭りです．*Bon* is a Buddhist festival held in July or August to console the spirits of the ancestors.

盆踊(おど)り the Bon festival（folk）dance
盆休み the Bon holidays

ほんかくてき【本格的な】(本物の)**genuine**[チェニュイン]; (本気の)**serious**[スィ(ア)リアス]
- 本格的な練習が始まった．
  The *serious* training has started.

ほんき【本気の】**serious**[スィ(ア)リアス]
- 「来年イギリスに行くよ」「本気なの？」
  "I'm going to Great Britain next year." "Are you *serious*?"
→**本気で[に]** seriously, in earnest[アーニスト]
- 本気で勉強した．
  I studied *seriously* [for real].
- 彼女の言ったことを本気にするなよ．
  Don't take her words *seriously*.
- それ, 本気で言ってるんじゃないんでしょう？
  You don't really *mean it*, do you?

ほんごく【本国】a home country[ホウム]
ホンコン【香港】Hong Kong[ハンカング]
ぼんさい【盆栽】a bonsai[バンサイ], a miniature tree[ミニャチャア トゥリー]
ほんしつ【本質】essence[エスンス]
→**本質的な** essential[イセンシャル]
→**本質的に** essentially
ほんじつ【本日】today[トゥデイ]
- 本日休業《掲示》CLOSED *TODAY*

ほんしゃ【本社】the head [main] office[ヘッド [メイン] オーフィス]（⇔支社 a branch（office））
ほんしゅう【本州】Honshu, the Main Island of Japan[メイン アイランド][ヂャパン]
ほんしん【本心】(意図)real intention[リー(ア)ル インテンション]; (気持ち)true feelings[トゥルー フィーリングズ]
- ミキは私に本心を打ち明けた．
  Miki told me her *real intention*(s).
- 彼の本心がわからない．
  I don't know his *true feelings*.

ほんせき【本籍】a permanent [legal] address[パーマナント [リーガル] アドゥレス]
ほんたい【本体】the（main）body[(メイン) バディ]; (ゲームの)the main system[スィステム], the system itself[イットセルフ]
ぼんち【盆地】a basin[ベイスン]
- 甲府(こうふ)盆地 the Kofu *Basin*
ほんてん【本店】the head [main] store[ヘッド [メイン] ストア]→ほんしゃ
ほんと→ほんとう
ほんど【本土】the mainland[メインランド]
ボンド【商標】→せっちゃくざい
ポンド(重量の単位)a pound[パウンド]（▶1ポンドは約454グラム, 記号はlb.）;（英国などの通貨単位）a pound（▶記号は£）

ほんとう【本当の】

real[リー(ア)ル], true[トゥルー]
- 夢かと思ったら本当だった．
  I thought it was a dream but it was *real*.
- それは本当の話だ．That's a *true* story.

ほんるい

- 彼女が転校するというのは本当だ．
It's *true* that she will transfer to another school.
- 本当のことを話しなさい．Tell me *the truth*.
━本当に **really, truly**
- 本当にありがとう．I *truly* thank you.
- きょうは本当に楽しかった．
We had a *really* good time today.
- 彼の話を本当に信じているの？
Do you *really* believe his story?
- 「その服よく似合うね」「本当に？ ありがとう」
"The dress looks nice on you." "*Really*? Thanks."
━本当は **in fact, really, actually**[アクチュアリィ]；（本当を言えば）**to tell the truth**
- ケンは本当はにんじんがきらいだ．
Ken *actually* doesn't like carrots.
- 本当はミーティングに行きたくなかった．
To tell the truth, I didn't want to go to the meeting.

ほんにん【本人】**the person** *one***self**[パーソン]；**the actual person**[アクチュアル], **the person in question**[クウェスチャン]
- それはマリ本人から直接聞いた話だ．
I heard it directly from Mari *herself*.
- 本人に聞かないとわからない．If you don't ask *the actual person*, you won't know.
- これは本人でなければできない．
This must be done in person.

ほんね【本音】**true feelings**[トゥルー フィーリングズ]
ボンネット（自動車の）⑱ **a hood**[フッド], ⑱ **a bonnet**[バニット] → くるま 図
ほんの only[オウンリィ], **just**[ヂャスト]
- ほんの少しだけ泳げます．I swim *just* a little.
- 姉はほんの2，3分前に家を出た．My sister left the house *only* a few minutes ago.
- 彼はまだほんの子どもだ．
He is *only* [*just*] a child.

ほんのう【本能】(**an**) **instinct**[インスティンクト]
━本能的な **instinctive**[インスティンクティヴ]
━本能的に **instinctively, by instinct**

ほんば【本場】**the home**[ホウム]
- ブリティッシュロックの本場
the home of British rock
- 本場の松阪牛を食べた．
I ate *genuine* [*real*] Matsuzaka beef.

ほんばん【本番】
- ぶっつけ本番で without (any) rehearsal
- 本番で間違（ちが）えてしまった．I messed up during the *actual performance*.
- いよいよ本番だ．This is it!

ほんぶ【本部】**the head office**[ヘッド オーフィス], **a center**[センタァ]

ポンプ a pump[パンプ]
━ポンプでくみ出す **pump**

ほんぶり【本降りになる】**begin to rain hard**[ビギン] [レイン ハード]

ほんぶん【本文】**the text**[テクスト]

ボンベ a cylinder[スィリンダァ]（►「ボンベ」はドイツ語から）
- ガスボンベ a gas *cylinder*

ほんみょう【本名】**a real name**[リー（ァ）ル ネイム]

ほんめい【本命】（優勝候補の）**the favorite**[フェイヴ（ァ）リット]，**a sure bet**[シュア ベット]；（恋愛の）**one's true love**[トゥルー ラヴ]
- これが兄の本命の大学だ．
This college is my brother's *first choice*.

ほんもの【本物の】**genuine**[ヂェニュイン], **real**[リー（ァ）ル]
- これは本物のダイヤモンドですか．
Is this a *real* [*genuine*] diamond?

ほんやく【翻訳】(**a**) **translation**[トゥランスレイション]
- アヤはシェイクスピアの作品を翻訳で読んだ．
Aya read Shakespeare in *translation*.
━翻訳する **translate**
- これを英語に翻訳していただけませんか．
Could you *translate* this *into* English please?
| 翻訳家 **a translator**

ぼんやり【ぼんやりした】（不明りょうな）**vague**[ヴェイグ]；（うわの空の）**absent-minded**[アブサントマインディド]；（不注意な）**careless**[ケアリス]
- 彼女のことはぼんやり覚えている．
I have *vague* memories of her.
- ぼんやりしていて乗り過ごしてしまった．
I was *careless* and rode past my station.
- ぼんやりしていてテストに自分の名前を書き忘れた．I *absent-mindedly* forgot to write my name on the test.
- 姉は一日中ぼんやりしていた．
My sister was *daydreaming* all day.
- ぼんやりするな！ Watch out! / Look out! / Be careful!（◀気をつけろ！）
━ぼんやりと **vaguely; carelessly**

ほんらい【本来の】**original**[アリヂャヌル]
━本来（は）**originally**
- 豆腐（とうふ）は本来中国から来たものだ．
Tofu *originally* came from China.

ほんるい【本塁】【野球】**home** (**plate**)[ホウム（プレイト）] → ホーム²
| 本塁打 **a home run, a homer**

ま マ

ま【間】(時間) **time**[タイム]; (部屋) **a room**[ルーム]
- 彼はあっという間に帰って来た．
 He came back in no *time*.
- 6畳(じょう)間 a six-tatami mat *room*

ま…【真…】(ちょうど) **right**[ライト]→ まうえ, ました

まあ(促(うなが)したり, なだめたりして) **come on**[カモン]; (ためらって) **well**[ウェル]; (驚(おどろ)きを表して) **Oh!**[オゥ], **My!**[マイ]
- まあ落ち着けよ． *Come on.* Calm down.
- まあ, あきらめるしかないかな．
 Well, I suppose I'll have to give it up.
- まあ, すてきな服． *Oh,* what a lovely dress!

マーカー(蛍光(けいこう)ペン) **a marker**[マーカァ], **a highlighter**[ハイライタァ]

マーガリン **margarine**[マーヂャリン]（★発音注意）

マーガレット〖植物〗 **a marguerite**[マーガリート]

マーク(印) **a mark**[マーク], (記号) **a sign**[サイン]
▶ マークする **mark**; 〖スポーツ〗 **mark, cover, give special attention**[スペシャル アテンシャン]
- 彼は相手チームからマークされた．
 He was *marked* by the opposing team.

 マークシート (用紙) **a computer-scored answer sheet**
 マーク試験 **a computer-scored exam, a multiple-choice exam**

マーケット(市場) **a market**[マーキット]

マージャン **mahjong**[マーヂャング]

マーチ(行進曲) **a march**[マーチ]

マーチングバンド **a marching band**[マーチング バンド]

まあね **Well, yes.**[ウェル イェス]
- 「これ自分で作ったの？」「まあね」
 "You (have) made this yourself?" "*Well, yes.*"

まあまあ(まずまず) **not so bad**[バッド], **so-so**[ソウソウ]; (なだめて) **Now, now.**[ナゥ]
- 今回の点数はまあまあだった．

 The score was *so-so* this time.
- 「テストはどうだった？」「まあまあだね」
 "How did your test go?" "*Not so bad.*"
- まあまあ, そうせっかちにならないで．
 Now, now, don't be so impatient.

マーマレード **marmalade**[マーマレイド]

まい…【毎…】

every …[エヴリィ]; (…につき) **a …**[ア]
- 私は毎朝7時に起きる．
 I get up at seven *every* morning.
- 毎日[月, 年] *every* day [month, year]
- 毎晩 *every* evening [night]
- 毎回 *every* time
- 毎週1回 once *a* week

…まい【…枚】

a piece of …[ピース]; (紙・ガラスなどの) **a sheet of …**[シート]; (パン・ハムなどの) **a slice of …**[スライス]
- 2枚の紙 two *pieces* [*sheets*] *of* paper
- 食パン3枚 three *slices of* bread

two pieces [sheets] of paper

three slices of bread

マイクロバス **a microbus**[マイクロウバス] (複 **microbuses**, 〖米〗**microbusses**), **a minibus**[ミニバス] (複 **minibuses**, 〖米〗**minibusses**)

マイク(ロホン) **a microphone**[マイクラフォウン], 《話》**a mike**[マイク]
- 彼女はマイクを使って歌った．
 She sang using a *microphone*.
- マイクが入っていない．
 The *microphone* is not on.

まいこ【舞妓】**an apprentice geisha**[アプレンティス ゲイシャ]

まいご【迷子】**a lost child**[ロースト チャイルド]
- 男の子は駅で迷子になった．
 The boy *got lost* in the station. / The boy *lost* his *way* in the station.

まいしゅう【毎週】**every week**[エヴリィ ウィーク]
- 毎週ピアノのレッスンを受けている．
 I take piano lessons *every week*.

まえ

- その漫画(まん)雑誌は毎週月曜発売だ. The comic magazine comes out *every* Monday.
- **毎週の weekly**

まいそう【埋葬する】**bury**[ベリィ](★つづり・発音注意)

まいたけ a maitake mushroom[マッシュルーム]

まいつき【毎月】**every month**[エヴリィ マンス]
- 彼女は毎月模擬(ぎ)試験を受ける.
  She takes a practice exam *every month*.
- **毎月の monthly**
- 君の毎月の小遣(うか)いはいくらですか.
  How much is your *monthly* allowance?

まいとし【毎年】**every year**[エヴリィ イァ]
- ケンの家族は毎年ハワイへ行く.
  Ken's family goes to Hawaii *every year*.
- **毎年の yearly, annual**[アニュアル]

マイナー【マイナーな】**minor**[マイナァ]
▎**マイナーリーグ a minor league**

マイナス a minus[マイナス](▶記号は-)(⇔プラス a plus)
- 7マイナス2は5.
  Seven *minus* two is〔equals〕five.
- 気温がマイナス10度まで下がった.
  The temperature fell to ten degrees *below zero*.
- **マイナスの minus, negative**[ネガティヴ]
- それにはマイナスのイメージがある.
  It has a *negative* image.
▎**マイナス思考 negative thinking**

マイナンバー Individual Number[インディヴィヂュアル ナンバァ]
- マイナンバーカード
  an *Individual Number* Card

まいにち【毎日】

every day[エヴリィ デイ]
- 毎日2時間は勉強しなければ. I have to study（for）at least two hours *every day*.
- 毎日毎日同じことを言われている. I've been told the same thing *day after day*.
- **毎日の daily, everyday**

まいねん【毎年】➜ まいとし

まいばん【毎晩】**every evening**[エヴリィ イーブニング], **every night**[ナイト]
- 私は毎晩ニュースを見る.
  I watch a news show *every night*.

マイブーム【マイブームだ】**be into ...**(▶「マイブーム」は和製英語)
- 最近のマイブームは絵を描(か)くことだ.
  These days, I'm *into* drawing.

マイペース【マイペースで】**at one's own pace**[オウン ペイス](▶「マイペース」は和製英語);（自分のやり方で）**in one's own way**[ウェイ]

- マイペースで走ればいいんだよ.
  Just run *at your own pace*.
- ケンは何事もマイペースでやる.
  Ken does everything（*in*）*his own way*.

マイホーム one's own home[オウン ホウム](▶「マイホーム」は和製英語)
- 姉はマイホームを買いたがっている.
  My sister wants to buy *her own home*.

まいる【参る】

❶移動する	（来る）**come**;（行く）**go**;（参拝する）**visit**
❷降参する	**give up**

❶[移動する]（来る）**come**[カム];（行く）**go**[ゴゥ];（参拝する）**visit**[ヴィズィット]
- すぐに参ります. I'll *come* at once.
- 私たちの先祖の墓に参った.
  We *visited* our family grave.

❷[降参する]**give up**[ギヴ]
- 参った. 君の勝ちだ. I *give up*. You win.

マイル a mile[マイル](▶長さの単位. 約1.6キロメートル)

マイルド【マイルドな】**mild**[マイルド]
- マイルドな味 *mild* taste

まう【舞う】**dance**[ダンス]➜ おどる

まうえ【真上に】**right**〔*just*〕**above ...**[ライト〔ヂャスト〕アバヴ];（頭上高くに）**directly overhead**[ディレクトゥリィ オウヴァヘッド]
- その建物の真上に *right above* the building

マウス〖コンピュータ〗**a mouse**[マウス](複 mice[マイス], mouses)➜ コンピュータ図
▎**マウスパッド a mousepad**

マウスピース a mouthpiece[マウスピース]

マウンテンバイク a mountain bike[マウンテン バイク]

マウンド〖野球〗**a mound**[マウンド]
- ピッチャーはマウンドを降りた[に上がった].
  The pitcher left〔took〕the *mound*.

まえ【前（に）】

❶場所が	（前部・正面）**the front**;（…の）**in front**（**of ...**）, **before ...**, **ahead**（**of ...**）;（前方へ）**forward**
❷時間が	**before ...**;（現在から…前）**... ago**;（以前に）**before**, **once**;（最後に）**last**

❶[場所が]（前部・正面）**the front**[フラント](⇔後ろの back);（…の）**in front**（**of ...**）, **before ...**[ビフォァ], **ahead**（**of ...**）[アヘッド];（前方へ）**forward**[フォーワァド]

まえあし

- 前から順に in order from *front* to back
- 前から3番目の席だ. My seat is third from *the front*.
- このジャケットはジッパーが前にある. This jacket has a zipper in (*the*) *front*.
- 校門の前に集合した. We got together *in front of* the school gate.
- 私のすぐ目の前でその事故が起こった. That accident happened right *before* my eyes.
- クミが私たちの前を走っているよ. Kumi is running *ahead of* us.
- 前に出ていただけませんか. Could you step *forward*, please?

━前の front
- 彼は車の前の席に座った. He sat in the *front* seat of the car.

❷ [時間が] **before** ...; (現在から…前)... **ago** [アゴゥ]; (以前に) **before, once** [ワンス]; (最後に) **last** [ラスト]
- 私は寝る前に翌日の準備をする. I prepare for the next day *before* I go to bed.
- 体育祭の3日前にけがをした. I got injured three days *before* the sports festival.
- 私は2年前に小学校を卒業した. I finished elementary school two years *ago*.
- 前にここに来たことがある. I have been here *before*.
- 彼は前に生徒会長だったことがある. He was *once* a student council president.
- 前に韓国に行ってから2年が過ぎた. Two years have passed since I *last* visited Korea.

━前の (この前の) **last**; (その前の) **previous** [プリーヴィアス]; (元の) **former** [フォーマァ]
- この前の冬にスキーに行った. We went skiing *last* winter.
- 前の首相 the *former* prime minister

まえあし【前足】(四足獣の) **a forefoot** [フォーフット], **a foreleg** [フォーレッグ]

まえうり【前売り】(**an**) **advance sale** [アドゥヴァンス セイル]
- チケットの前売りはいつからですか. When will they begin selling the tickets *in advance*? / When will they begin *advance* ticket *sales*?
| 前売り券 an advance ticket

まえがみ【前髪】(切りそろえた) **bangs** [バングズ], 英 **fringe** [フリンヂ]
- 前髪を切った. I had my *bangs* cut.

まえば【前歯】**front tooth** [フラント トゥース] (複 **front teeth** [ティース])

まえむき【前向きな】**positive** [パズィティヴ]
- 前向きな姿勢 a *positive* attitude

━前向きに **positively**
- 前向きに考えよう. Let's think *positively*.

まえもって【前もって】**beforehand** [ビフォアハンド], **in advance** [アドゥヴァンス]

まかす【負かす】**beat** [ビート], **defeat** [ディフィート]
- その試合で私は6点差で相手を負かした. I *beat* [*defeated*] my opponent by six points in the match.

まかせる【任せる】**leave** (**to** …) [リーヴ]
- この件はジュンに任せました. I *left* this job *to* Jun.
- 成り行きに任せることにしよう. *Let* things take their own course.

まがりかど【曲がり角】**a corner** [コーナァ]
- 次の曲がり角を右に曲がってください. Turn right at the next *corner*.

まがる【曲がる】

(物などが) **bend** [ベンド]; (曲線状に) **curve** [カーヴ]; (方向が変わる) **turn** [ターン]
- この道路はそこで急に曲がっている. This road *bends* [*curves*] sharply from there.
- この線は曲がっている. This line is *curved*.
- 学校のところを左に曲がってください. Please *turn* (to the) left at the school.
- 背中が曲がっているよ. Your back is *stooped* [*curved*].

━曲がった **bent**; **curved**; (くねくねと) **winding** [ワインディング]
- 曲がりくねった道 a *winding* road
- 曲がったことは大嫌いだ. I hate *dishonesty*.

マカロニ macaroni [マカロウニィ] (▶イタリア語から)

| マカロニグラタン macaroni au gratin

まき(たきぎ) **firewood** [ファイアウッド], **wood**

まきげ【巻き毛】**curly hair** [カーリィ ヘア]

まきこまれる【巻きこまれる】(渋滞などに) **be caught in** …[コート]; (けんか・事故などに) **be involved in** …[インヴァルヴド]
- 彼は事故に巻きこまれた. He *was involved in* the accident.

まきじゃく【巻き尺】a tape measure[テイプ メジャァ]

まきちらす【まき散らす】(ばらまく)scatter[スキャタァ]; (水や粉を)sprinkle[スプリンクル] → まく⁴

まきつく【巻きつく】coil [wind] (itself)[コイル [ワインド] (イットゥセルフ)]
- 朝顔のつるが棒に巻きついた. Vines of morning glory *wound* around the stick.

まきば【牧場】(放牧地)(a) pasture[パスチャァ]; (牧草地)(a) meadow[メドウ]

まぎらわしい【紛らわしい】(類似して混乱させる)confusing[カンフューズィング]; (判断を誤らせる)misleading[ミスリーディング]
- これらの単語は紛らわしい. These words are *confusing*.

まぎわ【…の間際に】(…の直前に)just before …[チャスト], at the last minute[ラスト ミニット]
- その店は閉店間際に商品を値下げする. The shop lowers the prices of its goods *just before* it closes.

まく¹【巻く】

(丸める)roll (up)[ロウル]; (くるむ)wrap[ラップ]; (包帯を)bandage[バンディッヂ]; (ねじって)wind (up)[ワインド]

roll　　　wrap　　　bandage

- 紙を巻いて望遠鏡を作った. I *rolled* a sheet of paper into a paper telescope.
- 彼女はマフラーを首に巻いた. She *wrapped* a scarf around her neck.
- 医者は私の腕に包帯を巻いた. The doctor *bandaged* my arm.

まく²【幕】(舞台などの)a curtain[カートゥン]; (芝居の一区切り)an act[アクト]
- 幕が上がった[下りた]. The *curtain* rose [fell].
- 『ロミオとジュリエット』の第2幕第1場 *Act* II, Scene 1 of 'Romeo and Juliet'

まく³(種を)plant[プラント], sow[ソウ]
- 庭にひなぎくの種をまいた. We *planted* daisy seeds in the garden.

まく⁴(ばらまく)scatter[スキャタァ]; (水や粉を)sprinkle[スプリンクル]
- 庭に水をまいた. I *sprinkle*d water on the garden. / I *watered* the garden.
- 私たちは節分に豆をまく. We *throw* beans (at things) on *Setsubun*.

マグカップ a mug[マッグ]

マグニチュード magnitude[マグナトゥード] (▶地震の規模を表す単位. 記号はM)
- マグニチュード7の地震があった. There was an earthquake with a *magnitude* of 7 (on the Richter scale). (▶the Richter scale は地震の規模を示す目盛り)

マグマ【地質】magma[マグマ]

まくら a pillow[ピロウ]
- 彼らは男の子のまくら元にプレゼントを置いた. They put the gift by the boy's *pillow*.
▮まくらカバー **a pillowcase**

まくる(そでなどを)roll up[ロウル]
- 彼はそでをまくって仕事にとりかかった. He *rolled up* his sleeves and went to work.

まぐれ《話》a fluke[フルーク]; (運)chance[チャンス], luck[ラック]
- 彼らの勝利は単なるまぐれだ. Their victory was just a *fluke*. / Their victory was pure *luck*.
- ぼくはまぐれで満点を取った. I got a perfect score just by *chance*.
▮まぐれ当たり **a lucky guess**

まぐろ【魚】a tuna[トゥーナ](複 tuna, tunas)

まけ【負け】(a) defeat[ディフィート](⇔勝ち (a) victory)
- 負けを認めたらどうだ. Why don't you just admit your *defeat*?
- 君の負けだ. You've *lost*. / You *lose*. / You *lost*.
▮負け犬 **an underdog**

まけおしみ【負け惜しみ】sour grapes[サウァ グレイプス] (▶『イソップ物語』より)
- 負け惜しみを言うな. Don't cry *sour grapes*.
- 彼は負け惜しみが強い. He is a *bad loser*.

まけずぎらい【負けず嫌いの】(競争心の強い)competitive[カンペタティブ]
- 彼女はとても負けず嫌いだ. She is very *competitive*. / She really *hates to lose*.

まける¹【負ける】

❶試合などで	lose; (打ち負かされる) be beaten
❷抵抗、できなくなる	give in (to …), give way (to …)

❶[試合などで]lose[ルーズ](⇔勝つ win); (打ち負かされる)be beaten[ビートゥン]
- この試合は負けられない. We can't *lose* this game.
- 私たちは彼らにこてんぱんに負けた.

まける¹

627

six hundred and twenty-seven

まける²

We *lost* to them overwhelmingly.
- ぼくたちのチームは7対1で負けた.
  Our team *got beaten* by (a score of) 7 to 1.
- ユミは泳ぎでは学校のだれにも負けない.
  Yumi is the top swimmer at the school.

❷[抵抗できなくなる]**give in** (**to** ...)[ギヴ], **give way** (**to** ...)[ウェイ]
- 眠気に負けた.
  I *gave way to* the sleepiness.

まける²(値段を)**give a discount**[ディスカウント]
- もう少しまけてもらえませんか.
  Can you *give me a discount*?

まげる[曲げる]**bend** (**down**)[ベンド]; (主張を)**change**[チェインヂ]
- ひじを曲げて. *Bend* your elbow.

まけんき[負けん気の強い]→まけずぎらい

まご[孫]**a grandchild**[グラン(ドゥ)チャイルド][複 **grandchildren**[-チルドゥラン]], (女の)**a granddaughter**[グランドータァ], (男の)**a grandson**[グラン(ドゥ)サン]

まごころ[真心](誠実さ)**sincerity**[スィンセラティ]
- 真心を込(こ)めて手紙を書いた.
  I wrote the letter with all *sincerity*.
  ━真心の込もった **sincere**[スィンスィァ]

まごつく(混乱して慌(あわ)てる)**be** [**get**] **confused**[カンフューズド]
- まごついてどうしたらいいかわからなかった.
  I *was confused* and didn't know what to do.

まこと[誠に]**really**[リー(ァ)リィ], **very**[ヴェリィ]
- 誠に申し訳ない. I am *really* [*very*] sorry.

まごまご[まごまごする]**feel lost**[フィール ロースト]

まさか(そんなはずはない)**That can't be true.**[ザット キャーント ビ トゥルー], **No!, Oh no!**[オゥ], (冗談(じょう)でしょ)**No kidding!**[キディング], **No way!**[ウェイ]
- まさか, そんなはずはない.
  Oh, no! That can't be true!
- 「宝くじで1億円当たったんだ」「まさか」
  "I won a hundred million yen in a public lottery." "*No kidding!*"

まさつ[摩擦]**friction**[フリクション]

まさに¹(ちょうど)**just**[ヂャスト], **exactly**[イグザクトゥリィ]; (確かに)**certainly**[サートゥンリィ]
- まさに君の言うとおりだ. *Exactly*.
- これはまさに私のほしかったものです.
  This is *just* [*exactly*] what I wanted.
- マオこそまさに学級委員長にふさわしい人物だ. Mao is *certainly* the right person to be the class president.

まさに²[まさに…しようとしている]**be** (**just**)

about to+〈動詞の原形〉[(ヂャスト) アバウト]→…しよう❷
- ぼくが駅に着いたとき, 電車はまさに発車しようとしていた. The train *was* (*just*) *about to* leave when I got to the station.

まさる[勝る]**be better** (**than** ...)[ベタ ァ], **superior** (**to** ...)[スピィ(ァ)リァ]
- 数学でユカに勝る生徒はいない. Yuka *is better than* other students in math. / Yuka *is superior to* other students in math.

まざる[混ざる, 交ざる]**mix**[ミックス], **blend**[ブレンド]; (ごちゃごちゃに)**get mixed up**[ミックスト]→まじる, まぜる
- いろいろな色が混ざっている.
  Various colors are *mixed* together.
- 卵とバターがまだちゃんと混ざっていない.
  The egg and the butter are not properly *mixed* yet.

まし[ましな](よりよい)**better**[ベタァ]
- もう少しましなものはなかったの？
  Wasn't there anything *better*?
- そんなことをするくらいなら死んだほうがましだ. I'*d rather die than* do such a thing.
  (►I'd は I would の短縮形)

マジ[マジな](真剣(しん)な)**serious**[スィ(ァ)リアス], **for real**[リー(ァ)ル]
- それ, マジ？
  Are you *serious* [*for real*] about that?
  ━マジに[で]**seriously, really**
- マジで驚いた. I was *really* surprised.

ました[真下に]**right** [**just**] **under** ...[ライト [ヂャスト]]
- テーブルの真下に *right under* the table

マジック(手品)**magic**[マヂック]; (フェルトペン)**a** (**permanent**) **marker**[(パーマナント) マーカァ] (► 油性であることを明確にしたいときは permanent を付けて言う)

まして(もっと…だ)**much more**[マッチ モァ]; (もっと…でない)**much less**[レス]
- うちの犬は以前にもましてかわいくなった.
  Our dog is *much* cuter than before.
- ジュンは自転車にも乗れないのに, まして一輪車に乗れるわけがない. Jun can't even ride a bicycle, *much less* a unicycle.

まじない a charm[チャーム], **a spell**[スペル]→まほう

まじめ[まじめな]

(本気の)**serious**[スィ(ァ)リアス]; (熱心な)**earnest**[アーニスト]
- どうしたの, まじめな顔しちゃって.
  What's wrong? You look so *serious*.

マスク

- ケンはまじめな生徒だ.
  Ken is an *earnest* student.
- ➡まじめに **seriously; earnestly**
- もっとまじめにやろう.
  Let's do this more *seriously*.
- そんなにまじめに取るなよ.
  Don't take it so *seriously*.

まじゅつ【魔術】**magic**[マヂック]
マシュマロ a marshmallow[マーシュメロゥ]
まじょ【魔女】**a witch**[ウィッチ]

…ましょう【…(し)ましょう】

❶勧誘(かんゆう)	Let's＋〈動詞の原形〉
❷相手の意向	Shall I＋〈動詞の原形〉?
❸話し手の意志	I will＋〈動詞の原形〉

❶〔勧誘〕**Let's＋〈動詞の原形〉**[レッツ]

話してみよう！

😊公園へ行きましょう.
Let's go to the park.
😃ええ, そうしましょう. / いいえ, 行きたくないです.
Yes [Sure]. / No, I don't want to.

- きょう外に出るのはよしましょう.
  Let's not go outside today.
❷〔相手の意向〕**Shall I＋〈動詞の原形〉?**[シャル]➡
…か❷
- 麦茶を入れましょうか.
  Shall I get you a glass of barley tea?
❸〔話し手の意志〕**I will＋〈動詞の原形〉**[ウィル]
- 私が皿を洗いましょう.
  I will do [wash] the dishes.

ましょうめん【真正面】**directly in front**[ディレクトゥリィ][フラント]
- 私の家は学校の真正面にある. My house is
  directly in front of the school.

まじる【混じる, 交じる】**mix**[ミックス]
- 油と水は混じらない.
  Oil and water don't *mix*.
- 彼は子どもたちに混じって野球をした.
  He *joined* the kids playing baseball in
  the field.

まじわる【交わる】**(交差する)cross**[クロース],
intersect[インタァセクト]➡こうさ¹
- その2本の高速道路は東京の西で交わっている.
  The two freeways *cross* [*meet*] just
  west of Tokyo.

ます¹【魚】**a trout**[トゥラウト](複 trout, trouts)
- にじます a rainbow *trout*

ます²【増す】**increase**[インクリース]; (重さ・力など
を)**gain**[ゲイン]➡ふえる; (大きく[強化]する)**add**
to …[アッド]
- 飛行機はスピードを増した.
  The plane *gained* speed.
- このスパイスは料理の風味を増す. This spice
  will *add to* the taste of the food.

…ます【…(し)ます】

❶現在の事実・習慣	（下記❶参照）
❷意志, 予定	will＋〈動詞の原形〉,
	be going to＋〈動詞の原形〉

❶〔現在の事実・習慣〕(▶動詞の現在形で表す)➡
する¹ ポイント!
- ぼくは父と時々キャッチボールをします.
  I sometimes *play* catch with my father.
❷〔意志, 予定〕**will＋〈動詞の原形〉**[ウィル], **be**
going to＋〈動詞の原形〉[ゴウイング]
- 私が彼女にそのことについて話します.
  I *will* tell her about it.
- 彼はあした出発します.
  He's *going to* leave tomorrow.

まず

| ❶最初 | first（of all） |
| ❷たぶん | probably |

❶〔最初〕**first（of all）**[ファースト]
- まず宿題を終わらせよう.
  I'll finish my homework *first*.
- まず最初に野菜を切ってください.
  First of all, cut the vegetables.
❷〔たぶん〕**probably**[プラバブリィ]
- マキはまず遅(おく)れて来るだろう.
  Maki will *probably* be late.

ますい【麻酔】**anesthesia**[アナスィージャ]
- 麻酔からさめた.
  I came out of the *anesthesia*.

まずい(味が)**taste bad** [**terrible**][テイスト バッド]
[テリブル]; (不適切である)**be not good**[グッド]
- このハンバーガーはまずい. This hamburger
  tastes bad. / This hamburger does*n't*
  taste good.
- 先生にうそをつくのはまずいよ.
  It's *not good* to lie to the teacher.

マスカット a muscat（grape）[マスカット（グレイプ）]

マスカラ mascara[マスキャラ]
- ナオはたっぷりマスカラをつけた.
  Nao put on heavy *mascara*. / Nao applied
  heavy *mascara*.

マスク a mask[マスク]
- マスクを外した. I took off a *mask*.

マスコット

- マスクをつけた。I put on a *mask*.
- 学校にマスクをして行った。
  I wore a *mask* to school.
- 使い捨てマスク a disposable *mask*

マスコット a mascot [マスカット]

マスコミ〈新聞, テレビ, 雑誌など〉**the**（**mass**）**media**[(マス) ミーディア], **the press**[プレス]
- その事件はマスコミの注目を集めた。
  The incident attracted attention from *the mass media*.

まずしい【貧しい】**poor**[プァ]（⇔豊かな rich, wealthy, well-off）
- 彼は子どものころ貧しい暮らしをしていた。
  He was *poor* when he was a child.
- 彼女は心が貧しい。
  She is *small*-minded.（←狭い）

マスター¹【マスターする】**master**[マスタァ]
- 英語をマスターしたい。
  I want to *master* English.

マスター²〈店の〉**a manager**[マニヂャァ]

マスタード mustard[マスタァド]

ますます more and more[モァ]（▶このほか〈比較級〉＋and＋〈比較級〉の形で表す）
- 彼の話はますますおもしろくなった。His talk became *more and more* interesting.
- ますます寒くなってきた。
  It's getting *colder and colder*.

ませる〈ませている〉**be precocious**[プリコウシャス], **be too grown-up**[グロウナップ]
- ませた口をきくな。Don't *be precocious*.
- その少年はませている。The boy *acts like an adult*. / The boy acts *precociously*.

まぜる【混ぜる, 交ぜる】

mix[ミックス]；（かき混ぜる）stir[スター] → かきまぜる

mix

stir

- 牛乳と卵と砂糖をすべて混ぜなさい。*Mix* the milk and eggs and sugar（together）.

…ません【…（し）ません】→…ない❷

…ませんか【…（し）ませんか】

How [What] about+〈-ing形〉?[ハゥ(ホ)ワット]アバウト], Won't you+〈動詞の原形〉?[ウォゥント], Why don't you+〈動詞の原形〉?[(ホ)ワイ]
- 「少し休みませんか」「いいですね」
  "*How about* taking a short break?"

"That's a good idea."
- 「いっしょに海に行きませんか」「ごめんなさい, きょうは駄目なんです」*Why don't you* come with us to the beach?" "Sorry, but I can't today."
- 「ジュースを飲みませんか」「ありがとう, いただきます」*Would you like* some juice?" "Yes, thank you."

また¹

❶再び	again
❷同じく	too, also；(否定文で)either
❸そのうえ	and, ～ as well as …

❶[再び]**again**[アゲン]
- またあそこに行きたい。
  I want to visit there *again*.
- またあした会いましょう。
  See you *again* tomorrow.

❷[同じく]**too**[トゥー], **also**[オールソゥ]；（否定文で）**either**[イーザァ]
- 彼もまた水泳が好きだ。He likes swimming *too*. / He *also* likes swimming.
- 君が行かないのなら, 私もまた行きません。
  If you don't go, I won't go *either*.

❸[そのうえ]**and, ～ as well as …**[ウェル]
- その先生は優しいだけでなく, またおもしろい。The teacher is kind *and* funny. / The teacher is funny *as well as* kind.

また²〈人や木・衣服の〉**the crotch**[クラッチ]；〈もも〉**a thigh**[サィ]（★発音注意）
- 世界をまたにかけて活躍したい。
  I want to be active all over the world.

まだ

❶今もなお	still
❷まだ…ない	not … yet
❸ほんの	only
❹さらに	still

❶[今もなお]**still**[スティル]
- 約束をまだ覚えていますか。
  Do you *still* remember your promise?

❷[まだ…ない]**not … yet**[イェット]
- 私はまだ宿題をしていない。
  I *haven't* done my homework *yet*.（▶yetはふつう文の最後に置く）

❸[ほんの]**only**[オゥンリィ]
- 彼はまだ子どもだ。He is *only* a child.
- まだ5時半だ。It's *only* five-thirty.

❹[さらに]**still**[スティル]
- 学ばなければならないことがまだたくさんあ

る．I *still* have a lot of things to learn.

またがる（馬などに）**ride**[ライド]；（広がる）**extend [spread] over** ...[イクステンド［スプレッド］]
• その国立公園は3県にまたがっている．
The national park *extends over* three prefectures.

またぐ step over ...[ステップ オウヴァ]
• 水たまりをまたいだ．
I *stepped over* a puddle.

またせる【待たせる】**keep ... waiting**[キープ ウェイティング]
• お待たせして申し訳ありません．
I'm sorry to have *kept* you *waiting*.

またたく【瞬く】（星などが）**twinkle**[トゥウィンクル]
• 空にはたくさんの星が瞬いていた．
A lot of stars were *twinkling* in the sky.
• 瞬く間に **in an instant**

または or[オァ]；（…か〜かどちらか）**either ... or** 〜[イーザァ]
• あしたは曇りまたは雨になるだろう．
It will be cloudy *or* rainy tomorrow.
• こちらの道，またはそちらの道のどちらからでも駅に行けますよ．You can go *either* this way *or* that way to the station.

まだまだ→まだ❸❹
まだら【まだらな】**spotted**[スパッティド]
• まだら模様の犬 a *spotted* dog

まち【町, 街】

a town[タウン], **a city**[スィティ]（►townより大きい）；（中心街）**a downtown**[ダウンタウン]
• そのうわさは町じゅうに広まった．
The rumor spread through the *town*.
• あした町へ買い物に行く．
I'm going *downtown* to do some shopping tomorrow.（►このdowntownは「町へ」の意味の副詞）
‖町役場 **a town office**, （建物）**a town hall**

まちあいしつ【待合室】**a waiting room**[ウェイティング ルーム]

まちあわせる【待ち合わせる】**meet**[ミート]
• 時計台の前で6時に待ち合わせよう．
Let's *meet* in front of the clock tower at six.

まぢか【間近に】**near [close] at hand**[ニァ［クロウス]][ハンド]；（迫っている）**be coming up soon**[スーン]
• ピアノの発表会が間近に迫っている．
The piano recital *is coming up soon*.

まちがい【間違い】

（誤り）**a mistake**[ミステイク], **an error**[エラァ]
• 同じ間違いを二度としないように．
Never make the same *mistake* twice.
• あなたの投稿にはいくつかつづりの間違いがあった．There were some spelling *mistakes* in your post.
‖間違い電話: 間違い電話がかかってきた．
Someone *called* me *by mistake*.
（かかってきて）番号をお間違えですよ，Sorry, but you've *got the wrong number*.

まちがいない【間違いない】**certain**[サートゥン], **sure**[シュァ]→たしか
• 私たちのチームが勝つことは間違いない．
I'm *sure* [*certain*] our team will win.
━間違いなく certainly, surely；（間違いなく…しなさい）**be sure to**＋〈動詞の原形〉
• 今晩間違いなくメールしてくださいね．
Please *be sure to* text me tonight.

まちがう【間違う】→まちがえる

まちがえる【間違える】

（誤解する）**mistake**[ミステイク]；（誤る）**be wrong**[ローング]；（ミスをする）**make a mistake, make an error**[エラァ]
• 私の考えは間違っていた．I *was wrong*.
• あなたはいつも計算を間違えるね．
You are always *making* calculation *mistakes*! / You are always making miscalculations!
〈A(人・物)〉を〈B(人・物)〉と間違える
mistake＋〈A（人・物）〉＋**for**＋〈B（人・物）〉
• その男性を担任の先生と間違えた．I *mistook* the man *for* my homeroom teacher.
━間違って by mistake
• 間違って違う教室に行った．I went to the wrong classroom *by mistake*.

まちがった【間違った】**mistaken**[ミステイカン], **wrong**[ローング]（⇔正しい **right**）
• あなたの考え方は間違っていると思う．
I think your way of thinking is *wrong*.

まちどおしい【待ち遠しい】**can't [can hardly] wait**（**for** ...）[ハードゥリィ][ウェイト]
• 誕生日が待ち遠しい．
I *can hardly wait for* my birthday.

まつ¹【待つ】

❶ 人・物を　　　　**wait**（**for** ...）
❷ 楽しみにして　　**look forward to** ...

❶〔人・物を〕**wait**（**for** ...）[ウェイト]
• ぼくは駅でナオを待っていた．
I was *waiting for* Nao at the station.

six hundred and thirty-one
631

まつ²

- ちょっとお待ちください.
  Wait a minute [moment, second], please. / (電話で) *Hold on*, please.
- 授業が始まるのを待った.
  I *waited for* class to begin.

❷ [楽しみにして] **look forward to ...** [ルック フォーワード トゥ] (▶進行形で用いることが多い)

…を楽しみに待つ

look forward to + 〈名詞または -ing 形〉

- 伊豆(ぃず)旅行を楽しみに待っています.
  I'm *looking forward to* the trip to Izu.
- お会いするのを楽しみに待っています.
  We are *looking forward to* see*ing* you.

まつ² 【松】【植物】**a pine** (**tree**) [パイン (トゥリー)]
| 松かさ【松ぼっくり】 a pine cone
| 松葉 pine needles
| 松林 a pine forest [wood]
| 松やに pine resin

まっか 【真っ赤な】**red** [レッド], **deep** [**bright**] **red** [ディープ [ブライト] レッド]; (深紅(しんく)の) **crimson** [クリムズン]; (明るい) **scarlet** [スカーリット] → あか¹

- 彼は怒(おこ)って顔が真っ赤になった.
  He turned *red* with anger.
- 真っ赤なうそ a *downright* lie

まっくら 【真っ暗な】**pitch dark** [ピッチ ダーク], **pitch-dark**

- 外は真っ暗だ. It's *pitch dark* outside.
- お先真っ暗だ. I'm in a *hopeless* situation. (←絶望的な状況(じょうきょう)に置かれている)

まっくろ 【真っ黒な】**black** [ブラック], **pitch black** [ピッチ], **pitch-black**

- 魚が真っ黒に焦(こ)げてしまった.
  The fish were burned *black*.
- ユカの顔は日焼けしてまっ黒だった.
  Yuka's face was deeply tanned.

まつげ **eyelashes** [アイラッシズ] → め¹図

- リンは長いまつげをしていた.
  Rin had long *eyelashes*.
- つけまつげ false *eyelashes*

マッサージ (a) **massage** [マサージ] (★発音注意)

- マッサージに行った.
  I went to get a *massage*.
- ━マッサージする **massage** → もむ
- 足をマッサージしてもらった.
  I had my legs *massaged*.

まっさいちゅう 【真っ最中に】 **in the middle** [**midst**] (**of ...**) [ミドゥル [ミドゥスト]]

- 彼らは授業の真っ最中だった.
  They were *in the middle of* class.

まっさお 【真っ青な】 **deep blue** [ディープ ブルー]; (顔色が) (**very**) **pale** [ペイル]

- きょうは空が真っ青だ.
  The sky is *deep blue* today.
- ━真っ青になる **turn pale**
- 彼はその知らせを聞いて真っ青になった.
  He *turned pale* at the news.

まっさかさま 【真っ逆さまに】 **headfirst** [ヘッドゥファースト]

- 彼ははしごから真っ逆さまに落ちた.
  He fell *headfirst* from the ladder.

まっさき 【真っ先に】(まず最初に) **first** [ファースト]

- 私たちは真っ先に彼を病院に連れていった.
  First we took him to the hospital.

マッシュルーム 【植物】**a mushroom** [マッシュルーム]

まっしろ 【真っ白な】**pure white** [ピュア (ホ)ワイト], **snow-white** [スノウ-]

- そのシャツは真っ白だ.
  The shirt is *pure white*.

まっすぐ 【まっすぐな】

straight [ストゥレイト]

- まっすぐな線を引いて. Draw a *straight* line.
- ユミは毎日学校からまっすぐ家に帰る.
  Yumi goes *straight* (back) home from school every day.
- この道をまっすぐ行くと目の前に海が見えます. Go *straight* and you'll see the sea ahead of you.

まったく (完全に) **absolutely** [アブサルートゥリィ], **quite** [クワイト], **completely** [カンプリートゥリィ], **totally** [トウタリィ], (本当に) **really** [リー(ァ)リィ], **indeed** [インディード]; (まったく…ない) **not ... at all** [オール]

- まったく君の言うとおりだよ.
  You are *absolutely* right.
- ぼくの意見は君の意見とまったく違(ちが)う.
  My opinion is *completely* [*totally*] different from yours.
- 私はまったく料理ができない.
  I can*not* cook *at all*.
- 「きょうは暑いね」「まったくだね」
  "It's hot today, isn't it?" "*Yes, it is.*"
- ━まったくの **complete, total**

まとめがい

- その計画はまったくの失敗だった.
  The plan was a *complete* failure.

まつたけ【松たけ】**a matsutake mushroom**[マッシュルーム]

マッチ[1]（試合）**a match**[マッチ]
- タイトルマッチ a title *match*
  マッチポイント〚スポーツ〛**match point**: 彼がサーブを決めたらマッチポイントだ. If he aces this serve, it will be *match point*.

マッチ[2] **a match**[マッチ]
- 母はマッチをすってろうそくをつけた. My mother struck a *match* and lit a candle.
  マッチ箱 a matchbox
  マッチ棒 a matchstick

まっちゃ【抹茶】**powdered green tea**[パウダァド グリーン ティ]
- 抹茶風味のアイスクリーム
  green tea（flavored）ice cream

マット a mat[マット]
  マット運動 exercises on a mat
マットレス a mattress[マットゥリス]

まつばづえ【松葉づえ】**a crutch**[クラッチ]
- 彼は今松葉づえをついて歩いている.
  He is walking on *crutch*(es) now.

マップ a map[マップ]

まつり【祭り】

a festival[フェスタヴァル]
- 夏祭りに行きますか.
  Are you going to the summer *festival*?

────〔慣〕〔用〕〔表〕〔現〕────

後の祭り: 今になって文句を言っても後の祭りだ. It's *too late* to complain about it now.（➡遅（おそ）すぎる）

まつる【祭る】（神社に祭られる）**be enshrined in**[インシュラインド]
- 徳川家康は東照宮に祭られている. Tokugawa Ieyasu *is enshrined in* Toshogu.

…まで

❶場所	to …
❷時間	to …, till …, until …
❸範囲（はん）の強調	even

❶ [場所] **to …**[トゥー]
- 駅までの道順を教えていただけますか. Could you show me the way *to* the station?
- 1番から5番までの問題を解いた.
  I solved questions one *through* five.

❷ [時間] **to …, till …**[ティル], **until …**[アンティル]
- 9時から4時まで授業がある.

We have class from nine *to* four.
- 私たちは朝から晩まで練習した.
  We practiced from morning *till* night.
- 木曜まで暇（ひま）がないんだ.
  I will not be free *until* Thursday.

❸ [範囲の強調] **even**[イーヴン]
- 日曜日まで早起きしなくてはいけない.
  I have to get up early *even* on Sunday（morning）.

…までに（期限）**by …**[バイ]; （…の前に）**before …**[ビフォァ]
- あした6時までにここに来てください. Please come here *by* six o'clock tomorrow.
- 休みが始まるまでに作文を提出してください.
  Please hand in an essay *before* the holiday starts.

まと【的】（標的）**a mark**[マーク], **a target**[ターギット]; （対象）**an object**[アブヂェクト]
- 矢は的に当たった[的をはずれた]. The arrow hit [missed] the *mark* [*target*].
- ミキはみんなの注目の的だ.
  Miki is the *focus* of everyone's attention.

まど【窓】

a window[ウィンドウ]
- 窓際（まどぎわ）の席 a seat by the *window* /（乗り物の）a *window* seat
- 窓を開けて[閉めて]くれない？
  Will you open [close, shut] the *window*?
- 窓の外を見てごらん.
  Look out（of）the *window*.
- 窓から顔を出すな. Don't stick your head out of the *window*.
  窓ガラス a windowpane
  窓口（切符（きっぷ）売り場の）**a ticket window**; （銀行の）**a teller's window**
  窓枠（わく）**a window frame**

まとまり unity[ユーナティ]
- そのクラスはまとまりがいい.
  There is *unity* in the class.

まとまる（考えなどが）**take shape**[シェイプ]; （合意に達する）**reach [come to] an agreement**[リーチ][アグリーマント]; （クラスなどが）**be united**[ユーナイティド]
- 考えがだんだんとまとまってきた.
  My ideas are gradually *taking shape*.
- 私たちの間でようやく話がまとまった.
  We finally *reached an agreement*.
- 私たちのチームはまとまっている.
  Our team *is united* [*in unity*].

まとめ（要約）**a summary**[サマリィ]
まとめがい【まとめ買いする】**buy in bulk**[バ イ]

あ
か
さ
た
な
は
ま
や
ら
わ

six hundred and thirty-three　　633

まとめる

[バルク]
- 観光客がおみやげをまとめ買いしている. The tourists are *buying* souvenirs *in bulk*.

まとめる

(ばらばらのものを) **put**［**get**］**... together**[タゲザァ]; (集める) **collect**[カレクト]; (考えなどを) **put**［**get**］**... into shape**[シェイプ]; (要約する) **summarize**[サマライズ]
- 旅行のために荷物をまとめた.
I *put* my things *together* for the trip.
- 本にするためにその作家の手紙がまとめられた. The writer's letters were *collected* for a book.
- 話の要点をまとめた. I *summarized* the main points of the story.
- 話す前に考えをまとめなさい.
Form your thoughts before speaking.

━まとめて (*all*) **together**
- 全部まとめていくらですか.
How much is it (*all*) *together*?

マナー manners[マナァズ]
- 生徒たちはマナーがよかった［悪かった］. The students had good［bad, no］ *manners*.
- テーブルマナー table *manners*

マナーモード (携帯電話の) **silent mode**: 携帯電話をマナーモードにした. I set my cell phone to *silent* (*mode*). (▶《話》では *mode* が省略されることが多い)

「マナーモードに設定しました」の表示 (*activated* は「起動した」の意味)

まないた a cutting board[カッティング ボード]
まなつ【真夏】**midsummer**[ミッドゥサマァ]

まなぶ【学ぶ】

(身につける) **learn**[ラーン]; (勉強する) **study**[スタディ]
- 兄は中国語を学んでいる.
My brother is *learning* Chinese.
- 私は彼から多くのことを学んだ.
I *learned* a lot of things from him.
- ぼくは水泳教室で泳ぎ方を学んだ. I *learned* (how) to swim at a swimming school.
- 彼女は大学で生物を学んだ. She *studied* biology at her university.

マニア
- おじはスポーツカーマニアだ.
My uncle *is crazy about* sports cars.
- 彼女は歴史武将(ぶしょう)マニアだ.
She *is into* samurai lords.

まにあう【間に合う】

(時間に) **be in time** (**for ...**) [タイム]; (列車などに) **catch**[キャッチ]; (用が足りる) **do**[ドゥー]
- 私はぎりぎりでそのコンサートに間に合った.
I *was* just *in time for* the concert.
- 2時の列車に間に合わなかった. We missed［couldn't *catch*］the two o'clock train.
- これで間に合うだろう. This will *do*.
- きょう朝礼に間に合わなかった. I was late for the morning assembly today.

マニキュア nail polish[ネイル パリッシュ]
- 姉はピンクのマニキュアをしている.
My sister wears pink *nail polish*.

━マニキュアを塗(ぬ)る **do** *one*'**s nails**
- きのうマニキュアを塗った.
I *did my nails* yesterday.

マニュアル a manual[マニュアル]
まぬがれる【免れる】(逃(のが)れる) **escape** (**from ...**) [イスケイプ]; (避(さ)ける) **avoid**[アヴォイド]
- 父は事故で危(あや)うく死を免れた. My father narrowly *escaped* death in the accident.
- ケンは責任を免れようとした.
Ken tried to *avoid* his responsibility.

まぬけ【間抜け】**a fool**[フール] → ばか
━間抜けな **foolish**

まね (**an**) **imitation**[イミテイション]; (物まね) **mimicry**[ミミックリィ]
- この絵はゴッホの代表作のまねだ.
This painting is an *imitation* of a van Gogh masterpiece.

━まね(を)する **imitate**[イミテイト], **mimic**, **copy**
- 彼は木村先生のまね(をするの)がうまい.
He is good at *imitating* Mr. Kimura.
- 彼女はすぐ人のまねをする. She is a *copycat*.
(▶ a *copycat* は「人のまねをする人」のこと)

マネージャー a manager[マニチァァ]; (運動部の) **a team's caretaker**[ティームズ ケアテイカァ]
マネキン a mannequin[マネキン]

まねく【招く】

| ❶招待する | **invite** |
| ❷引き起こす | **cause, bring about ...** |

❶[招待する] **invite**[インヴァイト] → しょうたい¹
❷[引き起こす] **cause**[コーズ], **bring about**[ブリング アバウト]

まもる

- 市長の発言は誤解を招いた. The mayor's remark *caused* a misunderstanding.
- 不注意な運転がその事故を招いた. Careless driving *brought about* the accident. / Careless driving *caused* the accident.
　━招き (an) invitation[インヴィテイション]
　┃招き猫(ミコ) a beckoning cat

まばたき a blink[ブリンク]
　━まばたき(を)する blink (*one's* eyes)

まばら【まばらな】few[フュー], thin[スィン], sparse[スパース]
- そのコンサートは観客がまばらだった. There were *few* people at the concert.
　━まばらに thinly, sparsely

まひ【まひする】(動かなくなる) be paralyzed[パ ラライズド]; (無感覚になる) be numb (with ...)[ナム] (★このbは発音しない)
- 彼は下半身がまひしていた. He *was paralyzed* from the waist down.
- 台風で交通がまひした. The traffic *was paralyzed* by the typhoon.
- 寒さで両足がまひしてしまった. My feet *are numb with* cold.
- 心臓まひ heart *failure*
- 小児まひ polio

まひる【真昼】broad daylight[ブロード デイライト]
- 真昼に事件が起きた. The accident occurred in *broad daylight.*

マフィン a muffin[マフィン]

まぶしい dazzling[ダズリング]
- まぶしい日光 *dazzling* sunlight

まぶた an eyelid[アイリッド]→め¹図
- 一重(シェムシ)[二重(シェムメ)]まぶた single [double] *eyelids*

まふゆ【真冬】midwinter[ミッドゥウィンタァ]

マフラー(襟(シ)巻き) a scarf[スカーフ](複 scarfs, scarves[スカーヴズ])(►mufflerを襟巻きという意味で使うのは古い言い方); (自動車などの消音器) a muffler[マフラァ]

まほう【魔法】magic[マヂック]
- そのおばあさんは魔法を使ってかぼちゃを馬車に変えた. The old woman used *magic* to turn the pumpkin into a coach.
- 魔女は王女に魔法をかけた. The witch cast a *spell* on the princess. (►spellは「呪文(ジェモ)」の意)
　━魔法の magic
- 魔法のじゅうたん a *magic* carpet
- 魔法のつえ a *magic* wand
　┃魔法使い (女の) a witch, (男の) a wizard
　┃魔法瓶(ビミ) a thermos bottle

マホメット Muhammad[ムハマッド],

Mohammed[モウハミッド](►男性の名. またイスラム教の創始者)

まぼろし【幻】a vision[ヴィジョン]

ママ mommy[マミィ], mom[マム](►mommyは幼児が用いる語)

…まま(同じ状態で) as it is, as they are
- それはそのままにしておいて. Just leave it *as it is.*
- 靴(シ)のまま入って来ていいですよ. You can come in *with* your shoes on.
- ドアを開けたままにしておいて. *Keep* [*Leave*] the door open.

ままごと playing house[プレイング ハウス]
　━ままごとをする play house

まむし【動物】a (pit) viper[(ピット) ヴァイパァ]

まめ¹【豆】(いんげん・そら豆などの) a bean[ビーン]; (えんどうなどの丸い) a pea[ピー]
- いんげん豆 a kidney *bean*
- 父はコーヒー豆をひいた. My father ground coffee *beans*.
　┃豆電球 a miniature bulb
　┃豆まき: 豆まきをする scatter beans

まめ²(水ぶくれ) a blister[ブリスタァ]
- かかとにまめができた. I've got a *blister* on my heel.
- まめがつぶれた. My *blister* broke.

まめ³【まめな】(勤勉な) diligent[ディラヂャント], hardworking[ハードワーキング]
　━まめに diligently, hard
- 彼はまめに働く. He works *diligently* [*hard*].

まもなく soon[スーン]
- 雨はまもなく上がるだろう. The rain will stop *soon*.

まもり【守り】(a) defense[ディフェンス]
- 守りをかためよう. Let's strengthen our *defense*.

まもる【守る】

❶厳守する	(約束を) keep;
	(規則を) obey, follow
❷攻撃(シゴ)などから	defend;
	(保護する) protect

❶[厳守する](約束を) keep[キープ]; (規則を) obey[オウベイ], follow[ファロウ]
- 約束を守って. *Keep* your promise [word].
- 校則は守らなければいけません. You must *obey* [*follow*] the school regulations.
- 時間を守ることは大切だ. It is important to *be punctual*.
- しめ切りを守れなかった. I couldn't [wasn't

あ

か

さ

た

な

は

ま

や

ら

わ

able to] meet the deadline.
❷ [攻撃などから] **defend** [ディフェンド] (⇔攻(ぜ)める attack); (保護する) **protect** [プラテクト]
- 日本はよくゴールを守った.
 Japan did a great job *defending* the goal.
- これは環境を守るのに役立つ.
 This helps *protect* the environment.

まゆ[1] 【眉】 **an eyebrow** [アイブラウ] → め[1]図
- 彼女は眉が濃(こ)い [うすい].
 She has thick [thin] *eyebrows*.

まゆ[2] 【繭】 **a** (**silk**) **cocoon** [(スィルク) カクーン]

まよう 【迷う】
(道に) **lose** *one*'**s way** [ルーズ] [ウェイ], **get lost** [ロースト]; (困惑(なく)する) **be at a loss** [ロース]
- 山の中で道に迷った. I *lost my way* in the mountains. / I *got lost* in the mountains.
- 私は返事に迷った.
 I *was at a loss* for an answer.
- どっちの高校を選んだらいいか迷っている.
 I can't *make up my mind* which high school to choose. / I can't *decide* which high school to choose.

まよなか 【真夜中】 **the middle of the night** [ミドゥル] [ナイト]; (午前零(れい)時) **midnight** [ミッドゥナイト]

マヨネーズ **mayonnaise** [メイアネイズ] (★発音注意) (▶フランス語から)
- サラダにマヨネーズをかけた.
 I put *mayonnaise* on the salad.
 マヨネーズ味 **mayonnaise-flavor**: マヨネーズ味のクラッカー *mayonnaise-flavored* crackers

マラソン **a marathon** (**race**) [マラサン (レイス)]
- マラソンをしようよ. Let's run a *marathon*.
- フルマラソン a full *marathon*
- ジュンは東京マラソンに出る.
 Jun will take part in the Tokyo *Marathon*.
 マラソン選手 **a marathon runner**
 マラソン大会 **a marathon**

まり **a ball** [ボール]
- まりをついた. I bounced a *ball*.

マリネ **a marinade** [マラネイド]

マリン (海の) **marine** [マリーン]
 マリンスポーツ **marine sports**

マリンバ 〘楽器〙**a marimba** [マリンバ]

まる 【丸】
a circle [サークル]; (輪) **a ring** [リング]
- 二重丸 a double *circle*
- 花丸 a flower mark
- ➡丸で囲む **circle**

- 正しい語を丸で囲みなさい. *Circle* [Put a *circle* around] the correct word.
 まるばつ式テスト **a true-false test**

まる… **whole …** [ホウル], **full …** [フル]
- 彼はまる5日留守にしていた.
 He was away for five *whole* [*full*] days.

まるあんき 【丸暗記する】 **memorize** … **mechanically** [メマライズ] [ミキャニカリィ], **learn by rote** [ラーン] [ロウト]

まるい 【丸い, 円い】 **round** [ラウンド]
- 円いテーブル a *round* table
- 妹は丸い顔をしている.
 My sister has a *round* face.
- 子どもたちは円く (輪に) なって座(すわ)った.
 The children sat *in a circle*.

まるがり 【丸刈り】 **a crew cut** [クルー カット], **close-cropped hair** [クロウスクラプト ヘア]
- ケイは頭を丸刈りにしている.
 Kei has a *crew cut*.

まるごと 【丸ごと】 **whole** [ホウル]
- ユミはケーキを丸ごと持ってきた.
 Yumi brought a *whole* cake.

まるた 【丸太】 **a log** [ローグ] → き[1]図
 丸太小屋 **a log cabin**

マルチーズ (犬) **a Maltese** [モールティーズ]

まるで (あたかも) **just like …** [チャスト ライク], **as if …** [イフ], **as though …** [ゾウ]; (まったく) **quite** [クワイト], **entirely** [インタイァリィ]
- まるでテレビドラマのようだった.
 It was *just like* a TV drama.
- 彼は私をまるで赤ん坊(ぼう)のように扱(あつか)う.
 He treats me *as if* I were a baby. (▶現在のことでも as if [though] の後にはふつう動詞の過去形が来る. be 動詞は主語にかかわらずふつう were を用いる)
- 彼女はその先生の前ではまるで別人になる.
 She becomes an *entirely* different person in front of the teacher.

まるめる 【丸める】 (巻く) **roll** [ロウル]; (しわくちゃにする) **crumple** [クランプル]
- 賞状を丸めた. I *rolled* up the diploma.

まれ 【まれな】 **rare** [レア]

まんが

- この地域でこの動物が発見されるのはまれだ.
  It's *rare* to see this animal in this area.
  ➡**まれに rarely**
- 彼はまれにしか学校に遅刻(ちこく)しない.
  He is *rarely* late for school.

マレーシア Malaysia[マレイジャ]
‖ マレーシア人 a Malaysian

マロン a chestnut[チェスナット]➡くり
‖ マロングラッセ a marron glacé
‖ マロンクリーム marron cream

まわす【回す】
turn[ターン];（軸(じく)を中心に）spin[スピン];（手渡(てわた)す）pass[パス]
- ドアの取っ手を回した.
  I *turned* the doorknob.
- こまを回すのが得意だ.
  I'm good at *spinning* tops.
- このプリントを後ろに回してください.
  Pass the handouts back.
- 砂糖を回してください
  Pass me the sugar, please.

まわり¹【…の周りを[に]】
around …[アラウンド]
- アキは周りを見た.
  Aki looked *around* her.
- 彼らは先生の周りに集まった.
  They gathered *around* their teacher.
- この周りに公園はありますか.
  Are there any parks *around* here? / Are there any parks in this *neighborhood*?
- この池は周りが約200メートルある.
  This pond is about 200 meters *around*.

まわり²【…回りで】by way of …, via …[ヴァイア]
- 東京回りで *by way of* Tokyo
‖ 回り道 the [a] long way around [round], a detour, a roundabout way: 回り道をしなくてはいけなかった. We had to go the [a] long way around [round].

まわる【回る】
turn[ターン];（軸(じく)を中心に）spin[スピン];（…の周りを）go around …[アラウンド]
- こまは勢いよく回っている.
  The top is *spinning* very fast.
- 地球は太陽の周りを回っている. The earth *goes* [*moves*] *around* the sun.
- 少年を探してみな走り回った. Everyone ran *around* looking for the boy.
- 目が回った.
  I felt *dizzy*.

まん【万(の)】
ten thousand[テン サウザンド]（►英語には「万」という単位はない. thousandの前に2以上の数詞が来ても, thousandsとはしない）
- 3万5千 thirty-five *thousand*
- 40万 four hundred thousand
- 100万 a million
- 何万人もの人々がそこにいた.
  There were *tens of thousands* of people.（►tens of thousandsは「何万もの」の決まった言い方）

まん…【満…】full[フル]
- ユミは来月満15歳になる.
  Yumi will become [turn] fifteen next month.（►英語では「満…歳」の数え方しかないため, ふつうfullを用いないで表現する）

まんいち【万一】(非常の場合) (an) emergency[イマーヂェンスィ];（もし…ならば）if …[イフ], in case …[ケイス]
- 万一の場合にはこのボタンを押してください.
  Please push this button in an *emergency*. / Please push this button in case of *emergency*.
- 万一電車に乗り遅(おく)れたらどうする?
  If we don't catch the train, what should we do?

まんいん【満員の】full[フル];（混雑した）crowded[クラウディド]
➡**満員である be full of …**
- コンサートホールは聴衆(ちょうしゅう)で満員だった.
  The concert hall *was packed* [*full*].
‖ 満員電車 a crowded [packed] train

まんえん【まん延する】spread[スプレッド]; prevail[プリヴェイル]
- ウイルスが世界中にまん延した.
  The virus *spread* globally.

まんが【漫画】
(a) manga[マンガ];（漫画本）a comic (book)[ブック];（数こまの）a comic strip[ストゥリップ];（1こまの風刺(ふうし)漫画）a cartoon[カートゥーン]➡ここがすごい【口絵】
- 漫画をかくのが好きだ.
  I like to draw *manga*.
- この漫画は大ヒットしている.
  This *manga* is a big hit.
- 4こま漫画 a four-frame *comic strip*
- 連載(れんさい)漫画 serial *manga*
- 少年[少女]漫画 *comics* for boys [girls]（►雑誌または本をさす）
➡**漫画の comic**

six hundred and thirty-seven　　637

まんかい

漫画家 a comic artist, (風刺漫画家) a cartoonist, a manga artist

米国の書店の漫画売り場

まんかい【満開で】in full bloom[フル ブルーム]
- 桜の花が満開だ.
  The cherry blossoms are *in full bloom*.

マングローブ〘植物〙a mangrove[マングロウヴ]

まんげつ【満月】a full moon[フル ムーン] → つき¹ 図
- 満月だ. It's a *full moon*. / The moon is full.

マンゴー〘植物〙a mango[マンゴゥ]

まんざい〘漫才〙*manzai*; a comic dialogue[カミック ダイアローグ]

▍漫才コンビ a comedy duo

まんじゅう a bean jam bun[ビーン ヂャム バン]

マンション（1戸の）⊛an apartment[アパートゥマント], ⊛a flat[フラット]；（分譲(ぶんじょう)マンション）a condominium[カンダミニアム]；（建物）⊛an apartment building[ビルディング], ⊛a block of flats[ブラック]

くらべて みよう！　「マンション」と「アパート」
英語ではマンションとアパートの区別はなく、どちらもその1世帯分を⊛an apartment, ⊛a flatと言います. なおmansionは「豪華(ごうか)な大邸宅(ていたく)」のことを言います.

⊛an apartment building
⊛a block of flats

a mansion

まんせい【慢性の】chronic[クラニック]（⇔急性の acute）

まんぞく【満足】

satisfaction[サティスファクション]
➡満足な（望みどおりの）satisfactory[サティスファクタリィ]；（十分な）sufficient[サフィシャント]
- 彼は英語の試験で満足な成績を取れなかった.
  He didn't get a *satisfactory* grade in the English exam.
➡満足する be satisfied（with ...）[サティスファイド]
- 彼は新しい学校に満足している. He *is satisfied* [*pleased*] *with* his new school.

まんちょう【満潮】(a) high tide[ハイ タイド]（⇔干潮 (a) low tide）

マンツーマン man-to-man[マントゥマン], one-on-one[ワナンワン]
- 大木先生はマンツーマンで教えてくれる.
  Ms. Oki teaches me *one-on-one*.

▍マンツーマンディフェンス a one-on-one defense

まんてん【満点】⊛a perfect score[パーフィクト スコア], ⊛full marks[フル マークス]
- 英語のテストで満点を取った. I got a *perfect score* on [in] the English test.

マント a cloak[クロウク]；（ケープ）a cape[ケイプ]

マンドリン〘楽器〙a mandolin[マンダリン]

まんなか【真ん中】the middle[ミドゥル]；（中心）the center[センタァ]
- 真ん中のケーキをください.
  I'd like the cake in *the middle*.
- 町の真ん中にいます.
  I'm in *the middle* [*center*] of town.

マンネリ【マンネリの】stereotyped[ステリアタイプト], routine[ルーティーン]
- この種のストーリーは、以前はおもしろかったが今ではマンネリになった. This kind of story was interesting before, but it has become *stereotyped*.

まんねんひつ【万年筆】a fountain pen[ファウンタン ペン]

まんびき【万引き】shoplifting[シャップリフティング]；(人) a shoplifter[シャップリフタァ]
➡万引きする shoplift

まんぷく【満腹の】full[フル]
- もう満腹だ. I'm *full*. / I've *had enough*.

マンホール a manhole[マンホウル]

まんまえ【真ん前】right in front of ...[ライト][フラント]

マンモス〘動物〙a mammoth[ママス]

まんるい【満塁】
- 満塁になった. The bases are *loaded*.

▍満塁ホームラン a grand slam

み ミ

み¹【実】(果物) **fruit**[フルート]；(堅い木の実) **a nut**[ナット]；(いちごなどの) **a berry**[ベリィ]

fruit　　nut　　berry

- かきの木がたくさん実をつけた．
 The persimmon tree bore a lot of *fruit*.
➡実のある (充実した) **fruitful**
- 私たちは実のある議論をした．
 We had a *fruitful* discussion.

み²【身】(体) **a body**[バディ]；(立場) **a place**[プレイス]
- 彼女の身になってみなさい．
 Put yourself in her *place* [*position*].

みあい【見合い(を)する】**meet with a prospective marriage partner**[ミート][プラスペクティヴ マリッヂ パートゥナァ]
　見合い結婚 **an arranged marriage**

みあげる【見上げる】**look up (at ...)**[ルック]
- 空を見上げた．I *looked up at* the sky.

みあたる【見当たる】→ みつかる
- ドアのかぎが見当たらない．
 I can't *find* the key to the door.

みいだす【見いだす】**find (out)**[ファインド]；(発見する) **discover**[ディスカヴァ] → みつける
- 解決策を見いだした．We *found* a solution.

ミーティング a **meeting**[ミーティング]
- 毎週金曜日にはミーティングがある．
 We have a *meeting* every Friday.

ミート (肉) **meat**[ミート]
　ミートソース **meat sauce**
　ミートパイ **a meat pie**
　ミートボール **a meatball**

ミイラ a **mummy**[マミィ]

みうごき【身動き】
- 身動きもできなかった．
 I couldn't even *move*.

みうしなう【見失う】**lose sight of ...**[ルーズ サイト]
- 彼は泥棒を見失ってしまった．
 He *lost sight of* the robber.

みうち【身内】(家族) a **family**[ファミリィ]；(親せき) a **relative**[レラティヴ]

みえ(虚栄心) **vanity**[ヴァニティ]；(見せびらかし) **show**[ショウ]
➡みえを張る **show off**
　みえっ張り **a vain person, a show-off**

みえる【見える】

❶目に入る　　see；(見えてくる) come in [into] sight
❷見ることができる　can see, be seen；(肉眼で見える) be visible
❸…のように思われる　look, seem

❶[目に入る] **see**[スィー]；(見えてくる) **come in [into] sight**[サイト]
- 遠くに稲光が見えた．I *saw* (a flash of) lightning in the distance.
〈人・物〉が…するのが見える
see＋〈人・物〉＋〈動詞の原形〉
- メグミが通りを渡るのが見えた．
 I *saw* Megumi cross the street.
〈人・物〉が…しているのが見える
see＋〈人・物〉＋〈-ing形〉
- 男の子たちが公園で遊んでいるのが見えた．
 I *saw* some boys play*ing* in the park.
- バスの窓越しに富士山が見えてきた．
 Mt. Fuji *came into sight* through the bus window.

❷[見ることができる] **can see, be seen**；(肉眼で見える) **be visible**[ヴィジブル]
- 「ほら，流れ星見える？」「何も見えないよ」
 "Look, *can* you *see* the shooting star?" "I *can't see* anything."
- それらの小さな虫は肉眼ではほとんど見えない．Those tiny insects *are* hardly *visible* to the naked eye.

❸[…のように思われる] **look**[ルック], **seem**
- 彼らは今とても幸せそうに見える．
 They *look* very happy now.
- 彼女は弁護士のように見える．She *looks* like a lawyer.（▶名詞が続くときはlook likeとする）
- カズはスポーツが得意そうに見える．Kazu *seems* to be good at sports.（▶seem to＋〈動詞の原形〉で「…であるように見える」）

みおくる【見送る】**see ... off**[スィー]
- 私は駅でいとこを見送った．
 I *saw* my cousin *off* at the station.

みおとす【見落とす】**overlook**[オウヴァルック]；(意識しないで) **miss**[ミス] → みのがす

みおぼえ【見覚えがある】**remember seeing [having seen] (before)**[リメンバァ スィーイング]
- 彼女の顔には見覚えがある．
 I *remember seeing* her face.

みおろす【見下ろす】**look down**[ルック ダウン]；(…

six hundred and thirty-nine　639

みかい

を見下ろす位置にある)**overlook**[オウヴァルック]
(►場所・建物などが主語)
- 私は10階の窓から通りを見下ろした.
 I *looked down* on the street from the tenth floor window.
- 東京スカイツリーから街全体を見下ろせる.
 Tokyo Skytree *overlooks* the whole city.

みかい【未開の】(文化が開けていない)**uncivilized**[アンスィヴァライズド]

みかいけつ【未解決の】**unsolved**[アンサルヴド]
- 未解決の問題 an *unsolved* problem

みかく【味覚】(**the sense of**) **taste**[(センス)][テイスト]
- 彼女は味覚がよい.
 She has a good *sense of taste*.

みがく【磨く】(つやを出す)**polish**[パリッシュ];(ブラシで)**brush**[ブラッシュ];(技術などを)**improve**[インプルーヴ]
- 靴(⑤)を磨いた. I *polished* my shoes.
- 私は朝食の後に歯を磨く.
 I *brush* my teeth after breakfast.
- 彼はテニスのバックハンドの腕(え)を磨いた.
 He has *improved* his backhand in tennis.

みかけ【見かけ】(**an**) **appearance**[アピ(ア)ランス];(容ぼう)**looks**[ルックス]
- 人を見かけで判断してはいけない. Don't judge a person by his or her *looks*.

みかける【見かける】**see**[スィー]
- 友達を見かけたが彼女は私に気づかなかった.
 I *saw* my friend but she didn't see me.

みかた[1]【味方】**a friend**[フレンド](⇔敵 an enemy)
 ━味方する **stand by ...**, **be on ...'s side**, **take ...'s side**
- ぼくたちはいつでも君の味方だよ.
 We *are* always *on your side*.
- 君は彼の味方をするの?
 Are you *taking his side*?

みかた[2]【見方】(観点, 見地)**a viewpoint**[ヴューポイント], **a point of view**[ポイント][ヴュー];(見解)**a view**
- 私たちはこの問題について見方が違(《》)う.
 We have different *views* on the matter.

みかづき【三日月】**a crescent**(**moon**)[クレセント(ムーン)]→つき[1]図

みかん a mikan; **a mandarin orange**[マンダリンオーリンヂ]
- みかんをむいた.
 I peeled a *mikan*.
 ┃みかん畑 a *mikan* grove

みかんせい【未完成の】**unfinished**[アンフィニッシュト];(不完全な)**incomplete**[インカンプリート]

みき【幹】**a trunk**[トゥランク]→き[1]図

みぎ【右】
(方向)**the** [*one's*] **right**[ライト](⇔ 左 the [*one's*] left)
- 右に見える島が江の島です. The island you see on *your right* is Enoshima.
- 右から5番目に写っているのが私です.
 The fifth person from *the right* is me.
- イタリア料理店の右にアイスクリームの店がある. To *the right* side of the Italian restaurant, there is an ice cream shop.
- 右側通行 (掲示)**KEEP** (**TO THE**) ***RIGHT***

「右側通行」の標識(米国)

- 回れ右! About face! (►号令)
━右の **right**
- 右の席 the *right* seat
━右に[へ] **to the right**, **right**
- 次の角を右に曲がってください.
 Turn (*to the*) *right* at the next corner.
 右上 (**the**) **upper** [**top**] **right**
 右腕 (体の)**the** [*one's*] **right arm**
 右側(だ) **right**, (**the**) **right side**, **the right-hand side**
 右きき (右ききの)**right-handed**;(右ききの人)**a right-handed person**: ぼくは右ききだ.
 I'm *right-handed*.
 右下 (**the**) **lower** [**bottom**] **right**
 右端(ば) (**the**) (**far**) **right**

ミキサー a mixer[ミクサァ];(ジュース用の)**a blender**[ブレンダァ]

mixer　　blender

みくだす【見下す】**look down** (**on ...**)[ルックダウン]→けいべつ

みぐるしい【見苦しい】**ugly**[アグリィ], **disgraceful**

[ディスグレイスフル]
みけねこ【三毛猫】**a tortoiseshell cat**[トータスシェル キャット]
みこし **a** *mikoshi*; **a portable (Shinto) shrine**[ポータブル (シントウ) シュライン]
- みこしを担ぎたい．
 I want to carry a *portable shrine*.
みごと【みごとな】**wonderful**[ワンダァフル], **beautiful**[ビュータフル], **splendid**[スプレンディド]
- みごとなばら *beautiful* roses
- おみごと！*Good* job!
- 私はみごとにだまされた．I was *completely* taken in.(←完全にだまされた)
みこみ【見込み】**a possibility**[パサビラティ]（▶複数形では用いない）,（a）**chance**[チャンス]
- 雨の降る見こみはありません．
 There is no *possibility* [*chance*] of rain.
- 彼が勝つ見こみは十分にある．
 He has a good *chance* of winning.
みこん【未婚の】**unmarried**[アンマリィド], **single**[スィングル]
ミサ **(a) mass,（a）Mass**[マス]
ミサイル **a missile**[ミサル]
- ミサイルを発射する launch a *missile*
みさき【岬】**a cape**[ケイプ]
ミサンガ **a promise ring**[プラミス リング]

みじかい【短い】

short[ショート]（⇔長い long）
- 短い試合だった．It was a *short* game.
- 日が短くなってきた．
 The days are getting *shorter*.
- 父は気が短い．
 My father has a *short* temper.
━短くする **shorten**
- ヒロは髪を短くした．
 Hiro got his hair *cut*.
みじかめ【短め】**short**[ショート], **shortish**[ショーティッシュ]
みじめ【惨めな】**miserable**[ミザラブル]
- 惨めな気分になった．I felt *miserable*.
みじゅく【未熟な】（成熟していない）**immature**[イマチュア]；（経験がない）**inexperienced**[イニクスピァリアンスト]
- 私はまだ未熟だ．I am still *inexperienced*.
| 未熟児 **a premature baby**
みしらぬ【見知らぬ】（なじみのない）**strange**[ストゥレインヂ], **unfamiliar**[アンファミリァァ]→みち²
- 見知らぬ場所 an *unfamiliar* place
- 見知らぬ人
 a stranger / an *unfamiliar* person
ミシン **a sewing machine**[ソウイング マシーン]

ミス¹（間違い）**a mistake**[ミステイク], **an error**[エラァ]→まちがい
━ミスをする **make a mistake, make an error** →まちがえる
ミス²（未婚の女性に対する敬称）**Miss**[ミス]→…さん ポイント！

みず【水】

water[ウォータァ]；（湯に対して）**cold water**[コウルド]（▶「湯」は **hot water**）；（水中）**(the) water**

- 川の水 river *water*
- きれいな[にごった]水
 clean [cloudy] *water*
- 飲み水 drinking *water*
- 水を1杯飲んだところだ．
 I just drank [had] a glass of *water*.
- 水の中に飛びこんだ．I dove into *the water*.
━水をやる **water**
- 植木に水をやってください．
 Please *water* the plants.
| 水草 **a water plant**
| 水たまり **a puddle**；（大きな）**a pool**
| 水鉄砲 **a water pistol**
| 水鳥 **a water bird**
| 水ぶくれ **a blister**
| 水不足 **lack of water, (a) water shortage**
みずいろ【水色(の)】**light blue**[ライト ブルー]
みずうみ【湖】**a lake**[レイク]（▶湖の名前にはaやtheをつけない．十和田湖ならばLake Towadaとする）
- 湖のほとりに by the *lake*
- きのう私たちは湖へボートに乗りに行った．
 We went boating on the *lake* yesterday.
みずがめざ【水がめ座】**Aquarius**[アクウェ(ァ)リアス]（**) an Aquarius**
- 私は水がめ座です．I am an *Aquarius*.
みずから【自ら】**oneself**[ワンセルフ]（▶ myself, yourselfなど主語に合わせた形にして使う）
- 彼は自ら彼女に会いに来た．
 He *himself* came to see her.
みずぎ【水着】**a swimsuit**[スウィムスート], **a bathing suit**[ベイシング スート]；（ビキニ）**a bikini**[ビキーニ]；（男性用の）**swimming trunks**[トゥランクス]
みずごす【見過ごす】→みのがす
ミスター（男性に対する敬称）**Mr.**[ミスタァ]（複 **Messrs.**[メサァズ]）→…さん ポイント！
みずたまもよう【水玉模様】**polka dots**[ポウルカ ダッツ]
━水玉模様の **polka-dot** →もよう 図
- 水玉模様のブラウス a *polka-dot* blouse
ミステリー（なぞ, 神秘）**(a) mystery**[ミスタリィ]；

みすてる

(推理小説) a mystery (story [novel]) [ストーリィ [ナヴァル]]

みすてる【見捨てる】desert [ディザート], abandon [アバンダン], leave [リーヴ]

みずびたし【水浸しになる】be under water [ウォータァ]; (洪水で) be flooded [フラッディド]
- 部屋が洪水で水浸しになった．
  The room *was flooded*.

みすぼらしい shabby [シャビィ]

みせ【店】

《主に米》a store [ストァ], 《主に英》a shop [シャップ]
- その店で牛乳を1本買ってきて．Can you get a carton of milk at the *store*?
- この店は高い [安い]．
  This *store* is expensive [inexpensive].
- この店はよくテレビで紹介される．
  This *store* is often shown on TV.
- この店は何時に開店 [閉店] しますか．
  What time does this *store* open [close]?
- 母は店を経営している．
  My mother owns [runs] a *shop*.

表現メモ

店のいろいろ
アウトレットショップ an outlet store
おもちゃ店 a toy store
家具店 米 a furniture store, 英 a furniture shop
菓子店 a confectionery, a candy store
カフェ a café
キオスク a kiosk
喫茶店 米 a coffee shop, 英 a tearoom
薬店, 薬局 a pharmacy
果物店 a fruit shop [store]
靴店 米 a shoe store, 英 a shoe shop
クリーニング店 a laundry [cleaner(')s]
コンビニエンスストア a convenience store
魚店 a fish store
ショッピングモール a shopping mall
書店 米 a bookstore, 英 a bookshop
スーパーマーケット a supermarket
デパート a department store
電器店 an electrical appliance store
理髪 a barbershop
ドラッグストア a drugstore
肉店, 精肉店 a meat [butcher] shop
花屋(店), 生花店 a flower shop
100円ショップ a 100-Yen shop
美容院 a beauty salon
ファストフードレストラン a fast-food restaurant
ファミリーレストラン a family restaurant

文房具店 a stationery store
八百屋(店) a fruit and vegetable store
レストラン a restaurant

みせいねん【未成年】(未成年者) a minor [マイナァ]
- 彼はまだ未成年である．
  He is still *under age*. / He is still a *minor*.

みせかけ【見せかけ】(a) pretense [プリテンス] (▶複数形では用いない), show [ショウ]
- 彼女の親切は単なる見せかけだ．
  Her kindness is just a *pretense*.

ミセス（既婚女性に対する敬称）Mrs. [ミスィズ] (複 Mmes. [メイダーム]) → …さん ポイント!

みせびらかす【見せびらかす】show off [ショウ]
- 彼は新しい時計を見せびらかした．
  He *showed off* his new watch to us.

みせもの【見せ物】a show [ショウ]

みせる【見せる, 診せる】

show [ショウ]; (医者にかかる) see [スィー]
- 入り口で切符を見せなければなりませんよ．You must *show* your ticket at the entrance.

〈人〉に〈物〉を見せる
show ＋〈人〉＋〈物〉/ show ＋〈物〉＋ to ＋〈人〉
- 私は彼らにすい星の写真を見せた．
  I *showed* them pictures of the comet. / I *showed* pictures of the comet *to* them.
- あのバッグを見せてください．
  Please *show* me that bag.
- ちょっと見せて．
  Let me *have a look*. / Can I *take a look*?
- できるだけ早く医者に診せたほうがいいよ．
  You should *see* a doctor as soon as possible.
- 次の試合では彼女に勝ってみせるわ．
  I *will* beat her in the next match.

みそ（食品）miso
- みそは発酵させた大豆ペーストです．
  Miso is fermented soybean paste.

みそ汁 miso soup

みぞ【溝】a ditch [ディッチ], a gutter [ガタァ]

642　six hundred and forty-two

みそこなう【見損なう】(見逃(%)す)**miss**[ミス]；(誤まる)**misjudge**[ミスヂャッヂ]；(失望する)**be disappointed**（**in** ...）[ディサポインティド]
- ごめんね，君のこと見損なっていたよ.
  Sorry, I've *misjudged* you.
- 彼を見損なった. I'm *disappointed in* him.

みぞれ〖気象〗**sleet**[スリート]
- **➡みぞれが降る sleet**
- みぞれが降っていた. It was *sleeting*.

…みたい【…みたい(な)】**like** ...[ライク]，**as** ...[アズ]**➡**…ようだ，…ような[に]
- 田中選手みたいに泳ぎたい.
  I want to swim *like* Tanaka.
- 君はまだ準備ができていないみたいだね.
  You don't *seem* to be ready yet.

みだし【見出し】(新聞の)**a headline**[ヘッドゥライン]；(標題)**a title**[タイトゥル]
- ▮**見出し語 a headword, an entry word**

みだしなみ【身だしなみ】*one's* **appearance(s)**[アピ(ァ)ランス(イズ)]
- 彼女は身だしなみがいい[よくない]. She is careful [careless] about *her appearance*.

みたす【満たす】(いっぱいにする)**fill**[フィル]**➡**いっぱい❷；(満足させる)**satisfy**[サティスファイ]；(条件などを)**meet**[ミート]
- 彼はおやつを食べて空腹を満たした. He *satisfied* his hunger by eating a snack.

みだす【乱す】**disturb**[ディスターブ]
- その行為は世界の平和を乱すだろう.
  The action will *disturb* world peace.

みため【見た目】*one's* **appearance**[アピ(ァ)ランス]**➡**みだしなみ
- ケイは見た目がいい. Kei is good-*looking*.

みだれる【乱れる】**be in a mess**[メス]，**be in disorder**[ディスオーダァ]
- 私の部屋はひどく乱れている.
  My room *is in* a complete *mess*.

みち¹【道】

❶道路	a road；(通り)a street
❷道筋, 道順	a way, a route
❸手段, 方法, 進路	a way, a course

❶[道路]**a road**[ロウド]；(通り)**a street**[ストゥリート]
- この道を行くと駅に出ます.
  This *road* leads you to the station.
- 子猫(%)が道を歩いている.
  A kitten is walking along the *street*.
- 対向車に道を譲(%)ってあげた.
  I made *way* for the oncoming car.

❷[道筋, 道順]**a way**[ウェイ]，**a route**[ルート]

- すみませんが駅への道を教えてください.
  Excuse me, but please tell me the *way* to the station.
- 道に迷ってしまったようだ.
  It seems that I lost my *way*.
- 道を間違(%)えて遅刻(%)しました.
  I went the wrong *way* and so I was late.

❸[手段, 方法, 進路]**a way, a course**[コース]
- 成功への道 the *way to* success
- ▮**道順 directions**
  道しるべ a signpost
  道なり：道なりに行ってください. Go *along the road*.

みち²【未知の】**unknown**[アンノウン]；(なじみのない)**strange**[ストゥレインヂ]
- 未知の世界 the *unknown* world

みちあんない【道案内】(人)**a guide**[ガイド]
- **➡道案内(を)する show ... the way（to ...）**
- その少年が城まで道案内をしてくれた. The boy *showed* me *the way to* the castle.

みぢか【身近な】**familiar**[ファミリァァ]，**close**[クロウス]
- 身近な友人 a *close* friend
- もっと身近な例をあげてください.
  Please give us a more *familiar* example.

みちがえる【見違える】
- 彼は見違えるほど変わった.
  He has changed so much（that）I *can hardly recognize* him.
- エリは髪を切ったら見違えた. Eri *looked different* after she got her hair cut.

みちくさ【道草する】(うろつく)**hang around**[ハングァラウンド]；(立ち寄る)**drop in**[ドゥラップ]
- 学校が終わったら道草しないで帰って来なさい. Come straight home after school.（**⬅**まっすぐ帰って来なさい）

みちのり【道のり】**➡**きょり

みちばた【道端】**the roadside**[ロウドゥサイド]
- 道端にたんぽぽが咲いている. The *dandelions* are in bloom by [at] the *roadside*.

みちびく【導く】**lead**[リード]；(案内する)**guide**[ガイド]
- 努力が彼を成功へと導いた.
  Hard work *led* him *to* success.

みちる【満ちる】(いっぱいである)**be full（of** ...）[フル]，**be filled（with** ...）[フィルド]
- 彼女の顔は喜びに満ちていた.
  Her face *was filled with* joy.

みつ(はちみつ)**honey**[ハニィ]；(花の)**nectar**[ネクタァ]

みつあみ【三つ編み】⊛**a braid**[ブレイド]，⊛**a plait**[プレイト]

six hundred and forty-three

- サユリは髪(かみ)を三つ編みにしている.
Sayuri wears her hair in *braids*.

みっか【三日】(the) third[サード]
- 3日目 the *third* day
- 3日間 for *three* days

みっかぼうず【三日坊主】
- 三日坊主で終わらないようにしたい.
I will try not to *give up easily*.

みつかる【見つかる】
can find[ファインド], be found[ファウンド];（発見される）be discovered[ディスカヴァド];（何かをしていて）be [get] caught[コート]
- その本が見つからない.
I *can't find* the book.
- 私の財布はまだ見つかっていない.
My wallet has not *been found* yet.
- 古代都市の遺跡(いせき)が見つかった.
The ruins of an ancient city have *been discovered*.
- 彼女はカンニングしていて見つかった.
She *was caught* cheating on an exam.

ミックス【ミックスする】mix (up)[ミックス] ➔ まぜる
| ミックスジュース mixed juice
| ミックスダブルス（テニスなどの）mixed doubles

みつける【見つける】
find[ファインド];（努力して方法を）find out[アウト];（発見する）discover[ディスカヴァ]
- 私は道で100円玉を見つけた. I *found* a hundred-yen coin on the street.
- サナが私のかぎを見つけてくれた.
Sana *found* my key (for me).
- 辞書の中からこの単語を見つけられない.
I can't *find* this word in the dictionary.
- 彼は問題を解く，より簡単な方法を見つけた.
He *found out* an easier way to solve the question.
- 秘密(ひみつ)のドアを見つけた.
I *discovered* a secret door.

みっしゅう【密集する】
- 東京には人口が密集している.
Tokyo *is densely populated*.（←人が透(す)き間なく住んでいる）

ミッションスクール a Christian school[クリスチャン スクール]

みっせつ【密接な】close[クロウス]
- 密接な関係 a *close* relationship

みっつ【三つ(の)】three[スリー] ➔ さん¹

ミット〖野球〗a mitt[ミット]

みつど【密度】density[デンサティ]
- 人口密度 population *density*

みっともない（恥(は)ずべき）shameful[シェイムフル], dishonorable[ディスオナラブル];（みすぼらしい）shabby[シャビィ]

みつばち〖虫〗a honeybee[ハニィビー]

みつめる【見詰める】gaze (at ...)[ゲイズ], stare (at ...)[ステア]
- 私は彼をじっと見詰めた. I *stared at* him.

みつもる【見積もる】estimate[エスタメイト]
━見積もり an estimate

みつりょう【密猟】poaching[ポウチング]

みつりん【密林】a thick [dense] forest[スィック[デンス] フォーリスト];（熱帯の）a jungle[ジャングル]

みてい【未定の】undecided[アンディサイディド], unfixed[アンフィクスト]
- 次のミーティングの日にちはまだ未定だ.
The date of the next meeting is still *unfixed* [*undecided*].

みとおし【見通し】（視界）visibility[ヴィザビラティ];（見こみ）an outlook[アウトゥルック]
- もやで見通しがきかなかった. The *visibility* was poor because of the fog.
- 将来の見通しは明るい.
The *outlook* for the future is bright.

みどころ【見所】a highlight[ハイライト]
- 運動会の見所はリレーだ. The *highlight* of the field day is the relays.
- 東京にはたくさんの見所がある.
There are many *places to see* in Tokyo.

みとめる【認める】（本当だと）admit[アドゥミット];（受け入れる）accept[アクセプト];（…が〜するのを）allow (... to+〈動詞の原形〉)[アラゥ]
- 彼は自分の過(あやま)ちを認めた.
He *admitted* his error.
- 先生は私の遅刻(ちこく)の理由を認めてくれなかった. The teacher didn't *accept* my reason for being late.
- その部屋への立ち入りは認められていない. We are not *allowed to* go into the room.

みどり【緑(の)】green[グリーン];（緑の草木）greenery[グリーナリィ]

みぬく

- 緑の葉 *green* leaves
- 緑の多い町に住みたい. I want to live in a city with a lot of *greenery*.
- みどりの日 *Greenery* Day

‖緑っぽい **greenish**

みとれる【見とれる】**be charmed**［**fascinated**］（**by** ...）［チャームド］［ファサネイティド］
- すばらしい眺(なが)めに見とれてしまった.
  I *was fascinated by* the splendid views.

ミトン mittens［ミトンズ］➡ **てぶくろ**

みな【皆】**all**［オール］；（人）**everybody**［エヴリバディ］, **everyone**［エヴリワン］；（物）**everything**［エヴリスィング］（▶ all 以外はいずれも単数扱い）➡ **みんな**
- 彼らはみな3年生だ.
  They are *all* third-year students.
- 友達みなが私の誕生日を祝ってくれた.
  My friends *all* celebrated my birthday.
- みなさん, おはようございます.
  Good morning, *everybody*.
- みな努力家だ.
  Everyone works hard.

みなおす【見直す】

（再び見る）**look over ... again**［ルック］［アゲン］；（より高く評価する）**have a better opinion**（**of** ...）［ベタァ アピニャン］, **think better**（**of** ...）［スィンク］
- 作文をもう一度見直しなさい.
  Look over your essay *again*.
- 彼女を見直したよ.
  I came to *have a better opinion of* her. / I came to *think better of* her.

みなす【見なす】**regard**（**as** ...）［リガード］, **consider**［カンスィダァ］
- 彼はその学校で最も優(すぐ)れたサッカー選手と見なされている.
  He is *regarded as* the best soccer player in that school.

みなと【港】**a harbor**［ハーバァ］；（商港, 港町）**a port**［ポート］

‖港町 **a port town**

みなみ【南】

（**the**）**south**［サウス］（⇔北（the）**north**）（▶ S. と略す）➡ **きた**
- 居間は南に向いている.
  The living room faces（*the*）*south*.
- **南の south, southern**［サザン］（⇔北の **north, northern**）
- 日本の南の地方にその動物は生息している.
  The animal lives in the *southern* part of Japan.

- **南へ**［に］**south, southward**

南風 **a south wind**

南口 **the south exit**

南十字星 **the Southern Cross**

南半球 **the Southern Hemisphere**➡ **ちきゅう** 図

南向き **south-facing**: 南向きの部屋 a *south-facing* room

みなみアフリカ【南アフリカ】**South Africa**［サウス アフリカ］

南アフリカ人 **a South African**

みなもと【源】**a source**［ソース］；（起源）（**an**）**origin**［オーラヂン］
- チョコレートは私の元気の源だ.
  Chocolate is my *source* of energy.

みならう【見習う】**follow ...'s example**［ファロウ］［イグザンプル］
- マドカを見習いなさい.
  You should *follow Madoka's example*.

みなり【身なり】（服装）**dress**［ドゥレス］；（外見）*one*'s appearance［アピ(ア)ランス］➡ **みだしなみ**
- タオはいつもきちんとした身なりをしている.
  Tao is always neatly *dressed*.

みなれた【見慣れた】**familiar**［ファミリャァ］
- 見慣れた顔 a *familiar* face

ミニ（小さい）**mini**［ミニィ］；（小型の物）**a mini**

ミニカー **a minicar**；（おもちゃの）**a miniature car**

ミニスカート **a miniskirt**, 《話》**a mini**

ミニトマト **a cherry tomato**

みにくい【醜い】**ugly**［アグリィ］（⇔美しい **beautiful**）, **unattractive**［アナトゥラクティヴ］

ミニチュア a miniature［ミニアチァァ］（★発音注意）
- **ミニチュアの miniature**

ミニチュア・シュナウザー（犬）**a miniature schnauzer**

ミニチュア・ダックスフント（犬）**a miniature dachshund**

みにつける【身につける】

❶衣類などを	（動作）put on;（着ている状態）wear
❷技術・知識を	acquire, learn

❶〔衣類などを〕（動作）**put on**；（着ている状態）**wear**［ウェァ］➡ **きる**²

❷〔技術・知識を〕**acquire**［アクワイァ］, **learn**［ラーン］
- 実践(じっせん)的な英語力を身につけたい.
  I want to *acquire* practical English skills.

みぬく【見抜く】（うそなどを）**see through ...**［スィー スルー］；（正体を）**find out**［ファインド アウト］

あ
か
さ
た
な
は
み
や
ら
わ

six hundred and forty-five　　**645**

みね

- 彼女は私のうそを見抜いた.
  She *saw through* my lie.

みね【峰】a peak[ピーク]

ミネラル a mineral[ミネラル]

┃ミネラルウォーター mineral water

みのがす【見逃す】(大目に見る)overlook[オウヴァルック]; (見落とす)miss[ミス]

- どんな間違いも見逃してはならない. You must not *overlook* any kind of error.
- 好きなテレビ番組を見逃してしまった.
  I *missed* my favorite TV program.

みのまわり【身の回りの物】one's (personal) things [belongings][(パーサヌル) スィングズ [ビローンギングズ]]

- 身の回りの物をかたづけなさい.
  Put *your things* in order.

みのる【実る】have [bear] fruit[ベア フルート]

- この木はよく実る.
  This tree *bears* a lot of *fruit*.
- 今までの努力は実らなかった.
  All my efforts *bore* no *fruit*.

みはらし【見晴らし】a (fine) view[(ファイン) ヴュー]

- ぼくの部屋は見晴らしがよい.
  My room has a *fine view*.

みはり【見張り】(人)a guard[ガード]

みはる【見張る】guard[ガード], watch[ワッチ], keep watch[キープ]

- このバッグを見張っていて.
  Please *watch* this bag.

みぶり【身振り】(a) gesture[ヂェスチァ]

- 身振り手振りで意思を伝えた. I communicated by *gestures* [*body language*].

みぶん【身分】(社会的地位)(a) (social) status [position][(ソウシャル) ステイタス [パズィション]]

┃身分証明書 an identification (card), an ID (card)

みほん【見本】a sample[サンプル]

みまい【見舞い】(病人などの)a visit[ヴィズィット]

━見舞う visit

- おじいちゃんを見舞いに病院へ行った.
  I *visited* Grandpa in the hospital.

┃見舞い客 a visitor

みまもる【見守る】watch[ワッチ], keep one's eye (on ...)[キープ][アイ]

- 母はいつもぼくを見守ってくれていた.
  My mother always *kept her eye on* me.

みまわす【見回す】look around (...)[ルック アラウンド], look about (...)[アバウト]

- 彼は座席を捜してバスの中を見回した.
  He *looked around* for a seat in the bus.

みまわる【見回る】(巡回する)patrol[パトゥロウル]

━見回り patrol

…みまん【…未満】under ...[アンダァ], less than ...[レス]

- 5歳未満の子どもは無料だ.
  Children *under* five are free of charge.

みみ【耳】

an ear[イア]; (聴力)hearing[ヒ(ア)リング]

- 大きな耳
  big *ears*
- エリは私の耳もとで何かささやいた.
  Eri whispered something in my *ear*.
- おばあちゃんは耳が遠い.
  Grandma is hard of *hearing*.

━耳が聞こえない deaf[デフ]; (聞こえなくなる) go deaf, lose one's hearing

- 彼は耳が聞こえなくなった.
  He lost *his hearing*.

━━━慣用表現━━━

耳を傾ける listen (to ...): 彼らは先生の話にじっと耳を傾けた. They *listened to* the teacher carefully.

┃耳あか earwax: 耳あかを取ってくれる？ Can you clean my ear(s)?
┃耳あて earmuffs
┃耳かき an earpick; (綿棒)〖商標〗a Q-tip
┃耳たぶ an earlobe
┃耳鳴り: 耳鳴りがする. *My ears* are *ringing*.

みみず〖虫〗an earthworm[アースワーム]

みもと【身元】...'s identity[アイデンティティ]

- 身元保証人
  a guarantor

みゃく【脈】a pulse[パルス]

- 医師は私の脈をとった.
  The doctor took my *pulse*.

みやげ【土産】(記念の品)a souvenir[スーヴァニァ]; (贈り物)a present[プレゼント]

- 修学旅行で京都に行っておみやげを買った.
  I bought a *souvenir* during our school trip to Kyoto.

▍土産物店 a souvenir shop

スペインの土産物店

みやこ【都】（首都）**the capital**［キャピトゥル］
- 大阪は水の都と呼ばれている．
  Osaka is called a *city* of waterways.

みやぶる【見破る】→ みぬく

ミャンマー Myanmar［ミャンマー］
▍ミャンマー人 **a Myanmarese**

ミュージカル a musical［ミューズィカル］
ミュージシャン a musician［ミューズィシャン］
ミュージック music［ミューズィック］

みょう【妙な】**strange**［ストゥレインヂ］, **odd**［アッド］, **queer**［クウィア］→ きみょう, へん¹

みょうごにち【明後日】**the day after tomorrow**
［デイ］［タマーロゥ］

みょうじ【名字】**a family name**［ファミリィ ネイム］
→ せい³

みょうにち【明日】**tomorrow**［タマーロゥ］→ あした

みょうばん【明晩】**tomorrow night**［**evening**］
［タマーロゥ ナイト［イーヴニング］］

みらい【未来】

the future［フューチァ］;（前途（だ））**(a) future**
- 地球の未来
  the *future* of the earth
- 未来の乗り物
  a *future* vehicle
- 彼には明るい未来がある．
  He has a bright *future*.
━未来に **in the future**
▍未来都市 **city of the future**

ミリ…（1000分の1）**milli-**［ミリ］
- ミリグラム a **milli**gram（▶mgと略す）
- ミリメートル a **milli**meter（▶mmと略す）
- ミリリットル a **milli**liter（▶mlと略す）

みりょく【魅力】(a) **charm**［チャーム］,（an）**attraction**［アトゥラクション］, **appeal**［アピール］
━魅力的な **attractive, charming**
- 魅力的な笑顔
  a *charming* smile

みりん sweet rice wine used in cooking［スウィート ライス ワイン ユーズド］［クッキング］

みる¹【見る】

❶ 目でとらえる（目に入る）**see**;
　　　　　　　（目を向ける）**look**（**at** ...）;
　　　　　　　（継続（ぞく）して動きを）**watch**
❷ 目を通す　　（詳（くわ）しく）**examine**;
　　　　　　　（ざっと）**look over**;
　　　　　　　（調べる）**look ... up**;
　　　　　　　（読む）**read**
❸ 世話をする　**look after ...,**
　　　　　　　take care of ...

❶ [目でとらえる]（目に入る）**see**［スィー］;（目を向ける）**look**（**at** ...）［ルック］;（継続して動きを）**watch**［ワッチ］

〈人・物〉が…するのを見る
see +〈人・物〉+〈動詞の原形〉
- 彼女はリクが教室から出て行くのを見た．
  She *saw* Riku leave the classroom.
- 私は鳥が飛び去るのを見た．
  I *saw* the birds fly away.

〈人・物〉が…しているのを見る
see +〈人・物〉+〈-ing形〉
- あひるが池で泳いでいるのを見た．
  I *saw* ducks swimm*ing* in the pond.
- こんなにきれいな花は今まで見たことがない．
  I've never *seen* such a pretty flower.
- あそこのにじを見てごらん．
  Look at the rainbow over there.
- ぼくはよくテレビでサッカーの試合を見る．
  I often *watch* soccer games on TV.

> **くらべて みよう！** see と look と watch
> **see**: 自然に目に入ってきて「見える」という意味
> **look**: 対象となるものを見ようとして意識的に「目を向ける」こと
> **watch**:「注意して見守る」という意味で，動いているもの・試合・事態の変化などをlookよりも長い間見続けること
>
>
> see　　　look　　　watch

❷ [目を通す]（詳しく）**examine**［イグザミン］;（ざっと）**look over**［オウヴァ］;（調べる）**look ... up**;（読む）**read**［リード］

みる²

- ぼくの書いた作文を見てくれる？
Would you *look over* my essay?
- その俳優のことをネットで見てみるよ.
I'll *look up* the actor on the Internet.

❸ [世話をする] **look after ..., take care of ...** [ケア]

- だれが赤ちゃんの面倒を見るの？
Who will *look after* the baby? / Who will *take care of* the baby?

(慣用表現)

見て見ぬふりをする **pretend not to see**: 彼がクッキーを1つ食べるのを見て見ぬふりをした. I *pretended not to see* him take a cookie.

みる²【診る】(診察する) **see** [スィー], **examine** [イグザミン]; (診察してもらう) **see**

- お医者さんにみてもらったら？ How about *seeing* [*consulting*] a doctor?

…みる【…(して)みる】(試す) **try** [トゥライ]; (…を試してみる) **try+〈-ing形〉**

- この靴をはいてみてもいいですか.
Can I *try* these shoes on?
- マリは試しにギターをひいてみた.
Mari *tried* play*ing* the guitar.

ミルク milk [ミルク]

- 粉ミルク powdered *milk*
- コーヒーにミルクを入れますか.
Would you like *milk* in your coffee?

▎ミルクティー **tea with milk**

みわける【見分ける】**tell the difference** [ディファランス] → くべつ

- バターとマーガリンを見分けられますか.
Can you *tell the difference between* butter *and* margarine? / Can you *distinguish between* butter *and* margarine?

みわたす【見渡す】**look out (over ...)** [ルック アウト (オウヴァ)], **overlook** [オウヴァルック]

- そのタワーからは海が見渡せる.
The tower *looks out over* the sea.
- 見渡す限り雪で覆われていた. There was snow *as far as the eye could see*.

ミンク【動物】**a mink** [ミンク]; (毛皮) **mink**

みんげいひん【民芸品】**a folk craft** [フォウク クラフト]

みんしゅう【民衆】**the people** [ピープル]

みんしゅく【民宿】**a tourist home** [トゥ(ア)リスト ホウム], 米 **a guesthouse** [ゲストハウス]

みんしゅしゅぎ【民主主義】**democracy** [デマクラスィ]

みんしゅてき【民主的な】**democratic** [デマクラティック]

みんぞく【民族】(国民) **a people** [ピープル]; (人種) **a race** [レイス]

- アジアの諸民族
the *peoples* of Asia / the Asian *races*
- 少数民族 an *ethnic* minority

▎民族衣装 **ethnic [native] costume**
▎民族音楽 **folk music**
▎民族舞踊 **folk dance**

ミント【植物】**mint** [ミント]

みんな

all [オール]; (人) **everybody** [エヴリィバディ], **everyone** [エヴリィワン]; (物) **everything** [エヴリィスィング] (▶ all 以外はいずれも単数扱い) → ぜんいん, ぜんぶ

- 私たちはみんなピクニックを楽しんだ.
All of us enjoyed the picnic. / We *all* enjoyed the picnic.
- みんながバスを降りた.
Everybody got off the bus.
- ポケットの中の物をみんな出した. I took out *everything* I had in my pockets.

━みんなで (いっしょに) **all together** [タゲザァ]; (合計で) **in all, altogether** [オールタゲザァ]

- みんなでこの歌を歌ってください.
Please sing this song *all together*.
- これらはみんなでいくらですか.
How much are these *altogether*?

みんぽう【民放】**a commercial TV station** [カマーシャル ティーヴィー ステイション]

みんよう【民謡】**a folk song** [フォウク ソング]

みんわ【民話】**a folk tale** [フォウク テイル]

む ム

む【無】nothing[ナッスィング]
むいか【六日】(the) sixth[スィックスス]
- 6日目 *the sixth day*
- 6日間 for *six days*

むいしき【無意識】unconsciousness[アンカンシャスニス]
— 無意識の unconscious
— 無意識に unconsciously
- 彼は無意識にそうしてしまった．
  He did it *unconsciously*.

むいみ【無意味な】meaningless[ミーニングリス]
- 無意味な議論 a *meaningless* argument

ムース(菓子(￤))(a) mousse[ムース];〖商標〗(整髪(￤)料) mousse

ムード(雰囲気(￤))(an) atmosphere[アトゥマスフィア](▶複数形では用いない);(一時的な気分) a mood[ムード]
- 町はお祭りムードだった．
  The town was in a festive *mood*.

ムートン mouton[ムータン](▶フランス語から)

むかい【向かいの】opposite[アパズィット]
- うちの向かいの家 the house *opposite* ours
- 私の家は通りを挟(￤)んで本屋の向かいにある．
  My house is across the street from the bookstore.

▎向かい風 a head wind

むがい【無害な】harmless[ハームリス](⇔有害な harmful)

むかう【向かう】

| ❶ …の方向に
(…へ向けて出発する) | head (for ...);
leave for ...,
start (for ...) |
| ❷ 面する | face |

❶[…の方向に]head (for ...)[ヘッド];(…へ向けて出発する)leave for ...[リーヴ], start (for ...)[スタート]
- 台風は四国へ向かっている．
  The typhoon is *heading for* Shikoku.
- 生徒たちはあしたカナダへ向かう．
  The students will *leave for* Canada tomorrow.
- その列車は東京を出て大阪へ向かった．
  The train *left* Tokyo *for* Osaka. / The train *started from* Tokyo *for* Osaka.
- 父は日ごとに快方へ向かっている．
  My father *is getting* better day by day.

❷[面する]face[フェイス]
- 私たちの家は線路に向かって建っている．
  Our house *faces* the railway.
- 向かって左から2人目が私です．
  The second person from the left is me.

むかえる【迎える】
(歓迎(￤)する)welcome[ウェルカム];(出迎える) meet[ミート];(車で)pick up[ピック];(あいさつして)greet[グリート]
- ホストファミリーは私を温かく迎えてくれた．
  The host family *welcomed* me warmly.
- 駅までケンを迎えに行ってくれない？
  Will you go to the station to *meet* Ken?
- 空港までおじが車で迎えに来てくれた．
  My uncle *picked* me *up* at the airport.

むかし【昔】
the old days[オウルド デイズ], old times[タイムズ];(ずっと前に)long ago[ローング アゴゥ], a long time ago[タイム];(かつて)once[ワンス]
- 彼女は昔のことを話すのが好きだ．
  She likes talking about *the old days*.
- 彼は昔イギリスに住んでいた．
  He lived in Britain *a long time ago*.
- 昔この辺に大きな木があった．There *used to* be a big tree around here.
- 昔々 *once upon a time*
— 昔の old
- トモは昔からの友達の1人だ．
  Tomo is one of my *old* friends.

▎昔話 an old story [tale]

むかつく feel sick [disgusted][フィール スィック][ディスガスティド]];(腹が立つ) be [get] mad[マッド]
- 胃がむかつく．
  I *feel sick* in the stomach.
- あのうわさを聞いたときはむかついた．I *was* [*got*] *mad* when I heard that rumor.

むかって【…に［へ］向かって】

❶ …の方向へ	toward ..., for ...
❷ …に対して	to ...; (…を目がけて)at ...
❸ …に逆らって	against ...

❶[…の方向へ]toward ...[トード], for ...[フォア]
- 気球は北西へ向かって飛んでいった．
  The balloon flew *toward* the northwest.

❷[…に対して]to ...[トゥー];(…を目がけて)at ...[アット]

むかで

- 君は彼女に向かってそんなことを言ったの？ Did you say such a thing *to* her?
- その犬は私に向かってほえた． The dog barked *at* me.

❸ [...に逆らって] **against** ...[アゲンスト]

- さけが上流に向かって泳いでいた． Salmon were swimming *against* the stream.

むかで [虫] **a centipede**[センティピード]
┃むかで競走 a centipede race

むかむか【むかむかする】→ むかつく

むかんかく【無感覚(な)】**insensitive**[インセンスィティヴ], **numb**[ナム]

むかんけい【無関係な】**unrelated**[アンリレイティド]

- 私は彼らのけんかとは無関係だった． I *had nothing to do* with their fight.

むかんしん【無関心】**indifference**[インディフ(ァ)ランス]

━無関心な **indifferent** (**to** ...)

- 彼はスポーツに無関心だ． He is *indifferent to* sports. / He *has no interest in* sports.

むき¹【向き】(a) **direction**[ディレクション]→ むく¹ ❶❷

- 風向きはどっちですか． Which *direction* is the wind blowing?
- 私の部屋は南向きだ． My room *faces* south.

むき²【むきになる】**take things seriously**[スィ(ア)リアスリィ]; (怒る) **get upset**[アプセット]

- 彼はちょっとしたことでもむきになる． He *gets upset* over little things.

むぎ【麦】[植物] (小麦) **wheat**[(ホ)ウィート]; (大麦) **barley**[バーリィ]; (ライ麦) **rye**[ライ]
┃麦茶 barley tea
┃麦畑 a wheat field; a barley field
┃麦わら帽子(ぼう) a straw hat → ぼうし¹図

むく¹【向く】

❶方向を変える	(目・顔を向ける)**look**; (体などを向ける)**turn**
❷面する	**face**
❸適する	**be suitable** (**for** ...), **be suited** (**for** ..., **to** ...), **be fit** (**for** ...)

❶ [方向を変える] (目・顔を向ける) **look**[ルック]; (体などを向ける) **turn**[ターン]

- 後ろを向いてください． Please *look* back. / Please *turn* around.
- 下を向くな． Don't *look* down.
- 左を向いてもらえますか． Can you *turn to* the left?
- 少年はこっちを向いて笑った． The boy *looked* this way and smiled.

❷ [面する] **face**[フェイス]

- そのホテルは海のほうを向いている． The hotel *faces* the sea.

❸ [適する] **be suitable** (**for** ...)[スータブル], **be suited** (**for** ..., **to** ...), **be fit** (**for** ...)[フィット] → ...むけ

- ハルは自分が音楽に向いていないと思った． Haru thought (that) she *was not suited for* music.

むく²

(皮を) **peel**[ピール], **pare**[ペア] (▶ peel は手で，pare はナイフなどを使って「むく」こと)

- 猿(きる)がバナナの皮をむいている． The monkey is *peeling* a banana.
- リンはりんごの皮をむくのがじょうずだ． Rin is good at *paring* an apple.

むくいる【報いる】**reward**[リウォード]

むくち【無口な】**quiet**[クワイアット], **silent**[サイラント]

- 無口な男の子 a *quiet* boy
- 妹は無口だ． My sister *doesn't talk much*.

...むけ【...向け】**for** ...[フォア]

- この辞典は中学生向けだ． This dictionary is (suitable) *for* junior high school students.

むける【向ける】(転じる) **turn**[ターン]; (指・カメラなどを) **point**[ポイント]; (批判などを) **aim**[エイム]

- パンダは背を向けてしまった． The panda *turned* his back.
- 私はカメラを家族のほうに向けた． I *pointed* [*aimed*] my camera *at* my family.

むげん【無限の】**infinite**[インフィニット]

━無限に **infinitely**

むこう¹【向こう】

(もう一方の) **the other side**[アザァ サイド]; (反対側) **the opposite side**[アパズィット]

- ホテルは大通りの向こうにある． The hotel is *across* [*on the other side of*] the avenue.

650　six hundred and fifty

むずかしい

- 向こうから人が寄ってきた．
 A person came toward me.
 ━向こうに **over there**；（…を横切って）**across** …；（…を越（こ）えて）**beyond** …[ビヤンド]
- ほら，向こうに東京タワーが見えるよ．
 Look! You can see the Tokyo Tower *over there*.
- この建物の向こうには何があるのですか．
 What is *beyond* this building?

むこう[2]【無効な】**invalid**[インヴァリッド]（⇔有効な **valid**）
▮無効投票 **an invalid vote**

むこうりょう【無香料の】**fragrance-free**[フレイグランスフリー]
▮無香料化粧（しょう）品 **fragrance-free cosmetics**

むごん【無言の】**silent**[サイラント]
▮無言電話 **a silent telephone call**

むざい【無罪の】**innocent**[イナサント]，**not guilty**[ギルティ]（⇔有罪の **guilty**）

むし[1]【虫】

an insect[インセクト]，**a bug**[バッグ]，**a worm**[ワーム]

- 虫を捕（つか）まえるのが好きです．
 I like to catch *insects*.
- 彼は虫に刺（さ）された．
 He was [got] bitten by an *insect* [*a bug*].
- 虫が鳴いている．*Insects* are chirping.
- ぼくは釣（つ）りをするときは虫をえさにする．
 I use *worms* for bait when I fish.
- お気に入りのセーターが虫に食われた．
 My favorite sweater was eaten by *moths*.

> くらべてみよう！ **insect** と **bug** と **worm**
> **insect**：「昆虫（こんちゅう）」という意味で一般的に使う．
> **bug**：なんきんむし，ありなどの「小さな虫」．
> **worm**：みみず・毛虫・芋（いも）虫・うじ虫などの「はう虫」．

▮虫かご **an insect cage**
▮虫刺され **an insect bite, a sting**
▮虫眼鏡 **a magnifying glass**

むし[2]【無視する】**ignore**[イグノァ]
- ドライバーは信号を無視した．
 The driver *ignored* the traffic lights.

むじ【無地の】**plain**[プレイン]
- 無地のノート **a *blank* notebook**

むしあつい【蒸し暑い】**hot and humid**[ハット][ヒューミッド]，**muggy**[マギィ]
- きょうは蒸し暑い．It is *hot and humid* today. / It is *muggy* today.

むじつ【無実】**innocence**[イナサンス]
━無実の **innocent, not guilty**[ギルティ]

むしば【虫歯】**a cavity**[キャヴァティ] → は[1]
- 私は虫歯が3本ある．I have three *cavities*.
- 虫歯を予防する **prevent *cavities***

むじゃき【無邪気な】**innocent**[イナサント]
- 無邪気な子ども **an *innocent* child**

むしゃくしゃ【むしゃくしゃする】 **feel** [**be**] **irritated**[イリテイティド]
- 朝から何となくむしゃくしゃしている．
 I've *been irritated* for some reason since this morning.

むじゅうりょく【無重力】**zero gravity**[ズィ(ァ)ロゥ グラヴァティ]；（無重力状態）**weightlessness**[ウェイトリスニス]

むじゅん【矛盾する】**contradict**[カントゥラディクト]，**be inconsistent（with …）**[インカンスィスタント]
- 彼の行動は言葉と矛盾している．
 His actions *contradict* his words. / His actions *are inconsistent with* his words.

むじょうけん【無条件の】**unconditional**[アンカンディショヌル]
━無条件で **unconditionally**

むしょく[1]【無色の】**colorless**[カラァリス]
むしょく[2]【無職である】**have no job**[チャブ]；（失業中である）**be out of a job, be unemployed**[アニンプロイド]

むしる pull off[プル]；（雑草を）**weed**[ウィード]
- 父は庭で草をむしっている．
 My father is *weeding* in the garden.

むしろ rather（than …）[ラザァ]
- コンサートに行くよりむしろ家にいたい．I'd *rather* stay home *than* go to a concert.
- むしろ，君がこれをやるべきだ．
 In fact, you should do this.

むじん【無人の】**uninhabited**[アニンハビティド]
▮無人島 **an uninhabited island, a desert island**

むしんけい【無神経な】**insensitive**[インセンスィティヴ]
- それを言うなんて無神経だ．
 It's *insensitive* of you to say that.

むす【蒸す】**steam**[スティーム]
むすう【無数の】**countless**[カウントゥリス]，**numberless**[ナンバァリス]
- 空に無数の星が見える．
 We can see *countless* stars in the sky.

むずかしい【難しい】

（困難な）**difficult**[ディフィカルト]，**hard**[ハード]（⇔簡単な, 易しい **easy**）；（気難しい）**difficult**；（深刻な）**serious**[スィ(ァ)リアス]

むすこ

- 難しい質問 a *difficult* question
- 数学の試験はとても難しかった. The math exam was very *hard* [*difficult*].

…するのは〈〈人〉にとって〉難しい
It is difficult [hard] (for +〈人〉+) to +〈動詞の原形〉

- 英語でメッセージを送るのは私にとって難しい. *It is difficult* [*hard*] *for* me *to* text a message in English.
- その質問は難しすぎて私には答えられなかった. The question was too *difficult* for me to answer. / The question was so *difficult* that I couldn't answer it.
- 彼は難しい人だ. He is a *difficult* person. / He is *hard* to get along with.

むすこ【息子】a son[サン]（⇔娘[むすめ] a daughter）
- いちばん上［末］の息子
the oldest [youngest] *son*
- 小野夫妻には息子が3人いる.
Mr. and Mrs. Ono have three *sons*.

むすびつき【結びつき】（関係）(a) **connection**[カネクション]; （きずな）**ties**[タイズ]
　━**結びつく connect**（**with**...）, **be connected**（**with** ...）

むすびつける【結びつける】（留める）**fasten**[ファスン]（★このtは発音しない）; （縛[しば]る）**tie**[タイ]→むすぶ; （関連づける）**connect**[カネクト]

むすびめ【結び目】a **knot**[ナット]（★このkは発音しない）

むすぶ【結ぶ】**tie**[タイ]（⇔ほどく untie）; （縛[しば]る）**bind**[バインド]
- 靴（[くつ]）ひもを結んだほうがいいよ.
You should *tie* your shoestrings.
- 私たちは友情で結ばれていた.
We were *bound* by friendship.

むずむず【むずむずする】**feel itchy**[フィール イッチィ]; （くすぐったい）**tickle**[ティクル]
- 体じゅうがむずむずする.
I *feel itchy* all over my body.
- 鼻がむずむずする.
My nose *tickles*.

むすめ【娘】a **daughter**[ドータァ]（⇔息子[むすこ] a son）; （若い女性）a **girl**[ガール]
- いちばん上［末］の娘
the oldest [youngest] *daughter*
- ひとり娘 the only *daughter*

むぜい【無税の】**duty-free**[ドゥーティーフリー]

むせきにん【無責任な】**irresponsible**[イリスパンサブル]
- 今やめるなんて彼は無責任だ.
It is *irresponsible* of him to quit now.

むせん【無線】**radio**[レイディオウ]
　━**無線で wirelessly**[ワイアレスリィ], **by radio**

むだ【無駄】
（a）**waste**[ウェイスト]
- ずっとテレビゲームをするなんて時間の無駄だ. It is a *waste* of time to play video games all the time.
　━**無駄な wasteful**; （無益な）**useless**[ユースリス]（⇔有益な useful）, **no use**
- それは無駄な努力だった.
It was a *useless* effort.

…しても無駄だ
It is no use +〈-ing形〉/
It is no use to +〈動詞の原形〉

- 彼に話しても無駄だ.
It is no use tell*ing* him. / *It is no use to* tell him.
- そこに行かないよう彼女を説得しようとしたが無駄だった. I tried *in vain* to persuade her not to go there.
　━**無駄にする waste**
- お金を無駄にするな.
Don't *waste* your money.
　┃**無駄遣**（[づか]）**い** (a) **waste**（**of money**）
　┃**無駄話 idle talk**

むだん【無断で】（無許可で）**without permission**[ウィザウト パミッション]; （無届けで）**without notice**[ノウティス]
- 彼女は無断で私の自転車を使った.
She used my bike *without permission*.
- 彼は学校を無断で欠席した. He was absent from school *without notice*.

むち¹ a **whip**[(ホ)ウィップ]
　━**むち打つ whip**
　┃**むち打ち症**（[しょう]）(a) **whiplash**

むち²【無知】**ignorance**[イグナランス]
　━**無知な ignorant**

むちゃ【むちゃな】（不合理な）**unreasonable**[アンリーザナブル]→むり; （向こう見ずな）**reckless**[レックリス]
- むちゃな運転 *reckless* driving

むちゃくりく【無着陸の［で］】**nonstop**[ナンストップ]

むちゅう【夢中である】（熱狂（[ねっきょう]）する）**be crazy**[**mad**]（**about** ...）[クレイズィ [マッド]]; （没頭（[ぼっとう]）する）**be absorbed**（**in** ...）[アブソーブド], **be into** ...[イントゥー]
- ミキはあの歌手に夢中だ.
Miki *is crazy about* that singer.
- 彼はコンピュータゲームに夢中になっている.
He *is absorbed in* computer games.

むっつ【六つ(の)】**six**[スィックス]→ろく

むっつり【むっつりした】（不機嫌（[きげん]）な）**sullen**[サラン]

652　　six hundred and fifty-two

むね

むっと【むっとする】(怒って)**turn sullen**[ターン サラン]; (暑さで)**be stifling**[スタイフリング]
- 彼はそれを聞いた瞬間むっとした. He *turned sullen* the moment he heard it.
- この部屋はむっとする. It *is stifling* in this room.

むてき【無敵の】**unbeatable**[アンビータブル]

むてんか【無添加の】**additive-free**[アダティヴフリー]
- このパンは無添加です. This bread is *additive-free*.
- このジュースは砂糖無添加だ. This juice doesn't *contain* sugar.

むとんちゃく【むとんちゃくな】**indifferent**(to ...)[インディフ(ァ)ラント], **careless**(about ...)[ケアリス(アバウト)]→むかんしん

むないた【胸板】**the chest**[チェスト]

むなさわぎ【胸騒ぎがする】**feel uneasy**[フィール アニーズィ]
- 何か胸騒ぎがする. I *feel* somewhat *uneasy*.

むなしい vain[ヴェイン], **empty**[エンプティ]
- 何だかむなしい気がした. I felt *empty* somehow.
- **むなしく in vain**

むね【胸】

a **chest**[チェスト]; (胸部の前面, 乳房)a **breast**[ブレスト]; (胸囲)**the bust**[バスト]; (心臓, 心)a **heart**[ハート]
- 胸を張って背筋を伸ばして！ Keep your *chest* out and back straight!
- 私は胸がどきどきしている. My *heart* is beating fast.
- 地震の被災者のことを考えると胸が痛む. I *feel sorry for* the victims of the earthquake.
- それは胸が張り裂けるような話だ. That's a *heartbreaking* story.
- そのシーンは胸にジーンときました. The scene *touched* me *deeply*.
- 胸ポケット a breast pocket

むねにく【胸肉】(鶏の)**chicken breast**[チキン ブレスト](▶鶏肉の一部である「ささみ」はchicken tendersと言う→ささみ)

むのう【無能な】**incompetent**[インカンピタント], **inefficient**[インイフィシャント]

むのうやく【無農薬の】**chemical-free**[ケミカルフリー]
- 無農薬野菜 organic vegetables

むふんべつ【無分別(な)】**thoughtless**[ソートリス]

むめんきょ【無免許で】**without a license**[ウィザウト](ライサンス)
- 無免許運転 driving without a license

むら【村】a **village**[ヴィリッヂ]
- 村人 a villager
- 村役場 a village office

むらがる【群がる】(人が)**crowd**[クラウド], **gather**[ギャザァ]; (鳥・羊などが)**flock**[フラック]
- 人々がスタジアムの外に群がった. People *gathered* outside (of) the stadium.

むらさき【紫(の)】**purple**[パープル]; (すみれ色)**violet**[ヴァイアリット]
- 紫っぽい purplish

むり【無理な】

(不可能な)**impossible**[インパスィブル]; (不合理な)**unreasonable**[アンリーザナブル]

…するのは(〈人〉にとって)無理だ
It is impossible (for+〈人〉+) to+〈動詞の原形〉
- 午前5時に起きるのは(私には)無理だ. *It is impossible* (*for me*) *to* get up at 5 a.m.
- 無理言わないでね. Don't be *unreasonable*.
- 私は無理して起きていた. I *forced* myself *to* stay awake.
- 彼がそうするのも無理はない. It is natural for him to do so. (←当然だ)
- 無理だよ, そんなことできない. No, I *can't* do that!
- 無理だ. *No way* [*chance*].
- 無理するな. (気楽にやれ)Take it easy. / (頑張りすぎるな)Don't *work too hard*.
- **無理に** (力ずくで)**by force**

むりょう【無料の】**free**[フリー](⇔有料のpay, paid)→ただ¹❶
- 入場無料(掲示)ADMISSION *FREE*

むりょく【無力な】**powerless**[パウアリス]

むれ【群れ】(人の)a **crowd**[クラウド]; (鳥・羊などの)a **flock**[フラック]; (動物の)a **herd**[ハード]; (おおかみの)a **pack**[パック]; (魚などの)a **school**[スクール]

人の群れ
a crowd of people

鳥の群れ
a flock of birds

動物の群れ
a herd of animals

魚の群れ
a school of fish

め¹【目】

- ❶ 身体器官の　　an eye
- ❷ まなざし　　　（目つき）a look, eyes;（視線）eyes
- ❸ 視力　　　　　eyesight, sight

❶〔身体器官の〕**an eye**［アイ］
- 目を開けなさい［閉じなさい］. Open［Close］your *eyes*.
- 私は黒い目をしている. I have brown［dark］*eyes*.（▶black eye(s) は「目の周りの黒いあざ」の意）
- 私は寝(ね)不足で目が赤かった. My *eyes* were bloodshot from lack of sleep.（▶bloodshot は「(目が)充血(じゅう)した」の意）
- 彼女の目は輝(かがや)いていた. Her *eyes* were shining.
- けさは6時に目が覚めた. I *woke up* at six this morning.
- 明るいヘッドライトに目がくらんだ. I *was dazzled* by the bright headlights.
- おなかがすくと時々目が回る. I sometimes *feel dizzy* when I get hungry.

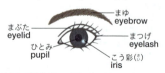

まゆ eyebrow / まぶた eyelid / まつげ eyelash / ひとみ pupil / こう彩(さい) iris

❷〔まなざし〕（目つき）**a look**［ルック］, **eyes**;（視線）**eyes**
- 彼女は私を優(やさ)しい［冷たい］目で見た. She gave me a gentle［cold］*look*.
- 私と目が合うとミキはほほえんだ. When Miki's *eyes* met mine, she smiled.
- 友人のほうに目を向けた. I turned my *eyes* to my friend. / I *looked at* my friend.
- 目をそらした. I turned my *eyes* away.
- 赤ちゃんから目が離せない. I can't take my *eyes* off the baby.
- 空港では自分の荷物から目を離(はな)すな. Keep an *eye* on your baggage at the airport.
- 彼女は生徒たちのレポートに目を通した. She *looked over* her students' reports.

❸〔視力〕**eyesight**［アイサイト］, **sight**［サイト］
- 彼女は目がいい［悪い］. She has good［bad, poor］*eyesight*.
- **目が見えない blind**;（見えなくなる）**go blind, lose** *one's* **(eye)sight** → しつめい
- その少年は目が見えなかった. The boy was *blind*.

慣用表現

見る目がある have an eye for ...：長田先生は美術品を見る目がある. Mr. Nagata *has an eye for* art.

目がない be very fond of ...：マリは甘(あま)い物に目がない. Mari *is very fond of* sweet things.

目を合わせる make eye contact

目を引く eye-catching：目を引くポスター an *eye-catching* poster

目を丸くする：彼女はその知らせを聞いて目を丸くした. Her *eyes opened wide* in surprise when she heard the news.

め²【芽】（花・葉の）**a bud**［バッド］;（枝・茎(くき)の）**a sprout**［スプラウト］
- **芽が出る bud**; **sprout, come into bud**

…め【…目】（順序）（▶ふつう序数で表す）
- ここから3つ目の駅が品川です. The third stop from here is Shinagawa.
- 大阪は日本で2番目に大きな都市です. Osaka is the second largest city in Japan.

めあて【目当て】**an aim**［エイム］, **a purpose**［パーパス］
- 彼の目当てはその女の子に会うことだった. His *aim* was to see the girl.

めい a niece［ニース］（⇔おい a nephew）

めいあん【名案】**a good idea**［グッド アイディア］
- それは名案だ. That's a *good idea*.
- 名案が浮かんだ. I hit on［upon］a *good idea*.

めいおうせい【冥王星】**Pluto**［プルートウ］

めいが【名画】（有名な絵）**a famous picture**［**painting**］［フェイマス ピクチャ［ペインティング］］;（傑作(けっ)）**a masterpiece**［マスタピース］

めいかく【明確な】**clear**［クリア］
- 明確な答え a *clear* answer

654　six hundred and fifty-four

めいろう

━明確に **clearly**
めいきゅう【迷宮】**labyrinth**[ラビリンス]
めいきょく【名曲】(有名な曲)**a famous piece (of music)**[フェイマス ピース][(ミューズィック)]; (有名な歌)**a famous song**[ソーング]; (傑作(፟፟፟፟)) **a musical masterpiece**[マスタピース]
メイク (化粧(፟፟፟፟)) **makeup**[メイカップ]
- メイクアップアーティスト a *makeup* artist
- メイクポーチ a *makeup* bag
- メイク直し a *makeup* touch-up
━メイクする **put on** (one's) **makeup**, **do** (one's) **makeup** →けしょう

めいげつ【明月】**a full moon**[フル ムーン] →まんげつ
めいさい【迷彩】**camouflage**[キャマフラージュ]
めいさく【名作】**a masterpiece**[マスタピース]
めいさん【名産】**a well-known [special] product**[ウェルノウン [スペシャル] プラダクト], **a specialty**
- 京都の名産品 a *specialty* of Kyoto
めいし¹【名詞】【文法】**a noun**[ナウン]
めいし²【名刺】**a card**[カード]; (仕事用の)**a business card**[ビズニス]
めいしゃ【目医者】**an eye doctor**[アイ ダクタァ]
めいしょ【名所】**a famous place**[フェイマス プレイス], **the sights**[サイツ]
- 日光の歴史的名所 *famous* historical *places* in Nikko
- 東京の名所見物をした. I did [saw] *the sights* of Tokyo.
めいじる【命じる】**order**[オーダァ] →めいれい
めいしん【迷信】**(a) superstition**[スーパァスティションョン]
━迷信深い **superstitious**
めいじん【名人】(大家)**a master**[マスタァ]; (熟練者)**an expert**[エクスパート]
- 将棋(፟፟)の名人 a *master* of shogi, a shogi *master*
- 釣(፟)りの名人 an *expert* in fishing
めいせい【名声】**fame**[フェイム]
- 彼はこの映画で俳優としての名声を得た. He won *fame* as an actor in this film.
めいちゅう【命中する】**hit**[ヒット]

- 矢は的の真ん中に命中した. The arrow *hit* the center of the target.
めいはく【明白な】**clear**[クリア] →あきらか
めいぶつ【名物】(産物)**a well-known [special] product**[ウェルノウン [スペシャル] プラダクト]; (呼び物)**an attraction**[アトゥラクション] →めいさん
めいぼ【名簿】**a list**[リスト]
- メンバーの名簿を作った. I made a *list* of the members.
- 名簿に私の名前が載(፟)っていなかった. My name wasn't on the *list*.
めいめい each[イーチ] →それぞれ
めいよ【名誉】**(an) honor**[アナァ] (★このhは発音しない), **a credit**[クレディット]
- 次の試合でもっといいプレーをして名誉を挽回(፟፟)したい. We want to restore our *honor* by playing better in the next game.
━名誉ある **honorable**
‖名誉会長 an honorary chairperson
めいりょう【明りょうな】**clear**[クリア] →はっきり; (発音・言葉が)**articulate**[アーティキュラット]
めいる be depressed[ディプレスト]
- なんだか気がめいっちゃって. I'm kind of *depressed*. (▶kind ofは「幾分(፟፟)」の意)
めいれい【命令】**an order**[オーダァ]
- 私はキャプテンの命令に従った. I obeyed [followed] the captain's *order*(s).
- 彼女は命令に背(፟)いた. She ignored the *order*.
━命令する **order**
〈人〉に…するように命令する
order + 〈人〉+ to + 〈動詞の原形〉
- 母は私に部屋を掃除(፟፟)するように命令した. My mother *ordered* me *to* clean my room.
‖命令文【文法】an imperative sentence
めいろ【迷路】**a maze**[メイズ]
- 迷路にはまった. I was lost in a *maze*.

めいろう【明朗な】**cheerful**[チアフル]

six hundred and fifty-five 655

めいわく

めいわく【迷惑】
trouble[トゥラブル]➡めんどう
━迷惑な **annoying**[アノイィング], **troublesome**
━迷惑をかける **trouble, bother**[バザァ]
・私は彼女にたいへん迷惑をかけた.
　I *troubled* her a lot.
・ご迷惑をおかけしてすみませんでした. I'm
　sorry to have *troubled* [*bothered*] you.
┃迷惑メール **a spam mail**

メイン【メインの】(主要な)**main**[メイン], **chief**[チーフ]
┃メインイベント **the main event**
┃メインディッシュ **the main course** [**dish**]

めうえ【目上】*one's* **senior**[スィーニャァ]
・目上の人には礼儀(ぎ)正しくしなければいけませんよ.
　You must be polite to *your seniors*.

メーカー(計器)**a manufacturer**[マニュファクチャラァ], **a maker**[メイカァ]
・君のパソコン, どこのメーカーの?
　What *make* is your computer? (►What makerは×)

メーキャップ➡メイク

メーター(計器)**a meter**[ミータァ]; (長さの単位)**a meter**➡メートル

メーデー **May Day**[メィデイ] (►5月1日)

メートル **a meter**[ミータァ] (►m, m.と略す)
・このトンネルの長さは200メートルだ.
　This tunnel is two hundred *meters* long.
・100メートル走 the 100-*meter* dash

メーリングリスト **a mailing list**[メイリング リスト]

メール

email, e-mail[イーメイル]; (1通の)**an email, an e-mail, a text**[テクスト], (携帯(たい)で打つ場合)**a text message**[テクスト メスィッヂ]
・「メール届いた?」「うん, 届いたよ」"Did you get my *text message*?" "Yes, I got it. / Yes, I did."
・メールで画像を送るよ.
　I'll send the photo [image] by *email*.
━メールする **send an email, email**, (携帯で打つ場合)**text**
・後でメールするね. I'll *text* you later.
┃メールアドレス **an email address**: メールアドレス, 何? What's your *email address*?
┃メールマガジン **an email magazine**

メーン➡メイン

めかくし【目隠し(を)する】**blindfold**[ブラインドフォウルド]

めがける【目がける】**aim** (**at** ...) [エイム]➡めざす
・大きな犬が私を目がけて飛びかかってきた.
　A big dog sprang *at* me.

めかた【目方】**weight**[ウェイト] (★このghは発音しない)➡おもさ, たいじゅう

めがね【眼鏡】**glasses**[グラスィズ]
・眼鏡1つ a pair of *glasses* (►眼鏡2つはtwo pairs of *glasses*)
・眼鏡をかけた. I put on my *glasses*.
・眼鏡を外した. I took off my *glasses*.
・彼女はいつも眼鏡をかけている.
　She always wears *glasses*.
┃眼鏡店 **an eyeglass shop**

メガホン **a megaphone**[メガフォウン]

めがみ【女神】**a goddess**[ガッディス]
・幸運の女神 *Lady* Luck

メキシコ **Mexico**[メクスィコゥ]
━メキシコ(人)の **Mexican**
┃メキシコ人 **a Mexican**
┃メキシコ料理 **Mexican dishes**
┃メキシコ湾(わん) **the Gulf of Mexico**

めきめき【めきめき(と)】**remarkably**[リマーカブリィ]

めぐすり【目薬】**eye drops**[アイ ドゥラップス]
・左目に目薬をさした.
　I put *eye drops* in my left eye.

めぐまれる【恵まれる】**be blessed** (**with** ...)[ブレスト]; (才能などに)**be gifted** (**with** ...)[ギフティド]
・彼は多くの才能に恵まれている.
　He *is gifted with* many talents.

めぐりあう【巡り合う】(偶然(ぐうぜん)に)**run into** ... [ラン], **meet** ... **by chance**[ミート][チャンス]; (出会う)**meet**
・テニス部で昔の友達に巡り合った. I *ran into* an old friend at the tennis team.

めくる(ページを)**turn over**[ターン]
・本のページをめくった.
　I *turned over* the pages of a book.

めぐる【巡る】**go around**[ゴゥ アラウンド], **make the round**[メイク][ラウンド]
・月日は巡る. Time *goes around*.

めげる(落ちこむ)**feel** [**be**] **down**[フィール]; (ひるむ)**feel** [**be**] **discouraged** (**by** ...)[ディスカーリッヂド]
・試合に負けて彼女はこのところめげている.
　She's *been down* lately because she lost the game.

めざす【目ざす】

aim (**at** ..., **to**+〈動詞の原形〉)[エイム]
・ぼくたちは県大会での優勝を目ざしている.

めちゃくちゃ

We *aim to* win the prefectural championship.
- 彼はゴール目ざして走った．
He ran *for* the finish line.

めざましい【目覚ましい】**remarkable**[リマーカブル]
- クミは英語で目ざましい進歩を遂(と)げた．
Kumi has made *remarkable* progress in English.

めざましどけい【目覚まし時計】**an alarm (clock)** [アラーム (クラック)]→ **とけい** 図
- 目覚まし時計を6時にセットした．
I set the *alarm clock* for six.

めざめる【目覚める】**wake up**[ウェイク]
- 私はけさ6時に目覚めた．
I *woke up* at six this morning.

めし【飯】(米飯)(**cooked**)**rice**[(クックト) ライス]; (1回の食事)**a meal**[ミール]→ **ごはん**

めしあがる【召し上がる】**have**[ハヴ], **eat**[イート]→ **たべる**
- 何を召し上がりますか．What would you like to *have* [*eat*]?(▶英語には「召し上がる」に当たる敬語はなく，この例のようにhaveやeatをていねいな言い方で表現する)

めした【目下】**one's junior**[チューニア]

メジャー[1]【メジャーな】(主要な)**major**[メイヂァァ]
| メジャーリーグ 〖野球〗 the Major Leagues, the majors

メジャー[2](巻き尺)**a tape measure**[テイプ メジャァ]

めじるし【目印】**a mark**[マーク]; (目印となる建物など)**a landmark**[ランドゥマーク]
- 君の地図に目印をつけておくね．
I'll put *a mark* on your map.
- この背の高いビルが目印です．
This tall building is *a landmark*.

めす【雌】**a female**[フィーメイル], **a she**(⇔雄(ホホ) a male, a he)(▶a she, a heは子どもがよく使う言い方)→ **おす**[3]
━**雌の female, she-**
- 雌猫(ネコ) *a female* cat / *a she*-cat

メス(手術用の)**a surgical knife**[サーヂカル ナイフ]

めずらしい【珍しい】
(まれな)**rare**[レア]; (ふつうでない)**unusual**[アニュージュアル]
- 珍しい花 *a rare* flower
- 彼がこんなに時間に遅(おく)れるなんて珍しい．
It's *rare* [*unusual*] for him to be so late.
━**珍しく unusually**
- きょうは冬にしては珍しく暖かい．
It's *unusually* warm today for winter.

めせん【目線】

- 中学生の目線から見るとこのテレビ番組はおもしろい．This TV program looks interesting *for* a junior high school student.

メゾソプラノ 〖音楽〗(声域)**mezzo-soprano**[メッツォウサプラノウ]; (歌手) **a mezzo-soprano**

めそめそ【めそめそする】**sob**[サブ]

めだか【魚】**a (Japanese) killifish**[(ヂャパニーズ) キリフィッシュ](複 **killifish**)(▶単複同形)

めだつ【目立つ】**stand out**[スタンド]
- そのビルは目立つから見落とすことはない．
The building *stands out*, so you can't miss it.
| 目立ちたがり屋 **a showy person**: アイは目立ちたがり屋だ．Ai is *a showy person*.

メタバース metaverse[メタヴァース]
- メタバースは仮想空間だ．
The *metaverse* is a virtual world.

めだま【目玉】**an eyeball**[アイボール]
| 目玉商品 **a loss leader**
| 目玉焼き **fried eggs**; ⊕(片面だけ焼いた)**eggs sunny-side up**; (軽く両面を焼いた)**eggs over easy**→ **たまご**

メダリスト a medalist[メダリスト]

メダル a medal[メドゥル]
- メダルを獲得(カク)した．I won *a medal*.
- 金[銀，銅]メダル
a gold [silver, bronze] *medal*

第32回オリンピック競技大会(2020／東京)での金銀銅メダル

めぢから【目力】**eloquent eyes**[エラクワント アイズ]

めちゃくちゃ
a mess[メス]
- 嵐(あらし)の後で庭はめちゃくちゃだった．The garden was (in) *a mess* after the storm.
- 旅行はめちゃくちゃ楽しかった．
The trip was *so much* fun.
━**めちゃくちゃな** (散らかった)**messy**; (無謀(ボウ)な)**reckless**; (ばかげた)**crazy**; (筋の通らない)**unreasonable**
- おもちゃを片づけないので彼の部屋はいつもめちゃくちゃだ．His room is always *messy*

because he never cleans up his toys.
- 彼女はめちゃくちゃなことを言った.
She said *crazy* [*unreasonable*] things.
→めちゃくちゃにする **mess up**
- 彼が私たちの計画をめちゃくちゃにした.
He *messed up* our plan.

めちゃめちゃ→めちゃくちゃ

めつき【目つき】**a look**[ルック]→**め**¹❷
- (怒って)怖い目つき an angry *look*

メッシュ mesh[メッシュ]
- メッシュを入れた髪の毛 *streaked* hair

メッセージ
a message[メスィッヂ]
- メールでメッセージを送った.
I sent a *message* by email.
- みんなで先生にメッセージを寄せ書きした.
We wrote our teacher a card full of *messages*.(←メッセージでいっぱいのカードを書いた)

めった【めったに】
(めったに…ない)**seldom**[セルダム], **rarely**[レアリィ](▶一般動詞の前, be動詞・助動詞の後に置く)
- 姉はめったにテレビを見ない.
My sister *rarely* [*seldom*] watches TV.
- 彼はめったに遅刻しない.
He is *seldom* late.

めつぼう【滅亡】**a fall**[フォール]
→滅亡する **fall, be ruined**

メディア the media[ミーディア]

めでたい(喜ばしい)**happy**[ハッピィ]

メドレー〖音楽〗**a medley**[メドゥリィ]
▮メドレーリレー **a medley relay**

メトロノーム a metronome[メトゥロノウム]

メニュー a menu[メニュー]
- メニューを見せてもらえますか.(▶レストランで) Can I see the *menu*?
- これが私たちのコーチが決めた練習メニューです. This is the training *schedule* set by our coach.

めのまえ【…の目の前に[で]】**before …'s eyes**[アイズ], **in front of …**[フラント];(…の面前で)**in …'s presence**[プレズンス]
- それはぼくのすぐ目の前で起きた.
It happened right *before my eyes*.
- 「私のかばんはどこ?」「君のすぐ目の前にあるじゃないか」"Where's my bag?" "It's just [right] *in front of* you."

めまい【目まいがする】**feel dizzy**[フィール ディズィ]
- 目まいがした. I *felt dizzy*.

メモ a note[ノウト], **a memo**[メモゥ]

→メモする **take** [**make**] **a note** (**of …**)
▮メモ帳 **a memo pad, a scratch pad**
▮メモ用紙 **memo** [**note, scratch**] **paper**

めもと【目元】**an eye**[アイ]
- すずやかな目元 clear *eyes*

めもり【目盛り】**a scale**[スケイル]

メモリー〖コンピュータ〗(記憶装置)**a memory**[メマリィ];(容量)**memory**
- PCのメモリーを増設したい.
I want to expand my PC's *memory*.
▮メモリーカード **a memory card**

めやに【目やに】**eye mucus**[アイ ミューカス]

メリーゴーラウンド a merry-go-round[メリィ ゴウラウンド], ⓐ**a carousel**[キャラセル], ⓐ**a roundabout**[ラウンダバウト]

メリット an advantage[アドヴァンティッヂ]

メルアド →メール(メールアドレス)

メルボルン Melbourne[メルバァン](▶オーストラリアの都市)

メロディー a melody[メラディ]

メロン a melon[メラン]

めん¹【綿】**cotton**[カトゥン]
- 綿のシャツ a *cotton* shirt

めん²(めん類)**noodles**[ヌードゥルズ]

めん³【面】(仮面)**a mask**[マスク];(剣道の)**a face guard**[フェイス ガード];(側面)**a side**[サイド]

mask   face guard

- 彼にも優しい面があるのよ.
He also has a kind *side*.

めんえき【免疫】**immunity**[イミューナティ]
- 多くの人々がそのウイルスに対する免疫を持っていない. Many people have no *immunity* to the virus.

―免疫の **immune**
めんかい【面会する】**see**[スィー], **meet**[ミート]
- 6号室の小田さんに面会したいのですが. I'd like to *see* Ms. Oda in Room 6.
| 面会時間 **visiting hours**
| 面会謝絶（掲示）**NO VISITORS**: 彼女は今, 面会謝絶です. She is *not allowed to see any visitors* now.

めんきょ【免許(証)】**a license**[ライセンス]
- 運転免許(証)を取りたい. I want to go get a driver's *license*.
めんじょ【免除する】**exempt**[イグゼンプト]
めんじょう【免状】**a diploma**[ディプロウマ]
めんする【面する】**face**[フェイス]
- 私のマンションは大通りに面している. My apartment *faces* a main street.
めんぜい【免税の】**tax-free**[タックスフリー], **duty-free**[ドューティフリー]
| 免税店 **a duty-free shop**
| 免税品 **duty-free goods**
めんせき【面積】**(an) area**[エ(ア)リア]
- 私の部屋の面積は20平方メートルだ. The *area* of my room is 20 square meters.
めんせつ【面接】**an interview**[インタヴュー]
- 先週高校の面接を受けた. I had an *interview* for a high school last week.
―面接する **interview**
| 面接官 **an interviewer**
| 面接試験 **an interview**;（口頭試験）**an oral examination**
めんぜん【面前】→ めのまえ
メンタル mental[メントゥル]
- 彼はメンタル面が強い. He is *mentally* tough.
めんだん【面談】**an interview**[インタヴュー]
- きのう三者面談があった. I had a parent-student-teacher *meeting* yesterday.

めんどう【面倒】

trouble[トゥラブル];（世話）**care**[ケア]→ めいわく
- 彼は親に面倒ばかりかけている. He always causes *trouble* for his parents.
―面倒な, 面倒くさい **troublesome**
- 面倒なことはしたくないよ. I don't want to do anything *troublesome*.
- 面倒くさいなあ. What a *pain*!
- 手伝うのが面倒くさい. It's a *bother* to help.
- 私は面倒くさがり屋です. I'm a *lazy* person.
―面倒をかける **trouble**
- 面倒をおかけしますが, この荷物を動かすのを手伝ってもらえませんか. I'm sorry to *trouble*［*bother*］you, but can you help me move this baggage?
―面倒を見る **take care of ..., look after ...**
- 弟の面倒は私が見ます. I'll *take care of* my little brother. / I'll *look after* my little brother.
めんどり（鶏(にわとり)の）**a hen**[ヘン]（⇔おんどり a cock, ⓐ a rooster）→ にわとり
メンバー a member[メンバァ]
めんみつ【綿密な】**careful**[ケアフル], **close**[クロウス];（詳細(しょうさい)な）**detailed**[ディテイルド]

も

も【藻】seaweed[スィーウィード]

…も

❶	…もまた	（肯定文で）too, also;（否定文で）either
❷	…も〜も	... and 〜, both ... and 〜, ... as well as 〜
❸	さえ	even
❹	…のたくさんの	as much as ..., as many as ...

❶[…もまた]（肯定文で）too[トゥー], also[オールソゥ];（否定文で）either[イーザァ]
- 私もその歌を歌える．I can sing that song, *too*. / I can *also* sing that song.（►tooはしばしばコンマ(,)とともに文末に置く．alsoは一般動詞の前，be動詞・助動詞の後に置く．tooのほうがより口語的）
- 「眠いなあ」「ぼくもだよ」"I'm sleepy." "Me, *too*. / So am I."
- 私もにんじんが好きではない．I don't like carrots, *either*.

❷[…も〜も]... and 〜[アンド], both ... and 〜[ボウス], ... as well as 〜[ウェル]
- ケンもユミもスピーチコンテストに参加した．*Both* Ken *and* Yumi took part in the speech contest.
- 彼はピアノもバイオリンも弾(ひ)ける．He can play the piano *as well as* the violin.

…も〜も—ない
neither ... nor 〜
- この部屋は暑くも寒くもない．It is *neither* hot *nor* cold in this room.

❸[…さえ]even[イーヴン]
- お年寄りもそのロックコンサートを楽しんだ．*Even* elderly people enjoyed the rock concert.

❹[…のたくさんの]as much as ...[マッチ], as many as ...[メニィ]（►〜が数えられない名詞の場合はas much asを，数えられる名詞の場合はas many asを用いる）
- このジーンズ，1万円もしたんだ．These jeans cost *as much as* ten thousand yen.

もう

❶	すでに	（肯定文・疑問文で）already;（疑問文で）yet
❷	今ごろは	by now, by this time
❸	まもなく	（今）now;（すぐに）soon
❹	さらに	（もっと）more;（もう一つ，別の）another;（もう…ない）not ... any more, not ... any longer

❶[すでに]（肯定文・疑問文で）already[オールレディ];（疑問文で）yet[イェット]

もう…してしまった
have already＋〈過去分詞〉
- もうその本を読み終えてしまった．I *have already* finished reading the book.
- 君はもう5回もあの映画を見たの？ You've *already* seen that movie five times?（►驚(おどろ)きや意外な気持ちを持って確認する表現）

もう…し(てしまい)ましたか
Have＋主語＋〈過去分詞〉＋yet?
- もう昼食を食べましたか．*Have* you eaten lunch *yet*?

❷[今ごろは]by now[ナゥ], by this time[タイム]
- エミはもう帰宅しているだろう．Emi is probably at home *by now*.
- もう寝(ね)る時間だよ．It is time to go to bed.

❸[まもなく]（今）now;（すぐに）soon[スーン]
- もうおいとまします．I'd better go *now*.
- 母はもう戻(もど)ってくるでしょう．My mother will be back *soon*.

❹[さらに]（もっと）more[モァ];（もう1つ，別の）another[アナザァ];（もう…ない）not ... any more, not ... any longer[ローンガァ]→もういちど，もうすこし
- もうちょっとお茶が飲みたい．I'd like to have some *more* tea.
- もう一杯(ぱい)水をください．Give me *another* glass of water, please.
- 人々はもうその公園を利用していない．People don't use that park *any more*.
- もう，やっていられない！I can't do it *any more*! / I can't stand it *any longer*!（◆もう我慢(がまん)できない）
- もうこれ以上待てない．

I can't wait *any longer* [*more*].

もういちど【もう一度】**again**[アゲン], **once again**[ワンス], **one more time**[モァ タイム]→いちど

もうがっこう【盲学校】**a school for the visually impaired**[スクール][ヴィジュアリィ インペアド]

もうかる(人が主語)**make money**[マニィ];(物が主語)**pay**[ペィ], **be profitable**[プラフィタブル]→もうける

・この仕事はもうからない.
This job does not *make* much *money*.

もうけ(a) **profit**[プラフィット]

もうける **make a profit**[プラフィット], **profit**;(金を稼(かせ)ぐ)**make money**[マニィ]

・おじは何百万円ももうけた. My uncle *made* [*profited*] millions of yen.

もうしあげる【申し上げる】**say**[セィ], **tell**[テル]→いう❶

もうしこみ【申し込み】**an application**[アプラケィション]

・申しこみの締(し)め切りは5月30日です.
The deadline for *applications* is May 30.

| 申込者 **an applicant**
| 申込用紙 **an application form**

もうしこむ【申し込む】**apply**[アプラィ];(試合を)**challenge**[チャリンヂ];(結婚(けっこん)を)**propose**[プラポゥズ]

・兄はその奨学(しょうがく)金を申しこんだ.
My brother *applied for* the scholarship.
・ぼくたちはテニスの試合を申しこまれた.
We were *challenged* to a tennis game.

もうしでる【申し出る】(援助(えんじょ)などを)**offer**[オーファ]

もうしぶん【申し分ない】**perfect**[パーフィクト];(理想的な)**ideal**[アィディー(ア)ル]

もうじゅう【猛獣】**a fierce animal**[フィアス アナマル]

もうしょ【猛暑】

・この夏は猛暑だ.
This summer has been *extremely hot*.

| 猛暑日 **an extremely hot day**, **a boiling hot day**

もうしわけない【申し訳ない】**I deeply apologize.**[ディープリィ アパラヂャィズ]→すみません❶, ごめん¹

・本当のことを言わず申し訳ありませんでした.
I deeply apologize for not telling the truth.
・遅(おく)れて申し訳ありません.
I'm sorry I'm late.

もうすぐ soon[スーン]

・もうすぐ夏休みだ.
Summer holidays are coming *soon*.
・もうすぐテストがある.
We are going to have tests *soon*.
・もうすぐ10時だ. It's *almost* ten (o'clock).

もうすこし【もう少し】(量・程度を)**a little more**[リトゥル モァ];(数を)**a few more**[フュー];(時間を)**a little longer**[ローンガァ]

・もう少しゆっくり話してください.
Please speak *a little more* slowly.
・キャンディーをもう少しください.
Please give me *a few more* candies.
・もう少しここにいたい.
I'd like to stay here *a little longer*.

━**もう少しで**(危(あや)うく)**almost**, **nearly**

・ケンはもう少しで池に落ちるところだった.
Ken *nearly* fell into the pond.
・もう少しで学校に遅(おく)れるところだった.
I was *almost* late for school.

もうちょう【盲腸】**the appendix**[アペンディックス]

・ぼくは盲腸の手術をした.
I had my *appendix* removed (out).

| 盲腸炎(えん) **appendicitis**

もうどうけん【盲導犬】**a guide dog**[ガィド ドーグ], **a seeing eye dog**[スィーイング アィ], 【商標】**Seeing Eye dog**

もうふ【毛布】**a blanket**[ブランキット]

・電気毛布 **an electric blanket**

もうもく【盲目の】**blind**[ブラィンド]

もうれつ【猛烈な】**violent**[ヴァィアラント], **terrible**[テラブル]

・猛烈な嵐(あらし) a *violent* storm

━**猛烈に violently**, **terribly**, **hard**

もうれんしゅう【猛練習する】**practice extremely hard**[プラクティス イクストゥリームリィ ハード], **train hard**[トゥレィン ハード]

・彼女は試合に勝つために猛練習した.
She *practiced hard* to win the game.

もえる【燃える】

burn[バーン]

・乾(かわ)いた木は燃えやすい.
Dried wood *burns* easily.
・家が燃えている.

The house is *burning* [*on fire*].
- エミはバスケットボールに燃えている. Emi *is really into* basketball.(▶be into …は「…に打ちこんでいる,…に凝(こ)っている」の意)

モー moo[モー](▶牛の鳴き声)

モーグル〘スポーツ〙mogul[モウガル], mogul skiing[スキーイング]

モーター a motor[モウタァ]; (エンジン)an engine[エンヂン]
| モーターボート a motorboat

モーニング(朝)morning[モーニング]
| モーニングコール a wake-up call(▶「モーニングコール」は和製英語)
| モーニングサービス a breakfast special(▶「モーニングサービス」は和製英語)

モール a mall[モール]
- ショッピングモール a shopping *mall*

もがく struggle[ストラグル]
- 魚がもがいて網(あみ)から逃(のが)れ出た. The fish *struggled* out of the net.

もぎ〘模擬〙
| 模擬試験 a practice test [exam(ination)], a mock test [exam(ination)]: 公開模(擬)試(験)を受けた. I took a *mock test*.
| 模擬店 (軽食の)a refreshment booth

もくげき【目撃する】witness[ウィットゥニス]
| 目撃者 a witness, an eyewitness

もくざい【木材】wood[ウッド]; (製材したもの)⊛lumber[ランバァ], ⊛timber[ティンバァ]

もくじ【目次】(a table of) contents[(テイブル)カンテンツ]

もくせい¹〘木星〙〘天文〙Jupiter[チューピタァ]

もくせい²〘木製の〙wooden[ウドゥン]

もくぞう〘木造の〙wooden[ウドゥン]
- 木造の家 a *wooden* house
- あの家は木造だ. That house is *made of wood*.

もくたん〘木炭〙charcoal[チャーコウル]

もくてき【目的】
a purpose[パーパス], a point[ポイント]; (ねらい)an aim[エイム]; (目標)a goal[ゴウル]
- この活動の目的は何ですか. What is the *purpose* [*point*] of this activity?
- 目的を達成したい. I want to achieve my *goal*.
- 彼らはプレゼントを買う目的で店に行った. They went to a shop *to* buy some gifts.
| 目的格〘文法〙the objective case
| 目的語〘文法〙an object
| 目的地 a destination

もくとう【黙とう】a silent prayer[サイラント プレァ]

―黙とうする pray silently [in silence]

もくどく【黙読する】read (…) silently[リード][サイラントゥリィ](⇔音読する read (…) aloud)

もくひょう【目標】a goal[ゴウル]; (ねらい)an aim[エイム]
- それが私の今年の目標です. That's my *goal* this year.
- 目標を達成するために頑張(がんば)ります. I'll work hard to achieve my *goal*.
- 目標は県大会で入賞することだ. Our *goal* is to win a prize in the prefectural competition.

もくもく(煙(けむり)が出る)pour out[ポァ アウト], smoke[スモウク]
- 魚を焼いたら,煙がもくもく出た. We grilled the fish and it started to *smoke*.

もぐもぐ(食べる)munch[マンチ]
- うさぎがえさをもぐもぐ食べた. The rabbit *munched* on its food.

もくようび【木曜日】Thursday[サーズデイ](▶常に大文字で始め,Th., Thur., Thurs.と略す)→げつようび ポイント! ,すいようび ポイント!
- 部活のミーティングは木曜日に開かれる. Our club meeting is on *Thursday*.

もぐら〘動物〙a mole[モウル]

もぐる【潜る】dive[ダイヴ]
- 水中に潜るのが好きだ. I like to *dive into* the water.
- あなたはどのくらい水中に潜っていられますか. How long can you *stay underwater*?

もくれん〘植物〙a magnolia[マグノウリァ]

もけい【模型】a model[マドゥル]
- 弟は模型飛行機を作った. My brother made a *model* airplane.

モザイク mosaic[モウゼイイック](★発音注意)
- テレビの容疑者の顔にはモザイクがかかっていた. The suspect's face was *blurred out* on TV.

もし¹
(もし…ならば)if …[イフ]
- もしあした雨なら,私たちはハイキングに行きません. *If* it rains tomorrow, we won't go

もちはこぶ

on a hike.
- もし3級に受かったら, 準2級を受けたい.
If I pass the third-grade test, I want to take the pre-second grade.
- もしぼくが君の立場だったら, そういうことはしないだろう. *If* I were you, I wouldn't do that.(▶現在の事実に反することを仮定するときは, ifの後の動詞は過去形, be動詞の場合はふつう were を用いる)

もし²【模試】→ もぎ(模擬試験)

もじ【文字】

(アルファベットの)**a letter**[レタァ]; (漢字などの)**a character**[キャリクタァ]→ じ
- 大[小]文字 a capital [small] *letter*
- 絵文字 an emoji(▶「イモウジ」と発音する)
- 顔文字 → かおもじ
- 文字どおり literally

┃文字化け **garbling**: ファイルが文字化けしている. The file is completely *garbled* [*unreadable*].

もしか【もしかしたら, もしかすると】**maybe**[メイビィ], **perhaps**[パァハプス], **possibly**[パサブリィ]
- もしかすると彼は私に腹を立てているかもしれない. *Maybe* he is angry with me.

もしも(just)**in case**[(チャスト)][ケイス]; (もし…ならば)**if** ...[イフ]→ もし¹
- もしものときのために傘(ﾟ)を持って行きなさい. Take your umbrella *just in case*.
- もしものことがあったら電話しなさい.
Call me *in case* of an emergency.

もしもし(電話で)**hello**[ヘロゥ]; (呼びかけ)**Excuse me.** [イクスキューズ]→ ちょっと❸
- もしもし, ホワイトさんをお願いします.
Hello. May I speak to Mr. White?

もじもじ【もじもじと】(ためらって)**hesitantly**[ヘズィタントゥリィ]; (恥(ﾟ)ずかしがって)**shyly**[シャイリィ]

━もじもじする **hesitate**[ヘズィテイト]; **be shy**

もず〚鳥〛**a shrike**[シュライク]
モスク a mosque[マスク](▶イスラム教の寺院)
もずく *Mozuku* **seaweed**[スィーウィード]
- もずく酢(ﾟ)
Mozuku seaweed in vinegar sauce
モスクワ Moscow[マスコゥ](▶ロシア連邦の首都)
もぞうし【模造紙】**Japanese vellum**(**paper**)[チャパニーズ ヴェラム (ペイパァ)]
もたもた【もたもたする】**be slow**[スロゥ]
- もたもたするな.
Don't *be so slow*! / Hurry up!
もたれる(壁(ﾟ)などに)**lean**[リーン]
- カナは壁にもたれていた.

Kana was *leaning against* the wall.
- 胃にもたれる食事 a *heavy* meal
モダン【モダンな】**modern**[マダァン]
- モダンバレエ *modern* ballet
もち(a)**rice cake**[ライス ケイク]
- もちを焼こう.
Let's grill some *rice cakes*.
- 私たちはもちをついた.
We pounded steamed rice to make *rice cake*(s).

┃もちつき **rice cake making**
┃もち肌(ﾟ)**soft skin**

もちあげる【持ち上げる】**lift**(**up**)[リフト]
もちあるく【持ち歩く】**carry**[キャリィ]
- 彼はいつもそのノートを持ち歩いている. He always *carries* the notebook with him.
モチーフ a motif[モゥティーフ]
- 花をモチーフにしたネックレス
a necklace with a flower *motif*
もちいる【用いる】**use**[ユーズ]→ つかう❶
もちかえり【持ち帰り】→ もちかえる
もちかえる【持ち帰る】**bring back**[ブリング バック]; (家へ)**take**[**bring**] ... **home**[テイク][ホウム]
- 私物はすべて家に持ち帰った.
I *took* all my things(*back*)home.
- これを持ち帰りできますか.
Can I get this *to go*, please?

┃話してみよう!
☺こちらでお召(ﾟ)し上がりですか, お持ち帰りですか.
For here or *to go*?
😊持ち帰りです.
To go, please.

━持ち帰りの **take-out**[テイカウト]
- 持ち帰りのフライドチキン
take-out fried chicken
もちこむ【持ち込む】(…を~に)**bring ... into** ~ [ブリング]
- 図書館には飲食物を持ちこまないでください.
Don't *bring* food or beverages *into* the library.
もちだす【持ち出す】**take**[**carry**]**out**[キャリィ アウト]
- 私たちは机を廊下(ﾟ)に持ち出した. We *carried* the desks *out* into the hallway.
もちぬし【持ち主】**an owner**[オウナァ]
もちはこぶ【持ち運ぶ】**carry**(**around**)[キャリィ (アラウンド)]
- このPCは持ち運ぶのに便利だ.
This PC is easy to *carry around*.
━持ち運びのできる **portable**

six hundred and sixty-three

あ
か
さ
た
な
は
も
や
ら
わ

モチベーション

モチベーション motivation[モウタヴェイション]
- モチベーションが上がった［下がった］.
  My *motivation* increased［decreased］.

もちもち［もちもちの］**chewy**[チューウィ]

もちもの［持ち物］**one's things**[スィングズ]；（所持品）**one's belongings**[ビローンギングズ]
- あしたの持ち物をチェックした.
  I checked *my things* for tomorrow.
- 私は持ち物をフロントに預けた. I checked *my things* in at the front desk.
- 持ち物検査
  check of personal *belongings*

もちゅう［喪中だ］**be in mourning**[モーニング]
- 今年わが家は喪中で年賀状を出さない.
  We *are in mourning* this year and won't send New Year's cards.

もちろん

of course[コース]，**sure**[シュア]，**certainly**[サートゥンリィ]（► certainlyはていねいな言い方），『話』**Why not?**[(ホ)ワイ]
- 「うちのクラブに入らない？」「もちろん」
  "Will you join our club?"
  "*Of course*（I will）."

話してみよう！

☺ぼくのこと怒(ぉこ)ってないよね？
You are not angry with me, right?
☺もちろん.
Of course not.（►否定の問いに「もちろん」と答えるときにはnotが必要）

もつ【持つ】

❶手にしている	**have**；（握(にぎ)る）**hold**；（運ぶ）**carry**
❷所有する	**have, own, keep**
❸心に抱(いだ)く	**have**
❹持続する	**last**；（飲食物が）**keep**
❺担当する	**be in charge of ...**

❶［手にしている］**have**[ハヴ]；（握る）**hold**[ホウルド]；（運ぶ）**carry**[キャリィ]
- その少年は手にゲーム機を持っていた. The boy *had* a game machine in his hands.
- これをちょっと持っていてもらえませんか.
  Could you *hold* this for a second?
- 荷物を持ってあげましょうか.
  Shall I *carry* your baggage?

❷［所有する］**have, own**[オウン]（► ownはhaveより形式ばった語），**keep**[キープ]
- 私の父は自動車を2台持っている.
  My father *has*［*owns*］two cars.

❸［心に抱く］**have**
- カナダにとても興味を持っている.
  I *have* a strong interest in Canada.
- 私たちは同じ考えを持っていた.
  We *had* the same idea.

❹［持続する］**last**[ラスト]；（飲食物が）**keep**
- このバッテリーは36時間もつ.
  This battery *lasts* for 36 hours.
- 肉はあまり長くもたない.
  Meat doesn't *keep* for long.

❺［担当する］**be in charge of ...**[チャーヂ]
- 北野先生は私たちのクラスを持っている.
  Ms. Kitano *is in charge of* our class.

もっきん【木琴】［楽器］**a xylophone**[ザイラフォウン]

もっこう【木工】**woodworking**[ウッドゥワーキング]
‖木工室 a woodworking room

もったいない（無駄(むだ)である）**be（a）waste**[ウェイスト]；（よすぎる）**be too good**[トゥー グッド]
- そんなことをするなんて時間がもったいない.
  It's *a waste* of time to do such a thing.
- あのかばんを捨てただって？ なんてもったいない！ You threw away that bag? What a *waste*!
- この時計は私にはもったいない.
  This watch *is too good* for me.

もっていく【持って行く】

take[テイク]（⇔持って来る bring）➡もってくる 図
〈人〉に〈物〉を持って行く
take ＋〈物〉＋ to ＋〈人〉 / take ＋〈人〉＋〈物〉
- この箱をユミへ持って行ってくれない？
  Will you *take* this box *to* Yumi? / Will you *take* Yumi this box?
- 傘(かさ)を持って行きなさい.
  Take your umbrella with you.
- 君の誕生日パーティーにプレゼントを持って行くよ. I'll *bring* a present to your birthday party.（►話し相手のところに持って行く場合はbringを使う）

もってくる【持って来る】

bring[ブリング]（⇔持って行く take），**get**[ゲット]
- 教科書を持って来るのを忘れないようにね.
  Don't forget to *bring* your textbooks.
〈人〉に〈物〉を持って来る
bring［get］＋〈人〉＋〈物〉 /
bring ＋〈物〉＋ to ＋〈人〉
- かばんを持って来てくれない？ Will you *bring*［*get*］me the bag, please? / Will you *bring* the bag *to* me, please?

664 six hundred and sixty-four

もとづく

bring

take

〈場所〉に〈物〉を持って来る
bring＋〈物〉＋to＋〈場所〉
- 学校にこんな物を持って来てはいけない．
  You must not *bring* something like that *to* school.

もっと
more[モァ]（►そのほか形容詞・副詞の比較（ひかく）級を使って表す）
- もっと食べたいな．I want to eat *more*.
- アメリカでの生活についてもっと教えて．
  Tell me *more* about your life in America.
- もっとゆっくり話してもらえませんか．
  Could you speak *more* slowly?
- もっと一生懸命（けんめい）勉強しなさい．
  You must study *harder*.
- もっといい物を見せてください．
  Show me a *better* one, please.

モットー a motto[マトウ]

もっとも[1]【最も】**(the) most**[モウスト]（►そのほか形容詞・副詞の最上級を使って表す）→ いちばん❷
- あなたにとって学校生活で最も大切なものは何ですか．What is *the most* important thing in your life at school?
- ナイル川は世界で最も長い川だ．The Nile is *the longest* river in the world.
- 君たち4人のうちで最も足が速いのはだれ？
  Who can run (*the*) *fastest* of you four?

もっとも[2]【もっともな】（当然の）**natural**[ナチャラル]；（道理にかなった）**reasonable**[リーザナブル]
- 君がそう考えるのももっともだ．
  It's *natural* that you should think so.
- もっともな言い訳 a *reasonable* excuse
- あなたの言うことはもっともだ．
  You're *quite right*.

モップ a mop[マップ]

もつれる tangle[タングル]**, get tangled**
- 糸がもつれた．The thread *got tangled*.
- 舌がもつれた．I couldn't *speak clearly*. / I *got tongue-tied*.

もてあます【持て余す】**not know what to do with ...**[ノウ]**, difficult to deal with ...**[ディフィカルト]**[ディール]
- 暇（ひま）を持て余した．I didn't *know what to do with* my free time.

もてなし（歓待（かんたい））**hospitality**[ハスパタリティ]**, a welcome**[ウェルカム]

もてなす（接待する）**entertain**[エンタァテイン]**; welcome**[ウェルカム]**, treat**[トゥリート]
- 彼の家族は私を温かくもてなしてくれた．
  His family *welcomed* me warmly.

モデム a modem[モウダム]

もてもて very popular[パピュラァ]→ もてる

もてる be popular（**with...**, **among ...**）[パピュラァ]
- 兄は女の子にもてる．My brother *is popular with* [*among*] girls.

モデル a model[マドゥル]
- ファッションモデル a fashion *model*
  モデルガン a model gun
  モデルチェンジ a model changeover

もと[1]【元】
（原因）(**a**) **cause**[コーズ]；（起源）(**an**) **origin**[オーラヂン]
- 誤解が彼らのけんかの元だった．
  A misunderstanding was the *cause* of their fight.
- この単語の元になったのはフランス語だ．
  The *origin* of this word is French.

―元の（当初の）**original**[アリヂャヌル]；（以前の）**former, previous**
- 元大統領 a *former* President
- 元の持ち主 the *previous* owner
- 元カレ [元カノ]
  an *ex*-boyfriend [*ex*-girlfriend]
- 金づちを元の場所に戻（もど）しなさい．
  Put the hammer back *where it was*.
- すべてを元の通りにした．
  I put everything back *into place*.

―元は before, once, formerly
- 私のおばは元は中国に住んでいた．
  My aunt *once* lived in China.
- この辺りに元は池があった．
  There *used to* be a pond around here.

もと[2]【基】→ もとづく
- この映画はコミックを基に作られた．
  The movie is *based* on the comic.

もどかしい frustrating[フラストゥレイティング]**, impatient**[インペイシャント]

モトクロス motocross[モウトウクロース]

もどす【戻す】**return**[リターン]**, put ... back**
- バットとグローブを体育館に戻しなさい．
  Return the bats and gloves *to* the gym.

もとづく【基づく】**be based**（**on ...**）[ベイスト]

665

もとめる

・彼の話は自身の体験に基づいている.
His talk *is based on* his own experiences.

もとめる【求める】

❶頼(たの)む　　　　ask（for ...）;
　　　　　　　　　（依頼(いらい)する）request
❷探す　　　　　　look for ..., seek

❶[頼む]ask（for ...）[アスク];（依頼する）request
[リクウェスト]
・マユミが私に助けを求めてきた.
Mayumi *asked for* my help.
・その問題について生徒たちは先生にアドバイス
を求めた. The students *requested* their
teacher's advice on the matter.
❷[探す]look for ...[ルック], seek[スィーク]
・私たちはいじめの解決策を求めている. We are
looking for a solution to bullying.

もともと【元来は】originally[アリヂャヌリィ];（初め
から）from the beginning[ビギニング];（生まれ
つき）by nature[ネイチャァ]
・この本はもともとは姉のものだった.
This book was *originally* my sister's.
・彼はもともと静かだ. He is quiet *by nature*.

もどる【戻る】

（帰って来る）come back[バック];（帰って行く）
go back[ゴゥ]; return[リターン]→かえる²
・5時までに戻って来なさい.
Come back by five.
・ミキはテニスをした後教室に戻った.
Miki *went back* to the classroom after
playing tennis.
・父が昨晩大阪から戻った. My father *returned*
from Osaka last night.

モニター a monitor[マニタァ]→コンピュータ図

モニュメント a monument[マニュマント]

もの¹【物】

❶物事, 物体　a thing;（同類のもの）one;
　　　　　　　（何か）something, anything
❷…のもの　　（下記❷参照）

❶[物事, 物体]a thing[スィング];（同類のもの）
one[ワン];（何か）something[サムスィング],
anything[エニスィング]
・彼女はポーチからいろいろな物を出した. She
took out various *things* from her pouch.
・もっと大きいものを見せてください.
Show me a larger *one*, please.（►しばしば
a［an］+形容詞+oneの形で表す）
・何か飲み物がほしい.

I'd like to have *something* to drink.
❷[…のもの]（►名詞+'s, 所有代名詞で表す）

┌─────────────────────────┐
│ **ここが** 所有代名詞 │
│ **ポイント!** │
└─────────────────────────┘

私のもの	mine	私たちのもの	ours
あなたのもの	yours	あなたたちのもの	yours
彼のもの	his	彼らのもの	theirs
彼女のもの	hers	彼女たちのもの	theirs
私の父のもの	my father's		

・「この本はだれのものですか」「私のものです」
"Whose book is this?" "It's *mine*."
・そのノートはエミのものだった.
That notebook was *Emi's*.
── …のものである belong to ...
・これらの写真はタカシのものだ.
These photos *belong to* Takashi. / These
photos *are Takashi's*.

もの²[者]a person[パースン]
・頑固(がんこ)な者 a stubborn *person*

ものおき【物置】a storeroom[ストゥルーム];（小
屋）a shed[シェッド];（押(お)し入れ）a closet[クラ
ズィット]

ものおじ【物おじする】（内気だ）be shy[シャイ];
（臆病(おくびょう)だ）be timid[ティミッド]
── 物おじしない be fearless, be courageous

ものおと【物音】(a) sound[サウンド];（騒音(そうおん),
雑音）a noise[ノイズ]→おと

ものおぼえ【物覚え】(a) memory[メマリィ]
・彼女は物覚えがいい[悪い].
She has a good［bad］*memory*.

ものがたり【物語】a story[ストーリィ];（架空(かくう)
の）a tale[テイル];（ぐう話）a fable[フェイブル]

┌─────────────────────────┐
│ **くらべて** story と tale │
│ **みよう!** │
└─────────────────────────┘

story: 実話にも作られた話にも使う.
tale: 作られた話にのみ使う.

・『ウォルト・ディズニー物語』
'The Walt Disney *Story*'
・『源氏物語』'The *Tale* of Genji'

モノクロ【モノクロの】black and white[ブラック]
[(ホ)ワイト]

ものごと【物事】things[スィングズ]
・君は物事を深刻に考えすぎる.
You take *things* too seriously.

ものさし【物差し】a ruler[ルーラァ]

ものずき【物好きな】（変わった）strange[ストゥレ
インヂ];（好奇(こうき)心の強い）curious[キュ(ア)リアス]

ものすごい huge[ヒューヂ], incredible[インクレダ
ブル]（►よい意味でも悪い意味でも使う）;（よい
意味で）terrific[タリフィック];（悪い意味で）

666　　　　　　　　　six hundred and sixty-six

terrible[テリブル]
- ものすごい失敗をしちゃった．
 I've made a *huge* [*terrible*] mistake.
 ━ものすごく **incredibly**, **extremely**
- あのグループはものすごく人気がある．
 That group is *extremely* popular.
…**ものだ**［…（した）ものだ］**used to**＋〈動詞の原形〉［ユースト］
- 子どものころリツとよくキャッチボールをしたものだ．I *used to* play catch with Ritsu when I was a child.
ものたりない［物足りない］**not enough**［イナフ］
- お昼はハンバーガーだけでは物足りないよ．
 Just a hamburger is*n't enough* for me for lunch.
- ふつうの観光だと物足りなかった．
 I was*n't satisfied* with normal sightseeing.（←満足しなかった）
モノトーン【モノトーン（の）】**monotone**［マナトゥン］
- このモノトーンの写真は印象的だ．
 This *monotone* photo is impressive.
ものともしない ignore［イグノァ］, **overcome**［オウヴァカム］
- 彼女は数々の困難をものともしなかった．
 She *overcame* many difficulties.
ものほし【物干し】
 ▎物干しざお **a laundry pole**
 ▎物干し場 **a balcony for drying clothes**
ものまね【物まね】**imitations**［イミテイションズ］；（まねをする人）**a mimic**［ミミック］→まね
- ケンは物まねが得意だ．
 Ken is good at *imitations*.
 ━物まねをする **imitate**, **mimic**
ものもらい［医］**a sty**［スタイ］
モノレール a monorail［マノウレイル］
ものわすれ【物忘れ（する）】**forget easily**［ファゲット イーズィリィ］, **be forgetful**［ファゲットフル］
- 母は最近物忘れがひどい．
 Recently, Mom *forgets easily*.
モバイル【モバイルの】**mobile**［モウバル］
もはや（もはや…ない）**no longer …**［ローンガァ］, **not … any longer**
- プロの選手になることはもはや夢ではない．
 Becoming a professional player is *no longer* a dream.
もはん【模範】**a model**［マドゥル］, **an example**［イグザンプル］→てほん
 ━模範的な **model**
- ユカリは模範的な生徒だ．
 Yukari is a *model* student.
- 模範試合 a *demonstration* game

もふく【喪服】**a mourning dress**［モーニング ドゥレス］
もふもふ fluffy［フラッフィ］→ふわふわ
もほう【模倣】（**an**）**imitation**［イミテイション］→まね
…**もまた**→…も❶
もみ【植物】**a fir**（**tree**）［ファー（トゥリー）］
もみあげ sideburns［サイドバーンズ］
もみじ【紅葉】【植物】（かえで）**a maple**［メイプル］；（紅葉(こうよう)）**autumn leaves**［オータム リーヴズ］
もむ massage［マサージュ］, **give … a massage**
- 母の肩(かた)をもんであげた．
 I *gave* my mother a *massage*.
- このかいろはもんで使ってください．
 Rub this body warmer before using it.
もめごと【もめ事】（**a**）**fight**［ファイト］
- 最近もめ事が多い．
 We have had many *fights* recently.
もめる fight［ファイト］；（口論する）**argue**［アーギュー］, **have an argument**［アーギュマント］,《主に英》**quarrel**［クウォーラル］; **have trouble**［トゥラブル］
- 兄は父ともめた．My brother *had an argument with* my father.
もめん【木綿】**cotton**［カトゥン］
 ▎木綿糸 **cotton thread**
もも[1]【桃】【植物】**a peach**［ピーチ］
- 桃の花 *peach* blossoms
- 桃の節句→ひなまつり

もも[2]（太もも）**a thigh**［サイ］（★このghは発音しない）→あし 図
ももいろ【桃色】**pink**［ピンク］, **peach color**［ピーチ］
ももにく【もも肉】（鶏(とり)の）**a chicken leg**[**thigh**]［チキン レッグ（サイ）］,（豚の）**a pork leg**[**thigh**]［ポーク］
もや【気象】（**a**）**haze**［ヘイズ］,（**a**）**mist**［ミスト］（▶mistのほうが濃(こ)い）
- 湖にもやがかかっていた．
 There was a *haze* over the lake.
 ━もやのかかった **hazy**, **misty**
もやし【植物】**bean sprouts**［ビーン スプラウツ］
もやす【燃やす】**burn**［バーン］
- 庭でごみを燃やしてはいけない．

もやもや

Don't *burn* trash in the garden.

もやもや
- もやもやした気持ちだ. I feel *confused*.

もよう【模様】

❶ 柄, 図案	a pattern, a design
❷ 様子	a look

❶ [柄, 図案] **a pattern**[パタァン], **a design**[ディザイン]
- 水玉模様のブラウス
a blouse with a polka-dot *pattern*
- 花模様のスカーフ
a scarf with a flowery *pattern*

 しま模様の striped
 チェック模様の check(er)ed
 水玉模様の polka-dot

━模様替えをする（配置替え）**rearrange**
- 部屋の模様替えをした.
I *rearranged* my room.

❷ [様子] **a look**[ルック]
- 空模様が怪しい. It *looks* like rain.
- 海は荒れ模様だった. The sea *looked* rough.

もよおし【催し】(行事) **an event**[イヴェント]; (会合) **a meeting**[ミーティング]
━催す **hold, give, have**
- この夏に大きなイベントが催されます.
A big event will be *held* this summer.

もより【最寄りの】**near**[ニア], **nearest**[ニアレスト]
- 最寄りの駅 the *nearest* station

もらいもの【もらい物】**a gift**[ギフト], **a present**[プレザント]

もらう

(物などを) **get**[ゲット], **receive**[リスィーヴ], **have**[ハヴ], **be given**[ギヴン]
- 彼は月に3000円のお小遣いをもらっている.
He *gets* an allowance of three thousand yen a month.
- 友達からメールをもらった. I *received* [*got*] a text message from a friend.
- これ, もらってもいいかな？ May I *have* this?
- ケンは父から腕時計をもらった.
Ken *was given* a watch by his father.

…もらう【…(して)もらう】

have[ハヴ], **get**[ゲット]➡させる❸
- 父にパソコンを買ってもらった.

My father bought me a PC.（←父がパソコンを買ってくれた）

〈物〉を…してもらう
have [get]+〈物〉+〈過去分詞〉
- 私たちは近くの人に写真を撮ってもらった.
We *had* our picture taken by a person near us.
- 彼女はきのう髪を切ってもらった.
She *had* [*got*] her hair cut yesterday.

〈人〉に…してもらう
have +〈人〉+〈動詞の原形〉/
get [ask]+〈人〉+to+〈動詞の原形〉
- 父に車に乗せてもらいます.
I'll *have* my father give me a ride.
- アキはお母さんにからあげを作ってもらった.
Aki *had* her mother cook deep-fried chicken. / Aki *got* her mother *to* cook deep-fried chicken.
- 姉に英語を見てもらおう.
I'll *ask* my sister *to check* my English.

〈人〉に…してもらいたい
want [would like]+〈人〉+to+〈動詞の原形〉(▶ would like のほうがていねいな言い方)
- あなたに仲間になってもらいたい.
We *want* you *to* join our group.
- あなたにこの解答をチェックしてもらいたい.
I *would like* you *to* check these answers.
- 母に喜んでもらえたらうれしい.
I hope my mother likes it.

もらす【漏らす】(秘密を) **leak**[リーク], **let out**
- アキが秘密をもらしちゃった.
Aki *leaked* the secret.

モラル morals[モーラルズ]➡どうとく

もり【森】**a wood**[ウッド] (▶しばしばthe woods で用いる); **a forest**[フォーリスト]
- 森に行こう. Let's go into *the woods*.
- その鳥は森の奥深くにすんでいる.
The birds live deep in a *forest*.

wood と forest
wood: 比較的小さく, 人が立ち入るような森.
forest: 大きく深い森で, 野生動物が生息し, 人が立ち入らないような森. 原生林や熱帯雨林などにも使う.

もりあがる【盛り上がる】

(膨らんで高くなる) **swell**[スウェル]; (気分が) **become** [**grow**] **lively**[グロウ ライヴリィ], **be in full swing**[フル スウィング]
- コンサートは盛り上がっていた.

The concert was *becoming lively*.
- 学校祭で大いに盛り上がった．
 Our school festival was really *exciting*.
- 話が盛り上がった．
 The conversation *became heated*.

もりもり（食べる）**eat heartily**[イート ハーティリィ]

もる【盛る】（料理を）**serve**[サーヴ]；（誇張する）**exaggerate**[イグチャザレイト]
- 姉がご飯を盛ってくれた．
 My sister *served* me rice.
- 話を盛ってるね．You are *exaggerating*.

モルモット〖動物〗**a guinea pig**[ギニィ ピッグ]（▶「モルモット」はオランダ語から）

もれる【漏れる】**leak**[リーク]
- パイプから水が漏れている．
 Water is *leaking* from the pipe.

もろい fragile[フラジャイル]
- このコップはもろい．This glass is *fragile*.
- 涙もろい cry *easily*

もろに directly[ディレクトゥリィ]

もん【門】**a gate**[ゲイト]
- 校門 a school *gate*
- 裏門 a back *gate*
- 門は7時に開きます．
 The *gate* opens at seven.
- 門を閉めた？ Have you closed the *gate*?
- 正門のところで会おう．
 I'll meet you at the front *gate*.

もんく【文句】（不平）(**a**) **complaint**[カンプレイント]；（語句）**words**[ワーヅ]，**a phrase**[フレイズ]
- 文句はないよ．I have no *complaints*.
- 好きな歌の文句 favorite *words* of a song
- 決まり文句 a set *phrase*
- 文句なし
 without *question*［any *questions*］
- ━文句を言う complain (about ...)
- 彼らは練習のことで文句を言っていた．They were *complaining about* the training.

もんげん【門限】(**a**) **curfew**[カーフュー]
- 彼は門限を破った．He broke *curfew*.

モンゴル Mongolia[マンゴウリア]

モンスター a monster[マンスタァ]

もんだい【問題】

a question[クウェスチョン]，**a problem**[プラブレム]，（事柄）**a matter**[マタァ]；（困っている）(**a**) **trouble**[トゥラブル]；（政治・経済上の）**an issue**[イシュー]

- 数学のテストでできない問題がいくつかあった．
 I couldn't answer some of the *questions* on the math test.
- そんなことは問題外だ．That sort of thing is out of the *question*.
- この問題をどうしたら解決できるだろうか．
 How can we solve this *problem*?
- これは大問題です．
 This is a serious *problem*.
- それは時間の問題だ．It is a *matter* of time.
- 私たちはその問題をきのう議論した．
 We discussed the *matter* yesterday.
- まだ問題が解決していない．
 We still have *trouble*.
- 環境問題 an environmental *issue*
- 過去問題を3年分やった．I studied old exams from the past three years.

問題集（試験の）a collection of examination questions；（練習帳）a workbook
問題用紙 a question sheet

もんどう【問答】**questions and answers**[クウェスチョンズ][アンサァズ]

もんぶかがくしょう【文部科学省】**The Ministry of Education, Culture, Sports, Science and Technology**[ミニストリィ アヴ エデュケイション カルチャァ スポーツ サイアンス アンド テクナラヂィ]

モンブラン（ケーキ）**a Mont Blanc cake**[モン ブラーンヶ]（▶フランス語から）

や【矢】an arrow[アロゥ]（►「弓」は bow）
- 彼は矢を放った. He shot an *arrow*.

…や～

❶ …と～　　　　　　… and ～
❷ …または～　　　　… or ～

❶[…と～] ... and ～[アンド]
- 私はりんごやぶどうが好きだ. I like apples *and* grapes.

❷[…または～] ... or ～[オァ]
- 夏休みの宿題は2週間やそこらではできない. My summer homework will take over two weeks *or* so.

やあ Hi![ハイ], **Hello!**[ヘロゥ]
- やあ,元気？ *Hi* [*Hello*]! How are you?

ヤード a yard[ヤード]（►長さの単位.1ヤードは3フィート.91.44センチメートル. ya. と略す）

やえば【八重歯】a double tooth[ダブル トゥース]

やおや【八百屋】(店) a fruit and vegetable store[フルート][ヴェヂャタブル ストァ], ⑱ a greengrocer's (shop)[グリーングロウサァズ (シャップ)]

やがい【野外の】outdoor[アウトドァ]（⇔屋内の indoor）, open-air[オウプンエァ]
　━野外で outdoors
　野外活動 outdoor activities
　野外コンサート an open-air concert
　野外ステージ an open-air stage

やかた【館】a mansion[マンション]

やがて（まもなく）soon[スーン], before long[ローング]；（ほとんど）almost[オールモウスト], nearly[ニアリィ]
- やがて冬休みだ. It will *soon* be winter vacation.
- ここに来てやがて3年になる. It has been *nearly* three years since I came here.

やかましい

❶ 騒がしい　　　noisy
❷ 厳しい　　　　strict；（好みがうるさい）particular

❶[騒がしい] noisy[ノイズィ] → うるさい❶
- 外がやかましい. It's *noisy* outside.
- やかましい！ *Be quiet*!（←静かにしなさい）

❷[厳しい] strict[ストゥリクト]；（好みがうるさい）particular[パァティキュラァ] → うるさい❸
- あの学校は規則がやかましい. That school has *strict* rules.
━やかましく strictly
- 母はチャットをやめるようにとやかましく言う. My mother *keeps telling* me to stop chatting online.

やかん¹ a kettle[ケトゥル]
- やかんで湯をわかした. I boiled water in a *kettle*.

やかん²【夜間】(a) night[ナイト] → よる¹
　夜間学校 a night school

やき【焼き…】(オーブンで)baked[ベイクト], (油で)fried[フライド], (焼き網などで)grilled[グリルド], (オーブンやじか火で)roasted[ロウスティド]
- 焼きおにぎり a *grilled* rice ball
- 焼きのり *toasted* [*roasted*] seaweed

やぎ【山羊】【動物】a goat[ゴウト]

やきいも【焼き芋】a baked sweet potato[ベイクト スウィート パテイトウ]

やきがし【焼き菓子】baked goods [sweets][ベイクト グッズ [スウィーツ]]

やぎざ【やぎ座】Capricorn[キャプリコーン]；(人)a Capricorn
- 私はやぎ座です. I am a *Capricorn*.

やきそば【焼きそば】chow mein[チャウ メイン]（►中国語から）, fried Chinese noodles[フライド チャイニーズ ヌードゥルズ]

やきたて【焼きたての】freshly baked[フレッシュリィ ベイクト]
- このパンは焼きたてだ. This bread is *freshly baked*.

やきとり【焼き鳥】yakitori
- 焼き鳥は木のくしに刺した鳥肉を焼き網で焼いたものです. *Yakitori* is grilled chicken on a wooden skewer.

やきにく【焼き肉】grilled meat[グリルド ミート]
- 昨夜は焼き肉だった. We had *grilled meat* last evening.

やきもち【焼きもち】(a) jealousy[ヂェラスィ]
　━焼きもちをやく be jealous (of ...)
- 彼女は君に焼きもちをやいているんだよ. She *is jealous of* you.

やきゅう【野球】baseball[ベイスボール] → p.671
　ミニ絵辞典
- 野球をしようよ. Let's play *baseball*.（►スポ

やきゅう

ミニ絵辞典 野球 Baseball

野球場
ballpark, baseball stadium

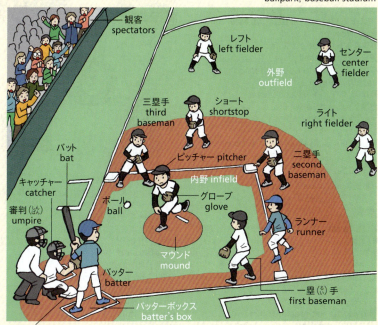

ホームランを打つ
hit a home run

三振（さん）する
strike out

エラーをする
make an error

盗塁（とうるい）する
steal a base

表	top	裏	bottom
ストライク	strike	（カウントの）ボール	ball
フォアボール	walk	デッドボール	hit by pitch
セーフで	safe	アウトで	out
ダブルプレー	double play	ゴロ	grounder
満塁ホームラン	grand slam	サヨナラホームラン	game-ending home run
犠牲（ぎせい）フライ	sacrifice fly	バント	bunt
ピンチヒッター	pinch hitter	監督（かんとく）	manager

やきん

一ツ名にはtheをつけない)
- テレビでプロ野球の試合を見た. I watched a professional *baseball* game on TV.
- あしたは野球の試合がある. We have a *baseball* game tomorrow. / (テレビで)There will be a *baseball* game tomorrow on TV.

野球場 a baseball stadium, ⊕a ballpark
野球選手 a baseball player: プロ野球の選手になりたい. I want to be a professional *baseball player*.
野球部[チーム] a baseball team
野球ファン a baseball fan

やきん【夜勤】a night shift[ナイト シフト]
- 父はきょうは夜勤だ. My father is on the *night shift* today.

やく¹【役】

❶役割	a role, (a) part; (任務)(a) duty; (仕事)a job
❷劇の	a part, a role

❶[役割]a role[ロウル], (a) part[パート]; (任務)(a) duty[ドゥーティ]; (仕事)a job[チョブ]→やくめ
- インターネットは私たちの生活で重要な役を果たしている. The Internet plays an important *role* in our life.
- その役は彼には荷が重い. The *part* is too much for him.
―役に立つ useful[ユースフル], helpful
- 車は私たちの日常生活でとても役に立っている. Cars are very *useful* in our daily lives.
- 何かお役に立てることはありませんか. May I *help* you with anything?
―役に立たない useless[ユースリス]
❷[劇の]a part, a role
- 彼はロミオの役を演じた. He played the *part* [*role*] of Romeo.

やく²【焼く】

❶食べ物を	(オーブンで)bake; (焼き網の上でじか火で)broil, grill; (油で)fry; (トーストを)toast; (オーブンやじか火で肉を)roast
❷燃やす	burn
❸肌を	get a tan

❶[食べ物を](オーブンで)bake[ベイク]; (焼き網の上でじか火で)broil[ブロイル], grill[グリル]; (油で)fry[フライ]; (トーストを)toast[トウスト]; (オーブンやじか火で肉を)roast[ロウスト]

bake / broil [grill] / fry / toast / roast

- 彼女はパンを焼くのが得意だ. She is good at *baking* bread.(←パンを作るのが得意だ)
- 兄はさんまを焼いている. My brother is *broiling* sauries.
- シェフが目の前でステーキを焼いてくれた. The chef *grilled* the steak in front of us.
- 朝食に卵を焼いてくれる？ Will you *fry* eggs for breakfast?
- パンを1枚軽く焼く *toast* a slice of bread lightly

❷[燃やす]burn[バーン]
- 彼はごみを焼いた. He *burned* the trash.

❸[肌を]get a tan[タン]
- 肌を焼いた. I *got a tan*.

やく³【約】about[アバウト]
- 公園まで歩いて約10分だ. It's *about* a ten minute walk to the park.

やく⁴【訳】(翻訳)(a) translation[トゥランスレイション]; (訳書)a version[ヴァージョン]
- 「ハムレット」の日本語訳 a Japanese *translation* [*version*] of 'Hamlet'

やくざいし【薬剤師】a pharmacist[ファーマスィスト]
やくしゃ【役者】(俳優)an actor[アクタァ]; (舞台の)a stage performer[ステイヂ パァフォーマァ]
やくしょ【役所】a government office[ガヴァンマント オーフィス]
- 市役所 a city hall [office]
- 区役所 a ward office

やくす【訳す】(…を〜に)translate ... into 〜[トゥランスレイト], put ... into 〜
- この文を英語に訳しなさい. *Translate* [*Put*] this sentence *into* English.

やさい

やくそく【約束】
a promise[プラミス], one's word[ワード]；（面会の約束，予約）(an) appointment[アポイントゥメント]
- 必ず約束は守ります．
  I'm sure to keep *my promise* [*word*].
- ケンは絶対約束を破らない．
  Ken never breaks *his promises* [*word*].
- 日曜日に彼女と会う約束がある．I have an *appointment* to see her on Sunday.
- 約束の時間に駅に着いた．I arrived at the station at the *appointed* time.
━約束する promise
- 約束した通りそこへ行った．
  I went there as I *promised*.
- 約束する？（You）*Promise*?

〈（人）に〉…する約束をする
promise（＋〈人〉＋）to＋〈動詞の原形〉
- 友達はいっしょに行くと（私に）約束した．My friend *promised*（me）*to* go with me.
- 二度とそんなことはしないと彼に約束した．I *promised* him never *to* do it. / I *promised* him（that）I would never do it.

やくだつ【役立つ】useful[ユースフル], helpful[ヘルプフル], of use[ユース]➡やく¹ ❶

やくにん【役人】a government [public] official[ガヴァンマント [パブリック] アフィシャル]

やくば【役場】➡やくしょ

やくひん【薬品】（薬剤（やく））(a) medicine[メダスィン], a drug[ドゥラッグ]；（化学薬品）a chemical[ケミカル]

やくみ【薬味】a spice[スパイス]

やくめ【役目】（任務）(a) duty[ドューティ]；（役割）a role[ロウル]；（仕事）a job[ヂャップ]➡やく¹ ❶
- ユキはチームの主将としての役目を果たした．Yuki performed her *duties* as captain of the team.
- 庭掃除（そうじ）は私の役目だ．
  It is my *job* to clean the yard.

やくわり【役割】a role[ロウル], (a) part[パート]➡やく¹ ❶
- 毎日の運動は健康のために重要な役割を果たす．Daily exercises play an important *role* in health.

やけ desperation[デスパレイション], despair[ディスペァ]
━やけになる get [become, be] desperate
- そんなにやけになるな．
  Don't *get* so *desperate*.
- やけ食いしたい気分だ．
  I feel like stress eating.

やけい【夜景】a night view[ナイト ヴュー]

やけど burn[バーン]
━やけどする burn, get burned
- オーブンで指にやけどした．
  I *burned* my finger on the oven.

やける【焼ける】

❶燃える
burn, be burned
❷食べ物が
be roasted [broiled]；
（パンなどが）be baked [toasted]
❸肌（はだ）が
（適度に）be tanned；
（過度に）be sunburned [sunburnt]

❶〔燃える〕burn[バーン], be burned
- マグネシウムは焼けて明るい光を出す．
  Magnesium *burns* with a bright light.
- 火事で3軒（けん）の家が焼けた．
  Three houses were *damaged* in the fire.
❷〔食べ物が〕be roasted [broiled][ロウスティド [ブロイルド]]；（パンなどが）be baked [toasted][ベイクト [トウスティド]]
- トーストが焼けた．The bread *is toasted*.
- この肉はよく焼けていない［焼けすぎだ］．
  This meat is under*done* [over*done*].
❸〔肌が〕（適度に）be tanned[タンド]；（過度に）be sunburned [sunburnt][サンバーンド [サンバーント]]
- よく日に焼けてるね．
  You *are* well *tanned*.

やこう【夜行】（列車）an overnight train[オウヴァナイト トゥレイン]；（バス）an overnight bus[バス]
- 私たちは夜行列車で北海道へ行った．
  We took a *night train* to Hokkaido.

やさい【野菜】

a vegetable[ヴェヂタブル]（▶ふつう複数形で用いる）, ⊛veggies[ヴェヂィズ]；（青物）greens[グリーンズ]
- 新鮮（しんせん）な野菜 fresh *vegetables*
- 祖父母は野菜を栽培（さいばい）している．
  My grandparents are growing *vegetables*.
- 野菜を食べると美容によい．
  Eating *vegetables* is good for beauty.
野菜いため sautéed vegetables
野菜サラダ vegetable salad, green salad
野菜ジュース vegetable juice
野菜スープ vegetable soup
野菜畑（家庭の）a vegetable garden

やさしい¹

表現メモ

いろいろな野菜

アスパラ asparagus
アボカド an avocado
オクラ an okra／かぶ a turnip
かぼちゃ a pumpkin
カリフラワー（a）cauliflower
キャベツ（a）cabbage
きゅうり a cucumber
さつま芋 a sweet potato
じゃが芋 a potato／ズッキーニ zucchini
大根 a Japanese radish, a giant radish
玉ねぎ an onion
とうもろこし ⊛corn, ⊛maize
トマト a tomato／なす an eggplant
にんじん a carrot
白菜（a）Chinese cabbage
ピーマン a green pepper, a sweet pepper
ブロッコリー broccoli／ほうれん草 spinach
レタス（a）lettuce

やさしい¹【易しい】

easy[イーズィ]（⇔難しい difficult, hard）；（単純な）**simple**[スィンプル]→**かんたん**¹
- やさしい問題 an *easy* question／a *simple* question
- 試験は思ったよりやさしかった.
  The exam was *easier* than I thought.
- このパソコンは操作するのがやさしい.
  This computer is *easy* to operate.

…するのは（〈人〉にとって）やさしい
It is easy（for＋〈人〉＋）to＋〈動詞の原形〉
- 英語を話すのはぼくにとってやさしくない.
  It's not *easy for* me *to* speak English.

やさしい²【優しい】

gentle[チェントゥル]；（親切な）**kind**[カインド]
- 彼女は優しい声で歌った.
  She sang in a *gentle* voice.
- 彼はだれにでも優しい.
  He is *kind* to everyone.
- 太陽エネルギーは環境に優しい.
  Solar energy is eco-*friendly*.

━優しく gently；kindly
- 先生は優しく教えてくれた.
  The teacher taught us *kindly*.

━優しさ kindness

やし【植物】**a palm**[パーム]
- やしの実 a *coconut*

やじ booing[ブーイング]**, jeering**[チアリング]
‖やじ馬 a curious onlooker

やしき【屋敷】（大邸宅）**a mansion**[マンション]

やしなう【養う】（家族を）**support**[サポート]；（育てる）**bring up**[ブリング]；（能力などを伸ばす）**improve**[インプルーヴ]**, develop**[ディヴェラップ]
- 留学して英語力を養いたい.
  I want to *improve* my English（skills）by studying abroad.

やしゅ【野手】**a fielder**[フィールダァ]

やじゅう【野獣】**a wild animal**[ワイルド アナマル]**, a beast**[ビースト]

やしょく【夜食】**a midnight [late-night] snack**[ミッドナイト [レイトナイト] スナック]
- 夜食にラーメンを作った.
  I cooked ramen（noodles）for a *midnight snack*.

やじるし【矢印】**an arrow**[アロウ]

やしん【野心】**(an) ambition**[アンビション]

━野心的な ambitious[アンビシャス]

やすあがり【安上がりな】**cheap**[チープ]**, cheaper**
- そこに行くには電車よりバスのほうが安上がりだ. It's *cheaper* to go there by bus than by train.

やすい【安い】

cheap[チープ]（⇔高い expensive）；**inexpensive**[イニクスペンスィヴ]（⇔高い expensive）；**low**[ロウ]（⇔高い high）
- 安いものを買ってね.
  Buy a *cheap* one.
- このバッグは上等でしかも安い.
  This bag is good and *inexpensive*.
- 彼女のバイト料は安い.
  Her part-time job pay is *low*.

> **くらべてみよう！ cheap と inexpensive と low**
> **cheap**：「値段が安い」という意味の最も一般的な語.「質が劣る」「安物の」という意味合いがある.
> **inexpensive**：「低価格の」の意.
> **low**：「低い」を表す語で price, salary などの「金額」という意味を含む語とともに使う. 売り手が「安い」と言う場合は **reasonable**（手ごろな）, **economical**（得な）などを使う.

━安く cheap, at a low price
- 秋葉原では電気製品が安く買えますよ.
  You can buy electrical appliances *cheap* [*at low prices*] in Akihabara.

…やすい【…しやすい】（…するのが容易だ）**be easy to＋〈動詞の原形〉**[イーズィ]；（…しがちだ）**be apt to＋〈動詞の原形〉**[アプト]
- 彼の説明はわかりやすい.

674　six hundred and seventy-four

やせる

His explanation *is easy to* understand.
- 私は風邪(かぜ)を引きやすい. *I'm apt to* catch cold. / I catch cold *easily*.

やすうり【安売り】**a sale**[セイル]
- あの店では今安売りをしている.
  That store is having a *sale* now.
▌安売り店 **a discount store**[**shop**]

家具の安売り店の看板(米国)

やすっぽい【安っぽい】**cheap**[チープ]

やすみ【休み】

❶休息	(a) **rest**;
	(休憩(きゅうけい)) **a break**
❷休日, 休業	**a holiday**;
	(休暇(きゅうか)) **a vacation**
❸欠席, 欠勤	(an) **absence**

❶〔休息〕(a) **rest**[レスト]; (休憩) **a break**[ブレイク]
- 一休みしようよ. Let's take a *rest* [*break*].
- 昼休みに during a lunch *break* / (昼食時に) at lunchtime
- 授業と授業の間には10分間の休みがある.
  We have a ten-minute *break* between classes.

❷〔休日, 休業〕**a holiday**[ハラデイ]; (休暇) **a vacation**[ヴェイケイション]
- あしたは休みだ.
  It's a *holiday* tomorrow.
- きょうは学校が休みだ.
  We have *no* school [classes] today.
- この店は木曜日が休みだ.
  This store is *closed* on Thursdays.
- 夏休みが3か月もあるなんてうらやましいな.
  I'm jealous of your three-month summer *vacation*.

❸〔欠席, 欠勤〕(an) **absence**[アブサンス]
━休みである **be absent**
- きょう鈴木さんは休みだ.
  Ms. Suzuki *is absent* today.

やすむ【休む】

❶休息する	**rest**,
	take [**have**] **a rest**
❷欠席・欠勤している	**be absent**
❸睡眠(すいみん)を取る	(布団(ふとん)に入る) **go to bed**; (眠(ねむ)る) **sleep**

rest, take [have] a rest   be absent   go to bed

❶〔休息する〕**rest**[レスト], **take** [**have**] **a rest**
- 休む暇(ひま)もない. I have no time to *rest*.
- ちょっと休もう. Let's *take* [*have*] *a rest*.
- 休め！At *ease*!(▶号令)

❷〔欠席・欠勤している〕**be absent**[アブサント]
- 私は風邪(かぜ)で学校を休んだ.
  I *was absent* from school with a cold.
- 姉は会社を休んだ.
  My sister *took a day off*.

❸〔睡眠を取る〕(布団に入る) **go to bed**[ベッド]; (眠る) **sleep**[スリープ]
- きょうは早く休みなさい.
  Go to bed early today.
- 父さん, おやすみなさい. *Good night*, Dad.

やすめる【休める】**rest**[レスト]
- 読書の後は目を休めなさいよ.
  Rest your eyes after reading.

やすもの【安物】**cheap stuff**[チープ スタッフ], **junk**[ジャンク]
- 安物のおもちゃ a *cheap* toy

やすらか【安らかな】**peaceful**[ピースフル]
━安らかに **peacefully**

やすらぐ【安らぐ】**feel at ease**[フィール][イーズ]
- 友達といるとやすらぐ.
  I *feel at ease* with my friends.

やすり a file[ファイル]
- 爪(つめ)やすり a nail *file*
- 紙やすり sandpaper
━やすりをかける **file**

やせい【野生の, 野性の】**wild**[ワイルド]
▌野生植物 **a wild plant**
▌野生動物 **a wild animal**

やせる

(体重が減る) **lose weight**[ルーズ ウェイト] (⇔太る **gain** [**put on**] **weight**)
- あと5キロやせたい.
  I want to *lose* 5 more kilograms.

six hundred and seventy-five   675

やだ

→やせた thin(⇔太った fat);(ほっそりした) slender, slim
- 彼は背が高くてやせている. He is tall and *slim*.

やだ no[ノゥ]
- あっ, やだ. 猫がまたソファにおしっこした. Oh, *no*! The cat peed on the sofa again.

やたい【屋台】a stand[スタンド], a stall[ストール]
- お祭りの屋台で綿あめを買った. I bought cotton candy from a *stall* at the festival.

やたら【やたらに】(過度に)too[トゥー];(しょっちゅう)too often[オーフン]
- そのケーキはやたらに甘かった. The cake was *too* sweet.
- 彼はやたらに難しい言葉を使う. He uses difficult words *too often*.

やちょう【野鳥】a wild bird[ワイルド バード]
▮野鳥観察 bird-watching

やちん【家賃】(a) rent[レント]

やつ a guy[ガイ], a fellow[フェロウ]
- いいやつ a nice *guy*[*fellow*]

やつあたり【八つ当たりする】take it out on ...[アウト]
- 私に八つ当たりしないで. Don't *take it out on* me.

やっかい【厄介な】difficult[ディフィカルト], troublesome[トラブルサム]→めいわく, めんどう
- 厄介な問題 a *difficult* problem

やっきょく【薬局】a pharmacy[ファーマスィ], ⦿a drugstore[ドラッグストア], ⦿a chemist's[ケミスツ]

これ、知ってる? 米国の薬局

米国のdrugstoreでは薬のほかに日用雑貨, 雑誌, 食品なども売られており, ホットドッグやコーヒーなど軽食を出すところも多くあります.

やった(喜び・感激などの叫び声)Yippee![イッピィ], Great![グレイト];(自分が)I did it![ディド], I made it![メイド];(相手が)You did it!, Well done![ダン]
- やった, あしたは授業がない. *Yippee*! No school for tomorrow!

やっつ【八つ(の)】eight[エイト]→はち¹

やっつける beat[ビート]
- 次回はやっつけてやる. We'll *beat* them next time!

やっていく get along(with ..., in ...)[アローング]
- 彼女とうまくやっていけるかな. I'm wondering whether I can *get along* well *with* her.

やってくる【やって来る】(近寄る)come up(to ...)[カム];(季節などが巡って来る)come around[アラウンド]
- 先生がぼくのほうにやって来た. The teacher *came up to* me.

やってみる→…みる

やっと

(ついに)at last[ラスト], finally[ファイナリィ];(かろうじて)just[ヂャスト];(苦労して)manage to +(動詞の原形)[マニッヂ]
- やっと1学期が終わった. The first term is over *at last*.
- バスにやっと間に合った. I was *just* in time for the bus.
- 私はやっとテストの準備を終えた. I *managed to* finish preparing for the test.

やっぱり→やはり

ヤッホー Yoo-hoo![ユーフー], Hey![ヘィ]

やど【宿】lodging[ロッヂング], an inn[イン], a hotel[ホウテル]→ホテル, りょかん

やとう¹【雇う】employ[インプロィ], hire[ハイア]
- あの店では新しいバイトを雇うそうだ. I heard that store is *hiring* new part-timers.
▮雇い主 an employer

やとう²【野党】an opposition party[アパズィション パーティ]

やどかり【宿借り】【動物】a hermit crab[ハーミット クラブ]

やなぎ【柳】【植物】a willow(tree)[ウィロゥ]

やぬし【家主】the owner of the house[オウナァ][ハウス], a landlord[ランドロード]

やね【屋根】a roof[ルーフ]
- 赤い屋根の家 a house with a red *roof* / a red-*roofed* house
▮屋根裏部屋 an attic, a loft

やばい

(大変だ)no good[グッド], bad[バッド];(話)(すごくいい)awesome[オーサム]
- これはやばい. This is *no good*.(▶「困ったことになった」の意) /(危険だ)That's *risky*.

やま

- 今度零(れい)点を取ったらやばいよ．I'll *be in trouble* if I get a zero next time.（►「困ったことになる」の意）
- この味やばいよ．This taste is *awesome*! / I like this taste *too much*.（◄すごくいい）

やはり

❶…もまた	（肯定文で）too, also; （否定文で）either
❷今なお，それでもなお	still; （にもかかわらず）yet, nevertheless; （結局）after all
❸思ったとおり	as (one) expected

❶[…もまた]（肯定文で）**too**[トゥー]，**also**[オールソゥ]（►tooのほうが口語的）；（否定文で）**either**[イーザァ]➡…も❶
- この店もやはりいっぱいだ．This store is crowded, *too*.
- 私もやはり出席できません．I will not be able to attend, *either*.

❷[今なお，それでもなお]**still**[スティル]；（にもかかわらず）**yet**[イェット]，**nevertheless**[ネヴァザレス]；（結局）**after all**[オール]
- 両親は今もやはりぼくを子ども扱(あつか)いする．My parents *still* treat me like a child.
- 彼はわがままだけどやはり彼が好きです．He is selfish but I like him *nevertheless*.

❸[思ったとおり]**as**(**one**)**expected**[イクスペクティド]
- やはり日本チームは強かった．The Japanese team was strong, *as I expected*.

やばん【野蛮な】**savage**[サヴィッヂ]，**barbarous**[バーバラス]

やぶ a thicket[スィキット]；（低木の茂(しげ)み）**a bush**[ブッシュ]

❘やぶ医者 **a quack**

やぶく【破く】**tear**[テア]➡やぶる❶

やぶける【破ける】**tear**[テア]➡やぶれる¹

やぶる【破る】

❶物を	（引き裂(さ)く）tear; （壊(こわ)す）break
❷負かす	beat, defeat; （記録を）break
❸規則・約束などを	break

❶[物を]（引き裂く）**tear**[テア]；（壊す）**break**[ブレイク]
- 彼女はチラシを細かく破った．She *tore* the flier into pieces.
- くぎに引っかかってパンツを破いてしまった．I *tore* my pants on a nail.

- 彼らはドアを破った．They *broke* the door open.

❷[負かす]**beat**[ビート]，**defeat**[ディフィート]；（記録を）**break**
- レッズは5対2でメッツを破った．The Reds *beat* [*defeated*] the Mets (by) 5 to 2.
- 1500メートル走の記録を破った．I *broke* the record for the 1500 meter run.

❸[規則・約束などを]**break**
- 彼らは校則を破った．They *broke* [*violated*] school regulations.
- 私は約束を破りません．I will not *break* my promise [*word*].

やぶれる¹【破れる】**tear**[テア]，**be torn**[トーン]
- ジーンズ破れてるよ．Your jeans *are torn*.
- 彼の夢は破れた．His dream did *not come true*.（◄実現しなかった）

やぶれる²【敗れる】**be beaten**[ビートゥン]，**be defeated**[ディフィーティド]；（試合に）**lose**[ルーズ]
- 決勝戦で敗れた．I *lost* (in) the finals. / I *was beaten* [*defeated*] in the finals.

やぼったい【野暮ったい】（服装などが）**unfashionable**[アンファッショナブル]

やま【山】

❶山岳(がく)	a mountain; （低い）a hill; （…山）Mt. …
❷多量の	a lot of …; （山積みの）a heap [pile] of …
❸予想	a guess
❹山場	（劇などの）the climax

❶[山岳]**a mountain**[マウンテン]；（低い）**a hill**[ヒル]；（…山）**Mt. …**[マウント]
- 高い[低い]山 **a high** [**low**] *mountain*
- あしたは山に登る．We will climb [go up] the *mountain* tomorrow.
- さあ，山を下りよう．Let's go down the *mountain* now.
- 伊吹(いぶき)山の頂上に着いた．We reached the top of *Mt.* Ibuki.

夏の長野・八ヶ岳(日本)

やまいも

❷ [多量の] **a lot of ...**[ラット]; (山積みの) **a heap [pile] of ...**[ヒープ][パイル]
- 山ほどの宿題が出された. *A lot of* homework was given out.

❸ [予想] **a guess**[ゲス]
- 試験問題の山がいくつか当たった. I had some lucky *guesses* on the exam questions.

❹ [山場] (劇などの) **the climax**[クライマックス]

| 山火事 a forest fire
| 山崩(くず)れ a landslide
| 山国 a mountainous area, a mountainous country
| 山小屋 a mountain cottage [hut], a lodge
| 山登り mountain climbing
| 山開き start of the mountaineering season
| 山道 a mountain path

やまいも【山芋】〖植物〗**a yam**[ヤム]

やまおく【山奥の】**deep in the mountains**[ディープ][マウンテンズ]
- 私たちは山奥の温泉に行った. We went to a hot spring *deep in the mountains*.

やましい【やましいと感じる】**feel guilty**[フィール ギルティ]

やまびこ【山びこ】**an echo**[エコゥ]

やまわけ【山分けする】**split [divide, share] ... equally**[スプリット][ディヴァイド, シェア][イークワリィ]; (2人で) **go fifty-fifty**[フィフティ フィフティ]
- 弟とお菓子を山分けした. My brother and I *split* the candies *equally*.

やみ darkness[ダークニス], **the dark**[ダーク]
- 猫(ねこ)はやみの中でも目が見える. Cats can see even in *darkness* [*the dark*].
- 真実はやみの中だ. The truth is in *the darkness*.

| やみ夜 a dark night

やむ stop[スタップ]
- 雨がやんだ. It has *stopped* raining. / The rain has *stopped*.
- 赤ちゃんは泣きやまなかった. The baby didn't *stop* crying.

やむちゃ【飲茶】**dim sum**[ディム サム]

やむをえない【やむを得ない】(避(さ)けられない) **unavoidable**[アナヴォイダブル]→ しかたない
- やむを得ない事情で欠席した. I was absent because of *unavoidable* circumstances.

→やむを得ず…する **be obliged [forced] to**+〈動詞の原形〉[アブライヂド]
- やむを得ず行くことになった. I *was obliged to* go.
- やむを得ず試合は中止された. We *were forced to* cancel the game.

やめる¹

stop[スタップ]; **give up**[ギヴ]; **quit**[クウィット]; **cancel**[キャンサル]
- お願いだから, やめて. Please *stop* it! / Please don't!
- 兄は学校をやめた. My brother *quit* school.
- 父はお酒をやめた. My father *gave up* drinking. / My father *quit* drinking.

…するのをやめる
stop+〈-ing形〉
- けんかはやめなさい. *Stop* fight*ing*. (▶Stop to fight. は「けんかをするために立ち止まる」という意味になるので注意)

> くらべて みよう！ **stop, give up, quit, cancel**
> **stop**:「やめる」という意味の最も一般的な語.
> **give up**:「習慣などを完全にやめてしまう」という意味を表す.
> **quit**: 口語的な語でstop, give upのどちらとも交換(こうかん)可能だが,「完全にやめてしまう」というニュアンスを含(ふく)む.
> **cancel**: 予定を取りやめるときに使う.

やめる²【辞める】〘話〙**quit**[クウィット], **leave**[リーヴ]; (辞職する) **resign**[リザイン]; (定年で) **retire**[リタイア]
- バスケット部を辞めたい. I want to *quit* [*leave*] the basketball team.

やや(少し) **a little**[リトゥル], 〘話〙**a bit**[ビット]
- あしたはやや曇(くも)るでしょう. It'll be *a little* cloudy tomorrow.

ややこしい complicated[カンプラケイティド], **complex**[カンプレックス]→ ふくざつ

やらせる let+〈人〉+〈動詞の原形〉→…させる❷

やり a spear[スピア]; (競技用の) **a javelin**[ヂャヴァリン]

| やり投げ 〖スポーツ〗the javelin (throw)

やりがい【やりがいのある】**worth doing**[ワース], **worthwhile**[ワース(ホ)ワイル], **challenging**[チャリンヂング]

やんわり

- やりがいのある役をください．
Please give me a *challenging* role.

やりかけ【やりかけの】**unfinished**[アンフィニッシュト]
- 宿題がやりかけだ．
My homework is *unfinished*. / I haven't *finished* my homework *yet*.

やりかた【やり方】**a way**[ウェィ], **how to**+〈動詞の原形〉[ハゥ]→しかた
- 新しいやり方で in a new *way*
- このゲームのやり方を教えて．
Please show me *how to* play this game.

やりすぎる【やり過ぎる】**go too far**[トゥー ファー], **do too much**[マッチ]
- それはちょっとやり過ぎじゃない？
That's *going too far*, isn't it?

やりとげる【やり遂げる】**complete**[カンプリート], **make it through**[スルー], **carry out**[キャリィ]
- 彼は困難な練習をやり遂げた．
He *made it through* the tough training.

やりとり【やり取りする】**exchange**[イクスチェインヂ]
- 友達と意見のやり取りをした．I *exchanged* opinions with my friends.

やりなおす【やり直す】**do ... over again**[オウヴァ アゲン]
- もう一度やり直すよ．I'll *do* it *over again*.

やる

❶する　　do; (競技・ゲームなどを)**play**
❷与(あた)える　give

❶〔する〕**do**[ドゥー]; (競技・ゲームなどを)**play**[プレィ]
- 宿題やった？
Have you *done* your homework yet?
- 今何をやっているの？
What are you *doing* now?
- よくやった．
Good [Nice] job! / You've *done* well.
- キャッチボールをやろうよ．Let's *play* catch.
- 5チャンネルで今何をやっているの？
What's *on* Channel 5 now?

❷〔与える〕**give**[ギヴ]
- これを君にあげるよ．
I'll *give* this to you. / I'll *give* you this.
- 犬にえさをやる時間だ．
It's time to *feed* the dog.

…やる【…(して)やる】→…あげる

やるき【やる気】**spirit**[スピリット], **motivation**[モウタヴェイション], **willingness**[ウィリングネス]
- やる気がないのか？
Don't you have any *spirit*?
- やる気をなくした．
I've lost my *motivation* to do it.
- 挑戦(ちょうせん)しようというやる気が大切だ．
Willingness to try is important.
- 彼らはやる気満々だ．
They *are eager to do* it.
━**やる気がある** **be motivated**[モウタヴェイティド], **be willing**(**to** ...)
- やる気あるの？
Are you really *willing to* do it?

やれやれ **well**[ウェル], **at last**[ラスト]; **Oh, my!**[オゥ マィ]
- やれやれ，やっと家に帰れる．
At last! We can go home now.

やわらかい【柔らかい, 軟らかい】

soft[ソーフト](⇔かたい hard); (肉などが)**tender**[テンダァ](⇔かたい tough)
- このタオルは柔らかい．This towel is *soft*.
- 柔らかい肉 *tender* meat

やわらぐ【和らぐ】(痛み・緊張(きんちょう)・不安などが)**ease**[イーズ], **be eased**
- 痛みは和らいだ．The pain has *eased*.
- 母の不安は和らいだようだ．
My mother's concern seems to *be eased*.
- 彼女の冗談(じょうだん)でその場の雰囲気が和らいだ．
Her joke *relaxed* the people there.
- 寒さが和らいできた．
It's getting a little warmer.

やわらげる【和らげる】**soften**[ソーフン](★このtは発音しない); (苦痛などを)**ease**[イーズ]
- その薬は頭痛を和らげた．
The medicine *eased* my headache.

ヤング(若い人々)**young people**[ヤング ピープル]

やんちゃ【やんちゃな】**naughty**[ノーティ], **mischievous**[ミスチヴァス]

やんわり **gently**[ヂェントゥリィ], **softly**[ソフトゥリィ]
- 私は彼の提案をやんわり断った．
I *gently* refused his proposal.

ゆ ユ

ゆ【湯】
hot water[ハット ウォータァ]; (熱湯)boiling water[ボイリング]; (ふろ)a bath[バス]

- そのホテルはお湯が出なかった．
  Hot water didn't come out at the hotel.
- お湯をわかした．
  I boiled *water*.

∥湯上がり(に) after a bath
∥湯船 a bathtub

ゆいいつ【唯一の】only[オウンリィ]
ゆいごん【遺言】a will[ウィル]
ゆいしょ【由緒ある】historic[ヒストーリック]
- 由緒ある寺 a *historic* temple

ゆう¹【結う】(髪を)do[ドゥー]
- アヤが髪を結ってくれた．
  Aya *did* my hair.

ゆう²【言う】→いう
ゆうい【優位】an advantage[アドヴァンティッヂ]
- 私たちは優位に立っている．
  We have an *advantage*.

ゆういぎ【有意義な】meaningful[ミーニングフル]
ゆううつ【憂うつな】depressed[ディプレスト]，《話》blue[ブルー], gloomy[グルーミィ]
- 試験のことを考えるとゆううつになる．
  I feel *depressed* when I think of exams.
- 彼女はゆううつそうな顔をしている．
  She looks *gloomy* [*blue*].

ゆうえき【有益な】useful[ユースフル], helpful[ヘルプフル], good[グッド]
- 有益な忠告
  useful [*helpful*] advice

ゆうえつかん【優越感】
- 彼女はケンに対して優越感をもっていた．
  She *felt superior* to Ken.

ゆうえんち【遊園地】an amusement park[アミューズマント パーク]

ジェットコースター roller coaster
観覧車 Ferris wheel
お化け屋敷 haunted house
売店 stand
コーヒーカップ whirling teacup
メリーゴーランド merry-go-round

ゆうが【優雅な】elegant[エリガント], graceful[グレイスフル]
ゆうかい【誘拐】kidnapping[キッドゥナッピング]
―誘拐する kidnap
- その子どもは誘拐された．
  The child was *kidnapped*.

∥誘拐犯 a kidnapper
ゆうがい【有害な】harmful[ハームフル](⇔無害な harmless), bad[バッド]
- たばこは健康に有害だ．Smoking is *harmful* to your health.

∥有害物質 harmful substances

ゆうがた【夕方】

(an) evening[イーヴニング]
- 夕方は時間があります．
  I'll have time in the *evening*.
- 金曜日の夕方は塾です．I go to a *juku* [cram school] on Friday *evening*.
- あしたの夕方，お宅にお邪魔します．
  I'll visit you tomorrow *evening*.

ゆうかん¹【夕刊】(朝刊と区別して)an evening edition[イーヴニング イディション]; (夕刊紙)an evening paper[ペイパァ]
ゆうかん²【勇敢な】brave[ブレイヴ]
―勇敢に bravely
- 彼は勇敢にも強盗をつかまえた．
  He *bravely* [*courageously*] caught the robber.

ゆうき¹【勇気】courage[カーリッヂ]; (勇敢さ)bravery[ブレイヴァリィ]
- 私にはそれを言う勇気がなかった．
  I didn't have the *courage* to say it.
―勇気のある courageous[カレイヂャス]; brave
- 1人で外国に行くとは彼は勇気があるよ．It is *courageous* of him to go abroad alone.

→**勇気づける** encourage[インカーリッヂ]
- マリはトモコの言葉に勇気づけられた．
  Tomoko's words *encouraged* Mari.

ゆうき[2]【有機の】**organic**[オーガニック]
- 有機栽培 *organic* cultivation
- 有機野菜 *organic* vegetables

ゆうぎ【遊戯】**play**[プレイ], **a game**[ゲイム]→あそび；(幼稚(ち)園の)**playing and dancing**[ダンシング]

ゆうぐれ【夕暮れ】**dusk**[ダスク]
- 夕暮れに at *dusk*

ゆうげん【有限の】**limited**[リミティッド]

ゆうこう[1]【友好】**friendship**[フレンドゥシップ]
→**友好的な** friendly
- 彼らは私たちに対してとても友好的だった．
  They were very *friendly* to us.

ゆうこう[2]【有効な】(効果がある)**effective**[イフェクティヴ]；(切符(ぷ)などが)**valid**[ヴァリッド](⇔無効な invalid)
- 有効な方法 an *effective* method
- この切符は1か月有効だ．
  This ticket is *valid* [*good*] for a month.
→**有効に** effectively
- 夏休みを有効に使うように．Use your summer vacation *effectively*. / Make *good use of* your summer vacation.

ゆうごはん【夕ご飯】→ゆうしょく

ユーザー(利用[使用]者)**a user**[ユーザァ]

ゆうざい【有罪の】**guilty**[ギルティ](⇔無罪の innocent, not guilty)

ゆうしゃ【勇者】**a brave man**[ブレイヴマン]

ゆうしゅう【優秀な】**excellent**[エクサラント]
- 優秀な生徒 an *excellent* student
- 彼女は優秀な成績で中学校を卒業した．
  She finished junior high school with *excellent* grades.
- 最優秀選手
  the most *valuable* player(►MVPと略す)

ゆうじゅうふだん【優柔不断な】**weak-minded**[ウィークマインデッド], **wishy-washy**[ウィッシィワッシィ]
- 彼は優柔不断でさっさと決められない．He's *wishy-washy* and can't decide quickly.

ゆうしょう【優勝】
(勝利)(a) **victory**[ヴィクタリィ]；(選手権)a **championship**[チャンピアンシップ], **a title**[タイトゥル]
→**優勝する** win the championship, win first prize
- うちの学校は地区大会で団体優勝した．
  Our school *won* the team *championship* in the local tournament.
- 彼は弁論大会で優勝した．
  He *won* the speech contest.
- 優勝カップ a championship cup, a trophy
- 優勝旗 a championship flag, a pennant
- 優勝決定戦 the finals, (同点の際の)a playoff
- 優勝者 a champion, a winner
- 優勝チーム the championship team, the winning team

ゆうじょう【友情】**friendship**[フレンドゥシップ]
- 私たちのチームは強い友情で結ばれている．
  Our team is united by (a) strong *friendship*.
- 友情出演 cameo appearance

ゆうしょく【夕食】
(晩の軽い食事)(a) **supper**[サパァ]；(一日のうちの主要な食事)(a) **dinner**[ディナァ]→ちょうしょく
- 軽い夕食
  a light *supper*(►形容詞がつくとa [an]+〈形容詞〉+supper [dinner]となる)
- 母は今，夕食の準備をしている．My mother is cooking [making] *dinner* now.
- 家族と夕食をとった．
  I had *dinner* with my family.
- 夕食ができましたよ．*Dinner* is ready.

ゆうじん【友人】**a friend**[フレンド]→ともだち

ユース **youth**[ユース]
- ユースチーム the youth team

ゆうずう【融通】
→**融通がきく** flexible
- 私のスケジュールは融通がきく．
  My schedule is *flexible*.
→**融通がきかない** inflexible
- 融通がきかない校則が多い．
  There are many *inflexible* school rules.

ユースホステル **a youth hostel**[ユースハストゥル]

ゆうせい【優勢だ】**lead**[リード], **be superior (to ...)**[スピ(ァ)リァ]
- どちらが優勢ですか．Who is *in the lead*?

ゆうせん[1]

ゆうせん[1]【優先】priority[プライオーラティ]
- 最優先の問題 a matter of high *priority*
- ➡優先する have［take］priority（over ...）
- ┃優先順位 the order of priority
- ┃優先席 priority seats

英国の路面電車の優先席

ゆうせん[2]【有線の】wired[ワイアド]
- ┃有線テレビ cable television（►CATV と略す）
- ┃有線放送 cable broadcasting

ゆうそう【郵送する】《主に⊛》mail[メイル],《主に⊛》post[ポウスト], send ... by mail［post］[センド]
- これを郵送してください.
  Please *send* this *by mail*.
- ┃郵送料 postage

ユーターン a U-turn[ユーターン]
- ➡ユーターンする make a U-turn
- 車はユーターンした.
  The car *made a U-turn*.
- ┃ユーターンラッシュ a return rush

ゆうだい【雄大な】grand[グランド], magnificent[マグニファサント]

ゆうたいけん【優待券】a coupon[クーパン], a complimentary ticket[カンプラメンタリ ティキット]

ゆうだち【夕立】an evening shower[イーヴニング シャウア]
- 家に帰る途中(ちゅう)夕立にあった. I was caught in an *evening shower* on my way home.

ユーチューバー a YouTuber[ユートゥーバァ]
- 将来はユーチューバーになりたい. I want to be a *YouTuber* in the future.

ユーチューブ〚商標〛YouTube[ユートゥーブ]
- 昨夜はユーチューブの動画を見た. I watched a video on *YouTube* last night.

ゆうどう【誘導する】guide[ガイド], direct[ディレクト]
- 案内係の人が席まで誘導してくれた. The usher *guided*［*directed*］me to my seat.

ゆうとうせい【優等生】（優秀(しゅう)な）an excellent student[エクサラント ストゥードゥント]；（模範(はん)的な）a model student[マドゥル]

ゆうどく【有毒な】poisonous[ポイズナス]
- ┃有毒ガス poisonous gas

ユートピア（a）Utopia[ユートウピア]

ゆうのう【有能な】able[エイブル], capable[ケイパブル]

ゆうはん【夕飯】➡ゆうしょく

ゆうひ【夕日】the setting［evening］sun[セッティング［イーヴニング］サン]
- 夕日が沈んでいくのを見た.
  We saw *the sun setting*.

ゆうび【優美】elegance[エリガンス], grace[グレイス]
- ➡優美な elegant, graceful

ゆうびん【郵便】《主に⊛》mail[メイル],《主に⊛》post[ポウスト]
- 私に郵便は来ていますか.
  Is there any *mail* for me?
- ➡郵便で送る mail, post, send ... by mail［post］[センド]
- ┃郵便受け a mailbox, ⊛a letter box
- ┃郵便切手 a（postage）stamp
- ┃郵便局 a post office
- ┃郵便配達人 a mail［letter］carrier
- ┃郵便はがき a postcard
- ┃郵便番号 ⊛a zip code, ⊛a postcode
- ┃郵便ポスト ⊛a mailbox, ⊛a postbox
- ┃郵便料金 postage

ユーフォー a UFO[ユーエフォウ]（複 UFO's, UFOs）（►unidentified flying object（未確認飛行物体）の略）
- ┃UFOキャッチャー a crane game

ユーフォニアム〚楽器〛a euphonium[ユーフォウニアム]

ゆうふく【裕福な】rich[リッチ], wealthy[ウェルスィ]
- ➡かねもち, ゆたか

ゆうべ

| ❶ きのうの夜 | last night, yesterday evening |
| ❷ 夕刻 | （an）evening |

❶〖きのうの夜〗last night[ラスト ナイト], yesterday evening[イェスタデイ イーヴニング]
- ゆうべは寒かった. It was cold *last night*.

❷〖夕刻〗（an）evening[イーヴニング]
- 音楽の夕べ the *evening* for music

ゆうぼう【有望な】promising[プラミスィング]
- 有望な新人 a *promising* newcomer

ゆうめい

【有名な】

famous[フェイマス], well-known[ウェルノウン]；（悪名高い）notorious[ノウトーリアス]

682　six hundred and eighty-two

- その寺は美しさで有名になった．The temple became *famous for* its beauty.
- 彼は世界的に有名なミュージシャンだ．He is a musician *famous* all over the world. / He is a world-*famous* musician.
- その政治家はうそつきで有名だ．The politician is a *notorious* liar.

| 有名校 a famous school, a big-name school
| 有名人 a famous person, a celebrity

ユーモア humor[ヒューマァ]
- 私たちのリーダーはユーモアがある．Our leader has a good sense of *humor*.
- 彼女の話はいつもユーモアたっぷりだ．The things she says are always *funny*.

ユーモラス【ユーモラスな】humorous[ヒューマラス]

ゆうやけ【夕焼け】（a）sunset[サンセット], the evening glow[イーヴニング グロウ]

ゆうよう【有用な】useful[ユースフル]

ゆうらんせん【遊覧船】a pleasure boat[プレジャァ ボウト]

ゆうり【有利】
（an）advantage[アドゥヴァンティッヂ]（⇔不利 (a) disadvantage）
- 英語が話せると有利だ．It is an *advantage* if you can speak English.
—**有利な** advantageous[アドゥヴァンテイヂャス]
- 状況は日本チームに有利だった．The situation was *advantageous* for the Japanese team.

ゆうりょう【有料の】
pay[ペイ], paid（⇔無料の free）
- 有料のアトラクション a *paid* attraction

| 有料サイト a paid site
| 有料駐車場 a paid parking lot
| 有料トイレ a pay toilet
| 有料道路 a toll road
| 有料放送番組 a pay-per-view (program)

ゆうりょく【有力】（影響力のある）influential[インフルエンシャル]；（強力な）powerful[パウアフル], strong[ストゥローング]
- 有力な政治家 an *influential* politician
- 有力な選手 a *strong* player

| 有力者 an influential person

ゆうれい【幽霊】a ghost[ゴウスト]
- 幽霊がいたらこわい．I'm afraid if there's a *ghost*.
- あなたは幽霊がいると思いますか．Do you believe in *ghosts*?
- あの部屋には幽霊が出るらしい．That room is said to be *haunted*.

| 幽霊屋敷 a haunted house

ユーロ an euro[ユ(ァ)ロウ]（▶記号は€）

ゆうわく【誘惑】（a）temptation[テンプテイション]
- 誘惑に打ち勝たなくちゃ．I have to overcome my *temptations*.
- チョコレートの誘惑に負けちゃった．I gave in to the *temptation* of chocolate.
- 彼は眠りたい誘惑と戦っていた．He was resisting the *temptation* to sleep.
—**誘惑する** tempt[テンプト]

ゆか【床】a floor[フロア]
| 床板 floorboards
| 床運動『スポーツ』the floor exercises
| 床下 under the floor
| 床暖房 floor heating

ゆかい【愉快な】
pleasant[プレザント]（⇔不愉快な unpleasant）, cheerful[チアフル], nice[ナイス]→たのしい；(ひょうきんな) funny[ファニィ]
- 愉快なおしゃべりだった．It was a *pleasant* talk.
- 彼は愉快な人だ．He is *fun* (to be with). / He is a *funny* guy.
—**愉快に** pleasantly, cheerfully

ゆかた【浴衣】a yukata→衣生活［口絵］
- 浴衣は略式の夏の着物です．A *yukata* is an informal summer kimono.

ゆがむ be warped[ウォープト], be distorted[ディストーティド]
- この図はゆがんでいる．This figure *is distorted*.

ゆがめる distort[ディストート], twist[トゥウィスト]
- 彼は痛みに顔をゆがめた．His face was *distorted* [*twisted*] with pain.

ゆき【雪】
snow[スノウ]
- 初雪 the first *snow*
- ぼたん雪 large *snow*flakes
- 雪が30センチ積もっている．

six hundred and eighty-three

ゆきづまり

The *snow* is thirty centimeters deep.
- 昨夜は10年来の大雪だった.
We had the heaviest *snow* in the past ten years last night.
- 道は雪に埋もれていた.
The street was buried under the *snow*.
- 屋根の雪おろしをした. I removed the *snow* from the roof of a house.
- 雪になりそうだ.
It looks like *snow*. / It's likely to *snow*.
➡雪の多い, 雪の降る **snowy**[スノウィ]
➡雪が降る **snow**(▶itを主語とする)
- 雪が降っている. It's *snowing*.
雪かき: 雪かきをした. We *shoveled away* the *snow*.
雪合戦 a snowball fight
雪国 a snowy region [area], a snowy country
雪だるま a snowman: 雪だるまを作ろう！ Let's make [build] a *snowman*!
雪解け a thaw
雪解け水 meltwater
雪祭り a snow festival

ゆきづまり【行き詰まり】→いきづまり
ゆきどまり【行き止まり】→いきどまり
ゆきわたる【行き渡る】→いきわたる
ゆく【行く】→いく
ゆくえ【行方】
- うちの猫の行方がわからない.
We don't know *where* our cat *is*.
行方不明 missing: 乗客が1人行方不明だ. One passenger is *missing*.

ゆげ【湯気】**steam**[スティーム]
➡湯気が立つ **steam**
- 料理から湯気が立っていた.
The dish was *steaming*.

ゆけつ【輸血】(a) **blood transfusion**[ブラッド トゥランスフュージョン]
- 私は輸血を受けた.
I got [was given] a *blood transfusion*.

ゆざめ【湯冷めする】**feel chill after a bath**[フィール チル][バス]

ゆしゅつ【輸出】**export**[エクスポート](⇔輸入 import)
➡輸出する **export**[イクスポート]
- 日本は多くの車をアメリカに輸出している.
Japan *exports* many cars to the U.S.
輸出国 an exporting country
輸出品 an export

ゆず【柚子】【植物】(a) **yuzu; a Japanese citron**[チャパニーズ スィトラン]

ゆすぐ rinse[リンス]

- 口をゆすいだ. I *rinsed* (*out*) my mouth. / I *washed out* my mouth.

ゆすり(恐喝) **blackmail**[ブラックメイル]
➡ゆする **blackmail**

ゆする【揺する】(揺り動かす)**shake**[シェイク]; (揺りかごなどを)**swing**[スウィング]
- 私たちは栗の木を揺すった.
We *shook* chestnut trees.
- 弟を揺すって起こした.
I *shook* my brother awake.

ゆずる【譲る】

(与える)**give**[ギヴ]; (譲歩する)**give in** (**to ...**); (手放す)**give up**
- エリはお年寄りに席を譲った.
Eri *gave up* her seat *to* a senior citizen.
- キャプテンの座は譲れない.
I cannot *give up* the captainship.

ゆそう【輸送する】**transport**[トゥランスポート]
- 水や食料が輸送された.
Water and food were *transported*.
輸送機関 a means of transportation
輸送船 a transport ship

ゆたか【豊かな】**rich**[リッチ], **wealthy**[ウェルスィ], **well-off**[ウェルオーフ](⇔貧しい poor)
- 彼は豊かな家庭に生まれた. He was born *rich* [into a *wealthy* family].

ユダヤ(ユダヤ人)**a Jewish person**[チューイッシュ パースン]
➡ユダヤ(人)の **Jewish**
ユダヤ教 Judaism

ゆだん【油断する】(不注意である)**be careless**[ケァリス]; (用心を怠る)**be off one's guard**[ガード]
- 私はちょっと油断した. I was a little *careless*.
- 油断しているすきにかばんを盗まれた.
I had my bag stolen when I *was off my guard*.
- 油断するな！ Stay alert!

ゆっくり

slowly[スロウリィ]
- もっとゆっくり話してください.
Please speak more *slowly*.
- きょうはバスにゆっくり間に合った.
I made it to my bus *with plenty of time*.
- 年末まで時間は十分あるから, ゆっくりでいいよ. You have plenty of time until the end of the year, so please *don't rush*. (⬅急がないで)
➡ゆっくりする (くつろぐ)**relax**[リラックス], (時間をかける)**take one's time**[テイク][タイム]

- 選手たちは試合の後はゆっくりする.
  The players *relax* after the game.
- ゆっくりしていってください.
  You can stay here *as long as you want*.
  (←好きなだけここにいていいですよ)
- 急いでないのでゆっくりしてね. We are not in a hurry, so *take your time*.
  →ゆっくりした **slow**[スロウ]
- ゆっくりした曲 *slow* music
- ゆっくりしたペースで走った.
  I ran at a *slow* pace.

ゆったり【ゆったりした】(衣服が) **loose**[ルース]; (気分が) **relaxed**[リラックスト]; (時間などが) **relaxing**[リラクスィング] →ゆっくり
- ゆったりしたセーター a *loose* sweater
- 彼は家族とゆったりした時間を過ごした.
  He had a *relaxing* time with his family.
  →ゆったりと **comfortably**

ゆでたまご【ゆで卵】**a boiled egg**[ボイルド エッグ]
ゆでる boil[ボイル]
- 卵をかたくゆでた.
  I hard(-)*boiled* the eggs.

ゆでん【油田】**an oil field**[オイル フィールド]
ゆとり→よゆう
- 私たちにはもっとゆとりが必要だ. We need more *free time*.(←自由な時間が)

ユニーク【ユニークな】(独特の)**unique**[ユーニーク]; (独創的な)**original**[アリヂナル]

ユニセフ UNICEF[ユーニセフ](▶設立当初の名称 United Nations International Children's Emergency Fundの略. 現在の正式名称は United Nations Children's Fund)

ユニット a unit[ユーニット]
- 教科書のユニット6を勉強した.
  We studied textbook *unit* 6.
- その歌手たちはユニットを組んで歌っている.
  The singers sing in a *group*.
  →ユニット(式)の **unit, modular**
  ユニットバス a modular bath(▶「ユニットバス」は和製英語)

ユニバーサル universal[ユーナヴァーサル]
ユニバーサルデザイン universal design

ユニホーム a uniform[ユーナフォーム]

ゆにゅう【輸入】**import**[インポート](⇔輸出 export)
→輸入する **import**[インポート]
- 大豆(だいず)はアメリカから輸入されている.
  Soybeans are *imported* from the U.S.
  輸入品 an import

ユネスコ UNESCO[ユネスコウ](▶United Nations Educational, Scientific, and Cultural Organizationの略)

ゆのみ【湯飲み】**yunomi**; a teacup[ティーカップ]

ゆび【指】
(手の)**a finger**[フィンガァ](▶ふつう「親指」(thumb)以外の指を言う); (足の)**a toe**[トウ]
- ミキは指が細い. Miki has slender *fingers*.
- 指で耳をふさいだ.
  I put my *fingers* in my ears.
- 指でOKサインを出した.
  I made a ring with my *fingers*.

	手	足
①親指	thumb	big toe
②人さし指	forefinger, index finger	second toe
③中指	middle finger	third toe
④薬指	ring finger	fourth toe
⑤小指	little finger, pinky, pinkie	little toe

指切り **pinky promise**: 秘密を守ろうと私たちは指切りした. We made a promise to keep the secret by *linking* our *little fingers*.
指先 a fingertip
指相撲(ずもう) thumb wrestling
指人形 a hand puppet

ゆびさす【指差す】**point**[ポイント]
- 人を指差すのは失礼だ.
  It's rude to *point at* people.

ゆびわ【指輪】**a ring**[リング]
- ピンクの石のついた指輪をはめた.
  I put on a *ring* with a pink stone.
- 彼女は結婚指輪をしていない.
  She doesn't wear a wedding *ring*.

ゆぶね【湯船】**a bathtub**[バスタブ]
ゆみ【弓】**a bow**[ボウ]
- 弓を引くのはむずかしい.
  Drawing a *bow* is difficult.
  弓矢 a bow and arrows

ゆめ【夢】

a dream[ドゥリーム]; (悪夢)**a nightmare**[ナイトメア]
- 怖(こわ)い夢 a fearful [terrible] *dream*
- 彼女はその時夢からさめた.
  She woke up from a *dream* then.
- 歌手になるのが夢だ.
  My *dream* is to be a singer.
- あなたの夢はきっとかないますよ.
  Your *dream* will certainly come true.

six hundred and eighty-five 685

ゆらい

- テレビに出られるなんて夢みたい. It's like a *dream* to be able to appear on TV.
- ここで君に会うなんて夢にも思わなかった. I never *dreamed* I would see you here.
- 夢を見る *dream*, have a dream
- 悪い夢を見た. I had a *nightmare* [bad *dream*].
- …の夢を見る *dream of* ...
- よく祖父の夢を見る. I often *dream of* my grandfather.
- …という夢を見る *dream that* ...
- 空を飛んでいる夢を見た. I *dreamed that* I was flying in the sky.
- 夢のような *dreamlike*

ゆらい【由来】**the origin**[オーラヂン]
- カステラはポルトガル菓子に由来している. *Kasutera originates* from Portuguese cake.

ゆらす【揺らす】**shake**[シェイク], **swing**[スウィング], **rock**[ラック]
- 風が木の枝を揺らした. The wind *shook* the branches of the trees.
- その選手はゴールネットを揺らした. The player *shook* (the back of) the net with his goal. (← ゴールを決めた)

ゆり【植物】**a lily**[リリィ]

ゆりかご【揺りかご】**a cradle**[クレイドゥル]

ゆるい【緩い】**loose**[ルース](⇔ きつい tight), **slack**[スラック]
- この結び目は緩い. This knot is *loose*.
- スカートが緩くなった. My skirt has gotten *looser*.
- うちの校則はゆるい. Our school rules are *not strict*. (← 厳しくない)
- 緩く *loosely*
- 靴ひもを緩く結んでしまった. I tied my shoestrings *loosely*.

ゆるキャラ a mascot[マスカット]

ゆるし【許し】(許可)**permission**[パァミッション]→ きょか

ゆるす【許す】

| ❶許可する | **permit, allow** |
| ❷責めないでおく | **forgive**; (ちょっとしたことを)**excuse** |

❶[許可する]**permit**[パァミット], **allow**[アラゥ]
- ここでは飲食は許されていない. Eating and drinking are not *allowed* here.
- 母がそれを許してくれない. My mother doesn't *permit* that.
- 〈人〉が…するのを許す permit [allow]+〈人〉+to+〈動詞の原形〉
- 両親はバレエを習うのを許してくれた. My parents *allowed* me *to* take ballet lessons.

❷[責めないでおく]**forgive**[ファギヴ]; (ちょっとしたことを)**excuse**[イクスキューズ]
- 今回だけは許してください. Please *forgive* me just this time.
- 〈人〉が…する[した]のを許す forgive [excuse]+〈人〉+for+〈-ing形または名詞〉
- 彼女がうそをついたことは許せない. I can't *forgive* her *for* telling a lie.

ゆるふわ soft and fluffy[ソーフト][フラッフィ], **light and airy**[ライト][エァリィ]

ゆるむ【緩む】**get** [**become**] **loose**[ルース], **unwind**[アンワインド], (気が)**be careless**[ケアリス], **be off guard**[ガード]
- 靴ひもが緩んだ. The shoestring has *become loose*.
- レンは気が緩んでいたのでテストで間違えた. Ren made a mistake in the test because he *was careless*.

ゆるめる【緩める】**loosen**[ルースン]; (緊張を)**relax**[リラックス]
- 彼はベルトを緩めた. He *loosened* his belt.

ゆるやか【緩やか】(坂・カーブなどが)**gentle**[チェントゥル]; (速度が)**slow**[スロゥ]
- 緩やかな坂道 a *gentle* slope

ゆれ【揺れ】**a swing**[スウィング], **a tremble**[トゥレンブル]

ゆれる【揺れる】

(振動する)**shake**[シェイク]; (前後左右に)**swing**[スウィング], **sway**[スウェィ]
- 地震で家が揺れた. My house *shook* in the earthquake.
- 飛行機がひどく揺れた. The airplane *shook* badly.
- 風にばらが揺れていた. The roses were *swaying* in the breeze.

ゆわかし【湯沸かし】**a kettle**[ケトゥル]
- ガス湯沸かし器 a gas *water heater*

よ ヨ

よ[1]【世】(世間, 世の中) **the world**[ワールド]
- この世 this *world*
- あの世 the other *world* / another *world*

よ[2]【夜】(a) **night**[ナイト]→ よる[1]
- 夜通し雨が降った.
  It rained all *night* (long).
- もうすぐ夜が明ける.
  The *day* will soon *break*.
- 夜が更(ふ)けてきた. It's getting *late*.
▎夜風 a night breeze

よあけ【夜明け】(a) **dawn**[ドーン](★発音注意), **daybreak**[デイブレイク]
- 夜明けに at *dawn* [*daybreak*]

よい[1]【良い】→ いい
good[グッド](⇔悪い **bad**); (うれしい)**happy**[ハッピィ], **glad**[グラッド]
- よい年でありますように.
  I hope you have a *good* year.
- この本はよくなかった.
  This book wasn't *good*.
- 君が試験に受かってよかったよ.
  I'm *glad* that you passed the exam.
- あしたお天気だとよいのだが. I *hope* it will be good weather tomorrow.

よい[2]【宵】**early evening**[アーリィ イーヴニング]

よう[1]【用】**something to do**[サムスィング], **business**[ビズニス]
- きょうは大事な用がある. I have *something* important *to do* today.
- 兄は急ぎの用があって出かけた. My brother left to take care of *something* urgent.
- ケンは用もないのによく来る. Ken often comes to me for no particular *reason*.

よう[2]【酔う】(酒に)**get drunk**[ドゥランク]; (乗り物に)**get sick**[スィック]
- 彼はすぐ酒に酔う. He *gets drunk* easily.
- ユミは車[電車, 船, 飛行機]に酔った. Yumi got car*sick* [train*sick*, sea*sick*, air*sick*].

…よう[1]【…用】**…'s, for …**[フォア]
- 男子用[女子用]トイレ boys' [girls'] room
- 中学生用の辞書 a dictionary *for* junior high school students

…よう[2]【…(し)よう】→ …ましょう

…よう[3]→ …ようだ, …ような[に]

ようい[1]【用意】

preparation(s)[プレパレイション(ズ)](► ふつう複数形で用いる)→ じゅんび, したく
━用意のできた **be ready**[レディ]
〈事・物〉の用意ができている
| be ready for +〈事・物〉
- あしたの学校の用意はできている.
  I'm *ready for* school tomorrow.

…する用意ができている
| be ready to +〈動詞の原形〉
- 出発する用意はできている？
  Are you *ready to* leave?
━用意(を)する **prepare** (**for** …)[プリペア], **get … ready**
- きょうは修学旅行の用意をしなきゃ. I have to *prepare for* the school trip today.
- 全員のお弁当が用意されていた.
  Lunch boxes are *prepared for* everyone.

ようい[2]【容易な】**easy**[イーズィ]→ かんたん[1], やさしい[1]

ようか【八日】(**the**) **eighth**[エイトゥス]
- 8日目 *the eighth day*
- 8日間 for *eight days*

ようが【洋画】(映画) **a foreign movie** [**film**][フォーリン ムーヴィ [フィルム]]

ようかい【妖怪】(幽霊(ゆうれい)) **a ghost**[ゴウスト]; (怪物(かいぶつ)) **a monster**[マンスタァ]

ようかん *yokan*
- ようかんは甘いゼリー状の豆のペーストです.
  Yokan is sweet jellied bean paste.

ようがん【溶岩】**lava**[ラーヴァ]

米国・ハワイ州のキラウエア火山の溶岩

ようき[1]【容器】**a container**[カンテイナァ]

ようき[2]【陽気な】**cheerful**[チアフル], **lively**[ライヴリィ]
- アイはいつも陽気だ. Ai is always *cheerful*.
━陽気に **cheerfully**

ようぎ【容疑】(a) **suspicion**[サスピション]
━容疑をかける **suspect**[サスペクト]
- 彼は万引きの容疑をかけられた.
  He was *suspected of* shoplifting.
▎容疑者 a suspect

ようきゅう【要求】**a demand**[ディマンド]

ようぐ

- ━要求する **demand**, **request**
- チケットの払(はら)いもどしを要求するつもりだ. I'll *demand* a refund on the ticket.

ようぐ【用具】(用具一式)**equipment**[イクウィップ マント]
- 野球用具 baseball *equipment*

ようけん【用件】**business**[ビズィス]
- ご用件は何ですか. May I help you?

ようご[1]【養護】**nursing**[ナースィング]; (世話)**care**[ケア]
▌養護教諭(きょうゆ) a school nurse

ようご[2]【用語】(専門分野の語)**a term**[ターム]
- 専門用語 a technical *term*

ようこそ welcome[ウェルカム]
- ようこそわが校へ. *Welcome* to our school!

ようさい【洋裁】**dressmaking**[ドゥレスメイキング]

ようし[1]【用紙】(書式)**a form**[フォーム]; (紙)**paper**[ペイパァ]
- この用紙に記入しなさい. Fill out this *form*.
- 申込(もうしこみ)用紙 an application *form*
- 解答用紙 an answer *sheet*

ようし[2]【養子】**an adopted child**[アダプティド チャ イルド]
- ━養子にする **adopt**

ようし[3]【要旨】(要点)**the point**[ポイント], **the gist**[ヂスト]; (要約)**a summary**[サマリィ]

ようし[4]【容姿】**appearances**[アピ(ア)ランスィズ]
- 容姿端麗(たんれい)な good-*looking*

ようじ[1]【用事】→ **よう**[1]

ようじ[2]【幼児】**a small child**[スモール チャイルド], **an infant**[インファント]
▌幼児教育 preschool education

ようじ[3](つまようじ)**a toothpick**[トゥースピック]

ようしき【様式】(形式)(a) **style**[スタイル]; (やり方)**a way**[ウェイ]
- 彼の生活様式は一風変わっている. His life*style* is peculiar.

ようしょ【洋書】**a foreign book**[フォーリン ブック], **an imported book**[インポーティド ブック]

ようしょく[1]【洋食】**Western food**[ウェスタァン フード]

ようしょく[2]【養殖】**farming**[ファーミング], **culturing**[カルチャリング]
- カキの養殖 oyster *farming*[*culturing*]
- ━養殖する **raise**[レイズ], **farm**
▌養殖うなぎ a farmed eel
▌養殖場 a farm
▌養殖真珠(しんじゅ) a cultured pearl

ようじん【用心する】**take care**[ケア], **be careful**[ケアフル]
- 違法(いほう)サイトに用心しなさい. *Be careful* of illegal websites.

- すりに用心. *Beware* of pickpockets!
- ━用心深い **careful**, **cautious**[コーシャス]
- 母はとても用心深い. My mother is very *careful*[*cautious*].
- ━用心深く **carefully**, **cautiously**

ようす【様子】

❶状態	(下記❶参照)
❷外見	(下記❷参照)
❸気配(けはい)	a sign

❶〔状態〕
- お兄さんの様子はどうですか. How is your brother?
- 赤ちゃんの様子がおかしいよ. There's something wrong with the baby.
- この様子だと学校には行けそうもない. I am in no condition to go to school.
- ウェブでホームステイの様子を見ることができます. You can see what a homestay is like on the website.

❷〔外見〕
- ケンは疲(つか)れている様子だ. Ken *looks* tired.
- 彼女は様子が変だった. Something *looked* strange about her.

❸〔気配〕a sign[サイン]
- 雨が降る様子はない. There is no *sign* of rain.

ようする【要する】**need**[ニード]→**ひつよう**; (時間・労力を)**take**[テイク]; (費用を)**cost**[コースト]

ようするに【要するに】**in short**[ショート]; (結局)**after all**[オール]
- 要するにそれがけんかの原因なんだね. *In short*, that is what started their fight.

ようせい[1]【妖精】**a fairy**[フェアリィ]

ようせい[2]【養成】**training**[トゥレイニング]
- ━養成する **train**

ようせい[3]【陽性の】**positive**[パズィティヴ]
- ウイルス(検査)は陽性だった. I tested *positive* for the virus.

ようせき【容積】(a) **capacity**[カパスィティ](▶複数形では用いない)

ようそ【要素】(構成要素)**an element**[エラマント]; (要因)**a factor**[ファクタァ]

…ようだ(…らしい)**seem**[スィーム]; (…のように見える)**look**(**like** …)[ルック(ライク)]
- 母は疲(つか)れているようだ. My mother *seems*(to be)tired. / My mother *looks* tired.
- 雪になるようだ. It *looks like* snow.
- 秋に新しいシリーズが始まるようだ. *Apparently*, a new series starts this fall.

ようりょくそ

ようだい【容態, 容体】(a) **condition**[カンディション](▶複数形では用いない)
• 彼女の容態はよくなりつつある.
 Her *condition* is improving.
ようち【幼稚な】**childish**[チャイルディッシュ]
• そんな考え方は幼稚すぎる.
 It's *childish* to think that way.
ようちえん【幼稚園】**a kindergarten**[キンダァガートゥン]
 ▌幼稚園児 **a kindergartener**
ようちゅう【幼虫】**a larva**[ラーヴァ]
ようつう【腰痛】**lower back pain**[ロゥァ バック ペイン]
ようてん【要点】**the point**[ポイント], **the gist**[ヂスト]
• 君の話の要点はわかった[わからなかった].
 I got [missed] your *point*.
• テスト前に要点をまとめておこう.
 I'll summarize the main *points* before the exam.
ようと【用途】(a) **use**[ユース](★発音注意)
• プラスチックは用途が広い.
 Plastic has a lot of *uses*.
…ようとする【…(し)ようとする】→…しよう❷

…ような[に]【…のような[に]】

like …[ライク], **as** …[アズ]; (まるで…のように) **as if** …[イフ]
• それは牛肉のような味がする.
 It tastes *like* beef.
• 卵をこのように泡(ॐ)立ててください.
 Please whip the eggs *like* this.
• 言われたようにやってみよう.
 I'll do *as* I am told.
• 君のようにスキーが滑(ॐ)れたらなあ.
 I wish I could ski *as* well *as* you.
━**…のような気がする feel like** …
• ピアノがうまくなったような気がする.
 I *feel like* I'm improving at the piano.
━**…のように思われる[見える] look** …, **seem** …, **sound** …[サウンド]
• その島への旅は危険のように思われた. The trip to the island *sounded* dangerous.
…ように【…(する)ように】**to**+〈動詞の原形〉[トゥー], **so that** …[ソゥ]
• 先生に職員室に来るように言われた.
 The teacher has told me *to* come to the teachers' room.
• 寝(ॐ)過ごさないように目覚ましをセットした.
 I set the alarm *so that* I wouldn't oversleep. (▶このsetは過去形)
• おばあちゃんの具合がよくなりますように.

I *hope* Grandma gets better.
…ようになる【…(する)ようになる】→…なる❸

ようび【曜日】

(the) **day of the week**[デイ][ウィーク]→げつようび, すいようび
• 私たちの時間割は曜日で決まっている. Our schedule is set according to *the day of the week*.

話してみよう!

😊きょうは何曜日ですか.
 What *day* (*of the week*) is it today?
😃月曜日です.
 It's Monday.

━━━━━━━━ 表現✎メモ ━━━━━━━━
曜日の言い方

月曜日 Monday	火曜日 Tuesday
水曜日 Wednesday	木曜日 Thursday
金曜日 Friday	土曜日 Saturday
日曜日 Sunday	

ようひん【用品】**goods**[グッツ], **supplies**[サプライズ], **an article**[アーティクル]
• スポーツ用品 sporting *goods*
• 学用品 school *supplies*
• 事務用品 office *supplies*
• 家庭用品 household *goods* [*supplies*]
• 台所用品 kitchenware / kitchen *utensils*
• 日用品 daily *necessities*
ようふく【洋服】**clothes**[クロウズ]; (和服に対して)**Western clothes**[ウェスタァン]→ふく¹
 ▌洋服だんす **a wardrobe**
ようぶん【養分】**nourishment**[ナーリッシュマント]
ようほう¹【用法】(言葉の)**usage**[ユースィッヂ]
ようほう²【養蜂】**beekeeping**[ビーキーピング]
 ▌養蜂家 **a beekeeper**
ようむいん【用務員】**a janitor**[ヂャニタァ]
ようもう【羊毛】**wool**[ウル]
ようやく¹ **at last**[ラスト], **finally**[ファイナリィ]→やっと
ようやく²【要約】**a summary**[サマリィ]
 ━要約する **summarize**[サマライズ], **sum up**[サム]
• この文章を300字に要約しなさい.
 Summarize this passage in 300 characters.
ようりょう【要領】(要点)**the point**[ポイント]; (こつ)**a knack**[ナック](▶複数形では用いない)
• 彼女の発言は要領を得なかった.
 Her remark was not to *the point*.
• カイは要領がいい. Kai is smart.
ようりょくそ【葉緑素】**chlorophyll**[クローラフィル]

あ
か
さ
た
な
は
ま
よ
ら
わ

six hundred and eighty-nine 689

ようれい

ようれい【用例】**an example**[イグザンプル]
- 先生は用例をいくつか教えてくれた.
  Our teacher gave some *examples*.

ヨーグルト yog(h)urt[ヨウガァト]

ヨーヨー a yo-yo[ヨゥヨゥ]

ヨーロッパ Europe[ユ(ァ)ラップ](★発音注意)
 ━**ヨーロッパ(人)の European**[ユ(ァ)ラピーアン]
  ヨーロッパ大陸 the European Continent
  ヨーロッパ連合 the European Union(►EUと略す)

よか【余暇】**spare time**[スペァ], **leisure**[リージァァ]

ヨガ yoga[ヨウガ]
- ミホはヨガが好きだ. Miho likes to do *yoga*.

よかん【予感】**feeling**[フィーリング], **a hunch**[ハンチ]
- これについてはいやな予感がする.
  I have a bad *feeling* about this.
- ただの予感さ. It's just a *hunch*.

よき【予期】➡ **よそう**¹
 ━**予期する expect**[イクスペクト]

よきょう【余興】(**an**) **entertainment**[エンタァテインマント]

よきん【預金】**a deposit**[ディパズィット] ➡**ちょきん**¹;
(銀行口座)**a bank account**[バンク アカウント]
- 普通(ふつう)預金 an ordinary *deposit*
- 定期預金 a time［fixed］*deposit*
- 銀行預金を5千円下ろした. I withdrew five thousand yen from my *bank account*.
 ━**預金する deposit**
- 銀行に1万円預金した. I *deposited* ten thousand yen in the bank.
‖ 預金通帳 **a passbook**, **a bankbook**

よく¹

❶しばしば	**often**
❷非常に, 十分に	**well**; (たくさん)**a lot**; (念入りに)**carefully**
❸うまく, 健康に	**well**
❹驚(おどろ)いて	(下記❹参照)

❶〔しばしば〕**often**[オーフン]（►一般動詞の前, be動詞, 助動詞の後に置く）
- 兄はよく学校に遅(おく)れる.
  My brother is *often* late for school.
- 以前は友達とよくキャッチボールした.

  I *used to* play catch with my friend.
❷〔非常に, 十分に〕**well**[ウェル]; (たくさん)**a lot**[ラット]; (念入りに)**carefully**[ケァフリィ]
- ゆうべはよく眠(ねむ)れましたか.
  Did you sleep *well* last night?
- よく食べた. I ate *a lot*.
- よく聞いてください. Please listen *carefully*.
❸〔うまく, 健康に〕**well**
- 彼女は日本語はあまりよくしゃべれない.
  She can't speak Japanese very *well*.
- きょうのテストはよくできた.
  I did *well* on the test today.
- よくやった. *Well* done!
- お母さんが早くよくなるといいですね.
  I hope your mother will get *well* soon.
❹〔驚いて〕
- よく来てくれたね. *How nice* of you to come!
- よくそんなことが言えるね.
  How can you say such a thing?
- 大変な練習によく耐(た)えられましたね.
  You've been doing well with your hard training, haven't you?

よく²【欲】(**a**) **desire**[ディザィア]; (どん欲)**greed**[グリード]
- 彼女は知識欲がおう盛だ.
  She has a great *desire* for knowledge.
- あの人は欲が深そうだ.
  The person looks *greedy*.

よく…【翌…】**the next …**[ネクスト], **the following …**[ファロウイング]
- 翌日 the next ［following］ day
- 彼が来日した翌朝に(on) the morning *after* he came to Japan

よくしつ【浴室】**a bathroom**[バスルーム]

よくそう【浴槽】**a bathtub**[バスタブ]

よくなる【良くなる】**improve**[インプルーヴ]; (体調が)**get better**[ベタァ]
- 成績がよくなった. My grades *improved*.
- 風邪(かぜ)はすっかりよくなりました.
  I've completely *recovered* from my cold.

よくばり【欲張りな】**greedy**[グリーディ]

よくばる【欲張る】**be greedy**[グリーディ]
- 欲張ってはいけない. Don't *be greedy*.

よくぼう【欲望】(**a**) **desire**[ディザィア]

よけい【余計な】(不必要な)**unnecessary**[アンネサセリィ]; (余分な)**extra**[エクストゥラ]
- 余計なものは買わないようにしている.
  I try not to buy *unnecessary* things.
- 余計なことは言わないように.
  Don't say *unnecessary* things.
- 余計なお世話. Mind your own business.
  (◄自分自身のことを考えなさい)

よごれ

━余計に（量・程度などが）**too much**；（数が）**too many**, **more**, **over**
- 彼に50円余計にあげてしまった．
  I gave him 50 yen *too much*.
- 冬にはラーメンが余計においしく感じられる．
  Ramen tastes *even more* delicious in winter.
- セーターを1枚余計に買いました．
  I bought an *extra* sweater.

よける（わきに）**step aside**［ステップ アサイド］；（すばやく身をかわす）**dodge**［ダッヂ］
- 車が来たのでよけた．
  I *stepped aside* as a car came along.

よげん【予言】**a prediction**［プリディクション］, **a prophecy**［プラファスィ］
- 予言が当たった．
  My *prediction* came true.
━予言する predict
┃予言者 a prophet

よこ【横】

❶ 横幅（はば）	width
❷ 側面（めん）	a side
❸ 隣（となり）	a side

❶［横幅］**width**［ウィドゥス］（⇔縦 length）
- 横30センチの箱
  a box 30 centimeters in *width*
- この板は横が50センチ，縦が1メートルある．
  This board is 50 centimeters *wide* and one meter long.

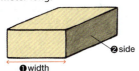

❷［側面］**a side**［サイド］
- 箱の横に名前を書いてください．Please write down your name on the *side* of the box.

❸［隣］**a side**
- 彼は私の横に座（すわ）った．He sat at my *side*.
- 私たちは横に並んで歩いていた．
  We were walking *side by side*.
━横の side；（水平の）**horizontal**［ホーラザントゥル］（⇔縦の vertical）
- 横の入り口 a *side* entrance［door］
━横に horizontally（⇔縦に vertically）
━横へ［を］aside, away
- 彼は横を向いた．He looked *away*［*aside*］.
━…の横に beside …, by …, at the side of …
- 駐輪（ちゅうりん）場は校庭の横にある．The bicycle shed is *beside* the schoolyard.
- 私はそれを机の横に置いた．
  I put it *at the side of* the desk.
━横になる lie down［ライ］
┃横顔 a profile
┃横書き horizontal writing

よこうえんしゅう【予行演習】（a）**rehearsal**［リハーサル］
- 体育祭の予行演習があった．We had a *rehearsal* for the sports festival.

よこぎる【横切る】**cross**［クロース］
- ここで道を横切るときは気をつけなさい．Be careful when you *cross* the street here.
━…を横切って across …
- コンビニは道を横切ったところにある．
  The convenience store is *across* the road.

よこく【予告】（a）**notice**［ノウティス］
- 予告なしにテストがあった．
  We had an exam without any *notice*.
━予告する give notice
┃予告編（映画の）a preview

よこす（与（あた）える）**give**［ギヴ］；（行かせる，送る）**send**［センド］

よごす【汚す】**get［make］… dirty**［ダーティ］；（染（し）みを付ける）**stain**［ステイン］；（汚染（おせん）する）**pollute**［パルート］
- その女の子は靴（くつ）を汚してしまった．
  The girl *got* her shoes *dirty*.
- アイスクリームでブラウスを汚しちゃった．
  I *stained* my blouse with ice cream.

よこたえる【横たえる】**lay**［レイ］
よこたわる【横たわる】**lie**（**down**）［ライ］
- 芝生（しばふ）の上に横たわった．
  We *lay*（*down*）on the grass.

よこづな【横綱】〖スポーツ〗**a yokozuna**
- 横綱は相撲（すもう）のグランドチャンピオンです．
  A *yokozuna* is a grand champion in sumo wrestling.

よこどり【横取りする】**snatch**［スナッチ］；（盗（ぬす）む）**steal**［スティール］

よこむき【横向き】
- 私は横向きで眠（ねむ）る．
  I sleep *on* my *side*.
- 横向きの顔 a profile（◀横顔）

よごれ【汚れ】**dirt**［ダート］；（しみ）**a stain**［ステイン］
- 父は車の汚れを洗い落とした．
  My father washed the *dirt* off the car.
- この雑誌には汚れがある．
  There's a *stain* on this magazine.
- この汚れは落ちますか．
  Will this *stain* come out?
┃汚れ物（洗濯（せんたく）物）washing

よごれる

よごれる【汚れる】
become dirty[ダーティ]; (染(そ)みで)be stained[ステインド]; (汚染(せん)される)be polluted[パルーティド]
- 白い洋服はすぐに汚れる.
  White clothes *become dirty* easily.
- ジーパンがペンキで汚れていた.
  My jeans *were stained* with paint.
- その川は汚れている. The river *is polluted*.
- ➡汚れた dirty, polluted

よさん【予算】a budget[バヂット]
- お楽しみ会の予算を立てよう. Let's make [draw up] a *budget* for a fun party.

よし(承諾(だく)・納得(とく)して)all right[ライト], OK[オゥケィ]; (ほめて)good[グッド]

よじのぼる【よじ登る】climb (up)[クライム]

よしゅう【予習】preparation[プレパレイション]
- ➡予習する prepare (for ...)[プリペァ]
- あしたの授業の予習をしなきゃいけない.
  I have to *prepare for* tomorrow's class.

よしん【余震】an aftershock[アフタァシャック]

よす stop[スタップ] ➡ やめる¹

よせあつめ【寄せ集め】a mix[ミックス], a jumble[ヂャンブル]
- ➡寄せ集める put [get] together[プット[ゲット]タゲザァ], gather[ギャザァ]

よせがき【寄せ書き】a card with messages[カード][メスィッヂズ]
- 先生に寄せ書きをした. We wrote a *card with* our *messages* on it to our teacher.
- 卒業式の日に寄せ書きをした.
  We made a *collection of messages* on our graduation day.

よせる【寄せる】(…を～に近づける)put ... near ～[ニァ]; (引き寄せる)draw[ドゥロー]; (動かす)move[ムーヴ]; (思いを)be in love with ...[ラヴ]
- 机を壁(かべ)のほうに寄せようよ.
  Let's *put* the desk *near* the wall.

よせん【予選】a preliminary[プリリマネリィ]; (陸上競技などの)a (preliminary) heat[ヒート]; (サッカーなどの)a qualifying round[クワリファイイング ラウンド]
- 日本は予選を通過した. The Japan team made it through the *preliminaries*.
- 彼は100メートル走の1次予選を通過した.
  He got through the first *heat* in the 100-meter dash.
- そのサッカーチームは予選落ちした.
  The soccer team lost in the *qualifying round*.

よそ some other place[アザァ プレイス] ➡ ほか

- ➡よその other, another
- よその国々 *other* countries
- よその店で探してみます.
  I'll look for it at *another* shop.
- ➡よそで somewhere else
- ➡よそから来た人 a stranger

よそいき【よそ行きの】one's best[ベスト]
- よそ行きの服を着た.
  I put on *my best* clothes.

よそう¹【予想】
(an) expectation[エクスペクテイション] (►しばしば複数形で用いる); (推測)a guess[ゲス]
- 予想に反して, そのチームは勝った. Contrary to our *expectations*, the team won.
- 私の予想は当たった. My *guess* was right.
- ➡予想する expect[イクスペクト]; guess
- そのドラマは予想(した)よりずっとおもしろかった. I enjoyed the TV drama much more than I *expected*.
- 予想したとおり彼は遅刻(ちこく)した.
  He was late as (I had) *expected*.

‖予想外の unexpected

よそう²(料理を)serve[サーヴ]
- 姉がごはんをよそってくれた.
  My sister *served* the rice.

よそく【予測する】predict[プリディクト]; (データに基づいて)forecast[フォーキャスト]

よそみ【よそ見する】look aside [the other way][ルック アサイド [ウェイ]]
- 彼は授業中よそ見をしていた. He was *looking the other way* during class.

よそよそしい(冷たい)cold[コゥルド]; (友好的でない)unfriendly[アンフレンドゥリィ]
- 彼は私に対して急によそよそしくなった.
  He was suddenly *cold* to me.

よだれ drool[ドゥルール], slobber[スラバァ]
- ➡よだれを垂らす drool, slobber
- 赤ちゃんがよだれ掛けによだれをたらしている. The baby is *drooling* [*slobbering*] on his bib.
- (おいしそうな)においでよだれが出てきた.
  The smell made my mouth *water*.

よち¹【予知】(a) prediction[プリディクション]
- ➡予知する predict
- 地震(じん)を予知するのは難しい.
  It's difficult to *predict* earthquakes.

よち²【余地】room[ルーム]
- この点に関しては検討の余地がある. There's *room* for discussion on this point.

よちよち【よちよち歩く】toddle[タドゥル], (アヒルなどが) waddle[ワドゥル]

692   six hundred and ninety-two

よっか【四日】(the) **fourth**[フォース]
- 4日目 *the fourth* day
- 4日間 for *four days*

よつかど【四つ角】a **crossing**[クロースィング], a **crossroads**[クロースロウツ](複 crossroads)(▶単複同形)

よっきゅう【欲求】(a) **desire**[ディザイア]
┃欲求不満 frustration

よっつ【四つ(の)】**four**[フォア]→ よん

…よって【…によって】**by** …[バイ]
- これは日本人によって発明された. This was invented *by* a Japanese.

ヨット ⊕ a **sailboat**[セイルボウト], ⊕ a **sailing boat**[セイリング ボウト]; (レース用・大型豪華(ごう)船) a **yacht**[ヤット]
- 海にはヨットが出ていた. *Yachts* were sailing on the sea.
┃ヨットパーカー a windbreaker
┃ヨットハーバー a marina, a yacht harbor
┃ヨットレース a yacht race

よつば【四つ葉(の)】**four-leaf**[フォアリーフ]
- 四つ葉のクローバー a *four-leaf* clover

よっぱらい【酔っ払いの】**drunken**[ドゥランカン]
━酔っ払う **get drunk**; (酔っ払っている) **be drunk**→ よう²
┃酔っ払い運転 drunk(en) driving

よてい【予定】

(計画) a **plan**[プラン](▶しばしば複数形で用いる); (時間・日程に関する) a **schedule**[スケヂュール]
- 夏休みの予定を立てた. I made *plans* for my summer vacation.
- 午後は何か予定があるの？ Do you have any *plans* for this afternoon?
- 予定を変更(%)しようよ. Let's change our *plan(s)*.
- 私はきょう予定があってあなたといっしょに行けない. I have *plans* today so I can't go with you. (▶a plan でなく plans を使う)
- バスは予定より10分遅(%)れて来た. The bus came ten minutes behind *schedule*.
- 予定どおり(に) as *planned* / on *schedule*

…する予定だ
be planning to ＋〈動詞の原形〉/
be scheduled to ＋〈動詞の原形〉

- あした横浜に行く予定だ. *I'm planning to* go to Yokohama tomorrow.
- 学校祭は来週始まる予定だ. Our school festival *is scheduled to* start next week.
- その映画は7月に公開される予定だ. The movie *is scheduled to* be released in July.
┃予定表 a schedule

よとう【与党】**the ruling party**[ルーリング パーティ], **the government [governing] party**[ガヴァンマント[ガヴァニング]パーティ]

よなか【夜中】(真夜中)(in) **the middle of the night**[ミドゥル][ナイト], (夜遅(%)く) **late at night**[レイト], (夜中の12時) **midnight**[ミドナイト]

よねんせい【四年生】(大学の, 米 高校の) a **senior**[スィーニャァ]

よのなか【世の中】(世間) **the world**[ワールド]; (時勢) **times**[タイムズ]
- 世の中はどんどん変わっている. *Times* are changing very fast.

よはく【余白】(欄外(%)) a **margin**[マーヂン]; (空欄) a **blank**[ブランク], **space**[スペイス]
- ページの余白に in the *margin* of a page

よび【予備の】**spare**[スペア]
- 予備のかぎ[タイヤ] a *spare* key [tire]
┃予備校 a cram school
┃予備知識 background knowledge

よびかける【呼びかける】(呼ぶ) **call (out)** …[コール (アウト)]
- 道で急に呼びかけられた. My name was suddenly *called* on the street.
- もっとたくさんの人に募金(%)を呼びかけてみましょうか. How about *asking [appealing to]* more people to donate?

よびすて【呼び捨てにする】**address by last name only**[アドゥレス][ラスト ネイム オウンリ]

よびだす【呼び出す】**call**[コール]; (放送で) **page**[ペイヂ]
- 先生は両親を学校へ呼び出した. The teacher *called* my parents to the school.
- お呼び出しを申し上げます, 河合様. *Paging* Mr. Kawai.
┃呼び出し音 (電話の) a ring-back tone

よびりん【呼び鈴】(玄関の) a **doorbell**[ドアベル]

よぶ【呼ぶ】

❶ 呼びかける	call
❷ 自分のところに来るように	call;
(呼びに行かせる)	send for …;
(用がある)	want
❸ 称(しょう)する, 名づける	call
❹ 招く	invite

❶〔呼びかける〕**call**[コール]
- だれかが私の名前を呼んだ. Someone *called* my name.
- 彼は大声で助けを呼んだ. He *called* out for help.

❷〔自分のところに来るように〕**call**;（呼びに行かせる）**send for ...**[センド];（用がある）**want**[ワント]
- お母さんが呼んでるよ. Mom is *calling* you. / Mom *wants*（to see）you.
- タクシーを呼んでください. Please *call* me a taxi. / Please *call* a taxi *for* me.
- 警察を呼んで! *Call* the police!（◀電話して!）
- 医者を呼びに行ってもらおう. I'll *send for* the doctor.

❸〔称する, 名づける〕**call**
〈名詞A〉を〈名詞B〉と呼ぶ
call+〈名詞A〉+〈名詞B〉
- 私たちは新しいALTを「リズ」と呼んでいる. We *call* our new ALT "Liz".

❹〔招く〕**invite**[インヴァイト]
- 彼は私を誕生パーティーに呼んでくれた. He *invited* me *to* his birthday party.

よふかし【夜更かしする】**stay [sit] up late**[ステイ][レイト]
- 夜更かししてはいけない. You shouldn't *stay [sit] up late*.

よふけ【夜更けに】**late at night**[レイト][ナイト]
- 私は夜更けまで勉強した. I studied until *late at night*.

よぶん【余分な】**extra**[エクストゥラ];（予備の）**spare**[スペア]
- ぼくは余分なお金を持っていなかった. I had no *extra* money.

よほう【予報】**a forecast**[フォーキャスト]
- 天気予報によるとあしたは雨だ. The weather *forecast* says it will rain tomorrow.
- 天気予報が当たった[外れた]. The weather *forecast* was right [wrong].
- **➡予報する forecast**

よぼう【予防】**prevention**[プリヴェンション]
- **➡予防する prevent**[プリヴェント]
- うがいは風邪の予防によい. Gargling is a good way to *prevent* a cold.
> 予防接種（a）**vaccination, a shot**: インフルエンザの予防接種を受けた. I got a flu *shot*.

よほど（かなり）**very**[ヴェリィ], **very much**[マッチ];（ずっと）**much**（▶比較級を強調する）
- 兄はよほど疲れているに違いない. My brother must be *very* tired.
- その高校に入るためにはよほどがんばらないと. You need to study *much* harder to

enter that high school.

よみかえす【読み返す】**read again**[リード アゲン], **reread**[リーリード]

よみがえる（生き返る）**come back to life again**[バック][ライフ アゲン], **revive**[リヴァイヴ];（思い出などが）**come back**（**to ...**）
- 当時の思い出がよみがえった. The memories of that time *came back*.

よみかけ【読みかけの】
- 読みかけの本 a *partially read* book

よみかた【読み方】
- この漢字の読み方が分からない. I don't know *how to read* this Chinese character.

よみきり【読み切りの】**one-shot**[ワンシャット]

よみもの【読み物】**reading**[リーディング];（本）**a book**[ブック]
- 何かおもしろい読み物はありませんか. Do you have *anything* interesting *to read*?

よむ【読む】

read[リード]
- その英文を声を出して読んだ. I *read* the English text aloud.
- 日本チームが勝ったことを新聞で読んだ. I *read* in the paper that the Japanese team won.
- 日本チームが勝ったことをネットで読んだ. I *read* on the Internet that the Japanese team won.
- 子どもたちに絵本を読んであげた. I *read* picture books to children.
- この小説を読んだことがありますか. Have you ever *read* this novel?
- 君は楽譜（がく）が読める? Can you *read* music?
- **➡読みやすい**（書き文字が）**readable**[リーダブル]
- **➡読みにくい**（書き文字が）**unreadable**
- これは読みにくい字だ. This handwriting is *unreadable*.

よめ【嫁】（息子（むすこ）の）妻）**daughter-in-law**[ドーターインロー]（複 daughters-in-law[ドーターズインロー]);（妻）**wife**[ワイフ]（複 wives[ワイヴズ]）

よやく【予約】（席・ホテル・切符（きっぷ）などの）**a reservation**[レザァヴェイション], **(a) booking**[ブッキング];（医者などの）**(an) appointment**[アポイントゥマント]
- 私は予約を取り消した. I canceled my *reservation*.
- 10時に歯医者さんの予約をしてある. I have a dental *appointment* at ten. / I have an *appointment* with my dentist at ten.
- **➡予約する reserve**[リザーヴ], **book, make a**

694 six hundred and ninety-four

よろこび

reservation, make an appointment
- 父は沖縄行きの便を予約した．
  My father *reserved* the seats on an airplane for Okinawa.
- **予約席 a reserved seat**, 《掲示》**RESERVED**

よゆう【余裕】（場所の）（a）**space**[スペイス], **room**[ルーム]；（時間の）**time**（**to spare**）[タイム]［（スペア）］
- バスにはあと10人乗る余裕がある．The bus has enough *room* for ten more people.
- ゲームをやる時間の余裕がない．
  I don't have *time* to play games.
- 出発までにはまだ余裕がある．
  I still have some *time* before I leave.
- 私には新しいスマホを買う余裕はない．I can't *afford*（to buy）a new smartphone.（▶affordは「…を買う余裕がある」の意）

…より

❶比較	than …
❷…から	from …

❶[比較]**than** …[ザン]（▶比較級の後ろに置く）
- 私はエミより背が高い．I'm taller *than* Emi.
- 姉は私より２つ年上だ．
  My sister is two years older *than* I [me].
- この歌はあの曲より明るい感じだ．This song sounds more cheerful *than* that one.
- いつもより早起きした．
  I woke up earlier *than* usual.
- バレーボールより野球のほうが好きだ．
  I like baseball more *than* volleyball.

❷[…から]**from** …[フラム] ➡ …から❶❷❺
- ユミより（手紙などの最後で）*From* Yumi

よりかかる【寄りかかる】 **lean against**[on, over] …[リーン アゲンスト]
- 彼は壁に寄りかかった．
  He *leaned against* the wall.

よりみち【寄り道する】**stop at** … **on** *one***'s way**[スタップ][ウェィ], **drop in**[ドゥラップ] ➡ たちよる，みちくさ
- コンビニに寄り道した．I *stopped at* a convenience store *on my way*.

よる¹【夜】

（日没から日の出まで）（a）**night**[ナイト]；（日没から寝るまで）（an）**evening**[イーヴニング]（▶eveningは日本語の「夕方」よりも長い時間帯をさす）
- 夜に at *night* / in the *evening*
- きのうの夜 last *night*
- きょうの夜 tonight / this *evening*（▶this, last, yesterday, every, one, allなどを伴う場合は前置詞は不要）
- 夜から朝まで from *night* till morning
- 私はしばしば夜遅くまでドラマを見る．
  I often watch dramas until late at *night*.
- 私は土曜の夜に映画に行った．
  I went to a movie on Saturday *evening*.（▶特定の日の夜にはonを使う）
- 夜9時までに帰らなければならない．I have to get back by nine in the *evening*.

よる²【寄る】（近づく）**come close**（**to** …）[クロウス]；（立ち寄る）**drop in**[**by**][ドゥラップ]
- 鹿がたくさん私たちのほうに寄ってきた．
  A lot of deer *came closer to* us.
- 帰りにカナの家に寄った．I *dropped in* at Kana's house on my way home.

…よる【…による】

❶…によって起こる	**be caused by** …；（…のせいである） **be due to** …
❷…に基づく	**be based on** …
❸…次第である	**depend on** …

❶[…によって起こる]**be caused by** …[コーズド]；（…のせいである）**be due to** …[ドゥー]
- その事故は酔っ払い運転によるものだった．The accident *was caused by* a drunk driver. / The accident *was due to* a drunk driver.

❷[…に基づく]**be based on** …[ベイスト]
- この計画は彼の考えによるものだ．
  This plan *is based on* his idea.

❸[…次第である]**depend on** …[ディペンド]
- お天気によるね．
  It *depends on* the weather.
- それは時と場合による．
  That (all) *depends*. / It (all) *depends*.

…よれば【…によれば】**according to** …[アコーディング]
- 天気予報によればあしたは雨だ．
  According to the weather forecast, it will rain tomorrow.

よれよれ【よれよれの】（みすぼらしい）**shabby**[シャビィ]；（着古した）**worn-out**[ウォーンアウト]

よろい armor[アーマァ]

よろこばす【喜ばす】**please**[プリーズ], **make** … **happy**[ハッピィ]
- その知らせは彼女を喜ばせた．
  The news *pleased* her.
- 両親を喜ばせたい．
  I want to *make* my parents *happy*.

よろこび【喜び】**joy**[ヂョイ], **pleasure**[プレジァァ],

six hundred and ninety-five

よろこぶ

delight[ディライト]
- 喜びで胸がいっぱいだ. I'm filled with *joy*.
- ファンは喜びのあまり飛び上がった.
The fans jumped with *joy*.

よろこぶ【喜ぶ】
be happy[ハッピィ], **be glad**[グラッド], **be pleased**[プリーズド]
- ケンはそのプレゼントをとても喜んだ.
Ken *was* very *pleased* with the present.

…ということを喜ぶ
be happy【glad】that ...
- 私たちは祖母が元気になったことを喜んでいる.
We *are happy*【*glad*】*that* our grandmother is well again.

喜んで…する
be glad【happy】to +〈動詞の原形〉
- 喜んでゲームに参加した.
I *was happy to* take part in the game.
▬**喜んで glad, with pleasure**[プレジャァ]
- 「代わりにそこに行ってくれませんか」「喜んで」
"Would you please go there instead of me?" "*With pleasure.*"

よろしい **all right**[ライト], **OK**[オゥケィ];（…してよい）**may**+〈動詞の原形〉
- これでよろしいですか.
Is this *all right*? / Is this *OK*?
- 帰宅してもよろしいですか. *May* I go home?

よろしく（▶英語には「よろしく」に当たる語はない）
- 佐藤タカシです. どうぞよろしく. My name's Sato Takashi. *It's nice to meet you.*
- レイによろしく伝えてください.
Please say hello to Rei for me. / *Please give my best regards to* Rei.（▶後者はていねいな言い方）

よろめく **stagger**[スタガァ]
- その馬はよろめいて倒(å)れた.
The horse *staggered* and fell down.

よろよろ【よろよろする】**stagger**[スタガァ], **stumble**[スタンブル]→よろめく

よろん【世論】**public opinion**[パブリック アピニャン]
∥世論調査 a public opinion poll

よわい【弱い】
❶体・力などが	weak
❷音・光などが	faint, weak
❸得意でない	be bad at ...

❶[体・力などが]**weak**[ウィーク]（⇔強い strong）
- 彼は体が弱い. He is *weak*. / He is *frail*.
- 彼女は意志が弱い. She has a *weak* will.

- あのチームは弱い. The team is *weak*.
▬**弱くする make ... weak, weaken**
▬**弱くなる grow**【**become**】**weak(er), weaken**
❷[音・光などが]**faint**[フェイント], **weak**
- 弱い光 a *weak*【*faint*】light
- 弱い地震(å)があったらしい. They say that there was a *small* earthquake.
▬**弱くする turn down**
- ガスの火を弱くして. *Turn down* the gas.
❸[得意でない]**be bad at ...**[バッド]
- 私は理科に弱い. I'm *bad at* science.

よわき【弱気な】**weak**[ウィーク];（おく病な）**timid**[ティミッド]
- 敵に3ゴール先取されて弱気になった.
We got *discouraged* after our opponents scored the first three goals.

よわさ【弱さ】**weakness**[ウィークニス]

よわね【弱音をはく】**show weakness**[ショウ ウィークニス], **complain**[カンプレイン]
- 足が痛いと弱音をはいた.
I *complained* that my feet hurt.
- 弱音をはくな.
Don't *give up*! / Never *say die*!

よわび【弱火】**low heat**[ロゥ ヒート]
- にんじんを弱火で煮た.
I cooked carrots at *low heat*.

よわみ【弱み】**a weakness**[ウィークニス], **a weak point**[ウィーク ポイント]
- 人の弱みに付けこまないで. Don't take advantage of other peoples' *weaknesses*.

よわむし【弱虫】（ひきょうな）**a coward**[カウァド], 《話》**a wimp**[ウィンプ], 《話》**a chicken**[チッキン]

よわめる【弱める】→ よわい❶❷

よわよわしい【弱々しい】（力のない）**weak**[ウィーク], **feeble**[フィーブル];（声・光などが）**faint**[フェイント]

よわる【弱る】（弱くなる）**get**【**grow**】**weak**[ウィーク], **weaken**→こまる
- うちの犬は日増しに弱っている.
Our dog is *getting weaker* day by day.
- 弱ったな. どうしよう.
Oh no! I don't know what to do.

よん【四（の）】**four**[フォァ]→さん¹
- 4級 *the fourth* grade
- 4分の1 a quarter / a *fourth*
- 4分の3 three quarters / three *fourths*
▬**第四(の) the fourth**[フォース]（▶4thと略す）

よんじゅう【四十（の）】**forty**[フォーティ]→さん¹
▬**第四十(の) the fortieth**[フォーティアス]（▶40thと略す）

696 six hundred and ninety-six

ラーメン ramen (noodles)[ラーメン (ヌードゥルズ)], Chinese noodles (in soup)[チャイニーズ](スープ) → 食生活【口絵】
- ラーメン1杯 a bowl of *ramen*
- カップラーメン instant *ramen* (*noodles*) in a cup
- ラーメン店 a *ramen* shop

らい…【来…】next …[ネクスト], the coming …[カミング]
- 彼女は来春高校を卒業します. She will graduate from high school *next* spring.

…らい【…来】since …[スィンス]
- 昨année since last year

らいう【雷雨】a thunderstorm[サンダーストーム]
- きのうは激しい雷雨があった. There was a severe *thunderstorm* yesterday.

ライオン〘動物〙a lion[ライアン]; (雌(ﾒｽ)の) a lioness[ライアニス]

lion　　　　　lioness

らいきゃく【来客】(訪問者)visitor[ヴィズィタァ]; (招待客) a guest[ゲスト]

らいげつ【来月】

next month[ネクスト マンス]
- 来月の10日に on the tenth of *next month*
- 私たちは来月修学旅行に行く. We're going on a school trip *next month*.
- 再来月 the month after next

らいしゅう【来週】

next week[ネクスト ウィーク]
- 来週スキーに行く. I'll go skiing *next week*.
- 来週の木曜日に海に行こうよ. Let's go to the beach *next* Thursday. / Let's go to the beach on Thursday *next week*.

ここがポイント！ next は「来週の」にも「今週の」にも

nextは「この次の」という意味なので, next Thursdayは例えばきょうが金曜日なら「来週の木曜日」となります. もしきょうが月曜日ならば「今週の木曜日」と考える人もいますので, 今週の木曜日であることをはっきりさせたい場合は on *this* Thursday と言います. 逆に来週の木曜日であることをはっきりさせたいときは on Thursday *next* week とします. → すいようび ポイント！

- 来週のきょうはテストだ. We will have a test *a week from today*.
- 再来週 the week after next

ライス(ご飯)(cooked) rice[(クックット) ライス]
ライセンス(a) license[ライサンス]
ライター[1] a lighter[ライタァ]
ライター[2] (著作家) a writer[ライタァ]
ライト[1] (明かり) a light[ライト]
- ライトアップ: 建物はライトアップされていた. The building *was illuminated*.

ライト[2] 〘野球〙(右翼(ﾕｳよく)) right field[ライト フィールド]; (右翼手) a right fielder[フィールダァ]
ライトノベル a light novel[ライト ナヴァル]
ライトバン (荷物運搬(ﾊﾝ)車) a delivery truck [(英) van][ディリヴ(ァ)リィ トゥラック [ヴァン]]; (ワゴン車) (米) a (station) wagon[(ステイション) ワガン], an estate car[イステイト カー](▶「ライトバン」は和製英語)

ライナー〘野球〙a line drive[ライン ドゥライヴ], a liner[ライナァ]; (電車) liner

らいねん【来年】

next year[ネクスト イァ]
- 来年の6月に *next* June / in June *next year*
- 私は来年留学したい. I want to study abroad *next year*.
- この花は来年の今ごろさくだろう. This flower will come out about this time *next year*.

ライバル a rival[ライヴァル]
- ジュンと私はライバルだ. Jun and I are *rivals*.
- ライバル意識 a sense of rivalry

らいひん【来賓】an honored guest[アナァド ゲスト], a guest

six hundred and ninety-seven　　697

ライフ
- 来賓席 the guests' seats

ライフ（a）life[ライフ]（複 lives[ライヴズ]）
- キャンパスライフ campus life
- ライフジャケット a life jacket
- ライフスタイル a lifestyle
- ライフライン a lifeline
- ライフワーク lifework

ライブ【ライブの［で］】live[ライヴ]
- ライブ映像 live image
- ライブコンサート a concert
- ライブハウス a club with live music
- ライブ放送 a live broadcast

ライフル a rifle[ライフル]
ライム〘植物〙a lime[ライム]
ライむぎ【ライ麦】rye[ライ]
- ライ麦パン rye bread

らいめい【雷鳴】（a clap of）thunder[サンダァ]
ライン（線）a line[ライン]；（水準）a standard[スタンダァド]
- スタートライン a starting line
- 合格ライン a passing mark（←合格点）

ラインアップ（野球などの）a lineup[ラインアップ]
ラインストーン a rhinestone[ラインストウン]
ラウンジ a lounge[ラウンヂ]
ラウンド（ボクシング・ゴルフなどの）a round[ラウンド]
ラオス Laos[ラーオウス]
らがん【裸眼】the naked eye[ネイキッド アイ]
- 裸眼視力 unaided vision

らく【楽な】
❶ 容易な　　　　　easy
❷ 安楽な　　　　　comfortable, easy

easy　　　　　　　comfortable

❶〔容易な〕easy[イーズィ]
- 楽な方法 an easy way
- 宿題は思ったより楽だった. The homework was easier than I thought.

　…するのは楽だ
　It is easy to＋《動詞の原形》
- 荷物を1人で運ぶのは楽ではなかった. It wasn't easy to carry the bags by myself.

➡楽に easily
- ハードルは楽にクリアした.
We cleared the hurdle easily.

❷〔安楽な〕comfortable[カムフ(ァ)タブル], easy
- 楽な姿勢で横になった.
I laid down in a comfortable position.
- 気を楽にしなさい. Relax!

らくえん【楽園】a paradise[パラダイス]

らくがき【落書き】
（なぐり書き）a scribble[スクリブル]；（公共の場の壁(鬱)などの）graffiti[グラフィーティ]

scribble

graffiti

- 私の町では落書きが問題になっている.
Graffiti is a problem in our town.
➡落書きする scribble, doodle[ドゥードゥル]
- 妹が私のノートに落書きした.
My sister scribbled in my notebook.

らくご【落語】a comic storytelling[カミック ストーリィテリング]
- 落語家 a comic storyteller

らくしょう【楽勝】an easy win[イーズィ ウィン], 《話》a piece of cake[ピース][ケイク]
- そんなの楽勝だ. It's a piece of cake.
➡楽勝する win easily

らくせん【落選する】（選挙で）lose an election[ルーズ]；（コンクールなどで）be rejected[リジェクティド]
- 彼は選挙で落選した.
He lost the election.
- 私の作品は落選だった.
My work has been rejected.

らくだ【動物】a camel[キャムル]

らくだい【落第する】（不合格になる）fail（in …）[フェイル], 《話》flunk[フランク]
- 落第生 a failure；（学年などの）a repeater
- 落第点 a failing grade

らくてんてき【楽天的な】optimistic[アプタミスティック]（⇔悲観的な pessimistic）
- 楽天家 an optimist

698　　　　　　　　　　　　　　　six hundred and ninety-eight

ラップトップ（コンピュータ）

らくのう【酪農】**dairy farming**［デ(ァ)リィ ファーミング］
- 酪農家 **a dairy farmer**

ラグビー rugby［ラグビィ］, **rugby football**［フットゥボール］
- ラグビー部 **a rugby team**

らくらく【楽々と】**easily**［イーズィリィ］

ラクロス〖スポーツ〗**lacrosse**［ラクロース］

ラケット（テニス・バドミントンの）**a racket**［ラキット］; （卓球(きゅう)の）⊛**a paddle**［パドゥル］, ⊛**a bat**［バット］

ラザニア lasagna［ラザーニャ］

…らしい

❶…のように見える・思われる
　seem, look like, appear
❷…だそうだ
　They say（that）…, I hear（that）…
❸…にふさわしい
　（…の特徴(きゅう)がある）**like**;
　（典型的な）**typical**

❶［…のように見える・思われる］**seem**［スィーム］, **look like …**［ルック ライク］, **appear**［アピア］
　…であるらしい
　seem［**appear**］（**to be**）+〈形容詞・名詞〉
- ヒロはいいやつらしい.
　Hiro *seems*（*to be*）a nice guy. / Hiro *appears*（*to be*）a nice guy.
　…らしい
　It seems（that）…
- 彼女は今忙(いそが)しいらしい.
　It seems that she is busy now.
- どうやら雨になるらしい.
　It *looks like* rain. / It *is likely to* rain.

❷［…だそうだ］**They say（that）…**［セィ］, **I hear（that）…**［ヒア］
- タクは留学するらしい.
　They say（that） Taku will study abroad. / *I hear（that）* Taku will study abroad.
- そうらしいね. So *I heard*. / *I guess* so.

❸［…にふさわしい］（…の特徴がある）**like**; （典型的な）**typical**［ティピカル］
- 遅(おく)れるなんてあなたらしくないね.
　It isn't *like* you to be late.

ラジオ（放送）**the radio**［レイディオゥ］; （受信機）**a radio**
- ラジオを聞く **listen to** *the radio*
- その歌はラジオで聞いたことがある.
　I have heard that song on *the radio*.
- ラジオをつけて［消して］くれる？
　Will you turn on［off］*the radio*?

- ラジオの音を大きく［小さく］してちょうだい.
　Turn up［down］*the radio*, please.
- ラジオ講座 **a radio course**
- ラジオ体操 **radio gymnastics exercises**
- ラジオ番組 **a radio program**
- ラジオ放送局 **a radio station**

ラジカセ a radio cassette recorder［レイディオゥ カセット リコーダァ］

ラジコン（無線操縦）**radio control**［レイディオゥ カントゥロウル］
- ラジコンカー **a radio-controlled car**

ラスク（パン菓子(がし)の）**a rusk**［ラスク］

ラスト the last［ラスト］➡ **さいご**¹
- ラストシーン **the last scene**
- ラストスパート *one's* **last**［**final**］**spurt**: ランナーはラストスパートでゴールに飛びこんだ. With his *last spurt* of energy, the runner dove across the finish line.

ラズベリー〖植物〗**a raspberry**［ラズベリィ］

らせん【らせんの】**spiral**［スパイ(ァ)ラル］
- らせん階段 **a spiral staircase**

らっかせい【落花生】〖植物〗**a peanut**［ピーナット］

らっかんてき【楽観的な】**optimistic**［アプタミスティック］（⇔悲観的な **pessimistic**）

ラッキー【ラッキーな】**lucky**［ラッキィ］
- ラッキー！
　（自分に）*Lucky me*! / *Yes*! / *All right*! / （相手に）*Lucky you*! / *Good for you*!
- ラッキーなことに校門で彼女に会った.
　I *luckily* had a chance to see her at the school gate.

らっこ〖動物〗**a sea otter**［スィー アッタァ］

ラッシュ（アワー）（the）**rush hour**［ラッシュ アワァ］

らっぱ a trumpet［トゥランペット］

ラッパー〖音楽〗**a rapper**［ラパァ］

ラッピング wrapping［ラッピング］
　━ラッピングする **wrap**; （プレゼント用に）**gift-wrap**［ギフトゥラップ］
- これをバレンタイン用にラッピングしてもらえますか.
　Could you *wrap* this for Valentine's Day?

ラップ¹（食品を包む）**plastic wrap**［**film**］［プラスティック ラップ［フィルム］］, **wrapping film**［ラッピング］
　━ラップする **wrap**

ラップ²〖音楽〗**rap**（**music**）［ラップ（ミューズィック）］
　━ラップする **rap**

ラップ³〖スポーツ〗**a lap**［ラップ］
- ラップタイム **lap time**: コーチはぼくの100mのラップタイムを計った. The coach measured my 100-meter *lap time*.

ラップトップ（コンピュータ）a laptop（computer）［ラップタップ（カンピュータァ）］

あ
か
さ
た
な
は
ま
や
ら
わ

six hundred and ninety-nine　699

ラディッシュ

ラディッシュ【植物】a radish[ラディッシュ]
ラテン【ラテンの】Latin[ラトゥン]
- ラテンアメリカ Latin America
- ラテン音楽 Latin music

ラノベ → ライトノベル
ラバー（卓球の）a table tennis rubber[テイブル テニス ラバァ]
ラフ【ラフな】（服装が）casual[キャジュアル], informal[インフォーマル]
ラブ（愛）love[ラヴ];【テニス】（無得点）love
- ラブゲーム『テニス』a love [shutout] game
- ラブコメディ a love comedy
- ラブシーン a love scene
- ラブストーリー a love story
- ラブソング a love song
- ラブレター a love letter

ラベル a label[レイブル]（★発音注意）
- 瓶にラベルをはった.
  I put a *label* on the jar.

ラベンダー【植物】lavender[ラヴェンダァ]
- ラベンダーの香り the scent of *lavender*

ラムネ Ramune soda[ソウダ]（▶「ラムネ」は lemonadeがなまったもの）
ラメ lamé[ラーメィ]（▶フランス語から）
- ラメ入りのセーター a *lamé* sweater
- ラメ入りのマニキュア *glitter* nail polish

ラリー（テニスなどの）a rally[ラリィ]；（自動車の）a rally, a car rally[カー]
- 長いラリーの末, ポイントを獲得した.
  After a long *rally*, I won the point.
- パリ・ダカールラリー the Paris-Dakar *Rally*

…られる → …れる
らん[1]【植物】an orchid[オーキッド]
らん[2]【欄】（新聞などの）a section[セクション], a column[カラム]；（空所）a space[スペイス]
- スポーツ欄 the sports *section* [*page(s)*]

らんおう【卵黄】egg yolk[エッグ ヨウク]
らんかん【欄干】a handrail[ハンドゥレイル]
ランキング ranking[ランキング]
ランク（a）rank[ランク]
- ランクづけする rank
- その歌はベストテンにランク（づけ）されている. The song is *ranked* in the top ten.

らんざつ【乱雑な】messy[メスィ]
ランジェリー（女性用肌着）lingerie[ラーンジャレィ]（▶フランス語から）
ランチ（昼食）（a）lunch[ランチ] → ちゅうしょく
- お子様ランチ a kid's *lunch*
- ランチタイム lunchtime
- ランチルーム a lunchroom

らんとう【乱闘】a scuffle[スカッフル], a brawl[ブロール]

ランドセル a *randoseru*; a school backpack[スクール バックパック], a school satchel[サッチャル]（▶「ランドセル」はオランダ語から）
ランドリー（a）laundry[ローンドゥリィ]
- コインランドリー a coin *laundry*

ランナー a runner[ラナァ]
- 長距離［マラソン］ランナー
  a long-distance [marathon] *runner*
- 短距離ランナー
  a *sprinter*

らんにゅう【乱入する】break in[ブレイク イン]
ランニング（走ること）running[ラニング]
- ランニングする run, jog[チャッグ]
- ランニングシャツ（下着）a sleeveless undershirt（▶「ランニングシャツ」は和製英語）
- ランニングシューズ running shoes
- ランニングホームラン an inside-the-park home run（▶「ランニングホームラン」は和製英語）

らんぱく【卵白】egg white[エッグ （ホ）ワイト]
- 卵白を角が立つまであわ立ててください.
  Beat *egg whites* until they form peaks.

ランプ（照明）a lamp[ランプ]
- アルコールランプ a spirit *lamp*

らんぼう【乱暴】violence[ヴァイアランス]
- 乱暴な（荒っぽい）rough[ラフ]；（暴力的な）violent
- ユリは乱暴な言葉づかいをするようになった.
  Yuri came to have a *rough* tongue.
- 乱暴はよせ.
  Stop being so *violent*.
- 乱暴に roughly; violently

らんよう【乱用】（an）abuse[アビュース]
- 乱用する abuse[アビューズ]

リサイクル

リアル【リアルな】realistic[リーアリスティック]
- リアルに realistically

リーグ a league[リーグ]
- セ・リーグ the Central *League*
- パ・リーグ the Pacific *League*
- (米国の)メジャーリーグ
the Major *Leagues* / the majors
 ┃リーグ戦 (野球などの) a league game;(テニスなどの) a league match

リーダー(指導者) a leader[リーダァ]
 ┃リーダーシップ leadership: ケンはリーダーシップを発揮(はっき)した. Ken demonstrated *leadership*.

リード[1] a lead[リード](▶複数形では用いない)
- 3点のリード a three-point *lead*
- 私たちのチームが大きく[わずかに]リードしている. Our team has a wide [narrow] *lead*.
- リードする lead
 ┃リードボーカル the lead vocal

リード[2] (引き綱(っな)) a leash[リーシュ]
リード[3] (楽器の) a reed[リード]
リール a reel[リール]→つり[1]図
りえき【利益】(a) profit[プラフィット]
- 利益を上げる make (a) profit, profit
りか【理科】science[サイアンス]
- 理科の先生 a *science* teacher
 ┃理科室 a science laboratory

 ┃理科部 a science club

りかい【理解する】understand[アンダスタンド]→わかる❶
- ユリとはお互(ホ☆)いによく理解しあえる. Yuri and I *understand* each other well.
- あの授業は理解しにくい[しやすい]. That class is difficult [easy] to *understand*.
- 理解のある understanding
- 私の両親はとても理解がある. My parents are very *understanding*.

りがくりょうほう【理学療法】physiotherapy[フィズィオウセラピィ]
 ┃理学療法士 a physiotherapist
リカバリー(回復) (a) recovery[リカヴァリィ]
りく【陸】land[ランド](⇔海 the sea)
- 陸にすむ動物 a *land* animal
- ボートが陸にたどり着いた. The boat arrived at *shore*.

リクエスト

a request[リクウェスト]
- 誕生日プレゼントに何かリクエストはある? Do you have any *requests* for your birthday present?
- リクエストする request, make a request
- ヒット曲をラジオ番組にリクエストした. I *requested* a hit song on a radio program.

りくぐん【陸軍】the army[アーミィ]
りくじょうきょうぎ【陸上競技】 track and field[トゥラック][フィールド], athletics[アスレティックス]
 ┃陸上競技会 a track-and-field meet, an athletic meet
 ┃陸上競技部 a track-and-field team, an athletics team

りくつ【理屈】reason[リーズン], logic[ラヂック]
- 彼は理屈っぽい.
He *argues too much*.(←議論しすぎる)
- 理屈に合った reasonable[リーズナブル], logical[ラヂカル]
- その説明は理屈に合っている.
The explanation is *reasonable*.
- 理屈に合わない unreasonable[アンリーズナブル], illogical[イラヂカル]

リクライニングシート a reclining seat[リクラィニング スィート]

リクリエーション→ レクリエーション
りこう【利口な】clever[クレヴァ], smart[スマート], bright[ブライト], wise[ワイズ]→ かしこい
- あの女の子はとても利口そうだ.
That girl looks very *bright*.

リコーダー〖楽器〗a recorder[リコーダァ]
リコール【リコールする】recall[リコール]
りこてき【利己的な】selfish[セルフィッシュ]
 ┃利己主義 egoism
りこん【離婚】(a) divorce[ディヴォース]
- 離婚する get divorced (from ...), divorce
- 私の両親は5年前に離婚した.
My parents *got divorced* five years ago.

リサイクル recycling[リーサイクリング]
- リサイクルする recycle
- これらの古着はリサイクルされる.

リサイタル

These pieces of used clothing will be *recycled*.
➡ リサイクルできる **recyclable**[リーサイクラブル]
• この紙はリサイクルできる.
This paper is *recyclable*.
‖ リサイクルショップ **a secondhand shop**

リサイタル **a recital**[リサイトゥル]

りし【利子】**interest**[インタラスト]

りす〖動物〗**a squirrel**[スクワーラル]

リスク **risk**[リスク]
• この選択はリスクを伴(ともな)う.
This choice carries some *risks*.

リスト(一覧表)**a list**[リスト]
• 彼女の名前はリストにある.
Her name is on the *list*.
• リストアップされた単語 the words on the *list*(▶「リストアップ」は和製英語)
➡ リストを作る **list, make a list**
• 旅行に持っていくもののリストを作った.
I *listed*［*made a list of*］the things to take on the trip.

リストバンド **a wristband**[リストバンド]

リストラ(人員カット)**downsizing**[ダウンサイズィング]
➡ リストラされる **get laid off**[レイド オーフ], **be fired**[ファイアド] ➡ くび❷

リスニング **listening**[リスニング]
‖ リスニングテスト **a listening comprehension test**

リズム(a) **rhythm**[リズム]
• 私たちはリズムに合わせて踊(おど)った.
We danced to the *rhythm*.
‖ リズム感: ミカはリズム感がいい. Mika has good *rhythm*.

りせい【理性】**reason**[リーズン]
➡ 理性的な **rational**[ラショヌル]

リセット【リセットする】**reset**[リーセット]
‖ リセットボタン **a reset button**

りそう【理想】
an ideal[アイディー(ァ)ル]
• 理想と現実のギャップ
the gap between the *ideal* and the real
• ユリは理想が高い. Yuri has high *ideals*.
➡ 理想的な **ideal**
• きょうは遠足には理想的な天気だ.
The weather today is *ideal*［*perfect*］for a school trip.

リゾート **a resort**[リゾート]
• 海辺のリゾート a seaside *resort*
‖ リゾートホテル **a resort hotel**

りそく【利息】**interest**[インタラスト]

リターナブルびん【リターナブル瓶】**a returnable bottle**[リターナブル バトゥル]

リターン **a return**[リターン]
➡ リターンする **return**
‖ リターンキー **a return key**: リターンキーを押してください. Please hit the *return key*.
‖ リターンマッチ **a return match**［**game**］

リタイア【リタイアする】(競技などを)**drop out**[ドゥラップ アウト]; (退職する)**retire**[リタイア]
• 暑さのため多くのランナーがレースをリタイアした. Many runners *dropped out* of the race due to the heat.

リダイアル【リダイアルする】**redial**[リーダイアル]
• リダイアルボタンを押した.
I pressed the *redial* button.

りつ【率】**a rate**[レイト]
• 競争率 a competitive *rate*
• 打率 a batting *average*

りっきょう【陸橋】**an overhead bridge**[オウヴァ ヘッド ブリッヂ], (高架 道路)⊛ **an overpass**[オウヴァパス], ⊛ **a flyover**[フライオウヴァ]

りっけん【立憲の】**constitutional**[カンスタテューショナル]
• 立憲君主制 a *constitutional* monarchy

りっこうほ【立候補する】**run** (**for ...**)[ラン]
• 生徒会長選挙に立候補した. I *ran for* student council president.
‖ 立候補者 **a candidate**

りっしょう【立証する】**prove**[プルーヴ]

りっしょく【立食】**a buffet**[バフェイ]
‖ 立食パーティー **a buffet party**

りったい【立体】**a solid** (**body**)[サリッド (バディ)]
➡ 立体的な **three-dimensional**[スリーディメンジョヌル]

リットル **a liter**[リータァ](▶ l, l. と略す)

りっぱ【立派な】**good**[グッド], **fine**[ファイン]; (すばらしい)**great**[グレイト], **wonderful**[ワンダフル]
• 彼はりっぱな先生だ. He is a *good* teacher.
➡ 立派に **well**
• ヒロはりっぱに役割を果たした.
Hiro has done his job *well*. / Hiro has done a *great* job.
• 彼女はりっぱなスピーチをした.
She made a *good* speech.

りっぷく【立腹】**anger**[アンガァ]; (強い怒り)(a) **rage**[レイヂ] ➡ いかり¹

リップクリーム **lip balm**[リップ バーム], **lip cream**[クリーム]

りっぽう¹【立方】〖数学〗**a cube**[キューブ]
• 1立方メートル a *cubic* meter
‖ 立方体 **a cube**

りっぽう²【立法】**legislation**[レヂスレイション]

702 seven hundred and two

りとう【離島】an isolated island[アイサレイティド アイランド]
リトマスしけんし【リトマス試験紙】litmus paper[リトマス ペイパァ]
リトルリーグ Little League[リトゥル リーグ]
リニアモーターカー a linear motor car[リニア モウタァ カー]
リニューアル【リニューアルする】renew[リヌー]
リノベ(ーション) renovation[レナヴェイション]
→リフォーム

リハーサル
(a) rehearsal[リハーサル]
─リハーサルをする rehearse[リハース]
・本番に備えて何度もリハーサルをした．
We *rehearsed* for the performance many times.

リバーシブル【リバーシブルの】reversible[リヴァーサブル]

リバーシブルのジャケット

リバイバル(再演, 再上映)a revival[リヴァイヴァル]
リバウンド〔球技〕a rebound[リーバウンド]; (体重の)a weight rebound[ウェイト]
・彼女は試合で何本もリバウンドを取った．
She had a lot of *rebounds* in the game.
りはつ【理髪】a haircut[ヘァカット]
　理髪師 a barber
　理髪店 ⊛a barbershop, ⊛a barber's (shop)
リハビリ(テーション)rehabilitation[リーハビラテイション], (話)rehab[リーハブ]
─リハビリをする undergo rehabilitation
リビング(ルーム) a living room[リヴィング ルーム](▶「リビング」と略するのは和製英語)
リフォーム【リフォームする】(衣服を)tailor[テイラァ]; (家を)remodel[リーマドゥル], renovate[レナヴェイト]
・祖父母は家をリフォームした．My grandparents *renovated* their house.
・パンツをリフォームした．I *tailored* my pants.
(←体に合うように丈を詰めた)
リフティング〖サッカー〗lifting[リフティング]
リフト(スキー場の)a (ski) lift[(スキー) リフト]

リベンジ revenge[リヴェンヂ]→ふくしゅう²
リボン a ribbon[リバン]
・プレゼントにリボンをかける
tie a *ribbon* around the present
リムジン a limousine[リマズィーン]
　リムジンバス (空港送迎用の)an airport bus [limousine] (▶「リムジンバス」は和製英語)
リメーク【リメークする】remake[リーメイク]
・その映画はリメークされた．
That film was *remade*.
・ジーンズをバッグにリメークした．
I *turned* my jeans *into* a bag.
リモート【リモートの】remote[リモウト]
　リモート会議 an online meeting
　リモートワーク remote work
　リモート学習 remote learning
─リモート勤務する work remotely; work from home
リモコン (a) remote control[リモウト カントゥロウル], (話)a remote
・リモコンでテレビのスイッチを切った．
I switched off the TV with the *remote*.
りゃく【略】(短縮, 省略)abbreviation[アブリーヴィエイション]; (略した語)an abbreviation→しょうりゃく

りゆう【理由】
(a) reason[リーズン]
・このような理由で遅れました．
I was late for this *reason*.
・その映画を見たいと思った理由を教えて．
Tell me (the *reason*) *why* you wanted to see the movie.
・彼女は理由もなくテニス部をやめた．
She quit the tennis team for no *reason*.
・そんなことは理由にならない．
That is no *excuse*.
りゅう【竜】a dragon[ドゥラガン]

りゅうがく【留学する】
study abroad[スタディ アブロード], go abroad for study
・父は高校生のときに留学した．
My father *studied abroad* when he was a high school student.
・私はアメリカに留学して建築を学びたい．I want to *go to* the U.S. *to study* architecture.
　留学生 (海外から来た)a foreign student; (海外へ行っている)a student studying abroad: 交換留学生 an exchange student
りゅうかん【流感】→インフルエンザ

りゅうこう【流行】

（洋服などの）(a) **fashion**[ファッション], (a) **vogue**[ヴォウグ]

- 姉はいつも最新の流行を追っている. My sister is always following the latest *fashions*.
- このヘアスタイルは流行遅(おく)れだ. This hairstyle is out of *fashion*.

―流行の **fashionable**; （人気のある）**popular**[パピュラァ]

―流行する **come into fashion**; （流行している）**be in fashion**; （病気などが）**be prevalent**[プレヴァラント], **spread**[スプレッド]

- 今年はピンクが流行するだろう. Pink will *be in fashion* this year. / Pink will *come into fashion* this year.
- インフルエンザが全国で流行している. The flu *is spreading* throughout the country.
- 今スノーボードが大流行している. Snowboarding *is* very *popular* now.

▎流行語 a word [phrase] in fashion

リュージュ〖スポーツ〗**luge**[ルージュ]

リユース【リユースする】**reuse**[リーユーズ]

りゅうせい【流星】（流れ星）**a shooting star**[シューティング スター]; （いん石）**a meteor**[ミーティア]

▎流星群 a meteor shower

りゅうちょう【流ちょうな】**fluent**[フルーアント] ➡ すらすら

りゅうひょう【流氷】**drift ice**[ドゥリフト アイス], **floating ice**[フロウティング]

リューマチ rheumatism[ルーマティズム]

リュック(サック) a backpack[バックパック]

- ユカはリュックを背負った. Yuka put a *backpack* on her shoulders.

りょう【利用する】**use**[ユーズ], **make use of ...**[ユース] ➡ つかう❶

- 私はよくこの図書館を利用する. I often *use* this library.

りょう[1]【量】(a) **quantity**[クワンタティ], **an amount**[アマウント]

- 多[少]量の水 a large [small] *amount* of water

りょう[2]【寮】**a dormitory**[ドーマトーリィ], 《話》**a dorm**[ドーム]

- 兄は学校の寮に住んでいる. My older brother lives in a school *dorm* [*dormitory*].
- 全寮制の学校 a *boarding* school

▎寮生 a boarding student

りょう[3]【猟】（狩猟(しゅりょう)）**hunting**[ハンティング]; （銃(じゅう)による）**shooting**[シューティング]

―猟をする **hunt**; **shoot**

▎猟犬 a hunting dog, a hound

りょう[4]【漁】**fishing**[フィッシング]

―漁をする **fish**

…りょう【…両】**a car**[カー]

- この列車は10両編成です. This train has ten *cars*.
- 新幹線の5両目に乗った. I rode in the fifth *car* on the Shinkansen.

りょうあし【両足・両脚】**both feet**[ボウス フィート], **both legs**[レッグズ]

りょうおもい【両思い】

- 彼らは両思いだ. They *love each other*.

りょうかい[1]【了解】（理解）(an) **understanding**[アンダスタンディング]（▶複数形では用いない）; （承諾(だく)）**consent**[カンセント]

- 暗黙(もく)の了解 a tacit *understanding*
- 了解. *All right*! / *OK*! / （無線で）*Roger*!

―了解する **agree**[アグリー], **understand**[アンダスタンド]

りょうかい[2]【領海】**territorial waters**[テラトーリアル ウォータァズ]

りょうがえ【両替する】**exchange**[イクスチェインヂ], **change ... into**[チェインヂ]; （お金をくずす）**change, break**[ブレイク]

- これをドルに両替してください. Please *exchange* this for dollars. / Please *change* this *into* dollars.
- 千円札を百円玉に両替してもらえますか. Could you *change* [*break*] a thousand yen bill *into* hundred yen coins?

りょうがわ【両側】**both sides**[ボウス サイヅ]

- 通りの両側に土産(みやげ)物店がたくさんある. There are a lot of souvenir shops on *both sides* of the street.

りょうきん【料金】

(a) **charge**[チャーヂ], **a rate**[レイト], **a fare**[フェア], **a toll**[トウル], **a fee**[フィー]

- 公共料金 public utility *charges*
- 水道料金 water *charge*
- 学生料金 a student *rate*
- 入場料金 an entrance *fee*
- 博多までの新幹線の料金はいくらですか. What [How much] is the *fare* to Hakata by Shinkansen?

りょうり

> **くらべてみよう!** charge, rate, fare, toll, fee
>
> **charge**: 電気[ガス]料金・クリーニング代・ホテル代など, 主に「労力・サービスに対して支払(はら)われる料金」を表します. また「料金」を表す最も一般的な語で広く使われます.
> **rate**: 割引料金・団体料金など,「一定の基準に従った値段, 規定料金」を表します.
> **fare**: タクシー・バス・列車・飛行機などの「運賃」に使います.
> **toll**: 橋・道路・港などの「通行料金」です.
> **fee**:「専門職の人を雇(やと)うための料金」で, 医師・弁護士・家庭教師などに対するものです. また会費や入場料にもfeeを使います.

|料金所 a tollgate
|料金表 a list of charges

りょうくう【領空】**territorial air**[テレトーリアル エア]
りょうし【漁師】**a fisher**[フィッシァ]
りょうじ【領事】**a consul**[カンサル]
|領事館 a consulate
りょうしき【良識】**good sense**[グッド センス]
りょうしゅうしょ【領収書】**a receipt**[リスィート]
- 領収書をください. Can I have the *receipt*?

りょうしん[1]【両親】**one's parents**[ペ(ア)ランツ]
- 両親といっしょに旅行に行った.
  I went traveling with *my parents*.

りょうしん[2]【良心】**(a) conscience**[カンシャンス]
- 良心がとがめてそれをできなかった.
  My *conscience* wouldn't let me do that.
―良心的な conscientious[カンシエンシャス], (値段が)**affordable**[アフォーダブル]

りょうて【両手】**both hands**[ボウス ハンヅ]
りょうど【領土】**(a) territory**[テリトーリィ]
|領土問題 a territorial issue

りょうほう【両方】

| ❶肯定文で | both; (…も〜も両方とも)both … and 〜 |
| ❷否定文で | neither; (…も〜も両方とも―でない) — neither … nor 〜, not ― either … or 〜 |

❶[肯定文で]**both**[ボウス]; (…も〜も両方とも)**both … and 〜**
- 両方とも好きだ. I like *both* (of them).
- 私は和食も中華(ちゅうか)料理も両方とも好きだ.
  I like *both* Japanese *and* Chinese food.
- 彼女は歌も踊(おど)りも両方ともできる.
  She can *both* sing *and* dance.

―両方の both
- 映画は両方ともおもしろかった.
  Both (the) movies were good. / *Both* of the movies were good.

❷[否定文で]**neither**[ニーザァ]; (…も〜も両方とも ― でない) — **neither … nor 〜, not ― either … or 〜**[イーザァ]
- 私は肉も魚も食べない.
  I eat *neither* meat *nor* fish. / I don't eat *either* meat *or* fish.
- これらの本は両方とも読んだことがない.
  I have *never* read *either* of these books.

りょうり【料理】

| ❶料理すること | cooking |
| ❷1皿の料理 | a dish; (食べ物)food |

❶[料理すること]**cooking**[クッキング] →p.706
ミニ絵辞典
- 私は料理が好きだ. I like *cooking*.
- 料理の本
  ⊛a *cook*book / ⊛a *cook*ery book
- 父は料理がうまい.
  My father *cooks* well. / My father is a good *cook*. (▶後者のcookは「料理人」という意味の名詞)
―料理する prepare[プリペァ], **make**[メイク]; (火を使って)**cook**
- マキは私たちにビーフシチューを料理してくれた. Maki *cooked* [*made*] us beef stew.

> **ここがポイント!** 加熱しない料理にcookは×
>
> サラダ(salad)やサンドイッチ(sandwich)など, 加熱しない料理をするときにはcookは使えません. makeやprepareを使います. →つくる❹

❷[1皿の料理]**a dish**[ディッシュ]; (食べ物)**food**[フード]
- おせち料理 New Year *dishes*
- カレーライスはぼくの大好きな料理だ.
  Curry and rice is my favorite *dish*.
- 日本料理 Japanese *food*(s) [*cuisine*]
- 家庭料理 home *cooking*
- 私の得意料理はオムレツです.
  My specialty is omelets.
|料理学校 a cooking school

りょうりつ

料理人 a cook, a chef
料理番組 a cooking program
料理部 a cooking club

りょうりつ【両立させる】
- 勉強と部活動を両立させるのは難しい．
  It's hard to *balance* studying *with* club activities.

りょかく【旅客】a traveler[トゥラヴァラァ]；（乗客）a passenger[パサンヂャァ]

旅客機 a passenger plane

りょかん【旅館】a（Japanese-style）hotel[（ヂャパニーズスタイル）ホウテル]；（田舎（いなか）風の）an inn[イン]→ホテル

りょくちゃ【緑茶】green tea[グリーンティー]

りょこう【旅行】
a trip[トゥリップ], travel(s)[トゥラヴァル(ズ)], a tour[トゥア], a journey[ヂャーニィ], a voyage[ヴ

ミニ絵辞典 料理法 How to Cook

オーブンで焼く
bake

あぶり焼きする
grill

油でいためる, 焼く
fry

（肉などを）焼く
roast

トーストにする
toast

ゆでる
boil

蒸（む）す
steam

揚（あ）げる
deep-fry

とろ火で煮（に）る
stew

薄（うす）切りにする
slice

みじん切りにする
chop

混ぜる
mix

りんり

ォイイッヂ]
- 「旅行はどうだった？」「とても楽しかったよ」
"How was your *trip*?" "I enjoyed it very much."
- 私は旅行が好きだ．I like *traveling*.
- (旅に出る人へ) 楽しい旅行を！
Have a nice *trip*! / Enjoy your *trip*!
―旅行する **travel**, **make a trip**; (旅に出る) **go on a trip**
- 海外旅行をしたことがありますか．
Have you ever *traveled* abroad?
- ぼくはいつか世界一周旅行をしたい．I want to *travel* around the world someday.
- お正月には家族で温泉旅行に行きます．
Our family is *going on a trip* to a hot spring over New Year's.

 trip, travel, tour, journey, voyage

trip: もともとは比較(かく)的短い旅行をさす語でしたが，現在ではそれに限らず，最も一般的に使う語です．
travel: 「旅行すること」を意味しますが，しばしばtravelsで遠方・外国への旅行を表します．
tour: 観光や視察などのため各地を回る「周遊旅行」を表します．
journey: 主に「陸路での長距離(きょり)の旅行」をさし，tripより形式ばった語です．
voyage: 「海路での長い旅行」「宇宙旅行」などを表します．

表現メモ

旅行のいろいろ
海外旅行 overseas travel, a trip abroad
観光旅行 a sightseeing tour
新婚(こん)旅行 a honeymoon
団体旅行 a group tour
パック旅行 a package tour
日帰り旅行 a day trip

| 旅行案内所 a tourist information office
| 旅行ガイド (本) a guidebook
| 旅行者 a tourist, a traveler
| 旅行代理店 a travel agency

りょひ【旅費】**traveling expenses**[トゥラヴァリング イクスペンスィズ]
リラックス【リラックスする】**relax**[リラックス]
- ベッドの上でリラックスするのが好きだ．
I like to *relax* on my bed.
リリース【リリースする】**release**[リリース]
リリーフ〖野球〗(リリーフ投手) **a relief pitcher**

[リリーフ ピッチァア]
―リリーフする **relieve**
りりく【離陸】(a) **takeoff**[テイコーフ](⇔着陸 (a) landing)
―離陸する **take off**(⇔着陸する land)
- 私たちの飛行機はソウルに向けて離陸した．
Our plane *took off* for Seoul.
リレー a relay(**race**)[リーレイ (レイス)]
- 400メートルリレー a 4×100 *relay race*(►4×100は four by one hundred と読む)
- メドレーリレー a medley *relay*
りれき【履歴】〖コンピュータ〗**a history**[ヒスタリィ]
| 履歴書 **a résumé**
りろん【理論】(a) **theory**[スィーアリィ]
―理論的な **theoretical**[スィーアレティカル]
りんかいがっこう【臨海学校】**a summer school by the sea**[サマァ スクール][スィー]
りんかく【輪郭】**an outline**[アウトライン]
りんかんがっこう【林間学校】**a summer camp in the woods**[サマァ キャンプ][ウッヅ], **an open-air school**[オウプンエア スクール]
りんきおうへん【臨機応変な】**resourceful**[リソースフル], **depending on the circumstances**[デペンディング][サーカムスタンスィズ]
りんぎょう【林業】**forestry**[フォーラストゥリィ]
リンク[1](スケートの) **a**(**skating**)**rink**[(スケイティング) リンク]
リンク[2]〖コンピュータ〗**a link**[リンク]
リング(ボクシングの) **a**(**boxing**)**ring**[(バクスィング) リング]; (指輪) **a ring**
- エンゲージリング an engagement *ring*
りんご〖植物〗**an apple**[アップル]
- りんごの木 an *apple* tree
りんごく【隣国】**a neighboring country**[ネイバリング カントゥリィ]
りんじ【臨時の】(一時的な) **temporary**[テンパレリィ]; (特別の) **special**[スペシャル]
| 臨時集会 **a special meeting**
| 臨時ニュース **a news flash**
| 臨時列車 **a special train**
りんしょう【輪唱】〖音楽〗**a round**[ラウンド]
―輪唱する **sing a round**[スィング]
| 輪唱曲 **a canon**
りんじん【隣人】**a neighbor**[ネイバァ]
リンス(a) **conditioner**[カンディショナァ]
―リンスする **rinse**[リンス]
- 髪(かみ)をリンスした．I *rinsed* my hair.
りんり【倫理(学)】**ethics**[エスィックス]
―倫理的な **ethical**[エスィカル]

る ル

ルアー (釣(^つ)りの) a lure[ルァ] →つり¹図
▍ルアーフィッシング lure fishing

るい¹【塁】〖野球〗(a) base[ベイス]
- 一[二, 三]塁 first [second, third] base
- 本塁 home base [plate]
- ぼくは一塁を守っている. I play first base.
▍塁審 a base umpire

るい²【類】a kind[カインド]

るいご【類語】a synonym[スィナニム]

るいじ【類似(点)】similarity[スィミララティ], resemblance[リゼンブランス]
➡類似する resemble →にる¹
➡類似した similar[スィミラァ], like[ライク]
- 類似した事件が数年前にあった. There was a similar case several years ago.
▍類似品 (模造品) an imitation

ルーキー 《主に米》(新人) a rookie[ルキィ] →しんじん

ルーズ[ルーズな] (だらしのない) sloppy[スラッピィ]; (時間に) not punctual[パンクチュアル]; (不注意な) careless[ケァリス]
- 姉は時間にルーズだ. My sister isn't punctual.
- 彼はお金にルーズだ. He is careless with money.

ルーズリーフ (ノート) a loose-leaf notebook[ルースリーフ ノウトブック] (★looseの発音に注意)

ルーツ roots[ルーツ]

ルート¹(道筋) a route[ルート]; (経路) a channel[チャヌル]; (伝達手段) channels

ルート²〖数学〗(平方根) a (square) root[(スクウェァ) ルート]
- ルート4は2だ. The square root of four is two.

ルービックキューブ〖商標〗a Rubik's Cube[ルービックス キューブ], the Cube
- ルービックキューブをした. I played with a Rubik's Cube. / I solved a Rubik's Cube.

ルーペ a magnifying glass[マグナファイイング グラス] (►「ルーペ」はドイツ語から)

ルーマニア Romania[ルメイニア]
➡ルーマニア(語, 人)の Romanian
▍ルーマニア人 a Romanian

ルーム a room[ルーム]
▍ルームサービス room service
▍ルームメイト a roommate

ルール

a rule[ルール]
- 彼はルールを守った[破った]. He obeyed [broke] the rule.
- 彼女のプレーはルール違反(^{いはん})だった. Her play was against the rules.
▍ルールブック a rulebook

ルーレット a roulette wheel[ルーレット (ホ)ィール]

るす【留守】

(an) absence[アブサンス]
➡留守にしている be out[アウト], be not at home[ホウム]; (旅行などで不在である) be away[アウェイ]
- 母は今留守だ. My mother is out now. / My mother is not at home now.
- 彼はいつも居留守を使う. He always pretends to be out.
▍留守番: 両親が留守の間, 留守番をした. I stayed at home while my parents were away.

るすばんでんわ【留守番電話】(応答する側) an answering machine[アンサリング マシーン]; (残すメッセージ) a voice mail[ヴォイス メイル], a voice-mail
- 留守番電話にメッセージを残した. I left a voice mail [message on the answering machine].

ルックス(容ぼう) looks[ルックス]
- 彼はルックスがいい. He has good looks. / He is good-looking.

ルネッサンス the Renaissance[レナサーンス]

ルビー a ruby[ルービィ]

ルポライター a reporter[リポータァ]

れ レ

レア【レアの】(肉の生焼けの)**rare**[レァ]; (まれな)**rare**

‖ レアチーズケーキ an unbaked cheesecake

れい¹【例】

an example[イグザンプル]
- 典型的な例 a typical *example*
- 例を挙げると for *example* [*instance*]
- もう1つ例を挙げましょう.
  I'll give you another *example*.

れい²【礼】

❶感謝	(感謝の言葉)**thanks**; (感謝の気持ち)**gratitude**; (謝礼)(**a**)**reward**
❷お辞儀(⸍)	**a bow**

❶〔**感謝**〕(感謝の言葉)**thanks**[サンクス]; (感謝の気持ち)**gratitude**[グラタトゥード]; (謝礼)(**a**)**reward**[リウォード]
- お礼の印(⸍)に本をお送りします. I will send you a book as a token of my *gratitude*.
- **━礼を言う thank, say thanks**
- 私は彼にプレゼントの礼を言った.
  I *thanked* him *for* the present.
- 何とお礼を言えばいいのかわかりません.
  I don't know how to *thank* you.

❷〔**お辞儀**〕**a bow**[バウ](★発音注意)
- **━礼をする bow (to ...)**
- 私たちは授業の始めと終わりに礼をします. We *bow* at the beginning and end of class.

れい³【零】

(**a**)**zero**[ズィ(ァ)ロウ]
- 0.7(*zero*)point seven
- (電話番号などで)2301 two three *0* one(▶ 0は[オゥ]と読み, oh とも書く)
- 私たちは4対0で勝った.
  We won by four to *nothing*.
- 時計が午前零時を打った.
  The clock struck *twelve* midnight.

‖ 零下 below zero: 零下10度 ten degrees *below zero*
‖ 零点(**a**)zero

れい⁴【霊】**a spirit**[スピリット], (**a**)**soul**[ソウル]
レイ(ハワイで首に飾る(⸍)花輪)**a lei**[レィ]
レイアウト(**a**)**layout**[レイアウト]

━レイアウトする lay out
れいか【冷夏】**a cool summer**[クール サマァ]
れいがい【例外】(**an**)**exception**[イクセプション]
- 例外なく without *exception*
- この規則にはいくつか例外がある.
  There are some *exceptions* to this rule.

れいかん【霊感】(**an**)**inspiration**[インスピレイション]➡ インスピレーション
れいぎ【礼儀】(礼儀作法)**manners**[マナァズ]
- **━礼儀正しい polite**[パライト]
- 彼女はいつも礼儀正しい. She is always *polite*. / She *has* good *manners*.

れいきゅうしゃ【霊柩車】**a hearse**[ハース]
れいこく【冷酷な】**cruel**[クルーアル], **cold-blooded**[コウルドゥブラッディド]
れいしょう【冷笑】**a sneer**[スニァ]
れいじょう【礼状】**a thank-you letter**[サンキューレタァ]
れいせい【冷静な】**cool**[クール], **calm**[カーム]
- 彼女は冷静だった.
  She kept *cool*. / She kept a *cool* head.
- **━冷静に calmly**
- 彼は冷静に返事をした. He *calmly* replied.
- 彼は冷静に判断できる.
  He can make a *cool-headed* decision.

れいぞうこ【冷蔵庫】

a refrigerator[リフリヂャレイタァ], 《話》**a fridge**[フリッヂ]➡ p.710 ミニ絵辞典
- 冷蔵庫を開けた. I opened the *refrigerator*.
- 冷蔵庫から牛乳を出してね.
  Take out the milk from the *refrigerator*.
- 生ものは冷蔵庫に入れておきなさい.
  Keep raw food in the *fridge*.

れいだい【例題】**an exercise**[エクサァサイズ], **a sample question**[サンプル クウェスチョン]
れいたん【冷淡な】**cold**[コウルド]
れいとう【冷凍する】**freeze**[フリーズ]
- **━冷凍の frozen**[フロウズン]
- ‖ 冷凍庫 a freezer: アイスクリームを冷凍庫に入れた. I put the ice cream in the *freezer*.
  冷凍食品 frozen food

れいねん【例年の】**annual**[アニュアル]
- **━例年どおり as in other years, as usual**
- **━例年になく unusually**

れいはい【礼拝】**worship**[ワーシップ]; (礼拝式)**a service**[サーヴィス]
- 毎日曜日に教会へ礼拝に行く. I go to *worship* [*services*] at church every Sunday.
- ‖ 礼拝堂 a chapel

れいぶん【例文】**an example**(**sentence**)[イグザンプル(センタンス)]

あ か さ た な は ま や **れ** わ

れいぶん

seven hundred and nine　709

れいぶん

ミニ絵辞典 冷蔵庫 Refrigerator

ビール beer
残り物 leftovers
豆腐 tofu

① ジャム jam
② バター butter
③ マーガリン margarine
④ チーズ cheese
⑤ ドレッシング dressing
⑥ 漬物(つけもの) pickles
⑦ マスタード mustard
⑧ ケチャップ ketchup
⑨ マヨネーズ mayonnaise
⑩ ウスターソース Worcester sauce
⑪ しょうゆ soy sauce

⑫ 豚(ぶた)肉 pork
⑬ 鳥肉 chicken
⑭ ハム ham
⑮ ベーコン bacon
⑯ 魚 fish
⑰ ひき肉 minced meat
⑱ 牛肉 beef
⑲ レタス lettuce
⑳ きゅうり cucumber
㉑ しょうが ginger
㉒ トマト tomato
㉓ きのこ mushroom
㉔ りんご apple
㉕ オレンジ orange
㉖ グレープフルーツ grapefruit
㉗ 桃(もも) peach
㉘ ぶどう grapes

㉙ 納豆(なっとう) natto
㉚ みそ miso
㉛ ヨーグルト yog(h)urt
㉜ 卵 egg
㉝ ジュース juice
㉞ 牛乳 milk
㉟ ミネラルウォーター mineral water

かぼちゃ	pumpkin	キャベツ	cabbage	じゃがいも	potato
なす	eggplant	ねぎ	leek	白菜	Chinese cabbage
ピーマン	green pepper	ブロッコリー	broccoli	ほうれん草	spinach
さくらんぼ	cherry	すいか	watermelon	パイナップル	pineapple
バナナ	banana	メロン	melon	レモン	lemon

れいぼう【冷房】
air conditioning[エァ カンディショニング]; (装置) an air conditioner
- 冷房のきいた air-conditioned
- 図書館は冷房がきいている.
  The library is *air-conditioned*.

れいわ【令和】
(元号)*Reiwa*[レイワー]→へいせい
- 令和元年に
  in the first year of *Reiwa* / in *Reiwa* 1

レインコート a raincoat[レインコウト]

レインシューズ rain boots[レイン ブーツ] (▶ふつう複数形で用いる)

レーサー ⊕a race [⊕racing] car driver[レイス [レイスィング] カー ドゥライヴァ]

レーザー a laser[レイザァ]
- レーザー光線 a laser beam
- レーザープリンター a laser printer

レーシングカー ⊕a race car[レイス カー], ⊕a racing car[レイスィング]

レース¹ (競争, 競走) a race[レイス]
- リクはレースに勝つ[負ける]だろう.
  Riku will win [lose] the *race*.

レース² (カーテンなどの) lace[レイス]

レーズン (干しぶどう) a raisin[レイズン]

レーダー radar[レイダァ]

レール (鉄道・カーテンなどの) a rail[レイル]

レーン (ボウリング・競走・競泳などの) a lane[レイン]; (車線) a lane

レオタード a leotard[リーアタード]

れきし【歴史】
history[ヒスタリィ]
- 日本の歴史 Japanese *history*
- この博物館にはたくさんの歴史が詰(つ)まっている. This museum contains a lot of *history*.
- 歴史的な historic
- 歴史的な出来事 a *historic* event
- 歴史上の historical
- 歴史上の人物 a *historical* figure
- 歴史小説 a *historical* novel

レギュラー (正選手) a regular (player)[レギュラァ (プレイァ)]
- チームのレギュラーになりたい.
  I want to be a *regular* on the team.
- 彼はそのテレビ番組のレギュラーだ. He appears *regularly* on that TV program.
- レギュラーの regular

レギンス leggings[レギングズ]

レクリエーション (a) recreation[レクリエイション]
- レク(リエーション)を楽しんだ.
  We enjoyed *recreational activities*.

レゲエ〖音楽〗reggae[レゲイ]

レゴ〖商標〗Lego[レゴゥ]

レコーディング recording[リコーディング]

レコード (レコード盤(ばん)) a record[レカァド]; (競技記録) a record

レザー (皮・革) leather[レザァ]

レジ
(商店などの) a checkout (counter)[チェッカウト (カウンタァ)]; (機械) a cash register[キャッシュ レヂスタァ]; (レジ係) a cashier[キャシァ]
- レジ袋 a plastic (shopping) bag

レシート (領収書) a receipt[リスィート]

レシーバー (スポーツで) a receiver[リスィーヴァ]; (受話器など) a receiver

レシーブ (スポーツで) receiving[リスィーヴィング]
- レシーブする receive

レシピ a recipe[レスィピィ]
- 私はレシピに従った. I followed the *recipe*.
- このレシピによると, 卵が2個必要だ. This *recipe* calls for two eggs. / According to this *recipe*, we need two eggs.
- レシピ本 a recipe book

レジャー (余暇(よか)) leisure[リージャァ]; (娯楽(ごらく)) (a) recreation[レクリエイション]

レスキューたい【レスキュー隊】a rescue (party [team])[レスキュー (パーティ [ティーム])]

レストラン a restaurant[レストラント]
- きょうはレストランで夕食を食べよう.
  We'll have dinner at a *restaurant* today.

レスラー a wrestler[レスラァ]
- プロレスラー a professional *wrestler*

レスリング wrestling[レスリング]

レセプション (歓迎会) a reception[リセプション]

レター (手紙) a letter[レタァ]

レタス〖植物〗(a) lettuce[レティス] (★発音注意)
- レタス1個 a head of *lettuce*

れつ【列】
(縦の) a line[ライン]; (横の) a row[ロウ]; (順番を待つ人の) (a) line, ⊕a queue[キュー]

line

row

- 最前列 the front *row*
- 少年たちはゲームを買うために列を作った.
  The boys formed [made] a *line* to buy the game.
- 列に並んで待たなくてはならなかった.
  We had to stand in *line* [⊕*queue*].

レッカーしゃ

- 列に割りこまないでよ. 🇺🇸Don't cut in *line*. / 🇬🇧Don't jump the *queue*.

レッカーしゃ[レッカー車]**a tow truck**[トゥトゥラック], 🇺🇸**a wrecker**[レッカァ], 🇬🇧**a breakdown truck**[ブレイクダウン トゥラック]

れっしゃ【列車】
a train[トゥレイン] → でんしゃ

- 列車の時刻表 《主に🇺🇸》a *train* schedule, 《主に🇬🇧》a timetable
- この列車は東京へ行きますか.
  Does this *train* go to Tokyo?
- そこに普通(ふつう)列車で行った.
  We went there by a local *train*.

列車のいろいろ

始発列車	the first train
最終列車	the last train
特急列車	a limited express train
急行列車	an express train
快速列車	a rapid train
準急列車	a local express train
普通列車	a local train
直通列車	a through train
夜行列車	an overnight train
臨時列車	a special train
貨物列車	a freight train

■ 列車事故 a train accident

レッスン
a lesson[レッスン]

- 英会話のレッスン an English conversation *lesson* / a *lesson* in English conversation
- ケンは週に1回ギターのレッスンを受けている.
  Ken takes a guitar *lesson* once a week.

レッテル a label[レイブル]
― レッテルをはる label

- 彼はいたずらっ子というレッテルをはられた.
  He was *labeled* as a mischievous boy.

れっとう【列島】**islands**[アイランヅ], **an archipelago**[アーカペラゴゥ]

- 日本列島 the Japanese *Islands* [*Archipelago*]

れっとうかん【劣等感】**an inferiority complex** [インフィ(ァ)リオーラティ カンプレックス]

- 私はユミに対して劣等感を持っている.
  I *feel inferior* to Yumi.

れっとうせい【劣等生】**a poor student**[プア ストゥードゥント], **a slow learner**[スロゥ ラーナァ]

レッドカード『サッカー』**a red card**[レッド カード]

- 審判(しん)は彼にレッドカードを出した.
  The referee gave him a *red card*.

レトリバー(犬)**a retriever**[リトゥリーヴァ]

レトルトしょくひん【レトルト食品】
cook-in-the-packet food[クックインザパキット フード], **ready-made food**[レディメイド フード]

レトロ retro[レトゥロゥ]

…れば[…(す)れば] → …たら

レバー[1] (取っ手)**a lever**[レヴァ]

レバー[2] (食品としての肝臓(ぞう))**liver**[リヴァ]

レパートリー a repertory[レパァトゥーリィ], **a repertoire**[レパァトゥワー]

- 彼にはレパートリーが100曲くらいある.
  There are about a hundred songs in his *repertoire*.

レフェリー a referee[レファリー] → しんぱん

レフト『野球』(左翼(よく))**left field**[レフト フィールド]; (左翼手)**a left fielder**[フィールダァ]

レプリカ a replica[レプリカ]

レベル(a) **level**[レヴァル]

- 2人は同レベルだ.
  They are on the same *level*.
- あの学校はレベルが高い.
  The school has a high academic *level*.
- 私はまだ試合に出るレベルになっていない.
  I haven't reached competition *level* yet.
― レベルアップする **improve**[インプルーヴ]

レポーター a reporter[リポータァ]

レポート(課題, 研究論文)**a paper**[ペイパァ]; (報告書)**a report**[リポート]

- あしたはレポートを提出しなければならない.
  I have to hand in my *paper* tomorrow.

レモネード 🇺🇸**lemonade**[レマネイド], 🇬🇧**lemon squash**[レマン スクウォッシュ]

手作りのレモネードスタンドでレモネードを売る子ども

れんそう

レモン a lemon[レマン]
- レモンの皮 a *lemon* rind
- レモンの汁 *lemon* juice
- レモンをしぼって，エビフライにかけた．
 I squeezed a *lemon* on the fried shrimp.
 レモン色 lemon yellow
 レモンスカッシュ ⊛lemon soda, ⊛lemonade
 レモンティー tea with lemon

レリーフ a relief[リリーフ]

…れる【…（さ）れる】

❶ 受け身 be+〈過去分詞〉
❷ 被害(ホび) have+〈人・物〉+〈過去分詞〉
❸ 可能 can+〈動詞の原形〉,
 be able to+〈動詞の原形〉

❶〔受け身〕**be+〈過去分詞〉**〈▶日本語では受動態（受け身）でも英語では能動態で言う場合が多い〉
- エミはみんなに愛されている．
 Emi *is* loved by everybody. / Everybody loves Emi.（▶後者のほうがふつうの言い方）

❷〔被害〕**have+〈人・物〉+〈過去分詞〉**
- ゆうべ自転車を盗(ˢ)まれた．
 I *had* my bicycle stolen last night.

❸〔可能〕**can+〈動詞の原形〉**[キャン]，**be able to+〈動詞の原形〉**[エイブル]
- もっと早く走れるかな？
 I wonder if I *can* run faster?

れんあい【恋愛】love[ラヴ] → こい¹
- 姉は恋愛中だ．
 My sister is in *love*.
- 今週私の恋愛運はいい．
 I'm lucky in *love* this week.
 恋愛結婚(ウス) a love marriage
 恋愛小説 a love story

れんが（1個の）a brick[ブリック]，（まとめて）brick
- れんが建ての家 a *brick* house
- れんがの塀(´) a *brick* wall

れんきゅう【連休】consecutive holidays[カンセキュティヴ ハリデイズ]
- 5月には連休がある．
 There are *consecutive holidays* in May.
- 3連休は何か計画してる？
 Do you have any plans for the three-day holiday?

れんごう【連合】(an) alliance[アライアンス], union[ユーニアン]

れんこん a lotus root[ロウタス ルート]
- れんこんの皮をむいた．
 I peeled a *lotus root*.

れんさい【連載】a serial[スィ(ア)リアル]
- この漫画(ガ)の連載がもうすぐ終わっちゃう．

The *serial* of this manga will end soon.
 連載小説 a serial novel
 連載漫画 serial manga

れんさはんのう【連鎖反応】a chain reaction[チェイン リアクション]

レンジ（電子レンジ）a microwave (oven)[マイクロウェイヴ (アヴァン)]
- ご飯をレンジでチンした．
 I heated rice in the *microwave*.

れんじつ【連日】every day[エヴリィ デイ], day after day[アフタア]

れんしゅう【練習】

(a) practice[プラクティス], an exercise[エクサァサイズ]; （スポーツなどの）training[トゥレイニング]
- 彼は非常に練習熱心だ．
 He *trains* very hard.
 ━練習(を)する practice, exercise; train
- ナオは毎日シュートの練習をしている．
 Nao *practices* shooting every day.
 練習曲 an étude, a practice piece
 練習試合 a practice game [match]
 練習場 a training field, a training room
 練習日 a training day
 練習問題 an exercise

れんしょう【連勝】consecutive wins [victories][カンセキュティヴ ウィンズ [ヴィクタリズ]]
- 私たちのチームは3連勝した．
 Our team *won* three games *in a row*.
 連勝記録 a record for consecutive wins

レンズ a lens[レンズ]
- 凹(ホぅ)[凸(とっ)]レンズ
 a concave [convex] *lens*
- 望遠レンズ a telephoto *lens*
- 眼鏡のレンズを布でふいた．
 I wiped my eyeglass *lenses* with a cloth.

れんそう【連想】association[アソウスィエイション]
 ━連想する（…から～を）associate（... with ～）[アソウスィエイト]
- 「うさぎ」というとどんなイメージを連想する？
 What image do you *associate with* rabbits?

れんぞく

━連想させる（…に～を）**remind**（... **of** ～）[リマインド]

┃連想ゲーム **an association game**

れんぞく【連続】

(a) **succession**[サクセション]；(同種のものの)**a series**[スィ(ァ)リーズ]（複 **series**）(►単複同形)

- きのうは失敗の連続だった．
 I made a *series* of errors yesterday.
- その旅行は驚きの連続だった．
 The trip was *full* of surprises.
- 弟はそのゲームを3時間連続でプレーしていた．
 My brother played the game for three hours *straight*.

━連続した **continuous**[カンティニュアス]，**consecutive**[カンセキュティヴ]

━連続して **continuously, consecutively, without a break**；(次々と)**one after another**

- きょうはいいことが連続している．
 Good things are taking place *one after another* today.

┃連続ドラマ **a serial drama**

れんたい【連帯】

┃連帯責任 **collective responsibility**

レンタカー **a rent-a-car**[レンタカー]，**a rental car**[レンタル カー]

- 父はスキーに行くためにレンタカーを借りた．
 My father *rented a car* to go skiing.

レンタル【レンタルの】**rental**[レンタル]

━レンタルする **rent**

┃レンタル店 **a rental shop**

┃レンタル料金 **a rental fee**

レントゲン（エックス線写真）**an X-ray**[エックスレイ]（►「レントゲン」はエックス線発見者の名から）

━レントゲン(写真)を撮(と)る **X-ray**

- 私は肺のレントゲンを撮ってもらった．I had my lungs *X-rayed*.（►**have**＋〈人・物〉＋〈過去分詞〉で〈人・物〉を「…してもらう」の意）

┃レントゲン検査 **an X-ray examination**

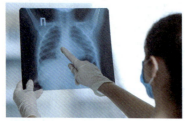

れんにゅう【練乳】**condensed milk**[カンデンストミルク]

れんぱ【連覇する】

- テニス部は区大会で4連覇した．
 The tennis team *won* four *consecutive championships* in the ward competition.

れんぱい【連敗する】

- 柔道(じゅうどう)部は5連敗してしまった．The judo team *lost* five matches *in a row*. / The judo team had five *consecutive losses*.

れんぱつ【連発する】

- 彼は試合でミスを連発した．He *repeatedly made* errors in the match.
- くしゃみを連発した．
 I sneezed several times *in a row*.

れんぽう【連邦】**a federation**[フェデレイション]；**a union**[ユーニアン]

れんめい【連盟】**a league**[リーグ]

- 高校野球連盟
 the Senior High School Baseball *League*

れんらく【連絡】

contact[カンタクト]，**message**[メスィッヂ]；(列車などの)**a connection**[カネクション]

- エリから連絡があった．
 I received a *message* from Eri.

━連絡する **contact, get in touch with** …[タッチ]；**connect**（**with** …）

- 友達にメールで連絡した．
 I *contacted* my friend by email.
- 連絡してください．
 Please *get in touch with* me.
- この列車は名古屋で「こだま」に連絡します．
 This train *connects with* a *Kodama* bullet train at Nagoya.

┃連絡先 **contact information**；(住所)**an address**；(電話)**a contact phone number**；(メール)**an email address**
┃連絡船 **a ferry, a ferryboat**
┃連絡網(もう) **an emergency telephone network**

れんりつ【連立】**coalition**[コウアリション]

┃連立政権 **a coalition government**
┃連立内閣 **a coalition cabinet**
┃連立方程式 **simultaneous equations**

ろう wax[ワックス]
┃ろう人形 a wax figure

ろうか【廊下】
（学校・ホテルなどの長い）a corridor[コーリダァ]; （玄関(げん)から部屋への）㋱a hall[ホール], a hallway[ホールウェイ], a passage(way)[パスィッヂ(ウェイ)]
・廊下では静かに. Be quiet in the *corridor*.

ろうがっこう【ろう学校】a school for the deaf[スクール][デフ], a school for hearing-impaired children[スクール][ヒァリングインペァド チルドレン]

ろうがん【老眼】far-sighted because of age[ファーサイティド][エイヂ]

ろうがんきょう【老眼鏡】reading glasses[リーディング グラスィズ]

ろうご【老後】
・両親は老後のために貯金している.
My parents are saving money for *their old age*. / My parents are saving money for *their retirement*.(◀退職後のために)

ろうしゃ【ろう者】（まとめて）deaf people[デフ ピープル],（1人）a hearing-impaired person[ヒァリングインペァド パースン]

ろうじん【老人】(男性)an old ［elderly］man[オウルド][エルダリィ][マン], (女性)an old ［elderly］woman[ウマン], (1人)an old ［elderly］person(▶oldよりもelderlyを使うほうがていねい); (まとめて)the elderly, the aged[エイヂド]; (高齢(れい))senior citizens[スィーニァァ スィティズンズ]➡としより
┃老人ホーム a nursing home

ろうすい【老衰】
・老衰で死ぬ die of old age

ろうそく a candle[キャンドゥル]
・私はろうそくに火をつけた.
I lit a *candle*.
・エミはろうそくの火を吹き消した.
Emi blew out a *candle*.
┃ろうそく立て a candlestick

ろうどう【労働】(仕事)work[ワーク]; (主に肉体を使う)labor[レイバァ]
・重労働 hard *work* ［*labor*］
・肉体労働 physical *labor*
━労働する work; labor➡はたらく
┃労働組合 a labor union
┃労働時間 working hours
┃労働者 a worker; a laborer

ろうどく【朗読する】read aloud[リード アラウド]

ろうにん【浪人】
・兄は大学受験で浪人することにした.
My brother decided to *wait for another chance to enter* the university.

ろうねん【老年】old age[オウルド エイヂ]

ろうひ【浪費】(a) waste[ウェイスト]
・ゲームを何時間もするのは時間の浪費だ.
Playing games for hours is a *waste* of time.
━浪費する waste

ろうりょく【労力】(労働)labor[レイバァ]; (骨折り)(an) effort[エファト]

ローカル【ローカルな】(その地方の, 地元の)local[ロウカル] (▶「田舎(いなか)の」の意味はない)
┃ローカル線 a local line
┃ローカルニュース local news

ローション lotion[ロウション]

ローストチキン roast chicken[ロウスト チカン]

ローストビーフ roast beef[ロウスト ビーフ]

ロータリー（環状(じょう)交差点）a rotary[ロウタリィ], ㋐a traffic circle[トゥラフィック サークル], ㋱a roundabout[ラウンダバウト]

ローティーン (one's) early teens[アーリィ ティーンズ] (▶13～15歳(さい)くらいまで. 「ローティーン」は和製英語)
・ローティーンの少女たち
girls in *their early teens*

ローテーション (輪番, 交代)rotation[ロウテイション]
・ケンはローテーション入りした.
Ken was in the *rotation*.

ロードショー a (movie's) first-run showing[(ムーヴィズ) ファーストゥラン ショウイング]

ロードレース (1回の)a road race[ロウド レイス], (まとめて)road racing[レイスィング]

ロードワーク roadwork[ロウドワーク]

ロープ a rope[ロウプ]
┃ロープウエー (ケーブルカー)a cable car

ローファー (靴(くつ))a loafer[ロウファ] (▶ふつう複数形で用いる)➡くつ図

ローマ Rome[ロウム] (▶イタリアの首都)
━ローマ(人)の Roman[ロウマン]

━━慣用表現━━

ローマは一日にして成らず.
Rome was not built in a day.

┃ローマ教皇 the Pope
┃ローマ字 Roman letters, the Roman alphabet
┃ローマ数字 Roman numerals

ローラー

ローラー a roller[ロウラァ]
ローラースケート(遊び)roller-skating[ロウラァ スケイティング];(靴)(複)a roller skate[ロウラァ スケイト](▶ふつう複数形で用いる)
　→ローラースケートをする roller-skate
・私たちはきのうローラースケートをした．
　We *roller-skated* yesterday.
ローラーブレード(遊び)in-line skating[インライン スケイティング];(靴)(複)〖商標〗a Rollerblade[ロウラァブレイド], **in-line skates**

ロールキャベツ(料理)stuffed cabbage[スタッフト キャビッヂ]
ロールケーキ a Swiss roll[スウィス ロウル], (⊕)(ジャムをはさんだもの)a jelly roll[ヂェリィ]
ロールパン a roll[ロウル]→パン図
ロールプレイ role-play[ロウルプレイ]
　┃ロールプレイングゲーム a role-playing game(**RPG**)
ローン (a) loan[ロウン]
・住宅ローン a home *loan*
ろく【六(の)】six[スィックス]→さん¹
・ケンは6年生だ．Ken is in the *sixth* grade.
　→第六(の) the sixth[スィクスス](▶6thと略す)
・第六感 a *sixth* sense
ログアウト【ログアウトする】log out[off][ログ アウト[オーフ]]
ログイン【ログインする】log in[on][ローグ イン[アン]]
ろくおん【録音】recording[リコーディング]
　→録音する record
・彼女の歌を録音した．I *recorded* her song.

ろくが【録画】
　video recording[ヴィディオゥ]
　→録画する record
・私，そのドラマを録画したわよ．
　I have *recorded* the TV drama.
・あの番組の録画予約をしておかないと．
　I need to set the recorder to *record* that show.
ろくがつ【六月】June[ヂューン](▶常に大文字で始め, Jun.と略す)→いちがつ

・6月の花嫁(花嫁) a *June* bride
・日本では6月は梅雨(梅雨)の時期です．
　June is the rainy season in Japan.
ろくじゅう【六十(の)】sixty[スィックスティ]
・(19)60年代 the (nineteen) *sixties*
　→第六十(の) the sixtieth[スィックスティアス](▶60thと略す)
ろくでなし(役に立たない人)
　a good-for-nothing[グッドフォナッシング]
ろくに
　→ろくに…しない hardly
・話しかけたけれど，テツはろくに返事もしてくれなかった．
　I talked to Tetsu, but he *hardly* replied.
ログハウス a log house[ローグ ハウス], a log cabin[キャビン]
ロケ(ーション) (a) location[ロウケイション](▶「ロケ」と略すのは和製英語)
・彼らは香港(香港)でロケをした．
　They went on *location* in Hong Kong.
ロケット a rocket[ラキット]
・彼らはロケットの打ち上げに成功した．They succeeded in [at] launching a *rocket*.
　┃ロケット発射台 a launch pad
ロゴ a logo[ロウゴゥ]
・ロゴ入りTシャツ a T-shirt with a *logo*
ろこつ【露骨な】downright[ダウンライト], direct[ディレクト]
ロサンゼルス Los Angeles[ローサンヂァルス], **L.A.**[エルエイ](▶米国の都市)

米国・ロサンゼルスのベニスビーチ

ろじ【路地】an alley[アリィ], a lane[レイン]
ロシア Russia[ラシャ]
　→ロシア(語, 人)の Russian
　┃ロシア語 Russian
　┃ロシア人 a Russian
　┃ロシア連邦(連邦) the Russian Federation
ろしゅつ【露出】exposure[エクスポウヂァ]
　→露出する expose[エクスポウズ]
ろじょう【路上で[の]】on a street[ストゥリート], on the road
ロスタイム〖サッカー〗injury time[インヂュリィ タ

イム], **additional time**[アディシャヌル タイム]

ろせん【路線】**a route**[ルート]
- バス路線 a bus *route*
‖ 路線バス a bus on a regular route

ロッカー

a locker[ラッカァ]
- コインロッカー a coin-operated *locker*
‖ ロッカールーム a locker room

ろっかくけい【六角形】**a hexagon**[ヘクサガーン]

ロック[1]【音楽】**rock (music)**[ラック (ミューズィック)]; (ロックンロール) **rock-and-roll, rock-'n'-roll**[ラッカンロウル]
‖ ロック歌手 a rock singer
‖ ロックバンド a rock band

ロック[2] (錠(じょう)) **a lock**[ラック] → かぎ
— ロックする lock

ロッククライミング rock climbing[ラッククライミング]

ロックダウン lockdown[ラックダウン]

ろっこつ【ろっ骨】(1本の) **a rib**[リブ]
- アキは転んでろっ骨を折った. Aki fell down and broke a *rib*.

ロッジ a lodge[ラッヂ], **a cabin**[キャビン]

ろてんぶろ【露天風呂】**an open-air bath**[オウプンエア バス]

紅葉の時期の露天風呂(日本・山形県)

ろば【動物】**a donkey**[ダンキィ]

ロビー a lobby[ラビィ]

ロブスター a lobster[ラブスタァ]

ロフト a loft[ローフト]

ロボット a robot[ロウバット]
- 産業用ロボット an industrial *robot*
‖ ロボット工学 robotics

ロマン
- 宇宙にはロマンがある. Outer space *excites* people. (←わくわくさせる)

ロマンス romance[ロウマンス]

ロマンチスト a romantic[ロウマンティック] (►「ロマンチスト」は和製英語)

ロマンチック【ロマンチックな】**romantic**[ロウマンティック]
- ロマンチックな話 a *romantic* story

ロム ROM[ラム] (►read-only memory の略)

ろめん【路面】**road surface**[ロウド サーフィス], **the surface of a road**
‖ 路面電車 Ⓐ a streetcar, Ⓑ a tram(car)

ろん【論】(議論) (an) **argument**[アーギュマント]; (研究) **studies**[スタディズ]

ろんがい【論外】**out of the question**[アウト][クウェスチョン]
- 一晩中出かけるなんて論外だ. Going out all night is *out of the question*.

ロング【ロングの】**long**[ローング]
‖ ロングスカート a long skirt
‖ ロングセラー a longtime seller (►「ロングセラー」は和製英語)
‖ ロングヘア long hair
‖ ロングラン a long run

ろんじる【論じる】**discuss**[ディスカス]; (議論する) **argue**[アーギュー] → はなしあう

ろんそう【論争】(a) **dispute**[ディスピュート]
— 論争する dispute, argue[アーギュー]

ロンドン London[ランダン] (►英国の首都)
‖ ロンドンっ子 a Londoner
‖ ロンドン塔(とう) the Tower of London

ろんぶん【論文】**a paper**[ペイパァ]; (新聞・雑誌などの) **an article**[アーティクル]; (文学などの) **an essay**[エセィ]
- マザー・テレサの一生について論文を書いた. I wrote a *paper* on the life of Mother Teresa.
- 卒業論文 a graduation *thesis*

ろんり【論理】**logic**[ラヂック]
— 論理的な logical
— 論理的に logically
- もっと論理的に話してください. Please talk more *logically*.

わ¹

わ ワ

わ¹【輪】(円の)**a circle**[サークル];(リング状の)**a ring**[リング];(車輪の)**a wheel**[(ホ)ウィール]
- 輪になって in a *circle*

わ²【和】(合計)**the sum**[サム], **a total**[トウトゥル];(調和)**harmony**[ハーマニィ]

わあ Wow[ワゥ], **Hey**[ヘイ]
- わあ,なんてきれいな景色!
  Wow, what a beautiful view!
- 「あしたスキーに行こう」「わあ,やったあ」
  "Let's go skiing tomorrow." "*Hey*, that would be great!"

ワーキングホリデー a working holiday[ワーキング ハラデイ]

ワーク work[ワーク]
- チームワーク teamwork
▌ワークブック a workbook

ワースト(最悪のこと)**the worst**[ワースト]
▌ワースト記録 the worst record

ワールド(世界)**the world**[ワールド]
▌ワールドカップ the World Cup
▌ワールドシリーズ(米大リーグの)**the World Series**
▌ワールドベースボールクラシック **the World Baseball Classic**(►WBCと略す)

ワイシャツ a(**dress**)**shirt**[(ドゥレス) シャート]
(►「ワイシャツ」は white shirt がなまったもの)

わいせつ【わいせつな】**obscene**[アブスィーン], **dirty**[ダーティ], **indecent**[インディースント]

ワイド【ワイドな】(幅の広い)**wide**[ワイド]
▌ワイドショー a TV talk show
▌ワイドスクリーン(画面)**a wide screen**

ワイパー(車)**a**(**windshield**)**wiper**[(ウィンドシールド) ワイパァ]➡ くるま図

ワイファイ〘商標〙**Wi-Fi**[ワイファイ]
- Wi-Fiが使えるカフェ a *Wi-Fi* enabled café
- Wi-Fiによるインターネットアクセス
  Wi-Fi Internet access
- Wi-Fi接続 a *Wi-Fi* connection

ワイヤレス wireless[ワイアリス]
▌ワイヤレスマイク a wireless microphone

わいろ a bribe[ブライブ]

わいわい
- 私たちはわいわい騒いで楽しんだ.
  We *made a lot of noise* and had fun.

ワイン wine[ワイン]
- 赤[白]ワイン red [white] *wine*
- ワイン1本[1杯]

a bottle [glass] of *wine*
▌ワイングラス a wineglass

わえいじてん【和英辞典】 **a Japanese-English dictionary**[ヂァパニーズ イングリッシュ ディクショネリィ]
- 和英辞典で単語を引いた. I looked up a word in a *Japanese-English dictionary*.

わおん【和音】**a chord**[コード]

わか【和歌】**a waka**;(まとめて)**traditional Japanese poetry of thirty-one syllables**[トゥラディショヌル ヂァパニーズ ポウイトゥリィ][サーティワン スィラブルズ];(短歌)**a tanka**➡ たんか²

わかい¹ 【若い】

young[ヤング](⇔年を取った old)
- 私は彼女より6歳若い.
  I am six years *younger* than her.
- 私は兄弟3人の中でいちばん若い.
  I'm the *youngest* of three brothers.
- 先生は若いときにイギリスに留学していた.
  The teacher studied in England when he was *young*.

わかい²【和解】➡ なかなおり

わかさ【若さ】**youth**[ユース]

わがし【和菓子】⊛(**a**)**Japanese candy**[ヂァパニーズ キャンディ], ⊛**a Japanese sweet**[スウィート]

わかす【沸かす】(沸騰させる)**boil**[ボイル]
- お茶を飲むために湯を沸かした.
  I *boiled* some water to make tea.
- お風呂を沸かしてくださいね.
  Please *prepare* [*heat*] the bath.

わかちあう【分かち合う】**share**[シェァ]
- 私たちは喜びも悲しみも分かち合った.
  We *shared* joy and sorrow.

わかば【若葉】**young leaves**[ヤング リーヴズ];(新緑)**fresh green**(**leaves**)[フレッシュ グリーン]

わがまま 【わがままな】

selfish[セルフィッシュ], **self-centered**[セルフセンタァド]

わかめ wakame; **soft seaweed**[ソーフト スィーウィード]

わかもの【若者】(1人)**a young person** [**man**, **woman**][ヤング パースン [マン, ウマン]], (全体)**young people**[ピープル], **the youth**[ユース]
▌若者言葉 young people's language

わがや【わが家】**our** [**my**] **home**[ホウム], **our** [**my**] **house**[ハウス]

わく¹

- わが家には部屋が5つある.
  There are five rooms in *our home*.
- わが家がいちばん.
  Our house is the best place.

わからずや【分からず屋】(頑固(がんこ)な)**an obstinate person**[アブスタナット パースン]

わかりきった【分かりきった】**plain**[プレイン], **obvious**[アブヴィアス]

わかりにくい【分かりにくい】(理解しにくい)**hard**[**difficult**] **to understand**[ハード[ディフィカルト]][アンダァスタンド]

- 彼の話はわかりにくかった. His speech was *hard*[*difficult*] *to understand*.

わかりやすい【分かりやすい】(理解しやすい)**easy to understand**[イーズィ][アンダァスタンド]

- この説明はわかりやすい.
  This explanation is *easy to understand*.

わかる【分かる】

❶理解する	**understand, see**
❷知る, 知っている	**know**; (経験的にわかる)**find**; (見分ける)**tell**

❶[理解する]**understand**[アンダァスタンド], **see**[スィー]

- わかりました.
  I *understand*[*see*]. / I *got* it.
- 妹は英語が少しわかる.
  My sister *understands* English a little.
- ケンはきょうの授業がわからなかった.
  Ken couldn't *understand* today's class.
- 父はぼくのことをわかってくれない.
  My father doesn't *understand* me.
- 私の言ってることがわかりますか. Do you *see* what I mean? / Did I make myself clear? (▶Do you understand me?は失礼)
- この問題, 全然わからない.
  I can't *solve* this problem.

❷[知る, 知っている]**know**[ノゥ](▶進行形では用いない); (経験的にわかる)**find**[ファインド]; (見分ける)**tell**[テル](▶can tellまたはbe able to tellの形で用いる)

- そんなことわかっているよ. I *know* that.
- 自分のクラスはいつわかるのかな？
  When will I *know* which class I'm in?
- これを何と言えばよいかわからない.
  I don't *know* how to say this.
- ナオがとてもいい子なのがわかった.
  I *found* Nao (to be) very nice.
- 弟は犬とおおかみの違(ちが)いがわからない.
  My brother can't *tell* the difference

between dogs and wolves.

わかれ【別れ】(別れること)(a) **parting**[パーティング]; (別れの言葉)(a) **goodbye**[グッドバイ]

- ケンジは友達に別れを告げた.
  Kenji said *goodbye* to his friends.
- お別れはさびしいです. I'll *miss* you.

▌お別れ会 a farewell party

わかれみち【分かれ道】a **fork**（**in the road**）[フォーク(ロウド)]

- その分かれ道を左に行ってください.
  Please go left at the *fork*.
- 私は人生の分かれ道に立っていた. I was standing at the *crossroads* of my life.

わかれる¹【別れる】

part（**from** ...）[パート], **split**（**up**）[スプリット]; (恋人(こいびと)同士などが)**break up**[ブレイク]; (離婚(りこん)する)**get divorced**[ディヴォースト]

- ぼくは駅でノリオと別れた.
  I *parted* ways with Norio at the station.
- 私たちは校門を出たところで別れた. We *split up* after we left the school gate.
- マリは彼氏と先週別れた. Mari *broke up* with her boyfriend last week.

わかれる²【分かれる】(分離(ぶんり)する)**divide**（**up into** ...）[ディヴァイド], **be divided**（**into** ...）; (分裂(ぶんれつ)する)**split**[スプリット]

- 私たちは3つのグループに分かれた.
  We *divided*（*up*）*into* three groups.
- 彼と意見が分かれた.
  My opinion *is different from* his.

わき【脇, 側】a **side**[サイド]

━**わきに** by ..., **beside** ...[ビサイド]; (隣(となり)に) **next to** ...[ネクスト]

- お店のわきに自転車をとめた.
  I parked my bicycle *beside* the shop.
- 彼はわきに数冊本をかかえていた.
  He had some books *under his arm*.

━**わきへ**（に）**aside**

- 私たちはわきに寄った. We moved *aside*.

わきのした【わきの下】an **armpit**[アームピット]

わきばら【わき腹】(the)**side of** one's **body**[サイド][バディ]

- 左のわき腹が痛い.
  The left *side of my body* hurts.

わきまえる know better[ノゥ ベタァ]

わきやく【脇役】a **supporting role**[サポーティング ロウル]

- 脇役のキャラクター a *supporting* character

わく¹【沸く】

(湯が)**boil**[ボイル]; (興奮する)**be**［**get**］**excited**

seven hundred and nineteen　　719

わく²

[イクサイティド]
- お湯が沸いてる.
  The water is *boiling*.
- 優勝してクラスが沸いた.
  The class *got excited* by its victory.
- おふろが沸いた.
  The bath *is ready* [*heated*].

わく²【枠】(縁(ふち))**a frame**[フレイム]
- 窓枠 a window *frame*

わく³(水・温泉などが)**come out**[カム アウト], **spring** (**up**)[スプリング (アップ)]
- そこでは温泉がわいている.
  A hot spring *comes out* there.
- それを聞いて希望がわいてきた.
  After hearing that, I got my hopes *up*.

わくせい【惑星】**a planet**[プラニット]

────── 表現メモ ──────

惑星のいろいろ

水星 Mercury / 金星 Venus /
地球 the earth, Earth / 火星 Mars /
木星 Jupiter / 土星 Saturn / 天王星 Uranus /
海王星 Neptune

ワクチン《医学》(a) **vaccine**[ヴァクスィーン]
 ━…にワクチンを接種する **vaccinate**[ヴァクスィネイト]
- インフルエンザのワクチンを接種した.
  I was *vaccinated* against the flu. / I received a flu *vaccine*.
  ▮ワクチン注射 (a) **vaccination**

わくわく【わくわくする】

be[**get**] **excited**[イクサイティド]
- 修学旅行のことを考えるとわくわくする.
  I *am excited* about the school trip.
- みんなわくわくしながら待っていた.
  We all waited with *anticipation*.
 ━わくわくして **excitedly**
- わくわくして眠れない.
  I *am* too *excited* to sleep.
 ━わくわくするような **exciting**

わけ【訳】

| ❶理由 | (a) reason |
| ❷意味 | a sense, (a) meaning |

❶〔理由〕(a) **reason**[リーズン]
- 欠席の訳を説明した.
  I explained (the *reason*) *why* I was absent.
- これにはちゃんとした訳がある.
  I have a good *reason* for this.

- 彼はどういう訳かそれが嫌(きら)いだった.
  For some *reason*, he didn't like it. / *Somehow* he didn't like it.
 ━…する訳がない **cannot**+〈動詞の原形〉
- このチームが負ける訳がない.
  This team *cannot* lose.
 ━すべて…する訳ではない **not ... every**
- すべての人がパンダを見たい訳ではない.
  Not everyone wants to see a panda.
 ━…する訳にはいかない **cannot**+〈動詞の原形〉
- 弟を1人にして外出する訳にはいかない.
  I *can't* go out leaving my brother alone.
❷〔意味〕**a sense**[センス], (**a**) **meaning**[ミーニング]
- この英語, わけがわからない.
  This English doesn't make *sense*.

わけまえ【分け前】**a share**[シェア]

わける【分ける】

divide[ディヴァイド];(より分ける)**separate**[セパレイト];(分配する)**share**[シェア];(髪(かみ)を)**part**[パート]

 〈物〉を〈数〉に分ける
 divide +〈物〉+ into +〈数〉
- そのケーキを4つに分けなさい.
  Divide the cake *into* four (pieces).
 〈物〉を〈人〉と分ける
 divide [share]+〈物〉+ with +〈人〉
- 私はチョコレートを妹と分けた. I *divided* [*shared*] the chocolates *with* my sister.
- 彼は髪を真ん中で分けた.
  He *parted* his hair in the middle.

わゴム【輪ゴム】**a rubber band**[ラバァ バンド], **an elastic** (**band**)[イラスティック]
- 輪ゴムで遊ばないでください. Please don't play with the *rubber bands*.

ワゴン(自動車の)⊛ **a station wagon**[ステイション ワゴン];(配ぜん用)⊛ **a wagon**, **a** (**serving**) **cart**

わざ【技】**a skill**[スキル];(柔道(じゅうどう)などの)(**a**) **technique**[テクニーク]
- スキーの技をみがきたい.
  I want to polish my skiing *skills*.
- 多くの技を身につけた.
  I learned many *techniques*.

わざと **on purpose**[パーパス], **intentionally**[インテンショナリィ]
- わざとやったんだね.
  You did that *on purpose*!

わざとらしい(不自然な)**unnatural**[アンナチャラル];(むりやりの)**forced**[フォースト]
- わざとらしい笑顔
  a *forced* smile

720　　seven hundred and twenty

わさび〖植物〗**wasabi**[ワサービィ], **Japanese horseradish**[ヂャパニーズ ホースラディッシュ]

わざわい【災い】（災難）**(a) disaster**[ディザスタァ], **trouble**[トゥラブル]；（不幸）**(a) misfortune**[ミスフォーチュン]

わざわざ（特別に）**specially**[スペシャリィ]；（はるばる）**all the way**[オール][ウェイ]
➡ わざわざ…する **take the trouble to**＋〈動詞の原形〉[トゥラブル]
- わざわざ見送りに来てくれてありがとう．
Thank you for *taking the trouble to* see me off.

わし〖鳥〗**an eagle**[イーグル]

わしつ【和室】**a Japanese-style room**[ヂャパニーズスタイル ルーム]

わしょく【和食】**Japanese food**[ヂャパニーズ フード], **Japanese cuisine**[クウィズィーン]➡食生活[口絵]

ワシントン Washington(, **D. C.**)[ワシンタン（ディースィー）]（▶コロンビア特別区，米国の首都）；(州) **Washington**（▶米国北西部の州）

わずか【わずかな】（数が）**a few**[フュー]；（量が）**a little**[リトゥル]；（程度が）**slight**[スライト]➡すこし
- 練習に来たメンバーはほんのわずかだった．
Only *a few* members came to practice.
- 牛乳はわずかしか残っていない．
There's only *a little* milk left. / There isn't much milk left.

わすれっぽい【忘れっぽい】**forgetful**[ファゲットフル]
- 祖母はこのごろ忘れっぽくなった．
My grandmother is getting *forgetful* these days.

わすれもの【忘れ物をする】
- 忘れ物をしちゃった．
I *left* something *behind*.
- 忘れ物はない？
Do you have everything（with you）?
∥忘れ物預かり所 **Lost and Found**

わすれる【忘れる】

❶覚えていない　　　　**forget**
❷置き忘れる　　　　　**leave**

forget　　　　　leave

❶［覚えていない］**forget**[ファゲット]（⇔覚えている **remember**）
- この単語の意味を忘れちゃった．
I have *forgotten* the meaning of this word.
- あなたのことはけっして忘れません．
I'll never *forget* you.

…するのを忘れる
forget to＋〈動詞の原形〉
- 私は宿題を提出するのを忘れてしまった．
I *forgot to* hand in my homework.

…したのを忘れる
forget＋〈-ing形〉
- ここに来たことをけっして忘れません．
I'll never *forget* com*ing* here.

…ということを忘れる
forget that …
- あしたが誕生日だということを忘れていた．
I *forgot that* tomorrow is my birthday.

忘れずに…してください
Remember to＋〈動詞の原形〉/ Don't forget to＋〈動詞の原形〉
- 牛乳を買うのを忘れないでね．*Remember to* buy milk. / *Don't forget to* buy milk.

❷［置き忘れる］**leave**[リーヴ]（▶場所を示す語とともに使う）
- かさをバスに忘れたみたい．
I think I *left* my umbrella in the bus.
- 辞書を家に忘れた．I *forgot* my dictionary at home.（▶持って来るべき物を忘れた場合）

わすれんぼう【忘れん坊】**a forgetful person**[ファゲットフル パースン]

わせい【和製の】**made in Japan**[メイド イン ヂァパン]

わた【綿】**cotton**[カットゥン]
∥綿あめ **cotton candy**

わだい【話題】**a topic**[タピック], **a subject**[サブヂクト]
- 話題を変えよう．
Let's change the *subject*［*topic*］.
- 彼女は話題が豊富だ．She can speak about lots of *topics*［*subjects*］.

わたくし【私】➡わたし
わたくしたち【私たち】➡わたしたち

わたし

わたし【私】
I[アイ](複 we[ウィー])(▶Iは常に大文字で書く)→わたしたち

ここがポイント！ I(私)の変化形

単数	複数
私は[が] I	私たちは[が] we
私の my	私たちの our
私を[に] me	私たちを[に] us
私のもの mine	私たちのもの ours
私自身 myself	私たち自身 ourselves

- 私は中学3年生だ。I am a third-year student at a junior high school.
- 私のかばんはどこ？ Where is *my* bag?
- 父が私を野球の試合に連れて行ってくれた。My father took *me* to a baseball game.
- クミが私にこの本をくれた。Kumi gave *me* this book.
- 「この自転車はだれの？」「私のよ」"Whose bicycle is this?" "It's *mine*."
- 私自身が決めました。I decided it *myself*.

ここがポイント！ Iはオールラウンドプレーヤー

日本語では「自分」のことを呼ぶのに「わたし」「わたくし」「ぼく」「おれ」などいろいろな言い方をしますが、英語では非常にていねいな「わたくし」から、かなりくだけた感じの「おれ」まで、すべてI (my, me, mine, myself) で表現します。

Iの位置

Iと他の代名詞や名詞を並べる場合は、ふつう二人称、三人称、一人称の順に並べるので、Iは最後に来ます。
- 君とユリとぼくはクラスメートだ。You, Yuri and I are classmates.

わたしたち【私たち】we[ウィー](▶単数形はI)→わたし
- 私たちは中学生だ。We are junior high school students.
- 私たちの先生は親切だ。*Our* teacher is nice.
- コーチが私たちを励ましてくれた。*Our* coach encouraged *us*.
- この作品は私たちのものです。This work is *ours*.

- それは私たち自身でやった。We did it *ourselves*.

わたす【渡す】give[ギヴ], hand[ハンド]
- このプレゼントを彼に渡したい。I want to *give* this present to him. / I want to *give* him this present.

わたりどり【渡り鳥】a migratory bird[マイグラトーリィ バード]

わたりろうか【渡り廊下】a connecting corridor[カネクティング コーリダァ]

わたる【渡る】
cross[クロース], go across ...[ゴゥ アクロース], go over ...
- 公園の前の道を渡った。I *crossed* the street in front of the park.
- 彼は川を泳いで渡った。He swam *across* the river.
- つばめは春に海を渡ってくる。Swallows come *across* the sea in spring.

ワックス wax[ワックス]
→ワックスを塗る wax

わっと【わっと泣き出す】burst into tears[バースト][ティアズ], burst out crying[クライイング]

ワット a watt[ワット](▶電力の単位 W, w.と略す)
- 100ワットの電球 a 100-*watt* light bulb

ワッフル(菓子の)a waffle[ワフル]

ワッペン(布製の記章)an emblem[エンブラム]

わな a trap[トゥラップ]
- きつねのわなを仕掛けた。We set a fox *trap*.
- くまがわなに掛かった。A bear was caught in a *trap*.

わなげ【輪投げ】quoits[クオイツ], ⊕ringtoss[リングトース], ⊕hoopla[フープラ]

わに【動物】(アフリカ・南アジア産の大型の)a crocodile[クラカダイル]; (米国・中国産の小型の)an alligator[アリゲイタァ]

わび an apology[アパラヂィ]
→わびる apologize[アパラヂャイズ]
- 彼は私に失敗をわびた。He *apologized* to me for his mistake.

わふう【和風の】Japanese-style[ヂャパニーズスタイル]
- 和風ハンバーグ a hamburger steak with *Japanese* seasoning

わふく【和服】Japanese clothes[ヂャパニーズ クロウズ](▶複数扱い), a kimono[カモウノゥ]→きもの, 衣生活[口絵]

わぶん【和文】(日本語)Japanese[ヂャパニーズ]
- 和文を英訳した。I translated the *Japanese text* into English.

わへい【和平】peace[ピース]

わめく shout[シャウト], yell[イェル], cry[クライ]

わやく【和訳する】translate [put] ... into Japanese[トゥランスレイト[プット]][ヂャパニーズ]
- 次の英文を和訳してください.
  Please *translate* the following English sentences *into Japanese*.

わら(1本の)a straw[ストゥロー], (まとめて)straw
- わらぶき屋根 a *straw* [thatched] roof

わらい【笑い】

(声を立てての)a laugh[ラーフ], laughter[ラフタァ]; (ほほえみ)a smile[スマイル]
- 少年たちは笑いをこらえた.
  The boys suppressed a *laugh*.
- 笑いが止まらない. I can't stop *laughing*.
- 笑い事じゃない. It's no *laughing* matter. / Don't laugh.(←笑うな)(▶後者のlaughは「笑う」という意味の動詞)
- 彼の物まねはみんなの笑いをとった.
  His imitations made everyone *laugh*.
- お笑い a *comic* performance
- お笑い芸人 a comedian

| 笑い声 laughter
| 笑い話 a joke, a funny story
| 笑いもの (物笑いのたね)a laughingstock; (人)a fool

わらう【笑う】

laugh (at ...)[ラーフ]; (ほほえむ)smile (at ...)[スマイル]
- ぼくたちは大声で笑った.
  We *laughed* loudly.
- 何を笑っているの?
  What are you *laughing at*?
- 彼は笑われて赤くなった.
  They *laughed* at him and he blushed.
- 彼女が私に笑いかけた. She *smiled at* me.
- クラスメートはくすくす笑った.
  The classmates *giggled*.

くらべてみよう! laughとsmile
laugh:「声を出して笑う」という意味で, おもしろかったりうれしい場合にも, あざ笑う場合にも使います.
smile:「声を出さずにほほえむ」という意味で, 多くの場合, 好意を表します.

laugh

smile

わりばし

わり【割】(割合)a rate[レイト]; (百分率)(a) percent[パセント](▶記号は%)
- 全生徒の6割
  sixty *percent* of all students

わりあい【割合】

| ❶比率 | (a) ratio, a rate |
| ❷比較(ひかく)的 | relatively, rather |

❶[比率](a) ratio[レイシォウ], a rate[レイト](▶ratioは「…対…」というように2つのものの間の比率を表すときに使う)
- 砂糖1, 塩2の割合で混ぜてください.
  Mix sugar and salt at a *ratio* of 1 to 2.
- 大学に進学する高校生の割合はおよそ50%だ.
  About 50% of high school students go on to college.(▶... % of Aが主語のときは動詞はAに合わせる)
❷[比較的]relatively[レラティヴリィ], rather[ラザァ]→わりに

わりあて【割り当て】(仕事・任務などの)(an) assignment[アサインマント]
- 私の割り当ては体育館の掃除(そうじ)だ.
  My *assignment* is to clean the gym.
━割り当てる assign[アサイン]
- クラス全員に仕事が割り当てられた. Each of the class was *assigned* some work.

わりかん【割り勘】
━割り勘にする split the bill
- 割り勘にしよう. Let's *split the bill*.

わりこむ【割り込む】(列に)cut in line[カット][ライン]; (話に口を出す)interrupt[インタラプト]
- 列に割りこまないで.
  Don't *cut in line*.
- 彼女はよく私たちの話に割りこむ.
  She often *interrupts* us.

わりざん【割り算】division[ディヴィジョン](⇔掛(か)け算 multiplication)
━割り算をする divide[ディヴァイド], do division

わりと→わりに

わりに【割に(は)】(比較(ひかく)的)relatively[レラティヴリィ], rather[ラザァ], fairly[フェァリィ]; (…の割に)for ...[フォァ]
- この校舎は割に新しい.
  This school building is *relatively* new.
- リサは年の割に若く見える.
  Lisa looks young *for* her age.

わりばし【割り箸】disposable (wooden) chopsticks[ディスポウザブル (ウドゥン) チャプスティックス]
- 割り箸を2つに割った. I split the *disposable* (*wooden*) *chopsticks* into two.

わりびき【割引】
a discount[ディスカウント]
- 私はこの靴を4割引で買った. I bought these shoes at a 40 percent *discount*.
- 割引はありますか？ Is there any *discount*?

「火曜日は高齢(35)者割引／食料品が5%引」の掲示(米国)

━━**割引する discount**
- 割引してもらった. I got it *discounted*.
| 割引券 **a discount ticket**［**coupon**］
| 割引乗車券 **a reduced fare ticket**

わる【割る】
| ❶壊(5)す | **break** |
| ❷分ける | **divide** |

❶[壊す]**break**[ブレイク]
- 教室の窓ガラスを割ってしまった. I *broke* a window of the classroom.

❷[分ける]**divide**[ディヴァイド]
- 6割る2は3. Six *divided* by two is［equals］three.

わるい【悪い】
❶好ましくない, 劣(¾)っている	
	bad
❷道徳上よくない, 間違(ホホ)った	
	wrong, bad
❸具合・調子が	**wrong**;（体調が）**sick, ill**
❹すまない	**sorry**

❶[好ましくない, 劣っている]**bad**[バッド]（⇔いい, よい **good**）
- テストの結果が悪かった. The results of the test were *bad*.
- きのうは天気が悪かった. The weather was *bad* yesterday.
- たまには雨降りも悪くない. Sometimes rain is not so *bad*.
- 祖父は記憶(﹅)力が悪い. My grandfather has a *bad* memory.

…に悪い
be bad for …
- 夜更(4)かしのしすぎは健康に悪い. Staying up late too much *is bad for* you.
- さらに悪いことに雨が降ってきた. To make matters *worse*, it began to rain. / What's *worse*, it began to rain.

❷[道徳上よくない, 間違った]**wrong**[ローング], **bad**[バッド]
- 彼は何か悪いことをしたの？ Did he do something *wrong*?

…するのは悪い
It is wrong［bad］to ＋〈動詞の原形〉
- うそをつくのは悪いことだ. *It is wrong［bad］to* tell lies.
- 悪いのは私です. I *am to blame*.（▶be to ＋〈動詞の原形〉で「…されるべきである」の意）

❸[具合・調子が]**wrong**[ローング];（体調が）**sick**[スィック], **ill**[イル]
- このテレビは調子が悪い. Something is *wrong* with this TV.
- どこか具合が悪いの？ Is there anything *wrong* with you?
- 気分が悪い. I feel *sick*［*ill*］. / I don't feel *good*.
- 顔色が悪いよ. どうしたの？ You look *pale*. What's the matter?

> **くらべてみよう！** sick と ill
> 「体の具合が悪い」と言うときには⊛では主に sick を使います. ill は形式ばった感じになります. ⊛では ill がふつうで, sick を使うと「吐(は)き気がする」という意味が強くなります.

❹[すまない]**sorry**[サリィ]
- 悪いけどきょうは行けません. *Sorry*, but I can't go today.

わるがしこい【悪賢い】**cunning**[カニング], **sly**[スライ]

わるぎ【悪気】
- 悪気はなかったんだ. I didn't *mean to hurt* you.

わるくち【悪口を言う】**speak badly of …**[スピーク バッドゥリィ], **call … names**[コール][ネイムズ]
- 他人の悪口を言うな. Don't *speak badly of* others. / Don't *talk about* others *behind their backs*.（◀陰(炉)口を言ってはいけない）
- 男の子たちは彼の悪口を言った. The boys *called* him *names*.

ワルツ **a waltz**[ウォールツ]
━━**ワルツを踊(髪)る dance a waltz, waltz**

わるふざけ【悪ふざけ】**a prank**[プランク], **a practical joke**[プラクティカル チョウク]
- 子どもたちは悪ふざけしあっている. The children are playing *pranks* on each

other.

わるもの【悪者】a bad person[バッド パースン]; (映画などでの)a bad guy[ギィ]

われ【我】(私)I[アィ](複 we[ウィー])→ わたし

われる【割れる】(壊(こわ)れる)break[ブレイク]; (数が割り切れる)be divided[ディヴァイディド]
- 花瓶(かびん)は粉々に割れた.
  The vase *broke* into pieces.
- 頭が割れるように痛い.
  I have a *splitting* headache.

われわれ【我々】we[ウィー]→ わたしたち

わん¹【湾】a bay[ベィ]; (大きい)a gulf[ガルフ]
- 東京湾 Tokyo *Bay*
- メキシコ湾 the *Gulf* of Mexico

わん²【椀, 碗】a bowl[ボウル]

ワンタッチ【ワンタッチで】
- その傘(かさ)はワンタッチで開く. That umbrella opens *with the push of a button*.

ワンタン a wonton[ワンタン]

わんぱく【腕白な】naughty[ノーティ], mischievous[ミスチヴァス]

ワンパターン【ワンパターンの】(型にはまった)stereotyped[ステリアタイプト], always the same[オールウェイズ][セイム](►「ワンパターン」は和製英語)
- 君のアイディアはワンパターンだ.
  Your ideas are *always the same*.

ワンピース a dress[ドゥレス](►one-pieceはa one-piece swimsuit(ワンピースの水着)のように主に水着について用いる形容詞)

ワンポイント a (single) point[(スィングル) ポイント]
ワンポイントリリーフ 〚野球〛a spot reliever
ワンポイントレッスン a lesson on one specific point

ワンボックスカー a van[ヴァン]

ワンマン【ワンマンの】
- ワンマンショー a one-man [one-woman] show(►男女の区別を避(さ)けるためにa one-person showやa solo showと言われることもある)
- このバスはワンマン運転だ.
  This bus is operated *by only one person*.
- うちの監督はワンマンだ.
  Our coach is *self-centered*.

わんりょく【腕力】(体力)physical strength[フィズィカル ストゥレンクス]
- タオは腕力に自信がある.
  Tao is confident in her *physical strength*.

ワンルームマンション a studio apartment[ストゥーディオウ アパートゥマント]

わんわん(犬)a doggy[ドギィ](►幼児語)

ワンワン(犬の鳴き声)bowwow[バウワゥ]
→ ワンワンほえる bark

…を

(►〈他動詞〉+〈名詞〉または〈自動詞〉+〈前置詞〉+〈名詞〉で表す)

> **ここがポイント!** 「…を～する」を表す
> **他動詞と自動詞**
>
> すぐ後に〈名詞〉がくる動詞を〈他動詞〉と言います. これに対して, すぐ後に〈名詞〉を続けることができず, 間に〈前置詞〉を必要とする動詞を〈自動詞〉と言います.「…を～する」は〈他動詞〉+〈名詞〉または〈自動詞〉+〈前置詞〉+〈名詞〉で表しますが, そのどちらを用いるかは動詞によって決まっています.
> - 私たちはテレビを見た.
>   We *watched* TV.(►watchは他動詞)
> - 私たちは写真を見た.
>   We *looked* at the photos.(►lookは自動詞)
>
> どちらも〈名詞〉の代わりに〈代名詞〉がくる場合には下に挙げた目的格を使います.
>
> **代名詞の目的格**
>
> | 単数 | | 複数 | |
> |---|---|---|---|
> | 私を | me | 私たちを | us |
> | あなたを | you | あなたたちを | you |
> | 彼を | him | 彼らを | them |
> | 彼女を | her | 彼女らを | them |
> | それを | it | それらを | them |

- 私たちは昼食を食べた.
  We ate *lunch*.
- 私は君を忘れない.
  I won't forget *you*.
- ケンは彼女を尊敬している.
  Ken respects *her*.
- 彼は私たちを知っている.
  He knows *us*.
- 彼らは音楽を聞いた.
  They listened *to music*.
- マリが私を待っている.
  Mari is waiting *for me*.
- 彼の友達は彼を見てほほえんだ.
  His friends looked *at him* and smiled.

付録 英文のつくり方

英文のつくり方の基本を知ろう

日本語と英語の文はどんなふうに違うかを知って、文を組み立ててみましょう．

英文のつくり方① 「だれは何をする」の場合

ステップ1　主語探し
英語には「だれは」にあたる主語が必要です．たとえば、あなたが「毎日サッカーを練習する」と言ったら、この文には主語が隠れています．「私は」が主語ですね．日本語では「私は」と言わなくても通じますが、英語では主語が必要です．まず主語を見つけましょう．

ステップ2　動詞探し
「何をする」の「する」にあたるものを「動詞」と言います．この文では「練習する」が動詞です．

ステップ3　英語の語順に並べる
日本語と英語の大きな違いの1つは語順．日本語とは違う並べ方を見てみましょう．主語と動詞は"ステップ1、2"で確認しました．残ったのは「サッカーを」です．この「何を」も英語の文をつくる大事な要素です．

というように、「動詞」と「何を」の順番が逆になります．
その後に、「毎日（every day）」のような"そのほかの情報"を加えます．
「毎日サッカーを練習する」は、**I practice soccer every day.** となりますね．

英文のつくり方② 「だれはどんなだ」の場合

もう1つ例文を見てみましょう．今度は「何をする」でなく「どんなだ」の文です．

ステップ1　主語探し
「ケンは14歳だ」の主語は「ケン」ですね．

ステップ2　動詞探し
「何をする」ではなく「どんなだ」の文では、「だ」が動詞になります．このような場合、be動詞を使います．主語はKenなのでisを使います（be動詞の形は、この辞書の見出し語「…です」を参照）．

ステップ3　英語の語順に並べる
「ケンは14歳だ」には「何を」にあたるものはなくて、「どんな」にあたるのが「14歳」ですね．

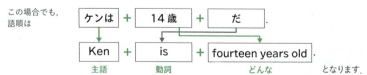

英文の主語を決める練習をしてみよう

言いたい日本語を英語にするときには，まず主語を決めることが大事です．
その主語の決め方を実際の文で考えてみましょう．

主語探しの練習① 「…が」

「犬がほしい」を英語で言うとき，主語は「犬」でしょうか．「犬が何かをほしがっている」のではないですね．「ほしい」のは「私」です．この文は，「私は犬がほしい」と考えます．主語は「私は (I)」，動詞は「ほしい (want)」，「何を」は「犬 (dog) を」です．

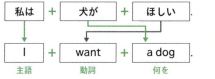

主語探しの練習② 「…は」

「あしたはテストだ」を英語で言うとき，主語は「あした」でしょうか．
「あした (tomorrow) ＝テスト (test)」ではないので，× Tomorrow is a test. とは言えません．is は，is の前の語と後の語の関係がイコールのとき（たとえば，He is Japanese. （彼は日本人だ）は，he=Japanese なので OK）に使います．
この文では，動作をする「人」を主語にします．テストを受けるのは「私たち」ですね．「あした私たちはテストを受ける」という文にして考えてみましょう．
主語は「私たちは」，動詞は「受ける」，「何を」は「テストを」になり，"そのほかの情報"の「あした」を加えます．

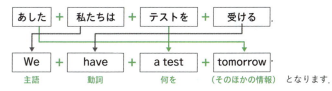

和英辞書を活用してみよう！

「テストを受ける」の「受ける」が have だって，どうしたらわかるの？と思ったあなた．そのためにこの和英辞典があります．「うける（受ける）」を引くと，「❶試験・手術などを　❷教育・歓迎（かんげい）などを　❸損害などを　❹人気がある」という４つの語義（＝意味）ごとに訳語と例文があります．「テストを受ける」は❶にあたります．自分の言いたいことに近い意味や表現を辞書で探して，英語を言ったり書いたりしてみましょう．

「…がある」「…がいる」の言い方

英語には，726ページで紹介した「だれは何をする」「だれはどんなだ」以外に，「だれが…にある[いる]」を表す形もあります．この「だれ」は人でなくものや動物の場合でも同じです．

「There is [are] +だれ+ …」を使って言う

There is [are] … は「…がある[いる]」を表す言い方です．「猫(ねこ)がいすの上にいる」と言いたかったら，次のような順番に並べます．

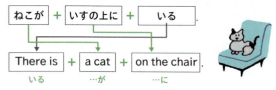

もし，「いる」人や「ある」ものが複数なら，

There are three books on the table.（テーブルの上に3冊の本がある）

のように，is が are になります．

「…がある」「…がいる」の応用編

たとえば，「テニス部には30人の部員がいる」と言いたかったらどうでしょうか．

There are thirty members in the tennis team.

と言うこともできますが，次のように have [has] を使うこともできます．

「have [has] +だれ」を使う

「テニス部には30人の部員がいる」を「テニス部が30人の部員を持っている」と考えて，主語を「テニス部」にした言い方です．

The tennis team has thirty members.

「だれ+be動詞+場所」を使う

もうひとつ別の例です．たとえば，「マリは教室にいる」と言いたいときは，「マリ」を主語にして，「いる」を表す be 動詞を使って言います．

Mari is in the classroom.

この形は，「特定の人やものがいる[ある]」場合に使うもので，その「特定の人やもの」を主語にします．

このページの最初の例をもう一度見てみましょう．「だれの猫かわからない，ある一匹(ぴき)の猫がいすの上にいる」と言う場合には There is a cat on the chair. と言いますが，「あなたの猫はいすの上にいますよ」と言いたいときは，「特定の人やもの」について言っているので，

Your cat is on the chair.

となります．

ちょっと長い文を英語で言いたいときは

長い文は無理に1つの英文で言おうとしなくても大丈夫なのです．
まずは"伝える"ことが大事．できるだけ簡単な英語でトライしてみましょう．

長い文を2つの短い英文で言う場合①

「お母さんがつくってくれたサンドイッチはおいしかった」と言いたいとき，どうしますか．
2つの文に分けると言いやすくなります．
「お母さんがサンドイッチをつくってくれた」+「それら（＝サンドイッチ）はおいしかった」
とすることができますね．語順はp.726ページで確認しました．

「お母さんが ＋ つくった ＋ サンドイッチを」＋「それらは ＋ だった ＋ おいしい」

My mother	made	sandwiches	.	They	were	delicious	.
主語	動詞	何を		主語	動詞	どんな	

My mother made sandwiches. They were delicious.

これで言いたいことを表せます．

長い文を2つの短い英文で言う場合②

「一日中ゲームをやって楽しかった」と言いたいとき，これも2つの文に分けて言うことができます．
ところで，主語は何でしょう．ゲームをやったのは「私」ですから，主語は「私は」です．

「私はゲームを一日中やった」+「それ（＝一日中ゲームをやったこと）は楽しかった」と分けて考えます．

「私は ＋ やった ＋ ゲームを ＋ 一日中」　「それは ＋ だった ＋ 楽しい」

I	played	video games	all day long	.	It	was	fun	.
主語	動詞	何を	（そのほかの情報）		主語	動詞	どんな	

I played video games all day long. It was fun.

という2つの文で言うことができました．ここで使ったitは，「一日中ゲームをやったこと」をさしますが，「遊んだいくつかのビデオゲーム」をさす場合は，video gamesをtheyで受けて，They were fun.（それらは楽しかった）と言うこともできます．

seven hundred and twenty-nine

不規則動詞・助動詞の変化表

原形	過去形	過去分詞	現在分詞（-ing形）
am（be）…である	was	been	being
are（be）…である	were	been	being
arise 起こる	arose	arisen	arising
awake 目覚める	awoke, awaked	awoke, awaked, awoken	awaking
babysit 子守（こも）りをする	babysat	babysat	babysitting
be（am, are, is）…である	was, were	been	being
bear 耐（た）える	bore	borne, born	bearing
beat 打つ	beat	beaten, beat	beating
become …になる	became	become	becoming
begin 始める	began	begun	beginning
bend 曲げる	bent	bent	bending
bet 賭（か）ける	bet, betted	bet, betted	betting
bind 縛（しば）る	bound	bound	binding
bite かむ	bit	bitten, bit	biting
bleed 出血する	bled	bled	bleeding
bless 祝福する	blessed, blest	blessed, blest	blessing
blow 吹（ふ）く	blew	blown	blowing
break 壊（こわ）す	broke	broken	breaking
breed 産む	bred	bred	breeding
bring 持って来る	brought	brought	bringing
broadcast 放送する	broadcast, broadcasted	broadcast, broadcasted	broadcasting
build 建てる	built	built	building
burn 燃える	burned, burnt	burned, burnt	burning
burst 破裂（はれつ）する	burst	burst	bursting
buy 買う	bought	bought	buying
can …できる	could	—	—
cast 配役を決める	cast	cast	casting
catch 捕（つか）まえる	caught	caught	catching
choose 選ぶ	chose	chosen	choosing
cling くっつく	clung	clung	clinging
come 来る	came	come	coming
cost（金額）がかかる	cost	cost	costing
creep はう	crept	crept	creeping
cut 切る	cut	cut	cutting
daydream 空想する	daydreamed, daydreamt	daydreamed, daydreamt	daydreaming
deal 分配する	dealt	dealt	dealing
die 死ぬ	died	died	dying
dig 掘（ほ）る	dug	dug	digging
dive 飛びこむ	dived, ⊛dove	dived	diving
do（does）する	did	done	doing
draw 引く	drew	drawn	drawing
dream 夢を見る	dreamed, dreamt	dreamed, dreamt	dreaming
drink 飲む	drank	drunk	drinking
drive 運転する	drove	driven	driving

730   seven hundred and thirty

原形	過去形	過去分詞	現在分詞(-ing形)
dwell 住む	dwelt, dwelled	dwelt, dwelled	dwelling
eat 食べる	ate	eaten	eating
fall 落ちる	fell	fallen	falling
feed えさを与(た)える	fed	fed	feeding
feel 感じる	felt	felt	feeling
fight 戦う	fought	fought	fighting
find 見つける	found	found	finding
fit 合う	fitted, 《主に⊛》 fit	fitted, 《主に⊛》 fit	fitting
flee 逃(に)げる	fled	fled	fleeing
fly 飛ぶ	flew	flown	flying
forbid 禁じる	forbade	forbidden	forbidding
forecast 予報する	forecast, forecasted	forecast, forecasted	forecasting
forget 忘れる	forgot	forgot, forgotten	forgetting
forgive 許す	forgave	forgiven	forgiving
freeze 凍(こお)る	froze	frozen	freezing
get 手に入れる	got	got, gotten	getting
give 与(た)える	gave	given	giving
go 行く	went	gone	going
grind ひいて粉にする	ground	ground	grinding
grow 育つ	grew	grown	growing
hang 掛(か)ける	hung	hung	hanging
首をつるして殺す	hanged	hanged	hanging
have, has 持っている	had	had	having
hear 聞こえる	heard	heard	hearing
hide 隠(かく)す	hid	hidden, hid	hiding
hit たたく	hit	hit	hitting
hold 手に持っている	held	held	holding
hurt 痛む	hurt	hurt	hurting
input 入力する	input, inputted	input, inputted	inputting
is (be) …である	was	been	being
keep 持ち続ける	kept	kept	keeping
kneel ひざまずく	knelt, kneeled	knelt, kneeled	kneeling
knit 編む	knit, knitted	knit, knitted	knitting
know 知っている	knew	known	knowing
lay 置く	laid	laid	laying
lead 導く	led	led	leading
lean 寄りかかる	leaned, 《主に⊛》 leant	leaned, 《主に⊛》 leant	leaning
leap ぴょんと跳(と)ぶ	《主に⊛》 leaped, 《主に⊛》 leapt	《主に⊛》 leaped, 《主に⊛》 leapt	leaping
learn 習う	learned, 《主に⊛》 learnt	learned, 《主に⊛》 learnt	learning
leave 離(はな)れる	left	left	leaving
lend 貸す	lent	lent	lending
let ～させる	let	let	letting
lie 横になる	lay	lain	lying
lie うそをつく	lied	lied	lying
light 明かりをつける	lighted, lit	lighted, lit	lighting

原形	過去形	過去分詞	現在分詞 (-ing形)
lose 失う	lost	lost	losing
make 作る	made	made	making
may …してもよい	might	—	—
mean 意味する	meant	meant	meaning
meet 会う	met	met	meeting
mimic まねする	mimicked	mimicked	mimicking
mistake 間違(ちが)える	mistook	mistaken	mistaking
misunderstand 誤解する	misunderstood	misunderstood	misunderstanding
mow 刈(か)る	mowed	mowed, mown	mowing
must …しなければならない	(must)		
output 出力する	output, outputted	output, outputted	outputting
overcome 打ち勝つ	overcame	overcome	overcoming
overhear ふと耳にする	overheard	overheard	overhearing
oversleep 寝過(す)ごす	overslept	overslept	oversleeping
overtake 追いつく	overtook	overtaken	overtaking
overwrite 上書きする	overwrote	overwritten	overwriting
panic パニックになる	panicked	panicked	panicking
pay 払(はら)う	paid	paid	paying
picnic ピクニックに行く	picnicked	picnicked	picnicking
prove 証明する	proved	proved, proven	proving
put 置く	put	put	putting
quit やめる	quit, quitted	quit, quitted	quitting
read 読む	read [réd レッド]	read [réd レッド]	reading
rebuild 改築する	rebuilt	rebuilt	rebuilding
remake 作り直す	remade	remade	remaking
reset リセットする	reset	reset	resetting
rewrite 再び書く	rewrote	rewritten	rewriting
rid 取り除く	rid, ridded	rid, ridded	ridding
ride 乗る	rode	ridden	riding
ring 鳴る	rang	rung	ringing
rise 上がる	rose	risen	rising
run 走る	ran	run	running
saw のこぎりで切る	sawed	sawed, ⊛sawn	sawing
say 言う	said	said	saying
see 見える	saw	seen	seeing
seek 探し求める	sought	sought	seeking
sell 売る	sold	sold	selling
send 送る	sent	sent	sending
set 用意する	set	set	setting
sew 縫(ぬ)う	sewed	sewed, sewn	sewing
shake 振(ふ)る	shook	shaken	shaking
shall …しましょうか	should	—	
shave (ひげ)をそる	shaved	shaved, shaven	shaving
shed 流す	shed	shed	shedding
shine 輝(かがや)く	shone	shone	shining
磨(みが)く	shined	shined	shining
shoot 撃(う)つ	shot	shot	shooting
show 見せる	showed	shown, showed	showing
shrink 縮む	shrank, shrunk	shrunk, shrunken	shrinking
shut 閉める	shut	shut	shutting

原形	過去形	過去分詞	現在分詞(-ing形)
sing 歌う	sang	sung	singing
sink 沈(しず)む	sank	sunk	sinking
sit 座(すわ)る	sat	sat	sitting
sleep 眠(ねむ)る	slept	slept	sleeping
slide 滑(すべ)る	slid	slid, slidden	sliding
smell においをかぐ	smelled, smelt	smelled, smelt	smelling
sow (種)をまく	sowed	sown, sowed	sowing
speak 話す	spoke	spoken	speaking
speed 急ぐ	sped, speeded	sped, speeded	speeding
spell つづる	spelled, 《主に英》 spelt	spelled, 《主に英》 spelt	spelling
spend 使う	spent	spent	spending
spill こぼす	spilled, 《主に英》 spilt	spilled, 《主に英》 spilt	spilling
spin 紡(つむ)ぐ	spun	spun	spinning
spit つばを吐(は)く	spit, 《主に英》 spat	spit, 《主に英》 spat	spitting
split 裂(さ)く	split	split	splitting
spoil 駄目(だめ)にする	spoiled, spoilt	spoiled, spoilt	spoiling
spread 広げる	spread	spread	spreading
spring 跳(と)ぶ	sprang, sprung	sprung	springing
stand 立つ	stood	stood	standing
steal 盗(ぬす)む	stole	stolen	stealing
stick 突(つ)き刺(さ)す	stuck	stuck	sticking
sting 刺(さ)す	stung	stung	stinging
stink 臭(くさ)い	stank, stunk	stunk	stinking
stride 大またに歩く	strode	stridden	striding
strike 殴(なぐ)る	struck	struck, stricken	striking
strive 努力する	strove, strived	striven, strived	striving
swear 誓(ちか)う	swore	sworn	swearing
sweat 汗(あせ)をかく	sweated, sweat	sweated, sweat	sweating
sweep 掃(は)く	swept	swept	sweeping
swell 膨(ふく)らむ	swelled	swelled, swollen	swelling
swim 泳ぐ	swam	swum	swimming
swing 振(ふ)る	swung	swung	swinging
take 取る	took	taken	taking
teach 教える	taught	taught	teaching
tear 引き裂(さ)く	tore	torn	tearing
tell 話す	told	told	telling
think 思う	thought	thought	thinking
throw 投げる	threw	thrown	throwing
thrust 強く押(お)す	thrust	thrust	thrusting
tie 結ぶ	tied	tied	tying
tread 踏(ふ)む	trod	trodden, trod	treading
undergo 経験する	underwent	undergone	undergoing
understand 理解する	understood	understood	understanding
undo (undoes) ほどく	undid	undone	undoing
untie ほどく	untied	untied	untying
unwind 緩(ゆる)む	unwound	unwound	unwinding
upset 心を乱す	upset	upset	upsetting
wake 目が覚める	woke, waked	woken, waked	waking

原形	過去形	過去分詞	現在分詞(-ing形)
wear 着ている	wore	worn	wearing
weave 織る	wove	woven, wove	weaving
weep しくしく泣く	wept	wept	weeping
wet ぬらす	wet, wetted	wet, wetted	wetting
will …だろう	would	—	—
win 勝つ	won	won	winning
wind 巻く	wound	wound	winding
withdraw 引っこめる	withdrew	withdrawn	withdrawing
wring 絞(しぼ)る	wrung	wrung	wringing
write 書く	wrote	written	writing

動詞の変化形には,-ed をつける以外に次のようなパターンがあります.

① 「-d をつける」形をとる
　-e で終わる語がこのパターンをとります.〈-ing形〉は e をとって -ing をつけます.
　　例) live 住んでいる　　livd　　　　livd　　　　(〈-ing形〉は living)
　　　　use 使う　　　　　used　　　　used　　　　(〈-ing形〉は using)

② 「y を i にかえて -ed をつける」形をとる
　原則として「子音字 + y」で終わる語がこのパターンをとります.
　　例) cry 泣く　　　　　cried　　　　cried　　　　(〈-ing形〉は crying)
　　　　study 勉強する　　studied　　　studied　　　(〈-ing形〉は studying)

③ 「子音字を重ねて -ed をつける」形をとる
　原則として「短母音 + 子音字」で終わる語がこのパターンをとります.
　　例) drop 落ちる　　　　dropped　　　dropped　　　(〈-ing形〉は dropping)
　　　　occur 起こる　　　occurred　　occurred　　(〈-ing形〉は occurring)

不規則形容詞・副詞の変化表

原級	比較級	最上級
bad 悪い	worse	worst
badly 悪く	worse	worst
far《距離》遠くに	farther	farthest
《時間・程度》ずっと	further	furthest
good よい	better	best
ill 病気で;悪く	worse	worst
kindly 親切に	more kindly, kindlier	most kindly, kindliest
late《時刻・時期》遅(ｵｿ)い	later	latest
《順番》遅い	latter	last
likely …しそうである	likelier, more likely	likeliest, most likely
little 小さい;少し	less	least
many 多数の	more	most
much 多くの	more	most
old 年取った	older	oldest
(⑳で兄弟関係を示すとき)	elder	eldest
shy 恥(ﾊ)ずかしがる	shyer, shier	shyest, shiest
slippery 滑(ｽﾍﾞ)りやすい	slipperier,	slipperiest,
more slippery	more slippery	most slippery
sly ずるい	slyer, slier	slyest, sliest
well よく;健康で	better	best

形容詞・副詞の変化形には , -er, -est をつける以外に次のようなパターンがあります.

① 「-r, -st をつける」形をとる
　　-e で終わる語がこのパターンをとります.
　　例) large 大きい　　　　　　　　larger　　　　　　　largest
　　　　safe 安全な　　　　　　　　　safer　　　　　　　safest

② 「y を i にかえて -er, -est をつける」形をとる
　　原則として「子音字 + y」で終わる語がこのパターンをとります.
　　例) happy 幸せな　　　　　　　　happier　　　　　　happiest
　　　　early 早く;早い　　　　　　　earlier　　　　　　earliest

③ 「子音字を重ねて -er, -est をつける」形をとる
　　原則として「短母音 + 子音字」で終わる語がこのパターンをとります.
　　例) big 大きい　　　　　　　　　bigger　　　　　　　biggest
　　　　sad 悲しい　　　　　　　　　sadder　　　　　　　saddest

プログレッシブ
中学和英辞典　第2版

2024 年 12 月 2 日　第 1 刷発行

編　者	吉田研作
発行者	石川和男
発行所	株式会社 小学館

〒 101-8001
東京都千代田区一ツ橋2-3-1
電話　編集　03-3230-5170
　　　販売　03-5281-3555

DTP組版	株式会社昭和ブライト
印刷所	TOPPANクロレ株式会社
製本所	株式会社若林製本工場

©Shogakukan 2014,2024　Printed in Japan
ISBN 978-4-09-510758-5

＊造本には十分注意しておりますが、印刷、製本など製造上の不備がございましたら「制作局コールセンター」(フリーダイヤル 0120-336-340) にご連絡ください。(電話受付は、土・日・祝休日を除く9：30～17：30)
＊本書の無断での複写 (コピー)、上演、放送等の二次使用、翻案等は、著作権法上の例外を除き禁じられています。
＊本書の電子データ化等の無断複製は著作権法上の例外を除き禁じられています。代行業者等の第三者による本書の電子的複製も認められておりません。

小学館の辞書公式ウェブサイト『ことばのまど』
https://kotobanomado.jp/

英文の語順を確認しよう

○のついたところでは動詞の原形を使います

肯定文 「…です」「…します」

	主語	助動詞	be動詞・一般動詞	
私は生徒です.	I		am	a student.
彼女はテニスをします.	She		plays	tennis.
それは本当かもしれません.	It	may	be○	true.
あなたは一生懸命(けんめい)勉強したほうがいい.	You	should	study○	hard.

否定文 「…ではありません」「…しません」（notなどの否定語が入ります）

	主語	助動詞	be動詞・一般動詞	
私は生徒ではありません.	I		am not	a student.
私たちは京都に住んでいません.	We	don't	live○	in Kyoto.
彼女はテニスをしません.	She	doesn't	play○	tennis.
それは本当ではないかもしれません.	It	may not	be○	true.
あなたはうそをついてはいけません.	You	shouldn't	tell○	lies.

疑問文 ❶ be動詞の疑問文

	疑問詞	be動詞	主語	
あなたは京都出身ですか.		Are	you	from Kyoto?
あなたは京都出身ではないのですか.		Aren't	you	from Kyoto?

疑問文 ❷ 一般動詞の疑問文

	助動詞	主語	be動詞・一般動詞	
あなたは音楽が好きですか.	Do	you	like○	music?
彼女はテニスをしますか.	Does	she	play○	tennis?
あなたは音楽が好きではないのですか.	Don't	you	like○	music?
彼女はテニスをしないのですか.	Doesn't	she	play○	tennis?
私はここに座ってもいいですか.	Can	I	sit○	here?
私はきょう行ってはいけませんか.	Can't	I	go○	today?
(あなたは)お茶を飲みますか.	Will	you	have○	some tea?
あなたは私の手伝いをしてくれませんか.	Won't	you	help○	me?